RACIOCÍNIO LÓGICO DEFINITIVO

para concursos

ALEX LIRA | ALEXANDRE MEIRELLES

RACIOCÍNIO LÓGICO DEFINITIVO
para concursos

3ª edição
revista e atualizada

2025

EDITORA JusPODIVM
www.editorajuspodivm.com.br

EDITORA *Jus*PODIVM
www.editorajuspodivm.com.br

Rua Canuto Saraiva, 131 – Mooca – CEP: 03113-010 – São Paulo – São Paulo
Tel: (11) 3582.5757
• Contato: https://www.editorajuspodivm.com.br/sac

Diagramação: Lupe Comunicação e Design *(lupecomunicacao@gmail.com)*

L768r Lira, Alex
Raciocínio Lógico Definitivo para Concursos / Alex Lira e Alexandre Meirelles – 3.ed., rev. e atual. – São Paulo: Editora Juspodivm, 2025.

1096 p.

ISBN: 978-85-442-6072-2

1. Matemática. 2. Raciocínio Lógico. 3. Concurso Público. I. Lira, Alex. II. Meirelles, Alexandre. III. Título.

CDD 511.3

Bibliotecária responsável:
Ana Carolina Ribeiro Mois – CRB7 – RJ 007348/0

3.ª ed., *2.ª tir.:* dez./2025.

Dedico este livro a todos os alunos para os quais tive o prazer de ministrar aulas ao longo da minha carreira como professor, tanto em sala de aula como nos cursos online nos quais atuei: Concurseiro 24Horas, Atitude Concursos, Exponencial Concursos, Estratégia Concursos e Gran Cursos Online. A docência é uma das mais enriquecedoras atividades que existe, pois ao mesmo tempo que ensinamos, aprendemos muito com nossos alunos!

Alex Lira

Dedico este livro aos milhares de concursandos que desde 2006 confiam no meu trabalho, dentre eles centenas de candidatos que pude acompanhar mais de perto no meu programa de mentoria. Também dedico aos milhares de leitores dos meus livros, que me deixaram muito realizado pelo imenso retorno com elogios às obras, incluindo centenas de aprovados. A todos vocês deixo o meu eterno agradecimento e o desejo de que conquistem logo seus cargos tão sonhados.

Ao meu saudoso pai, um engenheiro com dois diplomas de Engenharia pela UFRJ, que sempre me incentivou a realizar cálculos matemáticos rapidamente de cabeça e me tornar um amante da área de exatas. Se não fosse por ele, muito dificilmente teria escrito este livro, pois as muitas horas de minha vida dedicadas à Matemática começaram na minha infância, por influência dele.

Ao Victor, meu filho nascido em janeiro de 2014, que veio ao mundo para que eu descobrisse novos sentimentos de amor, alegria e realização como homem. É muito difícil conseguir repartir o tempo entre as tarefas de pai, marido, fiscal, autor e mentor, mas só por tê-lo ao meu lado faz todo o esforço valer a pena.

Alexandre Meirelles

AGRADECIMENTOS

Agradeço ao **meu Deus Jeová** pela vida, pela saúde e por ter me dado as condições necessárias para enfrentar a desafiadora missão de ser coautor deste livro.

Agradeço aos **meus pais, Ednalva e Florêncio,** pela educação, pelos valores e pelo cuidado que sempre tiveram comigo.

Agradeço ao **meu coautor, Alexandre Meirelles**, pelo exemplo que deu a mim e a milhares de concurseiros na sua vencedora trajetória nos certames da área fiscal, por compartilhar de forma tão generosa seus conhecimentos e experiência por meio do famigerado Manual do Concurseiro e depois pelo livro "Como Estudar para Concursos" e pelo honroso convite para escrevermos juntos este livro.

Agradeço aos **coordenadores dos cursos** nos quais tive o prazer de atuar como professor, especialmente Lucas Salvetti (Exponencial Concursos), Fernando Miguel (que me deu a primeira oportunidade no antigo Concurseiro 24Horas), Ricardo Vale (Estratégia Concursos) e Gabriel Granjeiro (Gran Cursos Online).

Alex Lira

São tantas pessoas para agradecer que não seria o caso mencionar centenas de nomes aqui. Mas, em especial, agradeço:

A Deus, por ter me dado saúde e paz para estudar e trabalhar durante todos esses anos, assim como por ter me colocado no mundo no meio de família e amigos maravilhosos.

Aos meus pais, três irmãos, quatro sobrinhos, diversos tios e primos, que foram meus maiores referenciais, sempre acreditando no meu sucesso. A eles devo tudo e serei eternamente grato. Em especial ao meu saudoso pai, Luiz, e à minha mãe, Cida, por sempre terem me dado todas as condições para vencer na vida por meio dos estudos. Graças à educação recebida dos meus pais, que chamo carinhosamente de meus "coroas", somos uma família muito unida, amorosa e bem-sucedida.

À Andrea, minha esposa e principal incentivadora, com a qual espero passar o resto dos meus dias ao lado de nosso filho, Victor, e de minha enteada, Natalia. Assim como a sua família Trujillano, agora também minha família.

Às dezenas de amigos que possuo, desde os meus 13 anos de idade, quando descobri o que era estudar realmente e decidi prestar concursos para escolas militares e posteriormente para os fiscos.

Ao Vauledir e aos demais colegas da Editora Juspodivm, por terem acreditado no meu potencial como autor e coordenador de outras obras.

Ao Alex Lira, um amigo que conheci primeiramente pelos agradecimentos ao meu trabalho como mentor, mas que depois de aprovado em concursos muito concorridos tornou-se um ótimo professor e autor na área de exatas. Este é nosso segundo de três livros escritos juntos, espero que venham outros.

Alexandre Meirelles

SIGLAS UTILIZADAS NESTE LIVRO

ACE – Auditor de Controle Externo

AFR – Agente Fiscal de Rendas

AFRE – Auditor Fiscal da Receita Estadual

AFT – Auditor-Fiscal do Trabalho

AFTE – Auditor Fiscal do Tesouro Estadual ou Auditor Fiscal de Tributos Estaduais

APOFP – Analista de Planejamento, Orçamento e Finanças Públicas

Cespe – Centro de Seleção e de Promoção de Eventos da UNB (atualmente, Cebraspe)

Consulplan – Instituto Consulplan

Esaf – Escola de Administração Fazendária

Fapipa – Fundação de Apoio à Universidade Estadual do Paraná

FCC – Fundação Carlos Chagas

Fepese – Fundação de Estudos e Pesquisas Sócio Econômicos

FGV – Fundação Getulio Vargas

FJG – Fundação João Goulart – RJ

Fundatec – Fundação Universidade Empresa de Tecnologia e Ciências

IBFC – Instituto Brasileiro de Formação e Capacitação

Idecan – Instituto de Desenvolvimento Educacional, Cultural e Assistencial Nacional

TCE – Tribunal de Contas do Estado

TCM – Tribunal de Contas do Município

Vunesp – Fundação para o Vestibular da Universidade Estadual Paulista

SOBRE OS AUTORES

ALEX LIRA

Ocupa, desde 2014, o cargo de **Auditor-Fiscal da Receita Federal do Brasil.**

Foi Servidor do **Ministério Público Federal.**

É graduado em Matemática pela Universidade Federal da Paraíba.

Foi professor da rede estadual de ensino da Paraíba, tendo ministrado aulas de matemática para alunos do ensino fundamental e médio.

Atua como professor em cursos online de Raciocínio Lógico, Matemática, Estatística e Matemática Financeira, com passagens pelo Exponencial Concursos, Estratégia Concursos e Gran Cursos.

É autor dos livros "Matemática Básica Definitiva para Concursos", "Raciocínio Lógico Definitivo para Concursos" e "Matemática Financeira Definitiva para Concursos", publicados pela Editora Juspodivm, em coautoria com Alexandre Meirelles.

Foi instrutor da antiga Escola de Administração Fazendária (ESAF).

Foi aprovado nos seguintes concursos:

- Auditor-Fiscal da Receita Federal do Brasil (2014);
- Técnico-Administrativo do Ministério Público da União;
- Técnico Legislativo da Assembleia Legislativa do Rio Grande do Norte;
- Auxiliar Judiciário do Tribunal de Justiça do Estado da Paraíba;
- Oficial Administrativo da CAGEPA/PB.

Caso fique com dúvidas ou queira simplesmente bater um papo, entre em contato e me siga nas redes sociais:

✓ **Email:** professoralexlira@gmail.com

✓ **Instagram:** @ alexliraof

✓ **Youtube:** Professor Alex Lira

ALEXANDRE MEIRELLES

Ocupa, desde 2006, o cargo de **Auditor Fiscal da Receita Estadual de São Paulo**, cargo mais conhecido pelos concurseiros como "Fiscal de ICMS de SP".

Ex-aluno da Escola Preparatória de Cadetes do Exército.

Graduado em Matemática - Informática pela UFRJ.

Especialista em Matemática e Estatística pela UFLA.

Mestre em Estatística pela UFMG.

Especialista em Direito Tributário pela Rede LFG/Anhanguera.

Foi aprovado nos seguintes concursos:

- Agente Fiscal de Rendas do Estado de São Paulo (Atual AFRE-SP) - 2006.
- Auditor Fiscal da Receita Federal do Brasil - 2005.
- Auditor Fiscal da Receita Estadual de Minas Gerais - 1993.
- Auditor Fiscal de Tributos Municipais da Prefeitura de Belo Horizonte - 1992, cargo que exerceu por 11 anos.
- Técnico de Finanças e Controle do Ministério da Fazenda - 1993, cargo que exerceu por menos de um ano.
- Professor de Matemática do Estado de Minas Gerais, concurso em que obteve a 2ª colocação na disciplina de Matemática.

Professor de Matemática para vestibulares e concursos em diversos cursos preparatórios desde 1989 no Rio de Janeiro, Belo Horizonte e São Paulo.

Autor de um dos textos mais conhecidos sobre concursos, o "Manual do Concurseiro", provavelmente o texto mais lido do mundo dos concursos, e dos livros "Matemática Básica Definitiva para Concursos", "Raciocínio Lógico Definitivo para Concursos", "Matemática Financeira Definitiva para Concursos, "Como Estudar para Concursos" e "Manual de Legislação Tributária Estadual" pela Editora Juspodivm e "Concursos Fiscais" pela Editora Método/Gen, hoje um e-book distribuído gratuitamente no site do Gran Cursos Online.

Desde maio de 2020, é Coordenador Científico da área fiscal do Gran Cursos Online, no qual utiliza seu canal do YouTube para fornecer dicas de estudo semanais.

✓ **E-mail:** alexmeirelles@gmail.com.

✓ **Instagram:** @profalexandremeirelles

✓ **Youtube:** Prof Alex Meirelles

NOTA À 3ª EDIÇÃO

Estamos muito felizes por este livro ter uma ótima aceitação no mundo concurseiro. Prova disso é a excelente avaliação feita pelos que adquiriram a obra, classificada como 5 estrelas por 100% dos leitores. Além disso, recebemos positivamente o feedback apresentado pela Editora Juspodivm de que toda a tiragem da 2ª edição acabou em menos de um ano, tendo sido necessária a reimpressão de mais unidades!

Nesta edição, promovemos alterações ao longo do texto, principalmente para corrigir pequenos erros de digitação, ajustar detalhes da teoria apresentada e atualizar e melhorar as resoluções de diversas questões de concursos.

Esse aperfeiçoamento é resultado especialmente da contribuição trazida a nós por colegas professores que têm adotado este livro em seus trabalhos, por concurseiros bem dedicados aos estudos e que têm relatado notável melhora em seu desempenho na matéria e, também, pela contínua atenção dos autores em disponibilizar o melhor material possível para a simplificação do aprendizado da Matemática.

Nesse sentido, aproveitamos a oportunidade de lançar uma nova edição para inserir em vários capítulos questões de concursos atualizadas em substituição de questões um pouco mais antigas. Isso permite que o livro esteja cada vez mais ajustado com a forma que as bancas examinadoras cobram o Raciocínio Lógico nos certames.

APRESENTAÇÃO

Sabemos que conseguir sucesso em concursos públicos hoje em dia constitui um grande desafio. De fato, os certames apresentam um elevado grau de dificuldade em suas provas, além do alto nível dos candidatos. Por isso, torna-se necessária uma preparação com planejamento, muita disciplina e esforço genuíno.

A rotina de estudos do candidato não deve se limitar à simples leitura do material. O nível de preparação dos concorrentes não permite mais que você seja aprovado em algum certame apenas livrando a nota de corte. É necessário fazer a diferença naquelas matérias-chave.

E nesse cenário, o raciocínio lógico e a matemática são fundamentais, pois, além de estarem presentes em boa parte dos concursos, representam um dos diferenciais da prova, já que a maioria dos candidatos não têm afinidade com essas disciplinas.

Portanto, é imprescindível que você disponha de um material com qualidade excelente para enfrentar esse desafio. Assim, garantimos que você tem em mãos um excelente livro de raciocínio lógico e matemática, escrito por professores com a necessária experiência de anos em sala de aula, que colecionam aprovações nos certames mais concorridos do Brasil e que têm ajudado milhares de concurseiros a alcançarem a aprovação.

Por meio de pesquisa minuciosa em **dezenas de manuais de raciocínio lógico e matemática**, procuramos trazer tudo de mais atualizado que há sobre cada tópico abordado, contando com o instrumento relevante que é a internet. Assim, ao longo do livro você perceberá que buscamos explorar de forma didática e diversificada os conteúdos mais relevantes para a sua aprovação.

Você logo notará que a **linguagem utilizada** no decorrer dos capítulos será de fácil compreensão. Buscamos atuar de forma que você possa ter a sensação de que a escrita do livro é parecida com uma aula ou uma conversa ao seu lado.

O livro conta com cerca de **800 questões comentadas** minuciosamente, das maiores bancas organizadoras de concursos, resolvidas após a apresentação dos assuntos ao longo da teoria ou ao final do capítulo, com mais outras que, por suas peculiaridades, chamamos de *Questões-Desafio*.

No início de cada capítulo, inserimos uma **introdução** em que apresentamos uma visão geral do que será estudado, o grau de frequência com que o assunto é cobrado, o que esperamos de você ao final do capítulo e outros termos que os editais costumam utilizar para se referir ao tópico.

A teoria é detalhada e didaticamente apresentada em **19 capítulos**, com dezenas de **esquemas, macetes e quadros sinóticos**.

Salientamos que alguns desses capítulos possuem partes idênticas às do nosso livro *Matemática Básica Definitiva para Concursos*, pois são assuntos comuns a esses dois ramos das ciências exatas.

Ainda, para auxiliar na sua revisão do que estudou, preparamos um **resumo** dos principais pontos estudados ao final de cada capítulo.

Por fim, inserimos **três apêndices**: o primeiro contém dicas para que você possa realizar cálculos mais rapidamente, que podem fazer a diferença em sua nota final. O segundo contém uma tabela com a incidência de cobrança de cada assunto pelas principais bancas examinadoras. E o terceiro contém um direcionamento essencial para você estudar com foco para o seu concurso, pois nele estão contidas tabelas com a relação entre os tópicos de raciocínio lógico e matemática cobrados nos certames das principais bancas examinadoras e os correspondentes capítulos do livro que você precisará estudar.

Este livro se destina àqueles que estão iniciando sua jornada nos certames ou para os que têm dificuldade com o raciocínio lógico e a matemática, em razão da didática que buscamos implementar na forma de explicar os assuntos de cada capítulo e na explicação minuciosa da resposta de cada questão. Ele também é útil para candidatos de concursos públicos mais experientes, diante da enorme quantidade de questões que servirão de treino e dos didáticos resumos que preparamos.

A escolha dos assuntos presentes nos capítulos que compõem o livro é resultado de um extenso levantamento que fizemos nos conteúdos programáticos constantes de **editais** dos mais diversos concursos realizados no país. Então, trata-se de material 100% focado no que tem sido cobrado pelas bancas examinadoras.

Esperamos que a busca incansável que fizemos para disponibilizar o melhor material de raciocínio lógico e matemática para concursos faça com que a sua relação com essas disciplinas seja mais pacífica, frutífera e eficiente após o estudo desta obra. Temos a certeza de que os conceitos, os macetes, os esquemas, a evidente ênfase na prática de cada tópico e o foco na cobrança das matérias de acordo com o perfil dos concursos ajudarão você a **aprender raciocínio lógico e matemática definitivamente**!

Para isso, esperamos que o seu estudo seja realizado implementando as seguintes orientações:

1) **Faça resumos**, se possível com base nas técnicas ensinadas no livro Como Estudar para Concursos do Alexandre Meirelles.
2) **Resolva mais questões**, além das presentes no livro.
3) **Deixe a calculadora guardada na gaveta** e resolva as questões na mão.
4) **Reveze** os estudos deste livro com os de outras disciplinas.
5) **Não passe ao próximo capítulo** antes de ter a segurança de que aprendeu o atual, de preferência.

Estamos abertos a receber sugestões, críticas e elogios ao nosso livro. Pode enviar para livrosalexs@gmail.com. Ficaremos muito felizes com seu contato! Também gostaríamos muito de ver uma foto sua postada nas redes sociais estudando com nosso livro, a qual faremos questão de repostá-la em nossos perfis.

Forte abraço e bons estudos.

Os Autores

SUMÁRIO

CAPÍTULO 01

PROPOSIÇÕES LÓGICAS

1. INTRODUÇÃO

O QUE VEREMOS

Este capítulo inaugura o estudo do **Raciocínio Lógico** conforme é cobrado em concursos públicos. Iniciaremos pelo conceito mais elementar da disciplina: **proposição lógica**.

O entendimento correto do que será tratado neste capítulo será fundamental para o seu desenvolvimento na matéria.

Para isso, traremos tudo o que é mais importante sobre o assunto, isto é, teoria na medida certa, esquemas para facilitar a sua aprendizagem e revisão, análise e esclarecimento dos pontos mais polêmicos e diversas questões para evidenciar como tem sido a cobrança pelas principais bancas examinadoras.

COMO APARECE NOS EDITAIS

Esse assunto é abrangido na maioria dos editais em tópicos como Estruturas Lógicas ou Lógica Proposicional, em que também são abordados o que estudaremos nos próximos capítulos.

COMO É COBRADO NAS PROVAS

Geralmente, as questões deste tema apresentam uma frase e pergunta ao candidato se ela é ou não uma proposição lógica. Também são frequentes enunciados questionando se determinada sentença é proposição simples ou composta.

Para você que enfrentará certames organizados pelo Cespe/Cebraspe, fique tranquilo, pois boa parte das questões resolvidas são dessa banca, afinal ela possui uma preferência explícita por esse assunto quando comparamos com as demais.

OBJETIVOS

Os nossos objetivos ao final deste capítulo é que você consiga:

1) compreender o conceito e características de uma proposição lógica, associado ao seu valor lógico;

2) identificar corretamente se uma frase é proposição lógica;

3) diferenciar se determinada sentença é proposição simples ou composta.

Então, relaxe em sua cadeira e dedique atenção total às próximas páginas, pois o que veremos aqui, embora trate-se de conceitos de simples compreensão, é um alicerce para o restante da disciplina.

2. ANÁLISE DA COBRANÇA DO ASSUNTO EM PROVAS

Observe a seguir os percentuais de incidência nos últimos anos do assunto deste capítulo em relação ao volume de questões de todos os temas analisados na matéria. Lembramos que quanto maior o percentual de cobrança de um dado assunto, maior sua importância.

ASSUNTO	CEBRASPE	FCC	DEMAIS BANCAS
	% de cobrança	% de cobrança	% de cobrança
Proposições Lógicas	**1,60%**	**0,39%**	**0,96%**

O presente tópico possui uma importância **baixa**, destacando-se o Cebraspe como a banca que mais exige sua cobrança nas provas.

3. CONCEITO

Proposição Lógica é uma **frase declarativa**, que transmite pensamentos de sentido completo e exprime julgamentos a respeito de determinadas informações, que serão analisadas quanto à sua veracidade. Exemplos:

a) Brasília é a capital do Brasil;

b) Campina Grande é a Rainha da Borborema;

c) A raiz quadrada de dois é um número irracional;

d) Todos os homens são mortais.

Beleza, já sei o que é proposição! Mas o que não é proposição?

Boa pergunta! Algumas frases **não** se enquadram no conceito de proposição, por não serem declarativas ou por não permitirem fazer um julgamento quanto ao seu conteúdo. Exemplos:

- ✓ Frases exclamativas: "Meu Deus!"
- ✓ Frases interrogativas: "Você me ama?"
- ✓ Frases imperativas: "Não estude para passar, mas até passar!"
- ✓ Frases sem verbo: "O mundo dos concursos públicos."
- ✓ Frases abertas: "x + 1 = 7" ; "Ela é a melhor esposa do mundo."
- ✓ Frases paradoxais: "Só sei que nada sei."

4. VALORES LÓGICOS

Já sabemos que toda proposição lógica deve permitir o julgamento do seu conteúdo. Em outras palavras, quando estamos diante de uma proposição, podemos chegar a uma conclusão a respeito do que ela afirma. A essa conclusão damos o nome de **valor lógico**, que pode ser ou **verdadeiro** (V) ou **falso** (F), mas não ambos.

Portanto, ao ler uma frase e não conseguir avaliá-la como ou verdadeira ou falsa, você pode concluir que não está diante de uma proposição lógica.

TOME NOTA!

Valor lógico é o *resultado do julgamento* que fazemos a respeito de uma proposição lógica, que pode ser ou **verdadeiro** ou **falso**, mas não ambos.

Por exemplo, a frase "*A seleção brasileira foi tetracampeã mundial na copa de 1994*" é uma proposição lógica cujo valor lógico é **verdadeiro**, pois o seu conteúdo condiz com a realidade dos fatos. Por outro lado, o valor lógico da sentença "O número 12 é ímpar" é **falso**, já que a sua afirmação está incorreta.

5. CARACTERÍSTICAS BÁSICAS

De acordo com o que analisamos até o momento, é possível perceber que todas as proposições lógicas possuem características fundamentais.

A primeira delas é que as proposições são **orações**. Logo, devem possuir sujeito e predicado (obviamente com a presença de um VERBO). Dessa forma, expressões do tipo "**Os apaixonados por forró**." <u>não</u> são consideradas proposições, pois não há predicado.

Além disso, como vimos anteriormente, as proposições lógicas são frases **declarativas**, que possibilitam ao leitor julgar a veracidade do seu conteúdo.

Por fim, dizemos que é possível atribuir a uma proposição lógica **apenas um valor lógico**. O que isso quer dizer? Ora, é impossível que uma proposição seja verdadeira e falsa ao mesmo tempo! Isto é, ou será verdadeira ou será falsa, mas nunca os dois valores simultaneamente.

Características básicas das proposições:

- É uma oração (presença de *sujeito e predicado*)
- É declarativa
- Tem um, e somente um, valor lógico (ou V ou F)

Veja como esse assunto já foi cobrado!

QUESTÃO 01 (CEBRASPE/INPI/Tecnologista/2024) Érica: "Vocês estão felizes ou tristes?" A frase dita por Érica é uma proposição composta por disjunção.

RESOLUÇÃO:

E aí, será que estamos diante de uma proposição? Na verdade, essa frase é **interrogativa**. Acabamos de aprender que frases interrogativas **não** são proposições lógicas, pois por meio delas não é possível realizarmos um julgamento.

Gabarito: Errado.

QUESTÃO 02 (FUNIVERSA/Ag de Seg/SAPeJUS-GO/2015) Considerando que uma proposição corresponde a uma sentença bem definida, isto é, que pode ser classificada como verdadeira ou falsa, excluindo-se qualquer outro julgamento, assinale a alternativa em que a sentença apresentada corresponde a uma proposição.

a) Ele foi detido sem ter cometido crime algum?

b) Aquela penitenciária não oferece segurança para o trabalho dos agentes prisionais.

c) Os agentes prisionais da penitenciária de Goiânia foram muito bem treinados.

d) Fique alerta a qualquer movimentação estranha no pátio do presídio.

e) Houve fuga de presidiários, que tragédia!

RESOLUÇÃO:

Analisando as cinco frases, percebemos que quatro delas (itens A, B, D e E) possuem uma característica comum: **não** são proposições.

Isso acontece porque sentenças exclamativas, interrogativas, imperativas e sem verbo **não** são proposições.

Já a frase contida no item C é uma **proposição** ou uma **sentença declarativa,** pois **conseguimos fazer um julgamento** face o seu conteúdo.

Gabarito: C.

QUESTÃO 03 (CEBRASPE – Fiscal/ADAPAR/2021) Considere as seguintes construções.

- P: "Vacinação é uma medida efetiva para controle de doenças".
- Q: "Faça o que o veterinário mandou".
- R: "A sede da ADAPAR está localizada em União da Vitória".

No que se refere à lógica proposicional, assinale a opção correta.

a) Apenas P é uma proposição.
b) Apenas R é uma proposição.
c) Apenas Q e R são proposições.
d) Apenas P e R são proposições.
e) P, Q e R são proposições.

RESOLUÇÃO:

Analisando as construções do enunciado, temos:

P: "*Vacinação é uma medida efetiva para controle de doenças*". É proposição, pois podemos atribuir um valor lógico para ela.

Q: "*Faça o que o veterinário mandou*". Não é proposição, já que é uma sentença imperativa.

R: "*A sede da ADAPAR está localizada em União da Vitória*". É proposição, pois podemos avaliar seu conteúdo e julgá-la como V ou F.

Portanto, concluímos que apenas P e R são proposições.

Gabarito: D.

QUESTÃO 04 (IBGP – Téc Adm/Pref Sarzedo/2018) Acerca das proposições, analise.

I. A árvore é vermelha. Pode-se dizer que essa afirmação ou é falsa ou é verdadeira. Portanto, trata-se de uma proposição.

II. Bom dia! Trata-se de uma saudação. Não podemos dizer que a frase é falsa, nem mesmo que é verdadeira. Portanto, a frase não é uma proposição.

III. As informações das proposições possuem valor lógico totalmente verdadeiro ou totalmente falso. Nunca uma proposição será verdadeira e falsa ao mesmo tempo.

Está(ão) CORRETA(S) a(s) afirmativa(s).

a) I apenas.

b) III apenas.

c) I e II apenas.

d) I, II e III.

RESOLUÇÃO:

O nosso objetivo consiste em analisar se as afirmações presentes no enunciado são corretas. Vamos lá!

A primeira está certa, pois realmente a frase é uma proposição lógica e, sendo esse o caso, ela ou é falsa ou é verdadeira.

Similarmente, a segunda também está certa. A expressão "*Bom dia!*" não é uma proposição lógica. Trata-se, apenas, de um cumprimento, sem verbo, e ainda corresponde a uma frase exclamativa.

Por fim, o conteúdo da terceira afirmação está certo. De fato, o valor lógico de uma proposição é único: ou verdadeiro ou falso, mas não ambos.

Assim, **as três** afirmativas estão corretas.

Gabarito: D.

6. SENTENÇAS ABERTAS

As **sentenças abertas** são aquelas nas quais **não podemos determinar o sujeito, não sendo possível julgá-las como verdadeiras ou falsas.** Seu valor lógico (ou V ou F) depende do valor atribuído à variável (x, y,...) ou a quem a frase se refere. Portanto, as sentenças abertas não são consideradas proposições lógicas.

É nesse sentido que uma sentença aberta é também conhecida como **função proposicional,** num paralelo com as funções analisadas no âmbito da matemática. Pois a cada vez que substituímos x por alguma coisa, obtemos uma proposição diferente, que então poderá ser julgada como V ou F, assim como acontece com uma função.

Por exemplo, na frase "*x + 2 = 7*", a sentença será verdadeira se atribuirmos a "x" o valor 5. Do contrário, ela será falsa. Na frase "*A cidade y é a capital do Brasil*", se nos referirmos a Brasília, a sentença é verdadeira. Caso contrário, é falsa.

E na frase aberta "*Ela é a melhor esposa do mundo*" o pronome **ela** funciona como uma **variável**, que pode ser substituída pelo nome de pessoas específicas. Desse modo, a depender da mulher inserida na frase, o valor pode ser V ou F, concorda?

Mas será que é possível transformar uma sentença aberta numa proposição lógica? Sim, existem duas formas de conseguirmos isso.

A primeira delas consiste em atribuir um valor às variáveis presentes na frase. Foi exatamente isso o que fizemos nos exemplos dos parágrafos anteriores. Mas, para esclarecer ainda melhor esse aspecto, considere a seguinte frase: "*Ele era presidente do Brasil no ano 2000*". Ao atribuir ao pronome "ele" o nome de Fernando Henrique Cardoso, a frase passaria a ser uma proposição lógica, com valor lógico V.

Também podemos converter uma sentença aberta numa proposição por meio de quantificadores, como **todo**, **algum** e **nenhum**.

Como funcionaria isso, mestres?

Calma, estudaremos isso em detalhes em capítulo posterior. De todo modo, o que você precisa ter em mente nesse momento é que **sentenças abertas não são consideradas proposições lógicas**!

ESQUEMATIZANDO

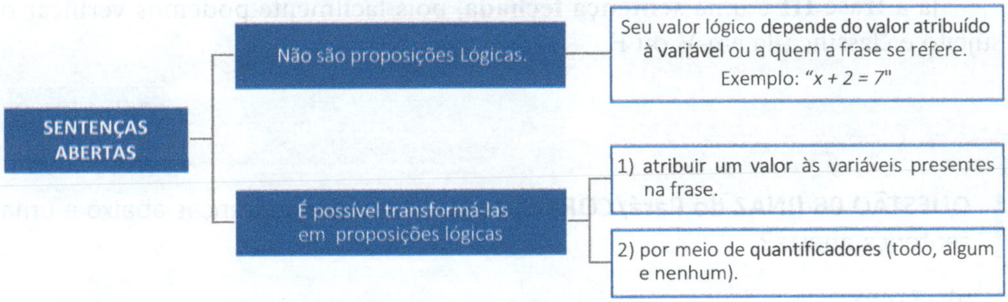

Veja como esse assunto já foi cobrado!

QUESTÃO 05 (FCC/SEFAZ-SP/Fiscal de Rendas/2006) Considere as seguintes frases:

I. Ele foi o melhor jogador do mundo em 2005.

II. 5x + y é um número inteiro.

III. João da Silva foi o secretário da Fazenda do Estado de São Paulo em 2000.

É verdade que APENAS:

a) I e II são sentenças abertas.

b) I e III são sentenças abertas.

c) II e III são sentenças abertas.

d) I é uma sentença aberta.

e) II é uma sentença aberta.

RESOLUÇÃO:

Vamos aprofundar um pouco mais o conceito de **sentenças abertas**.

Bem, **sentenças abertas** são aquelas nas quais **não podemos determinar o sujeito, não sendo possível julgá-las como verdadeiras ou falsas**. De fato, seu valor lógico (ou V ou F) depende do valor atribuído à variável (x, z,...) ou a quem a frase se refere. Portanto, as sentenças abertas não são consideradas proposições lógicas.

A **frase I** é uma sentença aberta, pois "Ele" pode, nesta questão, estar se referindo a um homem qualquer. Não podemos classificá-la em V ou F, pois não sabemos sobre quem estamos falando.

A **frase II** é, sem dúvida, uma sentença aberta, pois há duas variáveis e infinitos valores que podem tornar a frase verdadeira ou falsa.

Já a **frase III** é uma **sentença fechada**, pois facilmente podemos verificar o sujeito e classificá-la em V ou F.

Gabarito: A.

QUESTÃO 06 (INAZ do Pará/CORE-SP/2019) Qual das sentenças abaixo é uma sentença aberta?

a) 5+4=8.

b) O jogo foi bom.

c) Pelé é considerado o rei do futebol no Brasil.

d) Que dia ensolarado.

e) 2 + x = 10 para x = 8.

RESOLUÇÃO:

Aprendemos que as **sentenças abertas** não permitem **julgá-las como verdadeiras ou falsas**, pois seu valor lógico depende do valor atribuído à variável ou a quem a frase se refere.

Veja que a frase apresentada na alternativa E contém uma variável, mas ela se torna uma constante ao atribuir a ela o valor 8, de modo que passamos a ter uma proposição lógica, pois temos condições de avaliar seu conteúdo como V ou F.

Por outro lado, na alternativa B, foi trazida uma sentença aberta, pois não foi especificado qual jogo foi bom. A depender dos times envolvidos, nem sempre assistir à partida é interessante. Portanto, a depender de qual sujeito foi escolhido, temos valores lógicos diferentes.

Gabarito: B.

7. PRINCÍPIOS APLICADOS ÀS PROPOSIÇÕES

A Lógica Matemática adota como regras fundamentais do pensamento três **princípios fundamentais**, os quais norteiam os estudos das proposições lógicas, sendo de fácil entendimento:

Princípio da Identidade

- Uma proposição verdadeira é **sempre** verdadeira. Uma proposição falsa é **sempre** falsa.

Princípio da Não Contradição

- Uma proposição **não pode** ser verdadeira e falsa simultaneamente.

Princípio do Terceiro Excluído

- Uma proposição só pode ter um dos dois valores lógicos, isto é, ou é verdadeira (V) ou falsa (F), **não podendo ter outro valor**.

Veja como esse assunto já foi cobrado!

QUESTÃO 07 (CEBRASPE – Ana Adm/PGE-PE/2019) A lógica bivalente não obedece ao princípio da não contradição, segundo o qual uma proposição não assume simultaneamente valores lógicos distintos.

RESOLUÇÃO:

O enunciado inicia falando a respeito da **lógica bivalente**. Essa é outra forma de chamar a lógica proposicional que estamos estudando. Recebe esse nome devido ao fato de estarmos sempre analisando as sentenças quanto aos dois valores lógicos possíveis: V e F. Daí vem o termo bivalente (dois valores).

Ela **obedece ao princípio da não contradição**, que pode ser representado por:

> ***~(p ∧ ~p)**: não é verdade que p seja verdadeiro e não p seja verdadeiro.*

Gabarito: Errado.

QUESTÃO 08 (VUNESP – Delegado/PC-SP/2014) A lógica clássica possui princípios fundamentais que servem de base para a produção de raciocínios válidos. Esses princípios foram inicialmente postulados por Aristóteles (384 a 322 a.C.) e até hoje dão suporte a sistemas lógicos. Tais princípios são os

a) da inferência, da não contradição e do terceiro incluído.

b) da diversidade, da dedução e do terceiro incluído.

c) da identidade, da inferência e da não contradição.

d) da identidade, da não contradição e do terceiro excluído.

e) da diversidade, da indução e da não contradição.

RESOLUÇÃO:

Colega, vimos que os princípios da lógica clássica são:

- **Princípio da Identidade**: uma proposição é igual a si mesma.
- **Princípio da Não Contradição**: uma proposição não pode ser verdadeira e falsa ao mesmo tempo.
- **Princípio do Terceiro Excluído**: uma proposição pode ser V ou F, não havendo um terceiro valor lógico possível.

Gabarito: D.

QUESTÃO 09 (CESPE/SEBRAE/Ana/2008) Toda proposição lógica pode assumir no mínimo dois valores lógicos.

RESOLUÇÃO:

O item está **errado**, pois segundo a informação da sentença, dá-se a entender que uma proposição pode assumir uma quantidade de dois ou mais valores lógicos (V ou F), o que não respeita o **Princípio Fundamental do Terceiro Excluído**.

Gabarito: Errado.

QUESTÃO 10 (CPCON UEPB – Assist Soc/Pref. Gado Bravo/2016) A afirmação: "Ou ele é ou não é professor" está se referindo:

a) Ao princípio da não contradição.

b) Ao princípio de liberdade.

c) Ao princípio do fim.

d) Ao princípio da identidade.

e) Ao princípio do terceiro excluído.

RESOLUÇÃO:

A frase apresentada indica que, considerando especificamente a função de professor, uma determinada pessoa ou ocupa ou não ocupa esse posto, não existe uma terceira possibilidade.

Ora, isso é uma clara aplicação do **Princípio do Terceiro Excluído**, o qual afirma que uma proposição só pode ter um dos dois valores lógicos, isto é, ou é verdadeira ou falsa, não podendo ter outro valor.

Gabarito: E.

QUESTÃO 11 (CESPE/BB/Esc/2007 – *Adaptada*) A frase apresentada a seguir é uma proposição lógica simples.

"A frase dentro destas aspas é uma mentira."

RESOLUÇÃO:

A sentença trazida pelo enunciado é um **paradoxo**, pois corresponde a uma **oração declarativa**, que não pode ser classificada em V ou F.

De fato, se dissermos que essa frase é verdadeira, teremos uma contradição – pois será verdade que a frase é falsa, logo a frase é falsa. Por sua vez, caso afirmássemos que a frase é falsa, teremos novamente uma contradição. Se assim o fizermos, então será falso que a frase dentro daquelas aspas é falsa, portanto, a frase é verdadeira.

Assim, a frase não pode ser nem verdadeira nem falsa. O que concluímos? Que esta frase não é uma proposição lógica, por desrespeitar o **Princípio da Não Contradição**.

Gabarito: errado.

8. REPRESENTAÇÃO DE PROPOSIÇÕES

Uma técnica que é muito interessante utilizarmos quando formos resolver uma questão envolvendo proposições é a representação delas por meio de letras. Por exemplo:

p: João é professor.

q: 10 > 12.

r: Eva foi ao hospital visitar Bia.

Daqui por diante, quando afirmarmos que é **verdade** que "Eva foi ao hospital visitar Bia" (**p**), representaremos por **VL (p) = V**, ou seja, o valor lógico de **p** é verdadeiro.

IMPORTANTE!

Não se preocupe tanto com o **conteúdo** da proposição. Na maioria dos casos, quem nos dirá se a proposição é verdadeira ou falsa é o **enunciado** do exercício. Ao resolver questões, veremos que todas as proposições fornecidas são tomadas como sendo **verdadeiras**, a menos que o exercício **diga o contrário**.

Por exemplo, se a questão disser que a proposição "2 + 2 = 7" é verdadeira, você deve aceitar isso, ainda que saiba que o conteúdo dela não é realmente correto.

9. TIPOS DE PROPOSIÇÕES

As proposições podem ser classificadas em **simples** ou **compostas**.

Uma proposição lógica é dita **simples** ou **atômica** quando **declara uma única coisa sobre um único objeto**. Portanto, não pode ser dividida em proposições menores e não contém nenhuma outra proposição como parte integrante de si mesma. Assim, as proposições simples constituem as menores parcelas que podem ser analisadas sob o ponto de vista lógico. Elas são representadas por letras *minúsculas* do alfabeto. Exemplos:

p: Fernanda é empresária.

q: Bárbara é rica.

É possível perceber que em cada uma das frases temos uma única informação (profissão e grau da situação financeira, respectivamente) a respeito de uma única pessoa (Fernanda e Bárbara, respectivamente). Logo, certamente estamos diante de proposições lógicas simples.

Já as **compostas** ou **moleculares** são duas ou mais proposições **conectadas** entre si, resultando numa única declaração. Elas são representadas por letras *maiúsculas* do alfabeto. Exemplo:

R: Fernanda é empresária e Bárbara é rica.

Notou como agora a situação é diferente? Na realidade, temos informações relativas a duas pessoas numa única frase declarativa conectadas por meio da conjunção "e", de modo que concluímos que essa sentença constitui uma proposição lógica composta.

Simples	Compostas
Não pode ser dividida em proposições menores.	São duas ou mais proposições **conectadas** entre si, resultando numa única declaração.
Ex: 3 + 1 = 4.	Ex: Se eu estudar, então serei aprovado.

Repare que a frase usada para exemplificar uma proposição composta pode ser dividida em duas proposições lógicas de sentido completo: 1) *Eu estudo* e 2) *Eu serei aprovado*.

Neste livro, daremos atenção especial às proposições **compostas**, tendo em mente que, ao buscarmos identificar seu valor lógico, muito dependerá dos **conectivos** que as unem.

FIQUE ATENTO!

As bancas examinadoras buscam induzir o candidato a erro quando colocam no enunciado uma proposição simples, mas de tamanho muito grande, afirmando ser uma proposição composta.

Para você não cair nessa cilada, basta procurar na frase a presença de um conectivo (dentre os que veremos adiante) unindo as proposições simples. Caso não encontre o conectivo, trata-se de uma proposição simples, não importa o tamanho da frase.

Veja como esse assunto já foi cobrado!

QUESTÃO 12 (CEBRASPE/TRE-GO/Téc Jud/2015) A proposição "No Brasil, 20% dos acidentes de trânsito ocorrem com indivíduos que consumiram bebida alcoólica" é uma proposição simples.

RESOLUÇÃO:

O examinador usou de algumas expressões para induzir o candidato a pensar que estamos diante de uma proposição composta.

No entanto, basta analisarmos que a ideia básica da proposição é a seguinte:

No Brasil, 20% disso ocorre com aqueles.

Portanto, temos uma proposição lógica **simples**, pois não **é possível dividi-la em proposições menores.**

Gabarito: Certo.

QUESTÃO 13 (CEBRASPE – Arquiteto/Pref B dos Coqueiros/2020) Considerando-se os conectivos lógicos usuais e que as proposições lógicas simples sejam representadas por meio de letras maiúsculas, a sentença "Um bom estado de saúde é consequência de boa alimentação e da prática regular de atividade física" pode ser corretamente representada pela expressão P.

RESOLUÇÃO:

Mais uma questão em que o CEBRASPE se utiliza do artifício de colocar várias expressões na frase para induzir o candidato a pensar que estamos diante de uma proposição composta.

Porém, perceba a ideia central da sentença:

Um bom estado de saúde é consequência de X.

Assim, estamos diante de uma **proposição lógica simples** que realmente pode ser representada por **P.**

Gabarito: Certo.

9.1. O CEBRASPE e a classificação de proposições simples e compostas

É preciso ficar bem atento à classificação adotada pelo **CEBRASPE**, para o qual uma proposição é **simples** quando é expressa por meio de **uma única oração principal**.

De fato, a banca considera que a proposição "Pedro e Paulo são analistas" é uma proposição simples, no caso com sujeito composto.

Ora, colega, a declaração proposta é a mesma que "Pedro é analista **E** Paulo é analista", e, portanto, trata-se de uma proposição **composta**.

Nesse sentido, perceba que para atribuirmos um valor lógico de verdadeiro ou falso à proposição, precisamos saber se Pedro é analista e se Paulo também o é. É possível que Pedro seja; e Paulo, não. Ou, quem sabe, que Paulo seja; e Pedro, não. Talvez os dois sejam. Quem sabe nenhum deles seja analista.

Enfim, está claro que temos duas proposições simples conectadas por meio da conjunção "E", e, assim, a proposição deveria ser considerada como composta.

Finalizada a polêmica? Infelizmente NÃO, a situação sempre pode piorar! rsrs

Ihhh, mestres, já estou me preparando para o nó que será dado na minha cabeça!

Na sua e na nossa cabeça, caro colega! Isso porque o CEBRASPE já demonstrou em várias questões que não têm uma posição uniforme na classificação dos tipos de proposições lógicas. Para exemplificar, numa questão de concurso, a banca contrariou sua própria regra e considerou que "**B ou C é inocente**" é uma proposição **composta** pelo conectivo lógico disjunção, e não uma proposição simples, segundo o seu posicionamento tradicional no sentido de julgar a sentença em análise como uma única oração.

E olha que esse não foi um caso isolado de contradição na posição do CEBRASPE! Numa outra questão, a banca apresenta a proposição "**no mesmo mês em que José saiu de férias, <u>ou Luiz ou Mário também saiu</u>**", cuja parte sublinhada deveria ser uma proposição **simples**, conforme a lógica adotada pela banca. Entretanto, para resolver a questão o candidato teria que considerar que a sentença era uma proposição **composta**.

Depois, no concurso para Agente da Polícia Federal realizado em 2018, o CEBRASPE apresentou o gabarito preliminar ERRADO para a seguinte sentença:

"João e Carlos não são culpados" é uma proposição simples.

Portanto, a banca considerou que essa sentença seria uma proposição composta. Porém, diante da argumentação contida nos recursos apresentados, o CEBRASPE **anulou** a questão, de modo que permanece a dúvida sobre o real posicionamento da banca sobre este tópico.

Portanto, colega, em sendo uma prova elaborada pelo CEBRASPE, recomendamos que você tente perceber em cada caso o que é que o examinador deseja, já que lamentavelmente não há uma regra fixa! Absurdo? Na nossa opinião, sim. Mas fazer o quê?!

10. RESUMO

Proposição Lógica é uma **frase declarativa**, de modo que transmite pensamentos de sentido completo e exprime julgamentos a respeito de determinadas informações, que serão analisadas quanto à sua veracidade.

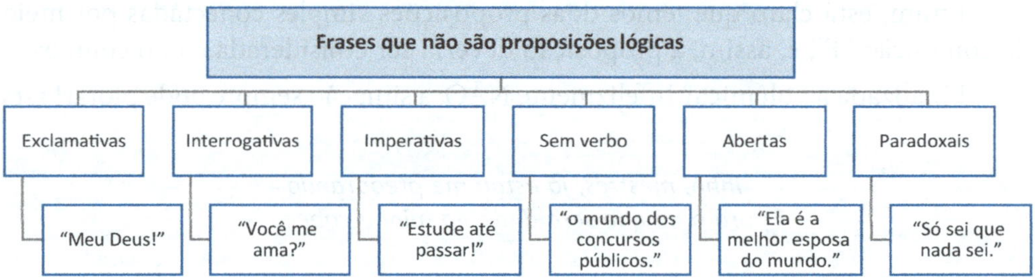

Valor lógico é o *resultado do julgamento* que fazemos a respeito de uma proposição lógica, que pode ser ou **verdadeiro** ou **falso**, mas não ambos.

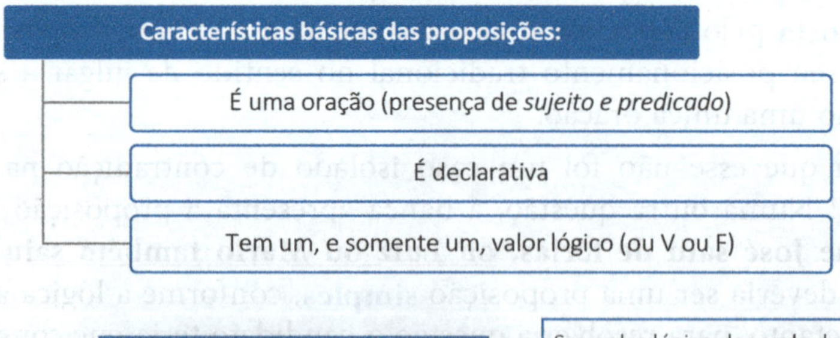

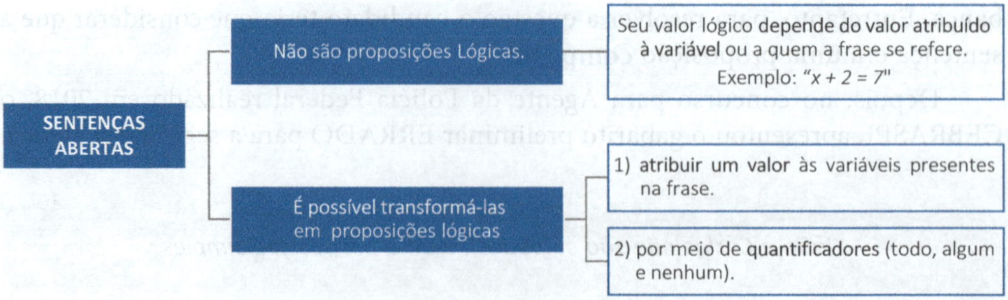

Princípio da Identidade

- Uma proposição verdadeira é **sempre** verdadeira. Uma proposição falsa é **sempre** falsa.

Princípio da Não Contradição

- Uma proposição **não pode** ser verdadeira e falsa simultaneamente.

Princípio do Terceiro Excluído

- Uma proposição só pode ter um dos dois valores lógicos, isto é, ou é verdadeira (V) ou falsa (F), **não podendo ter outro valor**.

Simples	Compostas
Não pode ser dividida em proposições menores.	São duas ou mais proposições **conectadas** entre si, resultando numa única declaração.
Ex: 3 + 1 = 4.	Ex: Se eu estudar, então serei aprovado.

11. MAIS QUESTÕES COMENTADAS

QUESTÃO 14 (CEBRASPE/Polícia Federal/Agente/2018) As proposições P, Q e R a seguir referem-se a um ilícito penal envolvendo João, Carlos, Paulo e Maria:

P: "João e Carlos não são culpados".

Q: "Paulo não é mentiroso".

R: "Maria é inocente".

Considerando que ~X representa a negação da proposição X, julgue o item a seguir.

As proposições P, Q e R são proposições simples.

RESOLUÇÃO:

É óbvio perceber que as proposições Q e R são simples.

Já a proposição P pode gerar alguma dúvida, uma vez que no seu conteúdo é dito algo a respeito de duas pessoas. Todavia, para o CEBRASPE uma proposição é simples quando é expressa por meio de **uma única oração principal**.

Nesse sentido, a proposição P: "João e Carlos não são culpados" é uma **proposição simples**, no caso *com sujeito composto*. De fato, esse sujeito pode ser resumido pela expressão "Eles", ficando:

> *"Eles não são culpados"*

Não há dúvida de que estamos diante de uma proposição simples, de modo que o item está certo.

Corroborando com esse entendimento, na prova da ABIN, aplicada em Jan/2018, o CEBRASPE considerou a seguinte proposição SIMPLES:

> *"Os Poderes Executivo, Legislativo e Judiciário devem estar em constante estado de alerta sobre as ações das agências de inteligência."*

Apesar disso, na divulgação do gabarito preliminar o CEBRASPE indicou que o item está ERRADO. Isso mesmo, a banca foi contra todo o seu histórico de posicionamento neste tipo de questão.

Para completar, diante dos recursos apresentados pelos candidatos, por ocasião do gabarito definitivo **o CEBRASPE ANULOU a questão**. Isso mesmo, o item foi anulado.

Gabarito: Anulada.

QUESTÃO 15 (CEBRASPE – Téc Seguro Social/INSS/2016) A sentença "Bruna, acesse a Internet e verifique a data da aposentadoria do Sr. Carlos!" é uma proposição composta que pode ser escrita na forma p ^ q.

RESOLUÇÃO:

Aprendemos que uma **proposição lógica** corresponde a uma **frase declarativa**, que possibilita ao leitor julgar a veracidade do seu conteúdo. Isso não ocorre na frase apresentada pelo enunciado, já que é **imperativa**, impedindo qualquer juízo de valor por parte do seu destinatário, a quem restará tão somente obedecer ao comando estabelecido.

Gabarito: errado.

QUESTÃO 16 (VUNESP – Escrivão/PC-SP/2014) Um dos princípios fundamentais da lógica é o da não contradição. Segundo este princípio, nenhuma proposição pode ser simultaneamente verdadeira e falsa sob o mesmo aspecto.

Uma das razões da importância desse princípio é que ele permite realizar inferências e confrontar descrições diferentes do mesmo acontecimento sem o risco de se chegar a conclusões contraditórias. Assim sendo, o princípio da não contradição

a) fornece pouco auxílio lógico para investigar a legitimidade de descrições.

b) permite conciliar descrições contraditórias entre si e relativizar conclusões.

c) exibe propriedades lógicas inapropriadas para produzir inferências válidas.

d) oferece suporte lógico para realizar inferências adequadas sobre descrições.

e) propicia a produção de argumentos inválidos e mutuamente contraditórios.

RESOLUÇÃO:

O enunciado é bastante claro e dispensa maiores comentários. De fato, o **princípio da não contradição** tem papel central na lógica. Desse modo, estão incorretas as letras A, B, C e E, que afirmam que o princípio não é importante, ou tem problemas de fornecer soluções contraditórias ou inapropriadas.

Gabarito: D.

QUESTÃO 17 (CESPE/TRE-ES/Téc Jud/2011) Entende-se por proposição todo conjunto de palavras ou símbolos que exprimem um pensamento de sentido completo, isto é, que afirmam fatos ou exprimam juízos a respeito de determinados entes. Na lógica bivalente, esse juízo, que é conhecido como valor lógico da proposição, pode ser verdadeiro (V) ou falso (F), sendo objeto de estudo desse ramo da lógica apenas as proposições que atendam ao princípio da não contradição, em que uma proposição não pode ser simultaneamente verdadeira e falsa; e ao princípio do terceiro excluído, em que os únicos valores lógicos possíveis para uma proposição são verdadeiro e falso. Com base nessas informações, julgue o item a seguir.

Segundo os princípios da não contradição e do terceiro excluído, a uma proposição pode ser atribuído um e somente um valor lógico.

RESOLUÇÃO:

O **princípio do terceiro excluído** afirma que uma proposição só pode ser V ou F, de modo que não há uma terceira possibilidade.

Por sua vez, o **princípio da não contradição** afirma que os dois valores lógicos são mutuamente excludentes, isto é, a proposição é só V ou só F, mas não ambos.

Assim, juntando os dois princípios, podemos concluir que **a proposição só pode ter um (e apenas um) valor lógico – ou V ou F.**

Gabarito: Certo.

QUESTÃO 18 (FUNDATEC - CRA-RS/Aux Adm/2021) Considere as seguintes sentenças:

I. Lucas é cientista.

II. O número 2 é primo e o número 36 é um quadrado perfeito.

III. O número 49 é um quadrado perfeito.

A partir das sentenças acima, pode-se afirmar que são proposições simples:

A) Apenas I. B) Apenas II. C) Apenas III. D) Apenas I e II. E) Apenas I e III.

RESOLUÇÃO:

O nosso objetivo consiste em verificar quais das três sentenças apresentadas são proposições simples. Para isso, precisamos saber distinguir:

- Proposições **simples**: Não possuem conectivos lógicos e não podem ser divididas em proposições menores.

- Proposições **compostas**: Possuem conectivos lógicos e podem ser divididas em proposições menores.

Vamos analisar as frases trazidas pelo enunciado:

I. É proposição simples, pois não possui conectivo lógico presente, e temos a presença de um verbo.

II. Não é proposição simples, uma vez que há a presença do conectivo Conjunção (e), de modo que conseguimos dividir a sentença em duas proposições lógicas. Então, trata-se de uma proposição composta.

III. É uma proposição simples, pelas mesmas razões indicadas para a primeira sentença.

Gabarito: E.

12. QUESTÕES-DESAFIO

QUESTÃO 19 (CESPE/SEBRAE/Ana/2008) A proposição "Ninguém ensina a ninguém" é um exemplo de sentença aberta.

RESOLUÇÃO:

A expressão "ninguém" é um **quantificador** (termo que representa quantidade). **Sentença aberta** é uma frase que possui um termo ou quantidade desconhecida. Como a proposição possui um quantificador, não podemos a classificar como sentença aberta.

Gabarito: errado.

QUESTÃO 20 (CESPE/TJ-CE/Ana Jud/2008) A frase "No ano de 2007, o índice de criminalidade da cidade caiu pela metade em relação ao ano de 2006" é uma sentença aberta.

RESOLUÇÃO:

Não se sabe em qual cidade ocorreu a queda nos índices de criminalidade. Note que esse item quer apenas saber se a frase é uma **sentença aberta**.

Se, por exemplo, cidade = Rio de Janeiro, a frase se tornaria uma proposição, já que poderia ser verificada com dados divulgados nos jornais, nas revistas ou pela secretaria de segurança daquele estado, se de fato ocorreu a queda nos índices de criminalidade entre os anos de 2006 e 2007.

Gabarito: certo.

QUESTÃO 21 (CEBRASPE – Téc Jud/TRF 1ª Região/2017) A maior prova de honestidade que realmente posso dar neste momento é dizer que continuarei sendo o cidadão desonesto que sempre fui.

A partir da frase apresentada, conclui-se que, não sendo possível provar que o que é enunciado é falso, então o enunciador é, de fato, honesto.

RESOLUÇÃO:

Para responder à questão, precisamos partir do princípio de que:

- uma pessoa honesta sempre diz a verdade
- uma pessoa desonesta sempre mente (aqui seria bom a questão ter explicitado)

Levando isso em conta, a frase apresentada no enunciado possui o seguinte sentido:

A maior prova de que eu digo a verdade é dizer que continuarei mentindo como sempre menti.

Ora, estamos diante de uma frase paradoxal (ou autocontraditória), que assim como as exclamativas, imperativas (ordens), interrogativas e expressões de sentimento/desejo, não pode ser classificada como proposições lógicas, pois não pode ser julgada como V ou F.

Quando não conseguimos julgar uma frase em V ou F, dela nada podemos extrair. A lógica trabalha com proposições e frases desse tipo não são proposições.

Gabarito: Errado.

CAPÍTULO 02

CONECTIVOS LÓGICOS

1. INTRODUÇÃO

O QUE VEREMOS

A partir daqui se prepare para fortes emoções! Se você não conhecer bem o funcionamento de cada **conectivo ou operador lógico**, dificilmente conseguirá acertar qualquer questão de lógica. Inclusive, nos demais assuntos que estudaremos teremos que saber de trás para a frente o "mantra" de cada conectivo.

Na verdade, daremos continuidade ao que estudamos no capítulo anterior. Analisaremos as várias formas que as proposições simples podem ser conectadas para formarem proposições compostas.

Arriscamos a dizer que este é o mais importante dos capítulos de Raciocínio Lógico, pois serve de base para todos os demais.

COMO APARECE NOS EDITAIS

Nos editais de concursos públicos, este tópico geralmente é cobrado na forma de algumas nomenclaturas como **Conectivos Lógicos, Estruturas Lógicas** ou **Valoração Lógica**.

COMO É COBRADO NAS PROVAS

As bancas adoram este assunto. São muitas questões mesmo, colega. Elas normalmente exigem do candidato o conhecimento do valor lógico de cada conectivo, como fazer a negação de proposições simples e o entendimento da relação entre os conectivos lógicos.

Nesse contexto, merece especial atenção o conectivo Condicional, por ser o mais cobrado nos concursos públicos e o que apresenta maior quantidade de detalhes para você aprender.

Todavia, relaxe, estude com calma o que está por vir e faça anotações. Releia quantas vezes for necessário. E o mais importante: pratique bastante, por isso teremos muitas questões para treinar.

OBJETIVOS

Os nossos objetivos ao final deste capítulo é que você consiga:

1) compreender o conceito, a ideia e o valor lógico de cada conectivo, especialmente do Condicional e suas expressões equivalentes;

2) efetuar corretamente a negação de proposições simples;

3) perceber a ordem de precedência existente entre os conetivos.

2. ANÁLISE DA COBRANÇA DO ASSUNTO EM PROVAS

Observe a seguir os percentuais de incidência nos últimos anos do assunto deste capítulo em relação ao volume de questões de todos os temas analisados na nossa matéria. Lembramos que quanto maior o percentual de cobrança de um dado assunto, maior sua importância.

ASSUNTO	CEBRASPE	FCC	DEMAIS BANCAS
	% de cobrança	% de cobrança	% de cobrança
Conectivos Lógicos	**4,57%**	**0,13%**	**1,33%**

O presente tópico possui uma importância **muito baixa a mediana**, dependendo da banca, destacando-se o Cebraspe como a que mais exige sua cobrança nas provas, enquanto para as demais observa-se uma importância muito baixa.

3. CONCEITO

Os **conectivos lógicos** são elementos que **unem as proposições simples** para formar as proposições compostas.

São eles: Conjunção (e), Disjunção (ou), Condicional (Se ... então), Bicondicional (Se e somente se) e Disjunção Exclusiva (ou ... ou). Adicionalmente, temos o operador “não”, utilizado para fazer a negação de proposições lógicas.

APROFUNDANDO!

No prestigiado livro "Lógica de Primeira Ordem", o professor Raymond M. Smullyan aponta o operador "não" como um conectivo lógico, e não como mero operador. Nesse sentido, o autor classifica a negação como conectivo unário, enquanto os demais são chamados conectivos binários.

4. CONECTIVO "E" (CONJUNÇÃO)

Quando tivermos numa proposição composta a presença do conectivo **e**, estaremos trabalhando com uma **conjunção**, que pode ser representada por **∧**.

BIZU!

Para não esquecer a representação correta da **conjunção**, associe ao **símbolo do circunflexo**.

Assim, nas proposições simples...

p: Estudar é necessário.

q: Ser nomeado é uma glória.

... a conjunção de p e q resulta em:

p ∧ q : "Estudar é necessário **e** ser nomeado é uma glória".

4.1. Valor Lógico da Conjunção

Uma conjunção só será **verdadeira** se ambas as proposições simples que a compõe forem também verdadeiras; e será **falsa** nos demais casos.

Portanto, na **conjunção** o valor lógico predominante é o **falso**, visto que teremos apenas um caso em que a conjunção será verdadeira.

Sendo assim, a sentença "Estudar é necessário e ser nomeado é uma glória" só será **verdadeira** se for verdade não só que "estudar é necessário", mas também que "ser nomeado é uma glória".

TOME NOTA!

A ideia (significado) do conectivo conjunção é abordar duas informações nas quais ***ambas são verdadeiras ou acontecem ao mesmo tempo*.**

Basta que apenas uma das sentenças componentes seja falsa para que toda a conjunção seja falsa. Logicamente, se as duas sentenças forem falsas, o valor lógico da conjunção também será falso.

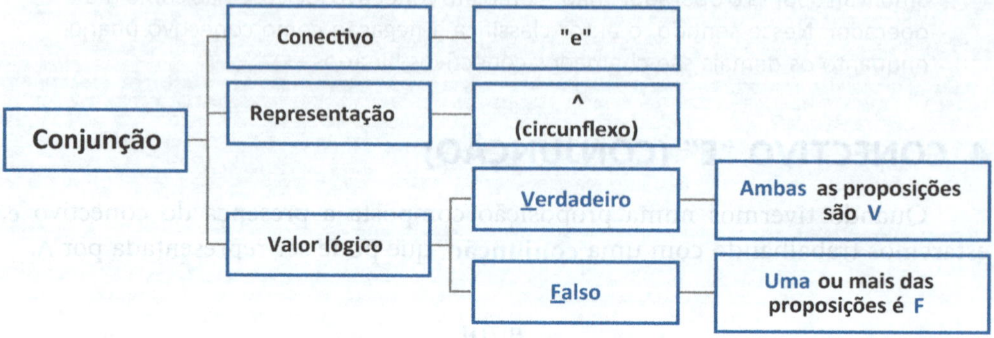

4.2. Tabela-Verdade da Conjunção

Tabelas-verdade são tabelas simples que nos ajudam bastante a chegarmos de forma confiável ao valor lógico das proposições.

Vejamos novamente as proposições p e q:

p: Estudar é necessário

e

q: Ser nomeado é uma glória.

No caso de duas proposições simples a serem analisadas, trataremos apenas de quatro situações possíveis:

1ª) p e q são verdadeiras. Nessa situação, a conjunção formada por elas também será **verdadeira.**

Estudar é necessário	Ser nomeado é uma glória	Estudar é necessário *e* ser nomeado é uma glória
p	**q**	**p ∧ q**
V	V	V

2ª) Se for verdade somente que "Estudar é necessário", teremos:

Estudar é necessário	Ser nomeado é uma glória	Estudar é necessário *e* ser nomeado é uma glória
p	**q**	**p ∧ q**
V	F	F

3ª) Todavia, **se for verdadeiro SOMENTE que "Ser nomeado é uma glória"**, teremos:

Estudar é necessário	Ser nomeado é uma glória	Estudar é necessário *e* ser nomeado é uma glória
p	**q**	**p ∧ q**
F	V	F

4ª) Por fim, **se ambas as sentenças forem falsas**, teremos:

Estudar é necessário	Ser nomeado é uma glória	Estudar é necessário *e* ser nomeado é uma glória
p	**q**	**p ∧ q**
F	F	F

Portanto, com as quatro possibilidades analisadas, acabamos de obter a **tabela-verdade** que representa uma **conjunção**:

p	q	p e q
V	V	V
V	F	F
F	V	F
F	F	F

Veja como esse assunto já foi cobrado!

QUESTÃO 01 (CEBRASPE/IBAMA/Ana Amb/2013) Considere que as proposições sejam representadas por letras maiúsculas e que se utilizem os seguintes símbolos para os conectivos lógicos: ∧ – conjunção; ∨ – disjunção; → – condicional; ↔ – bicondicional. Nesse sentido, julgue o item seguinte.

A proposição "Fiscalizar os poderes constituídos é um dos pilares da democracia e garantir a liberdade de expressão, outro pilar da democracia" pode ser corretamente representada por P ∧ Q.

RESOLUÇÃO:

Sejam as proposições simples:

P: Fiscalizar os poderes constituídos é um dos pilares da democracia

Q: Garantir a liberdade de expressão é outro pilar da democracia

A proposição composta que o enunciado nos apresenta é a seguinte: "*Fiscalizar os poderes constituídos é um dos pilares da democracia* ***e*** *garantir a liberdade de expressão, outro pilar da democracia*".

Fica claro que o conectivo que estamos trabalhando é a **Conjunção** ("e").

A questão quer saber como podemos representar essa proposição. Ora, isso já aprendemos: **P ∧ Q**.

Gabarito: certo.

QUESTÃO 02 (CEBRASPE/SUFRAMA/Ana/2014) A proposição lógica P ^ Q representa corretamente a sentença "Uma sociedade civil que não adota como valor a exigência de que todos os órgãos públicos façam uma prestação de contas detalhada nunca vencerá o demônio da corrupção, além disso, a sociedade deve também exigir que a lei seja aplicada em todo o seu rigor na punição dos agentes públicos promotores de corrupção."

RESOLUÇÃO:

Sejam as proposições simples:

P: Uma sociedade civil que não adota como valor a exigência de que todos os órgãos públicos façam uma prestação de contas detalhada nunca vencerá o demônio da corrupção

Q: a sociedade deve também exigir que a lei seja aplicada em todo o seu rigor na punição dos agentes públicos promotores de corrupção

Podemos fazer a seguinte representação da proposição **P ∧ Q**.

Observe que a expressão "além disso" corresponde ao conectivo "e". Assim, a sentença está corretamente representada.

Gabarito: certo.

QUESTÃO 03 (FUNDATEC – ISS GRAMADO/Auditor Fiscal/2019) Com relação ao valor lógico do conectivo da conjunção e negação, analise as proposições abaixo e assinale V, para as verdadeiras, ou F, para as falsas.

( ) Quatro é maior que nove, mas não é número par.

( ) Seis é número par, contudo seis é maior que três.

( ) Nove é maior que cinco, entretanto, cinco é número primo, mas nove não é número primo.

A ordem correta de preenchimento dos parênteses, de cima para baixo, é:

A) V – F – V.

B) V – V – V.

C) F – V – V.

D) F – V – F.

E) F – F – F.

RESOLUÇÃO:

Vamos analisar o valor lógico de cada proposição.

I. Quatro é maior que nove, mas não é número par.

A expressão "mas" corresponde ao conectivo **conjunção**, o qual é verdadeiro apenas se as duas partes unidas por ele forem verdadeiras.

A primeira parte é F (4 é menor que 9), de modo que já concluímos que a proposição é **falsa**.

II. Seis é número par, contudo seis é maior que três.

A expressão "contudo" também corresponde ao conectivo **conjunção**.

Tanto a primeira como a segunda parte da frase são V, de modo que toda a proposição é **verdadeira**.

III. Nove é maior que cinco, entretanto, cinco é número primo, mas nove não é número primo.

A expressão "entretanto", assim como o "mas", corresponde ao conectivo **conjunção**.

Veja que todas as parcelas da frase têm valor lógico V, então a proposição é **verdadeira**.

Portanto, temos: **F – V – V**.

Gabarito: C.

5. CONECTIVO "OU" (DISJUNÇÃO INCLUSIVA)

Quando tivermos numa proposição composta a presença do conectivo **ou**, estaremos trabalhando com uma **disjunção**, também conhecida como **disjunção inclusiva**, que pode ser representada por ∨.

FIQUE ATENTO!

Não confunda o símbolo da **disjunção** (∨) com o da conjunção (∧).

Dessa maneira, nas proposições simples...

p: Estudar é necessário.

q: Ser nomeado é uma glória.

... a disjunção de p ou q resulta em:

p ∨ q: "Estudar é necessário **ou** ser nomeado é uma glória".

5.1. Valor Lógico da Disjunção

Uma disjunção só será **falsa** se ambas as proposições simples que a compõe forem também falsas; será **verdadeira** nos demais casos.

Portanto, na **disjunção** o valor lógico <u>predominante</u> é o **verdadeiro**, visto que teremos apenas um caso em que a disjunção será falsa.

Sendo assim, a sentença "Estudar é necessário ou ser nomeado é uma glória" só será **falsa** se for falso não só que "estudar é necessário", mas também que "ser nomeado é uma glória".

TOME NOTA!

A ideia (significado) do conectivo disjunção é abordar duas informações nas quais ***<u>pelo menos uma delas é verdadeira ou acontece ao mesmo tempo</u>*.**

Basta que apenas uma das sentenças componentes seja falsa para que toda a disjunção seja verdadeira.

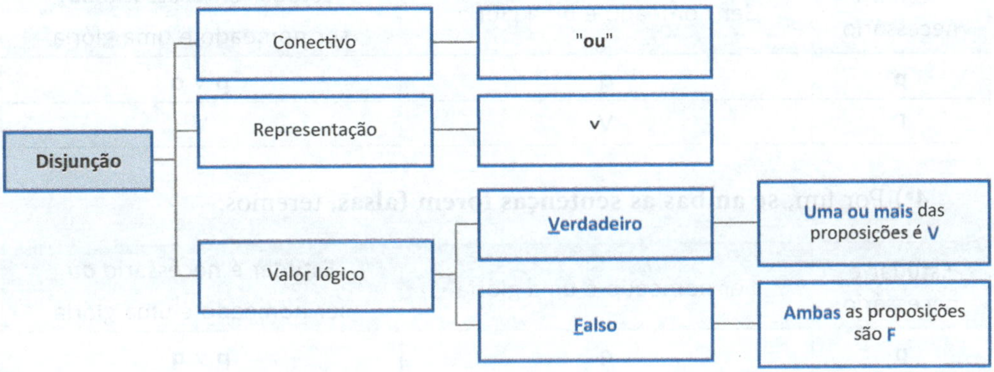

5.2. Tabela-Verdade da Disjunção

Vejamos novamente as proposições p e q:

p: Estudar é necessário

e

q: Ser nomeado é uma glória.

Temos apenas quatro situações possíveis:

1ª) p e q são verdadeiras. Nessa situação, a disjunção formada por elas também será **verdadeira**.

Estudar é necessário	Ser nomeado é uma glória	Estudar é necessário ***ou*** ser nomeado é uma glória
p	**q**	**p v q**
V	V	V

2ª) Se for verdade somente que "Estudar é necessário", teremos:

Estudar é necessário	Ser nomeado é uma glória	Estudar é necessário ***ou*** ser nomeado é uma glória
p	**q**	**p v q**
V	F	V

3ª) Todavia, **se for verdadeiro SOMENTE que "Ser nomeado é uma glória"**, teremos:

Estudar é necessário	Ser nomeado é uma glória	Estudar é necessário *ou* ser nomeado é uma glória
p	**q**	**p ∨ q**
F	V	V

4ª) Por fim, **se ambas as sentenças forem falsas**, teremos:

Estudar é necessário	Ser nomeado é uma glória	Estudar é necessário *ou* ser nomeado é uma glória
p	**q**	**p ∨ q**
F	F	F

Portanto, com as quatro possibilidades analisadas, acabamos de obter a **tabela-verdade** que representa uma **disjunção**:

p	q	p ou q
V	V	V
V	F	V
F	V	V
F	F	F

Veja como esse assunto já foi cobrado!

QUESTÃO 04 (FUNDATEC – ISS GRAMADO/Auditor Fiscal/2019) A alternativa que apresenta uma proposição composta com a presença do conectivo condicional é:

A) Paulo não está com febre, entretanto está desidratado.

B) Algum paciente está com febre.

C) Qual a temperatura do paciente do quarto?

D) Se Mario tem febre, então deve permanecer internado por 48 horas.

E) Mário, você deve ser internado imediatamente!

RESOLUÇÃO:

A proposição composta com a presença do conectivo **condicional** é aquela em que está presente o "**se, então**". A única das opções de resposta que apresenta essa estrutura é a **alternativa D**.

Quanto às demais opções, temos:

a) Trata-se de proposição **composta** unida pelo conectivo **conjunção (e)**, por meio da expressão *entretanto*.

b) Corresponde a uma proposição **simples**.

c) Trata-se de uma frase **interrogativa**, de modo que **não** é uma proposição lógica.

e) Trata-se de uma frase imperativa, de modo que **não** é uma proposição lógica.

Gabarito: D.

6. CONECTIVO "OU EXCLUSIVO" (DISJUNÇÃO EXCLUSIVA)

Esse conectivo é bem parecido com a disjunção, mas com uma sutil diferença. Considere as seguintes proposições simples:

p: Passarei num concurso

q: Ganharei um bom salário

Agora, vamos comparar as seguintes composições:

1. "Passarei num concurso **ou** ganharei um bom salário."
2. "**Ou** passarei num concurso **ou** ganharei um bom salário."

Deu para perceber a diferença? Bem, na primeira sentença se a primeira parte (Passarei num concurso) for verdade, a segunda parte (ganharei um bom salário) também poderá ser verdade.

Entretanto, na segunda sentença, a história é outra. Caso seja verdade que "passarei num concurso", então teremos que "não se ganhará um bom salário". O contrário também vale: se for verdade que "ganharei um bom salário", isso indica que "não passarei num concurso".

Fica claro, então, que a segunda proposição composta apresenta duas **situações mutuamente excludentes**, em que apenas uma de suas partes poderá ser **verdadeira**, e a outra necessariamente **falsa**.

Portanto, a segunda sentença representa o conectivo **disjunção exclusiva**, cujo símbolo é **ou** ($\underline{\vee}$). Veja que o símbolo do "v" está sublinhado, diferentemente do outro "v" da disjunção inclusiva.

6.1. Valor Lógico da Disjunção Exclusiva (ou ... ou)

Pelo que observamos, é fácil perceber que uma **disjunção exclusiva** só será **verdade** se houver uma das proposições verdadeira e a outra **falsa**. Portanto, **é necessário que as sentenças tenham valores lógicos contrários**! Se uma for verdade, então a outra necessariamente será falsa. Nos demais casos, a disjunção exclusiva será falsa.

Portanto, colega, no caso da disjunção exclusiva, não há um valor lógico predominante. **Aqui quem manda é a contrariedade.**

BIZU!

O conectivo disjunção exclusiva é um **cara do contra**!

Assim, a sentença analisada "Ou passarei num concurso ou ganharei um bom salário, mas não ambos", só será verdade se uma das partes que a compõe for verdadeira e a outra falsa, ou vice-versa. Qualquer outra situação resultará em uma sentença composta falsa. Portanto, tem que ser obedecida a mútua exclusão das sentenças.

TOME NOTA!

A ideia (significado) do conectivo disjunção exclusiva é abordar duas informações nas quais ***apenas uma delas pode acontecer*** **(exclusividade).**

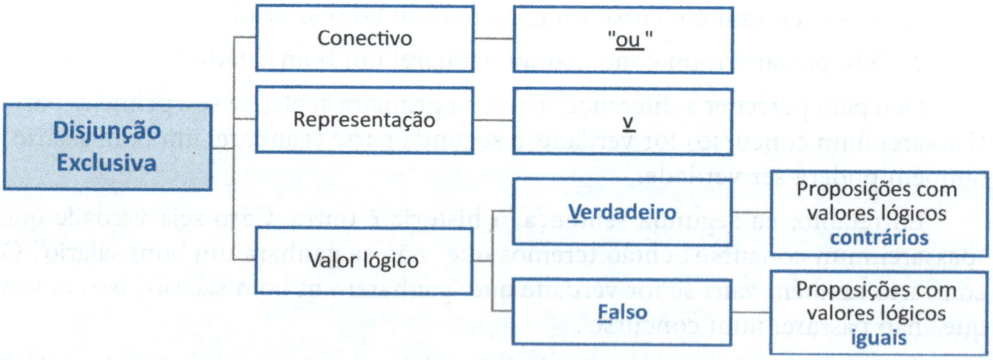

6.2. Tabela-Verdade da Disjunção Exclusiva

A **tabela-verdade** da **disjunção exclusiva** será:

p	q	p $\underline{\vee}$ q
V	V	F
V	F	V
F	V	V
F	F	F

Veja como esse assunto já foi cobrado!

QUESTÃO 05 (FCC/TRT-18ª/Téc Jud/2008 – *Adaptada*) Em lógica de programação, denomina-se ______________ de duas proposições p e q a proposição cujo valor lógico é a falsidade (F), quando os valores lógicos das proposições p e q são ambos falsos ou ambos verdadeiros, e o valor lógico é a verdade (V), nos demais casos. Preenche corretamente a lacuna acima:

a) disjunção inclusiva

b) proposição bicondicional

c) negação

d) disjunção exclusiva

e) proposição bidirecional

RESOLUÇÃO:

A questão busca saber qual é o conectivo lógico que possui a seguinte característica:

Valor lógico é F quando os ***valores lógicos das proposições p e q são ambos F ou ambos V***, e o valor lógico é V nos demais casos.

Bem, acabamos de ver que o conectivo lógico **Disjunção Exclusiva** possui exatamente o valor lógico descrito, conforme se comprova por meio da sua tabela-verdade:

p	q	p $\underline{\vee}$ q
V	V	F
V	F	V
F	V	V
F	F	F

Gabarito: D.

QUESTÃO 06 (CESPE – Téc Jud/TRE-RJ/2012) O cenário político de uma pequena cidade tem sido movimentado por denúncias a respeito da existência de um esquema de compra de votos dos vereadores. A dúvida quanto a esse esquema persiste em três pontos, correspondentes às proposições P, Q e R, abaixo:

P: O vereador Vitor não participou do esquema;

Q: O prefeito Pérsio sabia do esquema;

R: O chefe de gabinete do prefeito foi o mentor do esquema.

Os trabalhos de investigação de uma CPI da câmara municipal conduziram às premissas P1, P2 e P3 seguintes:

P1: Se o vereador Vitor não participou do esquema, então o prefeito Pérsio não sabia do esquema.

P2: Ou o chefe de gabinete foi o mentor do esquema, ou o prefeito Pérsio sabia do esquema, mas não ambos.

P3: Se o vereador Vitor não participou do esquema, então o chefe de gabinete não foi o mentor do esquema.

Considerando essa situação hipotética, julgue o item seguinte, acerca de proposições lógicas.

A premissa P2 pode ser corretamente representada por R ∨ Q.

RESOLUÇÃO:

A premissa **P2** é dada por **R ⊻ Q**.

Note que o conectivo lógico correto é a disjunção **exclusiva** (ou...ou), e não a disjunção inclusiva (ou), como afirma o enunciado.

A principal diferença entre os dois ocorre quando as duas proposições simples são verdadeiras. Nesse caso:

- a proposição R ∨ Q é verdadeira;
- a proposição R ⊻ Q é falsa.

Gabarito: Errado.

7. CONECTIVO "SE ... ENTÃO" (CONDICIONAL)

Podemos afirmar que o conectivo **condicional** é o campeão nas provas de concursos públicos, visto que **é o mais cobrado** disparadamente. Portanto, atenção redobrada. Contudo, juntos chegaremos ao entendimento e você será capaz de resolver qualquer questão que aborde o **"Se ... então"** com as mãos nas costas!

Tome, por exemplo, as seguintes sentenças:

p: João é concurseiro.

q: Maria é psicóloga.

Formando uma proposição composta com as proposições simples p e q, unindo-as por meio do conectivo condicional, teremos:

Se João é concurseiro, **então** Maria é psicóloga.

Simbolicamente, teríamos: **p → q**.

Nessa representação, a primeira parte (p) é chamada de **antecedente** e a segunda parte (q) de **consequente**.

7.1. Valor Lógico da Proposição Condicional

Indo direto ao ponto, a sentença composta unida pelo conectivo condicional só será **falsa** se a **primeira parte** for **verdadeira** e a **segunda parte** for **falsa**. Nos demais casos, a condicional será **verdadeira**.

BIZU!

"Uma **verdade** não pode nos levar a uma **mentira**!"

Assim, a sentença analisada "Se João é concurseiro, então Maria é psicóloga" só será falsa se soubermos que "João é concurseiro", mas que "Maria não é psicóloga".

JAMAIS ESQUEÇA!

O "**Se ... então**" somente será **FALSO** quando o antecedente for VERDADEIRO e o consequente for **FALSO**!

Não se esqueça da sequência exata do único caso em que o valor lógico do conectivo **Condicional** é **FALSO**: **Antecedente V** e **consequente F**.

TOME NOTA!

A ideia (significado) do conectivo condicional é abordar duas informações que possuem entre si uma ***relação de causa e efeito*, de modo que *se a condição (antecedente) for satisfeita, chegaremos a um resultado obrigatório (consequente)*.**

Nesse sentido, uma associação que se costuma fazer é lembrar da atriz **V**era **F**ischer! Coitada dela, pegou fama de falsa no meio concurseiro.

Ao longo das diversas questões que analisaremos, repetiremos bastante essa informação. Você gravará isso custe o que custar!

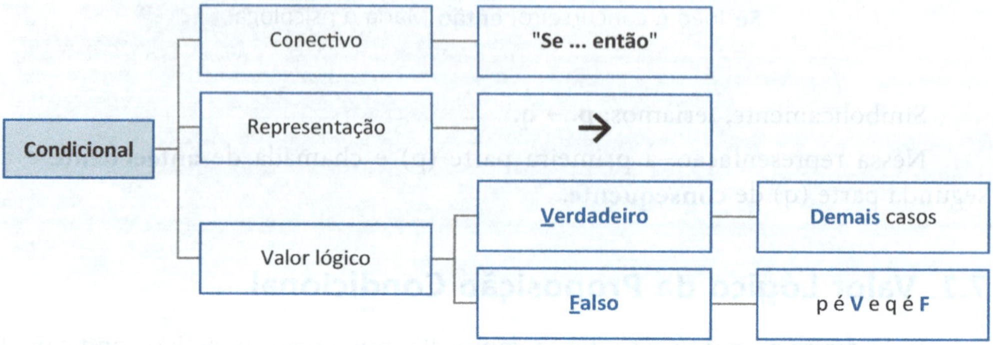

7.2. Tabela-Verdade da Proposição Condicional

Diante do que vimos, agora é de extrema importância que você perceba que a tabela-verdade do "Se ... então" será:

p	q	p →q
V	V	V
V	**F**	**F**
F	V	V
F	F	V

Isso é o que precisamos levar para a prova, especialmente no caso de enfrentarmos uma questão que é resolvida mais facilmente com o uso de uma tabela-verdade.

Veja como isso já foi cobrado!

QUESTÃO 07 (CESPE – Téc Jud/TRE-ES/2011) Se P e Q representam as proposições "Eu estudo bastante" e "Eu serei aprovado", respectivamente, então, a proposição P → Q representa a afirmação "Se eu estudar bastante, então serei aprovado".

RESOLUÇÃO:

Sejam as proposições simples:

P: Eu estudo bastante

Q: Eu serei aprovado

Unindo **P** e **Q** por meio do conectivo lógico **Condicional**, ficamos com a proposição composta: "***Se*** *eu estudar bastante,* ***então*** *serei aprovado*".

A representação simbólica dessa sentença é dada por: **P → Q.**

Gabarito: Certo.

QUESTÃO 08 (CEBRASPE/IBAMA/Ana Amb/2013) A proposição "Se João implica com Maria e Maria implica com João, então evidencia-se que a relação entre João e Maria é conflituosa" pode ser corretamente representada por [(P → Q) ∧ (Q → P)] → R.

RESOLUÇÃO:

Sejam as proposições simples:

P: João implica com Maria

Q: Maria implica com João

R: Evidencia-se que a relação entre João e Maria é conflituosa

A proposição composta que o enunciado nos apresenta é a seguinte: "***Se*** *João implica com Maria* ***e*** *Maria implica com João,* ***então*** *evidencia-se que a relação entre João e Maria é conflituosa*".

Fica claro que estamos trabalhando com dois conectivos lógicos: a **conjunção** ("**e**") e o **condicional** ("**Se ... então**"). A questão quer saber como podemos representar essa proposição. Ora, isso já aprendemos: **(P ∧ Q) → R.**

Gabarito: errado.

QUESTÃO 09 (FCC/CL-DF/Téc Leg/2018) Considere a proposição: "Se um candidato estudar adequadamente, então ele passará em um concurso". Portanto, com base nesta proposição, é correto afirmar:

a) A maior parte dos candidatos que passam em um concurso estudam adequadamente.

b) Todos os candidatos que não estudam adequadamente não passam em um concurso.

c) Todos os candidatos que estudam adequadamente passam em um concurso.

d) Havendo candidatos que passam em um concurso, certamente estudam adequadamente.

e) É possível que existam candidatos que estudam adequadamente e não passam em um concurso.

RESOLUÇÃO:

Sendo verdadeira a proposição "Se um candidato estudar adequadamente, então ele passará em um concurso", vamos analisar as opções de resposta, em busca de uma frase que seja equivalente à proposição dada.

a) A maior parte dos candidatos que passam em um concurso estudam adequadamente.

Errado. Não podemos afirmar isso com base na proposição apresentada no enunciado. Ela garante apenas que aqueles candidatos que estudam adequadamente são aprovados.

b) Todos os candidatos que não estudam adequadamente não passam em um concurso.

Errado. Pela proposição apresentada, temos a garantia de que todos os candidatos que estudam adequadamente passam em um concurso. Além disso, podemos inferir que pode ocorrer o caso de um estudante não estudar adequadamente e passar no concurso.

c) Todos os candidatos que estudam adequadamente passam em um concurso.

Certo. É impossível um candidato estudar adequadamente sem passar no concurso, de acordo com a proposição apresentada.

d) Havendo candidatos que passam em um concurso, certamente estudam adequadamente.

Errado. Na verdade, ao analisarmos a proposição apresentada, é possível inferir que pode ocorrer o caso de um estudante não estudar adequadamente e passar no concurso.

e) É possível que existam candidatos que estudam adequadamente e não passam em um concurso.

Errado. É impossível um candidato estudar adequadamente sem passar no concurso, de acordo com a proposição apresentada.

Gabarito: C.

7.3. Expressões equivalentes ao "Se ... então"

Há muitas questões envolvendo o conectivo condicional que exigem do candidato o conhecimento de expressões que são equivalentes ao "Se ... então".

Contudo, você não precisa se preocupar, pois isso "é mais fácil do que empurrar faca amolada em mamão maduro"!

Na realidade, temos pelo menos 8 (oito) expressões que podem aparecer na sua prova que são equivalentes à proposição condicional. São as seguintes:

1. **Se** p, q.
2. Q, **se** p.
3. **Quando** p, q.
4. **Todo** p é q.
5. P **implica** q.
6. P é **condição suficiente** para q.
7. Q é **condição necessária** para p.
8. P **somente se** q.

Dessa forma, a nossa expressão "**Se** João é concurseiro, **então** Maria é psicóloga" pode ser reescrita por meio das seguintes expressões equivalentes:

✓ **Se** João é concurseiro, Maria é psicóloga.
✓ Maria é psicóloga, **se** João é concurseiro.
✓ **Quando** João é concurseiro, Maria é psicóloga.
✓ **Toda vez** que João é concurseiro, Maria é psicóloga.
✓ João ser concurseiro **implica** Maria ser psicóloga.
✓ João ser concurseiro é **condição suficiente** para Maria ser psicóloga.
✓ Maria ser psicóloga é **condição necessária** para João ser concurseiro.
✓ João é concurseiro **somente se** Maria é psicóloga.

Veja como esse assunto já foi cobrado!

QUESTÃO 10 (CEBRASPE/TRE-GO/Téc Jud/2015) A proposição "Quando um indivíduo consome álcool ou tabaco em excesso ao longo da vida, sua probabilidade de infarto do miocárdio aumenta em 40%" pode ser corretamente escrita na forma $(P \vee Q) \rightarrow R$, em que P, Q e R sejam proposições convenientemente escolhidas.

RESOLUÇÃO:

Sejam as proposições simples:

P: Um indivíduo consome álcool em excesso ao longo da vida;

Q: Um indivíduo consome tabaco em excesso ao longo da vida;

R: A probabilidade de infarto do miocárdio em um indivíduo aumenta em 40%.

A proposição apresentada no enunciado é a seguinte: "***Quando** um indivíduo consome álcool **ou** tabaco em excesso ao longo da vida, sua probabilidade de infarto do miocárdio aumenta em 40%*".

Repare que os conectivos envolvidos na sentença são a **disjunção** e o **condicional**, este sob a forma de uma de suas expressões equivalentes ("*quando isso, então aquilo*").

Tal proposição composta pode ser representada assim: **(P v Q) → R**.

Gabarito: certo.

QUESTÃO 11 (CEBRASPE – AE/SEGER-ES/2013) Um provérbio chinês diz que:

P1: Se o seu problema não tem solução, então não é preciso se preocupar com ele, pois nada que você fizer o resolverá.

P2: Se o seu problema tem solução, então não é preciso se preocupar com ele, pois ele logo se resolverá.

Indicadas por P, Q e R, respectivamente, as proposições "Seu problema tem solução", "Nada que você fizer resolverá seu problema" e "Não é preciso se preocupar com seu problema", e indicados por "~" e "→", respectivamente, os conectivos "não" e "se..., então", a proposição P1 pode ser corretamente representada, na linguagem lógico-simbólica, por

a) (~P) → (R → Q).

b) ((Q → (~P)) → R.

c) ((~P) → Q) → R.

d) (~P) → (Q → R).

e) ((~P) → R) → Q.

RESOLUÇÃO:

Sejam as proposições simples:

P: "Seu problema tem solução".

Q: "Nada que você fizer resolverá seu problema".

R: "Não é preciso se preocupar com seu problema".

A proposição P1 é a seguinte: "***Se** o seu problema não tem solução, **então** não é preciso se preocupar com ele, **pois** nada que você fizer o resolverá*".

Note a presença da palavra "pois". Quando ela aparece em proposições compostas, está relacionada ao conectivo condicional. Nesse caso, o que vem antes do "pois" é o consequente e o que vem após o "pois" é o antecedente.

Portanto, devemos trocar de posição a frase com o "pois" para adequar ao formato do "Se, então". Assim, utilizando a simbologia lógica, podemos representar a proposição **P1** da seguinte maneira: $((\sim P) \rightarrow Q) \rightarrow R$.

Gabarito: C.

7.3.1. Condição suficiente e condição necessária

Das expressões equivalentes ao conectivo condicional descritas, as mais importantes, as que os elaboradores de questões para concursos públicos mais gostam, sem dúvida são:

P é ***condição suficiente*** para Q.
Q é ***condição necessária*** para P.

Portanto, é bem apropriado que as examinemos com mais carinho, dedicando um tópico específico. Então, atenção total, colega.

No exame que faremos, algo que deve ficar claro para você é saber converter as palavras **suficiente** e **necessário** para o **FORMATO** da proposição condicional. Esse é o nosso foco.

Perceba que a sentença "João ser concurseiro é condição suficiente para Maria ser psicóloga" poderia ser reescrita, usando o formato da condicional, desta forma:

"Se João é concurseiro, então Maria é psicóloga."

Agora, se a expressão for "Maria ser psicóloga é condição necessária para João ser concurseiro", então poderemos fazer uma conversão, que nos conduzirá a:

"Se João é concurseiro, então Maria é psicóloga."

E se a expressão fosse um pouco mais complicadinha, do tipo "Uma condição necessária para que João seja concurseiro é Maria ser psicóloga"? Bem, na realidade essa frase é simplesmente igual a "Maria ser psicóloga é condição necessária para João ser concurseiro". Assim, a condicional continuaria sendo:

"Se João é concurseiro, então Maria é psicóloga."

TOME NOTA!

O antecedente é **condição suficiente** para obter o consequente. E este (consequente) é uma **condição necessária** para o antecedente.

De outra forma, ao bom estilo concurseiro:

BIZU!

O **1º** é **suficiente** para o **2º**, mas o **2º** é **necessário** para o **1º**.

Veja como esse assunto já foi cobrado!

QUESTÃO 12 (FCC/BACEN/Ana/2006) Sejam as proposições:

p: atuação compradora de dólares por parte do Banco Central;

q: fazer frente ao fluxo positivo.

Se p implica q, então,

a) a atuação compradora de dólares por parte do Banco Central é condição necessária para fazer frente ao fluxo positivo.

b) fazer frente ao fluxo positivo é condição suficiente para a atuação compradora de dólares por parte do Banco Central.

c) a atuação compradora de dólares por parte do Banco Central é condição suficiente para fazer frente ao fluxo positivo.

d) fazer frente ao fluxo positivo é condição necessária e suficiente para a atuação compradora de dólares por parte do Banco Central.

e) a atuação compradora de dólares por parte do Banco Central não é condição suficiente e nem necessária para fazer frente ao fluxo positivo.

RESOLUÇÃO:

Sejam as proposições simples:

p: atuação compradora de dólares por parte do Banco Central;

q: fazer frente ao fluxo positivo.

Podemos uni-las utilizando os termos "condição suficiente" e "condição necessária":

> *"A atuação compradora de dólares por parte do Banco Central é condição suficiente para fazer frente ao fluxo positivo."*
>
> *"Fazer frente ao fluxo positivo é condição necessária para a atuação compradora de dólares por parte do Banco Central."*

Chegou a hora boa. Depois do trabalho de resolver a questão, basta procurar a alternativa correta. Nesse sentido, repare que a **alternativa C** se encaixa perfeitamente na primeira dessas duas sentenças.

Gabarito: C.

QUESTÃO 13 (CESPE/MPE-TO/Ana/2006) A proposição P: "Ser honesto é condição necessária para um cidadão ser admitido no serviço público" é corretamente simbolizada na forma A → B, em que A representa "ser honesto" e B representa "para um cidadão ser admitido no serviço público".

RESOLUÇÃO:

Mais uma vez sendo cobrado o conhecimento do "***condição suficiente/condição necessária***".

Basta lembrar que o 1º é **suficiente para o 2º, mas o 2º é necessário para o 1º.**

O enunciado da questão afirmou que:

A: "ser honesto".

B: "para um cidadão ser admitido no serviço público".

Assim, a proposição P: "*Ser honesto é condição necessária para um cidadão ser admitido no serviço público*", está corretamente simbolizada por **B → A**, pois o consequente (B) é condição necessária para o antecedente (A).

Gabarito: errado.

8. CONECTIVO "SE E SOMENTE SE" (BICONDICIONAL)

Acreditamos que este conectivo é o mais tranquilo de todos os que analisamos até o momento.

Tome, por exemplo, as seguintes sentenças:

p: Pedro gosta de matemática.

q: Rita é estudante de Direito.

Formando uma proposição composta com as proposições simples p e q, unindo-as por meio do conectivo bicondicional, teremos:

*"Pedro gosta de matemática **se e somente se** Rita é estudante de Direito".*

Simbolicamente, teríamos: **p ↔ q**.

Uma informação preciosa, que pode lhe tirar de algumas enrascadas, é saber que a proposição **bicondicional é equivalente a uma conjunção de duas condicionais**. Simbolizando isso, teremos: **p ↔ q = (p → q) ^ (q → p)**.

FIQUE ATENTO!

Perceba que no **segundo parêntese** da equivalência **as proposições ficam invertidas** (o "q" vem antes do "p")!

8.1. Valor Lógico da Proposição Bicondicional

Indo direto ao ponto, a bicondicional é **verdadeira** quando os valores lógicos de p e q são **iguais**, sendo **falsa** quando são **diferentes**.

Assim, a sentença analisada "Pedro gosta de matemática **se e somente se** Rita é estudante de Direito" será verdade quando tivermos a informação de que as duas posições simples (p e q) são verdadeiras ou são falsas, ou seja, com valores lógicos iguais; se tiverem valores lógicos contrários, a proposição bicondicional será **falsa**.

TOME NOTA!

A ideia (significado) do conectivo bicondicional é abordar duas informações que ***acontecem juntas ou deixam de acontecer juntas*** **(simultaneidade).**

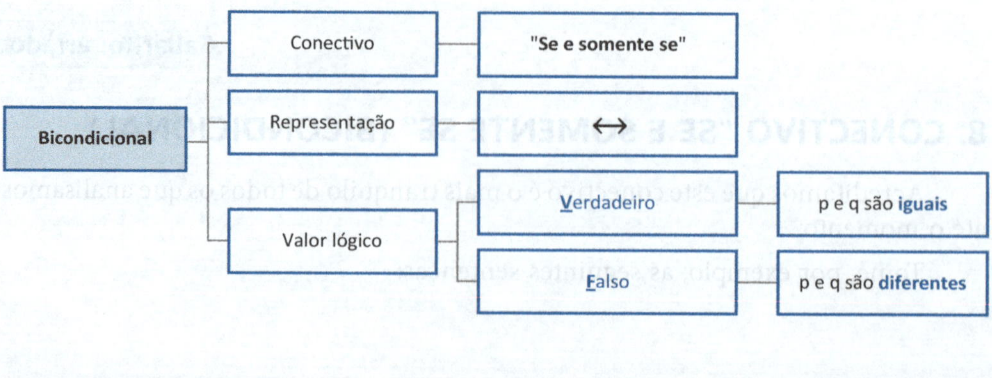

8.2. Tabela-Verdade da Proposição Bicondicional

A **tabela-verdade** do "**se e somente se**" será:

p	q	$p \leftrightarrow q$
V	V	V
V	F	F
F	V	F
F	F	V

Além disso, assim como no caso da condicional, há muitas questões envolvendo o conectivo bicondicional que exigem do candidato o conhecimento de expressões que são equivalentes ao "se e somente se".

8.3. Expressões equivalentes ao "se e somente se"

Temos pelo menos 6 (seis) expressões que podem aparecer na sua prova que são equivalentes à proposição bicondicional. São as seguintes:

1. p **se e só se** q.
2. **Se** p **então** q **e se** q **então** p.
3. p **somente se** q **e** q **somente se** p.
4. **Todo** p é q **e todo** q é p.
5. p é **condição suficiente e necessária** para q.
6. q é **condição suficiente e necessária** para p.

Por meio das expressões equivalentes **5 e 6**, somos levados a uma importante propriedade da proposição bicondicional: **comutatividade**. Logo, a frase "Pedro gosta de matemática **se e somente se** Rita é estudante de Direito" tem o mesmo valor lógico que a sentença "Rita é estudante de Direito **se e somente se** Pedro gosta de matemática."

Simbolicamente, temos: $\mathbf{p \leftrightarrow q = q \leftrightarrow p}$.

Veja como esse assunto já foi cobrado!

QUESTÃO 14 (CESPE – ACE/TC-DF/2012) Com a finalidade de reduzir as despesas mensais com energia elétrica na sua repartição, o gestor mandou instalar, nas áreas de circulação, sensores de presença e de claridade natural que atendem à seguinte especificação:

P: A luz permanece acesa se, e somente se, há movimento e não há claridade natural suficiente no recinto.

Acerca dessa situação, julgue o item seguinte.

A especificação P pode ser corretamente representada por p ↔ (q ∧ r), em que p, q e r correspondem a proposições adequadas e os símbolos ↔ e ∧ representam, respectivamente, a bicondicional e a conjunção.

RESOLUÇÃO:

Sejam as proposições simples:

p: a luz permanece acesa.

q: há movimento.

r: não há claridade natural suficiente no recinto.

Note que essas proposições estão conectadas pelo "**se e somente se**", cujo símbolo é: ↔, e pelo conectivo "**e**", cujo símbolo é: ∧.

Representando pela simbologia lógica a expressão dada, obtemos: **p ↔ (q ∧ r)**.

Gabarito: Certo.

9. ENTENDA E DECORE OS CONECTIVOS LÓGICOS

Até aqui você teve o correto ENTENDIMENTO de cada conectivo lógico, por meio da abordagem de simbologia, significado, tabela-verdade e valor lógico deles. Contudo, acreditamos que também é de fundamental importância que você MEMORIZE cada um desses aspectos para ganhar tempo em sua prova!

Mas, talvez, você possa nos perguntar:

Tem algum esquema para me ajudar a decorar os valores lógicos dos conectivos?

É claro que tem, e vamos trazer para você duas opções de resumo! Tente perceber qual delas será mais eficiente no seu caso:

Conectivo	É **VERDADE** quando...	É **FALSO** quando
p ^ q	p e q forem, ambos, V	Um dos dois for F, ou ambos
p ∨ q	Um dos dois for V, ou ambos	p e q forem, ambos, F
p ∨ q	p e q forem diferentes	p e q forem iguais
p → q	Nos demais casos	p for V e q for F

Conectivo	É **VERDADE** quando...	É **FALSO** quando
p ↔ q	p e q forem iguais	p e q forem diferentes

TABELA VERDADE

CONJUNÇÃO

P	Q	P ^ Q
V	**V**	**V**
V	F	F
F	V	F
F	F	F

Será V quando tudo for V.

← INVERSO →

DISJUNÇÃO

P	Q	P v Q
V	V	V
V	F	V
F	V	V
F	**F**	**F**

Será F quando tudo for F.

CONDICIONAL

Antecedente = condição suficiente

Consequente = Condição necessária.

P	Q	P→Q
V	V	V
V	**F**	**F**
F	V	V
F	F	V

Será F quando o antecedente for V e o consequente for F

Vera Fisher é Falso.

DISJ. EXCLUS.

P	Q	P $\underline{\vee}$ Q
V	**V**	**F**
V	F	V
F	V	V
F	**F**	**F**

Será F quando tudo for igual.

← INVERSO →

BICONDICIONAL

P	Q	P↔Q
V	**V**	**V**
V	F	F
F	V	F
F	**F**	**V**

Será V quando tudo for igual.

Além disso, esquematizamos a seguir a ideia ou significado de cada conectivo:

CONJUNÇÃO (E)

- **A ideia é abordar duas informações nas quais *ambas são verdadeiras ou acontecem ao mesmo tempo*.**

DISJUNÇÃO (OU)

- **A ideia é abordar duas informações nas quais *pelo menos uma delas é verdadeira ou acontece ao mesmo tempo*.**

DISJUNÇÃO EXCLUSIVA (OU ... OU)

- **A ideia é abordar duas informações nas quais *apenas uma delas pode acontecer* (exclusividade).**

CONDICIONAL (SE..., ENTÃO...)

- **A ideia é abordar duas informações que possuem entre si uma *relação de causa e efeito*, de modo que *se a condição (antecedente) for satisfeita, chegaremos a um resultado obrigatório (consequente)*.**

BICONDICIONAL (SE E SOMENTE SE)

- **A ideia é abordar duas informações que *acontecem juntas ou deixam de acontecer juntas*. (simultaneidade).**

Cole os esquemas em um local bem visível e periodicamente o revise. Caso consiga compreender e memorizar essas informações, o raciocínio lógico deixará de ser um problema para você. Pode confiar!

10. OPERADOR "NÃO" (NEGAÇÃO)

É de extrema importância sabermos como **negar uma proposição**. Neste capítulo, iremos nos concentrar em negar apenas proposições simples. Mais adiante no livro, também estudaremos a negação de proposições compostas.

Para negar uma proposição simples basta colocar a palavra **não** na sentença, tornando-a negativa. Vejamos alguns exemplos:

- ✓ *Maria é professora.* **Negação**: *Maria* ***não*** é professora.
- ✓ *José é médico.* **Negação**: *José* ***não*** é médico.

A negação pode ser simbolizada por uma pequena **cantoneira** (¬) ou um sinal de **til** (~).

Adotaremos o "til" por ser mais fácil de ser representado e ser mais utilizado nas provas de concursos públicos.

10.1. Valor Lógico da Negação

A negação tem a função de inverter o valor lógico. Portanto, o valor lógico da proposição é exatamente o **contrário do valor lógico da proposição que se quer negar**. Assim, teremos: **~V = F e ~F = V.**

E se tivermos uma dupla negação?

Aí fica tudo como antes, ou seja, não há nenhuma alteração na estrutura da proposição. Logo: **~~F = F** e **~~V = V**.

Certo. Mas, e se tivermos várias negações, uma atrás da outra?

Se a quantidade de negações for <u>**ímpar**</u>	Valor lógico será <u>**invertido**</u>
Se a quantidade de negações for <u>**par**</u>	Valor lógico continuará o <u>**mesmo**</u>

10.2. Tabela-Verdade da Negação

Pense num negócio fácil! A **tabela-verdade da negação** será:

p	~p
V	F
F	V

Vejamos agora algumas situações bem diferentes que podem ocorrer na negação de proposições, sendo apropriado tratá-las separadamente.

10.3. Negação de sentença negativa

Nessa primeira situação, temos que a proposição já é negativa, isto é, já está presente a palavra "não" na declaração.

Para negá-la, **basta excluir a palavra "não"**. Logo:

Maria ***não*** é professora. **Negação**: Maria é professora.
José ***não*** é médico. **Negação**: José é médico.

10.4. Expressões equivalentes ao "não"

É possível efetuarmos a negação de uma proposição simples fazendo uso de expressões como: **não é verdade que**, **é falso que** ou **é mentira que**. Assim:

João não é médico.

- **Não é verdade que João é médico.**
- **É falso que João é médico.**
- **É mentira que João é médico.**

10.5. Negação usando antônimos

Atenção redobrada aqui, colega. Como sabemos, antônimo é o nome que se dá à palavra que tenha significado contrário (também oposto ou inverso) à outra. Por exemplo, o antônimo de alto é baixo.

Para negarmos a proposição "Marília é bonita", além de incluirmos a palavra "não", resultando em "Marília não é bonita", poderíamos também fazer uso do antônimo de bonita, que é feia. Logo:

Marília é bonita. **Negação**: Marília é ***feia***.

A mesma situação aconteceria para a sentença "Jó é culpado". A negação poderia ser:

Jó é culpado. **Negação**: Jó ***não*** é culpado.

Entretanto, devemos tomar muito cuidado com expressões nas quais seja possível haver mais de um antônimo ou mais de uma forma de negá-las. Veja um exemplo:

"O Vasco ganhou o jogo." **Negação**: "O Vasco ***perdeu*** o jogo."

Essa negação estaria correta, colega? Não, está errada, pois o jogo poderia ter empatado. E como seria o correto? Aí nós faríamos o "feijão com arroz", ou seja:

"O Vasco ganhou o jogo." **Negação**: "O Vasco ***não*** *ganhou* o jogo."

Portanto, ao efetuar a negação de uma proposição, analise bem se existe outra situação que poderia negá-la, como o caso demonstrado. Em havendo, evite o uso de antônimos, bastando a utilização da palavra "não".

Veja mais uma situação:

Negação de "$x = y$" é "$x \neq y$", mas também poderia ser: "$x < y$" ou "$x > y$".

Veja como esse assunto já foi cobrado!

QUESTÃO 15 (CESPE – Téc Adm/ANATEL/2012) P1: A quantidade de interrupções nas chamadas realizadas de aparelhos cadastrados em planos tarifados por ligações é quatro vezes superior à quantidade de interrupções nas chamadas realizadas de aparelhos cadastrados em planos tarifados por minutos.

A negação de P1 é corretamente expressa por "A quantidade de interrupções nas chamadas realizadas de aparelhos cadastrados em planos tarifados por ligações é quatro vezes inferior à quantidade de interrupções nas chamadas realizadas de aparelhos cadastrados em planos tarifados por minutos".

RESOLUÇÃO:

Vamos chamar de **x** a quantidade de interrupções nos planos tarifados por chamada e de **y** a quantidade de interrupções nos planos tarifados por minuto.

Dessa maneira, a premissa **P1** nos diz que $x = 4y$. Porém, o nosso objetivo é negá-la. Como faremos isso? Assim:

$x \neq 4y$

Portanto, basta dizer que tais quantidades são diferentes entre si. Portanto, **"x" não é o quádruplo de "y"**.

Por outro lado, o item afirmou que $x < 4y$, o que está **errado**, pois não sabemos se $x < 4y$ ou se $x > 4y$.

Portanto, o item ficaria correto se fosse apresentado o seguinte comando:

A negação de P_1 é corretamente expressa por "A quantidade de interrupções nas chamadas realizadas de aparelhos cadastrados em planos tarifados por ligações **não** é igual a quatro vezes a quantidade de interrupções nas chamadas realizadas de aparelhos cadastrados em planos tarifados por minutos".

Outra possibilidade de fazer a negação:

A negação de P_1 é corretamente expressa por "A quantidade de interrupções nas chamadas realizadas de aparelhos cadastrados em planos tarifados por ligações **é diferente de** quatro vezes a quantidade de interrupções nas chamadas realizadas de aparelhos cadastrados em planos tarifados por minutos".

Gabarito: Errado.

QUESTÃO 16 (CESPE – Auditor de Controle Externo/TC-DF/2021) Considerando que P e Q sejam, respectivamente, as proposições "Ausência de evidência de um crime não é evidência da ausência do crime." e "Se não há evidência, não há crime", julgue o item a seguir.

A negação da proposição P pode ser corretamente expressa por "Presença de evidência de um crime é evidência da presença do crime."

RESOLUÇÃO:

Efetuamos a negação de uma proposição simples colocando um "não" antes do verbo principal da frase ou retirando o "nào" caso ele já exista na sentença original.

Agora, compare essa frase com a trazida pelo enunciado como sendo supostamente a negação de P: Presença de evidência de um crime é evidência da presença do crime.

Veja que o item está **errado**, pois negou também o início da sentença.

Gabarito: Errado.

11. PRECEDÊNCIA DOS CONECTIVOS LÓGICOS

Este é um tema que raramente é mencionado nos cursos e livros voltados para concursos. Mas no nosso livro você ficará completamente equipado para enfrentar a sua banca examinadora, mesmo diante das maiores surpresas.

Os conectivos lógicos possuem uma **ordem de precedência** (ou prioridade), assim como acontece com as operações básicas de cálculo (+, -, x, ÷). Logo:

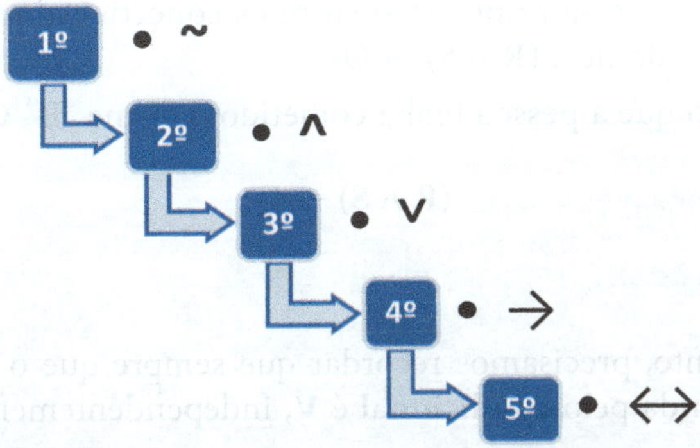

Além disso, é importante destacar que:

✓ Para conectivos iguais, adota-se a convenção de associar os parênteses da direita para a esquerda;

✓ As operações entre parênteses possuem prioridade.

Veja como esse assunto já foi cobrado!

QUESTÃO 17 (CEBRASPE/DPU/ATA/2016) Um estudante de direito, com o objetivo de sistematizar o seu estudo, criou sua própria legenda, na qual identificava, por letras, algumas afirmações relevantes quanto à disciplina estudada e as vinculava por meio de sentenças (proposições). No seu vocabulário particular constava, por exemplo:

P: Cometeu o crime A.

Q: Cometeu o crime B.

R: Será punido, obrigatoriamente, com a pena de reclusão no regime fechado.

S: Poderá optar pelo pagamento de fiança.

Ao revisar seus escritos, o estudante, apesar de não recordar qual era o crime B, lembrou que ele era inafiançável.

Tendo como referência essa situação hipotética, julgue o item que se segue.

Caso as proposições R e S se refiram à mesma pessoa e a um único crime, então, independentemente das valorações de R e S como verdadeiras ou falsas, a proposição $R \wedge S \rightarrow Q$ será sempre falsa.

RESOLUÇÃO:

Na ausência de parênteses, obedecemos à seguinte ordem de precedência entre os conectivos: 1º) negação, 2º) conjunção, 3º) disjunção, 4º) condicional, 5º) bicondicional.

Assim, aplicando essa priorização entre os conectivos lógicos, a proposição trazida pelo enunciado fica: **(R ∧ S) → Q**.

Considerando que a pessoa tenha cometido o crime "B", Q será verdadeira.

$$(R \wedge S) \rightarrow \underbrace{Q}_{V}$$

Nesse momento, precisamos recordar que sempre que o **consequente** é **V**, toda a sentença unida pelo **condicional** é **V**, independentemente do valor lógico do **antecedente**.

Portanto, podemos concluir que é plenamente possível termos a sentença **(R ∧ S) → Q verdadeira**.

Gabarito: Errado.

12. RESUMO

Conectivo	É VERDADE quando...	É FALSO quando
p ^ q	p e q forem, ambos, V	Um dos dois for F, ou ambos
p ∨ q	Um dos dois for V, ou ambos	p e q forem, ambos, F
p ∨ q	p e q forem diferentes	p e q forem iguais
p → q	Nos demais casos	p for V e q for F
p ↔ q	p e q forem iguais	p e q forem diferentes

O "**Se ... então**" somente será **FALSO** quando o **antecedente** for **VERDADEIRO** e o **consequente** for **FALSO**!

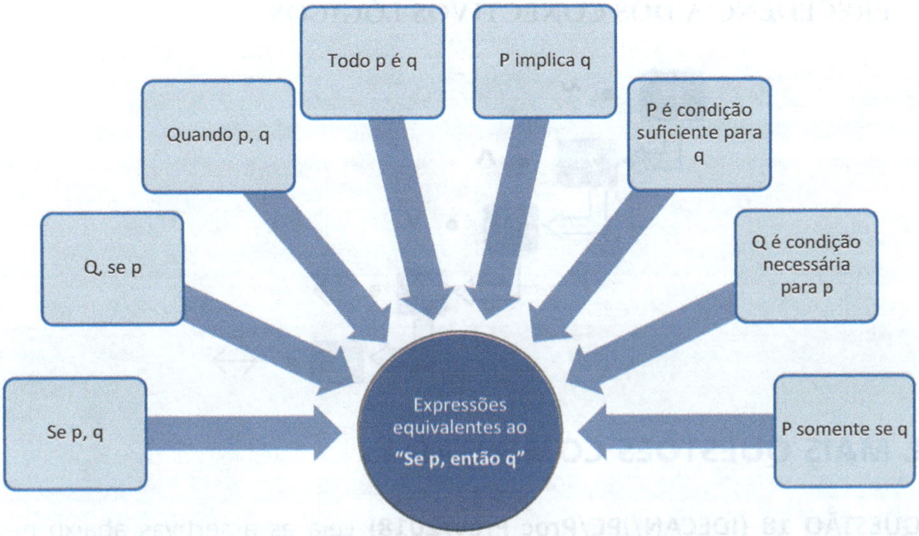

Dessas expressões equivalentes ao conectivo condicional descritas, as mais importantes, as que os elaboradores de questões para concursos públicos mais gostam, sem dúvida, são:

P é ***condição suficiente*** para Q.
Q é ***condição necessária*** para P.

TOME NOTA!

O **antecedente** é **condição suficiente** para obter o **consequente**. E este (**consequente**) é uma **condição necessária** para o **antecedente**.

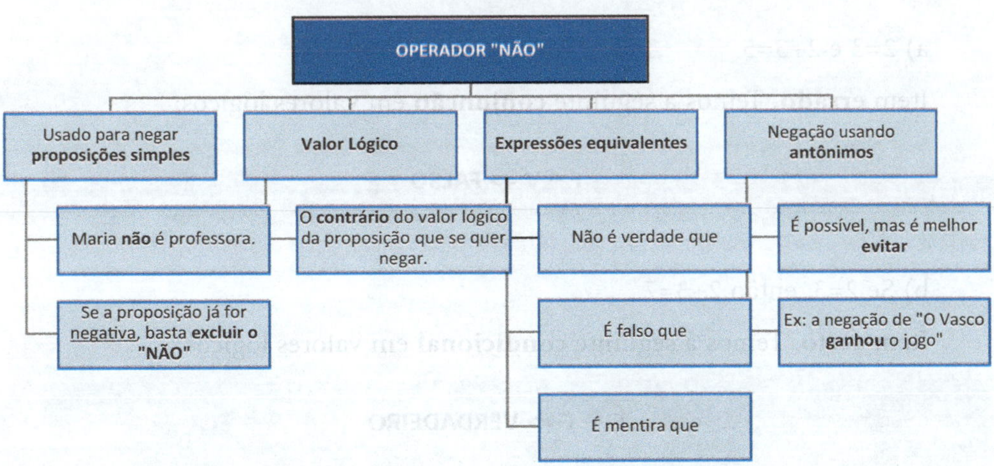

PRECEDÊNCIA DOS CONECTIVOS LÓGICOS

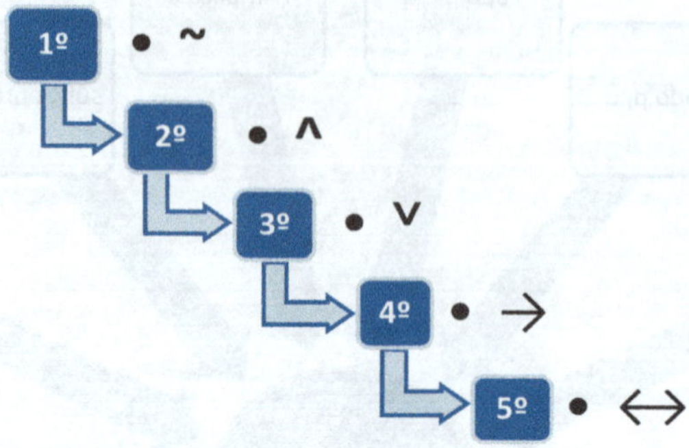

13. MAIS QUESTÕES COMENTADAS

QUESTÃO 18 (IDECAN/IPC/Proc Prev/2018) Leia as assertivas abaixo e, em seguida, Assinale a alternativa correta:

a) 2=3 e 2+3=5

b) Se 2=3, então 2+3=7

c) 2=3 ou 2+3=7

d) Se 2=2, então 2+3=7

RESOLUÇÃO:

A questão apresenta proposições compostas em cada uma das alternativas para que avaliemos se elas são verdadeiras ou falsas de acordo com as regras das tabelas-verdade dos conectivos.

Analisemos cada alternativa.

a) 2=3 e 2+3=5

Item **errado**. Temos a seguinte **conjunção** em valores lógicos:

F ^ V => FALSO

b) Se 2=3, então 2+3=7

Item **certo**. Temos a seguinte **condicional** em valores lógicos:

F → F => VERDADEIRO

c) 2=3 ou 2+3=7

Item **errado**. Temos a seguinte **disjunção** em valores lógicos:

F v F => FALSO

d) Se 2=2, então 2+3=7

Item **errado**. Temos a seguinte **condicional** em valores lógicos:

V → F => FALSO

Gabarito: B.

QUESTÃO 19 (FUNDATEC – ISS GRAMADO/Auditor Fiscal/2019) Suponha que seja verdadeiro o valor lógico da proposição P e falso o valor lógico das proposições Q e R. Sendo assim, avalie o valor lógico das seguintes proposições compostas:

I. (P → Q) ∧ R

II. (R → ~P)

III. ~R V (P ∧ Q)

IV. (Q V P) ∧ R

Quais têm valor lógico verdadeiro?

A) Apenas I.

B) Apenas II.

C) Apenas I e III.

D) Apenas II e III.

E) Apenas I, III e IV.

RESOLUÇÃO:

Vamos analisar o valor lógico de cada proposição, tendo em mente que **P** é **V** e **Q** e **R** são **F**.

I. (P → Q) ∧ R

Ficamos com **(V → F) ∧ F**, isto é, **F ∧ F**, que é **falso**.

II. (R → ~P)

Ficamos com (F → F), que é **verdadeiro.**

III. ~R ∨ (P ∧ Q)

Ficamos com **V ∨ (V ∧ F)**, isto é, **V ∨ F**, que é **verdadeiro.**

IV. (Q ∨ P) ∧ R

Ficamos com **(F ∨ V) ∧ F**, isto é, **V ∧ F**, que é **falso.**

Gabarito: D.

QUESTÃO 20 (CEBRASPE/Polícia Federal/Ag Adm/2014) Considerando que P seja a proposição "Não basta à mulher de César ser honesta, ela precisa parecer honesta", julgue o item seguinte, acerca da lógica sentencial.

Se a proposição "Basta à mulher de César ser honesta" for falsa e a proposição "A mulher de César precisa parecer honesta" for verdadeira, então a proposição P será verdadeira.

RESOLUÇÃO:

Sejam as proposições simples:

Q: Basta à mulher de César ser honesta.

R: A mulher de César precisa parecer honesta.

Podemos fazer a seguinte representação da proposição P: **~Q ∧ R**.

O enunciado afirma que Q é falsa. Logo, sua **negação** é verdadeira.

Além disso, foi dito que R é verdadeira, de forma que as parcelas da **conjunção** terão os seguintes valores lógicos: **V ∧ V**.

Ora, já sabemos que **quando as duas proposições simples unidas pelo conectivo conjunção são verdadeiras, então a proposição composta também será V.**

Gabarito: certo.

QUESTÃO 21 (FCC/SEFAZ-SC/Auditor Fiscal/2018) Em certo país A, a proposição "se um político comete um ato de corrupção, então ele é preso" é verdadeira. Em outro país B, é verdadeira a proposição "se um político está preso, então ele cometeu um ato de corrupção".

Com base apenas nessas informações, pode-se concluir que,

(A) no país B, se um político está livre, ele não cometeu um ato de corrupção.

(B) no país A, todo político preso cometeu um ato de corrupção.

(C) em ambos os países, podem existir políticos presos que não cometeram um ato de corrupção.

(D) no país B, podem existir políticos que cometeram atos de corrupção e não estão presos.

(E) em ambos os países, podem existir políticos que cometeram atos de corrupção e não estão presos.

RESOLUÇÃO:

Vamos analisar cada alternativa.

(A) no país B, se um político está livre, ele não cometeu um ato de corrupção.

Errado. Conforme indica a proposição relativa ao país B, **é possível que um político esteja livre mesmo tendo cometido um ato de corrupção** (esse país **B** deve ser B de **Brasil**). De fato, o que a sentença garante é que qualquer político preso no país B praticou corrupção.

(B) no país A, todo político preso cometeu um ato de corrupção.

Errado. A proposição relativa ao país A estabelece que **todo político que cometeu um ato de corrupção é preso**. Assim, é possível que nesse país haja políticos presos por outros crimes além da corrupção.

(C) em ambos os países, podem existir políticos presos que não cometeram um ato de corrupção.

Errado. No país B **todo político preso necessariamente cometeu um ato de corrupção**. Por outro lado, no país A é possível existir políticos presos por outros crimes além da corrupção.

(D) no país B, podem existir políticos que cometeram atos de corrupção e não estão presos.

Certo. No país B é possível que um político esteja livre mesmo tendo cometido um ato de corrupção. Nesse sentido, a proposição apresentada garante que qualquer político preso no país B praticou corrupção.

(E) em ambos os países, podem existir políticos que cometeram atos de corrupção e não estão presos.

Errado. A proposição relativa ao país A estabelece que **todo político que cometeu um ato de corrupção é preso**. Já no país B existe a possibilidade de um político estar livre mesmo tendo cometido um ato de corrupção.

Gabarito: D.

QUESTÃO 22 (Quadrix - CRECI MS/Ass Adm/2021) Se a proposição composta (p ∧ q) → r for falsa, então p e q são proposições verdadeiras e r é uma proposição falsa.

RESOLUÇÃO:

O enunciado estabelece que o **condicional (p ∧ q)** → r é falsa. Sendo esse o caso, concluímos que a primeira parcela é V e a segunda parcela é F:

(p ∧ q) é V: Como se trata de uma conjunção, para que seja verdadeira ambas as parcelas devem ser V. Assim, temos que as proposições p e q são verdadeiras.

r: é uma proposição simples com valor lógico F.

Gabarito: certo.

QUESTÃO 23 (CEBRASPE/DPU/ATA/2016) Um estudante de direito, com o objetivo de sistematizar o seu estudo, criou sua própria legenda, na qual identificava, por letras, algumas afirmações relevantes quanto à disciplina estudada e as vinculava por meio de sentenças (proposições). No seu vocabulário particular constava, por exemplo:

P: Cometeu o crime A.

Q: Cometeu o crime B.

R: Será punido, obrigatoriamente, com a pena de reclusão no regime fechado.

S: Poderá optar pelo pagamento de fiança.

Ao revisar seus escritos, o estudante, apesar de não recordar qual era o crime B, lembrou que ele era inafiançável.

Tendo como referência essa situação hipotética, julgue o item que se segue.

A sentença Q → R é falsa.

RESOLUÇÃO:

Suponhamos que a pessoa não tenha cometido o crime "B". Nesse caso, teremos a proposição Q falsa, de forma que o condicional ficará:

$$\underbrace{\mathbf{Q}}_{\mathbf{F}} \rightarrow \mathbf{R}$$

Nesse momento, precisamos recordar que sempre que o antecedente é falso, o condicional é verdadeiro, independentemente do valor lógico do consequente.

Portanto, podemos concluir que é plenamente possível termos a sentença **Q → R verdadeira.**

Gabarito: Errado.

QUESTÃO 24 (CEBRASPE – AnaTA/MDIC/2014) Considerando que P seja a proposição "A Brasil Central é uma das ruas mais movimentadas do centro da cidade e lá o preço dos aluguéis é alto, mas se o interessado der três passos, alugará a pouca distância uma loja por um valor baixo", julgue o item subsecutivo, a respeito de lógica sentencial.

A proposição P pode ser expressa corretamente na forma Q ∧ R ∧ (S → T), em que Q, R, S e T representem proposições convenientemente escolhidas.

RESOLUÇÃO:

Sejam as proposições simples:

Q: A Brasil Central é uma das ruas mais movimentadas do centro da cidade.

R: Na Rua Brasil Central o preço dos aluguéis é alto.

S: O interessado dá três passos.

T: O interessado alugará a pouca distância uma loja por um valor baixo.

A proposição composta **P** que o enunciado nos apresenta é a seguinte: "*A Brasil Central é uma das ruas mais movimentadas do centro da cidade* **e** *lá o preço dos aluguéis é alto,* **mas se** *o interessado der três passos,* **então** *alugará a pouca distância uma loja por um valor baixo*".

Fica claro que estamos trabalhando com dois conectivos lógicos: a **Conjunção**, representada pelo "**e**" e pelo "**mas**", e o **Condicional**.

A questão quer saber como podemos representar a tal proposição. Ora, isso já aprendemos: Q ∧ R ∧ (S → T).

Gabarito: certo.

QUESTÃO 25 (CEBRASPE – Ana Jud/TRE-MS/2013) Considere a seguinte sentença: A beleza e o vigor são companheiras da mocidade, e a nobreza e a sabedoria são irmãs dos dias de maturidade. Se P, Q e R são proposições simples e convenientemente escolhidas, essa sentença pode ser representada, simbolicamente, por

a) (P ∨ Q) ⇒ R. b) P ⇒ (R ∨ Q). c) P ∨ Q. d) P ∧ R. e) P ⇒ R.

RESOLUÇÃO:

Vamos separar as informações da sentença em análise: "*A beleza* **e** *o vigor são companheiras da mocidade,* **e** *a nobreza* **e** *a sabedoria são irmãs dos dias de maturidade*".

Observe atentamente a expressão "*A beleza e o vigor são companheiras da mocidade*". Este "e" que liga os elementos (beleza, vigor) não **é o conectivo conjunção**, pois o predicado "*companheiras da mocidade*" é único, de modo que essa proposição toda é **simples**. O mesmo se aplica à expressão "*a nobreza e a sabedoria são irmãs dos dias de maturidade*", por isso temos apenas duas proposições simples ligadas pelo conectivo conjunção.

Podemos, convenientemente, escrever as expressões do seguinte modo:

P: A beleza e o vigor são companheiras da mocidade.

R: A nobreza e a sabedoria são irmãs dos dias de maturidade.

Sendo assim, a sentença "*A beleza e o vigor são companheiras da mocidade, e a nobreza e a sabedoria são irmãs dos dias de maturidade*" pode ser representada por **P ∧ R**.

Gabarito: D.

QUESTÃO 26 (CEBRASPE – Ana Jud/TRT 10ª Região/2013) P_1 : Além de ser suportado pela estrutura óssea da coluna, seu peso é suportado também por sua estrutura muscular.

A proposição P_1 pode ser corretamente representada pela forma simbólica P ∧ Q, em que P e Q são proposições convenientemente escolhidas e o símbolo ∧ representa o conectivo lógico denominado conjunção.

RESOLUÇÃO:

Sejam as proposições simples:

P: O peso é suportado pela sua estrutura muscular.

Q: o peso é suportado pela estrutura óssea.

Precisamos fazer a representação lógica de **P1**: "*O peso é suportado pela sua estrutura muscular* **e** *o peso é suportado pela estrutura óssea*".

Note que temos duas proposições simples unidas pela **conjunção**, que em termos simbólicos fica: **P ∧ Q**.

Gabarito: Certo.

QUESTÃO 27 (CEBRASPE – Téc Jud/TRT 10ª Região/2013) A negação da proposição "O motorista foi pego dirigindo veículo de categoria diferente daquela para a qual está habilitado" é "O motorista não foi pego dirigindo veículo de categoria igual àquela para a qual não está habilitado".

RESOLUÇÃO:

Efetuamos a **negação** de uma proposição simples colocando um "não" antes do verbo principal da frase. Logo: "*O motorista* **não** *foi pego dirigindo veículo de categoria diferente daquela para a qual está habilitado*".

Perceba que o enunciado apresenta proposição diferente da anterior, pois acrescentou outro "não" antes da expressão "está habilitado".

Gabarito: Errado.

QUESTÃO 28 (CEBRASPE – Téc Jud/TRT 10ª Região/2013) Ao noticiar que o presidente do país X teria vetado um projeto de lei, um jornalista fez a seguinte afirmação. Se o presidente não tivesse vetado o projeto, o motorista que foi pego dirigindo veículo de categoria diferente daquela para a qual estava habilitado teria cometido infração gravíssima, punida com multa e apreensão do veículo, mas continuaria com a sua habilitação.

Em face dessa afirmação, que deve ser considerada como proposição *A*, considere, ainda, as proposições *P*, *Q* e *R*, a seguir.

P: O presidente não vetou o projeto.

Q: O motorista que foi pego dirigindo veículo de categoria diferente daquela para a qual é habilitado cometeu infração gravíssima, punida com multa e apreensão do veículo.

R: O motorista que foi pego dirigindo veículo de categoria diferente daquela para a qual é habilitado continuou com sua habilitação.

Limitando-se aos aspectos lógicos inerentes às proposições acima apresentadas, julgue o item seguinte.

A proposição *A* estará corretamente simbolizada por $P \rightarrow Q \wedge R$, em que os símbolos "$\rightarrow$" e "$\wedge$" representam, respectivamente, os conectivos lógicos denominados condicional e conjunção.

RESOLUÇÃO:

Vamos reescrever a proposição A, para deixar explícito os conectivos: **Se** *(o presidente não tivesse vetado o projeto),* **então** *[(o motorista que foi pego dirigindo veículo de categoria diferente daquela para a qual estava habilitado teria cometido infração gravíssima, punida com multa e apreensão do veículo),* **e** *(continuaria com a sua habilitação)].*

Note que temos um **condicional**, cujo consequente é uma proposição composta unida por uma **conjunção**. Fazendo a simbologia lógica da sentença, ficamos com: $\mathbf{P \rightarrow (Q \wedge R)}$.

Gabarito: Certo.

QUESTÃO 29 (CEBRASPE – Téc/MPU/2013) A negação da proposição "A licitação anterior não pode ser repetida sem prejuízo para a administração" está corretamente expressa por "A licitação anterior somente poderá ser repetida com prejuízo para a administração".

RESOLUÇÃO:

Efetuamos a negação de uma proposição simples colocando um "não" antes do verbo principal da frase. Logo: *"A licitação anterior **não** não pode ser repetida sem prejuízo para a administração"*.

Duas negações seguidas se anulam, de modo que ficamos com: *"A licitação anterior pode ser repetida sem prejuízo para a administração"*.

Perceba que o enunciado trouxe algo totalmente diferente disso.

Gabarito: Errado.

QUESTÃO 30 (CEBRASPE – Ana Amb/IBAMA/2013) P4: Se o atual aquecimento global é apenas mais um ciclo do fenômeno, como a presença humana no planeta é recente, então a presença humana no planeta não é causadora do atual aquecimento global.

A proposição P4 é logicamente equivalente a "Como o atual aquecimento global é apenas mais um ciclo do fenômeno e a presença humana no planeta é recente, a presença humana no planeta não é causadora do atual aquecimento global".

RESOLUÇÃO:

Vamos analisar detalhadamente a proposição P4: ***Se*** *o atual aquecimento global é apenas mais um ciclo do fenômeno,* ***como*** *a presença humana no planeta é recente, então a presença humana no planeta não é causadora do atual aquecimento global.*

As palavras "**se**" e "**como**" apontam para os antecedentes do condicional. Para exemplificar, considere as sentenças:

> ***Como*** *chegarei cedo, serei o primeiro atendido.*
>
> ***Se*** *eu chegar cedo, então serei o primeiro atendido.*

No primeiro caso, temos o "**como**" introduzindo uma ideia de causa. No segundo caso, temos o "**se**" introduzindo uma condição.

Voltando à questão, temos então dois antecedentes:

- o atual aquecimento global é apenas mais um ciclo do fenômeno.
- a presença humana no planeta é recente.

Nosso consequente é: *a presença humana não é causadora do atual aquecimento global.*

Isso resulta em: ***Se*** *o atual aquecimento global é apenas mais um ciclo do fenômeno* ***e*** *a presença humana no planeta é recente, então a presença humana no planeta não é causadora do atual aquecimento global.*

Outra opção seria: ***Como*** *o atual aquecimento global é apenas mais um ciclo do fenômeno* ***e*** *a presença humana no planeta é recente, a presença humana no planeta não é causadora do atual aquecimento global.*

Gabarito: Certo.

QUESTÃO 31 (CEBRASPE – Ana/BACEN/2013) P2: Como há necessidade de volumosos investimentos iniciais para a construção da ferrovia e não haverá demanda suficiente por sua utilização nos primeiros anos de operação, a taxa interna de retorno do negócio será baixa.

A proposição P2 é logicamente equivalente a "Se há necessidade de volumosos investimentos iniciais para a construção da ferrovia e não haverá demanda suficiente por sua utilização nos primeiros anos de operação, então a taxa interna de retorno do negócio será baixa".

RESOLUÇÃO:

Sejam as proposições simples:

V: há necessidade de volumosos recursos iniciais para a construção da ferrovia.

D: haverá demanda suficiente pela utilização da ferrovia nos primeiros anos de operação.

X: a taxa interna de retorno do negócio será baixa.

Vamos analisar detalhadamente a proposição P2: ***Como*** *há necessidade de volumosos investimentos iniciais para a construção da ferrovia* ***e*** *não haverá demanda suficiente por sua utilização nos primeiros anos de operação, a taxa interna de retorno do negócio será baixa.*

A palavra "**como**" nos remete ao **condicional**. Além disso, no antecedente temos duas proposições unidas pela **conjunção**. Dessa maneira, na simbologia lógica a proposição P2 fica: $(V \wedge \sim D) \rightarrow X$.

Por fim, reescrevemos P2 no formato padrão do condicional: ***Se*** *há necessidade de volumosos investimentos iniciais para a construção da ferrovia* ***e*** *não haverá demanda suficiente por sua utilização nos primeiros anos de operação,* ***então*** *a taxa interna de retorno do negócio será baixa.*

Gabarito: Certo.

QUESTÃO 32 (CEBRASPE – Adm/PF/2014) Ao planejarem uma fiscalização, os auditores internos de determinado órgão decidiram que seria necessário testar a veracidade das seguintes afirmações:

P: Os beneficiários receberam do órgão os insumos previstos no plano de trabalho.

Q: Há disponibilidade, no estoque do órgão, dos insumos previstos no plano de trabalho.

R: A programação de aquisição dos insumos previstos no plano de trabalho é adequada.

A respeito dessas afirmações, julgue o item seguinte, à luz da lógica sentencial.

Se as afirmações Q e R forem verdadeiras, será verdadeira a seguinte proposição: "Se não há disponibilidade, no estoque do órgão, dos insumos previstos no plano de trabalho, então a programação de aquisição dos insumos previstos no plano de trabalho não é adequada."

RESOLUÇÃO

Sejam as proposições simples:

P: Os beneficiários receberam do órgão os insumos previstos no plano de trabalho.

Q: Há disponibilidade, no estoque do órgão, dos insumos previstos no plano de trabalho.

R: A programação de aquisição dos insumos previstos no plano de trabalho é adequada.

Temos que analisar a seguinte proposição: "***Se*** *não há disponibilidade, no estoque do órgão, dos insumos previstos no plano de trabalho,* ***então*** *a programação de aquisição dos insumos previstos no plano de trabalho não é adequada.*"

Podemos fazer a seguinte representação simbólica: **~Q → ~R**. Ora, o enunciado afirma que Q e R são verdadeiras. Logo, suas negações são falsas. As parcelas do nosso condicional assumirão os seguintes valores lógicos: **F → F.**

Um condicional com duas parcelas falsas é **verdadeiro**, o que torna o item **certo.**

Gabarito: Certo.

QUESTÃO 33 (CEBRASPE – EPF/PF/2013) Nos termos do Edital n.º 9/2012 – DGP/DPF, de 10/6/2012, do concurso público para provimento de vagas no cargo de escrivão de polícia federal, cada candidato será submetido, durante todo o período de realização do concurso, a uma investigação social que visa avaliar o procedimento irrepreensível e a idoneidade moral inatacável dos candidatos. O item 19.1 do edital prevê que a nomeação do candidato ao cargo fica condicionada à não eliminação na investigação social e ao atendimento a outros requisitos. Com base nessas informações, e considerando que Pedro Henrique seja um dos candidatos, julgue o item seguinte.

Considere que sejam verdadeiras as proposições "Pedro Henrique não foi eliminado na investigação social" e "Pedro Henrique será nomeado para o cargo". Nesse caso, será também verdadeira a proposição "Se Pedro Henrique foi eliminado na investigação social, então ele não será nomeado para o cargo".

RESOLUÇÃO:

Sejam as proposições simples:

p: Pedro Henrique foi eliminado na investigação social.

q: Pedro Henrique será nomeado para o cargo.

Foi dito que a negação de p é verdadeira, pois o enunciado afirma que Pedro não foi eliminado na investigação social. Assim, concluímos que p é falso.

Além disso, foi dito ainda que "*Pedro Henrique será nomeado*". Logo, q é verdadeiro.

Precisamos avaliar o valor lógico de **p → (¬q)**. Note que o antecedente é falso e o consequente é verdadeiro (F → F), de modo que o condicional é verdadeiro.

Gabarito: Certo.

QUESTÃO 34 (CESPE – APF/PF/2012) Um jovem, ao ser flagrado no aeroporto portando certa quantidade de entorpecentes, argumentou com os policiais conforme o esquema a seguir:

Premissa 1: Eu não sou traficante, eu sou usuário;

Premissa 2: Se eu fosse traficante, estaria levando uma grande quantidade de droga e a teria escondido;

Premissa 3: Como sou usuário e não levo uma grande quantidade, não escondi a droga.

Conclusão: Se eu estivesse levando uma grande quantidade, não seria usuário.
Considerando a situação hipotética apresentada acima, julgue o item a seguir.
Se a proposição "Eu não sou traficante" for verdadeira, então a premissa 2 será uma proposição verdadeira, independentemente dos valores lógicos das demais proposições que a compõem.

RESOLUÇÃO:

Sejam as proposições simples:

p: eu sou traficante.

q: eu levo grande quantidade de drogas.

r: eu escondo a droga.

A premissa 2 pode ser representada por: **P → (q ∧ r)**.

O enunciado afirma que a proposição "*Eu não sou traficante*" é verdadeira, de modo que a proposição "p" é falsa.

A única situação em que o condicional é falso ocorre quando o antecedente é verdadeiro e o consequente é falso.

No caso desta questão, o antecedente é falso. Logo, é impossível termos o caso V/F. Assim, pouco importa o valor lógico do consequente. Já temos como garantir que não caímos no caso V/F. Portanto, o condicional é verdadeiro.

Gabarito: Certo.

14. QUESTÕES-DESAFIO

QUESTÃO 35 (ESAF/ANEEL/Téc-adm/2006) Sabe-se que Beto beber é condição necessária para Carmem cantar e condição suficiente para Denise dançar. Sabe-se, também, que Denise dançar é condição necessária e suficiente para Ana chorar. Assim, quando Carmem canta,

a) Beto não bebe ou Ana não chora.

b) Denise dança e Beto não bebe.

c) Denise não dança ou Ana não chora.

d) nem Beto bebe nem Denise dança.

e) Beto bebe e Ana chora.

RESOLUÇÃO:

Vamos resolver a questão passo a passo.

1º passo: Identificação das proposições do enunciado.

I- Beto beber é condição necessária para Carmem cantar;

II- Beto beber é condição suficiente para Denise dançar;

III- Denise dançar é condição necessária e suficiente para Ana chorar.

2º passo: Representação de cada proposição simples.

p: Beto bebe;

q: Carmem canta;

r: Denise dança;

s: Ana chora.

3º passo: Representação simbólica de cada proposição composta.

I– p é condição necessária para q;

II– p é condição suficiente para r;

III– r é condição necessária e suficiente para s.

No entanto, aprendemos que **condição suficiente** e **condição necessária** nos remetem ao conectivo **condicional** (Se ... então). Vamos relembrar o mantra:

O 1º é suficiente para o 2º, mas o 2º é necessário para o 1º.

Quanto à condição suficiente **E** necessária, acabamos de aprender que essa expressão equivale ao conectivo bicondicional (Se e somente se). De fato: q é **condição suficiente e necessária** para p = **p ↔ q = q ↔ p**.

Dessa maneira, podemos também representar as proposições compostas do enunciado como segue:

I– q → p;

II– p → r;

III– r ↔ s.

4º passo: Implicação da última informação do enunciado.

Considerando que ***Carmem canta***, ou seja, a proposição simples que chamamos de q é verdadeira, quais serão os efeitos disso sobre os valores lógicos das proposições compostas do enunciado? Vejamos:

I– q → p: Se q é V, necessariamente p deve ser V.

II– p → r: Se p é V, necessariamente r deve ser V.

III– r ↔ s: Se r é V, necessariamente s deve ser V.

Reunindo os resultados obtidos, teremos:

p: Beto bebe (V);

q: Carmem canta (V);

r: Denise dança (V);

s: Ana chora (V).

5º passo: Análise das alternativas.

a) Beto não bebe ou Ana não chora.

Alternativa errada. Para o conectivo disjunção, é necessário que pelo menos uma das proposições seja verdadeira. No caso, nenhuma proposição é V.

b) Denise dança e Beto não bebe.

Alternativa errada. Para o conectivo conjunção, as duas proposições devem ser verdadeiras. No caso, a proposição "Beto não bebe" é F.

c) Denise não dança ou Ana não chora.

Alternativa errada. Para o conectivo disjunção, é necessário que pelo menos uma das proposições seja verdadeira. Acontece que nenhuma das proposições deste item possui valor lógico V.

d) nem Beto bebe nem Denise dança.

Alternativa errada. Para o conectivo conjunção, as duas proposições devem ser verdadeiras. No caso, nenhuma das proposições deste item possui valor lógico V.

e) Beto bebe e Ana chora.

Este é o nosso gabarito! Para o conectivo conjunção, as duas proposições devem ser verdadeiras. É exatamente isso o que acontece neste item.

Gabarito: E.

QUESTÃO 36 (FCC/DPE-SP/ODP/2013) Considere as proposições abaixo.

p: Afrânio estuda.; q: Bernadete vai ao cinema.; r: Carol não estuda.

Admitindo que essas três proposições são verdadeiras, qual das seguintes afirmações é FALSA?

a) Afrânio não estuda ou Carol não estuda.

b) Se Afrânio não estuda, então Bernadete vai ao cinema.

c) Bernadete vai ao cinema e Carol não estuda.

d) Se Bernadete vai ao cinema, então Afrânio estuda ou Carol estuda.

e) Se Carol não estuda, então Afrânio estuda e Bernadete não vai ao cinema.

RESOLUÇÃO:

Sejam as proposições simples:

p: Afrânio estuda;

q: Bernadete vai ao cinema;

r: Carol não estuda.

Já sabemos que **p, q e r são verdadeiras**, segundo a informação do próprio enunciado. Devemos, então, analisar se é V ou F cada alternativa que utiliza essas proposições simples para formar proposições compostas. Lembrando que a nossa busca é pela **FALSA**.

F V

a) Afrânio não estuda ***ou*** Carol não estuda.

O conectivo é a **Disjunção**, que só é **falsa quando as duas proposições simples envolvidas são falsas**. Não é isso que ocorre: proposição verdadeira.

F V

b) Se Afrânio não estuda, então Bernadete vai ao cinema.

O conectivo é a **Condicional**, que só **é falsa quando a primeira proposição simples é verdadeira e a segunda é falsa**. Não é isso que ocorre: proposição verdadeira.

V V

c) Bernadete vai ao cinema e Carol não estuda.

O conectivo é a **Conjunção**, que **é falsa quando uma das proposições simples, ou ambas, é falsa**. Não é isso que ocorre: proposição verdadeira.

V V F

d) Se Bernadete vai ao cinema, então Afrânio estuda ou Carol estuda.

O conectivo é a **Condicional**, que só **é falsa quando a primeira proposição simples é verdadeira e a segunda é falsa**. A segunda proposição composta é conectada por uma **disjunção**, que já sabemos que só **é falsa quando as duas proposições simples envolvidas são falsas**. Não é isso que ocorre: proposição verdadeira.

V V F

e) Se Carol não estuda, então Afrânio estuda e Bernadete não vai ao cinema.

O conectivo é a **Condicional**, que só **é falsa quando a primeira proposição simples é verdadeira e a segunda é falsa**. A segunda proposição composta é conectada por uma **conjunção**, que já sabemos que **é falsa quando uma das proposições simples, ou ambas, é falsa**. É exatamente isso que ocorre: proposição falsa.

Gabarito: E.

CAPÍTULO 03

TABELAS-VERDADE

1. INTRODUÇÃO

O QUE VEREMOS

Vimos muito rapidamente até aqui o uso de **tabelas-verdade**. Porém, este tópico é tão importante na resolução das mais diversas questões de concursos que o trataremos de forma específica, a fim de prepará-lo para montar as tabelas-verdade de quaisquer proposições lógicas.

COMO APARECE NOS EDITAIS

O presente tema consta nos editais como Tabelas-Verdade de Proposições Compostas ou Valoração Lógica. Mas, ele também está contido no tópico que estudamos no capítulo anterior, o estudo dos Conectivos Lógicos.

COMO É COBRADO NAS PROVAS

Geralmente, as questões do assunto perguntam ao candidato quantas linhas possui a tabela-verdade de uma proposição ou quais os valores lógicos da última coluna de determinada proposição composta.

Ultimamente têm sido cobrados itens exigindo de forma isolada o conhecimento de tabelas-verdade. Porém, o mais comum é utilizá-las como ferramenta ou estratégia de solução de um exercício abordando outro assunto, de modo que se tem uma cobrança indireta deste tópico.

OBJETIVOS

Os nossos objetivos ao final deste capítulo é que você consiga:

1) saiba calcular o número de linhas da tabela-verdade associada a uma proposição;

2) construir a tabela-verdade de qualquer sentença, independentemente dos conectivos presentes;

3) preencher corretamente a coluna-resultado de qualquer tabela-verdade.

2. ANÁLISE DA COBRANÇA DO ASSUNTO EM PROVAS

Observe a seguir os percentuais de incidência nos últimos anos do assunto deste capítulo em relação ao volume de questões de todos os temas analisados na nossa matéria. Lembramos que quanto maior o percentual cobrança de um dado assunto, maior sua importância.

ASSUNTO	CEBRASPE	FCC	DEMAIS BANCAS
	% de cobrança	% de cobrança	% de cobrança
Tabelas-verdade	**8,22%**	**0,78%**	**3,44%**

O presente tópico possui uma importância **alta** nas provas elaboradas pelo Cebraspe, enquanto para as demais observa-se uma importância baixa a muito baixa.

3. CONCEITO

Tabela-Verdade é uma tabela em que são **analisados os valores lógicos** de proposições compostas. Elas constituem uma excelente ferramenta na resolução de questões. Comparamo-las a um exame, no qual é necessário para chegar a um diagnóstico quanto à existência ou não de um problema de saúde.

Um dos aspectos relacionados que mais aparece nas provas diz respeito ao **número de linhas** de uma tabela-verdade. E, sobre isso, temos uma boa notícia para dar a você: há uma **fórmula** bem simples para calcular.

Nº de linhas = 2^n

Em que "**n**" representa a quantidade de proposições simples.

Assim, se estivermos diante de uma proposição composta formada por duas proposições simples, então a tabela-verdade terá quatro linhas, pois $2^2 = 4$.

Eu vi uma questão que tinha quatro proposições simples. E aí?

Bem, nesse caso a tabela-verdade será monstruosa, com dezesseis linhas. Não aconselhamos ninguém a resolver uma questão via tabela-verdade nessa situação.

Seria uma perda de tempo enorme. Na verdade, as tabelas mais frequentes em concursos públicos são as compostas pelos valores lógicos de duas ou três proposições simples, cujas estruturas serão analisadas a seguir.

4. TABELAS-VERDADE PARA DUAS PROPOSIÇÕES

Sabemos de antemão que essa tabela terá **quatro linhas** ($2^2 = 4$). Para duas proposições simples p e q, começaremos montando a seguinte estrutura:

p	q

Daí, a coluna da primeira proposição (p) terá sempre a seguinte configuração: **dois "vês" seguidos por dois "efes"**. Veja:

p	q
V	
V	
F	
F	

Já para a coluna da segunda proposição (q), os "vês" e os "efes" vão se alternando a cada linha, iniciando pelo V. Logo:

p	q
V	V
V	F
F	V
F	F

Assim completamos a **estrutura inicial para tabelas-verdade compostas por duas proposições simples**. A terceira coluna dependerá do conectivo lógico que une as proposições p e q.

Por exemplo, a tabela-verdade para a proposição composta **~(p → q)** será a seguinte:

p	q	~(p → q)
V	V	F
V	F	V
F	V	F
F	F	F

Veja como esse assunto já foi cobrado!

QUESTÃO 01 (CEBRASPE – Auditor-Fiscal/SEFAZ DF/2020) Considerando a proposição P: "Se o servidor gosta do que faz, então o cidadão-cliente fica satisfeito", julgue o item a seguir.

P é uma proposição composta formada por duas proposições simples, de modo que sua tabela-verdade possui 2 linhas.

RESOLUÇÃO:

O enunciado está correto ao afirmar que a proposição P é formada por duas proposições simples (unidas pelo conectivo condicional). De fato, podemos desmembrá-la nas seguintes sentenças:

a: o servidor gosta do que faz;

b: o cidadão-cliente fica satisfeito.

Porém, o item está errado ao apontar que a tabela-verdade de P possui 2 linhas. Na realidade, como são duas proposições simples (n = 2), teremos:

$$2^n = 2^2 = \mathbf{4\ linhas}$$

Gabarito: errado.

QUESTÃO 02 (CEBRASPE/PC-MA/Escrivão/2018) "A qualidade da educação dos jovens sobe ou a sensação de segurança da sociedade diminui". A quantidade de linhas da tabela-verdade correspondente à proposição acima é igual a

A) 2. B) 4. C) 8. D) 16. E) 32.

RESOLUÇÃO:

A tabela verdade associada a "n" proposições simples possui 2^n linhas.

A proposição do enunciado é composta de duas proposições simples: **a V b**, em que:

a: a qualidade da educação dos jovens sobe.

b: a sensação de segurança da sociedade diminui.

Como são duas proposições simples, a tabela verdade possui 2^2 = **4 linhas**.

Gabarito: B.

5. TABELAS-VERDADE PARA TRÊS PROPOSIÇÕES

Responda rápido: quantas linhas terá a tabela-verdade nesse caso?

Oito linhas.

Isso, parabéns. Teremos **oito linhas** (2^3 = 8) numa tabela-verdade composta por três proposições simples.

A primeira coluna (p) terá o seguinte formato: quatro vês seguidos por quatro efes. A segunda coluna (q) sofrerá a alternância de dois vês com dois efes. Por fim, a terceira coluna (r) alternará um vê com um efe.

Portanto, nesse caso, teremos sempre a seguinte estrutura inicial:

p	q	r
V	V	V
V	V	F
V	F	V
V	F	F
F	V	V
F	V	F
F	F	V
F	F	F

Para exemplificar, vamos construir a tabela-verdade da proposição (p ^ r) → (q v r).

Consideramos que temos **três** proposições simples, **p**, **q** e **r**, então já sabemos que a tabela-verdade será formada por oito linhas (2^3 = 8). Levando-se em conta os valores lógicos dos conectivos envolvidos, teremos:

p	q	r	p ^ r	q ∨ r	(p ^ r) → (q ∨ r)
V	V	V	V	V	V
V	V	F	F	V	V
V	F	V	V	V	V
V	F	F	F	F	V
F	V	V	F	V	V
F	V	F	F	V	V
F	F	V	F	V	V
F	F	F	F	F	V

Veja como esse assunto já foi cobrado!

QUESTÃO 03 (FUNDATEC - Ass Exec Fiscal/Pref Imbé/2020) Se A, B e C são proposições simples, então o número de linhas da tabela- verdade de (A ∧ B) ⇒ C será

A) 6. B) 8. C) 10. D) 12. E) 14.

RESOLUÇÃO:

A proposição composta apresentada pelo enunciado possui **três** proposições simples. Nesse caso, o número de linhas da sua tabela-verdade é:

2^3 = **8 linhas**

Gabarito: B.

QUESTÃO 04 (CEBRASPE/MEC/Nível superior/2015)

	P	Q	R
①	V	V	V
②	F	V	V
③	V	F	V
④	F	F	V
⑤	V	V	F
⑥	F	V	F
⑦	V	F	F
⑧	F	F	F

A figura acima apresenta as colunas iniciais de uma tabela-verdade, em que P, Q e R representam proposições lógicas, e V e F correspondem, respectivamente, aos valores lógicos verdadeiro e falso.

Com base nessas informações e utilizando os conectivos lógicos usuais, julgue os itens subsecutivos.

A última coluna da tabela-verdade referente à proposição lógica P v (Q↔R) quando representada na posição horizontal é igual a

	①	②	③	④	⑤	⑥	⑦	⑧
Pv(Q↔R)	V	V	V	F	V	F	V	V

RESOLUÇÃO:

A proposição composta para a qual precisamos determinar o seu valor lógico é composta por dois conectivos: a **disjunção** e o **bicondicional**.

Ora, sabemos que a disjunção só é falsa quando as duas proposições unidas por esse conectivo são falsas. Por sua vez, o conectivo bicondicional será verdadeiro quando ambas as proposições envolvidas possuem valores lógicos iguais e falso caso tenham valores lógicos contrários. Tendo isso em mente, a tabela presente no enunciado terá a seguinte formatação:

P	Q	R	Q ↔ R	P v (Q ↔ R)	
V	V	V	V	V	1
F	V	V	V	V	2
V	F	V	F	V	3
F	F	V	F	F	4
V	V	F	F	V	5
F	V	F	F	F	6
V	F	F	V	V	7
F	F	F	V	V	8

Gabarito: certo.

QUESTÃO 05 (CEBRASPE/INPI/Tecnologista/2024) P: "Como Carlos enfrentou resistência dos produtores locais, articulou e negociou o fornecimento com produtores de outros estados."

A tabela-verdade associada à proposição P possui 16 linhas.

RESOLUÇÃO:

Sejam as proposições simples que formam a **P**:

A: Carlos enfrentou resistência dos produtores locais;

B: Carlos articulou o fornecimento com produtores de outros estados;

C: Carlos negociou o fornecimento com produtores de outros estados

Assim, fica claro que temos **três proposições simples**, de modo que a quantidade de linhas da tabela verdade associada à proposição P é dada por: $2^3 = 8$.

Gabarito: Errado.

QUESTÃO 06 (CEBRASPE/CNPQ/Analista/2024) P: "Se a empresa possuir gestão eficiente, prestar serviços de qualidade e tiver alta produtividade, então, se destacará no mercado mesmo se não gozar de vantagem fiscal.".

A tabela-verdade da proposição P possui mais de 30 linhas.

RESOLUÇÃO:

Sejam as proposições simples que formam P:

A: A empresa possui gestão eficiente.

B: A empresa presta serviços de qualidade.

C: A empresa tem alta produtividade.

D: A empresa se destacará no mercado.

E: A empresa goza de vantagem fiscal.

Temos **cinco proposições simples**, de modo que o número de linhas (N) da tabela-verdade é dado por: 25 = **32 linhas**.

Gabarito: Certo.

6. RESUMO

Tabela-verdade → É uma tabela em que são **analisados os valores lógicos** de proposições compostas.

Nº de linhas = 2^n

Em que "**n**" representa a quantidade de proposições simples.

7. MAIS QUESTÕES COMENTADAS

QUESTÃO 07 (CEBRASPE/TJ-SE/Téc Jud/2014) Sabendo-se que, para a construção da tabela verdade da proposição (P∨Q) ↔ (Q∧R), a tabela mostrada abaixo normalmente se faz necessária, é correto afirmar que, a partir da tabela mostrada, a coluna correspondente à proposição (P∨Q) ↔ (Q∧R) conterá, de cima para baixo e na sequência, os seguintes elementos: V F FF V F FF.

P	Q	R	(P∨Q) ↔ (Q∧R)
V	V	V	
V	V	F	
V	F	V	
V	F	F	
F	V	V	
F	V	F	
F	F	V	
F	F	F	

RESOLUÇÃO:

Questão bem parecida com a anterior. A diferença é que a pergunta consiste tão somente em determinar os valores lógicos que a proposição do enunciado possui.

O 1º passo é montar a tabela-verdade da proposição do enunciado. Para isso, temos que desmembrar cada proposição que compõe a proposição completa. O resultado é este:

p	q	r	p ∨ q	q ^ r	(p ∨ q) ↔ (q ^ r)
V	V	V	V	V	**V**
V	V	F	V	F	**F**
V	F	V	V	F	**F**
V	F	F	V	F	**F**
F	V	V	V	V	**V**
F	V	F	V	F	**F**
F	F	V	F	F	**V**
F	F	F	F	F	**V**

Os valores lógicos da proposição do enunciado foram diferentes de V F FF V F VV.

Gabarito: Errado.

QUESTÃO 08 (VUNESP – ISS-CAMPINAS/Auditor Fiscal/2019) Pretende-se analisar se uma proposição P, composta por quatro proposições simples, implica uma proposição Q, composta pelas mesmas quatro proposições simples, combinadas com conectivos distintos. Como são desconhecidos os valores lógicos das proposições simples envolvidas, pretende-se utilizar uma tabela verdade, estudando-se todas as possíveis combinações entre os valores lógicos dessas proposições, a fim de ser utilizada a definição de implicação lógica. Dessa forma, o referido número total de combinações possíveis é

(A) 64 (B) 8 (C) 4 (D) 32 (E) 16.

RESOLUÇÃO:

O enunciado informa que há um total de **4 proposições simples** envolvidas para compor P → Q, pois é dito que a proposição Q é composta pelas mesmas proposições que compõem P.

Logo, o número de linhas da tabela-verdade de P → Q é $2^4 = $ **16**.

Gabarito: E.

8. QUESTÕES-DESAFIO

QUESTÃO 09 (CEBRASPE/SEFAZ-ES/Auditor-Fiscal/2013) Considerando todas as possíveis valorações V ou F das proposições simples P e Q, a quantidade de valorações V na tabela-verdade da proposição (P∧Q) ∨ (~Q) → [P∨ (~Q)] é igual a:

a) 1 b) 2 c) 3 d) 4 e) 0

RESOLUÇÃO:

Talvez você nos pergunte:

O que é "quantidade de valorações V"?

É a **quantidade de valores lógicos verdadeiros** que uma proposição possui na tabela-verdade.

IMPORTANTE!

Antes de ir direto à resolução propriamente dita da questão, é bom relembrar o que vimos em relação à **precedência dos conectivos lógicos**.

Talvez você ficasse em dúvida com relação à qual operação fazer primeiro em nossa proposição:

1ª opção: (P ∧ Q) ∨ (~Q)

2ª opção: (~Q) → [P ∨ (~Q)]

Aprendemos que a disjunção e a conjunção vêm primeiro que a condicional. Assim, executaremos a 1ª opção.

A nossa questão busca saber qual a quantidade de V que tem a proposição tabela-verdade da proposição **(P ∧ Q) ∨ (~Q) → [P ∨ (~Q)]**. Vejamos:

P	Q	~Q	P ∧ Q	(P ∧ Q) ∨ (~Q)	P ∨ (~Q)	(P ∧ Q) ∨ (~Q) → [P ∨ (~Q)]
V	V	F	V	V	V	**V**
V	F	V	F	V	V	**V**
F	V	F	F	F	F	**V**
F	F	V	F	V	V	**V**

Portanto, a quantidade de valorações **V** na tabela-verdade da proposição **(P ∧ Q) ∨ (~Q) → [P ∨ (~Q)]** é igual a 4.

Gabarito: D.

QUESTÃO 10 (CONTEMAX - Pref Vista Serrana-PB/Ass Soc/2021) Considere os seguintes símbolos representando as operações lógicas referidas:

- . = E
- \+ = OU (não exclusivo)
- ⊕ = OU (exclusivo)
- $\bar{A}$ = NÃO A

Seja a tabela verdade a seguir.

A	B	C	X
F	F	F	F
F	F	V	F
F	V	F	V
F	V	V	F
V	F	F	V
V	F	V	V
V	V	F	F
V	V	V	V

A coluna x é obtida pela seguinte operação:

A) $\overline{A \oplus B \oplus C}$ B) $A \oplus (B . \bar{C})$ C) $A \oplus B \oplus C$ D) $\bar{A} + (B . C)$ E) $(A . B) \oplus C$

RESOLUÇÃO:

Observe que o examinador aplicou outros símbolos para os conectivos lógicos a que estamos acostumados. Imaginamos o quanto isso pode ter atrapalhado os candidatos no dia da prova. Aqui, podemos simplesmente utilizar a representação que aprendemos, obedecendo às respectivas indicações estabelecidas no enunciado. Assim, em vez de aplicar na resolução o símbolo $\oplus$ iremos recorrer ao $\underline{\vee}$ (disjunção exclusiva). Ok? Sigamos adiante.

O caminho da resolução que adotaremos consiste em montar a tabela-verdade de cada proposição que consta nas opções de resposta e comparar com a coluna X. Aquela alternativa que apresentar os mesmos valores lógicos da proposição X, será o nosso gabarito.

Ocorre que seria muito trabalhoso analisar TODOS os valores lógicos de TODAS as linhas de cada proposição. Não precisamos ter todo esse trabalho. O que fazer, então? Podemos simplesmente preencher linha a linha os valores lógicos de cada proposição e já ir comparando com os valores lógicos contidos na coluna X. Se algum valor lógico for diferente da proposição de referência (X), já eliminamos essa alternativa e não precisamos continuar o preenchimento.

Por exemplo, ao preenchermos o valor lógico da primeira linha da coluna relativa à alternativa A, notamos que ele é diferente do valor lógico da correspondente linha da coluna relativa à proposição X. Logo, a letra A não é o gabarito da questão. Veja:

A	B	C	~(A ⊻ B ⊻ C)	X
F	F	F	**V**	**F**
F	F	V		**F**
F	V	F		**V**
F	V	V		**F**
V	F	F		**V**
V	F	V		**V**
V	V	F		**F**
V	V	V		**V**

Aplicando o mesmo raciocínio às demais alternativas, temos:

A	B	C	~(A ⊻ B ⊻ C)	A ⊻ (B ∧ ~C)	A ⊻ B ⊻ C	~A ∨ (B ∧ C)	(A ∧ B) ⊻ C	X
F	F	F	**V**	**F**	**F**	**V**	**F**	**F**
F	F	V		**F**	**V**		**V**	**F**
F	V	F		**V**				**V**
F	V	V		**F**				**F**
V	F	F		**V**				**V**
V	F	V		**V**				**V**
V	V	F		**F**				**F**
V	V	V		**V**				**V**

Veja que a alternativa B foi a única que em todas as linhas apresentou os mesmos valores lógicos da coluna X, de modo que é a opção correta. E repare quanto trabalho economizamos com a aplicação da nossa estratégia; é preciso lançar mão desse tipo de solução para ganhar tempo na prova.

Gabarito: B.

CAPÍTULO 04

TAUTOLOGIA, CONTRADIÇÃO E CONTINGÊNCIA

1. INTRODUÇÃO

O QUE VEREMOS

Este é um assunto que vez por outra tem sido cobrado em provas de concursos públicos. Você verá que seria impossível resolver a questão sem antes ter a noção do que é **Tautologia, Contradição e Contingência**. Assim, neste capítulo estudaremos em detalhes o conceito de cada uma dessas expressões.

COMO APARECE NOS EDITAIS

Geralmente, a indicação deste tópico nos conteúdos programáticos é bem direta. Mas, ele também está contido no tópico que estudamos no capítulo anterior, o estudo das tabelas-verdade.

COMO É COBRADO NAS PROVAS

As questões abrangendo este tema são facilmente identificadas. Elas costumam apresentar uma proposição composta e, em seguida, perguntam ao candidato se ela é uma tautologia, contradição ou contingência.

OBJETIVOS

O nosso objetivo ao final deste capítulo é que você consiga compreender o conceito e a estrutura de tautologia, contradição e contingência, diferenciando corretamente cada uma delas ao se deparar com a coluna-resultado de uma tabela-verdade.

2. ANÁLISE DA COBRANÇA DO ASSUNTO EM PROVAS

Observe a seguir os percentuais de incidência nos últimos anos do assunto deste capítulo em relação ao volume de questões de todos os temas analisados na nossa matéria. Lembramos que quanto maior o percentual de cobrança de um dado assunto, maior sua importância.

ASSUNTO	CEBRASPE	FCC	DEMAIS BANCAS
	% de cobrança	% de cobrança	% de cobrança
Tautologia, Contradição e Contingência	**2,51%**	**0,13%**	**0,96%**

O presente tópico possui uma importância **baixa**, destacando-se o Cebraspe como a banca que mais exige sua cobrança nas provas, enquanto para as demais observa-se uma importância muito baixa.

3. TAUTOLOGIA

Tautologia é uma proposição composta cujo **valor lógico é sempre verdadeiro**, independentemente dos valores lógicos das proposições simples que a compõem.

Entendi. Mas como faço para reconhecer uma tautologia?

Muito simples, colega. Vamos mostrar isso em dois passos:

1º passo:
- Construa a **tabela-verdade** da proposição composta.

2º passo:
- Analise a última coluna: se **só** tiver valor lógico **V**, e **nenhum F**, teremos uma **tautologia**.

Veja como esse assunto já foi cobrado!

QUESTÃO 01 (CEBRASPE/STJ/Téc Jud/2018) Considere as proposições P e Q a seguir.

P: Todo processo que tramita no tribunal A ou é enviado para tramitar no tribunal B ou no tribunal C.

Q: Todo processo que transita no tribunal C é enviado para tramitar no tribunal B.

A partir dessas proposições, julgue o item seguinte.

A proposição ~P → [P → Q], em que ~P denota a negação da proposição P, é uma tautologia, isto é, todos os elementos de sua tabela-verdade são V (verdadeiro).

RESOLUÇÃO:

Vamos montar a tabela-verdade da proposição composta apresentada no enunciado, atentos ao valor lógico da última coluna:

P	Q	~P	P → Q	~P (P → Q)
V	V	F	V	**V**
V	F	F	F	**V**
F	V	V	V	**V**
F	F	V	V	**V**

Logo, o item está **certo** ao afirmar que a proposição **~P → [P → Q]** é uma **tautologia**, uma vez que todas as linhas da sua tabela-verdade possuem valor lógico **verdadeiro**.

Gabarito: Certo.

QUESTÃO 02 (CEBRASPE/EMAP/Assist Port/2018) Se P e Q são proposições simples, então a proposição [P → Q] ^ P é uma tautologia, isto é, independentemente dos valores lógicos V ou F atribuídos a P e Q, o valor lógico de [P → Q] ^ P será sempre V.

RESOLUÇÃO:

Vamos montar a tabela-verdade relacionada à proposição composta apresentada:

P	Q	P → Q	(P → Q) ^ P
V	V		
V	F		
F	V		
F	F		

O conectivo lógico **condicional só é falso quando a primeira parte é V e a segunda é F. Logo:**

P	Q	P → Q	(P → Q) ^ P
V	V	V	
V	F	F	
F	V	V	
F	F	V	

Por sua vez, a **conjunção só é verdadeira quando ambas as partes são V:**

P	Q	P → Q	(P → Q) ^ P
V	V	V	V
V	F	F	F
F	V	V	F
F	F	V	F

Veja que apenas na primeira linha da coluna resultado temos valor lógico V, de modo que a proposição apresentada <u>não</u> **é uma tautologia.**

Gabarito: Errado.

QUESTÃO 03 (CEBRASPE/INSS/Ana Seg Soc/2016) Considerando-se as proposições simples "Cláudio pratica esportes" e "Cláudio tem uma alimentação balanceada", é correto afirmar que a proposição "Cláudio pratica esportes ou ele não pratica esportes e não tem uma alimentação balanceada" é uma tautologia.

RESOLUÇÃO:

Temos as seguintes proposições simples:

P: Cláudio pratica esportes;

Q: Cláudio tem uma alimentação balanceada.

Simbolicamente, a sentença apresentada é a seguinte: **(P v ~P) ^ ~Q**.

Em seguida, montamos a tabela-verdade correspondente, atentos ao valor lógico da última coluna:

P	Q	~P	~Q	P ou ~P	(P v ~P) ^ ~Q
V	V	F	F	V	F
V	F	F	V	V	V
F	V	V	F	V	F
F	F	V	V	V	V

Logo, o item está **errado** ao afirmar que a proposição **(P v ~P) ^ ~Q** é uma **tautologia**, uma vez que nem todas as linhas da sua tabela-verdade possuem valor lógico **verdadeiro**.

Gabarito: Errado.

4. CONTRADIÇÃO

Já posso até imaginar o que é uma contradição: é o contrário da Tautologia.

Isso mesmo, colega.

Contradição é uma proposição composta cujo **valor lógico é sempre falso**, independentemente dos valores lógicos das proposições simples que a compõem.

Assim como a tautologia, é fácil reconhecer uma contradição. Temos também dois passos a serem seguidos:

1º passo:
- Construa a **tabela-verdade** da proposição composta.

2º passo:
- Analise a última coluna: se **só** tiver valor lógico **F**, e **nenhum V**, teremos uma **contradição**.

Veja como esse assunto já foi cobrado!

QUESTÃO 04 (IBADE/Procurador/2022) A proposição (P ∧ Q) ↔ (~P ∨ ~Q) representa uma afirmativa que podemos chamar de contradição.

RESOLUÇÃO:

A questão busca saber se a proposição composta **(P ∧ Q) ↔ (~P ∨ ~Q)** é uma **contradição**, ou seja, em que **todas as linhas de sua coluna na tabela-verdade são F**. Já que temos apenas duas proposições simples envolvidas, a tabela-verdade será de **quatro linhas**:

P	Q	~P	~Q	P ∧ Q	~P ∨ ~Q	(P ∧ Q) ↔ (~P ∨ ~Q)
V	V	F	F	**V**	**F**	**F**
V	F	F	V	**F**	**V**	**F**
F	V	V	F	**F**	**V**	**F**
F	F	V	V	**F**	**V**	**F**

Assim, visto que em todas as linhas da coluna relativa à proposição em análise tivemos como valor lógico F, concluímos que ela é uma contradição.

Gabarito: certo.

5. CONTINGÊNCIA

Contingência é uma proposição composta cujo **valor lógico pode ser verdadeiro ou pode ser falso**. Portanto, não é nem uma tautologia e nem tampouco uma contradição.

É tarefa das mais simples reconhecer uma contingência. Temos também dois passos a serem seguidos:

1º passo:
- Construa a **tabela-verdade** da proposição composta.

2º passo:
- Analise a última coluna: Se ela apresentar não só valor lógico **V**, mas também valor lógico **F**, teremos uma **contradição**.

Veja como esse assunto já foi cobrado!

QUESTÃO 05 (IADES/Ceitec S.A/Ana Adm/2016) Em relação à proposição (p ↔ q) ∧ (p → q), assinale a alternativa correta.

a) É uma tautologia.

b) É uma contingência.

c) É uma contradição.

d) A tabela verdade que a representa é formada por oito linhas.

e) É uma proposição composta formada a partir de três proposições simples.

RESOLUÇÃO:

O primeiro e mais importante passo para a resolução da questão é montar a tabela-verdade da proposição apresentada pelo enunciado:

P	Q	p ↔ q	p → q	(p ↔ q) ∧ (p → q)
V	V	V	V	**V**
V	F	F	F	**F**
F	V	F	V	**F**
F	F	V	V	**V**

Note que a coluna correspondente à proposição em análise é composta por valores lógicos **V** e **F**, de modo que não se trata nem de tautologia e nem de contradição, mas sim de uma **contingência**. Assim, eliminamos as alternativas A e C, e ficamos com a alternativa B.

Além disso, a tabela-verdade é composta por apenas duas proposições simples, o que resulta em **quatro linhas**! Logo, também eliminamos as alternativas D e E.

Gabarito: B.

6. RESUMO

TAUTOLOGIA	CONTRADIÇÃO	CONTINGÊNCIA
Proposição composta cujo valor lógico é **sempre V**	Proposição composta cujo valor lógico é **sempre F**	Proposição composta cujo valor lógico **pode ser V ou F**
Na última coluna da tabela-verdade **só há valor lógico V**	Na última coluna da tabela-verdade **só há valor lógico F**	Na última coluna da tabela-verdade **há valor lógico V e F**

7. MAIS QUESTÕES COMENTADAS

QUESTÃO 06 (CEBRASPE/INSS/Téc Seg Soc/2016) Para quaisquer proposições p e q, com valores lógicos quaisquer, a condicional p → (q → p) será, sempre, uma tautologia.

⌛ RESOLUÇÃO:

Aprendemos que uma **Tautologia** se caracteriza por ser uma proposição composta constituída por proposições simples e que **sempre terá seu valor lógico verdadeiro**. Mesmo que os valores lógicos das **proposições simples componentes** sejam **falsos**, o resultado da proposição composta irá ser **verdadeiro**. E é isso o que ocorre na proposição apresentada pelo enunciado:

P	Q	Q → P	P → (Q → P)
V	V	V	V
V	F	V	V
F	V	F	V
F	F	V	V

Portanto, considerando que na tabela-verdade estão analisadas todas as possibilidades para o valor lógico da proposição **P → (Q → P)**, e que em todos os casos obtivemos resultado **V**, então concluímos que estamos diante de uma **tautologia**.

Gabarito: Certo.

QUESTÃO 07 (CEBRASPE – Oficial/CBM-AL/2017) Se P e Q forem proposições simples, então a proposição composta Q V (Q → P) é uma tautologia.

RESOLUÇÃO:

Vamos montar a tabela-verdade da proposição composta trazida pelo enunciado:

P	Q	Q → P	**Q ∨ (Q → P)**
V	V	V	**V**
V	F	V	**V**
F	V	F	**V**
F	F	V	**V**

Note que a última coluna é inteiramente preenchida por **V**, o que nos permite concluir que, de fato, temos uma **tautologia**.

Gabarito: Certo.

QUESTÃO 08 (IDECAN/CNEN/Assist Adm/2014 – *Adaptada*) Sejam as proposições:

Se a porta está fechada, então a janela está aberta ou a porta está fechada;

Se a porta está fechada, então a janela está fechada e a porta não está fechada;

Se a porta ou a janela estão fechadas então a porta está fechada e a janela está aberta.

Tais proposições são, respectivamente, exemplos de

a) tautologia, contingência e contingência.

b) contingência, contradição e tautologia.

c) tautologia, contradição e contingência.

d) contradição, contingência e tautologia.

e) contingência, tautologia e contradição.

RESOLUÇÃO:

O enunciado solicita que classifiquemos as proposições compostas fornecidas como tautologia, contradição ou contingência.

Sabemos que:

- uma **TAUTOLOGIA** é uma proposição composta cujo valor lógico é sempre verdadeiro, independentemente dos valores lógicos das proposições simples que a compõem;

- uma **CONTRADIÇÃO** é uma proposição composta cujo valor lógico é sempre falso, independentemente dos valores lógicos das proposições simples que a compõem; e
- uma **CONTINGÊNCIA** é uma proposição composta cujo valor lógico pode ser verdadeiro **ou** pode ser falso, mas nunca só um desses valores.

Sendo assim, para classificarmos as proposições compostas do enunciado, temos que utilizar a tabela-verdade, que terá quatro linhas, pois temos duas proposições simples para trabalharmos:

p: a porta está fechada;

q: a janela está aberta.

Tendo em mente que uma **condicional** é **falsa** quando temos um **antecedente verdadeiro** e um **consequente falso**, montemos e analisemos a tabela-verdade de cada proposição composta:

- Se a porta está fechada, então a janela está aberta ou a porta está fechada: p → (q v p).

p	q	q v p	p → (q v p)
V	V	V	V
V	F	V	V
F	V	V	V
F	F	F	V

Uma vez que os valores lógicos da proposição composta em análise são **V** em **todas as linhas**, temos uma **tautologia**.

- Se a porta está fechada, então a janela está fechada e a porta não está fechada: p → (~q ^ ~p).

p	q	~p	~q	~q ^ ~p	p → (~q ^ ~p)
V	V	F	F	F	F
V	F	F	V	F	F
F	V	V	F	F	V
F	F	V	V	V	V

Na medida em a proposição composta em análise possui valores lógicos **V** e **F** ao longo das linhas da tabela-verdade, temos uma **contingência**.

- Se a porta ou a janela estão fechadas então a porta está fechada e a janela está aberta: (p v ~q) → (p ^ q).

p	q	~p	~q	p v ~p	p ^ q	(p v ~q) → (p ^ q)
V	V	F	F	V	V	**V**
V	F	F	V	V	F	**F**
F	V	V	F	F	F	**V**
F	F	V	V	V	F	**F**

Tendo em vista que os valores lógicos da proposição composta em análise alternam entre **V** e **F** ao longo das linhas da tabela-verdade, temos novamente uma **contingência**.

Sendo assim, a alternativa correta é a A, pois possui a sequência correta: tautologia, contingência e contingência. Originalmente, a questão não tinha essa alternativa, por isso a adaptamos. Na letra A constavam "tautologia, contingência e contradição".

Gabarito: A.

QUESTÃO 09 (CEBRASPE - Prof TI/ME/2020) Considere que as seguintes proposições sejam verdadeiras.

P: "Se o processo foi relatado e foi assinado, então ele foi discutido em reunião".

Q: "Se o processo não foi relatado, então ele não foi assinado".

Com base nessas informações, julgue o item a seguir.

O valor lógico da proposição Q → (P V Q) é sempre verdadeiro.

RESOLUÇÃO:

A questão busca saber se a proposição composta **Q → (P V Q)** é uma **tautologia**, ou seja, se **todas as linhas de sua coluna na tabela-verdade são V.**

Já que temos apenas duas proposições simples envolvidas, a tabela-verdade será de **quatro linhas**:

P	Q	P V Q	Q → (P V Q)
V	V	V	**V**
V	F	V	**V**
F	V	V	**V**
F	F	F	**V**

De acordo com os resultados da tabela-verdade, concluímos que o valor lógico da proposição apresentada é **sempre verdadeiro**.

Gabarito: certo.

QUESTÃO 10 (QUADRIX - Assist Adm/CRESS-SE/2021) A proposição composta "No dia da festa de aniversário, João estará presente ou não estará presente" é uma tautologia.

RESOLUÇÃO:

O enunciado apresenta uma aplicação do Princípio do terceiro excluído, que estudamos no primeiro capítulo. Na lógica proposicional, para qualquer proposição p, a disjunção **p** $\vee$ **~p** sempre será verdadeira, caracterizando uma tautologia. De fato, o nome do princípio decorre de não haver outro valor lógico possível para p.

Gabarito: Certo

QUESTÃO 11 (VUNESP – ISS-CAMPINAS/Auditor Fiscal/2019) Considere as seguintes proposições:

I. Se Marcos é auditor fiscal ou Luana é administradora, então Marcos é auditor fiscal e Luana é administradora.

II. Se Marcos é auditor fiscal e Luana é administradora, então Marcos é auditor fiscal se, e somente se, Luana é administradora.

As proposições I e II, nessa ordem, são classificadas como

(A) contingência e contradição.

(B) contingência e contingência.

(C) contradição e tautologia.

(D) contingência e tautologia.

(E) tautologia e tautologia.

RESOLUÇÃO:

Sejam as proposições simples:

M: Marcos é auditor fiscal;

L: Luana é administradora.

As sentenças trazidas pelo enunciado podem ser simbolizadas por:

I. $(M \vee L) \rightarrow (M \wedge L)$

II. (M ∧ L) → (M ↔ L)

Agora podemos montar a **tabela-verdade** referente aos valores lógicos dessas proposições:

M	L	M ∨ L	M ∧ L	M ↔ L	I. (M ∨ L) → (M ∧ L)	II. (M ∧ L) → (M ↔ L)
V	V	V	V	V	V	V
V	F	V	F	F	F	V
F	V	V	F	F	F	V
F	F	F	F	V	V	V

Observe que na coluna referente à primeira sentença há tanto valores lógicos V como F, de modo que se trata de uma **contingência**. Por sua vez, a coluna relativa à segunda sentença apresenta somente valores lógicos V, o que nos leva a concluir que estamos diante de uma **tautologia**.

Gabarito: D.

8. QUESTÕES-DESAFIO

QUESTÃO 12 (IDECAN/CNEN/Ana Tec Info/2014) Analise as proposições:

x: [p → (q v r)] ↔ (p ^ ~q ^ ~r)

y: (p → q) → (~q → ~p)

Acerca das proposições x e y, é correto afirmar que

A) x é contingente.

B) y é contingente.

C) x é uma tautologia.

D) y é uma contradição.

E) x é uma contradição.

RESOLUÇÃO:

O enunciado apresenta as proposições compostas x e y e demanda que identifiquemos se são tautologia, contradição ou contingência.

Iniciemos com a montagem da **tabela-verdade de x**:

p	q	r	~p	~q	~r	q v r	p → (q v r)	~q ^ ~r	p ^ (~q ^ ~r)	[p → (q v r)] ↔ (p ^ ~q ^ ~r)
V	V	V	F	F	F	V	**V**	F	**F**	**F**
V	V	F	F	F	V	V	**V**	F	**F**	**F**
V	F	V	F	V	F	V	**V**	F	**F**	**F**
V	F	F	F	V	V	F	**F**	V	**V**	**F**
F	V	V	V	F	F	V	**V**	F	**F**	**F**
F	V	F	V	F	V	V	**V**	F	**F**	**F**
F	F	V	V	V	F	V	**V**	F	**F**	**F**
F	F	F	V	V	V	F	**V**	V	**F**	**F**

Observe que os conectivos da proposição **x** resultam em valores lógicos **F** para **todas** as **linhas** da tabela-verdade. Portanto, **x** é uma **contradição**.

Passemos para a análise da **tabela-verdade de y**:

p	**q**	**r**	**~p**	**~q**	**~r**	**p → q**	**~q → ~p**	**(p → q) → (~q → ~p)**
V	V	V	F	F	F	**V**	**V**	**V**
V	V	F	F	F	V	**V**	**V**	**V**
V	F	V	F	V	F	**F**	**F**	**V**
V	F	F	F	V	V	**F**	**F**	**V**
F	V	V	V	F	F	**V**	**V**	**V**
F	V	F	V	F	V	**V**	**V**	**V**
F	F	V	V	V	F	**V**	**V**	**V**
F	F	F	V	V	V	**V**	**V**	**V**

De acordo com os resultados da tabela-verdade, a proposição **y** é uma **tautologia**, pois **todos** os seus valores lógicos são **verdadeiros**.

A partir dos resultados obtidos as proposições x e y, concluímos que a alternativa correta é a **letra E.**

Gabarito: E.

QUESTÃO 13 (CEBRASPE/TST – Ana Jud/2024) A proposição a seguir é uma contradição lógica:

$$(p \wedge q \rightarrow r) \leftrightarrow (p \wedge q \wedge \sim r)$$

RESOLUÇÃO:

O enunciado apresenta um bicondicional, que é verdadeiro apenas quando ambas as partes que o compõe possuem o mesmo valor lógico.

Vamos considerar que $x = p \wedge q$. Nesse caso, a sentença fica: $(a \rightarrow r) \leftrightarrow (a \wedge \sim r)$. Observe que a segunda parcela é o contrário da primeira (essa conjunção é a negação do condicional). Nesse caso, como o bicondicional exige dois lados iguais para ser verdadeiro, isso torna-se impossível, de modo que realmente estamos diante de uma **contradição**.

Gabarito: certo.

CAPÍTULO 05

EQUIVALÊNCIA LÓGICA

1. INTRODUÇÃO

O QUE VEREMOS

Neste capítulo, daremos continuidade ao estudo da nossa disciplina por meio da análise de um dos assuntos com maior incidência em provas de concursos: **equivalência lógica**.

Aprenderemos técnicas que nos permitirão substituir uma proposição composta por outra que possui o mesmo valor lógico.

Iniciaremos com a apresentação do conceito de equivalência lógica e estudaremos as propriedades fundamentais e as principais equivalências que os conectivos lógicos apresentam. Tudo isso demonstrado por meio da resolução de dezenas de questões.

COMO APARECE NOS EDITAIS

Esse tópico costuma aparecer nos conteúdos programáticos dos editais exatamente assim como estamos chamando aqui. Não há certame que cobre raciocínio lógico e não conste equivalência lógica entre os assuntos cobrados.

COMO É COBRADO NAS PROVAS

As questões deste tema geralmente são facilmente identificadas. O enunciado apresenta uma proposição composta e pergunta qual das frases contidas nas opções de resposta é equivalente à proposição inicial.

Destacamos que a principal equivalência cobrada nos certames é a relativa ao conectivo Condicional. Você precisa memorizá-la com total prioridade. Mas fique tranquilo, pois vamos te ajudar nessa missão por meio de dicas, esquemas e mostrando o caminho para obter essa equivalência.

OBJETIVOS

Os nossos objetivos ao final deste capítulo é que você consiga:

1) compreender o que significa uma proposição ser equivalente à outra;

2) memorizar as principais equivalências lógicas que aparecem nas provas.

2. ANÁLISE DA COBRANÇA DO ASSUNTO EM PROVAS

Observe a seguir os percentuais de incidência nos últimos anos do assunto deste capítulo em relação ao volume de questões de todos os temas analisados na nossa matéria. Lembramos que quanto maior o percentual de cobrança de um dado assunto, maior sua importância.

ASSUNTO	CEBRASPE	FCC	DEMAIS BANCAS
	% de cobrança	% de cobrança	% de cobrança
Equivalência lógica	**3,65%**	**1,69%**	**1,93%**

O presente tópico possui uma importância **baixa**, destacando-se o Cebraspe como a banca que mais exige sua cobrança nas provas, enquanto para as demais observa-se uma importância muito baixa.

3. CONCEITO

Dizemos que duas proposições são **logicamente equivalentes** quando **apresentam tabelas-verdade idênticas**.

Em outras palavras, duas proposições são **logicamente equivalentes** quando **possuem o mesmo valor lógico**, independentemente dos valores lógicos das proposições simples que as compõem.

Na realidade, colega, a equivalência lógica é útil para substituir uma sentença por outra que lhe seja equivalente.

Quando duas proposições p e q são logicamente equivalentes, representamos a equivalência simbolicamente como $\mathbf{p \Leftrightarrow q}$.

FIQUE ATENTO!

Não confunda o símbolo da equivalência lógica ($\Leftrightarrow$) com o símbolo da dupla implicação ($\leftrightarrow$).

No entanto, visto que a ideia de equivalência é muito parecida com a de igualdade, a partir de agora vamos usar o símbolo "=" para representar uma equivalência.

Podemos construir diversas equivalências lógicas por meio da análise da **tabela-verdade** de proposições compostas. Entretanto, iremos nos concentrar no que realmente pode cair na prova do seu concurso, tomando por base as equivalências que as principais bancas têm cobrado.

Lembre-se: nosso foco é **fazer você passar no concurso**, não se tornar um *expert* em Raciocínio Lógico!

Veja como esse assunto já foi cobrado!

QUESTÃO 01 (FCC/TRF 4ª Região/Ana Jud/2014) Um economista afirmou, no telejornal, que "se os impostos não sobem, então a receita fiscal não cresce". Do ponto de vista da lógica, uma frase equivalente a essa é

a) se a receita fiscal cresce, então os impostos sobem.

b) se os impostos sobem, então a receita fiscal cresce.

c) se a receita fiscal não cresce, então os impostos não sobem.

d) ou o imposto não sobe, ou a receita cresce.

e) o imposto sobe sempre que a receita fiscal aumenta.

RESOLUÇÃO:

Sejam **p** e **q**, respectivamente, "Os impostos sobem" e "A receita fiscal cresce".

Simbolicamente, a proposição do enunciado é: **~p → ~q**.

Para que duas proposições sejam logicamente equivalentes, os resultados de suas tabelas-verdade devem ser idênticos. Daí, precisamos construir a tabela-verdade de todas as alternativas para comparar com a proposição do enunciado.

Esperamos que você esteja afiado não só na construção de tabelas-verdade, como também no valor lógico de cada conectivo. Vamos treinar?

				a)	b)	c)	d)	e)	Enunciado
p	q	~p	~q	q → p	p → q	~q → ~p	~p ∨ q	p ^ q	~p → ~q
V	V	F	F	V	V	V	V	V	V
V	F	F	V	V	F	F	F	F	V
F	V	V	F	F	V	V	F	F	F
F	F	V	V	V	V	V	V	F	V

Dessa forma, como os resultados das tabelas-verdade de **(q → p)** e **(~p → ~q)** são idênticos, chegamos à conclusão de que são **proposições equivalentes**.

Obviamente, em uma situação real de prova, não faríamos todas as tabelas e sim só até encontrarmos a que seja a resposta. Neste caso, teria sido fácil, porque o gabarito seria logo a primeira alternativa, tornando desnecessário fazer as demais tabelas.

Gabarito: A.

3. PROPRIEDADES FUNDAMENTAIS DE EQUIVALÊNCIA LÓGICA

Existem algumas propriedades que são bem básicas, mas que facilitam a resolução de várias questões na hora da prova. Portanto, é extremamente aconselhável que você as conheça.

3.1. Propriedades Idempotentes

O termo **idempotente** se refere à propriedade que algumas operações têm de poderem ser realizadas várias vezes sem que o valor do resultado se altere após a aplicação inicial. Em outras palavras, operações **idempotentes** têm a propriedade de poderem ser **aplicadas mais de uma vez sem que o resultado se altere**. Temos duas a conhecer com aplicação no raciocínio lógico.

1ª) p ^ p = p.

Por exemplo, a frase "*André passou no concurso e André passou no concurso*" é equivalente à "*André passou no concurso*".

Vamos verificar isso na tabela-verdade:

p	p	p ∧ p
V	V	V
V	V	V
F	F	F
F	F	F

2ª) p ∨ p = p.

Para exemplificar, a sentença "*José se dedica aos estudos ou José se dedica aos estudos*" é logicamente equivalente à "*José se dedica aos estudos*".

Confira na tabela-verdade:

p	p	p ∨ p
V	V	V
V	V	V
F	F	F
F	F	F

3.2. Propriedades de absorção

As **propriedades de absorção** recebem esse nome por resumir numa proposição simples toda uma operação envolvendo proposições compostas. Elas têm sua origem na **teoria de conjuntos**.

1ª) p ∨ (p ∧ q) = p.

Confira na tabela-verdade:

p	q	p ∨ q	p ∨ (p ∧ q)
V	V	V	V
V	F	F	V
F	V	F	F
F	F	F	F

2ª) p ∧ (p ∨ q) = p.

Confira na tabela-verdade:

p	q	p ∨ q	p ∧ (p ∨ q)
V	V	V	V
V	F	V	V
F	V	V	F
F	F	F	F

3.3. Propriedades comutativas, associativas, distributivas e transitiva

Para facilitar seu entendimento sobre as propriedades a seguir, uma dica é compará-las com o que acontece com os números. Por exemplo, 1 + 4 = 4 + 1; 2 x 4 = 4 x 2.

1. Propriedades comutativas:

1ª) $\mathbf{p \land q = q \land p}$

2ª) $\mathbf{p \lor q = q \lor p}$

3ª) $\mathbf{p \leftrightarrow q = q \leftrightarrow p}$

> **FIQUE ATENTO!**
>
> A propriedade **comutativa não** se aplica ao conectivo **condicional**. Isto é:
>
> $\mathbf{p \rightarrow q \neq q \rightarrow p}$

2. Propriedades associativas:

1ª) $\mathbf{(p \land q) \land r = p \land (q \land r)}$

2ª) $\mathbf{(p \lor q) \lor r = p \lor (q \lor r)}$

3. Propriedades distributivas:

1ª) $\mathbf{p \land (q \lor r) = (p \land q) \lor (p \land r)}$

2ª) $\mathbf{p \lor (q \land r) = (p \lor q) \land (p \lor r)}$

4. Propriedade transitiva:

$\mathbf{(p \rightarrow q) \land (q \rightarrow r) = p \rightarrow r}$

4. EQUIVALÊNCIAS DA CONDICIONAL

Tenha sempre em mente que investigaremos a equivalência das proposições por meio do método da comparação entre as tabelas-verdade das proposições envolvidas. E no caso do conectivo "**Se ... então**", temos basicamente duas equivalências que são exploradas repetidamente nos concursos. Arriscamo-nos a dizer que é bem provável que isso aparecerá na sua prova. Então faça o seu máximo para decorar estas equivalências.

A primeira equivalência, conhecida como **contrapositiva**, nos conduzirá a outra proposição composta unida pelo condicional. Veja:

Se p, então q = Se não q, então não p

Simbolicamente, temos:

$$p \rightarrow q = \sim q \rightarrow \sim p$$

Conseguiu perceber como chegamos a essa equivalência? Basicamente, seguimos dois passos:

1º PASSO:
Trocam-se os termos da condicional de **posição**.

2º PASSO:
Negam-se ambos os termos.

Para comprová-la, vamos comparar as tabelas-verdade de (p → q) e de (~q → ~p):

p	q	~p	~q	p → q	~q → ~p
V	V	F	F	**V**	**V**
V	F	F	V	**F**	**F**
F	V	V	F	**V**	**V**
F	F	V	V	**V**	**V**

Repare que os resultados das duas estruturas são idênticos. Assim, de fato, as proposições são **equivalentes**.

Por sua vez, a segunda equivalência do "Se, então" nos leva a uma disjunção (ou). Note:

Se p, então q = não p ou q

Simbolicamente, temos:

$$p \rightarrow q = \sim p \vee q$$

Chegamos a essa equivalência aplicando três passos:

1º PASSO:
Nega-se o primeiro termo

↓

2º PASSO:
Mantém-se o segundo termo

↓

3º PASSO:
Troca-se o conectivo **condicional** pelo **ou**

Para comprová-la, vamos comparar as tabelas-verdade de $(p \rightarrow q)$ e de $(\sim p \vee q)$:

p	q	~p	~q	p → q	~p ∨ q
V	V	F	F	**V**	**V**
V	F	F	V	**F**	**F**
F	V	V	F	**V**	**V**
F	F	V	V	**V**	**V**

Perceba que os resultados das duas estruturas são idênticos, o que nos leva a concluir que as proposições são **equivalentes**.

Resumindo, temos:

EQUIVALÊNCIAS DA CONDICIONAL

- $p \rightarrow q = \sim q \rightarrow \sim p$
- $p \rightarrow q = \sim p \vee q$

Veja como esse assunto já foi cobrado!

QUESTÃO 02 (FGV – Prefeitura de Nova Iguaçu - RJ /Auditor Fiscal/2024) A proposição "Se hoje é domingo, então pelo menos uma padaria está fechada" é logicamente equivalente a

A) "Se todas as padarias estão abertas, então hoje não é domingo".

B) "Se todas as padarias estão fechadas, então hoje não é domingo".

C) "Se hoje não é domingo, então todas as padarias estão abertas".

D) "Se hoje não é domingo, então todas as padarias estão fechadas".

E) "Hoje é domingo e nenhuma padaria está fechada".

RESOLUÇÃO:

O enunciado apresenta a **condicional A → B**, em que:

A: "hoje é domingo";

B: "pelo menos uma padaria está fechada".

Essa condicional possui duas equivalências:

1) Contrapositiva: ~B → ~A. Textualmente, fica:

> *"Se TODAS as portarias estão ABERTAS, então hoje NÃO é domingo*

2) Disjunção: ~A ou B. Textualmente, fica:

> *"TODAS as portarias estão ABERTAS OU hoje é domingo"*

Veja que a alternativa A contempla uma dessas possibilidades.

Gabarito: A.

QUESTÃO 03 (FGV/CGM-NITERÓI/Aud Cont Int/2018) Considere a sentença: "Se Arlindo é baixo, então Arlindo não é atleta."

Assinale a opção que apresenta a sentença logicamente equivalente à sentença dada.

(A) "Se Arlindo não é atleta, então Arlindo é baixo."

(B) "Se Arlindo não é baixo, então Arlindo é atleta."

(C) "Se Arlindo é atleta, então Arlindo não é baixo."

(D) "Arlindo é baixo e atleta."

(E) "Arlindo não é baixo e não é atleta."

RESOLUÇÃO:

Sejam as proposições simples:

P: Arlindo é baixo;

Q: Arlindo é atleta.

A proposição apresentada no enunciado pode ser representada como: **P → ~Q**.

Para obtermos uma proposição equivalente, basta invertermos as posições, negando-as e mantendo o conectivo condicional. Portanto, **Q → ~P**. Reescrevendo essa proposição, ficamos com:

"Se Arlindo é atleta, então Arlindo não é baixo".

Gabarito: C.

QUESTÃO 04 (CEBRASPE - Auditor de Controle Externo/TC-DF/2021) Considerando que P e Q sejam, respectivamente, as proposições "Ausência de evidência de um crime não é evidência da ausência do crime." e "Se não há evidência, não há crime.", julgue o item a seguir.

Embora tenham naturezas distintas quanto à composição, uma vez que P é uma proposição simples e Q é uma proposição composta, é correto afirmar que, no campo semântico, essas duas proposições expressam a mesma ideia.

RESOLUÇÃO:

Observe que a proposição P estabelece que, se não encontrarmos uma evidência, **não podemos** afirmar que o crime não aconteceu.

Por outro lado, a proposição Q indica que, se não encontrarmos uma evidência, então **podemos** afirmar que o crime não aconteceu.

Assim, concluímos que essas proposições **não** expressam a mesma ideia.

Gabarito: Errado

QUESTÃO 05 (CEBRASPE – Auditor-Fiscal/SEFAZ DF/2020) Considerando a proposição P: "Se o servidor gosta do que faz, então o cidadão-cliente fica satisfeito", julgue o item a seguir.

A proposição P é logicamente equivalente à seguinte proposição: "Se o cidadão-cliente não fica satisfeito, então o servidor não gosta do que faz".

RESOLUÇÃO:

A questão quer saber qual proposição é equivalente à P, que é dada por **a → b**:

a: o servidor gosta do que faz;

b: o cidadão-cliente fica satisfeito.

Nesse sentido, aprendemos que o conectivo **condicional** possui duas equivalências especiais: 1) **a → b = ~b → ~a** e 2) **a → b = ~a ∨ b**.

Olhando o item, notamos que ele é baseado no próprio conectivo condicional. Como acharemos essa equivalência? Simples:

1º PASSO) **Trocam-se** os termos da condicional de **posição: b → a**

2º PASSO) **Negam-se** ambos os termos: **~b → ~a**

Textualmente, temos: ***"Se o cidadão-cliente não fica satisfeito, então o servidor não gosta do que faz".***

Gabarito: Certo

5. EQUIVALÊNCIA DA DISJUNÇÃO

No caso do conectivo "**ou**", a equivalência lógica mais cobrada nos concursos públicos é a que nos leva a uma condicional. Veja:

p ou q = Se ~p, então q

Simbolicamente, temos:

p ∨ q = ~p → q

Nesse caso, observamos a possibilidade de converter uma disjunção numa **condicional**.

PASSOS PARA OBTER A EQUIVALÊNCIA

1º PASSO:
Nega-se o primeiro termo

↓

2º PASSO:
Mantém-se o segundo termo

↓

3º PASSO:
Troca-se o conectivo **ou** pelo **condicional**

Veja como esse assunto já foi cobrado!

QUESTÃO 06 (IBADE – Engenheiro/IDAF AC/2020) Afirmar que: ´Antônio não é engenheiro ou João é pernambucano', logicamente, é o mesmo que dizer que:

A) se Antônio é engenheiro, então João é pernambucano.

B) se Antônio não é engenheiro, então João não é pernambucano.

C) se João é pernambucano, então Antônio é engenheiro.

D) se Antônio é engenheiro, então João não é pernambucano.

E) se Antônio não é engenheiro, então João é pernambucano.

RESOLUÇÃO:

O nosso objetivo consiste em obter uma proposição logicamente equivalente à proposição do enunciado, que é unida pelo conectivo **disjunção**: "*Antônio não é engenheiro* **ou** *João é pernambucano*".

Para isso, fazemos o seguinte:

1º PASSO) **Nega-se** o primeiro termo: "*Antônio* **é** *engenheiro*".

2º PASSO) **Mantém-se** o segundo termo: "*João é pernambucano*".

3º PASSO) **Troca-se** o **ou** pelo **condicional**: "***Se*** *Antônio* ***é*** *engenheiro,* ***então*** *João é pernambucano*".

Gabarito: A.

QUESTÃO 07 (FCC/TRF 3ª Região/Téc Jud/2014) Considere a afirmação: Nem todas as exigências foram cumpridas ou o processo segue adiante. Do ponto de vista lógico, uma afirmação equivalente à acima é:

a) Se o processo segue adiante, então nem todas as exigências foram cumpridas.

b) O processo não segue adiante e todas as exigências foram cumpridas.

c) Se todas as exigências foram cumpridas, então o processo segue adiante.

d) Se nenhuma exigência foi cumprida, então o processo não segue adiante.

e) Nem todas as exigências foram cumpridas e o processo segue adiante.

RESOLUÇÃO:

O nosso objetivo consiste em obter uma proposição logicamente equivalente à proposição do enunciado, que é unida pelo conectivo **disjunção**: "*Nem todas as exigências foram cumpridas ou o processo segue adiante*".

Para isso, fazemos o seguinte:

1º PASSO) **Nega-se** o primeiro termo: "*Todas as exigências **foram** cumpridas*".

2º PASSO) **Mantém-se** o segundo termo: "*O processo segue adiante*".

3º PASSO) **Troca-se** o **ou** pelo **condicional**: "*Se todas as exigências **foram** cumpridas, **então** o processo segue adiante.*"

Gabarito: C.

6. EQUIVALÊNCIAS DA BICONDICIONAL

No caso do conectivo "**se e somente se**", temos duas equivalências que as bancas examinadoras têm cobrado bastante. Vamos ficar espertos!

1ª) De Bicondicional para Conjunção: $p \leftrightarrow q = (p \rightarrow q) \wedge (q \rightarrow p)$.

Opa! A Bicondicional equivale a duas condicionais unidas por uma conjunção?

Exatamente, colega. Por isso que o nome é **BI**condicional. Assim, dizemos que as proposições a seguir são equivalentes:

1. Marcos trabalha se e somente se o Brasil for campeão.
2. Se Marcos trabalha, então o Brasil é campeão e se o Brasil for campeão, então Marcos trabalha.

BIZU!

Como é uma **BIcondicional**, teremos uma **condicional** na ida **E** outra na volta.

No entanto, precisamos aprofundar um pouco mais essa equivalência, pois algumas bancas dificultam um pouco mais as questões que envolvem o conectivo bicondicional por explorar também as equivalências do conectivo "se ... então".

Dessa forma, essa equivalência pode se transformar em quatro:

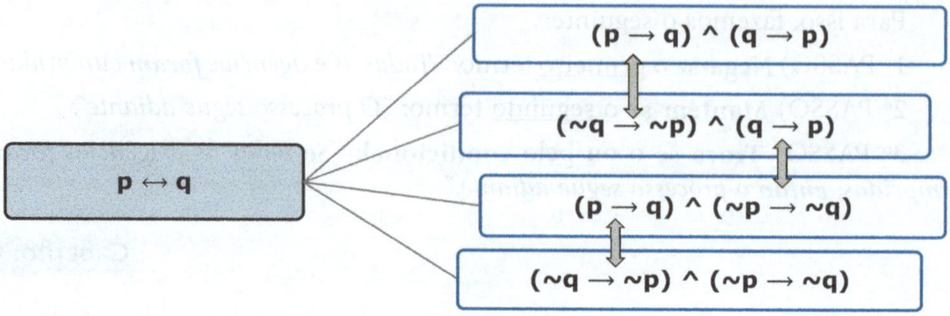

2ª) De Bicondicional para Bicondicional: p ↔ q = ~p ↔ ~q.

Dessa maneira, para construirmos uma outra proposição composta em que os termos sejam unidos pelo "se e somente se", basta negarmos os dois termos simples, mantendo o conectivo.

Lembre também que o **"se e somente se" não faz questão de ordem** entre suas proposições, pois respeita a **propriedade comutativa**. Portanto, "p se e somente se q" e "q se e somente se p" são equivalentes.

Veja como esse assunto já foi cobrado!

QUESTÃO 08 (DÉDALUS – Programador/COREN SC/2020) Se p e q são preposições, é correto afirmar que a bicondicional p ⟷ q é logicamente equivalente a:

A) (p → q) V (q → p).

B) ¬ (¬p V q).

C) p → q.

D) (p → q) Λ (q → p).

E) ¬ (q⟷p)

RESOLUÇÃO:

Questão bem direta, queremos simplesmente saber qual das proposições compostas dentre as apresentadas nas opções de resposta é equivalente à trazida pelo enunciado, a qual é uma bicondicional **p ⟷ q**.

Aprendemos que o conectivo bicondicional corresponde a uma **conjunção de duas condicionais**. Para exemplificar, dizemos que as proposições a seguir são equivalentes:

1. Marcos trabalha se e somente se o Brasil for campeão. (p ↔ q)

2. Se Marcos trabalha, então o Brasil é campeão e se o Brasil for campeão, então Marcos trabalha. [(p → q) ∧ (q → p)]

Assim, podemos dizer que **p ↔ q** = (p → q) ∧ (q → p).

Gabarito: D.

7. EQUIVALÊNCIA DA DISJUNÇÃO EXCLUSIVA

A equivalência lógica que veremos agora não é tão famosa nas provas de concursos públicos, pois raramente é cobrada. Mas é interessante estarmos preparados para tudo.

No caso da **disjunção exclusiva**, simbolizada por v̲, podemos formar uma equivalência relacionando-a ao conectivo "se e somente se", obtendo: 1) **p v q = p ↔ ~q** ou 2) **p v q = ~p ↔ q**.

Portanto, uma disjunção exclusiva é equivalente a uma **Bicondicional** com **um** dos termos **negados** (tanto faz se é o primeiro ou o segundo termo negado).

Desse modo, as seguintes sentenças são logicamente equivalentes:

1. Ou João é pescador ou Anderson é motorista.

2. João é pescador se e somente se Anderson não é motorista.

3. João não é pescador se e somente se Anderson é motorista.

Vamos comprovar isso. Aprendemos que o principal método para identificar proposições logicamente equivalentes é a comparação das tabelas-verdade. É o que faremos agora.

Tabela-verdade de **p v̲ q**

p	q	p v̲ q
V	V	F
V	F	V
F	V	V
F	F	F

Tabela-verdade de **p ↔ ~q**

p	q	~q	p ↔ ~q
V	V	F	F
V	F	V	V

F	V	F	V
F	F	V	F

Como essas duas tabelas-verdade têm resultados iguais, chegamos à conclusão que, de fato:

$$p \veebar q = p \leftrightarrow \sim q$$

Veja como esse assunto já foi cobrado!

QUESTÃO 09 (CEBRASPE/MPU/Téc Adm/2013) Ao comentar a respeito da instabilidade cambial de determinado país, um jornalista fez a seguinte colocação: "Ou cai o ministro da Fazenda, ou cai o dólar".

Acerca desse comentário, que constitui uma disjunção exclusiva, julgue o item seguinte.

A proposição do jornalista é equivalente à "Se não cai o ministro da Fazenda, então cai o dólar".

RESOLUÇÃO:

Sejam **a** e **b**, respectivamente, "Cai o ministro da Fazenda" e "Cai o dólar". Desse modo, o comentário do jornalista pode ser simbolicamente representado por: a v b.

A questão afirma que essa proposição é equivalente a: **~a → b**. Bem, precisamos verificar:

a	b	~a	a v b	~a → b
V	V	F	F	V
V	F	F	V	V
F	V	V	V	V
F	F	V	F	F

Notamos que as duas últimas colunas são diferentes entre si. Logo, as proposições em consideração <u>não</u> **são equivalentes**!

Gabarito: errado.

8. ESQUECEU UMA DAS EQUIVALÊNCIAS? NÃO SE PREOCUPE!

Após ver todas essas equivalências, é possível que você nos pergunte:

E se na hora da prova eu esquecer a equivalência que se aplica a determinado conectivo lógico, eu pulo a questão?

Jamais, colega. Toda questão de equivalência pode ser resolvida tranquilamente por **fazer as tabelas-verdade da proposição do enunciado e das alternativas**. Daí, buscam-se as duas colunas que ficaram com valores lógicos iguais. Vamos ver isso na prática?

Para exemplificar, podemos descobrir qual das proposições a seguir é equivalente a p → p ^ q:

a) p v q b) p Λ q c) p d) ~ p v q e) q

Vamos resolver a questão de duas formas. A primeira pela via da equivalência, e a segunda pela via da tabela-verdade.

1ª Solução: equivalência.

Bem, a proposição do enunciado é: **p → p ^ q**.

O conectivo que se busca a sua equivalência é o condicional. Aprendemos que as equivalências do "Se ... então" nos levam a duas possibilidades: a outro condicional ou a uma disjunção.

Com isso em mente, já eliminamos as alternativas b, c, e.

Analisando as alternativas da questão, não vemos a presença de nenhum condicional. Assim, trabalharemos apenas com a equivalência que nos conduz a uma disjunção, seguindo estes passos:

1º Nega-se o primeiro termo: **~p**

2º Mantém-se o segundo termo: **p ^ q**

3º Troca-se o conectivo condicional pelo **ou**: **~p** ∨ **(p ^ q)**

Aplicando a **propriedade distributiva**, temos:

~p ∨ (p ^ q) = (~p ∨ p) ^ (~p ∨ q)

Considerando que **~p ∨ p** é uma tautologia (sempre V), podemos concluir que a proposição **(~p ∨ p)** ^ **(~p ∨ q)** irá assumir o valor de **(~p ∨ q)**, pois a conjunção de uma proposição V com outra assume exatamente o valor dessa outra proposição.

Portanto, temos que p → p ^ q = ~p ∨ q.

Gabarito: D.

2ª Solução: tabela-verdade.

Vimos que será necessário construir as tabelas-verdade da proposição do enunciado e das alternativas. Logo:

p	q	~p	p ∨ q	p ^ q	~p ∨ q	p → p ^ q
V	V	F	V	V	**V**	**V**
V	F	F	V	F	**F**	**F**
F	V	V	V	F	**V**	**V**
F	F	V	F	F	**V**	**V**

Identificamos claramente que a alternativa correta é a **letra D**, já que a sua tabela-verdade é idêntica à tabela-verdade da proposição do enunciado. Como era de esperar, chegamos ao mesmo resultado utilizando os dois tipos de solução. Dessa forma, não esqueça: **se der um branco na hora da prova, recorra à tabela-verdade**.

9. RESUMO

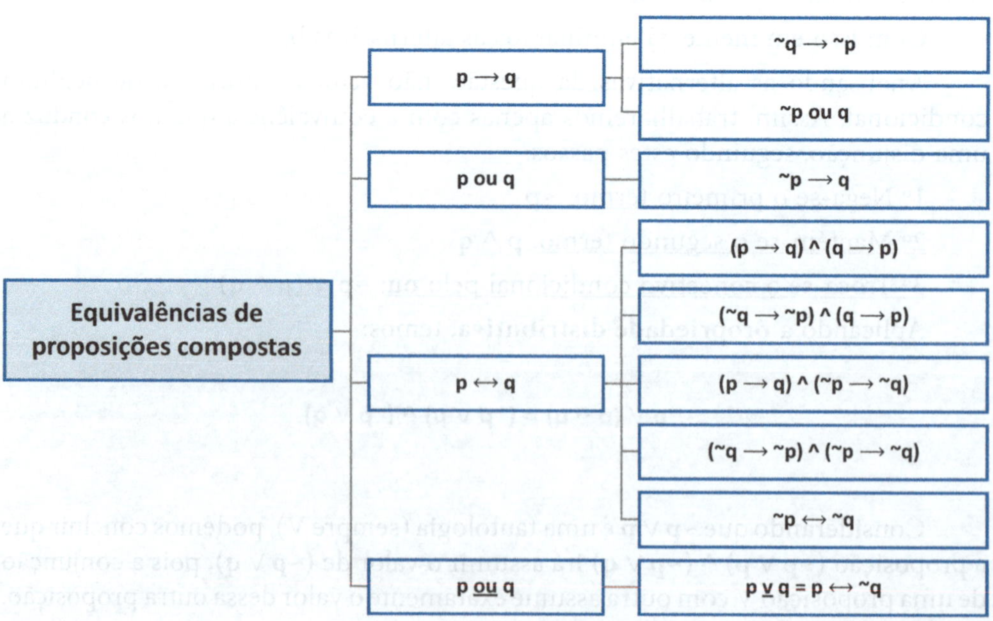

10. MAIS QUESTÕES COMENTADAS

QUESTÃO 10 (CEBRASPE/PC-MA/Escrivão/2018) "A qualidade da educação dos jovens sobe ou a sensação de segurança da sociedade diminui".

Assinale a opção que apresenta uma proposição equivalente à proposição acima.

A) Se a qualidade da educação dos jovens não sobe, então a sensação de segurança da sociedade diminui.

B) Se qualidade da educação dos jovens sobe, então a sensação de segurança da sociedade diminui.

C) Se a qualidade da educação dos jovens não sobe, então a sensação de segurança da sociedade não diminui.

D) Se a sensação de segurança da sociedade diminui, então a qualidade da educação dos jovens sobe.

E) Se a sensação de segurança da sociedade não diminui, então a qualidade da educação dos jovens não sobe.

RESOLUÇÃO:

Sabemos que o condicional **a → b** possui duas equivalências lógicas destacadas:

~a ∨ b (negamos a primeira parcela trocamos "→" por "∨");

~b → ~a (invertemos a ordem das parcelas e negamos cada uma).

Nesta questão, é trabalhada a primeira equivalência, mas na ordem inversa, isto é, da disjunção inclusiva ~a ∨ b, nós vamos negar a primeira parcela e trocar "∨" por "→". Obtemos, assim, que ~a ∨ b é equivalente a a → b.

A proposição do enunciado é uma disjunção inclusiva do tipo c ∨ d, em que:

c: a qualidade da educação dos jovens sobe;

d: a sensação de segurança da sociedade diminui.

Obtemos uma proposição equivalente negando a primeira parcela e trocando "∨" por "→": **~c → d**.

Textualmente, fica: *"Se a qualidade da educação dos jovens não sobe, então a sensação de segurança da sociedade diminui"*.

Gabarito: A.

QUESTÃO 11 (CEBRASPE/Polícia Federal/Agente/2018) As proposições P, Q e R a seguir referem-se a um ilícito penal envolvendo João, Carlos, Paulo e Maria:

P: "João e Carlos não são culpados".
Q: "Paulo não é mentiroso".
R: "Maria é inocente".
Considerando que ~X representa a negação da proposição X, julgue o item a seguir.

As proposições $P \land (\sim Q) \rightarrow (\sim R)$ e $R \rightarrow [Q \land (\sim P)]$ são equivalentes.

RESOLUÇÃO:

Sejam as proposições:

A: $P \land (\sim Q) \rightarrow (\sim R)$

B: $R \rightarrow [Q \land (\sim P)]$

O nosso objetivo consiste em determinar se as proposições A e B são equivalentes.

Uma proposição composta unida pelo conectivo Condicional, do tipo "Se X, então Y", é equivalente à sua contrapositiva, isto é, "Se ~Y, então ~X". Portanto, obtemos outra condicional invertendo a ordem das proposições envolvidas e negando-as.

Fazendo isso na proposição A não chegamos à proposição B. Por que não? Ocorre que na negação de $P \land (\sim Q)$ não foi trocado o conectivo do "e" para "ou".

Gabarito: Errado.

QUESTÃO 12 (CEBRASPE/DPU/Ana Téc-Adm/2015) Considerando a proposição P: "Se João se esforçar o bastante, então João conseguirá o que desejar", julgue o item a seguir.

A proposição "Se João não conseguiu o que desejava, então João não se esforçou o bastante" é logicamente equivalente à proposição P.

RESOLUÇÃO:

Sejam as proposições simples:

a: João se esforça o bastante.

b: João conseguirá o que desejar.

A proposição do enunciado é a seguinte: $\sim \mathbf{b} \rightarrow \sim \mathbf{a}$.

A questão quer saber se essa proposição composta é equivalente à proposição **P**. Ora, aprendemos que o conectivo **condicional** possui duas equivalências especiais: 1) $\mathbf{p} \rightarrow \mathbf{q} = \sim \mathbf{q} \rightarrow \sim \mathbf{p}$ e 2) $\mathbf{p} \rightarrow \mathbf{q} = \sim \mathbf{p} \lor \mathbf{q}$.

Iremos nos concentrar na equivalência que nos conduz ao próprio conectivo **condicional**. Como acharemos essa equivalência? Simples.

1º ***Trocam-se*** os termos da condicional de posição: ***~a → ~b***

2º ***Negam-se*** ambos os termos: ***a → b***

Assim, teremos a seguinte proposição composta: *"Se João se esforçar o bastante, então João conseguirá o que desejar".*

Gabarito: Certo.

QUESTÃO 13 (CESPE/ABIN/ATI/2010) A proposição "um papel é rascunho ou não tem mais serventia para o desenvolvimento dos trabalhos" é equivalente a "se um papel tem serventia para o desenvolvimento dos trabalhos, então é um rascunho".

RESOLUÇÃO:

Sejam as proposições:

p: Um papel é rascunho.

q: Um papel tem serventia para o desenvolvimento dos trabalhos.

O enunciado nos trouxe duas proposições compostas e deseja saber se elas são equivalentes. Vamos examiná-las: **(p v ~q)** e **(q → p)**.

Chegou a hora de testar a equivalência que o conectivo lógico disjunção possui. Daí, teremos:

1º Nega-se o primeiro termo: *Um papel **não*** é rascunho.

2º Mantém-se o segundo termo: *Um papel não tem mais serventia para o desenvolvimento dos trabalhos.*

3º Troca-se o ou pelo condicional: *"**Se** um papel **não*** é rascunho, ***então** ele não tem mais serventia para o desenvolvimento dos trabalhos".*

Aprendemos que uma das equivalências fundamentais do conectivo condicional afirma que: **p → q = ~q → ~p.**

O que isso tem a ver com a nossa questão?

Tudo, colega, pois a frase que obtemos é equivalente a: *"Se um papel tem serventia para o desenvolvimento dos trabalhos, então ele é um rascunho".*

Gabarito: certo.

QUESTÃO 14 (CESPE – Téc Jud/TRE-ES/2011) As proposições ~[(P → Q) ∧ (Q → P)] e (~P ∧ Q) ∨ (~Q ∧ P) possuem tabelas-verdade distintas.

RESOLUÇÃO:

Vamos construir as tabelas-verdades relativas às duas proposições:

P	Q	~P	~Q	P → Q	Q → P	(P → Q) ∧ (Q → P)	~[(P → Q) ∧ (Q → P)]	~P ∧ Q	~Q ∧ P	(~P ∧ Q) ∨ (~Q ∧ P)
V	V	F	F	V	V	V	F	F	F	F
V	F	F	V	F	V	F	V	F	V	V
F	V	V	F	V	F	F	V	V	F	V
F	F	V	V	V	V	V	F	F	F	F

Note que as duas colunas em destaque apresentam valores lógicos iguais, de modo que suas tabelas-verdade são idênticas.

Gabarito: errado.

QUESTÃO 15 (CESPE – Téc Jud/TRE-ES/2011) As proposições P ∧ Q → R e (P → R) ∨ (Q → R) são logicamente equivalentes.

RESOLUÇÃO:

Vamos analisar separadamente cada uma das proposições apresentadas.

1) (P ∧ Q) → R

Note que podemos trocar um condicional por uma disjunção. Para isso, negamos a primeira parcela e mantemos a segunda:

(P ∧ Q) → R = (~P ∨ ~Q) ∨ R

2) (P → R) ∨ (Q → R)

Repare que em cada parênteses temos um condicional, os quais podem ser trocados por uma disjunção. Para isso, negamos a primeira parcela e mantemos a segunda:

(P → R) ∨ (Q → R) = (~P ∨ R) ∨ (~Q ∨ R)

Adicionalmente, perceba que a disjunção obedece à propriedade comutativa, de modo que a ordem das parcelas não altera o resultado:

~P ∨ ~Q ∨ R ∨ R

Veja que ficamos com duas parcelas iguais a R. Porém, podemos ficar só com uma delas, pois R ∨ R = R. Assim, temos:

(P → R) ∨ (Q → R) = ~P ∨ ~Q ∨ R

Note que as proposições são idênticas. Logo, realmente **são equivalentes.**

Gabarito: certo.

QUESTÃO 16 (CESPE – Ana Jud/TRE-RJ/2012) P: Se não há autorização legislativa ou indicação dos recursos financeiros correspondentes, então, não há abertura de créditos suplementares ou de créditos especiais.

A proposição P é logicamente equivalente à proposição "Se há abertura de créditos suplementares ou de créditos especiais, então há autorização legislativa ou indicação dos recursos financeiros correspondentes".

RESOLUÇÃO:

A proposição **P** é uma **condicional** do tipo **~(a ∨ i) → ~(s ∨ e)**, em que:

a: Há autorização legislativa;

i: há indicação de recursos financeiros correspondentes;

s: há abertura de créditos suplementares;

e: há abertura de créditos especiais.

No caso do condicional, para obter uma expressão equivalente podemos inverter a ordem das parcelas, fazendo as negações:

– Negação da 1ª parcela: **a ∨ i**

- Negação da 2ª parcela: **s ∨ e**
- invertemos: **(s ∨ e) → (a ∨ i)**

Textualmente, fica: *"Se há abertura de créditos suplementares ou de créditos especiais, então há autorização legislativa ou indicação dos recursos financeiros correspondentes"*.

Gabarito: certo.

QUESTÃO 17 (CEBRASPE/EBSERH/Ana/2018) Considere as seguintes proposições:

P: O paciente receberá alta

Q: O paciente receberá medicação

R: O paciente receberá visitas

Se a proposição ~P → [Q V R] for verdadeira, será também verdadeira a proposição ~[Q ^ R] → P.

RESOLUÇÃO:

O item tenta estabelecer uma relação de equivalência entre as proposições ~P → [Q V R] e ~[Q ^ R] → P. No entanto, tal relação não existe.

Na verdade, buscou-se partir de P → [Q V R] e chegar a outra proposição, aplicando a sua **contrapositiva**. Para isso, devemos inverter as proposições e negar ambas, ficando com: ~[Q V R] → P.

Visto que ~[Q V R] é o mesmo que [~Q ^ ~R], podemos também escrever: [~Q ^ ~R] → P.

Gabarito: Errado.

QUESTÃO 18 (CESPE/ANCINE/Téc Reg/2012) A proposição "Um engenheiro de som é desnecessário em um filme se, e somente se, o filme em questão é mudo" é logicamente equivalente a "Um engenheiro de som é desnecessário e o filme em questão é mudo ou um engenheiro de som é necessário e o filme em questão não é mudo".

RESOLUÇÃO:

Sejam as proposições simples:

p: Um engenheiro de som é desnecessário em um filme.

q: O filme em questão é mudo.

Vamos resolver esse item por meio de suas tabelas-verdade. Assim, teremos:

p	q	~p	~q	p ↔ q	p ^ q	~p ^ ~q	(p ^ q) v (~p ^ ~q)
V	V	F	F	**V**	V	**F**	**V**
V	F	F	V	**F**	F	**F**	**F**
F	V	V	F	**F**	F	**F**	**F**
F	F	V	V	**V**	F	**V**	**V**

Identificamos claramente que o item está **correto**, já que as proposições do enunciado possuem tabelas-verdade idênticas.

Gabarito: certo.

QUESTÃO 19 (CEBRASPE/MPU/Téc Adm/2013) Ao comentar a respeito da instabilidade cambial de determinado país, um jornalista fez a seguinte colocação: "Ou cai o ministro da Fazenda, ou cai o dólar".

Acerca desse comentário, que constitui uma disjunção exclusiva, julgue o item seguinte. A proposição do jornalista é equivalente a "Se não cai o ministro da Fazenda, então cai o dólar".

RESOLUÇÃO:

Sejam **a** e **b**, respectivamente, "Cai o ministro da Fazenda" e "Cai o dólar". Desse modo, o comentário do jornalista pode ser simbolicamente representado por: **a v b**.

A questão afirma que essa proposição é equivalente a: **~a → b**. Bem, precisamos verificar:

a	b	~a	a v b	~a → b
V	V	F	F	V
V	F	F	V	V
F	V	V	V	V
F	F	V	F	F

Notamos que as duas últimas colunas são diferentes entre si. Logo, as proposições em consideração não **são equivalentes**!

Gabarito: errado.

QUESTÃO 20 (CEBRASPE/TCE-RS/Ofic Inst/2013) A proposição "Ou o cliente aceita as regras ditadas pelo banco, ou o cliente não obtém o dinheiro" é logicamente equivalente a "Se não aceita as regras ditadas pelo banco, o cliente não obtém o dinheiro".

RESOLUÇÃO:

Sejam as proposições simples:

a: O cliente aceita as regras ditadas pelo banco.

b: O cliente obtém o dinheiro.

A proposição trazida pelo enunciado pode simbolicamente ser representada por: **a** v ~**b**.

Temos uma **disjunção exclusiva**, que é logicamente equivalente a uma **bicondicional** com **um** dos termos negados (**tanto faz** se é o primeiro ou o segundo termo negado). Para verificar isso, podemos montar a tabela-verdade:

a	b	~a	~b	a v b	a ↔ ~b	~a ↔ b
V	V	F	F	**F**	**F**	**F**
V	F	F	V	**V**	**V**	**V**
F	V	V	F	**V**	**V**	**V**
F	F	V	V	**F**	**F**	**F**

No entanto, a proposição trazida pelo enunciado (**a** v ~**b**) é <u>diferente</u> da padrão (**a** v **b**). Nesse caso, não há uma equivalência da disjunção exclusiva relacionada ao conectivo bicondicional.

Gabarito: errado.

QUESTÃO 21 (CESPE/ANATEL/Téc Adm/2012) Supondo que, por determinação da ANATEL, as empresas operadoras de telefonia móvel tenham enviado a seguinte mensagem a seus clientes: "Caso não queira receber mensagem publicitária desta prestadora, envie um SMS gratuito com a palavra SAIR para 1111", julgue o próximo item, considerando que a mensagem corresponda à proposição P.

A proposição P é logicamente equivalente à proposição "Queira receber mensagem publicitária desta prestadora ou envie um SMS gratuito com a palavra SAIR para 1111."

RESOLUÇÃO:

O enunciado apresenta o condicional ~**a** → **b**, em que:

a: Quero receber mensagem publicitária desta prestadora.

b: Envio um SMS gratuito com a palavra SAIR para 1111.

Vamos testar as duas equivalências que o conectivo lógico possui.

1ª) De condicional para condicional:

1º Trocam-se os termos da condicional de posição: $b \rightarrow \sim a$

2º Negam-se ambos os termos: $\sim b \rightarrow a$

Analisando as alternativas, não encontramos essa proposição.

Já sei, utilizaremos a segunda equivalência do condicional.

Exatamente, colega. Vejamos:

2ª) De condicional para disjunção:

1º Nega-se o primeiro termo: ***a***

2º Mantém-se o segundo termo: ***b***

3º Troca-se o conectivo condicional pelo **ou**: *"Quero receber mensagem publicitária desta prestadora* ***ou*** *envio um SMS gratuito com a palavra SAIR para 1111".*

Gabarito: certo.

QUESTÃO 22 (CEBRASPE/SUFRAMA/Ag Adm/2014) Considere as seguintes proposições:

P1: Se o Brasil reduzir as formalidades burocráticas e o nível de desconfiança nas instituições públicas, eliminar obstáculos de infraestrutura e as ineficiências no trânsito de mercadorias e ampliar a publicação de informações envolvendo exportação e importação, então o Brasil reduzirá o custo do comércio exterior.

P2: Se o Brasil reduzir o custo do comércio exterior, aumentará o fluxo de trocas bilaterais com outros países.

C: Se o Brasil reduzir o nível de desconfiança nas instituições públicas, aumentará o fluxo de trocas bilaterais com outros países.

A partir dessas proposições, julgue o item seguinte a respeito de lógica sentencial.

A proposição P2 é logicamente equivalente à proposição "O Brasil não reduz o custo do comércio exterior, ou aumentará o fluxo de trocas bilaterais com outros países".

RESOLUÇÃO:

Sejam as proposições simples:

p: O Brasil reduzir o custo do comércio exterior.

q: O Brasil aumentará o fluxo de trocas bilaterais com outros países.

A proposição P2 do enunciado pode ser representada da seguinte forma: **p → q**.

A questão cobra se essa proposição é equivalente à seguinte: **~p v q**.

Vamos testar a equivalência que o conectivo lógico condicional possui, relacionando-o à **disjunção**:

1º Nega-se o primeiro termo: ***~p***

2º Mantém-se o segundo termo: ***q***

3º Troca-se o conectivo condicional pelo **ou**: *"O Brasil **não** reduz o custo do comércio exterior, **ou** aumentará o fluxo de trocas bilaterais com outros países".*

Gabarito: certo.

QUESTÃO 23 (FCC/TRT 2ª Região/Téc Jud/2018) Se o veículo ultrapassar os 50 km/h, então seu motorista será multado.

Uma afirmação equivalente à afirmação anterior é:

a) Se o motorista não foi multado, então seu veículo ultrapassou os 50 km/h.

b) O veículo não ultrapassou os 50 km/h e seu motorista não será multado.

c) O veículo não ultrapassa os 50 km/h ou seu motorista é multado.

d) Se o motorista foi multado, então seu veículo ultrapassou os 50 km/h.

e) O motorista só será multado se o veículo ultrapassar os 50 km/h.

RESOLUÇÃO:

Sejam **p** e **q**, respectivamente, "o veículo ultrapassar os 50km/h" e "o motorista estará multado". O enunciado questiona a equivalência lógica de uma proposição composta unida por um conectivo **condicional**.

Sabemos que o conectivo **condicional** possui duas equivalências especiais. Explorando-as, temos as seguintes proposições equivalentes:

1) **~q → ~p**: *Se o motorista **não** foi multado, então o veículo **não** ultrapassou os 50 km/h.*

2) **~p v q**: *O veículo **não** ultrapassa os 50 km/h **ou** seu motorista é multado.*

Dentre as alternativas, observa-se que a correta é proposição composta formada por uma disjunção expressa na letra C.

Gabarito: C.

QUESTÃO 24 (FCC/ ALMS/Ana RH/2016) Se João canta ou Maria sorri, então Josefa chora e Luiza não grita. Do ponto de vista lógico, uma afirmação equivalente a afirmação anterior é

a) Se Luiza grita ou Josefa não chora, então João não canta e Maria não sorri.

b) Se João não canta ou Maria não sorri, então Josefa não chora e Luiza grita.

c) João canta ou Maria sorri, e Josefa não chora e Luiza grita.

d) Se João canta, então Josefa chora e se Maria sorri, então Luiza grita.

e) Se Luiza não grita e Josefa chora, então João canta ou Maria sorri.

RESOLUÇÃO:

Sejam as proposições simples:

a: João canta;

b: Maria sorri;

c: Josefa chora;

d: Luiza grita.

Podemos identificar no enunciado as seguintes proposições compostas:

1ª) **Disjunção inclusiva**: "*João canta ou Maria sorri*", ou seja, a v b.

2ª) **Conjunção**: "*Josefa chora e Luiza não grita*", ou seja, c ^ ~d.

3ª) **Condicional**: "*Se João canta ou Maria sorri, então Josefa chora e Luiza não grita*", ou seja, (a v b) → (c ^ ~d).

O enunciado questiona qual a afirmação equivalente a essa 3ª proposição (condicional). Sabemos que o conectivo **condicional** possui duas equivalências especiais:

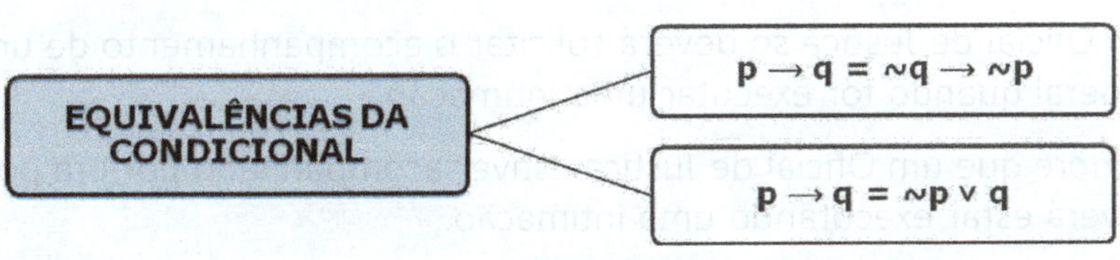

Observando as alternativas, podemos concluir que não há afirmativa equivalente com conectivo de disjunção. Dessa forma, analisaremos as alternativas com as afirmações **equivalentes condicionais**, para identificarmos a proposição **~q → ~p**. Para tanto, faremos os seguintes passos:

1º) Identificar a **negação** equivalente do consequente **(~q)** da afirmação do enunciado:

~(c ^ d) = **(~c** v **d)** = "*Josefa* ***não*** *chora ou Luiza grita*"

2º) Identificar a **negação** equivalente do antecedente **(~p)** da afirmação do enunciado:

~(a v b) = (~a ^ ~b) = *"João **não** canta e Maria **não** sorri"*

3º) Substituir as proposições dos passos anteriores na proposição condicional equivalente (~q → ~p) à proposição do enunciado:

(~c v d) → (~a ^ ~b) = *"Se Josefa **não** chora ou Luiza grita, então João **não** canta e Maria **não** sorri"*

Gabarito: A.

QUESTÃO 25 (FCC/TRT 5ª Região/Ana Jud/2013) Leia a instrução fictícia reproduzida a seguir e suponha que ela seja sempre cumprida.

"Sempre que um Oficial de Justiça executar uma intimação, ele deverá estar acompanhado por um Policial Federal."

Nessas condições, é correto concluir que, necessariamente,

a) os Oficiais de Justiça deverão estar acompanhados por um Policial Federal durante todo seu horário de trabalho.

b) um Oficial de Justiça só deverá solicitar o acompanhamento de um Policial Federal quando for executar uma intimação.

c) sempre que um Oficial de Justiça estiver acompanhado por um policial, ele deverá estar executando uma intimação.

d) se um Oficial de Justiça não estiver executando uma intimação, então ele não poderá estar acompanhado por um Policial Federal.

e) se um Oficial de Justiça não estiver acompanhado por um Policial Federal, então ele não estará executando uma intimação.

RESOLUÇÃO:

O enunciado trada de uma proposição **condicional**. Podemos reescrevê-la da seguinte forma: *"**Se** um Oficial de Justiça executar uma intimação, **então** ele deverá estar acompanhado por um Policial Federal."*

Sejam **p** e **q**, respectivamente, "*um Oficial de Justiça executa uma intimação*" e "*o oficial deverá estar acompanhado por um Policial Federal*". Note que, nas alternativas, somente constam proposições condicionais. Portanto, a equivalência lógica a ser explorada será de condicional para condicional:

*~q → ~p: "Se um Oficial de Justiça **não** estiver acompanhado por um Policial Federal, então **não** executa uma intimação".*

Gabarito: E.

QUESTÃO 26 (FCC/TRF 3ª Região/Téc Jud/2007) Se Lucia é pintora, então ela é feliz. Portanto:

a) Se Lucia não é feliz, então ela não é pintora.

b) Se Lucia é feliz, então ela é pintora.

c) Se Lucia é feliz, então ela não é pintora.

d) Se Lucia não é pintora, então ela é feliz.

e) Se Lucia é pintora, então ela não é feliz.

RESOLUÇÃO:

O enunciado apresenta a **condicional** (**p → q**), em que:

p: Lucia é pintora;

q: Lucia é feliz.

Vamos testar a primeira equivalência que o conectivo lógico condicional possui. Daí, a partir da proposição "*Lucia é pintora → Lucia é feliz*", teremos:

1º Trocam-se os termos da condicional de posição: "*Lucia é feliz → Lucia* é *pintora*"

2º Negam-se ambos os termos: "*Lucia **não*** é feliz → *Lucia **não*** é pintora"

Analisando as alternativas, encontramos essa proposição?

Sim. A alternativa A é idêntica.

Muito bom, colega.

Gabarito: A.

QUESTÃO 27 (FCC/SJCDH-BA/Ag Penit/2010) Uma afirmação equivalente à afirmação "Se bebo, então não dirijo" é

a) Se não bebo, então não dirijo.

b) Se não dirijo, então não bebo.

c) Se não dirijo, então bebo.

d) Se não bebo, então dirijo.

e) Se dirijo, então não bebo.

RESOLUÇÃO:

O enunciado apresenta a **condicional** (**p → ~q**), em que:

p: Bebo;

q: Dirijo.

Vamos testar a primeira equivalência que o conectivo lógico condicional possui. Daí, a partir da proposição "*Bebo → Não dirijo*", teremos:

1º Trocam-se os termos da condicional de posição: "*Não dirijo → Bebo*"

2º Negam-se ambos os termos: "*Dirijo →* ***Não*** *Bebo*"

Gabarito: E.

QUESTÃO 28 (FCC – AFTM SP/Pref SP/2007) Considere a seguinte proposição: "Se um Auditor-Fiscal Tributário não participa de projetos de aperfeiçoamento, então ele não progride na carreira." Essa proposição é tautologicamente equivalente à proposição:

a) Não é verdade que, ou um Auditor-Fiscal Tributário não progride na carreira ou ele participa de projetos de aperfeiçoamento.

b) Se um Auditor-Fiscal Tributário participa de projetos de aperfeiçoamento, então ele progride na carreira.

c) Não é verdade que, um Auditor-Fiscal Tributário não participa de projetos de aperfeiçoamento e não progride na carreira.

d) Ou um Auditor-Fiscal Tributário não progride na carreira ou ele participa de projetos de aperfeiçoamento.

e) Um Auditor-Fiscal Tributário participa de projetos de aperfeiçoamento e progride na carreira.

RESOLUÇÃO:

O enunciado apresenta a **condicional** (**~p → ~q**), em que:

p: Um Auditor-Fiscal Tributário não participa de projetos de aperfeiçoamento;

q: Um Auditor-Fiscal Tributário não progride na carreira.

Vamos testar as duas equivalências que o conectivo lógico condicional possui. Daí, a partir da proposição, teremos:

1ª) De condicional para condicional:

1º Trocam-se os termos da condicional de posição: $\sim q \rightarrow \sim p$

2º Negam-se ambos os termos: $q \rightarrow p$

Analisando as alternativas, não encontramos essa proposição. Então recorremos à segunda equivalência do condicional:

2ª) De condicional para disjunção:

1º Nega-se o primeiro termo: p

2º Mantém-se o segundo termo: $\sim q$

3º Troca-se o conectivo condicional pelo **ou**: $p \vee \sim q$

Observe que a alternativa mais próxima é a letra D, que apresenta dois ***OU***: ***OU*** *um Auditor-Fiscal Tributário não progride na carreira* ***OU*** *ele participa de projetos de aperfeiçoamento*.

Geralmente, essa configuração é utilizada para representar a **disjunção exclusiva**. Porém, algumas questões de concursos utilizem os dois OU também para representar uma **disjunção inclusiva**.

Assim, apenas pelo contexto podemos perceber que se trata da disjunção inclusiva ou da exclusiva.

Nesse caso específico, como não temos outra alternativa cabível, só podemos concluir que a **alternativa D** contempla a disjunção inclusiva.

Gabarito: D.

QUESTÃO 29 (FGV – AnaT/DETRAN-MA/2013) Uma sentença logicamente equivalente a *"Se faz sol e eu acordo cedo, então eu vou à praia"* é:

a) se não faz sol ou eu não acordo cedo então não vou à praia.

b) se eu vou à praia então faz sol e eu acordo cedo.

c) se não faz sol e eu não acordo cedo então não vou à praia.

d) não faz sol ou eu não acordo cedo ou eu vou à praia.

e) faz sol e eu acordo cedo, ou eu vou à praia.

RESOLUÇÃO:

O enunciado apresenta a **condicional** **(p ∧ q) → r**, em que:

p: Faz sol.

q: Acordo cedo.

r: Vou à praia.

Uma sentença logicamente equivalente a essa condicional é obtida por:

- Negar a 1ª parte: **~p ∨ ~q**
- Negar a 2ª parte: **~r**
- Inverter a ordem das proposições, mantendo o "Se, então": **~r → (~p ∨ ~q)**

Textualmente, fica: ***Se não*** *vou à praia,* ***então não*** *faz sol* ***ou*** *eu* ***não*** *acordo cedo.*

Repare que não encontramos essa sentença entre as opções de resposta. Então, teremos que trabalhar com outra equivalência envolvendo o conectivo condicional. Nesse caso, vamos utilizar a que nos dará como resultado uma **disjunção**:

- Negar a 1ª parte: **~p ∨ ~q**
- Manter a 2ª parte: **~r**
- Trocar o "Se, então" pelo "ou": **(~p ∨ ~q) ∨ r**

Em palavras, temos: ***Não*** *faz sol* ***ou*** *eu* ***não*** *acordo cedo* ***ou*** *eu vou à praia.*

Agora sim, perceba que essa frase está contida na alternativa D, de modo que é a nossa opção de resposta.

Gabarito: D.

QUESTÃO 30 (FGV – Aux Jud/TJ-AM/2013) Em uma pequena fábrica de bolsas, o gerente percebeu que as encomendas para o mês seguinte estavam maiores do que esperava. Para tentar não atrasar as entregas chamou as costureiras Lucia e Solange e disse, referindo-se ao próximo mês:

"Lucia não tira férias ou Solange trabalha em dobro."

Considerando essa frase verdadeira, também é obrigatoriamente verdadeira a frase:

a) Se Lucia não tira férias então Solange trabalha dobrado.

b) Se Solange trabalha dobrado então Lucia tira férias.

c) Se Lucia tira férias então Solange trabalha dobrado.

d) Se Lucia tira férias então Solange não trabalha dobrado.

e) Solange não trabalha dobrado e Lucia não tira férias.

RESOLUÇÃO:

O enunciado apresenta a **disjunção** ~L ∨ S, em que:

L: Lucia tira férias.

S: Solange trabalha em dobro.

Perceba que a maior parte das opções de resposta traz condicionais. Assim, já precisamos ficar atentos à equivalência lógica que envolve a disjunção e o condicional: **(p ∨ q) = (~p → q)**.

Portanto, para trocar uma disjunção por um condicional, basta:

- negar a primeira parcela: L
- manter a segunda parcela: S
- trocar o "ou" pelo "Se, então": **L → S**

Textualmente, fica: ***Se*** *Lucia tira férias* ***então*** *Solange trabalha dobrado.*

Gabarito: C.

QUESTÃO 31 (FGV – Assist Téc/INEA/2013) Considere a sentença: *"Se uma pessoa tem dinheiro então não tem problemas".*

Independente do fato de que cada um pode considerar essa sentença verdadeira ou falsa, uma sentença que tem o mesmo valor lógico dela é

a) se uma pessoa não tem problemas então tem dinheiro.

b) se uma pessoa não tem dinheiro então tem problemas.

c) se uma pessoa tem problemas então não tem dinheiro.

d) uma pessoa tem dinheiro ou tem problemas.

e) uma pessoa não tem dinheiro ou tem problemas.

RESOLUÇÃO:

O enunciado apresenta a **condicional** **p → ~q**, em que:

p: Uma pessoa tem dinheiro.

q: Uma pessoa tem problemas.

Uma sentença logicamente equivalente a essa condicional resulta noutra condicional, que é obtida por:

- Negar a 1ª parte: **~p**
- Negar a 2ª parte: **q**
- Inverter a ordem das proposições, mantendo o "Se, então": **q → ~p**

Textualmente, fica: ***Se** uma pessoa tem problemas **então não** tem dinheiro.*

Gabarito: C.

QUESTÃO 32 (FGV – ACE/TCE-BA/2013) Pedro saiu de casa para comprar a camisa nova do seu time cuja venda ao público tinha se iniciado no dia anterior. Ao voltar para casa sem a camisa, o pai de Pedro comentou com a mãe:

"Pedro não tinha dinheiro suficiente ou a loja fechou".

Do ponto de vista lógico, essa frase é equivalente a

a) A loja fechou e Pedro não tinha dinheiro suficiente.

b) A loja não fechou e Pedro não tinha dinheiro suficiente.

c) Se Pedro não tinha dinheiro suficiente então a loja não fechou.

d) Se Pedro tinha dinheiro suficiente então a loja fechou.

e) Se a loja fechou então Pedro tinha dinheiro suficiente.

RESOLUÇÃO:

O enunciado apresenta a **disjunção** $\sim p \lor q$, em que:

p: Pedro tinha dinheiro suficiente.

q: A loja fechou.

Uma sentença logicamente equivalente a essa é dada por:

- negar o primeiro termo: **p**
- manter o segundo termo: **~q**
- trocar o "ou" pelo "Se, então": $p \rightarrow \sim q$

Em palavras, temos: *"**Se** Pedro tinha dinheiro suficiente, **então** a loja fechou".*

Gabarito: D.

QUESTÃO 33 (FGV – Aud Est/CGE-MA/2014) Considere a sentença: *"Se Geraldo foi à academia então Jovelina foi ao cinema."* É correto concluir que

a) se Geraldo não foi à academia então Jovelina não foi ao cinema.

b) se Jovelina foi ao cinema então Geraldo foi à academia.

c) Geraldo foi à academia ou Jovelina foi ao cinema.

d) Geraldo foi à academia e Jovelina foi ao cinema.

e) Geraldo não foi à academia ou Jovelina foi ao cinema.

RESOLUÇÃO:

O enunciado apresenta a **condicional p → q**, em que:

p: Geraldo foi à academia.

q: Jovelina foi ao cinema.

Uma sentença logicamente equivalente a essa condicional resulta noutra condicional, que é obtida por:

– Negar a 1ª parte: **~p**

– Negar a 2ª parte: **~q**

– Inverter a ordem das proposições, mantendo o "Se, então": **~q → ~p**

Textualmente, fica: ***Se*** *Jovelina* ***não*** *foi ao cinema,* ***então*** *Geraldo* ***não*** *foi à academia.*

Repare que não encontramos essa sentença entre as opções de resposta, de modo que trabalharemos com outra equivalência envolvendo o conectivo condicional. Neste caso, vamos utilizar a que nos dará como resultado uma **disjunção**. Então qual o procedimento que adotaremos? Veja:

– Negar a 1ª parte: **~p**

– Manter a 2ª parte: **q**

– Trocar o "Se, então" pelo "ou": **~p ∨ q**

Em palavras, temos: *Geraldo* ***não*** *foi à academia* ***ou*** *Jovelina foi ao cinema.*

Agora sim, perceba que essa frase está contida na alternativa E, de modo que é a nossa opção de resposta.

Gabarito: E.

QUESTÃO 34 (FGV – Ag Adm/SUDENE/2013) Considere a afirmação: *"Carne com gordura não é saudável."* Uma afirmativa que tem o mesmo significado da acima é:

a) Carne sem gordura é saudável.

b) Carne não saudável tem gordura.

c) Carne saudável não tem gordura.

d) Carne saudável pode ter gordura.

e) Carne, ou não tem gordura ou é saudável.

RESOLUÇÃO:

Note que o nosso objetivo consiste em encontrar uma proposição que tenha o mesmo significado da seguinte: "*Carne com gordura não é saudável.*"

Portanto, precisamos achar uma **proposição equivalente** a ela. Mas talvez você esteja se perguntando qual é o conectivo lógico presente nessa sentença.

E o fato é que estamos diante de uma condicional.

Como assim?

Repare que na frase está presente a ideia de causa e consequência, de modo que podemos escrever essa sentença da seguinte forma: *"**Se** a carne tem gordura, **então** ela não é saudável."*

Agora, sabemos que uma das equivalências da condicional é: **p → q = ~q → ~p**, que pode ser obtida por:

- Negar a 1ª parte: **~p**
- Negar a 2ª parte: **~q**
- Inverter a ordem das proposições, mantendo o "Se, então": **~q → ~p**

Textualmente, fica: ***Se** a carne é saudável, **então** ela **não** tem gordura.*

Apenas ajustando essa condicional para o modelo disfarçado trazido pelo enunciado, ficamos com: *Carne saudável **não** tem gordura.*

Gabarito: C.

11. QUESTÕES-DESAFIO

QUESTÃO 35 (CESPE – Cons/SEFAZ-ES/2010) Considerando os símbolos lógicos ¬ (negação), ∧ (conjunção), ∨ (disjunção), → (condicional) e as proposições S: (p ∧ ¬q) ∨ (¬p ∧ r) → q ∨ r e T: ((p ∧ ¬ q) ∨ (¬p ∧ r)) ∧ (¬q ∧ ¬r), julgue o item que se segue.

As proposições compostas ¬ S e T são equivalentes, ou seja, têm a mesma tabela-verdade, independentemente dos valores lógicos das proposições simples p, q, e r que as constituem.

RESOLUÇÃO:

Vamos construir as tabelas-verdades relativas às proposições S e T:

p	q	r	¬p	¬q	¬r	p ∧ ¬q	¬p ∧ r	(p ∧ ¬q) ∨ (¬p ∧ r)	q ∨ r	s	**~s**	(¬q ∧ ¬r)	**T**
V	V	V	F	F	F	F	F	F	V	V	**F**	F	**F**
V	V	F	F	F	V	F	F	F	V	V	**F**	F	**F**
V	F	V	F	V	F	F	F	F	V	V	**F**	F	**F**
V	F	F	F	V	V	F	F	F	F	V	**F**	V	**F**
F	V	V	V	F	F	F	V	V	V	V	**F**	F	**F**
F	V	F	V	F	V	F	F	F	V	V	**F**	F	**F**
F	F	V	V	V	F	F	V	V	V	V	**F**	F	**F**
F	F	F	V	V	V	F	F	F	F	V	**F**	V	**F**

Note que as duas colunas em destaque apresentam valores lógicos iguais, de modo que concluímos que realmente as proposições **S e T são equivalentes**.

Gabarito: certo.

CAPÍTULO 06

NEGAÇÃO LÓGICA

1. INTRODUÇÃO

O QUE VEREMOS

Aprendemos como fazer a negação de proposições simples no capítulo que tratou dos conectivos lógicos, por meio da aplicação do operador "não". Agora nos interessa saber como **negar proposições compostas**.

A depender do conectivo lógico que une as proposições simples envolvidas na sentença, diversas formas de negação lógica surgirão. Vamos estudar caso a caso, com a necessária prática obtida com as questões cobradas em concursos, as quais despencam nas provas.

COMO APARECE NOS EDITAIS

Esse tópico costuma aparecer nos conteúdos programáticos dos editais exatamente assim como estamos chamando aqui. Não há certame que cobre raciocínio lógico e não conste negação lógica entre os assuntos cobrados.

COMO É COBRADO NAS PROVAS

As questões deste tema geralmente são facilmente identificadas. O enunciado apresenta uma proposição composta e pergunta qual das frases contidas nas opções de resposta à negação da proposição inicial.

Destacamos que a principal negação cobrada nos certames é a relativa ao conectivo Condicional. Você precisa memorizá-la com total prioridade. Mas fique tranquilo, pois vamos ajudá-lo nessa missão por meio de dicas, esquemas e mostrando o caminho para obter essa negação.

OBJETIVOS

O nosso objetivo ao final deste capítulo é que você consiga efetuar e memorizar a negação dos conectivos lógicos que estudamos.

2. ANÁLISE DA COBRANÇA DO ASSUNTO EM PROVAS

Observe a seguir os percentuais de incidência nos últimos anos do assunto deste capítulo em relação ao volume de questões de todos os temas analisados na nossa matéria. Lembramos que quanto maior o percentual de cobrança de um dado assunto, maior sua importância.

ASSUNTO	CEBRASPE	FCC	DEMAIS BANCAS
	% de cobrança	% de cobrança	% de cobrança
Negação lógica	**8,45%**	**3,91%**	**4,51%**

O presente tópico possui uma importância **alta** nas provas elaboradas pelo Cebraspe, enquanto para a FCC e as demais observa-se uma importância mediana.

3. NEGAÇÃO DA CONJUNÇÃO

Para negar uma proposição composta unida pelo conectivo **conjunção** (p **e** q), seguiremos os seguintes passos:

1º) Negamos a primeira parte: ~p

↓

2º) Negamos a segunda parte: ~q

↓

3º) Trocamos e por ou : ~p ou ~q

Portanto, temos que:

~(p e q) = ~p ou ~q

A relação obtida é conhecida como **1ª Lei de Morgan**, em homenagem ao seu autor, o matemático Augustus De Morgan (1806-1871).

Pergunta para você, colega: como comprovaremos que essa relação é verdadeira?

Por meio das tabelas-verdade.

Isso aí, parabéns. O primeiro passo é construir a tabela-verdade de **~(p e q)**.

p	q	~p	~q	p ^ q	~(p ^ q)
V	V	F	F	V	F
V	F	F	V	F	V
F	V	V	F	F	V
F	F	V	V	F	V

Pronto. A coluna em destaque representa o **resultado lógico** da negação do conectivo conjunção. Daí o segundo passo é construir a tabela-verdade da estrutura **~p ou ~q.**

p	q	~p	~q	~p ∨ ~q
V	V	F	F	F
V	F	F	V	V
F	V	V	F	V
F	F	V	V	V

Por fim, o terceiro e último passo é comparar os resultados obtidos nas duas tabelas-verdade que acabamos de construir.

~(p ^ q)
F
V
V
V

~p ∨ ~q
F
V
V
V

Peraí, as duas tabelas são idênticas!

Perfeito, isso mesmo. E se os resultados das tabelas-verdade de duas proposições são idênticos, o que podemos dizer sobre elas?

Podemos afirmar que as proposições são equivalentes.

Exato. Portanto, se você estiver diante de uma questão que solicite a negação do conectivo conjunção, nem precisa mais se dar ao trabalho de construir as tabelas-verdade das proposições envolvidas, pois você já sabe que **~(p e q) = ~p ou ~q**.

Veja como esse assunto já foi cobrado!

QUESTÃO 01 (CEBRASPE/Polícia Federal/Escrivão/2018) Julgue o próximo item, considerando a proposição P a seguir.

P: "O bom jornalista não faz reportagens em benefício próprio nem deixa de fazer aquela que prejudique seus interesses".

A negação da proposição P está corretamente expressa por: "O bom jornalista faz reportagens em benefício próprio e deixa de fazer aquela que não prejudique seus interesses".

RESOLUÇÃO:

O enunciado apresenta a proposição **P**, que é uma **conjunção** do tipo ~**A** ∧ ~**B**, em que:

A: o bom jornalista faz reportagem em benefício próprio.

B: o bom jornalista deixa de fazer aquela reportagem que prejudique seus interesses.

Para negar uma proposição composta pelo conectivo "e", devemos negar as proposições simples envolvidas e trocar o conectivo "e" pelo "ou". Assim, a **negação** de P é dada por **A** ∨ **B**. Textualmente, fica: *"O bom jornalista faz reportagens em benefício próprio* ***ou*** *ele deixa de fazer aquela que prejudique seus interesses".*

Assim, o item está **errado**, pois além de negar os dois componentes, deveríamos trocar o conectivo "e" pelo conectivo "ou".

Gabarito: Errado.

QUESTÃO 02 (CEBRASPE – Auditor-Fiscal/SEFAZ AL/2020) A negação da proposição "Os servidores públicos que atuam nesse setor padecem e os beneficiários dos serviços prestados por esse setor padecem." é corretamente expressa por "Os servidores públicos que atuam nesse setor não padecem e os beneficiários dos serviços prestados por esse setor não padecem."

RESOLUÇÃO:

O enunciado apresenta uma **conjunção** do tipo **p ^ q**, em que:

p: Os servidores públicos que atuam nesse setor padecem;

q: Os beneficiários dos serviços prestados por esse setor padecem.

O nosso objetivo consiste em negar essa proposição. E acabamos de aprender que a negação de uma proposição conjuntiva é dada pela relação: **~(p ^ q) = ~p v ~q**.

Assim, podemos concluir que ***"Os servidores públicos que atuam nesse setor não padecem OU os beneficiários dos serviços prestados por esse setor não padecem."***

Veja que o item está errado por ter deixado de substituir o conectivo pela disjunção.

Gabarito: Errado

QUESTÃO 03 (FCC/DETRAN-MA/Ana Trâns/2018) A produtividade de um agente público de determinada categoria em um período de um ano pode ser alta, média ou baixa, conforme os critérios estabelecidos no regimento interno. Todo agente que atinge produtividade alta e não possui faltas sem justificativa no período de um ano recebe um bônus especial no mês de janeiro seguinte. Artur, um agente público dessa categoria, não recebeu o bônus especial em janeiro de 2018. Dessa forma, Artur, no ano de 2017, necessariamente,

a) teve produtividade baixa e pelo menos uma falta sem justificativa.

b) não teve produtividade alta ou teve pelo menos uma falta sem justificativa.

c) teve produtividade média ou baixa e exatamente uma falta sem justificativa.

d) não teve produtividade alta e teve pelo menos uma falta sem justificativa.

e) teve produtividade baixa ou pelo menos uma falta sem justificativa.

RESOLUÇÃO:

Um agente recebe bônus quando estas duas coisas acontecem:

- atingir produtividade alta;
- não possuir faltas sem justificativa.

O conectivo lógico que apresenta a ideia das duas parcelas ocorrerem é a **conjunção**. Então, um agente recebe bônus quando esta proposição for verdadeira:

*O agente **atingiu** produtividade alta **e não** possui faltas sem justificativa.*

Para Artur, essa proposição é falsa, pois ele não recebeu bônus. Como a conjunção é falsa, a sua negação é verdadeira. Bem, negamos uma conjunção aplicando a lei de Morgan. Negamos cada parcela e trocamos "e" por "ou":

*Artur **não** atingiu produtividade alta **ou possui**, sim, falta sem justificativa.*

Gabarito: B.

4. NEGAÇÃO DA DISJUNÇÃO

Para negar uma proposição composta unida pelo conectivo **disjunção** (p **ou** q), seguiremos os seguintes passos:

1º) Negamos a primeira parte: **~p**

2º) Negamos a segunda parte: **~q**

3º) Trocamos **ou** por **e**: **~p e ~q**

Portanto, temos que:

~(p ou q) = ~p e ~q

A relação obtida é conhecida como **2ª Lei de Morgan**. E já sabemos que a comprovação da equivalência acima é feita por meio do uso das tabelas-verdade. Assim:

p	q	~p	~q	$p \vee q$	$\sim(p \vee q)$	$\sim p \wedge \sim q$
V	V	F	F	V	F	F
V	F	F	V	V	F	F
F	V	V	F	V	F	F
F	F	V	V	F	V	V

Como os resultados lógicos dessas proposições foram idênticos, temos que, de fato: $\sim(p \vee q) = \sim p \wedge \sim q$.

Veja como esse assunto já foi cobrado!

QUESTÃO 04 (CEBRASPE/PC-MA/Escrivão/2018) "A qualidade da educação dos jovens sobe ou a sensação de segurança da sociedade diminui".

Assinale a opção que apresenta uma proposição que constitui uma negação da proposição acima.

A) A qualidade da educação dos jovens não sobe e a sensação de segurança da sociedade não diminui.

B) A qualidade da educação dos jovens desce ou a sensação de segurança da sociedade aumenta.

C) A qualidade da educação dos jovens não sobe ou a sensação de segurança da sociedade não diminui.

D) A qualidade da educação dos jovens sobe e a sensação de segurança da sociedade diminui.

E) A qualidade da educação dos jovens diminui ou a sensação de segurança da sociedade sobe.

RESOLUÇÃO:

O enunciado apresenta a **disjunção** **a ∨ b**, em que:

a: a qualidade da educação dos jovens sobe;

b: a sensação de segurança da sociedade diminui.

A sua **negação** é dada por meio da aplicação de uma das leis de De Morgan, negando cada parcela e trocando «ou» por «e»: **~a ∧ ~b**.

Textualmente, fica: *"A qualidade da educação dos jovens* ***não*** *sobe* ***e*** *a sensação de segurança da sociedade* ***não*** *diminui"*.

Gabarito: A.

QUESTÃO 05 (Instituto AOCP/Ana TIC/2018) A negação da proposição composta "Abel toma café ou Valter não toma chá" será dada por

a) "Abel não toma café e Valter não toma chá".

b) "Valter toma chá ou Abel não toma café".

c) "Abel não toma café e Valter toma chá".

d) "Valter toma chá ou Abel toma café".

e) "Abel toma chá e Valter não toma café".

RESOLUÇÃO:

O enunciado apresenta a **disjunção inclusiva** **A** ∨ **~V**, em que:

A: Abel toma café.

V: Valter toma chá.

O nosso objetivo consiste em encontrar sua **negação**. Para isso, basta negarmos cada termo e trocarmos o conectivo, obtendo assim uma conjunção: **~(A** ∨ **~V)** = **~A** ∧ **V**.

Textualmente, fica: "*Abel* ***não*** *toma café* ***e*** *Valter* ***toma*** *chá*".

Gabarito: C.

QUESTÃO 06 (VUNESP - Tec Ges/FITO/2020) Para negar logicamente a afirmação: "Hoje eu corro 15 km ou faço 1000 abdominais", é correto dizer:

a) Hoje eu não corro 15 km ou não faço 1 000 abdominais.

b) Hoje eu não corro 15 km e faço 1 000 abdominais.

c) Hoje eu não corro 15 km e não faço 1 000 abdominais.

d) Hoje eu corro 15 km e não faço 1 000 abdominais.

e) Hoje eu corro 14 km ou faço 900 abdominais.

RESOLUÇÃO:

O enunciado apresenta uma **disjunção** do tipo **p** ∨ **q**, em que:

p: Hoje eu corro 15 km.

q: Hoje eu faço 1000 abdominais .

No entanto, o que buscamos é a sua **negação**. E acabamos de aprender que a negação de uma proposição disjuntiva é dada pela relação: **~(p** ∨ **q)** = **~p ^ ~q.**

Assim, podemos concluir que: *"Hoje eu não corro 15 km E não faço 1 000 abdominais."*

Gabarito: C.

5. NEGAÇÃO DO CONDICIONAL

Essa é a negação de proposições compostas mais cobrada em provas de concursos públicos! Portanto, atenção total.

Mas já lhe adiantamos que não **há com o que se preocupar**; o método de solução será o mesmo.

Para negar uma proposição composta unida pelo conectivo **condicional** (**Se** p, **então** q), seguiremos os seguintes passos:

1º) Mantemos a **primeira** parte: **p**

2º) Negamos a **segunda** parte: **~q**

3º) Trocamos "Se então" por **"e": p e ~q**

Portanto, temos que:

$$\sim(p \rightarrow q) = p \wedge \sim q$$

Que legal. A negação do condicional nos leva a uma **conjunção**! E já sabemos que a comprovação da equivalência é feita por meio do uso da tabelas-verdade. Assim:

p	q	~q	p → q	~(p → q)	p ^ ~q
V	V	F	V	F	F
V	F	V	F	V	V
F	V	F	V	F	F
F	F	V	V	F	F

Como os resultados lógicos dessas proposições foram idênticos, temos que, de fato: **~(p → q) = p ^ ~q**.

E é bem fácil memorizar quando lembramos o único caso em que o valor lógico do condicional é FALSO: a primeira parte é **V e** a segunda parte é **F**. Portanto, é mantido o valor lógico da primeira proposição simples, negado o valor lógico da segunda e troca-se o conectivo pela conjunção.

Veja como esse assunto já foi cobrado!

QUESTÃO 07 (CEBRASPE – Auditor de Controle Externo/TC-DF/2021) Considerando que P e Q sejam, respectivamente, as proposições "Ausência de evidência de um crime não é evidência da ausência do crime." e "Se não há evidência, não há crime.", julgue a seguir.

A negação da proposição Q pode ser corretamente expressa por "Não há evidência, mas há crime."

RESOLUÇÃO:

O enunciado apresenta uma **condicional** do tipo **~p → ~q**, em que:

p: Há evidência;

q: Há crime.

No entanto, o que buscamos é a sua **negação**. E acabamos de aprender que a negação de uma proposição composta tendo como conectivo lógico o **"Se ... então"** é dada pela relação: **~(p → q) = p ^ ~q**.

Mas a proposição que estamos considerando não está no formato padrão, já que as duas proposições simples (p e q) estão sendo negadas. Como fazer então?

Faremos isso seguindo três passos:

1º) Mantemos a primeira parte: **~p**

2º) Negamos a segunda parte: **q**

3º) Trocamos "Se então" por "e": **~p ^ q**.

Assim, podemos concluir que *"Não há evidência, e há crime."*

Observe que as partículas "e" e "mas" são correspondentes entre si, ambas representando a **conjunção** lógica. Logo: ***Não*** *há evidência,* ***mas*** *há crime.*

Gabarito: certo.

QUESTÃO 08 (CEBRASPE – Auditor-Fiscal/SEFAZ DF/2020) Considerando a proposição P: "Se o servidor gosta do que faz, então o cidadão-cliente fica satisfeito", julgue o item a seguir.

A proposição "O servidor não gosta do que faz, ou o cidadão-cliente não fica satisfeito" é uma maneira correta de negar a proposição P.

RESOLUÇÃO:

O enunciado apresenta o **condicional** do tipo **p → q**, em que:

p: o servidor gosta do que faz.

q: o cidadão-cliente fica satisfeito.

No entanto, o que buscamos é a sua **negação**. Faremos isso seguindo três passos:

1º) Mantemos a primeira parte: *o servidor gosta do que faz.*

2º) Negamos a segunda parte: *o cidadão-cliente **não** fica satisfeito.*

3º) Trocamos "Se então" por "e": *O servidor gosta do que faz **e** o cidadão-cliente **não** fica satisfeito.*

Veja que o item está errado por ter negado a primeira parcela e por ter usado a disjunção em vez da conjunção. Inclusive, se você tivesse percebido apenas esse segundo aspecto, já seria suficiente para "matar" a questão, pois a negação de um condicional é sempre uma conjunção, nunca uma disjunção.

Gabarito: Errado

QUESTÃO 09 (FGV/Câmara SP/Consultor/2024) Sabe-se que a sentença "Se faz sol e o mar está calmo, então vou remar" é FALSA. Nesse caso, é correto concluir que

a) Não faz sol ou o mar não está calmo.

b) Faz sol e o mar não está calmo.

c) Não faz sol e o mar está calmo.

d) Vou remar ou não faz sol.

e) Não vou remar e o mar está calmo.

RESOLUÇÃO:

Sejam **p** e **q**, respectivamente, "faz sol e o mar está calmo" e "vou remar". A proposição do enunciado pode ser representada da seguinte forma: $\mathbf{p \rightarrow q}$.

Assim, estamos diante de uma proposição composta unida pelo conectivo **condicional**. Como ela é FALSA, precisamos negá-la:

1º) Mantemos a primeira parte: *faz sol e o mar está calmo.*

2º) Negamos a segunda parte: ***não** vou remar.*

3º) Trocamos "Se então" por "e": "*faz sol e o mar está calmo **e não** vou remar*".

Gabarito: E.

QUESTÃO 10 (FCC – TRT19/Téc Jud/2014) Considere a seguinte afirmação:

Se José estuda com persistência, então ele faz uma boa prova e fica satisfeito.

Uma afirmação que é a negação da afirmação acima é

a) José estuda com persistência e ele não faz uma boa prova e ele não fica satisfeito.

b) José não estuda com persistência e ele não faz uma boa prova ou fica satisfeito.

c) José estuda com persistência ou ele faz uma boa prova ou ele não fica satisfeito.

d) José estuda com persistência e ele não faz uma boa prova ou ele não fica satisfeito.

e) Se José fica satisfeito então ele fez uma boa prova e estudou com persistência.

RESOLUÇÃO:

O enunciado apresenta o **condicional** do tipo **p → (q ^ r)**, em que:

p: José estuda com persistência.

q: José fez uma boa prova.

r: José fica satisfeito.

No entanto, o que buscamos é a sua **negação**. Faremos isso seguindo três passos:

1º) Mantemos a primeira parte: *José estuda com persistência.*

2º) Negamos a segunda parte: *José **não** fez uma boa prova **OU não** fica satisfeito.*

3º) Trocamos "**Se então**" por "**e**": "*José estuda com persistência*" ***e*** "*José **não** fez uma boa prova **OU não** fica satisfeito*".

Assim, podemos concluir que a negação da proposição do enunciado é: "*José estuda com persistência **e** ele **não** faz uma boa prova **OU** ele **não** fica satisfeito.*"

Gabarito: D.

QUESTÃO 11 (IAUPE – Oficial/PM-PE/CFO/2017) Considere falsa a afirmação "Se grãos de areia são incontáveis, então eles são infinitos". Logo, é verdade que

a) grãos de areia não são incontáveis.

b) grãos de areia são incontáveis e são infinitos.

c) grãos de areia não são incontáveis ou são infinitos.

d) grãos de areia não são infinitos.

e) grãos de areia não são infinitos e não são incontáveis.

RESOLUÇÃO:

O enunciado apresenta a **condicional** do tipo **p → q**, em que:

p: grãos de areia são incontáveis;

q: grãos de areia são infinitos.

É dito que a sentença é falsa. Só há um caso em que o "Se..., então" é falso: *primeira parte verdadeira* ***E*** *segunda parte falsa.*

Então, concluímos que **p é V** e **q é F**. Portanto:

1) grãos de areia são incontáveis;

2) grãos de areia **NÃO** são infinitos.

Agora, vamos analisar as alternativas:

a) grãos de areia ~~**não**~~ são incontáveis.

b) grãos de areia são incontáveis e ~~**são**~~ infinitos.

c) grãos de areia ~~não~~ são incontáveis ou ~~**são**~~ infinitos.

d) grãos de areia não são infinitos. **CERTO**

e) grãos de areia não são infinitos e ~~**não**~~ são incontáveis.

Gabarito: D.

QUESTÃO 12 (FGV – AnaT/DETRAN-MA/2013) A negação da sentença *"Se chove então o trânsito fica congestionado"* é:

a) Se não chove então o trânsito não fica congestionado.

b) Se o trânsito não fica congestionado então não chove.

c) Chove e o trânsito não fica congestionado.

d) Não chove e o trânsito não fica congestionado.

e) Não chove e o trânsito fica congestionado.

RESOLUÇÃO:

O enunciado apresenta a **condicional p → q**, em que:

p: Chove.

q: O trânsito fica congestionado.

A sua **negação** é obtida por:

- manter a primeira parcela: **p**
- negar a segunda parcela: **~q**
- troca o "Se, então" pelo "e": **p ∧ ~q**

Textualmente, fica: *"Chove* ***e*** *o trânsito* ***não*** *fica congestionado"*.

Gabarito: C.

QUESTÃO 13 (FGV – Assist Leg/ALEMA/2013) Considere a sentença: *"Se o projeto de lei A é aprovado então o presidente da comissão se fortalece ou não renuncia."* A negação lógica dessa sentença é

a) O projeto de lei A é aprovado e o presidente da comissão não se fortalece e renuncia.

b) Se o projeto de lei A não é aprovado então o presidente da comissão não se fortalece e não renuncia.

c) Se o projeto de lei A não é aprovado então o presidente da comissão não se fortalece ou renuncia.

d) Se o presidente da comissão não se fortalece ou renuncia então o projeto de lei A não é aprovado.

e) O projeto de lei A não é aprovado ou o presidente da comissão se fortalece ou não renuncia.

RESOLUÇÃO:

O enunciado apresenta a **condicional** **p → (q ∨ ~r)**, em que:

p: O projeto de lei A é aprovado.

q: O presidente da comissão se fortalece.

r: O presidente da comissão renuncia.

A sua **negação** é obtida por:

– manter a primeira parcela: **p**

– negar a segunda parcela: **~q ∧ r**

– troca o "Se, então" pelo "e": **p ∧ (~q ∧ r)**

Textualmente, fica: *"O projeto de lei A é aprovado* ***e*** *o presidente da comissão* ***não*** *se fortalece* ***e*** *renuncia"*.

Gabarito: A.

6. NEGAÇÃO DO BICONDICIONAL

Dificilmente você verá uma questão cobrando a negação de proposições compostas unidas pelo conectivo **bicondicional** (↔). Todavia, como nosso livro é completíssimo, não deixaremos esse assunto de lado. Mãos à obra.

Para negar uma proposição composta unida pelo conectivo bicondicional **("Se e somente se")**, seguiremos os seguintes passos:

1º) Mantemos a primeira parte: **p**

2º) Mantemos a segunda parte: **q**

3º) Trocamos o **"Se e somente se"** pelo **"OU exclusivo"**: **p <u>ou</u> ~q**

Portanto, temos que:

$$\sim(p \leftrightarrow q) = p \vee q$$

Que interessante, meus alunos: **a negação do bicondicional é o OU exclusivo, e vice-versa**.

Vamos comprovar isso por meio de tabelas-verdade. Logo:

p	q	$p \leftrightarrow q$	$\sim(p \leftrightarrow q)$	$p \vee q$	$\sim(p \vee q)$
V	V	V	F	F	V
V	F	F	V	V	F
F	V	F	V	V	F
F	F	V	F	F	V

Como os resultados lógicos das proposições foram idênticos, temos que, de fato: $\sim(p \leftrightarrow q) = p \vee q$ e $\sim(p \vee q) = p \leftrightarrow q$.

Veja como esse assunto já foi cobrado!

QUESTÃO 14 (CESPE/MCT/2012) Julgue o próximo item, considerando proposição P, a seguir: O desenvolvimento científico do país permanecerá estagnado se, e somente se, não houver investimento em pesquisa acadêmica no Brasil.

A negação da proposição P está corretamente enunciada da seguinte forma: "Ou o desenvolvimento científico do país permanecerá estagnado, ou não haverá investimento em pesquisa acadêmica no Brasil".

RESOLUÇÃO:

O enunciado apresenta a proposição **bicondicional** **P**, cuja representação simbólica é dada por **a ↔ ~b**, em que:

a: o desenvolvimento científico do país permanecerá estagnado.

~b: não há investimento em pesquisa acadêmica no Brasil.

Precisamos efetuar a **negação** de **P**. Para isso, basta:

1) Manter a primeira parte: **a**.

2) Manter a segunda parte: **~b**.

3) Trocar o "Se e somente se" pelo "OU exclusivo": "***OU*** *o desenvolvimento científico do país permanecerá estagnado* ***OU*** *não há investimento em pesquisa acadêmica no Brasil*".

Gabarito: Certo.

QUESTÃO 15 (VUNESP/DCTA/Ana/2013) Uma negação lógica para a proposição a Terra é redonda se e somente se o céu não é azul, pode ser dada por:

a) o céu é azul e a Terra é redonda, ou a Terra é redonda e o céu não é azul.

b) a Terra é redonda e o céu não é azul

c) o céu não é azul e a Terra não é redonda, ou a Terra é redonda e o céu é azul

d) a Terra não é redonda ou o céu não é azul.

e) O céu não é azul e a Terra não é redonda.

RESOLUÇÃO:

O enunciado apresenta a sentença **bicondicional** **T ↔ ~C**, em que:

T: a Terra é redonda.

~C: o céu não é azul.

O nosso objetivo consiste em efetuar a sua **negação**. Para isso, basta:

1) Manter a primeira parte: T

2) Manter a segunda parte: ~C

3) Trocar o "Se e somente se" pelo "***OU*** exclusivo": "***OU*** *a Terra é redonda* ***OU*** *o céu não é azul*".

Encontrou essa frase entre as opções de resposta?

Não. Na verdade, não há entre as alternativas alguma que sequer esteja envolvido o conectivo Disjunção Exclusiva.

Nesse caso, teremos que **fazer primeiro a equivalência do bicondicional** para depois efetuar a negação da frase resultante. Vamos lá.

Sabemos que uma das equivalências do "Se e somente se" nos leva a uma conjunção de duas condicionais. Logo, obtemos: **T ↔ ~C = (T → ~C) ^ (~C → T).**

Para negar uma conjunção, precisamos negar ambas as partes que a compõe e trocar o E pelo OU: ~(T ↔ ~C) = (T ∧ C) v (~C ∧ ~T).

Destaque-se que o valor lógico da conjunção não muda se invertermos a ordem das proposições simples envolvidas, de modo que: ~(T ↔ ~C) = (~C ∧ ~T) v (T ∧ C).

Portanto, temos que "*O céu não é azul E a Terra NÃO é redonda, OU a Terra é redonda E o céu é azul*".

Gabarito: C.

QUESTÃO 16 (PUC PR/TJ-PR/Ana Jud/2017) Arno, especialista em lógica, perguntou: qual a negação de "hoje é carnaval se, e somente se, for 8 ou 9 de fevereiro"?

A resposta CORRETA é:

a) Hoje não é carnaval se, e somente se, não for 8 ou 9 de fevereiro.

b) Hoje não é carnaval e não é 8 nem 9 de fevereiro.

c) Hoje não é carnaval e é 8 ou 9 de fevereiro ou hoje é carnaval e não é 8 nem 9 de fevereiro.

d) Hoje é carnaval e é 8 de fevereiro.

e) O carnaval não é no mês de fevereiro.

RESOLUÇÃO:

O enunciado da questão pergunta sobre a negação de uma proposição composta unida pelo conectivo **bicondicional**.

Sejam as proposições:

p: hoje é carnaval;

q: hoje for 8 de fevereiro;

r: hoje for 9 de fevereiro.

Assim sendo, a proposição bicondicional do enunciado pode ser representada da seguinte forma: **p ↔ (q ∨ r)**.

Adotaremos os seguintes passos rumo à obtenção da frase proposta:

1º) Identificaremos a **Equivalência do Bicondicional**, que, como sabemos, nada mais é que uma **conjunção de duas condicionais**. Por exemplo: A ↔ B = (A → B) ^ (B → A).

Aplicando tal equivalência à proposição do enunciado, temos a seguinte proposição: **p ↔ (q ∨ r) = [p → (q ∨ r)] ^ [(q ∨ r) → p]**.

2º) **Negaremos essa conjunção**, negando ambas as partes (condicionais) que a compõe e trocando o E pelo OU:

- Negação da 1ª parte: ~[**p** → (**q** ∨ **r**)] = [**p** ^ ~(**q** ∨ **r**)] = [**p** ^ (~**q** ^ ~**r**)]
- Negação da 2ª parte: ~[(**q** ∨ **r**) → **p**] = [(**q** ∨ **r**) ^ **p**)] = [(**q** ∨ **r**) ^ ~**p**]

Logo, temos a seguinte negação equivalente: ~[**p** ↔ (**q** ∨ **r**)] = [**p** ^ (~**q** ^ ~**r**)] ∨ [(**q** ∨ **r**) ^ ~**p**].

3º) Substituiremos os termos nessa proposição: *Hoje é carnaval* ***e não*** é 8 e ***nem*** *9 de fevereiro* ***OU*** *hoje é 8* ***ou*** *9 de fevereiro* ***e não*** é carnaval.

Note que a resposta da questão está em outra ordem: "*Hoje não é carnaval e é 8 ou 9 de fevereiro ou hoje é carnaval e não é 8 nem 9 de fevereiro*".

Gabarito: C.

7. RESUMO

PROPOSIÇÃO	NEGAÇÃO
P ∧ Q	~P ∨ ~Q
P ∨ Q	~P ∧ ~Q
P → Q	P ∧ ~Q
P ↔ Q	P ∨ Q

8. MAIS QUESTÕES COMENTADAS

QUESTÃO 17 (CEBRASPE/SUFRAMA/ANATA/2014) Considerando que P seja a proposição "O atual dirigente da empresa X não apenas não foi capaz de resolver os antigos problemas da empresa como também não conseguiu ser inovador nas soluções para os novos problemas", julgue o item a seguir a respeito de lógica sentencial.

A negação da proposição P está corretamente expressa por "O atual dirigente da empresa X foi capaz de resolver os antigos problemas da empresa ou conseguiu ser inovador nas soluções para os novos problemas".

RESOLUÇÃO:

A proposição P apresentada é uma **conjunção** do tipo **~a ^ ~b**, em que:

a: O atual dirigente da empresa X foi capaz de resolver os antigos problemas da empresa.

b: O atual dirigente da empresa X conseguiu ser inovador nas soluções para os novos problemas.

Precisamos **negar** essa sentença, pois é exatamente isso que o enunciado deseja.

Aprendemos que a negação de uma proposição conjuntiva é feita seguindo três passos:

1. Nega-se a primeira parte: ***a***
2. Nega-se a segunda parte: ***b***
3. Troca-se o "**e**" pelo "**ou**": **a v b**

Assim, podemos concluir que: *"O atual dirigente da empresa X foi capaz de resolver os antigos problemas da empresa **ou** conseguiu ser inovador nas soluções para os novos problemas."*

Gabarito: certo.

QUESTÃO 18 (VUNESP – TJ-SP/Enfermeiro/2019) 'Gosto de ouvir clássicos e amo cantar forró ou troco isso por uma praia'. Uma afirmação que corresponda à uma negação lógica dessa afirmação é

(A) Não gosto de ouvir clássicos e amo cantar forró, e troco isso por uma praia.

(B) Gosto de ouvir clássicos e não amo cantar forró, e troco isso por uma praia.

(C) Não gosto de ouvir clássicos e não amo cantar forró ou não troco isso por uma praia.

(D) Não gosto de ouvir clássicos ou não amo cantar forró, e não troco isso por uma praia.

(E) Gosto de ouvir clássicos e amo cantar forró e não troco isso por uma praia.

RESOLUÇÃO:

O enunciado apresenta a **disjunção** *"(Gosto **e** amo) **ou** troco"*. Observe que os parênteses devem ficar na conjunção, que tem precedência.

Para fazer a **negação** da sentença apresentada, basta negar as duas parcelas, trocando o "ou" pelo "e":

"(Não gosto ou não amo) e não troco"

Gabarito: D.

QUESTÃO 19 (CEBRASPE/Polícia Federal/Ag Adm/2014) Considerando que P seja a proposição "Não basta à mulher de César ser honesta, ela precisa parecer honesta", julgue o item seguinte, acerca da lógica sentencial.

A negação da proposição P está corretamente expressa por "Basta à mulher de César ser honesta ou ela não precisa parecer honesta".

RESOLUÇÃO:

O enunciado apresenta uma **conjunção** do tipo **~a ^ b**, em que:

a: Basta à mulher de César ser honesta.

b: A mulher de César precisa parecer honesta.

Precisamos **negar** essa sentença, pois é exatamente isso que o enunciado deseja. Aprendemos que a negação de uma proposição conjuntiva é feita seguindo três passos:

1. Nega-se a primeira parte: ***a***
2. Nega-se a segunda parte: **~b**
3. Troca-se o "**e**" pelo "**ou**": **a ∨ ~b**

Assim, podemos concluir que *"Basta à mulher de César ser honesta ou ela não precisa parecer honesta."*

Gabarito: certo.

QUESTÃO 20 (CESPE/Polícia Federal/Agente/2012) Premissa 2: Se eu fosse traficante, estaria levando uma grande quantidade de droga e a teria escondido.

A proposição correspondente à negação da premissa 2 é logicamente equivalente a "Como eu não sou traficante, não estou levando uma grande quantidade de droga ou não a escondi".

RESOLUÇÃO:

O enunciado apresenta uma **condicional** do tipo **p → (q ^ r)**, em que:

p: Eu sou traficante.

q: Eu estou levando uma grande quantidade de droga.

r: Eu escondia uma grande quantidade de droga.

No entanto, o que buscamos é a sua **negação**. Faremos isso seguindo três passos:

1º) Mantemos a primeira parte: *Eu sou traficante.*

2º) Negamos a segunda parte: *Eu **não** estou levando uma grande quantidade de droga **ou não** a escondi.*

3º) Trocamos "**Se então**" por "**e**": "*Eu sou traficante **e** eu **não** estou levando uma grande quantidade de droga **OU não** a escondi*".

Gabarito: errado.

QUESTÃO 21 (FCC/DPE-RS/Ana/2017) Considere a afirmação: Se sou descendente de italiano, então gosto de macarrão e gosto de parmesão. Uma afirmação que corresponde à negação lógica desta afirmação é

a) Sou descendente de italiano e, não gosto de macarrão ou não gosto de parmesão.

b) Se não sou descendente de italiano, então não gosto de macarrão e não gosto de parmesão.

c) Se gosto de macarrão e gosto de parmesão, então não sou descendente de italiano.

d) Não sou descendente de italiano e, gosto de macarrão e não gosto de parmesão.

e) Se não gosto de macarrão e não gosto de parmesão, então não sou descendente de italiano.

RESOLUÇÃO:

O enunciado apresenta uma **condicional** do tipo **p → (q ^ r)**, em que:

p: sou descendente de italiano

q: gosto de macarrão

r: gosto de parmesão

Por sua vez, a **negação** condicional é equivalente à seguinte **conjunção**: **p → (q ^ r) = p ^ ~(q ^ r).**

Com isso, seguimos os três passos:

1º) Mantemos a primeira parte: *sou descendente de italiano.*

2º) Negamos a segunda parte: **~q** ∨ **~r** = ***não*** *gosto de macarrão* ***ou*** *gosto de parmesão*

3º) Colocamos as proposições **p** e **(~q** ∨ **~r)** nos moldes da equivalência de conjunção: *Sou descendente de italiano* ***E não*** *gosto de macarrão* ***ou não*** *gosto de parmesão.*

Gabarito: A.

QUESTÃO 22 (FCC/TCE-CE/Téc Cont Ext/2015) Um casal está no supermercado fazendo compras do mês e o marido diz para a esposa: "Vamos comprar macarrão ou arroz integral". A esposa negando a afirmação diz:

a) Se vamos comprar macarrão, então não vamos comprar arroz integral.

b) Não vamos comprar macarrão ou não vamos comprar arroz integral.

c) Se não vamos comprar macarrão, então não vamos comprar arroz integral.

d) Não vamos comprar macarrão e não vamos comprar arroz integral.

e) Se não vamos comprar macarrão, então vamos comprar arroz integral.

RESOLUÇÃO:

A negação da esposa em relação à afirmação do marido consiste em uma **negação** de uma proposição composta com termos unidos por uma **disjunção**.

Sejam **p** e **q**, respectivamente, "vamos comprar macarrão" e "vamos comprar arroz integral". Assim sendo, a negação equivalente à proposição formada por uma disjunção pode ser representada da seguinte forma: **~(p** ∨ **q) = ~p ^ ~q**.

Portanto, colocando os termos nessa proposição composta, temos a seguinte negação de disjunção: **"*Não*** *vamos comprar macarrão* ***e não*** *vamos comprar arroz integral*".

Gabarito: D.

QUESTÃO 23 (CEBRASPE/INPI/Tecnologista/2024) A negação da proposição "Ou o jornalista é muito mal informado ou age de má-fé" pode ser corretamente expressa por "O jornalista é muito mal informado se, e somente se, age de má-fé".

RESOLUÇÃO:

Sejam **p** e **q**, respectivamente, "o jornalista é muito mal informado" e "o jornalista age de má-fé". Assim sendo, a **negação** equivalente à proposição formada por uma **disjunção exclusiva** pode ser representada da seguinte forma: **p** $\veebar$ **q**.

Portanto, temos a seguinte negação: "O jornalista é muito mal informado se, e somente se, age de má-fé".

Gabarito: certo.

QUESTÃO 24 (FCC/TRT 18ª/Téc Jud/2008) Considere as proposições:

p: Sansão é forte e q: Dalila é linda

A negação da proposição p ∧ ~q é

a) Se Dalila não é linda, então Sansão é forte.

b) Se Sansão não é forte, então Dalila não é linda.

c) Não é verdade que Sansão é forte e Dalila é linda.

d) Sansão não é forte ou Dalila é linda.

e) Sansão não é forte e Dalila é linda.

RESOLUÇÃO:

O enunciado apresenta uma **conjunção** do tipo **p ∧ ~q**, em que:

p: Sansão é forte.

q: Dalila é linda.

No entanto, a sentença precisa ser **negada**, pois é isso que a questão está buscando. E já aprendemos que a negação de uma proposição conjuntiva é dada pela relação: **~(p ^ q) = ~p ∨ ~q**.

Basta seguirmos os seguintes passos:

1º Negamos a primeira parte: ***~p***

2º Negamos a segunda parte: ***q*** (já era negativa);

3º Trocamos o **e** por **ou**: ***~p* ∨ *q***

Assim, podemos concluir que: *"Sansão **não** é forte **OU** Dalila é linda"*.

Gabarito: D.

QUESTÃO 25 (FGV – AP/TCE-BA/2014) Considere a sentença: *"Gosto de jiló e não gosto de quiabo"*. Uma sentença logicamente equivalente à negação da sentença dada é

a) Não gosto de jiló e gosto de quiabo.

b) Não gosto de jiló e não gosto de quiabo.

c) Se gosto de jiló então gosto de quiabo.

d) Se não gosto de jiló então gosto de quiabo.

e) Se não gosto de quiabo então gosto de jiló.

RESOLUÇÃO:

O enunciado apresenta a **conjunção J ∧ ~Q**, em que:

J: Gosto de jiló.

Q: Gosto de quiabo.

A **negação** dessa frase é obtida por:

– Negar a 1ª parcela: **~J**

– Negar a 2ª parcela: **Q**

– Trocar o "e" pelo "ou": **~J ∨ Q**

Textualmente, fica: *"**Não** gosto de jiló **ou** gosto de quiabo"*.

Agora precisamos encontrar uma sentença logicamente equivalente a essa negação, que é dada por:

– negar o primeiro termo: **J**

– manter o segundo termo: **Q**

– trocar o "ou" pelo "Se, então": **J → Q**

Em palavras, temos: *"**Se** gosto de jiló, **então** gosto de quiabo"*.

Gabarito: C.

QUESTÃO 26 (FGV – ACI/Pref Recife/2014) A expressão lógica "not (X and Y)" é sempre equivalente a

a) not X or not Y

b) not X and not Y

c) X or Y

d) not (not X or not Y)

e) not X or Y

RESOLUÇÃO:

Repare que temos uma **negação** incidindo sobre uma **conjunção**: **~(X ∧ Y)**, a qual pode ser efetuada por:

– Negar a primeira parcela: **~X**

- Negar a segunda parcela: **~Y**
- Trocar o "e" pelo "ou": **~X ∨ ~Y**

Utilizando a simbologia adotada pela questão, fica: ***not*** *X* ***or not*** *Y*.

Gabarito: A.

QUESTÃO 27 (FGV – Adm/CODEBA/2010) Marcos declarou: Sábado vou ao teatro ou domingo vou ao cinema. Conclui-se que ele mentiu se ele

a) for ao teatro no sábado e não for ao cinema no domingo.

b) for ao cinema no sábado e for ao teatro no domingo.

c) for ao teatro no sábado e também no domingo.

d) não for ao teatro no sábado e não for ao cinema no domingo.

e) não for ao cinema no sábado e nem for ao cinema no domingo.

RESOLUÇÃO:

A declaração de Marcos corresponde à **disjunção S ∨ D**, em que:

S: Sábado vou ao teatro.

D: Domingo vou ao cinema.

Visto que ele mentiu, a sua declaração é **falsa**, de modo que sua **negação** é verdadeira, a qual pode ser obtida por:

- Negar a 1ª parte: **~S**
- Negar a 2ª parte: **~D**
- Trocar o "ou" pelo "e": **~S ∧ ~D**

Textualmente, Marcos mentiu se ele: ***não*** *for ao teatro no sábado* ***e não*** *for ao cinema no domingo*.

Gabarito: D.

QUESTÃO 28 (FGV – Tec SST/CODEBA/2010) A negação de "x > y e z = w" é

a) x = y e z > w.

b) x < y e z < w.

c) x < y e z ≠≠ w.

d) x < y ou z ≠≠ w.

e) x < y ou z ≠≠ w.

RESOLUÇÃO:

A sentença apresentada pelo enunciado é uma **conjunção**, cuja **negação** pode ser obtida por:

- Negar a 1ª parte: **x ≤ y**. Pois o que não é maior é menor ou igual.
- Negar a 2ª parte: **z≠w**. Pois o que não é igual é diferente.
- Trocar o "e" pelo "ou": **x ≤ y ou z ≠ w.**

Gabarito: E.

QUESTÃO 29 (CESGRANRIO/IBGE/Ana Censit/2014) Dadas três proposições lógicas p, q e r, tem-se que r → [(~p) ∧ (~q)] se, e somente se,

a) [(~p) ∧ (~q)] → r

b) (~r) → (p ∧ q)

c) (p ∨ q) → (~r)

d) (p ∧ q) → (~r)

e) (p ∨ q) → r

RESOLUÇÃO:

A questão fornece a proposição composta condicional **r → [(~p) ∧ (~q)]**, que chamaremos de "A", e pergunta qual seria a segunda parte ("B") a ela unida pelo conectivo **bicondicional**. Portanto, temos que **A ↔ B**.

Assim, queremos encontrar B que torne a proposição composta do enunciado verdadeira. Para que uma proposição bicondicional seja verdadeira, as duas partes da proposição composta devem apresentar valores lógicos iguais. A tabela-verdade a seguir evidencia tal condição.

Tabela-verdade de A ↔ B

A	B	A ↔ B
V	**V**	**V**
V	F	F
F	V	F
F	**F**	**V**

Assim sendo, A e B devem ser **equivalentes** para que a proposição **bicondicional** seja **verdadeira**. Então, basta encontrarmos a equivalência **condicional** de A. Em face das alternativas apresentadas, utilizaremos a condição especial de equivalência de condicional para condicional, nos moldes **P → Q = ~Q → ~P.**

Primeiramente, identificaremos a **negação** equivalente do consequente **(~Q)** da afirmação do enunciado: ~[(~**p**) ∧ (~**q**)] = **(p ∨ q).**

Alocando os termos na proposição condicional equivalente (~Q → ~P) de A, encontramos a proposição composta de B que satisfaz a proposição bicondicional requerida: r → [(~p) ∧ (~q)] = **(p ∨ q) → (~r).**

Gabarito: C.

QUESTÃO 30 (FUNCAB – Ag Adm/PRF/2014) Letícia ouviu um barulho vindo do quarto onde estavam seus filhos, Beatriz e Rafael. Perguntou o que havia acontecido, e a babá, que estava com as crianças, respondeu: "Rafael caiu da cama e Beatriz não gritou". Considerando FALSA esta informação, pode-se concluir corretamente que:

a) Rafael não caiu da cama e Beatriz gritou.

b) Ou Rafael caiu da cama, ou Beatriz não gritou.

c) Beatriz não gritou e Rafael não caiu da cama.

d) Rafael não caiu da cama ou Beatriz gritou.

e) Beatriz gritou ou Rafael caiu da cama.

RESOLUÇÃO:

O enunciado apresenta a **conjunção** **R ∧ ~B**, em que:

R: Rafael caiu da cama.

B: Beatriz gritou.

Para fazer a sua **negação**, basta:

– Negar a 1ª parte: **~R**

– Negar a 2ª parte: **B**

– Trocar o **"e"** pelo **"ou"**: **~R ∨ B**

Textualmente, fica: *"Rafael **não** caiu da cama **ou** Beatriz gritou"*.

Gabarito: D.

QUESTÃO 31 (IBFC/Ofic Just/2017) Considere a seguinte implicação lógica: "Se é terça ou quarta, então trabalho e não vou ao cinema".

Essa implicação é equivalente a:

a) Se vou ao cinema e não trabalho, então não é terça, nem quarta

b) Se é terça ou não vou ao cinema, então trabalho ou é quarta

c) Se trabalho e não é terça, então vou ao cinema ou é quarta

d) Se vou ao cinema ou não trabalho, então não é terça, nem quarta

e) Se não trabalho ou não vou ao cinema, então não é terça, mas quarta

RESOLUÇÃO:

Sejam as proposições simples:

a: é terça;

b: é quarta;

c: trabalho;

d: vou ao cinema.

Podemos identificar no enunciado da questão as seguintes proposições compostas:

1ª) **Disjunção**: "terça **ou** quarta", ou seja, a ∨ b.

2ª) **Conjunção**: "trabalho **e** não vou ao cinema", ou seja, c ^ ~d.

3ª) **Condicional**: "**Se** é terça **ou** quarta, **então** trabalho **e** não vou ao cinema". Simbolicamente, representado por: **(a ∨ b) → (c ^ ~d)**.

Para identificarmos a afirmação equivalente requerida pelo enunciado, exploraremos a condição especial de equivalência de condicional para condicional, nos moldes ***p → q = ~q → ~p***.

Para tanto, faremos os seguintes passos:

1º) Identificar a **negação** equivalente do consequente **(~q)** da afirmação do enunciado: ~(c ^ ~d) = (**~c** ∨ **d**) = "***não*** *trabalho e vou ao cinema*".

2º) Identificar a **negação** equivalente do antecedente **(~p)** da afirmação do enunciado: ~(a ∨ b) = (**~a** ^ **~b**) = "*hoje* ***não*** é terça e ***nem*** *quarta*".

3º) Substituir as proposições dos passos anteriores na proposição condicional equivalente **(~q → ~p)** à proposição do enunciado: **(~c ∨ d) → (~a ^ ~b)** = "***Se não*** *trabalho* ***ou*** *vou ao cinema,* ***então*** *hoje* ***não*** *terça* ***e nem*** *quarta*".

Gabarito: D.

QUESTÃO 32 (IBFC/AGERBA/Espec Reg/2017) A negação da frase "O Sol é uma estrela e a Lua é um satélite" de acordo com a equivalência lógica proposicional, é dada por:

a) O Sol não é uma estrela e a Lua não é um satélite

b) O Sol não é uma estrela e a Lua é um satélite

c) O Sol não é uma estrela ou a Lua é um satélite

d) O Sol é uma estrela ou a Lua não é um satélite

e) O Sol não é uma estrela ou a Lua não é um satélite

RESOLUÇÃO:

A proposição composta do enunciado é unida por uma **conjunção**, de qual se deseja saber qual é a sua **negação** equivalente.

Sejam **p** e **q**, respectivamente, "*o Sol é uma estrela*" e "*a Lua é um satélite*". Sabemos que a negação equivalente à proposição formada por uma conjunção pode ser representada da seguinte forma: **~(p ^ q) = ~p v ~q.**

Inserindo os termos na proposição **~p v ~q**, temos a seguinte negação de conjunção: "*O Sol* ***não*** é uma estrela ***ou a Lua não*** é um satélite".

Gabarito: E.

QUESTÃO 33 (FEPESE/MPE-SC/Ana/2014) A afirmação logicamente equivalente à sentença: "Se José e Maria trabalham, então João ou Lúcia descansam" é:

a) Se João ou Lúcia descansam, então José e Maria não trabalham.

b) Se João ou Lúcia descansam, então José ou Maria não trabalham.

c) Se José e Maria não trabalham, então João e Lúcia não descansam.

d) Se João e Lúcia não descansam, então José e Maria não trabalham.

e) Se João e Lúcia não descansam, então José ou Maria não trabalham.

RESOLUÇÃO:

O enunciado fornece a seguinte proposição composta formada por um conectivo **condicional**: "***Se*** *José e Maria trabalham,* ***então*** *João ou Lúcia descansam*".

Sejam as proposições simples:

a: José trabalha;

b: Maria trabalha;

c: João descansa;

d: Lúcia descansa.

Observando o antecedente e o consequente do condicional, podemos identificar estas proposições compostas:

1ª) **Conjunção**: "*José trabalha **e** Maria trabalha*", ou seja, a ^ b.

2ª) **Disjunção inclusiva**: "*João descansa **ou*** Lúcia descansa", ou seja, c v d.

Dessa forma, podemos representar a proposição **condicional** do enunciado assim: **(a ^ b) → (c v d)**.

Para encontrarmos a afirmação equivalente condicional entre as alternativas da questão, exploraremos a condição especial de equivalência de condicional para condicional, nos moldes **p → q = ~q → ~p**.

Adotaremos, então, os seguintes passos:

1º) Identificar a **negação** equivalente do consequente **(~q)** da afirmação do enunciado: ~(c v d) = (**~c** ^ **~d**) = **"***João **não** descansa e Lúcia **não** descansa*".

2º) Identificar a **negação** equivalente do antecedente **(~p)** da afirmação do enunciado: ~(a ^ b) = (**~a** v **~b**) = **"***José **não** trabalha **ou** Maria **não** trabalha*".

3º) Substituir as proposições dos passos anteriores na proposição condicional equivalente **(~q → ~p)** à proposição do enunciado: **(~c ^ ~d) → (~a v ~b) = "*Se*** *João e Lúcia **não** descansam, **então** José ou Maria **não** trabalham*".

Gabarito: E.

QUESTÃO 34 (FEPESE/SEFAZ-SC/Ana Fin/2010) Em relação à afirmação "Se x = 16 e y ≥ 7 então x·y ≥ 112" pode-se concluir que:

a) Se x·y < 112 então x ≠ 16 ou y < 7.

b) Se x·y = 112 então x ≠ 16 e y < 7.

c) Se x·y ≥ 112 então x = 16 e y ≥ 7.

d) x·y ≥ 112 e x ≠ 16 e y < 7.

e) Nada se pode concluir.

RESOLUÇÃO:

O enunciado pergunta sobre a proposição equivalente a uma proposição composta formada pelo conectivo **condicional**.

Sejam as proposições:

p: x = 16

q: y ≥ 7

r: x·y ≥ 112

Logo, a proposição do enunciado pode ser representada assim: **(p ^ q) → r.**

Haja vista que não há proposições compostas por disjunção nas alternativas, exploraremos a condição especial de equivalência condicional para condicional, que, simbolicamente, pode ser expressa por: **$(p \wedge q) \rightarrow r = \sim r \rightarrow \sim(p \wedge q)$**.

Com isso, adotaremos os passos a seguir:

1º) Identificar a **negação** equivalente do consequente da afirmação do enunciado:

$$\sim r = x \cdot y < 112$$

2º) Identificar a **negação** equivalente do antecedente da afirmação do enunciado:

$$\sim(p \wedge q) = (\sim p \vee \sim q) = x \neq 16 \text{ ou } y < 7$$

3º) Substituir as proposições dos passos anteriores na proposição condicional equivalente à proposição do enunciado: **$\sim r \rightarrow \sim(p \vee q)$ = Se $x \cdot y < 112$, então $x \neq 16$ ou $y < 7$.**

Gabarito: A.

QUESTÃO 35 (CONSULPLAN/CBM-TO/Soldado/2013) Sendo a afirmação "Não é verdade que, se Ricardo está jogando bola, então Lucas está pulando corda", portanto, a afirmação logicamente equivalente a essa é

a) Ricardo está jogando bola e Lucas está pulando corda.

b) Ricardo está jogando bola e Lucas não está pulando corda.

c) Ricardo não está jogando bola ou Lucas está pulando corda.

d) Ricardo está jogando bola ou Lucas não está pulando corda.

RESOLUÇÃO:

A proposição composta do enunciado inicia-se com "*não é verdade que...*". A afirmativa equivalente à expressão que se segue será o resultado de sua negação.

Portanto, estamos lidando com uma **negação** de uma proposição composta por termos unidos por um conectivo **condicional**, que pode ser representada por: **$\sim(p \rightarrow q) = p \wedge \sim q$**.

Substituindo os termos na proposição composta por essa conjunção, temos que: *Ricardo está jogando bola* **E** *Lucas* **não** *está pulando corda.*

Gabarito: B.

QUESTÃO 36 (FUNDATEC/PC-RS/Escrivão/2018) Negar a sentença: A ocorrência policial foi fotografada e documentada, é equivalente à sentença da alternativa:

a) A ocorrência policial não foi fotografada e não foi documentada.

b) A ocorrência policial não foi fotografada, mas foi documentada.

c) A ocorrência policial não foi fotografada ou não foi documentada.

d) Nego que a ocorrência policial foi fotografada ou documentada.

e) A ocorrência policial foi fotografada ou documentada.

RESOLUÇÃO:

Sejam **p** e **q**, respectivamente, "a ocorrência policial foi fotografada" e "a ocorrência policial foi documentada". O enunciado trata de **negação** de uma proposição composta unida por uma **conjunção.**

Assim sendo, a negação equivalente à proposição formada por uma conjunção pode ser representada assim: **~(p ^ q) = ~p v ~q**.

Substituindo os termos na proposição **~p v ~q**, temos a seguinte negação de conjunção: *"A ocorrência policial* ***não*** *foi fotografada* ***OU não*** *foi documentada".*

Gabarito: C.

QUESTÃO 37 (FUNDATEC/ALERS/Ana Leg/2018) A negação da sentença: Paulo não protocolou o projeto de lei até o meio-dia ou Paulo está presente na sessão ordinária é:

a) Paulo protocolou o projeto de lei até o meio-dia ou Paulo não está presente na sessão ordinária.

b) Paulo protocolou o projeto de lei até o meio-dia e Paulo não está presente na sessão ordinária.

c) Paulo protocolou o projeto de lei até o meio-dia e Paulo está presente na sessão ordinária.

d) Paulo não protocolou o projeto de lei até o meio-dia e Paulo não está presente na sessão ordinária.

e) Paulo protocolou o projeto de lei até o meio-dia ou Paulo está presente na sessão ordinária.

RESOLUÇÃO:

O enunciado da questão trata de **negação** de uma proposição composta formada por uma **disjunção inclusiva.**

Sejam as proposições:

p: Paulo protocolou o projeto de lei até o meio-dia;

q: Paulo está presente na sessão ordinária.

Aplicando a negação equivalente à proposição do enunciado, temos que: **~(~p v q) = p ^ ~q**.

Substituindo os termos na proposição **p v ~q**, temos a seguinte negação de disjunção: *"Paulo protocolou o projeto de lei até o meio-dia* ***E*** *Paulo* ***não*** *está presente na sessão ordinária"*.

Gabarito: B.

QUESTÃO 38 (FUNDATEC/CREA-PR/Ag Prof/2010) Considere as proposições:

p: Valdemar é engenheiro.

q: Heloísa não é jornalista.

A proposição ~(p Λ ~ q), em linguagem corrente, é:

a) "Não é verdade que, se Valdemar é engenheiro, então Heloísa é jornalista."

b) "Se Valdemar é engenheiro, então Heloísa não é jornalista."

c) "Valdemar não é engenheiro ou Heloísa não é jornalista."

d) "Valdemar é engenheiro e Heloísa não é jornalista."

e) "Valdemar é engenheiro ou Heloísa não é jornalista."

RESOLUÇÃO:

Dadas as proposições **p** e **q** definidas pelo enunciado, pede-se a **negação** da proposição composta **p ^ ~q**, cujos termos são unidos por uma **conjunção**.

Note que **q**: Heloísa **não** é jornalista. Logo, **~q**: Heloísa é jornalista.

Uma vez que a negação de uma conjunção resulta em uma proposição composta pelas negações de seus termos unidos por uma **disjunção**, temos: **~(p ^ ~ q) = ~p v q**.

Textualmente, fica: *Valdemar* ***não*** é engenheiro ***OU*** *Heloísa* ***não*** é jornalista.

Gabarito: C.

QUESTÃO 39 (VUNESP/TCE-SP/Ag Fisc/2017) Uma afirmação que corresponda à negação lógica da afirmação "Se a demanda aumenta, então os preços tendem a subir" é:

a) Se os preços não tendem a subir, então a demanda não aumenta.

b) Ou os preços tendem a subir, ou a demanda aumenta.

c) Se a demanda não aumenta, então os preços não tendem a subir.

d) A demanda aumenta ou os preços não tendem a subir.

e) Os preços não tendem a subir, e a demanda aumenta.

RESOLUÇÃO:

Sejam **p** e **q**, respectivamente, "a demanda aumenta" e "os preços tendem a subir".

O enunciado pergunta sobre a **negação** da **condicional** **p → q.** Para obtê-la, seguimos os três passos:

1º) Mantemos a primeira parte: "*a demanda aumenta*".

2º) Negamos a segunda parte: "*os preços* ***não*** *tendem a subir*".

3º) Trocamos "Se então" por "e": "*a demanda aumenta* ***E*** *os preços* ***não*** *tendem a subir*".

Gabarito: E.

QUESTÃO 40 (VUNESP/MPE-SP/Ofic Prom/2016) Dada a proposição: "Se Daniela pratica natação ou ensaia no coral, então é quarta-feira e não é feriado", sua negação pode ser

a) Se Daniela não pratica natação ou não ensaia no coral, então não é quarta-feira e é feriado.

b) Se não é quarta-feira ou é feriado, então Daniela não pratica natação e não ensaia no coral.

c) Se Daniela não pratica natação e não ensaia no coral, então não é quarta-feira ou é feriado.

d) Daniela pratica natação ou ensaia no coral, e não é quarta-feira ou é feriado.

e) Daniela não pratica natação e não ensaia no coral, e é quarta-feira e não é feriado.

RESOLUÇÃO:

O enunciado apresenta uma condicional do tipo **(p ∨ q) → (r ∧ ~s)**, em que:

p: Daniela pratica natação;

q: Daniela ensaia no coral;

r: é quarta-feira;

s: é feriado.

O nosso objetivo consiste em **negar** essa sentença, de modo que seguiremos os três passos:

1º) Mantemos a primeira parte: **(a ∨ b)** = "*Daniela pratica natação **ou** ensaia no coral*"

2º) Negamos a segunda parte: **~(c ^ ~d)** = **(~c ∨ d)** = "***não*** é quarta-feira ***ou*** é feriado"

3º) Trocamos "Se então" por "e": "*Daniela pratica natação **ou** ensaia no coral, **E não*** é quarta-feira ***ou*** é feriado".

Gabarito: D.

QUESTÃO 41 (Instituto AOCP/CM-Maringá/Assessor/2017) Considere a afirmação condicional: "Se Mariana atende o telefone, então Paulo não está em casa ou Paulo está ocupado". Quando essa afirmação condicional será falsa?

a) "Mariana atende o telefone quando Paulo está em casa e não está ocupado."

b) "Mariana não atende o telefone quando Paulo está em casa e não está ocupado."

c) "Mariana atende o telefone quando Paulo está em casa."

d) "Mariana atende o telefone quando Paulo não está em casa e Paulo está ocupado."

e) "Mariana não atende o telefone quando Paulo está em casa ou Paulo não está ocupado."

RESOLUÇÃO:

O enunciado apresenta uma condicional do tipo **p → (~q ∨ r)**, em que:

p: Mariana atende o telefone;

q: Paulo está em casa;

r: Paulo está ocupado.

Por sua vez, a **negação** de tal proposição condicional equivale à seguinte **conjunção**: **p → (~q ∨ r) = p ^ ~(~q ∨ r).**

Para identificarmos a proposição de negação requerida, basta realizarmos os seguintes passos:

1º) Mantemos a primeira parte: *Mariana atende o telefone.*

2º) Negamos a segunda parte: **~(~q ∨ r) = (q ^ ~r)** = *Paulo está em casa **ou** Paulo **não** está ocupado.*

3º) Alocamos as proposições **p** e **(q ^~r)** nos moldes da equivalência de conjunção: *Mariana atende o telefone **E** Paulo está em casa **e** Paulo **não** está ocupado.*

A partir dessa proposição, encontramos a resposta correta na letra A. Note que a proposição de tal alternativa substitui o termo "e" por "quando", mantendo o mesmo significado.

Gabarito: A.

QUESTÃO 42 (VUNESP – ISS-CAMPINAS/Auditor Fiscal – 2019) Considere falsidades as duas proposições a seguir:

I. Ana concorre ao cargo de auditora fiscal ou Jorge concorre ao cargo de professor.

II. Se Carlos está fazendo a prova, então ele está concorrendo ao cargo de auditor fiscal.

Com base nas informações apresentadas, assinale a alternativa que contém uma proposição necessariamente verdadeira.

(A) Ana não concorre ao cargo de auditora fiscal e Carlos concorre ao cargo de professor.

(B) Carlos não está fazendo a prova e Jorge não concorre ao cargo de professor.

(C) Carlos está fazendo a prova ou Jorge concorre ao cargo de professor.

(D) Ana concorre ao cargo de professora e Jorge concorre ao cargo de auditor fiscal.

(E) Carlos concorre ao cargo de auditor fiscal ou Ana concorre ao cargo de professor.

RESOLUÇÃO:

O enunciado informa que as proposições são **falsas**. Com isso, as suas NEGAÇÕES são verdadeiras:

I. Ana **não** concorre ao cargo de auditora fiscal **e** Jorge **não** concorre ao cargo de professor;

II. Carlos **está** fazendo a prova **E** ele **não** está concorrendo ao cargo de auditor fiscal.

Sabendo que essas frases são **verdadeiras** e vendo que elas são **conjunções**, podemos garantir que cada parte é verdadeira. Assim, temos:

– Ana não concorre ao cargo de auditora fiscal;

– Jorge não concorre ao cargo de professor;

– Carlos está fazendo a prova;

– Carlos não está concorrendo ao cargo de auditor fiscal.

Portanto, a alternativa C é uma disjunção verdadeira, pois a sua primeira parte (Carlos está fazendo a prova) é V.

Gabarito: C.

QUESTÃO 43 (COSEAC/ISS Maricá/Fiscal de Tributos/2018) A negação lógica da afirmação condicional "se Maria vai ao cinema, então Antônio fica triste" é:

(A) se Maria não vai ao cinema, então Antônio não fica triste.

(B) se Maria vai ao cinema, Antônio não fica triste.

(C) Maria vai ao cinema, ou Antônio não fica triste.

(D) Maria vai ao cinema, e Antônio não fica triste.

(E) se Antônio fica triste, então Maria vai ao cinema.

RESOLUÇÃO:

O enunciado apresenta uma **condicional** do tipo **M → A**, em que:

M: Maria vai ao cinema;

A: Antônio fica triste.

Para **negar** uma proposição composta unida pelo "Se... então", basta 1) manter a primeira parte; 2) negar a segunda; e 3) trocar o conectivo para a conjunção. Logo:

~(M → A) = M ^ ~A

Textualmente, fica: *"Maria vai ao cinema* ***e*** *Antônio* ***não*** *fica triste"*.

Gabarito: D.

9. QUESTÕES-DESAFIO

QUESTÃO 44 (CESPE/TC-DF/Ana Cont Ext/2012) Com a finalidade de reduzir as despesas mensais com energia elétrica na sua repartição, o gestor mandou instalar, nas áreas de circulação, sensores de presença e de claridade natural que atendem à seguinte especificação:

P: A luz permanece acesa se, e somente se, há movimento e não há claridade natural suficiente no recinto.

Acerca dessa situação, julgue o item seguinte.

A negação da especificação P é logicamente equivalente à proposição "A luz não permanece acesa se, e somente se, não há movimento ou há claridade natural suficiente no recinto".

RESOLUÇÃO:

Vamos destacar a proposição **P** mencionada no enunciado: *"A luz permanece acesa **se, e somente se**, há movimento e não há claridade natural suficiente no recinto."*

O que a questão busca saber é se a **negação** de **P** é equivalente à seguinte proposição: *"A luz não permanece acesa **se, e somente se**, não há movimento ou há claridade natural suficiente no recinto".*

E agora, como resolver essa bronca?

Simples, iremos seguir a mesma receita de bolo das questões anteriores de negação de proposições compostas.

Veja que a proposição P é dada por **p ↔ (q ^ ~r)**, em que:

p: A luz permanece acesa.

q: Há movimento.

r: Há claridade natural suficiente no recinto.

No entanto, o que buscamos é a sua **negação**. Faremos isso seguindo três passos:

1º) Mantemos a primeira parte: *A luz permanece acesa.*

2º) Mantemos a segunda parte: *Há movimento e não há claridade natural suficiente no recinto.*

3º) Trocamos "**Se e somente se**" pelo "**OU exclusivo**": ***Ou*** *"a luz permanece acesa"* ***ou*** *"há movimento e não há claridade natural suficiente no recinto".*

Gabarito: errado.

QUESTÃO 45 (FGV – AnaTA/SUDENE/2013) Não é verdade que "Se o Brasil não acaba com a saúva então a saúva acaba com o Brasil". Logo, é necessariamente verdade que

a) *"O Brasil não acaba com a saúva e a saúva não acaba com o Brasil."*

b) *"O Brasil acaba com a saúva e a saúva não acaba com o Brasil."*

c) *"O Brasil acaba com a saúva e a saúva acaba com o Brasil."*

d) *"O Brasil não acaba com a saúva ou a saúva não acaba com o Brasil."*

e) *"O Brasil não acaba com a saúva ou a saúva acaba com o Brasil."*

RESOLUÇÃO:

O enunciado apresenta a **condicional** **~p → q**, em que:

p: O Brasil acaba com a saúva.

q: A saúva acaba com o Brasil.

Note que quando usamos a expressão '*não é verdade que*' antes de alguma sentença, significa que estamos querendo dizer que a **negação** dessa sentença que é verdadeira!

Para exemplificar, quando falamos "Não é verdade que está fazendo frio», estamos querendo dizer que "**Não** está fazendo frio".

Com base nesse raciocínio, temos que é necessariamente verdade a negação da condicional trazida pela questão. E, para negarmos uma condicional, devemos:

- Manter a 1ª parte: **~p**
- Negar a 2ª parte: **~q**
- Trocar o "Se, então" pelo "e": **~p ∧ ~q**

Textualmente, fica: *O Brasil* ***não*** *acaba com a saúva* ***e*** *a saúva* ***não*** *acaba com o Brasil.*

Note que essa sentença está contida na **letra A**, de modo que **seria** o nosso gabarito.

Como assim "seria"?

É que na realidade a questão foi **anulada**. Acreditamos que o examinador queria a negação da condicional. Mas, ao usar a expressão "não é verdade que...", ele disse que aquela condicional era falsa. E a condicional só é falsa quando seu antecedente é verdadeiro e seu consequente é falso.

Portanto,

- Antecedente*: o Brasil não acaba com a saúva =* **V***. Logo, o Brasil acaba com a saúva =* **F**.
- Consequente: *a saúva acaba com o Brasil =* ***F****. Logo, a saúva não acaba com o Brasil =* ***V***

Agora, aplicando a valoração das proposições nas alternativas, teremos:

a) *"O Brasil não acaba com a saúva e a saúva não acaba com o Brasil."* ***Conjunção*** *do tipo* ***V e V****, valor lógico:* ***V***

b) *"O Brasil acaba com a saúva e a saúva não acaba com o Brasil."* ***Conjunção*** *do tipo* ***F e V****, valor lógico:* ***F***

c) *"O Brasil acaba com a saúva e a saúva acaba com o Brasil."* ***Conjunção*** *do tipo* ***F e F****, valor lógico:* ***F***

d) *"O Brasil não acaba com a saúva ou a saúva não acaba com o Brasil."* ***Disjunção*** *do tipo* ***V e V****, valor lógico:* ***V***

e) *"O Brasil não acaba com a saúva ou a saúva acaba com o Brasil."* ***Disjunção*** *do tipo* ***V e F****, valor lógico:* ***V***

Perceba que agora ficamos com três opções corretas.

Gabarito: Anulada.

CAPÍTULO 07

IMPLICAÇÃO LÓGICA

1. INTRODUÇÃO

O QUE VEREMOS

Neste capítulo, estudaremos o tópico **Implicação Lógica**. Ousamos afirmar que se trata de um dos assuntos **mais cobrados** de Raciocínio Lógico pelas bancas examinadoras de concursos públicos.

Por falar nisso, tendo em vista a relevância do assunto para concursos, trouxemos ao capítulo dezenas de questões minuciosamente comentadas para que você tenha a confiança necessária ao aplicar o método de resolução no dia da prova.

COMO APARECE NOS EDITAIS

No conteúdo programático dos editais, nem sempre a implicação lógica aparece nesses termos. Por exemplo, a Fundação Carlos Chagas (FCC) e outras instituições têm cobrado o assunto como "*Compreensão do processo lógico que, a partir de um conjunto de hipóteses, conduz, de forma válida, a conclusões determinadas*".

COMO É COBRADO NAS PROVAS

E como isso aparece em provas? Basicamente, a questão apresenta algumas proposições, que chamaremos de premissas, e em seguida pergunta qual a consequência lógica mais apropriada para o dado conjunto de informações. Tudo isso respeitando os valores lógicos dos conectivos em análise e sem permitir a existência de contradições nas conclusões obtidas.

OBJETIVOS

Os nossos objetivos ao final deste capítulo é que você consiga:

1) compreender o conceito de implicação lógica;

2) identicar o tipo de implicação lógica presente no enunciado de qualquer questão, por meio de um método simples, prático e didático que traremos nas próximas páginas;

3) resolver os exercícios do assunto, chegando à conclusão adequada para todo conjunto de proposições que estiver diante de si.

2. ANÁLISE DA COBRANÇA DO ASSUNTO EM PROVAS

Observe a seguir os percentuais de incidência nos últimos anos do assunto deste capítulo em relação ao volume de questões de todos os temas analisados na nossa matéria. Lembramos que quanto maior o percentual de cobrança de um dado assunto, maior sua importância.

ASSUNTO	CEBRASPE	FCC	DEMAIS BANCAS
	% de cobrança	% de cobrança	% de cobrança
Implicação lógica	**3,42%**	**2,34%**	**2,85%**

O presente tópico possui uma importância **baixa**, destacando-se o Cebraspe como a banca que mais exige sua cobrança nas provas.

3. CONCEITO

Talvez você nos pergunte:

O que é <u>*implicação*</u> lógica, *professores? Não comecem* <u>*implicando*</u> *comigo!*

Implicação Lógica

É um conjunto de afirmações cujo encadeamento lógico resultará em uma conclusão a ser descoberta.

A resposta que a questão solicita é a conclusão que desejamos descobrir. Porém, para que a resposta seja considerada correta, tal conclusão deverá ser necessariamente **verdadeira** para o conjunto de afirmações (premissas) que o enunciado vier a apresentar.

A depender da estrutura das proposições presentes, temos dois **tipos** de questões de implicação lógica.

Questões de implicação lógica

- **Implicação Lógica Simples** — Há no conjunto de informações trazidas no enunciado uma *proposição simples ou uma conjunção.*
- **Implicação Lógica Composta** — ***Não** há* no conjunto de informações trazidas no enunciado uma *proposição simples ou uma conjunção.*

Para cada tipo de questão teremos um **método** diferente de resolução, os quais analisaremos a partir de agora.

4. IMPLICAÇÃO LÓGICA SIMPLES

As questões de implicação lógica **simples** são muito fáceis de serem reconhecidas, pois uma das premissas trazidas no enunciado estará na forma de uma **proposição simples** ou de uma **conjunção**.

> **TOME NOTA!**
>
> Entre as premissas constantes das questões de implicação lógica **simples** estará presente uma **proposição simples** ou uma **conjunção**.

E como resolveremos esse tipo de questão? Bem, primeiramente devemos considerar as **premissas** (proposições simples ou compostas) **verdadeiras**. Em seguida, com o conhecimento das tabelas-verdade dos conectivos, **descobriremos os valores lógicos das proposições simples** presentes nas premissas. Por fim, verificaremos entre as **opções de resposta** aquela que traz uma proposição necessariamente verdadeira diante dos valores lógicos das proposições simples, encontrados no passo anterior.

Assim, vamos esquematizar os passos que seguiremos:

1º passo

Considerar as premissas como **verdadeiras** e, com o conhecimento das tabelas-verdade dos conectivos, descobrir os **valores lógicos** das proposições simples presentes nas premissas.

↓

2º passo

Verificar entre as opções de resposta aquela que traz uma proposição necessariamente **verdadeira** diante dos valores lógicos das proposições simples, encontrados no passo anterior.

Antes de partirmos para colocar a mão na massa por meio da resolução de diversas questões de Implicação Lógica, é bom relembrarmos os **valores lógicos** de cada conectivo, já que eles serão bastante explorados aqui. Segue um resumo:

Conectivo	É **VERDADE quando...**	É FALSO **quando**
$p \wedge q$	p e q forem, ambos, V	Um dos dois for F, ou ambos
$p \vee q$	Um dos dois for V, ou ambos	p e q forem, ambos, F
$p \vee q$	p e q forem diferentes	p e q forem iguais
$p \rightarrow q$	Nos demais casos	p for V e q for F
$p \leftrightarrow q$	p e q forem iguais	p e q forem diferentes

Veja como esse assunto já foi cobrado!

QUESTÃO 01 (VUNESP – Técnico/TJM SP/2021) Um trabalho foi feito por pelo menos um dentre quatro alunos. O professor, que conhece o estilo desses alunos, sabe que se Hosana não fez o trabalho, então Iago fez. Ou Gabriela, ou Iago, fez o trabalho, mas não ambos. Jeremias fez o trabalho se e somente se Gabriela não fez. Jeremias contou ao professor que ele não pode participar desse trabalho, logo fez (fizeram) esse trabalho apenas

A) Gabriela e Hosana. B) Gabriela e Iago. C) Hosana e Iago. D) Hosana. E) Iago.

RESOLUÇÃO:

Será que essa questão é mesmo de implicação lógica? Vamos conferir.

O enunciado apresenta um **conjunto de informações** e, então, é solicitada a **conclusão** para tais sentenças? Bem, observe que ao final o enunciado expressamente solicita que determinemos quais dos alunos participaram do trabalho, ou seja, precisamos descobrir a conclusão necessariamente verdadeira para as proposições anteriormente apresentadas. Portanto, não restam dúvidas de que estamos diante de uma questão de **implicação lógica**.

Tudo bem, professores. Mas a questão é do tipo simples ou composta?

Excelente pergunta! Vamos raciocinar juntos. Ora, o enunciado apresenta inicialmente quatro afirmações (premissas):

P1: Se Hosana não fez o trabalho, então Iago fez.

P2: Ou Gabriela, ou Iago, fez o trabalho, mas não ambos.

P3: Jeremias fez o trabalho se e somente se Gabriela não fez.

P4: Jeremias contou ao professor que ele não pode participar desse trabalho.

Traduzindo as frases para a linguagem simbólica, teremos:

P1: ~H → I

P2: G ⊻ I

P3: J ↔ ~G

P4: ~J

Repare que a quarta premissa é uma **proposição simples**, de modo que podemos concluir tranquilamente que a questão é do **tipo simples**.

Agora passemos à solução propriamente dita, por meio dos passos que acabamos de aprender.

1º passo. Consideraremos as **premissas** como **verdadeiras** e, a partir do conhecimento das **tabelas-verdade** dos conectivos, vamos obter o valor lógico das proposições simples. Vejamos a sequência:

a) Começaremos por **P4**, pois é uma proposição simples, e, portanto, só tem uma forma de ser verdadeira. Daí:

P1: ~H → I

P2: G ⊻ I

P3: J ↔ ~G

P4: ~J => **~J é V.** Logo, **J é F.**

Resultado: O valor lógico de ***J é F.***

b) Substituir J por F em P3:

P3: F ↔ ~G => Para que a **bicondicional** seja verdadeira, é preciso que **~G** seja **F**. Logo, ***G é V.***

Resultado: O valor lógico de ***G é V.***

c) Substituir G por V em P2:

P2: V ⊻ I => Para que a **disjunção exclusiva** seja verdadeira, é necessário que a proposição **I** seja **F.** Logo, **I é F.**

Resultado: O valor lógico de ***I é F.***

d) Substituir ~I por F em **P1**:

P1: ~H → F => Para que a **condicional** seja verdadeira, é necessário que a proposição ~**H** seja **F**, já que o consequente é falso.

Resultado: O valor lógico de ***H é V***.

Reunindo os resultados obtidos, teremos:

- H é V, significa que "***Hosana fez o trabalho***".
- I é F, significa que "***Iago não fez o trabalho***".
- G é V, significa que "***Gabriela fez o trabalho***".
- J é F, significa que "***Jeremias não fez o trabalho***".

2º passo. Com as verdades obtidas no 1º passo, agora chegou a parte mais fácil, mas que exige uma maior atenção: verificar qual é a alternativa que traz uma proposição necessariamente verdadeira.

Como os únicos alunos que fizeram o trabalho foram **Gabriela e Hosana**, concluímos que a alternativa correta é a **letra A**.

Gabarito: A.

QUESTÃO 02 (VUNESP – Esc Téc Jud/TJ-SP/2018) Se Maria é bonita, então Carlos é rico. Se Ana é feliz, então José é um herói. Sabe-se que Maria é bonita e Ana não é feliz. Logo, pode-se afirmar corretamente que

a) José não é um herói.

b) José é um herói.

c) José não é um herói e Carlos é rico.

d) Carlos não é rico.

e) Carlos é rico ou José é um herói.

RESOLUÇÃO:

Temos as seguintes premissas:

P1: Se Maria é bonita, então Carlos é rico => **(M → C)**

P2: Se Ana é feliz, então José é um herói => **(A → J)**

P3: Maria é bonita e Ana não é feliz => **(M ^ ~A)**

Em P3, temos uma proposição composta formada por pela **conjunção** (M ^ ~A). Logo, estamos lidando com uma questão de implicação do tipo simples.

Assim, atribuiremos os valores lógicos **V** para M e ~A para que a conjunção seja verdadeira. Dessa verdade, basta adotarmos os seguintes passos:

1º passo. Consideraremos as **premissas** como **verdadeiras** e, a partir do conhecimento das **tabelas-verdade** dos conectivos, vamos obter o valor lógico das proposições simples.

a) Substituir ~A por V em **P3** e M por V em **P1** e **P3**:

P1: **V** → C Para que a **condicional** seja verdadeira, é preciso que **C** seja **V**.

P2: A → J

P3: **V** ^ **V**

Resultado: O valor lógico de **C** é **V** e o de ***A é F***.

b) Substituir A por F em **P2**:

P1: V → V

P2: **F** → J => Ainda não é possível obter alguma implicação.

P3: V ^ V

Note que não é possível inferir alguma conclusão sobre o **consequente** de **P2**, pois ele pode assumir os valores lógicos **V** ou **F** para que a **condicional** seja verdadeira, haja vista que seu **antecedente** possui valor **F**.

Reunindo os resultados obtidos, teremos:

- M é **V** => "***Maria é bonita***".
- C é **V** => "***Carlos é rico***".
- A é **F** => "***Ana não*** é feliz".

Como não podemos chegar a uma conclusão sobre J, podemos descartar as **opções A, B** e **C**. Note que, nesta última opção, temos uma conjunção, que exige que as duas proposições simples que a compõem sejam verdadeiras, informação que não podemos concluir sobre **J**. Além disso, descartamos a **opção D,** por sabermos que a proposição simples **C** = **V**.

Por fim, com as verdades obtidas, verificaremos que a alternativa que traz uma proposição necessariamente verdadeira é a **letra E**. Isso porque, sendo uma disjunção inclusiva, basta que uma das proposições simples que a compõe seja verdadeira para que a premissa seja verdadeira. Observando a alternativa, temos que:

e) Carlos é rico ou José é um herói.

Item certo. Temos a seguinte **disjunção** em valores lógicos: **V** v (**F** ou **V**) => VERDADEIRO.

Gabarito: E.

QUESTÃO 03 (IAUPE/ISS Petrolina/Auditor Fiscal/2019) Considere as seguintes afirmações:

A) Se eu estudar, então não sou reprovado.
B) Ou eu jogo, ou eu estudo.
C) Eu fui reprovado.

Nessas condições, é possível concluir logicamente que

(A) eu joguei.

(B) eu estudei.

(C) eu estudei e também joguei.

(D) eu nem joguei nem estudei.

(E) eu estudei, mas não joguei.

RESOLUÇÃO:

Trata-se de questão de **implicação lógica simples**, em que precisamos determinar a conclusão mais adequada para o conjunto de premissas apresentadas.

O enunciado apresenta as seguintes premissas, todas verdadeiras:

P1: Se eu estudar, então não sou reprovado. (**E** → **~R**)

P2: Ou eu jogo ou eu estudo. (**J** ∨ **E**)

P3: Eu fui reprovado. (**R**)

Inicialmente, é necessário definir o valor lógico de cada proposição simples.

Começamos a análise pela **P3**, que é uma proposição simples, de modo que seu valor lógico é **verdadeiro**.

VL(R) = V

Em **P1**, temos uma **condicional**, conectivo que é **F** apenas quando a primeira parcela é verdadeira e a segunda é falsa; nos demais casos, é **V**. No nosso caso, a segunda parte é **F** (veja que é a negação de R), de modo que a primeira parcela necessariamente deve ser **F** também, a fim de preservar o valor lógico verdadeiro da premissa.

VL(E) = F

Por fim, em **P2**, temos uma **disjunção exclusiva**, conectivo que é **V** apenas quando as duas parcelas possuem valores lógicos distintos. No nosso caso, a segunda parte é F, de modo que a primeira parcela necessariamente deve ser V, a fim de preservar o valor lógico verdadeiro da premissa.

VL(J) = V

Reunindo os resultados obtidos, temos:

- Eu não estudei.
- Eu fui reprovado.
- Eu joguei.

Agora, podemos analisar cada opção de resposta:

(A) eu joguei.

Certo. Foi exatamente essa a conclusão a que chegamos na análise da **P2**.

(B) eu estudei.

Errado. Concluímos exatamente o contrário disso na análise de **P1**.

(C) eu estudei e também joguei.

Errado. Temos uma **conjunção**, cujo valor lógico é **V** apenas quando ambas as parcelas são verdadeiras. No nosso caso, a primeira parcela é F, de modo que a afirmação é **falsa**.

(D) eu nem joguei nem estudei.

Errado. Também temos uma **conjunção** que também é **falsa**, devido ao fato de que a primeira parcela é F.

(E) eu estudei, mas não joguei.

Errado. Também temos uma **conjunção** que também é **falsa**, devido ao fato de que as duas parcelas são F.

Gabarito: A.

QUESTÃO 04 (CEBRASPE – Ana Jud/TJ PA/2020) No processo de manutenção de um computador, as seguintes afirmações são válidas:

p: se aumentar o tamanho da memória ou instalar um novo antivírus, então a velocidade da Internet aumentará;

q: se a velocidade da Internet aumentar, então os aplicativos abrirão mais rapidamente.

Concluída a manutenção, foi verificado que a velocidade da Internet não aumentou.

Nessa situação, é correto concluir que

a) os aplicativos não abrirão mais rápido.

b) o tamanho da memória não foi aumentado e também não foi instalado um novo antivírus.

c) ou o tamanho da memória não foi aumentado ou um novo antivírus não foi instalado.

d) o tamanho da memória pode ter sido aumentado, mas um novo antivírus não foi instalado.

e) um novo antivírus pode ter sido instalado, mas o tamanho da memória não foi aumentado.

RESOLUÇÃO:

O enunciado apresenta três premissas:

P1: se aumentar o tamanho da memória ou instalar um novo antivírus, então a velocidade da Internet aumentará. $[(A \vee B) \rightarrow C]$

P2: se a velocidade da Internet aumentar, então os aplicativos abrirão mais rapidamente. $(C \rightarrow \sim D)$

P3: a velocidade da Internet não aumentou. $(\sim C)$

Agora consideraremos as **premissas** como **verdadeiras** e, a partir do conhecimento das **tabelas-verdade** dos conectivos, vamos obter o valor lógico das proposições simples.

a) Começaremos por P3, pois é uma **proposição simples**, e, portanto, só tem uma forma de ser verdadeira.

P1: $(A \vee B) \rightarrow C$

P2: $C \rightarrow \sim D$

P3: ~C => **~C é V.** Logo, **C é F.**

b) Substituir C por F em P1 e em P2:

P1: $(A \vee B) \rightarrow F$ => Para que a **condicional** seja verdadeira, é necessário que **(A B)** seja F. Como se trata de uma **disjunção**, só há uma forma de ela ser falsa: quando ambas as parcelas são F. Logo: **A é F e B é F.**

P2: $F \rightarrow \sim D$ => Como o antecedente é F, o **condicional** será verdadeiro independentemente do valor lógico que a proposição D vier a assumir, de modo que não conseguimos determinar de D é V ou F.

Reunindo os resultados obtidos, teremos:

- A é F, significa que "***o tamanho da memória não foi aumentado***".
- B é F, significa que "***não foi instalado um novo antivírus***".
- C é F, significa que "***a velocidade da Internet não aumentará***".

Agora, podemos analisar cada opção de resposta:

a) *os aplicativos não abrirão mais rápido.*

Errado, pois não temos como saber o valor lógico dessa proposição.

b) *o tamanho da memória não foi aumentado e também não foi instalado um novo antivírus.*

Certo, temos uma conjunção com valor lógico V, pois ambas as partes são verdadeiras.

c) *ou o tamanho da memória não foi aumentado ou um novo antivírus não foi instalado.*

Errado, temos uma disjunção exclusiva falsa, pois as proposições que a compõe possuem o mesmo valor lógico (ambas V).

d) *o tamanho da memória pode ter sido aumentado, mas um novo antivírus não foi instalado.*

Errado, temos uma conjunção com valor lógico F, pois a primeira parcela é F.

e) *um novo antivírus pode ter sido instalado, mas o tamanho da memória não foi aumentado.*

Errado, temos uma conjunção com valor lógico F, pois a primeira parcela é F.

Gabarito: B.

QUESTÃO 05 (CESPE/TRE-ES/Ana/2011 – *Adaptada*) Considere como verdadeiras as seguintes proposições:

"Se o eleitor A é do sexo masculino ou o eleitor B não informou o sexo, então o eleitor C é do sexo feminino";

"Se o eleitor C não é do sexo feminino e o eleitor D não informou o sexo, então o eleitor A é do sexo masculino".

Considere também que seja falsa a seguinte proposição:

"O eleitor C é do sexo feminino".

Nesse caso, conclui-se que o eleitor D não informou o sexo.

RESOLUÇÃO:

O enunciado apresenta três premissas:

P1: Se o eleitor A é do sexo masculino ou o eleitor B não informou o sexo, então o eleitor C é do sexo feminino. [(p ∨ ~q) → r]

P2: Se o eleitor C não é do sexo feminino e o eleitor D não informou o sexo, então o eleitor A é do sexo masculino. [(~r ∧ ~s) → p]

P3: O eleitor C é do sexo feminino. (~r)

Agora consideraremos as **premissas** como **verdadeiras** e, a partir do conhecimento das **tabelas-verdade** dos conectivos, vamos obter o valor lógico das proposições simples.

a) Começaremos por P3, pois é uma **proposição simples**, e, portanto, só tem uma forma de ser verdadeira.

P1: (p ∨ ~q) → r

P2: (~r ∧ ~s) → p

P3: ~r => **~r é V.** Logo, **r é F.**

b) Substituir r por F em P1:

P1: (p ∨ ~q) → F => Para que a **condicional** seja verdadeira, é necessário que (p ∨ ~q) seja F. Dessa forma, para que a **disjunção** seja falsa, é necessário que **p** seja **F e ~q** seja **F** (ou: é necessário que **q** seja **V**).

P2: (~r ∧ ~s) → p

P3: ~r

c) Substituir **~r por V** e **p por F** em P2.

P1: (p ∨ ~q) → F

P2: (V ∧ ~s) → F => Para que a **condicional** seja verdadeira, é necessário que (V ∧ ~s) seja F. Dessa forma, para que a **conjunção** seja falsa, é necessário que **~s** seja **F** (ou: é necessário que **s** seja **V**).

P3: ~r

Reunindo os resultados obtidos, teremos:

- p é F, significa que "***O eleitor A não é do sexo masculino***".
- q é V, significa que "***O eleitor B informou o sexo***".
- r é F, significa que "***O eleitor C não é do sexo feminino***".
- s é V, significa que "***O eleitor D informou o sexo***".

Assim, podemos concluir que "O eleitor D informou o sexo", tornando o item **errado**.

Gabarito: errado.

QUESTÃO 06 (FCC – ATE/SEFAZ-PI/2015) As afirmações a seguir, todas verdadeiras, foram feitas pelo chefe do departamento de Imunologia de uma faculdade de medicina, referindo-se a eventos que poderiam acontecer no ano de 2014.

1. Se o projeto for aprovado, o departamento receberá novos computadores e terá seu laboratório reformado.

2 . Se o laboratório for reformado, passará a ter capacidade para processar o sangue de 50 pacientes por dia.

3. Se for possível processar o sangue de 50 pacientes por dia, o número de atendimentos diários no ambulatório será duplicado.

A partir dessas informações, é correto concluir que, se a capacidade de processamento de sangue do laboratório do departamento de Imunologia, em 2015, é de apenas 25 pacientes por dia, então, necessariamente,

a) o departamento não recebeu novos computadores.

b) o número de atendimentos diários no ambulatório não foi duplicado.

c) o laboratório do departamento foi reformado.

d) o projeto citado pelo chefe do departamento não foi aprovado.

e) a capacidade de processamento de sangue do laboratório manteve-se constante.

RESOLUÇÃO:

O enunciado apresenta três premissas:

#	Premissa	Representação
P1	Se o projeto for aprovado, o departamento receberá novos computadores e terá seu laboratório reformado.	**A → (B ^ C)**
P2	Se o laboratório for reformado, passará a ter capacidade para processar o sangue de 50 pacientes por dia.	**C → D**
P3	Se for possível processar o sangue de 50 pacientes por dia, o número de atendimentos diários no ambulatório será duplicado.	**D → E**

Em seguida, foi dito que o laboratório pode processar o sangue de apenas 25 pacientes. Portanto, a proposição "D" não ocorreu, ela é falsa: **D é F**.

Além disso, essa informação também nos auxilia a definir qual tipo de implicação lógica trabalharemos, pois ela é uma **proposição simples**. Assim, podemos concluir tranquilamente que a questão é do **tipo simples**.

Agora consideraremos as **premissas** como **verdadeiras** e, a partir do conhecimento das **tabelas-verdade** dos conectivos, vamos obter o valor lógico das proposições simples.

a) Começaremos por P2, pois já sabemos que o consequente "D" é uma proposição falsa. Daí:

P1: A → (B ^ C)

P2: C → D => Para que a **condicional** seja verdadeira, é necessário que **C** seja **F**.

P3: D → E

b) Substituir C por F em P1:

P1: A → (B ^ F) => Para que a **condicional** seja verdadeira, é necessário que a proposição **A** seja **F**, já que o consequente (conectivo conjunção) é falso, pois no caso da **conjunção**, basta que uma das proposições simples envolvidas seja falsa para que toda a proposição composta também seja falsa.

Vamos reunir os resultados obtidos até agora, a fim de notarmos se já achamos a alternativa correta:

- A é F, logo "***O projeto não foi aprovado***".
- C é F, logo "***O laboratório não foi reformado***".
- D é F, logo "***Não é possível processar o sangue de 50 pacientes por dia***".

Por fim, verificamos qual é a alternativa que traz uma proposição necessariamente verdadeira. Fazendo isso, concluímos que a alternativa correta é a **letra D**.

Gabarito: D.

5. IMPLICAÇÃO LÓGICA COMPOSTA

Agora a coisa ficará ainda mais interessante, colega. Prepare-se para o estudo das questões de implicação lógica **composta**.

No primeiro tipo, estudamos a espécie de enunciado em que uma das premissas estava na forma de uma proposição simples ou de uma conjunção, de modo que só haveria uma forma de ela ser verdadeira.

A partir deste momento, veremos questões em que **não haverá nenhuma sentença na forma de proposição simples ou de conjunção**, implicando que não estará previamente definido qual o ponto de partida da resolução.

Nas soluções das questões de implicação lógica feitas anteriormente, o primeiro passo consistia em somente considerar as premissas como verdadeiras. Nesse segundo método de resolução, teremos um *up*. Deveremos obedecer **também** aos seguintes procedimentos (dentro do 1º passo):

✓ Atribuiremos um valor lógico (V ou F) para uma das proposições simples, preferencialmente aquela que mais se repete.

✓ Substituiremos esse valor lógico nas premissas e verificaremos, mediante a aplicação das tabelas-verdade, se está correto, ou seja, se não vai se observar alguma contradição entre os resultados obtidos.

Juntos, iremos aprender esse método de resolução da mesma forma que o anterior: resolvendo questões.

A partir de agora, apresentaremos vários enunciados de provas em que se trabalha o segundo tipo de implicações lógicas, com a finalidade de estarmos bem preparados.

Com um pouco de calma, paciência e persistência, aprenderemos isso. Vamos lá!

Veja como esse assunto já foi cobrado!

QUESTÃO 07 (CESPE/BRB/Advogado/2010) A seguir, são apresentadas proposições relativas a um cliente de uma instituição financeira.

– Se Carlos fizer um empréstimo na instituição financeira, então ele não viajará.

– Se Carlos não viajar, então ele comprará um carro novo.

– Se Carlos comprar uma moto ou usar o cartão de crédito, então ele não comprará um carro novo.

– Se Carlos viajar, então ele usará o cartão de crédito.

Considerando que essas proposições sejam verdadeiras, julgue o seguinte item.

A proposição "se Carlos viajar, então ele não fará um empréstimo na instituição financeira" é verdadeira.

RESOLUÇÃO:

Temos, no enunciado, as seguintes premissas:

P1: Se Carlos fizer um empréstimo na instituição financeira, então ele não viajará. (A → ~B)

P2: Se Carlos não viajar, então ele comprará um carro novo. (~B → C)

P3: Se Carlos comprar uma moto ou usar o cartão de crédito, então ele não comprará um carro novo. [(D v E) → ~C]

P4: Se Carlos viajar, então ele usará o cartão de crédito. (B → E)

Como não foi apresentada nenhuma proposição simples ou uma conjunção, concluímos que estamos diante de uma questão de implicação lógica **composta**. Nesse caso, deveremos obedecer **também** aos seguintes procedimentos (dentro do 1º passo):

✓ Atribuiremos um valor lógico (V ou F) para uma das proposições simples, preferencialmente aquela que mais se repete;

✓ Substituiremos esse valor lógico nas premissas e verificaremos, mediante a aplicação das tabelas-verdade, se está correto, ou seja, se não vai se observar alguma contradição entre os resultados obtidos.

Vamos escolher a proposição **B** (é a que mais se repete) e atribuir a ela o valor lógico **V**.

Executemos os passos a seguir para testar a hipótese: **B = V**.

<u>1º passo</u>. Consideraremos as premissas como verdadeiras e B = V (é uma hipótese), e descobriremos, mediante a aplicação das tabelas-verdade, o valor lógico de cada uma das proposições simples. Também verificaremos se ocorre alguma contradição na hipótese. Teremos:

a) Substituir ***B por V*** (ou: ~B por F) em P4, e ***~B por F*** em P1 e em P2:

P1: A → F => Para que a **condicional** seja verdadeira é necessário que **A** seja **F**.

P2: F → C

P3: (D v E) → ~C

P4: V → E => Para que a **condicional** seja verdadeira é necessário que **E** seja **V**.

O que encontramos aqui já é suficiente para respondermos a nossa questão. De fato, reunindo os resultados obtidos, teremos:

- A é F => *"Carlos não fará um empréstimo na instituição financeira"*.
- B é V = > ***"Carlos viajará"***.
- E é V => ***"Carlos usará o cartão de crédito"***.

Ora, o enunciado afirma que a proposição *"se Carlos viajar, então ele não fará um empréstimo na instituição financeira"* é verdadeira. De acordo com a análise que fizemos, a condicional teria a seguinte formatação, em termos de valores lógicos: **V → V**.

Gabarito: certo.

BIZU!

Um caminho de resolução mais simples para chegar à conclusão da questão seria apenas fazer a **equivalência do conectivo condicional** na primeira afirmação. De fato, dizer que *"Se Carlos fizer um empréstimo na instituição financeira, então ele não viajará"* equivale logicamente a afirmar que *"Se Carlos viajar, então ele não fará um empréstimo na instituição financeira"*.

QUESTÃO 08 (CESPE/PC-CE/Inspetor/2012) Das proposições "Se há corrupção, aumenta-se a concentração de renda", "Se aumenta a concentração de renda, acentuam-se as desigualdades sociais" e "Se se acentuam as desigualdades sociais, os níveis de violência crescem" é correto inferir que "Se há corrupção, os níveis de violência crescem".

RESOLUÇÃO:

Temos as seguintes premissas:

#	Premissa	Representação
P1	Se há corrupção, aumenta-se a concentração de renda.	**C → R**
P2	Se aumenta a concentração de renda, acentuam-se as desigualdades sociais.	**R → D**
P3	Se se acentuam as desigualdades sociais, os níveis de violência crescem.	**D → V**

Montando a expressão apresentada pela questão, encontramos que:

$$(C \rightarrow R) \wedge (R \rightarrow D) \wedge (D \rightarrow V)$$

Repare que podemos substituir (C → **R**) ^ (**R** → D) por (C → D), pois são expressões equivalentes:

$$(C \rightarrow D) \wedge (D \rightarrow V)$$

Por fim, temos que (C → **D**) ^ (**D** → V) é o mesmo que **(C → V)**. Assim, conseguimos inferir que, de fato: *"Se há corrupção, os níveis de violência crescem"*.

Gabarito: certo.

QUESTÃO 09 (CEBRASPE/BACEN/Téc/2013) Considere que as seguintes proposições sejam verdadeiras.

I– Se o dólar subir, as exportações aumentarão ou as importações diminuirão.

II– Se as exportações aumentarem e as importações diminuírem, a inflação aumentará.

III– Se o BACEN aumentar a taxa de juros, a inflação diminuirá.

Com base apenas nessas proposições, julgue o item a seguir.

– Se o BACEN aumentar a taxa de juros, então as exportações não aumentarão ou as importações não diminuirão.

RESOLUÇÃO:

Temos as seguintes premissas, todas verdadeiras (isso é dito pela questão):

P1: Se o dólar subir, as exportações aumentarão ou as importações diminuirão.

P2: Se as exportações aumentarem e as importações diminuírem, a inflação aumentará.

P3: Se o BACEN aumentar a taxa de juros, a inflação diminuirá.

Vamos analisar a conclusão: *Se o BACEN aumentar a taxa de juros, então as exportações não aumentarão ou as importações não diminuirão.*

Esse item afirma que o BACEN aumentar a taxa de juros é condição suficiente para as exportações não aumentarem ou as importações não diminuírem.

Nesse tipo de situação, tomamos a proposição *"O BACEN aumentar a taxa de juros"* como ***verdadeira***.

Caso a segunda proposição aconteça, teremos uma consequência válida. Caso contrário, com base no valor lógico do conectivo **condicional**, teremos uma **contradição** e o item estará errado.

Assim, temos a hipótese de que a proposição *"BACEN aumenta a taxa de juros"* é **V**. Agora, esse valor lógico dela será inserido nas proposições P1, P2 e P3.

P3: Se o BACEN aumentar a taxa de juros, a inflação diminuirá.

Nesse momento, lembre que a proposição P3 é verdadeira, dessa forma, como ela é uma condicional, sendo a primeira proposição verdadeira, não resta outra opção para a segunda a não ser verdadeira também. Logo, chegamos à primeira conclusão de que *"A inflação diminuirá"* é **V**. (Conclusão 1)

Dando sequência, de maneira semelhante, iremos inserir o valor lógico de *"a inflação diminuirá"* em P2.

P2: Se as exportações aumentarem e as importações diminuírem, a inflação aumentará.

Perceba que a segunda parte da condicional é falsa, pois se "a inflação diminuirá" é verdadeira, com certeza "a inflação aumentará" será falsa. Como a segunda parte da condicional é falsa e toda a composta P2 é verdadeira, não resta outra opção para a primeira proposição a não ser apresentar o valor lógico **F**. Logo, podemos concluir que a proposição "exportações aumentarem e as importações diminuírem" é falsa. Traduzindo, ***as exportações não aumentarão ou as importações não diminuirão (ou ambas)***. (Conclusão 2)

Vamos voltar à conclusão: *Se o BACEN aumentar a taxa de juros, então as exportações não aumentarão ou as importações não diminuirão.*

A conclusão do item, que é a segunda parte da condicional anterior, é composta pelo conectivo "OU".

Perceba que, da conclusão 2, basta que uma das duas coisas aconteça: exportações não aumentarem ou importações não diminuírem, que já garantiremos a conclusão válida que a segunda parte do enunciado verdadeira. E é exatamente isso o que a conclusão 2 afirma.

Gabarito: Certo.

QUESTÃO 10 (FGV/TJ-AM/Ana Jud/2013) Considere como verdadeiras as afirmativas a seguir:

I – Se Carlos mentiu, então João é culpado.

II – Se João é culpado, então Carlos não mentiu.

III – Se Carlos não mentiu, então Pedro não é culpado.

IV – Se Pedro não é culpado, então João não é culpado.

Com base nas afirmativas acima, é correto concluir que:

a) Carlos mentiu, João é culpado, Pedro não é culpado.

b) Carlos mentiu, João não é culpado, Pedro não é culpado.

c) Carlos mentiu, João é culpado, Pedro é culpado.

d) Carlos não mentiu, João não é culpado, Pedro não é culpado.

e) Carlos não mentiu, João é culpado, Pedro é culpado.

RESOLUÇÃO:

Temos as seguintes premissas:

#	Premissa	Representação
P1	Se Carlos mentiu, então João é culpado.	**C → J**
P2	Se João é culpado, então Carlos não mentiu.	**J → ~C**
P3	Se Carlos não mentiu, então Pedro não é culpado.	**~C → ~P**
P4	Se Pedro não é culpado, então João não é culpado	**~P → ~J**

O enunciado não fornece nenhuma conjunção ou proposição simples em suas premissas, de modo que trabalharemos com a implicação lógica **composta**.

Escolheremos a proposição **J**, que aparece em **P1** e **P2**, bem como em sua forma negativa em **P4**, e aplicaremos o valor lógico **V** para ela.

Considerando as premissas como verdadeiras e aplicando tal hipótese, testemos os valores lógicos nas premissas do enunciado.

a) Substituir J por V em P1 e P2 e ~J por F em P4:

P1: C → **V** => Ainda não é possível obter alguma implicação.

P2: **V** → ~C => Para que a **condicional** seja verdadeira, é preciso que **~C** seja **V**.

P3: ~C → ~P

P4: ~P → **F** => Para que a **condicional** seja verdadeira, é preciso que **~P** seja **F**.

b) Substituir ~C por V em P2 e P3, C por F em P1 e ~P por F em P3 e P4:

P1: **F** → V

P2: V → **V**

P3: **V** → **F** => proposição FALSA,

P4: **F** → F

Constatamos que, ao levar em consideração a hipótese de que **J** = **V**, temos uma **contradição** em **P3**, haja vista que encontramos uma condicional com valores lógicos que resultam em uma proposição falsa **(V → F)**.

Portanto, resta-nos atribuir o valor lógico **F** para **J**, a fim de descobrirmos os valores lógicos das demais proposições simples.

a) Substituir J por F em P1 e P2 e ~J por V em P4:

P1: C → **F** => Para que a **condicional** seja verdadeira, é preciso que **C** seja **F**.

P2: **F** → ~C => Ainda não é possível obter alguma implicação.

P3: ~C → ~P

P4: ~P → **V** => Ainda não é possível obter alguma implicação.

b) Substituir C por F em P1 e ~C por V em P2 e P3:

P1: **F** → F

P2: F → **V** => **Verdadeiro**

P3: **V** → ~P => Para que a **condicional** seja verdadeira, é preciso que **~P** seja **V**.

P4: ~P → V

c) Substituir ~P por V em P3 e P4:

P1: **F** → F

P2: F → V

P3: V → V

P4: **V** → V => **Verdadeiro**

Sob a hipótese de J = F, encontramos os valores lógicos a seguir, com suas respectivas proposições, sem qualquer contradição:

- C é F => ***"Carlos não mentiu"***.
- J é F = > ***"João não*** é culpado".
- P é F => ***"Pedro não*** é culpado".

Por fim, com as verdades obtidas e analisando as alternativas, concluímos que a opção correta é a **letra D.**

Gabarito: D.

6. RESUMO

Implicação Lógica

É um conjunto de afirmações cujo encadeamento lógico resultará em uma conclusão a ser descoberta.

Questões de implicação lógica

- **Implicação Lógica Simples** — Há no conjunto de informações trazidas no enunciado uma *proposição simples ou uma conjunção.*
- **Implicação Lógica Composta** — ***Não há*** no conjunto de informações trazidas no enunciado uma *proposição simples ou uma conjunção.*

RESOLUÇÃO DE QUESTÕES DE IMPLICAÇÃO LÓGICA SIMPLES

1º passo

Considerar as premissas como **verdadeiras** e, com o conhecimento das tabelas-verdade dos conectivos, descobrir os **valores lógicos** das proposições simples presentes nas premissas.

⬇

2º passo

Verificar entre as opções de resposta aquela que traz uma proposição necessariamente **verdadeira** diante dos valores lógicos das proposições simples, encontrados no passo anterior.

RESOLUÇÃO DE QUESTÕES DE IMPLICAÇÃO LÓGICA COMPOSTA

1º passo
Atribuir um valor lógico para uma das proposições simples, preferencialmente aquela que mais se repete.

2º passo
Substituir esse valor lógico nas premissas, que serão consideradas **verdadeiras**, e observar se irá aparecer alguma **contradição** entre os resultados obtidos.

3º passo
Verificar entre as opções de resposta aquela que traz uma proposição necessariamente **verdadeira** diante dos valores lógicos das proposições simples, encontrados no passo anterior.

7. MAIS QUESTÕES COMENTADAS

QUESTÃO 11 (FCC/CL-DF/Téc Leg/2018) Considere a proposição: "Se um candidato estudar adequadamente, então ele passará em um concurso". Portanto, com base nesta proposição, é correto afirmar:

a) A maior parte dos candidatos que passam em um concurso estudam adequadamente.

b) Todos os candidatos que não estudam adequadamente não passam em um concurso.

c) Todos os candidatos que estudam adequadamente passam em um concurso.

d) Havendo candidatos que passam em um concurso, certamente estudam adequadamente.

e) É possível que existam candidatos que estudam adequadamente e não passam em um concurso.

RESOLUÇÃO:

Sendo verdadeira a proposição "Se um candidato estudar adequadamente, então ele passará em um concurso", vamos analisar as opções de resposta, em busca de uma frase que seja equivalente à proposição dada.

a) A maior parte dos candidatos que passam em um concurso estudam adequadamente.

Errado. Não podemos afirmar isso com base na proposição apresentada no enunciado, pois ela garante apenas que aqueles candidatos que estudam adequadamente são aprovados.

b) Todos os candidatos que não estudam adequadamente não passam em um concurso.

Errado. Pela proposição apresentada, temos a garantia de que todos os candidatos que estudam adequadamente passam em um concurso. Além disso, podemos inferir que pode ocorrer o caso de um estudante não estudar adequadamente e passar no concurso

c) Todos os candidatos que estudam adequadamente passam em um concurso.

Certo. É impossível um candidato estudar adequadamente sem passar no concurso, de acordo com a proposição apresentada.

d) Havendo candidatos que passam em um concurso, certamente estudam adequadamente.

Errado. Na verdade, ao analisarmos a proposição apresentada, é possível inferir que pode ocorrer o caso de um estudante não estudar adequadamente e passar no concurso.

e) É possível que existam candidatos que estudam adequadamente e não passam em um concurso.

Errado. É impossível um candidato estudar adequadamente sem passar no concurso, de acordo com a proposição apresentada.

Gabarito: C.

QUESTÃO 12 (FCC/TRT Pernambuco/Téc Jud/2018) Considere que a afirmação I é falsa e que as demais são verdadeiras.

I. Se Bernardo é músico, então Andreia é cantora.

II. Cátia é baterista e Bernardo é músico.

III. Ou Danilo é violonista, ou Cátia é baterista.

A partir dessas afirmações, é correto concluir que

a) Andreia é cantora ou Danilo é violonista.

b) ou Bernardo é músico, ou Cátia é baterista.

c) se Danilo é violonista, então Andreia é cantora.

d) Cátia é baterista e Danilo é violonista.

e) se Cátia é baterista, então Danilo é violonista.

RESOLUÇÃO:

A afirmação I é um condicional falso. Isso acontece quando o antecedente é verdadeiro e o consequente é falso. Concluímos que:

- Bernardo é músico;
- Andreia não é cantora.

A afirmação II é uma conjunção verdadeira. Isso acontece quando ambas as parcelas são verdadeiras. Concluímos que:

- Cátia é baterista;
- Bernardo é músico.

A afirmação III é uma disjunção exclusiva verdadeira. Isso acontece quando uma parcela é V e a outra é F. A segunda parcela é verdadeira, pois de fato Cátia é baterista. Consequentemente a primeira parcela é falsa:

- Danilo não é violonista.

Agora, vamos analisar as alternativas.

a) Andreia é cantora ou Danilo é violonista.

Uma disjunção inclusiva é verdadeira quando pelo menos uma das parcelas é verdadeira.

Como ambas as parcelas são falsas (Andreia não é cantora e Danilo não é violonista), então a letra A é uma proposição falsa.

b) ou Bernardo é músico, ou Cátia é baterista.

Uma disjunção exclusiva somente é verdadeira quando uma parcela é V e a outra é F.

Contudo, na letra B ambas as parcelas são verdadeiras (Bernardo é músico e Cátia é baterista). Logo, a disjunção exclusiva é falsa.

c) se Danilo é violonista, então Andreia é cantora.

Um condicional somente é falso quando o antecedente é V e o consequente é F.

Na letra C temos um condicional em que ambas as parcelas são falsas (Danilo não é violonista e Andreia não é cantora). Logo, o condicional é verdadeiro, sendo nosso gabarito.

d) Cátia é baterista e Danilo é violonista.

Temos uma conjunção, que somente é verdadeira quando ambas as parcelas são verdadeiras. Contudo, a segunda parcela é falsa (Danilo não é violonista). Assim, a conjunção é falsa.

e) se Cátia é baterista, então Danilo é violonista.

Temos um condicional com antecedente V (Cátia é baterista) e consequente F (Danilo não é violonista). Trata-se do único caso em que o condicional é falso.

Gabarito: C.

QUESTÃO 13 (FCC/ISS SÃO LUÍS/Auditor Fiscal Tributário/2018) Considere as seguintes informações disponíveis sobre os quatro candidatos a uma vaga de professor na faculdade de Economia de uma universidade federal.

Candidato	1	2	3	4
Formação	economista	filósofo	?	?
Titulação acadêmica	?	?	mestre	doutor

De acordo com o edital do concurso, para concorrer à vaga, todo candidato que não seja economista precisa, necessariamente, ter o título de doutor. Para certificar-se de que os quatro candidatos satisfazem essa condição, é necessário verificar apenas

(A) as titulações acadêmicas dos candidatos 1 e 2.

(B) a titulação acadêmica do candidato 1 e a formação do candidato 3.

(C) a titulação acadêmica do candidato 2 e a formação do candidato 3.

(D) a titulação acadêmica do candidato 2 e a formação do candidato 4.

(E) as formações dos candidatos 3 e 4.

RESOLUÇÃO:

A regra do enunciado pode ser traduzida na condicional: "se NÃO é economista, ENTÃO deve ser doutor". O candidato 1 já cumpre o requisito de ser economista, logo não precisamos saber sua titulação. O candidato 2 não é economista, logo precisamos saber sua titulação. O candidato 3 não é doutor, logo precisamos saber a sua formação (se é economista). O candidato 4 é doutor, logo não precisamos saber a sua formação.

Portanto, devemos descobrir a **titulação de 2 e a formação de 3.**

Gabarito: C.

QUESTÃO 14 (FCC – Téc Jud/TRT 2ª Região/2014) Cinco irmãs, discutindo sobre a festa que aconteceria na cidade no final do mês, fizeram as afirmações abaixo.

- Se a Paula for à festa, então a Bruna também irá.
- Se a Renata não for à festa, então a Laura irá.

- Se a Flávia não for à festa, então a Bruna também não irá.
- Se a Laura for à festa, então a Paula também irá.

Sabendo que as quatro afirmações são verdadeiras e que Paula não foi à festa, pode-se concluir que, necessariamente,

a) Bruna não foi à festa.

b) Flávia não foi à festa.

c) Flávia foi à festa.

d) Renata não foi à festa.

e) Renata foi à festa.

RESOLUÇÃO:

O enunciado apresenta cinco premissas:

#	Premissa	Representação
P1	Se a Paula for à festa, então a Bruna também irá.	**A → B**
P2	Se a Renata não for à festa, então a Laura irá.	**~C → D**
P3	Se a Flávia não for à festa, então a Bruna também não irá.	**~E → ~B**
P4	Se a Laura for à festa, então a Paula também irá.	**D → A**
P5	Paula não foi à festa.	**~A**

Agora consideraremos as **premissas** como **verdadeiras** e, a partir do conhecimento das **tabelas-verdade** dos conectivos, vamos obter o valor lógico das proposições simples.

a) Começaremos por P4, pois é uma **proposição simples**, e, portanto, só tem uma forma de ser verdadeira.

P1: A → B

P2: ~C → D

P3: ~E → ~B

P4: D → A

P5: ~A => **~A** é **V** (ou: **A** é **F**).

b) Substituir A por F em P1 e em P4:

P1: F → B

P2: ~C → D

P3: ~E → ~B

P4: D → F => Para que a **condicional** seja verdadeira, é necessário que **D** seja **F**.

P5: V

c) Substituir D por F em P2.

P1: F → B

P2: ~C → F => Para que a **condicional** seja verdadeira, é necessário que **~C** seja **F** (ou: é necessário que **C** seja **V**).

P3: ~E → ~B

P4: F → F

P5: V

Vamos verificar se, com os resultados que já conseguimos, é possível encontrar a alternativa correta. Reunindo os resultados obtidos, teremos:

- C é V, significa que "***Renata foi à festa***".
- D é F, significa que "***Paula não foi à festa***".

Ora, já é possível afirmar que a alternativa correta é a **letra E**.

Gabarito: E.

QUESTÃO 15 (FCC/TRT 19ª Região/Ofic Just/2014) Se o diretor está no escritório, então Rodrigo não joga no computador e Tomás não ouve rádio. Se Tomás não ouve rádio, então Gabriela pensa que Tomás não veio. Se Gabriela pensa que Tomás não veio, então ela fica mal humorada. Gabriela não está mal humorada. A partir dessas informações, é possível concluir, corretamente, que

a) o diretor não está no escritório e Tomás não ouve rádio.

b) Gabriela pensa que Tomás não veio e Tomás não ouve rádio.

c) o diretor está no escritório e Tomás ouve rádio.

d) Tomás não ouve rádio e Gabriela não pensa que Tomás não veio.

e) o diretor não está no escritório e Gabriela não pensa que Tomás não veio.

RESOLUÇÃO:

O enunciado apresenta quatro premissas:

P1: Se o diretor está no escritório, então Rodrigo não joga no computador e Tomás não ouve rádio. [A → (~B ∧ ~C)]

P2: Se Tomás não ouve rádio, então Gabriela pensa que Tomás não veio. (~C → D)

P3: Se Gabriela pensa que Tomás não veio, então ela fica mal humorada. (D → E)

P4: Gabriela não está mal humorada. (~E)

Agora consideraremos as **premissas** como **verdadeiras** e, a partir do conhecimento das **tabelas-verdade** dos conectivos, obteremos o valor lógico das proposições simples.

a) Começaremos por P4, pois é uma **proposição simples**, e, portanto, só tem uma forma de ser verdadeira.

P1: A → (~B ∧ ~C)

P2: ~C → D

P3: D → E

P4: ~E => **~E** é **V** (ou: **E** é **F**).

b) Substituir E por F em P3:

P1: A → (~B ∧ ~C)

P2: ~C → D

P3: D → F => Para que a **condicional** seja verdadeira, é necessário que **D** seja **F**.

P4: V

c) Substituir D por F em P2.

P1: A → (~B ∧ ~C)

P2: ~C → F => Para que a **condicional** seja verdadeira, é necessário que **~C** seja **F** (ou: é necessário que **C** seja **V**).

P3: F → F

P4: V

d) Substituir C por V (ou: ~C por F) em P1.

P1: A → (~B ∧ ~C) => Como ~C é F, **a conjunção (~B ∧ ~C) é falsa**, pois ambas as partes deveriam ser V para que toda a proposição conjuntiva fosse verdadeira. Daí, para que a **condicional** seja verdadeira, é necessário que a proposição **A** seja **F**.

Reunindo os resultados obtidos, teremos:

- A é F, significa que "***Diretor não está no escritório***".
- C é V, significa que "***Tomás ouve rádio***".
- D é F, significa que "***Gabriela não pensa que Tomás não veio***".
- E é F, significa que "***Gabriela não está mal humorada***".

Por fim, chegou a hora de verificar qual é a alternativa que traz uma proposição necessariamente verdadeira.

a) o diretor não está no escritório e Tomás não ouve rádio. => **Falso**

b) Gabriela pensa que Tomás não veio e Tomás não ouve rádio. => **Falso**

c) o diretor está no escritório e Tomás ouve rádio. => **Falso**

d) Tomás não ouve rádio e Gabriela não pensa que Tomás não veio. => **Falso**

e) o diretor não está no escritório e Gabriela não pensa que Tomás não veio. => **Verdadeiro**

Gabarito: E.

QUESTÃO 16 (FCC – Téc Jud/TRT 19ª Região/2014) Considere verdadeiras as afirmações:

I. Se Ana for nomeada para um novo cargo, então Marina permanecerá em seu posto.

II. Marina não permanecerá em seu posto ou Juliana será promovida.

III. Se Juliana for promovida então Beatriz fará o concurso.

IV. Beatriz não fez o concurso.

A partir dessas informações, pode-se concluir corretamente que

a) Beatriz foi nomeada para um novo cargo.

b) Marina permanecerá em seu posto.

c) Beatriz não será promovida.

d) Ana não foi nomeada para um novo cargo.

e) Juliana foi promovida.

RESOLUÇÃO:

O enunciado apresenta quatro premissas:

#	Premissa	Representação
P1	Se Ana for nomeada para um novo cargo, então Marina permanecerá em seu posto.	**A → B**
P2	Marina não permanecerá em seu posto ou Juliana será promovida.	**~B ∨ C**
P3	Se Juliana for promovida então Beatriz fará o concurso.	**C → D**
P4	Beatriz não fez o concurso.	**~D**

Agora consideraremos as **premissas** como **verdadeiras** e, a partir do conhecimento das **tabelas-verdade** dos conectivos, vamos obter o valor lógico das proposições simples.

a) Começaremos por P4, pois é uma **proposição simples**, e, portanto, só tem uma forma de ser verdadeira.

P1: A → B

P2: ~B ∨ C

P3: C → D

P4: ~D => **~D** é **V** (ou: **D** é **F**).

b) Substituir D por F em P3:

P1: A → B

P2: ~B ∨ C

P3: C → F => Para que a **condicional** seja verdadeira, é necessário que **C** seja **F**.

P4: V

c) Substituir C por F em P2.

P1: A → B

P2: ~B ∨ F => Para que a **disjunção** seja verdadeira, é necessário que ~**B** seja **V** (ou: é necessário que **B** seja **F**).

P3: F → F

P4: V

d) Substituir B por F em P1.

P1: A → F => Para que a **condicional** seja verdadeira, é necessário que **A** seja **F**.

P2: ~B ∨ F

P3: F → F

P4: V

Reunindo os resultados obtidos, teremos:

- A é F, significa que "***Ana não foi nomeada para um novo cargo***".
- B é F, significa que "***Marina não permanecerá em seu posto***".
- C é F, significa que "***Juliana não será promovida***".
- D é F, significa que "***Beatriz não fez o concurso***".

Por fim, devemos verificar qual é a alternativa que traz uma proposição necessariamente verdadeira.

a) Beatriz foi nomeada para um novo cargo. => **Falso**.

b) Marina permanecerá em seu posto. => **Falso**.

c) Beatriz não será promovida. => **Falso**.

d) Ana não foi nomeada para um novo cargo. => **Verdadeiro**.

e) Juliana foi promovida. => **Falso**.

Gabarito: D.

QUESTÃO 17 (FCC – Téc Jud/TRT 16ª Região/2014) Ou como macarronada ou como arroz e feijão. Se estou com muita fome, então como arroz e feijão. Se não estou com muita fome, então como saladas. Hoje, na hora do almoço, não comi saladas. A partir dessas informações, pode-se concluir corretamente, que hoje, na hora do almoço,

a) não estava com muita fome.

b) não comi arroz e feijão.

c) comi saladas no jantar.

d) comi arroz e feijão.

e) comi macarronada.

RESOLUÇÃO:

O enunciado apresenta quatro premissas:

P1: Ou como macarronada ou como arroz e feijão. (A ∨ B)

P2: Se estou com muita fome, então como arroz e feijão. (C → B)

P3: Se não estou com muita fome, então como saladas. (~C → D)

P4: Hoje, na hora do almoço, não comi saladas. (~D)

Agora consideraremos as **premissas** como **verdadeiras** e, a partir do conhecimento das **tabelas-verdade** dos conectivos, vamos obter o valor lógico das proposições simples.

a) Começaremos por P4, pois é uma proposição simples, e, portanto, só tem uma forma de ser verdadeira.

P1: A ∨ B

P2: C → B

P3: ~C → D

P4: ~D => **~D** é **V** (ou: **D** é **F**).

b) Substituir D por F em P3:

P1: A ∨ B

P2: C → B

P3: ~C → F => Para que a **condicional** seja verdadeira, é necessário que ~**C** seja **F** (ou: é necessário que **C** seja **V**).

P4: V

c) Substituir C por V em P2.

P1: A ∨ B

P2: V → B => Para que a **condicional** seja verdadeira, é necessário que **B** seja **V**.

P3: F → F

P4: V

d) Substituir B por V em P1.

P1: A ∨ V => Para que a **disjunção exclusiva** seja verdadeira, é necessário que **A** seja **F**, considerando o valor lógico do conectivo "Ou ... Ou".

P2: V → V

P3: F → F

P4: V

Reunindo os resultados obtidos, teremos:

- A é F, significa que "***Não como macarronada***".
- B é V, significa que "***Como arroz e feijão***".
- C é V, significa que "***Estou com muita fome***".
- D é F, significa que "***Hoje, na hora do almoço, não comi saladas***".

Por fim, com as verdades obtidas, verificaremos qual das opções de resposta traz uma proposição necessariamente verdadeira.

a) não estava com muita fome. => **Falso.**

b) não comi arroz e feijão. => **Falso.**

c) comi saladas no jantar. => **Falso.**

d) comi arroz e feijão. => **Verdadeiro.**

e) comi macarronada. => **Falso.**

Gabarito: D.

QUESTÃO 18 (FCC – Téc Jud/TRT 1ª Região/2014) Considere verdadeiras as afirmações:

I. Se Manuel é engenheiro, então Edileuza não é médica.

II. Ou João é analista, ou Ricardo é advogado.

III. Se Ricardo não é advogado, então Edileuza é médica.

IV. João é analista.

A partir da veracidade das afirmações, conclui-se corretamente que

a) Manuel é engenheiro ou Ricardo é advogado.

b) Manuel não é engenheiro e Edileuza não é médica.

c) Edileuza não é médica e João é analista.

d) João é analista e Manuel é engenheiro.

e) Manuel não é engenheiro e Ricardo não é advogado.

RESOLUÇÃO:

O enunciado apresenta quatro premissas:

P1: Se Manuel é engenheiro, então Edileuza não é médica. (M → ~E)

P2: Ou João é analista, ou Ricardo é advogado. (J v R)

P3: Se Ricardo não é advogado, então Edileuza é médica. (~R → E)

P4: João é analista. (J)

Agora consideraremos as **premissas** como **verdadeiras** e, a partir do conhecimento das **tabelas-verdade** dos conectivos, vamos obter o valor lógico das proposições simples.

a) Começaremos por P4, pois é uma **proposição simples**, e, portanto, só tem uma forma de ser verdadeira.

P1: M → ~E

P2: J v R

P3: ~R → E

P4: J => **J** é **V**.

b) Substituir J por V em P2:

P1: M → ~E

P2: V v R => Para que a **disjunção exclusiva** seja verdadeira, é necessário que R seja **F**.

P3: ~R → E

P4: V

c) Substituir R por F (ou ~R por V) em P3:

P1: M → ~E

P2: V v F

P3: V → E => Para que a **condicional** seja verdadeira, é necessário que **E** seja **V**.

P4: V

d) Substituir E por V (ou ~E por F) em P1.

P1: M → F => Para que a **condicional** seja verdadeira, é necessário que **M** seja **F**.

P2: V v F

P3: V → V

P4: V

Reunindo os resultados obtidos, teremos:

- E é V, significa que "***Edileuza é médica***".
- J é V, significa que "***João é analista***".
- M é F, significa que "***Manuel não é engenheiro***".
- R é F, significa que "***Ricardo não é advogado***".

Por fim, com as verdades obtidas, verificaremos qual das opções de resposta traz uma proposição necessariamente verdadeira. Fazendo isso concluímos que a alternativa correta é a **letra E**.

Gabarito: E.

QUESTÃO 19 (FCC/SABESP/Advogado/2018) A respeito de um objeto, sabe-se que:

- se é pequeno, então é escuro;
- se é quadrado, então é de papel;
- se não é pequeno, então não é quadrado.

Se o objeto é quadrado, é correto afirmar que ele é

a) pequeno, escuro, mas não é de papel.

b) pequeno, claro e de papel.

c) de papel, escuro e grande.

d) de papel, escuro e pequeno.

e) grande, escuro e de papel.

RESOLUÇÃO:

Temos as seguintes premissas:

#	Premissa	Representação
P1	se é pequeno, então é escuro	**L → E**
P2	se é quadrado, então é de papel.	**Q → P**
P3	se não é pequeno, então não é quadrado.	**~L → ~Q**
P4	o objeto é quadrado	**Q**

O enunciado nos fornece uma proposição simples ao solicitar que consideremos que o objeto é quadrado (**Q**). Com isso, estamos diante de uma questão de implicação lógica **simples**. Desse modo, atribuiremos o valor lógico **V** para **Q**. Logo, ~**Q** é **F**. adotaremos seguintes passos:

1º passo. Consideraremos as **premissas** como **verdadeiras** e, a partir do conhecimento das **tabelas-verdade** dos conectivos, vamos obter o valor lógico das proposições simples.

a) Substituir Q por V em P2 e P4, e ~Q por F em P3:

P1: L → E

P2: **V** → P => Para que a **condicional** seja verdadeira, é preciso que **P** seja **V**.

P3: ~L → **F** => Para que a **condicional** seja verdadeira, é preciso que ~**L** seja **F**.

P4: **V**

Resultado: O valor lógico de **P é V** e o de ~**L é F**. Logo, **L é V**.

b) Substituir L por V em P1 e P por V em P2:

P1: **V** → E => Para que a **condicional** seja verdadeira, é preciso que **E** seja **V**.

P2: V → **V**

P3: **F** → **F**

P4: V

Resultado: O valor lógico de **E é V**.

Reunindo os resultados obtidos, temos que:

- L é V => "***O objeto é pequeno***".
- E é V => "***O objeto é escuro***".
- Q é V => "***O objeto é quadrado***".
- P é V => "***O objeto é de papel***".

2º passo. Com as verdades obtidas no 1º passo, verificaremos qual é a alternativa que traz uma proposição necessariamente verdadeira.

a) pequeno, escuro, mas não é de papel. => (V, V, F) => **FALSO**

b) pequeno, claro e de papel. => (V, F, V) => **FALSO**

c) de papel, escuro e grande. => (V, V, F) => **FALSO**

d) de papel, escuro e pequeno. (V, V, V) => **VERDADEIRO**

e) grande, escuro e de papel. => (F, V, V) => **FALSO**

Gabarito: D.

QUESTÃO 20 (FCC/SABESP/Ens Méd Téc/2018) Considere as afirmações:

I. Carlos é engenheiro e Marina é analista.

II. Se Pedro é administrador, então Marina não é analista.

II. Alberto é médico ou advogado.

IV. Se Alberto é advogado, então Pedro é administrador.

V. Alberto não é médico.

Sabendo que a afirmação I é falsa e as demais são afirmações verdadeiras, é correto concluir a partir das afirmações que

a) Pedro é administrador.

b) Alberto não é advogado.

c) Pedro não é administrador.

d) Marina é analista.

e) Carlos é engenheiro.

RESOLUÇÃO:

Temos as seguintes premissas:

#	Premissa	Representação
P1	Carlos é engenheiro e Marina é analista.	**C ^ M**
P2	Se Pedro é administrador, então Marina não é analista.	**P → ~M**
P3	Alberto é médico ou advogado.	**D v A**
P4	Se Alberto é advogado, então Pedro é administrador.	**A → P**
P5	Alberto não é médico.	**~D**

Em **P5**, temos a proposição simples que afirma que Alberto não é médico. Logo, estamos lidando com uma implicação lógica **simples**, em que ~**D** = **V**. Consequentemente, **D** = **F**. Adicionalmente, o enunciado pede para que seja considerado que a premissa **P1** é **falsa**.

A partir das informações anteriores, consideraremos as **premissas P2, P3, P4** e **P5** como **verdadeiras** e a premissa **P1** como **falsa**, e, a partir do conhecimento das **tabelas-verdade** dos conectivos, vamos obter o valor lógico das proposições simples.

a) Substituir ~D por V em **P5** e D por F em **P3**:

P1: C ^ M

P2: P → ~M

P3: **F** v A => Para que a **disjunção** seja **verdadeira**, é preciso que **A** seja **V**.

P4: A → P

P5: **V**

Resultado: O valor lógico de **A é V**.

b) Substituir A por V em **P3** e **P4**:

P1: C ^ M

P2: P → ~M

P3: **F** v **V**

P4: **V** → P => Para que a **condicional** seja **verdadeira**, é preciso que **P** seja **V**.

P5: **V**

Resultado: O valor lógico de **P é V**.

d) Substituir P por V em **P2** e **P4**:

P1: C ^ M

P2: **V** → ~M => Para que a **condicional** seja **verdadeira**, é preciso que ~**M** seja **V**.

P3: **F** v **V**

P4: **V** → **V**

P5: **V**

Resultado: O valor lógico de **~M é V**. Logo, **M é F**.

e) Substituir ~M por V em **P2** e M por F em **P1**:

P1: C ^ **F** => Para que a **conjunção** seja **falsa**, é preciso que **C** seja **V** ou **F**. Logo, não é possível obter alguma implicação.

P2: **V** → **V**

P3: F v V

P4: V → V

P5: V

Em suma, temos que:

- M é F => "***Marina não** é analista*".
- P é V => "***Pedro é administrador***".
- D é F => "***Alberto não é médico***".
- A é V => "***Alberto é advogado***".

Com as verdades obtidas anteriormente, podemos concluir que a alternativa correta é a **letra A**.

Gabarito: A.

QUESTÃO 21 (FCC/SEGEP-MA/Ana Exec/2018) Considere as seguintes sentenças:

Se Cláudio candidatou-se ao cargo, então Bruno também se candidatou.

Se Bruno candidatou-se ao cargo, então Alice também se candidatou.

Sabe-se que Bruno não se candidatou ao cargo. Considere as sentenças abaixo.

I. Cláudio candidatou-se ao cargo.

II. Alice não se candidatou ao cargo.

III. Cláudio não se candidatou ao cargo.

É necessariamente verdadeiro o que se afirma APENAS em

a) I. b) II. c) III. d) I e II. e) II e III.

RESOLUÇÃO:

O enunciado apresenta três premissas:

P1: Se Cláudio candidatou-se ao cargo, então Bruno também se candidatou.

=> **C → B**

P2: Se Bruno candidatou-se ao cargo, então Alice também se candidatou.

=> **B → P**

P3: Bruno não se candidatou ao cargo. => ~B

A premissa **P3** é formada pela proposição simples **~B**, de modo que estamos diante de uma implicação lógica **simples**. Com isso, temos que **~B = V.** Logo, **B = F.**

Agora consideraremos as **premissas** como **verdadeiras** e, a partir do conhecimento das **tabelas-verdade** dos conectivos, vamos obter o valor lógico das proposições simples.

Substituir ~B por V em **P3**, B por F em **P1** e **P2**:

P1: C → **F** => Para que a **condicional** seja verdadeira, é preciso que **A** seja **F**.

P2: **F** → A => Ainda <u>não</u> é possível obter alguma implicação.

P3: **V**

Resultado: o valor lógico de **C** é **F**.

Reunindo os resultados obtidos, podemos obter, necessariamente, as seguintes conclusões:

- C é F => "***Cláudio não se candidatou ao cargo***".
- B é F => "***Bruno não se candidatou ao cargo***".

Note que não podemos chegar a uma conclusão sobre a proposição simples A. Portanto, com as verdades obtidas, verificaremos que é necessariamente verdadeiro o que se afirma apenas na **sentença III**.

Gabarito: C.

QUESTÃO 22 (FCC/TRT 15ª Região/Ana Jud/2018) A, B, C e D são alguns dos candidatos à presidência de um certo país. Um analista político, em entrevista a um programa de rádio, fez três previsões sobre o 1º turno das eleições:

- Se A ficar em primeiro lugar, então nem B e nem C ficarão entre os três primeiros.
- Se B ficar entre os três primeiros, então A não ficará entre os três primeiros.
- Se D ficar entre os três primeiros, então C ficará entre os três primeiros.

Assim, se A ficar em primeiro lugar no 1o turno e se as previsões do analista estiverem corretas, então, sobre B, C e D, pode-se concluir que

a) certamente nenhum deles estará entre os três primeiros.

b) D poderá ou não estar entre os três primeiros.

c) certamente apenas D estará entre os três primeiros.

d) C ou D, mas não ambos, poderão estar entre os três primeiros.

e) certamente apenas B e C não estarão entre os três primeiros.

RESOLUÇÃO:

Temos as seguintes premissas:

#	Premissa	Representação
P1	Se A ficar em primeiro lugar, então nem B e nem C ficarão entre os três primeiros.	**A → (~B ^ ~C)**
P2	Se B ficar entre os três primeiros, então A não ficará entre os três primeiros.	**B → ~A**

P3	Se D ficar entre os três primeiros, então C ficará entre os três primeiros.	**D → C**
P4	A ficou em primeiro lugar no 1º turno	**A**

Haja vista que uma das premissas, **P4**, é formada por uma proposição simples (**A**), estamos lidando com uma implicação lógica **simples**. Assim, atribuiremos o valor lógico **V** para **A**. Logo, **~A** é **F**.

Assim sendo, consideraremos as **premissas** como **verdadeiras** e, a partir do conhecimento das **tabelas-verdade** dos conectivos, vamos obter o valor lógico das proposições simples.

a) Substituir A por V em **P1** e **P4**, e ~A por F em **P2**:

P1: **V** → (~B ^ ~C) => Para que a **condicional** seja verdadeira, é preciso que (**~B** ^ **~C**) seja **V**. Por sua vez, para que a conjunção seja verdadeira, **~B** e **~C** precisam ser **V**.

P2: B → **F** => Para que a **condicional** seja verdadeira, é preciso que **B** seja **F**.

P3: D → C

P4: **V**

Resultado: o valor lógico de **~B** é **V** e o de **~C é V**. Logo **B é F** e **C é F**.

b) Substituir ~B e ~C por V em **P1** e B por F em **P2** e C por F em **P3**:

P1: V → (**V** ^ **V**)

P2: **F** → F

P3: D → **F** => Para que a **condicional** seja verdadeira, é preciso que **D** seja **F**.

P4: V

Resultado: o valor lógico de **D é F**.

Reunindo os resultados obtidos, podemos obter as seguintes conclusões sobre B, C e D:

- B é F => "***B não ficará entre os três primeiros***".
- C é F => "***C não ficará entre os três primeiros***".
- D é F => "***D não ficará entre os três primeiros***".

Assim, concluímos que B, C e D não ficarão entre os três primeiros. Portanto, a alternativa correta é a **letra A**.

Gabarito: A.

QUESTÃO 23 (FCC/SANASA/Ag Mec/2016) Se faltar água, então fico com sede. Se fico com sede, então o meu humor piora. O meu humor não piorou. Sendo assim, é correto concluir que

a) a água não faltou e eu não fiquei com sede.

b) fiquei com sede mas me controlei.

c) não fiquei com sede, mas a água tinha faltado.

d) a água não faltou, mas eu fiquei com sede.

e) a água não faltou e o meu humor piorou.

RESOLUÇÃO:

Temos as seguintes premissas:

#	Premissa	Representação
P1	Se faltar água, então fico com sede	**A → S**
P2	Se fico com sede, então o meu humor piora.	**S → H**
P3	O meu humor não piorou.	**~H**

Estamos diante de uma implicação lógica **simples**, com a premissa **P4** sendo definida pela proposição simples **~H**. Logo, **~H = V** e **H = F**.

Antes de prosseguirmos com as verificações dos valores lógicos, notemos que, nas sequências das **condicionais** de **P1 a P2**, na tabela anterior, o **consequente** de uma premissa é o **antecedente** da seguinte.

Em **P2**: Uma vez que **H = F**, é necessário que **S** seja **F** para que a condicional seja verdadeira.

Em **P1**: Sendo **S = F**, é necessário que **A** seja **F** para que a condicional seja verdadeira.

Em resumo, concluímos que:

- A é F => ***"Não faltou água"***.
- S é F = > ***"Não fiquei com sede"***.
- H é F => ***"O meu humor não piorou"***.

Substituindo os valores lógicos encontrados anteriormente nas proposições das alternativas da questão, podemos identificar qual é a afirmação correta:

a) a água não faltou e eu não fiquei com sede.

Item **certo**. Temos a seguinte **conjunção** em valores lógicos: **V ^ V => VERDADEIRO**

b) fiquei com sede mas me controlei.

Item **errado**. Temos a seguinte **conjunção** em valores lógicos: **F ^ V => FALSO**

c) não fiquei com sede, mas a água tinha faltado.

Item **errado**. Temos a seguinte **conjunção** em valores lógicos: **V ^ F => FALSO**

d) a água não faltou, mas eu fiquei com sede.

Item **errado**. Temos a seguinte **conjunção** em valores lógicos: **V ^ F => FALSO**

e) a água não faltou e o meu humor piorou.

Item **errado**. Temos a seguinte **conjunção** em valores lógicos: **V ^ F => FALSO**

Gabarito: A.

QUESTÃO 24 (FCC/ALESP/Téc Leg/2010) Paloma fez as seguintes declarações:

- "Sou inteligente e não trabalho."
- **"Se não tiro férias, então trabalho."**

Supondo que as duas declarações sejam verdadeiras, é FALSO concluir que Paloma

a) é inteligente.

b) tira férias.

c) trabalha.

d) não trabalha e tira férias.

e) trabalha ou é inteligente.

RESOLUÇÃO:

Temos as seguintes premissas:

P1: Sou inteligente e não trabalho. => **p ^ ~q**

P2: Se não tiro férias, então trabalho. => **~r → q**

A premissa P1 é uma proposição composta formada por uma conjunção. Logo, estamos trabalhando com uma implicação lógica **simples**. Portanto, atribuiremos o valor lógico **V** para a conjunção **(p ^ ~q)**. Dessa forma, para que a conjunção seja verdadeira, é preciso que **p** e **~q** sejam **V**. Logo, **q** é **F**.

Assim sendo, consideraremos as **premissas** como **verdadeiras** e, a partir do conhecimento das **tabelas-verdade** dos conectivos, vamos obter o valor lógico das proposições simples.

a) Substituir p e ~q por V em P1 e q por F em P2:

P1: **V ^ V**

P2: ~r → **F** => Para que a **condicional** seja verdadeira, é preciso que **~r** seja **F**.

Resultado: o valor lógico de **~r é F**. Logo, **r é V**.

Reunindo os resultados obtidos, teremos:

- p é V => "***Paloma é inteligente***".
- q é F => "***Paloma não trabalha***".
- r é V => "***Paloma tira férias***".

Com as verdades obtidas, verificaremos qual é a alternativa que traz uma conclusão <u>falsa</u> sobre Paloma.

a) é inteligente. (**V**) => **VERDADEIRO**

b) tira férias. (**V**) => **VERDADEIRO**

c) trabalha. (**F**) => **FALSO**

d) não trabalha e tira férias. (**V** ^ **V**) => **VERDADEIRO**

e) trabalha ou é inteligente. (**F** v **V**) => **VERDADEIRO**

Gabarito: C.

QUESTÃO 25 (FCC/METRÔ-SP/Ofic Log Almox/2018) Considere as afirmações:

I. Se Enzo é engenheiro, então Fábio é farmacêutico.

II. Carlos é contador ou Daniel é dentista.

III. Antônio é artista ou Bruno é biblioteconomista.

IV. Se Daniel é dentista então Antônio é artista.

Sabe-se que as afirmações II e III são verdadeiras e que as demais são afirmações falsas. A partir dessas afirmações é correto concluir que

a) Antônio é artista e Daniel é dentista.

b) Carlos é contador ou Antônio é artista.

c) Bruno é biblioteconomista e Enzo não é engenheiro.

d) Enzo é engenheiro e Carlos é contador.

e) Bruno é biblioteconomista ou Fábio é farmacêutico.

RESOLUÇÃO:

Temos as seguintes premissas:

#	Premissa	Representação
P1	Se Enzo é engenheiro, então Fábio é farmacêutico.	**E → M**
P2	Carlos é contador ou Daniel é dentista.	**C v D**
P3	Antônio é artista ou Bruno é biblioteconomista.	**A v B**
P4	Se Daniel é dentista então Antônio é artista.	**D → A**

Segundo o enunciado, as premissas **P2** e **P3** são **verdadeiras** e as premissas **P1** e **P4** são **falsas**. Tendo em vista que as premissas falsas são **condicionais**, temos certeza que os valores lógicos de seu **antecedente** e **consequente** serão **V** e **F**, respectivamente.

De posse dessas informações, seguiremos os seguintes passos:

__1º passo__. Consideraremos as **premissas** P2 e P3 como **verdadeiras** e a premissa P1 e P4 como **falsa** e, a partir do conhecimento das tabelas-verdade dos conectivos, vamos obter o valor lógico das proposições simples.

a) Substituir E por V e M por F em P1 e D por V e A por F em P4, D por V em P2 e A por F em P3:

P1: **V → F**

P2 C v **V** => Ainda __não__ é possível obter alguma implicação.

P3: **F** v B => Para que a **disjunção** seja **verdadeira**, é preciso que **B** seja **V**.

P4: **V → F**

Resultado: **B é V**.

Em que pese não obtermos alguma conclusão sobre Carlos, podemos concluir que:

- E é V => ***"Enzo é engenheiro"***.
- M é F = > ***"Fábio não*** é farmacêutico".
- D é V => ***"Daniel é dentista"***.
- A é F => ***"Antônio não*** é artista".
- B é V => ***"Bruno é biblioteconomista"***.

__2º passo__. Com as verdades obtidas no 1º passo, verificaremos qual é a alternativa que traz uma proposição necessariamente verdadeira.

a) Antônio é artista e Daniel é dentista. => (F ^ V) => **FALSO**

b) Carlos é contador ou Antônio é artista. => (? v F) => **INDEFINIDO**

c) Bruno é biblioteconomista e Enzo não é engenheiro. => (V ^ F) => **FALSO**

d) Enzo é engenheiro e Carlos é contador. => (V ^ ?) => **INDEFINIDO**

e) Bruno é biblioteconomista ou Fábio é farmacêutico. (V v F) => **VERDADEIRO**

Gabarito: E.

QUESTÃO 26 (FCC/METRÔ-SP/Eng Seg Trab/2016) Considere as afirmações verdadeiras:

I. Se chove, então o nível do rio sobe.

II. Se o nível do rio não sobe, então dá para pescar.

III. Se o nível do rio sobe, então dá para saltar da ponte.

IV. Não deu para saltar da ponte.

A partir dessas afirmações é correto concluir que

a) o nível do rio subiu.

b) não saltei da ponte porque é perigoso.

c) não choveu e o nível do rio subiu.

d) deu para pescar.

e) choveu.

RESOLUÇÃO:

Temos as seguintes premissas:

#	Premissa	Representação
P1	Se chove, então o nível do rio sobe.	**C → R**
P2	Se o nível do rio não sobe, então dá para pescar.	**~R → P**
P3	Se o nível do rio sobe, então dá para saltar da ponte.	**R → S**
P4	Não deu para saltar da ponte.	**~S**

Tendo em vista que temos uma proposição simples em **P4**, concluímos que a questão trata de uma implicação lógica **simples**. Desse modo, ao considerarmos que todas as premissas são verdadeiras, temos que **~S** é **V**. Logo, **S** é **F**.

Adotando os procedimentos para a resolução do problema, faremos os seguintes passos.

1º passo. Consideraremos as **premissas** como **verdadeiras** e, a partir do conhecimento das **tabelas-verdade** dos conectivos, vamos obter o valor lógico das proposições simples.

a) Substituir ~S por V em **P4** e S por F em **P3**:

P1: C → R

P2: ~R → P

P3: R → **F** => Para que a **condicional** seja verdadeira, é preciso que **R** seja **F**.

P4: **V**

Resultado: O valor lógico de **R é F**. Logo, **~R é V**.

b) Substituir R por F em P1 e P3 e ~R por V em P2:

P1: C → **F** => Para que a **condicional** seja verdadeira, é preciso que **C** seja **F**.

P2: **V** → P => Para que a **condicional** seja verdadeira, é preciso que **P** seja **V**.

P3: **F** → F

P4: V

Resultado: O valor lógico de **C é F** e **P é V**.

Reunindo os resultados obtidos, teremos:

- **C é F => "*Não choveu*".**
- **R é F => "*O nível do rio não subiu*".**
- **P é V => "*Deu para pescar*".**
- **S é F => "*Não deu para saltar da ponte*".**

2º passo. Com as verdades obtidas no 1º passo, verificaremos qual é a alternativa que traz uma proposição necessariamente verdadeira.

Comparando os resultados obtidos com as alternativas, concluímos que a opção correta é a **letra D**.

Gabarito: D.

QUESTÃO 27 (FCC/SEGEP-MA/Téc Rec Est/2016)

Se Roberta for promovida, então Antônio não será demitido.

Se Cláudia se aposentar, então Douglas não perderá o seu posto.

Se Douglas não perder seu posto, então Antônio será demitido.

Sabe-se que Cláudia se aposentou.

A partir dessas informações é correto concluir que

a) Antônio não será demitido ou Roberta será promovida.

b) Roberta não foi promovida ou Cláudia não se aposentou.

c) Douglas perdeu seu posto e Antônio não será demitido.

d) se Douglas não perder seu posto, então Cláudia não irá se aposentar.

e) Roberta foi promovida e Douglas não perdeu seu posto.

RESOLUÇÃO:

Temos as seguintes premissas:

#	Premissa	Representação
P1	Se Roberta for promovida, então Antônio não será demitido.	**R → ~A**
P2	Se Cláudia se aposentar, então Douglas não perderá o seu posto.	**C → ~D**
P3	Se Douglas não perder seu posto, então Antônio será demitido.	**~D → A**
P4	Cláudia se aposentou.	**C**

Em **P4**, temos a proposição simples "Carlos vestiu uma calça". Logo, estamos lidando com uma implicação lógica **simples**, em que **C** = **V**. A partir dessa verdade, adotaremos os seguintes passos:

1º passo. Consideraremos as **premissas** como **verdadeiras** e, a partir do conhecimento das **tabelas-verdade** dos conectivos, vamos obter o valor lógico das proposições simples.

a) Substituir C por V em P2 e P4:

P1: R → ~A

P2: **V** → ~D => Para que a **condicional** seja verdadeira, é preciso que **~D** seja **V**.

P3: ~D → A

P4: **V**

Resultado: o valor lógico de **~D é V**. Logo, **D é F**.

b) Substituir ~D por V em P2 e P3:

P1: R → ~A

P2: V → **V**

P3: **V** → A => Para que a **condicional** seja verdadeira, é preciso que **~D** seja **V**.

P4: V

Resultado: o valor lógico de **A é V**. Logo, **~A é F**.

c) Substituir A por V em **P3** e ~A por F em **P1**:

P1: R → **F** => Para que a **condicional** seja verdadeira, é preciso que **R** seja **F**.

P2: V → V

P3: V → **V**

P4: V

Resultado: o valor lógico de **R é F**.

Reunindo os resultados obtidos, teremos:

- R é F => "***Roberta não foi promovida***".
- A é V => "***Antônio foi demitido***".
- C é V => "***Cláudia se aposentou***".
- D é F => "***Douglas não perdeu o seu posto***".

2º passo. Com as verdades obtidas no 1º passo, verificaremos qual é a alternativa que traz uma proposição necessariamente verdadeira.

a) Antônio não será demitido ou Roberta será promovida.

Item **errado**. Temos a seguinte **disjunção** em valores lógicos: **F v F => FALSO**

b) Roberta não foi promovida ou Cláudia não se aposentou.

Item **certo**. Temos a seguinte **disjunção** em valores lógicos: **V v F => VERDADEIRO**

c) Douglas perdeu seu posto e Antônio não será demitido.

Item **errado**. Temos a seguinte **conjunção** em valores lógicos: **F ^ F => FALSO**

d) se Douglas não perder seu posto, então Cláudia não irá se aposentar.

Item **errado**. Temos a seguinte **condicional** em valores lógicos: **V → F => FALSO**

e) Roberta foi promovida e Douglas não perdeu seu posto.

Item **errado**. Temos a seguinte **conjunção** em valores lógicos: **F ^ V => FALSO**

Gabarito: B.

QUESTÃO 28 (FCC/Pref de Teresina-PI/Ana Tec/2016) Considere as seguintes afirmações.

I. Se Adalberto não é estudioso, então Bruno é esforçado.

II. Se Daniela é atenta, então Ernesto não é assíduo.

III. Se Bruno é esforçado, então Cátia é organizada.

IV. Se Ernesto é assíduo, então Fátima é pontual.

V. Se Fátima é pontual, então Cátia é organizada.

VI. Cátia não é organizada.

A partir dessas afirmações, é correto concluir que

a) Adalberto não é estudioso e Bruno é esforçado.

b) Daniela é atenta ou Fátima é pontual.

c) Adalberto é estudioso ou Daniela não é atenta.

d) Ernesto não é assíduo e Adalberto não é estudioso.

e) Bruno é esforçado ou Fátima é pontual.

RESOLUÇÃO:

Temos as seguintes premissas:

#	Premissa	Representação
P1	Se Adalberto não é estudioso, então Bruno é esforçado.	**~A → B**
P2	Se Daniela é atenta, então Ernesto não é assíduo.	**D → ~E**
P3	Se Bruno é esforçado, então Cátia é organizada.	**B → C**
P4	Se Ernesto é assíduo, então Fátima é pontual.	**E → P**
P5	Se Fátima é pontual, então Cátia é organizada.	**P → C**
P6	Cátia não é organizada.	**~C**

O enunciado nos fornece uma premissa (**P6**) formada pela **proposição simples** ~**C**. Dessa forma, estamos trabalhando com uma implicação lógica **simples**.

Assim, temos que ~**C** tem o valor lógico de **V**. Logo, **C** é **F**. Dessa verdade, basta adotarmos os seguintes passos:

<u>**1º passo**</u>. Consideraremos as **premissas** como **verdadeiras** e, a partir do conhecimento das **tabelas-verdade** dos conectivos, vamos obter o valor lógico das proposições simples.

a) Substituir ~C por V em **P6** e C por F em **P3** e **P5**:

P1: ~A → B

P2: D → ~E

P3: B → **F** => Para que a **condicional** seja verdadeira, é preciso que **B** seja F.

P4: E → P

P5: P → **F** => Para que a **condicional** seja verdadeira, é preciso que **P** seja F.

P6: **V**

Resultado: O valor lógico de **B é F** e o de **P é** F.

b) Substituir B por F em **P1** e **P3**, e P por F em **P4** e **P5**:

P1: ~A → **F** => Para que a **condicional** seja verdadeira, é preciso que ~**A** seja F.

P2: D → ~E

P3: **F** → F

P4: E → **F** => Para que a **condicional** seja verdadeira, é preciso que **E** seja F.

P5: **F** → F

P6: V

Resultado: O valor lógico de ~**A é** F. Logo, **A é** V. O valor lógico de **E é** F. Logo, ~**E é** V.

c) Substituir ~A por F em **P1**, E por F em **P4** e ~E por V em **P2**:

P1: **F** → F

P2: D → **V** => Ainda não é possível obter alguma implicação.

P3: F → F

P4: **F** → F

P5: F → F

P6: V

Apesar de não ser possível obtermos o valor lógico de **D**, temos os seguintes resultados:

- A é V => "***Adalberto é estudioso***".
- B é F => "***Bruno não*** é esforçado.".
- E é F => "***Ernesto não*** é assíduo".
- C é F => "***Cátia não*** é organizada".
- P é F => "***Fátima não*** é pontual".

2º passo. Com as verdades obtidas no 1º passo, verificaremos qual é a alternativa que traz uma proposição necessariamente verdadeira.

a) Adalberto não é estudioso e Bruno é esforçado. => (F ^ F) => **FALSO**

b) Daniela é atenta ou Fátima é pontual. => (? v F) => **INDEFINIDO**

c) Adalberto é estudioso ou Daniela não é atenta. => (V v ?) => **VERDADEIRO**

d) Ernesto não é assíduo e Adalberto não é estudioso. => (V ^ F) => **FALSO**

e) Bruno é esforçado ou Fátima é pontual. (F v F) => **FALSO**

Gabarito: C.

QUESTÃO 29 (FCC/Eletrobrás/Téc Seg Trab/2016) Considere as seguintes afirmações:

I. Se a temperatura está baixa, então a minha pele está seca.

II. Se não tenho rachaduras nas mãos, então a minha pele não está seca.

III. Se eu tenho rachaduras nas mãos, então eu sinto dor nas mãos.

IV. Não sinto dor nas mãos.

A partir delas é correto concluir que

a) é possível ter dor nas mãos causada por outro motivo.

b) não tenho rachaduras nas mãos ou a temperatura está baixa.

c) minha pele não está seca e tenho rachaduras nas mãos.

d) não tenho rachaduras nas mãos e a temperatura está baixa.

e) tenho rachaduras nas mãos ou a temperatura está baixa.

RESOLUÇÃO:

Temos as seguintes premissas:

#	Premissa	Representação
P1	Se a temperatura está baixa, então a minha pele está seca.	**T→ S**
P2	Se não tenho rachaduras nas mãos, então a minha pele não está seca.	**~R → ~S**
P3	Se eu tenho rachaduras nas mãos, então eu sinto dor nas mãos.	**R → D**
P4	Não sinto dor nas mãos.	**~D**

Haja vista que a premissa **P4** é uma **proposição simples**, a questão trata de uma implicação lógica **simples**, de modo que **~D** é **V**. Logo, **D** é **F**.

1º passo. Consideraremos as **premissas** como **verdadeiras** e, a partir do conhecimento das **tabelas-verdade** dos conectivos, vamos obter o valor lógico das proposições simples.

a) Substituir ~D por V em P4 e D por F em P3:

P1: T → S

P2: ~R → ~S

P3: R → **F** => Para que a **condicional** seja verdadeira, é preciso que **R** seja **F**.

P4: **V**

Resultado: O valor lógico de **R é F**. Logo, **~R é V**.

b) Substituir ~R por V em **P2** e R por F em P3:

P1: T → S

P2: **V** → ~S => Para que a **condicional** seja verdadeira, é preciso que **~R** seja **V**.

P3: **F** → F

P4: V

Resultado: O valor lógico de **~S é V**. Logo, **S é F**.

c) Substituir S por F em P1e ~S por V em P2:

P1: T → **F** => Para que a **condicional** seja verdadeira, é preciso que **T** seja **F**.

P2: V → **V**

P3: F → F

P4: V

Resultado: O valor lógico de **T é F**.

Reunindo os resultados obtidos, teremos:

- T é F => "***A temperatura não está baixa***".
- S é F => "***A minha pele não está seca.***".
- R é F => "***Não tenho rachaduras nas mãos***".
- D é F => "***Não sinto dor nas mãos.***".

2º passo. Com as verdades obtidas no 1º passo, verificaremos qual é a alternativa que traz uma proposição necessariamente verdadeira.

De cara, <u>descartamos</u> a **letra A**, pois sua conclusão não possui relação com as proposições das premissas. Vamos analisar as demais alternativas.

b) não tenho rachaduras nas mãos ou a temperatura está baixa.

Item **certo**. Temos a seguinte **disjunção** em valores lógicos: **V ^ F => VERDADEIRO**

c) minha pele não está seca e tenho rachaduras nas mãos.

Item **errado**. Temos a seguinte **conjunção** em valores lógicos: **V ^ F => FALSO**

d) não tenho rachaduras nas mãos e a temperatura está baixa.

Item **errado**. Temos a seguinte **condicional** em valores lógicos: **V ^ F => FALSO**

e) tenho rachaduras nas mãos ou a temperatura está baixa.

Item **errado**. Temos a seguinte **conjunção** em valores lógicos: **F ^ F => FALSO**

Gabarito: B.

QUESTÃO 30 (FCC/TCE-CE/Téc Cont Ext/2015) Considere as afirmações verdadeiras:

- Se compro leite ou farinha, então faço um bolo.
- Se compro ovos e frango, então faço uma torta.
- Comprei leite e não comprei ovos.
- Comprei frango ou não comprei farinha.
- Não comprei farinha.

A partir dessas afirmações, é correto concluir que

a) fiz uma torta.

b) não fiz uma torta e não fiz um bolo.

c) fiz um bolo.

d) nada comprei.

e) comprei apenas leite e ovos.

RESOLUÇÃO:

Temos as seguintes premissas:

#	Premissa	Representação
P1	Se compro leite ou farinha, então faço um bolo.	**(L v R) → B**
P2	Se compro ovos e frango, então faço uma torta.	**(O ^ C) → T**
P3	Comprei leite e não comprei ovos.	**L ^ ~O**
P4	Comprei frango ou não comprei farinha.	**C v ~R**
P5	Não comprei farinha.	**~R**

Repare que temos uma **conjunção** **(L ^ ~O)** em **P3** e uma **proposição simples** **(~R)** em **P5**. Logo, estamos diante de uma implicação lógica **simples**.

Para que a **conjunção P3** seja verdadeira, é preciso que **L** e **~O** sejam V. Logo, **O** é F. Por sua vez, em **P5**, temos que **~R** é V. Logo, **R** é F.

Aplicando os passos de implicação do tipo simples e de posse de tais informações, consideraremos as demais premissas como verdadeiras e, a partir do conhecimento das **tabelas-verdade** dos conectivos, vamos obter o valor lógico das proposições simples.

a) Substituir L por V em P1 e P3, e ~O por V em **P3**, O por F em **P2**, ~R por V em **P4** e **P5**, e R por F em **P1**:

P1: (**V** v **F**) → B => Uma vez que o antecedente (**L v R**) é verdadeiro, para que a **condicional** seja verdadeira, é preciso que **B** seja **V**.

P2: (**F** ^ C) → T => Ainda **não** é possível obter alguma implicação.

P3 V ^ **V**

P4: C v **V** => Ainda <u>não</u> é possível obter alguma implicação.

P5: **V**

Resultado: O valor lógico de **B é V**.

Note que <u>não</u> é possível obter os valores lógicos de **C** e de **T**:

Em **P4**, a primeira parte (**C**) pode ser **V** ou **F** para que a **disjunção** seja verdadeira.

Já em **P2**, em que pese podermos concluir que o **antecedente** é **falso**, pois uma de suas proposições simples é **F**, não podemos concluir algo sobre o **consequente** **T**, que pode ser **V** ou **F** para que a **condicional** seja verdadeira.

Em suma, temos que:

- L é V => "***Comprei leite***".
- R é F => "***Não comprei farinha.***".

- B é V => "*Fiz um bolo*".
- O é F => "*Não comprei ovos.*".

Por fim, com as verdades obtidas e analisando as alternativas, concluímos que a opção correta é a **letra C**.

Gabarito: C.

QUESTÃO 31 (FCC/TJ-AP/Téc Judic/2014 – *Adaptada*) As frases I e II são verdadeiras. A frase III é falsa.

I. Jogo tênis ou pratico caminhada.

II. Se pratico caminhada, então não sou preguiçoso.

III. Não sou preguiçoso ou estou cansado.

A partir dessas informações, é possível concluir corretamente que

a) jogo tênis e estou cansado.

b) pratico caminhada e sou preguiçoso.

c) ou estou cansado ou não pratico caminhada.

d) estou cansado ou jogo tênis.

e) pratico caminhada ou estou cansado.

RESOLUÇÃO:

Temos as seguintes premissas:

P1: Jogo tênis ou pratico caminhada. => **(T v C)**

P2: Se pratico caminhada, então não sou preguiçoso. => **(C → ~P)**

P3: Não sou preguiçoso ou estou cansado. => **(~P v E)**

Segundo o enunciado, **P1** e **P2** são premissas **verdadeiras** e **P3** é uma premissa **falsa**. Haja vista que **P3** é formada por uma **disjunção**, para tal premissa ser falsa, é preciso que **~P** e **E** sejam **F**. Logo, **P** é **V**.

A partir de tais valores lógicos, adotaremos os seguintes passos:

1º passo. Consideraremos as **premissas P1** e **P2** como **verdadeiras** e, a partir do conhecimento das **tabelas-verdade** dos conectivos, vamos obter o valor lógico das proposições simples.

a) Substituir ~P por F em **P2** e **P3**, E por F em **P3**:

P1: T v C

P2: C → **F** => Para que a **condicional** seja verdadeira, é preciso que **C** seja **F**.

P3: **F** v **F**

Resultado: O valor lógico de **C é F**.

b) Substituir C por F em **P1** e **P2**:

P1: T v **F** => Para que a **disjunção** seja verdadeira, é preciso que **T** seja **V**.

P2: **F** → F

P3: F v F

Resultado: O valor lógico de **T é V**.

Em suma, temos que:

- T é V => "***Jogo tênis***".
- C é F => "***Não pratico caminhada.***"
- P é V => "***Sou preguiçoso.***"
- C é F => "***Não estou cansado***".

<u>**2º passo**</u>. Com as verdades obtidas no 1º passo, verificaremos qual é a alternativa que traz uma proposição necessariamente verdadeira.

a) jogo tênis e estou cansado. (**V** ^ **F**) => **FALSO**

b) pratico caminhada e sou preguiçoso. (**F** ^ **V**) => **FALSO**

c) Se estou cansado, não pratico caminhada. (**F** ^ **V**) => **VERDADEIRO**

d) estou cansado e jogo tênis. (**F** ^ **V**) => **FALSO**

e) pratico caminhada ou estou cansado. (**F** ^ **F**) => **FALSO**

Gabarito: C.

QUESTÃO 32 (CEBRASPE/Polícia Federal/Agente/2018) As proposições P, Q e R a seguir referem-se a um ilícito penal envolvendo João, Carlos, Paulo e Maria:

P: "João e Carlos não são culpados".

Q: "Paulo não é mentiroso".

R: "Maria é inocente".

Considerando que ~X representa a negação da proposição X, julgue o item a seguir.

Se as três proposições P, Q e R forem falsas, então pelo menos duas das pessoas envolvidas no ilícito penal serão culpadas.

RESOLUÇÃO:

Se P, Q e R forem **falsas**, então:

- João é culpado ou Carlos é culpado, de modo que há pelo menos um culpado entre João e Carlos.
- Paulo é mentiroso.
- Maria não é inocente, de forma que temos mais uma culpada.

Portanto, podemos concluir que **pelo menos duas** pessoas são culpadas.

Gabarito: Certo.

QUESTÃO 33 (CESPE/TRE-RJ/Téc Jud/2012) Julgue o item a seguir tendo como base a seguinte proposição P: "Se eu for barrado pela lei da ficha limpa, não poderei ser candidato nessas eleições, e se eu não registrar minha candidatura dentro do prazo, não concorrerei a nenhum cargo nessas eleições".

Se as proposições "Eu não registrei minha candidatura dentro do prazo" e "Não poderei concorrer a nenhum cargo nessas eleições" forem falsas, também será falsa a proposição P, independentemente do valor lógico da proposição "Eu serei barrado pela lei da ficha limpa".

RESOLUÇÃO:

Questão interessante e, ao mesmo tempo, simples do Cespe, mas que exige uma boa dose de raciocínio, deduções e conhecimento da tabela-verdade dos conectivos lógicos.

A proposição composta **P** que o enunciado nos apresenta é a seguinte: *"Se eu for barrado pela lei da ficha limpa, não poderei ser candidato nessas eleições, e se eu não registrar minha candidatura dentro do prazo, não concorrerei a nenhum cargo nessas eleições".*

Vamos traduzi-la para a forma simbólica:

$$(A \rightarrow \sim B) \wedge (\sim C \rightarrow \sim B)$$

No entanto, a questão prossegue afirmando que, se as proposições *~C* e *~B* forem **falsas**, também será **falsa** a proposição **P**; e isso acontecerá independentemente do valor lógico da proposição *A*.

Vamos ver se essa afirmação está correta? Bem, a proposição **P** é uma **conjunção**, cujo valor lógico **só é verdadeiro quando ambas as partes que a compõe são também verdadeiras.**

Acontece que as partes que compõem a proposição **P** são duas **condicionais**, cujo valor lógico **só é falso quando a primeira parte for V e a segunda F.**

Tendo isso em mente, chegamos às seguintes conclusões:

✓ Se as proposições simples ~C e ~B (que formam a segunda condicional) forem falsas, a **segunda parte da conjunção será verdadeira** (considerando a tabela-verdade do "Se ... então", lembra-se disso?)

✓ Se a proposição simples ~B (que forma a primeira condicional) for falsa, a **primeira parte da conjunção poderá ser verdadeira ou falsa**, a depender do **valor lógico de A**. De fato, se **A** tiver valor lógico V, por exemplo, a primeira parte da conjunção será F (considerando a tabela-verdade do "Se ... então").

Gabarito: errado.

QUESTÃO 34 (CESPE/TRE-RJ/Ana Jud/2012) P: Se não há autorização legislativa ou indicação dos recursos financeiros correspondentes, então, não há abertura de créditos suplementares ou de créditos especiais.

Considerando a proposição acima, julgue o item seguinte.

Considere que as proposições "Há autorização legislativa" e "Há abertura de créditos suplementares" sejam verdadeiras e que as proposições "Há indicação de recursos financeiros" e "Há abertura de créditos especiais" sejam falsas. Nesse caso, a proposição P será verdadeira.

RESOLUÇÃO:

A proposição composta **P** que o enunciado nos apresenta é a seguinte: *"Se não há autorização legislativa ou indicação dos recursos financeiros correspondentes, então, não há abertura de créditos suplementares ou de créditos especiais"*.

Vamos traduzi-la para a forma simbólica:

$$\sim(A \vee B) \rightarrow \sim(C \vee D)$$

Portanto:

$$(\sim A \wedge \sim B) \rightarrow (\sim C \wedge \sim B)$$

No entanto, a questão prossegue afirmando que, se as proposições ***A*** e ***C*** forem verdadeiras e se as proposições **B** e **D** forem falsas, então a proposição **P** **será verdadeira**.

Vamos ver se essa afirmação está correta? Bem, a proposição **P** é uma condicional (formada por duas conjunções), cujo valor lógico ***só é falso quando o antecedente é V e o consequente é F.***

Tendo isso em mente, chegamos às seguintes conclusões:

✓ Se as proposições simples A e C (que formam a primeira conjunção) forem verdadeiras e se as proposições simples B e D (que formam a segunda conjunção) forem falsas, então as **duas partes da condicional serão falsas** (considerando a tabela-verdade do "e", lembra-se disso?);

✓ Se as duas partes de uma proposição condicional são falsas, então seu valor lógico é ***verdadeiro***.

Assim sendo, **a proposição P será verdadeira**.

Gabarito: C.

QUESTÃO 35 (CESPE/TRE-ES/Ana Sist/2011) Considere como verdadeiras as seguintes proposições: "Se o eleitor A é do sexo masculino ou o eleitor B não informou o sexo, então o eleitor C é do sexo feminino"; "Se o eleitor C não é do sexo feminino e o eleitor D não informou o sexo, então o eleitor A é do sexo masculino". Considere também que seja falsa a seguinte proposição: "O eleitor C é do sexo feminino". Nesse caso, conclui-se que o eleitor D não informou o sexo.

RESOLUÇÃO:

Temos as seguintes premissas:

P1: Se o eleitor A é do sexo masculino ou o eleitor B não informou o sexo, então o eleitor C é do sexo feminino. [(A v ~B) → C]

P2: Se o eleitor C não é do sexo feminino e o eleitor D não informou o sexo, então o eleitor A é do sexo masculino. [(~C ^ ~D) → A]

P3: O eleitor C **NÃO** é do sexo feminino. (~C)

Agora consideraremos as **premissas** como **verdadeiras** e, a partir do conhecimento das **tabelas-verdade** dos conectivos, vamos obter o valor lógico das proposições simples.

a) Começaremos por P3, pois é uma **proposição simples** e, portanto, só tem uma forma de ser verdadeira.

P1: (A v ~B) → C

P2: (~C ^ ~D) → A

P3: ~C => **~C é V**. Logo, **C é F**.

b) Substituir C por F (ou ~C por V) em P1 e P2:

P1: (A v ~B) → F => Para que a **condicional** seja verdadeira é necessário que a primeira parte dela (disjunção) seja **falsa**. Daí, a fim de que a **disjunção** seja falsa, concluímos que **A é F** e **~B é F** (ou: **B é V**).

P2: (V ^ ~D) → A

P3: ~C

c) Substituir A por F em P2:

P1: (A v ~B) → F

P2: (V ^ ~D) → F => Para que a **condicional** seja verdadeira é necessário que a primeira parte dela (conjunção) seja **falsa**. Daí, a fim de que a **conjunção** seja falsa, concluímos que **~D é F** (ou: **D é V**).

P3: ~C

Assim, considerando os resultados obtidos, apropriadamente afirmamos que a proposição que chamamos de **D**, "o eleitor D informou o sexo", é **verdadeira**, o que contraria o conteúdo do item que estamos analisando.

Gabarito: errado.

QUESTÃO 36 (CESPE/TCE-AC/Ana Cont Ext/2009) Considere que as seguintes afirmações sejam verdadeiras:

– Se é noite e não chove, então Paulo vai ao cinema.

– Se não faz frio ou Paulo vai ao cinema, então Márcia vai ao cinema.

Considerando que, em determinada noite, Márcia não foi ao cinema, é correto afirmar que, nessa noite,

a) não fez frio, Paulo não foi ao cinema e choveu.

b) fez frio, Paulo foi ao cinema e choveu.

c) fez frio, Paulo não foi ao cinema e choveu.

d) fez frio, Paulo não foi ao cinema e não choveu.

e) não fez frio, Paulo foi ao cinema e não choveu.

RESOLUÇÃO:

Está percebendo como as questões se repetem? O segredo então é praticá-las. Mãos à obra!

Temos as seguintes premissas:

P1: Se é noite e não chove, então Paulo vai ao cinema.

[(A ^ ~B) → P]

P2: Se não faz frio ou Paulo vai ao cinema, então Márcia vai ao cinema.

[(~C v P) → M]

P3: Márcia não foi ao cinema. (~M)

Agora consideraremos as **premissas** como **verdadeiras** e, a partir do conhecimento das **tabelas-verdade** dos conectivos, vamos obter o valor lógico das proposições simples.

a) Começaremos por P3, pois é uma **proposição simples** e, portanto, só tem uma forma de ser verdadeira.

P1: (A ^ ~B) → P

P2: (~C v P) → M

P3: ~M => **~M é V.** Logo, **M é F**.

b) Substituir M por F em **P2:**

P1: (A ^ ~B) → P

P2: (~C v P) → F => Para que a **condicional** seja verdadeira é necessário que a primeira parte dela (disjunção) seja **falsa**. Daí, a fim de que a **disjunção** seja falsa, concluímos que **~C é F** (ou: **C é V**) e **P é F**.

P3: V

c) Substituir P por F em P1:

P1: (A ^ ~B) → P => Para que a **condicional** seja verdadeira é necessário que a primeira parte dela (conjunção) seja **falsa**. Ora, na realidade, já sabemos que **A é V**, pois o enunciado afirma claramente que ***"é noite"***. Daí, a fim de que a **conjunção** seja falsa, a proposição **~B é F (ou: B é V)**.

P2: (~C v P) → F

P3: V

Reunindo os resultados obtidos, teremos:

- A é V, significa que ***"É noite"***.
- B é V, significa que ***"Choveu"***.
- C é V, significa que ***"Fez frio"***.
- M é F, significa que ***"Márcia não foi ao cinema"***.
- P é F, significa que ***"Paulo não foi ao cinema"***.

Por fim, com as verdades obtidas, verificaremos qual é a opção de resposta que traz uma proposição necessariamente verdadeira.

Gabarito: C.

QUESTÃO 37 (VUNESP/TJ-SP/Escrevente/2018) Se Maria é bonita, então Carlos é rico. Se Ana é feliz, então José é um herói. Sabe-se que Maria é bonita e Ana não é feliz. Logo, pode-se afirmar corretamente que

(A) José é um herói.

(B) José não é um herói e Carlos é rico.

(C) Carlos não é rico.

(D) Carlos é rico ou José é um herói.

(E) José não é um herói.

RESOLUÇÃO:

Temos as premissas:

P1: Se Maria é bonita, então Carlos é rico.

P2: Se Ana é feliz, então José é um herói.

P3: Maria é bonita e Ana não é feliz.

P3 é uma conjunção que já nos dá duas informações: Maria é bonita e, além disso, Ana não é feliz. Voltando em P1, como "Maria é bonita" é V, então Carlos é rico precisa ser V também. Em P2, como "Ana é feliz" é F, a proposição já está verdadeira, independentemente do valor lógico de "José é um herói". Nada podemos concluir sobre José, o que nos permite descartar as opções de resposta A e E.

O gabarito é a alternativa D, pois sabemos que Carlos é rico e isto é suficiente para deixar a disjunção "Carlos é rico ou José é um herói" verdadeira.

Gabarito: D.

QUESTÃO 38 (FGV/COPEMSA/Assist Saneamento e Gestão/2018) Considere verdadeiras as afirmações feitas por Adelson:

- Vejo TV ou leio.
- Bebo cerveja ou não vejo TV.
- Ponho óculos ou não leio.

Sabe-se que ontem Adelson não pôs óculos.

É correto concluir que Adelson

a) leu e bebeu cerveja.

b) não bebeu cerveja e não viu TV.

c) não pôs óculos e não bebeu cerveja.

d) leu e não bebeu cerveja.

e) bebeu cerveja e viu TV.

RESOLUÇÃO:

Tendo em vista que, no conjunto de informações do enunciado, há uma proposição simples (Adelson não pôs óculos), aplicaremos a metodologia de implicação do tipo **simples**.

Temos as seguintes premissas:

P1: Vejo TV ou leio. (T v L)

P2: Bebo cerveja ou não vejo TV. (B v ~T)

P3: Ponho óculos ou não leio. (O v ~L)

P4: Não pôs o óculos. (~O)

Portanto, atribuiremos o valor lógico **V** para **~O**. Em seguida, substituiremos tal valor lógico nas premissas, a fim de obter, por meio da aplicação de tabelas-verdade, os valores lógicos das demais proposições simples.

a) Substituir ~O por V em P4 e O por F em P3:

P1: T v L

P2: B v ~T

P3: **F** v ~L => Para que a **disjunção** seja verdadeira, é preciso que **~L** seja **V**.

P4: **V**

b) Substituir L por F em P1:

P1: T v **F** => Para que a **disjunção** seja verdadeira, é preciso que **T** seja **V**.

P2: B v ~T

P3: F v V

P4: V

c) Substituir ~T por F em P2:

P1: V v F

P2: B v **F** => Para que a **disjunção** seja verdadeira, é preciso que **B** seja **V**.

P3: F v V

P4: V

d) Substituir as implicações obtidas até o momento em todas as premissas:

P1: V v F

P2: V v F

P3: F v V

P4: V

Em suma, temos as seguintes verdades sobre Adelson:

- T é V => ***"Viu TV"***.
- L é F = > ***"Não Leu"***.
- B é V => ***"Bebeu cerveja"***.
- O é F => ***"Não pôs óculos"***.

Por fim, com as verdades obtidas e analisando as alternativas, concluímos que a opção correta é a **letra E**.

Gabarito: E.

QUESTÃO 39 (FGV/Banestes/Ana TI/2018) Considere como verdadeiras as sentenças:

1. Se Ana é capixaba, então Bruna é carioca.
2. Se Carla é paulista, então Bruna não é carioca.
3. Se Ana não é capixaba, então Carla não é paulista.
4. Ana é capixaba ou Carla é paulista.

Deduz-se que:

a) Ana é capixaba, Bruna é carioca e Carla é paulista;

b) Ana não é capixaba, Bruna é carioca e Carla é paulista;

c) Ana é capixaba, Bruna não é carioca e Carla não é paulista;

d) Ana é capixaba, Bruna é carioca e Carla não é paulista;

e) Ana não é capixaba, Bruna não é carioca e Carla é paulista.

RESOLUÇÃO:

Temos as seguintes premissas:

#	Premissa	Representação
P1	Se Ana é capixaba, então Bruna é carioca.	**A → B**
P2	Se Carla é paulista, então Bruna não é carioca.	**C → ~B**
P3	Se Ana não é capixaba, então Carla não é paulista.	**~A → ~C**
P4	Ana é capixaba ou Carla é paulista.	**A ∨ C**

Note que não temos conjunção ou proposição simples nas premissas, o que nos remete a trabalharmos com a implicação lógica **composta**. Com isso, escolheremos a proposição **A**, que aparece na primeira parte da condicional de **P1** e na primeira parte da disjunção de **P4**, e aplicaremos o valor lógico **V** para ela.

Considerando as premissas como verdadeiras e aplicando, por hipótese, o valor lógico **V** para A, utilizaremos as tabelas-verdade para encontrarmos cada proposição simples dessas premissas, atentando se há alguma **contradição**.

a) Substituir A por V em P1 e em P4, e ~A por F em P3:

P1: **V** → B => Para que a **condicional** seja verdadeira, é necessário que **B** seja **V**.

P2: C → ~B

P3: **F** → ~C => Ainda não é possível obter alguma implicação.

P4: **V** v C => Ainda não é possível obter alguma implicação.

b) Substituir ~B por F em P2:

P1: V → V

P2: C → **F** => Para que a **condicional** seja verdadeira, é necessário que **C** seja **F**.

P3: F → ~C => Ainda não é possível obter alguma implicação.

P4: V v C => Ainda não é possível obter alguma implicação.

c) Substituir C por F em P2 e P4, e ~C por V em P3 :

P1: V → V

P2: **F** → F

P3: F → **V** => **verdadeiro**!

P4: V v **F** => **verdadeiro**!

Assim, encontramos os valores lógicos de todas as proposições simples, bem como constatamos que não houve nenhuma contradição decorrente da hipótese **A** = **V**.

Portanto, temos que:

- A é V => ***"Ana é capixaba"***.
- B é V = > ***"Bruna é carioca"***.
- C é F => ***"Carla não é paulista"***.

Por fim, com as verdades obtidas e analisando as alternativas, concluímos que a opção correta é a **letra D**.

Gabarito: D.

QUESTÃO 40 (FGV – Téc NS/Pref Salvador/2017) Carlos fez quatro afirmações verdadeiras sobre algumas de suas atividades diárias:

De manhã, ou visto calça, ou visto bermuda.

Almoço, ou vou à academia.

Vou ao restaurante, ou não almoço.

Visto bermuda, ou não vou à academia.

Certo dia, Carlos vestiu uma calça pela manhã.

É correto concluir que Carlos

a) almoçou e foi à academia.

b) foi ao restaurante e não foi à academia.

c) não foi à academia e não almoçou.

d) almoçou e não foi ao restaurante.

e) não foi à academia e não almoçou.

RESOLUÇÃO:

Temos as seguintes premissas:

#	Premissa	Representação
P1	ou visto calça, ou visto bermuda.	**C ⊻ B**
P2	Almoço, ou vou à academia	**A ∨ D**
P3	Vou ao restaurante, ou não almoço.	**R ∨ ~A**
P4	Visto bermuda, ou não vou à academia.	**B ∨ ~D**
P5	Carlos vestiu uma calça	**C**

Em P5, temos a proposição simples de que Carlos vestiu uma calça. Logo, estamos lidando com uma implicação do tipo **simples**, em que C = **V**. A partir dessa verdade, adotaremos os seguintes passos:

1º passo. Consideraremos as **premissas** como **verdadeiras** e, a partir do conhecimento das **tabelas-verdade** dos conectivos, vamos obter o valor lógico das proposições simples.

a) Substituir C por V em P1 e P5:

P1: **V** ⊻ B => Para que a **disjunção exclusiva** seja verdadeira, é preciso que **B** seja **F**.

P2: A ∨ D

P3: R v ~A

P4: B v ~D

P5: **V**

b) Substituir B por F em P1 e P4:

P1: V V **F**

P2: A v D

P3: R v ~A

P4: **F** v ~D => Para que a **disjunção** seja verdadeira, é preciso que **~D** seja **V**.

P5: V

c) Substituir D por F em P2:

P1: V V F

P2: A v **F** => Para que a **disjunção** seja verdadeira, é preciso que **A** seja **V**.

P3: R v ~A

P4: F v V

P5: V

d) Substituir ~A por F em P3:

P1: V V F

P2: V v F

P3: R v **F** => Para que a **disjunção** seja verdadeira, é preciso que **R** seja **V**.

P4: F v V

P5: V

Reunindo os resultados obtidos, teremos:

- C é V => "***Vestiu uma calça***".
- B é F => "***Não vestiu bermuda***".
- A é V => "***Almoçou***".
- D é F => "***Não foi à academia***".
- R é V => "***Foi ao restaurante***".

<u>2º passo</u>. Com as verdades obtidas no 1º passo, verificaremos qual é a alternativa que traz uma proposição necessariamente verdadeira.

a) almoçou e foi à academia.

Item **errado**. Temos a seguinte **conjunção** em valores lógicos: **V** ^ **F** => FALSO

b) foi ao restaurante e não foi à academia.

Item **certo**. Temos a seguinte **conjunção** em valores lógicos: **V** ^ **V** => VERDADEIRO

c) não foi à academia e não almoçou.

Item **errado**. Temos a seguinte **conjunção** em valores lógicos: **V** ^ **F** => FALSO

d) almoçou e não foi ao restaurante.

Item **errado**. Temos a seguinte **conjunção** em valores lógicos: **V** ^ **F** => FALSO

e) não foi à academia e não almoçou.

Item **errado**. Temos a seguinte **conjunção** em valores lógicos: **V** ^ **F** => FALSO

Gabarito: B.

QUESTÃO 41 (FGV/TRT 12ª Região/Ana Jud/2017) Considere como verdadeiras as afirmativas:

- Se Jorge é francês, então Denise é espanhola.
- Denise não é espanhola ou Beatriz é brasileira.

Sabe-se que Beatriz não é brasileira.

Logo, é correto afirmar que:

a) Denise é espanhola e Jorge é francês;

b) Denise é espanhola ou Jorge é francês;

c) se Beatriz não é brasileira, então Denise é espanhola;

d) se Denise não é espanhola, então Jorge é francês;

e) se Jorge não é francês, então Denise não é espanhola.

RESOLUÇÃO:

Temos as seguintes premissas:

P1: Se Jorge é francês, então Denise é espanhola. (J → D)

P2: Denise não é espanhola ou Beatriz é brasileira. (~D v B)

P3: Beatriz não é brasileira. (~B)

Podemos observar que uma das premissas é uma proposição simples. Com isso, estamos trabalhando com uma implicação lógica **simples**. Atribuiremos o valor lógico **V** para ~B e, em seguida, descobriremos os valores lógicos das proposições simples das premissas analisadas.

a) Substituir ~B por V em P3 e B por F em P2:

P1: J → D

P2: ~D v **F** => Para que a **disjunção** seja verdadeira, é preciso que **~D** seja **V**.

P3: **V**

b) Substituir D por F em P1:

P1: J → **F** => Para que a **condicional** seja verdadeira, é necessário que **J** seja **F**.

P2: V v F

P3: V

c) Substituir as implicações obtidas até o momento em todas as premissas:

P1: F → F

P2: V v F

P3: V

Uma vez que B = **F**, constatamos que:

- J é F => ***"Jorge não*** é francês".
- D é F = > ***"Denise não*** é espanhola".
- B é F => ***"Beatriz não*** é brasileira".

Substituindo os valores lógicos encontrados nas proposições das alternativas da questão, podemos identificar qual é a afirmação correta:

a) Denise é espanhola e Jorge é francês

Simbolicamente, temos a seguinte **conjunção** em valores lógicos: **F** ^ **F** => FALSO

b) Denise é espanhola ou Jorge é francês

Simbolicamente, temos a seguinte **disjunção** em valores lógicos: **F** v **F** => FALSO

c) se Beatriz não é brasileira, então Denise é espanhola

Simbolicamente, temos a seguinte **condicional** em valores lógicos: **V** → **F** => FALSO

d) se Denise não é espanhola, então Jorge é francês

Simbolicamente, temos a seguinte **condicional** em valores lógicos: **V** → **F** => FALSO

e) se Jorge não é francês, então Denise não é espanhola

Simbolicamente, temos a seguinte **condicional** em valores lógicos: **V → V** => VERDADEIRO

Por fim, com as verdades descobertas e analisando as alternativas, concluímos que a opção correta é a **letra E**.

Gabarito: E.

QUESTÃO 42 (FGV/IBGE/Ana Sist/2016) Sobre os amigos Marcos, Renato e Waldo, sabe-se que:

I – Se Waldo é flamenguista, então Marcos não é tricolor;

II – Se Renato não é vascaíno, então Marcos é tricolor;

III – Se Renato é vascaíno, então Waldo não é flamenguista.

Logo, deduz-se que:

a) Marcos é tricolor

b) Marcos não é tricolor

c) Waldo é flamenguista

d) Waldo não é flamenguista

e) Renato é vascaíno

RESOLUÇÃO:

A questão nos remete a uma implicação lógica **composta**, pois não encontramos uma premissa formada por uma proposição simples ou uma conjunção.

Temos as seguintes premissas:

#	Premissa	Representação
P1	Se Waldo é flamenguista, então Marcos não é tricolor.	**W → ~M**
P2	Se Renato não é vascaíno, então Marcos é tricolor.	**~R → M**
P3	Se Renato é vascaíno, então Waldo não é flamenguista.	**R → ~W**

Optando pela hipótese M = **V** como ponto de partida para os testes dos valores lógicos das demais proposições simples que queremos descobrir, teremos:

a) Substituir M por V em P2 e ~M por F em P1:

P1: W → **F** => => Para que a **condicional** seja verdadeira, é preciso que W seja **F**.

P2: ~R → **V** => Ainda não é possível obter alguma implicação.

P3: R → ~W

b) Substituir W por F em P1 e ~W por V em P3:

P1: **F** → F

P2: ~R → **V** => Ainda não é possível obter alguma implicação.

P3: R → ~ **V** => Ainda não é possível obter alguma implicação.

De acordo com as verdades encontradas até o momento, sob a hipótese de **M** = **V**, concluímos que não é possível obter alguma implicação sobre os antecedentes de **P2** e **P3**, que podem assumir os valores de **F ou V** para que tais premissas sejam verdadeiras. Logo, não podemos afirmar algo sobre o time de Renato. Adicionalmente, encontramos os seguintes resultados:

- W é F => *"**Waldo não** é flamenguista"*.
- M é V = > *"**Marcos é tricolor**"*.

No entanto, tais resultados não nos levam a uma resposta definitiva dentre as alternativas da questão, de modo que ficamos entre as opções **A** e **D**.

Para encontrarmos a alternativa que, necessariamente, possui a afirmação correta, testaremos a hipótese **M** = **F**:

a) Substituir M por F em P2 e ~M por V em P1:

P1: W → **V** => => Ainda não é possível obter alguma implicação.

P2: ~R → **F** => Para que a **condicional** seja verdadeira, é preciso que ~R seja **F**.

P3: R → ~W

b) Substituir ~R por F em P2 e R por V em P3:

P1: W → V => Ainda não é possível obter alguma implicação.

P2: **F** → F

P3: **V** → ~W => Para que a **condicional** seja verdadeira, é preciso que ~W seja **V**.

c) Substituir ~W por V em P3 e W por F em P1:

P1: **F** → V => **verdade**

P2: F → F

P3: V → **V**

Resultado: Sob a hipótese **M** = **F**, encontramos que:

- W é F =>*"**Waldo não** é flamenguista"*.
- M é F = > *"**Marcos não** é tricolor"*.

- R é V = > ***"Renato é vascaíno"***.

Podemos observar que, sob a hipótese **M** = **V**, não conseguimos obter alguma implicação sobre o time de Renato. Por sua vez, supondo **M** = **F**, encontramos o valor lógico **V** para **R**. Tais resultados ainda não são suficientes para encontramos a resposta.

No entanto, tanto por **M** = **F** quanto por **M** = **F**, deduzimos que, **necessariamente**:

- W é F => ***"Waldo não*** é flamenguista".

Por fim, concluímos que a opção correta é a **letra D**.

Gabarito: D.

QUESTÃO 43 (FGV – Ana/MPE-RJ/2016) Sobre as atividades fora de casa no domingo, Carlos segue fielmente as seguintes regras:

– Ando ou corro.

– Tenho companhia ou não ando.

– Calço tênis ou não corro.

Domingo passado Carlos saiu de casa de sandálias.

É correto concluir que, nesse dia, Carlos:

a) correu e andou;

b) não correu e não andou;

c) andou e não teve companhia;

d) teve companhia e andou;

e) não correu e não teve companhia.

RESOLUÇÃO:

Temos as seguintes premissas:

#	Premissa	Representação
P1	Ando ou corro.	**A ∨ C**
P2	Tenho companhia ou não ando.	**T ∨ ~A**
P3	Calço tênis ou não corro.	**E ∨ ~C**
P4	Não calçou tênis	**~E**

O enunciado nos fornece uma proposição simples que afirma que Carlos saiu de sandálias, isto é, não calçou tênis. Com isso, temos uma implicação lógica **simples**. Logo, adotaremos seguintes passos:

1º passo. Consideraremos as **premissas** como **verdadeiras** e, a partir do conhecimento das **tabelas-verdade** dos conectivos, vamos obter o valor lógico das proposições simples.

a) Substituir ~E por V em **P4**:

P1: A v C

P2: T v ~A

P3: E v ~C

P4: ~E => **~E é V**. Logo, **E é F**.

Resultado: O valor lógico de **E é F**.

b) Substituir E por F em P3:

P3: **F** v ~C => Para que a **disjunção** seja verdadeira, é preciso que **~C** seja **V**. Logo, **C é F**.

Resultado: O valor lógico de **C é F**.

c) Substituir C por F em P1:

P1: A v **F** => Para que a **disjunção** seja verdadeira, é necessário que **A** seja **V**. Logo, **~A é F**.

Resultado: O valor lógico de **~A é F**.

d) Substituir ~A por F em P2:

P2: T v **F** => Para que a **disjunção** seja verdadeira, é necessário que **T** seja **V**.

Em suma, temos que:

- A é V => "***Andou***".
- C é F => "***Não correu***".
- T é V => "***Teve companhia***".
- E é F => "***Não calçou tênis***".

2º passo. Com as verdades obtidas no 1º passo, verificaremos qual é a alternativa que traz uma proposição necessariamente verdadeira.

a) correu e andou.

Item **errado**. Temos a seguinte **conjunção** em valores lógicos: **F ^ V** => FALSO

b) não correu e não andou.

Item **errado**. Temos a seguinte **conjunção** em valores lógicos: **V ^ F** => FALSO

c) andou e não teve companhia.

Item **errado**. Temos a seguinte **conjunção** em valores lógicos: **V** ^ **F** => FALSO

d) teve companhia e andou.

Item **certo**. Temos a seguinte **conjunção** em valores lógicos: **V** ^ **V** => VERDADEIRO

e) não correu e não teve companhia.

Item **errado**. Temos a seguinte **conjunção** em valores lógicos: **V** ^ **F** => FALSO

Gabarito: D.

QUESTÃO 44 (FGV/TJ-PI/Ana Jud/2015) Renato falou a verdade quando disse:

- Corro ou faço ginástica.
- Acordo cedo ou não corro.
- Como pouco ou não faço ginástica.

Certo dia, Renato comeu muito.

É correto concluir que, nesse dia, Renato:

a) correu e fez ginástica

b) não fez ginástica e não correu

c) correu e não acordou cedo

d) acordou cedo e correu

e) não fez ginástica e não acordou cedo

RESOLUÇÃO:

Temos as seguintes premissas:

#	Premissa	Representação
P1	Corro ou faço ginástica.	**C v G**
P2	Acordo cedo ou não corro.	**A v ~C**
P3	Como pouco ou não faço ginástica.	**P v ~G**
P4	Como muito.	**~P**

O enunciado nos fornece uma premissa (P4) formada por uma proposição simples ao solicitar que consideremos que Ricardo comeu muito certo dia para que cheguemos à determinada conclusão. Dessa forma, estamos trabalhando com uma implicação do tipo **simples**.

Com isso, temos que ~P tem o valor lógico de **V**. Dessa verdade, basta adotarmos os seguintes passos:

1º passo. Consideraremos as **premissas** como **verdadeiras** e, a partir do conhecimento das **tabelas-verdade** dos conectivos, vamos obter o valor lógico das proposições simples.

a) Substituir ~P por V em **P4**:
P1: C v G
P2: A v ~C
P3: P v ~G
P4: ~P => **~P é V.** Logo, **P é F.**
Resultado: O valor lógico de **P é F.**

b) Substituir P por F em **P3**:

P3: **F** v ~G => Para que a **disjunção** seja verdadeira, é preciso que **~G** seja **V**. Logo, ***G é F***.
Resultado: O valor lógico de **G é F.**

c) Substituir G por F em **P1**:

P1: ~C v **F** => Para que a **disjunção** seja verdadeira, é necessário que ~C seja **V**. Logo, **~C é F.**
Resultado: O valor lógico de **~C é F.**

d) Substituir ~C por F em **P2**:

P2: A v **F** => Para que a **disjunção** seja verdadeira, é necessário que **A** seja **V**.
Reunindo os resultados obtidos, teremos:

- P é F => "*Comeu muito*".
- G é F => "*Não fez ginástica*".
- A é V => "*Acordou cedo*".
- C é V => "*Correu*".

2º passo. Com as verdades obtidas no 1º passo, verificaremos qual é a alternativa que traz uma proposição necessariamente verdadeira.

a) correu e fez ginástica.

Item **errado**. Temos a seguinte **conjunção** em valores lógicos: **V** ^ **F** => FALSO

b) não fez ginástica e não correu.

Item **errado**. Temos a seguinte **conjunção** em valores lógicos: **V** ^ **F** => FALSO

c) correu e não acordou cedo.

Item **errado**. Temos a seguinte **conjunção** em valores lógicos: **V** ^ **F** => FALSO

d) acordou cedo e correu.

Item **certo**. Temos a seguinte **conjunção** em valores lógicos: **V** ^ **V** => VERDADEIRO

e) não fez ginástica e não acordou cedo.

Item **errado**. Temos a seguinte **conjunção** em valores lógicos: **V** ^ **F** => FALSO

Gabarito: D.

QUESTÃO 45 (FGV/CGE-MA/Auditor/2014) Analise as premissas a seguir.

- Se o bolo é de laranja, então o refresco é de limão.
- Se o refresco não é de limão, então o sanduíche é de queijo.
- O sanduíche não é de queijo.

Logo, é correto concluir que:

a) o bolo é de laranja.

b) o refresco é de limão.

c) o bolo não é de laranja.

d) o refresco não é de limão.

e) o bolo é de laranja e o refresco é de limão.

RESOLUÇÃO:

O enunciado apresenta três premissas:

P1: Se o bolo é de laranja, então o refresco é de limão. (B → R)

P2: Se o refresco não é de limão, então o sanduíche é de queijo. (~R → S)

P3: O sanduíche não é de queijo. (~S)

Note que a premissa P3 é uma proposição simples, de modo que estamos lidando com uma implicação do tipo **simples**. Adotaremos, assim, os seguintes passos:

<u>1º passo</u>. Consideraremos as **premissas** como **verdadeiras** e, a partir do conhecimento das **tabelas-verdade** dos conectivos, vamos obter o valor lógico das proposições simples. Vejamos a sequência:

a) Começaremos com a forma verdadeira da proposição simples:

P1: B → R

P2: ~R → S

P3: ~S => **~S é V.** Logo, **S é** F.
Resultado: O valor lógico de ***S é F***.

b) Substituir S por F em **P2**:

P2: ~R → F => Para que a **condicional** seja verdadeira, é preciso que ~**R** seja F. Logo, ***R é V***.
Resultado: O valor lógico de ***R é V***.

c) Substituir R por V em **P1**:

P1: B → V => => Ainda <u>não</u> é possível obter alguma implicação, uma vez que, conforme a tabela-verdade, a **condicional** poderá ser verdadeira com antecedente sendo **F ou V**, tendo um consequente V.

<u>2º passo</u>. Verificaremos se os valores lógicos encontrados são suficientes para responder à questão. Em resumo, temos que:

- R é V => "***O refresco é de limão***".
- S é F => "O ***sanduíche é de queijo***".

Logo,

a) o bolo é de laranja. => **não há como afirmar**

b) o refresco é de limão. => **Verdadeiro**

c) o bolo não é de laranja. => **não há como afirmar**

d) o refresco não é de limão. => **Falso**

e) o bolo é de laranja e o refresco é de limão. => não há como afirmar sobre a primeira parte da proposição

Gabarito: B.

QUESTÃO 46 (FGV/CODESP/Téc Info/2010) Se x é A, então y é B. Se y não é B, então z é C. Sabe-se que z não é C. Logo, tem-se obrigatoriamente que

a) x é A. b) x não é A. c) y é B. d) y não é B. e) z é C.

RESOLUÇÃO:

Temos as seguintes premissas:

P1: Se x é A, então y é B. (A → B)

P2: Se y não é B, então z é C. (~B → C)

P3: z não é C. (~C)

Estamos lidando com uma implicação do tipo **simples**, pois a premissa P3 apresenta uma proposição simples. Desse modo, atribuímos o valor lógico **V** para ~C e, em seguida, substituímos os valores lógicos nas proposições das demais proposições simples, fazendo uso das tabelas-verdade nos conectivos.

a) Substituir ~C por V em P3 e C por F em P2:

P1: A → B

P2: ~B → **F** => Para que a **condicional** seja verdadeira, é preciso que ~**B** seja **F**.

P3: **V**

b) Substituir ~B por F em P2 e B por V em P1:

P1: A → **V** => não há como afirmar algo sobre o antecedente da proposição.

P2: **F** → F

P3: **V**

Assim, não é possível concluir alguma afirmação em P1, pois, para que a **condicional** seja verdadeira, o antecedente A poderá ser **F** ou **V**, tendo um consequente **V**. Assim, podemos descartar as alternativas "a" e "b". Quanto às demais proposições, encontramos os seguintes valores lógicos e afirmações:

- B é V => "***y é B***".
- C é F => "***z não é C***".

Com as verdades obtidas e analisando as alternativas, concluímos que a opção correta é a letra C.

Gabarito: C.

QUESTÃO 47 (VUNESP/PC-SP/Agente Policial/2018) Considere verdadeiras as afirmações a seguir:

- Se Marcelo acorda cedo, então Helena não sai de casa.
- Se Helena não sai de casa, então Marina vai para escola.
- Se Marina vai para escola, então Fábio pode jogar bola.
- Helena sai de casa e Fábio não pode jogar bola.

- Marcelo acorda cedo ou Fernanda faz o almoço.

A partir dessas afirmações, é correto concluir que

a) Fernanda faz o almoço.

b) Marina vai para escola.

c) Marcelo acorda cedo.

d) Helena não sai de casa.

e) Fábio pode jogar bola.

RESOLUÇÃO:

Temos as seguintes premissas:

#	Premissa	Representação
P1	Se Marcelo acorda cedo, então Helena não sai de casa.	**M → ~H**
P2	Se Helena não sai de casa, então Marina vai para escola.	**~H → E**
P3	Se Marina vai para escola, então Fábio pode jogar bola.	**E → B**
P4	Helena sai de casa e Fábio não pode jogar bola.	**H ^ ~B**
P5	Marcelo acorda cedo ou Fernanda faz o almoço	**M v A**

O enunciado nos fornece uma premissa (P4) formada pela conjunção H ^ ~F. Dessa forma, estamos trabalhando com uma implicação lógica **simples**.

Assim, temos que H e ~P têm o valor lógico de V. Dessa verdade, basta adotarmos os seguintes passos:

1º passo. Consideraremos as **premissas** como **verdadeiras** e, a partir do conhecimento das **tabelas-verdade** dos conectivos, vamos obter o valor lógico das proposições simples.

a) Substituir H e ~F por V em P4:

P1: M → ~H

P2: ~H → E

P3: E → B

P4: V ^ V => Logo, **~H é F e B é F.**

P4: M v A

Resultado: O valor lógico de ***H é F e B é F.***

b) Substituir ~H por F em P1 e P2, e B por F em P3:

P1: M → **F** => Para que a **condicional** seja verdadeira, é preciso que **M** seja **F**.

P2: **F** → E

P3: E → **F**=> Para que a **condicional** seja verdadeira, é preciso que **E** seja **F**.

P4: V ^ V

P4: M v A

c) Substituir E por F em **P2** e **P3**, e M por F em **P4**:

P1: F → F

P2: F → **F** => **verdadeiro**

P3: **F** → F

P4: V ^ V

P4: **F** v A => Para que a **disjunção** seja verdadeira, é preciso que **A** seja **V**.

Reunindo os resultados obtidos, teremos:

- M é F => "***Marcelo não acorda cedo***".
- H é V => "***Helena sai de casa***".
- E é F => "***Mariana não vai para escola***".
- B é F => "***Fábio não pode jogar bola***".
- A é V => "***Fernanda faz almoço***".

<u>**2º passo**</u>. Com as verdades obtidas no 1º passo, verificaremos qual é a alternativa que traz uma proposição necessariamente verdadeira.

Com as verdades obtidas e analisando as alternativas, concluímos que a opção correta é a **letra A.**

Gabarito: A.

QUESTÃO 48 (VUNESP/PC-SP/Ag Telec Pol/2018) Considere as afirmações:

– Se Douglas estudar muito, então Juliana acordará cedo.

– Manoel irá à feira ou Juliana acordará cedo.

– Raquel dormirá até tarde ou Manoel não irá à feira.

– Juliana não acordará cedo.

Sabendo que as afirmações anteriores são VERDADEIRAS, é correto concluir que

a) Douglas não estudará muito ou Raquel não dormirá até tarde.

b) Raquel não dormirá até tarde ou Juliana acordará cedo.

c) Douglas estudará muito e Raquel dormirá até tarde.

d) Manoel não irá à feira e Douglas não estudará muito.

e) Se Manoel for à feira, então Douglas estudará muito.

RESOLUÇÃO:

Temos as seguintes premissas:

#	Premissa	Representação
P1	Se Douglas estudar muito, então Juliana acordará cedo.	**D → J**
P2	Manoel irá à feira ou Juliana acordará cedo.	**M v J**
P3	Raquel dormirá até tarde ou Manoel não irá à feira.	**R v ~M**
P4	Juliana não acordará cedo.	**~J**

O enunciado nos fornece uma proposição simples que afirma que Juliana não acordará cedo. Com isso, temos uma implicação do tipo **simples**. Logo, adotaremos os seguintes passos:

<u>**1º passo**</u>. Consideraremos as **premissas** como **verdadeiras** e, a partir do conhecimento das **tabelas-verdade** dos conectivos, vamos obter o valor lógico das proposições simples.

a) Substituir ~J por V em P4:

P1: D → J

P2: M v J

P3: R v ~M

P4: ~J => **~J é V.** Logo, **J é F.**

Resultado: O valor lógico de ***J é F.***

b) Substituir J por F em P1 e P2:

P1: D → **F** => Para que a **condicional** seja verdadeira, é preciso que **D** seja **F.**

P2: M v **F** => Para que a **disjunção** seja verdadeira, é preciso que **M** seja **V.** Logo, **~M** é **F.** Resultados: O valor lógico de **D é F**, o de **M é V** e, consequentemente, o de **~M é F.**

c) Substituir ~M por F em P3:

P3: R v **F** => Para que a **disjunção** seja verdadeira, é necessário que **R** seja **V.**

Resultado: O valor lógico de ***R é V***.

Em suma, temos que:

- D é F => "***Douglas não estudou muito***".
- J é F => "***Juliana não acordará cedo***".
- M é V => "***Manuel irá à feira***".
- R é V => "***Raquel dormirá até mais tarde***".

2º passo. Com as verdades obtidas no 1º passo, verificaremos qual é a alternativa que traz uma proposição necessariamente verdadeira.

a) Douglas não estudará muito ou Raquel não dormirá até tarde.

Item **certo**. Temos a seguinte **disjunção** em valores lógicos: **V** v **F** => VERDADEIRO

b) Raquel não dormirá até tarde ou Juliana acordará cedo.

Item **errado**. Temos a seguinte **disjunção** em valores lógicos: **F** v **F** => FALSO

c) Douglas estudará muito e Raquel dormirá até tarde.

Item **errado**. Temos a seguinte **conjunção** em valores lógicos: **F** ^ **V** => FALSO

d) Manoel não irá à feira e Douglas não estudará muito.

Item **errado**. Temos a seguinte **conjunção** em valores lógicos: **F** ^ **V** => FALSO

e) Se Manoel for à feira, então Douglas estudará muito.

Item **errado**. Temos a seguinte **condicional** em valores lógicos: **V** → **F** => FALSO

Gabarito: A.

8. QUESTÕES-DESAFIO

QUESTÃO 49 (FCC/PC-MA/Delegado/2006) As sentenças abaixo são verdadeiras.

- Se vou à Brasília de avião, o voo atrasa.
- Se o voo para Brasília atrasa, fico mal-humorado.

Então, também é verdade que

a) se o voo para Brasília não atrasa, não estou indo à Brasília.

b) se não vou à Brasília de avião, fico mal-humorado.

c) se o voo para Brasília não atrasa, não fico mal-humorado.

d) o voo para Brasília não atrasa e não fico mal-humorado.

e) vou à Brasília de avião e não fico mal-humorado.

RESOLUÇÃO:

Temos as seguintes premissas:

P1: Se vou à Brasília de avião, o voo atrasa. **(B → A)**

P2: Se o voo para Brasília atrasa, fico mal-humorado. **(A → M)**

Para resolvermos a questão, devemos analisar as afirmações de cada alternativa.

a) se o voo para Brasília não atrasa, não estou indo à Brasília.

Simbolicamente, podemos representar tal proposição composta por **~A → ~B**.

Note que temos uma condicional como conclusão da alternativa. Dessa forma, para testarmos os valores lógicos, transformaremos o antecedente (**~A**) da conclusão em uma das premissas, a fim de atestarmos se o valor lógico do consequente (**~B**) será verdadeiro de forma isolada da condicional original. Vamos organizar para ficar mais claro. Agora teremos um novo conjunto de premissas:

P1: **B → A**

P2: **A → M**

P3: **~A**

Como temos uma proposição simples em P3, estamos lidando com uma implicação do tipo **simples**. Assim, ao considerarmos que as três premissas são verdadeiras, temos que **~A é V**. Logo, **A é F**. Basta, então, fazermos as seguintes substituições.

P1: **B → F** => Para que a **condicional** seja verdadeira, é preciso que **B** seja **F**.

P2: **F → M** => Ainda não é possível obter alguma implicação.

P3: **V**

Resultados: **B é F**, **~A é V**. Logo, **~B é V** e **A é F**.

Portanto, com os resultados obtidos, concluímos que o valor lógico de **~B** é **verdadeiro**. Com isso temos que:

Se o voo para Brasília não atrasa, não estou indo à Brasília **(V → V)** => **verdadeiro.**

A **letra A** é a opção correta. O mesmo processo aplicado às **letras C e D** demonstrará que tais alternativas estão erradas. Sugerimos que você resolva-as como treino.

b) se não vou à Brasília de avião, fico mal-humorado.

Simbolicamente, podemos representar tal proposição composta por **~B → M.**

Observando as premissas **condicionais** do enunciado, verificamos que a proposição **A** é **consequente** em **P1** e antecedente em **P2**. Com isso, podemos utilizar a transitividade de implicações decorrente da regra do **silogismo hipotético** entre **P1** e **P2**. A partir de então, verificaremos se o resultado da transitividade condicional entre as premissas nos levarão à resposta de uma das alternativas da questão. Observe o esquema:

P1: B → (A)

P2: (A) → M

Logo: B → M

De acordo com o resultado da transitividade condicional entre P1 e P2, concluímos que:

B → M: Se vou à Brasília de avião, então fico mal-humorado.

Tal condicional diverge da conclusão da **letra B**. Portanto, a alternativa está **errada**.

e) vou à Brasília de avião e não fico mal-humorado.

Simbolicamente, podemos representar tal proposição composta por **B ^ ~M.**

Diferentemente das demais alternativas, agora temos uma **conjunção** como conclusão. Dessa forma, para testarmos os valores lógicos, iremos inserir tal conjunção ao conjunto de premissas do enunciado, conforme a seguir:

P1: **B → A**

P2: **A → M**

P3: **B ^ ~M**

Em **P3**, temos uma **conjunção** e, portanto, vamos trabalhar com a implicação do tipo **simples**. Assim, ao considerarmos que as três premissas são verdadeiras, temos que **B é V** e **~M é V** para que a conjunção seja verdadeira. Logo, **M é F**. Faremos as seguintes substituições:

P1: **V → A** => Para que a **condicional** seja verdadeira, é preciso que **A** seja **V**.

P2: A → F => Para que a **condicional** seja verdadeira, é preciso que **A** seja F.

P3: V ^ V

Resultados: **Contradição** dos valores lógicos de **A**: **V em P1** x **F em P2.**

Uma vez que temos uma **contradição** decorrente da hipótese que a premissa "*vou à Brasília de avião e não fico mal-humorado*" seja verdadeira, a **letra E** está errada.

Gabarito: A.

QUESTÃO 50 (FGV – TJ-AM/Assist Jud/2018) Considere como verdadeiras as sentenças a seguir.

I. Se André não é americano, então Bruno é francês.

II. Se André é americano então Carlos não é inglês.

III. Se Bruno não é francês então Carlos é inglês.

Logo, tem-se obrigatoriamente que

a) Bruno é francês.

b) André é americano.

c) Bruno não é francês.

d) Carlos é inglês.

e) André não é americano.

RESOLUÇÃO:

Observando as premissas do enunciado, constatamos que não há uma premissa formada por uma proposição simples ou uma conjunção. Dessa forma, estamos trabalhando com implicação lógica **composta**.

Temos as seguintes premissas:

#	Premissa	Representação
P1	Se André não é americano, então Bruno é francês.	**~A → B**
P2	Se André é americano então Carlos não é inglês.	**A → ~C**
P3	Se Bruno não é francês então Carlos é inglês.	**~B → C**

Se atribuirmos o valor lógico V para A, que aparece na primeira parte de P2 e na primeira parte de P1 em sua forma negativa, basta aplicarmos as tabelas-verdade aos conectivos de cada premissa para descobrirmos os valores lógicos de suas proposições simples. Havendo alguma **contradição** em decorrência da hipótese escolhida (A = V), testaremos a hipótese alternativa (A = F).

a) Substituir A por V em P2 e ~A por F em P1:

P1: **F** → B => Ainda <u>não</u> é possível obter alguma implicação.

P2: **V** → ~C => Para que a **condicional** seja verdadeira, é preciso que **~C** seja **V**.

P3: ~B → C

b) Substituir ~C por V em P2 e C por F em P3:

P1: F → B

P2: V → **V**

P3: ~B → **F** => Para que a **condicional** seja verdadeira, é preciso que **~B** seja **F**.

c) Substituir ~B por F em P3 e B por V em P1:

P1: F → **V** => **Verdadeiro**

P2: V → V

P3: **F** → F

Após as aplicações das tabelas-verdade nos conectivos das premissas apresentadas pelo enunciado, encontramos os seguintes resultados:

- A é V => ***"André é americano"***.
- B é V = > ***"Bruno é francês"***.
- C é F => ***"Carlos não** é inglês"*.

Note, porém, que, nas alternativas, temos duas afirmações que estão condizentes com as verdades encontradas sob a hipótese de **A** = **V**. Com isso, ficaríamos entre as opções "***a) Bruno é francês***" e "***b) André é americano***".

Para encontrarmos a alternativa cuja afirmação, obrigatoriamente, seja correta, testaremos a hipótese **A** = **F**:

a) Substituir A por F em P2 e ~A por V em P1:

P1: **V** → B => Para que a **condicional** seja verdadeira, é preciso que **B** seja **V**.

P2: **F** → ~C => Ainda <u>não</u> é possível obter alguma implicação.

P3: ~B → C

b) Substituir B por V em P1 e ~B por F em P3:

P1: V → **V**

P2: F → ~C

P3: **F** → C

Resultado: Note que não há como concluir algo sobre o consequente de P2 e o de P3, haja vista que os valores lógicos possíveis de serem assumidos são V ou F para que suas condicionais sejam verdadeiras.

Podemos concluir que, tanto pela hipótese de **A** = **V** quanto pela de **A** = **F**, necessariamente:

- B é V = > ***"Bruno é francês"***.

Por fim, concluímos que a opção correta é a **letra A**.

Gabarito: A.

QUESTÃO 51 (FAUEL/AGEPAR/Especialista em Regulação/2018) Considere as seguintes afirmações: se um candidato ao concurso estuda muito, ele pode passar no concurso. Se o candidato não estuda, ele também pode ser aprovado no concurso. Se o candidato não possui o diploma de ensino superior, ele não será aprovado no concurso. Sabendo disso, assinale a alternativa que possui uma conclusão lógica:

a) É possível estudar muito e ser aprovado, mesmo sem diploma de ensino superior.

b) Quem não estuda não pode ser aprovado, mesmo que tenha diploma de ensino superior.

c) Se o candidato estuda muito e possui o diploma de ensino superior, ele será aprovado.

d) Não ter diploma é suficiente para que o candidato seja reprovado.

RESOLUÇÃO:

Temos as seguintes premissas:

P1: Se um candidato ao concurso estuda muito, ele pode passar no concurso. (E → A)

P2: Se o candidato não estuda, ele também pode ser aprovado no concurso. (~E → A)

P3: Se o candidato não possui o diploma de ensino superior, ele não será aprovado no concurso. (~D → ~A)

Haja vista a ausência de alguma premissa formada por proposição simples ou conjunção apresentada pela questão, concluímos que ela é do tipo **composta**. Além disso, visto que temos apenas 3 (três) proposições simples, utilizaremos o **Método da Tabela-Verdade**.

Devemos construir a tabela-verdade para cada uma das premissas. Como faremos uma comparação entre os valores lógicos obtidos das premissas, é interessante que construamos uma única tabela que contenha todas elas, conforme consta a seguir.

E	A	D	~E	~A	~D	E → A	~E → A	~D → ~A
V	V	V	F	F	F	V	V	V
V	V	F	F	F	V	V	V	F
V	F	V	F	V	F	F	V	V
V	F	F	F	V	V	F	V	V
F	V	V	V	F	F	V	V	V
F	V	F	V	F	V	V	V	F
F	F	V	V	V	F	V	F	V
F	F	F	V	V	V	V	F	V

Temos que verificar **qual(is) é(são) a(s) linha(s) da tabela cujos valores lógicos das premissas são todos V**. Encontramos essa situação na 1ª linha e na 5ª linha. Observemos os valores lógicos em tais linhas.

Tanto na 1ª linha quanto na 5ª linha**,** as proposições **A** e **D** possuem valores lógicos **V**.

Contudo, a proposição **E** possui valores lógicos **V** e **F** na 1ª linha e na 5ª linha, respectivamente, não nos permitindo chegarmos a uma conclusão necessariamente verdadeira sobre essa proposição.

Reunindo os resultados, podemos concluir as seguintes verdades:

- A é V => "***candidato será aprovado***".
- D é F => "***o candidato tem diploma***".

Em face das duas proposições simples cujos valores lógicos foram possíveis de serem definidos, podemos analisar somente a premissa da alternativa D:

d) Não ter diploma é suficiente para que o candidato seja reprovado.

Sabemos que:

O **antecedente** é condição **suficiente** para obter o **consequente**.

O **consequente** é uma condição **necessária** para o **antecedente**.

Assim, podemos concluir que o item está **certo**. Temos a seguinte **conjunção**: ~D → ~A => **F** → **F** => VERDADEIRO.

Gabarito: D.

FIQUE ATENTO!

A solução utilizando a construção da tabela-verdade das premissas é aconselhável se a questão trouxer **no máximo três** proposições simples. Pois, com quatro proposições simples a tabela-verdade das premissas teria 16 linhas, ficando impraticável a sua construção.

Na análise da tabela-verdade **somente nos interessa as linhas em que as premissas são V**, de forma que, quando encontramos numa linha da tabela um valor lógico **F** para uma das premissas, não é necessário completar o restante da linha. Com isso, ganha-se tempo na resolução da questão.

CAPÍTULO 08

DIAGRAMAS LÓGICOS

1. INTRODUÇÃO

O QUE VEREMOS

Neste capítulo, analisaremos o tópico **Diagramas Lógicos**, cujo conteúdo tem forte relação com o tema Conjuntos que você estudou em Matemática. Lembra-se daqueles famosos diagramas de Venn? Pois é, aqui faremos uso intenso desse conhecimento.

COMO APARECE NOS EDITAIS

No conteúdo programático dos editais, Diagramas Lógicos pode aparecer também como *Proposições Categóricas*. Além disso, o presente assunto está contido em tudo o que analisamos anteriormente, de modo que ele pode ser cobrado em itens de negação, equivalência ou implicação lógica, por exemplo.

COMO É COBRADO NAS PROVAS

As questões que tratam de Diagramas Lógicos envolvem termos como **todo**, **algum** e **nenhum** e cujas soluções requerem que desenhemos figuras, normalmente círculos, que consistem nos chamados diagramas.

Você saberá quando e como usá-los por meio da teoria apresentada e das questões que resolveremos.

OBJETIVOS

Os nossos objetivos ao final deste capítulo é que você consiga:

1) identificar a estrutura das proposições categóricas;

2) representar graficamente cada tipo de proposição categórica;

3) efetuar a negação lógica das proposições que envolvem termos como todo, algum e nenhum.

2. ANÁLISE DA COBRANÇA DO ASSUNTO EM PROVAS

Observe a seguir os percentuais de incidência nos últimos anos do assunto deste capítulo em relação ao volume de questões de todos os temas analisados na nossa matéria. Lembramos que quanto maior o percentual de cobrança de um dado assunto, maior sua importância.

ASSUNTO	CEBRASPE	FCC	DEMAIS BANCAS
	% de cobrança	% de cobrança	% de cobrança
Diagramas Lógicos	**3,65%**	**7,42%**	**4,94%**

O presente tópico possui uma importância **mediana a alta** para a FCC, enquanto para as demais bancas observa-se uma importância **baixa a mediana**.

3. PROPOSIÇÕES CATEGÓRICAS

As sentenças formadas com os termos **todo**, **algum** e **nenhum** são denominadas **proposições categóricas**, e são elas:

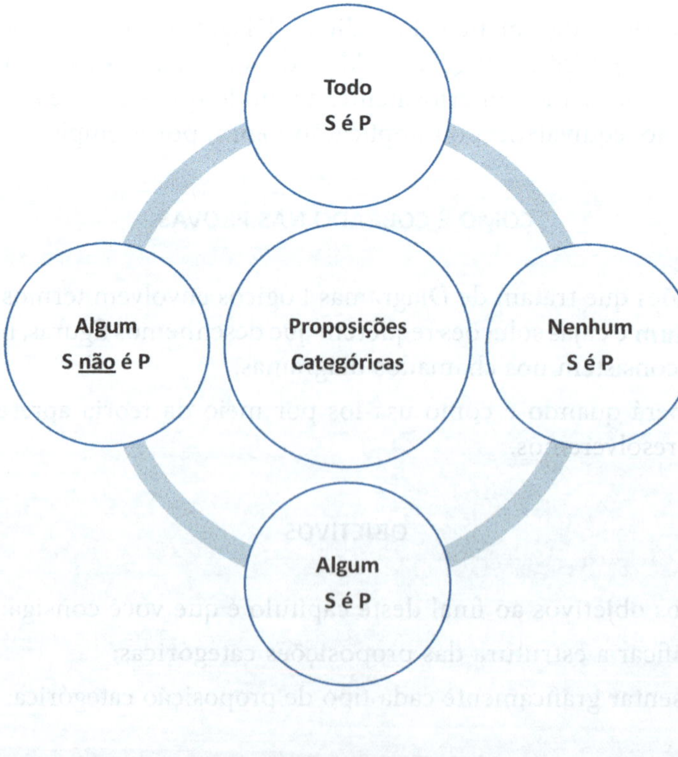

As proposições desse tipo são habitualmente analisadas como declarações sobre categorias ou **classes**[1], afirmando ou negando que uma classe esteja incluída em outra, seja no todo ou em parte.

Nesse sentido, vamos analisar cada uma, representá-las por meio do **diagrama de Euler-Venn** e, logo em seguida, estabelecer relações entre elas.

3.1. Todo S é P

Considere a frase "*Todo político é mentiroso*". Trata-se de uma declaração sobre duas classes, a classe de todos os políticos e a classe de todos os mentirosos, afirmando que a primeira está incluída ou contida na segunda, de modo que todo membro da primeira classe é também membro da segunda.

Na oração em análise o **sujeito** é "*políticos*" ao passo que o **predicado** é "*mentirosos*". Assim, genericamente qualquer proposição desse tipo pode ser escrita como: **Todo S é P**, em que as letras **S** e **P** representam os termos sujeito e predicado, respectivamente.

Além disso, é importante mencionar que a frase em consideração é chamada **proposição universal afirmativa**, pois ela afirma que há uma relação de inclusão entre as duas classes e que essa inclusão é completa ou universal, ou seja, todos os membros de S são também membros de P.

Adicionalmente, dizer que "**Todo S é P**" implica afirmar que **o conjunto S está contido no conjunto P**, ou seja, **todo elemento de S também é elemento de P**. Isso equivale a dizer que:

- S é subconjunto de P.
- S é parte de P.
- P contém S.
- P é universo de S.

Por sua vez, com relação a representações gráficas para a proposição categórica "Todo S é P", existem **duas** situações possíveis:

1) O conjunto S dentro do conjunto P:

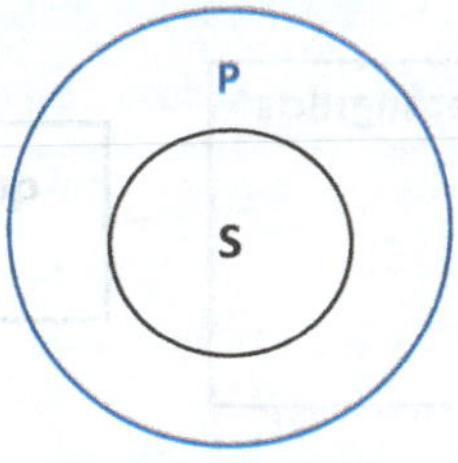

1. De acordo com Irving M. Copi, em "Introdução à Lógica", 1968, p. 140, "**classe é uma coleção de todos os objetos que têm uma característica específica em comum**".

2) O conjunto S é igual ao conjunto P:

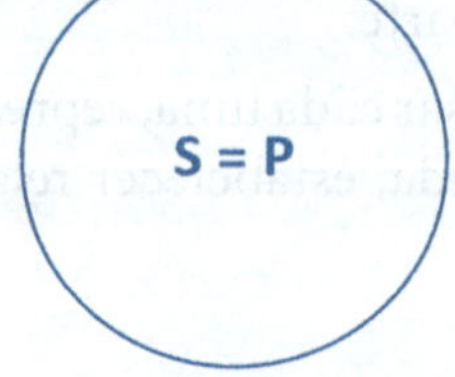

Caso o valor lógico da sentença "**Todo S é P**" seja **verdadeiro**, acontecerá o seguinte com as demais proposições categóricas:

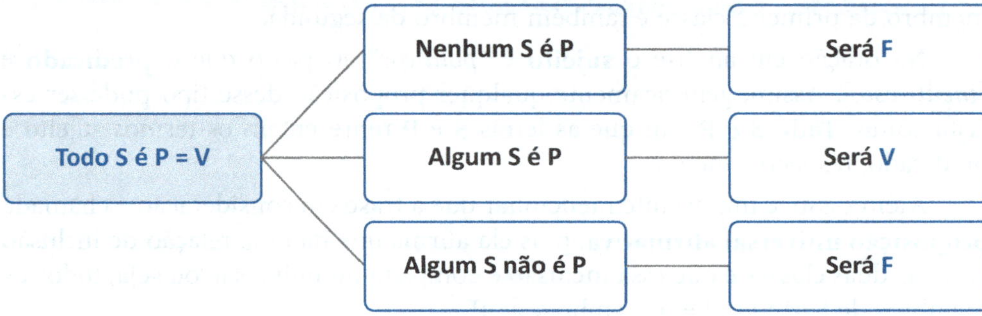

FIQUE ATENTO!

Afirmar que **Todo S é P** não significa o mesmo que **Todo P é S**. Por exemplo, a sentença "*Todo concurseiro é esforçado*" é diferente da frase "*Todo esforçado é concurseiro*".

Veja como esse assunto já foi cobrado!

QUESTÃO 01 (FUNDATEC - Ag Adm/Pref Imbé/2020) Assinale a alternativa em que o diagrama lógico representa a proposição "Todo quadrado é um retângulo".

a) 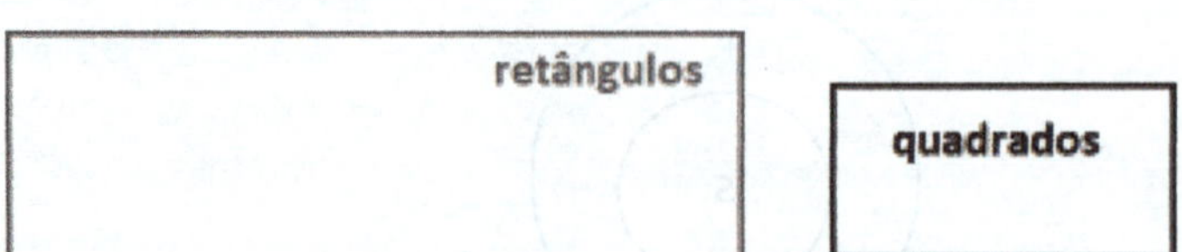

b) 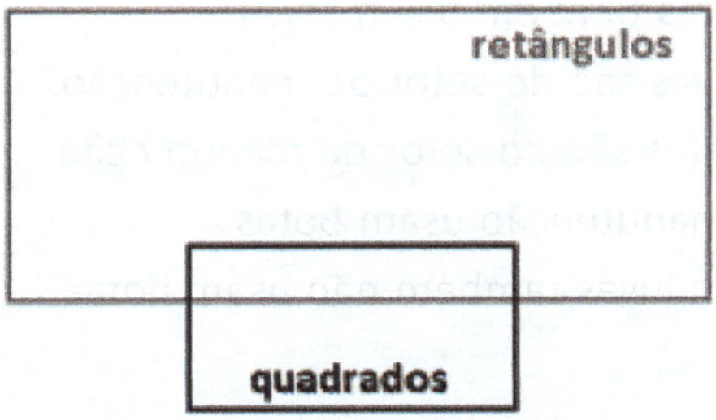

c) 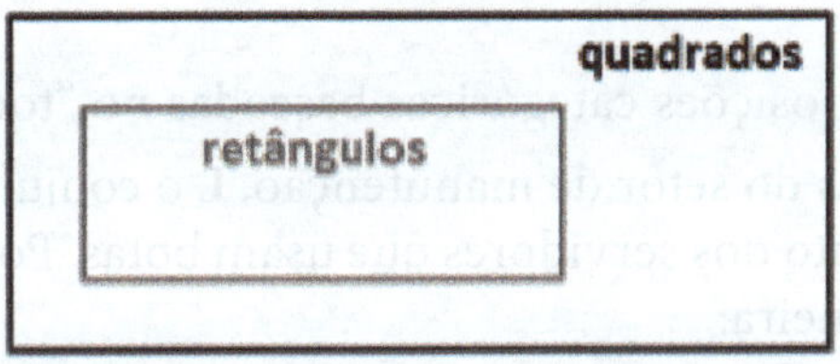

d) 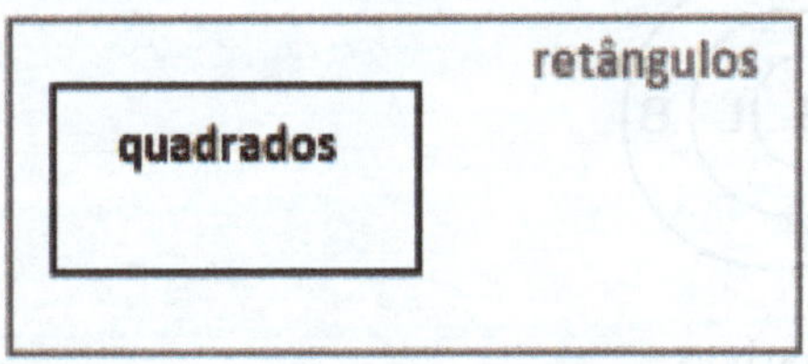

e) 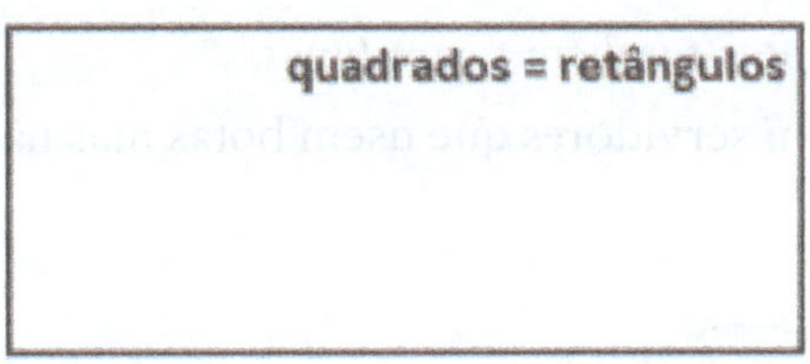

RESOLUÇÃO:

Vamos analisar detidamente a proposição categórica trazida pelo enunciado:

"*Todo quadrado é um retângulo*"

O que ela significa? Está sendo dito que o **conjunto dos quadrados está contido no conjunto dos retângulos**. Consequentemente, quando um conjunto (quadrados) está contido em outro (retângulos) é porque não existe nenhuma parte desse conjunto (quadrados) fora do outro (retângulos). Graficamente, isso é bem representado pelo diagrama lógico contido na **letra D**.

QUESTÃO 02 (CEBRASPE – Aj/Pref B dos Coqueiros/2020) A respeito dos servidores que trabalham em certa prefeitura, sabe-se que:

- todos os servidores do setor de manutenção usam luvas;
- todos os servidores que usam luvas também usam botas.

Considerando-se essas informações, conclui-se que, nessa prefeitura,

a) todos os servidores que usam botas também usam luvas.

b) todos os servidores que usam luvas são do setor de manutenção.

c) todos os servidores que usam botas são do setor de manutenção.

d) todos os servidores do setor de manutenção usam botas.

e) todos os servidores que não usam luvas também não usam botas.

RESOLUÇÃO:

O enunciado apresenta duas proposições categóricas baseadas no "todo".

Sejam **S** o conjunto dos servidores do setor de manutenção, **L** o conjunto dos servidores que usam luvas e **B** o conjunto dos servidores que usam botas. Podemos representar a situação da seguinte maneira:

Agora, podemos analisar as alternativas.

a) *todos os servidores que usam botas também usam luvas.*

Errado, pois é possível que existam servidores que usem botas mas não usem luvas:

b) *todos os servidores que usam luvas são do setor de manutenção.*

Errado, pois é possível que haja servidores que usem luvas mas não sejam do setor de manutenção:

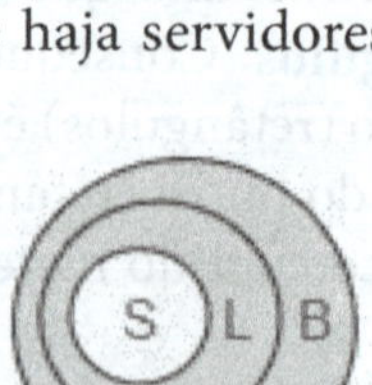

c) *todos os servidores que usam botas são do setor de manutenção.*

Errado, vimos na opção de resposta anterior que é possível haver servidor que usa bota sem ser do setor de manutenção.

d) *todos os servidores do setor de manutenção usam botas.*

Certo, já que todo servidor do setor de manutenção usa luva, e todo servidor que usa luva usa bota, então todo servidor do setor de manutenção usa bota. De acordo com o primeiro diagrama, notamos que todo elemento de S é também elemento de L.

e) *todos os servidores que não usam luvas também não usam botas.*

Errado, é possível que haja servidores que não usam luvas mas usem botas, de acordo com o diagrama contido na letra A.

Gabarito: D.

QUESTÃO 03 (CEBRASPE/DEPEN/Ag Penit Fed/2013) Em determinado estabelecimento penitenciário, todos os detentos considerados perigosos são revistados diariamente, e todos os detentos que cometeram crimes utilizando armas são considerados perigosos.

Com base nessa informação, julgue o item seguinte.

Somente os detentos perigosos serão revistados diariamente.

RESOLUÇÃO:

O enunciado informa que "*todos os detentos considerados perigosos são revistados diariamente*". O desenho a seguir é a representação gráfica dessa **proposição categórica**:

Em seguida, o item afirma que SOMENTE os perigosos são revistados diariamente. Ora, na verdade é perfeitamente possível que existam elementos no conjunto azul que não façam parte do conjunto preto. Em outras palavras, **pode haver detentos que não são perigosos e ainda assim são revistados diariamente**.

Gabarito: Errado.

3.2. Nenhum S é P

Agora considere a frase "*Nenhum político é mentiroso*". Ela nega, universalmente, que os políticos sejam mentirosos. Assim, a primeira classe está excluída da segunda, ou seja, não há membro algum da primeira que seja membro da segunda.

Genericamente qualquer proposição desse tipo pode ser escrita como: **Nenhum S é P**, em que mais uma vez as letras **S** e **P** representam os termos sujeito e predicado, respectivamente.

Destacamos que a frase em consideração é chamada **proposição universal negativa**, pois ela nega completamente que há uma relação de inclusão entre as duas classes, ou seja, não há membro de S que seja também membro de P.

Adicionalmente, dizer que "**nenhum S é P**" implicará que **S e P <u>não</u> têm elementos em comum**, ou seja, são **disjuntos**. Isso equivale a dizer que:

- Nenhum P é S.
- Todo S não é P.
- Todo P não é S.

Existirá **apenas uma** representação gráfica possível para "Nenhum S é P":

Não há intersecção entre S e P.

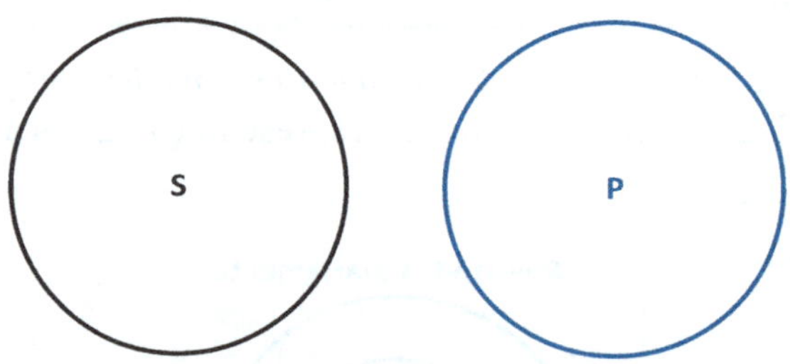

Caso o valor lógico da sentença "**Nenhum S é P**" seja **verdadeiro**, acontecerá o seguinte com as demais proposições categóricas:

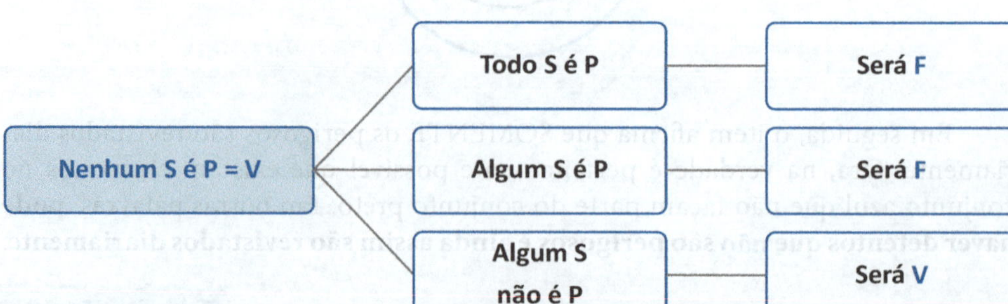

FIQUE ATENTO!

Afirmar que **Nenhum S é P** é logicamente **equivalente** a dizer que **Nenhum P é S**. Por exemplo, dizer que *"Nenhum Auditor é Analista"* equivale a declarar que *"Nenhum Analista é Auditor"*.

Veja como esse assunto já foi cobrado!

QUESTÃO 04 (CEBRASPE – Ana/FUNPRESP/2016) O raciocínio Nenhum peixe é ave. Logo, nenhuma ave é peixe é válido.

RESOLUÇÃO:

O anunciado apresenta a premissa "*Nenhum peixe é ave*". Ora, podemos concluir que os conjuntos dos peixes e de aves **não possuem intersecção:**

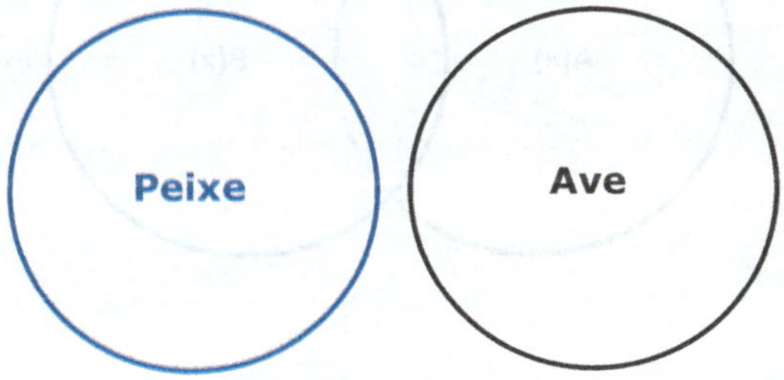

Assim, fica claro que também é possível afirmar que "**nenhuma ave é peixe**".

Gabarito: certo.

3.3. Algum S é P

Vamos analisar a frase "*Alguns políticos são mentirosos*". Nesse caso, declara-se que alguns membros da classe de todos os políticos são (também) membros da classe de todos os mentirosos. Isto é, não se afirma o mesmo dos políticos universalmente, mas apenas em relação a algum ou alguns deles em particular.

Assim, essa proposição não afirma nem nega que todos os políticos sejam mentirosos. Na verdade, o que podemos concluir acertadamente é que a classe dos políticos e a classe dos mentirosos tem algum(ns) membro(s) em comum.

Genericamente, qualquer proposição desse tipo pode ser escrita como: **Algum S é P**, indicando que pelo menos um membro da classe designada pelo termo sujeito **S** é também membro da classe do predicado **P**.

Frise-se que a sentença em consideração é chamada **proposição particular afirmativa**, pois ela estabelece a relação entre as duas classes, mas não o afirma universalmente quanto à primeira classe, mas apenas parcialmente, em relação a algum ou alguns membros particulares dela.

Adicionalmente, precisamos ter em mente que proposições da forma **Algum S é P** estabelecem que o **conjunto S tem pelo menos um elemento em comum com o conjunto P**. Bem, isso equivale a dizer que:

- ❖ Pelo menos um S é P.
- ❖ Existem elementos comuns entre S e P.
- ❖ Existe um S que é P.

Dessa maneira, teremos **quatro** representações gráficas possíveis:

1) Elementos comuns entre os conjuntos S e P:

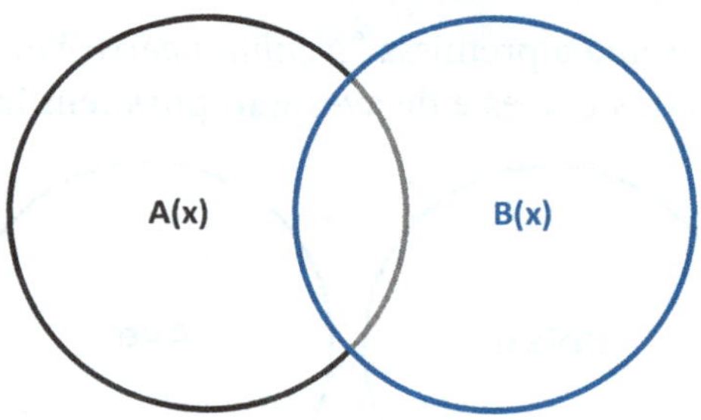

2) Todos os elementos de S estão em P:

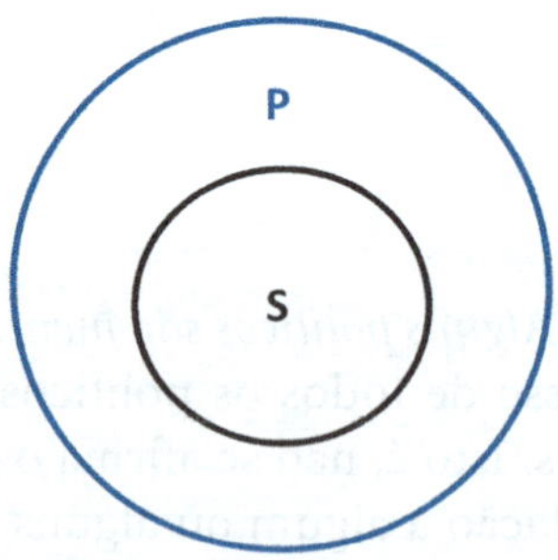

3) Todos os elementos de P estão em S:

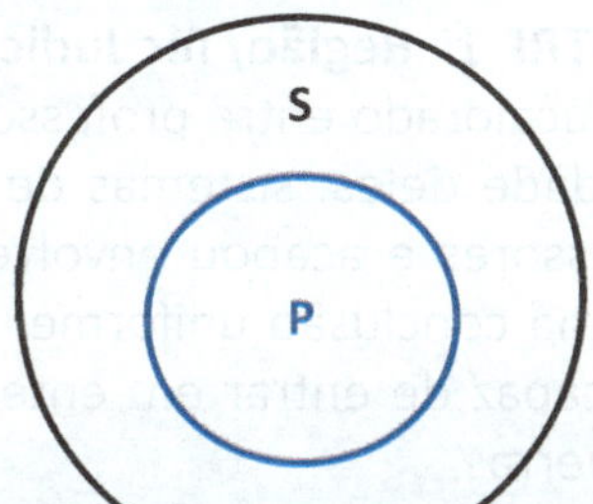

4) O conjunto S é igual ao conjunto P:

Caso o valor lógico da sentença "**Algum S é P**" seja **verdadeiro**, acontecerá o seguinte com as demais proposições categóricas:

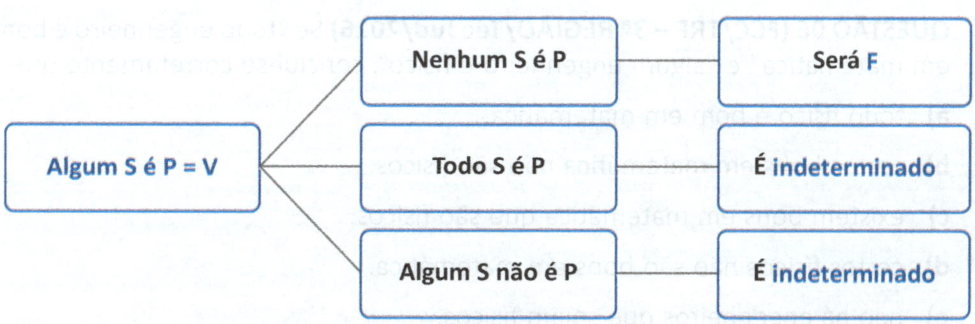

IMPORTANTE!

Afirmar que **Algum S é P** é logicamente **equivalente** a dizer que **Algum P é S**. Por exemplo, dizer que "Algum servidor público é brasileiro" equivale a declarar que "Algum brasileiro é servidor público".

Veja como esse assunto já foi cobrado!

QUESTÃO 05 (CEBRASPE/TRF 1ª Região/Téc Judic/2017) Venho acompanhando pelo jornal um debate acalorado entre professores universitários a respeito de um tema da especialidade deles: sistemas de informação. O debate, que se iniciou com dois professores e acabou envolvendo outros mais, terminou sem que se chegasse a uma conclusão uniforme. Isso nos leva a concluir que o homem não é mesmo capaz de entrar em entendimento e que, por isso, o mundo está repleto de guerras.

José Luiz Fiorin e Francisco Platão Savioli. Para entender o texto: leitura e redação. 17.ª ed. São Paulo: Ática, 2007, p. 211. (com adaptações).

Pode-se extrair do texto a seguinte proposição categórica afirmativa particular: "Alguns professores universitários participavam de um debate".

RESOLUÇÃO:

Repare que a frase apresentada é uma **proposição categórica**, o que se evidencia por meio a utilização do termo "*alguns*".

Ela AFIRMA algo para um grupo PARTICULAR de professores, e não para todos eles. Portanto, concluímos que realmente se trata de **proposição particular afirmativa**.

Gabarito: Certo.

QUESTÃO 06 (FCC/TRF – 3ª REGIÃO/Téc Jud/2016) Se "todo engenheiro é bom em matemática" e "algum engenheiro é físico", conclui-se corretamente que

a) todo físico é bom em matemática.

b) certos bons em matemática não são físicos.

c) existem bons em matemática que são físicos.

d) certos físicos não são bons em matemática.

e) não há engenheiros que sejam físicos.

RESOLUÇÃO:

Inicialmente o enunciado informa que "*todo engenheiro é bom em matemática*":

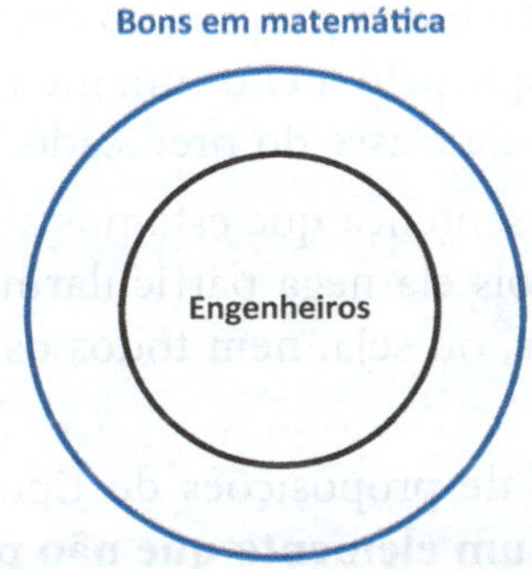

Em seguida temos a proposição "*algum engenheiro é físico*", a qual indica que há **elementos comuns** entre o conjunto dos engenheiros e o conjunto dos físicos.

Entretanto, não sabemos a relação do conjunto dos físicos com o conjunto das pessoas que são boas em matemática. Logo:

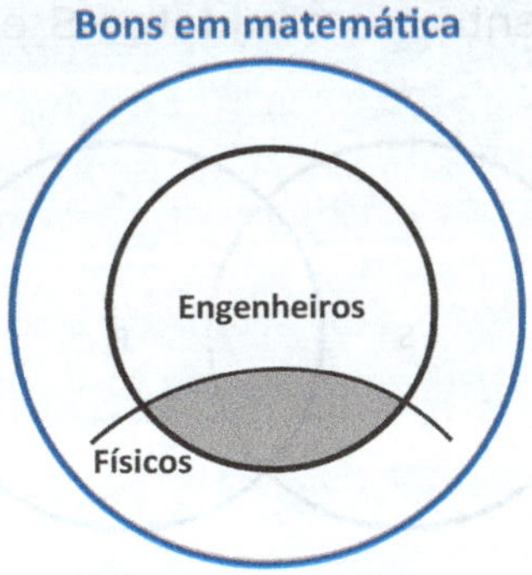

Note que a região cinzenta indica a existência de engenheiros que são físicos e são bons em matemática.

Gabarito: C.

3.4. Algum S não é P

Note a frase "*Alguns políticos não são mentirosos*". Mais uma vez não se faz referência aos políticos universalmente, mas apenas a algum ou alguns membros em particular dessa classe.

Todavia, ao contrário da proposição anterior, essa sentença não estabelece que os membros particulares da primeira classe estejam incluídos na segunda. Na realidade, é justamente isso que está se negando! Dito de outro modo, o que temos é uma afirmação de que nem todos os políticos são mentirosos.

De forma generalizada, qualquer proposição desse tipo pode ser escrita como: **Algum S não é P**, indicando que pelo menos um membro da classe designada pelo termo sujeito **S** está excluído da classe do predicado **P**.

Precisamos saber que a sentença que estamos analisando é chamada **proposição particular negativa**, pois ela nega particularmente que há uma relação de inclusão entre as duas classes, ou seja, nem todos os membros de S são também membros de P.

Fica definido por meio de proposições do tipo "**Algum S não é P**" que **o conjunto S tem pelo menos um elemento que não pertence ao conjunto P**. Isso equivale a dizer que:

- ❖ Algum S é não P.
- ❖ Algum não P é S.

E, assim, teremos **três** representações gráficas possíveis:

1) Elementos comuns entre os conjuntos S e P:

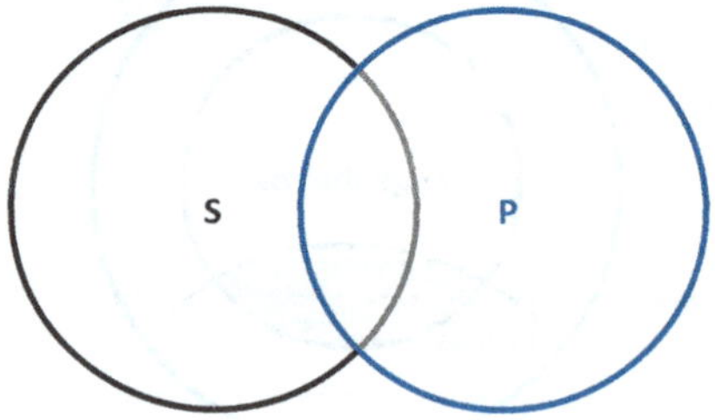

2) Todos os elementos de P estão em S:

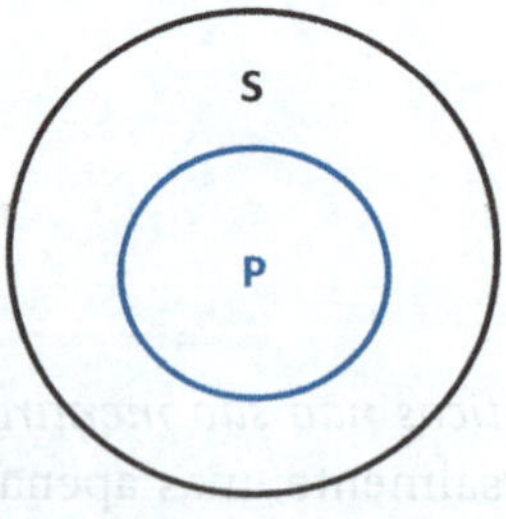

3) **Não** há intersecção entre S e P:

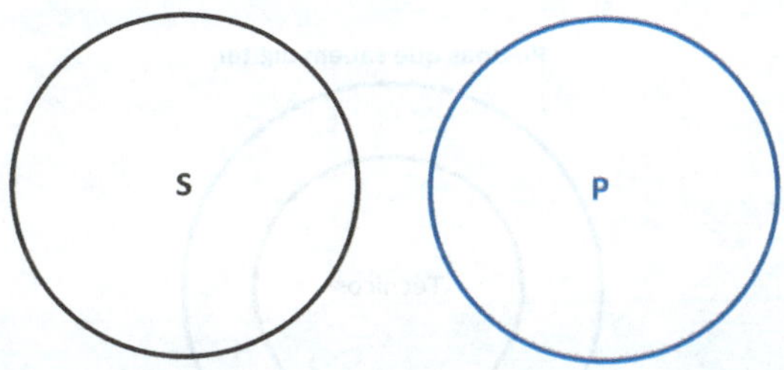

Caso o valor lógico da sentença "**Algum S não é P**" seja **verdadeiro**, acontecerá o seguinte com as demais proposições categóricas:

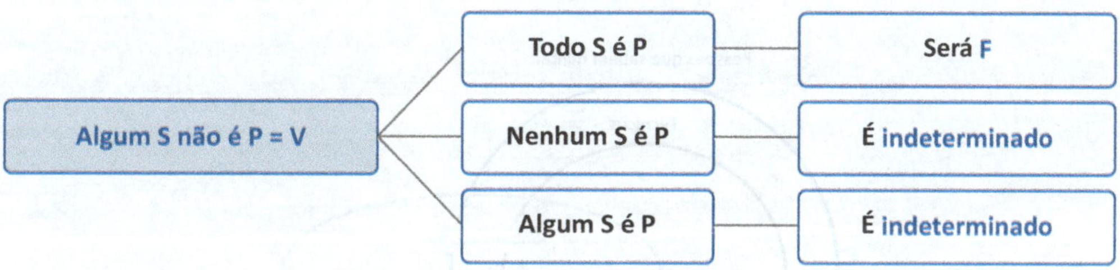

Veja como esse assunto já foi cobrado!

QUESTÃO 07 (FCC/TRT – 20ª REGIÃO/Téc Jud/2016) Considere que todo técnico sabe digitar. Alguns desses técnicos sabem atender ao público externo e outros desses técnicos não sabem atender ao público externo. A partir dessas afirmações é correto concluir que

a) os técnicos que sabem atender ao público externo não sabem digitar.

b) os técnicos que não sabem atender ao público externo não sabem digitar.

c) qualquer pessoa que sabe digitar também sabe atender ao público externo.

d) os técnicos que não sabem atender ao público externo sabem digitar.

e) os técnicos que sabem digitar não atendem ao público externo.

RESOLUÇÃO:

Como "*todo técnico sabe digitar*", temos:

E levando em conta que "alguns técnicos sabem atender e outros não sabem", temos:

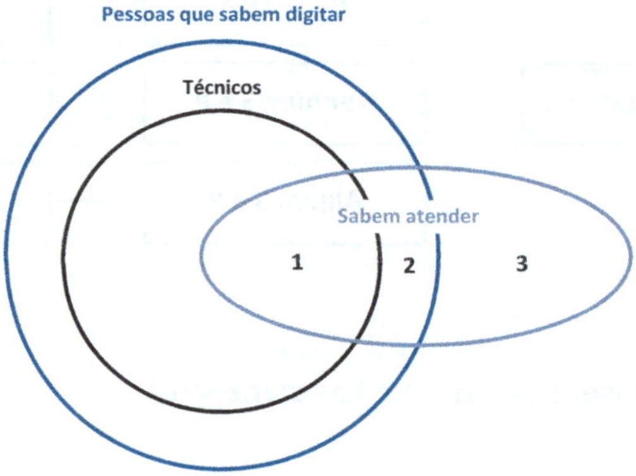

Note que há três regiões no diagrama. Na região 1 temos certeza que há alguém, pois existem técnicos que sabem atender. Na outra parte do conjunto dos técnicos (fora da região 1) também sabemos que existem pessoas, já que existem técnicos que não sabem atender.

Tanto na região 2 como na 3 não sabemos se existem pessoas.

Com isso, podemos julgar as afirmações presentes nas opções de resposta:

a) os técnicos que sabem atender ao público externo não sabem digitar. **Errado**, pois todos os técnicos sabem digitar.

b) os técnicos que não sabem atender ao público externo não sabem digitar. **Errado**, todo técnico sabe digitar.

c) qualquer pessoa que sabe digitar também sabe atender ao público externo. **Errado**, há regiões do conjunto das pessoas que sabem digitar que não fazem parte do conjunto das pessoas que sabem atender.

d) os técnicos que não sabem atender ao público externo sabem digitar. **Certo**, pois TODOS os técnicos sabem digitar, inclusive os que não sabem atender.

e) os técnicos que sabem digitar não atendem ao público externo. **Errado**, pois existem técnicos que sabem digitar e atender (região 1).

Gabarito: D.

QUESTÃO 08 (FCC/TRF-3ª REGIÃO/Ana Jud/2014) Diante, apenas, das premissas "Nenhum piloto é médico", "Nenhum poeta é médico" e "Todos os astronautas são pilotos", então é correto afirmar que

a) algum astronauta é médico.

b) todo poeta é astronauta.

c) nenhum astronauta é médico.

d) algum poeta não é astronauta.

e) algum poeta é astronauta e algum piloto não é médico.

RESOLUÇÃO:

O enunciado apresenta as seguintes proposições:

P: "Nenhum piloto é médico".

Q: "Nenhum poeta é médico".

R: "Todos os astronautas são pilotos".

Considerando que P e Q são **verdadeiras**, vamos fazer a representação gráfica (desenho) do que está sendo dito.

"Nenhum piloto é médico"

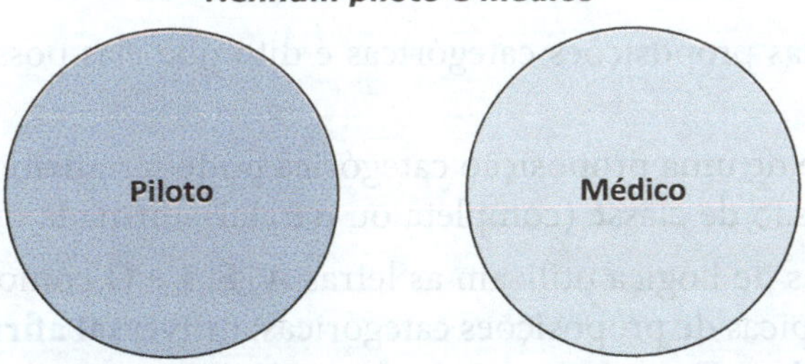

"Nenhum poeta é médico"

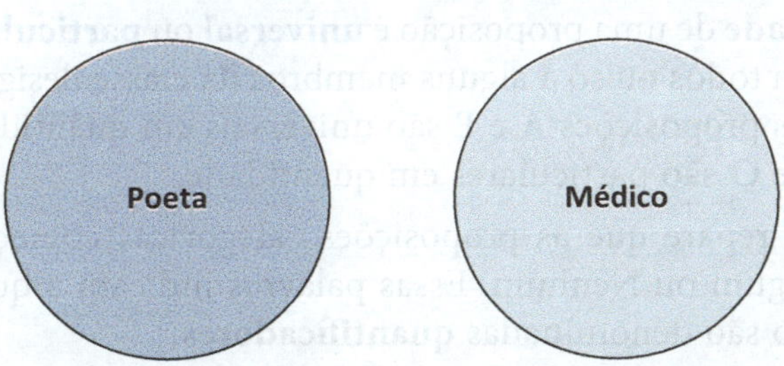

"Todos os astronautas são pilotos"

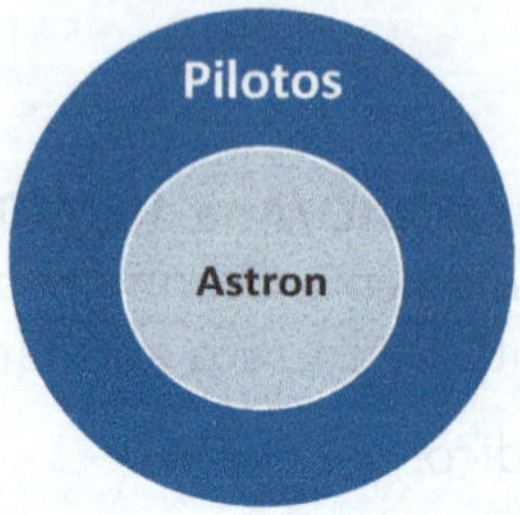

Ora, se *todos os astronautas são pilotos* e se *nenhum piloto é médico*, então com certeza "***nenhum astronauta é médico***".

Gabarito: C.

ESCLARECENDO!

Perceba que em alguns casos uma boa dose de raciocínio dedutivo será o suficiente para chegarmos à resposta correta. No entanto, é sempre recomendado recorrer às representações gráficas.

3.5. Qualidade e extensão das proposições categóricas

A respeito das proposições categóricas é dito que elas possuem **qualidade** e **extensão.**

A **qualidade** de uma proposição categórica pode ser **afirmativa** ou **negativa**, conforme a inclusão de classe (completa ou parcial) afirmada ou negada por ela.

Alguns livros de Lógica utilizam as letras **A**, **E**, **I** e **O** como símbolos para as quatros formas típicas de proposições categóricas: **universal afirmativa**, **universal negativa**, **particular afirmativa** e **particular negativa**, respectivamente. Presume-se que o uso dessas letras provém das palavras latinas "**A**ff**I**rmo" e "n**E**g**O**".

Já a **quantidade** de uma proposição é **universal** ou **particular**, de acordo com a referência dela a todos ou só a alguns membros da classe designada pelo sujeito. Dessa maneira, as proposições **A** e **E** são universais em quantidade, ao passo que as proposições **I** e **O** são particulares em quantidade.

Além disso, repare que as proposições categóricas começam com um dos termos: Todo, Algum ou Nenhum. Essas palavras indicam a quantidade da proposição e por isso são denominadas **quantificadores**.

Adicionalmente, observamos que entre o sujeito e o predicado de qualquer proposição categórica há uma forma do verbo "**ser**" que faz a ligação entre os dois termos, sendo chamada de cópula.

Portanto, a estrutura básica de uma proposição categórica tem a seguinte configuração:

Quantificador → **Sujeito** → **Cópula** → **Predicado**

Por fim, vamos esquematizar as proposições categóricas que estudamos:

Proposição	Símbolo	Quantificador	Extensão	Qualidade
Todo S é P	A	Todo	Universal	Afirmativo
Nenhum S é P	E	Nenhum	Universal	Negativo
Algum S é P	I	Algum	Particular	Afirmativo
Algum S não é P	O	Algum	Particular	Negativo

Veja como esse assunto já foi cobrado!

QUESTÃO 09 (Legalle - Cont/Pref Osório/2020) A alternativa em que consta uma proposição com um quantificador particular e afirmativo é:

a) Algum bosque possui um número grande de flores.

b) Algum bosque não possui um número grande de flores.

c) Todo o bosque possui um número grande de flores.

d) Nenhum bosque possui um número grande de flores.

RESOLUÇÃO:

Os quantificadores particulares são os termos "*algum*", "*existe*", "*pelo menos um*". Quanto a serem afirmativos ou negativos, isso depende apenas de a sentença estar sendo afirmada ou negada.

Ao observarmos as opções de resposta, notamos que o quantificador particular afirmativo ocorre na letra A: ***Algum bosque possui um número grande de flores.***

Gabarito: A.

3.6. Negação de proposições categóricas

Já estudamos a respeito da negação de uma proposição lógica, que consiste em obter uma outra proposição cujo valor lógico é **sempre** oposto ao da sentença original.

Agora suponha que um amigo chegue até você e faça a seguinte afirmação: "*Todo político é corrupto.*"

Bem, trata-se uma proposição lógica, com a presença do quantificador TODO. Porém, digamos que você não concorda com a opinião do seu amigo expressa nessa frase e deseja negá-la. Então, como seria a **negação** dessa proposição?

Para isso, **pense no mínimo que você precisaria fazer para provar que o autor da frase mentiu para você ou está enganado.**

Por que devo pensar "no mínimo", professores?

Isso ocorre porque não seria preciso analisar TODOS os políticos do mundo para verificar que nenhum deles é corrupto para, então, ter condições de concluir que "Nenhum político é corrupto".

Na verdade, basta que você encontre **um** político que não seja corrupto para demonstrar que a afirmação é mentirosa, afinal o seu amigo está afirmando que TODO político pratica atos de corrupção. Por isso, a negação pode ser realizada por quaisquer das seguintes frases:

"Pelo menos um político NÃO é corrupto"

"Algum político NÃO é corrupto"

"Existe político que NÃO é corrupto"

Por outro lado, imagine agora que determinado vizinho seu "solta" a seguinte frase: "*Nenhum político é corrupto.*"

Aí você resolve esclarecer melhor o assunto para o vizinho e demonstrar que ele não falou a verdade.

Para isso, seria necessário conhecer a vida pessoal e profissional de TODOS os políticos do mundo para verificar que eles são corruptos? Na realidade, o mero fato de encontrarmos **algum** político que realmente seja corrupto já é suficiente para mostrar que a frase é mentirosa, afinal ela afirma que NENHUM político é corrupto. Assim, a negação pode ser realizada por quaisquer das seguintes frases:

"Algum político é corrupto"

"Pelo menos um político é corrupto"

"Existe político que é corrupto"

Peraí, professores. Por que não posso negar "Todo político é corrupto" dizendo que "Nenhum político é corrupto"? Na minha opinião, essas frases possuem valores opostos.

Concordamos que essas frases transmitem ideias relativamente antagônicas, mas elas não são negação uma da outra, no sentido da lógica proposicional.

Você pode verificar lembrando do conceito básico de negações: para uma proposição ser negação da outra, elas devem ter valores lógicos opostos SEMPRE! Se uma é verdadeira, a outra necessariamente deve ser falsa, e vice-versa. Não pode ocorrer de ambas serem verdadeiras ou ambas serem falsas ao mesmo tempo!

De fato, suponha que investigadores tenham feito uma super varredura na vida de determinados políticos e descobrissem que existem vários deles que são corruptos ao passo que outros teriam uma vida ilibada. Nesse caso, tanto a frase "*Todo político é corrupto*" como a frase "*Nenhum político é corrupto*" seriam **falsas**, concorda? Afinal existiriam políticos corruptos e não-corruptos. Portanto, nesse caso seria possível que as DUAS proposições tivessem o MESMO valor lógico (F), o que viola as leis do pensamento lógico. Portanto, não esqueça que TODO não é a negação de NENHUM, e vice-versa!

BIZU!

TODO **não é a negação** de **NENHUM**, e vice-versa!

Agora suponha que a frase fosse: "*Algum político é corrupto.*" Como seria a negação? Bem, devemos pensar em que situação isso é falso. Ora, essa proposição será falsa quando não houver político que cometa corrupção. Isso pode ser dito de duas maneiras:

"Nenhum político é corrupto."

"Todo político não é corrupto."

Por fim, considere a sentença: *"Algum político não é corrupto."* Se o nosso objetivo é negá-la, então faríamos:

> ***"Nenhum político não é corrupto."***
> ***"Todo político é corrupto."***

No esquema a seguir estão consolidadas as maneiras de fazer a **negação das proposições categóricas**:

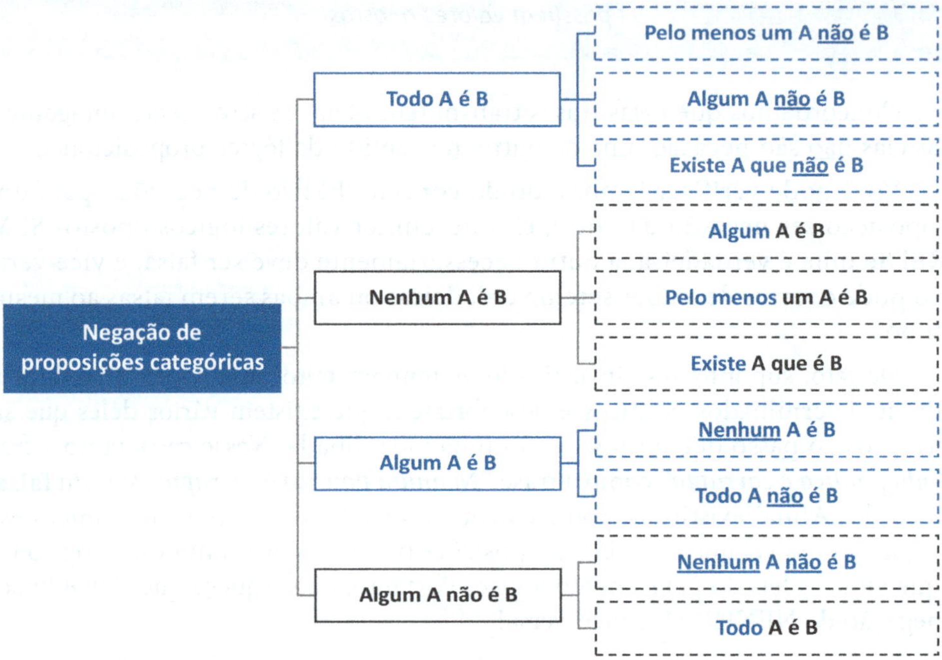

Portanto, colega, fica claro que para negarmos uma **proposição categórica**, precisamos, efetuar a negação tanto da sua **qualidade** (universal ou particular) como da sua **extensão** (afirmativa ou negativa).

Veja como esse assunto já foi cobrado!

QUESTÃO 10 (Cesgranrio/IBGE/Ag de Pesq e Mapeam/2014) A respeito de um pequeno grupo indígena, um repórter afirmou: "todos os indivíduos do grupo têm pelo menos 18 anos de idade". Logo depois, descobriu-se que a afirmação a respeito da idade dos indivíduos desse grupo não era verdadeira. Isso significa que

a) todos os indivíduos do grupo têm mais de 18 anos de idade.

b) pelo menos um indivíduo do grupo tem menos de 17 anos de idade.

c) todos os indivíduos do grupo têm menos de 18 anos de idade.

d) pelo menos um indivíduo do grupo tem mais de 18 anos de idade.

e) pelo menos um indivíduo do grupo tem menos de 18 anos de idade.

RESOLUÇÃO:

O nosso objetivo consiste em negar a afirmação do repórter: "*todos os indivíduos do grupo têm pelo menos 18 anos de idade*".

Ora, para fazer a negação do quantificador TODO, basta aplicarmos uma das seguintes expressões:

"Pelo menos um... NÃO..."

"Algum... NÃO..."

"Existe... que NÃO..."

Qualquer uma dessas formas vai produzir o mesmo efeito. Ao consultarmos as opções de resposta disponíveis, concluímos pela utilização do "*Pelo menos um... NÃO...*". Assim, a negação da sentença apresentada será: ***Pelo menos um*** *indivíduo do grupo* ***NÃO*** *tem menos de 18 anos de idade.*

Gabarito: E.

QUESTÃO 11 (FGV/CGM-Niteroi/APPGG/2018) A negação de "Nenhum analista é magro" é

(A) "Há pelo menos um analista magro".

(B) "Alguns magros são analistas".

(C) "Todos os analistas são magros".

(D) "Todos os magros são analistas".

(E) "Todos os analistas não são magros".

RESOLUÇÃO:

A questão exige a negação da sentença: "*Nenhum analista é magro*". Para obtê-la, não precisa que todos os analistas sejam magros. Na verdade, basta encontrarmos algum analista que seja magro. Só isso invalida a afirmação inicial.

Portanto, uma negação possível é: "*Há pelo menos um analista magro*".

Gabarito: A.

QUESTÃO 12 (FCC/TRT 24ª Região/Ana Jud/2017) Uma afirmação que corresponda à negação lógica da afirmação: todos os programas foram limpos e nenhum vírus permaneceu, é:

a) Se pelo menos um programa não foi limpo, então algum vírus não permaneceu.

b) Existe um programa que não foi limpo ou pelo menos um vírus permaneceu.

c) Nenhum programa foi limpo e todos os vírus permaneceram.

d) Alguns programas foram limpos ou algum vírus não permaneceu.

e) Se algum vírus permaneceu, então nenhum programa foi limpos.

RESOLUÇÃO:

Sejam:

a: todos os programas foram limpos;

b: nenhum vírus permaneceu.

A afirmação apresentada no enunciado pode ser representada por: $a \wedge b$.

O nosso objetivo consiste em negar essa proposição, por inverter o valor lógico de cada uma das proposições simples envolvidas e por trocar o "e" pelo "ou".

A primeira parcela diz que "t $\sim a \vee \sim b$ todos os programas foram limpos". Quando essa afirmação é falsa? Ora, quando houver pelo menos um programa que NÃO foi limpo.

Por sua vez, a segunda afirmação diz que "*nenhum vírus permaneceu*". Tal proposição é **falsa** quando existir algum vírus que permaneceu, de modo que a negação para a frase fica: ***pelo menos um vírus permaneceu***.

Assim, a negação de "*todos os programas foram limpos **e** nenhum vírus permaneceu*" é: ***Pelo menos um*** *programa que* ***NÃO*** *foi limpo* ***ou pelo menos um*** *vírus permaneceu.*

Gabarito: B.

3.7. Relação de oposição entre as proposições categóricas

A depender de seus valores lógicos, diversas **relações** podem ser estabelecidas entre as proposições categóricas, as quais passaremos a conhecer a partir de agora.

Inicialmente, afirmamos que as proposições "**Todo A é B**" e "**Nenhum A é B**" são **contrárias** entre si, pois não podem ser **verdadeiras** ao mesmo tempo. É possível que sejam **falsas** simultaneamente, mas não verdadeiras.

Por sua vez, diz-se que as proposições "**Algum A é B**" e "**Algum A não é B**" são **subcontrárias** entre si, já que não podem ser **falsas** ao mesmo tempo, sendo possível serem **verdadeiras** ao mesmo tempo.

Além disso, as proposições "**Algum A é B**" e "**Nenhum A é B**" são ditas **contraditórias** entre si, porque uma é **negação** da outra, de modo que se uma tem valor lógico **verdadeiro**, a outra será **falsa**, e vice-versa. A mesma relação existe entre as proposições "**Todo A é B**" e "**Algum A não é B**".

Por fim, dizemos que há uma relação de **subalternação** entre as proposições "**Todo A é B**" e "**Algum A é B**", pois o valor lógico que a primeira apresentar a segunda também terá. E como o valor lógico da primeira proposição determina o valor lógico da segunda, diz-se que aquela é **super alterna** ao passo que esta é **subalterna**. A mesma relação ocorre entre as proposições categóricas "**Nenhum A é B**" e "**Algum A não é B**".

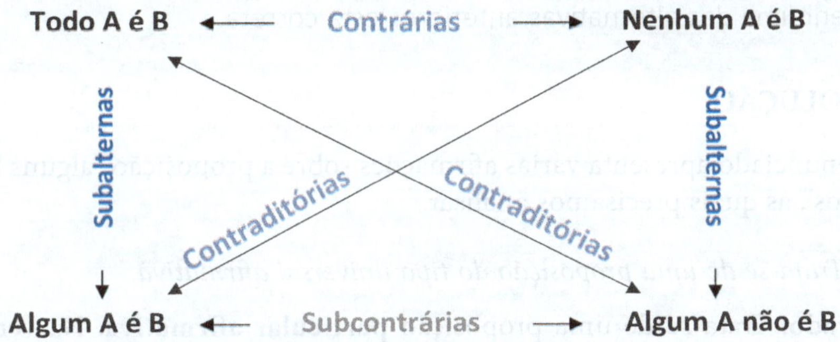

Veja como esse assunto já foi cobrado!

QUESTÃO 13 (VUNESP/PC-SP/Invest/2013) Assinale qual é a contraditória do enunciado: Todo homem é mortal.

a) Algum homem é mortal.

b) Algum homem não é mortal.

c) Algum mortal não é homem.

d) Nenhum homem é mortal.

e) Nenhum mortal é homem.

RESOLUÇÃO:

O nosso objetivo consiste em determinar qual é a proposição categórica **contraditória** em relação à "*Todo homem é mortal*".

Bem, a **relação de contraditoriedade** haverá entre proposições que uma é **negação** da outra, de modo que se uma tem valor lógico **verdadeiro** a outra será **falsa**, e vice-versa.

Nesse caso, **a contradição ou negação do "Todo A é B" é simplesmente "Algum A não é B"**. Assim, entre as alternativas apresentadas, a única que traz essa estrutura é a letra B: "*Algum homem não é mortal*".

Gabarito: B.

QUESTÃO 14 (PONTUA/Pref Jaguarão–RS/Advogado/2013) De acordo com a lógica aristotélica, acerca da proposição "alguns homens são gregos", pode-se afirmar que:

a) Trata-se de uma proposição do tipo universal afirmativa.

b) A proposição "alguns homens não são gregos" é a sua contraditória.

c) Não se trata de uma proposição categórica.

d) É a contraditória de "Nenhum homem é grego".

e) Nenhuma das alternativas anteriores está correta.

RESOLUÇÃO:

O enunciado apresenta várias afirmações sobre a proposição "alguns homens são gregos", as quais precisamos analisar.

a) Trata-se de uma proposição do tipo universal afirmativa.

Errado. Trata-se de uma proposição **particular afirmativa**. Na verdade, a proposição que é **universal afirmativa** é "**Todo A é B**".

b) A proposição "alguns homens não são gregos" é a sua contraditória.

Errado. A contraditória ou negação da proposição apresentada é "*Nenhum homem é grego*".

c) Não se trata de uma proposição categórica.

Errado. A proposição "*alguns homens são gregos*" é categórica, assim como as seguintes:

- Todos os homens são gregos;
- Algum homem não é grego;
- Nenhum homem é grego.

d) É a contraditória de "Nenhum homem é grego".

Certo. Realmente a contraditória ou negação de "*Nenhum homem é grego*" pode ser obtida por meio da frase "*alguns homens são gregos*". Outras formas possíveis para essa negação seriam:

- Pelo menos um A é B;
- Existe A que é B.

Gabarito: D.

4. RESUMO

As sentenças formadas com os termos **todo, algum** e **nenhum** são denominadas **proposições categóricas**.

Dizer que "**Todo S é P**" implica afirmar que **o conjunto S está contido no conjunto P**, ou seja, **todo elemento de S também é elemento de P**.

Afirmar que "**nenhum S é P**" implicará que **S e P** não **têm elementos em comum**, ou seja, são **disjuntos.**

Proposições da forma **Algum S é P** estabelecem que o **conjunto S tem pelo menos um elemento em comum com o conjunto P**.

Fica definido por meio de proposições do tipo "**Algum S não é P**" que **o conjunto S tem pelo menos um elemento que não pertence ao conjunto P**.

Proposição	Símbolo	Representação Simbólica	Extensão	Qualidade
Todo S é P	A	Todo	Universal	Afirmativo
Nenhum S é P	E	Nenhum	Universal	Negativo
Algum S é P	I	Algum	Particular	Afirmativo
Algum S não é P	O	Algum	Particular	Negativo

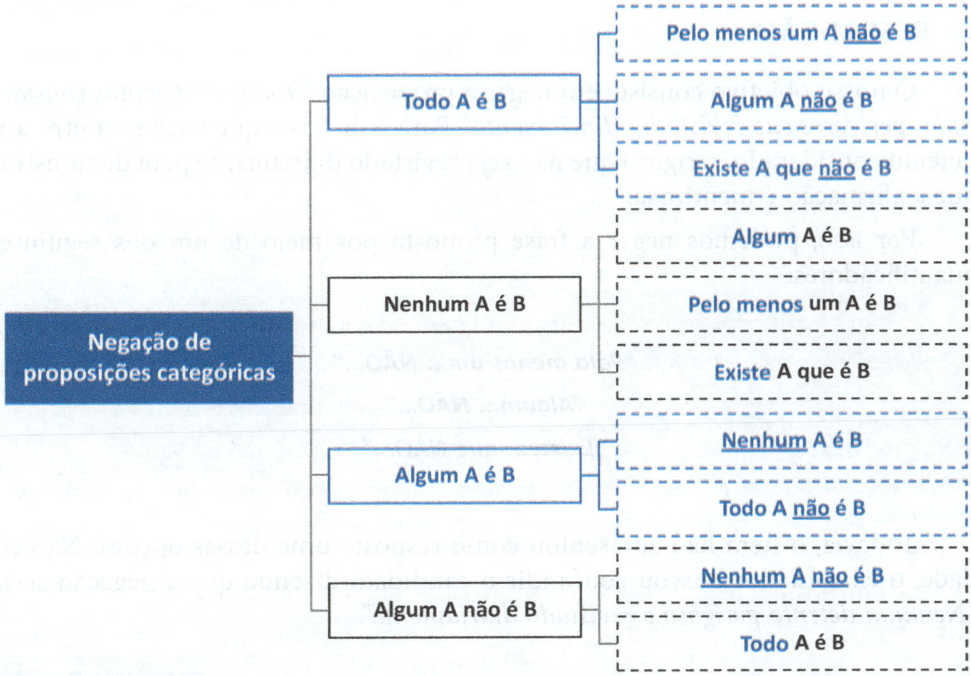

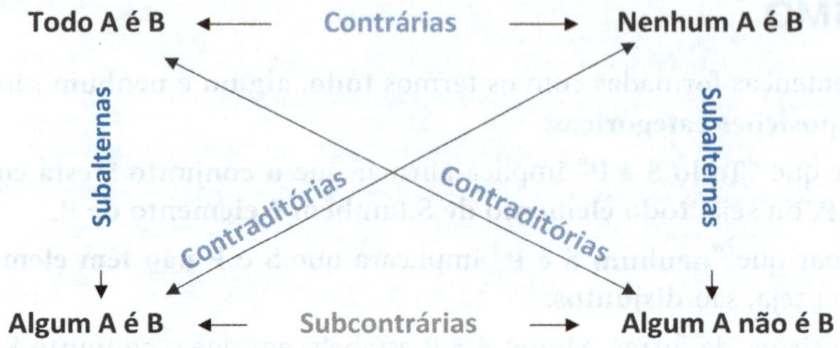

5. MAIS QUESTÕES COMENTADAS

QUESTÃO 15 (CEBRASPE/Depen/Ag Penit Fed/2013) Em determinado estabelecimento penitenciário, todos os detentos considerados perigosos são revistados diariamente, e todos os detentos que cometeram crimes utilizando armas são considerados perigosos.

Com base nessa informação, julgue o item seguinte.

A negação da proposição "Todos os detentos considerados perigosos são revistados diariamente" é equivalente à proposição "Nenhum detento perigoso é revistado diariamente".

RESOLUÇÃO:

O nosso objetivo consiste em negar a proposição "*Todos os detentos considerados perigosos são revistados diariamente*". Para isso, basta que você encontre **um** detento considerado perigoso que não seja revistado diariamente para demonstrar que a afirmação é mentirosa.

Por isso, podemos negar a frase proposta por meio de um dos seguintes quantificadores:

"Pelo menos um... NÃO..."

"Algum... NÃO..."

"Existe... que NÃO..."

Todavia, o item não apresentou como resposta uma dessas opções. Na verdade, o examinador buscou confundir o candidato dizendo que a negação seria "*Nenhum detento perigoso é revistado diariamente*".

Gabarito: Errado.

QUESTÃO 16 (CESPE/Polícia Civil-CE/Inspetor/2012) Estudo divulgado pelo Instituto de Pesquisas Econômicas Aplicadas (IPEA) revela que, no Brasil, a desigualdade social está entre as maiores causas da violência entre jovens.

Um dos fatores que evidenciam a desigualdade social e expõem a população jovem à violência é a condição de extrema pobreza, que atinge 12,2% dos 34 milhões de jovens brasileiros, membros de famílias com renda per capita de até um quarto do salário mínimo, afirma a pesquisa.

Como a violência afeta mais os pobres, é usual fazer um raciocínio simplista de que a pobreza é a principal causadora da violência entre os jovens, mas isso não é verdade. O fato de ser pobre não significa que a pessoa será violenta. Existem inúmeros exemplos de atos violentos praticados por jovens de classe média.

Internet: <http://amaivos.uol.com.br> (com adaptações).

Tendo como referência o texto acima, julgue o item seguinte.

A negação da proposição "Toda pessoa pobre é violenta" é equivalente a "Existe alguma pessoa pobre que não é violenta".

RESOLUÇÃO:

O nosso objetivo consiste em negar a proposição "*Toda pessoa pobre é violenta*".

Ora, para fazer a negação do quantificador TODO, basta aplicarmos uma das seguintes expressões:

"Pelo menos um... NÃO..."

"Algum... NÃO..."

"Existe... que NÃO..."

Qualquer uma dessas formas vai produzir o mesmo efeito. Então, perceba que toda vez que o examinador nos trouxer uma afirmação generalista, ou seja "todos são...", e que precisamos fazer a sua negação, basta dizer que há algum que não é. Isso acontece porque se apenas um não é, já não se pode falar que todos são.

Nesse caso, concluímos pela utilização do "Existe... que NÃO...". Assim, a negação da sentença apresentada será: ***Existe alguma*** *pessoa pobre que* ***não*** é violenta.

Gabarito: Certo.

QUESTÃO 17 (CESPE/Polícia Federal/Agente/2009) Se A for a proposição "Todos os policiais são honestos", então a proposição $\neg A$ estará enunciada corretamente por "Nenhum policial é honesto".

RESOLUÇÃO:

Para negar o quantificador **TODO**, basta indicar que **pelo menos um** objeto **NÃO** se enquadra na classe ou categoria que está sendo tratada.

Assim, a negação da proposição "*Todos os policiais são honestos*" fica: ***Pelo menos um** policial **não*** é honesto.

Gabarito: Errado.

QUESTÃO 18 (Cebraspe/TRF 1ª Região/Téc Judic/2017) A partir da proposição P: "Quem pode mais, chora menos.", que corresponde a um ditado popular, julgue o próximo item.

Se a proposição P for verdadeira, então o conjunto formado por indivíduos que podem mais está contido no conjunto dos indivíduos que choram menos.

RESOLUÇÃO:

Em uma condicional p → q, sabemos que p é suficiente para q. Isto é, ser "p" é suficiente para ser "q". Em outras palavras, pertencer ao conjunto "p" é suficiente para também pertencer ao conjunto "q".

Portanto, pertencer ao conjunto "pode mais" é suficiente para pertencer também ao conjunto "chora menos". Logo, o conjunto "pode mais" ESTÁ CONTIDO" no conjunto "chora menos".

Gabarito: Certo.

QUESTÃO 19 (FGV - Auditor Fiscal/SEFAZ-ES/2021) Considere as afirmativas a seguir:

I. Todo auditor que fiscaliza a contabilidade de empresas também presta orientações sobre legislação tributária, mas nenhum auditor que presta orientações sobre legislação tributária instaura processos administrativos--fiscais.

II. Todo auditor que apreende mercadorias irregulares faz o controle aduaneiro, e alguns auditores que fazem o controle aduaneiro, instauram processos administrativos-fiscais.

III. Nenhum auditor que faz o controle aduaneiro presta orientação tributária.

Sendo certo que não há auditor que execute conjuntamente as funções de controle aduaneiro, apreensão de mercadorias irregulares e de instauração de processos administrativos-fiscais, é correto concluir que

A) nenhum auditor que apreende mercadorias irregulares também fiscaliza a contabilidade de empresas.

B) todo auditor que faz o controle aduaneiro também apreende mercadorias irregulares.

C) todo auditor que presta orientações sobre a legislação tributária também fiscaliza a contabilidade de empresas.

D) pelo menos um auditor que apreende mercadorias irregulares também instaura processos administrativos-fiscais.

E) pelo menos um auditor que fiscaliza a contabilidade de empresas também instaura processos administrativos-fiscais.

RESOLUÇÃO:

O enunciado apresenta algumas proposições, a partir das quais devemos analisar qual das alternativas melhor concluir o raciocínio.

Inicialmente, verificamos a relação existente entre os conjuntos indicados em I, II e III.

De acordo com a **afirmativa I**, teremos:

- O conjunto dos auditores que fiscalizam a contabilidade **está contido** no conjunto dos que prestam orientações sobre legislação tributária;

- O conjunto dos auditores que prestam orientações **não faz intersecção** com o conjuntos dos que instauram processos;

Por sua vez, da **afirmativa II** concluímos:

- O conjunto dos auditores que apreendem mercadorias **está contido** no conjunto dos que fazem controle aduaneiro;

- O conjunto dos auditores que fazem controle aduaneiro **faz intersecção** com o conjuntos dos que instauram processos;

Finalizando, a **afirmativa III** nos permite concluir:

- O conjunto dos auditores que fazem controle aduaneiro **não faz intersecção** com o conjuntos dos que prestam orientações.

Esquematicamente, temos:

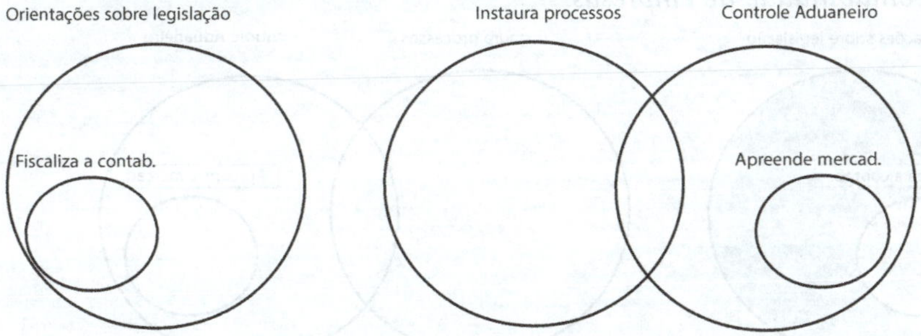

Agora, vamos analisar as opções de resposta.

a) *nenhum auditor que apreende mercadorias irregulares também fiscaliza a contabilidade de empresas.*

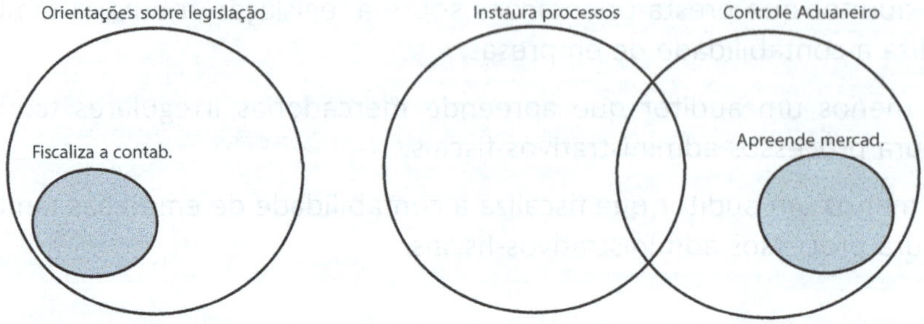

Certo. Note que não há auditor que esteja nos dois conjuntos marcados. De fato, os que apreendem mercadorias estão contidos nos que fazem controle aduaneiro, mas nenhum auditor que faz controle aduaneiro presta orientações. E como os que fiscalizam a contabilidade estão contidos nos que prestam orientações, quem apreende mercadorias não pode fiscalizar a contabilidade de empresas.

b) todo auditor que faz o controle aduaneiro também apreende mercadorias irregulares.

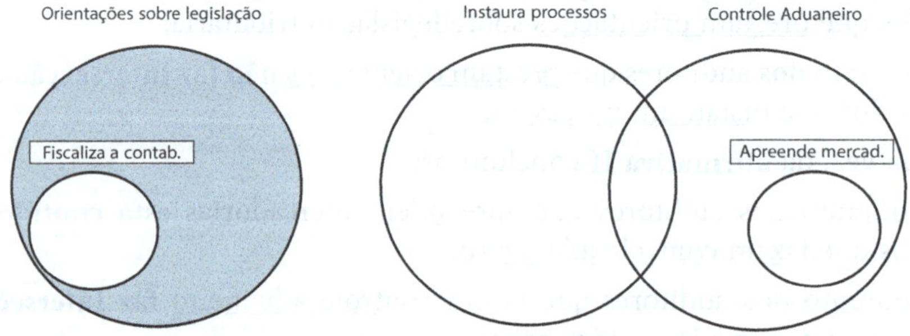

Errado. Vemos no diagrama que todos que apreendem mercadorias faz controle aduaneiro, mas não é garantido que todos que fazem controle aduaneiro apreendem mercadorias.

c) todo auditor que presta orientações sobre a legislação tributária também fiscaliza a contabilidade de empresas.

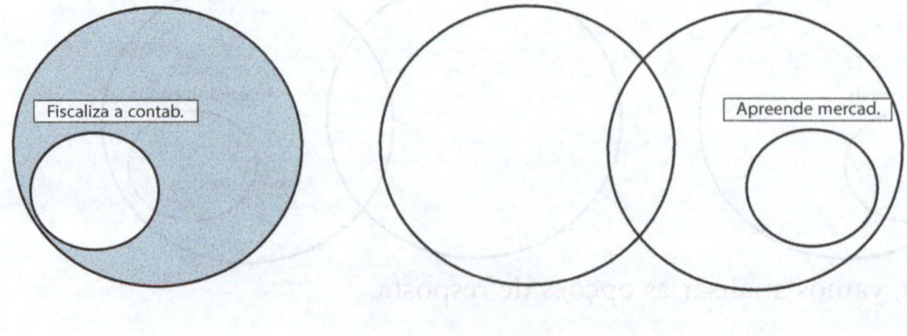

Errado. Vemos no diagrama que todos que fiscalizam a contabilidade prestam orientações, mas não é garantido que todos que prestam orientações, fiscalizem a contabilidade.

d) pelo menos um auditor que apreende mercadorias irregulares também instaura processos administrativos-fiscais.

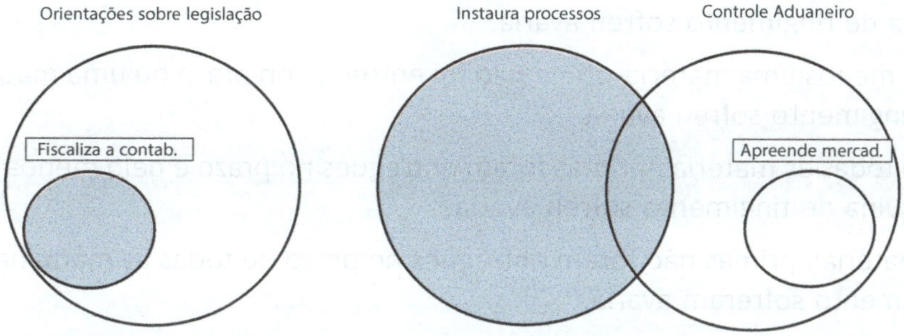

Errado. O enunciado garante que não há auditor que execute conjuntamente as funções de controle aduaneiro, apreensão de mercadorias irregulares e de instauração de processos administrativos-fiscais. Logo, os auditores que apreendem mercadorias fazem controle aduaneiro e por restrições da questão, não podem instaurar processos.

e) pelo menos um auditor que fiscaliza a contabilidade de empresas também instaura processos administrativos-fiscais.

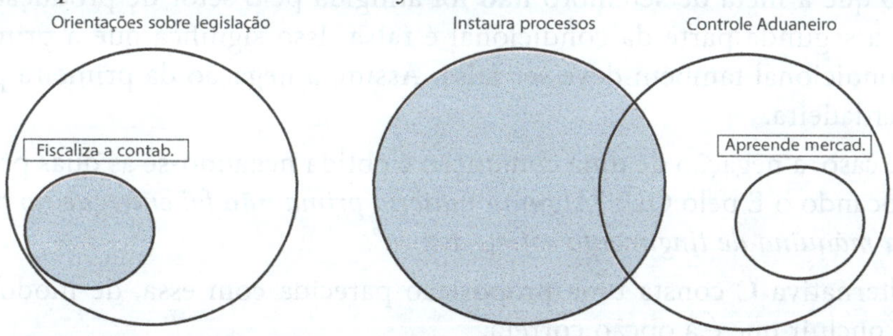

Errado. A afirmativa III garante que nenhum auditor que presta orientações sobre legislação tributária instaura processos administrativos-fiscais. Como quem fiscaliza a contabilidade presta orientações, então nenhum que fiscalize a contabilidade vai poder instaurar processos.

Gabarito: A.

QUESTÃO 20 (FCC/SEFAZ-GO/Auditor-Fiscal/2018) Um dos diretores de uma pequena indústria têxtil fez a seguinte afirmação durante uma reunião da diretoria: Se todas as matérias-primas forem entregues no prazo e nenhuma máquina de tingimento sofrer avaria, então o setor de produção conseguirá atingir a meta de setembro. Ao final do mês, porém, constatou-se que a meta de setembro não foi atingida pelo setor de produção. Considerando que a análise do diretor estava certa, é correto concluir que, necessariamente:

a) nenhuma matéria prima foi entregue no prazo e pelo menos uma máquina de tingimento sofreu avaria.

b) algumas matérias-primas foram entregues fora prazo, mas nenhuma máquina de tingimento sofreu avaria.

c) pelo menos uma matéria-prima não foi entregue no prazo ou uma máquina de tingimento sofreu avaria.

d) nem todas as matérias-primas foram entregues no prazo e pelo menos uma máquina de tingimento sofreu avaria.

e) as matérias-primas não foram entregues no prazo ou todas as máquinas de tingimento sofreram avaria.

RESOLUÇÃO:

O enunciado apresenta a **condicional** **(A ∧ B) → C**, em que:

A: todas as matérias-primas forem entregues no prazo;

B: nenhuma máquina de tingimento sofrer avaria;

C: o setor de produção conseguirá atingir a meta de setembro.

É dito que a meta de setembro **não** foi atingida pelo setor de produção, de modo que a segunda parte da condicional é **falsa**. Isso significa que a primeira parte da condicional também deve ser falsa. Assim, a negação da primeira parte deve ser verdadeira.

Nesse caso, a negação de uma conjunção é obtida negando-se as duas proposições e trocando o E pelo OU: "***Alguma*** *matéria prima* ***não*** *foi entregue no prazo* ***ou alguma*** *máquina de tingimento sofreu avaria*".

Na alternativa **C** consta uma proposição parecida com essa, de modo que podemos concluir que é a opção correta.

Gabarito: C.

QUESTÃO 21 (FCC/ALESE/Téc Leg/2018) Em uma empresa, todos os funcionários devem receber vale-refeição mensalmente e nenhum deles pode fazer mais do que 20 horas extras em um mesmo mês. O setor de recursos humanos da empresa identificou que essa regra não foi cumprida em determinado mês. Dessa forma, é correto concluir que nesse mês, necessariamente,

(A) nenhum funcionário recebeu vale-refeição e alguns deles fizeram mais do que 20 horas extras.

(B) alguns funcionários não receberam vale-refeição e pelo menos um deles fez mais do que 20 horas extras.

(C) aqueles funcionários que fizeram menos do que 20 horas extras não receberam vale-refeição.

(D) todos os funcionários deixaram de receber vale-refeição ou fizeram mais do que 20 horas extras.

(E) pelo menos um funcionário não recebeu vale-refeição ou fez mais do que 20 horas extras.

RESOLUÇÃO:

O enunciado apresenta a **conjunção**: "***Todos*** *os funcionários devem receber vale-refeição mensalmente* ***e nenhum*** *deles pode fazer mais do que 20 horas extras em um mesmo mês*".

Porém, na sequência é dito que essa regra não foi cumprida, de modo que a **negação** dessa sentença é **verdadeira**.

Então, precisamos determinar a negação da conjunção. Para isso, basta negarmos os dois lados e trocar o "e" pelo "ou", ficando com:

> *"**Algum** funcionário **NÃO** recebe vale-refeição mensalmente **OU algum** deles fez mais do que 20 horas extras em um mesmo mês"*

Note que essa frase está presente na alternativa E.

Gabarito: E.

QUESTÃO 22 (FCC/DETRAN-MA/Ana Trânsito/2018) De acordo com o Código de Trânsito Brasileiro, todo motorista flagrado dirigindo sob influência de álcool receberá uma multa e terá sua habilitação suspensa por um ano. A partir dessa informação, é correto concluir que, necessariamente,

a) todo motorista que tiver recebido uma multa foi flagrado dirigindo sob influência de álcool.

b) todo motorista com a habilitação suspensa por um ano foi flagrado dirigindo sob influência de álcool.

c) somente se um motorista tiver sua habilitação suspensa por um ano ele poderá receber uma multa.

d) se um motorista não foi flagrado dirigindo sob influência de álcool então ele não pode ter sua habilitação suspensa por um ano.

e) se um motorista não teve sua habilitação suspensa por um ano então ele não foi flagrado dirigindo sob influência de álcool.

RESOLUÇÃO:

Vamos chamar de **A**, **B** e **C** os conjuntos de motoristas, respectivamente, flagrados dirigindo sob influência de álcool, que recebem multa e que possuem habilitação suspensa por um ano.

O enunciado apresenta a proposição "*todo motorista flagrado dirigindo sob influência de álcool (A) receberá uma multa (B) e terá sua habilitação suspensa por um ano (C)*", isso implica que o conjunto A está contido na intersecção dos conjuntos B e C:

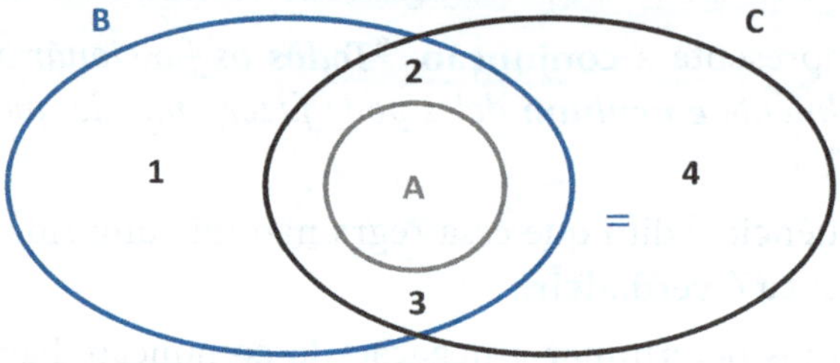

Vamos analisar as alternativas com base no diagrama lógico que construímos e suas regiões devidamente enumeradas.

a) todo motorista que tiver recebido uma multa foi flagrado dirigindo sob influência de álcool.

Errado, é possível que haja elementos nas regiões 1 e 2, regiões de motoristas que receberam multa, mas que não foram flagrados dirigindo sob influência de álcool.

b) todo motorista com a habilitação suspensa por um ano foi flagrado dirigindo sob influência de álcool.

Errado, pois é dito que C está contido no conjunto A, quando na verdade ocorre exatamente o contrário.

c) somente se um motorista tiver sua habilitação suspensa por um ano ele poderá receber uma multa.

Errado, pois é possível que haja elementos na região 4, região em que a habilitação suspensa não implicou aplicação de multa.

d) se um motorista não foi flagrado dirigindo sob influência de álcool então ele não pode ter sua habilitação suspensa por um ano.

Errado, pois é possível elementos nas regiões 2 e 4, em que o motorista não foi flagrado dirigindo sob influência de álcool e teve habilitação suspensa.

e) se um motorista não teve sua habilitação suspensa por um ano então ele não foi flagrado dirigindo sob influência de álcool.

Certo, pois se um motorista não teve sua habilitação suspensa, então ele não pertence ao conjunto C. Consequentemente, ele não pertence ao conjunto A (pois o conjunto A está contido no conjunto C). Logo, ele não foi flagrado dirigindo sob influência de álcool.

Gabarito: E.

QUESTÃO 23 (FCC/TCE-AP/Téc Cont Ext/2012) O responsável por um ambulatório médico afirmou:

"Todo paciente é atendido com certeza, a menos que tenha chegado atrasado."

De acordo com essa afirmação, conclui-se que, necessariamente,

a) nenhum paciente terá chegado atrasado se todos tiverem sido atendidos.

b) nenhum paciente será atendido se todos tiverem chegado atrasados.

c) se um paciente não for atendido, então ele terá chegado atrasado.

d) se um paciente chegar atrasado, então ele não será atendido.

e) se um paciente for atendido, então ele não terá chegado atrasado.

RESOLUÇÃO:

Essa questão é interessante para verificarmos como se dá a **relação que existe entre "Todo S é P" e o "Se ... então":**

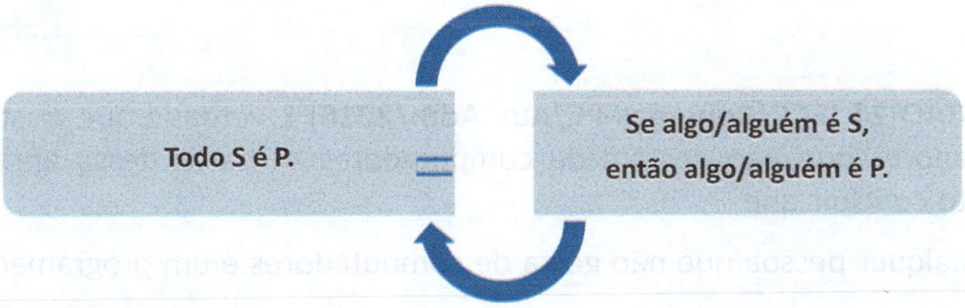

Com essa dica imperdível bem ativa na nossa mente, vamos resolver a questão.

O enunciado apresenta a seguinte proposição: "*Todo paciente é atendido com certeza, a menos que tenha chegado atrasado*".

Considerando o que acabamos de aprender, essa proposição pode ser entendida de duas formas (ambas corretas):

- ***Se o paciente chegar no horário, com certeza será atendido.***

– ***Se o paciente chegar atrasado, não tem a certeza de ser atendido.***

Vamos analisar cada alternativa.

a) nenhum paciente terá chegado atrasado se todos tiverem sido atendidos.

Errado. Se todos tiverem sido atendidos, pode ser que alguns chegaram no horário e outros não. Esses que não chegaram no horário, apesar de atrasados, ainda tinham esperança de serem atendidos.

b) nenhum paciente será atendido se todos tiverem chegado atrasados.

Errado. Se todos tiverem chegado atrasados, é possível que mesmo assim tenham sido atendidos.

c) se um paciente não for atendido, então ele terá chegado atrasado.

Correto. O paciente que chega atrasado não tem a certeza de que será atendido. Ele pode ficar esperando até que os que chegaram no horário tenham sido atendidos, mas se não for atendido, é porque com certeza chegou atrasado.

d) se um paciente chegar atrasado, então ele não será atendido.

Não necessariamente. Reforçamos: ele pode chegar atrasado e ter a possibilidade de ser atendido, só não vai ter a certeza de que esse atendimento acontecerá.

e) se um paciente for atendido, então ele não terá chegado atrasado.

Errado. Se um paciente for atendido, ele pode ter chegado no horário ou pode ter chegado atrasado e ter sido atendido. O paciente atrasado não necessariamente deixa de ser atendido.

Gabarito: C.

QUESTÃO 24 (FCC/Copergás-PE/Aux Adm/2016) É verdade que existem programadores que não gostam de computadores. A partir dessa afirmação é correto concluir que

a) qualquer pessoa que não gosta de computadores é um programador.

b) todas as pessoas que gostam de computadores não são programadores.

c) dentre aqueles que não gostam de computadores, alguns são programadores.

d) para ser programador é necessário gostar de computador.

e) qualquer pessoa que gosta de computador será um bom programador.

RESOLUÇÃO:

O enunciado afirma que "existem programadores que não gostam de computadores", de modo que **haverá intersecção** entre o conjunto dos programadores e aquele relativo aos que não gostam de computadores:

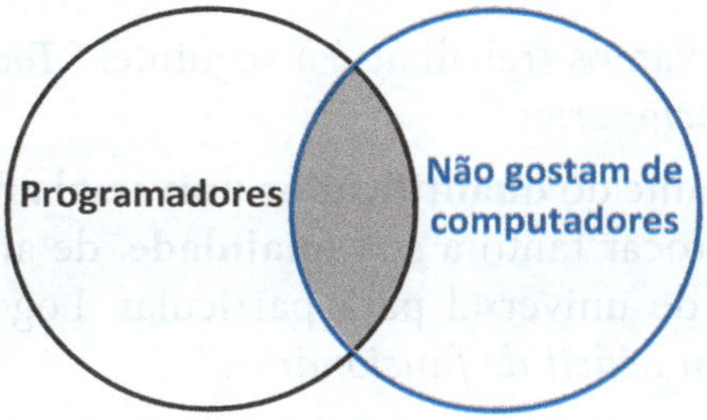

Com base no diagrama que desenhamos, podemos analisar as alternativas:

a) qualquer pessoa que não gosta de computadores é um programador. **Errado**, pois existem pessoas que não gostam de computadores e que não são programadores.

b) todas as pessoas que gostam de computadores não são programadores. **Errado**, já que existem pessoas que não gostam de computadores e que são programadores.

c) dentre aqueles que não gostam de computadores, alguns são programadores. **Certo**, conforme a justificativa apresentada na letra b.

d) para ser programador é necessário gostar de computador. **Errado**, pois existem pessoas que são programadores e não necessariamente gostam de computadores.

e) qualquer pessoa que gosta de computador será um bom programador. **Errado**, a questão não apresentou elementos suficientes para analisar quanto a se o sujeito é um programador bom ou ruim.

Gabarito: C.

QUESTÃO 25 (FCC – Escriturário/BB/2011) Um jornal publicou a seguinte manchete:

"Toda Agência do Banco do Brasil tem déficit de funcionários."

Diante de tal inverdade, o jornal se viu obrigado a retratar-se, publicando uma negação de tal manchete. Das sentenças seguintes, aquela que expressaria de maneira correta a negação da manchete publicada é:

a) Qualquer Agência do Banco do Brasil não têm déficit de funcionários.

b) Nenhuma Agência do Banco do Brasil tem déficit de funcionários.

c) Alguma Agência do Banco do Brasil não tem déficit de funcionários.

d) Existem Agências com déficit de funcionários que não pertencem ao Banco Brasil.

e) O quadro de funcionários do Banco do Brasil está completo.

RESOLUÇÃO:

A proposição que vamos trabalhar é a seguinte: "***Toda*** *Agência do Banco do Brasil* ***tem*** *déficit de funcionários.*"

Assim, estamos diante do **quantificador universal afirmativo**, isto é **TODO**, cuja negação envolve trocar tanto a sua **qualidade**, de afirmativo para negativo, como a sua **extensão**, de universal para particular. Logo: "***Alguma*** *Agência do Banco do Brasil* ***não tem*** *déficit de funcionários.*"

Gabarito: C.

QUESTÃO 26 (FCC – Assist Jr/METRÔ-SP/2014) Todos os mecânicos são inteligentes e resolvem problemas. Uma afirmação que representa a negação lógica da afirmação anterior é:

a) nenhum mecânico é inteligente e resolve problemas.

b) se um mecânico não é inteligente, então ele não resolve qualquer problema.

c) algum mecânico não é inteligente ou não resolve problemas.

d) todos os mecânicos não são inteligentes ou ninguém resolve problemas.

e) se um mecânico resolve problemas, então ele é inteligente.

RESOLUÇÃO:

Note que a proposição composta apresentada é uma **conjunção**:

Todos os mecânicos são inteligentes e resolvem problemas.

Para negá-la, basta aplicar os seguintes passos:

1º Negamos a primeira parte: ***Algum mecânico não*** é inteligente.

2º Negamos a segunda parte: ***não resolvem problemas.***

3º Trocamos o **e** por **ou**:

Algum mecânico não é inteligente **ou** ***não resolvem problemas.***

Gabarito: C.

QUESTÃO 27 (FCC/TST/Téc Jud/2017) Considere como verdadeira a proposição: "Nenhum matemático é não dialético". Laura enuncia que tal proposição implica, necessariamente, que

I. se Carlos é matemático, então ele é dialético.

II. se Pedro é dialético, então é matemático.

III. se Luiz não é dialético, então não é matemático.

IV. se Renato não é matemático, então não é dialético.

Das implicações enunciadas por Laura, estão corretas APENAS

(A) I e III.

(B) I e II.

(C) III e IV.

(D) II e III.

(E) II e IV.

RESOLUÇÃO:

Como nenhum matemático é não dialético, podemos dizer que TODO matemático é dialético (a dupla negação vira uma afirmação). Essa última é melhor para trabalharmos. Vamos analisar as afirmações:

I. se Carlos é matemático, então ele é dialético. **Certo**, pois TODO matemático é dialético.

II. se Pedro é dialético, então é matemático. **Errado**, pois podem existir dialéticos que NÃO são matemáticos.

III. se Luiz não é dialético, então não é matemático. **Certo**, pois se ele fosse matemático, seria dialético.

IV. se Renato não é matemático, então não é dialético. **Errado**, pode haver dialéticos que não são matemáticos.

Das implicações enunciadas por Laura, estão corretas APENAS I e III.

Gabarito: A.

QUESTÃO 28 (CESGRANRIO/IBGE/Técnico/2006) Suponha que todos os professores sejam poliglotas e todos os poliglotas sejam religiosos. Pode-se concluir que, se:

a) João é religioso, João é poliglota.

b) Pedro é poliglota, Pedro é professor.

c) Joaquim é religioso, Joaquim é professor.

d) Antônio não é professor, Antônio não é religioso.

e) Cláudio não é religioso, Cláudio não é poliglota.

RESOLUÇÃO:

O enunciado apresenta duas suposições:

1. todos os professores são poliglotas;

2. todos os poliglotas são religiosos.

Dessa forma, o conjunto formado por todos os **professores** está contido no conjunto dos **poliglotas**, o qual estará contido no conjunto de todos os **religiosos**:

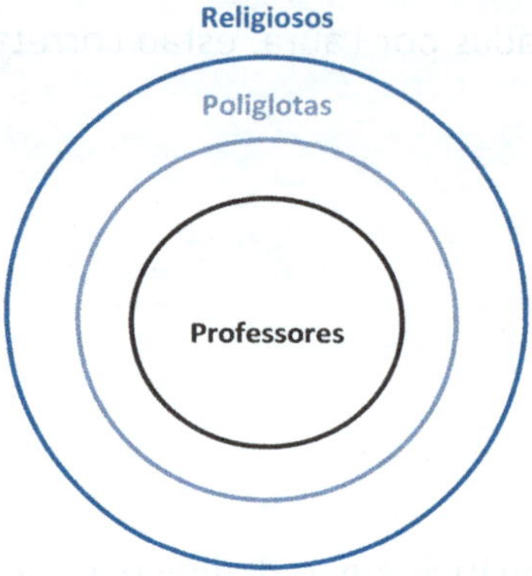

Assim, podemos concluir que:

a) João é religioso, João é poliglota. **Errado**, pelo diagrama percebemos que nem todo religioso é poliglota. Logo, João pode pertencer à região dos que são religiosos e não são poliglotas.

b) Pedro é poliglota, Pedro é professor. **Errado**, nem todo poliglota é professor, de modo que Pedro pode pertencer à região dos que são poliglotas e não são professores.

c) Joaquim é religioso, Joaquim é professor. **Errado**, nem todo religioso é professor. Dessa maneira, Joaquim pode fazer parte da região dos que são religiosos e ainda assim não ser professor.

d) Antônio não é professor, Antônio não é religioso. **Errado**, Antônio pode ser poliglota e, consequentemente, religioso. Também pode ser apenas religioso.

e) Cláudio não é religioso, Cláudio não é poliglota. **Certo**, de acordo com o diagrama, o conjunto dos poliglotas está contido no conjunto dos religiosos. Bem, se Cláudio não pertence ao conjunto dos religiosos, certamente ele não será poliglota.

Gabarito: E.

QUESTÃO 29 (IBFC/SEDUC-MT/Téc Adm/2017) Carlos fez a seguinte afirmação:

Algum funcionário faltou ao serviço, mas todo o trabalho foi realizado.

A afirmação feita por Carlos é falsa se, e somente se, for verdadeira a seguinte afirmação:

a) Um funcionário faltou ao serviço e algum trabalho não foi realizado

b) Todos os funcionários faltaram ao serviço e algum trabalho não foi realizado

c) Todos os funcionários faltaram ao serviço, mas algum trabalho não foi realizado

d) Todos os funcionários não faltaram ao serviço e nenhum trabalho foi realizado

e) Todos os funcionários não faltaram ao serviço ou algum trabalho não foi realizado

RESOLUÇÃO:

Caso a afirmação dita por Carlos seja **falsa**, sabemos que a **negação** dela é **verdadeira**. A frase é uma **conjunção** na qual o "mas" faz o papel do "e". Podemos representá-la por **p e q**, em que:

p = algum funcionário faltou ao serviço

q = todo o trabalho foi realizado

A sua negação é ~p ou ~q, em que:

~p = NENHUM funcionário faltou ao serviço

~q = algum trabalho NÃO foi realizado

Escrevendo essa frase:

"***Nenhum** funcionário faltou ao serviço **OU algum** trabalho **NÃO** foi realizado*".

Veja que essa é a mesma frase contida na **letra E**, afinal "todos não faltaram" é o mesmo que "nenhum faltou".

Gabarito: E.

QUESTÃO 30 (VUNESP/TCE-SP/AGENTE DE FISC/2017) Considere verdadeiras as afirmações:

– Todos os administradores são especialistas em informática.

– Alguns especialistas em informática são atores.

– Samuel é administrador.

A partir dessas afirmações, é correto concluir que

a) Samuel é administrador e ator.

b) Samuel não é especialista em informática.

c) Os atores que são especialistas em informática são administradores.

d) Samuel é ator, mas não é especialista em informática.

e) Samuel não é ator ou é especialista em informática.

RESOLUÇÃO:

Como Samuel é administrador e todos os administradores são especialistas em informática, então Samuel é especialista em informática. Dessa forma, ele pode ser ator (pois alguns especialistas são atores), mas pode não ser ator também.

Analisando as alternativas disponíveis:

a) Samuel é administrador e ator. **Errado**, NÃO podemos garantir que ele é ator.

b) Samuel não é especialista em informática. **Errado**, ele É especialista.

c) Os atores que são especialistas em informática são administradores. **Errado**, podem existir atores que são especialistas em informática e NÃO são administradores.

d) Samuel é ator, mas não é especialista em informática. **Errado**, não podemos afirmar que ele é ator.

e) Samuel não é ator ou é especialista em informática. **Certo**, embora a primeira parte da disjunção não possa ser garantida (pois ele pode ser ou não ser ator), a segunda parte é verdadeira com certeza.

Gabarito: E.

QUESTÃO 31 (VUNESP/TCE-SP/AGENTE DE FISC/2017) Considere verdadeiras as afirmações:

Todo contador é matemático.

Não há músico que não seja matemático.

Carlos é músico.

A partir dessas afirmações, é correto concluir que

a) Qualquer contador é músico.

b) Não é possível Carlos ser matemático.

c) Se Carlos é músico, então ele é contador.

d) Carlos não é contador.

e) Se Carlos é músico, então ele é matemático.

RESOLUÇÃO:

Como Carlos é músico e não há músico que não seja matemático (ou seja, todo músico é matemático), então Carlos também é matemático. O fato de todo contador ser matemático não nos permite afirmar que Carlos é contador (ele pode não ser contador e mesmo assim ser matemático).

Analisando as alternativas disponíveis:

a) Qualquer contador é músico. **Errado**, não podemos garantir que todo matemático é músico (sabemos que todo músico é matemático).

b) Não é possível Carlos ser matemático. **Errado**, ele é matemático.

c) Se Carlos é músico, então ele é contador. **Errado**, ele pode ser músico (e matemático e NÃO ser contador).

d) Carlos não é contador. **Errado**, é possível que ele seja contador.

e) Se Carlos é músico, então ele é matemático. **Certo**, ele é matemático, pois todo músico é matemático.

Gabarito: E.

QUESTÃO 32 (IBFC/PM-PB/Soldado/2018) Se é verdade que algumas crianças são paulistas e que nenhum atleta é paulista, então é necessariamente verdade que:

a) alguma criança é atleta

b) nenhuma criança é atleta

c) alguma criança não é atleta

d) algum atleta é criança

RESOLUÇÃO:

Observe que parte das crianças está DENTRO do conjunto dos paulistas e todos os atletas estão FORA do conjunto dos paulistas.

Logo, certamente aquelas crianças que são paulistas NÃO PODEM ser atletas. Fica evidente que existem algumas crianças que não são atletas.

Gabarito: C.

QUESTÃO 33 (IBFC/PM-PB/Soldado/2018) Considere verdadeiras as seguintes afirmações:

– Todo professor é formado.

– Nenhum formado é estrangeiro.

Assinale a alternativa correta:

a) algum professor é estrangeiro

b) todo formado é professor

c) todo professor é estrangeiro

d) nenhum professor é estrangeiro

RESOLUÇÃO:

Imagine o conjunto dos formados. Fica claro que os professores estão todos DENTRO do conjunto dos formados, enquanto os estrangeiros estão todos FORA do conjunto dos formados.

Portanto, não há como ter interseção entre os conjuntos dos professores e dos estrangeiros. Isto é, *nenhum professor é estrangeiro.*

Gabarito: D.

QUESTÃO 34 (VUNESP/PC-BA/Investigador/2018) Considere a seguinte afirmação: Todo homem é bípede e mamífero. A alternativa que apresenta uma negação lógica para essa afirmação é:

(A) Nenhum homem é bípede e mamífero.

(B) Nenhum homem é bípede ou mamífero.

(C) Existe homem que não é bípede ou não é mamífero.

(D) Existe homem que não é bípede e não é mamífero.

(E) Alguns homens são bípedes e mamíferos.

RESOLUÇÃO:

A questão afirma que todos os homens têm duas características obrigatoriamente: são bípedes e também são mamíferos.

Para negar essa frase, ou seja, desmentir o seu autor, basta mostrarmos que existe algum contraexemplo, isto é, um homem que NÃO seja bípede OU NÃO seja mamífero. Portanto, teríamos algo como:

Existe homem que ***NÃO*** é bípede ***OU NÃO*** é mamífero.

Gabarito: C.

QUESTÃO 35 (FGV/CGM-NITERÓI/Auditor de Controle Interno/2018) Assinale a opção que apresenta a negação lógica da sentença "Todo niteroiense é fluminense."

(A) "Nenhum niteroiense é fluminense."

(B) "Nenhum fluminense é niteroiense."

(C) "Algum niteroiense não é fluminense."

(D) "Algum fluminense não é niteroiense."

(E) "Todo niteroiense não é fluminense."

RESOLUÇÃO:

Perceba que a **negação** de uma expressão com "todo" fica: **Algum A não é B.**

Analisando as opções de resposta, concluímos que a única que apresenta essa estrutura é a letra C, de modo que é a negação apropriada para a sentença "*Todo niteroiense é fluminense*". Veja: "*Algum niteroiense não é fluminense*".

Gabarito: C.

QUESTÃO 36 (FCC – Analista de Gestão Contábil/Pref Recife/2019) Considere a seguinte proposição: "Todos os profissionais formados pela Faculdade Alfa estão empregados.". Admitindo que ela seja falsa, então certamente

a) Todos profissionais formados pela Faculdade Alfa estão desempregados.

b) Existe pelo menos um profissional formado pela Faculdade Alfa que não está empregado.

c) Se o profissional Roberto está desempregado, então ele é formado pela Faculdade Alfa.

d) Nenhum profissional formado pela Faculdade Alfa está empregado.

e) Alguns profissionais formados pela Faculdade Alfa estão empregados.

RESOLUÇÃO:

O enunciado apresenta a proposição "***Todos** os profissionais formados pela Faculdade Alfa estão empregados*", que é **universal afirmativa**.

O nosso objetivo consiste em fazer a sua **negação**. Para isso, devemos buscar uma proposição **particular negativa**, isto é, uma proposição que negue a algum(ns) elemento(s) a característica em questão. Nesse caso, se a afirmação é que "todos... estão empregados", então a negação é que algum/pelo menos um não está empregado:

*"**Existe pelo menos um** profissional formado pela Faculdade Alfa que **não** está empregado"*

Gabarito: B.

6. QUESTÕES-DESAFIO

QUESTÃO 37 (FCC/SEFAZ-SP/2009) Considere o diagrama a seguir, em que U é o conjunto de todos os professores universitários que só lecionam em faculdades da cidade X, A é o conjunto de todos os professores que lecionam na faculdade A, B é o conjunto de todos os professores que lecionam na faculdade B e M é o conjunto de todos os médicos que trabalham na cidade X.

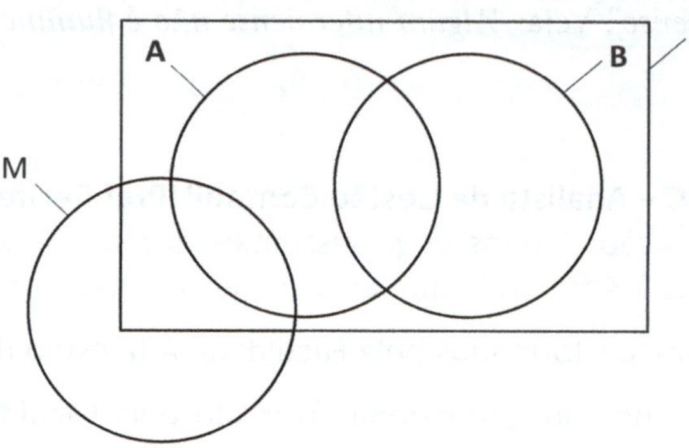

Em todas as regiões do diagrama, é correto representar pelo menos um habitante da cidade X. A respeito do diagrama, foram feitas quatro afirmações:

I. Todos os médicos que trabalham na cidade X e são professores universitários lecionam na faculdade A.

II. Todo professor que leciona na faculdade A e não leciona na faculdade B é médico.

III. Nenhum professor universitário que só lecione em faculdades da cidade X, mas não lecione nem na faculdade A e nem na faculdade B, é médico.

IV. Algum professor universitário que trabalha na cidade X leciona, simultaneamente, nas faculdades A e B, mas não é médico.

Está correto o que se afirma APENAS em

(A) I.

(B) I e III.

(C) I, III e IV.

(D) II e IV.

(E) IV.

RESOLUÇÃO:

Vamos analisar cada uma das alternativas.

I. Todos os médicos que trabalham na cidade X e são professores universitários lecionam na faculdade A.

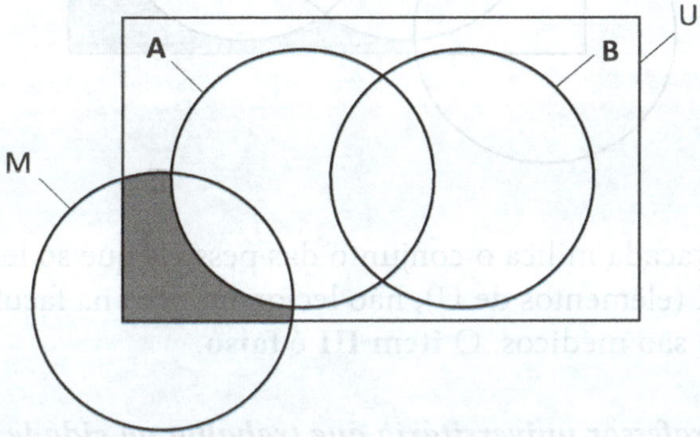

O **item I** é **falso**, como pode bem ser visto no diagrama. A região destacada possui pelo menos um elemento que é médico que trabalha na cidade X (pois é elemento de M), é professor universitário que só leciona em faculdades da cidade X e não leciona na faculdade A.

II. Todo professor que leciona na faculdade A e não leciona na faculdade B é médico.

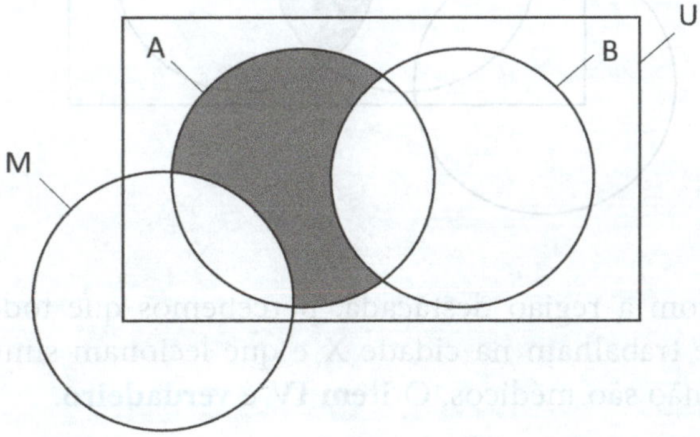

O **item II** é **falso**, como pode ser visto no diagrama. A região destacada possui pelo menos um elemento que leciona na faculdade A, não leciona na faculdade B e não é médico.

III. Nenhum professor universitário que só lecione em faculdades da cidade X, mas não lecione nem na faculdade A e nem na faculdade B, é médico.

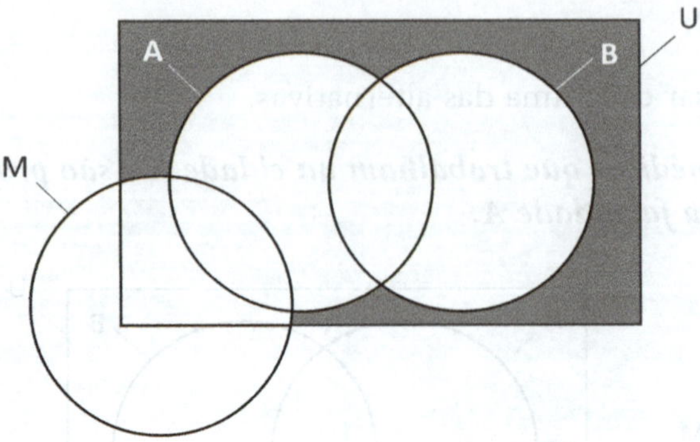

A região destacada indica o conjunto das pessoas que só lecionam em faculdades da cidade X (elementos de U), não lecionam nem na faculdade A e nem na faculdade B e não são médicos. O **item III** é **falso**.

IV. Algum professor universitário que trabalha na cidade X leciona, simultaneamente, nas faculdades A e B, mas não é médico.

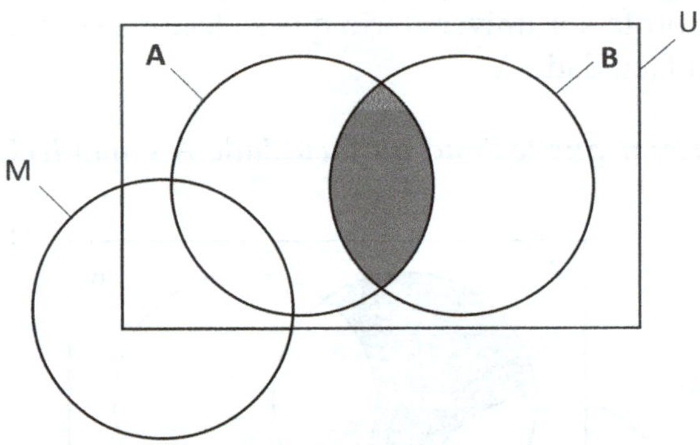

De acordo com a região destacada, percebemos que todos os professores universitários que trabalham na cidade X e que lecionam simultaneamente nas faculdades A e B não são médicos. O **item IV** é **verdadeiro**.

Gabarito: E.

CAPÍTULO 09

LÓGICA DE PRIMEIRA ORDEM

1. INTRODUÇÃO

O QUE VEREMOS

Neste capítulo, estudaremos a **Lógica de Primeira Ordem**, tema não tão frequente em provas de concursos públicos e que possui péssima relação custo-benefício. Por quê?

Isso ocorre devido a se tratar de assunto com muito conteúdo, a requerer mais do aluno para conseguir entender a matéria e ser bem raro uma questão exigi-lo. E, mesmo quando um exercício efetivamente cobra a lógica de primeira ordem, normalmente a cobrança é restrita aos aspectos mais iniciais da matéria. Geralmente, usando conhecimentos que aprendemos no capítulo de diagramas lógicos, já conseguimos matar a questão.

Apesar disso, trouxemos o tópico ao livro unicamente porque vários editais trazem isso expressamente. Assim, na improvável hipótese de essa matéria ser efetivamente cobrada, ficamos resguardados. Além disso, é sempre bom lembrar: buscamos disponibilizar a você um material completo de verdade, com a melhor compreensão possível e que contribua positivamente para sua aprovação.

COMO APARECE NOS EDITAIS

A lógica de primeira ordem também pode aparecer nos editais de Raciocínio Lógico de algumas bancas examinadoras como Lógica dos Predicados ou Cálculo dos Predicados.

COMO É COBRADO NAS PROVAS

Geralmente, as questões deste tema apresentam proposições categóricas, a partir das quais iremos trabalhar com a simbologia da lógica de primeira ordem para chegar à conclusão mais apropriada ao argumento em análise.

Trata-se de tópico considerado avançado no âmbito da lógica proposicional, de modo que vai exigir um pouco mais de sua atenção no começo. Isso ocorre porque a **linguagem** utilizada é um pouco diferente da que estamos acostumados, com **símbolos** específicos para representar o que está expresso na linguagem corrente.

O presente assunto reúne todo o conhecimento que acumulamos até aqui e tem forte relação com as proposições categóricas (todo, algum e nenhum) que estudamos no capítulo anterior, a respeito do qual recomendamos fortemente que seja estudado antes de enfrentar as próximas páginas.

Traremos uma teoria com explicação bastante acessível, ilustrada com exemplos e diversas questões comentadas.

OBJETIVOS

Os nossos objetivos ao final deste capítulo é que você consiga:

1) compreender a linguagem própria da lógica de primeira ordem;

2) memorizar a simbologia aplicada para cada quantificador;

3) realizar acertadamente as operações no âmbito da lógica de primeira ordem.

2. ANÁLISE DA COBRANÇA DO ASSUNTO EM PROVAS

Observe a seguir os percentuais de incidência nos últimos anos do assunto deste capítulo em relação ao volume de questões de todos os temas analisados na nossa matéria. Lembramos que quanto maior o percentual de cobrança de um dado assunto, maior sua importância.

ASSUNTO	CEBRASPE	FCC	DEMAIS BANCAS
	% de cobrança	% de cobrança	% de cobrança
Lógica de primeira ordem	**0,91%**	**0,39%**	**0,23%**

O presente tópico possui uma importância **muito baixa**, destacando-se o Cebraspe como a banca que mais exige sua cobrança nas provas.

3. NOÇÕES INTRODUTÓRIAS

Na imagem, vemos personagens de um filme infantil bem famoso. Se formos construir frases sobre essa imagem, poderíamos muito bem querer nos referir à Fiona, ao Shrek ou ao Burro. Seria conveniente termos símbolos para representarmos cada um desses indivíduos. Tais símbolos são letras minúsculas do nosso alfabeto, que chamamos de constantes individuais.

Podemos usar o símbolo "f" para representar Fiona, "s" para representar o Shrek e "b" para representar o Burro.

f: Fiona s: Shrek b: Burro

Por sua vez, há também as denominadas **variáveis individuais**, que têm a função de marcar a posição na qual podemos alocar as **constantes individuais**, utilizadas para representarmos indivíduos ou classes de objetos.

Para exemplificar, considere a seguinte frase:

*"Se **o motorista** ultrapassar a velocidade máxima da via, então **ao motorista** será aplicada uma multa".*

Apesar do artigo definido "o" que antecede "motorista", a expressão "o motorista" não se refere a uma pessoa em particular. Estamos falando algo em tese, referindo-nos a qualquer pessoa que porventura venha a se enquadrar como motorista.

Em outras palavras, poderíamos dizer assim:

*"Se **x** ultrapassar a velocidade máxima da via,*
*então a **x** será aplicada uma multa".*

Usamos a variável "x" para marcar o lugar no qual poderemos alocar os indivíduos, aqueles que se configurarem como motoristas que ultrapassam o limite de velocidade estabelecida para a via. Se o motorista for Lucas, então fazemos x = Lucas e teremos:

*"Se **Lucas** ultrapassar a velocidade máxima da via, então a **Lucas** será aplicada uma multa".*

Se Ednalva for a motorista, fazemos x = Ednalva e teremos:

*"Se **Ednalva** ultrapassar a velocidade máxima da via, então a **Ednalva** será aplicada uma multa".*

Esta é a utilidade da variável: permite-nos afirmar algo de forma genérica. Para afirmar tal coisa sobre determinado indivíduo em particular, basta substituir a variável pela constante individual.

As constantes individuais e as variáveis individuais são chamadas de **termos**.

Voltando à imagem inicial, note que poderíamos fazer qualquer afirmação sobre as características dos personagens. Por exemplo, quem deles é homem, mulher ou animal. Assim:

f é mulher

s é homem

b é animal

Essas coisas que são afirmadas sobre os indivíduos são os chamados **predicados**, que correspondem àquilo que afirmamos sobre as constantes individuais e as variáveis individuais.

Para representar os predicados, temos as **constantes de predicado**, que são simbolizadas por **letras maiúsculas**.

Para exemplificar, suponha que queremos afirmar que *determinada pessoa é do sexo masculino (é homem)*. Nesse caso, podemos usar a letra **H**. Com isso, **H(x)** indica que "x é homem".

H(x): x é homem

A essa representação simbólica damos o nome de **fórmula atômica**, que é o resultado da aplicação de constantes de predicado a termos (constantes individuais ou variáveis individuais).

Agora, note a ordem de cada símbolo: primeiro vem o predicado H, só depois vem o termo a que o predicado se refere, isto é, só depois aparece o "sujeito". Portanto, as fórmulas atômicas sempre **iniciam com uma constante de predicado**.

No mesmo sentido, se quisermos afirmar que "*Shrek é homem*", vamos juntar a constante individual (s) com o predicado (H), formando a seguinte fórmula: **H(s)**.

Destacamos que, no primeiro exemplo, o predicado corresponde a uma variável individual (x), ao passo que no segundo ele é uma constante individual (s).

É importante mencionar, também, que na lógica de primeira ordem contamos com os conectivos ou **operadores** que já estudamos, os quais terão o mesmo funcionamento que aprendemos na lógica de proposições:

Operador Lógico	Símbolo	Termo que representa
Conjunção	∧	e
Disjunção	∨	ou
Condicional	→	Se ..., então...
Bicondicional	↔	Se, e somente se
Disjunção Exclusiva	∨	Ou... ou
Negação	~	Não

Esses operadores exercem importante papel na lógica de primeira ordem. Com o uso deles podemos juntar duas proposições atômicas, formando uma **fórmula molecular**.

Por exemplo, voltando à nossa figura, podemos afirmar que:

H(s) ∧ A(b): "Shrek é homem e Burro é animal"

~H(f): "Fiona não é homem"

Veja que, no primeiro caso, usamos o conectivo "e", ao passo que no segundo recorremos ao operador "não".

Além disso, no primeiro exemplo, efetivamente juntamos duas fórmulas diferentes, para obtermos uma fórmula molecular. Isso ocorre com quase todos os operadores. Em outras palavras, quase todos eles são **binários**, de modo que atuam sobre duas fórmulas iniciais. A exceção é o operador negação, que é **unário**, pois incide sobre uma única fórmula.

4. QUANTIFICADORES

No capítulo 1, estudamos as **sentenças abertas** e concluímos que elas não são consideradas proposições lógicas, pois **não podemos determinar o seu sujeito, impossibilitando o julgamento delas como verdadeiras ou falsas**. De fato, seu valor lógico (ou V ou F) depende do valor atribuído à variável (x, y,...) ou a quem a frase se refere.

Por exemplo, na frase "*x + 2 = 7*", a sentença será verdadeira se atribuirmos a x o valor 5. Do contrário, ela será falsa. Na frase "*A cidade y é a capital do Brasil*", se nos referirmos a Brasília, a sentença é verdadeira. Caso contrário, é falsa.

Entretanto, vimos que há duas formas que podem ser adotadas para tornar uma sentença aberta numa proposição lógica:

1) atribuir um valor às variáveis presentes na frase. Foi exatamente isso o que fizemos nos exemplos contidos no parágrafo anterior. Mas, para esclarecer ainda melhor esse aspecto, considere a seguinte frase: "*Ele era presidente do Brasil no ano 2000*". Ao atribuir ao pronome "ele" o nome de Fernando Henrique Cardoso, a frase passaria a ser uma proposição lógica, com valor lógico V.

2) por meio de quantificadores, como todo, algum e nenhum. Eles são usados para expressar propriedades de coleções inteiras de objetos, em vez de enumerar cada um dos objetos pelo seu nome. É nisso que focaremos a partir de agora.

Na lógica de primeira ordem, iremos lidar com elementos pertencentes tanto à quantificação universal (todo e nenhum) como à quantificação existencial (algum) que estudamos no capítulo anterior, mas que veremos aqui numa perspectiva totalmente nova.

4.1. Quantificador Universal

Inicialmente, temos o **quantificador universal**, o **todo**, que é indicado pelo símbolo ∀ e pode ser lido como: **para todo, para cada, qualquer que seja**. Ele nos diz que todos os elementos do conjunto em análise satisfazem determinada sentença.

Para exemplificar, considere que M(x) corresponde a "x é mulher". Caso todos os elementos do conjunto universo sejam do sexo feminino, indicaríamos isso da seguinte maneira:

∀(x), M(x)

Essa expressão pode ser traduzida como: "*Para todo x, temos que x é mulher*". Em linguagem corrente, diríamos que "*Todo x é mulher*".

Conforme estudamos nas proposições categóricas, o TODO deve ser associado ao conectivo **condicional**, pois ele nada mais é do que uma implicação lógica:

Todo A é B = Se A, então B (→)

FIQUE ATENTO!

Afirmar que **Todo A é B** não significa o mesmo que **Todo B é A**. Portanto, não podemos fazer o caminho inverso no quantificador universal positivo. Por exemplo, a sentença *"Todo concurseiro é esforçado"* é diferente da frase *"Todo esforçado é concurseiro"*. Na verdade, temos somente a garantia de que algum B é A.

Na lógica de primeira ordem, vamos trabalhar com **elemento**. Como não sabemos a respeito de quem estamos falando, vamos chamar esse elemento desconhecido de **x**. Isso mesmo, esse **x** vai nos acompanhar de agora em diante, sempre para se referir a um elemento qualquer, e já sabemos que se trata de uma variável individual.

Então, teremos um elemento x em A, e esse mesmo elemento x em B:

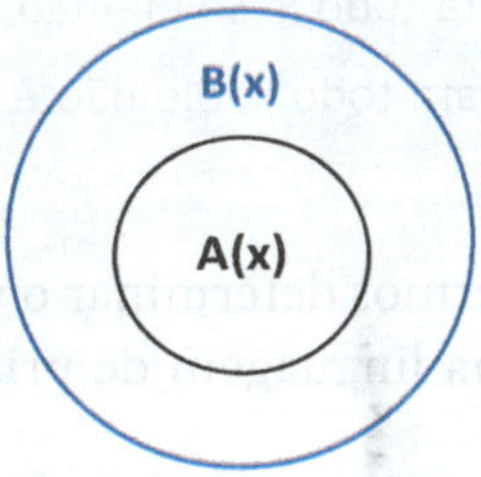

A escrita do "Todo A é B" na lógica de primeira ordem será:

∀(x), A(x) → B(x)

E como fica a leitura dessa expressão? Bem, lemos do seguinte modo:

"Para qualquer que seja o elemento, se ele for A, então necessariamente será B"

ESCLARECENDO!

Como dito, os quantificadores permitem tornar uma sentença aberta numa proposição lógica. Veja como podemos fazer isso com o TODO. Por exemplo, sabemos que "x + 2 = 5" é uma sentença aberta, pois não conseguimos julgá-la como V ou F devido à presença da variável x. Porém, se utilizarmos a estrutura "∀(x), (x ∈ N) → (x + 2 = 5)", isto é, com a aplicação do quantificador, a frase passa a possuir sujeito e predicado definidos, de modo que podemos avaliá-la e determinar seu valor lógico, obtendo, realmente, uma proposição lógica.

Adicionalmente, precisamos lembrar que o condicional possui duas equivalências lógicas importantes. Lembra? Note:

EQUIVALÊNCIAS DA CONDICIONAL

- $p \rightarrow q = \sim q \rightarrow \sim p$
- $p \rightarrow q = \sim p \vee q$

Então, podemos escrever o "Todo A é B" de outras duas formas com a notação da lógica de primeira ordem:

> **∀(x), ~B(x) → ~A(x)**: Para todo x, se ele não for B, então não será A.
>
> **∀(x), ~A(x) ∨ B(x)**: Para todo x, ele não é de A e pertence a B.

Por fim, é importante sabermos determinar o **valor lógico** de uma proposição lógica que esteja apresentada na linguagem de primeira ordem e com o quantificador universal.

EXEMPLO 01) $\forall(x), (x \in N) \rightarrow (x \div 2 = 4)$

Veja que **x** é a nossa variável, **N** corresponde ao conjunto dos números naturais e "**$x \div 2 = 4$**" é a sentença aberta (na sua prova, a banca também pode chamar a sentença aberta de predicado ou propriedade). E, afinal de contas, qual o valor lógico dessa proposição? Certamente é **falso**, pois se fizermos o x igual ao número natural 12, por exemplo, teremos "$12 \div 2 = 4$" (resultado errado, obviamente).

EXEMPLO 02) $\forall(x), (x \in Z) \rightarrow (x^2 \geq x)$

Novamente x é a nossa variável, Z representa o conjunto dos números inteiros e "**$x^2 \geq x$**" é a sentença aberta. Note que os números inteiros são {..., -3, -2, -1, 0, 1, 2, 3,...}. Se substituirmos qualquer um desses números na sentença aberta em consideração, então o resultado sempre será correto. Portanto, o valor lógico dessa expressão é **verdadeiro**.

> *Professores, o que aconteceria se o conjunto fosse o dos números racionais?*

Nesse caso, o valor lógico da sentença ficaria **falso**. Por quê? Se substituirmos x por 1/2 (que é um elemento pertencente ao conjunto dos números racionais), então ficaríamos com $(1/2)^2 \geq 1/2$, cujo resultado é $1/4 \geq 1/2$, o que obviamente está errado.

EXEMPLO 03) A proposição "Para cada x, (x + 2) > 7" apresenta qual valor lógico para x pertencente ao conjunto {6, 7, 8, 9}?

A expressão "para cada" está relacionada ao quantificador universal, ou seja, ela tem o mesmo significado de "todo". Temos que x é a nossa variável e "**(x + 2) > 7**" é a sentença aberta. Repare que para qualquer valor do conjunto em análise que substituirmos na expressão dada, o resultado sempre será verdadeiro. Por exemplo, com x = 6, a desigualdade ficará 8 > 7 (correto), da mesma forma que com x = 9 teremos 11 > 7 (correto). Assim, o valor lógico da proposição é **verdadeiro**.

Veja como esse assunto já foi cobrado!

QUESTÃO 01 (CESGRANRIO – Ana de Sist/2012) Considere a afirmativa "Todo gerente de projeto é programador". Considere os predicados G(x) e P(x), que representam, respectivamente, que x é gerente de projeto e que x é programador. Uma representação coerente da afirmativa acima em lógica de primeira ordem é

a) $G(x) \rightarrow \neg P(x)$

b) $\neg G(x) \rightarrow P(x)$

c) $P(x) \rightarrow G(x)$

d) $\neg P(x) \rightarrow G(x)$

e) $\neg P(x) \rightarrow \neg G(x)$

RESOLUÇÃO:

O nosso objetivo consiste em determinar a representação da proposição universal afirmativa na linguagem da lógica de primeira ordem.

Nesse caso, temos que:

Todo A é B = ∀(x), (A(x) → B(x)) = Para qualquer x, se x é A, então x é B

Agora vamos analisar as opções de resposta a fim de verificar qual delas corresponde a essa simbologia, sendo equivalente à proposição apresentada no enunciado, destacando que as alternativas omitiram o quantificador ∀.

Proposição Original	Proposição Equivalente	Texto
a) G(x) → ¬P(x)	P(x) → ~G(x)	**Todo** gerente de projeto **não** é programador. = **Nenhum** gerente de projeto é programador.
b) ¬G(x) → P(x)	¬P(x)→G(x)	**Todo** aquele que **não** é gerente de projeto é programador. = **Todo** aquele que **não** é programador é gerente de projeto.
c) P(x) → G(x)	~G(x) → ~P(x)	**Todo** programador é gerente de projeto. = **Todo** aquele que **não** é gerente de projeto **não** é programador.
d) ~P(x) → G(x)	~G(x) → P(x)	**Todo** aquele que **não** é programador é gerente de projeto. = **Todo** aquele que **não** é gerente de projeto é programador.
e) ~P(x) → ~G(x)	G(x) → P(x)	**Todo** aquele que **não** é programador não é gerente de projeto. = **Todo gerente de projeto é programador.**

Repare que nas letras B, D e E aplicamos a equivalência lógica do condicional conhecida como **contrapositiva** (p → q = ~q → ~p).

Dessa forma, concluímos que a expressão contida na **letra E** é a única coerente com a proposição inicial.

Gabarito: E.

QUESTÃO 02 (CESPE – INSS/Téc Seguro Social/2008) Algumas sentenças são chamadas abertas porque são passíveis de interpretação para que possam ser julgadas como verdadeiras (V) ou falsas (F). Se a sentença aberta for uma expressão da forma ∀ xP(x), lida como "para todo x, P(x)", em que x é um elemento qualquer de um conjunto U, e P(x) é uma propriedade a respeito dos elementos de U, então é preciso explicitar U e P para que seja possível fazer o julgamento como V ou como F.

A partir das definições acima, julgue o item a seguir.

Se U for o conjunto de todos os funcionários públicos e P(x) for a propriedade "x é funcionário do INSS", então é falsa a sentença ∀xP(x).

RESOLUÇÃO:

Vamos analisar a sentença apresentada: **∀xP(x)**. Ela nos diz que, **para todo x, x é funcionário do INSS**.

O enunciado informa que o universo **U** dos valores que **x** pode assumir é o conjunto de todos os funcionários públicos. Então, o item está nos dizendo que *todos os funcionários públicos são funcionários do INSS*.

Ora, obviamente isso é **falso**, já que existem muitas pessoas que são funcionários públicos e não são funcionários do INSS porque trabalham em outros órgãos da Administração Pública.

Desse modo a questão está **correta**, porque ela afirma que a sentença é falsa.

Gabarito: Certo.

QUESTÃO 03 (FCC/TRF 4ª Região/Ana Jud/2019) Sabendo-se que é verdadeira a afirmação "Todos os filhos de José sabem inglês", então é verdade que

(A) José sabe inglês.

(B) José não sabe inglês.

(C) se Mário sabe inglês então ele é filho de José.

(D) se Murilo não sabe inglês então ele não é filho de José.

(E) se Marcos não é filho de José então ele não sabe inglês.

RESOLUÇÃO:

Sejam:

F(x): x é filho de José

I(x): x sabe inglês

A premissa trazida no enunciado pode ser simbolizada por:

$\forall(x), (F(x) \rightarrow I(x))$: *"**Todos** os filhos de José sabem inglês"*

Dentro dos parênteses, aplicamos a equivalência lógica contrapositiva entre condicionais, negando ambas as partes e invertendo suas posições:

$$\forall x(\sim I(x) \rightarrow \sim F(x))$$

Agora aplicamos a instanciação universal. Portanto, se essa sentença vale para todo "x", então vale para um indivíduo em particular, como um filho específico de José, por exemplo, Murilo (designado por "m"):

$$\sim I(m) \rightarrow \sim F(m)$$

Textualmente, fica: ***Se** Murilo **não** sabe inglês **então** ele **não** é filho de José.*

Veja que a conclusão está **correta**, pois decorre da premissa. Isto é, o fato de a premissa ser verdadeira garante que a conclusão também é verdadeira.

Gabarito: D.

Poderíamos solucionar a questão sem utilizar a linguagem da lógica de primeira ordem, recorrendo aos nossos conhecimentos de proposições categóricas e diagramas lógicos.

Inicialmente, eliminamos as alternativas A e B, já que **não temos informações suficientes para decidir se** José sabe ou não inglês.

Agora, considere o diagrama a seguir:

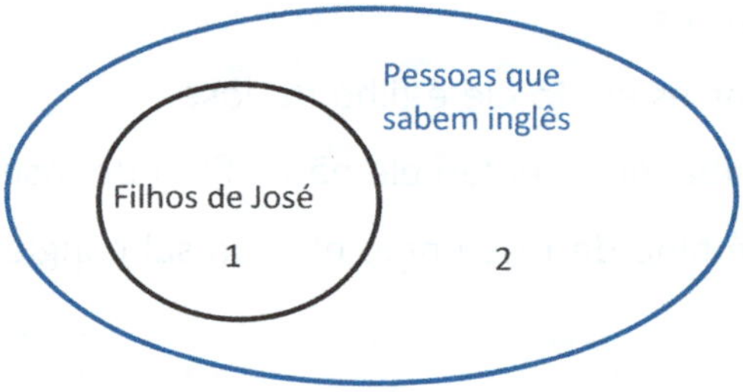

Veja que indicamos três regiões para representar:

1) os filhos de José. Todos eles sabem Inglês;

2) as pessoas que sabem inglês, mas que não são filhos de José.

3) as pessoas que não sabem inglês. Essas pessoas não são filhas de José.

Isso nos permite analisar as alternativas com maior precisão.

C) se Mário sabe inglês então ele é filho de José.

Errada, pois Mário pode pertencer à região 2, ou seja, saber inglês e não ser filho de José.

D) se Murilo não sabe inglês então ele não é filho de José.

Certa, pois se Murilo não sabe inglês, então ele é obrigado a pertencer à região 3, que tem em sua composição aqueles que não são filhos de José.

E) se Marcos não é filho de José então ele não sabe inglês.

Errada, pois há pessoas que sabem inglês e não são filhas de José.

Assim, confirmamos que a alternativa correta é mesmo a **letra D.**

QUESTÃO 04 (CESGRANRIO – Ana/Banco Central/2009) Num famoso talk-show, o entrevistado faz a seguinte afirmação: "Toda pessoa gorda não tem boa memória". Ao que o entrevistador contrapôs: "Eu tenho boa memória. Logo, não sou gordo". Supondo que a afirmação do entrevistado seja verdadeira, a conclusão do entrevistador é

a) falsa, pois o correto seria afirmar que, se ele não fosse gordo, então teria uma boa memória.

b) falsa, pois o correto seria afirmar que, se ele não tem uma boa memória, então ele tanto poderia ser gordo como não.

c) falsa, pois o correto seria afirmar que ele é gordo e, portanto, não tem boa memória.

d) verdadeira, pois todo gordo tem boa memória.

e) verdadeira, pois, caso contrário, a afirmação do entrevistado seria falsa.

RESOLUÇÃO:

Sejam:

G(x): x é gordo

M(x): x tem boa memória.

A premissa trazida no enunciado informa que ***todo*** *gordo* ***não*** *tem boa memória*:

∀(x), (G(x) → ~M(x))

Dentro dos parênteses, aplicamos a equivalência lógica entre condicionais, negando ambas as partes e invertendo suas posições:

∀(x), (M(x) → ~G(x))

Agora aplicamos a instanciação universal. Portanto, se essa sentença vale para todo "x", então vale para um indivíduo em particular, como o apresentador (designado por "a"):

M(a) → ~G(a)

Textualmente, fica: ***Se*** *o apresentador tem boa memória,* ***então não*** é gordo.

Veja que a conclusão está **correta**, pois decorre da premissa. Isto é, o fato de a premissa ser verdadeira garante que a conclusão também é verdadeira.

Gabarito: E.

Mais uma vez, poderíamos solucionar a questão sem utilizar a linguagem da lógica de primeira ordem, recorrendo aos nossos conhecimentos de proposições categóricas e diagramas lógicos.

Inicialmente, adotamos como premissa verdadeira a afirmação do entrevistado, de modo que é verdade que "*Toda pessoa gorda não tem boa memória*". Isso pode ser representado por:

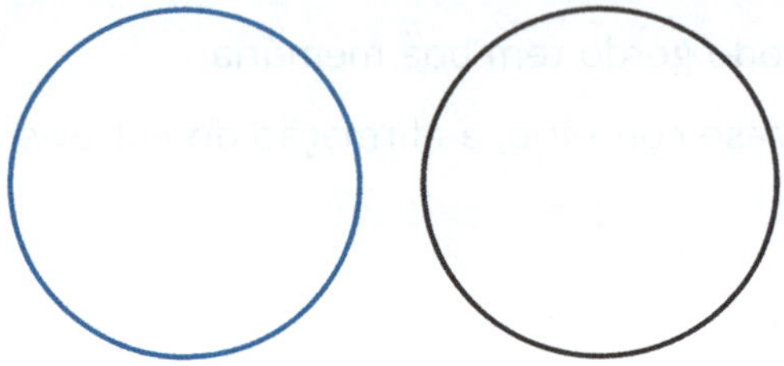

O nosso objetivo consiste em avaliar a seguinte conclusão: "*Se eu tenho boa memória, então não sou gordo*".

Pelo diagrama, fica claro que, **se uma pessoa pertence ao conjunto dos que têm boa memória, então ela não fará parte do conjunto dos que são gordos**. Portanto, a conclusão está correta e decorre da premissa. Logo, confirmamos que o fato de a premissa ser verdadeira garante que a conclusão também é verdadeira.

QUESTÃO 05 (FGV – Técnico/Pref Salvador/2017) Uma professora disse aos seus alunos: "Todos que acertarem as cinco questões do teste ganharão um sorvete". O teste foi realizado e Joãozinho é um dos alunos. Pode-se deduzir, logicamente, que,

a) se Joãozinho errou pelo menos uma questão do teste, então ele não ganhou um sorvete.

b) se Joãozinho ganhou um sorvete, então ele acertou todas as questões do teste.

c) se Joãozinho não ganhou um sorvete, então ele errou pelo menos uma questão do teste.

d) se Joãozinho não ganhou um sorvete, então ele errou as cinco questões do teste.

e) se Joãozinho ganhou um sorvete, então ele acertou pelo menos uma questão do teste.

RESOLUÇÃO:

Sejam:

Q(x): x acertou as cinco questões do teste

S(x): x ganhará um sorvete

A afirmação apresentada pelo enunciado pode ser simbolizada como:

∀(x), (Q(x) → S(x)): *"Todos que acertarem as cinco questões do teste ganharão um sorvete"*

Sabemos que uma equivalência lógica do condicional é sua **contrapositiva**, que é obtida pela negação de ambos os termos e pela inversão da ordem em que aparecem no condicional. Aplicando isso a nossa sentença, temos:

∀(x), (Q(x) → S(x)) = ∀(x), (~S(x) → ~Q(x))

Textualmente, fica: "*Todos que não ganharam um sorvete não acertaram as cinco questões do teste*".

É lógico que "*não acertar as cinco questões*" é o mesmo que "*errar ao menos uma questão*". Desse modo, se Joãozinho, sendo um dos alunos que realizou o teste, não ganhou um sorvete, então ele errou pelo menos uma questão do teste.

Gabarito: C.

Poderíamos solucionar a questão de maneira mais simplificada, sem o uso da linguagem da lógica de primeira ordem. Para isso, bastaria lembrar que "*Todo A é B*" equivale logicamente a "*Se A, então B*".

Aplicando essa equivalência à afirmação trazida pelo enunciado, obtemos:

***Se** Joãozinho acertou as cinco questões do teste, **então** ele ganhará um sorvete.*

Sabemos que uma equivalência lógica do condicional é sua **contrapositiva**, que é obtida pela negação de ambos os termos e pela inversão da ordem em que aparecem no condicional. Fazendo isso na nossa sentença, teremos como resultado:

***Se** Joãozinho **não** ganhou um sorvete, **então** ele **não** acertou as cinco questões do teste.*

Veja que essa proposição é idêntica à contida na alternativa C, com uma ligeira diferença na forma de expressar a segunda parcela do condicional (mas com mesmo significado). Portanto, confirmamos que essa é mesmo a opção correta.

4.2. Quantificador Existencial

O **quantificador existencial**, indicado pelo símbolo ∃, pode ser lido como: **existe pelo menos um, para algum**. Ele nos diz que existem elementos do conjunto em análise que satisfazem determinada sentença.

Para exemplificar, considere que R(x) corresponde a "x é rico". Caso alguns elementos do conjunto universo sejam ricos, indicaríamos isso da seguinte maneira:

$$\exists(x), R(x)$$

Essa expressão pode ser traduzida como: "*Existe pelo menos um x que é rico*". Em linguagem corrente, diríamos que "*Algum x é rico*".

Assim, observamos que está presente nessas expressões a ideia de interseção, ou seja, temos que determinado elemento faz parte simultaneamente de dois conjuntos. Conforme estudamos nas proposições categóricas, isso deve ser associado ao conectivo **conjunção**, pois ele indica a existência de elementos com características comuns:

FIQUE ATENTO!

Afirmar que **Algum A é B** é logicamente **equivalente** a dizer que **Algum B é A**. Portanto, podemos fazer o caminho inverso no quantificador existencial. Por exemplo, dizer que "Algum servidor público é brasileiro" equivale a declarar que "Algum brasileiro é servidor público".

Então, teremos pelo menos elemento x comum a A e a B, o que pode ser representado pelo seguinte diagrama:

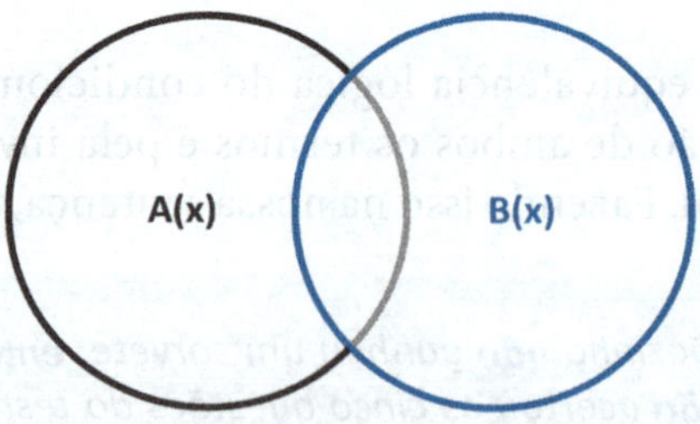

Nesse caso, a escrita do "Algum A é B" na lógica de primeira ordem será:

$$\exists(x), A(x) \land B(x)$$

E como fica a leitura dessa expressão? Bem, lemos do seguinte modo:

"Existe um elemento x que faz parte de A e de B"

ESCLARECENDO!

O quantificador existencial também pode ser aplicado para tornar uma sentença aberta numa proposição lógica. Para exemplificar, consideremos novamente a sentença aberta "x + 2 = 5". Se utilizarmos a estrutura "∃(x), (x ∈ N) ∧ (x + 2 = 5)", isto é, com a aplicação do quantificador, a frase passa a possuir sujeito e predicado definidos, de modo que podemos avaliá-la e determinar seu valor lógico, obtendo, realmente, uma proposição lógica.

E o inverso também vale, já que aqui podemos aplicar a comutatividade. Logo, temos:

∃(x), B(x) ∧ A(x): Existe um elemento x que faz parte de B e de A.

Em relação às proposições categóricas que estudamos, o quantificador existencial tem relação com três delas: 1) Algum A é B; 2) Algum A não é B; e 3) Nenhum A é B.

Sobre a **proposição particular afirmativa** (**Algum A é B**), já vimos nos parágrafos anteriores sua função no âmbito da lógica de primeira ordem. Portanto, tudo o que falamos até aqui neste tópico se encaixa nessa estrutura. Desse modo, podemos focar nas demais.

Inicialmente, a **proposição particular negativa** (**Algum A não é B**) indica que pelo menos um membro da classe designada pelo termo sujeito A está excluído da classe do predicado B. Portanto, ela nega particularmente que há uma relação de inclusão entre as duas classes, de modo que nem todos os membros de A são também membros de B.

Como denotamos isso na linguagem da lógica de primeira ordem? Muito simples, veja:

∃(x), A(x) ∧ ~B(x)

Essa expressão pode ser lida como: *Existe um elemento x que faz parte de A e não faz parte de B.*

Por fim, temos a **proposição universal negativa** (**Nenhum A é B**), a qual indica que a primeira classe está excluída da segunda, ou seja, não existe elemento da primeira que também seja elemento da segunda. Assim, ela nega completamente que há uma relação de inclusão entre as duas classes, ou seja, não há elemento de A que seja também elemento de B.

Na lógica de primeira ordem, isso pode ser denotado como:

$$\sim\exists(x),\ A(x) \land B(x)$$

A leitura dessa expressão é dada pelo seguinte: *Não existe sequer um elemento x que faz parte de A e faz parte de B.*

Por fim, é importante sabermos determinar o **valor lógico** de uma proposição lógica que esteja apresentada na linguagem de primeira ordem e com o quantificador existencial.

EXEMPLO 01) $\exists(x), (x \in N) \land (x^2 = 9)$

Veja que **x** é a nossa variável, **N** corresponde ao conjunto dos números inteiros e "$\mathbf{x^2 = 9}$" é a sentença aberta. Na solução dessa equação do segundo grau, obtemos como raízes os valores 3 e -3, de modo que apenas o primeiro deles é um número natural. Então, existe uma raiz que satisfaz a condição imposta. Portanto, o valor lógico dessa expressão é **verdadeiro**.

EXEMPLO 02) $\sim\exists(y), (y \in R) \land (y + 2 = y + 4)$

Note que y é a nossa variável, R representa o conjunto dos números reais e "$\mathbf{y + 2 = y + 4}$" é a sentença aberta. Se simplificarmos a expressão cortando o y de cada lado da igualdade, então o resultado seria 2 = 4. Ora, não existe y que torne possível fazer 2 igual a 4. Portanto, o valor lógico dessa expressão é **verdadeiro**, pois realmente nenhum número pertencente ao conjunto dos números reais valida essa igualdade.

EXEMPLO 03) Se x pertence ao conjunto {0, 1, 2, 3, 4, 5, 6, 7, 8, 9}, então a proposição "existe x, $(x + 6) < 4$" possui qual valor lógico?

Temos que x é a nossa variável e "$\mathbf{(x + 6) < 4}$" é a sentença aberta. Repare que para qualquer valor do conjunto em análise que substituirmos na expressão dada, o resultado sempre será falso. Por exemplo, com x = 0, a desigualdade ficará 6 < 4 (errado), da mesma forma que com x = 9 teremos 15 < 4 (errado). Assim, o valor lógico da proposição é **falso**.

No quadro a seguir, disponibilizamos para você um resumo dos quantificadores que estudamos, relacionando-os às proposições categóricas e evidenciando sua simbologia e leitura na linguagem corrente.

ESQUEMATIZANDO!

Quantificador	Proposição Categórica	Representação Simbólica	Leitura
Universal (∀)	Todo A é B	∀(x), A(x) → B(x)	**Para qualquer** que seja o elemento, **se** ele for A, **então** necessariamente será B
Existencial (∃)	Algum A é B	∃(x), A(x) ∧ B(x)	**Existe** um elemento x que faz parte de A **e** de B
	Algum A não é B	∃(x), A(x) ∧ ~B(x)	**Existe** um elemento x que faz parte de A **e não** faz parte de B
	Nenhum A é B	~∃(x), A(x) ∧ B(x)	**Não existe** sequer um elemento x que faz parte de A **e** faz parte de B

Veja como esse assunto já foi cobrado!

QUESTÃO 06 (CESPE – Ana Min/MPE-TO/2006) Proposições também são definidas por predicados que dependem de variáveis e, nesse caso, avaliar uma proposição como V ou F vai depender do conjunto onde essas variáveis assumem valores. Por exemplo, a proposição "Todos os advogados são homens", que pode ser simbolizada por (∀x)(A(x) → H(x)), em que A(x) representa "x é advogado" e H(x) representa "x é homem", será V se x pertencer a um conjunto de pessoas que torne a implicação V; caso contrário, será F. Para expressar simbolicamente a proposição "Algum advogado é homem", escreve-se (∃x)(A(x)∧H(x)). Na tabela abaixo, em que A e B simbolizam predicados, estão simbolizadas algumas formas de proposições.

proposição	forma simbólica
todo A é B	(∀*x*)(A(*x*) → B(*x*))
nenhum A é B	¬ (∃*x*)(A(*x*)∧B(*x*))

A proposição "Nenhum pavão é misterioso" está corretamente simbolizada por ¬(∃x) (P(x) ∧ M(x)), se P(x) representa "x é um pavão" e M(x) representa "x é misterioso".

RESOLUÇÃO:

Para nos ajudar na resposta, vamos considerar a expressão "*nenhum homem é ave*". Ela indica que não existe homem que seja ave.

Sejam:

H(x): "x é homem";

A(x): "x é ave".

Para fazermos relação entre esses dois predicados, formando expressões como "*algum homem é ave*", ou "*todo homem é ave*", ou "*nenhum homem é ave*", precisamos de **quantificadores** que delimitem o escopo da nossa afirmação. Nesse sentido, utilizamos os símbolos ∃(x) e ∀(x) – respectivamente, "**existe**" e "**para todo**".

Assim, para indicarmos na notação da lógica de primeira ordem que "*algum homem é ave*", fazemos **∃(x), (H(x) ∧ A(x))**. Já se quisermos dizer que "nenhum homem é ave" – o que equivale a afirmar que não existe homem que seja ave –, basta acrescentar o sinal de negação: **~∃(x), (H(x) ∧ A(x))**.

Portanto, simbolizando **P(x)** para "*x é pavão*" e **M(x)** para "*x é misterioso*", a expressão "*nenhum pavão é misterioso*" está adequadamente representada por **~∃(x), (P(x) ∧ M(x))**.

Gabarito: Certo.

Perceba que essa foi uma questão em que para resolvê-la foram necessários conhecimentos básicos de lógica de primeira ordem. Por isso dissemos na introdução deste capítulo que muitas questões poderiam ser resolvidas sem o conhecimento deste assunto, mas algumas não, e essas geralmente cobravam mais os conhecimentos básicos sobre ele, assim como nas duas próximas questões.

QUESTÃO 07 (CESPE) – Escriturário/BB/2008) A proposição "Não existem mulheres que ganham menos que os homens" pode ser corretamente simbolizada na forma ∃x(M(x) → G(x)).

RESOLUÇÃO:

Sejam:

M(x): x é mulher;

G(x): x ganha menos do que os homens.

O nosso objetivo consiste em determinar a correta representação simbólica para a proposição trazida pelo enunciado, que é dada por:

¬∃(x), (M(x) ∧ G(x)) = *"**Não existe** x tal que x é mulher **e** x ganha menos do que os homens"*

Repare que 1) temos uma negação na frente do quantificador existencial e 2) usamos o conectivo conjunção na frase.

Fica claro que essa estrutura é <u>totalmente diferente</u> da apresentada na questão.

Gabarito: errado.

QUESTÃO 08 (CESPE) – Escriturário/BB/2008) Suponha-se que U seja o conjunto de todas as pessoas, que M(x) seja a propriedade "x é mulher" e que D(x) seja a propriedade "x é desempregada". Nesse caso, a proposição "Nenhuma mulher é desempregada" fica corretamente simbolizada por $\neg\exists x(M(x) \wedge D(x))$.

RESOLUÇÃO:

O enunciado apresenta a expressão: $\neg\exists x\ (M(x) \wedge D(x))$. Vamos entendê-la!

Inicialmente, temos $\neg\exists x$, que significa **NÃO EXISTE X**.

Em seguida, são colocados parênteses logo após x, para indicar a expressão "**tal que**".

Por sua vez, dentro dos parênteses temos a proposição: $M(x) \wedge D(x)$. O item informa que **M(x)** significa "*x é mulher*" e **D(x)** corresponde a "*x é desempregada*". Tais expressões estão sendo unidas por uma **conjunção**, formando a frase: "*x é mulher e está desempregada*".

Assim, podemos concluir que a expressão $\neg\exists x\ (M(x) \wedge D(x))$ também pode ser lida como "*Não existe x, tal que x é mulher e está desempregada*".

Note que isso equivale a dizer que "*Nenhuma mulher é desempregada*", conforme consta no item.

Gabarito: certo.

5. NEGAÇÃO DE PROPOSIÇÕES QUE POSSUEM QUANTIFICADORES

A maioria das questões que cobra lógica de primeira ordem está concentrada neste tópico. Então, precisamos saber fazer corretamente a **negação de proposições que possuem quantificadores**.

A seguir, trataremos a negação de proposições contendo o quantificador universal, para em seguida vermos como negar aquelas que contêm o quantificador existencial.

5.1. Negação do quantificador universal

No capítulo em que abordamos os Diagramas Lógicos, aprendemos como fazer a **negação** de sentenças que iniciam com a palavra **Todo**. Você lembra?

Por exemplo, a negação de "***Todo*** *político é corrupto*" é a proposição: "***Algum*** *político* ***não*** *é corrupto*".

BIZU!

Para negar uma proposição iniciada pela palavra TODO, trocamos TODO por ALGUM e acrescentamos o NÃO antes do verbo.

Isso ocorre porque não seria preciso analisar TODOS os políticos do mundo para verificar que nenhum deles é corrupto para, então, ter condições de concluir que "*Nenhum político é corrupto*".

Na verdade, basta que você encontre **um** político que **não** seja corrupto para demonstrar que a afirmação é mentirosa, afinal a afirmação original é no sentido de que TODO político pratica atos de corrupção. Por isso, a negação pode ser realizada por quaisquer das seguintes frases:

"Pelo menos um político NÃO é corrupto"

"Algum político NÃO é corrupto"

"Existe político que NÃO é corrupto"

De modo similar, a negação do quantificador universal é obtida por seguirmos dois passos: 1º) substituiremos o ∀ (para todo) pelo ∃ (existe um); e 2º) negaremos a sentença aberta. Simbolicamente, fica:

A negação de ∀(x), P(x) é a sentença ∃(x), ~P(x)

Em que **P(x)** representa a sentença aberta que estivermos analisando, que geralmente será uma **condicional**. É justamente por isso que a negação da expressão iniciada com a palavra TODO envolve manter a primeira parcela e negar a segunda, pois é dessa forma que negamos o "Se, então".

NEGAÇÃO DO QUANTIFICADOR UNIVERSAL

~[∀(x), P(x)] = ∃(x), ~P(x)

1º) **substituir** o ∀ pelo ∃

2º) **negar** a sentença aberta

Para facilitar o entendimento, vamos fazer a negação de algumas proposições:

Proposição	Negação
1) ∀(x), (x ∈ N) → (x ÷ 2 > 4)	∃(x), (x ∈ N) ∧ (x ÷ 2 ≤ 4)
2) ∀(x), (x ∈ {2, 4, 6, 8}) → (x é um número par)	∃(x), (x ∈ {2, 4, 6, 8}) ∧ (x não é um número par)
3) ∀(x), H(x) → M(x) (Todo homem é mortal)	∃(x), H(x) ∧ ~M(x) (Existe pelo menos um homem que não é mortal)

Veja como esse assunto já foi cobrado!

QUESTÃO 09 (CESPE – Téc Adm/ANCINE/2012) A negação da proposição "Todo ator sabe cantar e dançar" é equivalente a "Existe ator que não sabe cantar ou que não sabe dançar".

RESOLUÇÃO:

Sejam os seguintes predicados, sabendo que todo **x** pertence ao conjunto dos atores:

C(x): x sabe cantar;

D(x): x sabe dançar.

A sentença apresentada pelo enunciado pode ser simbolizada como:

∀(x), (C(x) ∧ D(x)): *"**Todo** ator sabe cantar **e** dançar"*

O nosso objetivo consiste em negar essa frase. Para fazermos a **negação do quantificador universal**, basta o trocarmos pelo quantificador existencial e negarmos o restante da sentença:

~[∀(x), (C(x) ∧ D(x))] = ∃(x), **~(C(x) ∧ D(x))**

Temos agora a negação de uma conjunção, que é obtida por: negar cada termo e substituir o conectivo pela disjunção:

~[∀(x), (C(x) ∧ D(x))] = ∃(x), (~C(x) ∨ ~D(x))

Textualmente, fica: "***Existe*** *ator que* ***não*** *sabe cantar* ***ou*** *que* ***não*** *sabe dançar*".

Gabarito: Certo.

QUESTÃO 10 (CESPE – Consultor de Orçamentos/SEN/2002) As quatro proposições categóricas de Aristóteles (384 a 322 a.C.), componentes fundamentais de seus silogismos, podem ser simbolizadas pelas fórmulas da linguagem da lógica de 1.ª ordem, mostradas na tabela abaixo.

proposição categórica	representação simbólica
(1) Todo A é B	∀x (A (x) → B(x))
(2) Algum A é B	∃x (A (x) ∧ B(x))
(3) Nenhum A é B	¬∃x (A (x) ∧ B(x))
(4) Algum A não é B	∃x (A (x) ∧ ¬B(x))

A fórmula ¬∀x(A(x)→B(x)) **é** equivalente a ∃x(A(x)∧¬B(x)).

RESOLUÇÃO:

Inicialmente, vamos analisar a primeira fórmula: **¬∀(x), (A(x) → B(x))**.

Veja que tem o símbolo de **negação** no começo da expressão. Caso ele não existisse, a proposição seria: "*Todo A é B*", que corresponderia à representação simbólica contida na primeira linha da tabela trazida pelo item.

Porém, esse não é o caso. Logo, como temos a negação na frente, ficamos com "*Nem todo A é B*".

A segunda fórmula apresentada é: **∃(x), (A(x) ∧ ¬B(x))**. Conforme consta na segunda linha da tabela, isso significa que "*Algum A não é B*".

Professores, é impressão minha ou as duas frases dizem a mesma coisa?

Você tem toda razão. Parabéns pela observação certeira! De fato, são duas formas ligeiramente diferentes de falar a mesma coisa.

Gabarito: Certo.

QUESTÃO 11 (IBADE – Agente/PC-AC/2017) Falar que é verdade que "para todo policial, se o policial é civil e se o policial é investigador, então o policial está em ação" é logicamente equivalente a falar que não é verdade que:

a) alguém que não é um civil Investigador está em ação.

b) existe um civil Investigador que não está em ação.

c) alguns civis Investigadores estão em ação,

d) alguns civis que não são Investigadores estão em ação.

e) nenhum civil Investigador não está em ação.

RESOLUÇÃO:

Sejam os seguintes predicados, sabendo que todo **x** pertence ao conjunto dos policiais:

C(x): x é civil;

I(x): x é investigador;

A(x): x está em ação.

A sentença apresentada pelo enunciado pode ser simbolizada como:

$\forall(x), ((C(x) \land I(x)) \rightarrow A(x))$: *"para todo policial, se o policial é civil e se o policial é investigador, então o policial está em ação"*

O nosso objetivo consiste em negar essa expressão, pois se busca uma expressão logicamente equivalente à negação dela.

Para fazermos a **negação do quantificador universal**, basta o substituirmos pelo existencial e negarmos o restante. Assim, obtemos:

$$\sim[\forall(x), ((C(x) \land I(x)) \rightarrow A(x))] = \exists(x), \sim[(C(x) \land I(x)) \rightarrow A(x)]$$

A fim de negarmos o condicional, mantemos o primeiro termo, negamos o segundo e trocamos o conectivo pela conjunção:

$$\sim[\forall(x), ((C(x) \land I(x)) \rightarrow A(x))] = \exists(x), (C(x) \land I(x) \land \sim A(x))$$

Textualmente, fica: *"Existe um civil investigador que não está em ação"*.

Gabarito: B.

QUESTÃO 12 (CEBRASPE – Auditor Fiscal/SEFAZ-ES/2013) A negação da proposição "Cada uma das contas apresentadas por Fernando contém, no mínimo, dois erros contábeis." corresponde a

a) Todas as contas apresentadas por Fernando contêm, pelo menos, um erro contábil.

b) Nenhuma das contas apresentadas por Fernando contém, no mínimo, dois erros contábeis.

c) Cada uma das contas apresentadas por Fernando contém, no máximo, um erro contábil.

d) Pelo menos uma das contas apresentadas por Fernando contém, no máximo, um erro contábil.

e) Pelo menos uma das contas apresentadas por Fernando contém, no mínimo, dois erros contábeis.

RESOLUÇÃO:

Sejam:

x: um elemento qualquer do conjunto das contas apresentadas por Fernando;

n(x): o número de erros contábeis do elemento x.

A proposição trazida pelo enunciado pode ser simbolizada por:

∀(x), (n(x) ≥ 2): *"**Cada uma** das contas apresentadas por Fernando contém, no mínimo, dois erros contábeis"*

Repare que a expressão "cada uma" corresponde ao quantificador "todo". O nosso objetivo consiste em negar essa proposição. Para isso, trocamos o quantificador universal pelo existencial e negamos a sentença aberta entre parênteses:

$$\exists(x), \neg(n(x) \geq 2)$$

Agora, devemos efetuar a negação de "*n(x) é maior ou igual a 2*", que é dada por: "*n(x) é menor que 2*". Simbolicamente, temos:

$$\exists(x), (n(x) < 2)$$

Textualmente, fica: "*Existe uma conta apresentada por Fernando com menos de dois erros contábeis*". Ou ainda: "*Pelo menos uma conta apresentada por Fernando tem menos de dois erros contábeis*"

Considerando que a quantidade de erros é necessariamente um número inteiro, afirmar que algo é menor que 2 é o mesmo que dizer que é menor ou igual a 1. Logo:

$$\exists(x), (n(x) \leq 1)$$

Textualmente, fica: "*Pelo menos uma conta apresentada por Fernando tem no máximo um erro contábil*".

Gabarito: D.

Poderíamos adotar um caminho simplificado, sem o uso da linguagem da lógica de primeira ordem.

Sabemos que "*Cada um A é B*" equivale a "*Todo A é B*", expressão cuja negação é dada por "*Algum A não é B*" ou "*Pelo menos um A não é B*".

Além disso, a frase "*no mínimo, dois erros contábeis*" significa "maior ou igual a 2", cuja negação seria menor do que 2 ou no máximo 1.

Portanto, a negação da proposição "***Cada uma** das contas apresentadas por Fernando contém, **no mínimo, dois erros** contábeis*" fica: "***Pelo menos uma** das contas apresentadas por Fernando contém, **no máximo, um erro** contábil*".

Esse resultado confirma que a alternativa correta é a letra D.

QUESTÃO 13 (VUNESP – Auxiliar de Papiloscopista/PC-SP/2018) Considere a seguinte proposição: Todas as pessoas podem reunir-se pacificamente e têm o direito a receber informações de seu interesse. Uma negação lógica para essa proposição está contida na alternativa:

a) Existe pessoa que não pode se reunir pacificamente com outras pessoas ou que não tem o direito a receber informações de seu interesse.

b) Existe pessoa que não pode se reunir pacificamente com outras pessoas e que não tem o direito a receber informações de seu interesse.

c) Nenhuma pessoa pode se reunir pacificamente com outras pessoas ou tem o direito a receber informações de seu interesse.

d) Nenhuma pessoa pode se reunir pacificamente com outras pessoas e tem o direito a receber informações de seu interesse.

e) Todas as pessoas não podem se reunir pacificamente e não têm o direito a receber informações de seu interesse.

RESOLUÇÃO:

Sejam os seguintes predicados:

P(x): x pode reunir-se pacificamente;

I(x): x tem direito a receber informações de seu interesse.

A sentença apresentada pelo enunciado pode ser simbolizada como:

$\forall(x), (P(x) \wedge I(x))$: *"Todas as pessoas podem reunir-se pacificamente e têm o direito a receber informações de seu interesse"*

O nosso objetivo consiste em negar essa frase. Para fazermos a **negação do quantificador universal**, basta o trocarmos pelo quantificador existencial e negarmos o restante da sentença:

$$\sim[\forall(x), (P(x) \wedge I(x))] = \exists(x), \sim(P(x) \wedge I(x))$$

Temos agora a negação de uma conjunção, que é obtida negando cada termo e substituindo o conectivo pela disjunção:

$$\sim[\forall(x), (P(x) \wedge I(x))] = \exists(x), (\sim P(x) \vee \sim I(x))$$

Textualmente, fica: "*Existe pessoa que não pode se reunir pacificamente com outras pessoas ou que não tem o direito a receber informações de seu interesse*".

Gabarito: A.

QUESTÃO 14 (CEBRASPE – Téc Jud/TRE-GO/2015) A proposição "Todos os esquizofrênicos são fumantes; logo, a esquizofrenia eleva a probabilidade de dependência da nicotina" é equivalente à proposição "Se a esquizofrenia não eleva a probabilidade de dependência da nicotina, então existe esquizofrênico que não é fumante".

RESOLUÇÃO:

Sejam:

P(x): x é esquizofrênico;

Q(x): x é fumante;

R: a esquizofrenia eleva a probabilidade de dependência da nicotina.

A proposição inicial pode ser simbolizada por:

∀(x), (P(x) → Q(x)) → R: *"Todos os esquizofrênicos são fumantes; logo, a esquizofrenia eleva a probabilidade de dependência da nicotina"*

Numa proposição composta unida pelo condicional podemos inverter a ordem das parcelas, fazendo as negações, obtendo uma sentença equivalente:

∀(x), (P(x) → Q(x)) → R = (~R) → **~∀(x)**, (P(x) → Q(x))

Veja que ficamos com uma negação incidindo sobre o **quantificador universal**. Para resolvê-la, basta trocar o quantificador para o existencial e negar o que estiver entre parênteses:

∀(x), (P(x) → Q(x)) → R = (~R) → ∃(x), ~(P(x) → Q(x))

Agora precisamos negar um condicional. Para isso, mantemos a primeira parcela, negamos a segunda e trocamos o conectivo por "e":

∀(x), (P(x) → Q(x)) → R = (~R) → ∃(x), (P(x) ∧ ~Q(x))

Textualmente, fica: "*Se a esquizofrenia não eleva a probabilidade de dependência da nicotina, então existe esquizofrênico que não é fumante*".

Gabarito: certo.

5.2. Negação do quantificador existencial

No capítulo em que abordamos os Diagramas Lógicos, aprendemos como fazer a **negação** de sentenças que iniciam com a palavra **Algum (ou Existe)**.

Por exemplo, a negação de "***Existe*** *político que é corrupto*" é a proposição: "***Nenhum*** *político é corrupto*".

E também vimos no capítulo anterior que Nenhum A é B é o mesmo que Todo A não é B. Logo, a negação da frase também poderia ser efetuada por meio da seguinte proposição: "***Todo*** *político* ***não*** *é corrupto*".

BIZU!

Para negar uma proposição iniciada pela palavra ALGUM (EXISTE), podemos adotar os seguintes métodos:

1) trocamos ALGUM (EXISTE) por NENHUM;

2) trocamos ALGUM (EXISTE) por TODO e acrescentamos o NÃO antes do verbo.

Veja que a proposição inicial afirma que PELO MENOS UM político é corrupto. Assim, para negar essa frase, seria preciso analisar TODOS os políticos a fim de verificar que não existe sequer um deles que é corrupto para, então, ter condições de concluir que "*Nenhum político é corrupto*".

Por isso, a negação pode ser realizada por quaisquer das seguintes frases:

"Nenhum político é corrupto."

"Todo político não é corrupto."

De modo similar, a negação do quantificador existencial é obtida de duas formas:

1) trocaremos o ∃ (existe) pelo ~∃ (não existe), mantendo a sentença aberta;

2) substituiremos o ∃ (existe) pelo ∀ (para todo), negando a sentença aberta. Simbolicamente, fica:

A negação de ∃ (x), P(x) é ~∃ (x), P(x) OU ∀(x), ~P(x)

Em que **P(x)** representa a sentença aberta que estivermos analisando.

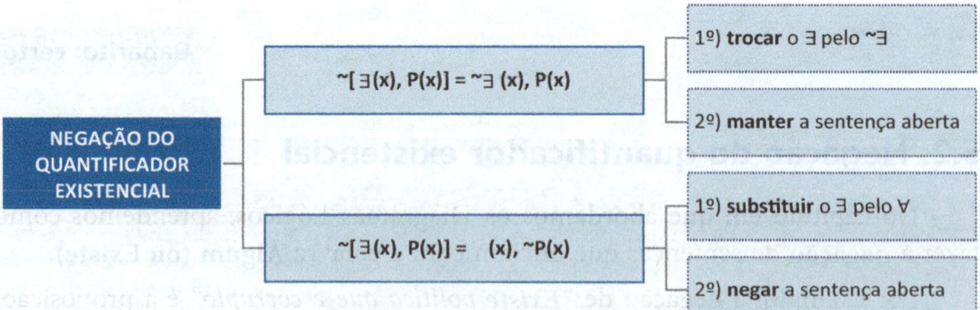

Para facilitar o nosso entendimento, vamos fazer a negação de algumas proposições.

Proposição	Negação
1) ∃(x), (x ∈ N) ∧ (x ÷ 2 > 4)	∀(x), (x ∈ N) → (x ÷ 2 ≤ 4) ~∃(x), (x ∈ N) ∧ (x ÷ 2 > 4)
2) ∃(x), (x ∈ {2, 4, 6, 8}) ∧ (x é um número par)	∀(x), (x ∈ {2, 4, 6, 8}) → (x não é um número par) ~∃(x), (x ∈ {2, 4, 6, 8}) ∧ (x não é um número par)
3) ∃(x), H(x) ∧ M(x) (Existe homem que é mortal)	∀(x), H(x) → ~M(x) (Todo homem não é mortal) ~∃(x), H(x) ∧ M(x) (Nenhum homem é mortal)

No quadro a seguir, resumimos as negações dos quantificadores que estudamos, relacionando-os às proposições categóricas e evidenciando sua simbologia e leitura na linguagem corrente.

Quantificador	Proposição Categórica	Representação Simbólica	Negação
Universal (∀)	**Todo A é B**	**∀(x), A(x) → B(x)**	**∃(x), A(x) ∧ ~B(x)**
Existencial (∃)	**Algum A é B**	**∃(x), A(x) ∧ B(x)**	**~∃(x), A(x) ∧ B(x) OU ∀(x), A(x) → ~B(x)**
	Algum A não é B	**∃(x), A(x) ∧ ~B(x)**	**~∃(x), A(x) ∧ ~B(x) OU ∀(x), A(x) ∨ B(x)**
	Nenhum A é B	**~∃(x), A(x) ∧ B(x)**	**∃(x), A(x) ∧ B(x)**

Veja como esse assunto já foi cobrado!

QUESTÃO 15 (FGV – Téc/MPE-AL/2018) Considere a afirmação: "Existem insetos que não são pretos" Se essa afirmação é falsa, então é verdade que

a) nenhum inseto é preto.

b) todo inseto é preto.

c) todos os animais pretos são insetos.

d) nenhum animal preto é inseto.

e) nem todos os insetos são pretos.

RESOLUÇÃO:

Sejam:

I(x): x é inseto;

P(x): x é preto.

A sentença presente no enunciado pode ser simbolizada como:

∃(x), (I(x) ∧ ~P(x)): existem insetos que não são pretos.

Como essa afirmação é falsa, precisamos negá-la. Para fazermos a **negação do quantificador existencial**, basta o substituirmos pelo quantificador universal e negarmos o restante da sentença. Logo:

~[∃(x), (I(x) ∧ ~P(x))] = ∀(x), ~(I(x) ∧ ~P(x))

Precisamos agora negar essa conjunção. Para isso, negamos ambas as partes e trocamos o conectivo pela disjunção:

~[∃(x), (I(x) ∧ ~P(x))] = ∀(x), (~I(x) ∨ P(x))

Porém, geralmente não encontraremos opção de resposta relacionada ao OU. Então, aplicamos a equivalência da disjunção que nos leva ao "SE, ENTÃO". Nesse caso, negamos a primeira parte, mantemos a segunda e trocamos o conectivo de OU para condicional:

~[∃(x), (I(x) ∧ ~P(x))] = ∀(x), (I(x) → P(x))

Textualmente, fica: "*Todo inseto é preto*".

Gabarito: B.

Poderíamos resolver a questão sem o uso da simbologia própria da lógica de primeira ordem. Vejamos.

O nosso objetivo consiste em negar sentença "*Existem insetos que não são pretos*". Essa afirmação é uma **proposição particular negativa** e sua negação será uma **proposição universal afirmativa**. Desse modo, a negação de "*Alguns não...*" é "*Todos são...*".

Portanto, a negação de "***Existem*** *insetos que* ***não*** *são pretos*" é "***Todo*** *inseto é preto*".

Isso ocorre porque seria preciso analisar TODOS os insetos a fim de verificar que não existe sequer um deles que é preto para, então, ter condições de concluir que "***Todo*** *inseto é preto*".

QUESTÃO 16 (INAZ – Médico do Trabalho/BANPARÁ/2014) Considere a seguinte proposição P: (∃x ∈ A), (~p(x) → q(x) ∧ r(x)) Assinale a alternativa que contém uma proposição equivalente a ¬ p.

a) (∃x ∈ A), (~p(x) ∧ (~q(x) v ~r(x))

b) (∃x ∈ A), (~p(x) ∧ (~q(x) v ~r(x))

c) (∃x ∈ A), (~p(x) → ~(q(x) v r(x))

d) (∃x ∈ A), (p(x) ∧ (~q(x) v ~r(x))

e) (∃x ∈ A), (~(p(x) → q(x) ∧ r(x))

RESOLUÇÃO:

Sabemos que a negação de "*Existe F que é G*" é dada por "*Todo F não é G*". O que fizemos? Ora, nós trocamos a palavra "existe" por "todo" e negamos a segunda parcela.

Aplicando isso à proposição apresentada pelo enunciado, temos:

F = x pertencente a A;

G = ~p(x) → q(x) ∧ r(x).

Assim, a negação de **(∃x ∈ A), (~p (x) → q(x)** ∧ **r(x)** é dada por "*Todo x pertencente a A tal que ~(~p(x) → q(x) ∧ r(x))*".

Precisamos fazer a negação de um condicional, que é obtida negando o consequente e trocando "→" por "∧":

Todo x pertencente a A tal que ~p(x) ∧ ~(q(x) ∧ r(x))

Agora faremos a negação da conjunção **q(x)** ∧ **r(x)**. Para isso, negamos cada parcela e trocamos ∧ por ∨:

∀**(x ∈ A), ~p(x)** ∧ **(~q(x)** ∨ **~r(x))**: *Todo x pertencente a A tal que ~p(x) ∧ (~q(x) ∨ ~r(x))*

Gabarito: B.

QUESTÃO 17 (FCC – Agente Fiscal de Rendas/SEFAZ-SP/2009) Considere a afirmação: Pelo menos um ministro participará da reunião ou nenhuma decisão será tomada. Para que essa afirmação seja FALSA

a) é suficiente que nenhum ministro tenha participado da reunião e duas decisões tenham sido tomadas.

b) é suficiente que dois ministros tenham participado da reunião e alguma decisão tenha sido tomada.

c) é necessário e suficiente que alguma decisão tenha sido tomada, independentemente da participação de ministros na reunião.

d) é necessário que nenhum ministro tenha participado da reunião e duas decisões tenham sido tomadas.

e) é necessário que dois ministros tenham participado da reunião e nenhuma decisão tenha sido tomada.

RESOLUÇÃO:

O enunciado apresenta uma proposição composta pelo conectivo **disjunção** (ou), cujo valor lógico só será **F** se suas duas parcelas forem falsas.

As duas parcelas em análise são as seguintes:

1ª parcela: **pelo menos um** ministro participará da reunião;

2ª parcela: **nenhuma** decisão será tomada.

Repare que a 1ª parcela será falsa quando **nenhum** ministro participar da reunião, ao passo que a 2ª parcela será falsa quando **alguma** decisão for tomada.

Será que chegaríamos a essa mesma conclusão usando a lógica de primeira ordem? Sim, com certeza!

Sejam:

M(x): x é ministro que participa da reunião;

D(x): x é decisão tomada.

A proposição inicial pode ser simbolizada como:

$$(\exists(x), M(x)) \vee (\neg\exists(y), D(y))$$

Já que essa proposição é falsa, sua negação é verdadeira. Sua negação é dada pela aplicação da lei de De Morgan, isto é, para negar um "ou", negamos cada parcela e trocamos o conectivo por "e":

$$\sim(\exists(x), M(x)) \wedge \sim(\sim\exists(y), D(y))$$

Como duas negações seguidas se anulam, temos:

$$\sim(\exists(x), M(x)) \wedge (\exists(y), D(y))$$

Textualmente fica: "***não existe*** *Ministro que participou da reunião* ***e existe*** *alguma decisão tomada*". Dito de outro modo: "***nenhum*** *ministro participou da reunião* ***e alguma*** *decisão foi tomada*".

Bem, vistas essas duas formas de lidar com a negação solicitada, vamos analisar cada alternativa.

A) é suficiente que nenhum ministro tenha participado da reunião e duas decisões tenham sido tomadas.

Correto. Se nenhum ministro for à reunião (1ª parcela falsa) e duas decisões forem tomadas (portanto, alguma decisão foi tomada, o que faz com que a 2ª parcela seja falsa), então a proposição composta pela disjunção será falsa. Alternativa correta.

B) é suficiente que dois ministros tenham participado da reunião e alguma decisão tenha sido tomada.

Errado. Se dois ministros participaram da reunião, então a 1ª parcela é verdadeira, o que faz com que a disjunção seja verdadeira.

C) é necessário e suficiente que alguma decisão tenha sido tomada, independentemente da participação de ministros na reunião.

Errado. É preciso que alguma decisão tenha sido tomada e que nenhum ministro tenha participado da reunião.

D) é necessário que nenhum ministro tenha participado da reunião e duas decisões tenham sido tomadas.

Errado. Realmente, é necessário que nenhum ministro tenha participado da reunião. Contudo, não é necessário que duas decisões tenham sido tomadas. Basta uma única decisão tomada para que a 2ª parcela seja falsa.

E) é necessário que dois ministros tenham participado da reunião e nenhuma decisão tenha sido tomada.

Errado. Se dois ministros participarem, a 1ª parcela será verdadeira, o que faz com que a disjunção seja verdadeira.

Gabarito: A.

6. RESUMO

Constantes individuais: símbolos utilizados para representar indivíduos ou classes de objetos mencionados em proposições. Tais símbolos são **letras minúsculas** do nosso alfabeto, como a, b e c.

Variáveis individuais: têm a função de marcar a posição na qual podemos alocar as **constantes individuais**, representadas por letras minúsculas como x, y e z.

Termos: é a reunião de constantes individuais e de variáveis individuais.

Predicados: correspondem àquilo que afirmamos sobre as constantes individuais e as variáveis individuais. (Exemplo: *f é mulher.*)

Constantes de predicado: utilizadas para representar os predicados e são simbolizadas por **letras maiúsculas**. Exemplo: *H*, para representar o conjunto composto por todos os homens.

Fórmula atômica: é a representação simbólica resultante da aplicação de constantes de predicado a termos. Ela sempre **inicia com uma constante de predicado**. Exemplo: *H(x): x é homem.*

Fórmula molecular: é a representação simbólica resultante da junção de duas fórmulas atômicas, por meio dos operadores lógicos. Exemplo: *H(s) ∧ A(b): "Shrek é homem* **e** *Burro é animal"*.

Quantificador	Proposição Categórica	Representação Simbólica	Leitura	Negação
Universal (∀)	**Todo A é B**	**∀(x), A(x) → B(x)**	**Para qualquer** que seja o elemento, **se** ele for A, **então** necessariamente será B	**∃(x), A(x) ∧ ~B(x)**
	Algum A é B	**∃(x), A(x) ∧ B(x)**	**Existe** um elemento x que faz parte de A **e** de B	**~∃(x), A(x) ∧ B(x) OU ∀(x), A(x) → ~B(x)**
Existencial (∃)	**Algum A não é B**	**∃(x), A(x) ∧ ~B(x)**	**Existe** um elemento x que faz parte de A **e não** faz parte de B	**~∃(x), A(x) ∧ ~B(x) OU ∀(x), A(x) ∨ B(x)**
	Nenhum A é B	**~∃(x), A(x) ∧ B(x)**	**Não existe** sequer um elemento x que faz parte de A **e** faz parte de B	**∃(x), A(x) ∧ B(x)**

7. MAIS QUESTÕES COMENTADAS

QUESTÃO 18 (IAUPE – Ana/ARPE/2014) Considerando verdadeira a declaração "Todo brasileiro gosta de futebol", assinale a alternativa que corresponde a uma argumentação CORRETA.

a) Diogo não gosta de futebol, então não é brasileiro.

b) Lucas não é brasileiro, então não gosta de futebol.

c) Rodrigo gosta de futebol, então não é brasileiro.

d) Samuel gosta de futebol, então é brasileiro.

e) Tiago não é brasileiro, então gosta de futebol.

RESOLUÇÃO:

Sejam:

B(x): x é brasileiro;

F(x): x gosta de futebol.

A declaração do enunciado pode ser simbolizada por:

∀(x), (B(x) → F(x)): ***Todo** brasileiro gosta de futebol*

Podemos aplicar a equivalência da contrapositiva do condicional a fim de obter outra sentença de igual valor lógico:

∀(x), (~F(x) → ~B(x)): ***Todos** que **não** gostam de futebol **não** são brasileiros*

Agora, podemos analisar as alternativas.

a) Diogo não gosta de futebol, então não é brasileiro.

Certa, pois todos que não gostam de futebol não são brasileiros.

b) Lucas não é brasileiro, então não gosta de futebol.

Errada, pois nada sabemos a respeito de quem não é brasileiro.

c) Rodrigo gosta de futebol, então não é brasileiro.

Errada, pois nada sabemos a respeito de quem gosta de futebol.

d) Samuel gosta de futebol, então é brasileiro.

Errada, pois nada sabemos a respeito de quem gosta de futebol.

e) Tiago não é brasileiro, então gosta de futebol.

Errada, pois nada sabemos a respeito de quem não é brasileiro.

Gabarito: A.

QUESTÃO 19 (FGV – Ass Leg/ALEMA/2013) Considere a sentença: "Não é verdade que todo parlamentar de Brasília falta às sessões plenárias das sextas-feiras no Congresso e retorna ao seu estado de origem." Uma sentença logicamente equivalente a essa é

a) Nenhum parlamentar de Brasília falta às sessões plenárias das sextas-feiras no Congresso e retorna ao seu estado de origem.

b) Todo parlamentar de Brasília comparece às sessões plenárias das sextas-feiras no Congresso ou retorna ao seu estado de origem.

c) Algum parlamentar de Brasília comparece às sessões plenárias das sextas-feiras no Congresso e não retorna ao seu estado de origem.

d) Algum parlamentar de Brasília comparece às sessões plenárias das sextas-feiras no Congresso e retorna ao seu estado de origem.

e) Algum parlamentar de Brasília comparece às sessões plenárias das sextas-feiras no Congresso ou não retorna ao seu estado de origem.

RESOLUÇÃO:

Sejam:

p(x): "x" falta às sessões plenárias das sextas-feiras no Congresso;

q(x): "x" retorna ao seu estado de origem.

A proposição trazida pelo enunciado, desconsiderando a expressão "*Não é verdade que...*", pode ser simbolizada por:

∀(x), (p(x) ∧ q(x)): *"todo parlamentar de Brasília falta às sessões plenárias das sextas-feiras no Congresso e retorna ao seu estado de origem"*

Essa sentença precisa ser negada, tendo em vista que é falso o que ela afirma. Para fazermos a **negação do quantificador universal**, basta o substituirmos pelo existencial e negarmos o restante. Assim, obtemos:

$\sim[\forall(x), (p(x) \land q(x))] = \exists(x), \sim[(p(x) \land q(x))]$

A fim de negar a conjunção, negamos ambas as parcelas e trocamos o conectivo pela disjunção:

$$\sim[\forall(x), (p(x) \land q(x))] = \exists(x), (\sim p(x) \lor \sim q(x))$$

Textualmente, fica: "***Algum*** *parlamentar de Brasília comparece às sessões plenárias das sextas-feiras no Congresso* ***ou*** *não retorna ao seu estado de origem*".

Gabarito: E.

QUESTÃO 20 (FGV – Ana Téc-Adm/SUDENE/2013) Supondo que a afirmativa "Todos os estados do Nordeste sofrem com a seca ou com o excesso de chuvas" seja falsa, analise as afirmativas a seguir.

I. "Nenhum estado do Nordeste sofre com a seca ou com o excesso de chuvas".
II. "Algum estado do Nordeste não sofre com a seca".
III. "Algum estado do Nordeste sofre com o excesso de chuvas".

Assinale:

a) se somente a afirmativa I for obrigatoriamente verdadeira.

b) se somente a afirmativa II for obrigatoriamente verdadeira.

c) se somente a afirmativa III for obrigatoriamente verdadeira.

d) se somente as afirmativas I e III forem obrigatoriamente verdadeiras.

e) se somente as afirmativas II e III forem obrigatoriamente verdadeiras.

RESOLUÇÃO:

Sejam:

N(x): x é estado do NE;

S(x): x sofre com a seca;

C(x): x chove com a chuva.

A proposição trazida pelo enunciado pode ser simbolizada por:

$\forall(x), (N(x) \to C(x) \lor S(x))$: "***Todos*** *os estados do Nordeste sofrem com a seca* ***ou*** *com o excesso de chuvas*"

Porém, essa sentença é **falsa**, de modo que precisamos negá-la. Para fazermos a **negação do quantificador universal**, basta o substituirmos pelo existencial e negarmos o restante. Assim, obtemos:

$$\sim[\forall(x), (N(x) \rightarrow C(x) \vee S(x))] = \exists(x), (N(x) \wedge \sim(C(x) \vee S(x)))$$

A fim de negar a disjunção, negamos ambas as parcelas e trocamos o conectivo pela conjunção:

$$\sim[\forall(x), (N(x) \rightarrow C(x) \vee S(x))] = \exists(x), (N(x) \wedge \sim C(x) \wedge \sim S(x))$$

Textualmente, fica: "***Existe algum*** *estado do NE que* ***não*** *sofre com chuva* ***e não*** *sofre com a seca*".

Gabarito: B.

QUESTÃO 21 (FCC – Téc Jud/TST/2012) A declaração abaixo foi feita pelo gerente de recursos humanos da empresa X durante uma feira de recrutamento em uma faculdade: "Todo funcionário de nossa empresa possui plano de saúde e ganha mais de R$ 3.000,00 por mês." Mais tarde, consultando seus arquivos, o diretor percebeu que havia se enganado em sua declaração. Dessa forma, conclui-se que, necessariamente,

a) dentre todos os funcionários da empresa X, há um grupo que não possui plano de saúde.

b) o funcionário com o maior salário da empresa X ganha, no máximo, R$ 3.000,00 por mês.

c) um funcionário da empresa X não tem plano de saúde ou ganha até R$ 3.000,00 por mês.

d) nenhum funcionário da empresa X tem plano de saúde ou todos ganham até R$ 3.000,00 por mês.

e) alguns funcionários da empresa X não têm plano de saúde e ganham, no máximo, R$ 3.000,00 por mês.

RESOLUÇÃO:

Sejam os seguintes predicados:

P(x): x possui plano de saúde;

G(x): x ganha mais de R$ 3.000,00 por mês.

A sentença apresentada pelo enunciado pode ser simbolizada como:

> **∀(x), (P(x) ∧ G(x))**: *"**Todo** funcionário de nossa empresa possui plano de saúde **e** ganha mais de R$ 3.000,00 por mês"*

O nosso objetivo consiste em negar essa frase, pois houve um engano na declaração inicial. Para fazermos a **negação do quantificador universal**, basta o trocar pelo quantificador existencial e negar o restante da sentença:

> ~[∀(x), (P(x) ∧ G(x))] = ∃(x), **~(P(x) ∧ G(x))**

Temos agora a negação de uma conjunção, que é obtida por: negar cada termo e substituir o conectivo pela disjunção:

> **~[∀(x), (P(x) ∧ G(x))] = ∃(x), (~P(x) ∨ ~G(x))**

Textualmente, fica: "***Algum*** *funcionário da empresa* ***não*** *possui plano de saúde* ***ou não*** *ganha mais de 3.000 reais*".

Gabarito: C.

QUESTÃO 22 (CESPE – Analista Ministerial/MPE-TO/2006) Considerando que ∀(x), A(x) e ∃(x), A(x) são proposições, é correto afirmar que a proposição ∀(x), A(x) → ∃(x), A(x) é avaliada como V em qualquer conjunto em que x assuma valores.

RESOLUÇÃO:

O enunciado afirma que **∀(x), A(x)** → **∃(x), A(x)** será sempre **verdadeiro**, independentemente do que seja **x**. Será que isso está correto?

Vamos adotar a estratégia de solucionar a questão tentando desmenti-la, tentando mostrar que a implicação nem sempre será verdadeira. Nesse caso, sabemos que só há uma possibilidade em que isso pode ocorrer: antecedente verdadeiro e consequente falso.

$$\overbrace{\forall(x)\ A(x)}^{V} \rightarrow \overbrace{\exists(x)\ A(x)}^{F}$$

A segunda parcela nos diz que "Algum x é A", cuja negação é dada por "Nenhum x é A".

Ora, se não existe x que é A, então a primeira parcela, que significa "*Todo x é A*", é evidentemente falsa.

Assim, ao assumirmos que o consequente ∃(x), A(x) é falso, concluímos que o antecedente ∀(x), A(x) também será falso, o que nos dá uma implicação F → F, cujo valor é V.

Portanto, a única possibilidade em que a implicação ∀(x), A(x) → ∃(x), A(x) poderia ser falsa não pode acontecer, o que nos garante que ela **será sempre verdadeira**.

Gabarito: Certo.

QUESTÃO 23 (CESPE – INSS/Téc Seg Soc/2008) Algumas sentenças são chamadas abertas porque são passíveis de interpretação para que possam ser julgadas como verdadeiras (V) ou falsas (F). Se a sentença aberta for uma expressão da forma ∀xP(x), lida como "para todo x, P(x)", em que x é um elemento qualquer de um conjunto U, e P(x) é uma propriedade a respeito dos elementos de U, então é preciso explicitar U e P para que seja possível fazer o julgamento como V ou como F.

A partir das definições acima, julgue o item a seguir.

Considere-se que U seja o conjunto dos funcionários do INSS, P(x) seja a propriedade "x é funcionário do INSS" e Q(x) seja a propriedade "x tem mais de 35 anos de idade". Desse modo, é correto afirmar que duas das formas apresentadas na lista abaixo simbolizam a proposição Todos os funcionários do INSS têm mais de 35 anos de idade.

(i) ∀x(se Q(x) então P(x))

(ii) ∀x(P(x) ou Q(x))

(iii) ∀x(se P(x) então Q(x))

RESOLUÇÃO:

Vamos analisar cada item:

(i) ∀x(se Q(x) então P(x))

Isso significa que "*para todo x, se x tem mais de 35 anos, então x é funcionário do INSS*". Dito de outro modo: ***todas*** *as pessoas com mais de 35 anos são funcionários do INSS.*

Essa expressão não equivale a dizer que todo funcionário do INSS tem mais de 35 anos. Em lógica aprendemos que "se P, então Q" não é a mesma coisa que "se Q, então P".

Assim, esse item não simboliza a proposição do enunciado.

(ii) ∀x(P(x) ou Q(x))

Isso significa que "*para todo x, x é funcionário do INSS ou x tem mais de 35 anos*".

Mais uma vez, do ponto de vista lógico, essa expressão não é o mesmo que dizer que todo funcionário do INSS tem mais de 35 anos.

Então, o item também não simboliza a proposição do enunciado.

(iii) ∀x(se P(x) então Q(x))

Isso significa que "*para todo x, se x é funcionário do INSS, então x tem mais de 35 anos*". Dito de outro modo: "***todos** os funcionários do INSS têm mais de 35 anos*".

Agora sim, esse item simboliza a proposição do enunciado.

A questão afirma que dois dos três itens satisfariam a sentença apresentada, o que não é verdade, pois somente o item (iii) é adequado.

Gabarito: Errado.

QUESTÃO 24 (FGV – Técnico Bancário/BANESTES/2018) Em certa empresa são verdadeiras as afirmações:

- Qualquer gerente é mulher.
- Nenhuma mulher sabe trocar uma lâmpada.

É correto concluir que, nessa empresa:

a) algum gerente é homem;

b) há gerente que sabe trocar uma lâmpada;

c) todo homem sabe trocar uma lâmpada;

d) todas as mulheres são gerentes;

e) nenhum gerente sabe trocar uma lâmpada.

RESOLUÇÃO:

Inicialmente, podemos simbolizar nossas fórmulas:

G(x): x é gerente;

M(x): x é mulher;

L(x): x sabe trocar uma lâmpada.

Assim, as afirmações trazidas no enunciado ficam:

∀x(G(x) → M(x)): qualquer gerente é mulher. Ou: todo gerente é mulher.

∀x(M(x) → ~L(x)): nenhuma mulher sabe trocar uma lâmpada. Ou: toda mulher não sabe trocar uma lâmpada.

Fazendo o **silogismo hipotético** entre esses dois condicionais, obtemos **∀x(-G(x) → ~L(x))**: "*Todo gerente não sabe trocar uma lâmpada*".

Essa afirmação, por sua vez, equivale a "*Nenhum gerente sabe trocar uma lâmpada*", que poderíamos representar por **~∃x(G(x) → L(x))**.

Gabarito: E.

QUESTÃO 25 (CEBRASPE - Fiscal de Defesa Agro/ADAPAR/2021) Considere a seguinte proposição categórica O.

- O: "Nem todo carneiro é dócil".

Considerando que x pertença ao conjunto T de todos os animais do mundo, que C(x) represente simbolicamente a propriedade "x é carneiro" e que D(x) represente simbolicamente a propriedade "x é dócil", assinale a opção que apresenta uma representação simbólica correta da proposição O na linguagem da lógica de primeira ordem.

A) ∀x(C(x)→¬D(x)) B) ∀x(C(x)→D(x)) C) ¬∃x(C(x)ΛD(x)) D) ∃x(C(x)Λ¬D(x)) E) ∃x(C(x)ΛD(x))

RESOLUÇÃO:

O nosso objetivo consiste em determinar o valor da proposição O em quantificadores lógicos.

Nessa sentença, aplicaremos a **conjunção** (^), pois está presente a ideia de adição no seu texto. Além disso, a expressão "*nem todo*" nos remete ao uso do **quantificador existencial** (algum).

Repare que em C(x) não efetuaremos a negação, já que o "*nem*" está negando apenas o termo "*dócil*", e não o termo "*carneiro*".

Por outro lado, negaremos a representação D(x), porque o "*nem todo*" equivale dizer que "*existe algum carneiro que NÃO é dócil*".

Portanto, na linguagem da lógica de primeira ordem, teremos:

∃x(C(x) Λ ¬D(x))

Gabarito: D.

8. QUESTÕES-DESAFIO

QUESTÃO 26 (VUNESP – Sargento/PM-SP/2018) A proposição "É necessário que toda festa tenha motivo." é equivalente a

a) Não é possível que alguma festa não tenha motivo.

b) É possível que alguma festa não tenha motivo.

c) É necessário que alguma festa não tenha motivo.

d) É impossível que alguma festa tenha motivo.

RESOLUÇÃO:

Veja que a proposição "*é necessário que toda festa tenha motivo*" pode também ser escrita, mantendo o sentido, como "*toda festa deve ter motivo*".

Nesse caso, podemos estabelecer os seguintes predicados:

F(x): x é uma festa;

M(x): x tem/deve ter motivo.

A sentença apresentada pode ser simbolizada como:

∀(x), (F(x) → M(x)): *"toda festa deve ter motivo"*

O nosso objetivo é obter uma proposição equivalente a essa. Uma forma de conseguirmos isso envolve encontrarmos a negação dessa sentença e, então, negar essa negação, uma vez que a negação da negação de uma proposição é equivalente à própria proposição (~(~X) = X).

Para fazermos a **negação do quantificador universal**, devemos substitui-lo pelo quantificador existencial e negar o restante da sentença:

~[∀(x), (F(x) → M(x))] = ∃(x), ~(F(x) → M(x))

A fim de negarmos o condicional que há entre parênteses, mantemos o antecedente, negamos o consequente e substituímos o condicional pela conjunção:

~[∀(x), (F(x) → M(x))] = ∃(x), (F(x) ∧ ~M(x))

Textualmente, fica: "*existe festa que não tem motivo*". Como dissemos inicialmente, se negarmos essa negação, obteremos uma sentença equivalente à primeira. Assim, para a negarmos, acrescentamos a ela o sinal de negação:

$$\sim\exists(x), (F(x) \wedge \sim M(x))$$

Essa expressão pode ser lida como: "*Não existe festa que não tem motivo*".

Gabarito: A.

QUESTÃO 27 (CESGRANRIO – Ana/TRANSPETRO/2018) Considere a seguinte sentença: "Todo aluno do curso de Informática estuda algum tópico de Matemática Discreta" e os seguintes predicados:

A(x): x é aluno.

I(x): x é do curso de Informática.

E(x,y): x estuda y.

T(x): x é tópico de Matemática Discreta.

Uma forma de traduzi-la é

a) $\forall x((A(x)\wedge I(x))\rightarrow\exists y(T(y)\wedge E(x,y)))$

b) $\forall x(A(x)\wedge I(x))\wedge\forall y(T(y)\rightarrow E(x,y))$

c) $\exists x\forall y(A(x)\wedge /(x)\wedge T(y)\wedge\neg E(x,y))$

d) $\forall x((A(x)\wedge I(x))\rightarrow\forall y(T(y)\rightarrow E(x,y)))$

e) $\exists x\forall(A(x)\wedge I(x)\wedge T(y)\wedge E(x,y))$

RESOLUÇÃO:

Devemos ter especial atenção nestas palavras destacadas:

*"**Todo** aluno do curso de Informática estuda **algum** tópico de Matemática Discreta"*

Isso evidencia que esperamos encontrar na opção correta de resposta o quantificador universal $\forall$ e o quantificador existencial $\exists$**:** o primeiro relacionando-se aos alunos de Informática e o segundo a tópico de Matemática Discreta.

Utilizando somente essa análise, já "mataríamos" a questão, pois a letra A é a única que apresenta, nessa ordem, esses quantificadores. De todo modo, vejamos como poderíamos simbolizar a nossa sentença.

A fim de nos referirmos apenas a **todos os alunos** (sem especificarmos quais alunos), escrevemos **∀x, A(x)**, ou seja, "*para todo x, x é aluno*". Contudo, não queremos nos referir a qualquer aluno, mas a alunos do curso de Informática. Assim, fazemos:

> **∀(x), (A(x) ∧ I(x))**: para todo x, x é aluno e x é do curso de Informática

Precisamos ir além, queremos dizer que esse aluno estuda algum tópico de Matemática Discreta. Para isso, escrevemos a expressão na forma de um condicional: *se x é aluno do curso de informática, então x estuda algum tópico de Matemática Discreta.*

Dessa maneira, já não estamos apenas afirmando que todo x é aluno do curso de Informática, mas dizemos que se x é aluno do curso de Informática, então ele estuda tópico de Matemática Discreta. Atualizando a sentença, obtemos:

> **∀(x), (A(x) ∧ I(x)) → ...**

Quando olhamos as opções de resposta, vemos que o predicado que representa "*x estuda y*" é **E(x,y)**. No nosso caso, x é o aluno de Informática e y é o tópico de Matemática Discreta.

A sentença trazida pelo enunciado diz que os alunos estudam algum tópico de Matemática Discreta, de modo que será necessário utilizarmos o **quantificador existencial**. Logo, diremos que, *se x é aluno de Informática, então existe y tal que y seja tópico de Matemática Discreta* (esse passo é necessário, pois é preciso especificar que y é esse) e x estude y:

> **∀(x), (A(x) ∧ I(x)) → ∃(y), (T(y) ∧ E(x,y))**

Repare que essa representação simbólica é idêntica à contida na alternativa A, o que nos permite concluir que essa é a opção correta.

Gabarito: A.

CAPÍTULO 10

ARGUMENTAÇÃO LÓGICA

1. INTRODUÇÃO

O QUE VEREMOS

Analisaremos neste capítulo a **Argumentação Lógica**, que cai frequentemente em concursos públicos e que exige do candidato o conhecimento adequado do que vimos até o momento.

Certamente você percebeu que a lógica formal se preocupa, basicamente, com a **estrutura do raciocínio**. Os conceitos são rigorosamente definidos e as sentenças são transformadas em notações simbólicas precisas, compactas e não ambíguas.

Nesse sentido, trata o presente assunto de um campo muito interessante da Lógica, que nos permite analisar a composição de um conjunto de informações e verificar a sua validade.

COMO APARECE NOS EDITAIS

No conteúdo programático dos editais, a Argumentação Lógica costuma ser cobrada nesses termos, de modo que não há muita surpresa para o candidato.

Também podem aparecer expressões como: *Silogismo*, *argumentos válidos*, *inferência*.

COMO É COBRADO NAS PROVAS

Ao estudarmos as diversas questões que exigem esse tema, percebemos que elas estão concentradas em:

Questões de Argumentação Lógica

1) Verificar se os argumentos são **válidos** ou **inválidos**

2) Indicar a **conclusão** mais apropriada para determinado conjunto de informações

3) Reconhecer o **tipo de argumento** que está sendo empregado

Dessa forma, iniciaremos partindo dos aspectos mais básicos do assunto, como é o caso do conceito, representação e tipos e argumentos. Em seguida, estudaremos a teoria relacionada a cada tipo de questão, dando ênfase especial aos métodos voltados à verificação da validade de um argumento. Tudo isso recheado de questões para praticarmos de cada tópico.

OBJETIVOS

Os nossos objetivos ao final deste capítulo é que você consiga:

1) compreender o conceito de argumento e sua estrutura;

2) diferencias os diversos tipos de argumento existentes na linguagem da lógica proposicional;

3) verificar se um argumento é válido ou inválido.

2. ANÁLISE DA COBRANÇA DO ASSUNTO EM PROVAS

Observe a seguir os percentuais de incidência nos últimos anos do assunto deste capítulo em relação ao volume de questões de todos os temas analisados na nossa matéria. Lembramos que quanto maior o percentual de cobrança de um dado assunto, maior sua importância.

ASSUNTO	CEBRASPE	FCC	DEMAIS BANCAS
	% de cobrança	% de cobrança	% de cobrança
Argumentação lógica	**4,79%**	**2,60%**	**1,93%**

O presente tópico possui uma importância **baixa a mediana**, destacando-se o Cebraspe como a banca que mais exige sua cobrança nas provas, enquanto para as demais observa-se uma importância baixa.

3. CONCEITO

Inicialmente, porém, faz-se necessário entendermos bem o que é um **argumento** do ponto de vista da lógica formal.

ARGUMENTO LÓGICO

É a relação que associa um conjunto de proposições $p_1, p_2, p_3, ..., p_n$, chamadas **premissas** ou **hipóteses** do argumento, a uma proposição **c**, dita **conclusão** ou **tese** do argumento.

Dito de forma ainda mais simples, construímos um **argumento** quando, a partir de algumas proposições iniciais ou **premissas** consideradas verdadeiras, chegamos a uma **conclusão**. Assim, a estrutura básica de um argumento pode ser visualizada no desenho a seguir:

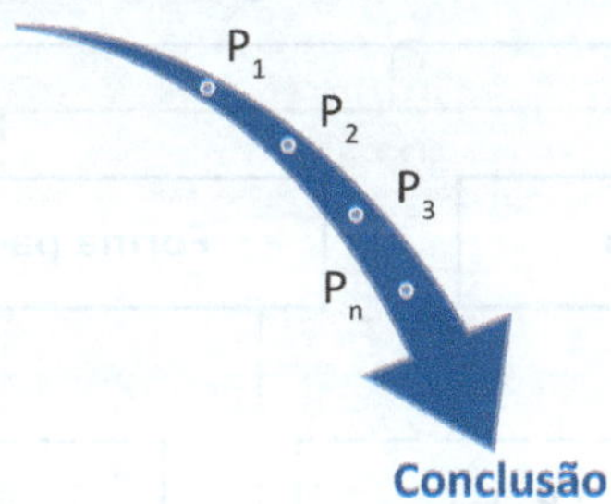

Acabamos de ver que um argumento nada mais é que um **conjunto de proposições**. Porém, **nem todos os conjuntos de proposições são argumentos**.

Para que o seja, é necessário que uma delas (a conclusão) **exprima a ideia** que se quer defender e que as demais (as premissas) sejam apresentadas como **razões a favor** dessa ideia.

Veja como esse assunto já foi cobrado!

QUESTÃO 01 (CEBRASPE/ANVISA/Téc Adm/2016) A sentença "As consequências de nossos atos são florestas devastadas, descongelamento das calotas polares, extinção de dezenas de espécies animais, poluição dos rios e diminuição drástica das reservas de água potável" apresenta um argumento válido.

RESOLUÇÃO:

A estrutura de um **argumento** lógico é formada por **premissas** e **conclusão**. Por exemplo:

- Premissa 1: "Quando Maria vai ao trabalho, ela produz relatórios".
- Premissa 2: "Maria foi ao trabalho".
- Conclusão: "Maria produzir relatórios".

Por outro lado, a sentença apresentada no enunciado não contém premissas e conclusão. Trata-se apenas de uma **proposição lógica**, de modo que não estamos diante de um argumento.

Gabarito: errado.

4. REPRESENTAÇÃO DE UM ARGUMENTO

Existem duas formas de se representar um argumento:

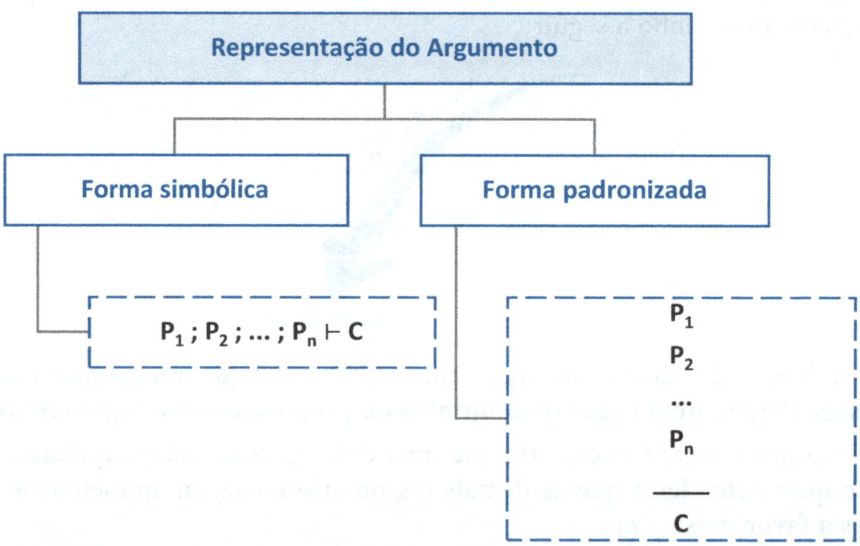

É importante esclarecer que tanto o símbolo ⊢ (forma simbólica) quanto o traço horizontal (forma padronizada) são utilizados para **separar as premissas da conclusão**. Ambas as formas podem ser utilizadas para representar argumentos lógicos.

Veja como esse assunto já foi cobrado!

QUESTÃO 02 (FCC – AFR/SEFAZ-SP/2006 – *Adaptada*) No argumento: "Se estudo, passo no concurso. Se não estudo, trabalho. Logo, se não passo no concurso, trabalho", considere as proposições:

p: estudo

q: passo no concurso

r: trabalho

Julgue o seguinte item:

É verdade que a forma simbólica do argumento é (p → q) → (~p → r) ⊢ (~q → r).

RESOLUÇÃO:

A **forma padronizada** do argumento apresentado pela questão será:

- P_1: p → q
- P_2: ~p → r
- C: ~q → r

Então a **forma simbólica** de representação do argumento é:

p → q ; ~p → r ⊢ ~q → r

Todavia, a questão afirma que a forma simbólica seria:

(p → q) → (~p → r) ⊢ (~q → r)

Gabarito: errado.

QUESTÃO 03 (FCC – AFR/SEFAZ-SP/2006 – *Adaptada*) No argumento: "Se estudo, passo no concurso. Se não estudo, trabalho. Logo, se não passo no concurso, trabalho", considere as proposições:

p: estudo

q: passo no concurso

r: trabalho

Julgue o item seguinte:

É verdade que p, q, ~p e r são premissas e ~q → r é a conclusão.

RESOLUÇÃO:

Sejam:

p: Estudo.

q: Passo no concurso.

r: Trabalho.

O argumento apresentado pela questão tem a seguinte estrutura:

- **P_1**: Se estudo, passo no concurso.
- **P_2**: Se não estudo, trabalho.
- **Conclusão**: Logo, se não passo no concurso, trabalho.

No padrão de representação de proposições, teremos:

- **P_1**: $p \rightarrow q$
- **P_2**: $\sim p \rightarrow r$
- **C**: $\sim q \rightarrow r$

Bem, a questão afirma que a estrutura do argumento seria:

P_1: p

P_2: q

P_3: ~p

P_4: r

C: $\sim q \rightarrow r$

Ora, isso está claramente errado, pois **não são essas as premissas** do argumento.

Gabarito: errado.

5. TIPOS DE ARGUMENTOS

Existem várias formas de classificarmos um argumento lógico. Traremos aqui as principais, pois se caírem em sua prova, não serão uma novidade para você.

Considerando-se a Lógica Formal, existem dois tipos principais de argumentos a estudar, de acordo com o método aplicado para chegar a uma conclusão: os argumentos **dedutivos** e os argumentos **indutivos**.

5.1. Argumento dedutivo

Em um argumento **dedutivo**, a **conclusão está explícita nas premissas**.

Pode-se dizer que os argumentos dedutíveis são **estéreis**, uma vez que **não produzem conhecimento novo**. De fato, sua conclusão não acrescenta nenhuma informação adicional além das que foram expostas nas premissas.

Além disso, uma característica marcante na dedução é que partimos de **informações universais** para chegarmos a uma **conclusão particular**.

Para exemplificar, considere o argumento dedutivo a seguir:

Todos os homens são mortais. .... Premissa 1

Anselmo é um homem. .... Premissa 2

Logo, Anselmo é mortal. .... Conclusão

5.1.1. Silogismo

Quando temos um argumento dedutivo formado por **duas premissas e uma conclusão**, trata-se de um **Silogismo**.

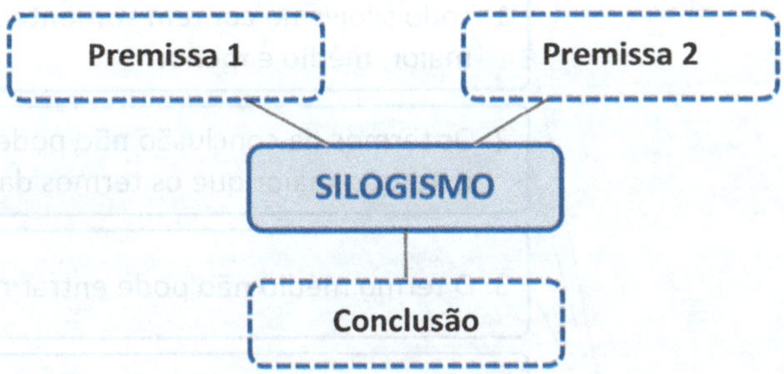

Para exemplificar, considere os seguintes silogismos:

1º argumento: P_1: Todos os professores são dedicados;

P_2: Todos os dedicados são bem-sucedidos;

C: Todos os professores são bem-sucedidos.

2º argumento: P_1: Todos os professores são dedicados;

P_2: Ricardo Assunção é professor;

C: Ricardo Assunção é dedicado.

Assim, a **estrutura** do silogismo é formada por três diferentes termos:

ESTRUTURA DO SILOGISMO		
Termo maior Encontrado na premissa maior e na conclusão	**Termo Médio** Encontrado nas duas premissas, mas nunca na conclusão. É utilizado para estabelecer relação entre o termo menor e o termo maior	**Termo Menor** Encontrado na premissa menor e também na conclusão

Por exemplo, veja os termos que compõem o silogismo a seguir:

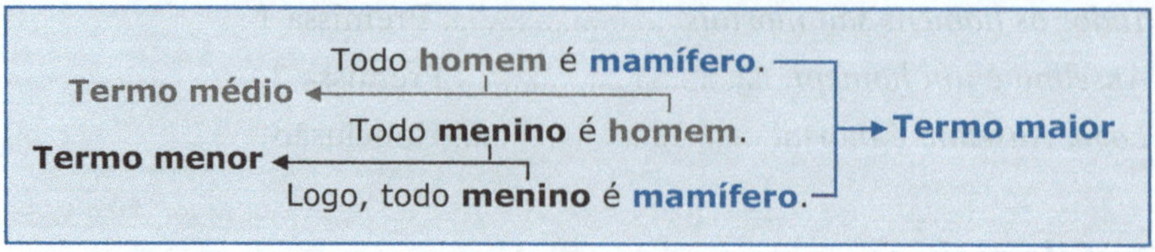

Para que um silogismo seja válido, sua estrutura deve respeitar **regras**, que permitem verificar a correção ou incorreção do silogismo. As quatro primeiras regras são relativas aos termos e as quatro últimas são relativas às premissas. São elas:

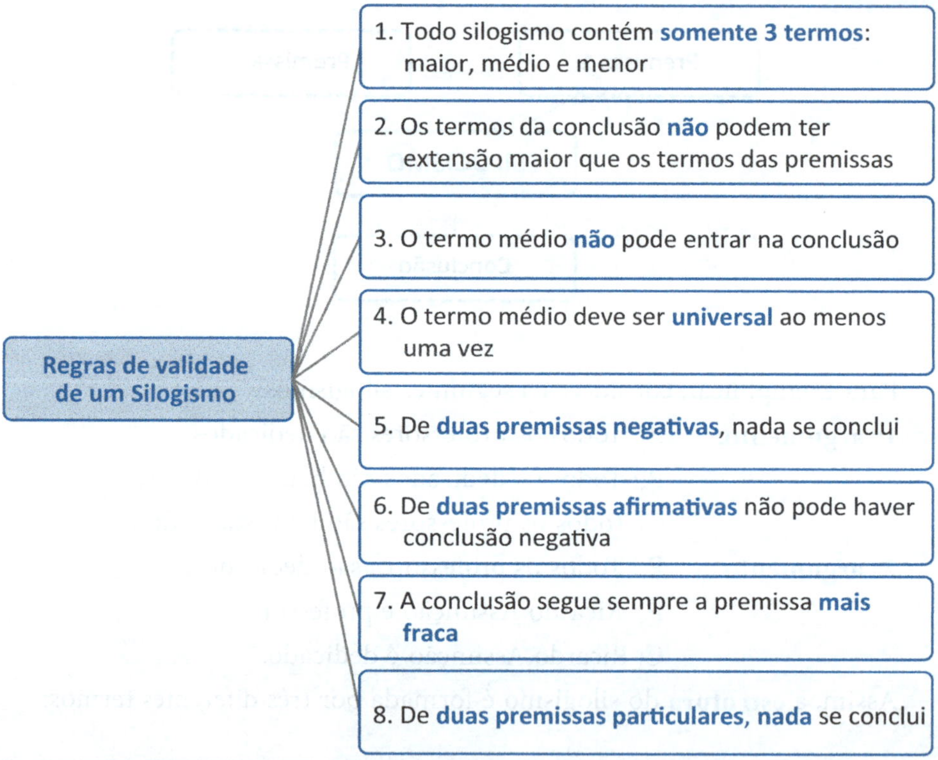

5.1.2. Reductio ad Absurdum

Dentre as formas de argumentação dedutiva válidas, a ***Reductio ad Absurdum***, ou **Redução ao Absurdo**, é largamente empregada. A ideia que motiva essa forma de argumento é simples. Consiste em **demonstrar uma conclusão a partir da prova de que sua negação é falsa.**

Suponha que desejamos provar que uma proposição **p** é **verdadeira**. Então, começamos admitindo que **p** é **falsa**, consequentemente **~p (não-p)** é **verdadeira**.

Bem, com base nessa suposição, deduziremos uma conclusão que se sabe ser **falsa**, a qual decorre de **não-p**. Ora, se **não-p** é **falsa**, então **p** deve ser **verdadeira**.

De modo geral, a Redução ao Absurdo equivale a um argumento que contém uma **sub-prova**, ou seja, uma prova da falsidade do contrário daquilo que se deseja provar. Tal sub-prova pode ter diversas formas. Porém, a correção dela determina a validade do argumento.

Em seu livro “Lógica”, Salmon descreve como excelente fonte de argumentos por Redução ao Absurdo os **diálogos de Platão**, em que é típico o seguinte procedimento: Sócrates formula uma pergunta e passa a refutar as respostas dadas, mostrando que elas conduzem a consequências inaceitáveis.

A estrutura básica desse argumento é clara, inicia-se com uma **demonstração**, seguida por uma **suposição** em que se admite uma situação absurda. Depois, é apresentada uma **dedução**. Finalmente, chega-se a uma **conclusão** para o diálogo.

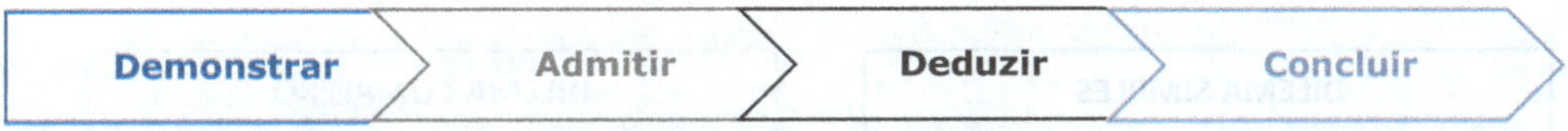

Veja um exemplo de argumento que corresponde a uma redução ao absurdo:

> ***“Acredita-se que a punição não reduz a violência, tendo em vista a reincidência dos criminosos mesmo após terem sido punidos”.***

Formalizando-o, temos:

- Demonstrar: A punição não reduz a violência.
- Admitir: A punição reduz a violência.
- Deduzir: Os dados demonstram que os criminosos, mesmo tendo sido punidos, reincidem em práticas violentas.
- Concluir: É falso afirmar que a punição reduz a violência. Portanto, a punição não reduz a violência.

Assim, a forma usual do argumento de Redução ao Absurdo é a que segue:

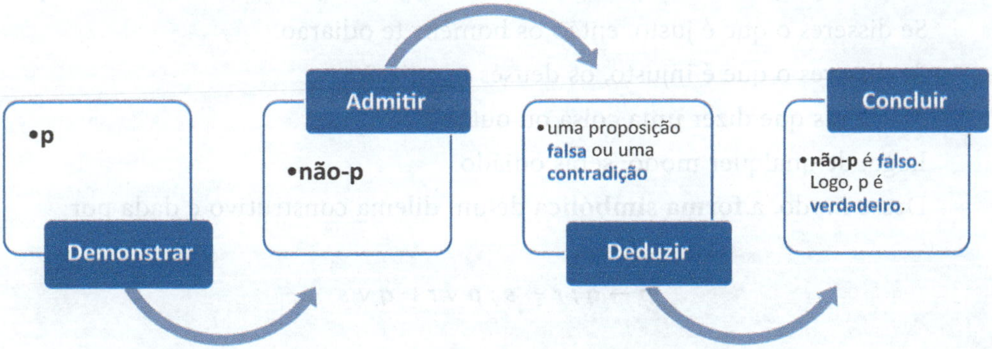

5.1.3. Dilema

Dizemos que uma pessoa enfrenta um **dilema** quando é forçada a escolher entre duas **alternativas indesejáveis**.

Num debate, usa-se o dilema para apresentar a um adversário várias posições entre as quais tem que escolher e, depois, demonstrar que, seja qual for a sua escolha, ele está obrigado a chegar a uma conclusão que será desagradável.

No livro "Introdução à Lógica", Irving Copi classifica um dilema de acordo com a sentença presente em sua **conclusão**. Caso a conclusão seja composta por uma **proposição categórica**, o autor afirma que se trata de um dilema **simples**. Já se estivermos diante de uma conclusão na forma de outra **disjunção**, apresentando alternativas disponíveis, diz-se que é um dilema **complexo**.

DILEMA SIMPLES

A **conclusão** é composta por uma **proposição categórica**

DILEMA COMPLEXO

A **conclusão** é composta por uma disjunção

O mesmo autor ainda elenca três **maneiras de refutar um dilema**, todas relacionadas com o fato de um dilema ter dois ou mais "chifres" ou extremos:

1) **Escapar entre os chifres**, por refutar a premissa disjuntiva do dilema;

2) **Pegá-lo pelos chifres**, por negar a premissa conjuntiva do dilema;

3) **Replicar por meio de um contradilema**, por construir um outro dilema cuja conclusão seja oposta à conclusão do dilema original.

Por fim, podemos ainda destacar outra classificação de dilemas, conforme o **valor lógico atribuído** a proposições nele presentes, podendo ser **construtivo** ou **destrutivo**.

O argumento do tipo **dilema construtivo** baseia-se na utilização da **veracidade de uma proposição disjuntiva e de uma proposição condicional**. Exemplo:

Se disseres o que é justo, então os homens te odiarão.

Se disseres o que é injusto, os deuses te odiarão.

Mas terás que dizer uma coisa ou outra.

Logo, de qualquer modo, serás odiado.

Desse modo, a **forma simbólica** de um dilema construtivo é dada por:

$$p \rightarrow q \,;\, r \rightarrow s \,;\, p \vee r \vdash q \vee s$$

Por sua vez, o argumento do tipo **dilema destrutivo** baseia-se na utilização da **veracidade de uma proposição disjuntiva, de uma proposição condicional e da correspondente proposição contrapositiva**. Exemplo:

Se eu for à Bahia, então irei ao Pelourinho.

Se eu for a São Paulo, então correrei a São Silvestre.

Mas não irei ao Pelourinho ou não correrei a São Silvestre.

Logo, não irei à Bahia ou não irei a São Paulo.

Dessa maneira, a **forma simbólica** de um dilema destrutivo é dada por:

$$p \to q, r \to s, \sim q \vee \sim s \vdash \sim p \vee \sim r$$

ESQUEMATIZANDO!

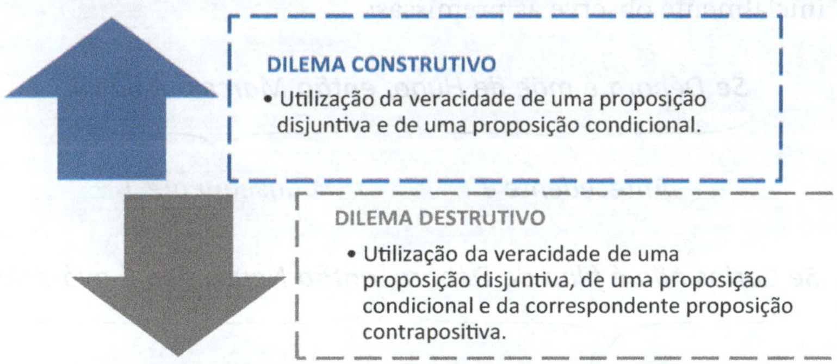

Veja como esse assunto já foi cobrado!

QUESTÃO 04 (Vunesp – Téc Jud/TJ-SP/2017) Se Débora é mãe de Hugo, então Marcelo é baixo. Se Carlos não é filho de Débora, então Neusa não é avó dele. Sabendo-se que Marcelo é alto ou que Neusa é avó de Carlos, conclui-se corretamente que

(A) Hugo e Carlos não são irmãos.

(B) Neusa é mãe de Débora.

(C) Débora não é mãe de Hugo, ou Carlos é filho de Débora.

(D) Débora não é mãe de Hugo, e Carlos é filho de Débora.

(E) Hugo e Carlos são irmãos.

RESOLUÇÃO:

A presente questão é uma clássica aplicação do **dilema destrutivo**, cujo argumento possui a seguinte estrutura:

$$p \rightarrow q,\ r \rightarrow s,\ \sim q \vee \sim s \vdash \sim p \vee \sim r$$

Portanto, nesse tipo de dilema, temos três premissas: duas condicionais e uma disjunção, cujas parcelas que a formam são as negações dos consequentes. Por fim, a conclusão é proposição disjuntiva, formada pelas negações dos antecedentes.

Professores, vocês têm certeza que é essa a estrutura presente no argumento do enunciado?

Sim, inicialmente observe as premissas:

***Se** Débora é mãe de Hugo, **então** Marcelo é baixo.*

Antecedente 1 — *Consequente 1*

***Se** Carlos não é filho de Débora, **então** Neusa não é avó dele.*

Antecedente 2 — *Consequente 2*

*Marcelo é alto, **OU** Neusa é avó de Carlos.*

Negação do Consequente 1 — *Negação do Consequente 2*

Até aqui o argumento trazido pelo enunciado se encaixou perfeitamente no modelo do dilema destrutivo, de modo que a conclusão deve ser uma disjunção formada pelas negações dos antecedentes. Logo:

*Débora não é mãe de Hugo **OU** Carlos é filho de Débora.*

Negação do Antecedente 1 — *Negação do Antecedente 2*

Gabarito: C.

5.1.4. Modus Ponens

O argumento do tipo ***Modus Ponens*** ou **Afirmação do Antecedente** é aquele que se baseia em uma proposição condicional da forma **p → q**. Ele **assegura a verdade da conclusão, dada a verdade das premissas.**

TOME NOTA!

Em um argumento do tipo ***Modus Ponens***, é impossível ter-se **premissas verdadeiras** e **conclusão falsa**.

Veja um exemplo:

Se a casa está completamente fechada, então os moradores saíram.

A casa está completamente fechada.

Logo, os moradores saíram.

Perceba que esse argumento é da forma:

P1: Se p, então q.

P2: p

———————

C: q

Assim, a **forma simbólica** de qualquer argumento baseado na estrutura do *Modus Ponens* é dada por:

$$p \rightarrow q \,;\, p \vdash q$$

ESQUEMATIZANDO!

5.1.5. Modus Tollens

O argumento do tipo ***Modus Tollens*** ou **Negação do Consequente** é baseado na equivalência de uma propriedade condicional e a respectiva contrapositiva. Sua validade é assegurada, pois é correto **inferir a partir de premissas do tipo "se p, então q" e "não-q", a conclusão "não-p"**.

Dessa maneira, a **estrutura** desse tipo de argumento é a seguinte:

- Premissa 1: proposição condicional da forma "Se p, então q"
- Premissa 2: negação do consequente da condicional.
- Conclusão: negação do antecedente da condicional.

Veja um exemplo:

Se você não dissipou as dúvidas do caminho que traçou para si mesmo, então você não é um sábio.

Ora, você é um sábio.

Logo, você dissipou as dúvidas do caminho que traçou para si mesmo.

Perceba que esse argumento é da forma:

P1: Se ~p, então ~q.

P2: q

____

C: p

Assim, a **forma simbólica** de um *Modus Tollens* é dada por:

$$p \rightarrow q\ ;\ {\sim}q \vdash {\sim}p$$

ESQUEMATIZANDO!

Veja como esse assunto já foi cobrado!

QUESTÃO 05 (UFPR/ISS CURITIBA – AUDITOR FISCAL/2019) Um argumento da lógica proposicional é formado por premissas (P1, P2, ..., Pn) e uma conclusão (Q). Um argumento é válido quando P1 ^ P2 ^... ^ Pn -> Q é uma tautologia. Nesse caso, diz-se que a conclusão Q pode ser deduzida logicamente de P1 ^ P2 ^... ^ Pn. Alguns argumentos, chamados fundamentais, são usados correntemente em lógica proposicional para fazer inferências e, portanto, são também conhecidos como Regras de Inferência.

Seja o seguinte argumento da Lógica Proposicional:

Premissa 1: SE Ana é mais velha que João, ENTÃO Ana cuida de João.

Premissa 2: SE Ana cuida de João, ENTÃO os pais de João viajam para o exterior.

Conclusão: SE Ana é mais velha que João, ENTÃO os pais de João viajam para o exterior.

Assinale a alternativa que apresenta o nome desse argumento.

a) Modus Ponens.

b) Modus Tollens.

c) Dilema Construtivo.

d) Contrapositivo.

e) Silogismo Hipotético.

RESOLUÇÃO:

Inicialmente, o enunciado apresenta a definição e estrutura básica de um **argumento**, e cita a aplicação das chamadas **Regras de Inferência.**

Depois, o enunciado apresenta o seguinte argumento:

Premissa1: $A \rightarrow B$

Premissa2: $B \rightarrow C$

Conclusão: $A \rightarrow C$

Em que:

A: Ana é mais velha que João.

B: Ana cuida de João.

C: Os pais de João viajam para o exterior.

Essa forma de argumentação é conhecida como **Silogismo Hipotético**, em que é aplicada uma importante propriedade do conectivo lógico condicional na sua estrutura (transitividade).

Gabarito: E.

QUESTÃO 06 (CESGRANRIO/Petrobras/Téc Info/2010) Com relação às regras para validade de um silogismo, analise o que se segue.

I – Todo silogismo deve conter somente três termos.

II – De duas premissas particulares não poderá haver conclusão.

III – Se há uma premissa particular, a conclusão será particular.

IV – Se há um termo médio negativo, a conclusão será negativa.

São regras válidas para um silogismo

a) I e IV, apenas.

b) II e III, apenas.

c) I, II e III, apenas.

d) I, II e IV, apenas.

e) I, II, III e IV.

RESOLUÇÃO:

A questão exige o nosso conhecimento das **regras de validade do silogismo**, que são as seguintes:

1. Todo silogismo contém somente 3 termos: maior, médio e menor;
2. Os termos da conclusão não podem ter extensão maior que os termos das premissas;
3. O termo médio não pode entrar na conclusão;
4. O termo médio deve ser universal ao menos uma vez;
5. De duas premissas negativas, nada se conclui;
6. De duas premissas afirmativas não pode haver conclusão negativa;
7. A conclusão segue sempre a premissa mais fraca;
8. De duas premissas particulares, nada se conclui.

Vamos analisar cada um dos itens apresentados.

I - Todo silogismo deve conter somente três termos. **Certo**, são os termos maior, médio e menor.

II - De duas premissas particulares não poderá haver conclusão. **Certo**, realmente não conseguimos concluir nada com base em duas premissas particulares.

III - Se há uma premissa particular, a conclusão será particular. **Certo**, já que a conclusão segue sempre a premissa mais fraca.

IV - Se há um termo médio negativo, a conclusão será negativa. **Errado**, não temos como afirmar isso com certeza.

Gabarito: C.

QUESTÃO 07 (CEBRASPE/FUNPRESP-JUD/Ana/2016) Considere o seguinte silogismo:

– Em cada mão, os seres humanos têm quatro dedos.

– Em cada pé, os seres humanos têm três dedos.

– Logo, os seres humanos têm mais dedos nas mãos que nos pés.

No silogismo apresentado, a conclusão é uma consequência das premissas.

RESOLUÇÃO:

O **silogismo** apresentado possui a seguinte **estrutura**:

Premissa1: *Em cada mão, os seres humanos têm quatro dedos.*

Premissa 2: *Em cada pé, os seres humanos têm três dedos.*

Conclusão: *Logo, os seres humanos têm mais dedos nas mãos que nos pés.*

Repare que se assumirmos que as duas premissas são **verdadeiras**, então a **conclusão** será uma consequência lógica, ou melhor, será automaticamente **verdadeira**, pois estamos diante de um silogismo que é uma forma de **argumento dedutivo**.

Vimos que tais argumentos são **estéreis**, uma vez que **não produzem conhecimento novo**. De fato, sua conclusão não acrescenta qualquer informação adicional além das que foram expostas nas premissas.

Gabarito: certo.

QUESTÃO 08 (COPEVE-UFAL/UFAL/Programador Visual/2014) Considere o seguinte argumento:

– Se Diana nada espera da vida, então ela não será decepcionada.

– Diana nada espera da vida.

– Logo, Diana não será decepcionada.

Qual o nome da regra de inferência aplicada?

a) Silogismo Hipotético

b) Silogismo Disjuntivo

c) Modus Ponens

d) Modus Tollens

e) Dilema Construtivo

RESOLUÇÃO:

O enunciado apresenta um argumento do tipo ***modus ponens***, que é uma forma válida de argumento dedutivo. A primeira premissa de um argumento *modus ponens* é um **condicional**. Há uma afirmação do antecedente na segunda premissa, ou seja, afirma-se que o antecedente é verdadeiro. Disso, conclui-se que o consequente também é verdadeiro.

Eis um exemplo de argumento na forma *modus ponens*:

P1: *Se alguém desligar este interruptor, a lâmpada se apaga.*

P2: *Eu desliguei este interruptor.*

C: *Logo, a lâmpada se apagou.*

Gabarito: C.

5.2. Argumento indutivo

O argumento **indutivo** é aquele cuja conclusão **traz mais informações que as premissas fornecem**. Assim, trata-se de um argumento de conclusão ampliativa e geral, de modo que partimos de dados da experiência e chegamos a enunciados universais.

É exatamente isso o que ocorre no âmbito das conjecturas científicas, nas quais com base em dados particulares do presente construímos conclusões quanto ao futuro.

Fica claro, dessa forma, que a característica desse tipo de argumento é a de apresentar uma **conclusão provável, mas não certa**, já que as premissas são construídas por meio de uma observação empírica.

Além disso, uma característica marcante na indução é que partimos de informações **particulares** para chegarmos a uma **conclusão universal**.

Adicionalmente, podemos destacar a célebre definição feita por Salmon:

> *"Os **argumentos indutivos**, ao invés dos argumentos dedutivos, **fornecem conclusões cujo conteúdo excede o das premissas.**"*

Para exemplificar, considere o seguinte argumento indutivo:

*Vi **um** cisne branco no lago.* .... *Premissa 1*

*Vi **dois** cisnes brancos no lago.* .... *Premissa 2*

*Vi **três** cisnes brancos no lago.* .... *Premissa 3*

(...)

*Vi **n** cisnes brancos no lago.* .... *Premissa n*

*Logo, **todos** os cisnes do lago são brancos.* .... *Conclusão*

Perceba que o fato de alguém ter visto muitos cisnes brancos no lago nos induz a imaginarmos que todos os cisnes do lago são brancos, mas é claro que isso não é necessariamente verdadeiro, pois poderia haver algum cisne negro no meio deles que não foi visto, por exemplo. Note que as premissas nos induzem (daí vem o nome) a concluirmos algo que não necessariamente é verdade, pois pode ser verdade ou não.

Note a seguir características fundamentais que **distinguem** os argumentos dedutivos dos indutivos:

DEDUÇÃO	INDUÇÃO
Se todas as premissas são verdadeiras, a conclusão <u>**deve ser verdadeira**</u>.	Se todas as premissas são verdadeiras, a conclusão <u>**é provavelmente verdadeira**</u>, mas não necessariamente verdadeira.
A informação contida na conclusão <u>**já estava presente nas premissas**</u>, mesmo que implicitamente.	A conclusão contém <u>**informação não presente nas premissas**</u>, mesmo implicitamente.
Parte-se de informações <u>**gerais**</u> para se chegar a uma <u>**conclusão particular**</u>.	Parte-se de informações <u>**particulares**</u> para se chegar a uma <u>**conclusão universal**</u>.

Voltando ao exemplo dos cisnes, ao concluirmos que todos os cisnes do lago são brancos, perceba que isso não estava presente nas premissas, nós partimos de premissas individuais e induzimos algo que provavelmente é verdadeiro, mas não necessariamente é.

Por fim, destacamos que os argumentos indutivos não podem ser avaliados como sendo válidos ou inválidos, como ocorre com os argumentos dedutivos. Na verdade, cabe avaliá-los de maneira mais subjetiva, classificando-os como **mais fortes** ou **mais frágeis**.

Porém, o **fato de ele ser frágil não significa, necessariamente, que a sua conclusão está incorreta**. Significa apenas que não foram levantadas premissas suficientemente fortes para suportar a tese defendida. Similarmente**, o fato de um argumento indutivo ser considerado forte não significa que a sua conclusão é verdadeira**, mas apenas que as hipóteses levantadas dão bom suporte à conclusão.

5.2.1. Analogia

O grande exemplo de argumento indutivo é aquele obtido com o emprego da **analogia**. Ela é muito utilizada nas mais diversas situações do nosso dia a dia e constitui o fundamento da maior parte dos nossos raciocínios, de modo que <u>a partir de experiências passadas procuramos discernir o que nos reservará o futuro</u>.

Temos uma argumentação por analogia quando ressaltamos as **características em comum** entre duas ou mais entidades para concluirmos que o mesmo resultado obtido para algumas delas também deve ser válido para as demais, mesmo que não haja dependência entre elas.

Eis um exemplo de argumento analógico:

> *"O meu novo par de sapatos me servirá bem, porque meus sapatos velhos, comprados na mesma marca, me serviram bem".*

Note que as duas entidades consideradas semelhantes são os dois pares de sapatos. Além disso, perceba que há três pontos de analogia entre as entidades: 1) são sapatos, 2) são da mesma marca e 3) servem bem.

Porém, não existe regra fixa sobre a quantidade de coisas a serem comparadas. Por outro lado, podemos envolver **várias características**. Para exemplificar:

"A, B, C, D e E têm características em comum: todos são azuis, grandes, robustos, eficientes e tecnológicos.

A, B, C e D são muito caros.

Logo, E também deve ser muito caro."

Repare que incluímos diversas características na analogia: a cor, o tamanho, a robustez, a eficiência, a tecnologia e o preço.

Assim como ocorre com outras espécies de argumentos indutivos, as analogias podem ser classificadas como **fortes** ou **fracas**. Sim, caro aluno, a analogia não se presta a obter uma conclusão que decorra logicamente das premissas. O que se pretende é chegar a uma **conclusão provável**.

Nesse sentido, a analogia é considerada **forte** se **indicar, intuitivamente, que a conclusão tem alta chance de realmente ocorrer**. Ou pode ser **fraca**, caso contrário.

Diversos fatores influenciam na avaliação que fazemos da **força da analogia**:

1) Número de entidades envolvidas

Esse critério está bastante alicerçado no senso comum. Para ilustrá-lo, considere os seguintes argumentos:

> *"Não se hospede no Hotel X. Eu fiquei lá da última vez que estive naquela cidade e tive vários problemas."*
>
> *"Não se hospede no Hotel X. Cinco conhecidos ficaram lá e todos tiveram vários problemas."*

Note que ambos os argumentos são analógicos. Contudo, **o segundo é mais forte que o primeiro**, já que a informação contida nele leva a uma conclusão de que há uma probabilidade maior de que o referido hotel realmente tenha dificuldades para proporcionar um bom atendimento aos seus hóspedes, pois houve mais pessoas e mais ocorrências de problemas.

Por outro lado, na primeira situação, pode ser que a pessoa aconselhada a não se hospedar no hotel resolva encarar a estada lá mesmo assim, dando o "benefício da dúvida" ao hotel e talvez desconfiando que quem emitiu o conselho seja muito exigente ou que simplesmente deu azar de não ser bem atendido numa ocasião específica.

De todo modo, o fato é que a diferença de convencimento entre os dois argumentos está no **número de entidades apresentadas**.

ESCLARECENDO!

Não há como afirmar quantas vezes o segundo argumento é mais forte que o primeiro. Não temos uma base objetiva para dizer que é duas vezes mais forte, três vezes, ou qualquer outra quantidade. Aqui estamos somente diante de uma **comparação qualitativa**.

2. Número de características em comum

Note a diferença entre os seguintes argumentos:

"O último carro que Sebastião comprou, da marca Ford, consumia apenas 15 km/litro. Francisco pretende comprar um carro da mesma marca. Concluo que o carro que Francisco vai comprar agora também terá um consumo muito bom".

"O último carro que Sebastião comprou, da marca Ford, modelo Fiesta, motor 1.0, 8 válvulas, hatch, consumia apenas 15 km/litro. Francisco está pretendendo comprar um carro da mesma marca, mesmo modelo, também 1.0 com 8 válvulas, hatch. Concluo que ele também terá um consumo muito bom".

O segundo argumento é claramente **mais forte** que o segundo, o que aumenta nossa convicção na conclusão, pois toma por base um número maior de características para estabelecer a analogia.

3) Relevância das características envolvidas para a conclusão desejada

Veja os exemplos a seguir.

> "Júlio e Anderson são grandes amigos e fazem o mesmo curso na mesma faculdade. Júlio gosta de jogar futebol, gosta de cinema e música clássica, e é excelente aluno de física. Anderson também gosta de jogar futebol, de cinema e música clássica. Concluo que também é excelente aluno de física."

> "Júlio e Anderson são grandes amigos e fazem o mesmo curso na mesma faculdade. Júlio é excelente aluno de matemática e de física. Eu sei que Anderson também é excelente aluno de matemática. Concluo que Anderson também é excelente aluno de física."

Perceba que, no primeiro argumento, temos mais características em comum, porém elas não parecem ter muita relação com a conclusão. Gostar de cinema, por exemplo, não parece ter nenhuma correlação com nota alta em química.

Já no segundo argumento temos outro cenário, são duas matérias de exatas, que requerem o mesmo perfil de raciocínio e que geralmente têm correlação elevada.

O que concluímos, então? Bem, apesar de o segundo argumento ter menos características elencadas, há muito mais relevância dessas características para a conclusão desejada. Portanto, ele é um argumento **mais forte**.

Adicionalmente, a relevância geralmente aparece quando premissas e conclusão têm alguma **relação de causa/efeito ou efeito/causa**. Ou ainda, quando estão simplesmente **correlacionados** (sempre que uma coisa ocorre, a outra também tende a ocorrer, ainda que não haja relação de causa e consequência).

Note o seguinte exemplo de correlação:

> "Numa cidade, quando aumenta o número de eletrodomésticos queimados por descargas elétricas, também aumenta o consumo de sorvete."

Ora, não há relação de causa e consequência aqui, apenas correlação, isto é, quando uma coisa ocorre, a outra tende a ocorrer. No caso, a correlação existe porque os dois fenômenos são afetados por uma causa em comum – o verão. É a época do ano de muito calor (aumenta consumo de sorvetes) e fortes chuvas (aumenta a quantidade de descargas elétricas).

4) Força da conclusão em relação à premissa

Veja os exemplos a seguir:

> *"O último carro que Sebastião comprou, da marca Ford, modelo Fiesta, motor 1.0, 8 válvulas, hatch, consumia apenas 15 km/litro. Francisco está pretendendo comprar um carro da mesma marca, mesmo modelo, também 1.0 com 8 válvulas, hatch. Concluo que ele também terá um consumo muito bom, melhor do que 12km/litro".*

> *"O último carro que Sebastião comprou, da marca Ford, modelo Fiesta, motor 1.0, 8 válvulas, hatch, consumia apenas 15 km/litro. Francisco está pretendendo comprar um carro da mesma marca, mesmo modelo, também 1.0 com 8 válvulas, hatch. Concluo que ele também terá um consumo muito bom, podendo chegar a 20 km/litro".*

Nesse caso, os dois argumentos têm a mesma quantidade de entidades sendo comparadas (carro de Sebastião / carro de Francisco), a mesma quantidade e variedade de características (modelo, marca, válvulas, motorização) e a mesma relevância entre premissas e conclusão (características mecânicas do carro / consumo de combustível).

Mas as semelhanças param por aí. No primeiro, a conclusão é bem **mais forte**. Na segunda situação, estamos indo além do que as premissas permitiriam, o que diminui a probabilidade de estarmos corretos.

5) Número de desanalogias envolvidas

As **desanalogias** são pontos de **diferença** entre o conteúdo das premissas e o que é destacado na conclusão. Tais diferenças, se forem significativas, podem enfraquecer a analogia.

Voltemos ao exemplo do hotel:

> *"Não se hospede no Hotel X.*
> *Cinco conhecidos ficaram lá e todos tiveram vários problemas."*

Agora acrescentemos a seguinte informação: as cinco pessoas citadas ficaram hospedadas nos quartos mais baratos do hotel, sendo que há 10 modelos de apartamentos disponíveis. Ora, essa nova informação reduz substancialmente a força do argumento. Além disso, pode ser que sejam conhecidas outras pessoas que ficaram no mesmo hotel e nunca tiveram problemas.

Assim, fica claro que é crucial avaliar se existem desanalogias consideráveis entre os casos anteriores e o caso atual, sobre o qual se pretende estabelecer uma conclusão.

ESQUEMATIZANDO!

Fatores que influenciam a força da analogia

- 1) Número de **entidades** envolvidas
- 2) Número de **características** em comum
- 3) **Relevância das características** envolvidas para a conclusão desejada
- 4) **Força da conclusão** em relação à premissa
- 5) Número de **desanalogias** envolvidas

Veja como esse assunto já foi cobrado!

QUESTÃO 09 (CEBRASPE – AUFC/TCU/2015) Adotando-se o processo de inferência do tipo indutivo, usado em ciências experimentais, parte-se do particular para o geral, ou seja, a partir da observação de casos particulares, chega-se a uma conclusão que os transcende.

RESOLUÇÃO:

O item basicamente apresenta a **correta** definição de um **argumento indutivo**.

Veja a seguir um argumento com base na indução:

"Ao observarmos uma barra de ferro, que é um metal, vemos que ela conduz eletricidade. Ao observarmos uma barra de cobre, que é um metal, vemos que ela conduz eletricidade. E assim por diante com outros metais. Disso concluímos que os metais conduzem eletricidade".

Note que houve uma **generalização**, ou seja, com base em alguns casos particulares, chegou-se a uma conclusão bem abrangente.

Gabarito: certo.

QUESTÃO 10 (CEBRASPE – Ana/FUNPRESP/2016) No diálogo a seguir, a resposta de B é fundamentada em um raciocínio por analogia.

A: O que eu faço para ser rico assim como você?

B: Como você sabe, eu não nasci rico. Eu alcancei o padrão de vida que tenho hoje trabalhando muito duro. Logo, você também conseguirá ter esse padrão de vida trabalhando muito duro.

RESOLUÇÃO:

O enunciado trata da **Analogia**, que consiste em elencar espécies que possuem **características em comum** para daí concluir que poderão ter em comum outra característica. Por exemplo:

"Aqui perto de casa abriu uma pizzaria que tem uma pizza de muçarela sensacional.

Semana que vem eles vão lançar um novo sabor. Vou lá conferir, porque deve ser muito boa".

Repare que os dois elementos (os dois sabores de pizza) têm algo em comum: são produzidos pela mesma pizzaria.

Adicionalmente, é informado que a de muçarela é muito saborosa (nova característica), de modo que, por analogia, pode-se concluir que a nova pizza também será saborosa. Portanto, elas terão mais um aspecto em comum.

Algo parecido acontece com o argumento apresentado nessa questão.

Ora, já sabemos que A e B possuem algo em comum, começaram como pobres. Daí, concluímos que terão em comum um segundo aspecto: ficarão ricos trabalhando muito. Logo, estamos diante de um **argumento analógico**.

Gabarito: certo.

5.3. Argumentos Categóricos e Hipotéticos

Já estudamos os argumentos dedutivos e os indutivos, agora é hora de aprendermos os últimos tipos de argumentos: os categóricos e os hipotéticos.

Assim, podemos destacar que os argumentos podem ser classificados quanto a sua estrutura em **categóricos** e **hipotéticos**.

Os argumentos **categóricos** são aqueles compostos por premissas representadas por enunciados simples, em que observamos um **quantificador**, um sujeito, um predicado e um verbo de ligação (cópula), os quais analisamos profundamente no capítulo sobre diagramas lógicos.

Os argumentos **hipotéticos** são aqueles compostos por **sentenças conjuntivas, disjuntivas, condicionais ou bicondicionais**. Em geral, apresentam conjecturas, possibilidades ou contingências para a realização da conclusão. Estudamos esse tipo de estrutura lógica no capítulo sobre implicação lógica.

Veja como esse assunto já foi cobrado!

QUESTÃO 11 (FGV/SEPOG-RO/Téc/2017) Considere verdadeiras as afirmativas:

Todos os marinheiros sabem nadar.

Algumas pessoas que sabem nadar são pescadores.

É correto concluir que

(A) Alguns marinheiros são pescadores.

(B) Alguns marinheiros não são pescadores.

(C) Alguns pescadores sabem nadar.

(D) Todas as pessoas que sabem nadar são marinheiros.

(E) Todos os marinheiros são pescadores.

RESOLUÇÃO:

O enunciado apresenta duas **premissas** e exige de nós qual a **conclusão** mais apropriada para esse **argumento**.

A proposição "*Todos os marinheiros sabem nadar*" diz que o conjunto de marinheiros está contido no conjunto das pessoas que sabem nadar:

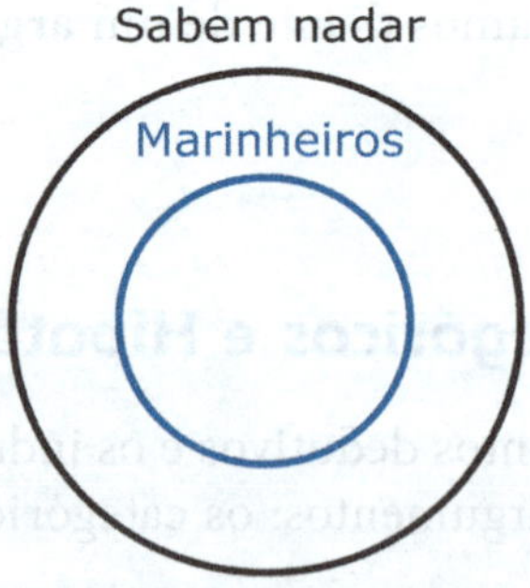

Agora vamos adicionar no diagrama o conjunto de pescadores, com base na informação de que "*Algumas pessoas que sabem nadar são pescadores*", ou seja, há elementos na interseção do conjunto de pescadores com o conjunto de pessoas que sabem nadar:

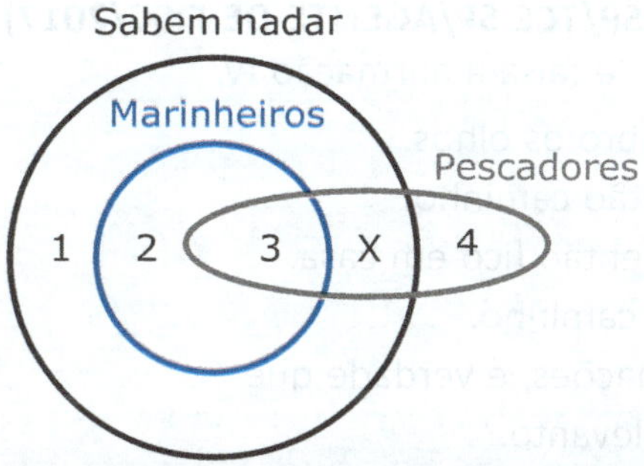

Repare que indicamos com "X" a região que temos certeza quanto à existência de elementos, pois existem pessoas que sabem nadar que são pescadores. Adicionalmente, enumeramos de 1 a 4 as demais regiões do diagrama para nos ajudar a analisar as opções de resposta.

(A) Alguns marinheiros são pescadores. **Errado**. Trata-se da região 3 do diagrama, cuja existência ou não de elementos é indeterminada, de modo que não temos elementos para afirmar que existe interseção entre os marinheiros e os pescadores.

(B) Alguns marinheiros não são pescadores. **Errado**. Trata-se da região 2 do diagrama, cuja existência ou não de elementos é indeterminada, de modo que não temos informações para afirmar que existem marinheiros que não são pescadores. É possível que todos os marinheiros sejam pescadores (e que sabem nadar, obviamente).

(C) Alguns pescadores sabem nadar. **Certo**. Trata-se da região indicada pelo "X", composta pela interseção dos conjuntos "pescadores" e "sabem nadar", representando a existência de pescadores que sabem nadar.

Note que é apenas o contrário da segunda premissa apresentada no enunciado, o que não altera o sentido do que é estabelecido por meio do quantificador "algum". Assim, se algumas pessoas que sabem nadar são pescadores, também podemos dizer que alguns pescadores sabem nadar.

(D) Todas as pessoas que sabem nadar são marinheiros. **Errado**. Não podemos afirmar isso, pois é possível a existência de pessoas nas regiões 1 e X (sabem nadar e não são marinheiros).

Adicionalmente, perceba que essa alternativa apresenta o contrário da primeira premissa e essa mudança de posição entre sujeito e predicado **afeta** o valor lógico do quantificador "todo". Assim, dizer que todo marinheiro sabe nadar não é o mesmo que dizer que todas as pessoas que sabem nadar são marinheiros.

(E) Todos os marinheiros são pescadores. **Errado**. É possível a existência de elementos na região 2 (marinheiros que não são pescadores).

Gabarito: C.

QUESTÃO 12 (VUNESP/TCE-SP/AGENTE DE FISC/2017) Considere verdadeiras as afirmações I, II, III, e falsa a afirmação IV.

I. Se acordo, então abro os olhos.

II. Se me levanto, então caminho.

III. Se não caminho, então fico em casa.

IV. Abro os olhos ou caminho.

A partir dessas afirmações, é verdade que

a) acordo e não me levanto.

b) não fico em casa ou me levanto.

c) acordo ou fico em casa.

d) não caminho e abro os olhos.

e) não abro os olhos e acordo.

RESOLUÇÃO:

Como a frase IV é falsa, sua negação é verdadeira:

NÃO abro os olhos E NÃO caminho.

A partir dessa informação, podemos voltar à afirmação III. Como "não caminho" é V, então fico em casa é V também.

Em II, como "caminho" é F, "me levanto" deve ser F também. Assim, NÃO me levanto é V.

Em I, como "abro os olhos" é F, "acordo" deve ser F também. Assim, NÃO acordo é V.

Considerando as conclusões sublinhadas, podemos marcar a **alternativa C**, pois embora "acordo" seja F, "fico em casa" é V, tornando a disjunção verdadeira.

Gabarito: C.

6. INFERÊNCIA

A inferência é o **método pelo qual se chega a uma conclusão por meio de raciocínio**. Assim, trata-se do *ato de raciocinar*, é a *operação mental* sobre uma ou mais proposições (premissas) dadas para se chegar a uma ou mais novas proposições válidas, que poderão ser utilizadas em novas inferências.

Há basicamente dois tipos de inferência: imediata e mediata.

6.1. Inferência Imediata

A **inferência imediata** ou **direta** é aquela em que **a conclusão é a consequência necessária à premissa dada**, de modo que *a partir de uma única premissa*, chegamos a uma conclusão válida.

Veja o exemplo a seguir:

Premissa 1: Todo A é B

Conclusão: Algum A é B.

Note que é óbvio que, se algum A não for B, o todo também não será.

6.2. Inferência Mediata

Já a **inferência mediata** ou **indireta** é obtida por meio do **encadeamento lógico de duas ou mais premissas para se chegar à conclusão.**

São três os tipos de inferência mediata: indutiva, por analogia e dedutiva.

A **inferência indutiva** *parte de observações particulares para uma conclusão universal*, o que resulta numa conclusão apenas provável.

Considere o seguinte exemplo:

Paulo e Fabiana são meus irmãos.

Paulo e Fabiana têm cabelos longos.

Logo, meus irmãos têm cabelos longos.

Repare que a primeira premissa descreve Paulo e Fabiana como irmãos de quem se fala, mas não como **únicos** irmãos. Dessa forma, na conclusão, não podemos afirmar que quem fala está se referindo àqueles irmãos citados na primeira premissa ou se está se referindo a todos os irmãos. Assim, inferiu-se algo maior com base em informações particulares.

Já a **inferência por analogia** *compara as semelhanças de indivíduos relacionados entre si para extrair dessa comparação novas semelhanças*, o que pode resultar em uma conclusão apenas provável.

Veja um exemplo:

Ao comparar o aroma de uma sopa muito saborosa com o aroma de outras sopas, já provadas, podemos concluir, por analogia, que toda sopa que tenha o mesmo aroma também será muito saborosa.

Por fim, a **inferência dedutiva** *parte de uma observação geral para uma conclusão particular*. Nesse caso, considerando-se as premissas como verdadeiras, a conclusão será, necessariamente, verdadeira. Sim, aqui não falamos mais numa conclusão provável.

Considere o seguinte exemplo:

Todos os cristais de açúcar são doces.
Isto é um cristal de açúcar.

Logo, isto é doce.

Ainda tratando da forma mediata de inferência, temos a destacar para você dois subtipos específicos de inferências indutivas que podem surgir em sua prova. Estamos falando da Inferência Estatística e da Inferência Causal.

6.2.1. Inferência Estatística

Na **Inferência Estatística** há um raciocínio por indução que usa o cálculo estatístico de probabilidades para fazer afirmações gerais, a partir de um caso particular. Exemplo:

Numa pequena cidade, com 10.000 eleitores, teremos eleição para prefeito. Se observarmos uma amostra de 300 eleitores, em que 60% afirmam ter a intenção de votar no candidato Alfa, podemos inferir que, na população, tal candidato terá a maioria dos votos e será eleito no primeiro turno.

Note que tal conclusão não é necessariamente válida a partir da premissa. Seria perfeitamente possível que, graças a uma coincidência enorme, Alfa tenha apenas 180 eleitores, e todos eles estavam na amostra. Logo, os outros 9.820 eleitores votarão em outros candidatos, ou anularão seus votos, ou deixarão de votar, fazendo com que Alfa passe muito longe de ser eleito.

No entanto, usando técnicas estatísticas, que envolvem o planejamento da amostragem, a modelagem das estatísticas como variáveis aleatórias e o estudo da distribuição dessas variáveis, é possível determinar intervalos de confiança para a população.

Enfim, **partimos de uma amostra e inferimos algo para toda a população**.

6.2.2. Inferência Causal

Por sua vez, a **Inferência Causal** é aquele raciocínio indutivo que *se baseia nas relações de causa e efeito* para se obter **conclusões prováveis**. Exemplo:

A luminária do meu quarto não funciona. Eu troquei a lâmpada, assegurando-me de trocá-la por uma que acendia, mas mesmo assim não funcionou. Na possibilidade de a tomada estar com defeito, eu levei a luminária para testá-la em outro quarto, mesmo assim a lâmpada não acendeu. Portanto, o defeito deve estar nos fios da luminária.

Repare que usei meus conhecimentos de causa/efeito para chegar a essa conclusão. Eu sei que tem energia na casa (a lâmpada nova acendia), imagino que as demais tomadas estejam funcionando, sei que a lâmpada funciona por causa da corrente elétrica, então concluo que a corrente não deve estar chegando e que o motivo é um defeito nos fios da luminária.

Além disso, podemos dizer que a conclusão é bem convincente, mas pode estar errada. Pode ser que o problema esteja no bocal da luminária. Ou pode ser que, a partir do instante em que comecei os testes, faltou energia na casa e eu não percebi. Pode ser que tenha caído o disjuntor que alimentava todos os quartos. Enfim, há outras possibilidades ainda a testar.

7. VALIDADE DO ARGUMENTO

A validade de um argumento dedutivo depende tão somente da **relação existente entre as premissas e a conclusão**, podendo ser classificado como **válido** ou **inválido**.

Na lógica de argumentação que é cobrada em concursos, só estamos interessados na **FORMA** do argumento. Então, o que analisaremos é se o argumento está bem construído, bem formulado, isto é, se as premissas, de fato, suportam a conclusão.

FIQUE ATENTO!

Para definirmos se um argumento é válido ou inválido, não nos preocuparemos com o valor lógico das premissas e da conclusão, mas sim com a **forma** e a **estrutura** com que as premissas se relacionam com a conclusão.

Portanto, para ser argumento é necessário possuir FORMA.

Em outras palavras, para nós pouco importa se, **no mundo real**, as premissas são de fato verdadeiras ou não.

Para fazer a análise do argumento, nós simplesmente **consideramos** que todas as premissas são **verdadeiras**. Sempre! Não interessa qual seja a premissa!

Mas observe que isso é tão somente um *pressuposto*, uma *consideração*. Simplesmente consideramos as premissas verdadeiras somente para fins de análise do argumento.

No entanto, jamais afirmamos que elas são **de fato** verdadeiras. A tarefa de avaliar se uma premissa é realmente verdadeira é das outras ciências (física, química, biologia etc.).

Como exemplo, considere o argumento a seguir:

Premissa 1: Todo mamífero tem asas.

Premissa 2: O javali é um mamífero.

Conclusão: O javali tem asas.

Sabemos que as duas premissas são falsas no mundo real, óbvio, mas para a lógica não interessa se as premissas são falsas ou verdadeiras de fato. Assim, o argumento é válido, pois seguiu o raciocínio contido nas premissas.

Por fim, se não for possível que todas as premissas sejam simultaneamente verdadeiras, então o argumento é **inconsistente**. Um argumento inconsistente é, também, **válido**. Como no argumento inconsistente não existe linha da tabela verdade em que as premissas são verdadeiras e a conclusão é falsa, então ele é considerado válido.

Veja como esse assunto já foi cobrado!

QUESTÃO 13 (FCC – AFR SP/SEFAZ SP/2006 – *Adaptada*) No argumento: "Se estudo, passo no concurso. Se não estudo, trabalho. Logo, se não passo no concurso, trabalho", considere as proposições:

p: estudo
q: passo no concurso, e
r: trabalho

Julgue o seguinte item.

É verdade que a validade do argumento depende dos valores lógicos e do conteúdo das proposições usadas no argumento.

RESOLUÇÃO:

A fim de analisarmos um argumento, consideramos que as premissas são verdadeiras, **independentemente do seu conteúdo**. Na realidade, estamos interessados na **forma** do argumento, ou seja, se ele está bem construído.

Gabarito: errado.

7.1. Argumento Válido

Um argumento será considerado **VÁLIDO** quando a sua **conclusão é uma consequência obrigatória do seu conjunto de premissas.**

Portanto, se, considerando as premissas verdadeiras, a conclusão necessariamente também for verdadeira, o argumento é válido.

TOME NOTA!

Consideramos as premissas **verdadeiras**. Caso a conclusão também seja **V**, o argumento é **válido**.

Para exemplificar, vamos analisar o argumento a seguir quanto a sua validade:

P1: *Todos os homens são leões.*

P2: *Nenhum leão é animal.*

C: *Portanto, nenhum homem é animal.*

Fica claro que a conclusão é, de fato, uma consequência obrigatória das duas premissas, perfeitamente bem construído, sendo, portanto, um argumento **válido**, muito embora o conteúdo das premissas e da conclusão seja falso.

Repetindo: o que vale é a construção, e não o seu conteúdo!

7.2. Argumento Inválido

Dizemos que um argumento é **inválido** ou **sofisma** quando a **verdade das premissas não é suficiente para garantir a verdade da conclusão.**

ESCLARECENDO!

Sofisma é um **raciocínio falso**. Essa falsidade pode nascer da má aplicação do raciocínio em premissas certas ou do raciocínio certo em premissas falsas. O sofisma pode ou não ser empregado com intenção de enganar.

Em outras palavras, se existir um caso em que todas as premissas são verdadeiras e a conclusão for falsa, então o argumento é **inválido**.

BIZU!

Se for possível termos **premissas verdadeiras,** mas **conclusão falsa**, o argumento é **inválido**.

Esquematizando o que vimos até aqui:

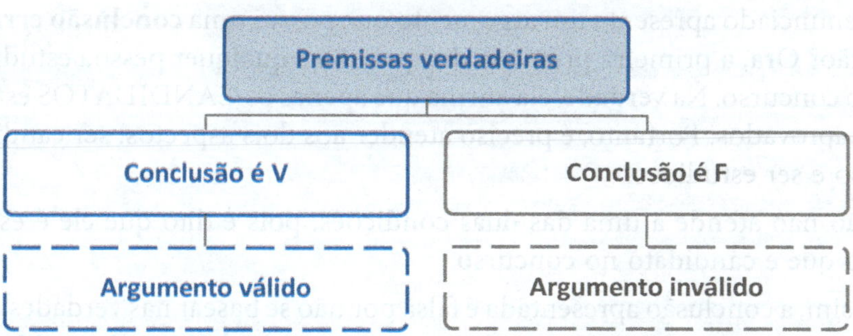

Para exemplificar, vamos verificar a validade do argumento a seguir:

P1: Todos os homens gostam de amendoim.

P2: Patrícia não é homem.

C: Portanto, Patrícia não gosta de amendoim.

Bem, este é um **argumento inválido**, pois as premissas não garantem a verdade da conclusão.

De fato, raciocine conosco. Patrícia pode gostar de amendoim mesmo que não seja homem, pois a primeira premissa não afirmou que somente os homens gostam de amendoim.

Veja como esse assunto já foi cobrado!

QUESTÃO 14 (CONSULPLAN/TJ-MG/Titular/2016) Analise as afirmações seguintes:

– Os candidatos estudiosos passam no concurso.

– João é estudioso.

– Logo, João passará no concurso.

No campo do raciocínio lógico, essas afirmações compreendem

a) um silogismo simples.

b) um sofisma.

c) um silogismo a priori.

d) um silogismo a posteriori.

RESOLUÇÃO:

O enunciado apresenta um argumento que possui uma **conclusão errada**. Por qual razão? Ora, a primeira premissa diz que não é qualquer pessoa estudiosa que passa no concurso. Na verdade, ela afirma que apenas os CANDIDATOS estudiosos que são aprovados. Portanto, é preciso atender aos dois aspectos: ser candidato no concurso e ser estudioso.

João não atende a uma das duas condições, pois é dito que ele é estudioso, mas não que é candidato no concurso.

Assim, a conclusão apresentada é falsa por não se basear nas verdades contidas nas premissas, ou seja, não é consequência necessária das premissas. Nesse caso, trata-se de um **argumento inválido** ou **sofisma**.

Gabarito: B.

8. VERIFICAÇÃO DA VALIDADE DE UM ARGUMENTO

A partir de agora, estudaremos as formas mais usuais para descobrir se determinado argumento lógico é válido ou inválido.

Basicamente temos à nossa disposição **quatro métodos para verificar a validade de um argumento.**

A tabela a seguir detalha cada um deles. Logo em seguida, analisaremos detalhadamente diversas questões de concursos públicos, a fim de que você possa perceber a forma exata em que as bancas costumam cobrar esse tema em suas provas.

Método	Deve ser usado quando...	O argumento é válido quando...
1º) Diagramas lógicos	Quando as premissas apresentarem ***proposições categóricas***.	Verificarmos que a ***conclusão é uma consequência obrigatória*** das premissas.
2º) Premissas verdadeiras	Houver uma premissa que seja uma ***proposição simples*** ou que esteja na forma de uma ***conjunção***.	Valor encontrado para a ***conclusão é necessariamente verdade***.
3º) Tabela-verdade	Em qualquer caso, mas preferencialmente quando o argumento tiver ***no máximo três proposições simples***.	Em todas as linhas da tabela em que os valores lógicos das premissas têm valor V, os ***valores lógicos da coluna da conclusão forem também V***.
4º) Conclusão falsa	For ***inviável*** a aplicação dos métodos anteriores. Também é necessário que a conclusão seja uma proposição simples ou uma disjunção ou uma condicional.	***Não*** for possível a existência simultânea de ***conclusão falsa e premissas verdadeiras***.

Veja como esse assunto já foi cobrado!

QUESTÃO 15 (CESPE/TCE-ES/2004) A seguinte argumentação é inválida.

Premissa 1: Todo funcionário que sabe lidar com orçamento conhece contabilidade.

Premissa 2: João é funcionário e não conhece contabilidade.

Conclusão: João não sabe lidar com orçamento.

RESOLUÇÃO:

Visto que no argumento temos a presença de **proposições categóricas**, então é conveniente usarmos o **1º método** de validade de um argumento.

De acordo com a primeira premissa, temos que o conjunto dos funcionários que sabem lidar com orçamento está contido no conjunto dos que conhecem contabilidade. De acordo com a segunda premissa, João deve ficar fora do conjunto dos que conhecem contabilidade.

Assim, teremos o seguinte desenho:

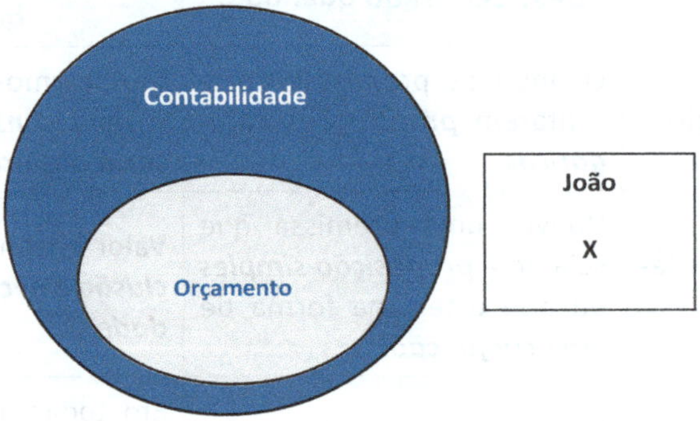

João está fora do conjunto dos que conhece contabilidade, consequentemente fora do conjunto dos que sabem lidar com orçamento. Assim, podemos concluir que "João não sabe lidar com orçamento."

Dessa forma, a conclusão do argumento é necessariamente **verdadeira**. Portanto, o argumento é **válido**.

Gabarito: Errado.

QUESTÃO 16 (CESPE/TCU/2004) Considere o seguinte argumento:

Cada prestação de contas submetida ao TCU que apresentar ato antieconômico é considerada irregular. A prestação de contas da Prefeitura de uma cidade foi considerada irregular. Conclui-se que a prestação de contas da Prefeitura dessa cidade apresentou ato antieconômico.

Nessa situação, esse argumento é válido.

RESOLUÇÃO:

A questão apresenta um SILOGISMO e deseja saber se ele é válido.

Perguntamos a você: qual o requisito para que um argumento seja considerado válido?

Essa é fácil, professores. Um argumento só será válido se a sua conclusão for uma consequência obrigatória do seu conjunto de premissas.

Perfeito! Vamos analisar o argumento em questão. Sejam:

P_1: "Cada prestação de contas submetida ao TCU que apresentar ato antieconômico é considerada irregular".

P_2: "A prestação de contas da Prefeitura de uma cidade foi considerada irregular".

C: "A prestação de contas da Prefeitura dessa cidade apresentou ato antieconômico".

Vamos utilizar o **1º método** para verificar a validade do argumento.

Mas peraí, professores. Não estou vendo nenhuma das proposições categóricas nas premissas. Por que usar o 1º método?

Boa observação. Acontece que a palavra ***cada*** tem o mesmo sentido de ***toda***, de forma que a 1ª premissa pode ser assim representada:

Em relação à 2ª premissa, detalharemos as possíveis localizações para a "*prestação de contas da cidade qualquer*".

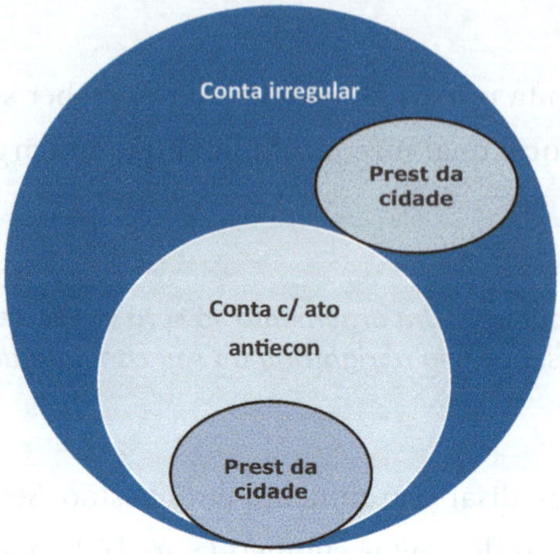

Daí, verificamos que há duas posições em que a tal prestação de contas desta cidade qualquer poderia estar.

De fato, visto que é irregular, terá necessariamente que estar dentro do círculo maior (conta irregular). Daí, surgem duas novas possibilidades: ou estará dentro do círculo menor (conta com ato antieconômico) ou fora dele. Portanto: a prestação de contas desta cidade qualquer, embora irregular, pode ter apresentado uma conta com ato antieconômico **ou não**!

Vejamos agora a análise da conclusão do argumento: "*a prestação de contas da Prefeitura dessa cidade apresentou ato antieconômico*".

Será que essa é uma conclusão necessária, ou seja, obrigatória, levando em conta o que foi definido pelas premissas? Certamente não.

Concluímos, pois, que se trata de um argumento **inválido**.

Gabarito: errado.

QUESTÃO 17 (CEBRASPE/Ministério da Integração/2013) Ao comentar a respeito da qualidade dos serviços prestados por uma empresa, um cliente fez as seguintes afirmações:

P1: Se for bom e rápido, não será barato.

P2: Se for bom e barato, não será rápido.

P3: Se for rápido e barato, não será bom.

Com base nessas informações, julgue o item seguinte.

Um argumento que tenha P1 e P2 como premissas e P3 como conclusão será um argumento válido.

RESOLUÇÃO:

Sejam as proposições simples:

A: É bom;

B: É barato;

C: É rápido.

Vamos responder as quatro perguntas a que já estamos acostumados:

1. O argumento apresenta as palavras **todo**, **algum** ou **nenhum**?

Resposta: Não. O 1º método está descartado!

2. Há alguma das premissas que seja uma **proposição simples** ou uma **conjunção?**

Resposta: Não. O 2º método está descartado!

3. O argumento contém **no máximo três proposições simples**?

Resposta: Sim, temos três. Se quisermos, podemos usar o 3º método.

4. A conclusão tem a forma de uma **proposição simples** ou de uma **disjunção** ou de uma **condicional**?

Resposta: Sim. A premissa P3 é uma condicional, e o enunciado afirma que ela é a conclusão do argumento. Assim, também podemos usar o 4º método.

São duas alternativas: poderemos concluir acerca da validade do argumento, por meio do 3º ou do 4º método! Optaremos pelo **3º método**.

Essa forma é mais indicada quando não se puder resolver pelos dois métodos anteriores.

Baseia-se na construção da **tabela-verdade** do argumento, destacando uma coluna para cada premissa e outra para a conclusão.

Após a construção da tabela verdade, verificamos quais são as linhas da tabela em que os valores lógicos das premissas têm valor **V**. (As demais linhas da tabela-verdade devem ser descartadas.) Se, nas linhas em que as premissas são verdadeiras, os valores lógicos da coluna da conclusão forem **todos** V, o argumento é **VÁLIDO**! Consequentemente, se ao menos uma daquelas linhas corresponder a uma conclusão **falsa**, o argumento é **INVÁLIDO**.

1º passo. Construir a tabela-verdade do argumento.

No argumento desta questão temos três proposições simples (A, B e C), então a tabela-verdade do argumento terá 8 linhas (= 2^3).

Faremos somente uma tabela-verdade, em que as premissas e a conclusão corresponderão a colunas nesta tabela.

A	B	C	~A	~B	~C	(A ^ C)	(A ^ B)	(B ^ C)	P_1 (A ^ C) → ~B	P_2 (A ^ B) → ~C	Conclus. (B ^ C) → ~A
V	V	V	F	F	F	V	V	V	F	F	F
V	V	F	F	F	V	F	V	F	V	V	V
V	F	V	F	V	F	V	F	F	V	V	V
V	F	F	F	V	V	F	F	F	V	V	V
F	V	V	V	F	F	F	F	V	V	V	V
F	V	F	V	F	V	F	F	F	V	V	V
F	F	V	V	V	F	F	F	F	V	V	V
F	F	F	V	V	V	F	F	F	V	V	V

2º passo. Agora, vamos verificar quais são as linhas da tabela em que os valores lógicos das premissas são todos **V**. Daí, observamos que **da 2ª linha até à 8ª** temos todas as premissas com valor lógico V. Devemos focar somente nessas sete linhas.

3º passo. Prosseguindo, temos que verificar qual é o valor lógico da conclusão correspondente a essas linhas (da 2ª até à 8ª). Nessas sete linhas, a conclusão é **V**. Logo, o argumento é **VÁLIDO**!

Gabarito: certo.

QUESTÃO 18 (CEBRASPE/TC-DF/2014) Considere as proposições P1, P2, P3 e P4, apresentadas a seguir.

P1: Se as ações de um empresário contribuírem para a manutenção de certos empregos da estrutura social, então tal empresário merece receber a gratidão da sociedade.

P2: Se um empresário tem atuação antieconômica ou antiética, então ocorre um escândalo no mundo empresarial.

P3: Se ocorre um escândalo no mundo empresarial, as ações do empresário contribuíram para a manutenção de certos empregos da estrutura social.

P4: Se um empresário tem atuação antieconômica ou antiética, ele merece receber a gratidão da sociedade.

Tendo como referência essas proposições, julgue os itens seguintes.

O argumento que tem como premissas as proposições P1, P2 e P3 e como conclusão a proposição P4 é válido.

RESOLUÇÃO:

Sejam as proposições simples:

A: "As ações de um empresário contribuem para a manutenção de certos empregos da estrutura social";

B: "O empresário merece receber a gratidão da sociedade";

C: "O empresário tem atuação antieconômica ou antiética";

D: "Ocorre um escândalo no mundo empresarial".

Vamos responder as quatro perguntas a que já estamos acostumados:

1. O argumento apresenta as palavras **todo, algum** ou **nenhum**?

Resposta: Não. O 1º método está descartado!

2. Há alguma das premissas que seja uma **proposição simples** ou uma **conjunção**?

Resposta: Não. O 2º método está descartado!

3. O argumento contém **no máximo três proposições simples**?

Resposta: Não, temos quatro. O 3º método está descartado!

4. A conclusão tem a forma de uma **proposição simples** ou de uma **disjunção** ou de uma **condicional**?

Resposta: Sim. A premissa P_4 é uma condicional e o enunciado afirma que ela é a conclusão do argumento.

Dessa forma, teremos que utilizar o **4º método** de verificação da validade de um argumento.

Por esse método devemos considerar as **premissas** como **verdadeiras** e a **conclusão** como **falsa**. Em seguida, averiguaremos se é possível a existência dessa situação. Se confirmada essa possibilidade, o argumento será **inválido**; caso contrário, o argumento será **válido**.

1º passo. Considerar as premissas verdades e a conclusão falsa:

P_1: A → B é **verdade**

P_2: C → D é **verdade**

P_3: D → A é **verdade**

Conclusão: C → B é **falso**

2º passo. Quando usarmos esse método de teste de validade, iniciaremos a análise dos valores lógicos das proposições simples pela proposição da conclusão.

✓ Análise da conclusão: **C → B** é **falso**

Em que situação uma condicional é falsa? Isso nós já sabemos: quando a 1ª parte é verdade e a 2ª parte é falsa. Daí, concluímos que o valor de **C** deve ser **V** e o de **B** deve ser **F**.

✓ Análise da 1ª premissa: **A → B** é **verdade**

Substituindo B por F nessa proposição, teremos: **A → F**. Como essa proposição deve ser verdade, conclui-se que **A** deve ser **F** (tabela-verdade da condicional).

✓ Análise da 3ª premissa: **D → A** é **verdade**

O valor lógico de A é F, obtido na análise da primeira premissa. Substituindo esse valor lógico nessa proposição, teremos: **D → F**. Para que essa proposição seja verdade é necessário que a 1ª parte da condicional, **D**, seja **F**.

Agora, só resta analisar a 2ª premissa: **C → D** é **verdade**.

Obtivemos das análises anteriores os seguintes valores lógicos: **A é F, B é F, C é V e D é F**.

Substituindo alguns desses valores na proposição, teremos: **V → F**, e isso resulta em um valor lógico **falso**. Opa!!! A consideração inicial é de que todas as premissas são verdadeiras; logo, a premissa **C → D** deveria ser verdade.

Essa contradição nos valores lógicos ocorreu porque não é possível a existência da situação com **premissas verdadeiras e conclusão falsa**. Daí, concluímos que nosso argumento é **VÁLIDO**!

Para que o argumento fosse dito **inválido**, teria que ser possível a existência das premissas verdadeiras e conclusão falsa.

Gabarito: certo.

9. RESUMO

Argumento lógico é a relação que associa um conjunto de proposições p_1, p_2, p_3, ..., p_n, chamadas **premissas** ou **hipóteses** do argumento, a uma proposição **c**, dita **conclusão** ou **tese** do argumento.

Então, para que um conjunto de informações seja considerado um argumento, é necessário que a conclusão **exprima a ideia** que se quer defender e que as premissas sejam apresentadas como **razões a favor** dessa ideia.

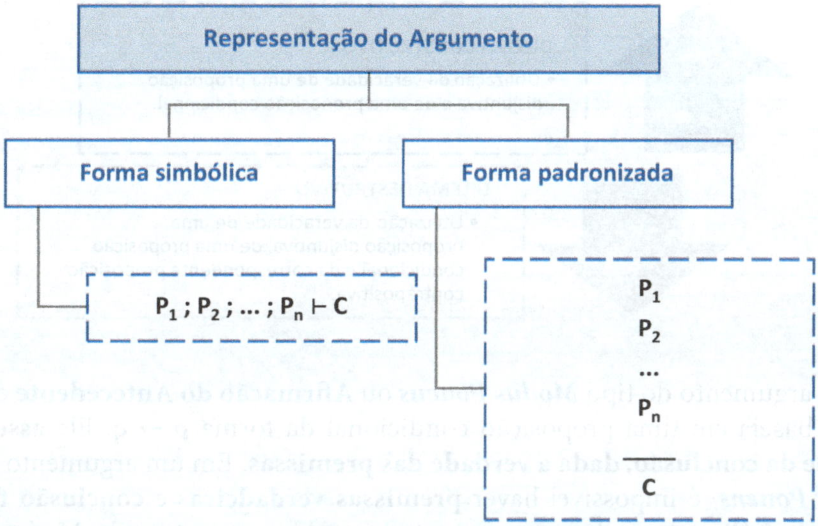

Existem dois tipos principais de argumentos: os **dedutivos** e os **indutivos**.

Num argumento **dedutivo**, a **conclusão está explícita nas premissas**. Pode-se dizer que os argumentos dedutíveis são **estéreis**, uma vez que **não produzem conhecimento novo**. De fato, sua conclusão não acrescenta qualquer informação adicional além das que foram expostas nas premissas.

Quando temos um argumento dedutivo formado por **duas premissas e uma conclusão**, trata-se então de um **silogismo**.

Dentre as formas de argumentação dedutiva válidas, a ***Reductio ad Absurdum***, ou **Redução ao Absurdo**, é largamente empregada. A ideia que motiva essa forma de argumento é simples. Consiste em **demonstrar uma conclusão a partir da prova de que sua negação é falsa.**

Dizemos que uma pessoa enfrenta um **dilema** quando é forçado a escolher entre duas **alternativas indesejáveis**.

Num debate, usa-se o dilema para apresentar a um adversário várias posições entre as quais tem que escolher e, depois, demonstrar que, seja qual for a sua escolha, ele está obrigado a chegar a uma conclusão que será desagradável.

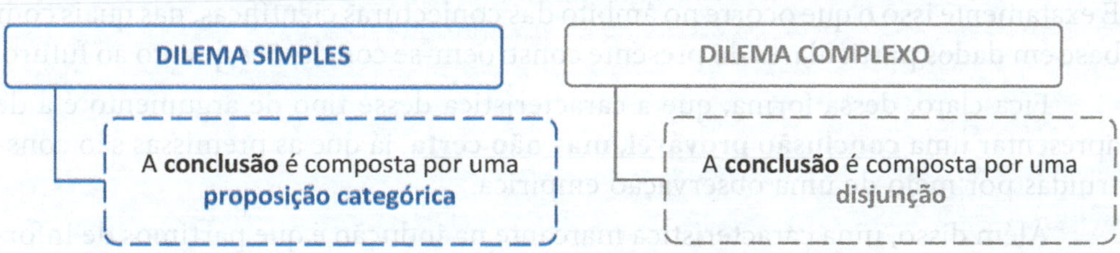

DILEMA CONSTRUTIVO

- Utilização da veracidade de uma proposição disjuntiva e de uma proposição condicional.

DILEMA DESTRUTIVO

- Utilização da veracidade de uma proposição disjuntiva, de uma proposição condicional e da correspondente proposição contrapositiva.

O argumento do tipo ***Modus Ponens*** ou **Afirmação do Antecedente** é aquele que se baseia em uma proposição condicional da forma **p → q**. Ele **assegura a verdade da conclusão, dada a verdade das premissas**. Em um argumento do tipo ***Modus Ponens***, é impossível haver **premissas verdadeiras** e **conclusão falsa**. A **forma simbólica** de qualquer argumento baseado na estrutura do *Modus Ponens* é dada por:

$$p \rightarrow q \,;\, p \vdash q$$

O argumento do tipo ***Modus Tollens*** ou **Negação do Consequente** é baseado na equivalência de uma propriedade condicional e a respectiva contrapositiva. Sua validade é assegurada, pois é correto **inferir a partir de premissas do tipo "se p, então q" e "não-q", a conclusão "não-p"**. A **forma simbólica** de um *Modus Tollens* é dada por:

$$p \rightarrow q \,;\, {\sim}q \vdash {\sim}p$$

O argumento **indutivo** é aquele cuja conclusão **traz mais informações que as premissas fornecem**. Assim, trata-se de um argumento de conclusão ampliativa e geral, de modo que parte de dados da experiência e chega a enunciados universais. É exatamente isso o que ocorre no âmbito das conjecturas científicas, nas quais com base em dados particulares do presente constroem-se conclusões quanto ao futuro.

Fica claro, dessa forma, que a característica desse tipo de argumento é a de apresentar uma **conclusão provável, mas não certa**, já que as premissas são construídas por meio de uma observação empírica.

Além disso, uma característica marcante na indução é que partimos de informações **particulares** para chegarmos a uma **conclusão universal**.

A validade de um argumento dedutivo depende tão somente da **relação existente entre as premissas e a conclusão**, podendo ser classificado como **válido** ou **inválido**.

Para definirmos se um argumento é válido ou inválido, não nos preocuparemos com o valor lógico das premissas e da conclusão, mas sim com a **forma** e a **estrutura** com que as premissas se relacionam com a conclusão.

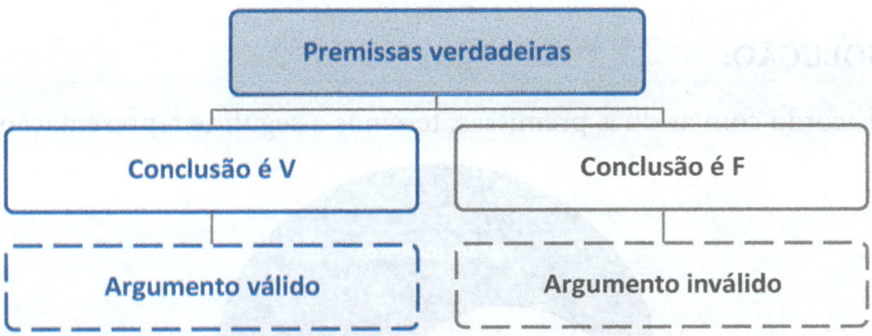

MÉTODOS PARA VERIFICAR A VALIDADE DE UM ARGUMENTO

Método	Deve ser usado quando...	O argumento é válido quando...
1º) Diagramas lógicos	Quando as premissas apresentarem ***proposições categóricas***.	Verificarmos que a ***conclusão é uma consequência obrigatória*** das premissas.
2º) Premissas verdadeiras	Houver uma premissa que seja uma ***proposição simples*** ou que esteja na forma de uma ***conjunção***.	Valor encontrado para a ***conclusão é necessariamente verdade***.
3º) Tabela-verdade	Em qualquer caso, mas preferencialmente quando o argumento tiver ***no máximo três proposições simples***.	Em todas as linhas da tabela em que os valores lógicos das premissas têm valor V, os ***valores lógicos da coluna da conclusão forem também V***.
4º) Conclusão falsa	For ***inviável*** a aplicação dos métodos anteriores. Também é necessário que a conclusão seja uma proposição simples ou uma disjunção ou uma condicional.	***Não*** for possível a existência simultânea de ***conclusão falsa e premissas verdadeiras***.

10. MAIS QUESTÕES COMENTADAS

QUESTÃO 19 (CESPE/TCE-ES/2004) A seguinte argumentação é válida.

Premissa 1: Toda pessoa honesta paga os impostos devidos.

Premissa 2: Carlos paga os impostos devidos.

Conclusão: Carlos é uma pessoa honesta.

RESOLUÇÃO:

De acordo com as duas premissas, teremos a seguinte representação gráfica:

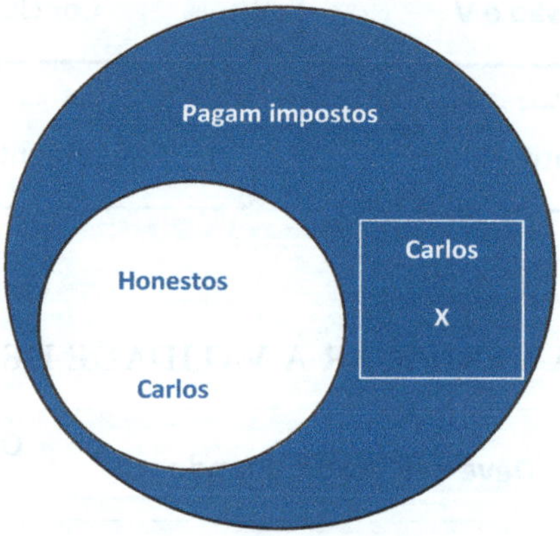

O fato de Carlos pagar os impostos devidos não implica necessariamente que ele é uma pessoa honesta, pois observe que ele pode estar fora do conjunto dos honestos.

Como a conclusão do argumento não **é necessariamente verdadeira**, então o argumento é **inválido**.

Gabarito: Errado.

QUESTÃO 20 (Cebraspe/EMAP/Ana Portuário/2018) O seguinte argumento constitui um argumento válido: "O Porto de Itaqui está no Sudeste brasileiro, pois o Porto de Itaqui está localizado na Ilha de Marajó e a Ilha de Marajó está localizada em São Paulo."

RESOLUÇÃO:

O argumento apresentado possui a seguinte estrutura:

– Premissas:

O porto de Itaqui está localizado na Ilha de Marajó;

A ilha de Marajó está localizada em São Paulo.

– Conclusão:

O porto de Itaqui está localizado no Sudeste brasileiro.

O examinador parte do pressuposto que a localização de São Paulo na região Sudeste é dada. Nesse caso, as premissas permitem suportar a conclusão e o argumento é **válido**. Teríamos o diagrama a seguir:

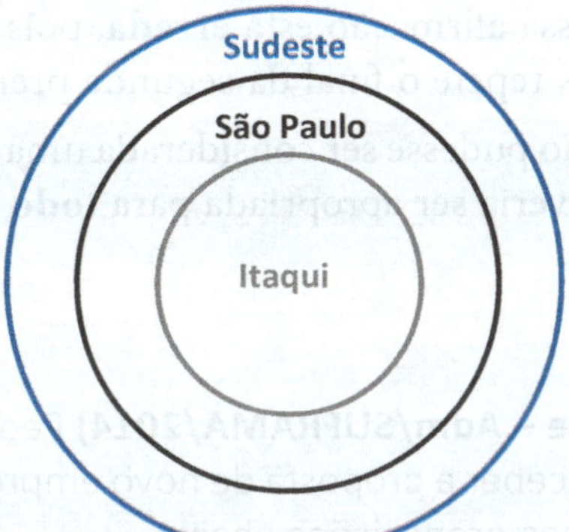

Repare que o conjunto referente ao porto de Itaqui está contido no de São Paulo, o qual por sua vez está contido no relativo ao Sudeste. Assim, o porto está também no Sudeste brasileiro.

Perceba que no mundo real o Porto de Itaqui é localizado no Maranhão e a Ilha de Marajó no Pará, mas isso não interessa para fins de lógica. Partindo das premissas do enunciado, o argumento é **válido**, apesar de não ser verdadeiro de fato.

Gabarito: Certo.

QUESTÃO 21 (Cebraspe/INPI/2013) Considere o seguinte argumento:

Hoje vou ser muito feliz, pois as crianças são felizes em dias ensolarados. Nos dias nublados, algumas pessoas ficam tristes e a previsão, para o dia de hoje, é de dia ensolarado.

Julgue os itens subsequentes, com base nesse argumento.

– A proposição "A previsão, para o dia de hoje, é de dia ensolarado" é a conclusão desse argumento.

RESOLUÇÃO:

Sejam as premissas:

P_1:"Hoje vou ser muito feliz, pois as crianças são felizes em dias ensolarados".

P_2:"Nos dias nublados, algumas pessoas ficam tristes e a previsão, para o dia de hoje, é de dia ensolarado."

Logo em seguida, a questão afirma que podemos considerar a seguinte proposição como sendo a conclusão do argumento:

"A previsão, para o dia de hoje, é de dia ensolarado".

O que você acha? Essa afirmação está **errada**, pois se você reparar, a proposição que foi dada apenas repete o final da segunda premissa.

Para que a proposição pudesse ser considerada uma **conclusão**, formando um argumento **válido**, ela deveria ser apropriada para **todo o conjunto** de premissas.

Gabarito: errado.

QUESTÃO 22 (Cebraspe – Adm/SUFRAMA/2014) Pedro, um jovem empregado de uma empresa, ao receber a proposta de novo emprego, fez diversas reflexões que estão traduzidas nas proposições abaixo.

P1: Se eu aceitar o novo emprego, ganharei menos, mas ficarei menos tempo no trânsito.

P2: Se eu ganhar menos, consumirei menos.

P3: Se eu consumir menos, não serei feliz.

P4: Se eu ficar menos tempo no trânsito, ficarei menos estressado.

P5: Se eu ficar menos estressado, serei feliz.

A partir dessas proposições, julgue os itens a seguir.

Considerando que as proposições P1, P2, P3, P4 e P5 sejam todas verdadeiras, é correto concluir que Pedro não aceitará o novo emprego.

RESOLUÇÃO:

Sejam as proposições simples, todas relacionadas a Pedro:

A: "Aceito o novo emprego";

B: "Ganho menos";

C: "Fico menos tempo no trânsito";

D: "Consumo menos";

E: "Sou feliz";

F: "Fico menos estressado".

Perceba que temos **6 proposições simples**, de forma que a resolução será um pouco trabalhosa. Mas, enfrentemos!

Vamos responder as quatro perguntas a que já estamos acostumados:

O argumento apresenta as palavras **todo**, **algum** ou **nenhum**?

Resposta: Não. O 1º método está descartado!

Há alguma das premissas que seja uma **proposição simples** ou uma **conjunção**?

Resposta: Não. O 2º método está descartado!

O argumento contém **no máximo três proposições simples**?

Resposta: Não, temos seis. O 3º método está descartado!

A conclusão tem a forma de uma **proposição simples** ou de uma **disjunção** ou de uma **condicional**?

Resposta: Sim. A conclusão apresentada no enunciado é uma proposição simples.

Dessa forma, teremos que utilizar o **4º método** de verificação da validade de um argumento.

Por esse método, devemos considerar as **premissas** como **verdadeiras** e a **conclusão** como **falsa**. Em seguida, averiguaremos se é possível a existência dessa situação. Se confirmada essa possibilidade, o argumento será **inválido**; caso contrário, o argumento será **válido**.

1º passo. Considerar as premissas verdades e a conclusão falsa:

P_1: A → (B ^ C) é **verdade**

P_2: B → D é **verdade**

P_3: D → ~E é **verdade**

P_4: C → F é **verdade**

P_5: F → E é **verdade**

Conclusão: **~A** é **falso**

2º passo. Quando usarmos este método de teste de validade, iniciaremos a análise dos valores lógicos das proposições simples pela proposição da conclusão.

✓ Análise da conclusão: **~A** é **falso**. Logo, o valor lógico da proposição simples A é verdadeiro (***A é V***).

✓ Análise da 1ª premissa: **A → (B ^ C)** é **verdade**

Substituindo A por V nessa proposição, teremos: **V → (B ^ C)**. Como essa proposição deve ser verdade, conclui-se que **B e C** deve ser **V** (tabela-verdade da condicional).

✓ Análise da 2ª premissa: **B → D** é **verdade**

O valor lógico de ***B é V***, obtido na análise da conclusão. Substituindo esse valor lógico nessa proposição, teremos: **V → D**. Para que essa proposição seja verdade é necessário que **D** seja **V**.

✓ Análise da 3ª premissa: **D → ~E** é **verdade**

O valor lógico de ***D é V***, obtido na análise da segunda premissa. Substituindo esse valor lógico nessa proposição, teremos: **V → ~E**. Para que essa proposição seja verdade é necessário que **E** seja **F**.

✓ Análise da 4ª premissa: **C → F** é **verdade**

O valor lógico de ***C é V***, obtido na análise da conclusão. Substituindo esse valor lógico nessa proposição, teremos: **V → F**. Para que essa proposição seja verdade é necessário que a proposição **F** seja **V**.

✓ Análise da 5ª premissa: **F → E** é **verdade**

O valor lógico de ***F é V***, obtido na análise da conclusão. Substituindo esse valor lógico na proposição acima, teremos: **V → E**. Para que esta proposição seja verdade é necessário que a proposição **E** seja **V**.

Opa!!! Chegamos a uma **contradição**. Note que na análise da terceira premissa obtivemos que a proposição ***E*** seria **falsa**, ao passo que na análise da quinta premissa o resultado foi que ***E*** seria **verdadeira**. Isso é um absurdo, claro.

E só chegamos a uma contradição porque não foi possível a existência das premissas verdadeiras e conclusão falsa, o que torna o argumento apresentado pela questão **VÁLIDO**, bem como a conclusão apresentada pelo enunciado **verdadeira**. Daí, é correto concluir que **Pedro não aceitará o novo emprego**.

Gabarito: certo.

QUESTÃO 23 (CEBRASPE – AnaTA/MDIC/2014) P1: Os clientes europeus de bancos suíços estão regularizando sua situação com o fisco de seus países.

P2: Se os clientes brasileiros de bancos suíços não fazem o mesmo que os clientes europeus, é porque o governo do Brasil não tem um programa que os incite a isso.

Considerando que as proposições P1 e P2 apresentadas acima sejam premissas de um argumento, julgue o item a seguir, relativos à lógica de argumentação.

O argumento formado pelas premissas P1 e P2 e pela conclusão "Os clientes brasileiros de bancos suíços estão em situação irregular com o fisco de seu país." é um argumento válido.

RESOLUÇÃO:

As premissas e a conclusão apresentadas no enunciado são as seguintes:

- **P_1:** A
- **P_2:** $\sim B \rightarrow \sim C$
- **Conclusão:** B

Vamos mais uma vez recorrer ao **3º método** de verificação da validade de um argumento lógico.

<u>1º passo</u>. Construir a tabela-verdade do argumento.

No argumento desta questão temos três proposições simples (A, B e C), então a tabela-verdade do argumento terá 8 linhas (= 2^3).

Faremos somente uma tabela-verdade, em que as premissas e a conclusão corresponderão a colunas nessa tabela.

P_1 A	Conclusão B	C	~B	~C	P_2 ~B → ~C
V	V	V	F	F	V
V	V	F	F	V	V
V	F	V	V	F	F
V	F	F	V	V	V
F	V	V	F	F	V
F	V	F	F	V	V
F	F	V	V	F	F
F	F	F	V	V	V

<u>2º passo</u>. Agora, vamos verificar quais são as linhas da tabela em que os valores lógicos das premissas são todos **V**. Daí, observamos que na 1ª, 2ª e 4ª linhas temos todas as premissas com valor lógico V. Devemos focar somente nessas três linhas.

<u>3º passo</u>. Prosseguindo, temos que verificar qual é o valor lógico da conclusão correspondente a essas linhas (1ª, 2ª e 4ª). Na quarta linha, a conclusão é **F**. Logo, o argumento é **INVÁLIDO**!

Gabarito: errado.

QUESTÃO 24 (CEBRASPE – Adm/PF/2014) Ao planejarem uma fiscalização, os auditores internos de determinado órgão decidiram que seria necessário testar a veracidade das seguintes afirmações:

P: Os beneficiários receberam do órgão os insumos previstos no plano de trabalho.

Q: Há disponibilidade, no estoque do órgão, dos insumos previstos no plano de trabalho.

R: A programação de aquisição dos insumos previstos no plano de trabalho é adequada.

A respeito dessas afirmações, julgue o item seguinte, à luz da lógica sentencial.

O seguinte argumento é um argumento válido: "Se a programação de aquisição dos insumos previstos no plano de trabalho fosse adequada, haveria disponibilidade, no estoque do órgão, dos insumos previstos no plano de trabalho. Se houvesse disponibilidade, no estoque do órgão, dos insumos previstos no plano de trabalho, os beneficiários teriam recebido do órgão os insumos previstos no plano de trabalho. Mas os beneficiários não receberam do órgão os insumos previstos no plano de trabalho. Logo, a programação de aquisição dos insumos previstos no plano de trabalho não foi adequada."

RESOLUÇÃO:

Sejam as proposições simples:

P: Os beneficiários receberam do órgão os insumos previstos no plano de trabalho.

Q: Há disponibilidade, no estoque do órgão, dos insumos previstos no plano de trabalho.

R: A programação de aquisição dos insumos previstos no plano de trabalho é adequada.

As premissas e a conclusão apresentadas no enunciado são as seguintes:

- **P_1: $R \rightarrow Q$**
- **P_2: $Q \rightarrow P$**
- **P_3: $\sim P$**
- **C: $\sim R$**

Vamos mais uma vez recorrer ao **3º método** de verificação da validade de um argumento lógico.

<u>**1º passo**</u>. Construir a tabela-verdade do argumento.

No argumento desta questão temos três proposições simples (P, Q e R), então a tabela-verdade do argumento terá 8 linhas (= 2^3). Faremos somente uma tabela-verdade, em que as premissas e a conclusão corresponderão a colunas nessa tabela.

P	Q	R	P_3 ~P	Conclusão ~R	P_1 R → Q	P_2 Q → P
V	V	V	F	F	V	V
V	V	F	F	V	V	V
V	F	V	F	F	F	V
V	F	F	F	V	V	V
F	V	V	V	F	V	F
F	V	F	V	V	V	F
F	F	V	V	F	F	V
F	F	F	V	V	V	V

2º passo. Agora, vamos verificar quais são as linhas da tabela em que os valores lógicos das premissas são todos **V**. Daí, observamos que APENAS NA 8ª LINHA temos todas as premissas com valor lógico V. Devemos focar somente nessa linha.

3º passo. Prosseguindo, temos que verificar qual é o valor lógico da conclusão correspondente a essa linha (8ª). Na oitava linha a conclusão é **V**. Logo, o argumento é VÁLIDO!

Gabarito: certo.

QUESTÃO 25 (CEBRASPE/TRT 7ª Região/Ana Jud/2017) P1: Se eu assino o relatório, sou responsável por todo o seu conteúdo, mesmo que tenha escrito apenas uma parte.

P2: Se sou responsável pelo relatório e surge um problema em seu conteúdo, sou demitido.

C: Logo, escrevo apenas uma parte do relatório, mas sou demitido.

O argumento apresentado acima se tornaria válido do ponto de vista da lógica sentencial, se, além das premissas P1 e P2, a ele fosse acrescentada a proposição

a) Não sou demitido ou não escrevo uma parte do relatório.

b) Sou responsável apenas pela parte que escrevi do relatório.

c) Eu escrevo apenas uma parte do relatório, assino o relatório e surge um problema em seu conteúdo.

d) Se não escrevo nenhuma parte do relatório, não sou demitido.

RESOLUÇÃO:

Ao analisarmos as premissas do argumento apresentado, percebemos que elas estão indicando que ao assinar o relatório eu me torno responsável por ele, ainda que não tenha elaborado seu conteúdo. E, se houver problemas de conteúdo, eu, como responsável, serei demitido.

Desse modo, caso haja alguma premissa que nos garanta que houve sim problema no conteúdo e eu assinei o relatório, responsabilizando-me por ele, aí sim chegaremos à conclusão C: "escrevo apenas uma parte do relatório, mas sou demitido". Bem, essas informações são trazidas na **letra C**.

Gabarito: C.

QUESTÃO 26 (FCC/TST/Téc Jud/2017) Considere como verdadeira a proposição: "Nenhum matemático é não dialético". Laura enuncia que tal proposição implica, necessariamente, que

I. se Carlos é matemático, então ele é dialético.

II. se Pedro é dialético, então é matemático.

III. se Luiz não é dialético, então não é matemático.

IV. se Renato não é matemático, então não é dialético.

Das implicações enunciadas por Laura, estão corretas APENAS

(A) I e III.

(B) I e II.

(C) III e IV.

(D) II e III.

(E) II e IV.

RESOLUÇÃO:

Como nenhum matemático é não dialético, podemos dizer que TODO matemático é dialético (a dupla negação vira uma afirmação). Essa última é melhor para trabalharmos.

Vamos analisar as afirmações:

I. *se Carlos é matemático, então ele é dialético.* -> **certo**, pois TODO matemático é dialético.

II. *se Pedro é dialético, então é matemático.* -> **errado**, pois podem existir dialéticos que NÃO são matemáticos.

III. *se Luiz não é dialético, então não é matemático.* -> **certo**, pois se ele fosse matemático, seria dialético.

IV. *se Renato não é matemático, então não é dialético.* -> **errado**, pode haver dialéticos que não são matemáticos.

Das implicações enunciadas por Laura, estão corretas APENAS I e III.

Gabarito: A.

QUESTÃO 27 (VUNESP/TCE-SP/AGENTE DE FISC/2017) Considere verdadeiras as afirmações I, II, III e falsa a afirmação IV.

I. Se como, então não sinto fome.

II. Não sinto fome ou choro.

III. Se choro, então não sorrio.

IV. Não sinto fome ou grito.

A partir dessas afirmações, é verdade que:

a) Sorrio ou sinto fome.

b) Não sorrio e não sinto fome.

c) Não grito e não choro.

d) Choro e grito.

e) Como ou grito.

RESOLUÇÃO:

Como IV é falsa, sua negação é verdadeira: *Sinto fome E NÃO grito*.

A partir dessas duas informações (que devem ser tratadas como verdadeiras), podemos voltar a II.

Como "não sinto fome" é F, então choro deve ser V. Em III, como "choro" é V, não sorrio deve ser V também.

Em I, uma vez que "não sinto fome" é F, "como" deve ser F também, de modo que não como é V.

Considerando as conclusões sublinhadas, podemos marcar a **alternativa A** (embora sorrio seja F, sabemos que sinto fome é V).

Gabarito: A.

QUESTÃO 28 (IBFC/Câm de Araraquara/Ag Adm/2017) Se o concurso não é difícil, então Matemática é difícil. Por outro lado, ou Matemática não é difícil, ou Paulo não gosta de Matemática. Daí conclui-se que, se Paulo gosta de Matemática, então:

a) Matemática não é difícil e o concurso é difícil

b) Matemática não é difícil e o concurso não é difícil

c) Matemática é difícil e o concurso é difícil

d) Matemática é difícil e o concurso não é difícil

RESOLUÇÃO:

Temos as premissas:

P1: Se o concurso não é difícil, então Matemática é difícil.

P2: Ou Matemática não é difícil, ou Paulo não gosta de Matemática.

P3: Paulo gosta de Matemática.

Note que P3 é uma proposição simples. Sendo ela verdadeira, em P2 vemos que "*Paulo não gosta*" é F, de modo que "*Matemática não é difícil*" deve ser V.

Voltando em P1, como o trecho "*matemática é difícil*" é F, então "*o concurso não é difícil*" deve ser F também, de modo que **o concurso é difícil**.

Considerando as conclusões sublinhadas, podemos marcar a **letra A.**

Gabarito: A.

QUESTÃO 29 (VUNESP/PC-BA/Investigador/2018) De um argumento válido com duas premissas, conclui-se corretamente que Alexandre não é casado com Carla. Uma das premissas desse argumento afirma como verdadeiro que Alexandre é casado com Carla se, e somente se, Maria é irmã de Carla. Sendo assim, uma segunda premissa verdadeira para esse argumento é

(A) Carla não é irmã de Maria.

(B) Alexandre é casado com Carla.

(C) Maria é irmã de Carla.

(D) Alexandre é irmão de Maria.

(E) Maria não é irmã de Alexandre.

RESOLUÇÃO:

A premissa "*Alexandre é casado com Carla se, e somente se, Maria é irmã de Carla*" é uma **bicondicional** do tipo **p ↔ q**, em que:

p: Alexandre é casado com Carla.

q: Maria é irmã de Carla.

Sabemos que **p** é **falsa**, pois Alexandre NÃO é casado com Carla.

Assim, **q** também precisa ser **falsa**, para manter a bicondicional verdadeira. Logo, **Maria NÃO é irmã de Carla**.

Note que ficamos com o argumento:

- Premissa1: Alexandre é casado com Carla se, e somente se, Maria é irmã de Carla.
- Premissa2: Carla não é irmã de Maria.
- Conclusão: Alexandre não é casado com Carla.

Então esse realmente é um argumento **válido**.

Gabarito: A.

QUESTÃO 30 (FCC/SEFAZ-SC/Auditor Fiscal/2018) Considere as seguintes premissas:

– Se eu vou para a academia, eu durmo bem.

– Eu durmo bem e me alimento bem.

– Eu me alimento bem ou trabalho o dia inteiro.

A partir dessas premissas, uma conclusão válida é

(A) "eu vou para a academia ou trabalho o dia inteiro".

(B) "eu trabalho o dia inteiro e me alimento bem".

(C) "se eu trabalho o dia inteiro, eu durmo bem".

(D) "eu vou para a academia e durmo bem".

(E) "se eu vou para a academia, eu trabalho o dia inteiro".

RESOLUÇÃO:

O enunciado apresenta as seguintes premissas, todas verdadeiras:

P1: $A \rightarrow D$

P2: $D \wedge L$

P3: $L \vee T$

O nosso objetivo consiste em determinar qual a opção de resposta contém uma **conclusão** apropriada para essas premissas, formando um **argumento válido**.

Para isso, vamos começar nossa análise por **P2**, pois é uma **conjunção** e só tem uma forma de ela ser verdadeira: quando ambas as partes que a compõe são verdadeiras. Logo, temos que **D e L são verdadeiras**.

Acontece que ao substituirmos o valor lógico de D e de L em P1 e em P3 não conseguimos concluir nada a respeito das demais proposições (A e T), de modo que teremos que analisar as opções de resposta conhecendo apenas com os valores lógicos de D e L.

(A) "eu vou para a academia ou trabalho o dia inteiro".

Certo. Temos uma **disjunção**, para a qual basta que uma das proposições simples que a compõe seja V para que toda a sentença seja verdadeira. E realmente temos que a primeira parte dela (A) é verdadeira, de modo que essa é uma **conclusão logicamente válida** para as premissas apresentadas.

(B) "eu trabalho o dia inteiro e me alimento bem".

Errado. Temos uma **conjunção**, sendo verdadeira apenas quando ambas as partes que a compõe são verdadeiras. Ocorre que só conhecemos o valor lógico de uma das partes (L), de modo que não temos certeza se essa é uma conclusão válida para as premissas apresentadas.

(C) "se eu trabalho o dia inteiro, eu durmo bem".

Errado. Temos uma **condicional**, que só é falsa quando a primeira parte é V e a segunda é F. Acontece que só conhecemos o valor lógico de uma das partes (D), de modo que não temos certeza se essa é uma conclusão válida para as premissas apresentadas.

(D) "eu vou para a academia e durmo bem".

Errado. Temos uma **conjunção**, que é verdadeira apenas quando ambas as partes que a compõe são verdadeiras. Ocorre que só conhecemos o valor lógico de uma das partes (D), de modo que não temos certeza se essa é uma conclusão válida para as premissas apresentadas.

(E) "se eu vou para a academia, eu trabalho o dia inteiro".

Errado. Temos uma **condicional**, que só é falsa quando a primeira parte é V e a segunda é F. Acontece que não conhecemos o valor lógico de nenhuma das partes, de modo que não temos certeza se essa é uma conclusão válida para as premissas apresentadas.

Gabarito: A.

QUESTÃO 31 (FCC/SEFAZ-GO/Auditor-Fiscal/2018) Um dos diretores de uma pequena indústria têxtil fez a seguinte afirmação durante uma reunião da diretoria: Se todas as matérias-primas forem entregues no prazo e nenhuma máquina de tingimento sofrer avaria, então o setor de produção conseguirá atingir a meta de setembro. Ao final do mês, porém, constatou-se que a meta de setembro não foi atingida pelo setor de produção. Considerando que a análise do diretor estava certa, é correto concluir que, necessariamente:

a) nenhuma matéria prima foi entregue no prazo e pelo menos uma máquina de tingimento sofreu avaria.

b) algumas matérias-primas foram entregues fora prazo, mas nenhuma máquina de tingimento sofreu avaria.

c) pelo menos uma matéria-prima não foi entregue no prazo ou uma máquina de tingimento sofreu avaria.

d) nem todas as matérias-primas foram entregues no prazo e pelo menos uma máquina de tingimento sofreu avaria.

e) as matérias-primas não foram entregues no prazo ou todas as máquinas de tingimento sofreram avaria.

RESOLUÇÃO:

O enunciado apresenta a **condicional** **$(A \land B) \rightarrow C$**, em que:

A: todas as matérias-primas forem entregues no prazo;

B: nenhuma máquina de tingimento sofrer avaria;

C: o setor de produção conseguirá atingir a meta de setembro.

É dito que a meta de setembro não foi atingida pelo setor de produção, de modo que a segunda parte da condicional é **falsa**. Isso significa que a primeira parte da condicional também deve ser falsa. Assim, a negação da primeira parte deve ser verdadeira.

Nesse caso, a negação de uma conjunção é obtida negando-se as duas proposições e trocando o E pelo OU:

> *"**Alguma** matéria prima **não** foi entregue no prazo **ou alguma** máquina de tingimento sofreu avaria".*

Na alternativa **C** consta uma proposição semelhante a essa que encontramos, de modo que podemos concluir que é a opção correta.

Gabarito: C.

QUESTÃO 32 (FUNDATEC – ISS GRAMADO/Auditor Fiscal/2019) Suponha que se as verduras foram lavadas, então a salada será servida no almoço. Entretanto, se a salada for servida no almoço, então não haverá sobremesa. Há sobremesa no almoço, portanto:

A) A salada não foi servida no almoço, entretanto as verduras foram lavadas.

B) A salada foi servida no almoço, mas as verduras não foram lavadas.

C) A salada foi servida no almoço e as verduras foram lavadas.

D) A salada não foi servida no almoço e as verduras não foram lavadas.

E) A salada foi servida no almoço.

RESOLUÇÃO:

O enunciado apresenta as seguintes premissas:

P1: se as verduras foram lavadas, então a salada será servida no almoço.

P2: se a salada for servida no almoço, então não haverá sobremesa.

P3: Há sobremesa no almoço.

Considerando que P3 é uma proposição simples, começamos a análise por ela, admitindo que o seu valor lógico é verdadeiro, de modo que **há sobremesa**.

Consequentemente, na premissa P2, a segunda parte da condicional é F, obrigando a primeira parte a ser F também para manter a frase verdadeira. Assim, temos que **a salada não é servida**.

A segunda parte da condicional contida em P1 é F, então a primeira parte deve ser F também. Com isso, **as verduras não são lavadas**.

Analisando as opções de resposta, concluímos que a única que apresenta uma sentença verdadeira com base nos valores lógicos das proposições simples anteriores é a presente na **alternativa D**.

Gabarito: D.

QUESTÃO 33 (CEBRASPE - Auditor Fiscal/SEFAZ AL/2020) No argumento seguinte, as proposições P1, P2, P3 e P4 são as premissas, e C é a conclusão.

- P1: "Se há carência de recursos tecnológicos no setor Alfa, então o trabalho dos servidores públicos que atuam nesse setor pode ficar prejudicado.".
- P2: "Se há carência de recursos tecnológicos no setor Alfa, então os beneficiários dos serviços prestados por esse setor podem ser mal atendidos.".
- P3: "Se o trabalho dos servidores públicos que atuam no setor Alfa fica prejudicado, então os servidores públicos que atuam nesse setor padecem.".
- P4: "Se os beneficiários dos serviços prestados pelo setor Alfa são mal atendidos, então os beneficiários dos serviços prestados por esse setor padecem.".
- C: "Se há carência de recursos tecnológicos no setor Alfa, então os servidores públicos que atuam nesse setor padecem e os beneficiários dos serviços prestados por esse setor padecem.".

Considerando esse argumento, julgue o item seguinte.

O argumento em questão é válido.

RESOLUÇÃO:

Sabemos que um argumento é dito **válido** quando a **conclusão decorre necessariamente das premissas**, não podendo ser de outro modo.

O enunciado apresenta as seguintes premissas:

P1: $p \rightarrow q$

P2: $p \rightarrow r$

P3: $q \rightarrow s$

P4: $r \rightarrow t$

C: $p \rightarrow (s \land t)$

É importante lembrar da regra de inferência conhecida como **silogismo hipotético**:

> Se A, então B.
>
> Se B, então C.
>
> Portanto: Se A, então C.

Assim, usando o silogismo hipotético podemos juntar as proposições P1 e P3:

- P1: $p \rightarrow q$
- P3: $q \rightarrow s$

- Portanto, **p → s**

Similarmente, aplicando o silogismo hipotético podemos juntar agora as proposições P2 e P4:

- P2: p → r
- P4: r → t
- Portanto, **p → t**

Dessa forma, até o momento concluímos duas proposições: **p → s** e **p → t**.

Agora, veja que interessante. Se temos duas proposições condicionais com o mesmo antecedente, podemos juntá-las colocando apenas um consequente composto pelo conectivo "e". Logo, a partir das duas proposições que obtivemos, chegamos por **composição** a **p → (s ∧ t)**, que é justamente a conclusão do argumento dado. Portanto, temos que o argumento é válido, isto que as premissas realmente suportam a conclusão.

Gabarito: certo.

QUESTÃO 34 (CEBRASPE/ - Agente de Polícia Federal/2021)

P1: Se a fiscalização foi deficiente, as falhas construtivas não foram corrigidas.

P2: Se as falhas construtivas foram corrigidas, os mutuários não tiveram prejuízos.

P3: A fiscalização foi deficiente.

C: Os mutuários tiveram prejuízos.

Considerando um argumento formado pelas proposições precedentes, em que C é a conclusão, e P1 a P3 são as premissas, julgue o item a seguir.

Caso o argumento apresentado seja válido, a proposição C será verdadeira..

RESOLUÇÃO:

Sabemos que um argumento **válido** **não** implica em uma conclusão necessariamente verdadeira.

Nesse sentido, lembramos que um argumento lógico é um **condicional entre um conjunto de premissas e a conclusão**:

$$(P_1 \wedge P_2 \wedge \ldots \wedge P_n) \rightarrow C$$

O argumento será válido quando a sentença acima for **tautológica**, de modo que percebemos como **não** é necessário que C seja verdadeiro para isso ocorrer, pois o condicional também será verdadeiro com antecedente falso e conclusão falsa.

Gabarito: errado.

11. QUESTÕES-DESAFIO

QUESTÃO 35 (CEBRASPE/TRT – 10ª REGIÃO/Ana Jud/2013) Ao comentar sobre as razões da dor na região lombar que seu paciente sentia, o médico fez as seguintes afirmativas.

P1: Além de ser suportado pela estrutura óssea da coluna, seu peso é suportado também por sua estrutura muscular.

P2: Se você estiver com sua estrutura muscular fraca ou com sobrepeso, estará com sobrecarga na estrutura óssea da coluna.

P3: Se você estiver com sobrecarga na estrutura óssea da coluna, sentirá dores na região lombar.

P4: Se você praticar exercícios físicos regularmente, sua estrutura muscular não estará fraca.

P5: Se você tiver uma dieta balanceada, não estará com sobrepeso.

Tendo como referência a situação acima apresentada, julgue os itens seguintes, considerando apenas seus aspectos lógicos.

Será válido o argumento em que as premissas sejam as proposições P2, P3, P4 e P5 e a conclusão seja a proposição "Se você praticar exercícios físicos regularmente e tiver uma dieta balanceada, não sentirá dores na região lombar".

RESOLUÇÃO:

Sejam as proposições simples:

A: "Você está com sua estrutura muscular fraca";

B: "Você está com sobrepeso";

C: "Você está com sobrecarga na estrutura óssea da coluna";

D: "Você sentirá dores na região lombar";

E: "Você pratica exercícios físicos regularmente";

F: "Você tem uma dieta balanceada".

Perceba que temos **6 proposições simples**, de forma que a resolução será um pouco trabalhosa. Mas enfrentemos!

Vamos responder as quatro perguntas a que já estamos acostumados:

1. O argumento apresenta as palavras **todo, algum** ou **nenhum**?

Resposta: Não. O 1º método está descartado!

2. Há alguma das premissas que seja uma **proposição simples** ou uma **conjunção**?

Resposta: Não. O 2º método está descartado!

3. O argumento contém **no máximo três proposições simples**?

Resposta: Não, temos quatro. O 3º método está descartado!

4. A conclusão tem a forma de uma **proposição simples** ou de uma **disjunção** ou de uma **condicional**?

Resposta: Sim. A conclusão apresentada no enunciado é uma condicional.

Dessa forma, teremos que utilizar o **4º método** de verificação da validade de um argumento.

Por esse método, devemos considerar as **premissas** como **verdadeiras** e a **conclusão** como **falsa**. Em seguida, averiguaremos se é possível a existência dessa situação. Se confirmada essa possibilidade, o argumento será **inválido**; caso contrário, o argumento será **válido**.

1º passo. Considerar as premissas verdades e a conclusão falsa:

P_2: (A ∨ B) → C é **verdade**

P_3: C → D é **verdade**

P_4: E → ~A é **verdade**

P_5: F → ~B é **verdade**

Conclusão: **(E ^ F) → ~D** é **falso**

2º passo. Quando usarmos este método de teste de validade, iniciaremos a análise dos valores lógicos das proposições simples pela proposição da conclusão.

✓ Análise da conclusão: **(E ^ F) → ~D** é **falso**

Em que situação uma condicional é falsa? Isso nós já sabemos: quando a 1ª parte é verdade e a 2ª parte é falsa. Daí, concluímos que o valor de **~D** deve ser F (Portanto, ***D é V***) e o de **(E ^ F)** deve ser V, de forma que **E é V** e **F** também é **V** (de acordo com a tabela-verdade da conjunção).

✓ Análise da 5ª premissa: **F → ~B** é **verdade**

Substituindo F por V nessa proposição, teremos: **V → ~B**. Como essa proposição deve ser verdade, conclui-se que **B** deve ser F (tabela-verdade da condicional).

✓ Análise da 4ª premissa: **E → ~A** é **verdade**

O valor lógico de E é V, obtido na análise da conclusão. Substituindo esse valor lógico nessa proposição, teremos: **V → ~A**. Para que essa proposição seja verdade é necessário que **A** seja **F**.

Agora, vamos analisar a 2ª premissa: **(A ∨ B) → C** é **verdade**. O valor lógico de A é F, e de B é F, obtidos anteriormente. Substituindo esses valores lógicos na proposição anterior, teremos: **(F ∨ F) → C**. Portanto, a 2ª premissa será V independentemente do valor lógico de **C**, já que o antecedente da condicional tem valor lógico F. Você poderá notar que situação semelhante acontecerá na análise de 3ª premissa. O que concluímos disso?

Bem, a ideia inicial é de que todas as premissas são verdadeiras; já a conclusão deve ser falsa. E foi exatamente isso o que ocorreu.

O que isso significa?

Concluímos que nosso argumento é **INVÁLIDO**, pois foi possível a existência das premissas verdadeiras e conclusão falsa.

Gabarito: errado.

QUESTÃO 36 (CEBRASPE – AnaTA/MDIC/2014) P1: Os clientes europeus de bancos suíços estão regularizando sua situação com o fisco de seus países.

P2: Se os clientes brasileiros de bancos suíços não fazem o mesmo que os clientes europeus, é porque o governo do Brasil não tem um programa que os incite a isso.

Considerando que as proposições P1 e P2 apresentadas acima sejam premissas de um argumento, julgue o item a seguir, relativos à lógica de argumentação.

O argumento formado pelas premissas P1 e P2 e pela conclusão "Os clientes brasileiros de bancos suíços não estão regularizando sua situação com o fisco de seu país." é um argumento válido.

RESOLUÇÃO:

Sejam as proposições simples:

A: "Os clientes europeus de bancos suíços estão regularizando sua situação com o fisco de seus países";

B: "Os clientes brasileiros de bancos suíços estão regularizando sua situação com o fisco de seu país";

C: "O governo do Brasil tem um programa que incite os clientes brasileiros de bancos suíços a regularizar sua situação com o fisco brasileiro".

As premissas e a conclusão apresentadas no enunciado são as seguintes:

- **P_1**: A
- **P_2**: $\sim B \rightarrow \sim C$
- **Conclusão:** $\sim B$

Inicialmente, vamos buscar responder às quatro perguntas a seguir:

O argumento apresenta as palavras **todo**, **algum** ou **nenhum**?

Resposta: Não. O 1º método está descartado!

Há alguma das premissas que seja uma **proposição simples** ou uma **conjunção**?

Resposta: Sim. A primeira premissa é uma proposição simples! Se quisermos, poderemos usar o 2º método!

O argumento contém **no máximo três proposições simples**?

Resposta: Sim, temos três. Podemos usar o 3º método!

A conclusão tem a forma de uma **proposição simples** ou de uma **disjunção** ou de uma **condicional**?

Resposta: Sim. Podemos usar o 4º método!

Optamos por utilizar o **3º método**, que se baseia na construção da **tabela-verdade** do argumento, destacando uma coluna para cada premissa e outra para a conclusão.

Após a construção da tabela verdade, verificar quais são as linhas da tabela em que os valores lógicos das premissas têm valor **V** (as demais linhas da tabela-verdade devem ser descartadas.) Se, nas linhas em que as premissas são verdadeiras, os valores lógicos da coluna da conclusão forem **todos V**, então o argumento é **VÁLIDO**! Consequentemente, se ao menos uma daquelas linhas corresponder a uma conclusão **falsa**, o argumento é **INVÁLIDO**.

1º passo. Construir a tabela-verdade do argumento.

No argumento desta questão temos três proposições simples (A, B e C), então a tabela-verdade do argumento terá 8 linhas (= 2^3).

Faremos somente uma tabela-verdade, em que as premissas e a conclusão corresponderão a colunas nessa tabela.

P_1 A	Conclusão B	C	~B	~C	P_2 ~B → ~C
V	V	V	F	F	V
V	V	F	F	V	V
V	F	V	V	F	F
V	F	F	V	V	V
F	V	V	F	F	V
F	V	F	F	V	V
F	F	V	V	F	F
F	F	F	V	V	V

2º passo. Agora, vamos verificar quais são as linhas da tabela em que os valores lógicos das premissas são todos **V**. Daí, observamos que na 1ª, 2ª e 4ª linhas temos todas as premissas com valor lógico V. Devemos focar somente nessas três linhas.

3º passo. Prosseguindo, temos que verificar qual é o valor lógico da conclusão correspondente a essas linhas (1ª, 2ª e 4ª). Apenas na quarta linha a conclusão é **V**; nas demais, é **F**. Logo, o argumento é **INVÁLIDO**!

Gabarito: errado.

CAPÍTULO 11

VERDADES E MENTIRAS

1. INTRODUÇÃO

O QUE VEREMOS

O tópico **Verdades e Mentiras** diz respeito a um tema tanto interessante quanto de fácil compreensão.

Veremos as principais características das questões que o abordam e como resolvê-las, tudo isso de uma forma didaticamente compreensível e que propicie a memorização do conteúdo.

Estão sendo menos frequentes as questões de concursos que cobram o assunto. Daí, muitos concurseiros acabam por deixar o assunto de lado. Como resultado, podem perder pontos preciosos na prova.

Então, não vamos baixar a guarda! Atenção total ao que preparamos para você nas próximas páginas.

COMO APARECE NOS EDITAIS

Esse assunto pode aparecer no conteúdo programático dos editais com outros termos, como é o caso da **FCC** e da extinta **ESAF**, que o abordam como "*Formação de Conceitos e Discriminação de Elementos*".

COMO É COBRADO NAS PROVAS

Geralmente, as questões deste tema apresentam alguns personagens que fazem algumas afirmações, as quais podem ser verdadeiras ou falsas. Com base nas informações disponíveis, o candidato precisa avaliar quem mente, quem é verídico ou quem praticou determinada ação.

OBJETIVOS

Os nossos objetivos ao final deste capítulo é que você consiga:

1) reconhecer o enunciado típico das questões de Verdades e Mentiras;
2) identificar acertadamente as falas de cada personagem descrito no enunciado;
3) extrair a informação adicional que permite desvendar a trama narrada;
4) estabelecer hipóteses eficientes para avaliar cenários possíveis;
5) aplicar o raciocínio lógico necessário à resolução.

2. ANÁLISE DA COBRANÇA DO ASSUNTO EM PROVAS

Observe a seguir os percentuais de incidência nos últimos anos do assunto deste capítulo em relação ao volume de questões de todos os temas analisados na nossa matéria. Lembramos que quanto maior o percentual de cobrança de um dado assunto, maior sua importância.

ASSUNTO	CEBRASPE	FCC	DEMAIS BANCAS
	% de cobrança	% de cobrança	% de cobrança
Verdades e Mentiras	**2,97%**	**3,13%**	**0,62%**

O presente tópico possui uma importância **baixa**, destacando-se a FCC e o Cebraspe como as bancas que mais exigem sua cobrança nas provas, enquanto para as demais observa-se uma importância muito baixa.

3. CONCEITO

Chamamos de **Verdades e Mentiras** um tipo específico de questão, cujo enunciado nos apresenta uma situação qualquer, envolvendo normalmente alguns **personagens**, que irão declarar algo.

O ponto principal da resolução do problema consiste na **declaração** de cada um dos envolvidos. O grande desafio é que, no geral, não se sabe qual dessas afirmações é veraz ou mentirosa.

Como numa dramaturgia, temos alguns personagens, cada qual exercendo um papel específico. Existe(m) aquele(s) que sempre diz(em) a verdade e o(s) que sempre mente(m). Ademais, poderemos ter a presença do “híbrido”, isto é, alguém que pode tanto mentir quanto falar a verdade.

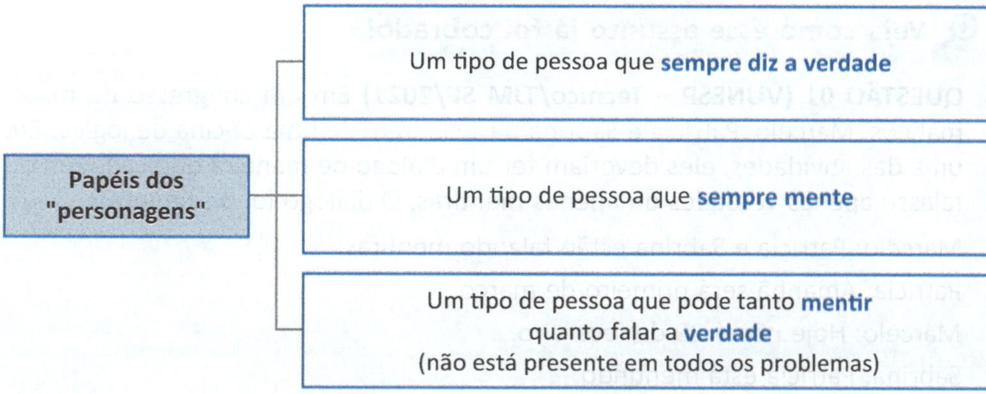

E aí é que entra o trabalho do **investigador**, que havíamos mencionado. Usando as técnicas de raciocínio lógico (algumas das quais aprendemos nos capítulos anteriores, a exemplo dos Princípios Fundamentais da Lógica), seremos capazes de descobrir, por exemplo, quem é o ladrão, ou mesmo quem ocupa determinada profissão, tudo tomando por base as declarações dos personagens envolvidos.

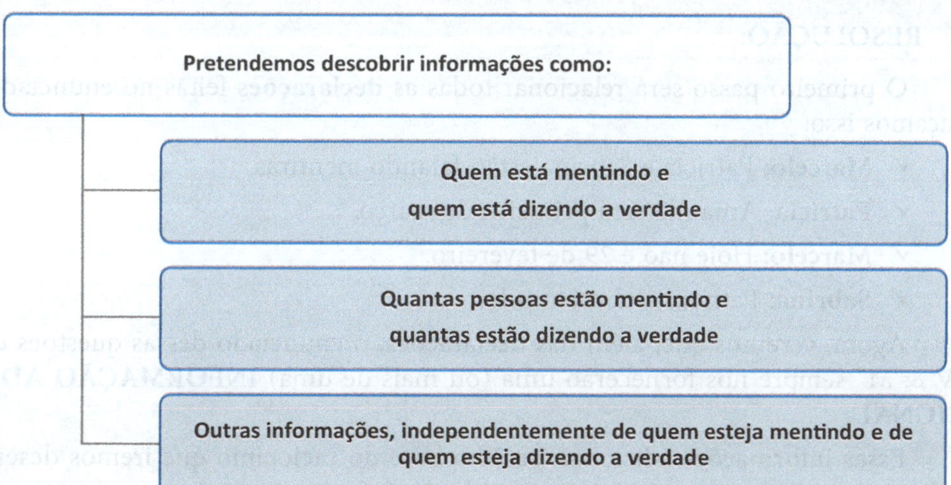

O reconhecimento de uma questão de **Verdades e Mentiras** é imediato.

Conheceremos as técnicas de resolução mediante os exemplos apresentados e minuciosamente comentados a seguir, até porque esse assunto é quase desprovido de teoria. Daí, o aprenderemos pelo mero estudo das resoluções de várias questões de concurso.

Veja como esse assunto já foi cobrado!

QUESTÃO 01 (VUNESP – Técnico/TJM SP/2021) Em um congresso de matemáticos, Marcelo, Patrícia e Sabrina participaram de uma oficina de lógica. Em uma das atividades, eles deveriam ter um diálogo de maneira que cada um ou falasse apenas verdades ou apenas mentiras. O diálogo foi o seguinte:

Marcelo: Patrícia e Sabrina estão falando mentiras.

Patrícia: Amanhã será primeiro de março.

Marcelo: Hoje não é 29 de fevereiro.

Sabrina: Patrícia está mentindo.

Esses três matemáticos sabiam o dia correto da oficina, logo quem mentia era

A) apenas Marcelo.

B) apenas Patrícia.

C) Marcelo e Patrícia.

D) Marcelo e Sabrina.

E) Marcelo, Patrícia e Sabrina.

RESOLUÇÃO:

O primeiro passo será relacionar todas as **declarações** feitas no enunciado. Façamos isso:

- ✓ **Marcelo**: Patrícia e Sabrina estão falando mentiras.
- ✓ **Patrícia**: Amanhã será primeiro de março.
- ✓ **Marcelo**: Hoje não é 29 de fevereiro.
- ✓ **Sabrina**: Patrícia está mentindo.

Agora, veremos que, além das declarações, o enunciado dessas questões de "V & M" sempre nos fornecerão uma (ou mais de uma) **INFORMAÇÃO ADICIONAL**.

Essas informações adicionais serão a base do raciocínio que iremos desenvolver para resolver a questão. Em geral, são informações referentes às pessoas envolvidas na situação do enunciado ou referentes ao número de pessoas que estariam mentindo ou dizendo a verdade em suas declarações.

Procuremos, nesse nosso enunciado, se há e quais são essas informações adicionais.

Achamos? Claro. São as seguintes:

❖ INFORMAÇÕES ADICIONAIS:

✓ ***Em uma das atividades, três matemáticos deveriam ter um diálogo de maneira que cada um ou falasse apenas verdades ou apenas mentiras.***

✓ ***Esses três matemáticos sabiam o dia correto da oficina.***

Em seguida, pergunta-se quem está mentindo.

Percebamos que, até aqui, nada fizemos além de reunir os dados do enunciado, com os quais iremos trabalhar a nossa resolução. Mas esse procedimento é ESSENCIAL!

Passemos então à resolução propriamente dita.

Vamos criar uma lista das **conclusões** a que conseguimos chegar. Essas conclusões serão a base para avaliarmos cada informação do enunciado, permitindo que tiremos novas conclusões.

Inicialmente, nossa lista de conclusões está em branco:

Tarefa	Conclusões

Precisamos criar uma **hipótese** sobre a situação apresentada na questão, para, a partir daí, chegarmos a conclusões. Ao final, iremos verificar se a nossa hipótese criará alguma contradição.

Por hipótese, vamos supor que ***Marcelo está mentindo***.

Tarefa	Conclusões
Hipótese	Marcelo está mentindo.

Na primeira informação, Marcelo afirma que **Patrícia e Sabrina estão falando mentiras**. Acontece que ele está mentindo (hipótese). Com isso, concluímos que **Patrícia ou Sabrina estão mentindo**.

Tarefa	Conclusões
Hipótese	A inscrição da caixa 1 é verdadeira.
1ª conclusão	Patrícia ou Sabrina estão mentindo

Por sua vez, na terceira informação Marcelo afirma que hoje não é 29 de fevereiro. Como isso em tese é mentira, concluímos que é verdadeiro o que Patrícia diz na segunda informação: **Amanhã será primeiro de março**.

Tarefa	Conclusões
Hipótese	A inscrição da caixa 1 é verdadeira.
1ª conclusão	Patrícia ou Sabrina estão mentindo.

Tarefa	Conclusões
2ª conclusão	Amanhã será primeiro de março.
3ª conclusão	Patrícia diz a verdade.

Por fim, na quarta afirmação Sabrina diz que Patrícia está mentindo. Ora, vimos que Patrícia, na realidade, fala a verdade; e estabelecemos na 1ª conclusão que uma delas está mentindo. Então, concluímos que **Sabrina está mentindo.**

Tarefa	Conclusões
Hipótese	A inscrição da caixa 1 é verdadeira.
1ª conclusão	Patrícia ou Sabrina estão mentindo.
2ª conclusão	Amanhã será primeiro de março.
3ª conclusão	Patrícia diz a verdade.
4ª conclusão	Sabrina está mentindo.

Veja que não encontramos nenhuma contradição com a hipótese que elegemos. Logo, ela é aceitável e podemos confiar nas conclusões a que ela nos levou. Portanto, podemos concluir que **Marcelo e Sabrina mentiram** nas suas colocações.

Entendi. Mas o que aconteceria se não tivéssemos

Boa pergunta. Nesse sentido, vamos supor por hipótese o contrário, ou seja, queremos que Marcelo esteja falando a verdade. Assim:

- **Marcelo**: Patrícia e Sabrina estão falando mentiras. (**Verdade**)
- **Patrícia**: Amanhã será primeiro de março.
- **Marcelo**: Hoje não é 29 de fevereiro. (**Verdade**)
- **Sabrina**: Patrícia está mentindo.

Conseguiu observar a contradição? Vamos raciocinar juntos. Perceba que Marcelo falou que Patrícia e a Sabrina estão mentido. Mas se Sabrina está mentindo ao falar que Patrícia está mentido, concluímos que Patrícia está falando a verdade.

Sendo esse o caso, o que Patrícia afirma (*amanhã será 1º de março*) é verdadeiro, assim como sabemos que Marcelo está falando a verdade (*hoje não é 29 de fevereiro*), de modo que temos uma **contradição**. De fato, como amanhã será 1º de março se ontem não foi 29 de fevereiro?

Dessa maneira, reforçamos que a nossa hipótese inicial é realmente correta.

Gabarito: D.

QUESTÃO 02 (AOCP/MPE-BA/Ana Téc/2014) Quatro amigas foram ao shopping e uma delas comprou uma bolsa. Sobre quem comprou a bolsa, considere as afirmativas a seguir:

- Eu não fui, diz Juliana.
- Foi a Amanda, diz a Luana.
- Foi a Luana, diz a Isabela.
- A Isabela não tem razão, diz a Amanda.

Sabendo que só uma delas mentiu. Então quem comprou a bolsa?

a) Juliana b) Luana c) Amanda d) Isabela e) Nenhuma delas

RESOLUÇÃO:

O primeiro passo será relacionar todas as **declarações** feitas no enunciado. Façamos isso:

✓ **Juliana**: "Eu não fui".

✓ **Luana**: "Foi a Amanda".

✓ **Isabela**: "Foi a Luana".

✓ **Amanda**: "A Isabela não tem razão"

INFORMAÇÕES ADICIONAIS:

✓ ***Apenas uma das amigas comprou uma bolsa;***

✓ ***Apenas uma das amigas mentiu.***

Pela questão, não se sabe quem mentiu entre elas. Daí, precisamos fazer o que? Será necessário criar uma **hipótese**.

Qual seria a melhor a hipótese? Bem, perceba que Luana e Isabela fazem afirmações que nos conduzirão a uma contradição, pois, se considerarmos que as duas estão falando a verdade, teremos que duas das amigas compraram uma bolsa (o que é um absurdo!).

Então, vamos supor que **Isabela mentiu**, e, consequentemente, as demais amigas falaram a verdade.

Tarefa	Conclusões
Hipótese	Isabela mentiu

✓ **Análise da declaração de Isabela**: "Foi a Luana".

Sabemos que Isabela mentiu (hipótese!) e ela afirmou que foi a Luana que comprou a bolsa. Logo, **Luana não comprou a bolsa**.

Tarefa	Conclusões
Hipótese	Isabela mentiu
1ª conclusão	Luana não comprou a bolsa

✓ **Análise da declaração de Amanda**: "A Isabela não tem razão".

Amanda afirma que Isabela não tem razão, ou seja, mentiu. Isso está de acordo com a nossa hipótese. Assim, Amanda, de fato, está falando a verdade.

✓ **Análise da declaração de Luana**: "Foi a Amanda".

Luana está afirmando que a amiga que comprou a bolsa foi Amanda. Como ela é uma das amigas que falam a verdade, concluímos que **Amanda comprou a bolsa**.

Tarefa	Conclusões
Hipótese	Isabela mentiu
1ª conclusão	Luana não comprou a bolsa
2ª conclusão	Amanda comprou a bolsa

✓ **Análise da declaração de Juliana**: "Eu não fui".

Juliana está afirmando que não foi ela quem comprou a bolsa. E, conforme a 2ª conclusão e nossa hipótese, ela está falando a verdade. Logo, **Juliana não comprou a bolsa**.

Tarefa	Conclusões
Hipótese	Isabela mentiu
1ª conclusão	Luana não comprou a bolsa
2ª conclusão	Amanda comprou a bolsa
3ª conclusão	Juliana não comprou a bolsa

Dessa maneira, não encontramos nenhuma contradição. Os resultados obtidos são os seguintes:

✓ **Isabela mentiu;**

✓ **Amanda comprou a bolsa.**

Gabarito: C.

QUESTÃO 03 (CEBRASPE/MIN/Ana Téc Adm/2013) O casal Cássio e Cássia tem as seguintes peculiaridades: tudo o que Cássio diz às quartas, quintas e sextas-feiras é mentira, sendo verdade o que é dito por ele nos outros dias da semana; tudo o que Cássia diz aos domingos, segundas e terças-feiras é mentira, sendo verdade o que é dito por ela nos outros dias da semana.

A respeito das peculiaridades desse casal, julgue o item subsecutivo.

Se, em certo dia, ambos disserem "Amanhã é meu dia de mentir", então essa afirmação terá sido feita em uma terça-feira.

RESOLUÇÃO:

Percebemos que não temos declarações feitas pelos "personagens" da questão, o casal Cássio e Cássia. No entanto, sem dúvidas temos **informações adicionais**, que são as seguintes:

✓ "*Tudo o que Cássio diz às quartas, quintas e sextas-feiras é mentira, sendo verdade o que é dito por ele nos outros dias da semana*";

✓ "*Tudo o que Cássia diz aos domingos, segundas e terças-feiras é mentira, sendo verdade o que é dito por ela nos outros dias da semana*".

Para uma melhor visualização vamos fazer uma tabela com essas informações:

Pessoa	Seg	Ter	Qua	Qui	Sex	Sáb	Dom
Cássio	V	V	M	M	M	V	V
Cássia	M	M	V	V	V	V	M

Daí, o enunciado pede para julgarmos, de acordo com a peculiaridade do casal já explicada, se a seguinte sentença é verdadeira:

Se, em certo dia, ambos disserem "Amanhã é meu dia de mentir", então essa afirmação terá sido feita em uma terça-feira.

Nesse momento precisamos criar uma **hipótese**. Vamos supor que a declaração "*Amanhã é meu dia de mentir*" tenha sido feita em uma **terça-feira**.

Nesse caso, o "***amanhã***" seria uma ***quarta-feira***. Ora, verificando a tabela, pode-se notar que a terça é um dos dias em que Cássio fala a verdade, e se ele declarou nesse dia que "amanhã vai mentir", é porque realmente na quarta ele mente.

Com relação à Cassia, notamos pela tabela que a terça é um dos dias em que ela mente, e se ela declarou nesse dia que "amanhã vai mentir", é porque na quarta ela vai falar a verdade. E realmente na quarta ela fala a verdade!

Logo, a hipótese que criamos não resultou numa contradição. Portanto, o item está **correto**.

Gabarito: Certo.

QUESTÃO 04 (FCC/CL-DF/Técnico Legislativo/2018) Abel, Benedito e Carlos, candidatos a um emprego, participam de um teste avaliado por nota. Verificou-se que os resultados não apresentaram empates. Considere as seguintes afirmações:

I. Abel obteve a maior nota.

II. Benedito obteve a menor nota.

III. Carlos obteve uma nota superior à de Benedito.

Se uma das informações acima é falsa e as outras verdadeiras, então a ordem de classificação dos candidatos da maior nota para a menor é

a) Carlos, Abel e Benedito.

b) Abel, Carlos e Benedito.

c) Benedito, Carlos e Abel.

d) Benedito, Abel e Carlos.

e) Carlos, Benedito e Abel.

RESOLUÇÃO:

Por hipótese, vamos supor que a informação I é falsa, sendo as demais verdadeiras. Nesse caso, Benedito teve mesmo a menor nota, mas Abel **não** teve a maior, devendo ficar com a segunda maior nota. Carlos teve a maior nota, sendo realmente superior à nota de Benedito. Assim, temos a seguinte ordem:

Carlos > Abel > Benedito.

Repare que a nossa hipótese é aceitável, já que somente uma informação é F e foi possível fazer a ordenação, de modo que a alternativa correta é a **letra A**.

Vamos testar os outros casos. Se, por hipótese, assumirmos que a informação falsa é a II, as demais seriam verdadeiras. Abel teria a maior nota. Carlos teria uma nota superior à de Benedito. Isso nos levaria a concluir que Benedito teve a menor nota, o que é um **absurdo**, pois assumimos que II era uma informação falsa. Encontramos uma falha na hipótese criada.

Por fim, com a hipótese de que a informação III é falsa, as demais seriam verdadeiras. Benedito teria a menor nota, e isso faria com que Carlos realmente tivesse uma nota maior que a de Benedito, o que nos faria enxergar III como verdadeira, levando a uma **contradição** lógica.

Gabarito: A.

QUESTÃO 05 (FCC/TST/Téc Judic/2017) Cássio, Ernesto, Geraldo, Álvaro e Jair são suspeitos de um crime. A polícia sabe que apenas um deles cometeu o crime. No interrogatório, os suspeitos deram as seguintes declarações:

Cássio: Jair é o culpado do crime.

Ernesto: Geraldo é o culpado do crime.

Geraldo: Foi Cássio quem cometeu o crime.

Álvaro: Ernesto não cometeu o crime.

Jair: Eu não cometi o crime.

Sabe-se que o culpado do crime disse a verdade na sua declaração. Dentre os outros quatro suspeitos, exatamente três mentiram na declaração. Sendo assim, o único inocente que declarou a verdade foi

(A) Cássio. (B) Ernesto. (C) Geraldo. (D) Álvaro. (E) Jair.

RESOLUÇÃO:

Veja que as frases ditas por Cássio e Jair são contraditórias, ou seja, somente uma delas pode ser verdadeira. Se for verdade que Jair é culpado, então Cássio e Álvaro disseram a verdade. E os que mentiram foram Ernesto, Geraldo, Jair.

Esse caso não nos atende, pois nele o culpado (Jair) não disse a verdade.

Devemos admitir então que Jair é quem falou a verdade, ou seja, NÃO foi ele quem cometeu o crime. Dessa forma, Jair é uma pessoa inocente que falou a verdade. Isso é o que a questão solicitou. Nem é preciso dar continuidade na resolução. Por curiosidade: o culpado deve ser Álvaro, pois somente ele pode ser a outra pessoa a dizer a verdade.

Gabarito: E.

4. RESUMO

Chamamos de **Verdades e Mentiras** a um tipo específico de questão, cujo enunciado nos apresenta uma situação qualquer, envolvendo normalmente alguns **personagens**, que irão declarar algo.

Papéis dos "personagens"

- Um tipo de pessoa que **sempre diz a verdade**
- Um tipo de pessoa que **sempre mente**
- Um tipo de pessoa que pode tanto **mentir** quanto falar a **verdade** (não está presente em todos os problemas)

Pretendemos descobrir informações como:

- **Quem está mentindo e quem está dizendo a verdade**
- **Quantas pessoas estão mentindo e quantas estão dizendo a verdade**
- **Outras informações, independentemente de quem esteja mentindo e de quem esteja dizendo a verdade**

5. MAIS QUESTÕES COMENTADAS

QUESTÃO 06 (CESPE/Polícia Federal/2004) Um líder criminoso foi morto por um de seus quatro asseclas: A, B, C e D. Durante o interrogatório, esses indivíduos fizeram as seguintes declarações:

- A afirmou que C matou o líder.
- B afirmou que D não matou o líder.
- C disse que D estava jogando dardos com A quando o líder foi morto e, por isso, não tiveram participação no crime.
- D disse que C não matou o líder.

Considerando a situação hipotética apresentada acima e sabendo que três dos comparsas mentiram em suas declarações, enquanto um deles falou a verdade, julgue o item seguinte.

A declaração de C não pode ser verdadeira.

RESOLUÇÃO:

Como de costume, o primeiro passo consiste em "pescar" no enunciado as declarações dos personagens e as informações adicionais.

❖ **Declarações**:

✓ **A**: C matou o líder.

✓ **B**: D não matou o líder.

✓ **C**: D estava jogando dardos com A quando o líder foi morto e, por isso, não tiveram participação no crime.

✓ **D**: C não matou o líder.

❖ **Informações adicionais:**

✓ *"O líder criminoso foi morto por um de seus quatro asseclas: A, B, C e D."*.

✓ *"Apenas um dos comparsas está falando a verdade"*.

Daí, o enunciado pede para julgarmos, com base nas declarações das pessoas envolvidas, se o que C diz pode ou não ser verdadeiro.

Nesse momento precisamos criar uma **hipótese**. Vamos supor que, hipoteticamente, **C está falando a verdade, e os demais asseclas mentem**. Em sequência, nosso foco será buscar a existência ou inexistência de alguma contradição.

Tarefa	Conclusões
Hipótese	C está falando a verdade

✓ **Análise da declaração de C**: D estava jogando dardos com A quando o líder foi morto e, por isso, não tiveram participação no crime.

Ora, se C está dizendo a verdade (hipótese), então a sua declaração tem que ser verdadeira, de modo que, na realidade, **A e D não mataram o líder**.

Tarefa	Conclusões
Hipótese	C está falando a verdade
1ª conclusão	A não matou o líder
2ª conclusão	D não matou o líder

Vamos pular a declaração de A e partir direto para estudar o que B afirmou.

✓ **Análise da declaração de B**: D não matou o líder.

Sabemos que B mente, de modo que a sua declaração tem que ser falsa. Portanto, **D matou o líder**.

Tarefa	Conclusões
Hipótese	C está falando a verdade
1ª conclusão	A não matou o líder
2ª conclusão	D não matou o líder
3ª conclusão	D matou o líder

Nem precisamos analisar as demais declarações, visto que acabamos de encontrar uma **contradição** entre a 2ª e 3ª conclusão. Então, a suposição inicial está errada, restando-nos considerar que, certamente, **C não está falando a verdade**; logo, está mentindo, ou, nas palavras do enunciado, a declaração de C não pode ser verdadeira!

Gabarito: certo.

QUESTÃO 07 (CESPE/Polícia Federal/Agente/2009) Uma proposição é uma declaração que pode ser julgada como verdadeira – V-, ou falsa – F-, mas não como V e F simultaneamente. As proposições são, frequentemente, simbolizadas por letras maiúsculas: A, B, C, D etc.

As proposições compostas são expressões construídas a partir de outras proposições, usando-se símbolos lógicos, como nos casos a seguir.

- A → B, lida como "se A, então B", tem valor lógico F quando A for V e B for F; nos demais casos, será V;
- A v B, lida como "A ou B", tem valor lógico F quando A e B forem F; nos demais casos, será V;
- A ^ B, lida como "A e B", tem valor lógico V quando A e B forem V; nos demais casos, será F;
- ¬A é a negação de A: tem valor lógico F quando A for V, e V, quando A for F.

Uma sequência de proposições A1, A2, ..., Ak é uma dedução correta se a última proposição, Ak, denominada conclusão, é uma consequência das anteriores, consideradas V e denominadas premissas.

Duas proposições são equivalentes quando têm os mesmos valores lógicos para todos os possíveis valores lógicos das proposições que as compõem.

A regra da contradição estabelece que, se, ao supor verdadeira uma proposição P, for obtido que a proposição "P ^ (¬P)" é verdadeira, então P não pode ser verdadeira; P tem de ser falsa.

A partir dessas informações, julgue o item subsequente.

Considere que um delegado, quando foi interrogar Carlos e José, já sabia que, na quadrilha à qual estes pertenciam, os comparsas ou falavam sempre a verdade ou sempre mentiam. Considere, ainda, que, no interrogatório, Carlos disse: José só fala a verdade, e José disse: Carlos e eu somos de tipos opostos.

Nesse caso, com base nessas declarações e na regra da contradição, seria correto o delegado concluir que Carlos e José mentiram.

RESOLUÇÃO:

Achamos interessante trazer essa questão não só porque ela trata da temática do capítulo, mas também porque ela faz uma verdadeira revisão dos conceitos iniciais da Lógica, os quais estudamos nos primeiros capítulos. Vamos resolvê-la, então!

❖ **Declarações:**

✓ **Carlos**: "José só fala a verdade";

✓ **José**: "Carlos e eu somos de tipos opostos".

❖ **Informações adicionais:**

✓ *"Quando o delegado foi interrogar Carlos e José, já sabia que, na quadrilha à qual estes pertenciam, os comparsas ou falavam sempre a verdade ou sempre mentiam".*

Daí, o enunciado pede para julgarmos, com base nas declarações dos comparsas e na regra da contradição, se Carlos e José mentiram.

Nesse momento precisamos criar uma **hipótese**. Vamos supor que, hipoteticamente, **Carlos e José de fato mentiram**. Perceba que, pelo contrário, eles poderiam ser verdadeiros, já que na quadrilha à qual eles pertenciam os comparsas ou falavam sempre a verdade ou sempre mentiam. Mas vamos, como dito, trabalhar com a ideia de que eles mentiram.

Tarefa	Conclusões
Hipótese	Carlos e José de fato mentiram

✓ **Análise da declaração de Carlos**: "José só fala a verdade".

Ora, se eles mentiram (hipótese), então a declaração de Carlos é falsa, de modo que, na realidade, **José mente**. E isso está de acordo com a nossa suposição inicial.

✓ **Análise da declaração de José**: "Carlos e eu somos de tipos opostos".

Visto que os comparsas mentiram (hipótese), então a declaração de José é falsa, de modo que, na realidade, **Carlos e José são do mesmo tipo.**

Tarefa	Conclusões
Hipótese	Carlos e José de fato mentiram
1ª conclusão	Carlos e José são do mesmo tipo

Assim, **Carlos e José são do mesmo tipo (quadrilha) e mentem.**

Gabarito: Certo.

QUESTÃO 08 (CESPE/BB/Escriturário/2007) No livro Alice no País dos Enigmas, o professor de matemática e lógica Raymond Smullyan apresenta vários desafios ao raciocínio lógico que têm como objetivo distinguir-se entre verdadeiro e falso. Considere o seguinte desafio inspirado nos enigmas de Smullyan. Duas pessoas carregam fichas nas cores branca e preta. Quando a primeira pessoa carrega a ficha branca, ela fala somente a verdade, mas, quando carrega a ficha preta, ela fala somente mentiras. Por outro lado, quando a segunda pessoa carrega a ficha branca, ela fala somente mentira, mas, quando carrega a ficha preta, fala somente verdades.

Com base no texto acima, julgue o item a seguir.

Se a primeira pessoa diz "Nossas fichas não são da mesma cor" e a segunda pessoa diz "Nossas fichas são da mesma cor", então, pode-se concluir que a segunda pessoa está dizendo a verdade.

⌛ RESOLUÇÃO:

Como de costume, o primeiro passo consiste em "pescar" no enunciado as declarações dos personagens e as informações adicionais.

❖ **Declarações:**

✓ **Primeira pessoa**: "Nossas fichas não são da mesma cor";

✓ **Segunda pessoa**: "Nossas fichas são da mesma cor".

❖ **Informações adicionais:**

✓ *"Quando a primeira pessoa carrega a ficha branca, ela fala somente a verdade, mas, quando carrega a ficha preta, ela fala somente mentiras".*

✓ *"Quando a segunda pessoa carrega a ficha branca, ela fala somente mentira, mas, quando carrega a ficha preta, fala somente verdades".*

Daí, o enunciado pede para julgarmos, com base nas declarações das pessoas envolvidas, se a segunda pessoa está dizendo a verdade.

Nesse momento precisamos criar uma **hipótese**. Vamos supor que, hipoteticamente, **a segunda pessoa de fato está dizendo a verdade**. Em sequência, nosso foco será buscar a existência ou inexistência de alguma contradição.

Tarefa	Conclusões
Hipótese	A segunda pessoa fala a verdade

✓ **Análise da declaração da segunda pessoa**: "Nossas fichas são da mesma cor".

Ora, se a segunda pessoa está dizendo a verdade (hipótese), então a sua declaração tem que ser verdadeira, de modo que, na realidade, **as fichas das duas pessoas são da mesma cor**. Além disso, de acordo com as informações adicionais fornecidas pelo enunciado, **a cor da ficha é preta**!

Tarefa	Conclusões
Hipótese	A segunda pessoa fala a verdade
1ª conclusão	As fichas das duas pessoas são da mesma cor
2ª conclusão	A cor da ficha é preta

✓ **Análise da declaração da primeira pessoa**: "Nossas fichas não são da mesma cor".

Pela 1ª conclusão, as fichas das duas pessoas são da mesma cor, que é preta (2ª conclusão). E, conforme as informações adicionais fornecidas pelo enunciado, "*quando carrega a ficha preta, ela fala somente mentiras*". Ora, de fato a sua declaração é falsa, pois afirma justamente o contrário do conteúdo da nossa 1ª conclusão. Mas isso já era esperado!

Tarefa	Conclusões
Hipótese	A segunda pessoa fala a verdade
1ª conclusão	As fichas das duas pessoas são da mesma cor

Tarefa	Conclusões
2ª conclusão	A cor da ficha é preta
3ª conclusão	A primeira pessoa mente

Assim, não encontramos nenhuma contradição relativa à hipótese que levantamos, de forma que, realmente, **a segunda pessoa está dizendo a verdade**.

Gabarito: Certo.

6. QUESTÕES-DESAFIO

QUESTÃO 09 (CEBRASPE/SEFAZ-RS/Auditor-Fiscal/2019) Em determinada cidade, foram fiscalizadas 20 empresas, classificadas quanto ao porte e quanto ao setor de atividade econômica em que atuam. Quanto ao porte, cada empresa recebe uma única classificação: microempresa (ME), pequena (P), média (M) ou grande (G). Quanto ao setor, cada empresa também recebe uma única classificação: 1, 2, 3, 4 ou 5. Não há empresa que receba, simultaneamente, a mesma classificação de porte e de setor que outra empresa já recebe. Para a realização dessa fiscalização, tais empresas foram distribuídas igualmente e designadas a quatro auditores fiscais, Aldo, Bruno, Carlos e Dário. Cada empresa foi fiscalizada por apenas um desses auditores. Após a conclusão do trabalho, os auditores fizeram as seguintes afirmações:

I Aldo: "Fiscalizei cinco empresas de porte médio".

II Bruno: "Fiscalizei quatro empresas de um mesmo setor".

III Carlos: "Fiscalizei cinco empresas cujo porte recebe uma classificação que começa com a letra M".

IV Dário: "Fiscalizei três empresas de um setor e duas empresas de outro setor".
Considerando que, nessa situação hipotética, somente uma das afirmações feitas pelos auditores seja falsa, assinale a opção que apresenta o maior número de empresas de porte G que podem ser fiscalizadas por um mesmo auditor.

A) 1 B) 2 C) 3 D) 4 E) 5

RESOLUÇÃO:

De acordo com as informações apresentadas, temos cinco empresas de cada porte e quatro empresas de cada setor.

É estabelecido que cada empresa foi fiscalizada por apenas um dos auditores. Consequentemente, se Aldo fiscalizar as cinco empresas de porte médio, Bruno não poderá fiscalizar as quatro empresas de um mesmo setor. E, se Bruno fiscalizar as quatro empresas de um mesmo setor, Aldo não poderá fiscalizar as cinco de porte médio.

Assim, as afirmações feitas por Aldo e Bruno **não** podem ser simultaneamente verdadeiras. Um deles está mentindo.

Em consequência disso, **as afirmações de Carlos e Dário são verdadeiras**, já que há apenas uma falsa.

Nossa missão inicial é descobrir quem fala a verdade e quem mente, se Aldo ou Bruno.

Por **hipótese**, vamos supor que **Bruno está dizendo a verdade**, de modo que ele fiscalizou as quatro empresas do mesmo setor, sendo uma delas uma empresa grande. Então, sobram quatro empresas grandes para os outros.

Portanto, o número máximo de empresas grandes que um outro auditor pode fiscalizar é **4**.

Gabarito: D.

CAPÍTULO 12

ASSOCIAÇÃO LÓGICA OU RACIOCÍNIO MATRICIAL

1. INTRODUÇÃO

O QUE VEREMOS

Este será mais um assunto em que você aprenderá se divertindo. O tópico **Associação Lógica** é cobrado com muita frequência nos concursos públicos.

A editora Coquetel possui diversas revistinhas dessas vendidas em bancas de jornal com este tipo de problema, chamadas de "Problemas de Lógica". Por serem encontradas facilmente, de baixo custo e por servirem como lazer, fica como dica para aprofundamento no assunto. Elas apresentam questões com a mesma cara das encontradas em concursos, com todos os níveis de dificuldade.

COMO APARECE NOS EDITAIS

Geralmente, no conteúdo programático dos editais, aparece com outros termos. A **FCC**, por exemplo, o aborda como "*Estrutura lógica de relações arbitrárias entre pessoas, lugares, objetos ou eventos fictícios; deduzir novas informações das relações fornecidas e avaliar as condições usadas para estabelecer a estrutura daquelas relações*". Já o **Cebraspe** refere-se a ele como "*Raciocínio lógico envolvendo problemas matriciais*".

Perceba que **raciocínio matricial** não tem relação com matrizes (assunto da Matemática), e sim com associação lógica, pois trata de assunto cuja resolução das questões envolve a elaboração de uma tabela que relaciona as informações presentes no enunciado, formando uma espécie de matriz.

COMO É COBRADO NAS PROVAS

O fato é que se trata de assunto de simples entendimento, cujas questões são facilmente identificadas e que é possível estabelecer um padrão a ser seguido para a resolução dos exercícios.

Busque se concentrar bem a partir de agora para entender bem o esquema que adotaremos para responder às questões. Mas vá além, procure você mesmo resolver as questões, as quais são das mais variadas bancas e de diversos níveis de dificuldade. Assim, temos certeza de que você terá sucesso em mais este capítulo!

Para isso, será requerido de você percepção e raciocínio mais objetivo e amplo, assim como a habilidade de conectar informações com vistas a obter conclusões acertadas. Então, vamos juntos desenvolver essa capacidade.

OBJETIVOS

Os nossos objetivos ao final deste capítulo é que você consiga:

1) identificar corretamente as questões de Associação Lógica;

2) Aplicar com êxito os passos necessários para a resolução de qualquer questão do tema;

3) Manter organizado seu raciocínio ao longo da resolução dos exercícios.

2. ANÁLISE DA COBRANÇA DO ASSUNTO EM PROVAS

Observe a seguir os percentuais de incidência nos últimos anos do assunto deste capítulo em relação ao volume de questões de todos os temas analisados na nossa matéria. Lembramos que quanto maior o percentual de cobrança de um dado assunto, maior sua importância.

ASSUNTO	CEBRASPE	FCC	DEMAIS BANCAS
	% de cobrança	% de cobrança	% de cobrança
Associação lógica	**2,97%**	**7,68%**	**3,38%**

O presente tópico possui uma importância **alta** nas provas elaboradas pela FCC, enquanto para o Cebraspe e as demais observa-se uma importância **mediana**.

3. CONCEITO

As questões de **Associação Lógica** vão exigir que, a partir de um conjunto de dados fornecidos pelo enunciado e utilizando o conhecimento adquirido no Raciocínio Lógico, você seja capaz de associar o tipo de carro a seu proprietário, o nome da pessoa à cidade em que nasceu, o nome do marido ao da esposa, o nome da criança ao do pai e uma infinidade de outras relações.

Infelizmente, assim como o tema anterior, este assunto praticamente não dispõe de teoria, de forma que recorreremos à estratégia de resolvermos o maior número de questões possível.

Apesar disso, buscamos desenvolver para você um "macete" especial, contendo **6 PASSOS** necessários para resolvermos qualquer questão de Associação Lógica:

1º passo:
Identificar os *Grupos de Informações*

2º passo:
Identificar as *afirmações* do enunciado

3º passo:
Construir a *Tabela Principal*

4º passo:
***Preencher a tabela* com base nas afirmações**

5º passo:
Aplicar a *Regra do Preenchimento Automático*

6º passo:
Reunir os resultados* obtidos e analisar as *alternativas

Talvez você perceba que o método que aplicamos é trabalhoso de início, mas relaxe que tudo dará certo. Pode confiar! Garantimos que depois de hoje nenhuma questão de Associação Lógica poderá derrubar você.

Para exemplificar, considere que três amigas se encontram em uma festa. O vestido de uma delas é azul, o de outra é preto, e o da outra é branco. Elas calçam pares de sapatos dessas mesmas três cores, mas somente Ana está com vestido e sapatos de mesma cor. Nem o vestido nem os sapatos de Júlia são brancos. Marisa está com sapatos azuis. Desse modo,

a) o vestido de Júlia é azul e o de Ana é preto.

b) o vestido de Júlia é branco e seus sapatos são pretos.

c) os sapatos de Júlia são pretos e os de Ana são brancos.

d) os sapatos de Ana são pretos e o vestido de Marisa é branco.

e) o vestido de Ana é preto e os sapatos de Marisa são azuis.

RESOLUÇÃO:

Vamos seguir a "receita de bolo"...

✓ ***1º passo: Identificar os Grupos de Informações.***

No enunciado, há três grupos de informações:

- **Nomes das amigas**: Ana, Júlia e Marisa.
- **Cores de vestidos**: azul, preto e branco.
- **Cores de sapatos**: azul, preto e branco.

✓ ***2º passo: Identificar as afirmações do enunciado.***

São feitas as seguintes afirmações:

1. Somente Ana está com vestido e sapatos de mesma cor;
2. Nem o vestido nem os sapatos de Júlia são brancos;
3. Marisa está com sapatos azuis.

✓ ***3º passo: Construir a Tabela Principal.***

Precisamos definir qual dos grupos de informações servirá de referência para nós, tornando-se a coluna da Tabela Principal a ser construída. No geral, escolhe-se o grupo dos nomes das pessoas. Em seguida, acrescentamos à tabela, na coluna da esquerda, os elementos dos outros dois grupos. Podemos escolher qualquer um deles para começar, visto que a ordem não vai interferir na solução. Logo, teremos:

Grupos de Informações		Nomes das amigas		
		Ana	**Júlia**	**Marisa**
Cores dos vestidos	**Azul**			
	Preto			
	Branco			
Cores dos sapatos	**Azul**			
	Preto			
	Branco			

Observe que essa tabela está dividida em **duas partes**: uma para correspondência entre **os nomes das amigas e as cores dos vestidos**, e a outra para correspondência entre **os nomes das amigas e as cores dos sapatos.**

✓ ***4º passo: Preencher a tabela com base nas afirmações.***

Agora daremos início ao preenchimento das tabelas (a principal e a de resultados) a partir das afirmações trazidas no enunciado.

Colocaremos um **V** nas células da tabela principal quando houver uma correspondência **correta**, e um **F** quando **incorreta**.

➢ ***Análise da segunda afirmação:*** **"Nem o vestido nem os sapatos de Júlia são brancos"**.

Grupos de Informações		Nomes das amigas		
		Ana	**Júlia**	**Marisa**
Cores dos vestidos	**Azul**			
	Preto			
	Branco		F	
Cores dos sapatos	**Azul**			
	Preto			
	Branco		F	

➢ ***Análise da terceira afirmação:*** **"Marisa está com sapatos azuis"**.

Grupos de Informações		Nomes das amigas		
		Ana	**Júlia**	**Marisa**
Cores dos vestidos	**Azul**			
	Preto			
	Branco		F	
Cores dos sapatos	**Azul**			V
	Preto			
	Branco		F	

É interessante notar que, nesse momento, a primeira informação não nos diz muita coisa. Mas daqui a pouco ela será útil!

✓ ***5º passo: Aplicar a Regra do Preenchimento Automático.***

A **Regra do Preenchimento Automático** estabelece que **devemos ter somente um V em cada linha e também somente um V em cada coluna**. Daí, sempre que colocarmos um **V** em uma célula, poderemos **completar o restante da linha e da coluna com F**. Simples assim!

Logo, seguindo os ditames dessa regra, teremos que:

Grupos de Informações		Nomes das amigas		
		Ana	Júlia	Marisa
Cores dos vestidos	**Azul**			
	Preto			
	Branco		F	
Cores dos sapatos	**Azul**	F	F	V
	Preto			F
	Branco		F	F

Cada linha e coluna devem conter uma única célula marcada com **V**! Assim, marcaremos **V** na célula que resta da linha (ou coluna).

Grupos de Informações		Nomes das amigas		
		Ana	Júlia	Marisa
Cores dos vestidos	**Azul**			
	Preto			
	Branco		F	
Cores dos sapatos	**Azul**	F	F	V
	Preto	F	V	F
	Branco	V	F	F

Neste momento, iremos utilizar a primeira informação fornecida.

➢ ***Análise da primeira afirmação:* "Somente Ana está com vestido e sapatos de mesma cor"**.

Se Ana usa vestido e sapatos de mesma cor, e, pela tabela, se ela usa sapatos brancos, então **ela usa vestido branco**. Vamos colocar essa informação nas tabelas e, ao mesmo tempo, faremos o preenchimento automático.

Grupos de Informações		Nomes das amigas		
		Ana	Júlia	Marisa
Cores dos vestidos	**Azul**	F		
	Preto	F		
	Branco	V	F	F
Cores dos sapatos	**Azul**	F	F	V
	Preto	F	V	F
	Branco	V	F	F

Ademais, se apenas Ana usa sapato e vestido da mesma cor, pela tabela de resultados, logicamente que o **vestido de Júlia obrigatoriamente será azul**, ao passo que o **vestido de Marisa será preto**. Logo:

Grupos de Informações		Nomes das amigas		
		Ana	**Júlia**	**Marisa**
Cores dos vestidos	**Azul**	F	V	F
	Preto	F	F	V
	Branco	V	F	F
Cores dos sapatos	**Azul**	F	F	V
	Preto	F	V	F
	Branco	V	F	F

✓ ***6º passo: Reunir os resultados obtidos e analisar as alternativas.***

Reunindo os resultados obtidos, teremos que:

- Ana usa vestido e sapatos brancos;
- Júlia usa vestido azul e sapatos pretos;
- Marisa usa vestido preto e sapatos azuis.

Gabarito: C.

ESCLARECENDO!

Com razão, talvez você nos fale:

"Mas, professores, esse tipo de questão dá muito trabalho; não terei tempo de resolver na hora da prova".

E nós te dizemos: **Fique tranquilo**, estamos no comecinho do assunto, partindo da premissa que você não sabe de nada disso! Será possível notar no decorrer das demais questões que tudo ficará "automatizado".

QUESTÃO 01 (CEBRASPE/MTE/AFT/2013) Paulo, Tiago e João, auditores do trabalho, nasceram, um deles em Brasília, o outro, em Goiânia e o terceiro, em Curitiba. Suas idades são 25, 27 e 28 anos. Sabe-se que João não nasceu em Brasília e não tem 25 anos; que o auditor que nasceu em Goiânia tem 28 anos; que Paulo não nasceu em Curitiba nem tem 25 anos; e que Tiago nasceu na região Centro-Oeste.

Com base nessas informações, julgue o seguinte item.

O auditor brasiliense tem 27 anos.

RESOLUÇÃO:

✓ ***1º passo: Identificar os Grupos de Informações.***

No enunciado, há três grupos de informações:

- **Nomes dos auditores**: Paulo, Tiago e João.
- **Idades**: 25, 27 e 28 anos.
- **Cidades**: Brasília, Goiás e Curitiba.

✓ ***2º passo: Identificar as afirmações do enunciado.***

São feitas as seguintes afirmações:

- João não nasceu em Brasília e não tem 25 anos;
- O auditor que nasceu em Goiânia tem 28 anos;
- Paulo não nasceu em Curitiba nem tem 25 anos;
- Tiago nasceu na região Centro-Oeste.

✓ ***3º passo: Construir a Tabela Principal.***

Grupos de Informações		Nomes dos auditores		
		Paulo	**Tiago**	**João**
Idades	**25**			
	27			
	28			
Cidades	**Brasília**			
	Goiânia			
	Curitiba			

✓ ***4º passo: Preencher a tabela com base nas afirmações.***

Da **1ª afirmação**, tiramos que devemos preencher com **F** as células que associam João com Brasília e 25 anos de idade.

Pularemos a análise da **2ª afirmação**. Daqui a pouco ela será muito útil!

Da **3ª afirmação**, concluímos que devemos preencher com **F** as células que associam Paulo com Curitiba e 25 anos de idade.

Da **4ª afirmação**, concluímos que, se Tiago nasceu na região Centro-Oeste, então ele **não nasceu em Curitiba**, mas pode ter nascido em Brasília ou em Goiânia. Logo, devemos preencher com **F** a célula que associa Tiago com Curitiba. Logo:

Grupos de Informações		Nomes dos auditores		
		Paulo	Tiago	João
Idades	25	F		F
	27			
	28			
Cidades	Brasília			F
	Goiânia			
	Curitiba	F	F	

✓ ***5º passo: Aplicar a Regra do Preenchimento Automático.***

Grupos de Informações		Nomes dos auditores		
		Paulo	Tiago	João
Idades	25	F	V	F
	27		F	
	28		F	
Cidades	Brasília			F
	Goiânia			F
	Curitiba	F	F	V

Nesse momento, utilizaremos a segunda informação fornecida. Ela nos diz que o auditor que nasceu em Goiânia tem 28 anos. Assim, **se, pela tabela anterior, Tiago tem 25 anos, então ele não nasceu em Goiânia**. Vamos colocar essa informação na tabela e, ao mesmo tempo, faremos o preenchimento automático.

Grupos de Informações		Nomes dos auditores		
		Paulo	Tiago	João
Idades	25	F	V	F
	27		F	
	28		F	
Cidades	Brasília	F	V	F
	Goiânia	V	F	F
	Curitiba	F	F	V

Agora fica claro que quem nasceu em Goiânia foi o auditor Paulo; logo, ele tem 28 anos. Assim:

Grupos de Informações		Nomes dos auditores		
		Paulo	**Tiago**	**João**
Idades	**25**	F	V	F
	27	F	F	V
	28	V	F	F
Cidades	**Brasília**	F	V	F
	Goiânia	V	F	F
	Curitiba	F	F	V

✓ ***6º passo: Reunir os resultados obtidos e analisar as alternativas.***

Reunindo os resultados obtidos, teremos que:

- Paulo tem 28 anos de idade e nasceu em Goiânia;
- Tiago tem 25 anos de idade e nasceu em Brasília;
- João tem 27 anos de idade e nasceu em Curitiba.

Portanto, o item está **errado** ao afirmar que o auditor brasiliense tem 27 anos, já que a sua idade é, na verdade, 25.

Gabarito: Errado.

QUESTÃO 02 (CEBRASPE/MTE/AFT/2013) Paulo, Tiago e João, auditores do trabalho, nasceram, um deles em Brasília, o outro, em Goiânia e o terceiro, em Curitiba. Suas idades são 25, 27 e 28 anos. Sabe-se que João não nasceu em Brasília e não tem 25 anos; que o auditor que nasceu em Goiânia tem 28 anos; que Paulo não nasceu em Curitiba nem tem 25 anos; e que Tiago nasceu na região Centro-Oeste.

Com base nessas informações, julgue o seguinte item.

Paulo nasceu em Goiânia.

RESOLUÇÃO:

A tabela final a que chegamos é a seguinte:

Grupos de Informações		Nomes dos auditores		
		Paulo	**Tiago**	**João**
Idades	**25**	F	V	F
	27	F	F	V
	28	V	F	F
Cidades	**Brasília**	F	V	F
	Goiânia	V	F	F
	Curitiba	F	F	V

Fica claro, portanto, que realmente **Paulo nasceu em Goiânia** e, além disso, possui 28 anos de idade.

Gabarito: Certo.

QUESTÃO 03 (CEBRASPE/TC-DF/ACE/2014) José, Luís e Mário são funcionários públicos nas funções de auditor, analista e técnico, não necessariamente nessa ordem. Sabe-se que José não é analista, que o técnico será o primeiro dos três a se aposentar e que o analista se aposentará antes de Mário. Todo ano os três tiram um mês de férias e, no ano passado, no mesmo mês que José saiu de férias, ou Luís ou Mário também saiu.

Com base nessas informações, julgue o item que se segue.

Mário é analista, José é técnico e Luís, auditor.

RESOLUÇÃO:

✓ ***1º passo: Identificar os Grupos de Informações.***

No enunciado, há dois grupos de informações:

- **Nomes dos funcionários:** José, Luís e Mário.
- **Funções:** auditor, analista e técnico.

✓ ***2º passo: Identificar as afirmações do enunciado.***

São feitas as seguintes afirmações:

- José não é analista;
- O técnico será o primeiro dos três a se aposentar;
- O analista se aposentará antes de Mário;
- Todo ano os três tiram um mês de férias e, no ano passado, no mesmo mês que José saiu de férias, ou Luís ou Mário também saiu.

✓ ***3º passo: Construir a Tabela Principal.***

	José	Luís	Mário
Auditor			
Analista			
Técnico			

✓ ***4º passo: Preencher a tabela com base nas afirmações.***

Da **1ª afirmação**, tiramos que devemos preencher com **F** as células que associam José com analista.

Pularemos a análise da **2ª afirmação**. Daqui a pouco ela será muito útil!

Da **3ª afirmação**, concluímos que, se o analista se aposentará antes de Mário, então **Mário não é o analista**. Logo, devemos preencher com **F** a célula que associa Mário com analista.

A **4ª afirmação** não terá utilidade para nós. O examinador só quis enrolar o candidato!

Vamos colocar esses resultados na nossa tabela.

	José	Luís	Mário
Auditor			
Analista	F		F
Técnico			

✓ ***5º passo: Aplicar a Regra do Preenchimento Automático.***

	José	Luís	Mário
Auditor		F	
Analista	F	V	F
Técnico		F	

Nesse momento, a **2ª afirmação** será muito importante para nós. Ela vem nos dizer que quem exerce a função de **técnico será o primeiro dos três a se aposentar**. Além disso, a 3ª afirmação deixou claro que **o analista se aposentará antes de Mário**. Daí, concluímos que **Mário não é o técnico**, já que tanto o analista como o técnico se aposentarão antes dele. Logo:

	José	Luís	Mário
Auditor	F	F	V
Analista	F	V	F
Técnico	V	F	F

✓ ***6º passo: Reunir os resultados obtidos e analisar as alternativas.***

Reunindo os resultados obtidos, temos que:

- ***José é o técnico;***
- ***Luís é o analista;***
- ***Mário é o auditor.***

Gabarito: errado.

QUESTÃO 04 (CEBRASPE/TC-DF/ACE/2014) José, Luís e Mário são funcionários públicos nas funções de auditor, analista e técnico, não necessariamente nessa ordem. Sabe-se que José não é analista, que o técnico será o primeiro dos três a se aposentar e que o analista se aposentará antes de Mário. Todo ano os três tiram um mês de férias e, no ano passado, no mesmo mês que José saiu de férias, ou Luís ou Mário também saiu.

Com base nessas informações, julgue o item que se segue.

Se os três servidores trabalharem até o momento da aposentadoria e se aposentarem nos tempos previstos, então José ou Mário ainda estarão trabalhando quando Luís completar o tempo necessário para se aposentar.

RESOLUÇÃO:

Segue a tabela relativa à função que cada funcionário ocupa, encontrada na questão anterior.

	José	Luís	Mário
Auditor	F	F	V
Analista	F	V	F
Técnico	V	F	F

Bem, a 1ª afirmação da questão nos informou que o técnico, que é José, será o primeiro dos três a se aposentar. Ademais, foi dito que Luís, o analista, se aposentará antes de Mário. Portanto, **a sequência dos que irão se aposentar** está bem retratada da seguinte maneira:

José (1º aposentado) → **Luís (2º aposentado)** → **Mário (3º aposentado)**

Daí, a questão afirma que José ou Mário ainda estarão trabalhando quando Luís completar o tempo necessário para se aposentar. Bem, para que isso esteja correto é necessário que José esteja trabalhando, ou Mário esteja trabalhando ou os dois estejam trabalhando quando Luís se aposentar. Se acontecer uma das três coisas, a questão está certa. E aconteceu, visto que **Mário estará trabalhando**.

Gabarito: certo.

QUESTÃO 05 (CESPE/TCU/Auditor de Controle Externo/2008) Mateus, Marcos, Pedro e Paulo são funcionários do TCU e encontram-se uma vez por mês para exercitarem seus dotes musicais. Nesse quarteto, há um guitarrista, um flautista, um baterista e um baixista, e cada um toca somente um instrumento. Nesse grupo de amigos, tem-se um auditor (AUD), um analista de controle externo (ACE), um procurador do Ministério Público (PMP) e um técnico de controle externo (TCE), todos com idades diferentes, de 25, 27, 30 e 38 anos. Além disso, sabe-se que:

- Mateus não tem 30 anos de idade, toca guitarra e não é procurador do Ministério Público;
- o baterista é o analista de controle externo, tem 27 anos de idade e não é Marcos;
- Paulo é técnico de controle externo, tem 25 anos de idade e não é flautista;
- o procurador do Ministério Público não é baixista e não se chama Pedro;
- o auditor tem 38 anos de idade e não é baixista.

Algumas das informações acima apresentadas estão contempladas na tabela a seguir, em que cada célula corresponde ao cruzamento de uma linha com uma coluna preenchida com S (sim), no caso de haver uma afirmação, e com N (não), no caso de haver uma negação.

						IDADE						
	guitarrista	baterista	baixista	flautista	25	27	30	38	AUD	ACE	PMP	TCE
Mateus	S						N				N	
Marcos		N										
Pedro											N	
Paulo				N	S							S
AUD			N					S				
ACE		S										
PMP			N									
TCE												
IDADE 25												
IDADE 27		S										
IDADE 30												
IDADE 38												

Com base nas informações apresentadas, julgue o item a seguir.

Mateus tem 38 anos de idade.

RESOLUÇÃO:

✓ ***1º passo: Identificar os Grupos de Informações.***

No enunciado, há quatro grupos de informações:

- **Nomes dos funcionários:** Mateus, Marcos, Pedro e Paulo.
- **Instrumentos musicais:** um guitarrista, um flautista, um baterista e um baixista.
- **Cargos:** um auditor (AUD), um analista de controle externo (ACE), um procurador do Ministério Público (PMP) e um técnico de controle externo (TCE);
- **Idades:** 25, 27, 30 e 38 anos.

✓ ***2º passo: Identificar as afirmações do enunciado.***

São feitas as seguintes afirmações:

– Mateus não tem 30 anos de idade, toca guitarra e não é procurador do Ministério Público;

– o baterista é o analista de controle externo, tem 27 anos de idade e não é Marcos;

– Paulo é técnico de controle externo, tem 25 anos de idade e não é flautista;

– o procurador do Ministério Público não é baixista e não se chama Pedro;

– o auditor tem 38 anos de idade e não é baixista.

✓ ***3º passo: Construir a Tabela Principal.***

E, dessa vez, o CEBRASPE foi muito bonzinho conosco, já que forneceu a **tabela principal**. Vamos colocá-la a seguir, mas da maneira a que estamos acostumados:

Grupos de informações Guit		Instrumentos				Idades				Cargos			
		Bate	Baix	Flau	25	27	30	38	AUD	ACE	PMP	TCE	
Nomes	Mateus	V						F				F	
	Marcos		F										
	Pedro											F	
	Paulo				F	V							V

Grupos de informações Guit		Instrumentos				Idades				Cargos			
		Bate	Baix	Flau	25	27	30	38	AUD	ACE	PMP	TCE	
Cargos	AUD			F					V				
	ACE		V										
	PMP			F									
	TCE												
Idades	25												
	27		V										
	30												
	38												

✓ ***4º passo: Preencher a tabela com base nas afirmações.***

Bem, esse passo já foi seguido pelo enunciado da questão. Vamos adiante!

✓ ***5º passo: Aplicar a Regra do Preenchimento Automático.***

Após alguns cruzamentos de informações (fica como dever de casa a comprovação da tabela seguinte), temos que:

Grupos de informações Guit		Instrumentos				Idades				Cargos			
		Bate	Baix	Flau	25	27	30	38	AUD	ACE	PMP	TCE	
Nomes	Mateus	V	F	F	F	F	F	F	V	V	F	F	F
	Marcos	F	F	F	V	F	F	V	F	F	F	V	F
	Pedro	F	V	F	F	F	V	F	F	F	V	F	F
	Paulo	F	F	V	F	V	F	F	F	F	F	F	V
Cargos	AUD	V	F	F	F	F	F	F	V				
	ACE	F	V	F	F	F	V	F	F				
	PMP	F	F	F	V	F	F	V	F				
	TCE	F	F	V	F	V	F	F	F				
Idades	25	F	F	V	F								
	27	F	V	F	F								
	30	F	F	F	V								
	38	V	F	F	F								

✓ ***6º passo: Reunir os resultados obtidos e analisar as alternativas.***

Reunindo os resultados obtidos, temos que:

	Mateus	Marcos	Pedro	Paulo
Instrumento	**Guitarrista**	**Flautista**	**Baterista**	**Baixista**
Idade	**38**	**30**	**27**	**25**
Cargo	**Auditor**	**PMP**	**ACE**	**TCE**

Portanto, o item está **certo** ao afirmar que **Mateus tem 38 anos de idade**.

Gabarito: Certo.

QUESTÃO 06 (FCC/Detran-MA/Assistente de Trânsito/2018) Os assistentes de trânsito de um município foram divididos em três grupos (**A**, **B** e **C**) para otimizar sua atuação nas quatro regiões da cidade (Norte, Sul, Leste e Oeste). Cada grupo deverá atuar em duas ou três regiões e cada região deverá receber assistentes de exatamente dois grupos. Em relação à distribuição, ficou decidido que os assistentes do:

– grupo **A** deverão atuar em apenas duas regiões;

– grupo **B** não deverão atuar na região Norte;

– grupo **C** não deverão atuar na região Leste.

Dessa forma, as regiões onde os assistentes do grupo **A** deverão atuar são:

(A) Norte e Leste.

(B) Norte e Oeste.

(C) Sul e Leste.

(D) Sul e Oeste.

(E) Oeste e Leste.

RESOLUÇÃO:

O enunciado apresenta uma divisão de trabalho dos assistentes de trânsito de um município em três grupos conforme sua atuação nas quatro regiões da cidade.

Então, vamos organizar essa divisão numa tabela, de modo a eliminar as possibilidades de acordo com as informações apresentadas.

Grupo	Região
A	Norte, Sul, Leste e Oeste
B	Norte, Sul, Leste e Oeste
C	Norte, Sul, Leste e Oeste

É dito que os assistentes do grupo **B** não deverão atuar na região Norte, assim como os do grupo **C** não deverão atuar na região Leste. Como cada região deverá receber assistentes de exatamente dois grupos, temos:

Grupo	Região
A	**Norte**, Sul, **Leste** e Oeste
B	~~Norte~~, Sul, **Leste** e Oeste
C	**Norte**, Sul, ~~Leste~~ e Oeste

Também é informado que os assistentes do grupo **A** deverão atuar em apenas duas regiões, que são a **Norte** e a **Leste**.

Gabarito: A.

QUESTÃO 07 (IBFC/TJ-PE/Ana Jud/2017) Os imóveis de Paula, Sheila e Carla são, não necessariamente nessa ordem, um apartamento, uma casa térrea e um sobrado. Um dos imóveis fica em São Paulo, outro em Minas e o outro em Pernambuco. O imóvel de Paula é em São Paulo, o imóvel de Carla é um sobrado, o imóvel de Sheila não é em Minas e não é um apartamento. As cidades onde ficam o apartamento, a casa térrea e o sobrado, são respectivamente:

a) São Paulo, Minas e Pernambuco

b) São Paulo, Pernambuco e Minas

c) Pernambuco, Minas e São Paulo

d) Pernambuco, São Paulo e Minas

e) Minas, São Paulo e Pernambuco

RESOLUÇÃO:

Podemos montar a tabela a seguir associando cada mulher aos seus imóveis e suas localidades:

Mulher	Imóvel	Localidade
Paula	Apto., Casa ou Sobrado	SP, MG ou PE
Sheila	Apto., Casa ou Sobrado	SP, MG ou PE
Carla	Apto., Casa ou Sobrado	SP, MG ou PE

Como o imóvel de Paula é em SP, podemos deixar essa localidade com ela e "cortar" das demais:

Mulher	Imóvel	Localidade
Paula	Apto., Casa ou Sobrado	SP
Sheila	Apto., Casa ou Sobrado	MG ou PE
Carla	Apto., Casa ou Sobrado	MG ou PE

Como o imóvel de Carla é um sobrado, podemos deixar com ela e cortar das demais:

Mulher	Imóvel	Localidade
Paula	Apto. ou Casa	SP
Sheila	Apto. ou Casa	MG ou PE
Carla	Sobrado	MG ou PE

Como o imóvel de Sheila não é em MG, ele só pode ser em PE. Assim, o de Carla é em MG.

Mulher	Imóvel	Localidade
Paula	Apto. ou Casa	SP
Sheila	Apto. ou Casa	PE
Carla	Sobrado	MG

Como o imóvel de Sheila não é um apartamento, ele deve ser a casa, sobrando para Paula o apartamento:

Mulher	Imóvel	Localidade
Paula	Apto.	SP
Sheila	Casa	PE
Carla	Sobrado	MG

Com a tabela anterior, fica fácil concluir que as cidades onde ficam o **apartamento, a casa térrea e o sobrado**, são, respectivamente, **São Paulo, Pernambuco e Minas**.

Gabarito: B.

OBS.: Esta questão foi anulada por cobrar assunto fora do conteúdo programático previsto no edital.

4. RESUMO

As questões de **Associação Lógica** vão exigir que, a partir de um conjunto de dados fornecidos pelo enunciado e utilizando o conhecimento adquirido no Raciocínio Lógico, você seja capaz de associar o tipo de carro a seu proprietário, o nome da pessoa à cidade em que nasceu, o nome do marido ao da esposa, o nome da criança ao do pai e uma infinidade de outras relações.

6 PASSOS PARA RESOLVER QUESTÕES DE ASSOCIAÇÃO LÓGICA:

1º passo:
Identificar os *Grupos de Informações*

↓

2º passo:
Identificar as *afirmações* do enunciado

↓

3º passo:
Construir a *Tabela Principal*

↓

4º passo:
***Preencher a tabela* com base nas afirmações**

↓

5º passo:
Aplicar a *Regra do Preenchimento Automático*

↓

6º passo:
Reunir os resultados* obtidos e analisar as *alternativas

5. MAIS QUESTÕES COMENTADAS

Enunciado comum às questões 09 a 13.

Em um restaurante, João, Pedro e Rodrigo pediram pratos de carne frango e peixe, não necessariamente nessa ordem, mas cada um pediu um único prato. As cores de suas camisas eram azul, branco e verde; Pedro usava camisa azul; a pessoa de camisa verde pediu carne e Rodrigo não pediu frango. Essas informações podem ser visualizadas na tabela abaixo, em que o cruzamento de uma linha com coluna, V corresponde a fato verdadeiro e F, a fato falso.

	carne	frango	peixe	João	Pedro	Rodrigo
azul					V	
branca						
verde	V					
João						
Pedro						
Rodrigo		F				

Considerando a situação apresentada e, no que couber, o preenchimento da tabela acima, julgue os itens seguintes.

QUESTÃO 08 (CEBRASPE/Polícia Federal/Agente/2014) Se João pediu peixe, então Rodrigo não usava camisa branca.

RESOLUÇÃO:

No enunciado, há três grupos de informações:

✓ Nome das pessoas: João (J), Pedro (P), Rodrigo (R).

✓ Pratos: Carne (C), Frango (F), Peixe (P).

✓ Cores de camisas: Azul (A) Branca (B), Verde (V).

Vamos construir a tabela principal, já levando em consideração as informações fornecidas:

	Carne	Frango	Peixe	João	Pedro	Rodrigo
Azul					V	
Branca						
Verde	V					
João						
Pedro						
Rodrigo		F				

Uma regra básica a ser trabalhada na tabela anterior é a do **Preenchimento Automático**, a qual determina que **em cada linha do grupo de informações só**

pode existir um V. Logo, nas duas células restantes já podemos preencher com F. Assim:

	Carne	Frango	Peixe	João	Pedro	Rodrigo
Azul	F			F	V	F
Branca	F				F	
Verde	V	F	F		F	
João						
Pedro						
Rodrigo		F				

Veja que o item apresenta uma hipótese: "*Se João pediu peixe, então Rodrigo não usava camisa branca*". Vamos colocar essa informação na nossa tabela a fim de verificar a sua veracidade. Além disso, colocaremos em prática a regra do Preenchimento Automático. Logo:

	Carne	Frango	Peixe	João	Pedro	Rodrigo
Azul	F			F	V	F
Branca	F				F	
Verde	V	F	F		F	
João	F	F	V			
Pedro	F	V	F			
Rodrigo	V	F	F			

Ademais, levando em conta que quem pediu carne (Rodrigo) está de camisa verde, em relação às cores de camisa, concluímos que:

	Carne	Frango	Peixe	João	Pedro	Rodrigo
Azul	F			F	V	F
Branca	F			V	F	F
Verde	V	F	F	F	F	V
João	F	F	V			
Pedro	F	V	F			
Rodrigo	V	F	F			

Dessa maneira, reunindo os resultados obtidos, teremos:

	João	Pedro	Rodrigo
Pratos	**Peixe**	**Frango**	**Carne**
Cor da camisa	**Branca**	**Azul**	**Verde**

Portanto, está **correto** afirmar que "*Se João pediu peixe, então Rodrigo não usava camisa branca*", pois a cor da camisa dele será verde.

Gabarito: Certo.

QUESTÃO 09 (CEBRASPE/Polícia Federal/Agente/2014) Das informações apresentadas, é possível inferir que Pedro pediu frango.

RESOLUÇÃO:

Precisamos ter em mente que devemos trabalhar apenas com as informações do enunciado (e não usar as conclusões a que chegamos no item anterior).

Pela tabela contida no enunciado, **não** podemos afirmar com certeza o que Pedro pediu.

Gabarito: Errado.

QUESTÃO 10 (CEBRASPE/Polícia Federal/Agente/2014) As informações apresentadas na situação em apreço e o fato de João ter pedido peixe não são suficientes para se identificarem a cor da camisa de cada uma dessas pessoas e o prato que cada uma delas pediu.

RESOLUÇÃO:

Note que não podemos utilizar as informações que obtivemos nos itens anteriores. Então, vamos trabalhar com o que o enunciado apresenta neste item.

A tabela a seguir é a mesma apresentada pela questão, adicionando apenas as valorações oriundas da aplicação do preenchimento automático:

	Carne	Frango	Peixe	João	Pedro	Rodrigo
Azul	F			F	V	F
Branca	F				F	
Verde	V	F	F		F	
João						

Pedro						
Rodrigo		F				

Como *João pediu peixe*, ficamos com:

	Carne	Frango	Peixe	João	Pedro	Rodrigo
Azul	F			F	V	F
Branca	F				F	
Verde	V	F	F		F	
João	F	F	V			
Pedro			F			
Rodrigo		F	F			

Como Pedro usava camisa azul e a pessoa de camisa verde pediu carne, marcamos F na célula referente ao encontro de Pedro com carne:

	Carne	Frango	Peixe	João	Pedro	Rodrigo
Azul	F			F	V	F
Branca	F				F	
Verde	V	F	F		F	
João	F	F	V			
Pedro	F		F			
Rodrigo		F	F			

Aplicando o preenchimento automático:

	Carne	Frango	Peixe	João	Pedro	Rodrigo
Azul	F			F	V	F
Branca	F				F	
Verde	V	F	F		F	
João	F	F	V			
Pedro	F	V	F			
Rodrigo	V	F	F			

Visto que a pessoa de camisa verde pediu carne, e foi Rodrigo, temos:

	Carne	Frango	Peixe	João	Pedro	Rodrigo
Azul	F			F	V	F
Branca	F			V	F	F
Verde	V	F	F	F	F	V
João	F	F	V			
Pedro	F	V	F			
Rodrigo	V	F	F			

Portanto, o item está **errado** ao afirmar que as informações apresentadas seriam insuficientes para fazermos a associação lógica completa das características de cada pessoa.

Gabarito: Errado.

QUESTÃO 11 (CEBRASPE/Polícia Federal/Agente/2014) Se Pedro e Rodrigo não são irmãos, mas dois dos três são filhos da mesma mãe, então é correto concluir que Pedro é irmão de João.

RESOLUÇÃO:

Com relação ao parentesco entre João, Pedro e Rodrigo, o item apresenta as seguintes informações:

❖ Pedro e Rodrigo não são irmãos;

❖ Dois dos três são filhos da mesma mãe;

Daí, surge a pergunta: "É correto concluir que Pedro é irmão de João?"

Bem, vejamos as possibilidades de parentesco:

1. João e Pedro são irmãos;
2. João e Rodrigo são irmãos;
3. Pedro e Rodrigo são irmãos.

A terceira opção já foi eliminada pelo próprio enunciado. Logo, restam duas opções.

Portanto, **não** é possível ter certeza absoluta que Pedro é irmão de João, conforme afirma a questão, já que também existe a possibilidade de que João e Rodrigo sejam irmãos.

Gabarito: Errado.

QUESTÃO 12 (CEBRASPE/Polícia Federal/Agente/2014) Considere que Rodrigo não seja o mais velho dos três, que Pedro tenha nascido 8 anos antes de Rodrigo e que, no final de 2015, apenas dois dos três terão completado 40 anos de idade. Nesse caso, é correto afirmar que Pedro nasceu entre 1967 e 1975.

RESOLUÇÃO:

As principais informações trazidas pelo enunciado são descritas a seguir:

- Rodrigo não é o mais velho dos três;
- Pedro nasceu 8 anos antes de Rodrigo (Pedro é mais velho que Rodrigo);
- No final de 2015, apenas dois dos três terão completado 40 anos de idade.

Dizer que "*terão completado 40 anos de idade*" não quer dizer que a pessoa tenha feito exatamente 40 anos de idade. Na verdade, alguém que tenha feito 50 anos, por exemplo, já completou 40 anos de idade; concorda?

Muito bem! Continuando o raciocínio a partir das informações do enunciado.

Considerando que Rodrigo não é o mais velho dos três e que Pedro é mais velho que Rodrigo, concluímos que os irmãos que terão completado 40 anos de idade no final de 2015 são João e Pedro.

No entanto, quanto à idade de Pedro, **não é possível** ter total garantia que ele tenha nascido entre 1967 e 1975, o que levaria ele a ter entre 40 e 48 anos. Pois, como mencionado anteriormente, existe a possibilidade que ele tenha mais de 48 anos.

Gabarito: errado.

QUESTÃO 13 (FCC - Ass Leg/ALAP/2020) Gabriel tem três brinquedos que ganhou nos três últimos aniversários: um avião, um barco e um ônibus. O ônibus é azul, e o brinquedo mais antigo é vermelho. Sabe-se também que o barco é mais novo do que o ônibus, e que o avião é mais antigo do que o amarelo. Assim, está correto afirmar que.

A) o barco é amarelo, e o avião é o mais antigo.

B) o barco é vermelho, e o ônibus não é o mais novo.

C) o avião é amarelo, e o barco é o mais novo.

D) o ônibus é o mais novo, e o avião, o mais antigo.

E) o avião é o mais antigo, e o barco não é o mais novo.

RESOLUÇÃO:

Vamos listar as possibilidades para os três brinquedos, quanto às cores azul, vermelho e amarelo, e quanto a serem o mais antigo (1), o intermediário (2) e o mais novo (3):

Brinquedo	Cor	Antiguidade
Avião	azul, vermelho, amarelo	1, 2, 3
Barco	azul, vermelho, amarelo	1, 2, 3
Ônibus	azul, vermelho, amarelo	1, 2, 3

O enunciado informa que o ônibus é azul, e o brinquedo mais antigo é vermelho. Consequentemente, temos que o barco e o avião não são azuis, e o ônibus não é o mais antigo:

Brinquedo	Cor	Antiguidade
Avião	vermelho, amarelo	1, 2, 3
Barco	vermelho, amarelo	1, 2, 3
Ônibus	azul	2, 3

Em seguida, é dito que o barco é mais novo do que o ônibus, e que o avião é mais antigo do que o amarelo. Ora, se o barco é mais novo do que o ônibus, então o barco também não é o mais antigo. Logo, o mais antigo só pode ser o avião. Além disso, como o avião é mais antigo do que o amarelo, então ele não é amarelo, restando-lhe a cor vermelha. Por eliminação, concluímos que o barco é o brinquedo amarelo:

Brinquedo	Cor	Antiguidade
Avião	vermelho	1
Barco	amarelo	2, 3
Ônibus	azul	2, 3

Por fim, o barco, sendo mais novo que o ônibus, só pode ser o mais novo dos brinquedos:

Brinquedo	Cor	Antiguidade
Avião	vermelho	1
Barco	amarelo	3
Ônibus	azul	2

Portanto, podemos afirmar que **o barco é amarelo, e o avião é o mais antigo**.

Gabarito: A.

QUESTÃO 14 (FCC/DETRAN-MA/Analista de Trânsito/2018) Os tenistas que disputaram as quatro partidas das quartas de final de um torneio de tênis eram de três continentes diferentes: da Europa (um suíço, um espanhol, um alemão e um croata.), da América do Sul (um brasileiro e um argentino) e da América do Norte (um americano e um canadense.) Em relação à composição dos jogos das quartas de final, sabe-se que:

- o croata disputou o único confronto entre tenistas do mesmo continente;
- o argentino jogou contra um europeu, que não foi o suíço;
- tanto o brasileiro quanto o alemão enfrentaram tenistas da América do Norte.

O tenista suíço enfrentou um adversário

a) americano. b) croata. c) canadense. d) brasileiro. e) espanhol.

RESOLUÇÃO:

O enunciado informa que há tenistas da:

- Europa: suíço, espanhol, alemão, croata.
- América do Sul: brasileiro, argentino
- América do Norte: americano, canadense.

Em seguida, são apresentadas as seguintes informações:

I) o croata disputou o único confronto entre tenistas do mesmo continente;

II) o argentino jogou contra um europeu, que não foi o suíço;

III) tanto o brasileiro quanto o alemão enfrentaram tenistas da América do Norte.

Dessa forma, concluímos que o tenista argentino jogou contra um europeu, que não foi o suíço (afirmação 2), nem o croata, pois o croata também jogou contra time europeu (afirmação 1). O argentino também não jogou contra o alemão, pois o alemão enfrentou um tenista da América do Norte (afirmação 3):

Assim, as opções para o argentino são: ~~suíço~~, espanhol, ~~alemão~~, ~~croata~~.

Portanto, o **argentino jogou contra o espanhol**.

Adicionalmente, temos que o croata disputou contra um tenista europeu, que não foi o espanhol (que jogou contra argentino), nem alemão (que jogou contra tenista da América do Norte, informação 3). Resta que **o croata disputou contra o suíço.**

Gabarito: B.

QUESTÃO 15 (FCC/TRT-PE/Téc Jud/2018) Uma fila será organizada com base em três critérios, que são:

1. mulheres grávidas ou com criança de colo ficam à frente das demais pessoas;
2. as pessoas mais velhas ficam à frente de outras pessoas de idade menor que a sua;
3. mulheres ficam à frente dos homens.

Sabe-se que o critério 1 prevalece em relação ao 2 e ao 3, e que o critério 2 prevalece em relação ao critério 3.

Antes do uso desse critério de organização, cinco pessoas já estavam em uma fila de acordo com a ordem apresentada na tabela a seguir:

Ordem na fila	Pessoa	Mulher (M) / Homem (H)	Idade (anos)	Grávida ou com filho de colo
1º	A	M	37	sim
2º	B	H	35	–
3º	C	H	64	–
4º	D	M	35	não
5º	E	M	36	sim

Reorganizando a fila de acordo com os critérios descritos anteriormente, mudarão de posição em relação à fila descrita na tabela apenas

(A) A e B. (B) A e C. (C) B e D. (D) B e E (E) C e D.

RESOLUÇÃO:

Conforme as informações contidas na tabela, temos que A e E estão grávidas, tendo prioridade no atendimento. Delas, A tem prioridade em relação a E, por ser mais velha. Logo, a primeira pessoa deve ser A e a segunda deve ser E.

Quanto às pessoas restantes, nenhuma é grávida ou tem criança de colo, de modo que prevalece a maior idade de C.

Já as pessoas B e D têm a mesma idade, prevalecendo D, por ser mulher. A pessoa B é a última.

Assim, ficamos com a ordem: A – E – C – D – B, o que nos permite concluir que as pessoas que mudaram de posição foram **B e E**.

Gabarito: D.

QUESTÃO 16 (IBFC/TJ-PE/Téc Jud/2017) Marcos, José, Renato e Luiz possuem carros de cores diferentes. Azul, branco, preto e vermelho, não necessariamente nessa ordem. Além disso, é sabido que:

I. José e o dono do carro vermelho já dirigiram o carro branco.

II. Marcos e Renato conhecem o dono do carro preto.

III. O dono do carro vermelho conhece Luiz e estuda com Marcos.

IV. Marcos não é dono do carro azul e não conhece Luiz.

Nessas condições, é correto afirmar que:

a) Luiz é dono do carro azul

b) José é dono do carro azul

c) Renato é dono do carro azul

d) Marcos é dono do carro vermelho

e) Marcos é dono do carro preto

RESOLUÇÃO:

Temos 4 rapazes e 4 carros. Para cada rapaz temos, a princípio, 4 possibilidades de carro:

- **Marcos**: azul, branco, preto ou vermelho;
- **José**: azul, branco, preto ou vermelho;
- **Renato**: azul, branco, preto ou vermelho;
- **Luiz**: azul, branco, preto ou vermelho.

A frase I permite concluir que José NÃO tem o carro vermelho.

A frase II permite concluir que nem Marcos e nem Renato têm o carro preto.

A frase III permite concluir que nem Luiz e nem Marcos têm o carro vermelho.

A frase IV permite concluir que Marcos não tem o carro azul.

Fazendo essas exclusões em nossa lista, sobram:

- **Marcos**: branco
- **José**: azul, branco, preto
- **Renato**: azul, branco, vermelho
- **Luiz**: azul, branco, preto

Veja que já fica claro que o carro de Marcos só pode ser Branco. Tirando essa opção dos demais, temos:

- **Marcos**: branco
- **José**: azul, preto
- **Renato**: azul, vermelho
- **Luiz**: azul, preto

Veja que José e Luiz têm as mesmas opções. Temos a informação de que Marcos conhece o dono do carro preto e também de que Marcos não conhece Luiz. Logo, Marcos deve conhecer José, que deve ser o dono do carro preto. Assim, sobra o carro azul para José e, por fim, sobra o carro vermelho para Renato:

- **Marcos**: branco
- **José**: preto
- **Renato**: vermelho
- **Luiz**: azul

Gabarito: A.

QUESTÃO 17 (IBFC/PM-PB/Soldado/2018) Cinco carros de corrida estão enfileirados aguardando a largada. Sabe-se que atrás do vermelho só há um carro e que na frente do azul só há um carro. O total de carros na frente e atrás do carro marrom são iguais. Se o carro amarelo está na frente do carro azul, então o carro laranja é o:

a) terceiro da fila b) último da fila c) o quarto da fila d) o segundo da fila

RESOLUÇÃO:

O enunciado afirma que são 5 carros, que atrás do vermelho só há um carro e que na frente do azul só há um carro. O que podemos inferir dessas informações? Bem, concluímos que o vermelho deve ser o 4º, pois só tem um carro após ele; e o azul deve ser o 2º, já que há apenas um carro à frente dele.

Em seguida, é dito que o total de carros na frente e atrás do carro marrom são iguais, de modo que ele deve ser o 3º, porque é a única posição possível para ele que obedece a esses parâmetros.

Por fim, visto que o amarelo está à frente do azul, que é o 2º, então certamente o amarelo é o 1º colocado. Portanto, resta para o carro laranja apenas a 5ª posição (última).

Gabarito: B.

QUESTÃO 18 (FGV/CGM-Niteroi/APPGG/2018) Entre os amigos Alberto, Rodrigo e Marcelo, um deles é flamenguista, outro é tricolor e, outro, vascaíno.

Entre as afirmações a seguir, somente uma é verdadeira:

– **Alberto é tricolor.**

– **Rodrigo não é vascaíno.**

– **O tricolor não é Marcelo.**

É correto afirmar que

(A) Alberto é vascaíno.

(B) Rodrigo é tricolor.

(C) Marcelo é flamenguista.

(D) Alberto é tricolor.

(E) Rodrigo não é flamenguista.

RESOLUÇÃO:

Temos as afirmações:

- Alberto é tricolor
- Rodrigo não é vascaíno
- O tricolor não é Marcelo

Veja que se a primeira informação for verdadeira, a terceira também é. Logo, a primeira deve ser FALSA (pois não podemos ter duas informações verdadeiras).

Se a segunda informação for verdadeira, as demais devem ser falsas. Assim, o tricolor é Marcelo. E, como Alberto não é tricolor, ele deve ser o vascaíno, para que Rodrigo seja o flamenguista. Note que, nesse caso, foi possível deixar uma frase verdadeira, duas falsas e distribuir os times entre os amigos. Este é nosso gabarito: Marcelo-Tricolor, Rodrigo-Flamenguista, Alberto-Vascaíno. Podemos marcar a letra A.

Se a terceira informação fosse verdadeira, as demais deveriam ser falsas. Desse modo, Rodrigo seria vascaíno. Nem Alberto e nem Marcelo poderiam ser tricolores, de modo que ficaríamos sem um torcedor do tricolor, o que não pode acontecer. Por isso, a única forma de resolver é a do parágrafo anterior.

Gabarito: A.

QUESTÃO 19 (FUNDATEC – ISS GRAMADO/Auditor Fiscal/2019) Considere as seguintes informações:

1. Antônio, Carlos e Daniel são médicos: cardiologista, pediatra e psiquiatra, não necessariamente nesta ordem.
2. Eles têm idades de 39, 42 e 47 anos, porém não se sabe a correta associação entre as pessoas, a especialidade médica e a idade.
3. Sabe-se, contudo, que Antônio não tem 47 anos de idade e ele não é médico psiquiatra.
4. Carlos tem 42 anos de idade.
5. Daniel não é médico pediatra.
6. O médico pediatra não tem 39 anos.

Respectivamente, as especialidades em medicina de Antônio, Daniel e Carlos são:

A) Pediatra, cardiologista e psiquiatra.

B) Pediatra, psiquiatra e cardiologista.

C) Psiquiatra, cardiologista e pediatra.

D) Psiquiatra, pediatra e cardiologista.

E) Cardiologista, psiquiatra e pediatra.

RESOLUÇÃO:

Vamos montar uma tabela para relacionar as características de cada médico:

Médico	Especialidade	Idade
Antônio	Cardiologista, pediatra, psiquiatra	39, 42, 47
Carlos	Cardiologista, pediatra, psiquiatra	39, 42, 47
Daniel	Cardiologista, pediatra, psiquiatra	39, 42, 47

De cara, é dado que Antônio não tem 47 anos de idade e não é psiquiatra, então podemos eliminar essas características da tabela:

Médico	Especialidade	Idade
Antônio	Cardiologista, pediatra	39, 42
Carlos	Cardiologista, pediatra, psiquiatra	39, 42, 47
Daniel	Cardiologista, pediatra, psiquiatra	39, 42, 47

É dito que Carlos tem 42 anos de idade. Logo, os demais não têm essa idade:

Médico	Especialidade	Idade
Antônio	Cardiologista, pediatra	39
Carlos	Cardiologista, pediatra, psiquiatra	42
Daniel	Cardiologista, pediatra, psiquiatra	39, 47

Veja que Antônio só pode ter 39 anos de idade. Consequentemente, Daniel possui 47 anos de idade.

Em seguida, é dito que Daniel não é pediatra:

Médico	Especialidade	Idade
Antônio	Cardiologista, pediatra	39
Carlos	Cardiologista, pediatra, psiquiatra	42
Daniel	Cardiologista, psiquiatra	47

Como o pediatra não tem 39 anos, Antônio não é o pediatra. Como Daniel também não é pediatra, então o pediatra só pode ser Carlos. Como Antônio não é psiquiatra, ele só pode ser o cardiologista, sobrando para Daniel a especialidade de psiquiatria. Logo:

Médico	Especialidade	Idade
Antônio	Cardiologista	39
Carlos	Pediatra	42
Daniel	Psiquiatra	47

Gabarito: E.

6. QUESTÕES-DESAFIO

QUESTÃO 20 (FCC/TRT 2ª Região/Ana Jud/2018) Almir, Beto, Célio e Danilo trabalham em uma repartição pública e suas idades são: 30, 31, 32 e 33 anos, não necessariamente nessa ordem. Suas ocupações são: auxiliar de escritório, contador, ouvidor e escriturário, ainda que não necessariamente nessa ordem. Sabe-se que:

- o auxiliar de escritório, que é o mais jovem dos quatro, é primo de Almir e sempre toma café com Beto;
- Célio, que é o mais velho dos quatro, mora no mesmo prédio do contador;
- Almir é dois anos mais novo que o escriturário.

Nas condições descritas acima, é correto afirmar que, necessariamente,

(A) Danilo é o contador.

(B) Célio é o escriturário.

(C) Almir é o ouvidor.

(D) Célio é o ouvidor.

(E) Beto é o escriturário.

RESOLUÇÃO:

Também podemos resolver os problemas de Associação Lógica por outro método, o qual iremos aplicar na resolução desta questão. Veja!

Conforme os dados apresentados no enunciado, temos a seguinte tabela de opções em que cada pessoa pode ser enquadrada:

Pessoa	Idade	Ocupação
Almir	30, 31, 32 e 33	Auxiliar, contador, ouvidor e escriturário
Beto	30, 31, 32 e 33	Auxiliar, contador, ouvidor e escriturário
Célio	30, 31, 32 e 33	Auxiliar, contador, ouvidor e escriturário
Danilo	30, 31, 32 e 33	Auxiliar, contador, ouvidor e escriturário

Então, vamos analisar as informações trazidas e, com base nelas, fazer ajustes na tabela.

- *o auxiliar de escritório, que é o mais jovem dos quatro, é primo de Almir e sempre toma café com Beto;*

Portanto, nem Almir e nem Beto são auxiliares. E, além disso, eles não são os mais jovens. Logo:

Pessoa	Idade	Ocupação
Almir	31, 32 e 33	Contador, ouvidor e escriturário
Beto	31, 32 e 33	Contador, ouvidor e escriturário
Célio	30, 31, 32 e 33	Auxiliar, contador, ouvidor e escriturário
Danilo	30, 31, 32 e 33	Auxiliar, contador, ouvidor e escriturário

– *Célio, que é o mais velho dos quatro, mora no mesmo prédio do contador;*

Assim, temos que Célio tem 33 anos, e não é contador:

Pessoa	Idade	Ocupação
Almir	31, 32	Contador, ouvidor e escriturário
Beto	31, 32	Contador, ouvidor e escriturário
Célio	33	Auxiliar, ouvidor e escriturário
Danilo	30, 31, 32	Auxiliar, contador, ouvidor e escriturário

– *Almir é dois anos mais novo que o escriturário.*

Dessa forma, concluímos que Almir não pode ter 33 nem 32 anos, nem pode ser o escriturário. Assim, sobra para ele apenas 31 anos, que ninguém mais pode ter:

Pessoa	Idade	Ocupação
Almir	31	Contador, ouvidor
Beto	32	Contador, ouvidor e escriturário
Célio	33	Auxiliar, ouvidor e escriturário
Danilo	30	Auxiliar, contador, ouvidor e escriturário

Vemos que o escriturário é o Célio, que é dois anos mais velho que Almir. O auxiliar é Danilo, que é o mais jovem. Assim:

Pessoa	Idade	Ocupação
Almir	31	Contador, ouvidor
Beto	32	Contador, ouvidor
Célio	33	Escriturário
Danilo	30	Auxiliar

Portanto, garantimos que **Célio é o escriturário**.

Gabarito: B.

QUESTÃO 21 (FGV - Auditor Fiscal/SEFAZ-ES/2021) Hugo não conseguiu assistir ao último episódio de sua série televisa favorita. No capítulo anterior, o protagonista, Ned, estava em vias de enfrentar uma guerra sangrenta que poderia levá-lo à morte:

Sabendo que seus amigos Bernardo, Fernando e Ronaldo tinham visto o final do seriado, Hugo pediu, explicitamente, que não lhe contassem o que havia ocorrido.

Por diversão, os colegas resolveram escrever, cada um, uma mensagem anônima para Hugo. Os bilhetes foram recebidos na seguinte ordem:

1º: "A guerra foi evitada";

2º: "A guerra não foi evitada";

3º "Ned morreu na guerra".

Hugo sabe que:

I. Bernardo sempre fala a verdade;

II. Fernando sempre mente; e

III. Ronaldo às vezes fala a verdade e, outras vezes, mente.

Analisando as três mensagens, Hugo conseguiu identificar, pela caligrafia, a que havia sido escrita por Ronaldo.

Tal constatação levou Hugo a concluir corretamente o final do seriado.

Diante disso, responda: a primeira, a segunda e a terceira mensagem foram enviadas, respectivamente, por

A) Bernardo, Fernando e Ronaldo.

B) Bernardo, Ronaldo e Fernando.

C) Fernando, Bernardo e Ronaldo.

D) Ronaldo, Bernardo e Fernando.

E) Fernando, Ronaldo e Bernardo.

RESOLUÇÃO:

O enunciado informa que Hugo conseguiu identificar a caligrafia de Ronaldo. Com isso, ele foi capaz de determinar quem tinha escrito o quê.

Inicialmente, criamos a hipótese de que Hugo tenha identificado que **Ronaldo escreveu o primeiro bilhete**: "A guerra foi evitada". Daí, surgem duas opções:

– Na **primeira** opção, temos :

Fernando: "*A guerra não foi evitada*";

Bernardo: "*Ned morreu na guerra*".

Como Fernando mente, podemos concluir que **a guerra foi evitada**. No entanto, se a guerra foi evitada, **Ned não pode ter morrido na guerra**. Porém, Bernardo sempre fala a verdade e ele falou que Ned morreu na guerra. Assim, chegamos a um impasse, de modo que essa situação não é possível.

– Na **segunda** opção, trocamos quem falou o que:

Bernardo: "*A guerra não foi evitada*";

Fernando: "*Ned morreu na guerra*".

Como Bernardo fala a verdade, podemos concluir que **a guerra realmente aconteceu**. Além disso, como Fernando sempre mente, podemos concluir que **Ned não morreu na guerra**. É importante notar que o enunciado apenas diz que há a possibilidade de Ned morrer na guerra, não significando necessariamente que ele morrerá caso haja uma. Com isso, a situação descrita torna-se possível.

Note que a primeira opção que Hugo analisaria leva a um impasse, enquanto a segunda opção leva a uma conclusão viável. Esse pensamento leva a marcarmos a **letra D**.

No entanto, temos mais possibilidades a avaliar. Vamos testar a hipótese de que Hugo tenha descoberto que **Ronaldo escreveu o segundo bilhete**: "*a guerra não foi evitada*".

Com isso, Hugo fica novamente com duas opções.

- Na **primeira** opção, temos:

Fernando: "*A guerra foi evitada*";

Bernardo: "*Ned morreu na guerra*".

Como Fernando mente, podemos concluir que **a guerra não foi evitada**, ou seja, teve guerra. Ademais, como Bernardo escreveu "*Ned morreu na guerra*", sabemos então que **Ned realmente morreu na guerra**. Então, essa é uma opção possível.

- Na **segunda** situação, trocamos quem falou o que:

Bernardo: "*A guerra foi evitada*";

Fernando: "*Ned morreu na guerra*".

Como Bernardo fala a verdade, sabemos que **a guerra foi evitada**, de fato. Além disso, como Fernando mente, **Ned não morreu na guerra**. Ora, essa é mais outra situação possível. Se não teve guerra, Ned não morreu na guerra.

Logo, caso Hugo se deparasse com essas duas situações, ele não conseguiria concluir nada, visto que ambas são possíveis. Em outras palavras, caso Ronaldo tivesse escrito o segundo bilhete, isso não ajudaria a Hugo a concluir sobre algo.

Por fim, vamos a uma terceira hipótese. Suponha que Hugo tenha descoberto que **Ronaldo escreveu o terceiro bilhete**: "*Ned morreu na guerra*". Com isso, Hugo ficaria novamente com duas opções.

- Na **primeira** opção, temos:

Fernando: "*A guerra foi evitada*";

Bernardo: "*A guerra não foi evitada*".

Como Fernando mente, **a guerra não foi evitada**. Note que isso é exatamente o que Bernardo escreveu, que sabemos ser verdade. É uma situação coerente, concorda? Não há problemas.

- Na **segunda** opção, trocamos quem falou o que:

Bernardo: "*A guerra foi evitada*";

Fernando: "*A guerra não foi evitada*".

É uma situação parecida com a anterior. Como Bernardo fala a verdade, podemos concluir que **a guerra foi evitada**, de fato. Com isso, Fernando mente quando escreve que "*a guerra não foi evitada*". Novamente, sem problemas aqui, pois sabemos que Fernando mente mesmo. Logo, caso Hugo tivesse descoberto que Ronaldo escreveu o terceiro bilhete, isso de nada o ajudaria a determinar quem escreveu o quê, pois ele continuaria na dúvida.

Sendo assim, após toda essa análise, podemos concluir que Ronaldo escreveu o primeiro bilhete, Bernardo escreveu o segundo e Fernando, o terceiro.

Gabarito: D.

CAPÍTULO 13

RACIOCÍNIO ARITMÉTICO OU MATEMÁTICO

1. INTRODUÇÃO

O QUE VEREMOS

Neste capítulo, estudaremos o chamado **Raciocínio Aritmético**, amplamente cobrado em concursos dos mais variados níveis.

Aprenderemos o processo a ser aplicado na resolução de problemas matemáticos.

Veremos cada tópico em que geralmente é cobrado o presente assunto, por meio de uma teoria resumida e muitas questões resolvidas.

Iniciaremos com o passo a passo de como se resolver um problema matemático, seguido dos temas mais presentes sobre raciocínio aritmético em provas de Raciocínio Lógico. Na nossa obra *Matemática Básica Definitiva para Concursos*, publicada pela Editora Juspodivm, abrangemos esses tópicos de Aritmética e outros aqui apresentados em mais de 500 páginas. Buscamos então, para os fins deste livro, resumir desse grande conteúdo o que é mais provável de aparecer em sua prova. Sendo assim, se você já estudou nosso outro livro citado, pode estudar somente o conteúdo do próximo tópico sobre resolução de problemas e pular os restantes, ou melhor, refazer as questões para relembrar os assuntos.

COMO APARECE NOS EDITAIS

São muitos os temas que trabalharemos neste capítulo com a finalidade de abordar o tópico que aparece nos editais como *Raciocínio Aritmético* ou *Raciocínio Matemático*.

COMO É COBRADO NAS PROVAS

Geralmente, as questões deste tema apresentam uma situação-problema com alguns dados numéricos e pede para o candidato determinar a opção de resposta que melhor atende ao conjunto de informações.

Para chegar à resposta certa, o aluno precisará fazer uma boa interpretação do problema apresentado, converter o que é dito para a linguagem matemática e efetuar os cálculos aritméticos necessários.

OBJETIVOS

Os nossos objetivos ao final deste capítulo é que você consiga:

1) desenvolver seu raciocínio matemático;
2) aperfeiçoar sua capacidade de interpretação de textos;
3) converter o que é dito textualmente em linguagem matemática;
4) aplicar os passos necessários para a solução de um problema matemático.

2. ANÁLISE DA COBRANÇA DO ASSUNTO EM PROVAS

Observe a seguir os percentuais de incidência nos últimos anos do assunto deste capítulo em relação ao volume de questões de todos os temas analisados na nossa matéria. Lembramos que quanto maior o percentual de cobrança de um dado assunto, maior sua importância.

ASSUNTO	CEBRASPE	FCC	DEMAIS BANCAS
	% de cobrança	% de cobrança	% de cobrança
Raciocínio Aritmético	15,98%	25,65%	25,78%

Em todas as organizadoras o presente tópico possui uma importância **muito alta**. Na verdade, trata-se do assunto com maior cobrança da nossa disciplina!

E o que é mais cobrado dentro deste assunto, professores?

Considerando os tópicos que compõem este capítulo, possuímos a seguinte distribuição percentual:

ASSUNTO	CEBRASPE	FCC	DEMAIS BANCAS
	% de cobrança	% de cobrança	% de cobrança
Operações com números inteiros, fracionários e decimais	12,86%	16,24%	18,10%
MMC e MDC	7,14%	7,61%	9,03%
Número de elementos de conjuntos	30,00%	9,64%	8,89%
Problemas envolvendo equações de primeiro grau	7,14%	9,14%	13,20%
Questões envolvendo idades	2,86%	5,08%	6,08%
Divisão Proporcional	10,00%	11,17%	4,72%
Regra de três	10,00%	16,24%	16,67%
Porcentagem	20,00%	24,87%	23,31%

Repare que as bancas gostam demais de cobrar em suas provas **Operações com Números**, **Regra de Três** e, especialmente, o tópico **Porcentagem**. E destacamos que o **Cebraspe** possui forte predileção pelo assunto **Número de Elementos de Conjuntos**.

3. RESOLUÇÃO DE PROBLEMAS MATEMÁTICOS

A **resolução de problemas** é uma habilidade fundamental, pois o uso da matemática é para basicamente resolver problemas, o que proporciona aos estudantes desenvolvimento da comunicação, da construção de aprendizagens significativas e da capacidade de aplicar os conceitos matemáticos na vida diária. Portanto, é amplamente recomendado que você enfrente esse tipo de exercício.

Contudo, como se resolve um problema matemático? Bem, a resolução de um problema é realizada em **cinco etapas**[1]. Isso é o que você sempre fez quando resolveu problemas matemáticos, só vamos a seguir explicar um pouco melhor cada uma dessas etapas e depois resolveremos problemas para ilustrá-las.

A **primeira** delas é a **compreensão**. Portanto, inicialmente faz-se necessário entender o problema que está diante de você:

1. O processo de resolução de problemas matemáticos aqui retratado é inspirado no livro *"A Arte de Resolver Problemas"*, escrito por George Polya.

- Leu o problema? Entendeu as informações contidas no enunciado?
- Qual é a incógnita ou valor a ser determinado? Quais são os dados ou o que a questão te fornece para a solução?
- Quais são as condições? É possível satisfazer as condições? Elas são suficientes para determinar a incógnita? Ou são insuficientes? Ou redundantes? Ou contraditórias? Separe as condições em partes.

Depois disso, vem a **segunda** etapa, que consiste na **elaboração de um plano** ou estratégia. Aqui se exige do aluno realmente pensar no problema e ver qual é a maneira ideal para você abordá-lo e tentar resolvê-lo. Achar conexões entre os dados e a incógnita. Talvez seja conveniente considerar problemas auxiliares ou particulares, se uma conexão não for achada em tempo razoável. Use isso para "bolar" um plano ou estratégia de resolução do problema.

- Você já encontrou este problema ou algum parecido?
- Você conhece um problema semelhante? Você conhece teoremas ou fórmulas que possam ajudar?
- Olhe para a incógnita! Agora tente achar um problema familiar e que tenha uma incógnita semelhante.
- Aqui está um problema relacionado com o seu e que você já sabe resolver. Você consegue aproveitá-lo? Você pode usar seu resultado? Ou seu método? Deve-se introduzir algum elemento auxiliar de modo a viabilizar esses objetivos?
- Você consegue enunciar o problema de outra maneira?
- Se você não consegue resolver o problema dado, tente resolver um problema parecido. Você consegue imaginar um caso particular mais acessível? Um caso mais geral e mais acessível? Você consegue resolver alguma parte do problema? Mantenha apenas parte das condições do problema e observe o que ocorre com a incógnita, como ela varia agora? Você consegue obter alguma coisa dos dados? Você consegue imaginar outros dados capazes de produzir a incógnita? Você consegue alterar a incógnita ou os dados, ou ambos, de modo que a nova incógnita e os novos dados fiquem mais próximos?
- Você está levando em conta todos os dados? E todas as condições?

Agora, chegou a **terceira** etapa, que envolve a **execução** desse plano. É você colocar a mão na massa e resolver o problema, aplicando aquela estratégia que você pensou.

Nesse ponto, exige-se do aluno, além do conhecimento matemático, o uso da interpretação dos textos contidos nos enunciados. É comum nos depararmos com problemas em que é cobrado do candidato mais o entendimento do que se pede do que com os cálculos propriamente ditos.

Além disso, aqui enfrentaremos o desafio de converter a linguagem escrita em linguagem matemática, ou seja, em expressões numéricas.

Enfim, são problemas que testam não somente o conhecimento das várias vertentes matemáticas, como também a capacidade de interpretação de informações.

DICAS PARA INTERPRETAR INFORMAÇÕES EM PROBLEMAS ARITMÉTICOS[2]

1) Qual é o número...?

Provavelmente você já deve ter visto essa pergunta. Quando ela aparece, significa que precisamos encontrar o valor de um número, então vamos logo chamá-lo de **x**. Portanto, já escreva:

$$x = ?$$

Aliás, geralmente quando aparecem perguntas envolvendo pronomes interrogativos (como "qual" e "quanto"), significa que precisamos encontrar o **x** da questão.

2) E quando aparecem as preposições?

Em problemas matemáticos, as preposições como "de", "da" e "do" costumam indicar uma operação de **multiplicação**.

Por exemplo, se um problema pede 2/5 **de** x, isso significa que vamos fazer o produto entre 2/5 e x, obtendo a expressão:

$$\frac{2}{5}.x = \frac{2x}{5}$$

Outra preposição que aparece bastante nos problemas matemáticos é a "por", que normalmente indica uma operação de **divisão**. Inclusive essa preposição também está "escondida" dentro do sinal % ("por cento"). Exemplo: 2 por 3 = $\frac{2}{3}$.

3) Verbos

Verbos como "é", "tem" e "equivale" significam **igualdade**. Para exemplificar esse caso de traduções para linguagem matemática, considere um problema em que é dito que Carlos e João têm juntos 50 anos. Aritmeticamente, traduzimos que:

$$C + J = 50$$

4) Antecessor e consecutivo

São outros termos bem frequentes nas questões matemáticas. E seu entendimento é bem simples:

– O **antecessor** de um número qualquer significa **x – 1**

2. Inspirado no artigo *"Como interpretar problemas matemáticos?"* em Só Matemática. Virtuous Tecnologia da Informação, 1998-2019. Consultado em 02/09/2019 às 11:44. Disponível na Internet em https://www.somatematica.com.br/faq/interpretar.php

– O **consecutivo** de um número qualquer significa **x + 1**

5) Oposto e inverso

Por fim, você pode encontrar também os seguintes termos:

– **Oposto** de um número qualquer significa **-x**

– **Inverso** de um número qualquer significa **1/x**

Aprendidas essas dicas de interpretação de um problema, vamos executar a estratégia. Ao fazer isso, analise cada passo. Você consegue mostrar claramente que cada um deles está correto?

Em seguida, na **quarta** etapa vamos fazer a **verificação** de como executamos a estratégia elaborada.

- Será que esse plano que você teve e a execução dele resultaram na resposta correta?
- Você consegue obter a solução de um outro modo?
- Qual a essência do problema e do método de resolução empregado?
- Em particular, você consegue usar o resultado, ou o método, em algum outro problema?

Por fim, na **quinta** e última etapa você irá simplesmente **formular a resposta** do problema. Portanto, veja a pergunta apresentada no enunciado. Pode respondê-la numa frase simples, objetiva e direta?

Portanto, essas são as cinco etapas necessárias à resolução de um problema aritmético:

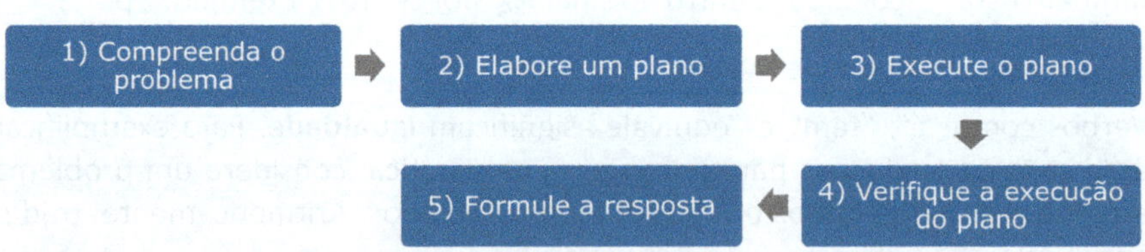

Agora, vamos resolver alguns problemas aplicando esse método.

EXEMPLO 01: Laura é muito vaidosa e gosta de se vestir muito bem para qualquer ocasião. Para assistir às aulas do seu curso preparatório, ela comprou uma saia vermelha e outra azul, uma camisa amarela, uma verde e outra preta. Então, de quantas maneiras diferentes Laura poderá se vestir?

Estamos diante de uma típica questão de Raciocínio Matemático, de modo que teremos que aplicar as cinco etapas para a resolução de um problema aritmético.

A **primeira** coisa a se fazer é **compreender o problema**. Para isso, fazemos uma boa leitura do enunciado com vistas a entender bem as informações ali presentes.

Também precisamos separar os dados que o exercício nos forneceu daquilo que buscamos descobrir, isto é, a incógnita. Bem, repare que queremos descobrir de quantas maneiras diferentes Laura poderá se vestir. E quais dados o problema nos dá? Ele diz que ela comprou uma saia vermelha e outra azul, ou seja, duas saias, e uma camisa amarela, uma verde e outra preta, isto é, três camisas. Logo, foram duas saias e três camisas.

Na **segunda** etapa, entra em cena a **elaboração de um plano**. Então, precisamos pensar se na resolução do problema iremos adotar um esquema, ou uma tabela, ou uma equação, ou diagrama, ou então fazer um desenho. Nesse caso, optaremos por fazer um desenho. Indicaremos as saias que ela comprou (uma vermelha e uma azul) combinando cada uma com as camisas (uma amarela, uma verde e uma preta):

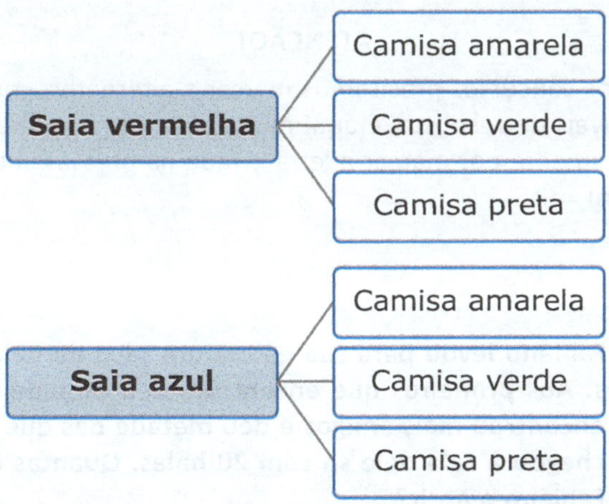

Agora, chegou a **terceira** etapa, que corresponde à **execução do plano**. Veja que por meio do esquema que fizemos já é possível resolver o problema. Com a saia vermelha, Laura pode combinar a camisa amarela, a camisa verde e a camisa preta; e o mesmo acontece com a saia azul. Portanto, ela tem à sua disposição três opções com a saia vermelha e três opções com a saia azul, o que totaliza 3 + 3 = **6 maneiras** diferentes de se vestir. Dessa forma, conseguimos fazer a conversão da linguagem escrita em linguagem matemática, que fica evidente por meio da operação de soma.

Terminamos de resolver o problema? Calma, falta muito pouco. Em seguida, temos a **quarta** etapa, em que faremos a **verificação da execução plano**. A bem da verdade, já cumprimos essa etapa no momento em que elaboramos o esquema anterior, que nos permite graficamente concluir que realmente o resultado da operação descrita no enunciado é 6.

Nessa etapa, é oportuno avaliar se conseguiríamos resolver o problema de outra forma. Bem, nesse caso conseguiríamos sim. De fato, eu poderia usar o **princípio multiplicativo**. Como seria isso? Bem, são duas saias e três camisas, então era só fazer o produto entre 2 e 3 que daria certo também. Veja que essa resolução é até mais prática, porém é importante considerar outras maneiras de resolver o problema, nesse caso usando um esquema. Até porque tem aluno que entende melhor por meio de desenho, outros têm mais facilidade com a Matemática mais abstrata, de modo que é interessante dispor das diversas maneiras que podemos solucionar um exercício.

Por fim, concluímos a resolução com a **quinta** e última etapa, na qual **formularemos a resposta** do problema. Nesse ponto, voltamos ao enunciado e verificamos qual a pergunta que foi feita a nós: "*de quantas maneiras diferentes Laura poderá se vestir?*". É nisso que precisamos nos concentrar para responder de forma objetiva. Vamos fazer isso? A resposta será: **Laura poderá se vestir de seis maneiras diferentes**.

ATENÇÃO!

Geralmente, nos concursos precisamos marcar a alternativa correta dentre as opções disponíveis de resposta, e aqui muitos "morrem na praia" após tanto esforço, simplesmente por marcar a letra errada na pressa! Então, tenha foco do início ao fim!

EXEMPLO 02: Fabiano levou para sua escola um saco de balas para dividir com os amigos. Aos primeiros que encontrou, deu metade das balas que trazia. Depois encontrou mais amigos e deu metade das que ainda tinha. E foi assim que chegou à sala dele só com 20 balas. Quantas balas tinha no saco antes de Fabiano o abrir?

Vamos agilizar nosso processo de resolução do problema.

Você compreendeu o exercício? Vamos adotar a estratégia de resolver esse problema do fim para o início. Inclusive esse método de resolução é conhecido como **princípio da regressão**, a qual estudaremos com mais detalhes nos princípios de contagem.

Veja que no final Fabiano acabou com 20 balas. Mas antes disso ele havia dado a metade das que possuía. E quantas eram? Aqui precisamos converter a linguagem escrita na linguagem matemática. Isso é simples. Pense conosco, se eu dei metade e ainda fiquei com vinte é porque anteriormente eu tinha $20 \times 2 = 40$ balas.

Continuamos o processo de executar as operações de trás para frente. E antes de ter essas 40 balas? Fabiano tinha feito a mesma coisa, isto é, havia dado metade do que tinha inicialmente, de modo que ele possuía 40 × 2 = **80 balas no saco fechado**. Chegamos ao resultado desejado!

Será que esse resultado faz sentido? Podemos verificá-lo seguindo agora o processo de resolução do início para o fim das operações, usando o valor que encontramos como resposta, e estando atentos se acharemos alguma contradição.

Inicialmente, havia 80 balas no saco (é essa a hipótese que estamos considerando). Como Fabiano deu a metade das balas aos primeiros amigos, sobraram 80 ÷ 2 = 40 balas. Ao encontrar mais amigos, deu metade das balas que tinha, de modo que ficou com 40 ÷ 2 = 20 balas. E foi exatamente essa a quantidade que ele chegou à sala de aula.

Portanto, verificamos que a nossa estratégia, a execução aplicada e o resultado a que chegamos estão corretos. Isso nos permite responder à pergunta do enunciado por afirmar que **antes de abrir o saco Fabiano dispunha de 80 balas**.

EXEMPLO 03: Carlos comprou uma televisão no valor de R$ 950,00, dividida em 10 prestações iguais. Ao pagar a 4ª prestação, recebeu de presente de seu avô o restante do dinheiro para a quitação do aparelho. Quanto Carlos recebeu?

Vamos chamar de **x** o valor que Carlos recebeu de presente de seu avô. Essa é a nossa incógnita, o valor que desejamos calcular.

Quais foram os dados fornecidos? Bem, é dito que o valor do aparelho é igual a R$950,00. Também o enunciado informa que Carlos resolveu dividir o televisor em 10 prestações iguais. Logo, obtemos o valor de cada prestação fazendo a seguinte operação de divisão:

$$\frac{950}{10} = 95\ \textbf{\textit{reais}}$$

Sabemos que Carlos efetuou o pagamento de 4 prestações, de modo que ainda faltam ser pagas 10 – 4 = 6 prestações, as quais correspondem às que o avô de Carlos resolveu pagar. Elas valem 95 × 6 = 570 reais.

Portanto, Carlos recebeu **R$570,00** de seu avô.

EXEMPLO 04: Quantas partes se obtêm dobrando uma folha ao meio por 8 vezes consecutivas?

Repare que o nosso objetivo consiste em determinar a quantidade de partes resultantes em se dobrar 8 vezes uma folha ao meio.

Vamos adotar a estratégia de descobrir uma regularidade ou padrão matemático no processo indicado, por meio da construção de uma **tabela**. Nessa tabela, vamos associar o número de dobras realizadas com a quantidade de partes obtida:

Dobras	Partes

Concorda que se a folha não tem nenhuma dobra, então há apenas uma parte, que corresponde à superfície dela? Vamos inserir essa informação na tabela:

Dobras	Partes
0	1

Quando eu faço uma dobra ao meio na folha, ela vai ficar dividida em duas. Na próxima dobra, que é a segunda consecutiva, a folha vai estar dividida em quatro partes. Na terceira dobra, a folha vai estar dividida em oito partes. Portanto:

Dobras	Partes
0	1
1	2
2	4
3	8

Conseguiu perceber aqui uma regularidade? Sim, veja que os números contidos na coluna "partes" são formados multiplicando 2 por eles próprios. Esse é um padrão que estará presente durante todo o processo de dobra da folha! Assim, na quarta dobra, o que obteremos? Ora, seria o 2 multiplicado por ele mesmo quatro vezes, resultando em $2 \times 2 \times 2 \times 2 = 16$ partes. Seguindo o padrão, na oitava dobra, teríamos o 2 multiplicado por ele próprio oito vezes. Essa operação pode ser representada na forma de potência:

$$2^8 = 256$$

Portanto, concluímos que a folha estaria dividida em **256 partes**.

EXEMPLO 05: Suponha que há um certo número de coelhos e de gaviões em duas gaiolas diferentes, totalizando 7 cabeças e 22 patas. São quantos coelhos e quantos gaviões?

Qual a estratégia podemos aplicar na resolução desse problema? Vamos resolver associando-o a um problema análogo mais simples.

Desse modo, podemos simplesmente ignorar que tem coelhos, vamos tratar só dos gaviões. Sabemos que são 7 cabeças, de forma que tem 7 animais lá dentro, concorda? Então seriam 7 gaviões, que têm 14 patas ao todo.

Gavião 1	Gavião 2	Gavião 3	Gavião 4	Gavião 5	Gavião 6	Gavião 7	Total
2 patas	2 patas	2 patas	2 patas	2 patas	2 patas	2 patas	14 patas

Veja que isso está errado, porque eu preciso obter 22 patas. Portanto, estão faltando 22 – 14 = 8 patas. Assim, devemos distribuir essas oito patas pelos coelhos, que são animais com 4 patas.

Vamos substituir alguns dos gaviões por coelhos. Em cada gavião, já contabilizamos 2 patas, o que nos permite deduzir que são quatro coelhos, com 4 × 4 = 16 patas ao todo. E são quantos gaviões? Como há sete cabeças, vão ter que ser três gaviões.

Gavião 1	Gavião 2	Gavião 3	Coelho 1	Coelho 2	Coelho 3	Coelho 4	Total
2 patas	2 patas	2 patas	4 patas	4 patas	4 patas	4 patas	22 patas

Portanto, concluímos que há **4 coelhos e 3 gaviões** na gaiola.

Consideramos até aqui alguns modelos possíveis de problemas matemáticos nos quais aplicamos as cinco etapas de resolução.

Ok, professores. Entendi as estratégias que utilizamos na resolução desses problemas. Mas como isso cai em prova?

Excelente pergunta. Foco é tudo! E o nosso alvo é sua aprovação! Na realidade, a capacidade de resolver problemas é exigida em toda a matemática com o objetivo de testar sua capacidade de raciocínio, clareza de ideias e habilidade para desenvolver e aplicar estratégias.

No âmbito do raciocínio aritmético, a análise das provas que cobram o assunto nos permite avaliar que a resolução dos problemas exige o conhecimento de temas como operações com números inteiros, fracionários e decimais; MMC e MDC; número de elementos de conjuntos; equação do 1º grau; divisão proporcional; regra de três; porcentagem etc.

Então, a partir de agora resolveremos problemas de cada um desses tópicos, apresentando inicialmente uma teoria relacionada na forma de resumo. Para um maior detalhamento desses assuntos e de outros mais sobre Aritmética, recomendamos um estudo mais aprofundado, como o do nosso livro *Matemática Básica Definitiva para Concursos*, conforme citamos na introdução deste capítulo. Contudo, acreditamos que o conteúdo que apresentaremos a seguir seja o que você muito provavelmente necessitará para fazer sua prova de Raciocínio Lógico.

4. OPERAÇÕES COM NÚMEROS INTEIROS, FRACIONÁRIOS E DECIMAIS

NÚMEROS INTEIROS

O **conjunto dos números inteiros** é formado pelos algarismos **inteiros positivos e negativos e o zero.**

Sucessor: é o número que está imediatamente à sua **direita** na reta. Em outras palavras, é o inteiro que **vem após** o número dado.

Antecessor: é o número que está imediatamente à sua **esquerda** na reta. Falando de outro modo, é o inteiro que **vem antes** do número dado.

Dois números inteiros são chamados **simétricos** quando **a soma entre eles é zero**. Por exemplo, 2 e −2 são simétricos um do outro.

O **módulo** ou **valor absoluto** de um número inteiro corresponde à **distância que o número está do zero**, e pode ser denotado pelo uso de duas barras verticais | |.

Adição: É a operação que une duas quantidades em um só número. Os termos da adição são chamados **parcelas** e o resultado da operação de adição é denominado ***soma*** ou ***total***.

(1ª parcela) + (2ª parcela) = soma

Subtração: É a operação que tem por objetivo ***diminuir, de um número, o valor do outro***. O primeiro termo de uma subtração é chamado **minuendo**, o segundo é o **subtraendo** e o resultado da operação de subtração é denominado ***resto*** ou ***diferença***.

(Minuendo) – (Subtraendo) = Resto

Multiplicação: É a operação que adiciona um número em função da quantidade unitária de outro, em que seus termos são chamados **fatores** e o resultado da operação é denominado **produto**.

(1º fator) x (2º fator) = produto

Divisão: É a operação matemática que tem por objetivo repartir um valor em **partes iguais**, correspondendo ao inverso da multiplicação.

Dividendo = Divisor x Quociente + Resto

➢ **Regras de sinais:**

- **Adição e subtração**: temos dois casos a considerar:

1) **Sinais iguais**: somam-se os números e conserva-se o sinal do maior;
2) **Sinais diferentes**: subtraem-se os números e conserva-se o sinal do maior.

$$+5+3=+8$$
$$+5-3=+2$$
$$-5-3=-8$$
$$-5+3=-2$$

- **Multiplicação e divisão**: também temos dois casos a considerar:

1) **Sinais iguais**: o resultado da operação será positivo;
2) **Sinais diferentes**: o resultado da operação será negativo.

NÚMEROS FRACIONÁRIOS

Os **números fracionários**, ou simplesmente **fração**, representam uma ou mais partes de um inteiro que foi dividido em partes iguais.

$$\frac{\textit{Numerador}}{\textit{Denominador}}$$

CLASSIFICAÇÃO DAS FRAÇÕES		
Próprias	**Valor absoluto do numerador é *não nulo e menor que o denominador.***	**Ex:** $\frac{3}{4}$ **e** $\frac{2}{5}$
Impróprias	**Valor absoluto do numerador é *maior que o denominador.***	**Ex:** $\frac{4}{3}$ **e** $\frac{5}{2}$
Aparentes	**O numerador é *igual* ou *múltiplo* do denominador.**	**Ex:** $\frac{4}{4}$ **e** $\frac{10}{5}$
Equivalentes	**Representam a *mesma parte* do inteiro.**	**Ex:** $\frac{1}{2}$, $\frac{2}{4}$ **e** $\frac{4}{8}$
Irredutíveis	**O numerador e o denominador são números primos entre si.**	**Ex:** $\frac{11}{3}$ **e** $\frac{7}{5}$

Soma e subtração:

➢ ***1º caso: Os denominadores são iguais.***

✓ **1º passo**: Conserva-se o denominador;

✓ **2º passo**: Adicionam-se ou subtraem-se os numeradores.

➢ ***2º caso: Os denominadores são diferentes.***

✓ **1º passo**: Encontrar o denominador comum;

✓ **2º passo**: Dividir o denominador comum pelo denominador de cada fração;

✓ **3º passo**: Multiplicar o resultado anterior pelo respectivo numerador;

✓ **4º passo**: Efetuar a soma ou subtração.

Multiplicação:

1º) **Multiplicar os numeradores**, encontrando o numerador do resultado;

2º) **Multiplicar os denominadores**, encontrando o denominador do resultado.

Divisão: basta multiplicar a primeira pelo **inverso** da segunda.

Número misto: É a **soma de um número inteiro com uma fração própria**, geralmente representado sem o sinal de adição. Para transformá-lo numa fração imprópria, multiplica-se o número inteiro pelo denominador e ao resultado soma-se o numerador, obtendo-se assim, o numerador da fração. Por sua vez, o denominador será o próprio denominador da fração dada.

NÚMEROS DECIMAIS

Os **números decimais** são, em regra, aqueles que **resultam da divisão não-exata de dois números inteiros**. Correspondem, portanto, aos números que possuem "casas após a vírgula".

Adição e subtração:

Os números devem ser posicionados um embaixo do outro, com a ***vírgula logo abaixo da vírgula do outro***, e as casas correspondentes uma embaixo da outra

↓

As casas correspondentes devem ser somadas/subtraídas, começando da direita para a esquerda

↓

À medida que forem sendo formadas dezenas, estas devem ser transferidas para a próxima adição/subtração (das casas logo à esquerda).

↓

No caso específico da subtração, devemos, além de igualar as casas à direita da vírgula, ***completar com zeros quando necessário***.

Multiplicação: aplicar o **mesmo procedimento da multiplicação comum**, sabendo que o número de casas decimais do resultado será igual à soma do número de casas decimais dos dois números sendo multiplicados.

Divisão: transformá-la numa divisão de números inteiros.

Igualar o número de casas decimais do dividendo e do divisor

↓

Multiplicar ambos os valores por uma potencia de 10 de modo a retirar todas as casas decimais presentes, obtendo dois números inteiros

↓

Efetuar a divisão dos dois números inteiros normalmente

Veja como esse assunto já foi cobrado!

QUESTÃO 01 (CEBRASPE/Polícia Federal/Agente/2014) Um batalhão é composto por 20 policiais: 12 do sexo masculino e 8 do sexo feminino. A região atendida pelo batalhão é composta por 10 quadras e, em cada dia da semana, uma dupla de policiais polícia cada uma das quadras.

Se, dos 20 policiais do batalhão, 15 tiverem, no mínimo, 10 anos de serviço, e 13 tiverem, no máximo, 20 anos de serviço, então mais de 6 policiais terão menos de 10 anos de serviço.

RESOLUÇÃO:

O enunciado é claro ao afirmar que 15 policiais têm 10 anos ou mais de serviço ("no mínimo").

Além disso, já que temos 20 policiais ao todo, chegamos à conclusão de que o restante tem menos de 10 anos de serviço. Portanto:

$$20 - 15 = 5$$

Logo, **5 policiais têm menos de 10 anos de serviço**. Assim, o item está **errado**, pois menos de 6 policiais terão menos de 10 anos de serviço.

Gabarito: Errado.

QUESTÃO 02 (OMNI - Pref São João Batista-SC/Psicólogo/2021) Ao organizar discos de vinil por gênero (Sertanejo, Samba, Bossa Nova, Forró e MPB), Luís colocou 35 discos em cada pasta e, ainda, sobraram 10 discos. Ao todo, ele tinha para organizar:

A) 165 discos B) 185 discos C) 110 discos D) Nenhuma das alternativas

RESOLUÇÃO:

Foram colocados 35 discos em cada pasta referentes aos 5 estilos musicais, de modo que até esse momento Luís organizou 35 × 5 = 175 discos.

Porém, na sequência é dito que ainda sobraram 10 discos. Com isso, ao todo, a tarefa de Luís envolvia organizar 175 + 10 = **185 discos**.

Gabarito: B.

QUESTÃO 03 (CEBRASPE/SEFAZ-RS/Auditor-Fiscal/2019) Uma repartição com 6 auditores fiscais responsabilizou-se por fiscalizar 18 empresas. Cada empresa foi fiscalizada por exatamente 4 auditores, e cada auditor fiscalizou exatamente a mesma quantidade de empresas. Nessa situação, cada auditor fiscalizou

a) 8 empresas.

b) 10 empresas.

c) 12 empresas.

d) 14 empresas.

e) 16 empresas.

RESOLUÇÃO:

O enunciado informa que são 18 empresas, as quais devem ser fiscalizadas por 4 auditores, o que totaliza 18 × 4 = 72 fiscalizações.

É dito que a repartição conta com 6 auditores, de modo que cada um deles fiscalizou 72/6 = **12 empresas**.

Gabarito: C.

QUESTÃO 04 (CESPE/TRE-ES/Ana Jud/2011) Se em um município que tem 2.500 eleitores, a votação dura 10 horas, cada seção eleitoral possui apenas uma urna, todos os eleitores votam e cada eleitor leva 1 minuto e meio para votar, então, nesse município serão necessárias, no mínimo, 7 seções eleitorais.

RESOLUÇÃO:

Seja ***n*** o número de seções eleitorais. O enunciado afirma que cada seção eleitoral possui apenas uma urna. Logo, ***n*** também corresponde ao número de urnas.

Visto que cada eleitor leva 1 minuto e meio para votar, então os 2.500 eleitores, se houvesse apenas uma seção eleitoral, levariam:

$$2.500\,x\,1{,}5 = 3.750\,min$$

Isso corresponde a:

$$\frac{3.750\,min}{60min} = 62{,}5h$$

Como a questão nos diz que a votação dura 10 horas, então são necessárias no mínimo:

$$n = \frac{62,5h}{10h} = 6,25 \; \textbf{\textit{urnas}}$$

Devemos elevar esse número para o próximo inteiro (o número de urnas não pode ser fracionário), que é 7.

Assim, **são necessárias no mínimo 7 seções eleitorais.**

Gabarito: certo.

QUESTÃO 05 (FGV – Agente Censitário/IBGE/2017) Uma equipe de trabalhadores de determinada empresa tem o mesmo número de mulheres e de homens. Certa manhã, 3/4 das mulheres e 2/3 dos homens dessa equipe saíram para um atendimento externo. Desses que foram para o atendimento externo, a fração de mulheres é:

a) 3/4 b) 8/9 c) 5/7 d) 8/13 e) 9/17

RESOLUÇÃO:

O enunciado informa que a equipe tem o mesmo número de mulheres e de homens. Então, vamos supor que a equipe tenha 24 pessoas, 12 mulheres e 12 homens.

É dito que 3/4 das 12 mulheres saíram para atendimento externo:

$$3/4 \times 12$$
$$= 3 \times 3$$
$$= 9$$

Em seguida, a questão fala que 2/3 dos 12 homens também saíram para atendimento externo:

$$2/3 \times 12$$
$$= 2 \times 4$$
$$= 8$$

Assim, saíram um total de 9 + 8 = 17 pessoas para atendimento externo, 9 mulheres e 8 homens.

Dividindo o número de mulheres que saíram para atendimento externo (9) pelo número total de pessoas que saíram para atendimento externo (17), fica:

9/17

Portanto, dos que foram para atendimento externo, **a fração de mulheres é igual a 9/17**.

Gabarito: E.

QUESTÃO 06 (RBO – Contador/IPMO Ourinhos/2021) Enquanto Sabrina atende 3 pessoas em seu caixa, Maurício atende 5 pessoas. No período de 1 hora, os dois juntos atenderam 88 pessoas. Portanto, a quantidade de pessoas que Maurício atendeu a mais que Sabrina foi de:

a) 16 b) 22 c) 34 d) 40

RESOLUÇÃO:

O enunciado informa que a cada 8 pessoas atendidas, Sabrina atende 3 e Maurício atende 5 pessoas. Portanto, a cada 8 pessoas atendidas, Maurício atende 2 pessoas a mais que Sabrina. Isso significa que a quantidade de pessoas que Maurício atendeu a mais que Sabrina corresponde a 2/8 = 1/4 das pessoas atendidas.

É dito que foram atendidas ao todo 88 pessoas, de modo que Maurício atendeu a mais que Sabrina 1/4 × 88 = 22 pessoas.

Gabarito: B.

QUESTÃO 07 (FEPESE – Prof/Pref Tijucas/2017) Em uma escola as turmas A, B e C devem arrecadar 50 kg de alimentos não perecíveis cada (totalizando 150 kg de alimentos). Em determinado momento verifica-se que a turma A arrecadou 4/5 de sua meta, a turma B, 60% e a turma C arrecadou 1/4 do arrecadado pela turma A. Portanto, o total de alimentos arrecadado até o momento da verificação é:

a) 60 kg. b) 70 kg. c) 80 kg. d) 90 kg. e) 100 kg.

RESOLUÇÃO:

O enunciado informa que a turma **A** arrecadou 4/5 de 50 kg:

$$4/5 \times 50 = \mathbf{40\ kg}$$

Por sua vez, é dito que a turma **B** arrecadou 60% de 50 kg:

$$0{,}6 \times 50 = \mathbf{30\ kg}$$

E a turma **C** arrecadou 1/4 do arrecadado pela turma A, isto é 40 kg:

$$1/4 \times 40 = \mathbf{10\ kg}$$

Dessa forma, as 3 turmas arrecadaram 40 + 30 + 10 = **80 kg de alimentos**.

Gabarito: C.

QUESTÃO 08 (FCC/TRF 4ª Região/Téc Jud/2019) Na granja de Celso, há codornas, galinhas e patas. Por dia, Celso recolhe 15 ovos de codorna, 12 ovos de galinha e 9 ovos de pata. O menor número de dias necessários para Celso ter certeza de que recolheu, pelo menos, 1 800 ovos de galinha e 1 500 de pata é

(A) 150 (B) 316 (C) 156 (D) 167 (E) 100

RESOLUÇÃO:

O enunciado informa que Celso recolhe diariamente 12 ovos de galinha. Então, para recolher 1.800 ovos de galinha, são necessários 1.800/12 = **150 dias**.

Em seguida, é dito que ele recolhe diariamente 9 ovos de pata, de modo que para recolher 1.500 ovos de pata, são necessários 1.500/9 = **166,6... dias**.

Assim, Celso precisa de 166 dias e mais uma fração do próximo dia para atingir a meta de recolhimento dos ovos de galinha e de pata simultaneamente.

Portanto, **são necessários 167 dias** para cumprir o objetivo.

Gabarito: D.

QUESTÃO 09 (VUNESP - Inspetor de Alunos /Pref São Roque/2020) O dentista receitou para Luísa fazer bochechos com um medicamento 3 vezes ao dia, utilizando 20mL cada vez. Ela verificou que esse medicamento é vendido em frascos de 400mL. Para fazer esses bochechos por 20 dias, a quantidade de frascos desse medicamento que Luísa precisará comprar é:

a) 2 b) 3 c) 4 d) 5 e) 6

RESOLUÇÃO:

O enunciado informa que são 3 bochechos por dia, ao passo que são 20mL em cada bochecho, o que totaliza 3 × 20mℓ = 60mℓ por dia de medicamento.

É dito que Luísa deve fazer bochechos por 20 dias, de modo que ela precisará de 20 × 60mℓ =1.200mℓ.

Como cada frasco contém 400mL do medicamento, então serão necessários:

$$\frac{1.200m\ell}{400m\ell/frasco} = 3frascos$$

Gabarito: B.

QUESTÃO 10 (CEBRASPE/TC-DF/ACE/2014) Em uma empresa, as férias de cada um dos 50 empregados podem ser marcadas na forma de trinta dias ininterruptos, ou os trinta dias podem ser fracionados em dois períodos de quinze dias ininterruptos ou, ainda, em três períodos de dez dias ininterruptos. Em 2013, depois de marcadas as férias de todos os 50 empregados, constatou-se que 23, 20 e 28 deles marcaram os trinta dias de férias ou parte deles para os meses de janeiro, fevereiro e junho, respectivamente. Constatou-se, também, que, nesse ano, nenhum empregado marcou férias para algum mês diferente dos mencionados.

Tendo como referência as informações acima, julgue o item que se segue.

Suponha que, em 2013, mais de 5/6 dos empregados que não marcaram férias para fevereiro eram do sexo feminino e mais de 2/3 dos que não marcaram férias para janeiro eram do sexo masculino. Nessa situação, é correto afirmar que, em 2013, havia na empresa no máximo 12 mulheres a mais que homens.

RESOLUÇÃO:

Sabemos que 50 – 20 = 30 pessoas não marcaram férias para fevereiro. Por sua vez, o enunciado afirma que 5/6 delas são mulheres. Logo:

$$\frac{5}{6}.30 = 25$$

Como é mais de 5/6, então há **pelo menos 26 mulheres**.

Além disso, sabemos que 50 – 23 = 27 pessoas não marcaram férias para janeiro. Por sua vez, o enunciado afirma que 2/3 delas são homens. Logo:

$$\frac{2}{3}.27 = 18$$

Como é mais de 2/3, então há **pelo menos 19 homens**.

Assim, até aqui, **já temos garantidas 45 pessoas, faltando 5** funcionários para completar os 50.

Vamos tentar maximizar o número de mulheres. Para isso, basta fazer com que estes 5 faltantes sejam todos do sexo feminino. Daí:

✓ Mulheres: 26 + 5 = 31

✓ Homens: 19

✓ Diferença: 31 – 19 = 12

Dessa maneira, a maior diferença possível é igual a 12. Portanto, **há no máximo 12 mulheres a mais que homens**.

Gabarito: certo.

QUESTÃO 11 (FGV – Agente Censitário/IBGE/2017) Sete amigos jantaram em um restaurante e combinaram dividir a conta igualmente entre eles. Na hora de pagar, um deles notou que tinha esquecido a carteira e, portanto, estava sem dinheiro. Assim, cada um de seus amigos teve que pagar um adicional de R$14,50 para cobrir a sua parte. O valor total da conta foi:

a) R$522,00 b) R$567,00 c) R$588,00 d) R$595,00 e) R$609,00.

RESOLUÇÃO:

O enunciado informa que 6 amigos tiveram que pagar, cada um, R$ 14,50 referentes ao consumo do amigo que "esqueceu" a carteira.

Então, o consumo desse amigo foi igual a:

6 × 14,50 = **87 reais**

Visto que a conta havia sido dividida igualmente entre os 7 amigos, concluímos que cada amigo consumiu 87 reais.

Portanto, os 7 amigos consumiram um total de 7 × 87 = **609 reais**.

Gabarito: E.

QUESTÃO 12 (CESGRANRIO - CNU/Bloco 8/2024) Em um domingo decisivo de um campeonato de futebol, um canal de TV destinará um período da sua grade de programação à cobertura de três partidas, que ocorrerão em horários diferentes. As três coberturas terão a mesma duração, ocorrerão uma após a outra e totalizarão 7 horas e 5 minutos. Dessa forma, cada uma das três coberturas deverá durar P horas, Q minutos e R segundos, em que P, Q e R são números naturais, com $Q < 60$ e $R < 60$. Sendo assim, o valor de P + Q + R é igual a

a) 63 b) 65 c) 68 d) 72 e) 74

RESOLUÇÃO:

O enunciado informa que a transmissão dessas três partidas terá uma duração total de 7 horas e 5 minutos. Para saber o tempo de duração de cada partida, precisamos dividir o tempo total por 3, sendo que antes deve estar na mesma unidade (segundos):

7 × 3.600 + 5 × 60

25.200 + 300 = 25.500s

Dessa forma, cada partida durou 25.500 / 3 = 8.500s.

Agora, para sabermos o número de horas de cada partida, vamos dividir o seu tempo por 3.600:

8.500 ÷ 3.600 = 2 e resto 1.300

Já temos 2 horas e mais 1.300 segundos. Agora, para sabermos quantos minutos cada partida teve, além das 2 horas, vamos dividir 1.300 por 60:

1.300 ÷ 60 = 21 e resto 40

Logo, além das 2 horas, a partida teve mais 21 minutos e 40 segundos. Desse modo, o tempo de transmissão de cada partida foi 2 horas, 21 minutos e 40 segundos.

Portanto, como cada partida durou P horas, Q minutos e R segundos, então **P = 2, Q = 21** e **R = 40**, e a soma **P + Q + R** fica 2 + 21 + 40 = **63**.

Gabarito: A.

5. MMC E MDC

Denominamos **Mínimo Múltiplo Comum (MMC)** de dois ou mais números inteiros e não nulos ao menor número positivo que seja múltiplo de todos os números dados.

O método da decomposição simultânea em fatores primos é a principal, mais simplificada e prática estratégia para determinar o **MMC** entre dois ou mais números. Basicamente, aplicaremos os seguintes passos:

1º) Decompor todos os números em fatores primos simultaneamente até achar tudo 1

↓

2º) Multiplicar todos os fatores primos utilizados

BIZU!

Lembre-se de que no **MMC** não tem conversa: **Todo mundo entra e com o maior expoente!**

Por exemplo, vamos calcular o Mínimo Múltiplo Comum (MMC) entre 15, 24 e 60.

Para determinar o MMC entre dois ou mais números por meio **do método da decomposição simultânea em fatores primos** cumprimos as seguintes etapas:

1º) fazer a decomposição em fatores primos simultaneamente, até achar tudo 1.

Para este procedimento, decompomos, simultaneamente, os números, dividindo sucessivamente pelo menor fator primo e, no caso de algum dos números não ser divisível pelo fator primo, ele deve ser repetido no algoritmo.

Números	Fator
15, 24, 60	2
15, 12, 30	2
15, 6, 15	2
15, 3, 15	3
5, 1, 5	5
1, 1, 1	

2º) **Depois é só multiplicar os fatores, pois o MMC será o produto de todos os números primos encontrados à direita.**

Portanto, o MMC (15, 24, 60) = 2^3 x 3 x 5 = **120**

Denominamos **Máximo Divisor Comum (MDC)** de dois ou mais números inteiros e não nulos ao maior dos divisores comum a todos eles.

O **método da decomposição simultânea em fatores primos** é a principal e mais prática forma para determinar o **MDC** entre dois ou mais números. Aplicaremos os seguintes passos:

1º) Decompor todos os números em fatores primos <u>simultaneamente até achar tudo 1</u>

↓

2º) Multiplicar os fatores nas linhas onde houve <u>divisão em TODOS os elementos</u>.

BIZU!

Lembre-se de que no **MDC** só entram os **fatores comuns** e com o **menor expoente**!

FIQUE LIGADO!!!

O MMC é o produto de **<u>todos os fatores</u>** com os maiores expoentes.

O MDC é o produto dos **<u>fatores comuns</u>** com os menores expoentes.

Para exemplificar, vamos encontrar o MDC entre 120, 140 e 200.

1º passo: Decompor cada número em uma multiplicação de fatores primos:

120	2
60	2
30	2
15	3
5	5
1	
	120 = **2^3 x 3 x 5**

140	2
70	2
35	5
7	7
1	
	140 = **2^2 x 5 x 7**

200	2
100	2
50	2
25	5
5	5
1	
	200 = **2^3 x 5^2**

2º passo: O MDC será formado pela multiplicação dos fatores comuns de menor expoente.

- 120 = 2^3 x 3 x 5
- 140 = 2^2 x 5 x 7
- 200 = 2^3 x 5^2

Portanto, o **MDC (120, 140, 200) = 2^2 x 5 = 20.**

O **MDC** entre números primos é **igual a 1**.

O **MMC** entre números primos é **igual ao produto entre eles**.

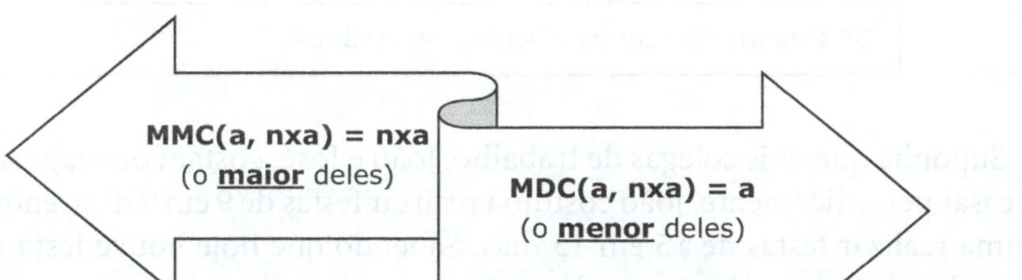

Até aqui fomos apresentados a um resumo que nos permite efetuar o cálculo do MDC e do MMC. Entretanto, tarefa ainda mais importante é conseguir aplicar esse conhecimento a casos concretos, cobrados em provas de concursos públicos no âmbito do raciocínio aritmético. Isto é, diante de um problema matemático, quando se deve usar o MMC ou o MDC?

Assim, torna-se necessário sabermos as principais características dos valores a que estão relacionados o MMC e o MDC, as quais detalharemos a partir de agora.

Em relação ao **Máximo Divisor Comum (MDC)**, é possível perceber que nos seus valores está presente a **ideia de divisão.** Além disso, o objetivo da questão consistirá em **repartir uma quantidade em partes iguais** ou determinar o **maior tamanho possível** de determinado item.

Por sua vez, nos números relativos ao **Mínimo Múltiplo Comum (MMC)** é marcante a **ideia de tempo** ou período. De fato, é comum que os enunciados exijam do candidato o reconhecimento de **coincidência temporal** ou mesmo **quando determinado evento irá acontecer novamente**.

MDC	**MMC**
Ideia de divisão	Ideia de tempo
Repartir em partes iguais	Coincidência
Maior tamanho possível!	Quando irá acontecer novamente?

A fim de esquematizar o que foi analisado e propor um roteiro a ser observado diante de uma questão, apresentamos o diagrama a seguir:

1º passo) Analisar as informações do enunciado

2º passo) Verificar se a questão é de MDC ou de MMC

3º Passo) Efetuar os cálculos necessários

Suponha que dois colegas de trabalho, João e José, gostam de realizar festas em suas casas periodicamente. João costuma realizar festas de 9 em 9 dias, enquanto José costuma realizar festas de 15 em 15 dias. Sabendo que hoje houve festa na casa de ambos, daqui a quanto tempo as datas das festas de ambos coincidirão novamente?

Ora, se João dá festas de 9 em 9 dias, sua próxima festa será daqui a 9 dias, a seguinte daqui a 18, a outra daqui a 27, e assim por diante.

Já a próxima festa de José será daqui a 15 dias, depois daqui a 30, depois 45 etc.

Observe que os dias em que ambos darão festas devem ser um múltiplo de 9 e também de 15, isto é, múltiplos comuns de 9 e 15. Portanto, estamos diante da necessidade de reconhecer uma **coincidência temporal** ou **quando determinado evento irá acontecer novamente**, de modo que a estratégia de resolução envolve uma aplicação do MMC.

De fato, a próxima festa ocorrerá no menor desses múltiplos, isto é, no mínimo múltiplo comum entre 9 e 15, que é **135**.

Portanto, a próxima vez em que as festas coincidirão ocorrerá daqui a **135 dias**.

Agora, digamos que temos um conjunto de 20 cães e 30 gatos. Queremos criar grupos de gatos e grupos de cães, sem misturá-los, porém todos os grupos devem ter o mesmo número de integrantes. Qual o menor número de grupos possível?

Para obter o menor número de grupos possível, precisamos dividir 20 e 30 pelo maior número possível.

Note que o objetivo da questão consiste em **repartir uma quantidade em partes iguais** ou determinar o **maior tamanho possível** de determinado item, de forma que a estratégia de resolução envolve uma aplicação do MDC.

Realmente, este maior número que divide tanto 20 quanto 30, sem deixar resto, é justamente o **Máximo Divisor Comum** entre 20 e 30.

Decompondo 20 em fatores primos, temos que $20 = 2^2 \times 5$. Temos também que $30 = 2 \times 3 \times 5$. Portanto, MDC (20,30) = 2 x 5 = 10.

Portanto, devemos formar grupos de 10 elementos. Isto é, 2 grupos com 10 cães em cada, e 3 grupos com 10 gatos em cada. Assim, **o menor número de grupos possível é 5**.

Considere que uma indústria de tecidos fabrica retalhos de mesmo comprimento. Após realizarem os cortes necessários, verificou-se que duas peças restantes tinham as seguintes medidas: 156 centímetros e 234 centímetros. O gerente de produção ao ser informado das medidas, deu a ordem para que o funcionário cortasse o pano em partes iguais e de maior comprimento possível. Como ele poderá resolver essa situação?

Foi dito que o funcionário deveria cortar o pano em **partes iguais** e de **maior comprimento possível**. Fica claro, portanto, que precisamos encontrar o MDC entre 156 e 234, pois tal valor corresponderá à medida do comprimento desejado.

156	2		234	2
78	2		117	3
39	3		39	3
13	13		13	13
1				

Então, a decomposição em fatores primos fica:

- 234 = 2 * 3 * 3 * 13
- 156 = 2 * 2 * 3 * 13

Assim, o **MDC (156, 234)** = 2 * 3 * 13 = **78**

Portanto, os retalhos podem ter **78 cm** de comprimento.

Veja como esse assunto já foi cobrado!

QUESTÃO 13 (VUNESP/Pref de Barretos – SP/Agente Admin/2018) Em um tanque há 3 torneiras, A, B e C, todas com defeito e que pingam sem parar. A torneira A pinga a cada 20 segundos, a torneira B pinga a cada 35 segundos e a torneira C pinga a cada 15 segundos. Sabendo que as 3 torneiras pingaram juntas às 8 horas e 54 minutos, e que permaneceram assim o dia todo, sem que alguém tivesse mexido nelas, então, o próximo horário em que as 3 torneiras voltarão a pingar juntas será às

a) 8 horas e 58 minutos.

b) 9 horas e 01 minuto.

c) 9 horas e 06 minutos.

d) 9 horas e 12 minutos.

e) 9 horas e 15 minutos.

RESOLUÇÃO:

O nosso objetivo consiste em determinar quando as 3 torneiras voltarão a pingar juntas. Portanto, estamos diante da necessidade de reconhecer uma **coincidência temporal** ou **quando determinado evento irá acontecer novamente**, de modo que a estratégia de resolução envolve uma aplicação do **MMC**.

Assim, o MMC entre os valores das frequências que cada torneira pinga é dado por:

15, 20, 35	2
15, 10, 35	2
15, 5, 35	3
5, 5, 35	5
1, 1, 7	7
1, 1, 1	MMC (15, 20, 35) = $2^2 \times 3 \times 5 \times 7$ = **420**

Portanto, as três torneiras voltarão a pingar juntas 420 segundos ou 7 minutos após a primeira vez em que isso ocorre. Dessa forma, o próximo horário em que as 3 torneiras voltarão a pingar juntas será às 8h e 54 min + 7 minutos= **9h e 01min.**

Gabarito: B.

QUESTÃO 14 (CEBRASPE/IFF/2018) Uma companhia aérea fixou rodízio entre duas cidades para seus comissários de bordo de determinado voo diário. A escala estabelece que o comissário A trabalhe nesse voo a cada 8 dias; o comissário B, a cada 10 dias; e o comissário C, a cada 12 dias. Nesse caso, se os três tiverem trabalhado juntos no voo do dia de hoje, então a próxima vez em que eles trabalharão novamente juntos nesse voo ocorrerá daqui a

A) 30 dias. B) 74 dias. C) 120 dias. D) 240 dias. E) 960 dias.

RESOLUÇÃO:

Estamos diante da necessidade de reconhecer uma **coincidência temporal**, de modo que a estratégia de resolução envolve uma aplicação do **MMC**.

Assim, o MMC entre os valores dos tempos em que cada comissário trabalha no voo é dado por:

8, 10, 12	2
4, 5, 6	2
2, 5, 3	2
1, 5, 3	3
1, 5, 1	5
1, 1, 1	MMC (2, 3, 4) = $2^3 \times 3 \times 5$ = **120**

Assim, após **120 dias** os comissários trabalharão juntos novamente.

Gabarito: C.

QUESTÃO 15 (VUNESP/IPSM/Ana de Gestão Mun/2018) Participarão de um congresso 256 funcionários da empresa A, 416 funcionários da empresa B e 656 funcionários da empresa C. Esses funcionários serão divididos em grupos, de modo que, em cada grupo:

- haja o mesmo número de participantes;
- haja o maior número possível de participantes;
- sejam todos da mesma empresa.

Divididos dessa maneira, o total de grupos obtidos será

A) 48. B) 54. C) 75. D) 83. E) 96.

RESOLUÇÃO:

O nosso objetivo consiste em formar grupos com a mesma quantidade de pessoas, mas que haja o maior número possível de pessoas em cada um deles. Portanto, estamos diante da necessidade de **repartir uma quantidade em partes**

iguais ou determinar o **maior tamanho possível** de determinado item, de forma que a estratégia de resolução envolve uma aplicação do **MDC**.

Assim, o MDC entre as quantidades dos funcionários é dado por:

256, 416, 656	**2**
128, 208, 328	**2**
64, 104, 164	**2**
32, 52, 82	**2**
16, 26, 41	2
8, 13, 41	2
4, 13, 41	2
2, 13, 41	2
1, 13, 41	13
1, 1, 41	41
1, 1, 1	

Agora, multiplicamos os fatores em que houve divisão em todos os elementos, encontrando o **MDC (256, 416, 656)** = 2^4 = **16**.

Dessa maneira, teremos no máximo **16 pessoas em cada grupo**.

Como cada grupo terá funcionários de uma mesma empresa, dividimos a quantidade de pessoas de cada empresa pelo número máximo de pessoas que pode haver em cada grupo:

– A: 256 ÷ 16 = 16

– B: 416 ÷ 16 = 26

– C: 656 ÷ 16 = 41

Portanto, serão formados 16 + 26 + 41 = **83 grupos**.

Gabarito: D.

QUESTÃO 16 (IBGP/Pref Uberaba/Guarda Municipal/2019) Três pedaços de tecido deverão ser cortados do mesmo tamanho e ter o maior tamanho possível. O primeiro tecido possui 150 metros, o segundo 98 metros e o terceiro, 90 metros. Assinale a alternativa que apresenta CORRETAMENTE o tamanho em que esses tecidos deverão ser cortados.

A) 1 metro B) 2 metros C) 3 metros D) 5 metros

RESOLUÇÃO:

Ora, precisamos achar um número que divida 90, 98 e 150, e que seja o maior possível. Estamos falando do... MDC!

90, 98, 150	**2**
45, 49, 75	3
15, 49, 25	3
5, 49, 25	5
1, 49, 5	5
1, 49, 1	7
1, 7, 1	7
1, 1, 1	

Daí, o **MDC (90, 98, 150) = 2,** que corresponde ao tamanho máximo em que esses tecidos deverão ser cortados.

Gabarito: B.

QUESTÃO 17 (FCC - Assist Leg/AL-AP/2020) Marcelo viaja ao exterior uma vez a cada 15 meses. A última vez que Marcelo viajou ao exterior foi em agosto de 2019. A próxima vez em que Marcelo viajará ao exterior em agosto se dará no ano de

a) 2027 b) 2023 c) 2024 d) 2026 e) 2025

RESOLUÇÃO:

O enunciado determina que Marcelo viajará novamente ao exterior em um **agosto**. Para que isso seja possível, deverá decorrer um tempo que seja múltiplo dos intervalos entre dois agostos consecutivos (12 meses) e dos intervalos entre suas viagens (15 meses). Ora, essa **coincidência temporal** é obtida por meio do cálculo do **MMC**:

12, 15	2
6, 15	2
3, 15	3
1, 5	5
1, 1	
	2 x 2 x 3 x 5 = **60**

Portanto, Marcelo viajará novamente em agosto após 60 meses (5 anos). Já que ele viajou em 2019, viajará novamente em **2024**.

Gabarito: C.

6. NÚMERO DE ELEMENTOS DE CONJUNTOS

Nas provas de raciocínio lógico-quantitativo é comum serem cobradas questões que exigem do candidato o tópico **Conjuntos**. O principal conhecimento desse assunto diz respeito ao cálculo da quantidade de elementos de um conjunto.

Consideremos dois conjuntos **A** e **B**, de modo que o **número de elementos** (também chamado de **cardinal**) do conjunto **A** seja **n(A)** e o número de elementos do conjunto **B** seja **n(B)**. Agora, tomemos o número de elementos da interseção **A ∩ B** por **n(A ∩ B)** e o número de elementos da união **A ∪ B** por **n(A ∪ B)**. Assim, podemos definir a seguinte equação:

$$n(A \cup B) = n(A) + n(B) - n(A \cap B)$$

Essa relação é tão importante que a chamaremos de **equação fundamental dos conjuntos**. Nesse sentido, você verá como ela é útil na resolução de diversas questões. Portanto, fica claro que essa vale a pena decorar!

Aliás, nem precisa decorar, é melhor entendê-la. De fato, o conceito de União de conjuntos indica que estamos reunindo ou adicionando os elementos dos conjuntos envolvidos na operação, de modo que:

$$n(A \cup B) = n(A) + n(B) \ (I)$$

Entretanto, é preciso eliminar aqueles elementos que fazem parte, simultaneamente, dos dois conjuntos. E é justamente por isso que existe a subtração da **interseção** na equação apresentada. Todavia, caso os conjuntos em análise sejam **disjuntos** entre si, isto é **A ∩ B = ∅**, então utilizaremos a equação (I).

Além disso, caso tenhamos 3 (três) conjuntos, adicionando-se um conjunto **C** por meio do seu cardinal **n(c)**, a quantidade de elementos da união entre eles é dada pela seguinte equação:

$$n(A \cup B \cup C) = n(A) + n(B) + n(C) - n(A \cap B) - n(B \cap C) - n(A \cap C) + n(A \cap B \cap C)$$

Por fim, trazemos para você a seguinte equação que pode ser bastante útil na resolução das questões de concursos públicos, por meio da qual obtemos a **quantidade de elementos do conjunto diferença**:

$$n(A - B) = n(A) - n(A \cap B)$$

Por exemplo, de um grupo de 300 alunos de línguas, somente 170 estudam inglês e somente 180 estudam espanhol. Considerando que, nesse grupo, ninguém estude qualquer outro idioma, quantos alunos dedicam-se tanto ao estudo da língua de Shakespeare quanto ao da de Cervantes?

Esse é um típico modelo das questões que veremos a seguir e que você se deparará na sua prova. Diante da importância desse tópico, mostraremos **três formas diferentes de resolver este exercício**. Ficará a seu critério escolher qual o mais apropriado, sendo que haverá casos que poderemos aplicar até mais de um desses métodos. Ok? Vamos lá!

1º modo: uso de diagramas

Considere o diagrama a seguir em que **I** representa o conjunto de todos os alunos que estudam Inglês e **E**, o de todos os alunos que estudam Espanhol. O **x** representa o número de alunos que estudam os dois idiomas.

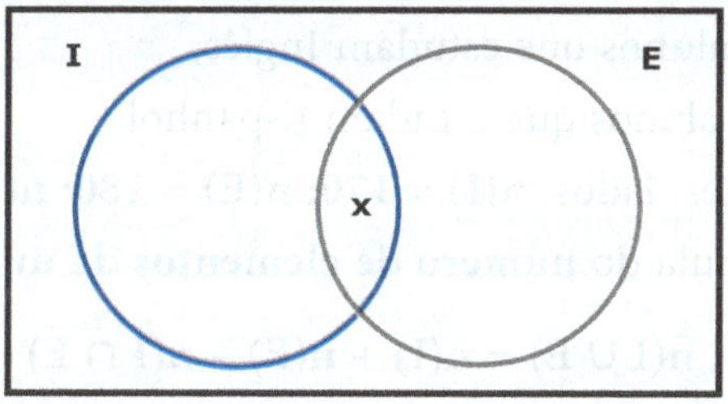

Uma vez que **x** representa uma parte dos 170 alunos que estudam Inglês, restam **170 – x** que estudam Inglês, mas que não estudam Espanhol.

Do mesmo modo, **x** também representa parte dos 180 alunos que estudam Espanhol, restando **180 – x** que estudam Espanhol, mas não estudam Inglês.

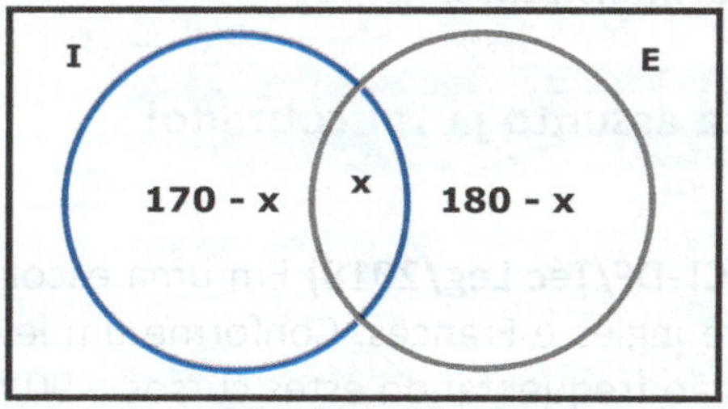

Como a soma dos três números deve dar 300, fazemos:

$$\mathbf{(170 - x) + x + (180 - x) = 300}$$

$$170 + 180 - x = 300$$

$$350 - x = 300$$

$$\mathbf{X = 50}$$

2º modo: análise da interseção

Se somarmos o número de alunos de inglês (170) com o de alunos de Espanhol (180), teremos 170 + 180 = 350, ou seja, **50 alunos a mais** do que o total de alunos de línguas do grupo, que é 300.

Isso ocorreu porque, ao somarmos os dois números, acabamos tomando duas vezes o número daqueles que se dedicam ao estudo **dos dois idiomas**, ou seja, trata-se de **interseção** entre os dois conjuntos. Logo, o número de alunos que estudam Inglês e Espanhol é **50**.

3º modo: aplicação da equação fundamental

Sejam:

n(I): número de alunos que estudam Inglês;

n(E): número de alunos que estudam Espanhol.

Temos os seguintes dados: **n(I) = 170; n(E) = 180; n(I ∪ E) = 300**.

Aplicando a fórmula do **número de elementos da união**:

$$\mathbf{n(I \cup E) = n(I) + n(E) - n(I \cap E)}$$

$$300 = 170 + 180 - n(I \cap E)$$

$$n(I \cap E) = 350 - 300$$

$$\mathbf{n(I \cap E) = 50}$$

Como era de esperar, usando os três métodos chegamos ao mesmo resultado. Você perceberá ao longo das demais questões que, invariavelmente, utilizaremos um dos três métodos demonstrados.

Veja como esse assunto já foi cobrado!

QUESTÃO 18 (FCC/CL-DF/Téc Leg/2018) Em uma escola com 150 alunos, são oferecidos cursos de Inglês e Francês. Conforme um levantamento, 15 alunos desta escola não estão frequentando estes cursos e 90 frequentam o curso de

Inglês. Se 72 alunos frequentam o curso de Francês, então o número de alunos que frequenta um e somente um dos cursos é igual a

a) 126 b) 144 c) 138 d) 132 e) 108

RESOLUÇÃO:

O enunciado informa que o total de pessoas que frequenta pelo menos um curso é 150 – 15 = 135.

Como 90 alunos frequentam o curso de inglês e 72, o de francês, temos:

$$n(F \text{ ou } I) = n(F) + n(I) - n(F \text{ e } I)$$

$$135 = 72 + 90 - n(F \text{ e } I)$$

$$\mathbf{n(F \text{ e } I) = 27}$$

Assim, há 27 pessoas que frequentam os dois cursos.

Portanto, concluímos que 135 – 27 = 108 pessoas frequentam apenas um curso. Isso já nos permite marcar a letra E como opção correta. Mas, vamos prosseguir para detalhar o número de alunos que frequentam apenas o curso de francês e apenas o curso de inglês.

Já que 72 pessoas estudam francês, então 72 – 27 = 45 frequentam apenas o curso de francês.

Como 90 estudam inglês, então 90 – 27 = 63 frequentam apenas o curso de inglês.

Dessa forma, confirmamos que o total de pessoas que frequenta apenas um curso é igual a 45 + 63 = **108**.

Gabarito: E.

QUESTÃO 19 (FCC/Detran-MA/Ass de Trânsito/2018) Em relação a todos os agentes de trânsito de uma cidade, 40% possuem diploma de curso superior e 15% pretendem se aposentar nos próximos dois anos. Sabe-se ainda que os agentes com diploma de curso superior que pretendem se aposentar nos próximos dois anos representam 10% do total de agentes. Dessa forma, o percentual de agentes de trânsito dessa cidade que não possuem diploma de curso superior nem pretendem se aposentar nos próximos dois anos é igual a

(A) 35%. (B) 40%. (C) 45%. (D) 50%. (E) 55%.

RESOLUÇÃO:

Sejam **A** e **B**, respectivamente, o grupo de pessoas com diploma de curso superior e o grupo que pretende se aposentar nos próximos dois anos. É dito que **n(A) = 40%** e **n(B) = 15%**.

É dito que os agentes com diploma de curso superior e que pretendem se aposentar nos próximos dois anos representam 10% do total, ou seja, **n (A ∩ B) = 10%.**

No diagrama a seguir estão descritas essas informações:

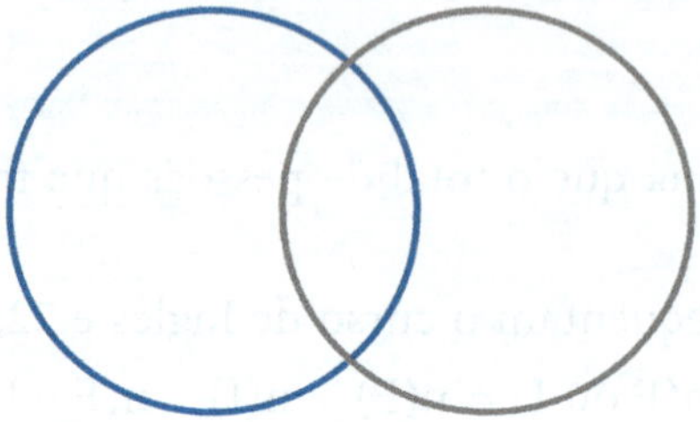

Assim, fica claro que o total de pessoas com curso superior ou que pretendem se aposentar nos próximos dois anos é de 45% (30% + 10% + 5%), de modo que 100 – 45 = **55%** não atendem a nenhum desses dois critérios.

Gabarito: E.

QUESTÃO 20 (FCC/TRT 11ª Região/Téc Adm/2017) Uma construtora convoca interessados em vagas de pedreiros e de carpinteiros. No dia de apresentação, das 191 pessoas que se interessaram, 113 disseram serem aptas para a função pedreiro e 144 disseram serem aptas para a função carpinteiro. A construtora contratou apenas as pessoas que se declararam aptas em apenas uma dessas funções. Agindo dessa maneira, o número de carpinteiros que a construtora contratou a mais do que o número de pedreiros foi igual a

(A) 19. (B) 12. (C) 65. (D) 47. (E) 31.

RESOLUÇÃO:

Se somarmos as quantidades dos que se declararam pedreiros com os que se declararam carpinteiros, temos 113 + 144 = **257**. Obviamente, isso é MAIS do que **191**, que é o total de pessoas.

Na realidade, a diferença 257 – 191 = **66** é o número de pessoas aptas às duas profissões, ou seja, corresponde à quantidade de pessoas que se encontram na **interseção**!

Assim, os que são APENAS **pedreiros** somam 113 – 66 = **47**, e os que são APENAS **carpinteiros são 144 – 66 = 78.**

Todavia, o objetivo da questão consiste em obtermos o número de carpinteiros que a construtora contratou A MAIS do que o número de pedreiros, de modo que a diferença é de 78 – 47 = **31.**

Gabarito: E.

QUESTÃO 21 (CEBRASPE – Ag Adm/Polícia Federal/2014) A partir de uma amostra de 1.200 candidatos a cargos em determinado concurso, verificou-se que 600 deles se inscreveram para o cargo A, 400 se inscreveram para o cargo B e 400, para cargos distintos de A e de B. Alguns que se inscreveram para o cargo A também se inscreveram para o cargo B.

A respeito dessa situação hipotética, julgue o item subsecutivo.

Menos de 180 candidatos se inscreveram no concurso para os cargos A e B.

RESOLUÇÃO:

Definiremos os seguintes conjuntos:

A = conjuntos dos candidatos que se inscreveram para o cargo A;

B = conjuntos dos candidatos que se inscreveram para o cargo B.

Representaremos por um retângulo o **conjunto universo** da questão, que é formado por todos os candidatos ao concurso. E dentro dele, desenharemos os conjuntos **A** e **B**. Já o número 400, fora dos círculos, indica o número de candidatos que não se inscreveram a nenhum dos cargos **A** e **B**.

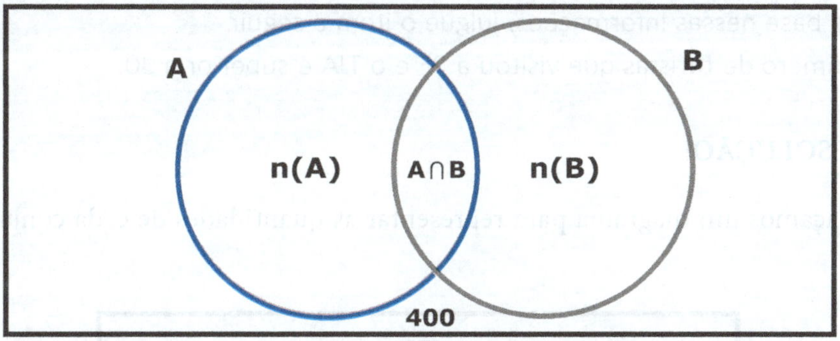

Ora, se são 1.200 candidatos no total e 400 deles se inscreveram para outros cargos, então:

$$\mathbf{1.200 - 400 = 800}$$

Isso significa que 800 candidatos se inscreveram para **A ou B**, de forma que:

$$\mathbf{n(A \cup B) = 800}$$

Aplicando a fórmula do **número de elementos da união**:

$$\mathbf{n(A \cup B) = n(A) + n(B) - n(A \cap B)}$$

$$800 = n(A) + n(B) - n(A \cap B)$$

$$800 = 600 + 400 - n(A \cap B)$$

$$\mathbf{n(A \cap B) = 600 + 400 - 800 = 200}$$

Portanto, **200** candidatos se inscreveram para A e B.

Gabarito: Errado.

QUESTÃO 22 (CEBRASPE – PT/PM-CE/2014) Uma pesquisa realizada com um grupo de turistas que visitaram, em Fortaleza, a praia do Futuro (PF), o teatro José Alencar (TJA) e a catedral Metropolitana (CM) apresentou as seguintes informações:

- 70 turistas visitaram a PF;
- 80 turistas visitaram o TJA;
- 70 turistas visitaram a CM;
- 30 turistas visitaram apenas a PF;
- 50 turistas visitaram a CM e o TJA;
- 25 turistas visitaram a PF e a CM;
- 20 turistas visitaram esses três pontos turísticos;
- cada um dos turistas visitou pelo menos um dos três pontos turísticos.

Com base nessas informações, julgue o item a seguir.

O número de turistas que visitou a PF e o TJA é superior a 30.

RESOLUÇÃO:

Façamos um diagrama para representar as quantidades de cada conjunto.

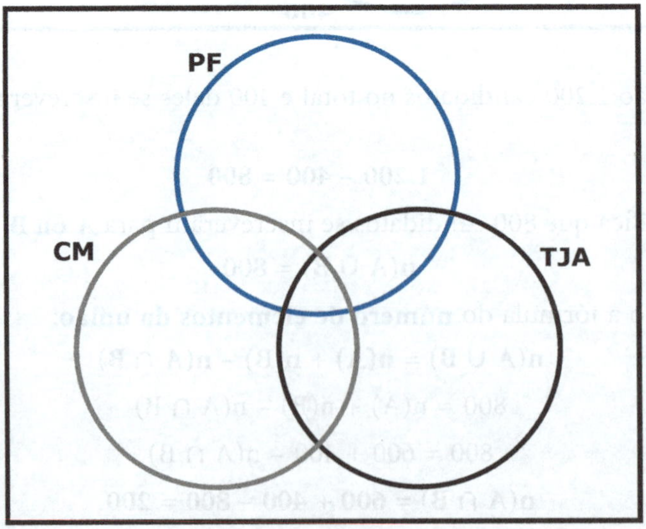

O enunciado afirma que 20 turistas visitaram os três pontos turísticos:

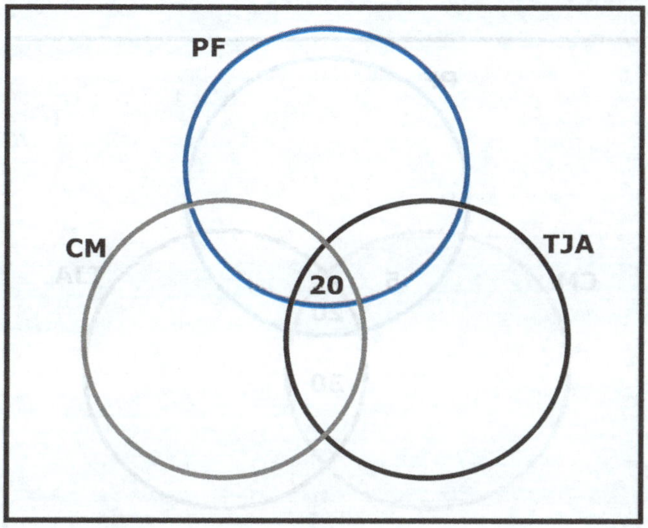

Em seguida, é dito que 25 turistas visitaram PF e CM. Utilizando a técnica descrita no 1º método de resolução, precisamos subtrair a interseção (isto é, 20), a fim de encontrar turistas que visitaram exclusivamente PF e CM. Logo:

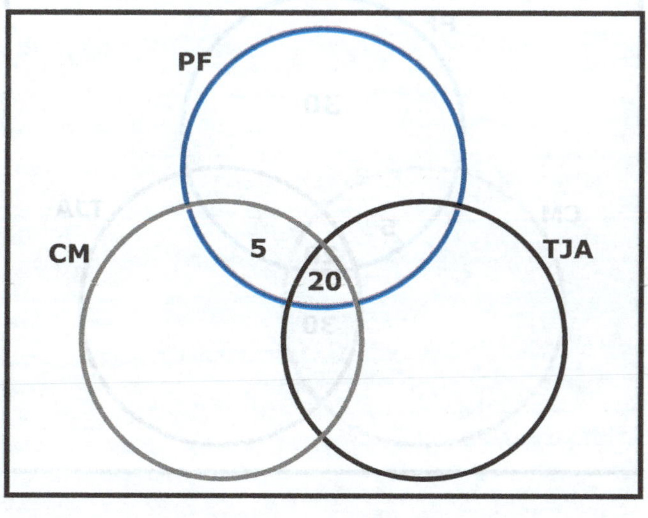

Também foi informado que 50 turistas visitaram CM e TJA. Com a interseção já foram alocados 20 destes 50, de modo que faltam 30.

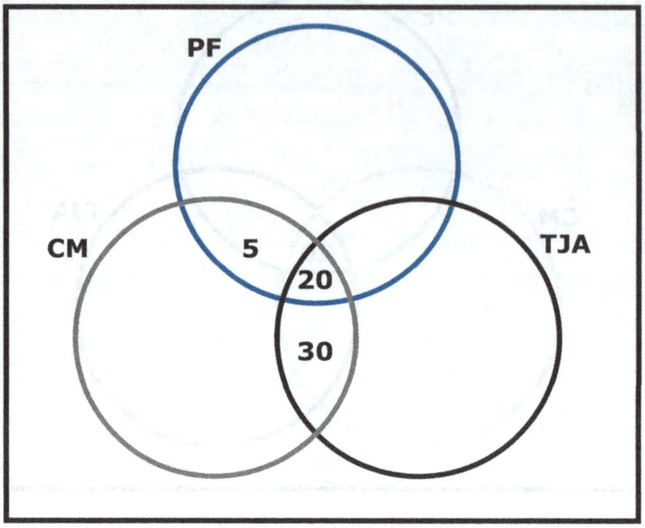

30 turistas visitaram apenas a PF. Assim:

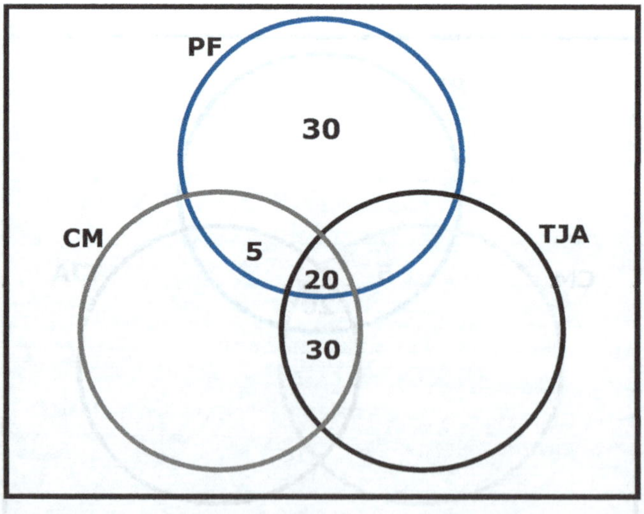

Além disso, é dito que 70 visitaram a PF. Já alocamos 30 + 20 + 5 = 55. Faltam 15:

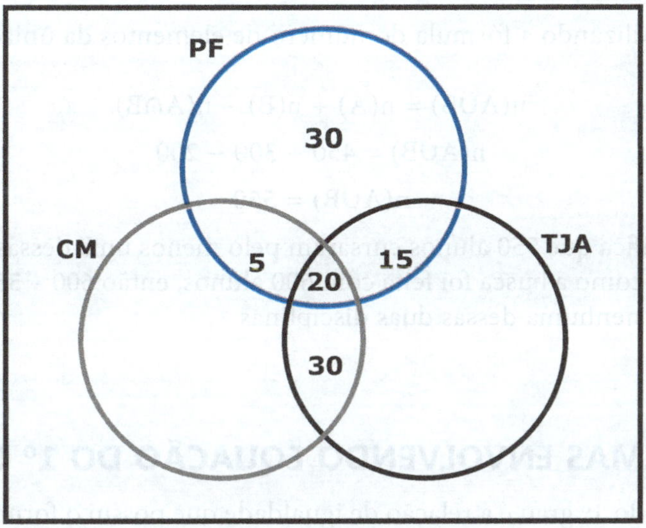

A interseção entre os conjuntos dos turistas que visitaram PF e TJA apresenta 20 + 15 = 35 elementos. Logo, **35 pessoas** visitaram a PF e o TJA.

Gabarito: Certo.

QUESTÃO 23 (CESGRANRIO - CNU/Bloco 2/2024) Um técnico fez três buscas em um banco de dados com 600 alunos cadastrados. Na primeira busca, identificou que 450 alunos cursaram a disciplina A; a segunda busca gerou a informação de que 300 alunos cursaram a disciplina B. E uma terceira busca identificou que 200 alunos cursaram as duas referidas disciplinas (A e B). Sabe-se que esse banco de dados não sofreu alterações quando as três buscas foram realizadas. A partir dessas informações, constata-se que o número de alunos que não cursaram nenhuma dessas duas disciplinas é igual a

a) 50 b) 100 c) 150 d) 200 e) 250

RESOLUÇÃO:

A primeira busca realizada identificou que 450 alunos cursaram a disciplina A, de modo que n(A) = 450.

A segunda busca gerou a informação de que 300 alunos cursaram a disciplina B, logo n(B) = 300.

Por fim, a terceira busca identificou que 200 alunos cursaram as duas referidas disciplinas (A e B), então o número de elementos da intersecção desses dois conjuntos é $n(A \cap B) = 200$.

Assim, utilizando a fórmula do número de elementos da união de dois conjuntos, temos:

$$n(A \cup B) = n(A) + n(B) - n(A \cap B)$$

$$n(A \cup B) = 450 + 300 - 200$$

$$\mathbf{n(A \cup B) = 550}$$

Isso significa que 550 alunos cursaram pelo menos uma dessas duas disciplinas. Portanto, como a busca foi feita com 600 alunos, então 600 – 550 = **50 alunos** não cursaram nenhuma dessas duas disciplinas.

Gabarito: A.

7. PROBLEMAS ENVOLVENDO EQUAÇÃO DO 1º GRAU

Equação do 1º grau é a relação de igualdade que possui o formato **ax + b = 0**, com **a** e **B** pertencente ao conjunto dos números reais e **a diferente de zero**, em que:

a: coeficiente da equação

x: incógnita

b: termo independente

Note que se trata de **equação** devido ao fato de a incógnita estar igualada a um número, que nesse caso corresponde a zero. Além disso, a equação descrita é do **1º grau** porque a incógnita tem expoente igual a 1.

Para exemplificar, considere **3x – 5 = 0**.

Inicialmente, perceba que estamos diante de uma equação do 1º grau, pois o expoente da incógnita **x** é igual a 1.

Adicionalmente, precisamos ter em mente o significado da igualdade presente na expressão. Ela indica que tudo que está do lado esquerdo (1º membro da equação) é igual ao conteúdo do lado direito (2º membro da equação), que neste exemplo é igual a 0. Assim, substituindo o valor de **x** e fazendo as operações necessárias, devemos ter como resultado o número que está do lado direito da igualdade.

Agora para definirmos os valores dos termos da equação, basta lembrarmos o seu formato genérico: ax + b = 0. Dessa forma, comparando isso com a equação dada, concluímos que:

$$\mathbf{a}x + \mathbf{b} = 0$$

$$\downarrow \quad \downarrow$$

$$\mathbf{3}x - \mathbf{5} = 0$$

a = 3 e **b = -5**

O mais importante deste tópico é sabermos determinar o valor da incógnita, que é chamado **raiz da equação**.

Para isso, o nosso objetivo deve ser separar na igualdade a incógnita dos números (coeficiente e termo independente), invertendo a operação caso tenha havido alguma transferência de um lado para outro. Isto é, caso de trate de uma multiplicação passa para o outro lado dividindo, e vice-versa; ao passo que se estiver subtraindo, passa somando, e vice-versa.

Em outras palavras, queremos letras com letras de um lado da equação e números com números do outro lado, mudando a operação caso aconteçam transferências entre lados!

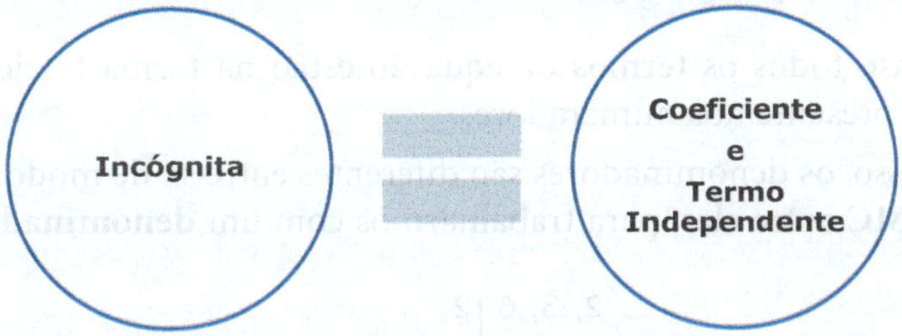

Para exemplificar, vamos solucionar as equações do 1º grau a seguir.

a) 8x – 15 = 3x

Primeiramente, vamos passar o -15 (que é um número) para o outro lado da igualdade. Para isso, devemos alterar o seu sinal de negativo para positivo. Similarmente, passaremos o 3x (que é letra) para o outro lado, mudando seu sinal de positivo para negativo. Logo:

$$8x - 3x = 15$$
$$5x = 15$$

Agora, precisamos passar o 5 (que é número) para o outro lado da igualdade. Qual é a operação que ele está fazendo? Multiplicação, de modo que passará dividindo:

$$x = 15/5$$
$$\mathbf{x = 3}$$

Portanto, **a raiz da equação é 3**. Inclusive, muitas vezes esta solução é representada em forma de conjunto. Assim, teríamos **S** = {**3**}, ou seja, o conjunto solução é formado pelo elemento 3.

b) 2(3x + 1) – 3(6 – 2x) = 20

Inicialmente aplicamos a propriedade distributiva da multiplicação, destacando que o segundo parêntese está sendo multiplicado por “-3”, e não por “3”:

$$6x + 2 - 18 + 6x = 20$$

Nesse momento, fazendo a transferência de todos os números para o outro lado da equação e fazemos as operações resultantes:

$$12x = 20 - 2 + 18$$

$$12x = 36$$

Repare que o 12 está multiplicando a incógnita, de modo que deve passar para o outro lado dividindo:

$$x = 36 / 12 \rightarrow \mathbf{x = 3}$$

c) $\frac{y-3}{2} + \frac{2(3y-5)}{3} = \frac{2y-1}{6}$

Neste caso todos os termos da equação estão na forma fracionária, com a incógnita (y) presente nos numeradores.

Além disso, os denominadores são diferentes entre si, de modo que devemos calcular o **MMC** entre eles, para trabalharmos com um **denominador comum**:

2, 3, 6	2
1, 3, 3	3
1, 1, 1	= 2 3 = 6

Assim, o MMC entre 2, 3, 6 é igual a 6, o qual será o denominador comum da equação e deve substituir cada denominador até então existente. Como faremos isso?

Em cada fração, iremos dividir o 6 pelo denominador inicial, e o resultado dessa operação será multiplicado pelo numerador, obtendo o novo numerador. Veja:

$$\frac{3(y-3)}{6} + \frac{2 \times 2(3y-5)}{6} = \frac{1(2y-1)}{6}$$

$$\frac{3y-9}{6} + \frac{12y-20}{6} = \frac{2y-1}{6}$$

Como os denominadores são todos iguais, podemos simplificar a equação por eliminá-los. Em seguida, continuamos as operações para encontrar a raiz da equação:

$$3y - 9 + 12y - 20 = 2y - 1$$

$$3y + 12y - 2y = -1 + 9 + 20$$

$$13y = 28 \rightarrow y = \frac{28}{13}$$

Portanto, fica claro que a resolução de uma equação do 1º grau segue um processo prático, composto dos seguintes passos:

1) **Eliminar os denominadores** (Se as equações possuírem termos fracionários);

2) **Isolar** num dos lados todos os termos que contém a incógnita e os demais no outro lado;

3) **Reduzir** todos os termos semelhantes a um só;

4) **Passar para o outro lado** dividindo ou multiplicando os termos que estão, respectivamente, multiplicando ou dividindo a incógnita;

Adicionalmente, precisamos conhecer as questões no âmbito do raciocínio aritmético que abordam este assunto. Trata-se de quando temos um problema cuja solução é obtida por meio da solução de uma equação do 1º grau.

Nesse tipo de questão é fundamental sabermos interpretar corretamente as informações presentes no enunciado de modo a conseguirmos transformá-las em linguagem matemática, identificando os elementos integrantes para construir corretamente a expressão. Em outras palavras, precisamos desenvolver a habilidade de **traduzir textos em números**!

Para auxiliá-lo, na tabela a seguir estão descritos alguns exemplos de expressões cotidianas que já apareceram em questões de concursos e suas respectivas equivalências matemáticas, considerando a incógnita **x** como o termo desconhecido.

Exemplos de expressões cotidianas e suas equivalentes matemáticas	
Um número mais sete.	$x + 7$
Cinco vezes um determinado número.	$5x$
Metade de certo número.	$\frac{x}{2}$
O quíntuplo de um número mais quatro.	$5x + 4$
A quarta parte de um número mais três.	$\frac{x}{4}+3$

Exemplos de expressões cotidianas e suas equivalentes matemáticas	
O triplo de um número somado ao seu quádruplo.	3x + 4x
A diferença entre um número e a sua metade.	$x-\frac{x}{2}$
Doze dividido por um certo número.	$\frac{12}{x}$
O consecutivo de um número.	x + 1
O dobro do antecessor de um número.	2(x – 1)
Somando quatro a um certo número e multiplicando o resultado por 8.	(x + 4) × 8
O quociente entre seis e a soma de um certo número com dois.	$\frac{6}{x+2}$
Três números inteiros, positivos, pares e consecutivos.	x, x + 2, x + 4
A diferença entre dois números é 12.	x e x + 12
O inverso de um número somado a seis resulta em oito.	$\frac{1}{x}+6=8$
A idade de uma pessoa há dois anos.	x – 2

Vamos examinar alguns exemplos.

1) A soma de dois números é 212 e a diferença é 24. Quais são esses números?

RESOLUÇÃO:

Como a diferença entre os números é 24, podemos dizer que o menor é **x** e o maior é **x + 24**.

Em seguida, é dito que a soma entre eles é 212. Logo:

$$x + (x + 24) = 212$$

$$2x + 24 = 212$$

$$2x = 188$$

$$x = 188/2 \rightarrow \mathbf{x = 94}$$

Assim, o número menor é **94**, ao passo que o maior é 94 + 24 = **118**.

2) Lucas tem 28 anos a menos que o seu pai, o qual tem 3 vezes a idade de Lucas. Qual a idade de ambos?

RESOLUÇÃO:

Levando em conta que Lucas tem 28 anos a menos que o seu pai, dizemos que a idade de Lucas é **y** e a de seu pai é **y + 28**. E como o pai de Lucas possui 3 vezes a idade de Lucas, temos:

$$y + 28 = 3y$$

$$3y - y = 28$$

$$y = 28/2 \quad \rightarrow \quad \mathbf{y = 14}$$

3) Francisco tem hoje 46 anos e o seu filho, 10 anos de idade. Daqui a quantos anos a idade do pai será o quádruplo da idade do filho?

RESOLUÇÃO:

Se atualmente Francisco tem 46 anos de idade e o seu filho possui 10 anos, então após certo tempo terão:

- Francisco: 46 + x
- Filho de Francisco: 10 + x

Queremos saber quando a idade de Francisco será o quádruplo da idade de seu filho. Logo:

$$46 + x = 4(10 + x)$$

$$46 + x = 40 + 4x$$

$$4x - x = 46 - 40$$

$$3x = 6 \quad \rightarrow \quad \mathbf{x = 2}$$

Portanto, a idade de Francisco corresponderá a quatro vezes à do seu filho daqui a dois anos.

4) Considere que no mês de outubro, os estudantes Carlos e Artur haviam gastado, respectivamente, dois terços e três quintos de suas mesadas. Embora a mesada de Carlos seja menor, ele gastou R$ 8,00 a mais que Artur. Se a soma dos valores das duas mesadas é R$ 810,00, qual é o valor monetário da diferença entre os valores das duas mesadas?

RESOLUÇÃO:

Veja que o problema diz que Carlos e Artur haviam gastado, respectivamente, dois terços e três quintos de suas mesadas; sendo que Carlos gastou R$ 8,00 a mais que Artur.

Então, chamaremos de **A** e **C** as mesadas de, respectivamente, Artur e Carlos. Daí, teremos:

$$\frac{2}{3}C - \frac{3}{5}A = 8$$

Com essa fórmula, registramos o gasto que cada um dos estudantes teve bem como destacamos o fato de as despesas de um deles ter superado a do outro em oito reais. Entendido até aqui?

Mas vamos tentar simplificar um pouco mais a equação a que chegamos por eliminar os denominadores. Sabendo que o MMC entre 3 e 5 é 15, ficamos com:

$$\frac{10}{15}C - \frac{9}{15}A = \frac{120}{15}$$

$$10C - 9A = 120(I)$$

Repare que chamamos a equação obtida de (I) apenas para organização dos dados.

Em seguida, o problema diz que a soma das duas mesadas é R$ 810,00. Logo:

$$C + A = 81$$

$$A = 810 - C(II)$$

Com a equação (II) obtemos uma equação que nos permite calcular o valor da mesada de Artur em função da quantia de Carlos. Neste sentido, vamos substituir a equação (II) em (I):

$$10C - 9(810 - C) = 120$$

$$10C - 7290 + 9C = 120$$

Perceba que chegamos numa equação do 1º grau com apenas uma incógnita, isto é C, de modo que podemos calcular a sua raiz:

$$19C = 120 + 7290$$

$$C = \frac{7410}{19} \rightarrow C = 390 \textit{ reais}$$

Agora substituímos este valor na equação (II), de forma a determinar a quantia que coube a Artur:

$$A = 810 - 390 \rightarrow A = 420 \textit{ reais}$$

Assim, concluímos que a mesada de Artur é R$ 420,00, ao passo que a de Artur é R$ 390,00. Inclusive tais quantias respeitam a descrição contida no problema, pois realmente a mesada de Carlos é menor que a de Artur.

Mas, terminamos a solução do problema? Não! Pois o enunciado exige o valor da diferença entre o valor das duas mesadas. Logo:

$$A - C = 420 - 390 = 30 \textit{ reais}$$

Veja como esse assunto já foi cobrado!

QUESTÃO 24 (FCC – Ana Jud/TRT 6ª Região/2018) A relação entre funcionários homens e funcionárias mulheres em uma repartição pública é de 5 para 4, nessa ordem. Após um concurso, foram admitidos 5 novos funcionários homens e 12 novas funcionárias mulheres nessa repartição. Com o ingresso desses funcionários, a proporção entre funcionários homens e funcionárias mulheres da repartição passou a ser de 9 para 8, nessa ordem. Sendo assim, depois do concurso a repartição passou a ter um total de funcionárias mulheres igual a

a) 64. b) 78. c) 80. d) 72. e) 70.

RESOLUÇÃO:

Vamos chamar de m e h, respectivamente, as quantidades iniciais de homens e de mulheres.

O enunciado informa que inicialmente a razão entre homens e mulheres era de 5 para 4:

$$h/m=5/4$$

$$4h = 5m$$

Multiplicando os dois lados da equação por 2, obtemos:

$$8h = 10m \text{ (I)}$$

É dito que foram admitidos 5 homens e 12 mulheres e a razão entre homens e mulheres passa a ser de 9 para 8:

$$(h+5) / (m+12) = 9/8$$

$$8h + 40 = 9m + 108$$

$$8h = 9m + 68 \text{ (II)}$$

Vamos substituir 8h por 10m (equação 1) na equação II, resultando em:

$$10m = 9m + 68$$

$$m = 68$$

Assim, a quantidade inicial de mulheres era igual a 68. Visto que foram admitidas 12 mulheres, a quantidade final vale 68 + 12 = **80**.

Gabarito: C.

QUESTÃO 25 (FCC – Ana Jud/TRT 11ª Região/2017) Sérgio e Teodoro disputaram algumas partidas de xadrez. Cada partida de xadrez pode ter um vencedor e um derrotado, ou pode terminar empatada. Das partidas disputadas, Sérgio venceu 3/5, empatou 1/4, e perdeu 6 partidas. Do total de partidas disputadas por Sérgio e Teodoro, terminaram empatadas

a) 5. b) 15. c) 10. d) 30. e) 20.

RESOLUÇÃO:

Vamos chamar de **x** a quantidade total de partidas disputadas.

O enunciado informa que Sérgio venceu 3/5 das **x** partidas, ou seja, Sérgio venceu **3x/5** partidas. Além disso, ele empatou **x/4** partidas e perdeu 6. Assim, a soma das quantidades de partidas que venceu, empatou e perdeu é igual ao número total de partidas disputadas:

$$3x/5 + x/4 + 6 = x$$

Multiplicando cada termo por 20, obtemos:

$$12x + 5x + 120 = 20x$$

$$3x = 120$$

$$\mathbf{x = 40}$$

Assim, foram disputadas 40 partidas.

É dito que Sérgio empatou 1/4 delas, ou seja, tivemos 40/4 = **10 partidas que terminaram empatadas**.

Gabarito: C.

QUESTÃO 26 (VUNESP/PM-SP/Oficial/2017) Para uma atividade curricular, os alunos de certo curso foram divididos em três grupos que, na avaliação do desempenho, receberam, respectivamente, x, y e z pontos. Considere x, y e z três números inteiros distintos, tais que x + y = 50, x + z = 40 e y + z = 42. Considerando-se os três grupos, é correto afirmar que a diferença entre o maior e o menor número de pontos obtidos nessa atividade foi igual a

(A) 8. (B) 9. (C) 10. (D) 12. (E) 16.

RESOLUÇÃO:

A questão apresenta três equações e três incógnitas. Assim:

$$x + y = 50$$

$$\mathbf{y = 50 - x\ (I)}$$

$$x + z = 40$$

$$\mathbf{z = 40 - x\ (II)}$$

Substituindo (I) e (II) na terceira equação do trazida no enunciado, obtemos:

$$y + z = 42$$

$$(50 - x) + (40 - x) = 42$$

$$90 - 2x = 42$$

$$2x = 90 - 42$$

$$2x = 48$$

$$\mathbf{x = 24}$$

Vamos encontrar os valores das outras duas incógnitas:

$$y = 50 - x = 50 - 24 = \mathbf{26}$$

$$z = 40 - x = 40 - 24 = \mathbf{16}$$

A diferença entre o maior e o menor número de pontos obtidos nessa atividade foi igual a 26 – 16 = **10**.

Gabarito: C.

QUESTÃO 27 (VUNESP/MP-SP/Oficial de promotoria/2016) Alfredo irá doar seus livros para três bibliotecas da universidade na qual estudou. Para a biblioteca de matemática, ele doará três quartos dos livros, para a biblioteca de física, um terço dos livros restantes, e para a biblioteca de química, 36 livros. O número de livros doados para a biblioteca de física será

(A) 22. (B) 20. (C) 18. (D) 16. (E) 24

RESOLUÇÃO:

Seja **L** o total de livros. De acordo com o informado no enunciado, para a biblioteca de matemática serão doados 3/4 desses livros, sobrando 1/4 deles, ou **L/4** livros. Deste restante, 1/3 vai para a biblioteca de física, sobrando 2/3 de L/4:

23L4=2L12=L6

$$2/3 \times L/4 = 2L/12 = L/6$$

Este restante corresponde aos 36 que vão para a biblioteca de química, portanto:

$$36 = L/6$$

$$L = 36 \times 6$$

$$\mathbf{L = 216\ livros}$$

Os livros doados para a biblioteca de física são:

$$1/3 \times L/4 = L/12 = 216/12 = \mathbf{18\ livros}.$$

Gabarito: C.

QUESTÃO 28 (VUNESP/MP-SP/Oficial de promotoria/2016) Um artesão produz três tipos de peças: A, B e C. Em um mesmo dia ele só produz um desses tipos de peça, sendo que ele consegue produzir, por dia, 7 peças do tipo A, ou 10 peças do tipo B, ou 15 do tipo C. Em 30 dias de trabalho, ele produziu um total de 333 peças. O número de dias que ele trabalhou produzindo peças do tipo B foi 13 a mais do que o número de dias trabalhados produzindo peças do tipo A. Nesses 30 dias, o número de peças do tipo C que ele produziu foi

(A) 165. (B) 150. (C) 120. (D) 180. (E) 135.

RESOLUÇÃO:

O enunciado informa que o número de dias que ele trabalhou produzindo peças do tipo B foi 13 a mais do que o número de dias trabalhados produzindo peças do tipo A. Assim, se ele trabalhou **n** dias fazendo peças A, então ele trabalhou **n + 13** dias fazendo peças B, e trabalhou 30 – n – (n+13) = **17 – 2n** dias produzindo peças C.

O total de peças produzido é dado pela multiplicação do número de dias fazendo cada peça pela respectiva capacidade de produção diária do artesão. Como ele consegue produzir, por dia, 7 peças do tipo A, ou 10 peças do tipo B, ou 15 do tipo C, temos:

$$333 = 7 \times n + 10 \times (n+13) + 15 \times (17 - 2n)$$

$$333 = 7n + 10n + 130 + 255 - 30n$$

$$333 = -13n + 385$$

$$13n = 385 - 333$$

$$\mathbf{n} = 52 / 13 = \mathbf{4}$$

Dessa maneira, o número de peças C produzidas é:

$$(17 - 2n) = 15 \times (17 - 2x4) = 15x9 = \mathbf{135}$$

Gabarito: E.

QUESTÃO 29 (CEBRASPE – Téc/TELEBRAS/2015) A equipe de atendentes de um serviço de telemarketing é constituída por 30 empregados, divididos em 3 grupos, que trabalham de acordo com a seguinte escala.

- Grupo I: 7 homens e 3 mulheres, que trabalham das 6 h às 12 h.
- Grupo II: 4 homens e 6 mulheres, que trabalham das 9 h às 15 h.
- Grupo III: 1 homem e 9 mulheres, que trabalham das 12 h às 18 h.

A respeito dessa equipe, julgue o item que se segue.

Situação hipotética: Durante determinado dia de trabalho foram atendidas 1.400 ligações. Os atendentes do grupo I atenderam, nesse dia, 520 ligações, ao passo que os atendentes do grupo II atenderam 100 ligações a mais que a metade das ligações atendidas pelos atendentes do grupo III.

Assertiva: Nessa situação, os atendentes do grupo III, nesse dia, atenderam mais de 500 ligações.

RESOLUÇÃO:

O enunciado informa que durante determinado dia de trabalho foram atendidas 1.400 ligações. Os atendentes do grupo I atenderam, nesse dia, 520 ligações. Então, para os outros dois grupos sobraram 1.400 – 520 = **880 ligações**.

Em seguida, é dito que os atendentes do grupo II atenderam 100 ligações a mais que a metade das ligações atendidas pelos atendentes do grupo III. Suponha que os atendentes do grupo III ficaram com **x** ligações. Então, os do grupo II ficaram com 100 a mais que a metade de x: **100 + x/2**.

Ao somarmos as duas quantidades, temos 880:

$$100 + x/2 + x = 880$$

$$1{,}5x = 780$$

$$\mathbf{x = 780/1{,}5 = 1.560/3 = 520}$$

Portanto, os atendentes do grupo III ficaram com **520 ligações**.

Gabarito: Certo.

8. QUESTÕES ENVOLVENDO IDADES

Vamos estudar agora como se resolvem problemas de 1º grau envolvendo idades, muito comuns em concursos públicos e vestibulares.

O primeiro passo é saber que a **diferença** das idades entre as pessoas envolvidas é **sempre a mesma.** Para exemplificar, se eu sou mais velho que meu irmão 10 anos, eu também era 10 anos mais velho do que ele há 15 anos, como serei 10 anos mais velho que ele daqui a 50 anos. A diferença entre nossas idades não se altera nunca.

O bom desse tipo de problema é que, ao acharmos a resposta, sempre poderemos conferir facilmente se a resposta está correta, pois é só **substituir as idades no enunciado** do problema e provar se está correto ou não.

Veja como esse assunto já foi cobrado!

QUESTÃO 30 (FCC – Ana Jud/TRT 6ª Região/2018) Exatamente hoje eu ganhei o meu primeiro neto, filho do meu único filho. Há dois anos, a soma das nossas idades era 60 anos, e a razão entre a minha idade e a dele era 7/3. Daqui a X anos, a razão entre a idade do meu filho e a idade desse meu neto será 5/3. O valor de X é igual a

a) 15. b) 30. c) 21. d) 36. e) 42.

RESOLUÇÃO:

O enunciado informa que há 2 anos a razão entre minha idade e a de meu filho era de 7 para 3.

Dessa forma, para cada grupo de 7 + 3 = 10 anos de existência:

– eu vivi por 7 anos

– meu filho viveu por 3 anos.

Assim, em 10 × 6 = 60 anos de existência:

– eu vivi por 7 × 6 = 42 anos

– meu filho viveu por 3 × 6 = 18 anos.

Visto que a soma de nossas idades é de 60 anos, então eu tinha 42 e meu filho tinha 18 anos.

Mas isso era há 2 anos. Hoje eu tenho 44 anos e meu filho tem 20, e hoje nasce meu neto.

Assim, daqui a **x** anos, meu filho terá **20 + x** anos e meu neto terá **x** anos. A razão entre essas idades é de 5 para 3:

$$(20 + x) / x = 5/3$$

$$60 + 3x = 5x$$

$$2x = 60$$

$$\mathbf{x = 30\ anos}$$

Gabarito: B.

QUESTÃO 31 (VUNESP - Téc Gestão/FITO/2020) Carlos tem a terça parte da idade que tem Clara, e a soma das idades deles é igual a 36 anos. Logo, a diferença entre as idades de Clara e de Carlos é igual a

a) 9 anos b) 15 anos c) 18 anos d) 21 anos e) 27 anos

RESOLUÇÃO:

Vamos chamar de **x** a idade de Clara.

O enunciado informa que Carlos tem a terça parte da idade que tem Clara, ou seja, Carlos tem **x/3** anos.

É dito que a soma das idades vale 36 anos:

$$x + \frac{x}{3} = 36$$

$$3x + x = 108$$

$$4x = 108 \quad \rightarrow \quad x = 27$$

Assim, concluímos que Clara tem 27 anos e Carlos tem 27/3 = 9 anos, de modo que a diferença entre idades é de 27 – 9 = **18 anos**.

Gabarito: C.

QUESTÃO 32 (FUNDATEC – Ag Leg/ALERS/2018) Ana é oito anos mais velha que Carla. A diferença entre o quíntuplo da idade de Ana e o dobro da idade de Carla é 124. A idade de Ana e Carla é respectivamente:

a) 30 e 22. b) 16 e 8. c) 36 e 28. d) 48 e 40. e) 44 e 36.

RESOLUÇÃO:

Vamos chamar de **C** a idade de Carla.

Como Ana é oito anos mais velha que Carla, A idade de Ana é **C + 8**.

O enunciado informa que a diferença entre o quíntuplo da idade de Ana e o dobro da idade de Carla vale 124:

$$5 \times (8 + C) - 2C = 124$$

$$40 + 3C = 124$$

$$3C = 84$$

$$\mathbf{C = 28}$$

Portanto, a idade de Ana vale: C + 8 = 28 + 8 = **36**.

Gabarito: C.

QUESTÃO 33 (VUNESP/TCE-SP/Agente de Fisc/2017) Tenho um filho. Nasci 20 anos antes do que ele. Daqui a dez anos terei o dobro da idade dele. Hoje a razão entre a idade dele e a minha é igual a

a) 1/4 b) 1/3 c) 1/5 d) 1/2 e) 1/6

RESOLUÇÃO:

Como nasci 20 anos antes do meu filho, se ele tem F anos hoje, eu tenho F+20 anos. Daqui a 10 anos ele terá F+10, e eu terei F+30. A minha idade será o dobro da dele:

$$F + 30 = 2.(F + 10)$$

$$F + 30 = 2F + 20$$

$$F=10$$

Assim, hoje meu filho tem 10 anos e eu tenho 10+20 = 30 anos. A razão entre nossas idades é 10/30 = **1/3**.

Gabarito: B.

QUESTÃO 34 (VUNESP/TCE-SP/Agente de Fisc/2017) Hoje a razão entre a minha idade e a idade do meu filho é 3/2, e a soma de nossas idades é 120 anos. Já aconteceu de essa razão ser igual a 3, e, nessa ocasião, a idade de meu filho, em anos, era igual a

a) 8. b) 14. c) 16. d) 12. e) 10.

RESOLUÇÃO:

Sendo M a minha idade hoje e F a do meu filho, sabemos que:

$$M + F = 120$$

$$F = 120-M$$

E também que:

$$M/F = 3/2$$

$$3F=2M$$

Substituindo F por 120 – M, temos:

$$3.(120 - M) = 2M$$

$$360 - 3M = 2M$$

$$360 = 5M$$

$$M=72$$

Logo, F = 120 – 72 = 48.

Há X anos, a razão era igual a 3. Nesse caso, a minha idade era 72 – X, e a do meu filho era 48 – X:

$$(72 - X).(48 - X)=3$$

$$72 - X = 144 - 3X$$

$$2X = 72$$

$$X = 36$$

Logo, eu tinha 72 – 36 = 36 anos, e meu filho tinha 48 – 36 = **12 anos**.

Gabarito: D.

QUESTÃO 35 (FCC/TRF 4ª Região/Téc Jud/2019) Maria tem 3 anos de diferença do seu irmão mais velho. Daqui a 9 anos o produto das idades de ambos irá aumentar 288 unidades. A idade de Maria é

(A) 10 (B) 11 (C) 20 (D) 12 (E) 9

RESOLUÇÃO:

Vamos chamar de **M** e **V**, respectivamente, a idade de Maria e a do seu irmão mais velho.

O enunciado informa que Maria tem 3 anos de diferença do seu irmão mais velho. Já que o irmão é mais velho do que Maria, temos:

$$\mathbf{V = M + 3 \ (I)}$$

Atualmente, o produto das idades deles hoje é **MV**, de modo que daqui a 9 anos a idade de Maria será **(M + 9)** anos e a de seu irmão mais velho será **(V + 9)** anos. Logo, daqui a 9 anos, o produto das idades será **(M + 9) × (V + 9)**.

É dito que daqui a 9 anos o produto das idades de ambos irá aumentar 288 unidades. Portanto:

$$(M + 9) \times (V + 9) = MV + 288$$

$$MV + 9M + 9V + 81 = MV + 288$$

$$9M + 9V = 288 - 81$$

$$9 \times (M + V) = 207$$

$$\mathbf{M + V = 23 \ (II)}$$

Substituindo **(I)** em **(II)**, obtemos:

$$M + M + 3 = 23$$

$$2M = 20$$

M = 10

Portanto, concluímos que **Maria tem 10 anos** de idade.

Gabarito: A.

9. DIVISÃO PROPORCIONAL

Podemos definir Divisão Proporcional como sendo a partição de um determinado valor em partes **diretamente ou inversamente proporcionais** a um grupo de números. Temos também o **caso misto**, em que um valor pode ser dividido em partes diretamente proporcionais a um grupo de números e em partes inversamente proporcionais a um outro grupo de números.

– Divisão em Números Diretamente Proporcionais

A **divisão de um valor em partes diretamente proporcionais** a outros números dados, consiste em se determinar as parcelas que são diretamente proporcionais a cada um dos números dados e que somadas, totalizam o valor original.

De fato, dividir um número **T** em **n** partes **diretamente proporcionais** a um grupo de números dados, $\mathbf{a_1}$, $\mathbf{a_2}$, $\mathbf{a_3}$, ... $\mathbf{a_n}$, significa encontrar um outro grupo, $\mathbf{X_1}$, $\mathbf{X_2}$, $\mathbf{X_3}$, ..., $\mathbf{X_n}$, que satisfaz o seguinte:

1º) As **razões** entre cada uma das partes procuradas e os respectivos membros do grupo proporcional devem ser **todas iguais**:

$$\frac{X_1}{a_1} = \frac{X_2}{a_2} = \frac{X_3}{a_3} = \ldots = \frac{X_n}{a_n} = k$$

2º) A **soma das partes** procuradas seve ser **igual ao valor original**:

$$X_1 + X_2 + X_3 + \ldots + X_n = T$$

Depois de calculado o valor da constante **k**, basta substituí-lo nas igualdades da proporção e realizar as contas para descobrir o valor de cada uma das partes.

Por exemplo, vamos dividir o número 72 em três partes diretamente proporcionais aos números 3, 4 e 5.

Sejam, **a**, **b** e **c** as três partes procuradas. Visto que a **razão** entre grandezas **diretamente proporcionais** é uma constante, chamada **constante de proporcionalidade k**, podemos escrever:

$$\frac{a}{3} = \frac{b}{4} = \frac{c}{5} = k$$

Daí, teremos que:

$$a = 3k$$

$$b = 4$$

$$c = 5$$

Como a soma das três partes deve ser 72, temos:

$$a + b + c = 72$$

$$3k + 4k + 5k = 72$$

$$12k = 72$$

$$k = 6$$

Agora que encontramos o valor da **constante de proporcionalidade** basta substituí-lo nas igualdades da proporção e realizar as contas para descobrir o valor de cada uma das partes:

- **Valor de a**: $3k = 3.6 = 18$
- **Valor de b**: $4k = 4.6 = 24$
- **Valor de c**: $5k = 5.6 = 30$

Agora, vamos dividir o número 320 em três partes diretamente proporcionais a 4, 12 e 16.

Sejam, **A**, **B** e **C** as três partes procuradas. Vamos adotar um outro caminho de resolução, que chamaremos de **método simplificado**. Como funciona? Bem, na divisão diretamente proporcional, a grosso modo, basta **pegar o valor total e dividir pela soma das partes, comparando com cada incógnita dividida pela sua parte**.

Talvez pareça um pouco complicado olhando tão somente a definição, mas ficará mais claro aplicando o método a um caso prático. E é isso o que vamos fazer agora!

Primeiramente, pegamos o valor total, que é 320, e dividimos pela soma das partes, ou seja, 4 + 12 + 16, igualando à proporção formada por cada incógnita dividida pela sua parte:

$$\frac{320}{4+12+16} = \frac{A}{4} = \frac{B}{12} = \frac{C}{16}$$

Simplificando a primeira fração da proporção anterior:

$$\frac{320}{4+12+16} = \frac{320}{32} = 10$$

Agora é só comparar 10 com cada uma das igualdades $\frac{A}{4}$, $\frac{B}{12}$ e $\frac{C}{16}$, encontrando A, B e C um de cada vez:

- **Valor de A**: $10 = \frac{A}{4} \Rightarrow A = 40$
- **Valor de B**: $10 = \frac{B}{12} \Rightarrow B = 120$
- **Valor de C**: $10 = \frac{C}{16} \Rightarrow C = 160$

– Divisão em Números Inversamente Proporcionais

A **divisão de um valor em partes inversamente proporcionais** a outros números dados consiste em se determinar as parcelas que são inversamente proporcionais a cada um dos números dados e que somadas, totalizam o valor original.

De fato, dividir um número **T** em **n** partes **inversamente proporcionais** a um grupo de números dados, $a_1, a_2, a_3, \ldots a_n$, significa encontrar um outro grupo, $X_1, X_2, X_3, \ldots, X_n$, que satisfaz o seguinte:

1º) As **razões** de cada uma das partes procuradas pelos respectivos **inversos** dos membros do grupo proporcional devem ser **todos iguais**:

$$\frac{X_1}{\frac{1}{a_1}} = \frac{X_2}{\frac{1}{a_2}} = \frac{X_3}{\frac{1}{a_3}} = \ldots = \frac{X_n}{\frac{1}{a_n}} = k$$

Repare que isso equivale a afirmar que os **produtos** de cada uma das partes procuradas pelos respectivos membros do grupo proporcional devem ser **todos iguais**:

$$a_1 . X_1 = a_2 . X_2 = a_3 . X_3 = \ldots = a_n . X_n = k$$

2º) A **soma das partes** procuradas deve ser **igual ao valor original**:

$$X_1 + X_2 + X_3 + \ldots + X_n = T$$

Assim como o caso da divisão diretamente proporcional, após calcularmos o valor da constante **k**, basta substituí-lo nas igualdades da proporção e realizar as contas para descobrir o valor de cada uma das partes.

Note que a diferença entre a divisão diretamente proporcional e a inversamente proporcional é que nesta temos de utilizar, como quantidade de parcelas a que cada parte tem direito, o **inversamente proporcional** do valor atribuído à parte. Assim, por exemplo, se a quantidade de parcelas for 4, então à parte caberá 1/4.

Além disso, na **divisão diretamente proporcional**, a parte que tem direito ao **menor** número de parcelas fica com a **menor** parte da divisão. Por sua vez, na **divisão inversamente proporcional**, temos o contrário, ou seja, a parte que tem direito ao **maior** número de parcelas é que fica com a **menor** parte da divisão.

Por exemplo, vamos dividir o número 72 em três partes inversamente proporcionais aos números 3, 4 e 12.

Sejam, **a, b** e **c** as três partes procuradas. Visto que o **produto** entre grandezas **inversamente proporcionais** é uma constante, chamada **constante de proporcionalidade k**, podemos escrever:

$$\frac{a}{\frac{1}{3}} = \frac{b}{\frac{1}{4}} = \frac{c}{\frac{1}{12}} = k$$

Daí, teremos que:

$$a = \frac{k}{3}$$

$$b = \frac{k}{4}$$

$$c = \frac{k}{12}$$

Como a soma das três partes deve ser 72, temos:

$$a + b + c = 7$$

$$\frac{k}{3} + \frac{k}{4} + \frac{k}{12} = 72$$

$$\frac{4k + 3k + k}{12} = 72$$

$$k = \frac{72.12}{8} = 108$$

Agora que encontramos o valor da **constante de proporcionalidade** basta substituí-lo nas igualdades da proporção e realizar as contas para descobrir o valor de cada uma das partes:

- **Valor de a:** $\frac{k}{3} = \frac{108}{3} = 36$

- **Valor de b:** $\frac{k}{4}=\frac{108}{4}=27$
- **Valor de c:** $\frac{k}{12}=\frac{108}{12}=9$

Agora, vamos decompor o número 120 em duas partes A e B inversamente proporcionais a 2 e 3.

Podemos utilizar este exemplo para demonstrar a você que também há um **método simplificado** de resolução no caso de questões de divisão inversamente proporcional. É feito de modo bem parecido com o da divisão diretamente proporcional, mas como o próprio nome diz, em vez de colocarmos diretamente os valores das partes na equação, colocamos os **inversos** destes valores.

Assim, na divisão **inversamente** proporcional, basta **pegar o valor total e dividir pelo inverso da soma das partes, comparando com cada incógnita dividida pelo inverso da sua parte**.

Vamos aplicar isso em nosso exemplo. Tudo ficará mais claro!

Primeiramente, pegamos o valor total, que é 120, e dividimos pelo inverso da soma das partes, ou seja, $\frac{1}{2}+\frac{1}{3}$, igualando à proporção formada por cada incógnita dividida pelo inverso da sua parte:

$$\frac{120}{\frac{1}{2}+\frac{1}{3}}=\frac{A}{\frac{1}{2}}=\frac{B}{\frac{1}{3}}$$

Simplificando a primeira fração da proporção anterior:

$$\frac{120}{\frac{1}{2}+\frac{1}{3}}=\frac{120}{\frac{5}{6}}=120.\frac{6}{5}=144$$

Agora é só comparar 144 com cada uma das igualdades $\frac{A}{\frac{1}{2}}$ e $\frac{B}{\frac{1}{3}}$, encontrando A e B um de cada vez:

- **<u>Parte A</u>**: $144=\frac{A}{\frac{1}{2}}\Rightarrow A=72$
- **<u>Parte B</u>**: $144=\frac{B}{\frac{1}{3}}\Rightarrow B=48$

Note que a soma das partes também tem que dar o todo, ou seja, 72 + 48 = 120.

– Conceito Misto: Divisão Direta e Inversamente Proporcional

O **conceito misto** implica a divisão de um número em certa quantidade de partes, de tal forma que cada uma dessas partes seja, **ao mesmo tempo**, diretamente proporcional a pelo menos uma sucessão de números dados e inversamente proporcional a pelo menos uma outra.

Assim, a fim de dividirmos um número **T** em **n** partes que sejam **diretamente proporcionais** à sucessão (a_1, a_2, ..., a_n) e, ao mesmo tempo, **inversamente proporcional** à sucessão (b_1, b_2, ..., b_n), devemos encontrar a sucessão de números (x_1, x_2, ..., x_n), de tal forma que:

$$\frac{x_1}{a_1/b_1} = \frac{x_2}{a_2/b_2} = \ldots = \frac{x_n}{a_n/b_n} = k$$

Dessa maneira, fica claro que dividir um número, **ao mesmo tempo**, de forma direta e inversamente proporcional a outros significa dividi-lo de forma **diretamente proporcional** ao produto entre as parcelas diretas e as parcelas inversas de cada uma das partes.

Em outras palavras, no numerador de cada igualdade da proporção ficarão as partes procuradas, e no denominador teremos uma fração, em que a parte dividida diretamente proporcional (DP) de cada um fica "em cima" e a inversamente proporcional (IP) fica "embaixo":

$$\frac{\textit{Parte procurada}}{\dfrac{\textit{Parte DP}}{\textit{Parte IP}}}$$

Esse assunto pode parecer complicado quando tentamos entender as definições que acabaram de ser expostas. Entretanto, bastará a resolução de algumas questões para vermos que não é difícil como aparenta.

Por exemplo, vamos dividir o número 160 em duas partes que sejam, ao mesmo tempo, diretamente proporcionais aos números 6 e 10 e inversamente proporcionais aos números 2 e 5.

Sejam **a** e **b** as partes procuradas. Daí, devemos ter:

$$\frac{a}{6/2} = \frac{b}{10/5} = k$$

$$\frac{a}{3} = \frac{b}{2} = k\left(I\right)$$

Além disso, como o número total a ser fracionado é 160, temos:

$$a+b=160(II)$$

Aplicando a **propriedade da soma dos antecedentes** em (I), obtemos:

$$\frac{a+b}{3+2}=k$$

$$\frac{160}{5}=k$$

$$k=32$$

Agora que encontramos o valor da **constante de proporcionalidade** basta substituí-lo nas igualdades da proporção e realizar as contas para descobrir o valor de cada uma das partes:

- **Valor de a:** $3k=3.32=96$
- **Valor de b:** $2k=2.32=64$

Portanto, na divisão proposta 96 unidades caberão a **a**, enquanto **b** receberá 64 das 160 unidades.

Veja como esse assunto já foi cobrado!

QUESTÃO 36 (IBADE – Recenseador/IBGE/2020) Fernanda e Daniel jogaram juntos na loteria e acertaram cinco números, gerando um prêmio de R$750.000,00. Fernanda investiu R$80,00 e Daniel R$70,00 sobre o total do valor apostado, por isso o prêmio foi dividido em partes diretamente proporcionais à participação de cada um na aposta. Qual a parte que coube a Daniel?

a) R$300.000,00

b) R$315.000,00

c) R$325.000,00

d) R$330.000,00

e) R$350.000,00

RESOLUÇÃO:

Sejam **f** e **d** as quantias devidas a Fernanda e Daniel, respectivamente.

Já sabemos que a **razão** entre duas grandezas **diretamente** proporcionais é uma **constante**. Como Fernanda investiu R$ 80,00 e Daniel R$ 70,00, podemos escrever:

$$\frac{f}{80} = \frac{d}{70} = k$$

Assim, podemos concluir que:

$$f = 80k$$

$$d = 70k$$

Como o prêmio é no valor de R$ 750.000,00, temos:

$$80k + 70k = 750000$$

$$k = \frac{750000}{150} = 5000$$

Portanto, a parte que coube a Daniel é dada por:

$$d = 70k = 70 . 5000 = 350.000$$

Gabarito: E.

QUESTÃO 37 (FCC/METRÔ-SP/Téc/2014) Anita e Carla trabalham em um restaurante e decidiram repartir R$ 480,00 arrecadados com gorjetas usando um critério nada usual. Atribuindo-se numeração crescente às letras do nosso alfabeto (A-1, B-2, C-3, ..., Y-25, Z-26), cada uma receberia a parcela dos R$ 480,00 diretamente proporcional à soma numérica das letras do seu primeiro nome (Anita e Carla). Por esse acordo, a diferença de valores na partilha entre as duas será de

a) R$ 64,00 b) R$ 60,00 c) R$ 58,00 d) R$ 70,00 e) R$ 68,00

RESOLUÇÃO:

O enunciado cita que Anita e Carla decidiram repartir R$ 480,00 arrecadados com gorjetas num restaurante em que trabalham. No entanto, o critério adotado para a divisão foi bem diferenciado, qual seja, atribuindo-se numeração crescente às letras do nosso alfabeto. Logo, temos:

$$A + N + I + T + A = 1 + 14 + 9 + 20 + 1 = 45$$

$$C + A + R + L + A = 3 + 1 + 18 + 12 + 1 = 35$$

Em seguida, temos a informação de que cada uma receberia a parcela dos R$ 480,00 diretamente proporcional à soma numérica das letras do seu primeiro nome. Com isso, sendo a e b as parcelas que cabem, respectivamente, a Anita e Carla, podemos montar a seguinte proporção:

$$\frac{a}{45}=\frac{b}{35}=k\left(I\right)$$

Além disso, como o valor total das gorjetas a ser repartido entre as garçonetes é de R$ 480,00, temos:

$$a+b=480\left(II\right)$$

Aplicando a **propriedade da soma dos antecedentes** em (I), obtemos:

$$\frac{a+b}{80}=\mathrm{k}$$

Substituindo (II) na igualdade acima, encontramos:

$$\frac{480}{80}=k$$

$$\boldsymbol{k}=6$$

Por fim, vamos substituir o valor da **constante de proporcionalidade** nas parcelas da proporção:

- **Valor de a:** $45k=45.6=270$
- **Valor de b:** $35k=35.6=210$

O nosso objetivo consiste em obter **a diferença de valores na partilha entre as duas**. Logo:

$$a-b=270-210=\boldsymbol{R}\$60$$

Gabarito: B.

QUESTÃO 38 (FCC/CL-DF/Téc Leg/2018) Miguel, Otávio e Pedro foram convocados para realizar um trabalho emergencial. Para recompensá-los posteriormente, decide-se dividir uma quantia em reais entre os 3 em partes diretamente proporcionais ao tempo dedicado de cada um para realizar o trabalho e inversamente proporcionais às respectivas idades. Sabe-se que Miguel dedicou 4 horas para o trabalho e sua idade é igual a 30 anos, Otávio dedicou 8 horas e sua idade é igual a 40 anos e Pedro dedicou 15 horas e sua idade é igual a 60 anos. Se a menor parte correspondente a esta divisão foi de 4.800, então a maior parte foi igual a

a) R$ 7.200,00

b) R$ 9.000,00

c) R$ 6.000,00

d) R$ 12.000,00

e) R$ 8.400,00

RESOLUÇÃO:

Vamos chamar de **M**, **T** e **P** as partes que caberão, respectivamente, a Miguel, Otávio e Pedro.

É dito que a divisão da recompensa será realizada em partes **diretamente** proporcionais ao **tempo** dedicado e **inversamente** proporcionais às respectivas **idades**.

Conforme os dados do enunciado, montamos a proporção:

$$\mathbf{M/(4/30) = T/(8/40) = P/(15/60)} = k$$

Em que k é a constante de proporcionalidade.

Podemos simplificar as frações:

$$M/(2/15) = T/(1/5) = P/(1/4) = k$$

Como o mínimo múltiplo comum dos denominadores é mmc(15, 5, 4) = 60, podemos multiplicar todas as frações dos denominadores por 60:

$60 \times (2/15) = 8$

$60 \times (1/5) = 12$

$60 \times (1/4) = 15$

Assim, a proporção inicial fica:

$$M/8 = T/12 = P/15 = k$$

Dessa forma, cada um receberá:

- Miguel: 8k

- Otávio: 12k

- Pedro: 15k

Note que a menor parte foi recebida por Miguel, a qual corresponde a 4.800 reais. Logo:

$$8k = 4.800$$

$$\mathbf{k = 600}$$

Por fim, a maior parte foi recebida por Pedro, que ficou com 15k = 15 × 600 = **9.000 reais**.

Gabarito: B.

QUESTÃO 39 (FGV/CAERN/Ag Adm/2010) Dividindo-se 11.700 em partes proporcionais a 1, 3 e 5, a diferença entre a maior das partes e a menor delas é

a) 6.500 b) 5.500 c) 5.800 d) 5.200 e) 5.000

RESOLUÇÃO:

Sejam, **a**, **b** e **c** as três partes procuradas. Visto que a **razão** entre grandezas **diretamente proporcionais** é uma constante, temos:

$$\frac{a}{1}=\frac{b}{3}=\frac{c}{5}=k(\boldsymbol{I})$$

Além disso, como a soma das três partes deve ser 11700, temos:

$$a+b+c=11700(\boldsymbol{II})$$

Aplicando a **propriedade da soma dos antecedentes** em (I), obtemos:

$$\frac{a+b+c}{1+3+5}=k$$

Substituindo (II) na igualdade acima, encontramos:

$$k=\frac{11700}{9}=1300$$

Agora que encontramos o valor da **constante de proporcionalidade** basta substituí-lo nas igualdades da proporção e realizar as contas para descobrir o valor de cada uma das partes:

- **Valor de a:**
- **Valor de b:**
- **Valor de c:**

Questão concluída? Com certeza não, pois o nosso objetivo consiste em obter a **diferença entre a maior e a menor parte**. Logo:

Gabarito: D.

QUESTÃO 40 (FGV/BNB/Ana Banc/2014) Francisco não tinha herdeiros diretos e assim, no ano de 2003, no dia do seu aniversário, fez seu testamento. Nesse testamento declarava que o saldo total da caderneta de poupança que possuía deveria ser dividido entre seus três sobrinhos em partes proporcionais às idades que tivessem no dia de sua morte. No dia em que estava redigindo o testamento, seus sobrinhos tinham 12, 18 e 20 anos. Francisco morreu em 2013, curiosamente, no dia do seu aniversário e, nesse dia, sua caderneta de poupança tinha exatamente R$ 300.000,00. Feita a divisão de acordo com o testamento, o sobrinho mais jovem recebeu:

a) R$ 72.000,00

b) R$ 82.500,00

c) R$ 94.000,00

d) R$ 112.500,00

e) R$ 120.000,00

RESOLUÇÃO:

Atenção total, meu amigo! Note que às idades dos sobrinhos anunciadas no texto da questão precisaram ser adicionados 10 anos, pois Francisco fez o testamento em 2003, mas só morreu em 2013. Portanto, passaram 10 anos entre o momento em que elaborou o testamento e o momento em que faleceu. Logo:

Idade inicial	Idade final
12	22
18	28
20	30

No seu testamento, Francisco declarava que o saldo total da caderneta de poupança que possuía deveria ser dividido entre seus três sobrinhos em partes proporcionais às idades que tivessem no dia de sua morte. Com isso, sendo a, b e c as parcelas que cabem a cada um dos sobrinhos, podemos montar a seguinte proporção:

$$\frac{a}{22}=\frac{b}{28}=\frac{c}{30}=k\,(I)$$

Além disso, como o valor total da caderneta de poupança de Francisco possuía um saldo de R$ 300.000,00, temos:

$$a+b+c=300000\,(II)$$

Aplicando a **propriedade da soma dos antecedentes** em (I), obtemos:

$$\frac{a+b+c}{80}=k$$

Substituindo (II) na igualdade acima, encontramos:

$$\frac{300000}{80}=k$$

$$\boldsymbol{k}=3750$$

Por fim, vamos substituir o valor da **constante de proporcionalidade** nas parcelas da proporção:

- **Valor de a**: $22k=22.3750=82500$
- **Valor de b**: $28k=28.3750=105000$
- **Valor de c**: $30k=30.3750=112500$

Dessa forma, o sobrinho mais jovem (22 anos de idade) recebeu a título de herança o valor de **R$ 82.500**.

Gabarito: B.

QUESTÃO 41 (VUNESP/Pref Suzano/Aux/2015) Em um concurso de redação, foram premiados os 2 primeiros colocados. Todo o prêmio era composto de 32 livros, repartidos entre os dois finalistas em partes inversamente proporcionais ao número de erros que tiveram na redação. Sabendo-se que o primeiro colocado teve 3 erros, e o segundo, 5 erros, o número de livros recebidos pelo primeiro colocado foi

a) 24 b) 21 c) 20 d) 19 e) 18

RESOLUÇÃO:

Sejam:

a: Número de livros que caberá ao primeiro colocado;

b: Número de livros que caberá ao segundo colocado.

O enunciado informa que a divisão de livros no concurso de redação foi realizada entre os dois finalistas em partes **inversamente proporcionais** ao número de erros que tiveram na redação. Logo:

$$\frac{a}{\frac{1}{3}}=\frac{b}{\frac{1}{5}}=k\left(\boldsymbol{I}\right)$$

Além disso, como a quantia total de livros a ser dividida é 32, temos:

$$a+b=32(\boldsymbol{II})$$

Aplicando a **propriedade da soma dos antecedentes** em (I), obtemos:

$$\frac{a+b}{\frac{1}{3}+\frac{1}{5}}=k$$

$$\frac{32}{\frac{1}{3}+\frac{1}{5}}=k$$

Visto que o **MMC** entre 3 e 5 é **15**, obtemos:

$$\frac{32}{\frac{5+3}{15}}=k$$

$$k=32.\frac{15}{8}=60$$

Agora que encontramos o valor da **constante de proporcionalidade** basta substituí-lo na igualdade da proporção referente ao número de livros recebidos pelo primeiro colocado:

$$a=\frac{1}{3}.k=\frac{1}{3}.60=20$$

Gabarito: C.

10. REGRA DE TRÊS

Regra de Três é a operação de cálculo utilizada para resolver problemas em que estão envolvidas duas ou mais grandezas direta ou inversamente proporcionais. Existem dois tipos de regras de três: a **simples** e a **composta**. Em qualquer das duas, porém, seguiremos os seguintes **passos** com vistas a solucionar a questão proposta:

1º) Construir uma tabela, agrupando as grandezas em colunas, mantendo a grandeza da incógnita na coluna mais à esquerda e relacionando cada valor a sua grandeza;

2º) Verificar as grandezas em relação à grandeza da variável que se deseja obter, identificando se são direta ou inversamente proporcionais;

3º) Inverter os valores das grandezas inversamente proporcionais à grandeza da variável, *caso seja necessário*;

4º) Montar a proporção, com somente a razão da incógnita à esquerda da igualdade, e resolver a equação.

RELEMBRANDO

Duas grandezas são **diretamente proporcionais** quando, **aumentando** uma delas, a outra também **aumenta** na mesma proporção, ou, **diminuindo** uma delas, a outra também **diminui** na mesma proporção.

Duas grandezas são **inversamente proporcionais** quando, **aumentando** uma delas, a outra também **diminui** na mesma proporção, ou, **diminuindo** uma delas, a outra também **aumenta** na mesma proporção.

É muito importante que você consiga diferenciar corretamente a relação existente entre as grandezas que o problema vier a apresentar! Destacamos a seguir a tabela produzida pelos autores Luiz Cláudio Cabral e Mauro César Nunes[3], na qual demonstram algumas **relações diretas** ou **inversas** entre grandezas comumente cobradas em provas de concursos públicos:

Grandezas	Relação	Descrição
Nº de funcionário X Serviço	**Direta**	***Mais*** funcionários contratados demanda ***mais*** serviço produzido
Nº de funcionário X Tempo	**Inversa**	***Mais*** funcionários contratados exigem ***menos*** tempo de trabalho
Nº de funcionário X Eficiência	**Inversa**	***Mais*** eficiência (dos funcionários) exige ***menos*** funcionários contratados

3. CABRAL, Luiz Cláudio; NUNES, Mauro César. Matemática Básica Explicada Passo a Passo. Rio de Janeiro: Elsevier, 2013.

Nº de funcionário X Grau de dificuldade	**Direta**	Quanto ***maior*** o grau de dificuldade de um serviço, ***mais*** funcionários deverão ser contratados
Serviço X Tempo	**Direta**	***Mais*** serviço produzido exige ***mais*** tempo para realizá-lo
Serviço X Eficiência	**Direta**	Quanto ***maior*** for a eficiência dos funcionários, ***mais*** serviço será produzido
Serviço X Grau de dificuldade	**Inversa**	Quanto ***maior*** for o grau de dificuldade de um serviço, ***menos*** serviços serão produzidos
Tempo X Eficiência	**Inversa**	Quanto ***maior*** for a eficiência dos funcionários, ***menos*** tempo será necessário para realizar um determinado serviço
Tempo X Grau de dificuldade	**Direta**	Quanto ***maior*** o grau de dificuldade de um serviço, ***mais*** tempo será necessário para realizá-lo

Às vezes temos dificuldade para decidirmos se duas grandezas são direta ou indiretamente proporcionais. Experimente trocar as grandezas. Por exemplo, queremos saber a relação entre tempo e grau de dificuldade. Tentamos imaginar se aumentarmos o tempo se o grau de dificuldade vai aumentar ou diminuir e não conseguimos. Tente trocar a ordem, imagine que se aumentar o grau de dificuldade, o tempo aumentará ou diminuirá. Enfim, experimente nos dois sentidos que garantimos que um deles você chegará a uma conclusão. Tanto faz a ordem que escolher para relacionar duas grandezas, a relação entre elas terá que ser a mesma.

- **Regra de Três Simples**: é o método que utilizaremos quando estiverem envolvidas apenas **duas grandezas**, onde o objetivo consiste em achar a variável faltante.

Vale salientar que a regra de três simples possui duas **subdivisões**, a depender da relação de proporção existente entre as grandezas envolvidas na questão:

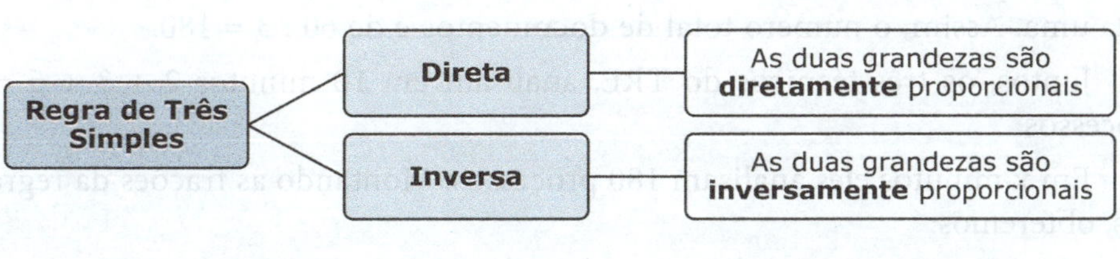

- **Regra de Três Composta**: é seguido o mesmo raciocínio da Regra de Três Simples, mudando apenas o fato de que **mais de duas grandezas** estarão abrangidas no enunciado da questão.

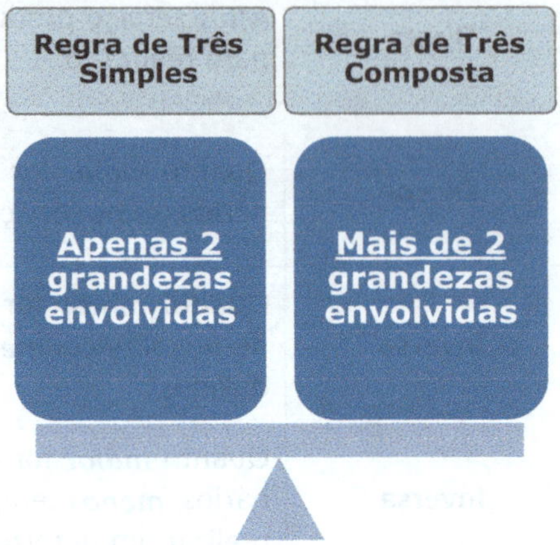

Veja como esse assunto já foi cobrado!

QUESTÃO 42 (CEBRASPE/TRE-GO/Téc Jud/2015) André, Bruno e Carlos, técnicos de um TRE, começaram a analisar, no mesmo instante e individualmente, as prestações de contas das campanhas de três candidatos, compostas de 60 documentos cada uma. Cada um dos técnicos deveria analisar as contas de um candidato. Ao terminar a análise de sua parte, Carlos, sem perda de tempo, passou a ajudar Bruno e, quando os dois terminaram a parte de Bruno, eles se juntaram, imediatamente, a André, até que os três juntos terminaram todo o trabalho, cada um mantendo o seu ritmo até o final.

Com relação a essa situação hipotética, julgue o item seguinte, considerando que em 10 minutos de trabalho, André analise 2 documentos, Bruno, 3 documentos e Carlos, 5.

A análise de todos os documentos foi feita em mais de 5 horas.

RESOLUÇÃO:

Cada prestação de contas, dos três candidatos, é composta por 60 documentos cada uma. Assim, o número total de documentos é de 60 . 3 = 180.

Juntos, os três técnicos do TRE, analisam em 10 minutos 2 + 3 + 5 = 10 processos.

Em **x** minutos eles analisam 180 processos. Montando as frações da regra de três, obteremos:

$$\frac{10\,min}{x\,min} = \frac{10\,processos}{180\,processos}$$

Resolvendo a regra de três, por meio da aplicação das propriedades das proporções, teremos:

$$10x = 180 \;.\; 10 \Rightarrow x = \mathbf{180}$$

Logo, a tarefa foi realizada em **180 min = 3 horas**.

Gabarito: Errado.

QUESTÃO 43 (FCC/TRT 16ª Região/Ana Jud/2014) André pensou que realizaria uma tarefa em 20 dias, porém, levou 20 dias a mais porque trabalhou 3 horas a menos por dia. Se a produtividade de André por hora se manteve sempre a mesma durante a realização da tarefa, o número de horas diárias que André dedicou à realização da tarefa foi igual a

a) 6. b) 5. c) 5,5. d) 3,5. e) 3.

RESOLUÇÃO:

É bem possível que você já tenha notado que a atividade principal na resolução de uma questão de regra de três é a **montagem da tabela**, pois é necessário relacionar corretamente as grandezas envolvidas aos seus respectivos valores e determinar acertadamente a variável faltante. Se você não tiver sucesso nessa etapa, certamente errará a questão!

Sendo assim, o enunciado do presente exercício exige bastante atenção na montagem da tabela. Muita atenção! Vamos lá.

1º) **Construir uma tabela**, agrupando as grandezas em colunas e relacionando cada valor a sua grandeza:

Quantidade de dias	Tempo	
20	**x**	↑
40	**x – 3**	

2º) **Verificar as grandezas** em relação à grandeza da variável que se deseja obter, identificando se são direta ou inversamente proporcionais.

Para isso, no caso da presente questão, precisamos nos perguntar:

*"Se **aumenta** o tempo gasto na realização da tarefa, **aumenta** ou **diminui** a quantidade de dias para realiza-la?"*

Ora, se **aumentarmos** o tempo diário gasto na realização da tarefa, então precisaremos de **menos** dias para conclui-la. Logo, as grandezas são **inversamente** proporcionais! Portanto, para André levar **mais** 20 dias para concluir a tarefa, ele teve que trabalhar **menos** tempo por dia! Graficamente, temos:

	Tempo	Quantidade de dias	
↑	x	20	↓
	x – 3	40	

3º) **Inverter os valores** das grandezas inversamente proporcionais à grandeza da variável, *caso seja necessário*:

De fato, <u>as setas precisam estar no mesmo sentido</u>! Para isso, basta inverter os valores da grandeza "quantidade de dias":

	Tempo	Quantidade de dias	
↑	x	40	↑
	x – 3	20	

4º) **Montar** a proporção e **resolver** a equação:

$$\frac{x}{x-3}=\frac{40}{20}$$

$$20\,.x=40\,.(x-3)$$

$$20\,.x=40\,.x-120$$

$$x=\frac{120}{20}=6\ \textbf{\textit{horas}}$$

Terminamos a questão? Não! Na verdade, o "**x**" representa o **tempo** que André teria que trabalhar para executar a tarefa em **20 dias**. Contudo, o enunciado deixou claro que ele **trabalhou 3 horas a menos por dia**. Assim, André dedicou à realização da tarefa 6 – 3 = **3 horas**.

Gabarito: E.

QUESTÃO 44 (FCC/Câmara Municipal-SP/Téc Adm/2014) O trabalho de varrição de 6.000 m^2 de calçadas é feita em um dia de trabalho por 18 varredores trabalhando 5 horas por dia. Mantendo-se as mesmas proporções, 15 varredores varrerão 7.500 m^2 de calçadas, em um dia, trabalhando por dia, o tempo de

a) 8 horas e 15 minutos. b) 9 horas. c) 7 horas e 45 minutos.
d) 7 horas e 30 minutos. e) 5 horas e 30 minutos.

RESOLUÇÃO:

É muito fácil reconhecer uma questão de **regra de três composta**, pois são fornecidos no mínimo **cinco valores** relacionados a no mínimo **três grandezas**, e em seguida a questão solicita que encontremos o **valor faltante**, que completa a proporção (direta ou inversa). Note que é exatamente isso o que ocorre nesta questão!

Identificado o assunto, basta que sigamos os passos do caminho da resolução de uma questão de regra de três.

1º) **Construir uma tabela**, agrupando as grandezas em colunas e relacionando cada valor a sua grandeza. E facilitará a nossa vida se colocarmos a coluna referente à incógnita mais à esquerda na tabela:

Tempo	Quantidade de trabalhadores	Área
5 horas	18	6000 m^2
x	15	7500 m^2

2º) **Verificar as grandezas** em relação à grandeza da variável que se deseja obter, identificando se são direta ou inversamente proporcionais:

- Se **aumentarmos** o número de horas trabalhadas, **aumenta** a área a ser varrida.
- Se **aumentarmos** o número de horas trabalhadas, **diminui** o número de varredores.

Esquematizando, temos:

Tempo		Quantidade de trabalhadores		Área	
↑	5 horas	↓	18	↑	**6000 m^2**
	x		15		**7500 m^2**

3º) **Inverter os valores** das grandezas inversamente proporcionais à grandeza da variável, *caso seja necessário*:

De fato, as setas precisam estar no mesmo sentido! Para isso, basta inverter os valores da grandeza "quantidade de trabalhadores":

Tempo		Quantidade de trabalhadores		Área	
↑	5 horas	↑	15	↑	6000 m²
	x		18		7500 m²

4º) **Montar** a proporção, com somente a razão da incógnita à esquerda da igualdade, e **resolver** a equação, multiplicando nas diagonais os valores das grandezas envolvidas:

$$\frac{5}{x}=\frac{15}{18}.\frac{6000}{7500}$$

$$x=\frac{7500\,.18\,.5}{6000\,.15}=7{,}5\text{horas}$$

Assim, levará **7 horas e 30 minutos** para a conclusão do serviço.

Gabarito: D.

QUESTÃO 45 (FCC/AL-PB/Ass Leg/2013) Oito pessoas conseguem produzir 32 brinquedos em 6 dias de trabalho. Considerando a mesma produtividade, o número de pessoas necessárias para que se possam produzir 48 brinquedos em 3 dias é

a) 12. b) 16. c) 24. d) 18. e) 4.

RESOLUÇÃO:

Mais uma questão de **regra de três composta**. Já sabemos que deveremos seguir os 4 (quatro) passos do caminho de resolução! Vamos lá.

Sabemos que o primeiro passo consiste em **construir uma tabela**, agrupando as grandezas em colunas e relacionando cada valor a sua grandeza. Logo:

Nº de pessoas	Quantidade de brinquedos	Tempo
8	32	6 dias
x	48	3 dias

Agora, vamos **verificar as grandezas** em relação à grandeza da variável que se deseja obter, identificando se são direta ou inversamente proporcionais:

- Se **aumentarmos** o número de pessoas trabalhando, **aumenta** o número de brinquedos.
- Se **aumentarmos** o número de pessoas trabalhando, **diminui** o número de dias necessários para concluir o serviço.

Esquematizando, temos:

Nº de pessoas		Quantidade de brinquedos		Tempo	
↑	8	32	↑	6 dias	↓
	x	48		3 dias	

Em seguida, devemos **inverter os valores** das grandezas inversamente proporcionais à grandeza da variável:

Quantidade de brinquedos		Nº de pessoas		Tempo	
↑	32	8	↑	3 dias	↑
	48	x		6 dias	

Por fim, vamos **montar** a proporção e **resolver** a equação:

$$\frac{8}{x} = \frac{32}{48} \cdot \frac{3}{6}$$

$$x = \frac{8 \cdot 48 \cdot 6}{32 \cdot 3} = 24 \text{ pessoas}$$

Gabarito: C.

QUESTÃO 46 (VUNESP - Assist Gestão/CMBP/2020) Determinado tipo de máquina, trabalhando sem interrupção, produz 340 peças em 1 hora e 42 minutos. O número de máquinas, de mesmo rendimento e eficiência que esta, todas trabalhando sem interrupções, que são necessárias para que se possa produzir 900 peças em 54 minutos, é igual a

a) 2 b) 3 c) 4 d) 5 e) 6

RESOLUÇÃO:

O enunciado informa que 1 máquina produz 340 peças em 60 + 42 = 102 minutos. Proporcionalmente, x máquinas produzem 900 peças em 54 minutos:

Máquinas	Nº de peças	Tempo
1	340	**102**
X	900	**54**

Vamos **verificar as grandezas** em relação à grandeza da variável que se deseja obter:

- Se **aumentarmos** o número de máquinas trabalhando, **aumenta** o número de peças produzidas (**diretamente** proporcionais).
- Se **aumentarmos** o número de máquinas trabalhando, **diminui** o tempo necessário para concluir o serviço (**inversamente** proporcionais).

Máquinas	Nº de peças	Tempo
1	340	**54**
X	900	**102**

Por fim, vamos **montar** a proporção e **resolver** a equação:

$$\frac{1}{x} = \frac{340}{900} \cdot \frac{54}{102}$$

$$x = \frac{1 \,.\, 90 \,.\, 102}{34 \,.\, 54} = 5$$

Portanto, são necessárias **5 máquinas** trabalhando.

Gabarito: D.

PROCEDIMENTO PRÁTICO

Após aprendermos a forma padrão para resolvermos as questões de regra de três composta, conheceremos um procedimento prático, o qual facilitará muito a nossa vida. Será mais fácil percebermos a forma de aplicá-lo por meio da resolução de algumas questões.

QUESTÃO 47 (FGV/AL-RO/Ana Leg/2018) Três analistas analisam doze processos em dois dias. Com a mesma eficiência, em quantos dias dois analistas analisarão vinte e quatro processos?

a) Doze. b) Dez. c) Oito. d) Seis. e) Quatro.

RESOLUÇÃO:

Repare que no enunciado estão presentes as seguintes grandezas: 1) quantidade de analistas, 2) número de processos analisados e 3) quantidade de dias de trabalho.

Agora, é fundamental perceber que em toda questão de regra de três composta teremos a presença de grandezas que fazem parte do **processo** ou das atividades da operação descrita na questão e da grandeza correspondente ao **produto** final ou ao resultado da mesma operação.

No nosso caso, o produto final da operação diz respeito aos processos analisados; as demais grandezas (analistas e dias de trabalho) fazem parte do processo. Assim, o **primeiro passo** para aplicação deste procedimento prático é identificar na questão quais são as grandezas relacionadas ao processo e qual é a grandeza referente ao produto da operação.

Em seguida, o **segundo passo** consiste em fazer o **desenho** da resolução da questão de regra de três composta, que possui a forma de **X**. Nele, inserimos à esquerda os valores das grandezas do processo, enquanto na direita ficam os valores da grandeza do produto da operação. Desse modo, ficamos com:

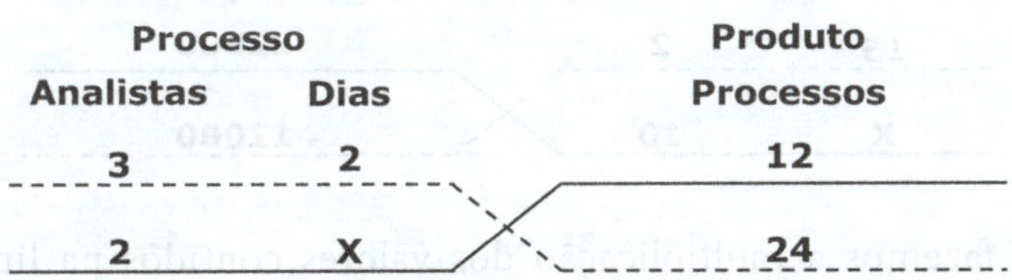

Veja que fizemos as linhas do **X** em formatos diferentes, em que uma delas é tracejada. Isto foi proposital. Agora entra em cena o **terceiro passo** do nosso procedimento prático. Iremos multiplicar entre si todos os valores da linha tracejada e igualar com a multiplicação dos valores contidos na outra linha:

$$3 \,.\, 2 \,.\, 24 = 2 \,.\, X \,.\, 12$$

$$\mathbf{X} = (3 \,.\, 24) \,/\, 12 = \mathbf{6}$$

Portanto, serão necessários **6 dias** para a conclusão da tarefa.

Gabarito: D.

Note que a praticidade deste macete reside no fato de que não precisamos nos preocupar em verificar se as grandezas são direta ou inversamente proporcionais em relação à grandeza de referência, como fazemos no método padrão. E isso representa um ganho enorme de tempo na hora de resolvermos questões de regra de três composta, não é mesmo?

Mas vamos solucionar mais questões aplicando este macete. Precisamos ganhar agilidade, confiança e prática na sua utilização!

QUESTÃO 48 (VUNESP/Câmara de Nova Odessa/Ass Leg/2018) Em uma indústria, 15 máquinas iguais, de mesmo rendimento, produzem 22500 unidades de certa peça em 5 horas de funcionamento simultâneo e ininterrupto. Desse modo, para produzir 12000 unidades dessa mesma peça em 10 horas de funcionamento simultâneo e ininterrupto, será necessário utilizar uma quantidade, das mesmas máquinas, igual a

a) 4. b) 5. c) 6. d) 7. e) 8.

RESOLUÇÃO:

Primeiramente, devemos identificar a grandeza que representa o **produto** final da operação descrita no enunciado. Nesse caso, ela está relacionada ao que a indústria produz, que são **peças**. As demais grandezas fazem parte do processo para a fabricação dessas peças, ou seja, as máquinas e as suas horas de funcionamento.

Assim, podemos montar nosso esquema, sabendo que nosso objetivo consiste em obter a quantidade de máquinas (nossa incógnita):

Processo		Produto
Máquinas	**Horas**	**Peças**
15	**2**	**22500**
X	**10**	**12000**

Por fim, fazemos a multiplicação dos valores contidos na linha tracejada, igualando-os ao produto entre os valores presentes na outra linha:

$$X \;.\; 10 \;.\; 22500 = 15 \;.\; 2 \;.\; 12000$$

$$\mathbf{X = (15 \;.\; 2 \;.\; 12) \;/\; (10 \;.\; 225) = 4}$$

Assim, serão necessárias **4 máquinas** para a realização da tarefa.

Gabarito: A.

QUESTÃO 49 (FEPESE/CELESC/Téc ST/2018) Em uma linha de montagem, 32 pessoas produzem 120 unidades do produto "A" a cada 6 dias. Logo, quantas pessoas são necessárias para produzir 320 unidades do produto "A" a cada 2 dias?

a) Menos do que 260.

b) Mais do que 260 e menos que 290.

c) Mais do que 290 e menos que 330.

d) Mais do que 330 e menos que 370.

e) Mais do que 370.

RESOLUÇÃO:

A grandeza relacionada ao resultado final da operação é a quantidade de produtos produzidos, as demais grandezas (pessoas e dias) fazem parte do processo. Queremos descobrir quantas pessoas serão alocadas na nova tarefa. Logo:

Processo		Produto
Pessoas	**Dias**	**Produção**
32	6	120
X	2	320

Agora multiplicamos os valores contidos na linha tracejada, igualando-os ao produto entre os valores presentes na outra linha:

X . 2 . 120 = 32 . 6 . 320

X = (32 . 6 . 320) / (2 . 120) = 256

Assim, deverão ser destinadas **256 pessoas** para a nova tarefa, que corresponde a uma quantidade menor que 260.

Gabarito: A.

QUESTÃO 50 (CESGRANRIO - CNU/Bloco 8/2024) Um certo tipo de arroz integral orgânico contém 54 mg de magnésio em cada porção de 50 g. Quantos miligramas de magnésio estão contidos em 75 g desse arroz?

a) 50 b) 54 c) 75 d) 81 e) 100

RESOLUÇÃO:

Observe que quanto mais arroz, mais magnésio haverá. Assim, estamos diante de grandezas **diretamente** proporcionais.

Montando a proporção fica:

50g de arroz................54mg de magnésio

75g de arroz............... x

Agora, podemos multiplicar os valores na diagonal:

50 . x = 54 . 75

50x = 4050

x = 4050 / 50

x = 81 gramas

Portanto, estão contidos 81 miligramas de magnésio em 75g de arroz.

Gabarito: D.

QUESTÃO 51 (CESGRANRIO - CNU/Bloco 8/2024) Uma bomba com vazão de 2 litros de água por segundo consegue encher uma determinada piscina, inicialmente vazia, em 4h10min. Quantas toneladas mede a massa de água contida nessa piscina, quando cheia?

a) 2,5 b) 3,0 c) 15,0 d) 25,0 e) 30,0

RESOLUÇÃO:

Como 1h = 60min, então, 4h10min = 4 × 60 + 10 = 240 + 10 = 250min.

E já que 1min = 60s, então 250min = 250 × 60 = 15.000s.

Agora, podemos calcular quantos litros de água uma bomba que tem vazão de 2 litros de água por segundo vai colocar na piscina em 15.000 segundos. Para isso, montamos uma **regra de três simples**:

$$2 \text{ litros} \longrightarrow 1\text{s}$$

$$x \longrightarrow 15.000\text{s}$$

Podemos multiplicar os valores na diagonal:

$$x = 2 \,.\, 15000 = \mathbf{30.000\ litros}$$

Visto que 1 litro =1kg de água, então 30.000 litros = 30.000 × 1 = 30.000kg de água.

Portanto, já que 1.000kg = 1 tonelada, então 30.000kg = 30.000 / 1.000 = **30 toneladas**.

Gabarito: E.

11. PORCENTAGEM

Inicialmente, precisamos compreender a **ideia da porcentagem**. Entender bem isso vai ser fundamental no seu progresso deste assunto. A boa notícia é que se trata de um conceito simples e prático. Bem, imagine uma notícia num jornal televisivo informando que o custo de vida no Brasil aumentou 16%. Ora, isso indica que a cada R$ 100,00 houve um aumento de R$ 16,00. Da mesma forma, a cada R$ 200,00 existe um acréscimo de R$ 32,00. E assim por diante. Desse modo, temos que a expressão 16% significa 16 a cada 100.

Da mesma forma, suponha, agora, que uma loja está oferecendo um desconto de 12% em todas as suas mercadorias. Isso significa que a cada R$ 100,00 em compras o cliente terá um desconto de R$ 12,00.

BIZU!

A expressão p% significa p a cada 100.

Existem três maneiras de **representar** o número percentual:

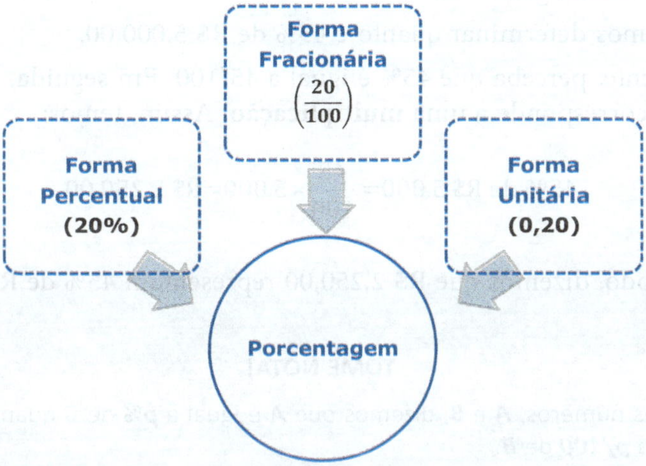

Apresentaremos a seguir formas práticas de resolução para determinar o **cálculo da porcentagem de um número**.

Imagine uma prova com 40 questões, sendo que cada uma delas vale 1 ponto. Se fiz 18 pontos, qual foi o meu desempenho em termos percentuais?

Vamos aplicar na resolução deste problema um artifício interessante, simples e bem objetivo para obtermos um **percentual**. Consiste em dividir a **parte** pelo **todo** e multiplicar o resultado pelo **total**:

$$\frac{\text{Parte}}{\text{Todo}} \times \text{Total} = \text{Percentual}$$

Aplicando isso ao caso que estamos tratando, o "todo" é a quantidade máxima de pontos que alguém pode conseguir na prova. Por sua vez, a "parte" é o quanto acertei do "todo". E o "total" é 100%, já que o enunciado não impôs limite quanto ao número de questões que estamos lidando. Logo:

$$\frac{18}{40} \times 100\% = \frac{18}{40} \times 1 = 0{,}45 = 45\%$$

Assim, nessa prova consegui acertar **45%** dos pontos possíveis.

Dado o **percentual**, para achar a quantidade referente à **parte**, basta multiplicar o percentual pelo **todo**.

$$\textit{Parte} = \textit{Todo x Percentual}$$

Embora não seja a única, essa comparação de **parte** e **todo** é a utilização mais frequente da porcentagem.

Agora vamos determinar quanto é 45% de R$ 5.000,00.

Inicialmente, perceba que 45% é igual a 45/100. Em seguida, note que a expressão "DE" corresponde a uma **multiplicação**. Assim, temos:

$$45\% \text{ de R\$ } 5.000 = \frac{45}{1\cancel{00}} \times 5.0\cancel{00} = \text{R\$ } 2.250{,}00$$

Desse modo, dizemos que R$ 2.250,00 representam 45% de R$ 5.000,00.

TOME NOTA!

Dados dois números, ***A*** e ***B***, dizemos que ***A*** é igual a ***p%*** de ***B*** quando o valor ***A*** é igual a ***p/100*** de ***B***.

$$A \text{ é } p\% \text{ de } B \leftrightarrow A = \frac{p}{100}.B$$

Também poderíamos solucionar o problema por meio de uma regra de três:

Quantia	Porcentagem
R$ 5.000,00	100%
x	45%

Multiplicando as diagonais, obtemos:

$$100X = 5.000 \times 45 \Rightarrow X = \frac{225.0\cancel{00}}{1\cancel{00}} = R\$2.250{,}00$$

Adicionalmente, precisamos saber efetuar o **cálculo de um número dada uma porcentagem**. Neste sentido, imagine uma prova em que 9 alunos reprovaram, os quais representam 36% do total de alunos. Esta turma é composta por quantos alunos?

Um caminho de resolução consiste no uso de uma **regra de três simples**, em que 9 corresponde a 36% e o total de alunos (T) refere-se a 100%:

Alunos	Porcentagem
9	36%
T	100%

Multiplicando as diagonais, obtemos:

$$36T = 100 \times 9 \Rightarrow T = \frac{900}{36} = 25$$

Assim, há 25 alunos na turma.

Outra maneira de resolvermos o problema é por meio do conceito de porcentagem. De acordo com as informações apresentadas, temos que 36% do total de alunos corresponde a 9 alunos. Portanto:

$$\frac{36}{100} \times T = 9$$

Passando o número 100 multiplicando para o outro lado, obtemos:

$$36T = 9 \times 100 \Rightarrow T = \frac{900}{36} = 25$$

Chegamos ao <u>mesmo resultado</u>, mas a aplicação dos nossos conhecimentos de porcentagem mostra-se **bem mais prática** quando comparada ao artifício da regra de três.

Veja como esse assunto já foi cobrado!

QUESTÃO 52 (CESGRANRIO – Liquigás/Ass Adm/2013) Em janeiro de 2013, uma empresa demitiu 12 de seus 150 empregados e teve 3 empregados licenciados por motivos de saúde. Qual o índice de desligamentos do mês?

a) 15% b) 12% c) 10% d) 8% e) 5%

RESOLUÇÃO:

Temos que a razão entre os desligamentos e o total de empregados é igual a:

$$\frac{12}{150} = 0{,}08$$

E podemos escrever esse número decimal encontrado como:

$$0{,}08 = 0{,}08 \times \frac{100}{100} = \frac{8}{100} = 8\%$$

Gabarito: D.

OBSERVAÇÃO: Apesar de a questão ser simples, há uma pegadinha aqui. Poderíamos ficar tentados a considerar que houve 12 + 3 = 15 desligamentos, mas não podemos fazer isso! Afinal, os 3 funcionários em licença saúde não foram desligados da empresa.

QUESTÃO 53 (CEBRASPE – Ana Adm/IBAMA/2013) Uma extensa região de cerrado é monitorada por 20 fiscais do IBAMA para evitar a ação de carvoeiros ilegais. Dessa região, a vegetação de 87km² foi completamente arrancada e transformada ilegalmente em carvão vegetal. Os 20 fiscais, trabalhando 8 horas por dia, conseguem monitorar toda a região em 7 dias.

A partir dessa situação hipotética, julgue o item seguinte, considerando que os 20 fiscais são igualmente eficientes.

Se a parte devastada por carvoeiros ilegais corresponder a 15% da área da referida região, então a região tem mais de 575km² de área.

RESOLUÇÃO:

Seja **x** a área total da região de cerrado.

O enunciado afirma que a parte devastada por carvoeiros ilegais, 87km², corresponde a 15% de x. Portanto:

$$\frac{15}{100}.x = 87$$

$$x = \frac{87.100}{15} = 580$$

Assim, a área total da região de cerrado é de **580km²**, o que é superior a 575km².

Gabarito: Certo.

QUESTÃO 54 (FCC/FUNAPE/Ana em Gestão Prev/2017) Uma motocicleta foi vendida por R$ 18.500,00, com lucro de 8% sobre a venda. O custo desta motocicleta foi de

a) R$ 16.480,00.

b) R$ 17.340,00.

c) R$ 18.010,00.

d) R$ 16.760,00.

e) R$ 17.020,00.

RESOLUÇÃO:

Note que o lucro ocorre **sobre a venda**, então o percentual incide sobre a **venda**:

$$V = C + i\% \times V$$

$$18.500 = C + 0{,}08 \times 18.500 \rightarrow C = 18.500 - 1.480 = R\$\ 17.020{,}00$$

Repare que para saber o **custo** da motocicleta <u>reduzimos</u> do valor de venda a porcentagem referente ao **lucro.**

Gabarito: E.

QUESTÃO 55 (CEBRASPE – Polícia Rodoviária Federal/2013)

Considerando os dados apresentados no gráfico, julgue o item seguinte.

O número de acidentes ocorridos em 2008 foi, pelo menos, 26% maior que o número de acidentes ocorridos em 2005.

RESOLUÇÃO:

Bem, **aumentar algo em 26% é o mesmo que multiplicar por 1,26**. Assim, em 2005 tivemos 110 mil acidentes. Aumentando esse valor em 26%, temos:

$$110.000\, x\, 1{,}26 = 138.600$$

Se em 2008 tivéssemos exatamente 138.600 acidentes, então o aumento teria sido de 26%. No entanto, o número foi de 141 mil, que é maior do que 138.600, de forma que o aumento foi de mais de 26%.

Gabarito: certo.

QUESTÃO 56 (RBO – Contador/IPMO Ourinhos/2021) Um comerciante reajustou os preços de suas mercadorias para compensar possíveis perdas com as oscilações financeiras. Um produto que custava R$ 250,00 passou a custar R$ 360,00. Neste caso, o aumento foi de

a) 70%. b) 50%. c) 30%. d) 10%

RESOLUÇÃO:

O preço do produto foi reajustado de R$ 250,00 para R$ 360,00, de modo que houve um **aumento** de 360 - 250 = R$ 110,00.

Em termos de **porcentagem**, esse valor representa:

250 ---------- 100%

110 ---------- x

$$250 \times x = 110 \times 100$$

$$\mathbf{x} = 1100 \div 25 = \mathbf{44\%}$$

Portanto, foi concedido um **aumento de 44%** em relação ao preço original do produto.

Gabarito: C.

QUESTÃO 57 (FCC – Tec Adm/Cam Mun-SP/2014) O preço de uma mercadoria, na loja J, é de R$ 50,00. O dono da loja J resolve reajustar o preço dessa mercadoria em 20%. A mesma mercadoria, na loja K, é vendida por R$ 40,00. O dono da loja K resolve reajustar o preço dessa mercadoria de maneira a igualar o preço praticado na loja J após o reajuste de 20%. Dessa maneira o dono da loja K deve reajustar o preço em

a) 20%. b) 50%. c) 10%. d) 15%. e) 60%.

RESOLUÇÃO:

Como os valores são simples, a maneira mais fácil de resolver a questão é calculando o preço final da mercadoria na loja J ($P_{f,J}$). Como o reajuste é para **aumento**, consideraremos uma taxa **positiva** (+20%):

$$P_{f,J} = 50 \cdot (1 + 0{,}20) = 50 \cdot 1{,}2 = 60$$

Agora, basta calcularmos qual a taxa de **aumento** suficiente para fazer o preço na loja K sair do valor inicial (40) para o mesmo valor da loja J (60):

$$P_f = P_i \cdot (1+i) \Rightarrow 60 = 40 \cdot (1+i) \Rightarrow (1+i) = \frac{60}{40} = 1{,}5 \Rightarrow i = 0{,}5 = 50\%$$

Gabarito: B.

QUESTÃO 58 (CESPE/TCE-PB/Auditor/2018) Em novembro de 2016, João comprou 10 kg de uma mercadoria e, um ano depois, ele comprou 11 kg dessa mesma mercadoria, mas pagou 21% a mais que em 2016. Se a inflação do período tiver sido a única responsável pelo aumento de preço da mercadoria, então a inflação desse período foi de

A) 7,9%. B) 10,0%. C) 11,0%. D) 12,1%. E) 18,9%.

RESOLUÇÃO:

Vamos chamar de **Q** a quantia gasta por João em novembro de **2016**.

De acordo com as informações do enunciado, o preço da mercadoria em 2016 fica:

$$\mathbf{P_{2016}} = \text{quantia gasta/quilos comprados} = \mathbf{Q/10}$$

Já em 2017, o preço da mercadoria teve um aumento devido à inflação no período, passando para:

$$P_{2017} = \text{quantia gasta/quilos comprados} = 1{,}21Q/11 = 0{,}11Q$$

Como 0,11 = 1,1/10, temos:

$$P_{2017} = 1{,}1Q/10 = 1{,}1 \times P_{2016} = \mathbf{(1 + 10\%) \times P_{2016}}$$

Assim, houve **aumento de 10%** no preço da mercadoria.

Gabarito: D.

QUESTÃO 59 (CESGRANRIO - CNU/Bloco 8/2024) Em uma loja, o preço de um determinado produto sofreu um desconto de 20% e passou a ser R$ 36,00. Mais tarde, no entanto, viu-se que tal desconto havia sido dado por engano e que o correto era que fosse dado um aumento de 20% no preço original do produto. Se o engano não tivesse ocorrido, então, após o aumento, o preço do produto, em reais, seria

a) 76,00 b) 54,00 c) 51,84 d) 50,40 e) 36,40

RESOLUÇÃO:

Inicialmente, vamos achar o preço original (PO) do produto. O enunciado informa que PO sofreu um **desconto** de 20% e passou a ser R$ 36,00:

PO - 20% de desconto = 36,00

PO - 0,2PO = 36,00

0,8 PO = 36,00

PO = 36,00 / 0,8 = **R$ 45,00**

Agora, quanto ao valor do produto após o aumento (PA), é dito que "o correto era que fosse dado um **aumento** de 20% no preço original do produto", logo:

PO + 20% de aumento = PA

PO + 0,2PO = PA

1,2 PO = PA

1,2 x 45,00 = PA

PA = R$ 54,00

Gabarito: B.

12. RESUMO

A resolução de um problema é realizada em **cinco etapas**. A **primeira** delas é a **compreensão**. Portanto, inicialmente faz-se necessário entender o problema que está diante de você:

- Leu o problema? Entendeu as informações contidas no enunciado?
- Qual é a incógnita ou valor a ser determinado? Quais são os dados ou o que a questão te fornece para a solução?
- Quais são as condições? É possível satisfazer as condições? Elas são suficientes para determinar a incógnita? Ou são insuficientes? Ou redundantes? Ou contraditórias? Separe as condições em partes.

Depois disso, vem a **segunda** etapa, que consiste na **elaboração de um plano** ou estratégia. Aqui se exige do aluno realmente pensar no problema e ver qual é a maneira ideal para abordá-lo e tentar resolvê-lo. Achar conexões entre os dados e a incógnita. Talvez seja conveniente considerar problemas auxiliares ou particulares, se uma conexão não for achada em tempo razoável. Use isso para "bolar" um plano ou estratégia de resolução do problema.

- Você já encontrou este problema ou algum parecido?
- Você conhece um problema semelhante? Você conhece teoremas ou fórmulas que possam ajudar?
- Olhe para a incógnita e tente achar um problema familiar e que tenha uma incógnita semelhante.
- Aqui está um problema relacionado com o seu e que você já sabe resolver. Você consegue aproveitá-lo? Você pode usar seu resultado? Ou seu

método? Deve-se introduzir algum elemento auxiliar de modo a viabilizar esses objetivos?

- Você consegue enunciar o problema de outra maneira?
- Se você não consegue resolver o problema dado, tente resolver um problema parecido. Você consegue imaginar um caso particular mais acessível? Um caso mais geral e mais acessível? Você consegue resolver alguma parte do problema? Mantenha apenas parte das condições do problema e observe o que ocorre com a incógnita, como ela varia agora? Você consegue obter alguma coisa desde os dados? Você consegue imaginar outros dados capazes de produzir a incógnita? Você consegue alterar a incógnita ou os dados, ou ambos, de modo que a nova incógnita e os novos dados fiquem mais próximos?
- Você está levando em conta todos os dados? E todas as condições?

Agora, chegou a **terceira** etapa, que envolve a **execução** desse plano. É você colocar a mão na massa e resolver o problema, tentar aplicar aquela estratégia que você pensou.

Nesse ponto, exige-se do aluno, além do conhecimento matemático, o uso da interpretação dos textos contidos nos enunciados. É comum nos depararmos com problemas em que é cobrado do candidato mais o entendimento do que se pede do que com os cálculos propriamente ditos.

Além disso, aqui enfrentaremos o desafio de converter a linguagem escrita em linguagem matemática, ou seja, em expressões numéricas.

Enfim, são problemas que testam não somente o conhecimento das várias vertentes matemáticas, como também a capacidade de interpretação de informações.

Portanto, execute a estratégia. Ao fazer isso, analise cada passo. Você consegue mostrar claramente que cada um deles está correto?

Em seguida, na **quarta** etapa vamos fazer a **verificação** de como executamos a estratégia elaborada.

- Será que esse plano que você teve e a execução dele resultaram na resposta correta?
- Você consegue obter a solução de outro modo?
- Qual a essência do problema e do método de resolução empregado?
- Em particular, você consegue usar o resultado, ou o método, em algum outro problema?

Por fim, na **quinta** e última etapa você irá simplesmente **formular a resposta** do problema. Portanto, veja a pergunta apresentada no enunciado. Pode respondê-la numa frase simples, objetiva e direta?

13. MAIS QUESTÕES COMENTADAS

Operações com Números Inteiros, Fracionários e Decimais

QUESTÃO 60 (CEBRASPE/Polícia Federal/Agente/2018) Em um aeroporto, 30 passageiros que desembarcaram de determinado voo e que estiveram nos países A, B ou C, nos quais ocorre uma epidemia infecciosa, foram selecionados para ser examinados. Constatou-se que exatamente 25 dos passageiros selecionados estiveram em A ou em B, nenhum desses 25 passageiros esteve em C e 6 desses 25 passageiros estiveram em A e em B.

Com referência a essa situação hipotética, julgue o item que se segue.

Considere que, separando-se o grupo de passageiros selecionados que visitou o país A, o grupo que visitou o país B e o grupo que visitou o país C, seja verificado, em cada um desses grupos, que pelo menos a metade dos seus componentes era do sexo masculino. Nessa situação, conclui-se que o grupo de 30 passageiros selecionados tem, no máximo, 14 mulheres.

RESOLUÇÃO:

O grupo dos que foram ao país C é formado por 5 pessoas. Considerando que *pelo menos* metade é composto de homens, temos no mínimo 3 homens e **no máximo 2 mulheres**.

Já no grupo das 25 pessoas que foram a A ou B, pelo menos metade é composto de homens. Então, temos no mínimo 13 homens e **no máximo 12 mulheres**.

Portanto, **no máximo** teremos 2 + 12 = **14 mulheres**.

Gabarito: Certo.

QUESTÃO 61 (CEBRASPE/TC-DF/Téc/2014) Considerando que, em um planejamento de ações de auditoria, a direção de um órgão de controle tenha mapeado a existência de 30 programas de governo passíveis de análise, e sabendo que esse órgão dispõe de 15 servidores para a montagem das equipes de análise e que cada equipe deverá ser composta por um coordenador, um relator e um técnico, julgue o próximo item.

Considerando-se que cada servidor do órgão possa participar de somente uma equipe de análise e que cada equipe não possa analisar mais que um programa de governo ao mesmo tempo, é correto afirmar que a capacidade operacional do órgão está limitada ao acompanhamento simultâneo de cinco programas de governo.

RESOLUÇÃO:

Meus amigos, o órgão dispõe de **15 servidores** para a montagem das equipes de análise e que cada equipe deverá ser composta por um coordenador, um relator e um técnico. Portanto, são **três membros**.

Considerando que **cada servidor** do órgão possa participar de **somente uma equipe de análise**, conseguiremos montar apenas 5 equipes.

Além disso, a questão afirma que **cada** equipe **não pode analisar mais que um** programa de governo ao mesmo tempo.

Assim, como o número máximo de equipes de trabalho corresponde a cinco, a capacidade operacional do órgão é de acompanhar, simultaneamente, **5 processos** por vez.

Gabarito: certo.

QUESTÃO 62 (CEBRASPE/TRT 10ª Região/Ana Jud/2013) Em um jogo para dois jogadores constituído por uma pilha de 1.000 palitos, cada jogador retira da pilha, alternadamente e sem reposição, uma quantidade de palitos, a qual pode consistir em 1 palito, 2 palitos, 3 palitos, 4 palitos ou 5 palitos. Nesse jogo, ganha o jogador que retirar o último palito da pilha.

Acerca do jogo acima descrito, julgue o item que se segue.

Do início ao término do jogo, é possível que algum dos jogadores faça menos de 100 retiradas de palitos.

RESOLUÇÃO:

O jogo é direcionado para apenas dois jogadores. Vamos supor que, em cada rodada, ambos retirem a quantidade máxima de palitos (que é cinco), teremos 10 palitos retirados por rodada. Logo, a quantidade de rodadas seria:

$$\frac{1000}{10} = 100$$

O que podemos concluir disso? Bem, se em alguma das rodadas eles retirarem **menos** que 5 palitos, então será preciso **mais** que 100 retiradas de pelo menos um dos jogadores. Assim, ao contrário do que afirma a questão, não é possível que algum dos jogadores faça menos de 100 retiradas de palitos.

Gabarito: errado.

QUESTÃO 63 (FCC/ISS SÃO LUÍS/Auditor Fiscal/2018) Na primeira fase do Campeonato Brasileiro de futebol da série D, cada equipe disputa 6 partidas, recebendo, em cada jogo, 3 pontos em caso de vitória, 1 ponto em caso de empate e nenhum ponto em caso de derrota. Uma das equipes participantes marcou 4 gols e sofreu 4 gols nesses 6 jogos. O total de pontos que essa equipe conquistou na primeira fase do campeonato pode ser, no máximo, igual a

(A) 13 (B) 8 (C) 11 (D) 7 (E) 14

RESOLUÇÃO:

Para maximizar a quantidade de pontos, temos que maximizar a quantidade de vitórias (e minimizar a de derrotas). Logo, vamos supor que tal equipe venceu quatro partidas, pelo placar de 1 x 0 em cada uma delas, de forma que até aqui já temos 3 + 3 + 3 + 3 = 12 pontos.

Ainda é possível conseguir aumentar a pontuação, basta que tenha havido um jogo empatado em 0 x 0.

Pronto, aí no jogo 6 temos a derrota por 4 x 0.

Tal equipe marcou 4 gols e tomou 4 gols, conforme foi estipulado no enunciado. E marcou 12 + 1 = **13 pontos**.

Gabarito: A.

QUESTÃO 64 (FCC/TRT-PE/Téc Jud/2018) O maior valor monetário, em reais, de três notas de valores diferentes e três moedas de valores diferentes é igual a

(A) 81,75. (B) 171,75 (C) 110,50. (D) 171,25. (E) 171,60.

RESOLUÇÃO:

As maiores notas são de 100 + 50 + 20 = **170 reais**. Já as maiores moedas são 1,00 + 0,50 + 0,25 = **1,75 real**.

Somando tudo, temos **171,75 reais**.

Gabarito: B.

MMC e MDC

QUESTÃO 65 (MPE-GO/Sec Aux/2018) Três pessoas decidiram caminhar no parque. Elas saíram às 9 horas, do mesmo ponto de partida. Considerando que elas levam, respectivamente, 10, 12 e 15 minutos para dar uma volta completa na pista, pode-se afirmar com correção que elas se encontrarão novamente às:

A) 9h30min. B) 9h37min. C) 9h45min. D) 10h. E) 11h15min.

RESOLUÇÃO:

O nosso objetivo consiste em determinar quando as 3 pessoas se encontrarão novamente. Portanto, estamos diante da necessidade de reconhecer uma **coincidência temporal**, de modo que a estratégia de resolução envolve uma aplicação do **MMC**.

Assim, o MMC entre os valores dos tempos que cada pessoa leva para concluir uma volta completa é dado por:

10, 12, 15	2
5, 6, 15	2
5, 3, 15	3
5, 1, 5	5
1, 1, 1	MMC (10, 12, 15) = $2^2 \times 3 \times 5 =$ **60**

Portanto, as três pessoas voltarão a se encontrar 60 minutos ou 1 hora após a primeira vez em que isso ocorre. Dessa forma, o próximo horário em que os três corredores se encontrarão novamente será às:

9h + 1h= **10h**

Gabarito: D.

QUESTÃO 66 (FCC/SABESP/Analista de Gestão/2018) Um novo filme será lançado em 3 cinemas de uma cidade do oeste paulista. Devido à popularidade mundial do filme, os 3 cinemas irão exibir sessões continuamente pelos próximos dias, inclusive de madrugada e de manhã, assim como nos domingos e feriados.

O lançamento ocorre simultaneamente nos 3 cinemas, às 23h de um sábado. A partir daí as próximas exibições seguem o seguinte padrão:

– Cinema A: a partir do instante de lançamento, uma nova sessão a cada 4 horas;

– Cinema B: a partir do instante de lançamento, uma nova sessão a cada 5 horas;

– Cinema C: a partir do instante de lançamento, uma nova sessão a cada 12 horas.

Dessa forma, pode-se concluir que a primeira vez em que os três cinemas irão iniciar uma sessão simultaneamente, sem contar o lançamento, se dará às

a) 23h de uma segunda-feira.

b) 23h de uma terça-feira.

c) 11h de uma terça-feira.

d) 16h de um domingo.

e) 11h de uma quarta-feira.

RESOLUÇÃO:

Estamos diante da necessidade de reconhecer uma **coincidência temporal** ou **quando determinado evento irá acontecer novamente**, de modo que a estratégia de resolução envolve uma aplicação do **MMC**.

Assim, o MMC entre os valores das frequências de apresentação do filme em cada cinema é dado por:

4, 5, 12	2
2, 5, 6	2
1, 5, 3	3
1, 5, 1	5
1, 1, 1	MMC (4, 5, 12) = $2^2 \times 3 \times 5 =$ **60**

Portanto, os três cinemas irão iniciar uma sessão simultaneamente 60 horas, o que corresponde a 2 dias e 12 horas, após a primeira vez em que isso ocorre.

Dessa forma, como o lançamento ocorre concomitantemente nos 3 cinemas às 23h de um sábado, a próxima exibição simultânea será às **11h de uma terça-feira**.

Gabarito: C.

QUESTÃO 67 (VUNESP/PM-SP/Soldado/2018) Uma pessoa toma 3 medicamentos diferentes: A, B e C. O medicamento A ela toma a cada 4 horas, o medicamento B, a cada 6 horas, e o medicamento C, a cada 12 horas. Sabendo que às 9 horas do dia 1o de agosto essa pessoa tomou os 3 medicamentos juntos, o próximo dia e horário em que essa pessoa tomará esses 3 medicamentos juntos novamente será em

a) 1º de agosto, às 12 horas.

b) 2 de agosto, às 12 horas.

c) 1º de agosto, às 24 horas.

d) 2 de agosto, às 09 horas.

e) 1º de agosto, às 21 horas.

RESOLUÇÃO:

A questão envolve uma aplicação de **MMC**, por tratar de coincidência entre determinados eventos.

Repare que 12 é múltiplo de 4 e 6, de modo que o mmc(4, 6, 12) = 12.

Assim, a pessoa toma os três medicamentos juntos a cada 12 horas.

A pessoa tomou os três medicamentos às 9 horas do dia 1º de agosto. Ela tomará os três remédios juntos 12 horas depois: às **21 horas do dia 1º de agosto**.

Gabarito: E.

QUESTÃO 68 (Quadrix/CRP – 2ª Região/Ass Adm/2018) Três assistentes administrativos deverão digitar prontuários de pacientes. Esses três assistentes concluem a digitação de um prontuário exatamente a cada 29, 44 e 59 minutos e fazem uma pausa de um minuto antes de iniciar a digitação do próximo prontuário.

Com base nessa situação hipotética, assinale a alternativa que apresenta o número mínimo de minutos transcorridos para que os três assistentes iniciem simultaneamente a digitação de um prontuário.

A) 60 B) 120 C) 180 D) 210 E) 240

RESOLUÇÃO:

O nosso objetivo consiste em determinar quanto tempo levará para que os três assistentes voltem a iniciar as atividades juntos. Portanto, estamos diante da necessidade de reconhecer uma **coincidência temporal**, de modo que a estratégia de resolução envolve uma aplicação do **MMC**.

Repare que antes de iniciar a digitação do próximo prontuário os assistentes fazem uma pausa de 1 minuto, de modo que aos seus tempos deve ser acrescido 1 minuto. Assim, o MMC entre os valores informados é dado por:

30, 45, 60	2
15, 45, 30	2
15, 45, 15	3
5, 15, 5	3
5, 5, 5	5
1, 1, 1	MMC (30, 45, 60) = $2^2 \times 3^2 \times 5$ = **180**

Portanto, após **180 minutos** os três assistentes começaram a digitar um prontuário juntos.

Gabarito: C.

QUESTÃO 69 (FUNDEP/CODEMIG/Analista de Sistemas/2018) As irmãs Mariana, Elisa e Amanda estão andando de patins em uma praça. Para dar uma volta na praça, Mariana gasta 2 minutos, Elisa gasta 3 minutos e Amanda, 4 minutos. Partindo ao mesmo tempo de um determinado ponto da praça, depois de quantos minutos elas se encontrarão nesse mesmo ponto?

A) 8 minutos. B) 9 minutos. C) 11 minutos. D) 12 minutos.

RESOLUÇÃO:

Estamos diante da necessidade de reconhecer uma **coincidência temporal**, de modo que a estratégia de resolução envolve uma aplicação do **MMC**.

Assim, o MMC entre os valores dos tempos em que cada irmã realiza uma volta na praça é dado por:

2, 3, 4	2
1, 3, 2	2
1, 3, 1	3
1, 1, 1	

$MMC(2, 3, 4) = 2^2 \times 3 = \mathbf{12}$

Assim, após **12 minutos** elas se encontrarão no mesmo ponto.

Gabarito: D.

QUESTÃO 70 (FCC – Ana Jud/TRT 9ª Região/2015) Para um evento promovido por uma determinada empresa, uma equipe de funcionários preparou uma apresentação de slides que deveria transcorrer durante um momento de confraternização. Tal apresentação é composta por 63 slides e cada um será projetado num telão por exatos 10 segundos. Foi ainda escolhida uma música de fundo, com duração de 4min 40s para acompanhar a apresentação dos slides. Eles planejam que a música e a apresentação dos slides comecem simultaneamente e "rodem" ciclicamente, sem intervalos, até que ambas finalizem juntas. A fim de estudar a viabilidade desse plano, eles calcularam que a quantidade de vezes que a música teria de tocar até que seu final coincidisse, pela primeira vez depois do início, com final da apresentação seria

a) 5. b) 42. c) 12. d) 35. e) 9.

RESOLUÇÃO:

Se a apresentação é composta por 63 **slides** e cada um será projetado por 10 segundos, então toda a apresentação vai durar 63 x 10 = **630 segundos**.

Por sua vez, a **música de fundo** que vai acompanhar a a apresentação dos slides tem a duração de 4min40s, ou 4min + 40s = **280 segundos**.

Em seguida, é dito que a equipe de funcionários planeja que a música e a apresentação dos slides comecem simultaneamente e "rodem" ciclicamente, sem intervalos, até que ambas finalizem juntas.

Para isso, precisamos descobir o **Mínimo Múltiplo Comum** entre 630 (tempo da apresentação) e 280 (tempo da música):

630, 280	2
315, 140	2
315, 70	2
315, 35	3
105, 35	3
35, 35	5
7, 7	7
1, 1	$= 2^3 \times 3^2 \times 5 \times 7 =$ **2.520**

Assim, após **2.520 segundos** haverá **coincidência** entre o final da música e o final da apresentação dos slides pela primeira vez.

Agora, para descobrirmos quantas vezes terá de tocar a música neste intervalo de tempo, basta dividirmos o MMC pelo tempo da música:

$$\frac{2.520}{280} = 9$$

Gabarito: E.

QUESTÃO 71 (VUNESP/TJ-SP/Escrevente/2015) Para a montagem de molduras, três barras de alumínio deverão ser cortadas em pedaços de comprimento igual, sendo este o maior possível, de modo que não reste nenhum pedaço nas barras. Se as barras medem 1,5m, 2,4m e 3m, então o número máximo de molduras quadradas que podem ser montadas com os pedaços obtidos é

a) 3 b) 6 c) 4 d) 5 e) 7

RESOLUÇÃO:

A questão exige a formação de barras com tamanhos iguais e o maior possível. Logo, estamos diante de um caso de **MDC**.

Então, vamos fatorar os números envolvidos:

- 15 = **3** x 5
- 24 = 2 x 2 x 2 x **3**
- 30 = 2 x **3** x 5

Assim, o MDC = 3, que corresponde ao tamanho das barras, de modo que:

- 15/3 = 5 barras
- 24/3 = 8 barras
- 30/3 = 10 barras

Somando os resultados, obtemos 5 + 8 + 10 = **23 barras**. E, visto que as molduras são quadradas, precisamos dividir esse valor por quatro. Ao fazermos isso, teremos **5 molduras**, restando ainda 3 barras.

Gabarito: D.

QUESTÃO 72 (VUNESP/UNESP/Ass Adm/2016) Gilberto e Guilherme treinam bicicleta juntos em um circuito de 3240 metros de extensão. Após o aquecimento, saem juntos do início do trajeto às 9:00h e encerram o treinamento após se encontrarem outras seis vezes no início do trajeto. Supondo que durante todo o treinamento, a cada segundo, Gilberto e Guilherme percorrem 6 metros e 9 metros, respectivamente, então é correto afirmar que o treino se encerrará às

a) 11h. b) 10h 48min. c) 10h 32min. d) 10h 25min. e) 10h 04min.

RESOLUÇÃO:

A extensão do circuito é de **3.240 metros**. Foi dito que, a cada segundo, Gilberto e Guilherme percorrem 6 metros e 9 metros, respectivamente. Logo, o tempo que cada um leva para dar uma volta completa fica:

- **Gilberto**: 3.240 / 6 = 540 segundos.
- **Guilherme**: 3.240 / 9 = 360 segundos.

Agora vamos calcular de quanto em quanto tempo os dois se encontram na largada, por meio do **MMC**:

540, 360	2
270, 180	2
135, 90	2
135, 45	3
45, 15	3
15, 5	3
5, 5	5
1, 1	
	= $2^3 \times 3^3 \times 5$ = **1.080**

Então, a cada 1.080 segundos ou **18 minutos** (1.080 ÷ 60 = 18) eles se encontram no início do trajeto.

Além disso, temos a informação de que eles fazem isso **seis vezes**, gastando no total **1 hora e 48 min** (18 min x 6 = 108 min).

E, por fim, considerando que Gilberto e Guilherme saem juntos do início do trajeto às 9:00h, podemos concluir que o treino se encerrará às:

9h + 1h 48' = **10h e 48 min**

Gabarito: B.

NÚMERO DE ELEMENTOS DE CONJUNTOS

Enunciado comum às questões 79 a 80:

Determinado porto recebeu um grande carregamento de frango congelado, carne suína congelada e carne bovina congelada, para exportação. Esses produtos foram distribuídos em 800 contêineres, da seguinte forma: nenhum contêiner foi carregado com os três produtos; 300 contêineres foram carregados com carne bovina; 450, com carne suína; 100, com frango e carne bovina; 150, com carne suína e carne bovina; 100, com frango e carne suína.

QUESTÃO 73 (CEBRASPE/EMAP/Ana Portuário/2018) Nessa situação hipotética, 250 contêineres foram carregados somente com carne suína.

RESOLUÇÃO:

No seguinte diagrama iremos inserir a distribuição dos produtos nos contêineres:

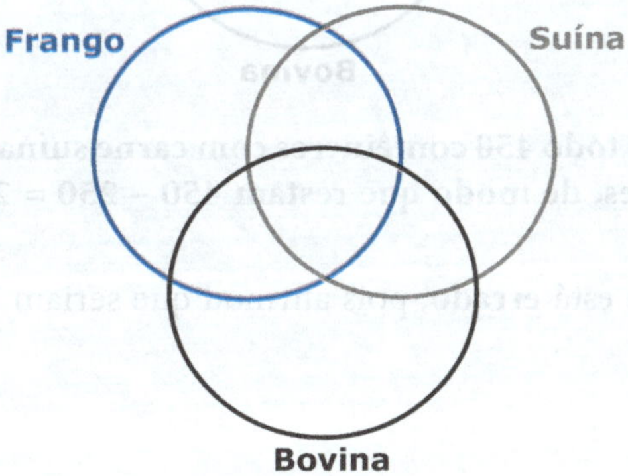

O enunciado informa que nenhum contêiner foi carregado com os três produtos. Logo:

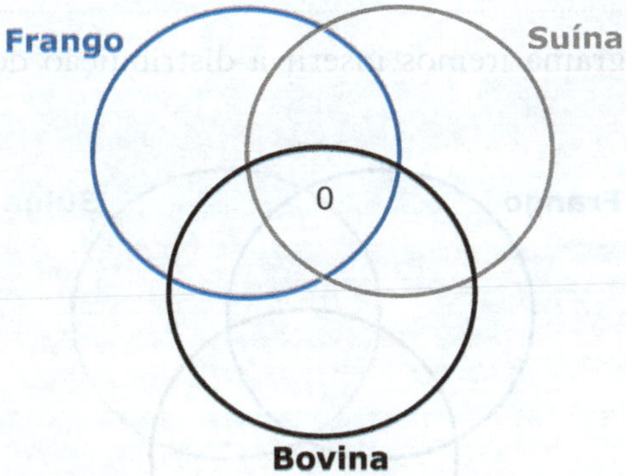

Com relação às interseções de dois conjuntos, o enunciado apresenta as seguintes:

- 100 foram carregados com frango e carne bovina
- 150 foram carregados com carne suína e bovina
- 100 foram carregados com franco e carne suína

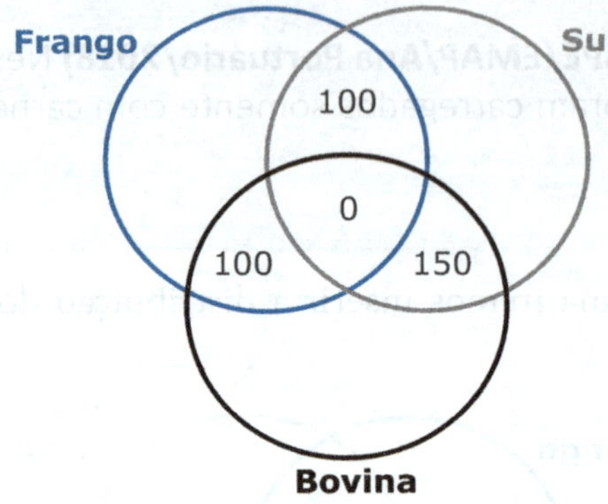

É dito que há ao todo 450 contêineres com carne suína. Porém, já alocamos 100 + 150 = 250 deles, de modo que restam 450 – 250 = 200, que terão apenas carne **suína**.

Portanto, o item está **errado**, pois afirmou que seriam 250 contêineres nesta situação.

Gabarito: Errado.

QUESTÃO 74 (CEBRASPE/EMAP/Ana Portuário/2018) Nessa situação hipotética, 50 contêineres foram carregados somente com carne bovina.

RESOLUÇÃO:

No seguinte diagrama iremos inserir a distribuição dos produtos nos contêineres:

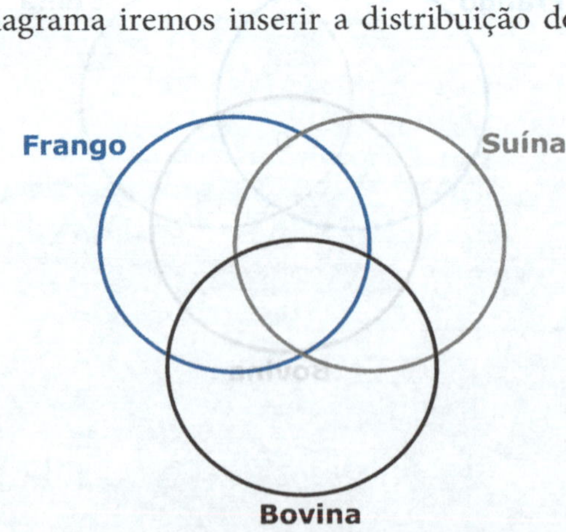

O enunciado informa que nenhum contêiner foi carregado com os três produtos. Logo:

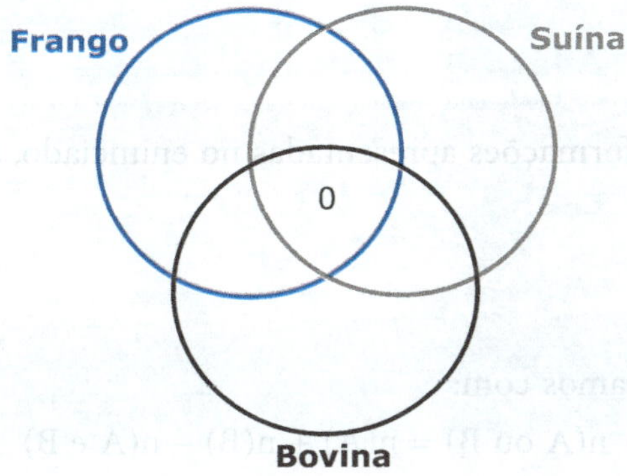

Com relação às interseções de dois conjuntos, o enunciado apresenta as seguintes:

- 100 foram carregados com frango e carne bovina
- 150 foram carregados com carne suína e bovina
- 100 foram carregados com franco e carne suína

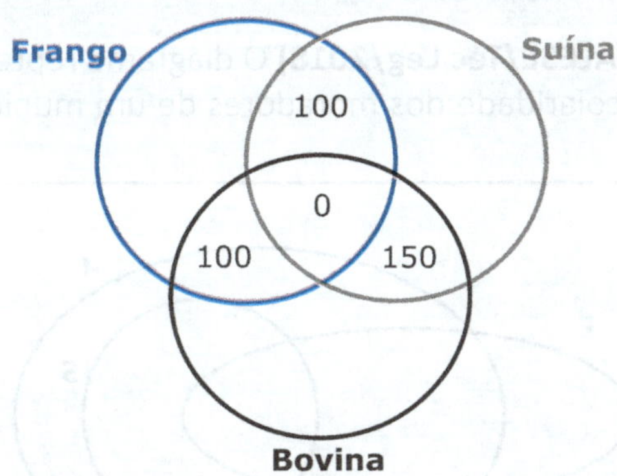

É dito que há ao todo 300 contêineres com carne bovina. Porém, já alocamos 100 + 150 = 250 deles, de modo que restam 300 – 250 = 50, que terão apenas carne <u>**bovina**</u>.

Gabarito: Certo.

QUESTÃO 75 (CEBRASPE/Polícia Federal/Agente/2018) Em um aeroporto, 30 passageiros que desembarcaram de determinado voo e que estiveram nos países A, B ou C, nos quais ocorre uma epidemia infecciosa, foram selecionados para ser examinados. Constatou-se que exatamente 25 dos passageiros selecionados estiveram em A ou em B, nenhum desses 25 passageiros esteve em C e 6 desses 25 passageiros estiveram em A e em B.

Com referência a essa situação hipotética, julgue o item que se segue.

Se 11 passageiros estiveram em B, então mais de 15 estiveram em A.

RESOLUÇÃO:

Conforme as informações apresentadas no enunciado, temos:

n(A ou B) = 25

n(B) = 11

n(A e B) = 6

Dessa forma, ficamos com:

$$n(A \text{ ou } B) = n(A) + n(B) - n(A \text{ e } B)$$

$$25 = n(A) + 11 - 6$$

$$\mathbf{n(A) = 20}$$

Portanto, se considerarmos que 11 passageiros estiveram no país B, então realmente **mais de 15 estiveram em A**.

Gabarito: Certo.

QUESTÃO 76 (FCC/ALESE/Téc Leg/2018) O diagrama representa algumas informações sobre a escolaridade dos moradores de um município.

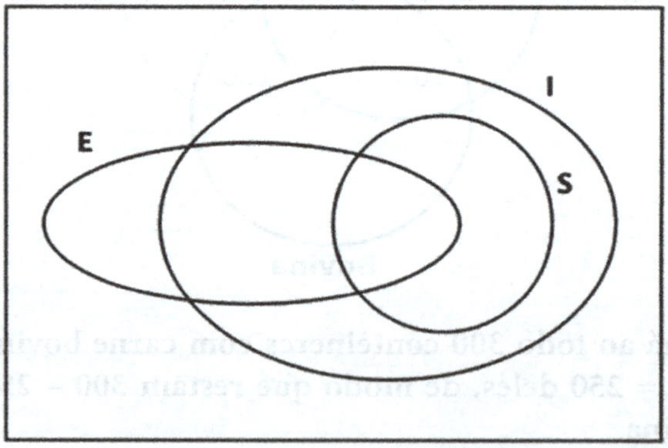

Dados:

I: conjunto de todos os moradores que concluíram um curso de inglês.

E: conjunto de todos os moradores que concluíram um curso de espanhol.

S: conjunto de todos os moradores que concluíram o Ensino Superior.

Em todas as seis regiões do diagrama, há pelo menos um morador representado. Assim, é correto afirmar que se um morador dessa cidade

(A) concluiu um curso de inglês, então ele necessariamente concluiu um curso de espanhol.

(B) concluiu um curso de inglês e um de espanhol, então ele necessariamente concluiu o Ensino Superior.

(C) não concluiu um curso de espanhol, então ele necessariamente não concluiu o Ensino Superior.

(D) não concluiu um curso de inglês, então ele necessariamente não concluiu um curso de espanhol.

(E) não concluiu um curso de inglês, então ele necessariamente não concluiu o Ensino Superior.

RESOLUÇÃO:

Vamos analisar cada alternativa à luz do diagrama apresentado.

(A) concluiu um curso de inglês, então ele necessariamente concluiu um curso de espanhol.

Errado. Existem pessoas que concluíram o curso de inglês e que não estão dentro do conjunto E, ou seja, não concluíram espanhol.

(B) concluiu um curso de inglês e um de espanhol, então ele necessariamente concluiu o Ensino Superior.

Errado. Repare que a interseção entre E e I não está completamente dentro do conjunto S. Portanto, existem pessoas que fizeram inglês e espanhol, mas não têm nível superior.

(C) não concluiu um curso de espanhol, então ele necessariamente não concluiu o Ensino Superior.

Errado. Existem pessoas que estão em S (concluíram ensino superior) e não estão em E (não fizeram espanhol).

(D) não concluiu um curso de inglês, então ele necessariamente não concluiu um curso de espanhol.

Errado. Existe uma região de E que não faz parte de I, ou seja, existem pessoas que não concluíram o curso de inglês mas concluíram o de espanhol.

(E) não concluiu um curso de inglês, então ele necessariamente não concluiu o Ensino Superior.

Certo. O conjunto S está contido no conjunto I. Portanto, todo mundo que concluiu ensino superior também concluiu inglês. Se alguém não concluiu o curso de inglês, certamente também não concluiu o ensino superior.

Gabarito: E.

QUESTÃO 77 (CESPE – Inspetor/Polícia Civil-CE/2012) Dos 420 detentos de um presídio, verificou-se que 210 foram condenados por roubo, 140, por homicídio e 140, por outros crimes. Verificou-se, também, que alguns estavam presos por roubo e homicídio. Acerca dessa situação, julgue o item seguinte.

Menos de 60 dos detentos estavam presos por terem sido condenados por roubo e homicídio.

RESOLUÇÃO:

Sejam:

R: conjunto dos detentos condenados por roubo;

H: conjunto dos detentos condenados por homicídio.

Vamos ainda considerar que:

n(R): número dos detentos condenados por roubo;

n(H): número dos detentos condenados por homicídio.

Devemos ter em mente que o número de roubos OU homicídio é dado pelo número total de detentos subtraído do número de detentos que não cometeram nenhum dos dois crimes. Logo:

$$\mathbf{n(R\ ou\ H) = 420 - 140 = 280}$$

Aplicando a fórmula do **número de elementos da união**:

$$\mathbf{n(R \cup H) = n(R) + n(H) - n(R \cap H)}$$

$$280 = 210 + 140 - n(R \cap H)$$

$$\mathbf{n(R \cap H) = 70}$$

Visto que 70 é maior que 60, o item está **errado**.

Gabarito: Errado.

QUESTÃO 78 (FCC/SEFAZ-SC/Auditor Fiscal/2018) Em uma pesquisa sobre a preferência dos consumidores, quatro fragrâncias de um detergente foram apresentadas a um grupo de 200 pessoas:

– lavanda

– coco

– limão

– maçã

Cada pessoa entrevistada teve de escolher as fragrâncias que julgava agradáveis, escolhendo, no mínimo, uma e, no máximo, as quatro.

Tabulados os dados da pesquisa, concluiu-se que:

– nenhuma pessoa entrevistada gostou de exatamente duas fragrâncias.

– 120 das pessoas entrevistadas gostaram da fragrância de coco, mas nenhuma delas gostou apenas dessa fragrância.

– 10 pessoas gostaram apenas da fragrância de lavanda e outras 10 gostaram apenas da fragrância de limão.

– 85 das pessoas entrevistadas não gostaram da fragrância de maçã.

– todas as pessoas entrevistadas que gostaram da fragrância de maçã gostaram, também, da fragrância de limão.

– todas as pessoas entrevistadas que gostaram das fragrâncias de lavanda e coco não gostaram da fragrância de maçã.

As duas fragrâncias mais escolhidas pelos entrevistados foram

a) lavanda e maçã.

b) limão e lavanda.

c) limão e coco.

d) maçã e limão.

e) lavanda e coco.

RESOLUÇÃO:

Conforme os dados obtidos por meio da entrevista, temos o seguinte diagrama (as letras indicadas representam regiões do diagrama, sendo que onde está marcado "0" é porque não há elementos de acordo com as informações apresentadas):

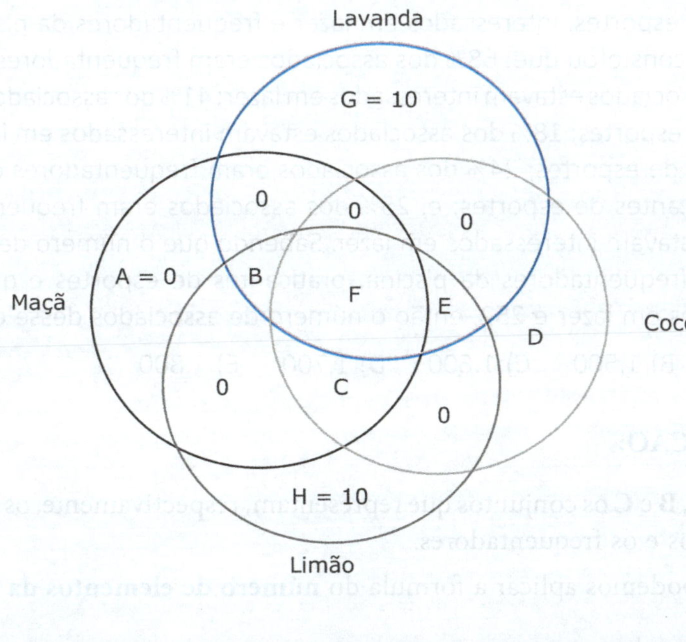

Note que as conclusões obtidas com os entrevistados nos permitem concluir os seguintes dados para as regiões indicadas no diagrama:

F + C + E = 120

B + F + C = 115

D + G + B + H = 80 → D + B = 60

H + D + E + G = 85 → D + E = 65

B + C + D + E + F = 180

Assim, cada fragrância escolhida abrangerá as seguintes regiões:

Lavanda: B + E + F + G = B + E + F + 10

Maçã: B + C + F = 115

Limão: B + C + E + F + H = B + C + E + F + 10

Coco: C + D + E + F = C + F + 65

Veja que **Limão é maior que Maçã e Lavanda** por incluir mais regiões. Logo, limão já é uma das fragrâncias mais escolhidas pelos entrevistados.

Além disso, note que **Lavanda** possui um número maior de regiões abrangidas em comparação a Maçã e Coco.

Gabarito: B.

QUESTÃO 79 (IDECAN/Ministério da Saúde/ATPS/2017) Certo clube fez um questionário com seus associados a fim de saber a finalidade dos mesmos em pertencerem ao clube. Após a pesquisa, os associados foram divididos em: praticantes de esportes, interessados em lazer e frequentadores da piscina. Assim a pesquisa constatou que: 68% dos associados eram frequentadores da piscina; 44% dos associados estavam interessados em lazer; 41% dos associados eram praticantes de esportes; 18% dos associados estavam interessados em lazer e eram praticantes de esportes; 24% dos associados eram frequentadores da piscina e eram praticantes de esportes; e, 25% dos associados eram frequentadores da piscina e estavam interessados em lazer. Sabendo que o número de associados que eram frequentadores da piscina, praticantes de esportes e que estavam interessados em lazer é 252, então o número de associados desse clube é:

A) 1.400 B) 1.500 C) 1.600 D) 1.700 E) 1.800

RESOLUÇÃO:

Sejam **A, B** e **C** os conjuntos que representam, respectivamente, os praticantes, os interessados e os frequentadores.

Assim, podemos aplicar a fórmula do **número de elementos da união**:

$$n(A \cup B \cup C) = n(A) + n(B) + n(C) - n(A \cap B) - n(B \cap C) - n(A \cap C) + n(A \cap B \cap C)$$

$$100\% = 68\% + 44\% + 41\% - 18\% - 24\% - 25\% + n(A \cap B \cap C)$$

$$100\% = 86\% + n(A \cap B \cap C)$$

$$n(A \cap B \cap C) = 14\%$$

Então, concluímos que 14% dos associados correspondem aos 252 que fazem parte dos 3 conjuntos simultaneamente. Assim, o total de associados (100%) é:

14% —— 252

100% —— x

Agora multiplicamos os termos diagonais, obtendo:

$$14\% \times x = 252 \times 100\%$$

$$x = \frac{252 \times 100}{14} = 100 \times 18 = 1.800$$

Gabarito: E.

EQUAÇÃO DO 1º GRAU

QUESTÃO 80 (CEBRASPE/SEFAZ-RS/Auditor Fiscal/2019) Um grupo de 256 auditores fiscais, entre eles Antônio, saiu de determinado órgão para realizar trabalhos individuais em campo. Após cumprirem suas obrigações, todos os auditores fiscais retornaram ao órgão, em momentos distintos. A quantidade de auditores que chegaram antes de Antônio foi igual a um quarto da quantidade de auditores que chegaram depois dele. Nessa situação hipotética, Antônio foi o

a) 46.º auditor a retornar ao órgão.

b) 50.º auditor a retornar ao órgão.

c) 51.º auditor a retornar ao órgão.

d) 52.º auditor a retornar ao órgão.

e) 64.º auditor a retornar ao órgão.

RESOLUÇÃO:

Vamos chamar de **x** o número de auditores que chegaram antes de Antônio.

Então, temos que **255 – x** chegaram depois dele.

O enunciado informa que a quantidade de auditores que chegaram antes de Antônio foi igual a um quarto da quantidade de auditores que chegaram depois dele. Logo:

$$Auditores\ que\ chegaram\ antes = \frac{1}{4}.Auditores\ que\ chegaram\ depoi$$

$$x = \frac{1}{4}.(255 - x$$

$$x = \frac{255}{4} - \frac{x}{4}$$

$$x + \frac{x}{4} = \frac{255}{4}$$

$$\frac{5x}{4} = \frac{255}{4}$$

$$x = \frac{255}{5} = 51$$

Assim, concluímos que 51 pessoas chegaram antes de Antônio, de modo que ele foi o **52º** auditor a chegar.

Gabarito: D.

QUESTÃO 81 (CEBRASPE/SEFAZ-RS/Téc Trib/2018) Maria fez compras em três lojas. Em cada uma das lojas em que ela entrou, a compra feita foi paga, sem haver troco, com a quarta parte da quantia que ela tinha na bolsa ao entrar na loja. Ao sair da terceira loja, Maria tinha R$ 270 na bolsa. Nesse caso, é correto afirmar que, ao entrar na primeira loja, Maria tinha na bolsa

a) R$ 1.080. b) R$ 2.430. c) R$ 7.290. d) R$ 640. e) R$ 810.

RESOLUÇÃO:

Vamos chamar de **x** a quantia inicial que Maria possuía.

Se Maria paga com 1/4 do que ela tem na bolsa, sobra após sair da loja o valor de 3/4 do que ela tinha antes de entrar na loja.

Conforme descrito no enunciado, ao sair da primeira loja, ela fica com:

3/4 de x

Em seguida, ao sair da segunda loja, ela fica com 3/4 da quantia restante anterior:

3/4 de 3/4 de x

Finalmente, ao sair da terceira loja, ela fica com 3/4 da quantia restante anterior:

3/4 de 3/4 de 3/4 de x

É dito que essa quantia corresponde a 270 reais. Logo:

$$\frac{3}{4}.\frac{3}{4}.\frac{3}{4}.x = 270$$

$$\frac{27}{64}x = 270$$

$$x = \frac{270.64}{27} = 10.64 = 640$$

Portanto, ao entrar na primeira loja, Maria tinha na bolsa **640 reais.**

Gabarito: D.

QUESTÃO 82 (FCC/TRF 4ª Região/Téc Jud/2019) Lívia leu um livro nas férias em 4 dias. No 1º dia, leu um terço do livro. No 2º dia, leu um terço do que faltava. No 3º dia, leu 10 páginas a mais do que tinha lido no 2º dia. No 4º dia, Lívia leu as 30 páginas que faltavam para acabar o livro. O número de páginas do livro de Lívia é

(A) 240 (B) 180 (C) 150 (D) 480 (E) 360

RESOLUÇÃO:

Vamos chamar de **P** o número de páginas do livro.

O enunciado informa que no primeiro dia Lívia leu um terço do livro. Portanto:

Lidas no 1º dia = **P/3**

Logo, ainda restam dois terços do livro, isto é, 2P/3 páginas.

Já no segundo dia Lívia leu um terço das 2P/3 páginas restantes. Portanto:

Lidas no 2º dia = 1/3 x 2P/3 = **2P/9**

É dito que Lívia leu no terceiro dia 10 páginas a mais que no segundo. Portanto:

Lidas no 3º dia = **2P/9 + 10**

Por fim, Lívia leu 30 páginas no quarto dia:

Lidas no 4º dia = **30**

Veja que a quantidade de páginas (P) lidas pela moça corresponde à soma das páginas lidas a cada dia. Logo:

P = P/3 + 2P/9 + 2P/9 + 10 + 30

P = 3P/9 + 4P/9 + 40

P = 7P/9 + 40

P – 7P/9 = 40

9P/9 – 7P/9 = 40

2P/9 = 40

P/9 = 20

P = 180 páginas

Gabarito: B.

QUESTÃO 83 (FCC/TRF 4ª Região/Téc Jud/2019) Há uma maçã verde, uma maçã vermelha e uma laranja. Deve-se verificar quanto cada fruta pesa, mas só podem ser pesadas duas a duas. As maçãs verde e vermelha juntas pesam 450 g, a maçã verde e a laranja juntas pesam 390 g, a maçã vermelha e a laranja juntas pesam 360 g. A maçã vermelha pesa

(A) 220 g (B) 210 g (C) 205 g (D) 215 g (E) 225 g

RESOLUÇÃO:

Vamos chamar de V, M e L os "pesos" da maçã verde, da maçã vermelha e da laranja, respectivamente.

O enunciado informa que as maçãs verde e vermelha juntas "pesam" 450 g, a maçã verde e a laranja juntas "pesam" 390 g, a maçã vermelha e a laranja juntas "pesam" 360 g.

Logo, temos o seguinte **sistema de equações do 1º grau**:

$$\begin{cases} V + M = 450 \\ V + L = 390 \\ M + L = 360 \end{cases}$$

Veja que o nosso objetivo consiste em obter o "peso" da maçã vermelha (M).

Uma solução prática para o problema envolve somarmos todas as equações e depois fazermos uma substituição de equações que nos permita ficar com apenas a incógnita **M**. Façamos isso, então:

Dividindo todos os termos por 2, temos:

$$V + M + L = 600$$

Substituindo a segunda equação do sistema, obtemos:

$$M + \underbrace{V + L}_{390} = 600$$

$$M = 600 - 390 = 210$$

Portanto, concluímos que **a maçã vermelha "pesa" 210 gramas**.

Gabarito: B.

DIVISÃO PROPORCIONAL

QUESTÃO 84 (FGV – ATM/Pref Recife/2014) Suponha que uma herança de R$ 1 milhão deva ser repartida entre três filhas em partes proporcionais a suas idades, que são de 70, 85 e 95 anos. Da mais nova para a mais velha, as heranças recebidas serão, respectivamente (em milhares de R$):

a) 270, 350 e 380.

b) 280, 320 e 400.

c) 280, 340 e 380.

d) 290, 350 e 380.

e) 290, 340 e 370.

RESOLUÇÃO:

Sejam **a, b** e **c** cada parte que será dividida **diretamente proporcional** a 70, 85 e 95, respectivamente. Daí, teremos:

$$\frac{a}{70} = \frac{b}{85} = \frac{c}{95} = k$$

Aplicando a **propriedade da soma dos antecedentes e consequentes, temos:**

$$\frac{a+b+c}{70+85+95}=k$$

$$\frac{1.000.000}{250}=k \rightarrow k=4.000$$

Nosso objetivo consiste em obter a parte da herança que coube a cada filha. Daí:

✓ a = 70 x 4.000 = **280.000**

✓ b = 85 x 4.000 = **340.000**

✓ c = 95 x 4.000 = **380.000**

Gabarito: C.

QUESTÃO 85 (FUNCAB/POLITEC-MT/Per Crim/2013) Maria, Júlia e Carla dividirão R$ 72.000,00 em partes inversamente proporcionais às suas idades. Sabendo que Maria tem 8 anos, Júlia,12 e Carla, 24, determine quanto receberá quem ficar com a maior parte da divisão.

a) R$ 36.000,00

b) R$ 60.000,00

c) R$ 48.000,00

d) R$ 24.000,00

e) R$ 30.000,00

RESOLUÇÃO:

Sejam:

c: Parcela do dinheiro que caberá a Carla;

j: Parcela do dinheiro que caberá a Júlia;

m: Parcela do dinheiro que caberá a Maria.

O enunciado informa que a divisão do dinheiro foi realizada em partes **inversamente proporcionais** às idades de Carla, Júlia e Maria. Logo:

$$\frac{c}{\frac{1}{24}}=\frac{j}{\frac{1}{12}}=\frac{m}{\frac{1}{8}}=\mathrm{k}(I)$$

Além disso, como a quantia total a ser dividida é R$ 72.000,00, temos:

$$c+j+m=72000(II)$$

Aplicando a **propriedade da soma dos antecedentes** em (I), obtemos:

$$\frac{c+j+m}{\frac{1}{24}+\frac{1}{12}+\frac{1}{8}}=k$$

$$\frac{72000}{\frac{1}{24}+\frac{1}{12}+\frac{1}{8}}=k$$

Visto que o **MMC** entre 8, 12 e 24 é **24**, obtemos:

$$\frac{72000}{\frac{1+2+3}{24}}=k$$

$$k=72000.\frac{24}{6}=288000$$

Agora que encontramos o valor da **constante de proporcionalidade** basta substituí-lo nas igualdades da proporção, a fim de encontrar a quantia que caberá a cada uma das mulheres:

- **Valor de c:** $\frac{1}{24}.\,k=\frac{1}{24}.288000=12000$
- **Valor de j:** $\frac{1}{12}.\,k=\frac{1}{12}.288000=24000$
- **Valor de m:** $\frac{1}{8}.\,k=\frac{1}{8}.288000=36000$

Assim, a mulher que receberá a maior parte da divisão será **Maria**, com **R$ 36.000,00**.

Gabarito: A.

QUESTÃO 86 (OBJETIVA/CISVALE/Aux Adm/2015) Em determinado dia de trabalho, três Auxiliares Administrativos arquivaram 1.324 processos ao todo. Sabendo-se que a quantidade de processos que cada Auxiliar arquivou é inversamente proporcional às suas idades, que são 28, 30 e 54 anos, respectivamente, assinalar a alternativa CORRETA:

a) O Auxiliar Administrativo com 28 anos arquivou 542 processos.

b) O Auxiliar Administrativo com 30 anos arquivou 504 processos.

c) O Auxiliar Administrativo com 54 anos arquivou 282 processos.

d) O Auxiliar Administrativo com 28 anos arquivou 544 processos.

RESOLUÇÃO:

Sejam:

a: Número de processos arquivados pelo servidor com 28 anos de idade;

b: Número de processos arquivados pelo servidor com 30 anos de idade;

c: Número de processos arquivados pelo servidor com 54 anos de idade.

O enunciado informa que a divisão de processos a serem arquivados foi realizada em partes **inversamente proporcionais** às idades dos servidores, o que significa que dividiremos a quantidade total de processos pelo **inverso** das idades de cada um dos Auxiliares Administrativos. Logo:

$$\frac{a}{\frac{1}{28}} = \frac{b}{\frac{1}{30}} = \frac{c}{\frac{1}{54}} = k\left(\boldsymbol{I}\right)$$

Além disso, como o número total de processos a serem arquivados é 1324, temos:

$$a + b + c = 1324\left(\boldsymbol{II}\right)$$

Aplicando a **propriedade da soma dos antecedentes** em (I), obtemos:

$$\frac{a+b+c}{\frac{1}{28}+\frac{1}{30}+\frac{1}{54}} = k$$

$$\frac{1324}{\frac{1}{28}+\frac{1}{30}+\frac{1}{54}} = k$$

Precisamos calcular o **MMC** entre 28, 30 e 54:

28, 30, 54	2
14, 15, 27	2
7, 15, 27	3
7, 5, 9	3
7, 5, 3	3
7, 5, 1	5
7, 1, 1	7
1, 1, 1	2 x 2 x 3 x 3 x 3 x 5 x 7 = **3.780**

Assim, já que o **MMC** entre 28, 30 e 54 é **3780**, obtemos:

$$\frac{1324}{\frac{135+126+70}{3780}}=k$$

$$\frac{1324}{\frac{331}{3780}}=k$$

$$k=1324.\frac{3780}{331}=15120$$

Agora que encontramos o valor da **constante de proporcionalidade** basta substituí-lo nas igualdades da proporção, a fim de encontrar quantos processos foram arquivados por cada um dos três Auxiliares Administrativos:

- **Valor de a:** $\frac{1}{28}.\,k=\frac{1}{28}.15120=540$
- **Valor de b:** $\frac{1}{30}.\,k=\frac{1}{30}.15120=504$
- **Valor de c:** $\frac{1}{54}.\,k=\frac{1}{54}.15120=280$

Gabarito: B.

QUESTÃO 87 (FCC/Sergipe Gás/Adm/2013) O gerente de uma empresa decide dividir uma quantia em dinheiro entre 3 de seus funcionários, em partes inversamente proporcionais ao número de erros que eles tiveram na elaboração de uma determinada tarefa. O número de erros registrados para estes funcionários foram exatamente 2, 3 e 5. Se o funcionário que recebeu o maior valor apresentou um valor de R$ 540,00 a mais que o funcionário que recebeu o menor valor, então o funcionário que teve 3 erros recebeu, em reais,

a) 540,00 b) 720,00 c) 600,00 d) 840,00 e) 450,00

RESOLUÇÃO:

Seja **x** a quantia total a ser dividida entre três funcionários da empresa. Daí, teremos:

- Funcionário 1 recebe 1/2 do valor total: **x/2**
- Funcionário 2 recebe 1/3 do valor total: **x/3**
- Funcionário 3 recebe 1/5 do valor total: **x/5**

O enunciado informa que o valor recebido pelo funcionário 1 corresponde a R$ 540 a mais do que a quantia destinada ao funcionário 3, logo:

Valor do funcionário 1 – 540 = Valor do funcionário 3

$$\frac{x}{2} - 540 = \frac{x}{5}$$

$$\frac{x}{2} - \frac{x}{5} = 540$$

$$\frac{5x}{10} - \frac{2x}{10} = 540$$

$$\frac{3x}{10} = 540$$

$$x = \frac{5400}{3} = 1800$$

Por fim, sabemos que o funcionário 2 recebeu $\frac{x}{3}$. Assim:

$$\frac{x}{3} = \frac{1800}{3} = 600$$

Gabarito: C.

REGRA DE TRÊS

QUESTÃO 88 (CEBRASPE/TRE-GO/Téc Jud/2015) André, Bruno e Carlos, técnicos de um TRE, começaram a analisar, no mesmo instante e individualmente, as prestações de contas das campanhas de três candidatos, compostas de 60 documentos cada uma. Cada um dos técnicos deveria analisar as contas de um candidato. Ao terminar a análise de sua parte, Carlos, sem perda de tempo, passou a ajudar Bruno e, quando os dois terminaram a parte de Bruno, eles se juntaram, imediatamente, a André, até que os três juntos terminaram todo o trabalho, cada um mantendo o seu ritmo até o final.

Com relação a essa situação hipotética, julgue o item seguinte, considerando que em 10 minutos de trabalho, André analise 2 documentos, Bruno, 3 documentos e Carlos, 5.

Carlos concluiu a análise de sua parte dos documentos em menos de 90 minutos.

RESOLUÇÃO:

O enunciado afirma que Carlos analisa 5 documentos em 10 minutos. Já para executar a análise dos 60 documentos que lhe cabe, ele gasta ***x*** minutos.

Montando as frações da regra de três, obteremos:

$$\frac{10\,min}{x\,min} = \frac{5\,documentos}{60\,documentos}$$

Resolvendo a regra de três, por meio da aplicação das propriedades das proporções, teremos:

$$5x = 60\,.10 \Rightarrow x = 120$$

Logo, Carlos concluiu a análise de sua parte dos documentos em **120 min = 2 horas**.

Gabarito: Errado.

QUESTÃO 89 (FCC/CNMP/Téc Seg/2015) Um livro foi impresso de modo que seu texto ocupou 420 páginas. Cada página foi impressa com 30 linhas. Para uma versão mais compacta foi planejado que em cada página seriam impressas 35 linhas. Desta maneira, a diferença entre o número de páginas da primeira versão e o número de páginas da versão compacta é igual a

a) 80. b) 50. c) 90. d) 30. e) 60.

RESOLUÇÃO:

Bem, já sabemos que temos alguns passos a cumprir...

1º) **Construir uma tabela**, agrupando as grandezas em colunas e relacionando cada valor a sua grandeza. E facilitará a nossa vida se colocarmos a coluna referente à incógnita mais à esquerda na tabela:

	Quantidade de páginas	Quantidade de linhas
↑	420	**30**
	x	**35**

2º) **Verificar as grandezas** em relação à grandeza da variável que se deseja obter, identificando se são direta ou inversamente proporcionais.

Para isso, no caso da presente questão, precisamos nos perguntar:

*"Se **aumenta** a quantidade de páginas do livro, **aumenta** ou **diminui** o número de linhas impressas em cada páginas?"*

Ora, se **aumentarmos** o número de páginas do livro, então teremos uma quantidade menor de linhas por página. Logo, as grandezas são **inversamente** proporcionais!

Dito de outra forma: com **menos** linhas por página é necessário **mais** páginas para imprimir todo o livro!

Graficamente, temos:

	Quantidade de páginas	Quantidade de linhas	
↑	420	**30**	↓
	x	**35**	

3º) **Inverter os valores** das grandezas inversamente proporcionais à grandeza da variável, *caso seja necessário*:

De fato, <u>as setas precisam estar no mesmo sentido</u>! Para isso, basta inverter os valores da grandeza "quantidade de linhas":

	Quantidade de páginas	Quantidade de linhas	
↑	420	**35**	↑
	x	**30**	

4º) **Montar** a proporção e **resolver** a equação:

$$\frac{420}{x} = \frac{35}{30}$$

$$35 \,.\, x = 420 \,.\, 30$$

$$x = \frac{12600}{35} = 360\,\textbf{páginas}$$

Terminamos a questão? Não! Na verdade, o "**x**" representa a quantidade de páginas que terá a **nova versão** compacta do livro. Porém, o enunciado quer a diferença entre o número de páginas da primeira versão e o número de páginas da versão compacta:

$$420 - 360 = 60\,\textbf{páginas}$$

Gabarito: E.

QUESTÃO 90 (FCC/SEFAZ-PE/JATTE/2015) Márcia e Lúcio trabalham como digitadores em uma empresa de telemarketing. Márcia, mais experiente, consegue digitar o cadastro de um cliente em 3 minutos, enquanto Lúcio leva 5 minutos para realizar a mesma tarefa. Trabalhando juntos, o tempo mínimo que os dois gastarão para digitar o cadastro de um grupo de 120 clientes é igual a

a) 5 horas.
b) 1 hora e 4 minutos.
c) 4 horas e 15 minutos.
d) 6 horas.
e) 3 horas e 45 minutos.

RESOLUÇÃO:

Vamos raciocinar. Ora, se Márcia digita **1** cadastro em **3** minutos, então em 1 minuto, ela digita **1/3** do cadastro.

Seguindo o mesmo pensamento, se Lúcio digita **1** cadastro em **5** minutos, então, em 1 minuto, ele digita **1/5** do cadastro.

Dessa forma, em 1 minuto, os dois digitam juntos:

$$\frac{1}{3} + \frac{1}{5} = \frac{8}{15}\,\textbf{do cadastro}$$

Com isso, surge o seguinte problema:

Se em 1 minuto Márcia e Lúcio digitam 8/15 de um cadastro, então em quanto tempo eles digitarão 120 cadastros?

Ah, meus amigos! Estamos diante de uma **regra de três simples**! Logo, vamos resolver de uma forma mais rápida, a fim de ganharmos tempo!

Repare que, se **aumentarmos** o tempo, então **mais** cadastros poderão ser concluídos. Logo, as grandezas são **diretamente** proporcionais:

	Tempo	Quantidade de cadastros	
↑	1 minuto	8/15	↑
	x	120	

Dessa maneira, <u>não</u> há valores para inverter. Vamos direto à montagem da proporção e resolução da equação:

$$\frac{1}{x}=\frac{\frac{8}{15}}{120}$$

$$\frac{8}{15}.x=120.1\Rightarrow x=225\text{minutos}$$

Visto que cada hora tem 60 minutos, 225 minutos corresponde a:

$$225\text{minutos}=60+60+60+45=(3.60)+45=3\text{horas e }45\text{minutos}$$

Gabarito: E.

QUESTÃO 91 (FUNIVERSA/SPTC-GO/Aux de Autópsia/2015) A geladeira, para conservação de cadáveres, do necrotério de determinada cidade possui 12 gavetas de mesma medida. Para a limpeza de 7 dessas gavetas, o auxiliar de autópsia gasta 3,5 kg de sabão. Então, para a limpeza das 12 gavetas, ele gastará

a) 5 kg de sabão. b) 6 kg de sabão. c) 7 kg de sabão.

d) 8 kg de sabão. e) 9 kg de sabão.

RESOLUÇÃO:

Estamos diante de uma questão de **Regra de Três Simples**, em que são apresentados <u>3 dados</u> e é solicitado que calculemos o **valor faltante**! Vamos lá, então.

1º) **Construir uma tabela**, agrupando as grandezas em colunas e relacionando cada valor a sua grandeza. E facilitará a nossa vida se <u>colocarmos a coluna referente à incógnita mais à esquerda</u> na tabela:

	Quantidade de sabão	Quantidade de gavetas
↑	3,5 kg	7
	x	12

2º) **Verificar as grandezas** em relação à grandeza da variável que se deseja obter, identificando se são direta ou inversamente proporcionais.

Para isso, no caso da presente questão, precisamos nos perguntar:

> *"Se **aumenta** a quantidade de sabão, **aumenta** ou **diminui** o número a quantidade de gavetas a serem limpas?"*

Ora, quanto ***mais*** sabão à disposição, então uma quantidade ***maior*** de gavetas poderá ser limpa pelo auxiliar de autópsia. Logo, as grandezas são **diretamente proporcionais**! Graficamente, temos:

	Quantidade de sabão	Quantidade de gavetas	
↑	3,5 kg	**7**	↑
	x	**12**	

3º) **Inverter os valores** das grandezas inversamente proporcionais à grandeza da variável, *caso seja necessário*:

Bem, como as grandezas são diretamente proporcionais, não há valores para inverter.

4º) **Montar** a proporção e **resolver** a equação:

$$\frac{3,5}{x} = \frac{7}{12}$$

$$7 \,.\, x = 3,5 \,.\, 12$$

$$x = \frac{42}{7} = 6\text{kg}$$

Gabarito: B.

QUESTÃO 92 (VUNESP/FUNDUNESP/Téc Adm/2014) Das peças produzidas em uma máquina, sabe-se que 5/6 são perfeitas e que as restantes possuem algum tipo de defeito. Sabe-se também que 3/5 das peças com defeito podem ser retificadas e aproveitadas, sendo as peças restantes com defeitos descartadas. Se em certo lote produzido foram descartadas 220 peças, então o número de peças perfeitas desse lote foi igual a

a) 1 980. b) 2 540. c) 2 680. d) 2 750. e) 3 300.

RESOLUÇÃO:

Inicialmente, o enunciado afirma que das peças produzidas em uma máquina **5/6** são **perfeitas** e que as restantes possuem algum tipo de defeito. Consequentemente, **1/6** das peças possuem algum **defeito**!

A seguir, é dito que **3/5** das peças com **defeito** podem ser retificadas e aproveitadas, sendo as peças restantes com defeitos descartadas. Consequentemente, **2/5** das peças com **defeito** são descartadas!

Assim, visto que a questão nos informa que **220** peças foram descartadas, podemos usar uma **Regra de Três Simples** para descobrir o **número total** de peças com **defeito**:

$$\frac{220}{x} = \frac{\frac{2}{5}}{1}$$

$$\frac{2x}{5} = 220 \Rightarrow \boldsymbol{x} = 550$$

Dessa maneira, temos um total de **550** peças com **defeito**. E já sabemos que elas correspondem a **1/6** do total! Por fim, considerando que o número de **peças perfeitas** equivale a **5/6** do total, utilizaremos uma **Regra de Três Simples** a fim de calcular o número de **peças perfeitas** desse lote:

$$\frac{550}{x} = \frac{\frac{1}{6}}{\frac{5}{6}}$$

$$\frac{x}{6} = \frac{550\,.5}{6} \Rightarrow \boldsymbol{x} = 2.750$$

Assim, o número de **peças perfeitas** desse lote foi igual a **2.750** peças.

Gabarito: D.

QUESTÃO 93 (FCC/SEFAZ-PE/JATTE/2015) O gerente de produção de uma gráfica verificou que, para imprimir a encomenda de uma empresa em um prazo de 8 dias, poderia utilizar 9 máquinas idênticas, do tipo X, cada uma trabalhando 10 horas por dia. A empresa, porém, não aceitou o prazo proposto e declarou que só contrataria a gráfica se a encomenda ficasse pronta em 3 dias. Para atender o pedido da empresa, o gerente decidiu colocar as máquinas para trabalhar 15 horas por dia. Mesmo assim, percebeu que teria de utilizar, no mínimo,

a) 15 máquinas do tipo X.

b) 12 máquinas do tipo X.

c) 18 máquinas do tipo X.

d) 16 máquinas do tipo X.

e) 10 máquinas do tipo X.

RESOLUÇÃO:

Sabemos que o primeiro passo para a resolução de uma questão de **regra de três composta** consiste em **construir uma tabela**, agrupando as grandezas em colunas e relacionando cada valor a sua grandeza. Logo:

Quantidade de máquinas	Jornada diária	Tempo
9	10	8 dias
x	15	3 dias

Agora, vamos **verificar as grandezas** em relação à grandeza da variável que se deseja obter, identificando se são direta ou inversamente proporcionais:

- Se **aumentarmos** o número de máquinas trabalhando, **diminui** o tempo de conclusão da obra.
- Se **aumentarmos** o número de máquinas trabalhando, **diminui** o número de horas (jornada diária) necessárias para concluir o serviço.

Esquematizando, temos:

Quantidade de máquinas		Jornada diária		Tempo	
↑	9	**10**	↓	**8 dias**	↓
	x	**15**		**3 dias**	

Em seguida, devemos **inverter os valores** das grandezas inversamente proporcionais à grandeza da variável:

Quantidade de máquinas		Jornada diária		Tempo	
↑	9	**15**	↑	**3 dias**	↑
	x	**10**		**8 dias**	

Por fim, vamos **montar** a proporção e **resolver** a equação:

$$\frac{9}{x} = \frac{15}{10} \cdot \frac{3}{8}$$

$$x = \frac{10 \cdot 8 \cdot 9}{15 \cdot 3} = 16\,\textbf{máquinas}$$

Gabarito: D.

QUESTÃO 94 (FCC/METRÔ-SP/Advogado Jr/2014) Para inaugurar no prazo a estação XYZ do Metrô, o prefeito da cidade obteve a informação de que os 128 operários, de mesma capacidade produtiva, contratados para os trabalhos finais, trabalhando 6 horas por dia, terminariam a obra em 42 dias. Como a obra tem que ser terminada em 24 dias, o prefeito autorizou a contratação de mais operários, e que todos os operários (já contratados e novas contratações) trabalhassem 8 horas por dia. O número de operários contratados, além dos 128 que já estavam trabalhando, para que a obra seja concluída em 24 dias, foi igual a

a) 40 b) 16 c) 80 d) 20 e) 32

RESOLUÇÃO:

Sabemos que o primeiro passo para a resolução de uma questão de **regra de três composta** consiste em **construir uma tabela**, agrupando as grandezas em colunas e relacionando cada valor a sua grandeza. Logo:

Quantidade de operários	Jornada diária	Tempo
128	6	42 dias
x	8	24 dias

Agora, vamos **verificar as grandezas** em relação à grandeza da variável que se deseja obter, identificando se são direta ou inversamente proporcionais:

- Se **aumentarmos** o número de operários trabalhando, **diminui** o tempo de conclusão da obra.
- Se **aumentarmos** o número de operários trabalhando, **diminui** o número de horas (jornada diária) necessárias para concluir o serviço.

Esquematizando, temos:

Quantidade de operários		Jornada diária		Tempo	
↑	128	**6**	↓	**42 dias**	↓
	x	**8**		**24 dias**	

Em seguida, devemos **inverter os valores** das grandezas inversamente proporcionais à grandeza da variável:

Quantidade de operários		Jornada diária		Tempo	
↑	128	**8**	↑	**24 dias**	↑
	x	**6**		**42 dias**	

Por fim, vamos **montar** a proporção e **resolver** a equação:

$$\frac{128}{x}=\frac{8}{6}.\frac{24}{42}$$

$$x=\frac{6.42.128}{24.8}=168 \text{ operários}$$

Terminamos a questão? Não! Na verdade, o "**x**" representa a **quantidade total** de operários. Porém, a questão quer o número de operários contratados, além dos 128 que já estavam trabalhando. Assim, para realizar a obra no tempo previsto, o prefeito contratou mais 168 – 128 = **40 operários**.

Gabarito: A.

QUESTÃO 95 (FCC/DPE-RS/Téc Adm/2013) Para produzir 60% de uma encomenda, os oito funcionários de uma empresa gastaram um total de 63 horas. Como dois ficaram doentes, os outros seis funcionários terão de produzir sozinhos os 40% restantes da encomenda. Considerando que todos eles trabalham no mesmo ritmo e executam as mesmas tarefas, pode-se estimar que o restante da encomenda será produzido em

a) 42 horas. b) 56 horas. c) 60 horas. d) 70 horas. e) 84 horas.

RESOLUÇÃO:

Sabemos que o primeiro passo para a resolução de uma questão de **regra de três composta** consiste em **construir uma tabela**, agrupando as grandezas em colunas e relacionando cada valor a sua grandeza. Logo:

Tempo	Quantidade de funcionários	Encomenda
63 horas	8	60%
x	6	40%

Agora, vamos **verificar as grandezas** em relação à grandeza da variável que se deseja obter, identificando se são direta ou inversamente proporcionais:

- Se **aumentarmos** o tempo para entregar a encomenda, **diminui** a quantidade de funcionários necessários para efetuar o serviço.
- Se **aumentarmos** o tempo para entregar a encomenda, **aumenta** o tamanho da encomenda que pode ser entregue.

Esquematizando, temos:

Tempo		Quantidade de funcionários		Encomenda	
↑	63 horas	↓	8	↑	60%
	x		6		40%

Em seguida, devemos **inverter os valores** das grandezas inversamente proporcionais à grandeza da variável:

Tempo		Quantidade de funcionários		Encomenda	
↑	63 horas	↑	6	↑	60%
	x		8		40%

Por fim, vamos **montar** a proporção e **resolver** a equação:

$$\frac{63}{x}=\frac{6}{8}\cdot\frac{\frac{60}{100}}{\frac{40}{100}}$$

$$x=\frac{8\,.0{,}4\,.63}{6\,.0{,}6}=56\,\textbf{horas}$$

Gabarito: B.

QUESTÃO 96 (VUNESP/TJ-SP/ContJ/2015) Baseado em um trabalho que fora realizado no ano anterior, Clóvis montou uma tabela com o objetivo de planejar quantos funcionários serão necessários para realizar o mesmo trabalho no final deste ano. A tabela montada é a seguinte:

	Número de funcionários envolvidos	Carga horária diária (Por funcionário)	Produção diária (Em unidades)
2014	30	8 horas	500
2015	X	6 horas	400

Considerando-se idênticas, de 2014 para 2015, as condições de trabalho e a produtividade da mão de obra, o valor de X, indicado na tabela, quando comparado ao número de funcionários envolvidos em 2014, deverá ser

a) aumentado em 12 unidades.

b) aumentado em 7 unidades.

c) aumentado em 2 unidades.

d) diminuído em 12 unidades.

e) diminuído em 2 unidades.

RESOLUÇÃO:

A questão foi muito boazinha ao fornecer para nós a tabela necessária para a resolução do problema! Não vá se acostumando; isso não é normal.

Inicialmente, vamos **construir uma tabela**, agrupando as grandezas em colunas e relacionando cada valor a sua grandeza. Logo:

Quantidade de funcionários	Tempo	Produção diária
30	8 horas	500
x	6 horas	400

Agora, vamos **verificar as grandezas** em relação à grandeza da variável que se deseja obter, identificando se são direta ou inversamente proporcionais:

- Se **aumentarmos** o número de funcionários trabalhando, **aumenta** a produção diária
- Se **aumentarmos** o número de funcionários trabalhando, **diminui** o número de horas necessárias para concluir o serviço.

Esquematizando, temos:

Quantidade de funcionários		Tempo		Produção diária	
↑	30	8 horas	↓	500	↑
	x	6 horas		400	

Em seguida, devemos **inverter os valores** das grandezas inversamente proporcionais à grandeza da variável:

Quantidade de funcionários		Tempo		Produção diária	
↑	30	6 horas	↑	500	↑
	x	8 horas		400	

Por fim, vamos **montar** a proporção e **resolver** a equação:

$$\frac{30}{x}=\frac{6}{8}\cdot\frac{500}{400}$$

$$x=\frac{30\,.8\,.400}{6\,.500}=32\,\textbf{funcionários}$$

Assim, quando comparado ao número de funcionários envolvidos em 2014, que eram 30, no ano de 2015 esse quantitativo deverá ser **aumentado em 2 unidades**, uma vez que serão necessários 32 colaboradores!

Gabarito: C.

PORCENTAGEM

QUESTÃO 97 (CESPE – Aux Jud/TRT 6/2002) Se um trabalhador ganha R$ 800,00 líquidos por mês, gasta 25% de seu salário em alimentação, 30% em aluguel, 25% em outras despesas e aplica o restante em uma caderneta de poupança, então o valor aplicado mensalmente é maior que R$ 150,00.

RESOLUÇÃO:

Se somarmos aluguel, alimentação e outras despesas, teremos:

$$25\%+30\%+25\%=80\%$$

Assim, sobram apenas 20% de seu salário. Portanto:

$$20\%\,x\,800=160$$

Logo, ele aplica por mês R$ 160,00.

Gabarito: Certo.

QUESTÃO 98 (VUNESP/TCE-SP/AGENTE DE FISC/2017) Uma enquete demonstrou que 17% das empresas devem algum tipo de imposto do ano anterior, e, desse grupo, são 13% que devem algum tipo de imposto dos últimos dois anos. Em relação ao total de empresas da enquete, a porcentagem das empresas que devem apenas os impostos do ano anterior é de, aproximadamente,

a) 14,8. b) 13,7. c) 14,3. d) 15,6. e) 13,9.

RESOLUÇÃO:

Das 17% de empresas que devem algum imposto do ano anterior, sabemos que 13% devem imposto dos últimos dois anos. Assim, 87% das 17% devem impostos apenas do ano anterior:

$$0{,}87\,x\,17\%=14{,}79\%$$

Gabarito: A.

QUESTÃO 99 (FCC – CETAM/Técnico TI – 2014) Com sua promoção no trabalho, Renato teve um aumento de 16% no seu salário, passando a receber R$ 2.807,20. O salário, em reais, que Renato recebia antes do aumento era um valor compreendido entre

a) 2.350,00 e 2.360,00.

b) 2.415,00 e 2.425,00.

c) 2.395,00 e 2.415,00.

d) 2.375,00 e 2.395,00.

e) 2.425,00 e 2.440,00.

RESOLUÇÃO:

Vamos chamar de **S** o salário de Renato antes do aumento. Sabemos que **aumentar um valor em 16%** significa multiplicá-lo pelo fator de aumento **1,16**, resultando no novo salário de Renato (S'). Logo:

$$S' = S \times 1{,}16$$

$$2.807{,}20 = S \times 1{,}16 \Rightarrow \boldsymbol{S} = \frac{2.807{,}20}{1{,}16} = 2.420$$

Gabarito: B.

QUESTÃO 100 (FGV – COMPESA/Aux de Saneamento – 2014) Em certa loja, um forno elétrico custa R$ 300,00 e está sendo anunciado, com desconto, pelo preço de R$ 255,00. O percentual de desconto é de

a) 12%. b) 15%. c) 18%. d) 20%. e) 25%.

RESOLUÇÃO:

Sabemos que dar um **desconto de X%** significa multiplicar o valor pelo fator de desconto **(1 – X%)**. Assim, temos que:

$$300 \times (1 - X\%) = 255 \rightarrow 1 - X\% = \frac{255}{300} \rightarrow 1 - X\% = 0{,}85$$

$$X\% = 0{,}15 \rightarrow X\% = 0{,}15 \times 100\% \rightarrow X\% = 15\%$$

Gabarito: B.

QUESTÃO 101 (CEBRASPE – ATA/MIN/2013) Determinada construtora emprega 200 empregados na construção de cisternas em cidades assoladas por seca prolongada. Esses empregados, trabalhando 8 horas por dia, durante 3 dias, constroem 60 cisternas. Com base nessas informações e considerando que todos os empregados sejam igualmente eficientes, julgue o item que segue.

Considere que, de 1.250 cisternas construídas, 8% delas tiveram de ser refeitas por apresentarem defeitos de várias naturezas. Considere, ainda, que, das cisternas que apresentaram defeitos, 15% foram refeitas por terem apresentado vazamentos. Em face dessa situação, é correto afirmar que, das 1.250 cisternas construídas, menos de 1,3% delas foram refeitas por apresentarem vazamentos.

RESOLUÇÃO:

Sabemos que foram 1.250 cisternas construídas. No entanto, 8% tiveram defeito:

$$0{,}08 x 1.250 = 100$$

Assim, havia **100 cisternas com defeito**. Dessas, 15% tiveram vazamento:

$$0{,}15 x 100 = 15$$

Logo, foram 15 cisternas com vazamento.

A fim de calcularmos quantos por cento essas 15 representam em relação ao total, basta dividirmos as duas quantias (parte pelo todo):

$$\frac{15}{1.250} = 0{,}012 = 1{,}2\%$$

De fato é um **valor inferior a 1,3%**.

Gabarito: Certo.

QUESTÃO 102 (MS Concursos – IF-AC/Aux Adm/2014) Um determinado produto sofreu duas variações de preços sucessivas, na primeira, desconto de 15%; na segunda, um aumento de 15%. Analise cada uma das afirmações a seguir e marque a alternativa correta.

I – O produto voltou ao preço original.

II – Após as variações, o produto ficou 2,25% mais caro.

III – O produto passou a custar 2,25% a menos.

a) I, II e III são verdadeiras.

b) Somente a I é verdadeira.

c) Somente I e II são verdadeiras.

d) Somente a III é verdadeira.

RESOLUÇÃO:

Já podemos **descartar a afirmativa I**, pois sabemos que um aumento de 15% não anula um desconto de 15%. E isso já seria o suficiente para marcarmos a **alternativa D**, pois é a única que não contém a afirmativa I como verdadeira. Mas vamos às contas!

Temos um **aumento** inicial de **15%**, seguido de um **desconto** de **15%**. Vamos usar a técnica que aprendemos e considerar o preço inicial do produto igual a 100 reais. Logo:

$$P' = (1+15\%).(1-15\%).100 \Rightarrow P' = 1,15\,.0,85\,.100 \Rightarrow P' = 97,75\,reais$$

Portanto, houve uma variação de 97,75 – 100 = – **2,25 reais**. O que corresponde a uma **redução de 2,25%** no preço do produto.

Gabarito: D.

QUESTÃO 103 (FCC/Ana Leg – ALERN/2013) O preço de uma mercadoria é controlado pelo governo. Durante um mês esse preço só pode ser reajustado em 22%. Na primeira semana de um determinado mês, um comerciante reajustou o preço em 7%. Após cinco dias, o mesmo comerciante queria reajustar o preço novamente de forma a chegar ao limite permitido de reajuste no mês. O reajuste pretendido pelo comerciante é de aproximadamente

A) 15%. B) 12%. C) 19%. D) 13%. E) 14%.

RESOLUÇÃO:

Lembrando que se tivermos **variações sucessivas**, basta multiplicarmos os **fatores de multiplicação** para obtermos a variação resultante, assim:

$$(1+i_R)=(1+i_1).(1+i_2)$$

$$(1+0{,}22)=(1+0{,}07).(1+i_2)\ \Rightarrow\ (1+i_2)=\frac{1{,}22}{1{,}07}=1{,}14\ \Rightarrow\ i_2=0{,}14=14\%$$

Gabarito: E.

14. QUESTÕES-DESAFIO

QUESTÃO 104 (VUNESP/São J dos Campos/Ana Gest Mun/2015) Antônio criou uma senha com dois números inteiros positivos A e B, nessa ordem, ambos com dois dígitos. Para a criação da senha, ele utilizou os seguintes critérios:

- A razão entre o mínimo múltiplo comum de A e B e o máximo divisor comum de A e B é 30;
- O mínimo múltiplo comum de A e B supera o máximo divisor comum de A e B em 145 unidades;
- A é menor que B, e a diferença B – A é mínima.

Conhecidos esses critérios, pode-se concluir corretamente que a soma A + B dos números utilizados por Antônio para a criação dessa senha é igual a

a) 45. b) 55. c) 65. d) 75. e) 85.

RESOLUÇÃO:

Conforme as informações do enunciado, temos:

$$\frac{MMC(A,B)}{MDC(A,B)}=30\rightarrow MMC(A,B)=30MDC(A,B)\ (\text{I})$$

$$MMC(A,B)=MDC(A,B)+145\ (\text{II})$$

Agora, vamos substituir (II) em (I):

$$MDC(A,B)+145=30MDC(A,B)$$

$$MDC(A,B)=\frac{145}{29}=5$$

E, para encontrarmos o MMC entre A e B, substituímos o MDC em (II):

$$MMC(A, B) = 5 + 145 = 150$$

Fatorando este MMC de 150, temos: **2 x 3 x 5 x 5**.

Levando em conta que o MDC é 5, o fator comum na fatoração destes dois números é o próprio número 5. Já o outro 5, o 2 e o 3 vão aparecer na fatoração de apenas um deles, de forma que a diferença entre eles seja **mínima** segundo informação do enunciado. Então, a fatoração deles deve ficar assim:

- **A** = 25 = 5 x 5 = **25**
- **B** = 2 x 3 x 5 = **30**

Assim, garantimos que **B seja maior que A** e que haja uma **mínima diferença** entre os dois números.

Por fim, a soma dos dois números que formam a senha de Antônio fica:

$$A + B = 25 + 30 = 55$$

Gabarito: B.

QUESTÃO 105 (CEBRASPE – Ag Adm/DPU/2016) Na zona rural de um município, 50% dos agricultores cultivam soja; 30%, arroz; 40%, milho; e 10% não cultivam nenhum desses grãos. Os agricultores que produzem milho não cultivam arroz e 15% deles cultivam milho e soja.

Considerando essa situação, julgue o item que se segue.

Em exatamente 30% das propriedades, cultiva-se apenas milho.

RESOLUÇÃO:

O diagrama a seguir representa a situação exposta no enunciado, sendo que os valores estão em termos percentuais:

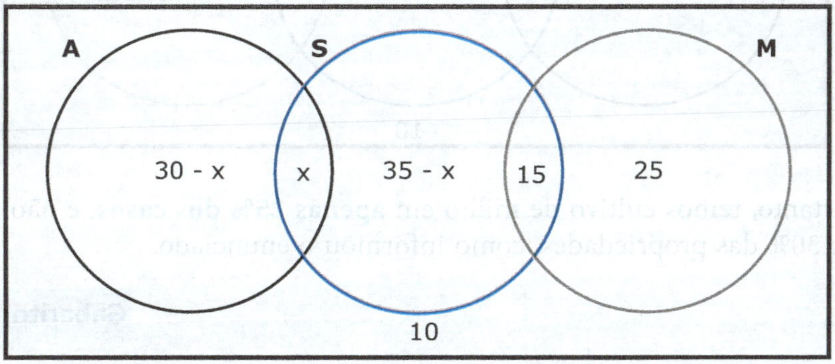

Como chegamos a esses valores? Bem, vamos detalhar os cálculos:

- ✓ Os conjuntos **A** e **M não se tocam**, porque foi dito que os agricultores que produzem milho não cultivam arroz;
- ✓ Existem 10% fora dos círculos relativos àqueles que não cultivam nenhum dos grãos;
- ✓ Há 15% na interseção entre **M** e **S**, correspondentes aos que cultivam milho **e** soja;
- ✓ Visto que o total de milho é 40%, e como já foram alocados 15% na interseção com o conjunto **S**, então restam 40 – 15 = 25% que plantam apenas milho;
- ✓ Seja **x** o percentual de agricultores que plantam arroz **e** soja. A fim de completar os 30% que cultivam arroz, faltam **30 – x por cento**;
- ✓ Em soja há 50% e já foram alocados **15 + x por cento**, faltando **35 – x** para completar.

Muito bem, agora precisamos calcular o valor de x, sabendo que a soma de todos os percentuais deve resultar em 100%:

$$25+15+(35-x)+x+(30-x)+10=100$$

$$115-x=100$$

$$x=15$$

Assim, podemos ajustar o nosso diagrama:

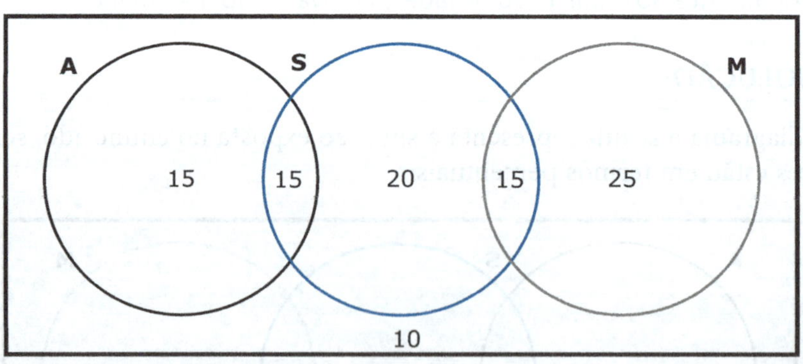

Portanto, temos cultivo de milho em **apenas 25% dos casos**, e não em exatamente 30% das propriedades, como informou o enunciado.

Gabarito: Errado.

QUESTÃO 106 (VUNESP/PAULIPREV/Controlador Interno/2018) André jogou 5 partidas de bolinha de gude. Na primeira, ele perdeu 4 bolinhas; na segunda, ele perdeu dois terços das bolinhas que ainda tinha; na terceira, ele ganhou 2 bolinhas; na quarta, ele perdeu um sexto das bolinhas que ainda tinha; e, na quinta partida, ele ganhou 15 bolinhas. Em relação ao número de bolinhas que André tinha antes do primeiro jogo, ele perdeu 74 bolinhas. Logo, ao fim do último jogo, André ficou com um número de bolinhas que é múltiplo de

(A) 3. (B) 5. (C) 7. (D) 11. (E) 13.

RESOLUÇÃO:

Vamos chamar de **N** o número de bolinhas que André tinha quando começou as partidas.

Na primeira partida ele perdeu 4 bolinhas, ficando com **N - 4**.

Na segunda, ele perdeu 2/3 do que ainda tinha, ficando com **1/3 x (N - 4)**.

Na terceira, ele ganhou 2 bolinhas, passando a ficar com:

$$\frac{1}{3}\times(N-4)+2$$

$$=\frac{N}{3}-\frac{4}{3}+\frac{6}{3}$$

$$=\frac{N+2}{3}$$

Na quarta, ele perdeu 1/6 do que tinha, ficando com 5/6:

$$0{,}25=\frac{1}{4}$$

Na quinta, ele ganhou 15 bolinhas. Ficou, portanto, com:

$$\frac{5}{6}\times\frac{N+2}{3}+15$$

$$=\frac{5N+10}{18}+15\ (\text{I})$$

Também é dito que em relação ao que tinha no início, André perdeu 74 bolinhas:

$$N-\left(\frac{5N+10}{18}+15\right)=74$$

$$N-\frac{5N+10}{18}-15=74$$

$$\frac{18N}{18}-\frac{5N+10}{18}=74+15$$

$$\frac{18N-5N-10}{18}=89$$

$$13N-10=89\times 18$$

$$13N=1602+10$$

$$13N=1612$$

$$N=\frac{1612}{13}=124$$

Portanto, substituindo esse valor de N na equação, ficamos com:

$$\frac{5\times 124+10}{18}+15=\frac{630}{18}+15=35+15=50$$

Portanto, André ficou com 50 bolinhas. Esse número é **múltiplo de 5**.

Gabarito: B.

QUESTÃO 107 (FCC/TRT – 3ª Região/Téc Jud/2009) Quatro técnicos em contabilidade, A, B, C e D, vão repartir entre si um total de 220 processos trabalhistas, para conferir os cálculos. Os dois primeiros receberam 2/5 do total de processos e os repartiram em partes inversamente proporcionais às suas respectivas idades. Os dois últimos repartiram o restante dos processos em partes diretamente proporcionais às suas respectivas idades. Se as idades de A, B, C e D são, respectivamente, 24, 20, 34 e 32 anos, o número de processos recebidos por

a) A foi 44 b) B foi 48 c) C foi 58 d) D foi 60 e) D foi 68

RESOLUÇÃO:

Iremos resolver a questão por meio de duas divisões proporcionais independentes: a primeira de forma inversamente proporcional e a segunda de maneira diretamente proporcional.

O total de processos para a primeira divisão é de 2/5 do total, ou seja, os técnicos A e B vão dividir entre si, inversamente proporcionais às suas idades, $\frac{2}{5}.220 = 88$ **processos.**

Em seguida, pegamos esse valor, e dividimos pelo inverso da soma das partes, ou seja, $\frac{1}{24}+\frac{1}{20}$:

$$\frac{88}{\frac{1}{24}+\frac{1}{20}} = \frac{A}{\frac{1}{24}} = \frac{B}{\frac{1}{20}}$$

Simplificando a primeira fração da proporção anterior:

$$\frac{88}{\frac{1}{24}+\frac{1}{20}} = \frac{88}{\frac{11}{120}} = 88.\frac{120}{11} = 960$$

Agora é só comparar 960 com cada uma das igualdades $\frac{A}{\frac{1}{24}}$ e $\frac{B}{\frac{1}{20}}$, encontrando A e B um de cada vez:

- **<u>Processos de A</u>**: $960 = \frac{A}{\frac{1}{24}} \Rightarrow A = 40$
- **<u>Processos de B</u>**: $960 = \frac{B}{\frac{1}{20}} \Rightarrow B = 48$

Assim, o funcionário A receberá 40 processos e o B, 48.

Perceba que apenas com a primeira parte da resolução da questão efetuada já poderíamos identificar a alternativa correta (B). Apesar disso, vamos até o final!

Você certamente concordará que, se os dois primeiros técnicos em contabilidade receberam 88 processos, então aos outros dois couberam 220 – 88 = 132 processos, os quais serão divididos entre eles diretamente proporcionais às suas idades (34 e 32 anos). Assim, temos:

$$\frac{132}{\frac{1}{34}+\frac{1}{32}} = \frac{C}{\frac{1}{34}} = \frac{D}{\frac{1}{32}}$$

Simplificando a primeira fração da proporção anterior:

$$\frac{132}{\frac{1}{34}+\frac{1}{32}} = \frac{132}{\frac{33}{544}} = 132.\frac{544}{33} = 2176$$

- **Processos de C**: $2176 = \frac{C}{\frac{1}{34}} \Rightarrow C = 64$
- **Processos de D**: $2176 = \frac{D}{\frac{1}{32}} \Rightarrow D = 68$

Dessa maneira, o funcionário **C receberá 64 processos e o D, 68.**

Gabarito: B.

QUESTÃO 108 (FUNDATEC/SEFAZ-RS/AFRE/2014) Uma equipe formada por 20 funcionários de uma repartição pública trabalhou 3,3h por dia, durante 9 dias, para analisar 300 processos, contendo 80 páginas cada um, em média. O número mínimo de dias de trabalho necessários para que 80% desses funcionários analisem 450 processos, contendo, em média, 3/4 do número de páginas dos outros processos, trabalhando 4h por dia, mantendo as mesmas condições e ritmo de trabalho, é:

a) 8. b) 9. c) 10. d) 11. e) 12.

RESOLUÇÃO:

Sabemos que o primeiro passo para a resolução de uma questão de **regra de três composta** consiste em **construir uma tabela**, agrupando as grandezas em colunas e relacionando cada valor a sua grandeza. Logo:

Tempo	Quant. de funcionários	Jornada diária	Quant. de processos	Quant. de páginas
9 dias	20	3,3 horas	300	80
x	16	4 horas	450	60

Vale a pena ressaltar que, para a montagem da tabela, conforme os dados da questão, fizemos:

- 80% de 20 = 0,8 . 20 = **16**
- 3/4 de 80 = 3/4 . 80 = **60**

Agora, vamos **verificar as grandezas** em relação à grandeza da variável que se deseja obter, identificando se são direta ou inversamente proporcionais:

- Se **aumentarmos** o tempo para concluir o trabalho, **diminui** a quantidade de funcionários → Grandezas inversamente proporcionais.
- Se **aumentarmos** o tempo para concluir o trabalho, **diminui** o número de horas (jornada diária) necessárias → Grandezas inversamente proporcionais.
- Se **aumentarmos** o tempo para concluir o trabalho, **aumenta** a quantidade de processos que poderão ser analisados → Grandezas diretamente proporcionais.
- Se os processos tiverem menos páginas, serão precisos menos dias para analisá-los → Grandezas diretamente proporcionais.

Esquematizando, temos:

Tempo		Quant. de funcionários		Jornada diária		Quant. de processos		Quant. de páginas	
↑	9 dias	↓	**20**	↓	**3,3 horas**	↑	**300**	↑	**80**
	x		**16**		**4 horas**		**450**		**60**

Em seguida, devemos **inverter os valores** das grandezas inversamente proporcionais à grandeza da variável:

Tempo		Quant. de funcionários		Jornada diária		Quant. de processos		Quant. de páginas	
↑	9 dias	↑	**16**	↑	**4 horas**	↑	**300**	↑	**80**
	x		**20**		**3,3 horas**		**450**		**60**

Por fim, vamos **montar** a proporção e **resolver** a equação:

$$\frac{9}{x} = \frac{16}{20} . \frac{4}{3,3} . \frac{300}{450} . \frac{80}{60}$$

$$\frac{9}{x} = \frac{1536}{1782}$$

$$x = \frac{1782 . 9}{1536}$$

$$x \approx 10,44 \text{dias}$$

Assim, **o número mínimo de dias de trabalho necessários é 11 dias.**

Gabarito: D.

QUESTÃO 109 (UTFPR – UTFPR/Assistente – 2015) Num colégio, o fluxo de alunos, numa série do ensino médio, é calculado ao final de cada ano letivo, dividindo-se o número de alunos aprovados pelo número total de alunos matriculados naquela série, multiplicando-se o resultado obtido por 100%. Em 2013, naquele colégio, o fluxo da 1ª série do ensino médio foi de 60%, o da 2ª série foi de 70% e o da 3ª série foi de 80%. Em relação ao ensino médio daquele colégio, em 2013, pode-se afirmar que:

a) o fluxo médio foi de 72%.

b) o fluxo médio foi de 70%.

c) o fluxo médio foi um valor entre 70% e 80%.

d) o fluxo médio é igual à média dos fluxos.

e) o fluxo médio é igual à média dos fluxos, somente se o número de alunos matriculados na 1ª, na 2ª e na 3ª séries do ensino médio daquele colégio for igual.

RESOLUÇÃO:

Ficamos tentados a fazer **a média aritmética dos fluxos** das séries para calcularmos o fluxo do colégio:

$$\textit{Média dos fluxos} = \frac{60\% + 70\% + 80\%}{3} = 70\%$$

Mas como sabemos que se trata de valores expressos em porcentagem, **isso não pode ser feito**, pois não resultará no fluxo do colégio.

Sejam A, B e C as quantidades de alunos na 1ª, 2ª e 3ª séries, respectivamente. Assim, temos que a quantidade de alunos nas 3 séries é igual a: A + B + C.

A quantidade de alunos aprovados nas 3 séries será dada por:

$$60\%.A + 70\%.B + 80\%.C = 0{,}6.A + 0{,}7.B + 0{,}8.C$$

Assim, o fluxo do colégio será dado pela razão entre o número de alunos aprovados pelo número de alunos total, ou seja:

$$\textit{Fluxo} = \frac{0{,}6.A + 0{,}7.B + 0{,}8.C}{A + B + C}$$

Note que se não soubermos a quantidade de alunos em cada série, não conseguimos calcular o fluxo médio. No entanto, caso a quantidade de alunos fosse igual em cada série, teríamos A = B = C:

$$\boldsymbol{Fluxo} = \frac{0{,}6.A + 0{,}7.A + 0{,}8.A}{A + A + A} = \frac{2{,}1.A}{3.A} = 70\%$$

Assim, o fluxo médio é igual à média dos fluxos, somente se o número de alunos matriculados na 1ª, na 2ª e na 3ª séries do ensino médio daquele colégio for igual.

Gabarito: E.

CAPÍTULO 14

RACIOCÍNIO GEOMÉTRICO

1. INTRODUÇÃO

O QUE VEREMOS

Antes de apresentarmos este assunto, ressaltamos que este capítulo é o mesmo que consta no nosso livro *Matemática Básica Definitiva para Concursos*, publicado pela Editora Juspodivm, acrescido do tópico referente ao Teorema de Pitágoras, o qual consta no capítulo sobre Trigonometria da mesma obra. Procedemos dessa forma porque o assunto pode aparecer tanto em certames que cobram Raciocínio Lógico quanto em Matemática em seu edital. Portanto, se você já o estudou pelo livro mencionado, pode pular este ou aproveitar para refazer as questões para relembrar. Contudo, se você não o possui ou não estudou o tema ainda, mãos à obra!

Neste capítulo, estudaremos o **Raciocínio Geométrico**, que diz respeito à aplicação da lógica matemática e das estratégias para soluções de problemas aritméticos à **geometria**, a qual é uma área da matemática que estuda as formas geométricas desde comprimento, área e volume. O vocábulo geometria corresponde à união dos termos "geo" (terra) e "metron" (medir), ou seja, a "medida de terra".

Dividiremos o estudo do Raciocínio Geométrico em três categorias: Geometria Plana, Geometria Espacial e Teorema de Pitágoras.

Assim, estaremos focando no que é mais importante do ponto de vista da cobrança do tema em provas de concursos públicos.

COMO APARECE NOS EDITAIS

Esse assunto é abrangido na maioria dos editais em tópicos como *Raciocínio Geométrico, Geometria Básica, Área e Volume de Figuras*.

COMO É COBRADO NAS PROVAS

Geralmente, as questões desse assunto apresentam uma determinada figura geométrica e pergunta alguma medida relacionada a ela, como a sua área, o seu volume ou alguma parte dela. Para isso, o candidato precisará aplicar as fórmulas que traremos na teoria.

OBJETIVOS

Os nossos objetivos ao final deste capítulo é que você consiga:

1) identificar as diversas formas geométricas existentes;

2) memorizar as fórmulas da área e do volume das figuras.

2. ANÁLISE DA COBRANÇA DO ASSUNTO EM PROVAS

Observe a seguir os percentuais de incidência nos últimos anos do assunto deste capítulo em relação ao volume de questões de todos os temas analisados na nossa matéria. Lembramos que quanto maior o percentual de cobrança de um dado assunto, maior sua importância.

ASSUNTO	CEBRASPE	FCC	DEMAIS BANCAS
	% de cobrança	% de cobrança	% de cobrança
Raciocínio Geométrico	**5,02%**	**5,34%**	**13,64%**

O presente tópico possui uma importância **mediana a alta.**

E o que é mais cobrado dentro deste assunto, professores?

Considerando os tópicos que compõem este capítulo, possuímos a seguinte distribuição percentual:

ASSUNTO	CEBRASPE	FCC	DEMAIS BANCAS
	% de cobrança	% de cobrança	% de cobrança
Geometria plana	**72,73%**	**65,85%**	**75,51%**
Geometria espacial	**27,27%**	**34,15%**	**24,49%**

Repare que a maioria das questões cobram o tópico **Geometria Plana.**

3. GEOMETRIA PLANA

A **geometria plana** é a parte da matemática que estuda as figuras que **não possuem volume**, pois as que possuem volume fazem parte da **geometria espacial**.

Além disso, vale mencionar que a geometria plana também é chamada de **euclidiana**, uma vez que seu nome representa uma homenagem ao geômetra grego Euclides de Alexandria, considerado o "pai da geometria", que descobriu toda a base da matéria lá pelos anos 300 a.C. Como curiosidade, é graças a sua origem que na Geometria é muito comum usarmos as letras gregas, como pi (π), alfa (α) e beta (β), conforme veremos. Não reclame pelo fato dele ser grego, porque se tivesse sido um japonês ou chinês, seria bem mais difícil desenhar, convenhamos.

3.1. Ponto

O conceito de **ponto** é um conceito primitivo, pois **não existe uma definição aceita** de ponto, temos nesse caso que aceitar sua existência e indicaremos um ponto por uma letra maiúscula do alfabeto (A, B, C, P, ...).

3.2. Reta, Semirreta e Segmento de Reta

Podemos definir uma **reta** como sendo um **número infinito de pontos em sequência**. É possível perceber que sobre um ponto passa um número infinito de retas, basta mudar a inclinação da reta, porém sobre dois pontos distintos passa apenas uma reta distinta, a qual passaremos a chamar por uma letra minúscula do alfabeto (s, t, q, r, ...). Assim, a reta representa a **menor distância entre quaisquer dois pontos pertencentes a ela**.

Além disso, chama-se de **semirreta** aquela que **começa em um ponto qualquer de uma reta e não tem fim**.

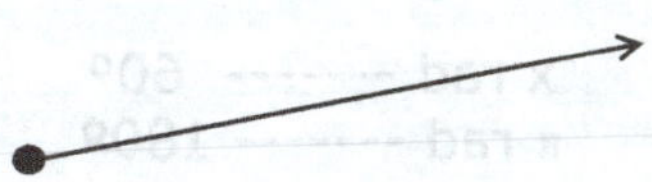

Já o **segmento de reta** é aquele que **começa em um ponto qualquer da reta e termina em outro ponto** dessa mesma reta.

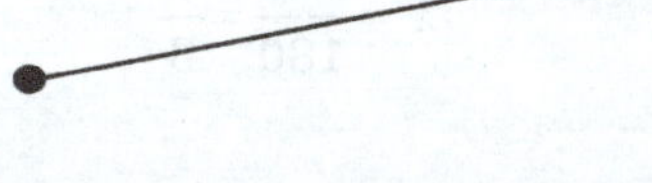

Perceba que quando a reta inicia em um ponto, usamos um círculo para simbolizá-lo. Já quando algum lado da reta não termina em um ponto, indicamos com uma seta.

3.3. Plano

O **plano** será definido por **três pontos não-colineares** (que não estão na mesma reta). Todas as retas que passam por dois desses pontos que definem o plano estão contidas nele. Denominaremos o plano por uma letra grega minúscula qualquer (α, β, γ, ...).

Pense em uma folha de papel. Com quaisquer três pontos que você desenhar nela, você terá o plano que passa por elas, que é a própria folha. Se mexer qualquer um dos três pontos para fora do papel, ou seja, acima ou abaixo da folha, estabelecerá um outro plano.

3.4. Ângulos

Ângulo é o nome que se dá à **abertura formada por duas semirretas que partem de um mesmo ponto**.

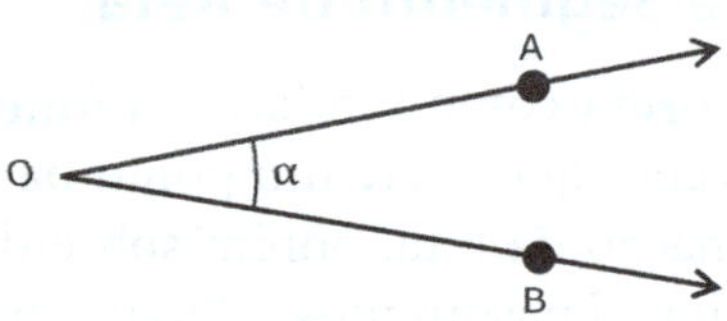

Em que:

- A medida AÔB corresponde a α.
- As medidas OA e OB são os lados do ângulo;
- O é o **vértice** do ângulo.

Os ângulos podem ser medidos em **graus** (°) ou **radianos** (rad). A relação entre essas unidades de medida é a seguinte: **180° = π rad**.

Por exemplo, digamos que estamos diante de um ângulo de 60°. Para obtê-lo em radianos, podemos usar uma regra de três simples:

x rad ------- 60°
π rad ------- 180°

Multiplicando na diagonal, temos:

$$180 \,.\, x = 60 \,.$$

$$x = \frac{60}{180} = \frac{}{3}$$

No próximo capítulo, vamos ver com mais detalhes essa conversão de um ângulo de graus para radianos e vice-versa.

3.4.1. Ângulos – Classificação quanto à medida

Em relação à sua **medida**, os ângulos podem ser assim classificados:

- **Nulo**: O ângulo nulo é aquele que mede 0° (ou 0 radianos).
- **Agudo**: O ângulo será agudo se sua medida valer mais que 0° (ou 0 radianos) e menos que 90° (ou 2π radianos).
- **Reto**: O ângulo reto é aquele que mede exatamente 90° (ou 2π radianos).
- **Obtuso**: O ângulo será obtuso se sua medida valer mais que 90° (ou 2π radianos) e menos que 180° (ou π radianos).
- **Raso**: O ângulo raso é aquele que mede 180° (ou π radianos).

3.4.2. Ângulos – Classificação quanto à posição

Por sua vez, referente à sua **posição**, os ângulos possuem a seguinte classificação:

- **Congruentes**: Dois ângulos são classificados como congruentes quando possuem a mesma medida.
- **Consecutivos**: Dois ângulos são chamados consecutivos se um dos lados de um deles coincide com um dos lados do outro ângulo. Nesta figura, alfa (α) e beta (β) são consecutivos. Perceba que o ângulo beta está dentro de alfa. É como se você mantivesse um dos lados fixo e fosse inclinando cada vez mais o outro lado. Cada um dos novos ângulos formados seria consecutivo com os outros.

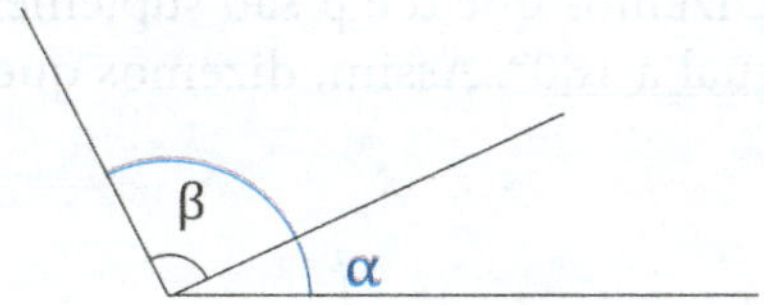

- **Adjacentes**: Dois ângulos são classificados como adjacentes quando são consecutivos e não possuem pontos internos comuns. Nesta figura, α e β são adjacentes.

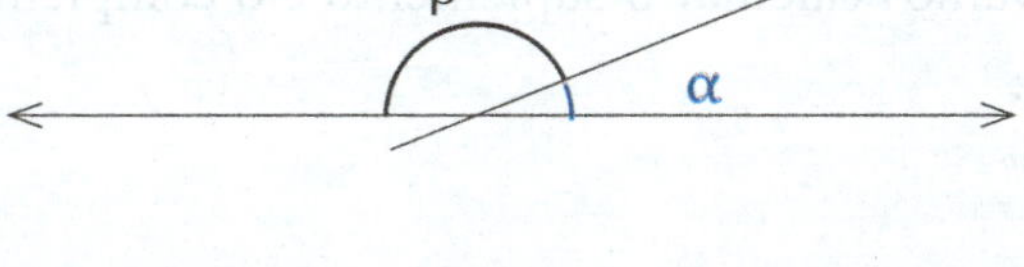

- **Opostos pelo vértice**: São ângulos formados por duas retas concorrentes e que possuem seus dois lados nas mesmas retas. Nesta figura, α (alfa) e γ (gama) são opostos pelo vértice e β (beta) e θ (theta) também são opostos entre si.

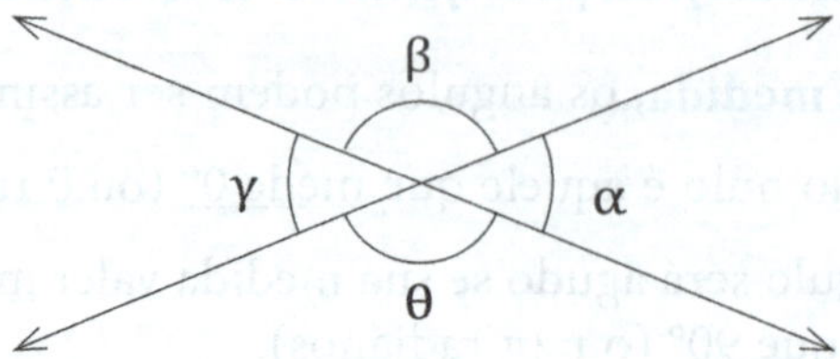

É muito importante deixar claro que **dois ângulos opostos pelo vértice têm medidas iguais**, ou seja, são congruentes.

3.4.3. Ângulos – Classificação quanto à complementação

Já em relação à **complementação,** os ângulos apresentam a seguinte divisão:

- **Complementares**: Dizemos que α e β são complementares quando a soma de suas medidas é igual a 90°. Assim, dizemos que α é o complemento de β e vice-versa.

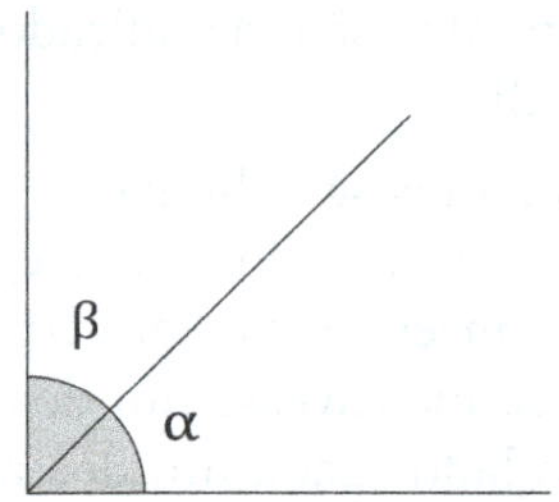

- **Suplementares**: Dizemos que α e β são suplementares quando a soma de suas medidas é igual a 180°. Assim, dizemos que α é o suplemento de β e vice-versa.

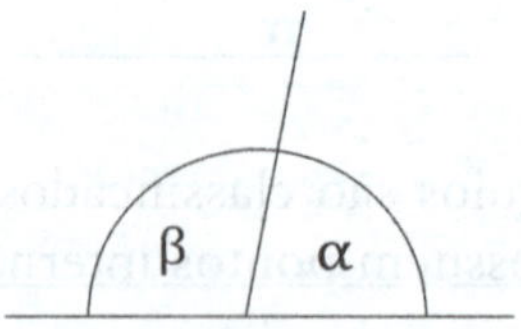

Por exemplo, vamos calcular o suplemento e o complemento de 30º.

Complemento:

90º – 30º = 60º

Os ângulos de 60º e 30º são **complementares**, pois a **soma de ambos é 90º**.

Suplemento:

180º – 30º = 150º

Os ângulos 150º e 30º são **suplementares**, pois a **soma de ambos é 180º**.

3.4.4. Bissetriz de um ângulo

Bissetriz de um ângulo é uma **semirreta de origem no vértice do ângulo que o divide em dois ângulos congruentes (iguais).**

Nesta figura, vemos o desenho da bissetriz interna do ângulo A, que á a semirreta AD.

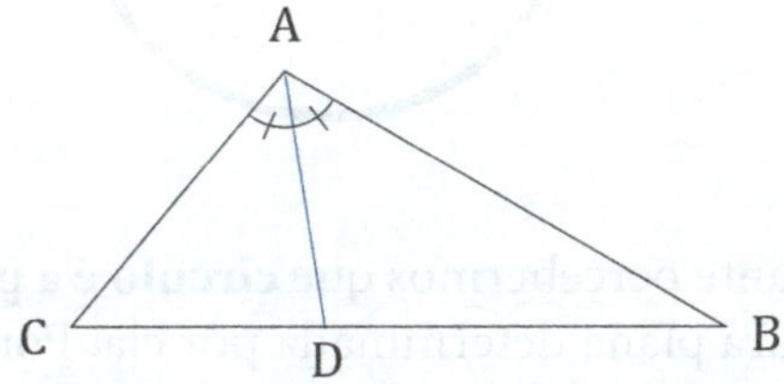

Além disso, faz-se necessário destacar o **Teorema da bissetriz interna**, o qual afirma que a bissetriz do ângulo interno de um triângulo determina sobre o lado oposto dois segmentos **proporcionais** aos outros dois lados. Assim, temos:

$$\frac{BD}{DC} = \frac{AB}{AC}$$

Por fim, apresentamos o conceito da **Bissetriz Externa**, que corresponde à **reta que divide o ângulo externo em duas partes iguais**. Na figura a seguir, é apresentada a bissetriz externa do ângulo A, dando origem a dois ângulos congruentes (α):

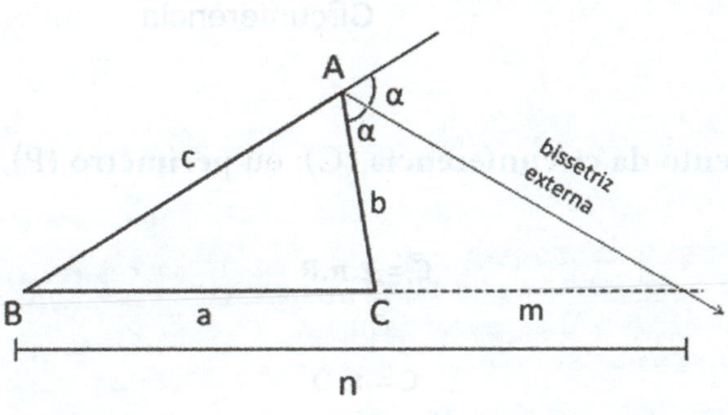

3.5. Circunferência

A **circunferência** é uma figura constituída de infinitos pontos, em que a **distância de qualquer ponto dela até o seu centro C é sempre igual ao seu raio**

R. O segmento de reta que passa pelo centro e une dois pontos da circunferência é chamado de **diâmetro** (D). Esse diâmetro vale o **dobro do raio** (R):

$$D = 2.R$$

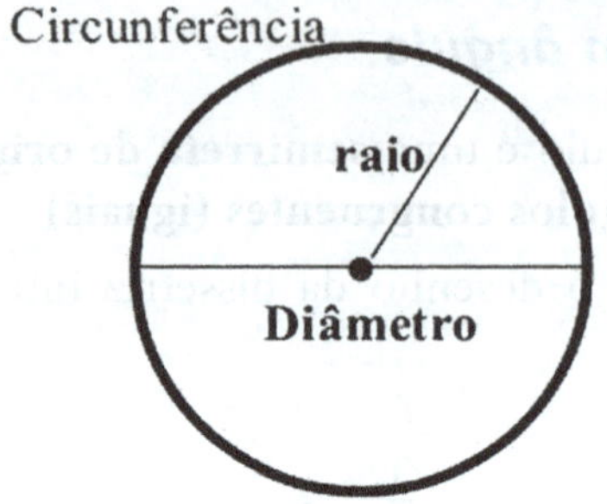

Inclusive, é importante percebermos que **círculo** é a **parte interna da circunferência**, ou seja, é a figura plana determinada por ela. Por sua vez, circunferência é o contorno (linha curva) que limita o círculo. Veja na figura:

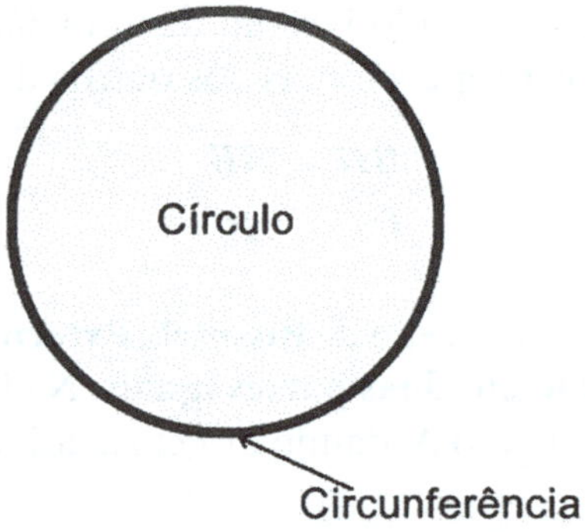

O **comprimento da circunferência** (C), ou **perímetro** (P), é igual a:

$$C = 2.\pi.R$$

Ou:

$$C = \pi.D$$

Também temos a **corda**, que corresponde ao segmento de reta que une dois pontos da circunferência. E ainda temos o **arco**, que é qualquer pedaço de uma circunferência delimitado por dois pontos situados nela.

Na figura a seguir, a corda corresponde à medida AB e o arco ao trecho da circunferência delimitada pelos pontos A e B. Pense em um arco e flecha e correlacione o arco e a corda com os de um arco e flecha. Daí que surgiram esses nomes.

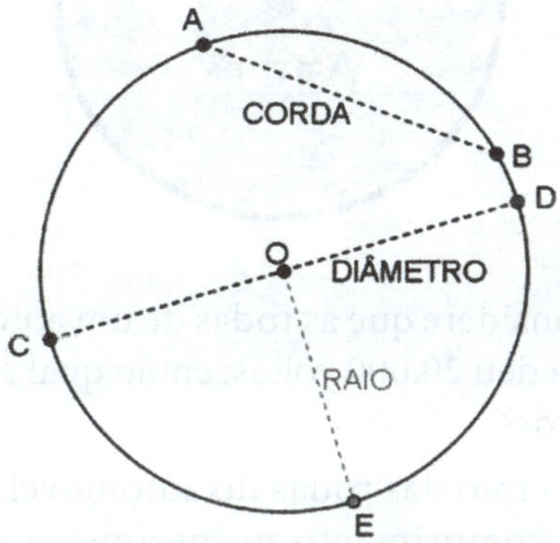

Um **setor circular** é uma região do círculo delimitada por dois de seus raios e um arco. Basta pensar em um pedaço de pizza, como no trecho preenchido nesta figura:

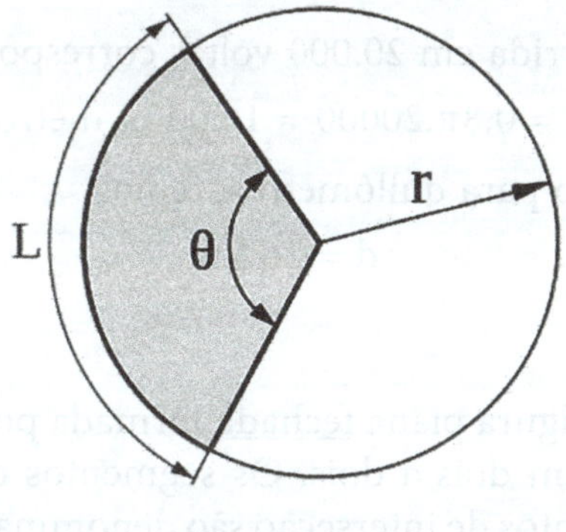

Geralmente podemos chamar um setor circular de "fatia de pizza", pelo seu formato. O ângulo θ é chamado de ângulo central e L corresponde ao comprimento do arco formado.

Dependendo do valor de seu ângulo central, um setor pode ser classificado como **metades** (180º), **quadrantes** (90º) e **oitantes** (45º).

Por fim, a **área** de uma circunferência é dada pela seguinte expressão:

$$\textbf{Área} = \pi.R^2$$

Ou:

$$\text{Área} = \pi \,.\, \frac{D^2}{4}$$

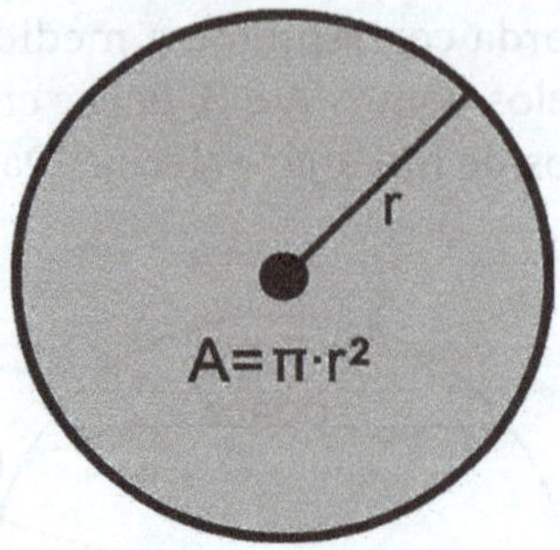

Para exemplificar, considere que as rodas de um automóvel têm 40 cm de raio. Sabendo-se que cada roda deu 20.000 voltas, então qual a distância percorrida pelo automóvel, em quilômetros?

Foi informado que o raio das rodas do automóvel é de 40cm = 0,4m. Nesse sentido, sabemos que o comprimento ou perímetro de uma circunferência é dado por:

$$C = 2.\pi.R$$

$$C = 2.\pi.0,4 = 0,8\pi$$

Já a distância percorrida em 20.000 voltas corresponde a:

$$d = 0,8\pi.20000 = 16.000\pi \text{ metros}$$

Fazendo a conversão para quilômetros, temos:

$$d = 16 \text{ km}$$

3.6. Polígonos

O **polígono** é uma figura plana fechada formada por três ou mais segmentos de reta que se interceptam dois a dois. Os segmentos de reta são denominados **lados** do polígono. Os pontos de interseção são denominados **vértices** do polígono.

Por exemplo, considere o polígono desta figura:

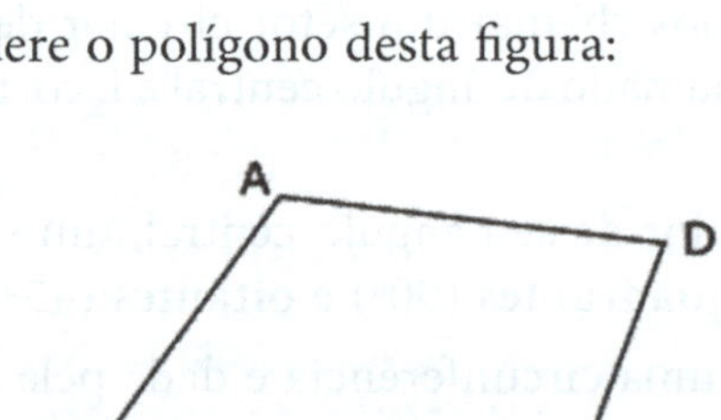

Em que:

- A, B, C e D são os vértices do polígono.
- AB, BC, CD e DA são os lados do polígono.

Repare que, para ser um polígono, a figura tem que ser fechada e formada somente por retas que não se cruzam. Logo, não pode ter nenhum lado aberto ou algo que não seja uma reta formando um dos lados, como nestes desenhos, que não representam polígonos:

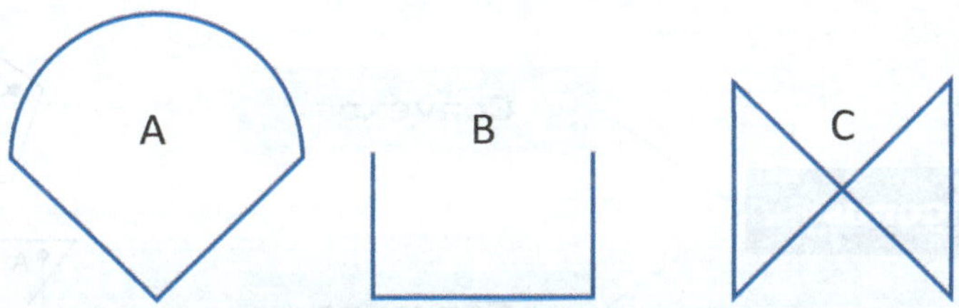

As figuras A, B e C não são polígonos, pois A possui um lado que não é uma reta, B possui um lado que não é fechado e C possui retas que se cruzam.

Quanto à sua classificação, os polígonos podem ser: **convexo** ou côncavo.

O **Polígono Convexo** é aquele construído de modo que os **prolongamentos dos lados nunca ficarão no interior da figura original**. Se dois pontos pertencem a um polígono convexo, então todo segmento de reta tendo estes dois pontos como extremidades, estará inteiramente contido no polígono.

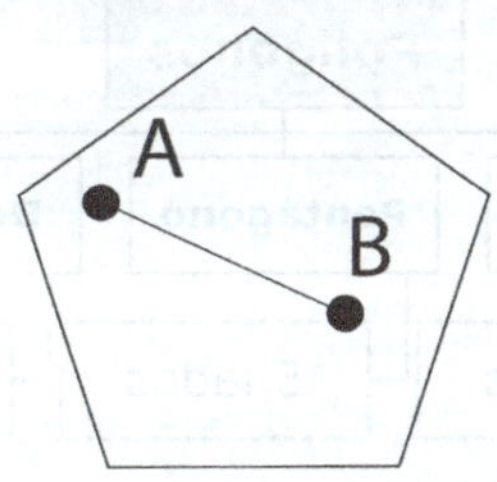

O **Polígono Côncavo** é aquele construído de modo que **existem dois pontos contidos no polígono para que o segmento de reta com esses dois pontos nas extremidades possua pontos fora do polígono**.

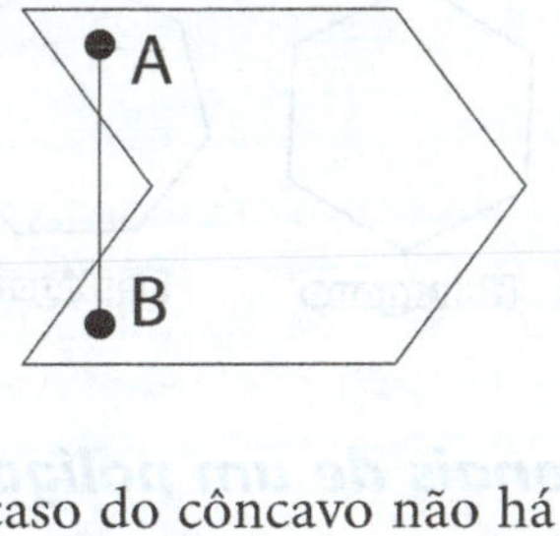

Repare que mesmo no caso do côncavo não há lados que se cruzam, logo, é sim um polígono.

Até o Roberto Carlos gravou uma música chamada "O côncavo e o convexo", que diz assim: *"Cada parte de nós tem a forma ideal quando juntas estão, coincidên-*

cia total do côncavo e convexo, assim é nosso amor, no sexo.". Cabe a você entender quem é o côncavo e quem é o convexo nessa analogia, afinal, aprender Geometria também é cultura!

Resumindo, temos:

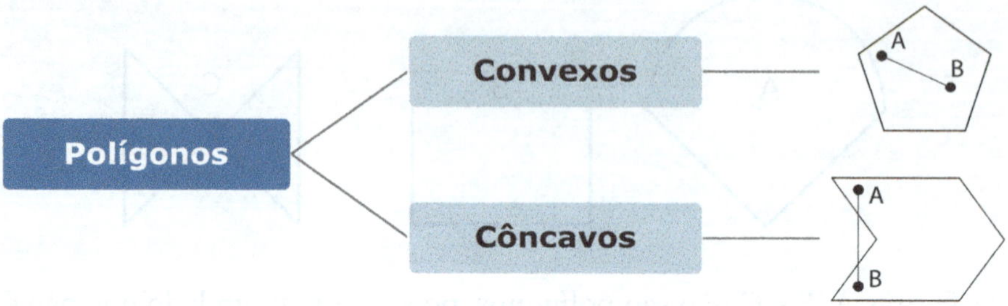

Os polígonos côncavos não vão ter muito interesse para nós, pois não caem em prova, de forma que daqui para a frente, se falamos em polígono, fica implícito que são os convexos.

Em relação à **quantidade de lados**, os polígonos podem ser (alguns tipos apenas):

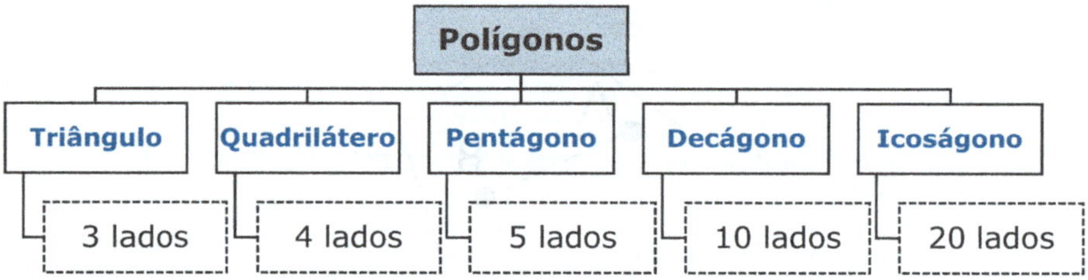

Alguns outros tipos comuns são: hexágono (6 lados), heptágono (7 lados), octógono (8 lados), eneágono (9 lados), dodecágono (12 lados) e pentadecágono (15 lados). Eis alguns deles:

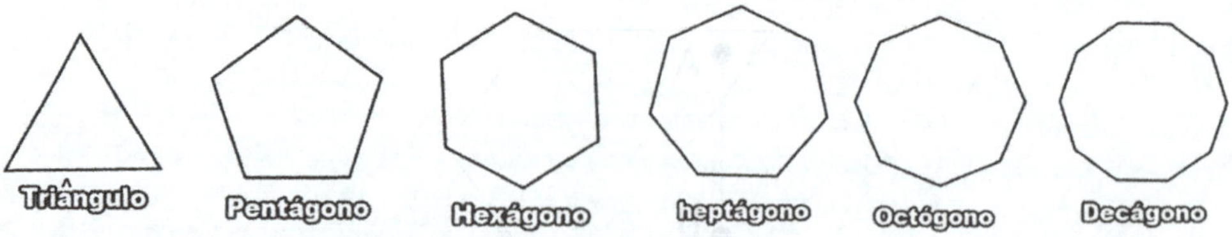

3.6.1. Número de diagonais de um polígono

É essencial termos em mente o conceito de diagonal, muito embora o senso comum nos indique esse conhecimento. Assim, **diagonal** é **qualquer segmento de reta que liga dois vértices não adjacentes de um polígono.**

Como exemplo, considere este polígono de cinco lados (pentágono), tomando como referência o vértice superior.

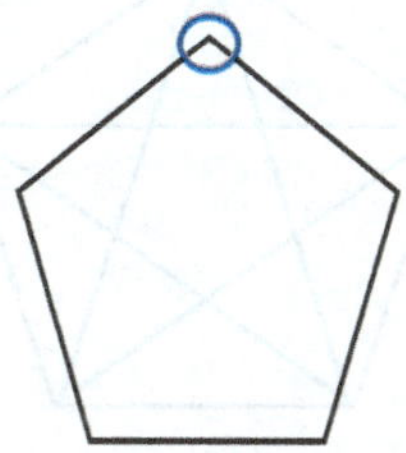

A partir dele, quantas diagonais podem ser traçadas? Ora, as diagonais devem ligar esse vértice aos demais. Não podemos ter diagonais ligando-o aos dois vizinhos, pois aí teríamos lados e não diagonais. Além disso, não podemos ter diagonal ligando este vértice a ele próprio.

Assim, dos cinco vértices do pentágono, o vértice em destaque só pode formar diagonal quando ligado a dois dos demais vértices. Portanto, só é possível construirmos duas diagonais a partir dele, que estão indicadas nesta figura:

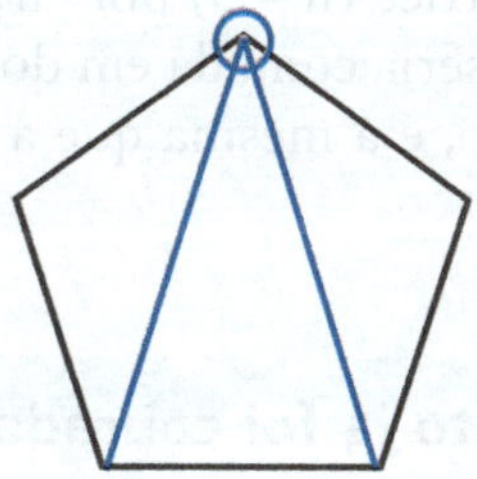

Guarde esta regra:

Número de diagonais que partem de um vértice do polígono de "n" lados:

$$n - 3$$

E por que diminuímos "n" de três? Porque dois são lados e o outro é o próprio vértice.

No entanto, se desejássemos saber a quantidade de diagonais do pentágono acima, usaríamos a fórmula que vimos anteriormente:

$$d = \frac{n.(n-3)}{2}$$

$$d = \frac{5.(5-3)}{2} = \frac{5.2}{2} = 5$$

Eis as cinco diagonais do pentágono:

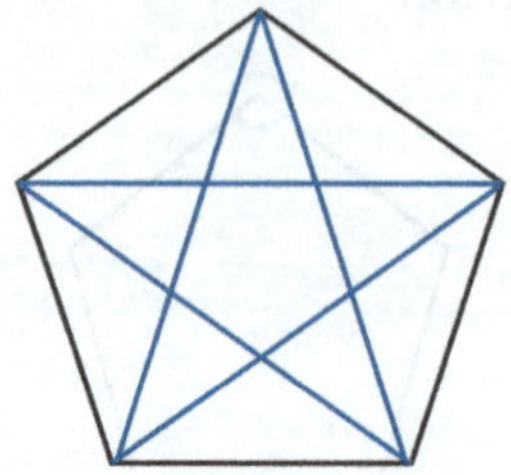

Sendo assim, o **número de diagonais** (d) de um polígono de **n** lados é dado por:

$$d = \frac{n.(n-3)}{2}$$

Para entender essa fórmula, você já sabe que cada lado possui (n – 3) diagonais, certo? Como o polígono possui "n" vértices, temos que multiplicar o total de diagonais que saem de cada vértice (n – 3) por "n", ok? E dividimos por dois esse produto porque cada diagonal seria contada em dobro se não dividíssemos, afinal, uma diagonal AC, por exemplo, é a mesma que a CA. Cabra bom de Geometria aquele tal de Euclides...

Veja como esse assunto já foi cobrado!

QUESTÃO 01 (ESAF – Auditor-Fiscal do Trabalho/MTE/2006) Em um polígono de n lados, o número de diagonais determinadas a partir de um de seus vértices é igual ao número de diagonais de um hexágono. Desse modo, n é igual a:

a) 11 b) 12 c) 10 d) 15 e) 18

RESOLUÇÃO:

Inicialmente, queremos calcular quantas diagonais existem em um hexágono. Ora, um **hexágono possui 6 lados**. Logo, o número de diagonais fica:

$$d = \frac{n.(n-3)}{2} = \frac{6.(6-3)}{2} = \frac{6.3}{2} = 9$$

Assim, fica claro que um hexágono apresenta ***9 diagonais***.

O polígono indicado na questão apresenta **n** lados. O enunciado informa que a partir de um de seus vértices é possível traçar 9 diagonais.

Ora, sabemos que, para qualquer polígono de **n** lados, o número de diagonais que é possível traçar a partir de cada um de seus vértices é dado por "n - 3":

Logo:

$$n-3=9$$

$$n=12$$

Gabarito: B.

QUESTÃO 02 (ESAF/AFRFB/2014) Um polígono regular possui 48 diagonais que não passam pelo seu centro. A partir desta informação, pode-se concluir que o número de lados desse polígono é igual a:

a) 12 b) 36 c) 24 d) 48 e) 22

RESOLUÇÃO:

Precisamos ter em mente que apenas os polígonos regulares com número par de lados apresentam diagonais que passam pelo centro. Desenhe em um rascunho alguns polígonos comuns (triângulo, quadrado, pentágono) que você perceberá isso.

Agora vamos imaginar quantas diagonais passam pelo centro. De cada vértice sai uma diagonal que passa pelo centro e encontra o vértice oposto, logo, seriam n diagonais que passariam pelo centro, mas se fizéssemos somente isso, contaríamos duas vezes cada diagonal, então temos que dividir n por 2. Assim, num polígono regular de **n** lados, temos que **n/2** diagonais passam pelo centro.

Ademais, já sabemos que o número de diagonais é dado por:

$$d=\frac{n.(n-3)}{2}$$

Se do total de diagonais subtrairmos as que passam pelo centro, restam as 48 diagonais fornecidas pelo enunciado. Logo:

$$\frac{n.(n-3)}{2}-\frac{n}{2}=48$$

Multiplicando todos os termos por 2, temos:

$$n.(n-3)-n=96$$

$$n^2-4n-96=0$$

Resolvendo essa equação de 2º grau, encontramos as raízes: **12** e -8 (descartamos por ser negativa).

Gabarito: A.

3.6.2. Soma das Medidas dos Ângulos Internos e Externos

Considere o polígono a seguir com os ângulos descritos:

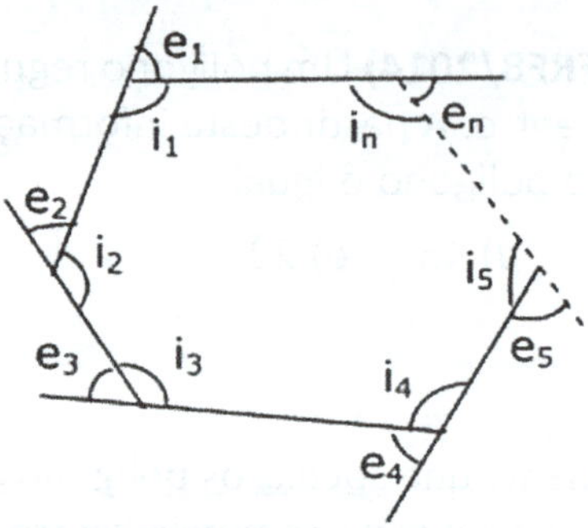

A **soma dos ângulos internos** de um polígono é dada por:

$$S_i = i_1 + i_2 + ... + i_n = (n - 2) . 180º$$

Por sua vez, a soma dos ângulos externos de um polígono pode ser obtida por meio da seguinte fórmula:

$$S_e = e_1 + e_2 + ...+ e_n = 360º$$

Note que a soma dos ângulos externos não depende de n, logo, a soma será 360º para qualquer polígono, sempre. Que moleza, né?

Ainda, se o polígono for regular, ele tem todos os lados e os ângulos congruentes, logo:

- ângulo interno de um polígono de **n** lados:

$$\frac{S_i}{n}$$

- ângulo externo de um polígono de **n** lados:

$$\frac{360º}{n}$$

Veja como esse assunto já foi cobrado!

QUESTÃO 03 (ESAF – Ana Téc/SUSEP/2010 – *adaptada*) A soma S_i dos ângulos internos de um polígono convexo de n lados, com n ≥ 3, é dada por S_i =(n-2).180º. O número de lados de três polígonos convexos, P_1, P_2, e P_3, são representados, respectivamente, por (x-3), x e (x+3). Sabendo-se que a soma de todos os ângulos internos dos três polígonos é igual a 3240º, então o número de lados do polígono P_2 e o total de diagonais do polígono P_3 são, respectivamente, iguais a:

a) 5 e 5 b) 8 e 44 c) 11 e 44 d) 5 e 11 e) 11 e 5

RESOLUÇÃO:

Aplicando a fórmula da **soma dos ângulos internos** de um polígono, temos:

– Soma dos ângulos internos de P_1:

$$(x - 3 - 2) \,.\, 180 = \mathbf{180x - 5 \,.\, 180}$$

– Soma dos ângulos internos de P_2:

$$(x - 2) \,.\, 180 = \mathbf{180x - 2 \,.\, 180}$$

– Soma dos ângulos internos de P_3:

$$(x + 3 - 2) \,.\, 180 = \mathbf{180x + 1 \,.\, 180}$$

Somando todos os ângulos, temos:

$$(180x - 5 \,.\, 180) + (180x - 2 \,.\, 180) + (180x + 1 \,.\, 180) = 3 \,.\, (180x) - 6 \,.\, 180$$

Em seguida, o enunciado afirmou que essa soma vale ***3.240***. Logo:

$$3 \,.\, (180x) - 6 \,.\, 180 = 3.240$$

Dividindo os dois lados da igualdade por 180:

$$3x - 6 = 18$$

$$\mathbf{x = 8}$$

Assim, os **polígonos apresentam 5, 8 e 11 lados**. Já o número de diagonais do terceiro polígono, o de 11 lados (eneágono), é dado por:

$$d = \frac{n.(n-3)}{2}$$

$$d = \frac{11.(11-3)}{2} = \frac{11.8}{2} = 44$$

As respostas são **8** e **44**.

Gabarito: B.

ATENÇÃO!

Na questão original não havia essa resposta, por isso ela foi anulada na época. E repare que o examinador foi gente boa e colocou a fórmula da soma dos ângulos internos no próprio enunciado, mas não espere essa bondade sempre, então decore-a.

QUESTÃO 04 (ESAF/MPOG/2008) Dois polígonos regulares, X e Y, possuem, respectivamente, (n+1) lados e n lados. Sabe-se que o ângulo interno do polígono X excede o ângulo interno do polígono Y em 5° (cinco graus). Desse modo, o número de lados dos polígonos X e Y são, respectivamente, iguais a:

a) 9 e 8 b) 8 e 9 c) 9 e 10 d) 10 e 11 e) 10 e 12

RESOLUÇÃO:

Uma informação importantíssima que a questão nos fornece é que os polígonos são **regulares**. Acabamos de aprender que o ângulo interno (a_i) de um polígono de **n** lados é dado por:

$$a_i = \frac{S_i}{n}$$

Daí:

$$a_i = \frac{S_i}{n} = \frac{(n-2).180°}{n}$$

- Para o polígono X, temos:

$$a_i = \frac{(n+1-2).180°}{n+1} = \frac{(n-1).180°}{n+1}$$

- Para o polígono Y, temos:

$$a_i = \frac{(n-2).180°}{n}$$

Prosseguindo, a questão afirma que o ângulo interno do polígono X excede o ângulo interno do polígono Y em 5°. Fazendo a diferença entre esses ângulos e já sabendo que o resultado é 5º, temos:

$$\frac{(n-1).180°}{n+1} - \frac{(n-2).180°}{n} = 5°$$

Dividindo os dois lados da equação por [n.(n + 1)] e resolvendo tudo, temos:

$$(n-1).36.n-(n-2).36.(n+1)=n(n+1)$$

$$36n^2-36n-36n^2+36n+72=n(n+1)$$

$$72=n.(n+1)$$

Nesse ponto você pode efetuar a multiplicação e achar a resposta dessa equação do 2º grau. Porém, é mais fácil (e poupa seu tempo) verificar que você está buscando dois números consecutivos positivos (n e n+1) cuja multiplicação vale 72. Ora, tais números só podem ser **9 e 8**, o que torna a **letra A** nossa alternativa correta. Cuidado com a pegadinha da letra B, que seria o número de lados de Y e X.

Gabarito: A.

3.7. Triângulos

Considere três pontos A, B e C que não estejam ao longo de uma mesma reta (ou seja, pontos não colineares). Se ligarmos esses pontos, obteremos a figura denominada **triângulo**:

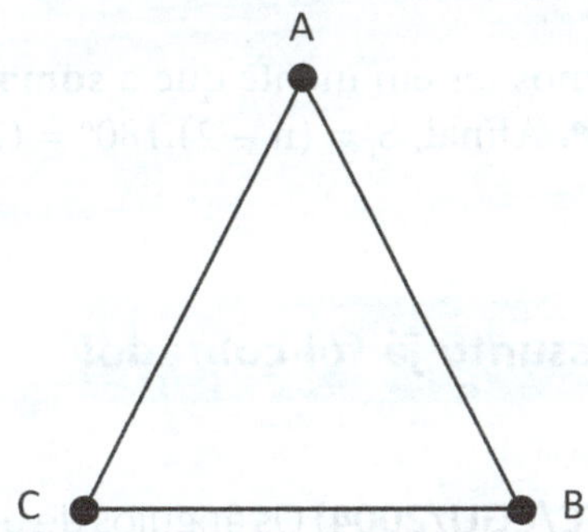

3.7.1. Elementos do Triângulo

Considere o triângulo abaixo.

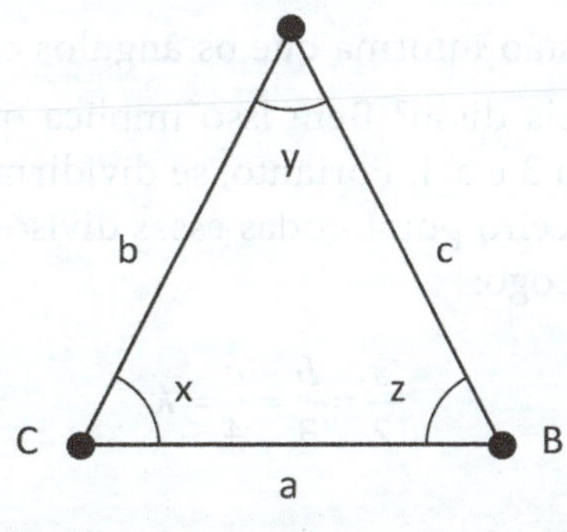

Os pontos A, B e C são os **vértices** do triângulo. Já os segmentos a, b e c são os **lados** do triângulo. Além disso, temos os **ângulos internos** do triângulo (ângulos x, y e z). Por sua vez, a **altura** do triângulo é um segmento que parte da reta suporte de um dos lados (chamado de base, representada pela letra b), sendo perpendicular a ela, e termina no vértice oposto.

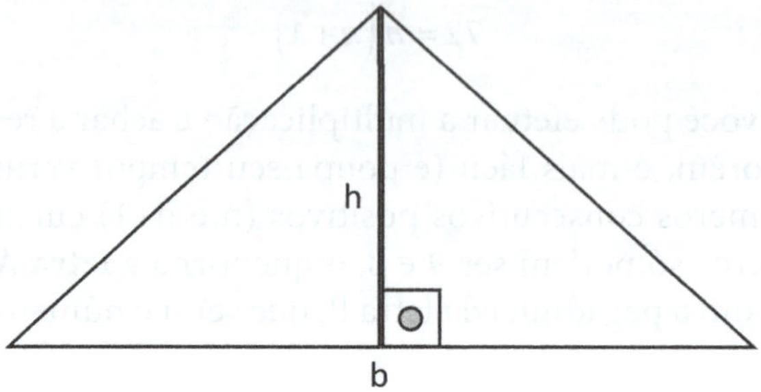

Nessa figura, o segmento **h** é a altura em relação à base **b**. Perceba que existem ainda outras duas alturas, pois depende da base que você tome como referência.

3.7.2. Soma dos ângulos internos de um triângulo

Neste tópico, precisamos ter em mente que **a soma dos ângulos internos de qualquer triângulo é 180º**. Afinal, $S_i = (n - 2).180^o = (3 - 2).180^o = 180^o$.

Veja como esse assunto já foi cobrado!

QUESTÃO 05 (ESAF – AFC/CGU/2004) Os ângulos de um triângulo encontram-se na razão 2:3:4. O ângulo maior do triângulo, portanto, é igual a:

a) 40° b) 70° c) 75° d) 80° e) 90°

RESOLUÇÃO:

O enunciado da questão informa que os ângulos estão na **razão 2:3:4**.

Qual é a consequência disso? Bem isso implica que os ângulos são diretamente proporcionais a 2, a 3 e a 4. Portanto, se dividirmos o primeiro ângulo por 2, o segundo por 3 e o terceiro por 4, todas essas divisões serão iguais entre si (as divisões são constantes). Logo:

$$\frac{a}{2}=\frac{b}{3}=\frac{c}{4}=k$$

Em que **k** é uma constante de proporcionalidade. Daí, temos:

- a = 2k
- b = 3k
- c = 4k

Acabamos de aprender que **a soma dos ângulos internos do triângulo é igual a 180º**, logo:

$$a + b + c = 180^o$$
$$2k + 3k + 4k = 180^o$$
$$9k = 180^o$$
$$k = 20$$

Tendo o valor de k, podemos encontrar o maior ângulo do triângulo.

$$c = 4k = 4.20 = 80^o$$

Gabarito: D.

3.7.3. Classificações dos triângulos

Os ângulos podem ser classificados tanto em relação aos ângulos que possuem quanto aos lados presentes na sua constituição, de modo que podemos esquematizar assim:

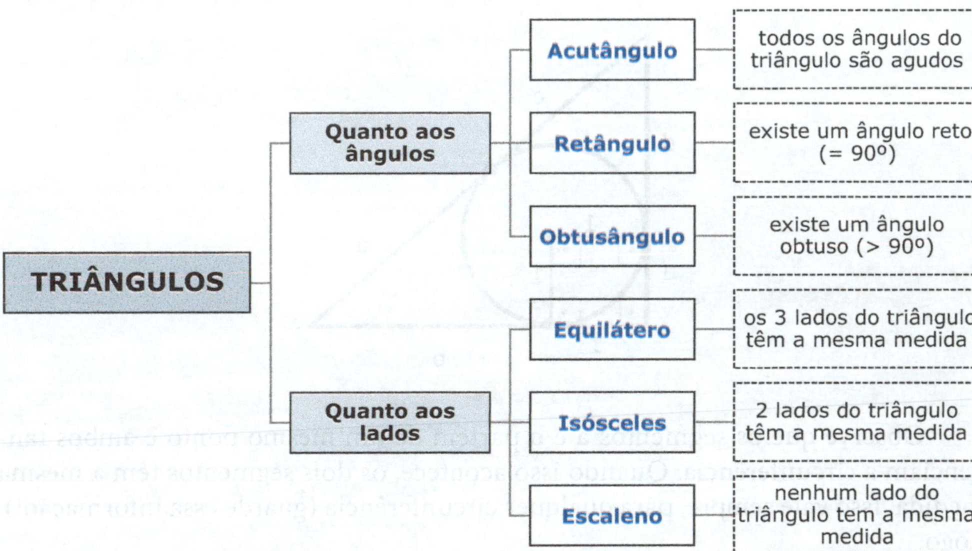

Esta figura facilitará a diferenciação entre os tipos de triângulos:

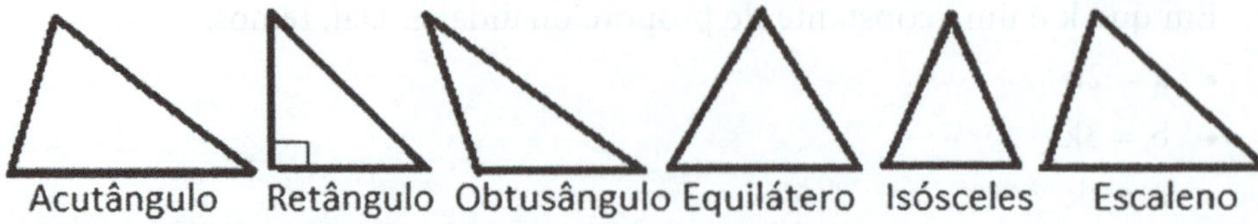

Veja como esse assunto já foi cobrado!

QUESTÃO 06 (ESAF – APO/MPOG/2005) Se de um ponto P qualquer forem traçados dois segmentos tangentes a uma circunferência, então as medidas dos segmentos determinados pelo ponto P e os respectivos pontos de tangência serão iguais. Sabe-se que o raio de um círculo inscrito em um triângulo retângulo mede 1 cm. Se a hipotenusa desse triângulo for igual a 20 cm, então seu perímetro será igual a:

a) 40 cm b) 35 cm c) 23 cm d) 42 cm e) 45 cm

RESOLUÇÃO:

A questão fala de um **círculo inscrito em um triângulo retângulo**. Isso significa que o círculo está dentro do triângulo, tangenciando todos os seus lados. A figura a seguir representa as informações do enunciado.

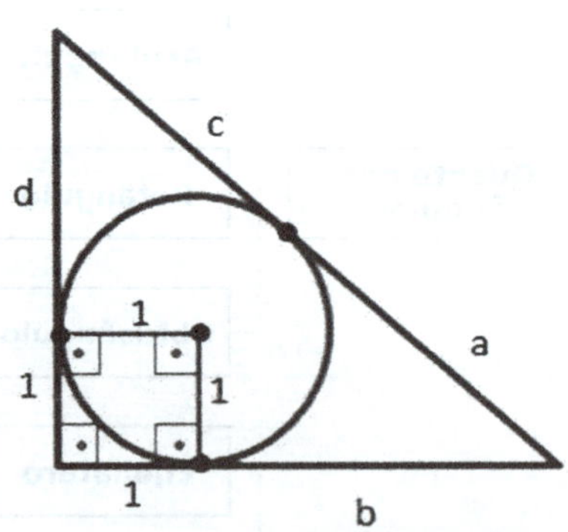

Observe que os segmentos **a** e **b** partem de um mesmo ponto e ambos tangenciam a circunferência. Quando isso acontece, os dois segmentos têm a mesma medida. Isso vale sempre, para qualquer circunferência (guarde essa informação!). Logo:

a = b

Com o mesmo raciocínio, obtemos:

c = d

A figura passa a ter os seguintes elementos:

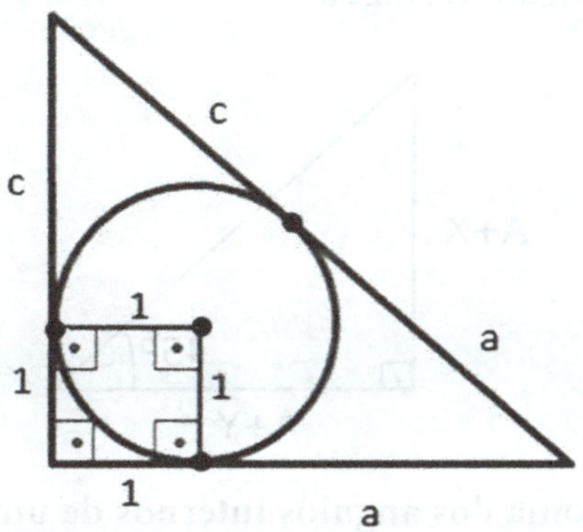

O enunciado também informa que **a hipotenusa do triângulo vale 20 cm**. Logo:

$$a + c = 20$$

O nosso objetivo consiste em obter o **perímetro do triângulo**. Ora, sabemos que o perímetro é dado pela soma de todos os seus lados. Assim:

$$Perímetro = (c+a)+(a+1)+(1+c) = 2a+2c+2 = 2.(a+c)+2$$

Mas $a + c = 20$. Assim:

$$\textbf{Perímetro} = 2.20 + 2 = 42$$

Gabarito: D.

QUESTÃO 07 (ESAF – EPPGG/MPOG/2000) Os catetos de um triângulo retângulo medem, respectivamente, A+X e A+Y, onde A, X e Y são números reais. Sabendo que o ângulo oposto ao cateto que mede A+X é igual a 45º, segue-se que

a) Y = -2X

b) Y = (3 1/2)/2 X

c) Y = 3 1/2 X

d) Y = X

e) Y = 2X

RESOLUÇÃO:

De acordo com as informações dadas no enunciado da questão, podemos desenhar o seguinte triângulo retângulo:

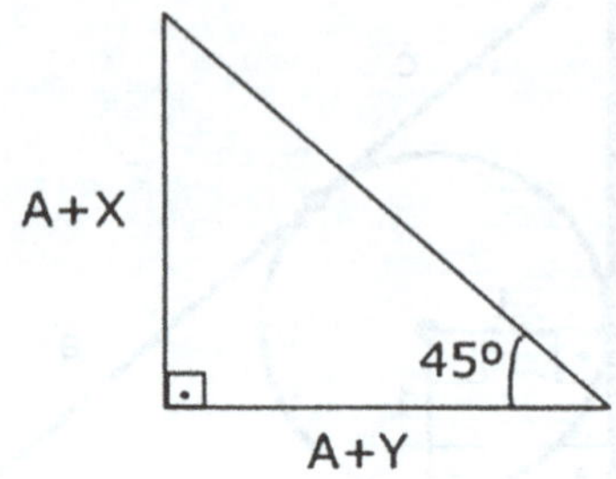

Já sabemos que **a soma dos ângulos internos de um triângulo vale 180º**. E visto que neste exercício trata-se de um **triângulo retângulo**, um dos ângulos já vale **90º**. A questão nos informou que um outro ângulo vale 45º.

Daí, vamos calcular quanto vale o terceiro ângulo:

$$\varnothing + 45 + 90 = 180$$
$$\varnothing = 45^{\circ}$$

Ora, se o outro ângulo também vale ***45º***, temos um triângulo retângulo que é também **isósceles**. E se é isósceles, os catetos são iguais. Logo:

$$X = Y$$

Gabarito: D.

3.7.4. Mediatriz, Mediana e Altura e seus Pontos Notáveis

A **mediatriz** de um triângulo é a **semirreta perpendicular a um lado do triângulo, traçada a partir do seu ponto médio**, conforme pode ser observada nesta figura:

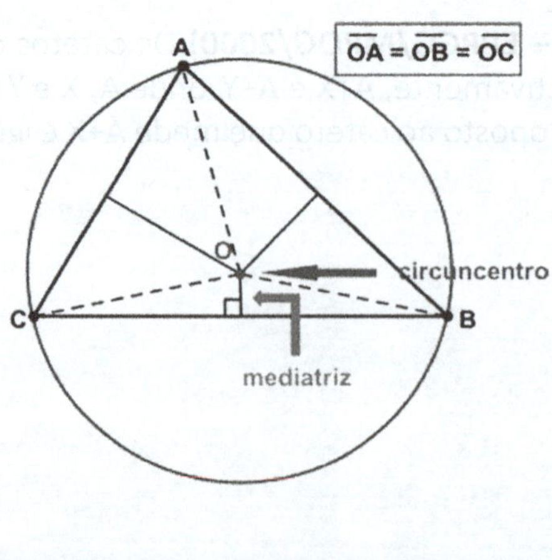

As três mediatrizes de um triângulo se encontram em um único ponto, chamado de **circuncentro**, que é o **centro da circunferência circunscrita ao triângulo** (o triângulo fica dentro da circunferência). O circuncentro pode ficar dentro ou fora do triângulo, como nestas figuras:

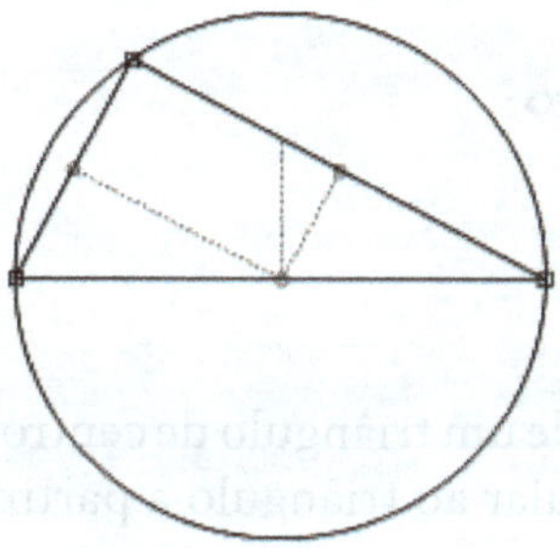
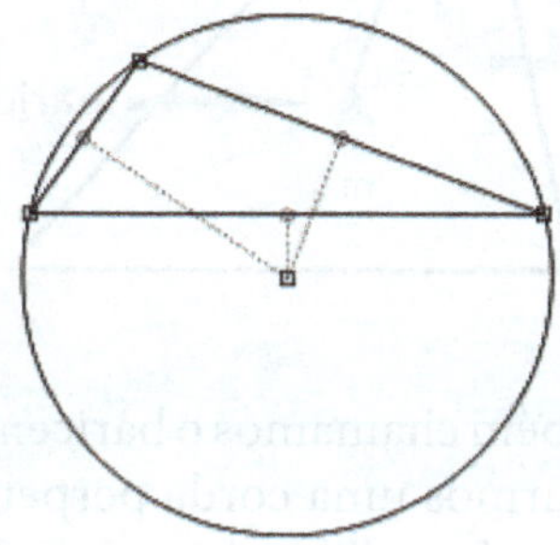
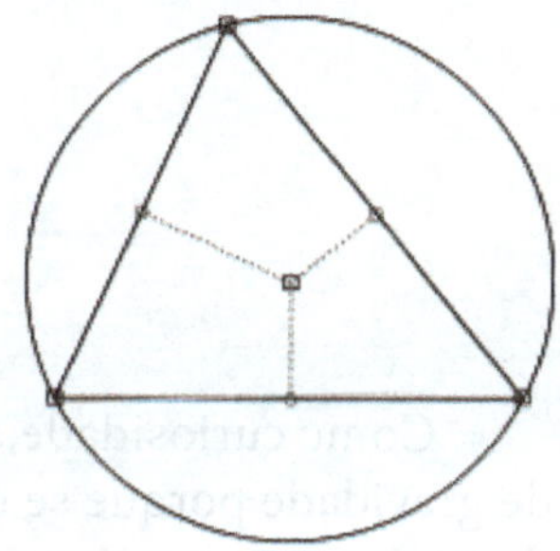

Já o **incentro** de um triângulo é o **ponto de encontro das bissetrizes dos ângulos internos do triângulo.** Ele é o centro da circunferência inscrita no triângulo, sendo que qualquer triângulo possui um incentro.

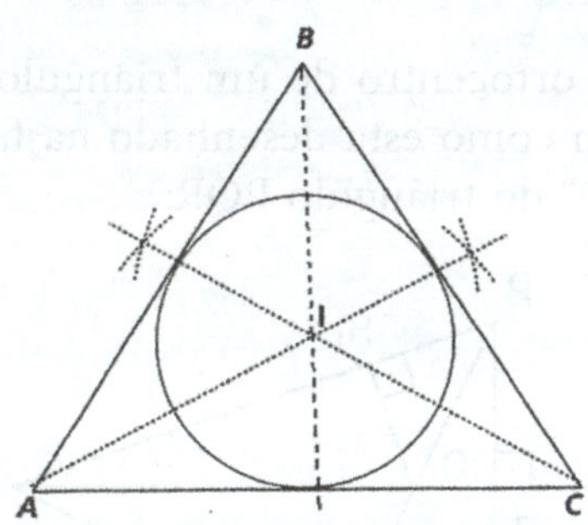

A **mediana** de um triângulo é o **segmento de reta que une o vértice do triângulo ao ponto médio do lado oposto**.

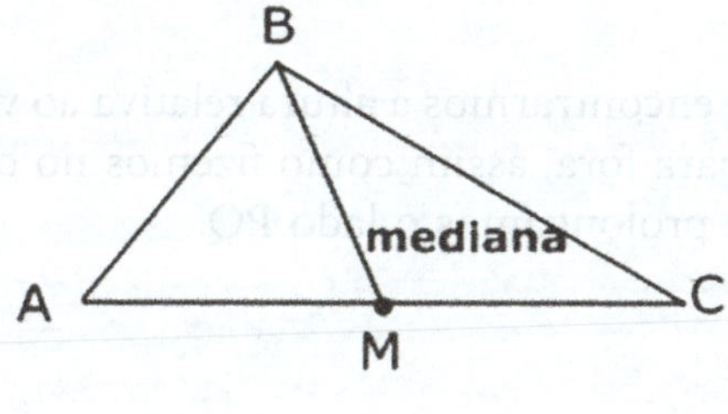

O **ponto de encontro das três medianas** é chamado de **baricentro** do triângulo, ou **centro de gravidade** do triângulo. Ele divide a mediana em dois segmentos e localiza-se a 2/3 do vértice. O segmento que une o vértice ao baricentro vale o dobro do segmento que une o baricentro ao lado oposto deste vértice. Esta figura representa isto:

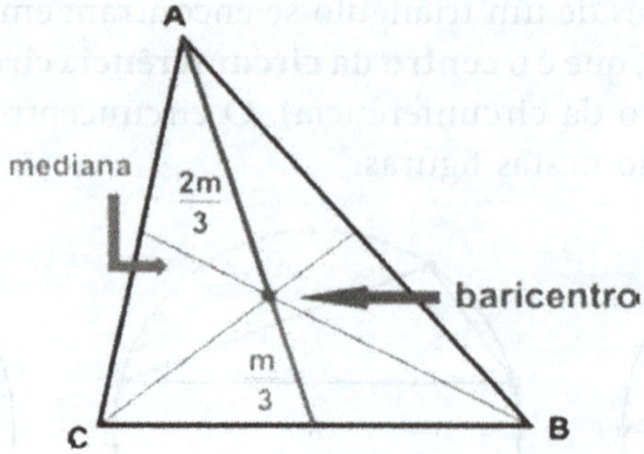

Como curiosidade, também chamamos o baricentro de um triângulo de centro de gravidade porque se esticarmos uma corda perpendicular ao triângulo a partir do baricentro, o triângulo ficará equilibrado, sem balançar.

O **ponto de encontro das três alturas de um triângulo** denomina-se **ortocentro**. No triângulo acutângulo, o ortocentro é interno ao triângulo; no triângulo retângulo, é o vértice do ângulo reto; e no triângulo obtusângulo, é externo ao triângulo.

Para encontrarmos o ortocentro de um triângulo obtusângulo, precisamos prolongar dois lados, assim como está desenhado na figura a seguir, na qual encontramos o ortocentro "O" do triângulo PQR:

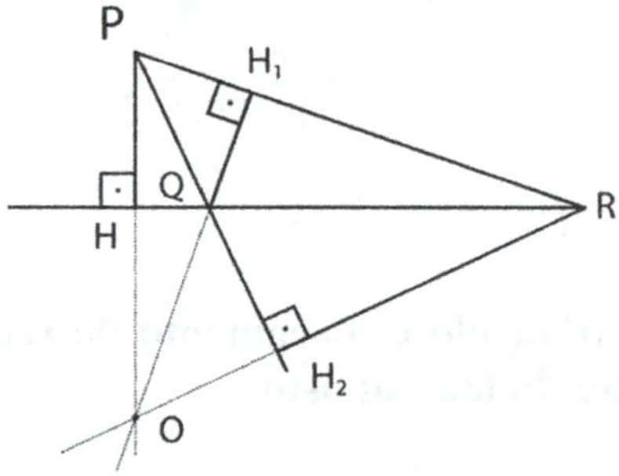

Perceba que, para encontrarmos a altura relativa ao vértice P (H), precisamos prolongar o lado QR para fora, assim como fizemos no caso da altura relativa ao vértice R (H_2), em que prolongamos o lado PQ.

Resumindo, temos:

• Baricentro

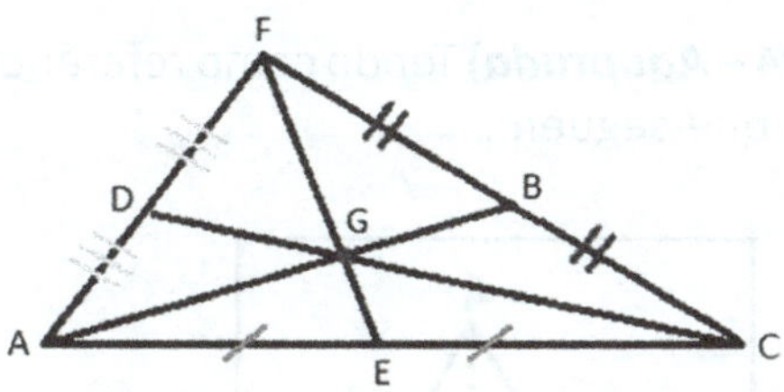

• Incentro

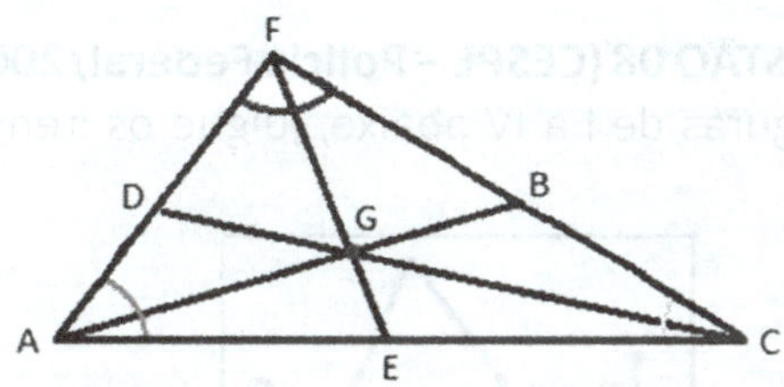

• Ortocentro

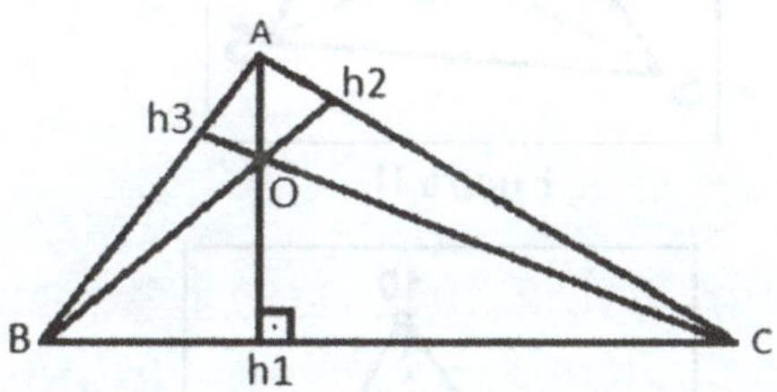

• Circuncentro

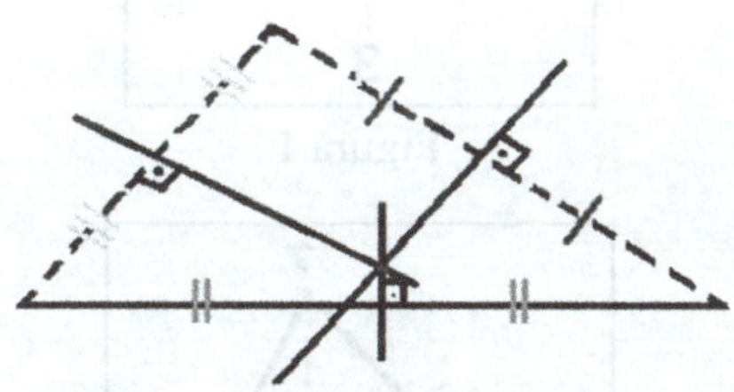

Fonte (disponível em 19/05/2019):
https://essaseoutras.com.br/pontos-notaveis-do-triangulo-mediatriz-e-circuncentro-bari-orto-inc

PONTOS NOTÁVEIS EM UM TRIÂNGULO

- **Circuncentro**
  - Ponto de encontro das bissetrizes externas
  - É o centro da circunferência circunscrita a um triângulo
- **Incentro**
  - Ponto de encontro das bissetrizes internas
  - É o centro da circunferência inscrita a um triângulo
- **Baricentro**
  - Ponto de encontro das medianas
  - Localiza-se a 2/3 do vértice
- **Ortocentro**
  - Ponto de encontro das alturas

Veja como esse assunto já foi cobrado!

QUESTÃO 08 (CESPE – Polícia Federal/2004 – *Adaptada*) Tendo como referência as figuras de I a IV abaixo, julgue os itens que seguem.

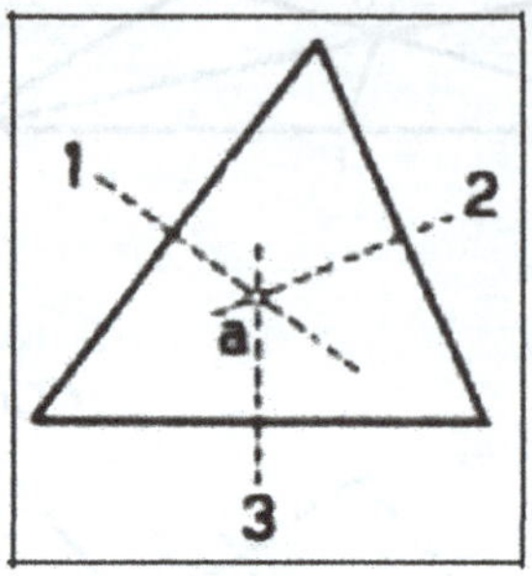

Figura I

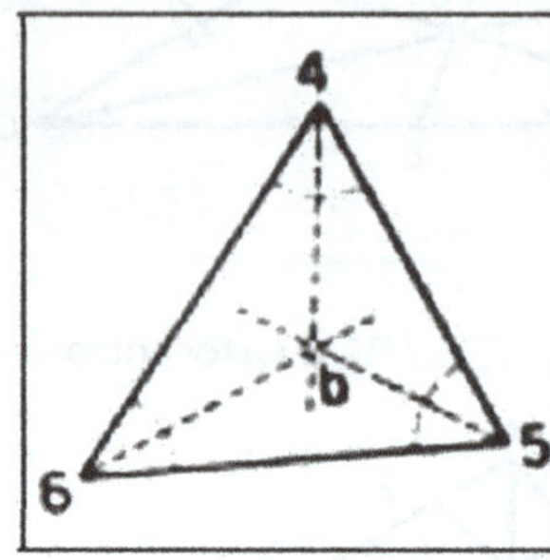

Figura II

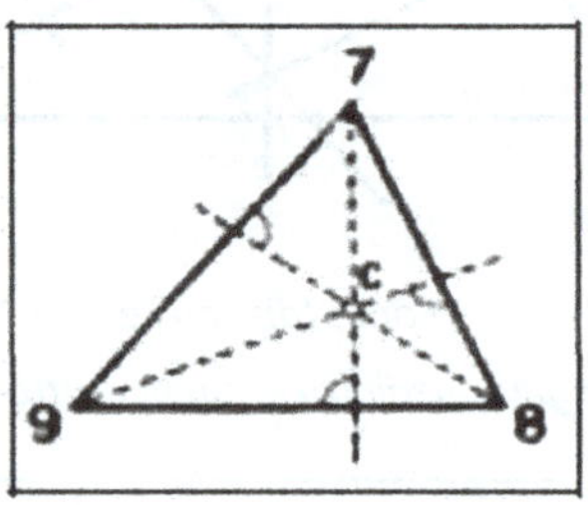

Figura III

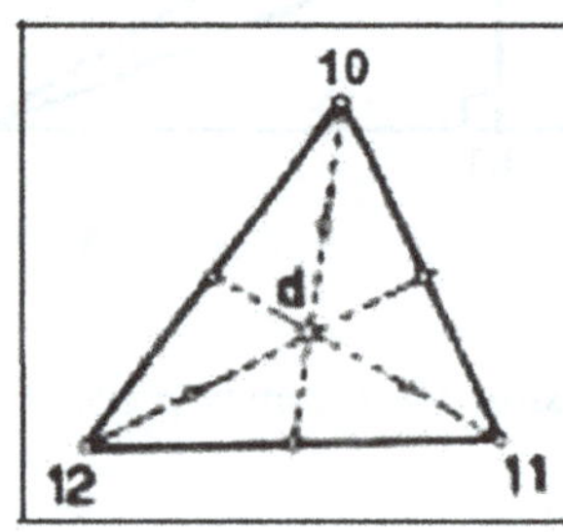

Figura IV

Item 1: Quando as medianas que partem dos vértices de um triângulo se cortam sobre um ponto que é equidistante dos lados, esse ponto é chamado incentro.

Item 2: Na figura II, o ponto notável b define o centro do círculo que pode ser inscrito no triângulo.

RESOLUÇÃO:

Vamos iniciar pelo item 1. O ponto de encontro das medianas é o **baricentro,** que é o **centro de gravidade do triângulo**. Na realidade, o **ponto de encontro das bissetrizes** é que é chamado de **encentro**, o que torna o item errado.

Quanto ao item 2, ele está certo porque é exatamente isso o que aprendemos anteriormente. Portanto, o **incentro** de um triângulo é o **ponto de encontro das bissetrizes dos ângulos internos do triângulo**. Ele é o centro da circunferência inscrita no triângulo, sendo que qualquer triângulo pode ter um incentro.

Gabarito: errado e certo.

3.7.5. Congruência de triângulos

Dois triângulos são **congruentes** (iguais) quando seus lados correspondentes apresentam **medidas iguais**.

Para que dois triângulos sejam congruentes, é suficiente que:

✓ **Tenham três lados congruentes** (caso LLL – lado, lado, lado).

✓ **Tenham dois lados congruentes, assim como o ângulo entre ambos** (caso LAL – lado, ângulo, lado).

✓ **Tenham um lado e dois ângulos congruentes** (casos ALA – ângulo, lado, ângulo; LAA – lado, ângulo, ângulo).

Se qualquer um desses casos ocorrer, já podemos garantir que os dois triângulos serão idênticos entre si.

3.7.6. Semelhança de triângulos

Dois triângulos ABC e A'B'C' são ditos semelhantes se:

✓ Os ângulos correspondentes forem congruentes $(\hat{A}=\hat{A}'\ ,\ \hat{B}=\hat{B}'\ \text{e}\ \hat{C}=\hat{C}')$.

✓ Os lados correspondentes forem proporcionais $\left(\dfrac{a}{a'}=\dfrac{b}{b'}=\dfrac{c}{c'}\right)$.

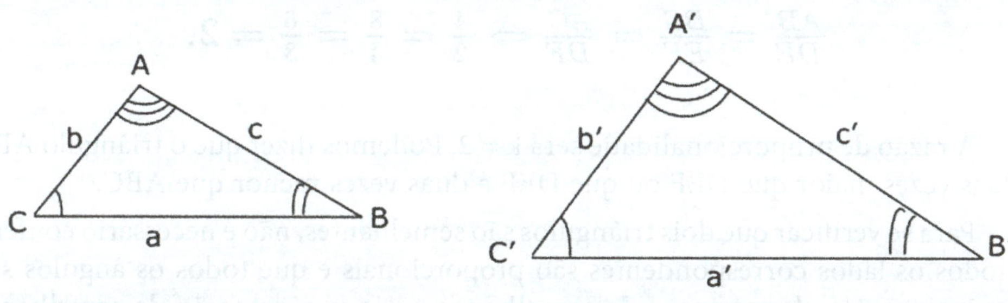

Usamos o símbolo ~ para indicar que dois triângulos são semelhantes.

Teorema fundamental: Se uma reta é paralela a um dos lados de um triângulo e intercepta os outros dois em dois pontos distintos, então o triângulo que ela determina é semelhante ao primeiro.

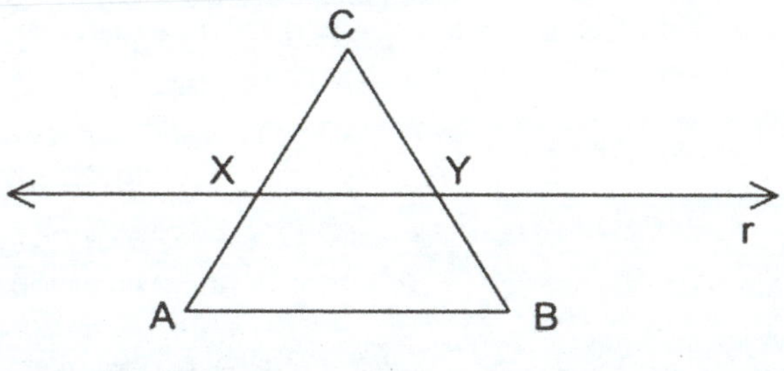

Considerando que a reta r é paralela ao lado AB, os triângulos ABC e XYC são **semelhantes**.

A razão entre dois lados homólogos (correspondentes) ou entre dois triângulos semelhantes (k) é chamada de **razão de proporcionalidade**.

$$\frac{AB}{DE} = \frac{BC}{EF} = \frac{AC}{DF} = k$$

Por exemplo, os triângulos a seguir são semelhantes:

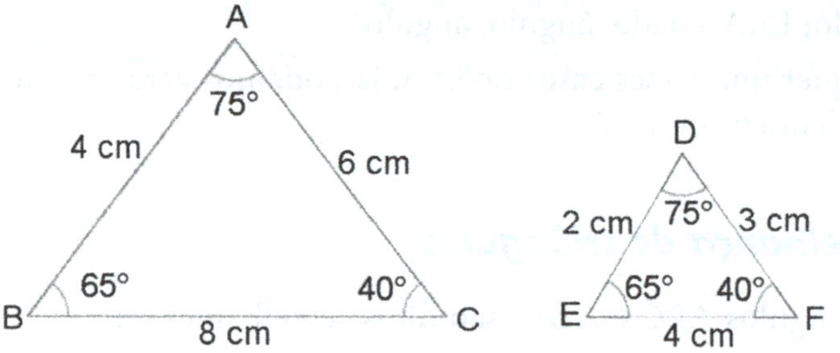

Os ângulos são congruentes (iguais) e os lados homólogos são proporcionais. Note que:

$$\frac{AB}{DE} = \frac{BC}{EF} = \frac{AC}{DF} \Rightarrow \frac{4}{2} = \frac{8}{4} = \frac{6}{3} = 2.$$

A razão de proporcionalidade será k = 2. Podemos dizer que o triângulo ABC é duas vezes maior que DEF ou que DEF é duas vezes menor que ABC.

Para se verificar que dois triângulos são semelhantes, não é necessário conferir se todos os lados correspondentes são proporcionais e que todos os ângulos são congruentes. Há alguns **casos de semelhança** em que a detecção da semelhança é facilitada.

1) Caso AA (Ângulo, Ângulo): Sejam dois triângulos ABC e DEF. Eles serão semelhantes se, e somente se, dois de seus ângulos forem congruentes.

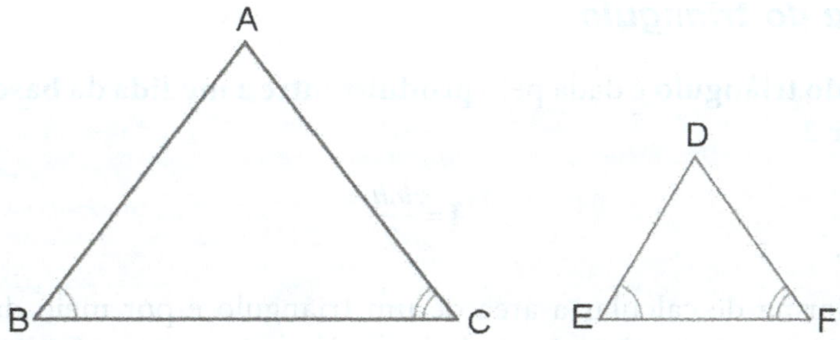

$$\begin{cases} \hat{B} \equiv \hat{E} \\ \hat{C} \equiv \hat{F} \end{cases} \iff \triangle ABC \sim \triangle DEF$$

2) Caso LAL (Lado, Ângulo, Lado): Dois triângulos serão semelhantes se, e somente se, eles tiverem dois lados respectivamente proporcionais e se os ângulos formados por esses lados forem congruentes.

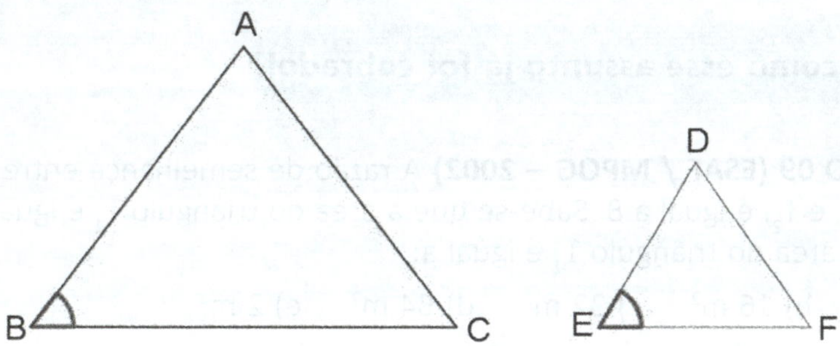

$$\begin{cases} \dfrac{AB}{DE} = \dfrac{BC}{EF} \\ \hat{B} \equiv \hat{F} \end{cases} \iff \triangle ABC \sim \triangle DEF$$

3) Caso LLL (Lado, Lado, Lado): Dois triângulos serão semelhantes se, e somente se, eles tiverem os três lados respectivamente proporcionais.

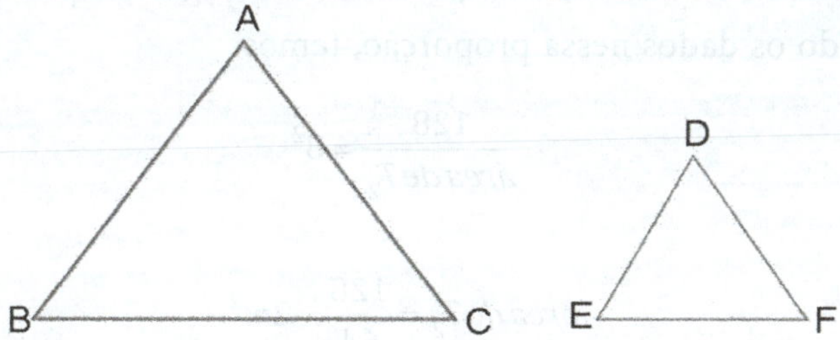

$$\frac{AB}{DE} = \frac{BC}{EF} = \frac{AC}{DF} \iff \triangle ABC \sim \triangle DEF$$

3.7.7. Área do triângulo

A **área do triângulo** é dada pelo **produto entre a medida da base e da altura, dividido por 2**:

$$A = \frac{b.h}{2}$$

Outra forma de calcular a área de um triângulo é por meio da medida de seus lados. Assim, um triângulo de lados a, b, e c e **semiperímetro s** possui a seguinte **área**:

$$A = \sqrt{s.(s-a).(s-b).(s-c)}$$

Em que:

$$s = \frac{a+b+c}{2}$$

Veja como esse assunto já foi cobrado!

QUESTÃO 09 (ESAF / MPOG – 2002) A razão de semelhança entre dois triângulos, T_1, e T_2, é igual a 8. Sabe-se que a área do triângulo T_1 é igual a 128 m^2. Assim, a área do triângulo T_2 é igual a:

a) 4 m^2 b) 16 m^2 c) 32 m^2 d) 64 m^2 e) 2 m^2

RESOLUÇÃO:

Da semelhança de triângulos, temos a seguinte proporção:

$$\frac{área\,de\,T_1}{área\,de\,T_2} = k^2$$

Em que k é a razão de semelhança entre os triângulos T_1 e T_2.

Substituindo os dados nessa proporção, temos:

$$\frac{128}{área\,de\,T_2} = 8^2$$

$$área\,de\,T_2 = \frac{128}{64} = 2m^2$$

Gabarito: E.

3.7.8. Relações métricas no triângulo retângulo

Considere o triângulo a seguir:

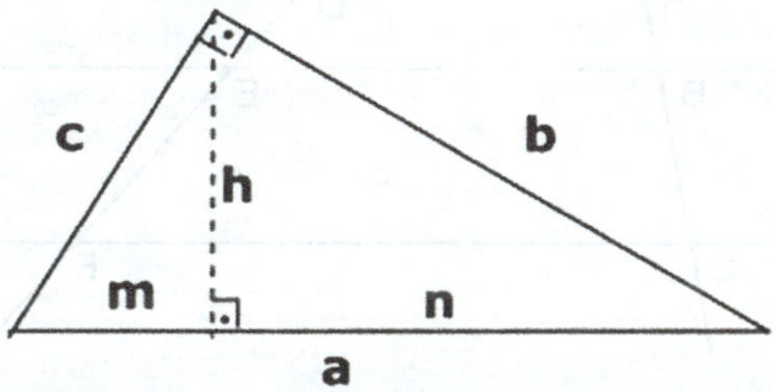

Em que:

- a – hipotenusa
- b e c – catetos
- h – altura relativa à hipotenusa
- m e n – projeções dos catetos sobre a hipotenusa

As relações métricas que podemos estabelecer são:

1) **b.c = a.h**

2) $\mathbf{c^2 = a.m}$

3) $\mathbf{b^2 = a.n}$

4) $\mathbf{h^2 = m.n}$

5) **Teorema de Pitágoras**: $\mathbf{a^2 = b^2 + c^2}$

3.8. Teorema de Tales

O **Teorema de Tales** nos diz que:

> ***Um feixe de retas paralelas cortado por duas transversais forma segmentos de retas proporcionais.***

Na figura a seguir, temos três retas horizontais (r_1, r_2 e r_3) paralelas entre si, sendo cortadas por duas retas transversais (t_1 e t_2).

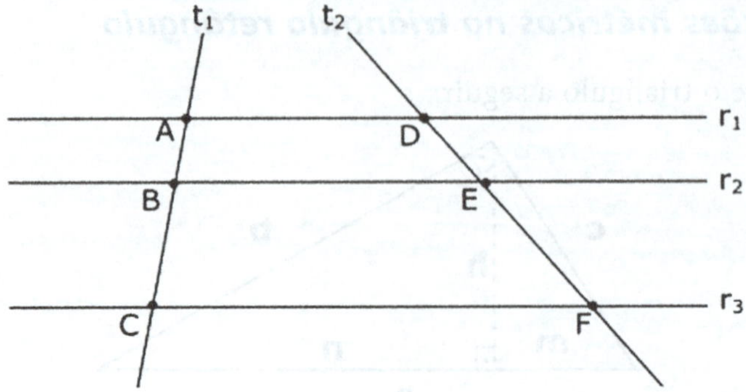

O **Teorema de Tales** nos diz que **segmentos correspondentes são proporcionais**. Daí:

$$\frac{AB}{BC} = \frac{DE}{EF}$$

Veja como esse assunto já foi cobrado!

QUESTÃO 10 (ESAF – AFC/STN/2005) Um feixe de 4 retas paralelas determina sobre uma reta transversal, A, segmentos que medem 2 cm, 10 cm e 18 cm, respectivamente. Esse mesmo feixe de retas paralelas determina sobre uma reta transversal, B, outros três segmentos. Sabe-se que o segmento da transversal B, compreendido entre a primeira e a quarta paralela, mede 90 cm. Desse modo, as medidas, em centímetros, dos segmentos sobre a transversal B são iguais a:

a) 6, 30 e 54 b) 6, 34 e 50 c) 10, 30 e 50 d) 14, 26 e 50 e) 14, 20 e 56

RESOLUÇÃO:

O desenho da questão é:

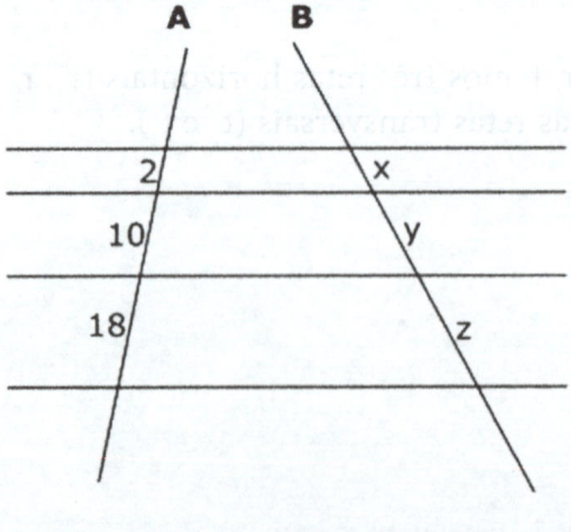

O segmento da transversal B, compreendido entre a primeira e a quarta paralelas, mede 90 cm, então:

$$x + y + z = 90$$

Segundo o **Teorema de Tales, um feixe de paralelas determina, em duas transversais quaisquer, segmentos que são proporcionais**. Portanto, teremos:

$$\frac{x}{2} = \frac{y}{10} = \frac{z}{18}$$

De acordo com as propriedades da proporção, podemos fazer a igualdade:

$$\frac{x}{2} = \frac{y}{10} = \frac{z}{18} = \frac{x+y+z}{2+10+18}$$

Sabemos que x + y + z = 90, logo:

$$\frac{x}{2} = \frac{y}{10} = \frac{z}{18} = \frac{90}{30} = 3$$

- Cálculo de x:

$$\frac{x}{2} = 3 \rightarrow \mathbf{x=6}$$

- Cálculo de y:

$$\frac{y}{10} = 3 \rightarrow \mathbf{y=30}$$

- Cálculo de z:

$$\frac{z}{18} = 3 \rightarrow \mathbf{z=54}$$

Gabarito: A.

3.9. Quadriláteros

O **quadrilátero** é o polígono que possui **quatro lados** e a soma de seus ângulos internos vale **360°**. As diagonais do quadrilátero são segmentos de reta que unem seus vértices opostos.

Uma característica interessante dos quadriláteros é que **sempre que um quadrilátero for circunscrito a uma circunferência, a soma de seus lados opostos é igual**. Você entenderá isso melhor na questão a seguir.

Veja como esse assunto já foi cobrado!

QUESTÃO 11 (ESAF – AFC/CGU/2008) Um quadrilátero convexo circunscrito a uma circunferência possui os lados a, b, c e d, medindo (4 x – 9), (3 x + 3), 3 x e 2 x, respectivamente. Sabendo-se que os lados a e b são lados opostos, então o perímetro do quadrilátero é igual a:

a) 25 b) 30 c) 35 d) 40 e) 50

RESOLUÇÃO:

Logo no início do enunciado é dito que o **quadrilátero** é circunscrito a uma circunferência. Portanto, o quadrilátero está do lado de fora e seus lados tangenciam a circunferência. Além disso, isso significa que a circunferência está inscrita ao quadrilátero. A figura a seguir ilustra bem a situação:

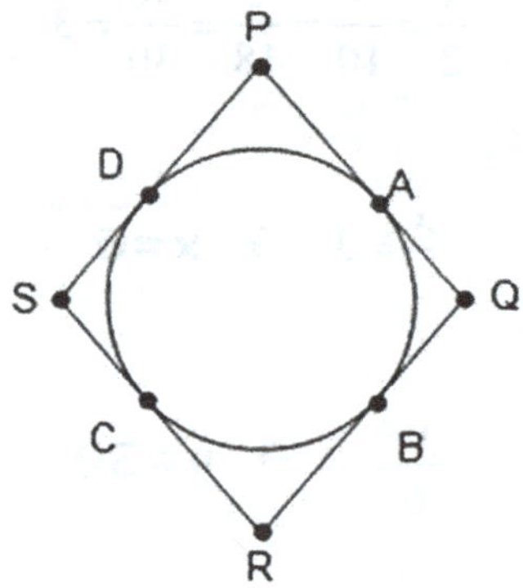

Nesse caso, precisamos nos lembrar do que acabamos de aprender, ou seja:

"sempre que um quadrilátero for circunscrito a uma circunferência, a soma de seus lados opostos é igual".

Daí, teremos:

$$a+b=c+d$$

$$(4x-9)+(3x+3)=3x+2x$$

$$x=3$$

Mas o nosso objetivo consiste em obter o **perímetro do quadrilátero**:

$$p = a + b + c + d$$

$$p = (4x - 9) + (3x + 3) + 3x + 2x$$

$$p = 12x - 6$$

Substituindo o valor de **x** encontrado, temos:

$$p = 12.3 - 6 = 36 - 6 = 30$$

Gabarito: B.

3.9.1. Paralelogramo

É o quadrilátero cujos **lados opostos são paralelos** e suas **diagonais se encontram no ponto médio**. Além disso, os ângulos opostos do paralelogramo são congruentes e os lados opostos são iguais.

Perceba que na figura a seguir os lados AD e BC são iguais entre si, assim como os lados AB e CD, e que o ponto E divide as diagonais ao meio. Logo, ela representa um paralelogramo.

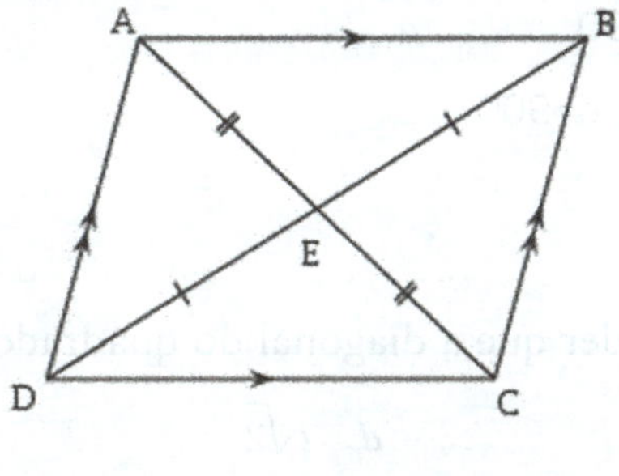

3.9.1.1. Quadrado

É o paralelogramo que tem os **quatro lados e os quatro ângulos iguais entre si**.

Cada ângulo mede 90º, ou seja, um quadrado é formado por quatro ângulos retos. Assim, cada diagonal divide o quadrado em dois triângulos retângulos isósceles, com dois ângulos medindo 45º e o terceiro, 90º.

Algo que é cobrado com certa frequência é saber como calcular a **diagonal do quadrado** de lado **l**:

$$d = l\sqrt{2}$$

Veja como esse assunto já foi cobrado!

QUESTÃO 12 (ESAF – Gestor Fazendário/SEFAZ-MG/2005) Considere um terreno quadrado com o comprimento do lado medindo uma unidade. Indique qual o número racional p/q que representa a medida do comprimento da diagonal desse terreno.

a) Tal número racional não existe porque essa medida é um número irracional

b) p=1414, q=1000

c) p=1414-14=1400, q=990

d) p=141-14=127, q=90

e) p=1414-141=1273, q=900

RESOLUÇÃO:

Acabamos de aprender que a diagonal do quadrado de lado **l** vale:

$$d = l\sqrt{2}$$

Como o nosso quadrado tem lado igual a 1, sua **diagonal** vale $\sqrt{2}$, que, por definição, é um número irracional e não existe um número racional p/q que o represente.

Gabarito: A.

QUESTÃO 13 (ESAF – ATEng/Pref RJ/2010) Um quadrado de lado unitário está inscrito em um círculo que, por sua vez, está inscrito em outro quadrado de lado L.

Determine o valor mais próximo de L.

a) 1,732 b) 1,414 c) 2 d) 1,5 e) 1,667

RESOLUÇÃO:

A figura a seguir ilustra bem a situação descrita no enunciado:

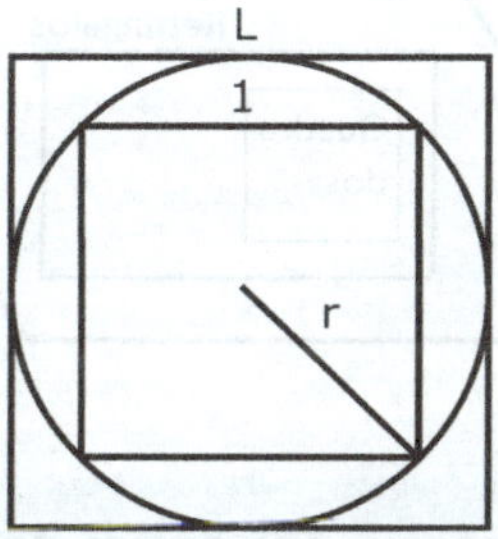

Perceba que o **raio** do círculo é igual à metade da **diagonal** do quadrado menor, cujo lado é 1. Logo:

$$r = \frac{l\sqrt{2}}{2} = \frac{1.\sqrt{2}}{2} = \frac{\sqrt{2}}{2}$$

Por sua vez, o lado L do quadrado maior é igual ao dobro do raio. Basta perceber que no meio do círculo temos um diâmetro passando pelo centro que é paralelo e igual ao lado L do quadrado maior. Logo:

$$L = 2r = 2.\frac{\sqrt{2}}{2} = \sqrt{2} \cong 1{,}414$$

Gabarito: B.

3.9.2. Retângulo

É um quadrilátero que possui todos os ângulos iguais a 90° e seus **lados paralelos possuem o mesmo tamanho.**

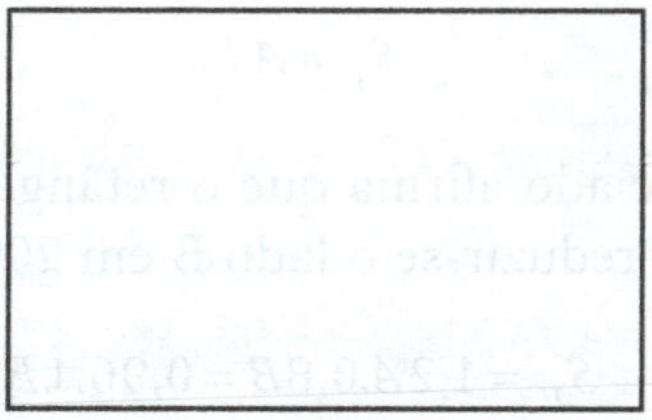

Entenda que todo quadrado é um retângulo, mas nem todo retângulo é um quadrado. Assim como todo retângulo é um caso particular de paralelogramo cujos quatro ângulos são iguais entre si.

Eis uma representação disso em forma de conjuntos, para que você entenda melhor:

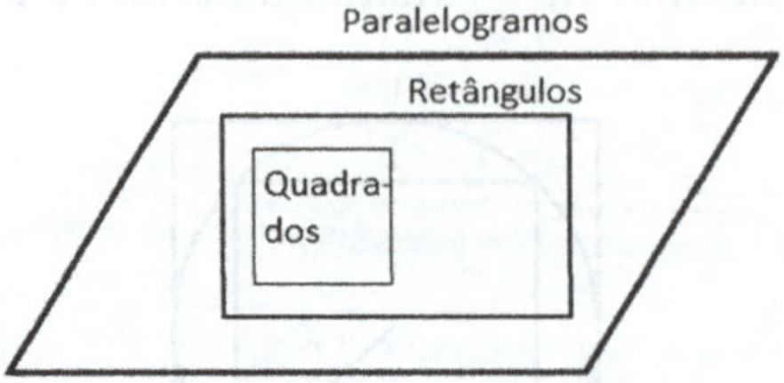

Veja como esse assunto já foi cobrado!

QUESTÃO 14 (ESAF – APOFP/SEFAZ-SP/2009) A e B são os lados de um retângulo I. Ao se aumentar o lado A em 20% e reduzir-se o lado B em 20% obtêm-se o retângulo II. Se, ao invés disso, se aumentar o lado B em 20% e diminuir-se o lado A em 20%, tem-se o retângulo III.

Pode-se afirmar que:

a) os três retângulos têm a mesma área.

b) os retângulos II e III têm uma área igual, maior que a do retângulo I.

c) o retângulo II tem a maior área.

d) o retângulo III tem a maior área.

e) o retângulo I tem a maior área.

RESOLUÇÃO:

Se A e B são os lados do retângulo I, então a área dele será:

$$S_1 = A.B$$

Na sequência, o enunciado afirma que o retângulo II tem origem ao se aumentar o lado A em 20% e reduzir-se o lado B em 20%. Então, a área dele será:

$$S_{II} = 1{,}2A.0{,}8B = 0{,}96A.B$$

Por sua vez, é dito que o retângulo tem origem ao se aumentar o lado B em 20% e diminuir-se o lado A em 20%. Então, a área dele será:

$$S_{III} = 0{,}8A.1{,}2B = 0{,}96A.B$$

Dessa forma, percebe-se que **o retângulo I tem a maior área.**

Gabarito: E.

3.9.3. Losango

Você está cansado de ver um losango em particular desde criança, basta olhar para nossa querida bandeira nacional, que contém um losango em amarelo.

Ele é um quadrilátero que possui **todos os lados de mesmo tamanho** e seus ângulos opostos com a mesma medida.

Geralmente seus **ângulos adjacentes possuem medidas diferentes, porque quando possuem medidas iguais, vira um caso particular do losango, nosso querido quadrado.**

Há autores que somente definem um polígono como losango se os ângulos adjacentes forem diferentes, ou seja, para eles um quadrado não seria um losango; já outros autores definem como definimos, podendo ter medidas iguais, formando um quadrado, mas para fins de concursos públicos isso é irrelevante. O que é pacífico é que todo losango é um paralelogramo.

Uma característica dos losangos é que as suas diagonais se cortam formando quatro ângulos retos.

Nas áreas de Engenharia e Física os losangos são mais conhecidos como rombos.

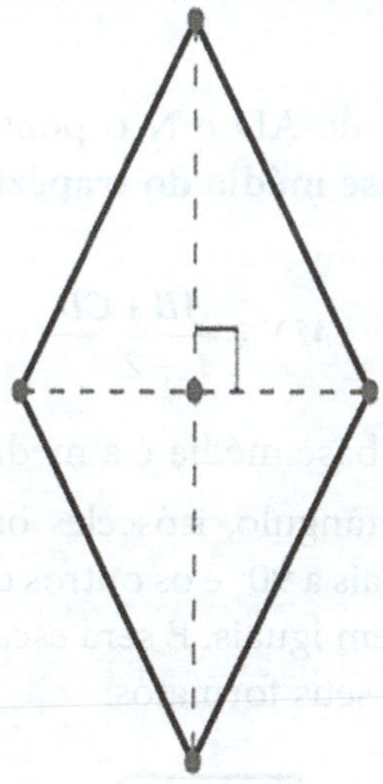

3.9.4. Trapézio

É o quadrilátero no qual **apenas dois lados são paralelos entre si**.

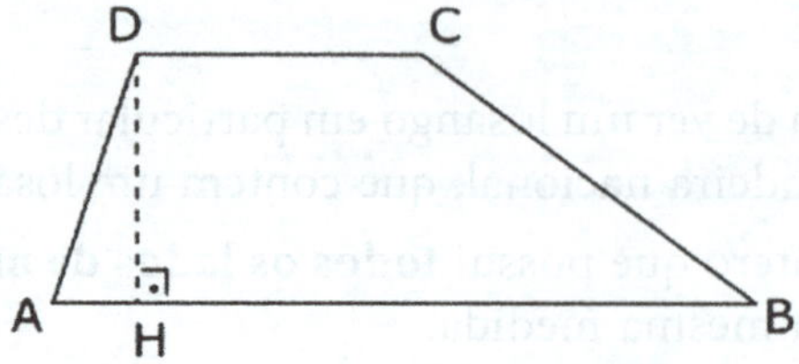

Em que:

- AB é paralela a CD.
- AB é a base maior.
- CD é a base menor.
- DH é a altura.

Há uma propriedade do trapézio que convém conhecermos:

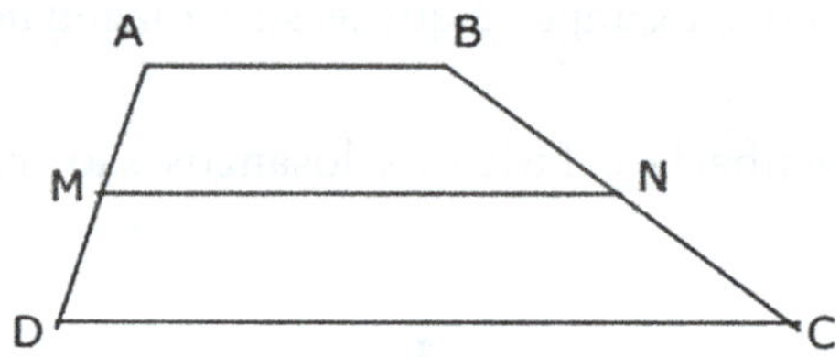

Sendo M o ponto médio de AD e N o ponto médio de BC, a medida do segmento MN, chamada de **base média do trapézio**, é dada por:

$$MN = \frac{AB + CD}{2}$$

Isto é, em um trapézio, a base média é a média aritmética das bases.

Um trapézio pode ser retângulo, isósceles ou escaleno. Ele será retângulo quando dois ângulos forem iguais a 90° e os outros dois, não. Será isósceles quando os dois lados não paralelos forem iguais. E será escaleno quando os dois lados não paralelos forem diferentes. Eis seus formatos:

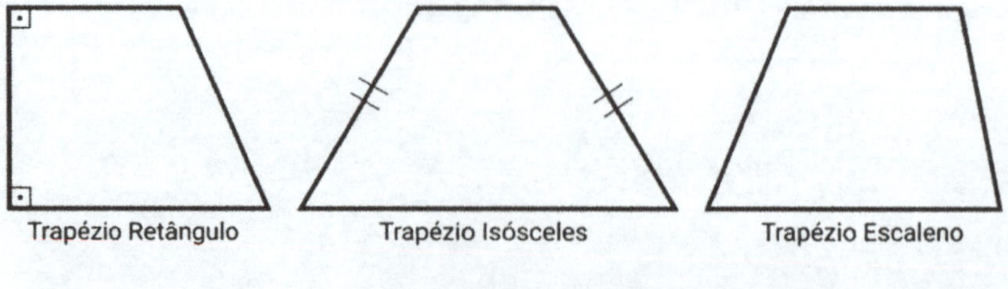

3.10. Áreas das figuras planas

Com relação às áreas das figuras planas, basicamente precisamos saber suas fórmulas:

Retângulo:

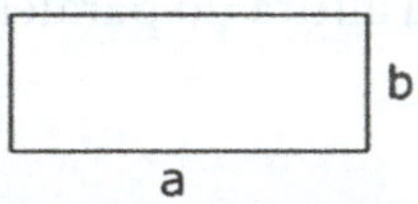

$$\text{área} = a \cdot b$$

Quadrado:

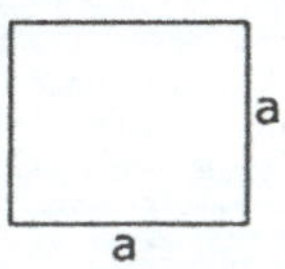

$$\text{área} = a^2$$

Perceba que como o quadrado é um caso particular do retângulo, se usarmos a mesma forma do retângulo em um quadrado, como todos os lados neste medem "a", a fórmula da área do quadrado será $a.a = a^2$.

Triângulo:

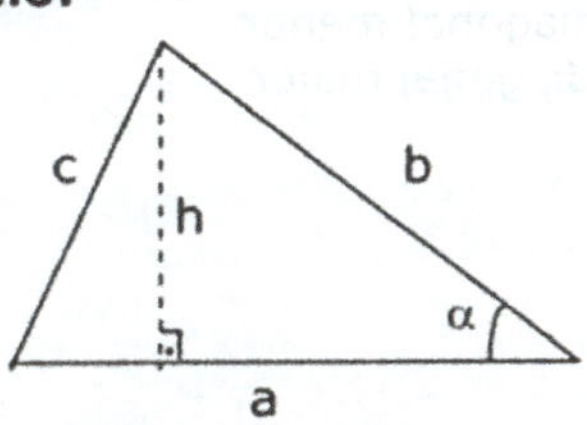

$$\text{área} = \frac{\text{base x altura}}{2} = \frac{a \times h}{2} \quad \text{ou}$$

$$\text{área} = \frac{a.b.\text{sen}\alpha}{2}$$

A área também pode ser calculada usando a segunda fórmula se usarmos o outro ângulo formado pelos lados "a" e "c" e substituindo o "b" da fórmula pelo "c".

Triângulo Equilátero:

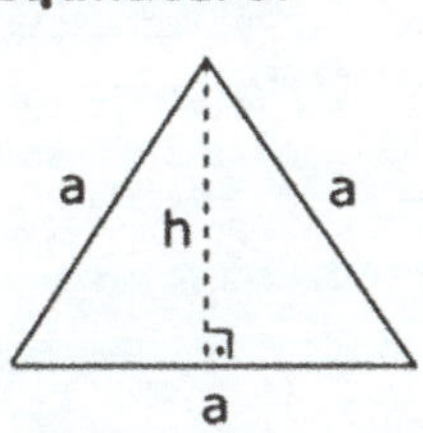

$$h = \frac{a\sqrt{3}}{2} \quad \text{e} \quad \text{área} = \frac{a^2\sqrt{3}}{4}$$

Paralelogramo:

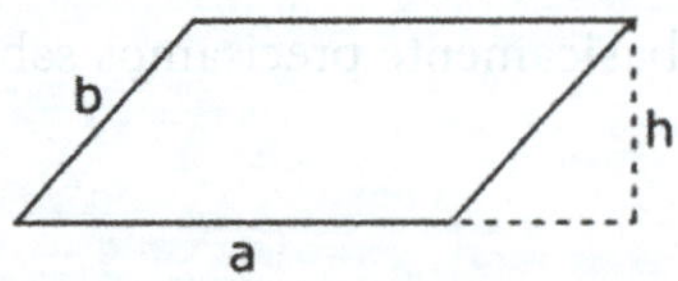

área = base x altura = a x h

A mesma fórmula pode ser usada em relação à outra altura do paralelogramo, trocando "a" por "b".

Trapézio:

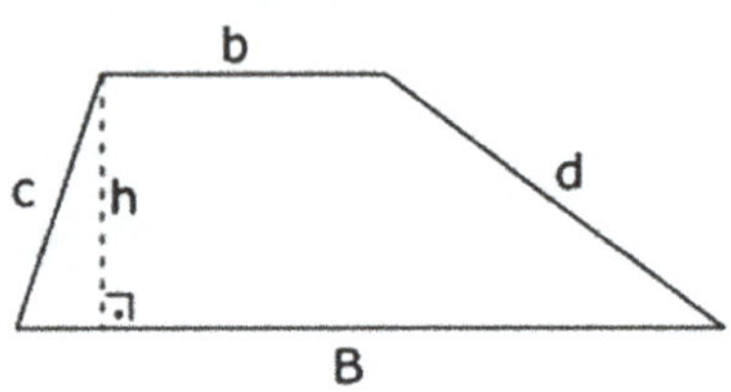

$$\text{área} = \frac{(B + b).h}{2}$$

Losango:

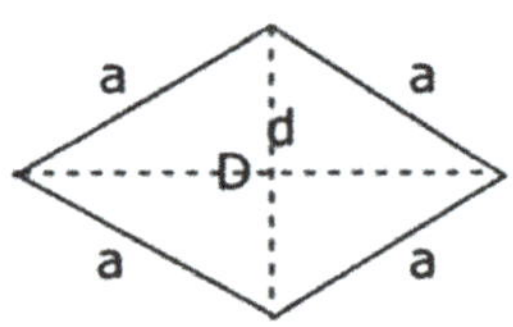

$$\text{área} = \frac{D \, . \, d}{2}$$

d = diagonal menor

D = diagonal maior

Área do Círculo

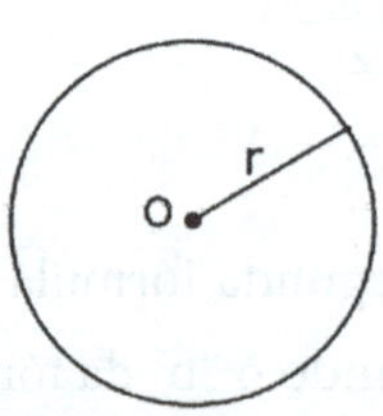

área = πr^2

Comprimento de uma circunferência:

$C = \mathbf{2\pi r}$

Setor Circular:

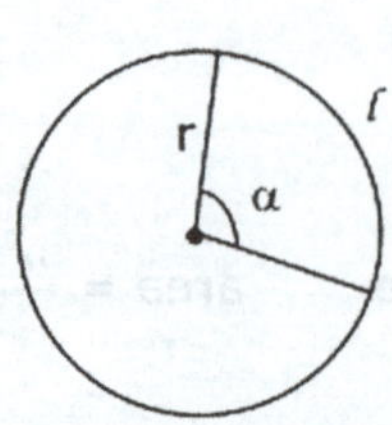

$$\text{área} = \frac{\alpha \pi r^2}{360°}$$

4. GEOMETRIA ESPACIAL

A **Geometria Espacial** é o estudo da geometria no espaço, em que estudamos as figuras que possuem **mais de duas dimensões**. Essas figuras recebem o nome de sólidos geométricos ou figuras geométricas espaciais e são conhecidas como prisma (cubo, paralelepípedo), pirâmide, cone, cilindro e esfera.

Cada plano do sólido é chamado de **face**. As **arestas** são os segmentos de reta que unem duas faces do sólido. Já os **vértices** são os pontos em que mais de duas arestas do sólido se encontram.

Você perceberá que várias questões de geometria espacial costumam ser resolvidas com as ferramentas de geometria plana. Aguarde e confie!

4.1. Prisma

Um **prisma** é um **poliedro que apresenta duas faces opostas paralelas**. O prisma cujas bases são paralelogramos é chamado de **paralelepípedo**.

Eis alguns exemplos de prismas:

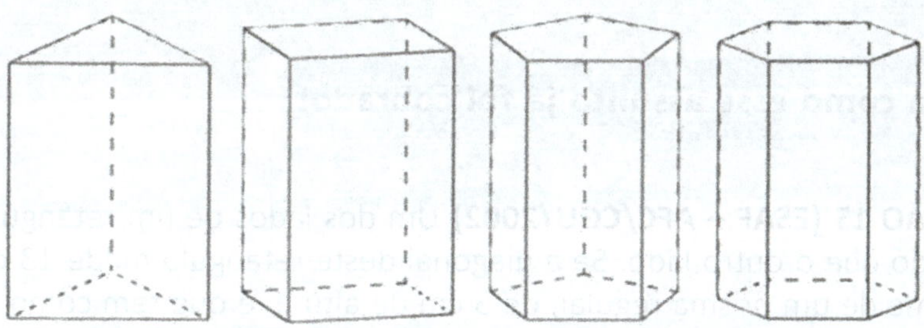

Prisma Triangular Prisma Quadrangular Prisma Pentagonal Prisma Hexagonal

Fonte (disponível em 19/05/2019): www.todamateria.com.br/prisma

➢ **Altura do prisma:**

A **altura** do prisma é a medida da distância entre sua base inferior e sua base superior.

➢ **Área Lateral e Área Total:**

A **área lateral** do prisma é dada pela soma das áreas de cada quadrilátero de suas faces laterais. Por exemplo, no caso de um prisma com base triangular, teremos que sua área lateral será igual à soma das áreas dos três quadriláteros que formam suas faces laterais.

A **área total** do prisma é igual à soma de sua área lateral com a área de suas duas bases (a inferior e a superior).

➢ **Volume:**

O **volume** do prisma é calculado multiplicando-se a área de sua base pela medida de sua altura:

V = Área da base x Altura

Esta figura mostra todas as medidas importantes de um prisma, tomando como exemplo um prisma hexagonal:

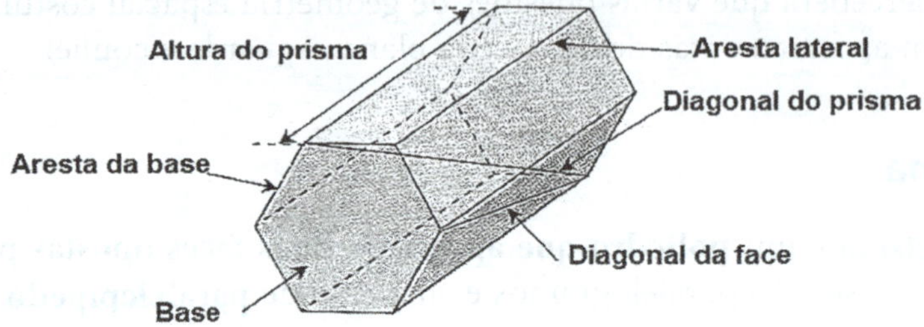

Veja como esse assunto já foi cobrado!

QUESTÃO 15 (ESAF – AFC/CGU/2002) Um dos lados de um retângulo é 7 cm maior do que o outro lado. Se a diagonal deste retângulo mede 13 cm, então o volume de um prisma regular, de 5 cm de altura, e que tem como base este retângulo, é igual a:

a) 50 cm^3 b) 65 cm^3 c) 150 cm^3 d) 200 cm^3 e) 300 cm^3

RESOLUÇÃO:

O retângulo descrito no enunciado da questão está muito bem representado no desenho a seguir:

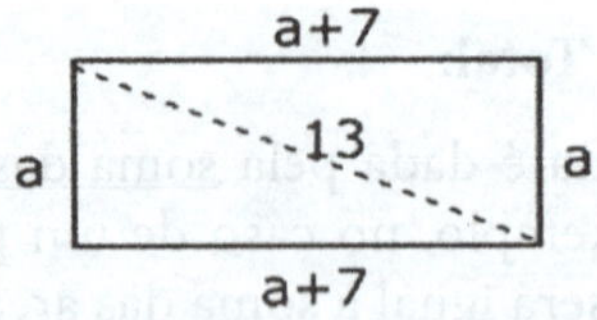

Com base nos valores fornecidos no enunciado, temos condições de determinar os lados do retângulo.

Aplicando o **teorema de Pitágoras** no triângulo retângulo formado pela diagonal e os lados do retângulo:

$$13^2 = a^2 + (a+7)^2$$

$$169 = a^2 + (a^2 + 14a + 49)$$

$$a^2 + 7a - 60$$

Resolvendo essa equação, encontramos que suas raízes são: a' = -12 e a"= 5. Ora, o valor negativo deve ser descartado, portanto, **a = 5**. Assim, os lados do retângulo serão: ***5 e 12***.

O **volume do prisma** é calculado pela seguinte fórmula:

V = área da base do prisma x altura

A área da base do prisma é a área do retângulo de lados 5 e 12. A área desse retângulo é igual a: 5 x 12 = **60**.

Substituindo os valores na fórmula do volume do prisma, tendo o enunciado dado a altura igual a 5, teremos:

V = 60 x 5 = **300**

Gabarito: A.

QUESTÃO 16 (ESAF – TFC/CGU/2001) Em um depósito devem ser acondicionadas caixas em forma de cubo medindo externamente 50 cm de aresta ou lado da face. Considerando que se arrumaram as caixas face a face formando uma base retangular de 10 por 30 caixas e sempre com 12 caixas de altura, obtenha o volume do paralelepípedo formado, admitindo que as caixas se encaixam ao lado e em cima das outras perfeitamente, sem perda de espaço.

a) 450 m^3 b) 360 kl c) 288 m^3 d) 240 m^3 e) 150 kg

RESOLUÇÃO:

A questão está trabalhando com a figura **paralelepípedo**.

Bem, o **volume** do paralelepípedo é dado pelo produto das três dimensões: comprimento, largura e altura, pois a base forma um retângulo, cuja área é o comprimento multiplicado pela largura, logo:

V = a . b . c

O enunciado da questão nos fornece alguns dados importantes. Por exemplo, é dito que o comprimento da base do nosso paralelepípedo mede 10 cubos de 50 cm de aresta cada um. Logo:

a = 10 x 50 = 500 cm

Além disso, afirma-se que a largura da base do nosso paralelepípedo mede 30 cubos de 50 cm de aresta cada um. Logo:

b = 30 x 50 = 1.500 cm

Por fim, é dito que a altura do nosso paralelepípedo mede 12 cubos de 50 cm de aresta cada um. Logo:

c = 12 x 50 = 600 cm

Agora estamos em condições de calcular o **volume do paralelepípedo**:

$$V = a \,.\, b \,.\, c$$

$$V = 500 \,.\, 1.500 \,.\, 600$$

$$V = 450.000.000cm^3 = 450m^3$$

Gabarito: A.

4.1.1. Prisma reto

Quanto à inclinação das arestas laterais, os prismas podem ser retos ou oblíquos.

Nos prismas retos, as arestas laterais têm o mesmo comprimento, são perpendiculares ao plano da base e as faces laterais são retangulares. Eis um prisma pentagonal reto:

O **prisma reto que possui em todas as faces um quadrado** é chamado de **cubo.** Sabe um dado qualquer utilizado em jogos? Pois bem, eis um cubo.

➢ **Volume do cubo:**

$$V = \textbf{\textit{Área da base x Altura}} = a^2 .a = a^3$$

➤ Área total:

$$A_{total} = \textbf{\textit{Área da base x Altura}} = 6.a^2$$

Essa fórmula é simples de entender. Como cada área de uma das faces é igual à área de um quadrado de lado “a”, ela vale a^2. Como são seis quadrados que formam um cubo, pois são seis faces, a área total será $6.a^2$.

Veja como esse assunto já foi cobrado!

QUESTÃO 17 (ESAF – ATEng/Pref RJ/2010) Considere um cubo C no qual a área de cada face mede 4 cm^2. Sabendo-se que a diagonal do cubo é o segmento de reta que une dois vértices não pertencentes à mesma face, então a diagonal do cubo C mede, em centímetros:

a) $2\sqrt{3}$. b) $2\sqrt{2}$. c) $4\sqrt{2}$. d) $3\sqrt{3}$. e) $3\sqrt{2}$.

RESOLUÇÃO:

A questão começa afirmando que a área de cada face mede $4cm^2$. Como consequência disso, temos que a aresta vale 2cm, já que as faces do cubo são quadrados de lado l cuja área é:

$$S = a^2$$
$$4 = a^2$$
$$a = 2$$

O nosso objetivo consiste em obter a **diagonal do cubo**. Para isso vamos considerar o triângulo ABC destacado abaixo.

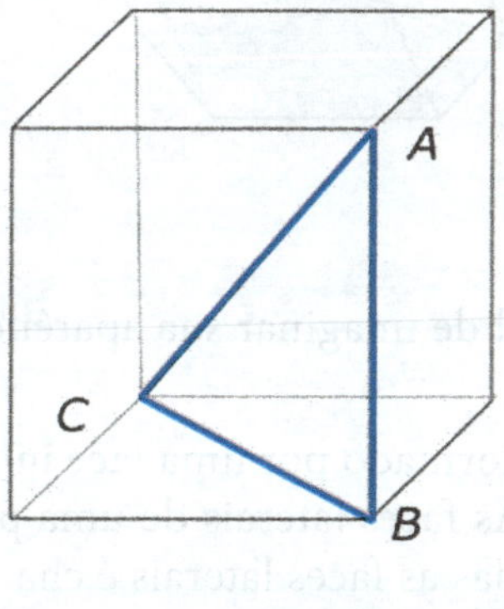

Note que AB é uma aresta do cubo. Daí:

$$AB = a$$

Por sua vez, BC é a diagonal do quadrado de uma das faces do cubo. Daí:

$$BC = a\sqrt{2}$$

Tenha em mente que AC é o que nós queremos saber.

Considerando que ABC é um triângulo retângulo cuja hipotenusa é a diagonal que queremos encontrar, aplicaremos o Teorema de Pitágoras. Logo:

$$D^2 = a^2 + a\sqrt{2}^2$$
$$D = a\sqrt{3}$$

Pronto! Achamos a diagonal do cubo (=AC=D).

E já que a = 2, temos:

$$D = 2\sqrt{3}$$

Gabarito: A.

4.1.2. Prisma Oblíquo

Nesse caso, as **arestas laterais têm o mesmo comprimento**, são **oblíquas ao plano da base** e as faces laterais não são retangulares, são paralelogramos. Eis um prisma pentagonal oblíquo:

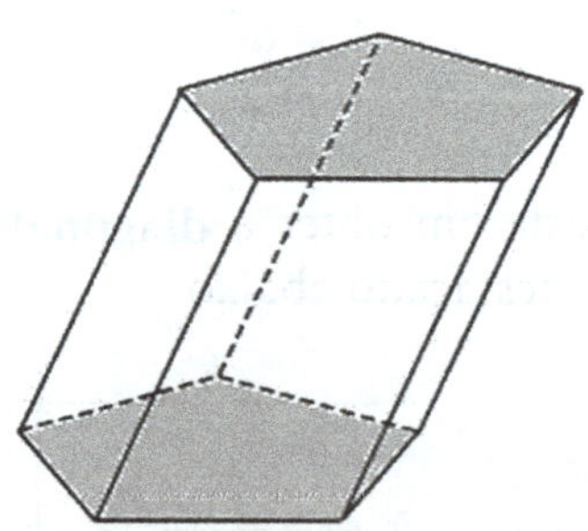

4.2. Pirâmide

Eis um sólido bem fácil de imaginar sua aparência, basta pensar nas Pirâmides do Egito.

Pirâmide é um sólido formado por uma face inferior (base) e um vértice que une todas as faces laterais. As faces laterais de uma pirâmide são regiões triangulares, e o vértice que une todas as faces laterais é chamado de vértice da pirâmide. O número de faces laterais de uma pirâmide corresponde ao número de lados do polígono da base. Eis um exemplo de uma pirâmide quadrangular:

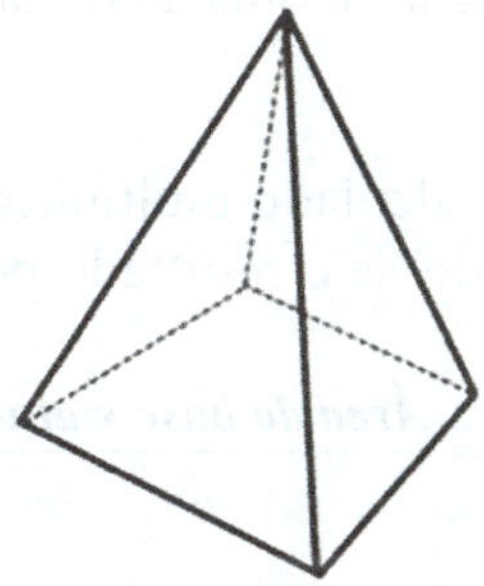

Assim como no caso dos prismas, uma pirâmide pode ser triangular, quadrangular, pentagonal, hexagonal etc.

Veja nesta tabela as diferenças entre esses dois sólidos:

Base	Pirâmides	Prismas
Triângulo	Pirâmide triangular	Prisma triangular
Quadrilátero	Pirâmide quadrangular	Prisma quadrangular
Pentágono	Pirâmide pentagonal	Prisma pentagonal
Hexágono	Pirâmide hexagonal	Prisma hexagonal

➢ **Altura da pirâmide:**

A **altura** da pirâmide é a medida da distância entre o vértice e sua base inferior.

➢ **Área Lateral e Área Total:**

A **área lateral** da pirâmide é dada pela soma das áreas de cada triângulo de suas faces laterais. Por exemplo, no caso de uma pirâmide com base quadrada, teremos que sua área lateral será igual à soma das áreas dos quatro triângulos que formam suas faces laterais.

A **área total** da pirâmide é igual à soma de sua área lateral com a área de sua base.

➢ **Volume:**

O **volume** da pirâmide é calculado multiplicando-se a área de sua base pela medida de sua altura e dividindo-se o resultado por 3:

$$V = \frac{\textit{Área da base x altura}}{3}$$

➢ **Tronco de pirâmide:**

O **tronco de uma pirâmide** é obtido ao se traçar uma seção transversal em uma pirâmide, conforme mostrado a seguir:

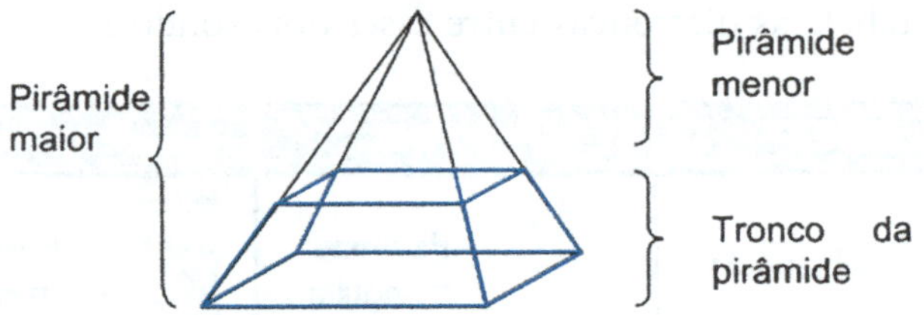

Normalmente o que é cobrado em provas é o tronco de pirâmide formado a partir de um corte paralelo à base. Assim, para calcular o **volume do tronco** dessa pirâmide, temos:

$$V_{tronco} = V_{pirâmide\ maior} - V_{pirâmide\ menor}$$

O mesmo serve para a **área lateral do tronco**.

➢ **Apótema:**

O **apótema** é a altura de cada face lateral. Esta figura mostra um dos apótemas de uma pirâmide hexagonal, representado por a_p:

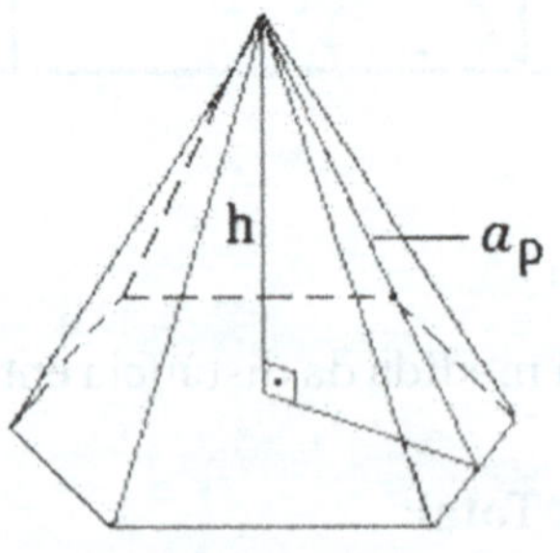

Perceba a diferença entre o apótema e a altura. O apótema é localizado sobre um dos triângulos das faces, formando um ângulo reto com uma das arestas da base, enquanto que a altura está na parte interna da figura, formando um ângulo reto com a superfície da base.

4.3. Cilindro

Pense em uma lata de óleo ou de leite em pó. Eis o cilindro!

O **cilindro** é semelhante a um prisma, mas **sua base é um círculo**. Ele pode ser formado pela rotação de um quadrado ou retângulo em torno de um de seus lados.

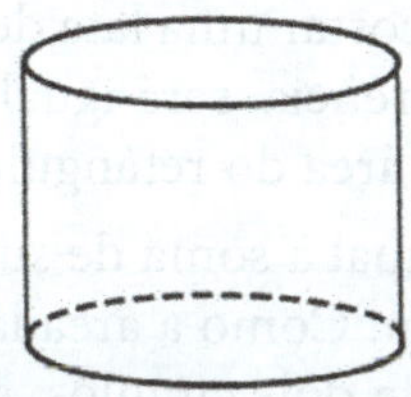

Agora pense em uma lata de óleo. Se você a cortar perpendicularmente na parte comprida e esticar o metal, formará um retângulo, tirando antes a tampa e o fundo, claro. Você terá algo como nesta figura:

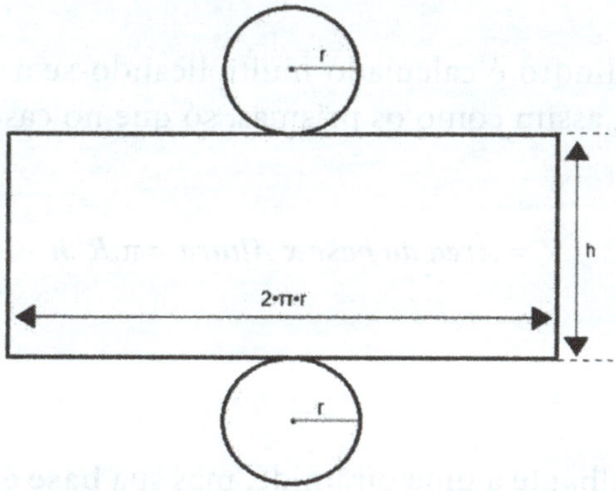

➤ **Altura do cilindro:**

A **altura** do cilindro é a medida da distância entre sua base inferior e sua base superior. Nesta figura você verá a altura "h" do cilindro:

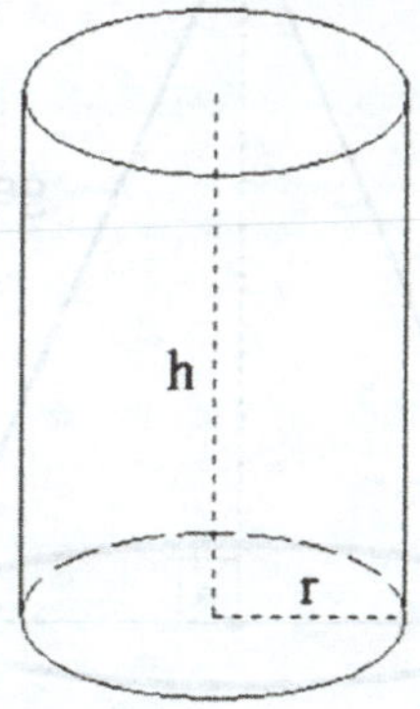

➢ **Área Lateral e Área Total:**

A **área lateral** do cilindro é dada por:

$$A_{lateral} = 2.\pi.R.h$$

Vamos entender essa fórmula. A área lateral é a área do tal retângulo que pedimos para você imaginar ao cortar uma lata de óleo. Como a base do retângulo será o comprimento da circunferência, será igual a 2.π.R. A altura do retângulo é a altura "h" do cilindro. Logo, a área do retângulo será 2.π.R.h.

A **área total** do prisma é igual à soma de sua área lateral com a área de suas duas bases, a inferior e a superior. Como a área lateral é igual a 2πRh e a área das duas bases corresponde à área de dois círculos, em que cada área é representada por $\pi.R^2$, teremos que:

$$A_{total} = 2.\pi.R.h + 2.\pi.R^2 = 2.\pi.R.(h + R)$$

➢ **Volume:**

O **volume** do cilindro é calculado multiplicando-se a área de sua base pela medida de sua altura, assim como os prismas, só que no caso dos cilindros a base é um círculo:

$$V = \text{Área da base x Altura} = \pi.R^2.h$$

4.4. Cone

Um **cone** é semelhante a uma pirâmide, mas sua **base é um círculo**. Ele pode ser formado pela rotação de um triângulo retângulo em torno de um de seus catetos.

A **hipotenusa desse triângulo** é chamada de **geratriz** (ou apótema), que é a medida do segmento de reta que liga o vértice do cone à borda da sua base.

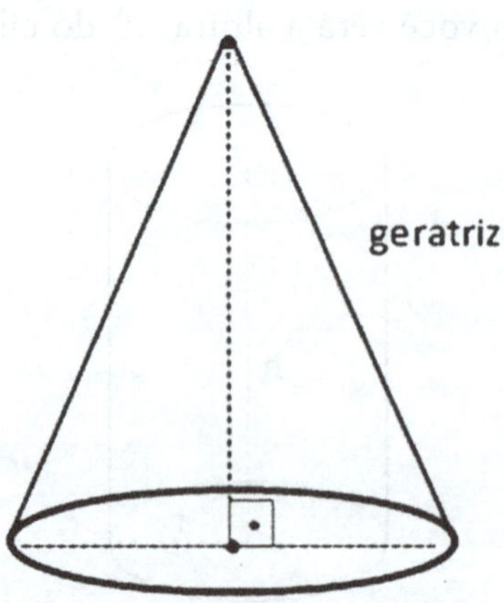

➢ **Altura do cone:**

A **altura** do cone é a medida da distância entre o vértice e sua base inferior. Para um cone em que a geratriz é igual ao diâmetro da base (cone equilátero), a altura vale:

$$h = R.\sqrt{3}$$

➢ **Área Lateral e Área Total:**

A **área lateral** do cone é dada por:

$$A_{lateral} = \pi.R.g$$

A **área total** do cone é igual à soma de sua área lateral com a área de sua base.

$$A_{total} = \pi.R.(R+g)$$

➢ **Volume:**

O **volume** do cone é calculado multiplicando-se a área de sua base pela medida de sua altura e dividindo-se esse resultado por 3:

$$V = \frac{\text{Área da base x altura}}{3} = \frac{\pi.R^2.h}{3}$$

Perceba que as fórmulas da pirâmide e do cone possuem denominadores iguais a 3, pois há muita perda de volume pelo fato da parte superior afinar em um vértice só. Você já viu aqueles ambulantes que vendem amendoins na rua em uns cones de papel? Se fossem prismas, ou seja, se não fossem afinando embaixo, viria três vezes mais amendoins que no formato de cone. Isto é, até os vendedores de amendoim de rua entendem de geometria espacial e você aí reclamando que não entende isso (rs.).

Assim como a pirâmide, podem ser cobradas numa prova as medidas de um **tronco de cone**. Nesse caso, utilizaremos os mesmo conceitos vistos anteriormente.

Eis um tronco de cone obtido por um corte no cone original feito por um plano paralelo à base (o tronco é o sólido que existe abaixo do cone menor):

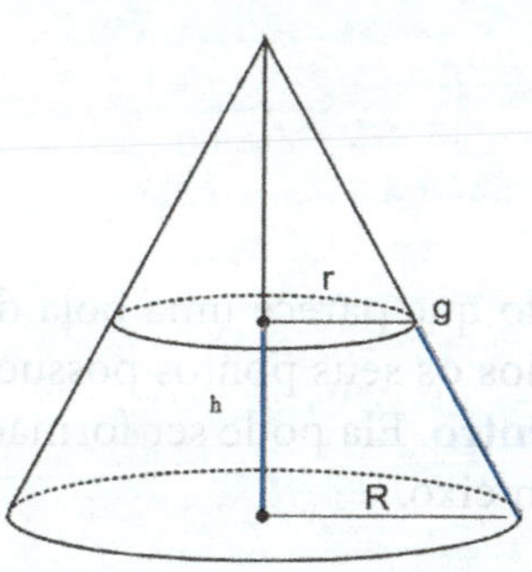

Veja como esse assunto já foi cobrado!

QUESTÃO 18 (ESAF – ATEng/Pref RJ/2010) Se o volume de um cone de altura h e diâmetro da base d é V, então o volume de um cone de mesma altura h e diâmetro da base 2d é:

a) 2V. b) 4V. c) ϖV. d) 2V2. e) V3.

RESOLUÇÃO:

Acabamos de aprender que o **volume do cone** é dado por:

$$V = \frac{\textit{Área da base x altura}}{3} = \frac{.R^2.h}{3}$$

Temos no enunciado que:

✓ Altura = h

✓ Diâmetro: d (=r/2)

Daí:

$$V = \frac{1}{3}\pi\left(\frac{d}{2}\right)^2 \cdot h = \frac{\pi d^2 \cdot h}{12}$$

O nosso objetivo consiste em obter o **volume de um cone de mesma altura h e diâmetro da base 2d**. Quando o diâmetro valer 2d, teremos que R = D. Logo:

$$V' = \frac{1}{3}\pi d^2 \cdot h = \frac{\pi d^2 \cdot h}{3}$$

Comparando o resultado de V' com o de V, temos:

$$V' = 4V$$

Gabarito: B.

4.5. Esfera

Uma **esfera** é um sólido que parece uma bola de futebol, formado por uma superfície curva na qual todos os seus pontos possuem a mesma distância de um outro ponto denominado **centro**. Ela pode ser formada pelo giro de uma semicircunferência em torno de um eixo.

O **raio** (r) é qualquer segmento de reta que sai do centro da esfera e vai até sua extremidade.

➢ **Área:**

A **área** da superfície de uma esfera é dada por:

$$A = 4.\pi.R^2$$

➢ **Volume:**

O **volume** de uma esfera é dado por:

$$V = \frac{4}{3}\pi.R^3$$

Eis uma esfera com suas fórmulas mais importantes:

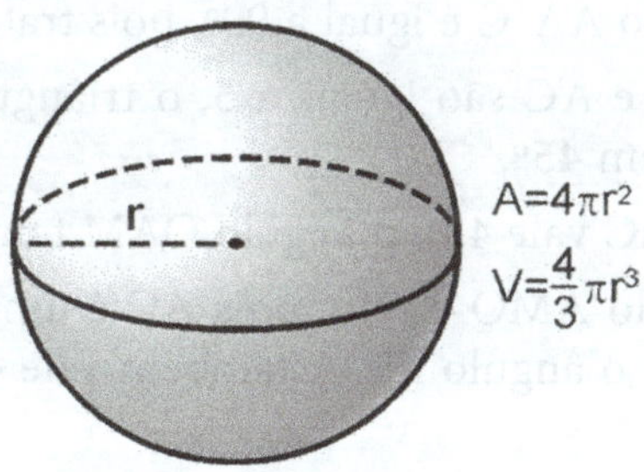

Veja como esse assunto já foi cobrado!

QUESTÃO 19 (ESAF/ATRFB/2009) Em uma superfície plana horizontal, uma esfera de 5 cm de raio está encostada em um cone circular reto em pé com raio da base de 5 cm e 5 cm de altura. De quantos cms é a distância entre o centro da base do cone e o ponto onde a esfera toca na superfície?

a) 5. b) 7,5. c) $5+5\sqrt{2}/2$ d) $5\sqrt{2}$ e) 10

RESOLUÇÃO:

O desenho a seguir ilustra bem a situação descrita no enunciado:

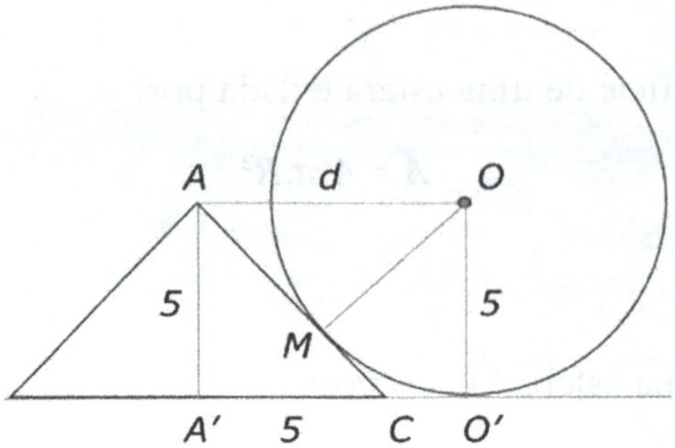

O nosso objetivo consiste em obter a **distância A'O'**.

Note que o enunciado afirma que a altura do cone é igual ao raio da esfera. Daí, a **distância AO é igual à distância A'O'**.

Perceba que o ângulo AÂ'C é igual a 90º, pois trata-se de uma altura.

Como os lados AA' e A'C são iguais a 5, o triângulo AA'C é **isósceles** e os ângulos A'ÂC e ACA' valem **45º**.

Ora, se o ângulo A'AC vale 45º, o ângulo OÂM também vale.

Perceba que o ângulo AMO é reto, pois AC é uma tangente. Como consequência disso, temos que o ângulo MÔA também vale **45º** e o triângulo AMO é **isósceles**.

Se AMO é isósceles, **AM = OM**. Mas OM é o raio, igual a 5. Logo **AM = 5**.

Logo, AO é a hipotenusa de um triângulo retângulo isósceles de catetos iguais a 5. Daí:

$$d = 5\sqrt{2}$$

Gabarito: D.

5. TEOREMA DE PITÁGORAS

Considere o triângulo retângulo abaixo, com lados medindo "a", "b" e "c".

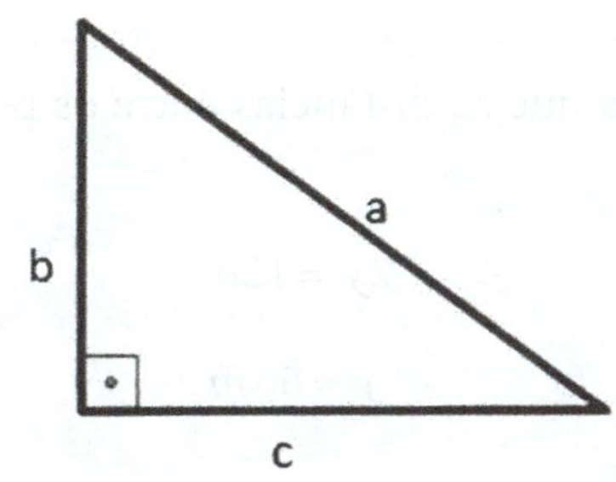

Veja que "a" é o maior lado, o qual é oposto ao ângulo reto e é chamado de **hipotenusa**. Os demais lados são os **catetos**.

Teorema de Pitágoras

A soma dos quadrados dos catetos é igual ao quadrado da hipotenusa.

$$a^2 + b^2 = c^2$$

Veja como esse assunto já foi cobrado!

QUESTÃO 20 (VUNESP/ISS São José dos Campos/Auditor Tributário/2018) Em um terreno retangular ABCD foram instalados postes de iluminação nos pontos P, M, Q e N, sendo as distâncias entre os postes indicadas pela linha tracejada, conforme mostra a figura.

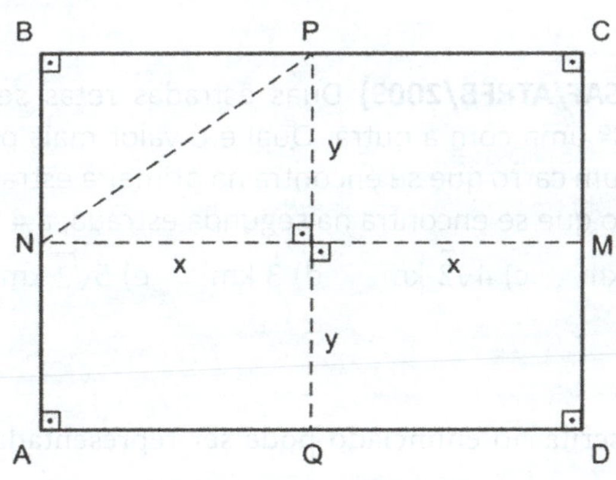

Se a distância entre os postes N e P é 100 m, e a distância entre os postes P e Q é 120 m, então o perímetro desse terreno retangular mede

(A) 380 m. (B) 400 m. (C) 420 m. (D) 490 m. (E) 560 m.

RESOLUÇÃO:

O enunciado informa que as distâncias entre os postes P e Q é 120m, o que corresponde a 2y. Logo:

$$2y = 120$$

$$y = 60\,m$$

É dito que a distância entre os postes N e P é 100 m. Então, podemos aplicar o **Teorema de Pitágoras** no triângulo retângulo destacado na figura:

$$\left(\overline{NP}\right)^2 = x^2 + y^2$$

$$100^2 = x^2 + 60^2$$

$$x^2 = 10.000 - 3.600$$

$$\boldsymbol{x} = \sqrt{6.400} = 80\ \boldsymbol{m}$$

O nosso objetivo consiste em determinar o **perímetro** ou a **soma dos lados** do retângulo descrito na figura. Veja que a base é dada por 2x ao passo que a altura corresponde a 2y. Assim:

$$\boldsymbol{Perímetro} = 2.(2x) + 2.(2y) = 4x + 4y = 4.(x + y) = 4.(60 + 80) = 4.140 = 560\ \boldsymbol{m}$$

Gabarito: E.

QUESTÃO 21 (ESAF/ATRFB/2009) Duas estradas retas se cruzam formando um ângulo de 90º uma com a outra. Qual é o valor mais próximo da distância cartesiana entre um carro que se encontra na primeira estrada, a 3 km do cruzamento, com outro que se encontra na segunda estrada, a 4 km do cruzamento?

a) 5 km b) 4 km c) $4\sqrt{2}$ km d) 3 km e) $5\sqrt{2}$ km

RESOLUÇÃO:

A situação descrita no enunciado pode ser representada conforme a figura a seguir:

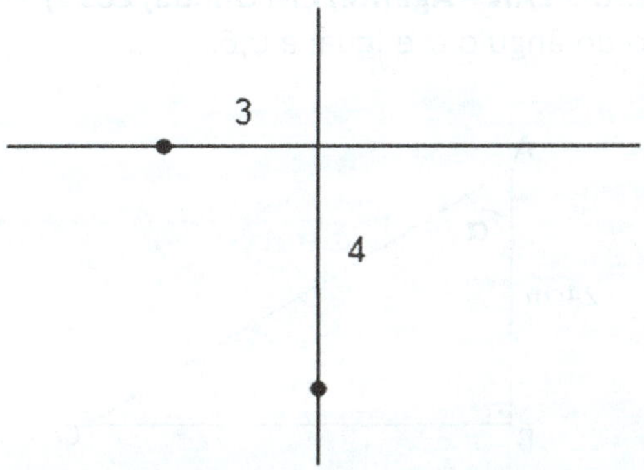

Vamos chamar a distância entre os dois carros de x.

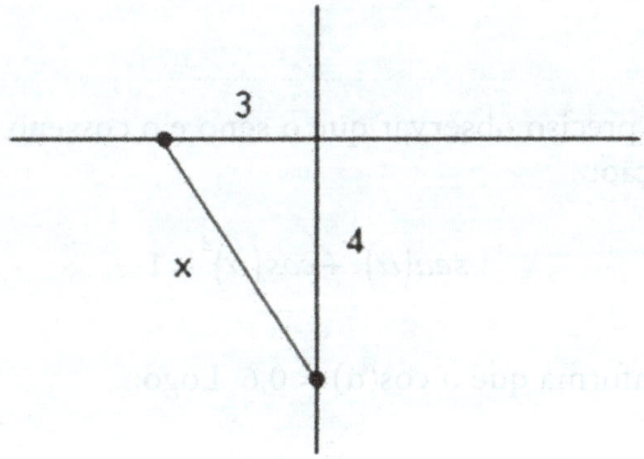

O triângulo de lados 3, 4, e x é retângulo. A hipotenusa, que é o maior lado, vale x.

Aplicando o **teorema de Pitágoras**, temos:

$$x^2 = 3^2 + 4^2$$

$$x^2 = 9 + 16 = 25$$

$$x = 5$$

Gabarito: A.

QUESTÃO 22 (CONSULPLAN – Agente/CM Olinda/2015) No triângulo retângulo a seguir, o cosseno do ângulo α é igual a 0,6.

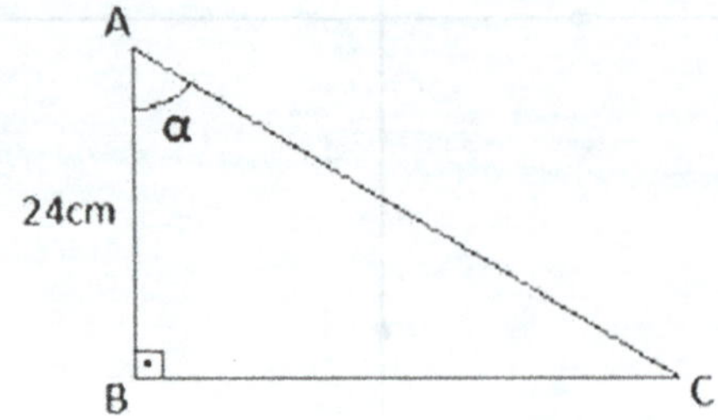

A área desse triângulo é igual a

a) 384 cm². b) 408 cm². c) 432 cm². d) 456 cm².

RESOLUÇÃO:

Inicialmente, é preciso observar que o seno e o cosseno de um ângulo guardam a seguinte relação:

$$sen(\alpha)^2 + cos(\alpha)^2 = 1$$

O enunciado informa que o cos(α) = 0,6. Logo:

$$sen(\alpha)^2 + 0{,}6^2 = 1$$

$$sen(\alpha)^2 = 1 - 0{,}36 = 0{,}64$$

$$sen(\alpha) = \sqrt{0{,}64} = 0{,}8$$

Agora, usamos a relação que nos fornece o valor da tangente de α:

$$tan(\alpha) = \frac{sen(\alpha)}{\cos(\alpha)} = \frac{0{,}8}{0{,}6} = \frac{8}{6}$$

Num triângulo retângulo, a tangente é a medida do cateto oposto dividido pelo cateto adjacente. Logo, usamos esta relação para obter a medida da base do triângulo $\overline{BC}$:

$$\frac{8}{6}=\frac{\overline{BC}}{24}$$

$$\overline{BC}=\frac{24\times 8}{6}=4\times 8=32$$

Por fim, utilizando o fato de a área (A) do triângulo ser igual à metade da base multiplicada pela altura:

$$A=\frac{32\times 24}{2}=384\,cm^2$$

Gabarito: A.

6. RESUMO

Retângulo:

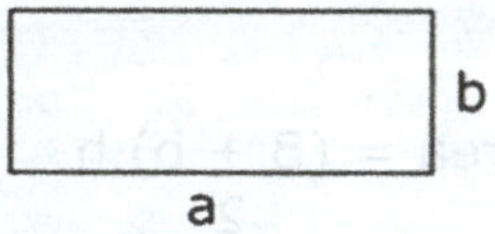

área = a . b

Quadrado:

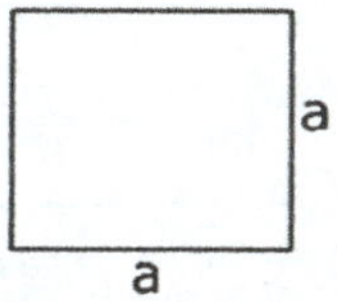

área = a^2

Triângulo:

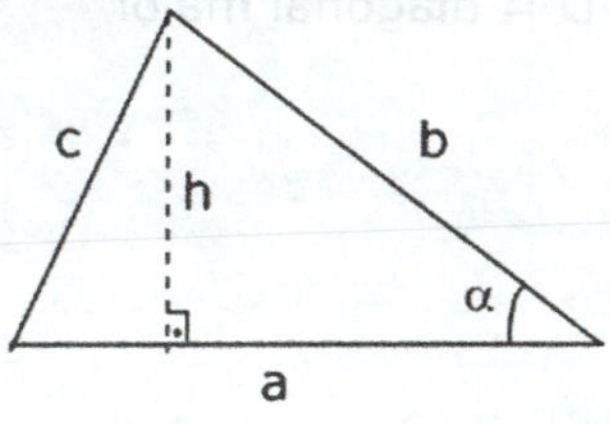

área = $\frac{\text{base x altura}}{2} = \frac{\text{a x h}}{2}$ ou

área = $\frac{\text{a.b.sen}\alpha}{2}$

Triângulo Eqüilátero:

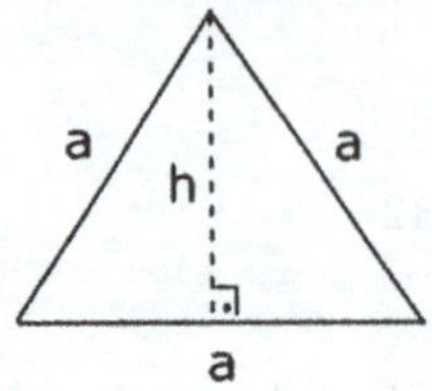

$h = \frac{a\sqrt{3}}{2}$ e área $= \frac{a^2\sqrt{3}}{4}$

Paralelogramo:

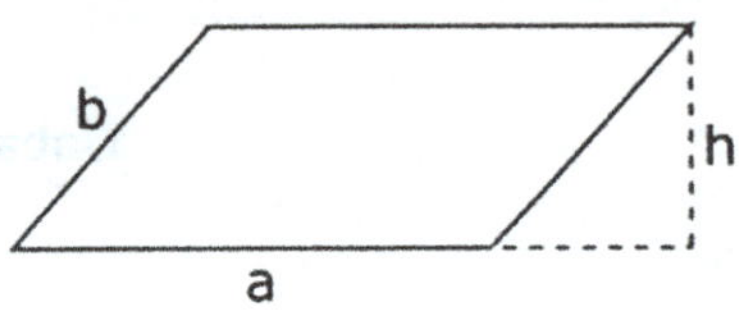

área = base x altura = a x h

Trapézio:

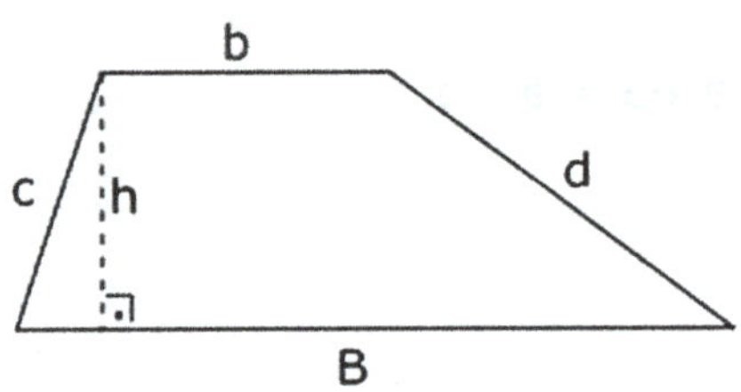

área $= \frac{(B + b).h}{2}$

Losango:

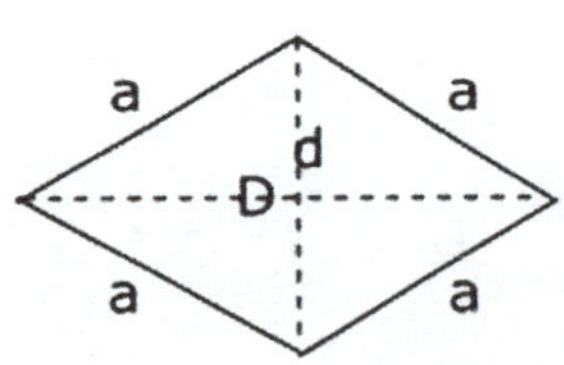

área $= \frac{D \,.\, d}{2}$

d = diagonal menor

D = diagonal maior

Área do Círculo

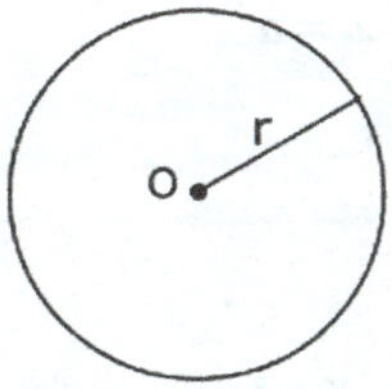

área = πr^2

Comprimento de uma circunferência:
C = $\mathbf{2\pi r}$

Setor Circular:

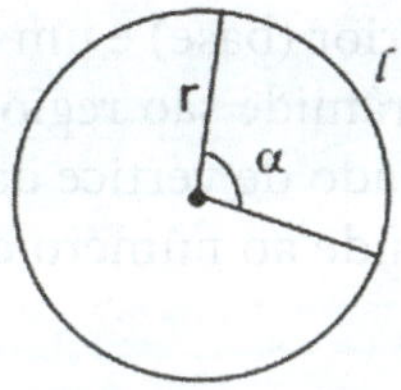

área = $\dfrac{\alpha\pi r^2}{360°}$

Um **prisma** é um **poliedro que apresenta duas faces opostas paralelas**. O prisma cujas bases são paralelogramos é chamado de **paralelepípedo**.

➢ **Altura do prisma:**

A **altura** do prisma é a medida da distância entre sua base inferior e sua base superior.

➢ **Área Lateral e Área Total:**

A **área lateral** do prisma é dada pela soma das áreas de cada quadrilátero de suas faces laterais.

A **área total** do prisma é igual à soma de sua área lateral com a área de suas duas bases (a inferior e a superior).

➢ **Volume:**

O **volume** do prisma é calculado multiplicando-se a área de sua base pela medida de sua altura:

$$V = \textit{Área da base x Altura}$$

O **prisma reto que possui em todas as faces um quadrado** é chamado de **cubo**.

➢ **Volume do cubo:**

$$V = \text{Área da base x Altura} = a^2.a = a^3$$

➢ **Área total:**

$$A_{total} = \text{Área da base x Altura} = 6.a^2$$

Pirâmide é um sólido formado por uma face inferior (base) e um vértice que une todas as faces laterais. As faces laterais de uma pirâmide são regiões triangulares, e o vértice que une todas as faces laterais é chamado de vértice da pirâmide. O número de faces laterais de uma pirâmide corresponde ao número de lados do polígono da base.

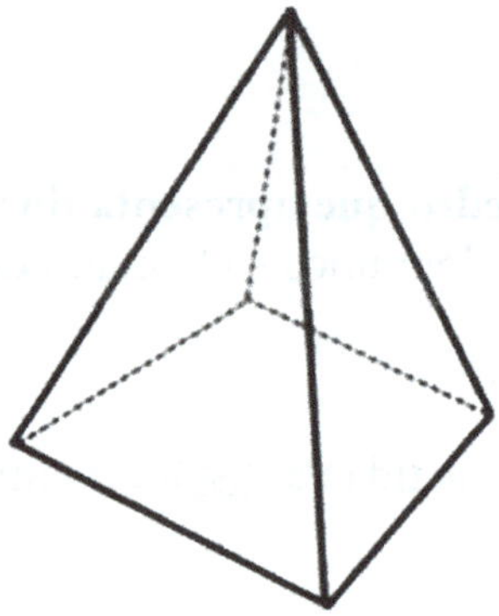

➢ **Altura da pirâmide:**

A **altura** da pirâmide é a medida da distância entre o vértice e sua base inferior.

➢ **Área Lateral e Área Total:**

A **área lateral** da pirâmide é dada pela soma das áreas de cada triângulo de suas faces laterais.

A **área total** da pirâmide é igual à soma de sua área lateral com a área de sua base.

➢ **Volume:**

O **volume** da pirâmide é calculado multiplicando-se a área de sua base pela medida de sua altura e dividindo-se o resultado por 3:

$$V = \frac{\textit{Área da base x altura}}{3}$$

O **cilindro** é semelhante a um prisma, mas **sua base é um círculo**. Ele pode ser formado pela rotação de um quadrado ou retângulo em torno de um de seus lados.

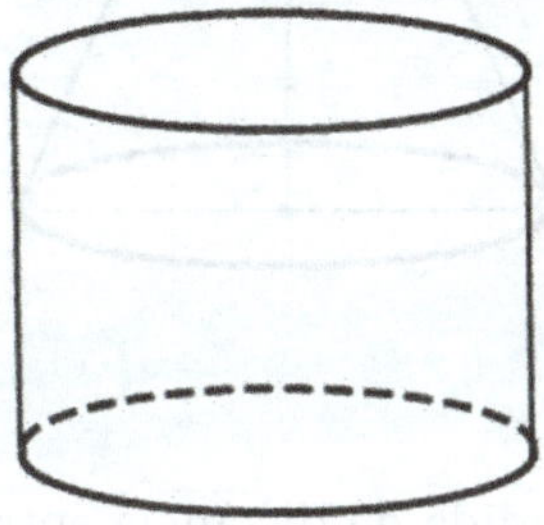

➢ **Altura do cilindro:**

A **altura** do cilindro é a medida da distância entre sua base inferior e sua base superior.

➢ **Área Lateral e Área Total:**

A **área lateral** do cilindro é dada por:

$$A_{lateral} = 2.\pi.R.h$$

A **área total** do prisma é igual à soma de sua área lateral com a área de suas duas bases, a inferior e a superior.

$$A_{total} = 2.\pi.R.(h + R)$$

➢ **Volume:**

O **volume** do cilindro é calculado multiplicando-se a área de sua base pela medida de sua altura:

$$V = \textit{Área da base x Altura} = \pi.R^2.h$$

Um **cone** é semelhante a uma pirâmide, mas sua **base é um círculo**. Ele pode ser formado pela rotação de um triângulo retângulo em torno de um de seus catetos.

A **hipotenusa desse triângulo** é chamada de **geratriz** (ou apótema), que é a medida do segmento de reta que liga o vértice do cone à borda da sua base.

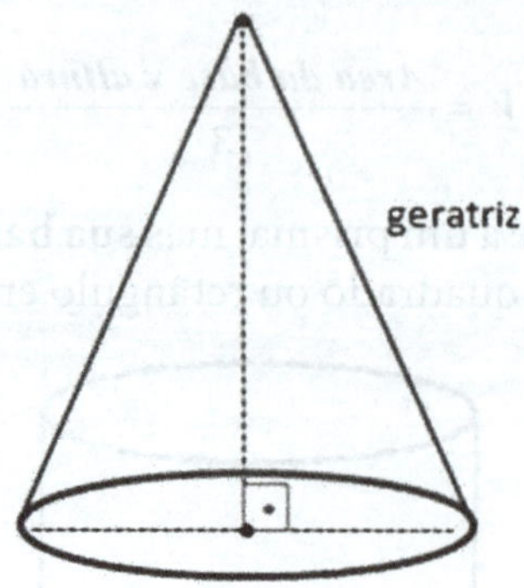

➢ **Altura do cone:**

A **altura** do cone é a medida da distância entre o vértice e sua base inferior. Para um cone em que a geratriz é igual ao diâmetro da base (cone equilátero), a altura vale:

$$h = R.\sqrt{3}$$

➢ **Área Lateral e Área Total:**

A **área lateral** do cone é dada por:

$$A_{lateral} = \pi.R.g$$

A **área total** do cone é igual à soma de sua área lateral com a área de sua base.

$$A_{total} = \pi.R.(R + g)$$

➢ **Volume:**

O **volume** do cone é calculado multiplicando-se a área de sua base pela medida de sua altura e dividindo-se esse resultado por 3:

$$V = \frac{\textit{Área da base x altura}}{3} = \frac{\pi.R^2.h}{3}$$

Uma **esfera** é um sólido que parece uma bola de futebol, formado por uma superfície curva em que todos os seus pontos possuem a mesma distância de um outro ponto denominado **centro**. Ela pode ser formada pelo giro de uma semicircunferência em torno de um eixo.

O **raio** (r) é qualquer segmento de reta que sai do centro da esfera e vai até sua extremidade.

➢ **Área:**

A **área** da superfície de uma esfera é dada por:

$$A = 4.\pi.R^2$$

➢ **Volume:**

O **volume** de uma esfera é dado por:

$$V = \frac{4}{3}.\pi.R^3$$

Teorema de Pitágoras

A soma dos quadrados dos catetos é igual ao quadrado da hipotenusa.

$$a^2 + b^2 = c^2$$

7. MAIS QUESTÕES COMENTADAS

QUESTÃO 23 (ESAF/ATRFB/2009) Sejam X, Y e Z três pontos distintos de uma reta. O segmento XY é igual ao triplo do segmento YZ. O segmento XZ mede 32 centímetros. Desse modo, uma das possíveis medidas do segmento XY, em centímetros, é igual a:

a) 27 b) 48 c) 35 d) 63 e) 72

RESOLUÇÃO:

A tendência natural de nossa parte é desenhar os pontos **X, Y e Z** nessa ordem. Como **XY** é o triplo de **YZ**, vamos chamar essas medidas de **3a** e **a**, respectivamente:

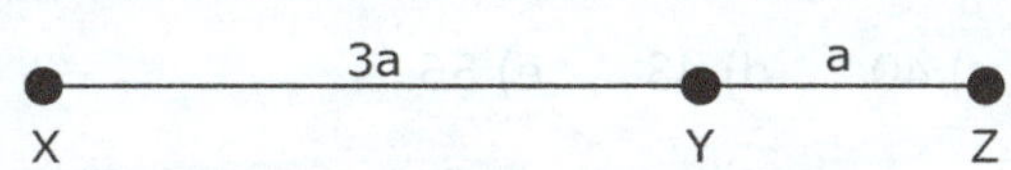

Em seguida, o enunciado da questão afirma que **XZ = 3a + a = 32**. Daí:

$$3a + a = 32$$

$$a = 8$$

Com isso, é possível concluir que:

$$XY = 3a = 3\,.8 = 24$$

Encontrou esse resultado entre as opções de resposta? Eu também não!

Por que isso aconteceu, professores?

É porque, nosso caro aluno, devemos perceber que a questão nada afirma quanto à ordem dos pontos **X**, **Y** e **Z**.

Ah! Então quer dizer que a resposta achada por nós está errada?!

Boa pergunta! Na verdade, não! A solução que nós achamos é uma solução possível, mas não era essa que o examinador queria.

Dessa forma, vamos **inverter** a ordem dos pontos **Y** e **Z**:

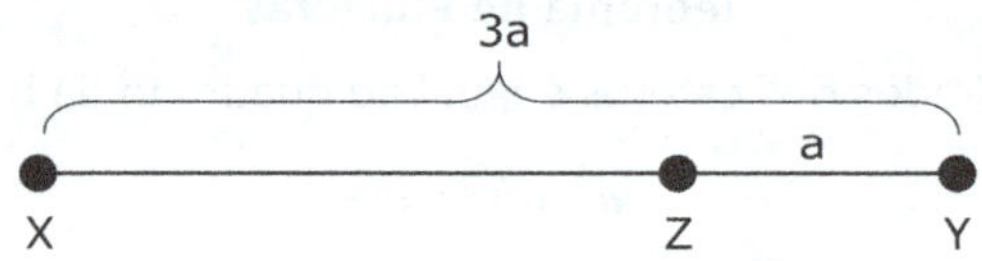

Por fim, o enunciado da questão afirma que **XZ** = **32**. Daí:

$$3a - a = 32$$

$$a = 16$$

$$XY = 48$$

Gabarito: B.

QUESTÃO 24 (FCC/DETRAN-MA/Ana Trânsito/2018) Um edifício de escritórios possui 8 andares. O piso de cada andar é um retângulo de 14 metros por 18 metros. Em cada andar, há um corredor de 2 metros de largura por 18 metros de comprimento, sendo todo o restante do espaço ocupado por salas, todas retangulares. Nos andares ímpares, as salas têm 6 metros por 6 metros e, nos pares, 6 metros por 9 metros. O total de salas existentes nesse edifício é igual a

a) 32. b) 36. c) 40. d) 48. e) 56.

RESOLUÇÃO:

O enunciado informa que cada piso é um retângulo de 14m por 18m, com corredor de 2m por 18m. Podemos visualizar isso na figura a seguir:

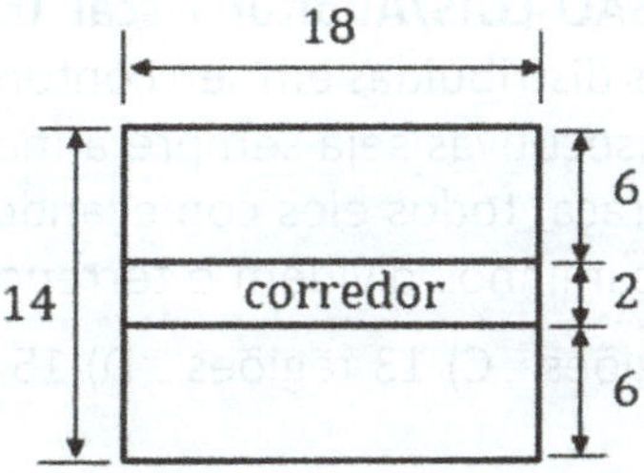

É dito que, nos andares ímpares, as salas têm 6m por 6m. Levando em conta que o comprimento do piso mede 18m, cabem 3 salas de um lado do corredor e 3 salas do outro lado do corredor:

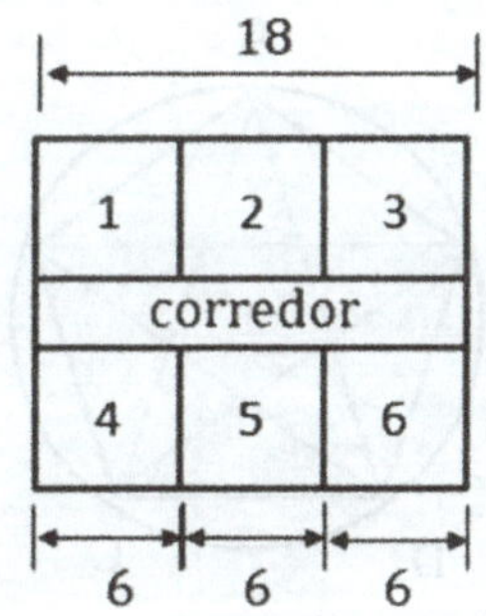

Por sua vez, nos andares pares as salas têm 6m por 9m. Visto que o piso tem 18m de comprimento, cabem duas salas de cada lado do corredor:

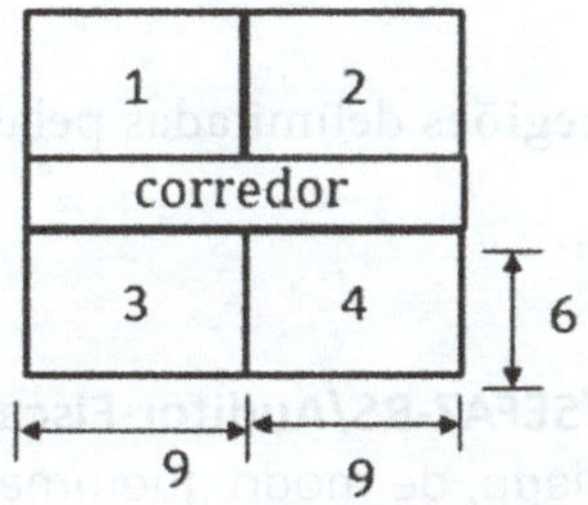

Como são 6 salas em cada um dos 4 andares ímpares, são 6 × 4 = 24 salas.

Já os andares pares possuem 4 salas em cada um, então são 4 × 4 = 16 salas.

Portanto, há um total de 24 + 16 = **40 salas.**

Gabarito: C

QUESTÃO 25 (FCC/ISS SÃO LUÍS/Auditor Fiscal Tributário/2018) Uma praça circular possui 5 entradas distribuídas em seu contorno de forma que a distância entre duas entradas consecutivas seja sempre a mesma. Existem 10 caminhos retos espalhados pela praça, todos eles começando em uma entrada e terminando em outra. Esses caminhos dividem o terreno da praça em um total de

A) 10 regiões B) 11 regiões C) 13 regiões D) 15 regiões E) 16 regiões

RESOLUÇÃO:

Podemos imaginar a nossa praça com as 5 entradas e os caminhos retos entre as entradas:

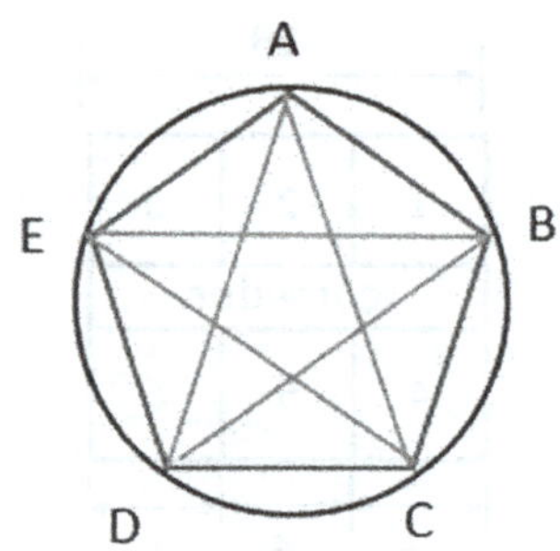

Externamente temos a praça circular. O pentágono indica os 5 caminhos retos, formando seus lados. Internamente temos outros 5 caminhos retos, formando as diagonais do pentágono. Juntos, eles abarcam os 10 caminhos indicados no enunciado.

Temos um total de **16 regiões** delimitadas pelas linhas.

Gabarito: E.

QUESTÃO 26 (CEBRASPE/SEFAZ-RS/Auditor-Fiscal/2019) Os quadrados A, B e C foram colocados lado a lado, de modo que uma reta contém os três vértices superiores, como mostra a figura a seguir.

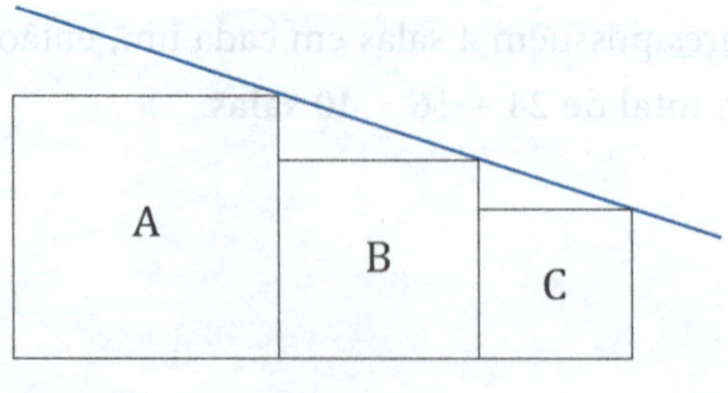

Se a área do quadrado A for 24 cm², e a área do quadrado C for 6 cm², então a área do quadrado B será igual a

a) 9 cm² b) 10 cm² c) 12 cm² d) 15 cm² e) 18 cm²

RESOLUÇÃO:

A questão envolve uma aplicação de **semelhança de triângulos.**

Observe a figura a seguir:

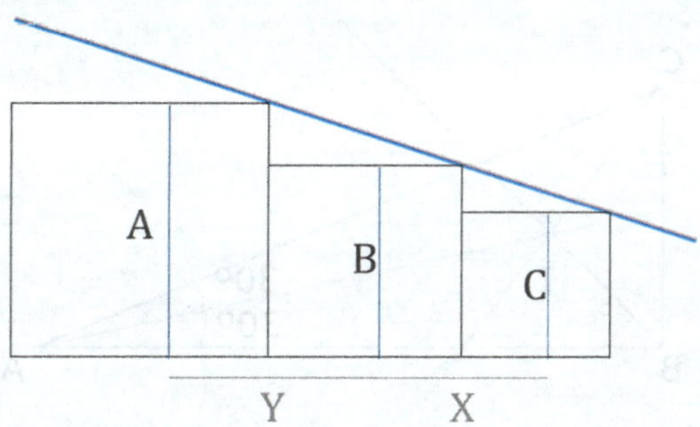

Note que podemos estabelecer a seguinte **proporção**, por meio da qual calcularemos a área do quadrado B:

$$\frac{A - B}{Y} = \frac{B - C}{X}$$

Como o lado do quadrado A vale $\sqrt{24}$, então A = $\sqrt{24}$. E o lado do quadrado C é igual a $\sqrt{6}$, de modo que C = X = $\sqrt{6}$. Logo:

$$\frac{\sqrt{24} - B}{B} = \frac{B - \sqrt{6}}{\sqrt{6}}$$

$$\sqrt{24} \,.\sqrt{6} - B \,.\sqrt{6} = B \,.B - B \,.\sqrt{6}$$

$$B \,.B = \sqrt{144}$$

$$\boldsymbol{B^2} = 12 \, \boldsymbol{cm}^2$$

Gabarito: C.

QUESTÃO 27 (ESAF/MRE/Ass Chancelaria/2002) Num triângulo ABC, o ângulo interno de vértice A mede 60°. O maior ângulo formado pelas bissetrizes dos ângulos internos de vértices B e C mede:

a) 45º b) 60º c) 90º d) 120º e) 150º

RESOLUÇÃO:

O enunciado apenas diz que o ângulo interno de vértice A mede 60º.

As bissetrizes internas se encontram no **incentro** (I), de acordo com a figura a seguir:

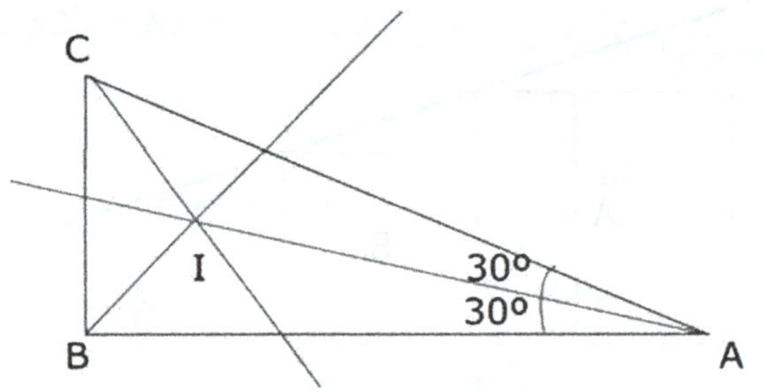

O nosso objetivo consiste em obter o valor do ângulo CÎB.

As bissetrizes internas que saem dos vértices B e C dividem os ângulos B e C em duas partes iguais, digamos b/b e c/c. Logo:

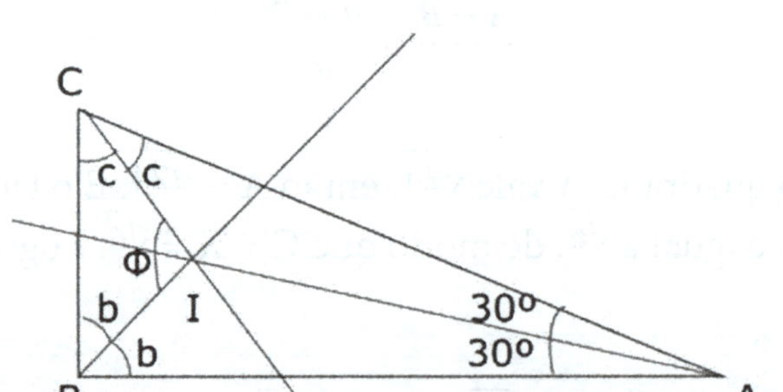

Pela soma dos ângulos internos do triângulo ABC, vem:

$$60 + 2b + 2c = 180$$
$$b + c = 60$$

Pela soma dos ângulos internos do triângulo CIB, vem:

$$c + \Phi + b = 180$$

Já que b + c = 60º, temos:

$$\Phi + 60 = 180$$
$$\mathbf{\Phi = 120}$$

Gabarito: D.

QUESTÃO 28 (ESAF/MRE/Oficial Chancelaria/2002) O ângulo A de um triângulo qualquer ABC mede 76°. Assim, o menor ângulo formado pelas bissetrizes externas relativas aos vértices B e C deste triângulo vale:

a) 50° b) 52° c) 56° d) 64° e) 128°

RESOLUÇÃO:

O enunciado apenas diz que o ângulo A do triângulo ABC mede 76º.

O desenho a seguir representa bem a situação do exercício:

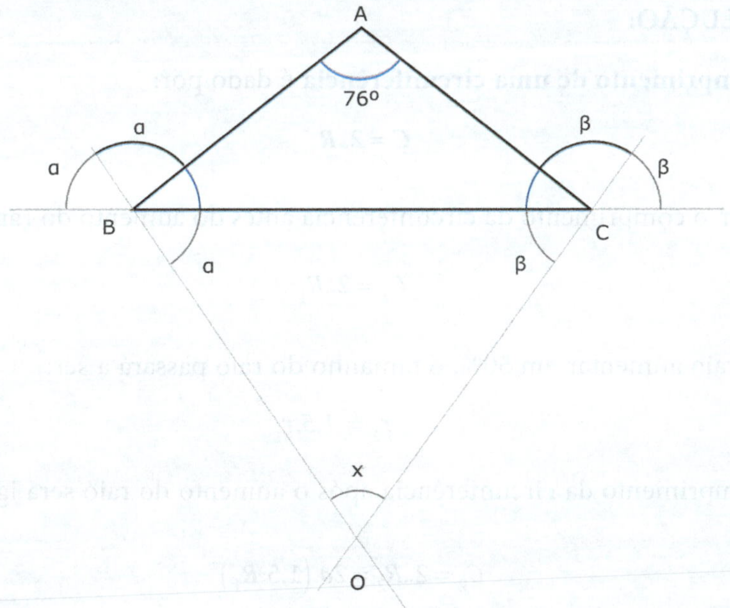

No triângulo ABC, temos:

✓ O ângulo do vértice B é o suplemento de 2α. Daí, ele vale **180 – 2α**.

✓ O ângulo do vértice C é o suplemento de 2β. Daí, ele vale **180 – 2β**.

Fazendo a soma dos ângulos internos, temos:

$$76+180-2\alpha+180-2\beta=180$$

$$\alpha+\beta=128$$

No triângulo BOC, mais uma vez faremos a soma dos ângulos internos. Daí:

$$x+\alpha+\beta=180$$

$$x+128=180$$

$$\boldsymbol{x}=52^\circ$$

Gabarito: B.

QUESTÃO 29 (ESAF/EPPGG/MPOG/2002) Se o raio de uma circunferência tiver um acréscimo de 50%, então o acréscimo percentual em seu comprimento será igual a:

a) 25% b) 50% c) 75% d) 80% e) 85%

RESOLUÇÃO:

O **comprimento de uma circunferência** é dado por:

$$\boldsymbol{C}=2..\boldsymbol{R}$$

Assim, o comprimento da circunferência antes do aumento do raio é igual a:

$$C_1=2..R_1$$

Se o raio aumentar em 50%, o tamanho do raio passará a ser:

$$r_2 = 1{,}5.r_1$$

O comprimento da circunferência após o aumento do raio será igual a:

$$C_2=2..R_2=2\eth.(1{,}5.\boldsymbol{R}_1)$$

Para obter a relação entre os dois comprimentos, dividimos um pelo outro. Assim:

$$\frac{C_2}{C_1}=\frac{2\pi.(1{,}5.R_1)}{2.\pi.R_1}=1{,}5$$

Daí:

$$C_2 = 1{,}5.C_1$$

Portanto, **C_2 é 50% maior do que o comprimento inicial**, o que torna a **letra B** a alternativa correta.

Gabarito: B.

QUESTÃO 30 (ESAF/AFC-SFC/2001) Um hexágono é regular quando, unindo-se seu centro a cada um de seus vértices, obtém-se seis triângulos equiláteros. Desse modo, se o lado de um dos triângulos assim obtidos é igual a $\frac{\sqrt{3}}{2}$ m, então a área, em metros, do hexágono é igual a:

a) $\frac{9\sqrt{3}}{4}$ b) $\frac{7}{\sqrt{3}}$ c) $2\sqrt{3}$ d) $3\sqrt{3}$ e) $\frac{3}{\sqrt{3}}$

RESOLUÇÃO:

A seguir está representado um hexágono regular e os seus seis triângulos equiláteros.

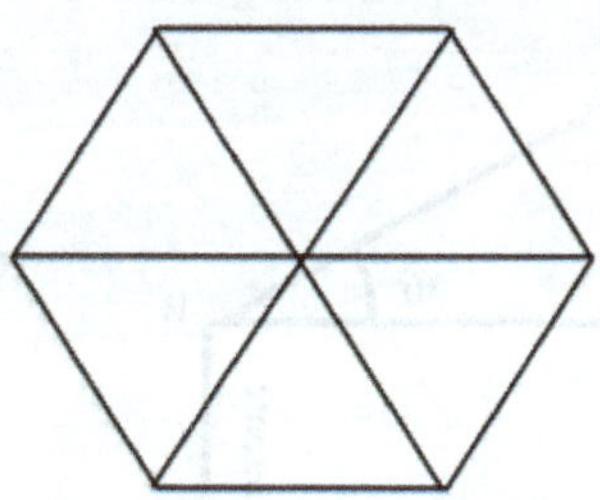

A **área do triângulo equilátero** é dada por:

$$\frac{a^2\sqrt{3}}{4}$$

Em que **a** é o lado do triângulo.

Substituindo o valor de **a** pelo valor do lado informado no enunciado ($\frac{\sqrt{3}}{2}$), teremos que a área do triângulo é igual a:

$$\text{área do triângulo} = \frac{(\sqrt{3/2})^2\sqrt{3}}{4} = \frac{3/2\sqrt{3}}{4} = \frac{3\sqrt{3}}{8}$$

A área do hexágono é seis vezes a área do triângulo, daí:

$$\textbf{área do hexágono} = 6\times\frac{3\sqrt{3}}{8} = \frac{9\sqrt{3}}{4}$$

Gabarito: A.

QUESTÃO 31 (CEBRASPE/PM-MA/Soldado/2017) Na preparação de uma ação policial, um agente fez algumas medições em uma casa noturna, mostradas na figura a seguir. O agente, em pé no ponto A, de frente para a casa noturna, estava a 10 m de distância do ponto C, correspondente à porta de entrada da casa noturna. Do ponto B, posição dos olhos do agente, ele visualizava uma câmera de segurança no ponto D, no prédio da casa noturna, segundo um ângulo de visão de 30º com a horizontal. Perpendicularmente a AC, e a 24 m de A, ficava localizada uma base móvel para apoio à operação, no ponto E.

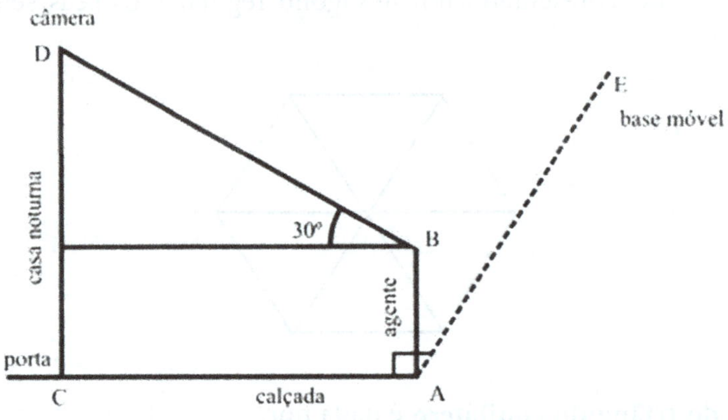

Com referência às informações contidas na situação hipotética e na figura anteriormente apresentadas, julgue o próximo item.

Considerando que AB seja igual a 1,70 m, que essa seja a altura dos olhos do agente e que 0,58 seja o valor aproximado para tg30º, então a câmera estava a uma altura inferior a 7 m.

RESOLUÇÃO:

Vamos chamar de F o ponto de cruzamento entre o segmento CD e o segmento que parte de B e é perpendicular a CD.

Assim, note que:

$$tg\,30° = \frac{DF}{FB}$$

A questão disse que tg30 = 0,58. E sabemos que FB é igual a AC, que mede 10m. Portanto,

$$0{,}58 = \frac{DF}{10}$$

$$DF = 5{,}8m$$

A altura da câmera é o segmento CD, que é composto por DF (medida 5,8m) e pelo segmento CF, cuja medida é igual à de AB, ou seja, 1,70m. Logo:

$$CD = CF + DF$$

$$CD = 1{,}70 + 5{,}8 = 7{,}5m$$

A câmera está a **7,5m de altura**.

Gabarito: Errado.

QUESTÃO 32 (CEBRASPE/PM-MA/Soldado/2017) Na preparação de uma ação policial, um agente fez algumas medições em uma casa noturna, mostradas na figura a seguir. O agente, em pé no ponto A, de frente para a casa noturna, estava a 10 m de distância do ponto C, correspondente à porta de entrada da casa noturna. Do ponto B, posição dos olhos do agente, ele visualizava uma câmera de segurança no ponto D, no prédio da casa noturna, segundo um ângulo de visão de 30º com a horizontal. Perpendicularmente a AC, e a 24 m de A, ficava localizada uma base móvel para apoio à operação, no ponto E.

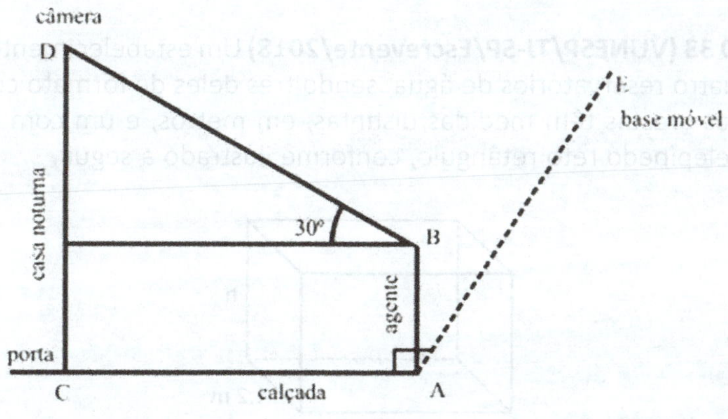

Com referência às informações contidas na situação hipotética e na figura anteriormente apresentadas, julgue o próximo item.

No dia da operação, caso precise evadir-se do estabelecimento pela porta de entrada e chegar ao ponto correspondente à base móvel, um agente que esteja no ponto C precisará se deslocar por, pelo menos, 26 m.

RESOLUÇÃO:

Vamos marcar o triângulo CAE. Ele é um triângulo retângulo (note que o ponto E está perpendicular a AC) cujo ângulo de 90 graus está no vértice A e cuja hipotenusa é o segmento CE. O enunciado nos informa que:

$$AC = 10m$$

$$AE = 24m$$

Logo, a distância mínima a ser percorrida pelo agente corresponde à hipotenusa CE, que podemos calcular utilizando o teorema de Pitágoras nesse triângulo retângulo:

$$CE^2 = AC^2 + AE^2$$

$$CE^2 = 10^2 + 24^2$$

$$CE^2 = 100 + 576$$

$$CE^2 = 676$$

$$\mathbf{CE = 26}$$

Repare que o triângulo retângulo deste exercício era um múltiplo do 5-12-13, que é bastante conhecido. Se você notasse que 10 = 5×2 e que 24 = 12×2, ficava claro que a hipotenusa deveria ser 13×2 = 26.

Gabarito: Certo

QUESTÃO 33 (VUNESP/TJ-SP/Escrevente/2018) Um estabelecimento comercial possui quatro reservatórios de água, sendo três deles de formato cúbico, cujas respectivas arestas têm medidas distintas, em metros, e um com a forma de um paralelepípedo reto retângulo, conforme ilustrado a seguir.

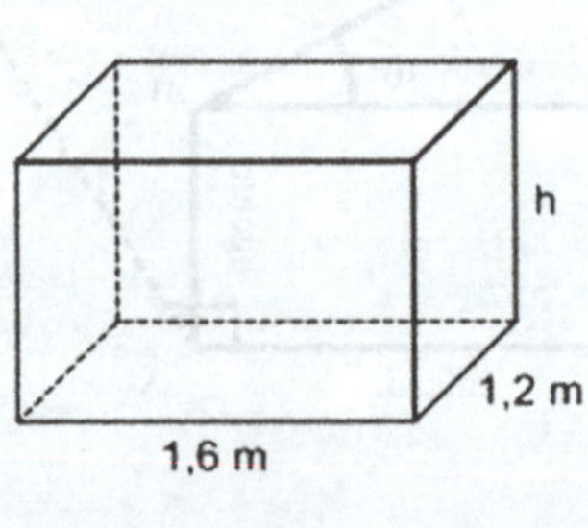

Sabe-se que, quando totalmente cheios, a média aritmética dos volumes de água dos quatro reservatórios é igual a 1,53 m^3, e que a média aritmética dos volumes de água dos reservatórios cúbicos, somente, é igual a 1,08 m^3. Desse modo, é correto afirmar que a medida da altura do reservatório com a forma de bloco retangular, indicada por h na figura, é igual a

(A) 1,45 m. (B) 1,35 m. (C) 1,55 m. (D) 1,50 m. (E) 1,40 m.

RESOLUÇÃO:

Sabemos que Soma = Média x quantidade. Assim, a soma dos volumes dos reservatórios cúbicos é dada pela média de seus volumes (1,08) multiplicada pela quantidade (3):

Soma dos reservatórios cúbicos = 1,08 x 3 = 3,24m^3

A soma dos 4 reservatórios juntos é dada pela multiplicação da média (1,53) pela quantidade (4), isto é,

Soma de todos os reservatórios = 1,53 x 4 = 6,12m^3

Logo, o volume do reservatório da figura é a diferença entre a soma dos cubos e a soma total, isto é,

Volume da figura = 6,12 – 3,24 = 2,88m^3

Esse volume é dado pela multiplicação de suas dimensões:

2,88 = 1,6 x 1,2 x h

1,5m = h

Gabarito: D.

QUESTÃO 34 (VUNESP/TJ-SP/Escrevente/2018) Inaugurado em agosto de 2015, o Observatório da Torre Alta da Amazônia (Atto, em inglês) é um projeto binacional Brasil-Alemanha que busca entender o papel da Amazônia no clima do planeta e os efeitos das mudanças climáticas no funcionamento da floresta. Construída numa região de mata preservada, dentro da Reserva de Desenvolvimento Sustentável do Uamatã, a torre Atto tem 325 m de altura e é a maior estrutura de pesquisa desse tipo em florestas tropicais no mundo. (O Estado de S.Paulo, 16.10.2017. *Adaptado*)

Considere a torre posicionada perpendicularmente ao solo e admita que o cabo tensionado fixado no solo a uma distância de 75 m da base da torre esteja preso à torre em um determinado ponto, cuja altura, em relação ao solo, seja igual a 100 m. Nesse caso, é correto afirmar que o comprimento desse cabo é igual a

(A) 135 m. (B) 130 m. (C) 110 m. (D) 125 m. (E) 150 m.

RESOLUÇÃO:

Note que temos um triângulo retângulo com um cateto medindo 75m e o outro medindo 100m (altura). A hipotenusa desse triângulo retângulo é justamente o comprimento do cabo. Assim, ao aplicarmos o teorema de Pitágoras, obtemos:

$$h^2 = 75^2 + 100^2$$

$$h = \sqrt{5.625 + 10.000} = \sqrt{15.625} = 125$$

Gabarito: D.

QUESTÃO 35 (VUNESP/PM-SP/Soldado/2018) Um terreno retangular foi dividido em dois lotes, I e II, conforme mostra a figura, sendo que as medidas indicadas estão em metros.

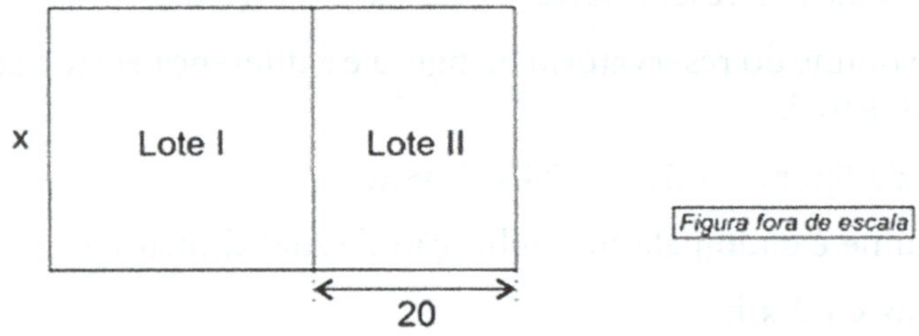

Sabendo que o lote I tem a forma de um quadrado com 900 m^2 de área, então a área total desse terreno é

a) 1400 m^2. (B) 1500 m^2. (C) 1200 m^2. (D) 1100 m^2. (E) 1300 m^2.

RESOLUÇÃO:

O enunciado informa que a área do quadrado é de 900 metros quadrados. Logo:

$x^2 = 900$

x = 30 metros

Assim, a altura do retângulo é de 30 metros e a base é de 30 + 20 = 50 metros.

Portanto, a área total é 30 x 50 = **1.500 metros quadrados.**

Gabarito: B.

QUESTÃO 36 (VUNESP/PM-SP/Soldado/2018) Um terreno retangular cujas medidas, em metros, estão indicadas na figura, foi totalmente cercado com um muro.

Sabendo que o perímetro desse terreno é 106 metros, então o seu maior lado mede

(A) 31 m. (B) 22 m. (C) 27 m. (D) 18 m. (E) 35 m.

RESOLUÇÃO:

O enunciado informa que o perímetro (soma dos lados) do terreno é 106 metros. Logo:

$x + x + (x + 17) + (x + 17) = 106$

$4x + 34 = 106$

$4x = 72$

$\mathbf{x = 18}$

Portanto, o maior lado mede 18 + 17 = **35 metros**.

Gabarito: E.

QUESTÃO 37 (CEBRASPE/CAGE-RS/Auditor Controle Interno/2018) Em um bairro nobre de determinada cidade, uma imobiliária colocou à venda vários terrenos: independentemente do tamanho, o preço do metro quadrado é o mesmo para todos os terrenos à venda. Um terreno retangular de 600 m^2 de área custa R$ 3.240.000. Em outro terreno, também retangular, um dos lados é 25% maior que o lado equivalente do primeiro terreno; o outro lado é 20% menor que o lado equivalente do primeiro terreno. Nesse caso, o preço do segundo terreno é igual a:

a) R$1.458.000

b) R$3.240.000

c) R$3.402.000

d) R$3.078.000

e) R$3.564.000

RESOLUÇÃO:

Sejam a e b os lados do terreno retangular de 600 m². Então, a sua área é dada por:

$$A_1 = a \times b = 600\ m^2$$

Quanto ao segundo terreno retangular, o enunciado informa que um dos lados é 25% maior que o primeiro (1,25a) e o outro lado é 20% menor que o lado do primeiro (0,80b). Assim, temos que a área do segundo terreno é dada por:

$$A_2 = 1{,}25a \times 0{,}80b = a \times b = 600\ m^2$$

Portanto, a área do segundo terreno é igual à área do primeiro, de modo que **o preço será igual**.

Gabarito: B.

QUESTÃO 38 (FGV/CGM-NITERÓI/Auditor Controle Interno/2018) O piso de uma sala quadrada é totalmente coberto por lajotas quadradas, todas exatamente iguais. O número de lajotas contidas nas duas diagonais do piso da sala é 25. O número de lajotas que cobre totalmente o piso da sala é

(A) 121. (B) 169. (C) 225. (D) 289. (E) 361.

RESOLUÇÃO:

Vamos chamar de "n" o número de lajotas contidas em uma diagonal do quadrado.

O enunciado informa que a soma das lajotas que cobrem as duas diagonais é 25. Além disso, temos que a lajota central é comum às duas diagonais, Logo:

$$2 \text{ x } n - 1 = 25$$

$$2 \text{ x } n = 26$$

$$\mathbf{n = 13 \text{ lajotas}}$$

Note que essa quantidade é a mesma do número de lajotas que cobre uma fileira do piso. Visto que se trata de um quadrado, o número total será de 13 x 13 = **169 lajotas**.

Gabarito: B.

QUESTÃO 39 (ESAF/AFRFB/2012) Os catetos de um triângulo retângulo medem, respectivamente, z metros e (w – 2) metros. Sabendo-se que o ângulo oposto ao cateto que mede (w – 2) metros é igual a um ângulo de 450, então o perímetro desse triângulo, em metros, é igual a

a) z $\sqrt{2}$ (w – 2).
b) z w (2 – $\sqrt{2}$).
c) z w (2 + $\sqrt{2}$).
d) (z + w) (z + w $\sqrt{2}$).
e) z (2 + $\sqrt{2}$).

RESOLUÇÃO:

A questão é clara ao afirmar que estamos diante de um triângulo retângulo. Uma consequência disso é que um dos ângulos mede 90º. O outro ângulo, por sua vez, vale 45º (dado na questão). Seja x o ângulo restante. A soma dos ângulos internos de um triângulo é 180º. Logo:

$$90 + 45 + x = 180$$

$$x = 180 - 90 - 45$$

$$x = 45^{\circ}$$

Perceba que o triângulo tem dois ângulos de 45º (iguais entre si), então ele é isósceles. Isso significa que seus dois catetos têm a mesma medida. Logo:

z = w – 2

Aplicando o **teorema de Pitágoras**, temos:

$$x^2 = z^2 + z^2$$
$$x^2 = 2z^2$$
$$x = z\sqrt{2}$$

O nosso objetivo consiste em descobrir o perímetro desse triângulo. Para isso, basta somar as medidas dos lados:

$$z + z + x = z + z + z\sqrt{2} = 2z + z\sqrt{2} = z.\left(2 + \sqrt{2}\right)$$

Gabarito: E.

QUESTÃO 40 (RBO – Contador/IPMO Ourinhos/2021) Assinale a alternativa que apresenta a área de um triângulo formado pelos lados de um retângulo de 11 x 24cm e pela sua diagonal.

a) 132cm² b) 112cm² c) 86cm² d) 65cm²

RESOLUÇÃO:

O enunciado trata de um retângulo formado pelos lados de um retângulo e pela diagonal desse retângulo. Geometricamente, fica:

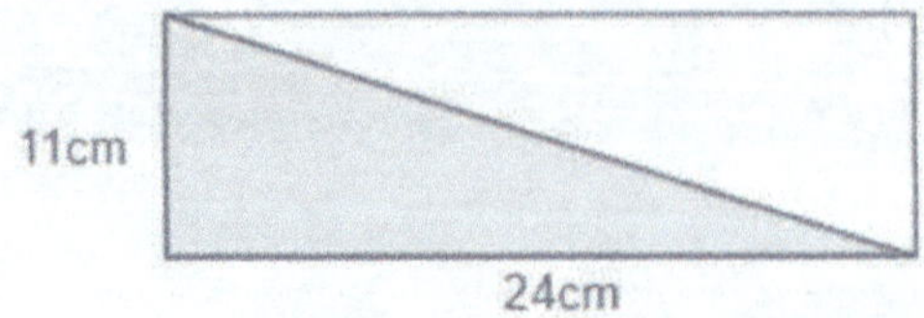

Sabemos que a área de um triângulo é dada pela metade do produto entre as medidas da base e da altura. Logo:

$$A = \frac{base \times altura}{2} = \frac{24 \times 11}{2} = \mathbf{132cm^2}$$

Gabarito: A.

QUESTÃO 41 (RBO – Contador/IPMO Ourinhos/2021) Num retângulo, a base supera sua altura em 3 unidades e seu perímetro é 54 cm. Assinale a alternativa que apresenta a área desse retângulo.

a) $86cm^2$ b) $98cm^2$ c) $180cm^2$ d) $190cm^2$

RESOLUÇÃO:

Seja **x** a medida da altura do retângulo.

O enunciado informa que a base supera a altura em 3 unidades, de modo que a base mede (x + 3) centímetros. Graficamente, fica:

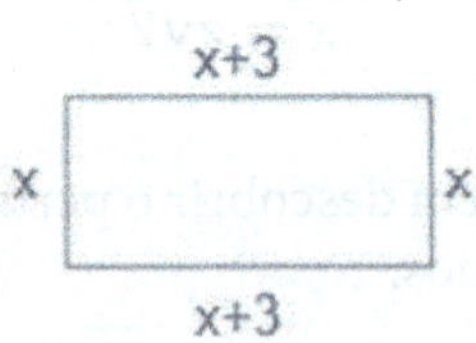

O perímetro do retângulo é dado pela soma de todos os lados, e já nos é dito que ele mede 54cm. Logo:

$$x + (x + 3) + x + (x + 3) = 54$$
$$4x + 6 = 54$$
$$4x = 54 - 6$$
$$x = \frac{48}{4} = 12$$

Assim, as medidas do retângulo são 12cm e 15cm. Como a sua área é dada pelo produto entre essas medidas, temos:

$$12cm \times 15cm = 180cm^2$$

Gabarito: C.

8. QUESTÕES-DESAFIO

QUESTÃO 42 (ESAF – EPPGG/MPOG/2000) Em triângulo equilátero de lado igual a 12cm, traça-se um segmento XY paralelo ao lado BC de modo que o triângulo fique decomposto em um trapézio e em um novo triângulo. Sabendo-se que o perímetro do trapézio é igual ao perímetro do novo triângulo, então o comprimento do segmento de reta XY em centímetros vale:

a) 5 b) 6 c) 9 d) 10 e) 12

RESOLUÇÃO:

O **triângulo equilátero** de lado igual a 12 cm está bem representado na figura a seguir:

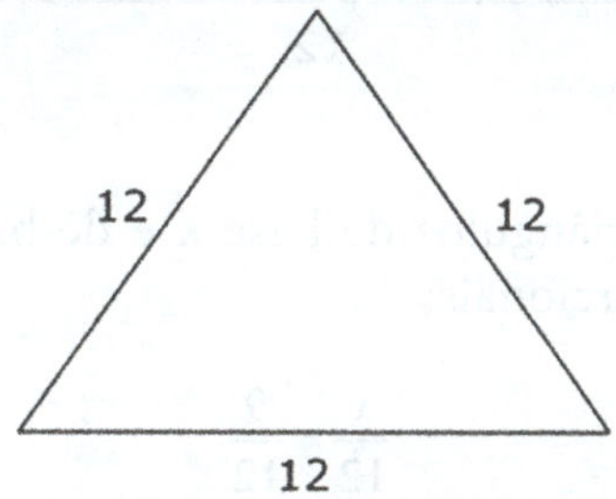

Vamos traçar um segmento paralelo a base do triângulo, a fim de que ele fique decomposto em um trapézio e em um novo triângulo. Daí:

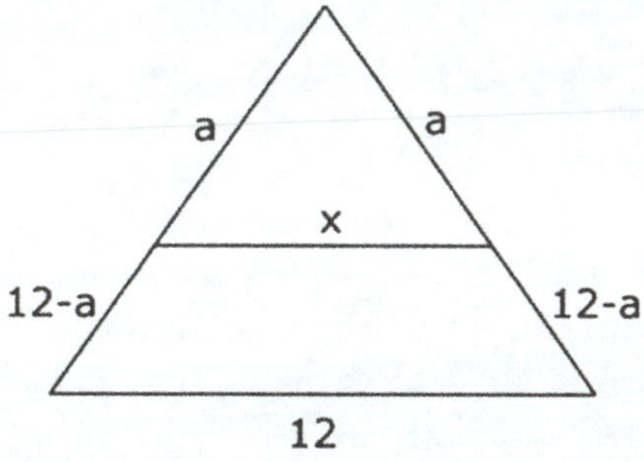

O **perímetro do triângulo** de base x é igual a:

$$a + a + x = 2a + x$$

O **perímetro do trapézio** de base 12 é igual a:

$$x + (12\text{-}a) + 12 + (12\text{-}a) = 36 + x - 2a$$

O enunciado afirma que esses perímetros são **iguais**. Logo:

$$2a + x = 36 + x - 2a$$

$$4a = 36$$

$$a = 9$$

Precisamos achar o valor de **x**, que é a resposta da questão. Para nos auxiliar, vamos mais uma vez recorrer ao desenho da questão. Substituindo o valor do **a**, teremos:

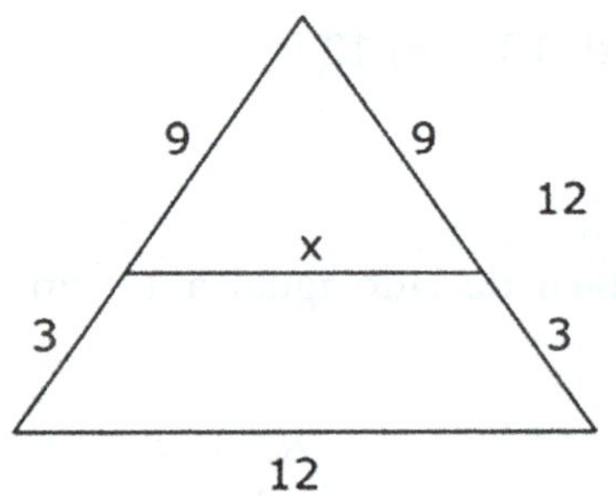

Da semelhança dos triângulos de base x e de base 12, temos que os lados correspondentes são proporcionais:

$$\frac{x}{12} = \frac{9}{12}$$

Resolvendo, encontramos que:

$x = 9$

Gabarito: C.

QUESTÃO 43 (ESAF – ERH/ANA/2009) Três esferas rígidas estão imóveis em uma superfície plana horizontal, sendo que cada esfera está encostada nas outras duas. Dado que a maior delas tem um raio de 4cm e as outras duas têm raios de 1cm, os pontos em que as esferas tocam o chão formam um triângulo cuja área é:

a) $\frac{\sqrt{15{,}75}}{2} cm^2$ b) $\sqrt{15{,}75} cm^2$ c) $2\sqrt{6} cm^2$ d) $\sqrt{15} cm^2$ e) $\sqrt{6} cm^2$

RESOLUÇÃO:

Se pudéssemos olhar as esferas de cima, veríamos o seguinte:

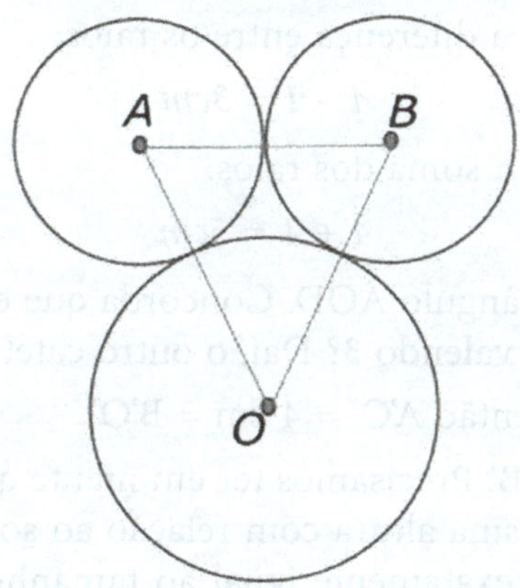

O nosso objetivo consiste em obter a área do triângulo formado pelas projeções no chão dos centros das esferas: A'B'O'.

Note que a esfera maior tem altura maior e o triângulo **ABO** na figura está um pouco inclinado com relação ao chão.

Veja a seguir a vista lateral de duas esferas:

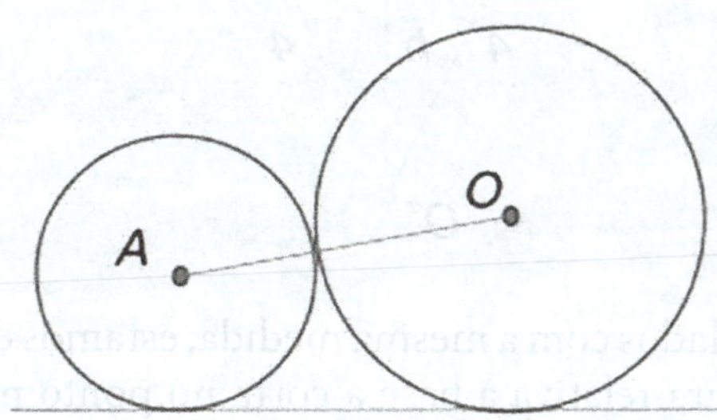

Vamos fazer a projeção A'O' e calcular quanto ela vale.

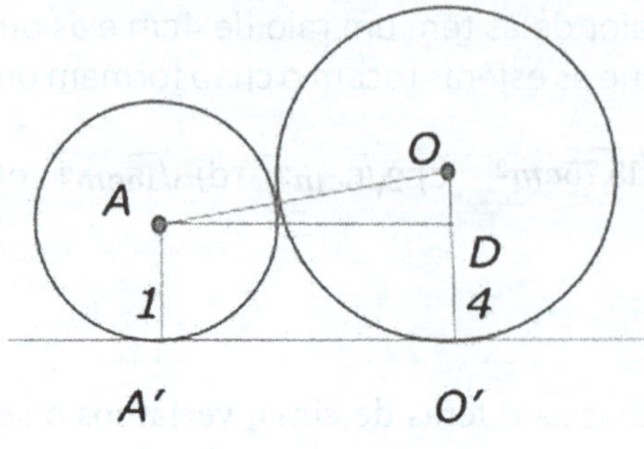

O segmento OD vale a diferença entre os raios:

$$4 - 1 = 3cm$$

O segmento OA vale a soma dos raios:

$$4 + 1 = 5cm$$

Olhe agora para o triângulo AOD. Concorda que ele é retângulo, com hipotenusa 5 e um dos catetos valendo 3? Daí, o outro cateto só pode valer 4.

Ora, se AD = 4 cm, então A'O' = 4 cm = B'O'.

Resta-nos calcular A'B'. Precisamos ter em mente que as esferas de centros A e B têm mesmo raio e mesma altura com relação ao solo, ou seja, o tamanho do segmento projeção A'B' é exatamente igual ao tamanho do segmento AB, que é igual à soma dos raios das esferas menores. Qual a consequência disso?

$$A'B' = 2.$$

Por fim, temos o seguinte triângulo A'O'B' no solo, cuja área queremos calcular:

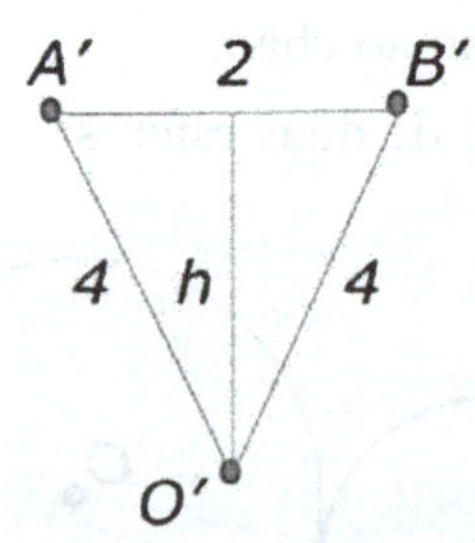

Como temos dois lados com a mesma medida, estamos diante de um triângulo isósceles, em que a altura relativa à base a corta no ponto médio.

Então, podemos aplicar o **Teorema de Pitágoras** para achar o valor da **altura**:

$$4^2 = h^2 + 1^2$$
$$h = \sqrt{15}$$

Logo, a área procurada será:

$$S = \frac{b \cdot h}{2} = \frac{2 \cdot \sqrt{15}}{2} = \sqrt{15}$$

Gabarito: D.

QUESTÃO 44 (ESAF – Auditor-Fiscal do Trabalho/MTE/2010) Quando se faz alguns lados de um polígono tenderem a zero ele degenera naturalmente em um polígono de menor número de lados podendo até eventualmente degenerar em um segmento de reta. Dessa maneira, considere um quadrilátero com duas diagonais iguais e de comprimento $5\sqrt{2}$cada uma. Sendo A a área desse quadrilátero, então:

a) A = 25.

b) 25 ≤ A ≤ 50.

c) < A ≤ 25.

d) 0 ≤ A ≤ 25.

e) A ≥ 25.

RESOLUÇÃO:

As **duas situações extremas** ocorrem quando:

1. as diagonais são perpendiculares, formando um quadrado, o que implica em área máxima.
2. as diagonais são coincidentes, formando um segmento de reta, de área nula.

A área máxima ocorre quando essas diagonais forem perpendiculares e nós tivermos um **quadrado**. Se a diagonal mede $5\sqrt{2}$, podemos concluir que o lado do quadrado mede 5. Aplicando o **Teorema de Pitágoras**, teremos:

$$2L^2 = (5\sqrt{2})^2 \Rightarrow L = 5$$

Se o lado mede 5, então **a** área é igual a 25.

A área mínima ocorrerá na situação extrema proposta no enunciado, quando as diagonais tenderem a coincidir e o quadrilátero tender a se degenerar em um segmento de reta, de área nula, ou **A = 0**.

A área não pode ser nula, pois um polígono sempre tem área positiva. Logo:

$$0 < A \leq 25$$

E agora há duas formas de analisarmos as alternativas.

i) Se você pensar em conjunto solução, terá que encontrar uma alternativa que apresente exatamente esse intervalo ($0 < A \leq 25$). Não haveria alternativa correta e a questão deveria ser anulada.

A alternativa mais próxima seria a **letra D**, que foi de fato o gabarito fornecido.

ii) Se você pensar em marcar a alternativa que completa a última frase, aí existirá uma alternativa correta: a **letra D**.

Ocorre que o intervalo exposto em D contém aquele indicado anteriormente, pois inclui o valor zero (intervalo fechado à esquerda). Isso não prejudica a alternativa. Qualquer intervalo que englobe aquele anteriormente indicado estaria correto.

Gabarito: D.

CAPÍTULO 15

RACIOCÍNIO SEQUENCIAL

1. INTRODUÇÃO

O QUE VEREMOS

Neste capítulo, estudaremos um tópico que é bastante explorado em provas de concursos, especialmente pela Fundação Carlos Chagas (FCC): **Raciocínio Sequencial**.

Trata-se de assunto amplo, cobrindo vários aspectos da lógica e da matemática, e bastante divertido, pois nos deparamos frequentemente com desafios de sequências até mesmo nas redes sociais.

Vamos dividir este capítulo em duas partes. Na primeira, analisaremos as **sequências lógicas** propriamente ditas, formadas por números, letras, palavras ou figuras. A esmagadora maioria das questões cobradas nos certames estão concentradas aqui!

Por sua vez, a segunda parte será dedicada às sequências numéricas, em que abordaremos a **Progressão Aritmética (PA)** e a **Progressão Geométrica (PG)**, no qual apresentaremos o mesmo conteúdo que consta da nossa obra *Matemática Básica Definitiva para Concursos*, publicado pela Editora Juspodivm.

Esquematizamos a seguir as subdivisões que estudaremos:

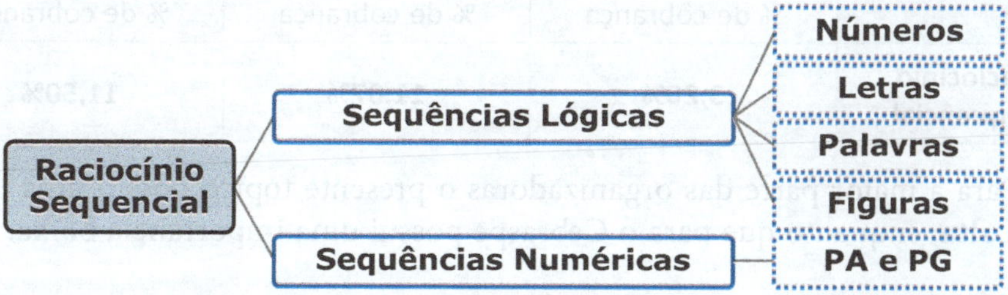

COMO APARECE NOS EDITAIS

Esse assunto é abrangido na maioria dos editais em tópicos como Raciocínio Sequencial, *Sequências Lógicas* ou *Progressão Aritmética e Progressão Geométrica*.

COMO É COBRADO NAS PROVAS

No âmbito das **sequências lógicas**, as questões geralmente apresentam alguns dos termos de uma sequência e perguntam qual será o termo que ocupará determinada posição. Daí, o candidato precisará identificar a lei de formação aplicada na sequência.

Em **PA e PG**, as questões também seguem esse padrão. Para resolvê-las, o aluno aplicará fórmulas específicas.

OBJETIVOS

Os nossos objetivos ao final deste capítulo é que você consiga:

1) identificar o padrão de formação em qualquer sequência lógica;

2) desenvolver seu raciocínio sequencial;

3) memorizar e aplicar corretamente as fórmulas de PA e PG.

2. ANÁLISE DA COBRANÇA DO ASSUNTO EM PROVAS

Observe a seguir os percentuais de incidência nos últimos anos do assunto deste capítulo em relação ao volume de questões de todos os temas analisados na nossa matéria. Lembramos que quanto maior o percentual de cobrança de um dado assunto, maior sua importância.

ASSUNTO	CEBRASPE	FCC	DEMAIS BANCAS
	% de cobrança	% de cobrança	% de cobrança
Raciocínio Sequencial	**3,20%**	**11,07%**	**11,50%**

Para a maior parte das organizadoras o presente tópico possui uma importância **alta**; enquanto que para o Cebraspe possui uma importância **baixa**.

E o que é mais cobrado dentro deste assunto, professores?

Considerando os tópicos que compõem este capítulo, possuímos a seguinte distribuição percentual:

ASSUNTO	CEBRASPE	FCC	DEMAIS BANCAS
	% de cobrança	% de cobrança	% de cobrança
Sequências de números, figuras, letras e palavras	71,43%	78,82%	71,50%
Progressão aritmética	14,29%	11,76%	16,43%
Progressão geométrica	14,29%	9,41%	12,07%

Repare que as bancas gostam demais de cobrar em suas provas **sequências de números, figuras, letras e palavras**.

3. SEQUÊNCIAS LÓGICAS

Um aspecto que você precisa ter bem claro em sua mente é que uma sequência lógica possui uma **regra de formação**! Daí a estratégia a ser utilizada consiste em descobrir qual o **padrão** eleito pelo elaborador da questão, a fim de encontrar os **elementos que completarão a sequência** apresentada.

Dessa forma, trata-se de um assunto praticamente desprovido de teoria a ser estudada, restando ao aluno usar de intuição e **praticar bastante** por meio de questões anteriores.

Talvez você já tenha tido contato com testes psicológicos ou de quociente intelectual (QI) que formulam questões parecidas com as que veremos. Por exemplo, para pertencer à maior comunidade mundial de pessoas de alto QI, a Mensa (mensa.org.br), você precisa ser aprovado em um teste com dezenas de questões como essas. No Brasil, a Mensa não é muito conhecida, mas nos EUA é comum os mensans (como são chamados seus membros) colocarem em seus currículos que fazem parte da Mensa. O saudoso Professor Pier foi presidente da Mensa brasileira.

Sugerimos que não leia a resolução de cada questão sem antes tentar encontrar a sequência pedida. Quebre a cabeça com isso por uns minutos, e caso não a encontre, aí sim leia nossa resposta. Somente assim para você começar a perceber todas as formas de encontrar a resposta. No início é difícil, mas depois você vai pegando o jeito. Lembramos que nas questões apresentadas buscamos resolver as que são mais distintas umas das outras, mas existem várias questões que seriam muito parecidas com as que aqui estão, assim você já terá mais formas de encontrar a resposta, pois saberá pensar em vários tipos de sequências diferentes.

Tenha a certeza de que, se você aprender a resolver questões como as que serão solucionadas aqui, **estará apto a resolver qualquer** uma deste tópico.

Nas sequências com letras, você não pode se confundir com a ordem do nosso alfabeto, pois muita gente erra isso, principalmente as últimas letras. Então o decore de uma vez, caso não o recorde:

A B C D E F G H I J K L M N O P Q R S T U V W X Y Z

FIQUE ATENTO!

A **lei de formação da sequência** pode ser encontrada em pouquíssimo tempo, como pode também levar vários minutos para ser desvendada – ou, pior, não conseguir obter um resultado ainda assim.

Dessa maneira, diante de uma questão como essa, gaste uns poucos minutos (2 ou 3) tentando encontrar a lógica da sequência. Caso não consiga, **siga adiante**, resolvendo a sua prova e, caso sobre tempo no final, volte a essa questão.

Veja como esse assunto já foi cobrado!

QUESTÃO 01 (FCC/FUNAPE/Ana/2017) Na sequência (100.000; 90.000; 81.000; 72.900; ...), o segundo termo não inteiro é o que está na posição

(A) 6. (B) 5. (C) 7. (D) 8. (E) 9.

RESOLUÇÃO:

Precisamos identificar o **padrão de formação da sequência** apresentada. Note que temos uma multiplicação por 0,9 (de 100.000 para 90.000), depois outra multiplicação por 0,9 (de 90.000 para 81.000), e assim por diante.

Preenchendo os próximos termos, temos:

100.000 – 90.000 – 81.000 – 72.800 – 65.520 – 58.968 – 53.071,2 – ...

Perceba que o 7º termo é o primeiro NÃO INTEIRO. Assim, o segundo termo não inteiro será, certamente, o **8º**.

Note pelas alternativas que a questão não pergunta qual o valor do termo, e sim sua posição, logo, não precisa perder tempo calculando o 8º termo, pois o sétimo termo já não é inteiro.

Gabarito: D.

QUESTÃO 02 (VUNESP – TSA/PROCON-SP/2013) Observe a sequência numérica.

2	3	6	15	42	123			

Admitindo que a regra de formação da sequência permaneça a mesma, pode-se afirmar que os três números que completam essa tira são

a) 369, 1107, 3321.

b) 366, 1095, 3282.

c) 359, 1001, 3210.

d) 354, 985, 3147.

e) 321, 912, 3023.

RESOLUÇÃO:

Como já sabemos, precisamos descobrir o **padrão** da sequência de números apresentada pelo enunciado.

Ora, é possível perceber que a **lei de formação** dessa sequência obedece à seguinte regra:

"O próximo termo é o triplo do termo anterior, menos três!".

Portanto:

Próximo termo = 3 x termo anterior – 3

Como é, professores? Não entendi!

É simples, colega. Por exemplo, chegamos ao segundo termo fazendo:

Segundo termo = 3 x 2 – 3 = 3

E assim por diante, de forma que:

Sétimo termo = 3 x 123 – 3 = 366

Oitavo termo = 3 x 366 – 3 = 1095

Nono termo = 3 x 1095 – 3 = 3282

Logo, os três números que completam essa tira são:

2	3	6	15	42	123	**366**	**1095**	**3282**

Gabarito: B.

QUESTÃO 03 (VUNESP – TJ-SP/Enfermeiro/2019) Considere a sequência (1/5; 5/10; 10/15; 15/20; 20/25; ...). O produto entre o 30º e o 31º termos é igual a:

a) 27/29 b) 25/27 c) 31/33 d) 23/25 e) 29/31

RESOLUÇÃO:

Vamos identificar o padrão da sequência. Note que os denominadores são múltiplos de 5. O primeiro denominador é 5 × 1, o segundo é 5 × 2, o terceiro é 5 × 3 e assim por diante. Logo, o 30º denominador é 5 × 30 e o 31º denominador é 5 × 31.

Quanto ao numerador, repare que cada um deles é igual ao denominador anterior, de modo que o 31º numerador é igual ao 30º denominador, ou seja, 5 × 30. E o 30º numerador é igual ao 29º denominador, que seria 5 × 29. Logo, teremos:

30º termo = (5 × 29)/(5 × 30)

31º termo = (5 × 30)/(5 × 31)

Simplificando essas frações, ficamos com 29/30 e 30/31, respectivamente, cujo produto é:

(29/30) x (30/31) = **29/31**

Gabarito: E.

QUESTÃO 04 (FCC/TRF 4ª Região/Téc Jud/2019) Considere a sequência $\frac{2^0}{3^{-1}};\frac{-2^1}{3^0};\frac{2^2}{3^1};\frac{-2^2}{3^2}$ em que o primeiro termo é $\frac{2^0}{3^{-1}}$. O sétimo termo dessa sequência é:

a) $\frac{64}{243}$ b) $-\frac{64}{243}$ c) $\frac{32}{81}$ d) $-\frac{32}{81}$ e) $\frac{32}{243}$

RESOLUÇÃO:

Esta questão é bastante controversa, começando pelos expoentes contidos nos numerados de cada termo: 0, 1, 2, **2**, … . Parece ter havido algum erro de digitação por parte da FCC, pois há repetição do 2, de modo que aparentemente esta sequência não faz muito sentido.

Na realidade, para chegar ao gabarito da banca, devemos perceber que estamos diante de duas sequências alternadas: uma formada pelos termos **positivos** e outra formada pelos termos negativos. Portanto:

$$\frac{2^0}{3^{-1}};\frac{-2^1}{3^0};\frac{2^2}{3^1};\frac{-2^2}{3^2}$$

Como a questão pede o **sétimo** termo, então devemos continuar o preenchimento da sequência dos termos positivos. Para isso, temos que continuar preenchendo os expoentes dos numeradores e dos denominadores somando duas unidades (como ocorre de 0 para 2 e de -1 para 1). Assim, temos:

$$\underbrace{\frac{2^0}{3^{-1}}}_{1^o};\underbrace{\frac{-2^1}{3^0}}_{2^o};\underbrace{\frac{2^2}{3^1}}_{3^o};\underbrace{\frac{-2^2}{3^2}}_{4^o};\underbrace{\frac{2^4}{3^3}}_{5^o};\underbrace{\square}_{6^o};\underbrace{\frac{2^6}{3^5}}_{7^o}$$

Dessa forma, concluímos que o sétimo termo da sequência é:

$$\frac{2^6}{3^5}=\frac{64}{243}$$

Gabarito: A.

QUESTÃO 05 (FCC – Aux FF II/TCE-SP/2010) Considere que os números inteiros e positivos que aparecem no quadro abaixo foram dispostos segundo determinado critério.

1	1	3	1	5	1
2	2	2	4	2	5
1	3	3	3	4	
4	2	4	3		
1	5	2			
6	1				

Completando corretamente esse quadro de acordo com tal critério, a soma dos números que estão faltando é

a) maior que 19. b) 19. c) 16. d) 14. e) menor que 14.

RESOLUÇÃO:

A estratégia é a mesma: **buscar o critério de formação da sequência** adotado pelo elaborador da questão. Observe:

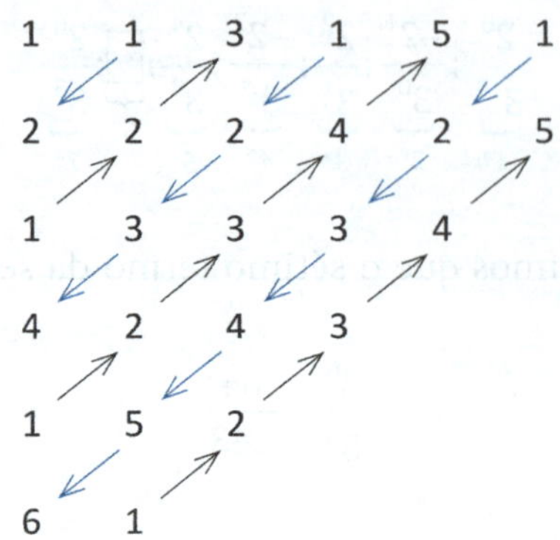

Note que o padrão da sequência de números sempre começa do algarismo "1" nas diagonais, alternando os sentidos. Com essa ideia, podemos preencher o quadro:

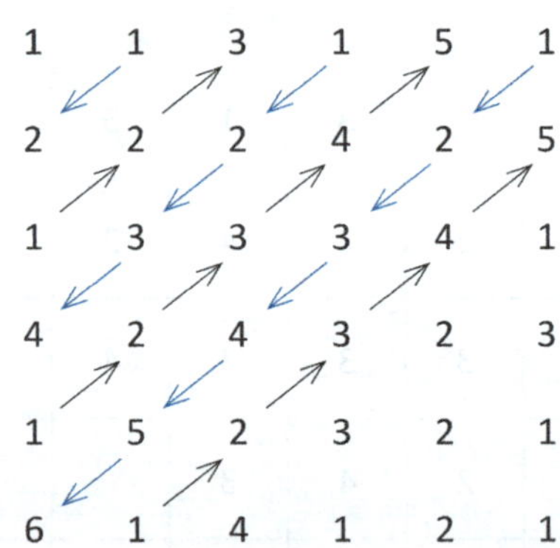

Mas a questão quer saber a soma dos números que estão faltando, logo:

$$1 + 2 + 3 + 4 + 1 + 2 + 3 + 1 + 2 + 1 = 20$$

Gabarito: A.

QUESTÃO 06 (FCC – AFRE/SEFAZ-RJ/2014) A seguinte sequência numérica obedece, a partir do segundo número, a uma determinada lei de formação

6 , 42 , 114 , 222 , 366 , ...

O sexto termo dessa sequência é

a) 510 b) 546 c) 564 d) 582 e) 600

RESOLUÇÃO:

Inicialmente é possível perceber que todos os termos da sequência são **múltiplos de 6**:

✓ **6** = **6** x 1

✓ **42** = **6** x 7

✓ **114** = **6** x 19

✓ **222** = **6** x 37

✓ **366** = **6** x 61

Assim, multiplicamos **6**, sucessivamente, por **1, 7, 19, 37, 61**, os quais são constituídos também por **múltiplos de 6**:

✓ **1**

✓ **7** = 1 + **6**

✓ **19** = 7 + **12**

✓ **37** = 19 + **18**

✓ **61** = 37 + **24**

Obedecendo ao padrão estabelecido, o próximo múltiplo de 6 é o número 30, de modo que o fator seguinte será **91** = 61 + **30**. Dessa forma, o próximo número da sequência apresentada no enunciado é **546** = **6** x 91.

Gabarito: B.

QUESTÃO 07 (FCC – Aux Jud/TRT 6ª Região/2006) Observe as seguintes sequências de números:

(1,0,0,1) – (4,3,3,4) – (5,4,4,5) – (6,7,7,6) – (9,8,8,9)

A sequência que NÃO apresenta as mesmas características das demais é:

a) (1,0,0,1) b) (4,3,3,4) c) (5,4,4,5) d) (6,7,7,6) e) (9,8,8,9)

RESOLUÇÃO:

Perceba que em todas as sequências o 2º e 3º termos são iguais ao 1º e 4º termos **diminuídos de 1**.

No entanto, apenas na quarta sequência, o 2º e 3º termos são iguais ao 1º e 4º termos **acrescidos de 1**. Assim, essa é a única sequência que não apresenta as mesmas características que as demais.

Gabarito: D.

QUESTÃO 08 (FCC – Téc Jud/TRF 3ª Região/2007) Os números abaixo estão dispostos de maneira lógica.

8 1 12 10 14 11 ...... 3 7 5 16 9

A alternativa correspondente ao número que falta no espaço vazio é:

a) 51 b) 7 c) 12 d) 6 e) 40

RESOLUÇÃO:

Questão bem capciosa! Mas com a prática exaustiva o nosso olhar vai ficando mais apurado.

O **padrão** dessa sequência é baseado na **soma entre seus extremos**. Observe:

$$8 + 9 = \mathbf{17}$$

$$1 + 16 = \mathbf{17}$$

$$12 + 5 = \mathbf{17}$$

$$10 + 7 = \mathbf{17}$$

$$14 + 3 = \mathbf{17}$$

$$11 + \mathbf{?} = \mathbf{17}$$

Ora, seguindo o padrão, podemos afirmar que o espaço vazio, representado pela interrogação, será:

$$\mathbf{? = 6}$$

Gabarito: D.

QUESTÃO 09 (CESPE – Polícia Civil-ES/2009) Na sequência numérica 23, 32, 27, 36, 31, 40, 35, 44, X, Y, Z, ..., o valor de Z é igual a 43.

RESOLUÇÃO:

Em questões como essa, em que nos é dada uma sequência, é preciso **buscar a lógica existente em sua formação**, que pode ser dos mais variados tipos.

Podemos ter, por exemplo, uma sequência em que todos os números são múltiplos de 7 (ex.: 14, 21, 28, 35, ...). Da mesma forma, podemos ter uma sequência em que todos os números começam com a letra "d" (ex.: 2, 10, 12, 200, ...).

No caso do exercício em análise, temos duas sequências intercaladas. Note:

23, **32**, 27, **36**, 31, **40**, 35, **44**, X, **Y**, Z, ...

Repare que nas duas sequências o termo seguinte é igual ao anterior somado de 4 unidades:

27 = 23 + 4; 31 = 27 + 4; **36** = **32** + **4**; **40** = **36** + **4**; etc.

Agora, perceba o seguinte:

- X faz parte da primeira sequência. Portanto, será igual a 35 + 4 = 39.
- **Y** faz parte da segunda sequência. Assim, será igual a 44 + 4 = **48**.
- Z faz parte da sequência, sendo igual a X + 4, isto é, 39 + 4 = 43.

Gabarito: Certo.

QUESTÃO 10 (AOCP/EMSERH/Ana/2018) Considere a sequência A composta dos múltiplos de 5 que estão entre os números 9 e 48 e uma sequência B composta dos números pares que estão entre os números 3 e 59. Qual é a soma do maior termo da sequência A com o menor termo da sequência B?

(A) 45 (B) 49 (C) 50 (D) 52 (E) 60

RESOLUÇÃO:

A sequência **A** é formada pelos números *múltiplos de 5*, ou seja, aqueles que terminam em 0 ou em 5. O maior deles (abaixo de 48) é o 45.

A sequência **B** é formada pelos números *pares* (aqueles que terminam em 0, 2, 4, 6 ou 8). O menor deles (acima de 3) é o 4.

Somando esses dois números, obtemos 45 + 4 = **49**.

Gabarito: B.

QUESTÃO 11 (VUNESP/TJ-SP/Escrevente/2018) Na sequência numérica 1, 2, 3, 6, 7, 8, 21, 22, 23, 66, 67, 68, ..., os termos se sucedem segundo um padrão. Mantido o padrão, o décimo quarto termo é o número

(A) 282. (B) 202. (C) 255. (D) 229. (E) 308.

RESOLUÇÃO:

Note que o 4º termo da sequência (6) é a soma dos três anteriores. O 7º termo da sequência (21) também é a soma dos três anteriores. O 10º termo (66) também é a soma dos três anteriores. Assim, o 13º termo deve ser a soma dos três anteriores:

13º termo = 66 + 67 + 68 = **201**

Portanto, o **14º termo** é o próximo número, ou seja, **202**.

Gabarito: B.

QUESTÃO 12 (VUNESP/TCE-SP/AGENTE DE FISC/2017) Considere a sequência de números naturais 0, 5, 100, 10, 15, 90, 20, 25, 80, 30, ..., 10. A diferença entre os números que ocupam as 26a e 22a posições é um número que ocupa, nessa sequência, a posição

a) 8ª b) 9ª c) 7ª d) 6ª e) 5ª

RESOLUÇÃO:

Podemos separar em 3 sequências alternadas:

0, **5**, 100, 10, **15**, 90, 20, **25**, 80, 30, ...,

Observando cada sequência alternada isoladamente, fica fácil terminar o preenchimento:

0, **5**, 100, 10, **15**, 90, 20, **25**, 80, 30, **35**, 70, 40, **45**, 60, 50, **55**, 50, 60, **65**, 40, 70, **75**, 30, 80, **85**, 20, 90, **95**, 10

A 26ª posição é ocupada pelo 85, e a 22ª posição pelo número 70. A diferença entre eles é 15. Este número está na 5ª posição.

Gabarito: E.

QUESTÃO 13 (FCC – Técnico Judiciário/TRT 12ª Região/2010) Considere os seguintes grupos de letras:

A B C A – J K L J – D E F D – N O Q N – T U V T

Desses grupos, o único que NÃO tem a mesma característica dos demais é:

a) A B C A b) J K L J c) D E F D d) N O Q N e) T U V T

RESOLUÇÃO:

Preste bem atenção à sequência de letras apresentadas pelo enunciado:

A B C A – **J K L** J – **D E F** D – **N O Q N** – **T U V** T

Perceba que, em cada grupo, **as três primeiras letras são seguidas no alfabeto e a quarta é a primeira letra da sequência novamente**.

Assim, o único grupo de letras que não obedece a esse padrão é o quarto, em que temos **N O Q N**, quando deveria ser: **N O P** N.

Gabarito: D.

QUESTÃO 14 (FCC – Téc Jud/TRF 2ª Região/2012) Sabe-se que exatamente quatro dos cinco grupos de letras abaixo têm uma característica comum.

BCFE – HILK – JKNM – PQTS – RSUV

Considerando que a ordem alfabética adotada é a oficial, o único grupo de letras que NÃO apresenta a característica comum dos demais é:

a) BCFE b) HILK c) JKNM d) PQTS e) RSUV

RESOLUÇÃO:

A sequência adotada obedece à seguinte característica em cada grupo:

Letra inicial → Letra seguinte do alfabeto →
→ Pula duas letras → Volta uma letra

Por exemplo, a seguinte sequência poderia ser montada:

D → **E** (Letra seguinte do alfabeto) →
→ **H** (Pula duas letras) → **G** (Volta uma letra)

Bem, todos os grupos de letras obedecem a essa **lei de formação**, à exceção do 5º grupo: **RSUV**. Percebeu? Fazendo a correção, teríamos: **RSVU**.

Gabarito: E.

QUESTÃO 15 (FCC – Aux FF II/TCE-SP/2010) A seguinte sequência de palavras foi escrita obedecendo a um padrão lógico:

PATA – REALIDADE – TUCUPI – VOTO – ?

Considerando que o alfabeto é o oficial, a palavra que, de acordo com o padrão estabelecido, poderia substituir o ponto de interrogação é

a) QUALIDADE b) SADIA c) WAFFLE d) XAMPU e) YESTERDAY.

RESOLUÇÃO:

Essa questão é muito interessante, pois, na realidade, podem ser utilizados dois padrões para a formação da sequência apresentada. Vejamos.

1º PADRÃO

Repare que **a última letra de cada palavra está na sequência das vogais**:
PAT**A** – REALIDAD**E** – TUCUP**I** – VOT**O** – ?

Logo, a próxima palavra tem que terminar com a vogal "U". Ora, a única alternativa disponível é "XAMPU".

Gabarito: D.

2º PADRÃO

Note que **a primeira letra de cada palavra é obtida pulando uma letra do alfabeto em relação à primeira letra da palavra anterior**.

PATA – REALIDADE – TUCUPI – VOTO – ?

Logo, a próxima palavra da sequência tem que começar com a letra "X". Ora, mais uma vez a última alternativa disponível é "XAMPU", de modo que confirmamos que a alternativa correta é mesmo a **letra D**.

QUESTÃO 16 (FUNDATEC/CREA-PR/Ana Info/2010) Considere a seguinte sequência de palavras: segurança, terminal, quantidade, quimera, sexagenário, sabonete, ...

Das alternativas seguintes, a palavra que completa de forma lógica a sequência acima é

a) determinação.

b) transporte.

c) auditoria.

d) dominado.

e) tradição.

RESOLUÇÃO:

Vamos dar uma mãozinha para ajudá-lo a perceber o padrão adotado para a sequência de palavras apresentado no enunciado:

SEGurança, TERminal, QUAntidade, QUImera, SEXagenário, SABonete

Dessa forma, percebemos que **as três primeiras letras de cada palavra representam um dos dias da semana**. Assim, a próxima palavra deve iniciar com **DOM**.

Gabarito: D.

QUESTÃO 17 (CONSULPLAN – Adv/Pref Uberlândia/2012) Seja a sequência de letras U, ____, T, Q, C, ____, S, ____, N, ____. As letras que completam corretamente as lacunas são

a) todas vogais.

b) todas consoantes.

c) duas consoantes e duas vogais.

d) três vogais e uma consoante.

e) três consoantes e uma vogal.

RESOLUÇÃO:

E aí, meu amigo? Conseguiu perceber o **padrão** dessa sequência de letras? Vamos repeti-la:

U, ____, T, Q, C, ____, S, ____, N, ____

Note que as **letras da sequência são as iniciais dos numerais**, do 1 ao 10:

Um, Dois, Três, Quatro, Cinco, Seis, Sete, Oito, Nove, Dez

Assim, as letras que completam corretamente as lacunas são **D**, **S**, **O** e **D**; ou seja, **3 consoantes e 1 vogal**.

Gabarito: E.

QUESTÃO 18 (FGV – INEA/Téc Adm/2013) A sequência de letras a seguir mantém o mesmo padrão de repetição.

I N E A R J I N E A R J I N E A R J ...

A letra que ocupa a 555ª posição é

a) N. b) E. c) A. d) R. e) J.

RESOLUÇÃO:

A principal informação fornecida pelo enunciado diz que o grupo formado pelas **6** letras **se repete sempre nessa ordem**.

A questão quer saber qual a letra ocupa a 555ª posição? Ora, contar nos dedos seria inviável, lógico. A estratégia que utilizaremos é mais inteligente.

Se dividirmos 555 por 6 saberemos quantos grupos de letras caberão até chegarmos na posição que desejamos. Vamos fazer isso:

$$555 \div 6 = 92\,grupos + 3\,letras$$

Dessa forma, a 553ª posição será ocupada pela letra **I**, a 554ª posição será ocupada pela letra **N** e, por fim, **a 555ª posição será ocupada pela letra E**.

Gabarito: B.

QUESTÃO 19 (FGV – AnaTA/SUDENE/2013) Considere a sequência infinita de letras que se repetem segundo o mesmo padrão:

SUDENENEDUSUDENENEDUSUDEN...

Quando a letra E for escrita pela 100ª vez ela ocupará nessa sequência a posição

a) 304. b) 314. c) 324. d) 334. e) 344.

RESOLUÇÃO:

Como sempre, buscaremos o padrão da sequência. Percebemos que o critério utilizado foi:

SUDENENEDU...

Assim, a letra E aparece três vezes nesse bloco de 10 letras que, como diz o enunciado, repete-se infinitamente. Logo:

- **3** letras E no primeiro bloco de **10 letras**;
- **6** letras E até o bloco de **20 letras**;
- **9** letras E até o bloco de **30 letras**;
- E assim por diante.

Assim, é possível perceber que a quantidade de letras E é sempre **múltipla de 3**! Daí, podemos fazer a seguinte regra de três:

$$\frac{3}{99} = \frac{10}{x}$$

$$3x = 990$$

$$x = 330 \textit{ letras}$$

Logo, temos 330 letras em sequência, com a letra E aparecendo 99 vezes. Se começarmos novamente a sequência, teremos:

SUDE...

Assim, o próximo E, que será o **100º**, aparecerá na **posição 334**.

Gabarito: D.

QUESTÃO 20 (FCC – Adm/SERGAS/2013) Apenas cinco figuras diferentes formam a sequência W de dez figuras.

Sequência W:

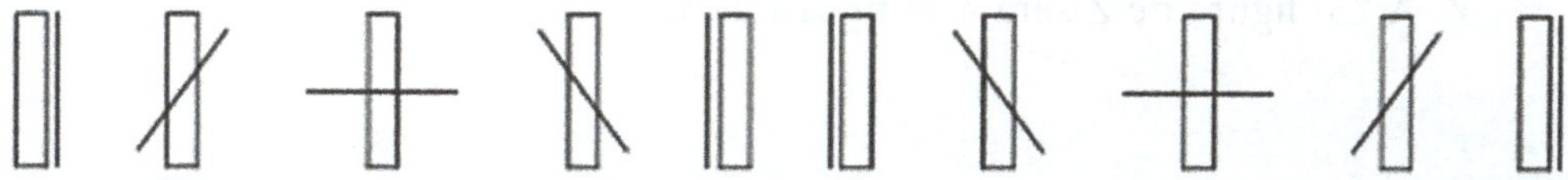

Imagine a sequência Z que repete a sequência W ilimitadamente e na mesma ordem de seus elementos. Assim, uma sequência de três figuras formada pelas 34ª, 49ª e 75ª figuras da sequência Z é

a) 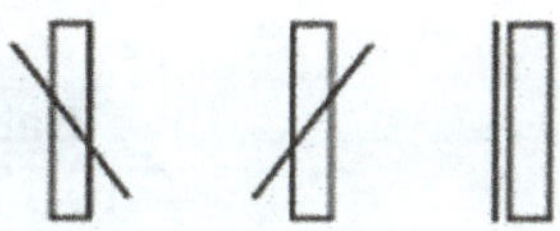

b) 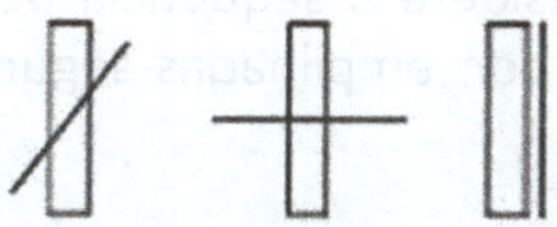

c) 

d) 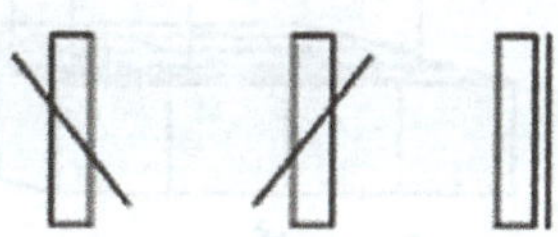

e) 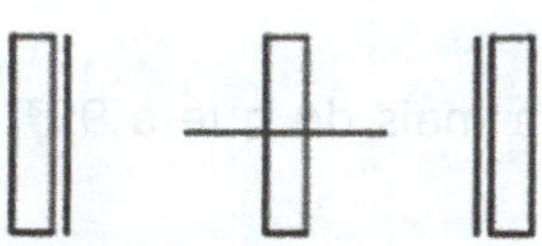

RESOLUÇÃO:

A principal informação fornecida pelo enunciado é:

> ***"A sequência** Z **repete a sequência W <u>ilimitadamente</u> e <u>na mesma ordem</u> de seus elementos."***

Ora, se os elementos da sequência Z estão na mesma ordem que os elementos da sequência **W**, então, a 34ª figura de Z corresponde à **4ª figura** de **W**.

Seguindo o mesmo raciocínio, concluímos que:

✓ A 49ª figura de Z será a **9ª figura** de **W**;

✓ A 75ª figura de Z será a **5ª figura** de **W**.

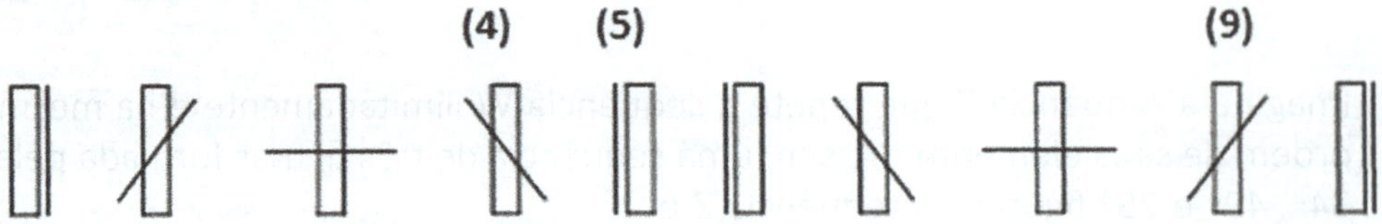

Gabarito: A.

QUESTÃO 21 (FCC – AFTM/Pref-SP/2012) Considere a sequência de figuras, que representam caixas idênticas, exceto pela cor, empilhadas segundo uma determinada lógica.

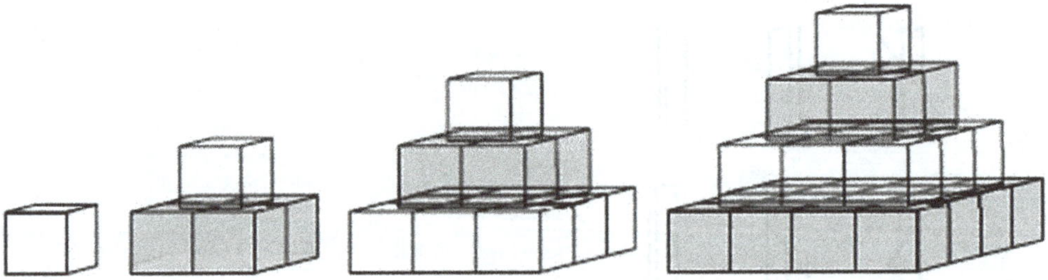

A 101ª figura dessa sequência possui n caixas a mais do que a 99ª figura. O valor de n é igual a

a) 20605. b) 20404. c) 20201. d) 20002. e) 19801.

RESOLUÇÃO:

Precisamos descobrir um **padrão de crescimento** da quantidade de caixas na sequência de figuras. Logo:

✓ 1ª figura: possui 1 caixa;

✓ 2ª figura: houve acréscimo de 2 x 2 = **4 caixas**;

✓ 3ª figura: houve acréscimo de 3 x 3 = **9 caixas**;

✓ 4ª figura: houve acréscimo de 4 x 4 = **16 caixas**;

E por aí vai, de forma que na **100ª** figura haverá um acréscimo de:

100 x 100 = 10.000 caixas

Já na **101ª** figura haverá um acréscimo de:

101 x **101** = **10.201 caixas**

Assim, da **99ª** figura para a **101ª** figura haverá um acréscimo total de:

10.000 + 10.201 = **20.201**

Gabarito: C.

Enunciado comum às questões 22 a 24.

Figura I

Figura II

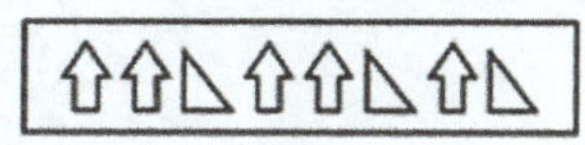

Figura III

As três figuras precedentes, cada uma com diversos símbolos, foram desenhadas na parede de um suposto esconderijo inimigo. O serviço de inteligência descobriu que cada um dos símbolos representa um algarismo do conjunto {0, 1, 2, 3, 4, 5, 6, 7, 8, 9}. Com referência a essas figuras, julgue os itens seguintes.

QUESTÃO 22 (Cebraspe/ABIN/Agente de Inteligência/2018)
Considere que o significado da figura II seja "data: com dia e mês, nessa ordem". Nesse caso, há a possibilidade de pelo menos 7 interpretações para essa figura.

RESOLUÇÃO:

O quadrado representa o algarismo das dezenas do dia (que pode ir de 0 a 3, afinal temos até 31 dias em um mês), mas ele também representa o algarismo das dezenas do mês (que só pode ser 0 ou 1, afinal temos só 12 meses). Logo, temos as seguintes possibilidades:

- se o quadrado for 0, a estrela pode ir de 1 a 9 (afinal não podemos ter o dia 00). Aqui temos 9 possibilidades, que superam as 7 deste item e torna ele CERTO.
- se o quadrado for 1, a estrela pode ir de 0 a 9, dando-nos 10 possibilidades.

Gabarito: Certo.

QUESTÃO 23 (Cebraspe/ABIN/Agente de Inteligência/2018) Considere que o significado da figura III seja "data: com dia, mês e ano entre 2000 e 2100, nessa ordem". Nesse caso, há a possibilidade de pelo menos 2 interpretações para essa figura.

RESOLUÇÃO:

Note que o ano deve começar com o algarismo 2. Portanto, fica claro que a seta é igual a 2. O triângulo é o primeiro algarismo do mês, podendo ser 0 ou 1 (afinal temos até 12 meses). Entretanto, veja que:

- se o triângulo for 0, temos a representação 22/02/2020, que atende os requisitos do enunciado.
- se o triângulo for 1, temos a representação 22/12/2121, que NÃO atende os requisitos, pois é superior a 2100.

Logo, o item está ERRADO, pois só temos uma interpretação possível.

Gabarito: Errado.

QUESTÃO 24 (Cebraspe/ABIN/Agente de Inteligência/2018) Se o significado da figura I for "ano do século passado", existem pelo menos dois anos que podem estar representados nessa figura.

RESOLUÇÃO:

O século passado foi de 1901 a 2000. Portanto, o triângulo pode representar 1 ou 2, que é a casa dos milhares do nosso ano. Já o círculo pode ser 9 ou 0, que são as possibilidades para o algarismo das centenas de um ano do século passado. Nesse caso, temos:

- triângulo 1 e círculo 9: ano 1919 à OK;
- triângulo 1 e círculo 0: ano 1010 à não serve;
- triângulo 2 e círculo 9: ano 2929 à não serve;
- triângulo 2 e círculo 0: ano 2020 à não serve.

Veja que somente um ano do século passado pode ser representado.

Gabarito: Errado.

QUESTÃO 25 (VUNESP/TJ-SP/Escrevente/2018) Considere os primeiros 8 elementos da sequência de figuras:

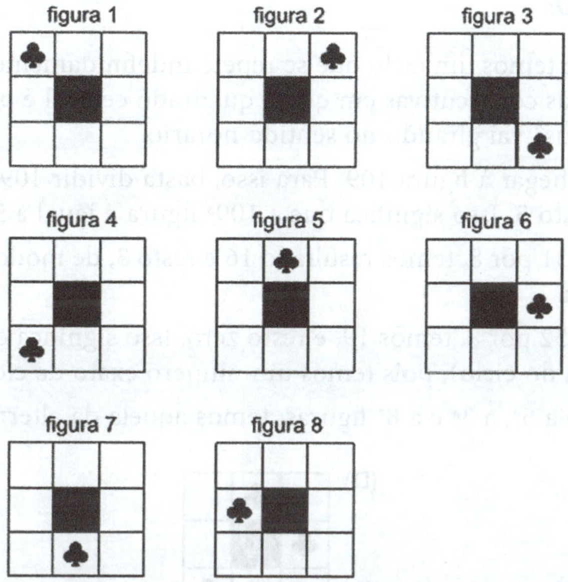

Nesta sequência, as figuras 9, 10, 11, 12, 13, 14, 15 e 16 correspondem, respectivamente, às figuras 1, 2, 3, 4, 5, 6, 7, 8, assim como as figuras 17, 18, 19, 20, 21, 22, 23 e 24, e assim segue, mantendo-se esta correspondência. Sobrepondo-se as figuras 109, 131 e 152, obtém-se a figura

a) 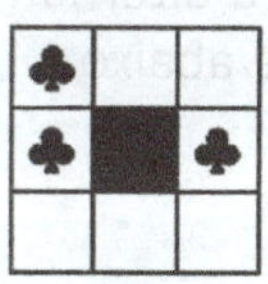

b) 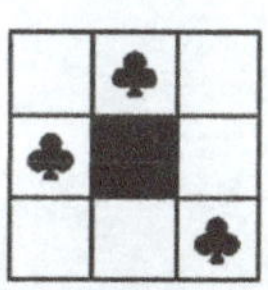

c) 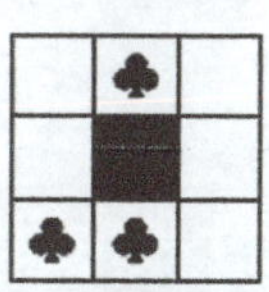

d) 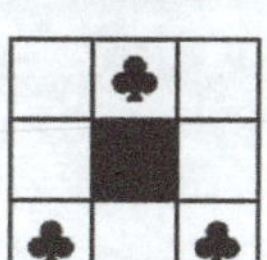

e) 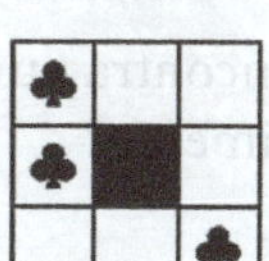

RESOLUÇÃO:

Observe que temos um ciclo que se repete indefinidamente. Esse ciclo é formado por 8 figuras consecutivas em que o quadrado central é pintado de preto, e o símbolo de "paus" vai girando no sentido horário.

Queremos chegar à figura 109. Para isso, basta dividir 109 por 8, obtendo o resultado 13 e resto 5. Isso significa que a 109ª figura é igual à 5ª figura.

Dividindo 131 por 8, temos resultado 16 e resto 3, de modo que a 131ª figura é igual à 3ª figura.

Dividindo 152 por 8, temos 19, e resto zero. Isso significa que a 152ª figura é igual à 8ª (última do ciclo), pois temos um número exato de ciclos.

Sobrepondo a 5ª, a 3ª e a 8ª figuras, temos aquela da alternativa D:

(D) 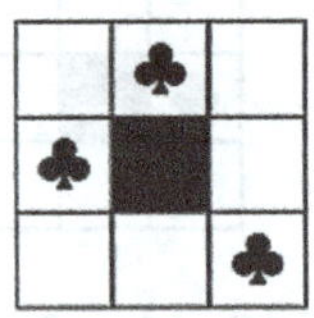

Gabarito: D.

QUESTÃO 26 (CETRO – Adm/Pref Campinas/2012) Assinale a alternativa que substitui corretamente o ponto de interrogação na sequência abaixo.

a) 

b) 

c) 

d) 

RESOLUÇÃO:

Repare que, ao passo que as figuras avançam, o coração se encontra numa das extremidades da letra **W**. Mas de que forma acontece esse movimento?

Ora, a partir da 1ª figura, o coraçãozinho se movimenta no **sentido anti-horário**. Logo, o próximo local em que o coração irá se posicionar é:

Gabarito: D.

4. PROGRESSÃO ARITMÉTICA

4.1. Conceito

Observe a seguinte sequência numérica:

(4, 7, 10, 13, 16, 19, ...)

Cada número é chamado de **termo da sequência**. O *primeiro* termo, que nesse caso é igual a 4, é normalmente identificado como a_1; o segundo termo é o a_2, assim como o terceiro termo é o a_3, e assim por diante até o mais infinito.

Porém, em relação a essa sequência, o mais importante é que você perceba que a diferença entre os termos é sempre constante. Portanto, do 4 para o 7, são acrescidas três unidades, assim como do 7 para o 10, do 10 para o 13, e por aí vai. A essa **diferença constante entre dois termos** damos o nome de **razão (r)**.

r = termo atual – termo anterior

Por exemplo, na sequência que estamos analisando a razão é igual a 3 (r = 3).

Dessa maneira, podemos concluir que **Progressão Aritmética (PA)** é uma **sequência em que cada termo, a partir do segundo, é a soma do anterior com uma constante *r* dada, chamada de razão.**

ESCLARECENDO!

A razão tem que ser a mesma para todos os termos da sequência. Se somente em um caso ela não for igual às outras diferenças entre termos seguidos, não teremos uma PA.

Vamos ver alguns exemplos que nos ajudarão a esclarecer os conceitos apresentados.

a) (1, 3, 5, 7, 9, ...)

Repare que estamos diante de uma PA, pois existe uma diferença constante entre os termos da sequência. Mas de qual valor?

Para calcularmos essa diferença, isto é, a razão da PA, basta escolher qualquer um dos termos, a partir do segundo, e subtrair do seu anterior. Para exemplificar, tomando o 5, a razão fica:

$$\mathbf{r} = 5 - 3 = \mathbf{2}$$

b) (0, -2, -4, -6, -8, ...)

Mais uma vez a diferença entre os termos da sequência é constante. Vamos calculá-la?

Pegando o termo "-6", basta subtrair do seu antecedente (-4), ficando com:

$$\mathbf{r} = -6 - (-4) = -6 + 4 = \mathbf{-2}$$

c) (3, 3, 3, 3, 3, ...)

Note que todos os termos são iguais. Nesse caso, a razão da PA é 3 – 3 = 0.

d) (1/4, 5/4, 9/4, 13/4, 17/4, ...)

Temos uma PA em que seus ermos são fracionários. De todo modo, sua razão continua sendo obtida pela diferença entre um termo qualquer e o seu antecedente:

$$r = \frac{9}{4} - \frac{5}{4} = \frac{9-5}{4} = 1$$

Veja como esse assunto já foi cobrado!

QUESTÃO 27 (Cebraspe – Policial/PRF/2013) Gráfico para o item:

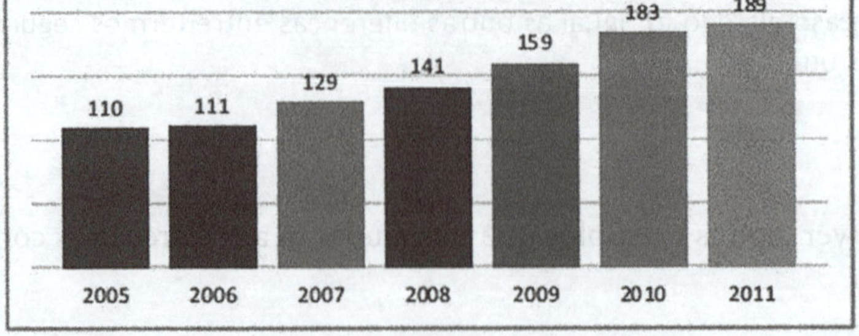

Considerando os dados apresentados no gráfico, julgue o item seguinte.

Os valores associados aos anos de 2008, 2009 e 2010 estão em progressão aritmética.

RESOLUÇÃO:

Numa **progressão aritmética, a diferença entre dois termos seguidos é sempre *constante*.**

Vamos testar se a sequência de números apresentada pelo enunciado obedece a esta regra.

- Diferença entre os dois primeiros termos (2008 e 2009): 159 – 141 = **18**
- Diferença entre os dois termos seguintes (2009 e 2010): 183 – 159 = **24**

A diferença não é constante, de modo que os valores indicados no item não estão numa progressão aritmética.

Gabarito: Errado.

QUESTÃO 28 (CESPE – Téc/INSS/2008) A tabela abaixo mostra, em porcentagens, a distribuição relativa da população brasileira por grupos etários, de acordo com dados dos censos demográficos de 1940 a 2000.

censos	grupos etários		
	até 14 anos	15 a 64 anos	65 anos ou mais
1940	42,7	54,9	2,4
1950	41,8	55,6	2,6
1960	42,7	54,6	2,7
1970	42,6	54,3	3,1
1980	38,2	57,8	4,0
1991	34,7	60,5	4,8
2000	29,6	64,6	5,8

IBGE. Censos demográficos de 1940 a 2000.

Com base nos dados acerca da evolução da população brasileira apresentados na tabela acima, julgue o item subsequente.

De acordo com os dados apresentados na tabela, os percentuais relativos à população brasileira com idade entre 15 e 64 anos formam uma progressão aritmética de razão menor que 1.

RESOLUÇÃO:

Uma sequência de números está em **progressão aritmética (PA)** quando a subtração de quaisquer dois números consecutivos da sequência é constante. A essa constante damos o nome de **razão** da PA.

Assim, os números 11, 14, 17, 20 e 23 estão em PA porque: 14 – 11 = 17 – 14 = 20 – 17 = 23 – 20 = 3. Veja que a razão da PA do exemplo é 3.

A sequência apresentada pelo enunciado são os percentuais relativos à população brasileira com idade entre 15 e 64 anos. Trata-se da terceira coluna da tabela dada. A sequência é: 54,9; 55,6; 54,6; 54,3; 57,8; 60,5 e 64,6.

Usando apenas os três primeiros números da sequência (54,9; 55,6; 54,6), observamos que: $55{,}6 - 54{,}9 \neq 54{,}6 - 55{,}6$.

Assim, levando em conta apenas esses três primeiros números da sequência já podemos provar que a sequência não está em progressão aritmética.

Gabarito: Errado.

4.2. Classificação

A depender do valor da razão, as progressões aritméticas podem ser classificadas em três categorias:

– **Crescente**: a sequência de números vai *aumentando*, de modo que qualquer termo é sempre *maior* que o seu antecedente. Com isso, a razão da PA é maior que zero.

– **Constante ou estacionária**: a sequência permanece *invariável*, de forma que qualquer termo é sempre *igual* aos demais. Nesse caso, a razão é igual a zero.

– **Decrescente**: a sequência vai *diminuindo*, tendo como consequência que cada termo é sempre *menor* que o seu antecedente. Assim, a razão da PA é menor que zero.

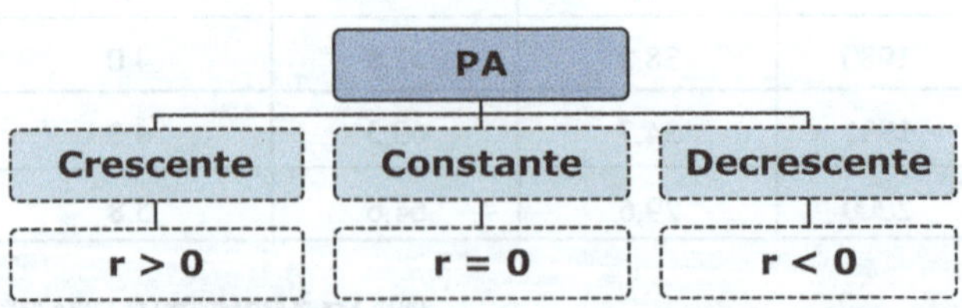

Adicionalmente, quanto ao número de termos, a PA pode ser classificada como:

– **Finita**: a sequência possui um número *limitado* de termos. Ex: (1, 3, 5, 7, 9).

– **Infinita**: a sequência apresenta uma quantidade *ilimitada* de termos. Ex: (4, 8, 12, 16, 20, ...).

4.3. Termo Geral de uma PA

Vamos agora encontrar uma expressão que nos permita obter um termo qualquer de uma PA, conhecendo apenas o 1º termo e a razão.

Seja $(a_1, a_2, a_3, ..., a_n)$ uma PA de razão r. Note que o segundo termo corresponde à soma entre o primeiro e a razão:

$$\mathbf{a_2 = a_1 + r}$$

Similarmente, o terceiro termo nada mais é que o primeiro termo acrescido do dobro da razão:

$$\mathbf{a_3 = a_1 + 2.r}$$

Seguindo a lógica, o $\mathbf{a_4}$ é exatamente igual ao $\mathbf{a_1}$ somado a 3 razões:

$$\mathbf{a_4 = a_1 + 3.r}$$

Perceba que um padrão está sendo formado, em que sempre estará presente na soma o $\mathbf{a_1}$. Também notamos que quando desejamos determinar o $\mathbf{a_3}$, por exemplo, o número que multiplica a razão é de uma unidade a menos, isto é, **2.r**.

Com isso, genericamente indicamos que o **termo geral de uma PA** é dado por:

$$\mathbf{a_n = a_1 + (n - 1).r}$$

Em que:

$\mathbf{a_n}$: termo geral (enésimo termo)

$\mathbf{a_1}$: primeiro termo da PA

n: número de termos da sequência

r: razão da PA

Nesse sentido, considere a progressão aritmética a seguir:

$(a_1, a_2, a_3, a_4, a_5, a_6, a_7, a_8, a_9, ...)$

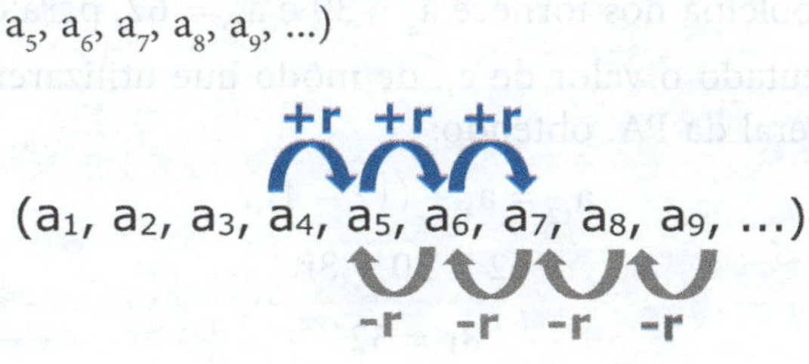

Repare que:

- Para sair do $\mathbf{a_4}$ e chegar ao $\mathbf{a_7}$ precisamos avançar ou *adicionar* 3 razões. Logo: $\mathbf{a_7 = a_4 + 3.r}$.

- Para sair do $\mathbf{a_9}$ e chegar ao $\mathbf{a_5}$, retrocedemos ou *diminuímos* 4 razões. Assim: $\mathbf{a_5 = a_9 - 4.r}$.

Portanto, se desejamos avançar ou **caminhar para a frente** nos termos da sequência, devemos *adicionar* razões. Do contrário, isto é, se quisermos retroceder nos termos da PA, **caminhando para trás** (ir de um termo de maior ordem para um de menor ordem), devemos *subtrair* ou retirar as razões.

Adicionalmente, perceba os números presentes dos dois exemplos. No primeiro caso, temos o $\mathbf{a_7}$ e o $\mathbf{a_4}$, cuja subtração dos índices resulta em 7 – 4 = **3**, que corresponde ao número que multiplica a razão. Analogamente, no segundo exemplo, estamos trabalhando com o $\mathbf{a_5}$ e o $\mathbf{a_9}$, cuja subtração dos índices resulta em 5 – 9 = **-4**, o qual se refere, mais uma vez, ao número que está multiplicando **r**.

E o que isso significa, professores?

Ora, isso indica que podemos estender a definição do termo geral para:

$$\mathbf{a_n = a_k + (n - k).r}$$

Com isso, passamos a ter condições de determinar um certo termo de uma PA ($\mathbf{a_n}$) em função de qualquer outro que se tenha ($\mathbf{a_k}$).

E isto facilita bastante a nossa vida, pois muitas vezes a questão não fornece o valor de $\mathbf{a_1}$, mas apresenta o valor de outro termo qualquer da PA em consideração. Daí, podemos aplicar a **fórmula estendida do termo geral** a fim de determinar um termo específico, conhecida a razão da PA.

Para exemplificar, vamos calcular a razão de uma PA na qual o quarto termo é 30 e o décimo segundo termo é 62.

Note que o problema nos fornece $a_4 = 30$ e $a_{12} = 62$, para exigir o valor de r.

Não foi apresentado o valor de a_1, de modo que utilizaremos a fórmula estendida do termo geral da PA, obtendo:

$$a_{12} = a_4 + (12 - 4).r$$

$$62 = 30 + 8r$$

$$8r = 32$$

$$\mathbf{r} = 32/8 = \mathbf{4}$$

E se tivesse feito ao contrário, com o a_4 antes do a_{12}?

Chegaria ao mesmo resultado. Veja:

$$a_4 = a_{12} + (4 - 12).r$$

$$30 = 62 - 8r$$

$$-8r = -32$$

$$\mathbf{r} = (-32)/(-8) = \mathbf{4}$$

TOME NOTA!

Não importa a **ordem** em que serão inseridos os termos na fórmula estendida do termo geral da PA. O que importa é que **a diferença entre eles multiplica a razão**.

Veja como esse assunto já foi cobrado!

QUESTÃO 29 (FCC – Soldado/PM-AP/2017) As casas do lado esquerdo de uma rua têm numeração par: 2, 4, 6, 8 e assim em diante. Sendo 2 o número da primeira casa desse lado da rua, o número da 64ª casa desse lado da rua será

a) 62. b) 124. c) 32. d) 66. e) 128.

RESOLUÇÃO:

Os números das casas formam uma PA de primeiro termo igual a 2 e razão igual a 2:

(2, 4, 6, 8, ...)

Assim, o 64º termo é dado por:

$$a_{64} = 2 + (64 - 1).2 = 2 + 126 = 128$$

Portanto, concluímos que a 64ª casa tem numeração igual a **128.**

Gabarito: E.

QUESTÃO 30 (FCC – Ag OE/Pref Campinas/2016) Em 2016, Celina poupa R$ 5,00 em janeiro, R$ 8,50 em fevereiro, R$ 12,00 em março, R$ 15,50 em abril, R$ 19,00 em maio, e assim sucessivamente. Nos anos subsequentes ao ano de 2016, ela pretende manter o mesmo esquema de poupança, sendo que em janeiro de 2017 ela poupará R$ 3,50 a mais do que havia poupado em dezembro de 2016, e assim sucessivamente. De acordo com o esquema de poupança de Celina, no mês de outubro de 2020 ela terá que poupar

a) R$ 197,50 b) R$ 201,00 c) R$ 204,50 d) R$ 208,00 e) R$ 211,50

RESOLUÇÃO:

Os valores poupados em cada mês formam uma PA de primeiro termo igual a R$5,00 e razão igual a R$3,50.

A poupança ocorreu de janeiro de 2016 até outubro de 2020. Isso corresponde a 5 anos menos dois meses. Portanto, são 5 × 12 – 2 = 58 meses. No 58º mês (outubro de 2020), o valor poupado foi de:

$$\mathbf{a_{58}} = a_1 + (58 - 1) \times r = 5 + 57 \times 3{,}5 = 5 + 199{,}5 = \mathbf{204{,}5\ reais.}$$

Gabarito: C.

QUESTÃO 31 (Cebraspe/Câm Dep/Agente Pol Leg/2014) Em determinado colégio, todos os 215 alunos estiveram presentes no primeiro dia de aula; no segundo dia letivo, 2 alunos faltaram; no terceiro dia, 4 alunos faltaram; no quarto dia, 6 alunos faltaram, e assim sucessivamente.

Com base nessas informações, julgue o próximo item, sabendo que o número de alunos presentes às aulas não pode ser negativo.

No vigésimo quinto dia de aula, faltaram 50 alunos.

RESOLUÇÃO:

No primeiro dia, temos 0 faltantes, ou seja: $a_1 = 0$. Nos dias seguintes, a quantidade de faltantes vai aumentando de 2 em 2. Logo, temos uma **progressão aritmética (PA)** de razão r = 2.

Para calcular a quantidade referente ao vigésimo quinto dia, basta aplicar a fórmula do termo geral da PA:

$$a_n = a_1 + (n - 1) \times r$$

$$\mathbf{a_{25}} = 0 + 24 \times 2 = \mathbf{48}$$

Portanto, no vigésimo quinto dia **faltaram 48 alunos.**

Gabarito: Errado.

4.4. Propriedades

1) A diferença entre um termo qualquer, a partir do segundo, e o termo anterior é igual à razão (r) da PA.

$$a_n - a_{n-1} = r$$

Para exemplificar, dada a PA (2, 5, 8, 11, 14, 17), temos que:

- $a_2 - a_1 = r = 5 - 2 = 3$
- $a_3 - a_2 = r = 8 - 5 = 3$
- $a_4 - a_3 = r = 11 - 8 = 3$

Portanto, nessa PA a razão r = 3.

2) Numa PA finita, a soma de dois termos equidistantes (de mesma distância) dos extremos é igual à soma dos extremos.

Vixi! Até que eu estava indo bem, mas agora...

Calma que tudo ficará mais claro com o seguinte exemplo. Considere a progressão aritmética composta pelos termos: 3, 6, 9, 12, 15, 18.

Note que a soma dos termos extremos resulta em 3 + 18 = 21. Similarmente, perceba que 6 e 15 são equidistantes dos extremos. De fato, o que separa esses termos em relação ao respectivo extremo é uma razão. Nessa situação, a soma entre eles também resulta em 6 + 15 = 21.

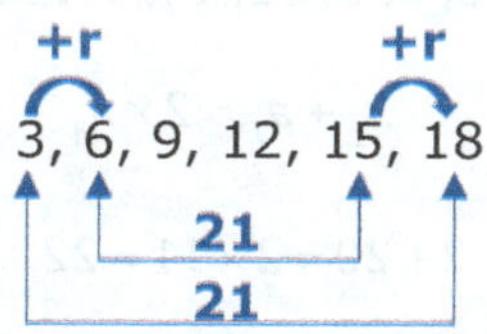

Por fim, o mesmo ocorre com 9 e 12, que são os outros termos equidistantes dos extremos, de forma que sua soma é 9 + 12 = 21.

Agora entendi, mestres. Mas qual é a utilidade disso numa prova?

Acontece que em algumas questões o examinador coloca no enunciado uma informação que não corresponde à soma do primeiro com o último termo da PA. Na verdade, será apresentada outra soma cujo resultado é exatamente igual à soma do primeiro com o último termo, que você necessita para continuar as operações.

Por exemplo, numa PA em que n = 20, ou seja, o último termo é o 20º, a soma do 1º e último termos fica: $a_1 + a_{20}$. Se quisermos determinar essa soma em função de a_5, teríamos:

$$\mathbf{a_1 + a_{20} = a_5 + a_{16}}$$

Repare que usamos a_{16} devido a estar quatro razões distantes do a_{20}, assim como a_5 está quatro razões distante do a_1, mantendo a equidistância dos extremos da PA.

3) Numa PA, tomando-se três termos consecutivos, o termo central é a média aritmética dos seus vizinhos.

Suponha a PA: 1, 5, 9, 13, 17, 21, 25. Vamos pegar três termos consecutivos. Por exemplo, 9, 13 e 17. Repare que o termo central (13) corresponde à média dos seus vizinhos (9 e 17):

(9 + 17) ÷ 2 = 13

1, 5, **9**, **13**, **17**, 21, 25

A partir daí, o mesmo vai acontecer para os demais termos equidistantes desses três termos consecutivos.

4) A soma dos extremos (primeiro e último termos) de uma PA é igual ao dobro do termo médio, quando houver.

Repare que para existir termo médio numa sequência, ela deverá ser formada por um número ímpar de termos.

Por exemplo, dada a PA: (2, 5, 8, 11, 14, 17, 20), temos que:

$$a_1 + a_7 = 2 \times a_4$$

$$2 + 20 = 2 \times 11 = 22$$

4.5. Notações Especiais

Quando procuramos obter uma PA com três, quatro ou cinco termos, é muito prática a seguinte notação:

- Para **três** termos:

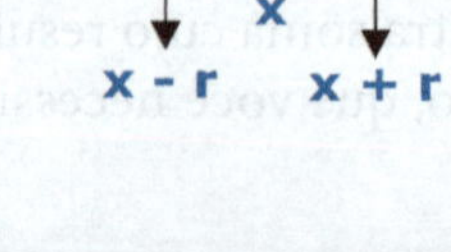

A vantagem dessa notação especial consiste em sair de uma situação com *três* incógnitas (a_1, a_2, a_3) e chegar a um cenário com apenas *duas* (x e r).

- Para **quatro** termos:

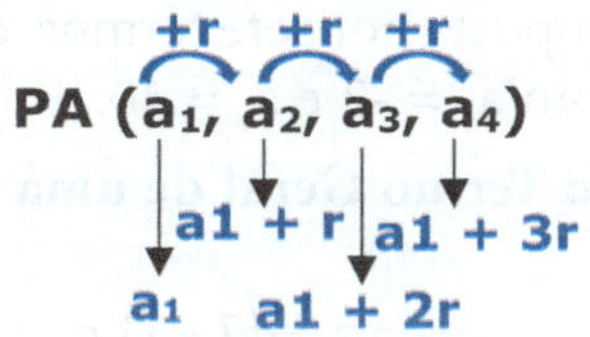

Dessa vez alcançamos um resultado ainda mais satisfatório, tendo em vista que saímos do uso de quatro incógnitas (a_1, a_2, a_3, a_4) para apenas duas (a_1 e r).

- Para **cinco** termos:

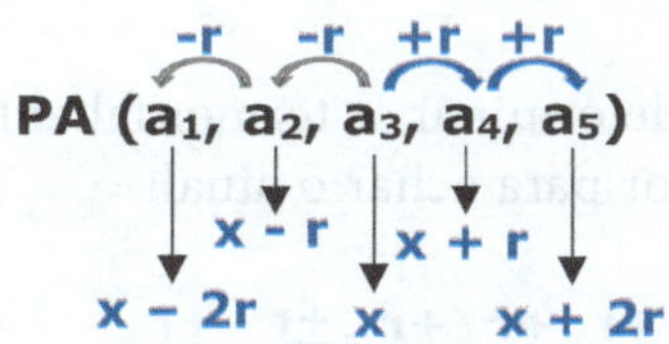

O que era bom ficou melhor! Veja que reduzimos consideravelmente a quantidade de incógnitas ao lidar com uma PA com cinco termos.

Portanto, aplicando essa técnica facilitamos muito o nosso trabalho na resolução de algumas questões!

4.6. Interpolação Aritmética

Interpolar meios aritméticos entre dois números dados significa **inserir números de tal forma que a sequência gerada seja uma progressão aritmética**.

Considere a seguinte sequência:

(2, __, __, __, 10)

Note que só conhecemos o primeiro (a_1) e o último (a_5) termos. Já que temos três espaços vazios, há três meios aritméticos a interpolar formando uma PA. Nesse caso, é fácil perceber que os termos são 4, 6 e 8:

(2, **4**, **6**, **8**, 10)

Então ficamos com uma PA de razão igual a 2. Além disso, **a quantidade de itens interpolados corresponde à subtração entre o total de termos da sequência e a quantidade de termos conhecidos**, ou seja, 5 – 2 = 3.

Vamos resolver alguns exercícios para que você fique altamente qualificado no uso desta ferramenta.

1) Interpolar 5 meios aritméticos entre -2 e 40.

Como são cinco meios aritméticos entre -2 e 40, a PA terá o seguinte formato:

(-2, __, __, __, __, __, 40)

Assim, a sequência é composta por **sete** termos, de modo que o nosso objetivo consiste em obter uma PA com $a_1 = -2$ e $a_7 = 40$.

Aplicando a **fórmula do Termo Geral de uma PA**, ficamos com:

$$a_7 = a_1 + (7-1).r$$

$$40 = -2 + 6r$$

$$r = \frac{42}{6} = 7$$

Agora ficou tranquilo determinar os termos faltantes da PA. Basta acrescentar 7 unidades ao termo anterior para achar o atual:

+r +r +r +r +r

(-2, **5**, **12**, **19**, **26**, **33**, 40)

2) Quando inserimos 10 meios aritméticos entre 2 e 79, qual é a razão da PA obtida?

Visto que são dez meios aritméticos e levando em conta que foram apresentados o primeiro e o último termos da sequência, então temos 12 termos, com $a_1 = 2$ e $a_{12} = 79$.

(2, __________________, 79)

10 termos

Daí, ficamos com:

$$a_{12} = a_1 + (12-1).r$$

$$79 = 2 + 11r$$

$$r = \frac{77}{11} = 7$$

Portanto, com os dados fornecidos, a razão da PA é igual a 7.

3) Inscrevendo-se nove meios aritméticos entre 15 e 45, qual é o sexto termos da PA?

A PA terá a seguinte estrutura:

$$\underset{\substack{\downarrow \\ a_1}}{(15,}\ \underbrace{\qquad\qquad\qquad}_{\text{9 termos}}\ \underset{\substack{\downarrow \\ a_{11}}}{,45)}$$

$$a_{11} = a_1 + 10.r$$

$$45 = 15 + 10r$$

$$r = \frac{30}{10} = 3$$

Mas como o nosso objetivo consiste em obter o 6º termo, temos:

$$a_6 = a_1 + 5 \times 3 = 15 + 15 = 30$$

4) Quantos números inteiros e positivos, formados com 3 algarismos, são múltiplos de 13?

Inicialmente, perceba que os múltiplos de 13 são: 13, 26, 39, 52, ... Mas o enunciado exige que eles tenham três algarismos. Por exemplo, o **130** é múltiplo de 13, já que 13 × 10 = 130. Mas antes dele têm 130 – 13 = **117** e 117 – 13 = **104**. Por outro lado, o múltiplo anterior ao 104 não interessa a nós por ter dois algarismos.

Assim, a nossa PA terá como primeiro termo a_1 = 104 e razão r = 13.

O último número de três algarismos é 999. Dividindo-o por 13, fica:

```
999 |13
-91   76
 89
-78
 11
```

Então, **999 = 13 × 76 + 11**. Note que o produto entre 13 e 76 vai resultar num múltiplo de 13 (988), que está 11 unidades antes do 999, e é o último número múltiplo de 13 com três algarismos.

Repare que se acrescentarmos mais 13 unidades ao 988, o número resultante também será um múltiplo de 13, mas que sairá do padrão exigido: 988 + 13 = 1.001. Assim, a PA será:

(104, __________________, 988)
(n – 2) termos

Vamos determinar a quantidade de termos que a PA possui:

$$a_n = a_1 + (n-1).r$$

$$988 = 104 + (n-1).13$$

$$n - 1 = \frac{884}{13}$$

$$n = 68 + 1 = 69$$

4.7. Soma dos Termos de uma PA

Para fazermos a **soma dos termos de uma progressão aritmética finita**, basta 1) somar o primeiro e último termos, 2) multiplicar esta soma pelo número de termos da sequência e 3) dividir tudo por 2. Portanto:

$$S_n = \frac{(a_1 + a_n).n}{2}$$

Agora vamos solucionar alguns exercícios que nos ajudarão a compreender melhor essa fórmula.

1) Calcule a soma dos 50 primeiros termos da PA (2, 6, ...).

Temos uma PA em que a_1 **= 2** e a_2 **= 6**. Logo, a razão fica **r** = 6 – 2 = **4**.

Para somar os 50 primeiros termos dessa PA, fazemos:

$$S_{50} = \frac{(2 + a_{50}).50}{2}$$

Note que precisamos descobrir o valor do $\mathbf{a_{50}}$ para prosseguirmos com os cálculos, o qual pode ser calculado por meio da fórmula do termo geral:

$$a_{50} = a_1 + 49r = 2 + 49 \times 4 = 2 + 196 = 198$$

Substituindo na fórmula da soma:

$$S_{50} = \frac{(2+198).50}{2} = \frac{200 \times 50}{2} = 5.000$$

2) A soma dos dez termos de uma PA é 200. Se o 1º termo dessa PA é 2, qual é a sua razão?

Aplicando a fórmula da soma dos termos de PA, obtemos:

$$S_{10} = \frac{(2+a_{10}).10}{2}$$

$$200 = (2+a_{10}).5$$

$$a_{10} = 40 - 2 = 38$$

Encontrado o valor do $\mathbf{a_{10}}$, podemos determinar a **razão** da PA:

$$a_{10} = a_1 + 9r$$

$$38 = 2 + 9r$$

$$r = \frac{36}{9} = 4$$

3) O oitavo termo de uma PA é 89 e sua razão vale 11. Determine a soma de seus termos.

Conforme os dados apresentados no exercício, temos:

$$S_8 = \frac{(a_1 + a_8).8}{2} = (a_1 + 89).4$$

Vamos agora determinar o valor de a_1:

$$a_8 = a_1 + 7r$$

$$89 = a_1 + 7 \times 11$$

$$a_1 = 89 - 77 = 12$$

Substituindo nos cálculos da soma dos termos:

$$S_8 = (12 + 89) \times 4 = 101 \times 4 = 404$$

4) Em uma PA, sabe-se que a_3 + a_6 = 164. Calcule a soma dos seus oito primeiros termos.

A sequência em análise possui a seguinte estrutura:

(a_1, __, a_3, __, __, a_6, __, a_8)

Repare que para sair do a_3 e chegarmos no a_1 precisamos retroceder *duas* razões. Da mesma forma, para sairmos do a_6 e chegarmos no a_8, avançamos *duas* razões. Isso significa que a_3 e a_6 são termos **equidistantes** dos extremos.

Nesse caso, temos uma propriedade afirmando que **a soma de dois termos equidistantes dos extremos é igual à soma dos extremos**, de modo que a soma entre a_1 e a_8 também deve ser igual a 164. Portanto:

$$a_1 + a_8 = 164$$

Assim, podemos aplicar a soma dos termos de uma PA:

$$S_8 = \frac{(a_1 + a_8).8}{2} = 164 \times 4 = 656$$

5) Um teatro possui 12 poltronas na primeira fileira, 14 na segunda e 16 na terceira; as demais fileiras se compõem na mesma sequência. Quantas fileiras são necessárias para o teatro ter um total de 620 poltronas?

A situação apresentada no enunciado pode ser indicada por meio de uma PA com a seguinte estrutura:

(12, 14, 16, ...)

A questão exige a quantidade de fileiras necessárias para o teatro ter um total de 620 poltronas. Portanto, precisamos determinar a quantidade de termos da PA sabendo que a soma dos termos é igual a 620 e a razão é 2. Logo:

$$\boldsymbol{S_n} = \frac{(a_1 + a_n).n}{2}$$

$$620 = \frac{(12 + a_n).n}{2}$$

$$(12 + a_n).n = 1240$$

Para achar o valor de $\mathbf{a_n}$, usamos a fórmula do termo geral:

$$a_n = a_1 + (n-1).r$$

$$\boldsymbol{a_n} = 12 + (n-1).2 = 12 + 2n - 2 = 2\boldsymbol{n} + 10$$

Substituindo isso nos cálculos da soma dos termos, ficamos com:

$$(12 + 2n + 10).n = 1240$$

$$(22 + 2n).n = 1240$$

$$2n^2 + 22n - 1240 = 0$$

$$n^2 + 11n - 620 = 0$$

Veja que chegamos a uma equação do 2º grau, cuja soma e produto das raízes fica:

$$\boldsymbol{n_1} + \boldsymbol{n_2} = \frac{-b}{a} = \frac{-11}{1} = -11$$

$$\boldsymbol{n_1} \times \boldsymbol{n_2} = \frac{c}{a} = \frac{-620}{1} = -620$$

Com base nisso, podemos concluir que as duas raízes que formam a solução para a equação são $n_1 = 20$ e $n_2 = -31$. Mas qual das duas será a apropriada para representar a quantidade de fileiras no teatro? Certamente será a raiz **positiva**.

Portanto, o número de fileiras do teatro corresponde a **n = 20**.

Veja como esse assunto já foi cobrado!

QUESTÃO 32 (Cebraspe/FUB/Ass Adm/2018) A tabela seguinte mostra as quantidades de livros de uma biblioteca que foram emprestados em cada um dos seis primeiros meses de 2017.

	mês					
	1	2	3	4	5	6
quantidade	50	150	250	250	300	200

A partir dessa tabela, julgue o próximo item.

Os livros emprestados no referido semestre foram devolvidos somente a partir de julho de 2017 e os números correspondentes às quantidades de livros devolvidos a cada mês formavam uma progressão aritmética em que o primeiro termo era 90 e razão, 30. Nessa situação, mais de 200 livros foram devolvidos somente a partir de 2018.

RESOLUÇÃO:

Conforme a tabela apresentada, o total de livros emprestados no primeiro semestre é de 50 + 150 + 250 + 250 + 300 + 200 = 1.200.

Note que os livros devolvidos no segundo semestre formam uma **Progressão Aritmética (PA)** em que o primeiro termo é 90 e a razão é 30:

(90, 120, 150, 180, 210, 240)

Assim, o total de livros devolvidos é a soma dos termos dessa PA, que é dada por:

$$S = \frac{(a_1 + a_n).n}{2}$$

$$S = \frac{(90 + 240).6}{2} = 330 \times 3 = 990$$

Veja que o total de livros emprestados em 2017 foi 1.200 e o total de livros devolvidos foi 990, de modo que ainda faltam ser devolvidos: 1.200 − 990 = **210 livros**, os quais foram devolvidos somente a partir de 2018.

Gabarito: Certo.

QUESTÃO 33 (IBFC/TJ-PE/Ana Jud/2017) Um assistente judiciário analisou, num primeiro dia de trabalho, 7 laudas de um processo com 785 laudas, num segundo dia analisou 3 laudas a mais do processo que no primeiro dia. Se a cada dia de trabalho esse assistente analisar 3 laudas a mais do processo que no dia anterior, então, após 15 dias de trabalho, o total de laudas do processo que ainda faltarão para serem analisados será igual a:

a) 420 b) 365 c) 295 d) 340 e) 435

RESOLUÇÃO:

Veja que o número de laudas analisadas por dia segue uma **progressão aritmética** de **razão** r = **3** e **termo inicial** $a_1 = 7$:

$$7, 10, 13, 16, \ldots$$

O décimo quinto termo é obtido pela **fórmula do termo geral da PA**:

$$a_n = a_1 + (n - 1).r$$

$$\mathbf{a_{15} = 7 + (15 - 1).3 = 7 + 42 = 49}$$

A soma do número de processos analisados em 15 dias de trabalho é:

$$S_n = (a_1 + a_n).n/2$$

$$\mathbf{S_{15} = (7 + 49).15/2 = 56.15/2 = 28.15 = 420}$$

Portanto, após 15 dias já foram analisadas 420 laudas. Faltam ser analisadas 785 – 420 = **365** laudas.

Gabarito: B.

QUESTÃO 34 (CEBRASPE – Soldado/CBM-CE/2014)

Tabela I

a_1	a_2	a_3	a_4	a_5	a_6	a_7	a_8	a_9	a_{10}	a_{11}	a_{12}	...
1	2	3	4	4	4	9	8	5	16	16	6	...

Tabela II

sequência 1	1	4	9	16	25	36	...
sequência 2	2	4	8	16	32	64	...
sequência 3	3	4	5	6	7	8	...

Considerando que a sequência numérica an, n = 1, 2, 3, ... mostrada na tabela I seja construída intercalando-se os termos das três sequências apresentadas na tabela II, julgue o seguinte item.

A soma dos vinte primeiros termos da sequência 3 é superior a 250.

RESOLUÇÃO:

A sequência 3 é uma **progressão aritmética (PA)**, com primeiro termo igual a 3 ($a_1 = 3$) e razão r = 1.

Por sua vez, o vigésimo termo pode ser calculado pela **fórmula do termo geral** da PA:

$$a_n = a_1 + (n - 1) \times r$$

$$\mathbf{a_{20}} = 3 + 19 \times 1 = \mathbf{22}$$

Agora podemos calcular a **soma dos vinte primeiros termos**:

$$S_n = \frac{(a_1 + a_n).n}{2}$$

$$S_{20} = \frac{(3+22).20}{2} = 25 \times 10 = 250$$

Portanto, a soma não é superior a 250.

Gabarito: Errado.

QUESTÃO 35 (CEBRASPE – Prof/SEED-PR/2021) Suponha que cinco números estejam em progressão aritmética, sendo o menor deles igual a 4 e o maior igual a 16. Nesse caso, a soma desses números é igual a

a) 20 b) 30 c) 40 d) 60 e) 50

RESOLUÇÃO:

O enunciado é claro quando afirma que estamos diante de uma PA. Também é dito que o menor número da sequência é $a_1 = 4$ e o maior é $a_5 = 16$.

Como queremos obter a soma desses cinco números, podemos aplicar a fórmula:

$$S_5 = \frac{(a_1 + a_5).5}{2} = \frac{(4 + 16).5}{2} = \frac{100}{2} = 50$$

Gabarito: E.

5. PROGRESSÃO GEOMÉTRICA

5.1. Conceito

Observe a seguinte sequência numérica:

(3, 6, 12, 24, 48, ...)

Assim como na PA, cada número é chamado de **termo da sequência**. O *primeiro* termo, que nesse caso é igual a 3, é normalmente identificado como a_1; o segundo termo é o a_2, assim como o terceiro termo é o a_3, e assim por diante até o mais infinito.

Lembre-se que no estudo da **progressão aritmética** aprendemos que *a diferença entre dois termos consecutivos* é sempre constante, o que não ocorre na sequência que estamos analisando, de modo que ela não é uma PA.

Porém, em relação a essa sequência, o mais importante é que você perceba que o quociente entre o termo da direita pelo da esquerda é sempre constante. Portanto, 6 ÷ 3 = 12 ÷ 6 = 24 ÷ 12 = ... = 2. A esse **quociente constante entre dois termos** damos o nome de **razão (q)**.

q = termo atual ÷ termo anterior

IMPORTANTE!

RAZÃO DA PA

É a **diferença** constante entre dois termos consecutivos, indicada por ***r***.

RAZÃO DA PG

É o **quociente** constante entre dois termos consecutivos, indicado por ***q***.

Dessa maneira, podemos concluir que **Progressão Geométrica (PG)** é uma **sequência em que cada termo, a partir do segundo, corresponde ao produto do anterior por uma constante *q* dada, chamada de razão.**

Vamos ver alguns exemplos que nos ajudarão a esclarecer os conceitos apresentados.

a) (1, 2, 4, 8, 16, ...)

Repare que estamos diante de uma PG, pois existe um quociente constante entre os termos da sequência. Mas de qual valor?

Para calcularmos esse quociente, isto é, a razão da PG, basta escolher qualquer um dos termos, a partir do segundo, e dividir pelo seu anterior. Para exemplificar, tomando o 4, a razão fica:

$$\mathbf{q} = 4 \div 2 = \mathbf{2}$$

b) (-1, -2, -4, -8, -16, ...)

Mais uma vez o quociente entre os termos da sequência é constante. Vamos calculá-lo?

Pegando o termo "-8", basta dividir por seu antecedente (-4), ficando com:

$$\mathbf{q} = (-8) \div (-4) = \mathbf{2}$$

c) (1, 1/3, 1/9, 1/27, 1/81, ...)

Temos uma PG em que seus termos são fracionários. De todo modo, sua razão continua sendo obtida pela divisão entre um termo qualquer e o seu antecedente:

$$q = \frac{1}{27} \div \frac{1}{9} = \frac{1}{27} \times \frac{9}{1} = \frac{1}{3}$$

d) (-54, -18, -6, -2, ...)

Estamos diante de uma PG, cuja razão é:

q = (-2) ÷ (-6) = **1/3**

e) (5, 5, 5, 5, 5, ...)

Note que todos os termos são iguais. Nesse caso, a razão da PG é q = 5 ÷ 5 = 1. Perceba que essa sequência também é uma PA, mas de razão r = 5 – 5 = 0.

f) (5, -10, 20, -40, -80, ...)

Também temos uma PG, e sua razão é dada por:

$$q = \frac{20}{(-10)} = -2$$

Veja como esse assunto já foi cobrado!

QUESTÃO 36 (CEBRASPE – Soldado/CBM-DF/2011) O governador do estado do Rio de Janeiro, Sérgio Cabral, voltou a defender a política de reajuste salarial oferecida pelo governo ao corpo de bombeiros, que prevê ganhos de 1% a cada mês em relação ao salário do mês imediatamente anterior até 2014.

O governador afirmou que o efetivo de bombeiros do Rio é proporcionalmente muito superior ao de todos os estados. "O Rio de Janeiro tem 16.500 bombeiros militares, com 16 milhões de habitantes. São Paulo, com 40 milhões de habitantes, tem 8.500 bombeiros. Minas Gerais tem 20 milhões de habitantes e 5 mil bombeiros militares. Sergipe, referência de excelente salário, tem 630 bombeiros. De maneira que nós temos de ter responsabilidade. Esta política tem de seguir uma estratégia, que não é a ideal, mas é a possível." Segundo números apresentados pelo governo fluminense, o efetivo de bombeiros do Rio de Janeiro corresponde a 25% do total de bombeiros em todo o país.

Internet: <www.correiobraziliense.com.br> (com adaptações).

Com referência ao texto apresentado acima, julgue o item.

Caso a política de reajuste salarial mencionada no texto seja implementada, então, desconsiderando-se outras variações salariais, a sequência dos salários mensais de um bombeiro, a partir da implementação dessa política salarial e até 2014, formará uma progressão aritmética finita.

RESOLUÇÃO:

Aumentar algo em 1% é o mesmo que multiplicar tal valor por 1,01. Desse modo, se vamos dando sucessivos aumentos de 1,01, os valores vão sempre sendo multiplicados por 1,01. Isso caracteriza uma progressão **geométrica** (e não aritmética) de razão 1,01.

Para a progressão ser aritmética, precisaríamos sempre somar uma constante (e não multiplicar).

Gabarito: Errado.

5.2. Classificação

A depender do valor da razão, as progressões geométricas podem ser classificadas em 4 categorias:

- **Crescente**: a sequência de números vai *aumentando*, de modo que qualquer termo é sempre *maior* que o seu antecedente. No caso da PG, isso ocorre em duas situações:

$$a_1 > 0 \text{ e } q > 1 \textbf{ OU } a_1 < 0 \text{ e } 0 < q < 1$$

- **Constante ou estacionária**: a sequência permanece *invariável*, de forma que qualquer termo é sempre *igual* aos demais. Nesse caso, a razão é igual a um.
- **Decrescente**: a sequência vai *diminuindo*, tendo como consequência que cada termo é sempre *menor* que o seu antecedente. No caso da PG, isso ocorre em duas situações:

$$a_1 > 0 \text{ e } 0 < q < 1 \textbf{ OU } a_1 < 0 \text{ e } q > 1$$

– **Alternada ou oscilante**: a sequência apresenta termos positivos e negativos, alternadamente, e a razão da PG é negativa ($q < 0$).

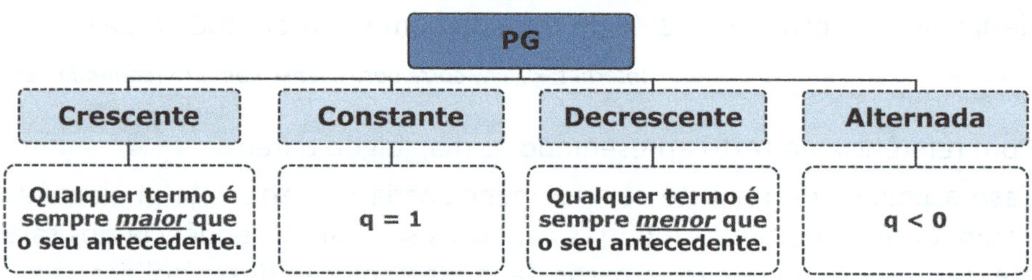

Assim como a PA, quanto ao número de termos a PG pode ser classificada como:

- **Finita**: a sequência possui um número *limitado* de termos. Ex: (1, 4, 16, 64, 256).
- **Infinita**: a sequência apresenta uma quantidade *ilimitada* de termos. Ex: (3, 9, 27, 81, 243, ...).

PG INFINITA: Número **ilimitado** de termos

PG FINITA: Número **limitado** de termos

5.3. Termo Geral de uma PG

Vamos agora encontrar uma expressão que nos permita obter um termo qualquer de uma PG, conhecendo apenas o 1º termo e a razão.

Seja (a_1, a_2, a_3, ..., a_n) uma PG de razão q. Note que o segundo termo corresponde ao produto entre o primeiro e a razão:

$$a_2 = a_1 \times q$$

Similarmente, o terceiro termo nada mais é que o primeiro termo multiplicado pelo produto de duas razões:

$$a_3 = a_1 \times q^2$$

Seguindo a lógica, o $\mathbf{a_4}$ é exatamente igual ao $\mathbf{a_1}$ multiplicado pelo produto de 3 razões:

$$a_4 = a_1 \times q^3$$

Perceba que um padrão está sendo formado, em que sempre estará presente na multiplicação o $\mathbf{a_1}$. Também notamos que quando desejamos determinar o $\mathbf{a_3}$, por exemplo, o expoente da razão é de uma unidade a menos, isto é, $\mathbf{q^2}$.

Com isso, genericamente indicamos que o **termo geral de uma PG** é dado por:

$$a_n = a_1 \times q^{n-1}$$

Em que:

$\mathbf{a_n}$: termo geral (enésimo termo)

$\mathbf{a_1}$: primeiro termo da PA

n: número de termos da sequência

q: razão da PG

Neste sentido, considere a progressão geométrica a seguir:

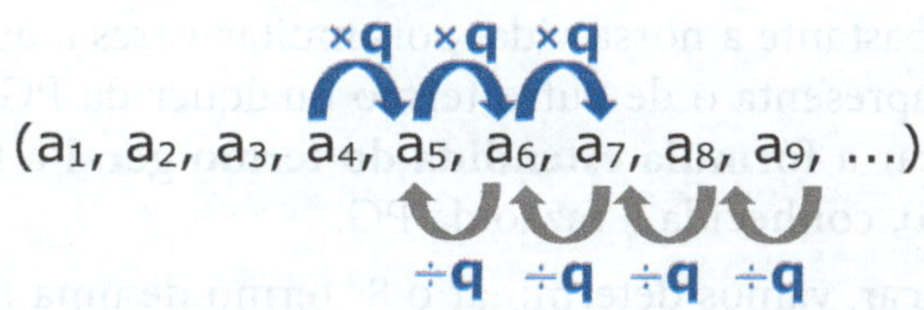

Repare que:

- Para sair do $\mathbf{a_4}$ e chegar ao $\mathbf{a_7}$ precisamos avançar *multiplicando* 3 razões. Logo: $\mathbf{a_7 = a_4 \times q^3}$.
- Para sair do $\mathbf{a_9}$ e chegar ao $\mathbf{a_5}$, retrocedemos *dividindo* 4 razões, ou multiplicamos essas 4 razões mas com expoente negativo. Assim: $\mathbf{a_5 = a_9 \times q^{-4} = a_9 \div q^4}$.

FIQUE ATENTO!

Note que *multiplicar* 4 razões com expoente negativo é o mesmo que *dividir* essas 4 razões, porém com expoente positivo. Ex: $32 \times 2^{-4} = 32 \div 2^4 = 2$.

Isso significa que, se desejamos avançar ou **caminhar para a frente** nos termos da sequência, devemos *multiplicar* razões, obtendo expoente positivo. Do contrário, isto é, se quisermos retroceder nos termos da PG, **caminhando para trás** (ir de um termo de maior ordem para um de menor ordem), também *multiplicamos* as razões, mas obtendo expoente negativo.

Adicionalmente, perceba os números presentes nos dois exemplos. No primeiro caso, temos o $\mathbf{a_7}$ e o $\mathbf{a_4}$, cuja subtração dos índices resulta em 7 – 4 = **3**, que corresponde ao expoente da razão. Analogamente, no segundo exemplo estamos trabalhando com o $\mathbf{a_5}$ e o $\mathbf{a_9}$, cuja subtração dos índices resulta em 5 – 9 = **-4**, o qual se refere, mais uma vez, ao expoente de **q**.

E o que isso significa, professores?

Ora, isso indica que podemos estender a definição do termo geral para:

$$a_n = a_k \times q^{n-k}$$

Com isso, passamos a ter condições de determinar um certo termo de uma PG ($\mathbf{a_n}$) em função de qualquer outro que se tenha ($\mathbf{a_k}$).

E isso facilita bastante a nossa vida, pois muitas vezes a questão não fornece o valor de $\mathbf{a_1}$, mas apresenta o de outro termo qualquer da PG em consideração. Daí, podemos aplicar a **fórmula estendida do termo geral** a fim de determinar um termo específico, conhecida a razão da PG.

Para exemplificar, vamos determinar o 8º termo de uma PG na qual $a_4 = 12$ e $q = 2$.

Note que o problema nos fornece $a_4 = 12$ e $q = 2$ para exigir o valor de a_8.

Não foi apresentado o valor de a_1, de modo que utilizaremos a fórmula estendida do termo geral da PG, obtendo:

$$a_n = a_k \times q^{n-k}$$

$$\mathbf{a_8} = a_4 \times q^{8-4} = 12 \times 2^4 = 12 \times 16 = \mathbf{192}$$

E se tivesse feito ao contrário, com o a_4 antes do a_8?

Chegaria ao mesmo resultado. Veja:

$$a_4 = a_8 \times q^{4-8}$$

$$12 = a_8 \times 2^{-4}$$

$$a_8 = 12 \div 2^{-4} = 12 \div 1/2^4 = 12 \times 2^4 = 12 \times 16 = \mathbf{192}$$

TOME NOTA!

Não importa a **ordem** em que serão inseridos os termos na fórmula estendida do termo geral da PG. O que importa é que **a diferença entre eles forma o expoente da razão**.

Veja como esse assunto já foi cobrado!

QUESTÃO 37 (FCC – Ana Jud/TRT 11ª Região/2017) Em janeiro de 2016, Tiago conseguiu guardar um dinheiro. Em cada mês subsequente, até dezembro do mesmo ano, ele sempre conseguiu guardar o dobro do dinheiro que havia guardado no mês imediatamente anterior. Sendo assim, a razão entre o dinheiro guardado por Tiago nos meses de julho e de dezembro, nessa ordem, foi igual a

a) 1/64 b) 1/32 c) 1/16 d) 1/2 e) 1/6

RESOLUÇÃO:

As quantias guardadas em cada mês formam uma **PG** de primeiro termo 100 e razão 2.

Assim, outra forma de encontrar a quantia guardada em dezembro é utilizando a **fórmula do termo geral da PG**:

$$a_n = a_1 \times q^{n-1}$$

A quantia guardada em dezembro (a_6) é igual à quantia guardada em julho (a_1 = 100) multiplicada pela razão q=2 elevada a "6 – 1 = 5":

$$a_6 = 100 \times 2^5 = 100 \times 32 = 3.200$$

Portanto, a razão entre o dinheiro guardado por Tiago nos meses de julho e de dezembro, nessa ordem, é igual a:

$$\frac{100}{3.200} = \frac{1}{32}$$

Gabarito: B.

QUESTÃO 38 (FCC – Ana Jud/TRF 3ª Região/2014) Um tabuleiro de xadrez possui 64 casas. Se fosse possível colocar 1 grão de arroz na primeira casa, 4 grãos na segunda, 16 grãos na terceira, 64 grãos na quarta, 256 na quinta, e assim sucessivamente, o total de grãos de arroz que deveria ser colocado na 64ª casa desse tabuleiro seria igual a

a) 2^{64}. b) 2^{126}. c) 2^{66}. d) 2^{128}. e) 2^{256}.

RESOLUÇÃO:

Vamos representar por $\mathbf{a_n}$ a quantidade de grãos na enésima casa.

A primeira casa tem 1 grão: $a_1 = 1$.

A segunda casa tem 4 grãos: $a_2 = 4$.

A terceira casa tem 16 grãos: $a_3 = 16$.

E assim por diante, sempre multiplicando por 4. Isso é uma **progressão geométrica** composta por 64 termos. Seu primeiro termo é $a_1 = 1$ e sua razão é $q = 4$.

O 64º termo é assim calculado:

$$a_n = a_1 \times q^{n-1}$$

$$a_{64} = 1 \times 4^{64-1} = 4^{63}$$

Agora substituímos 4 por 2^2:

$$= (2^2)^{63}$$

Finalmente, multiplicamos os expoentes:

$$= 2^{126}$$

Na última casa serão colocados $\mathbf{2^{126}}$ grãos de arroz.

Gabarito: B.

5.4. Propriedades

1) O quociente entre um termo qualquer, a partir do segundo, e o termo anterior é igual à razão (q) da PG.

$$a_n \div a_{n-1} = q$$

Para exemplificar, dada a PG (5, 15, 45, 135, 405), temos que:

- $a_2 \div a_1 = q = 15 \div 5 = 3$
- $a_3 \div a_2 = q = 45 \div 15 = 3$
- $a_4 \div a_3 = q = 135 \div 45 = 3$

Portanto, nessa PG a razão q = 3.

2) Numa PG finita, o produto de dois termos equidistantes (de mesma distância) dos extremos é igual ao produto dos extremos.

$$a_1 \times a_n = a_{1+k} \times a_{n-k}$$

Vixi, professores! Até que eu estava indo bem, mas agora...

Calma que tudo ficará mais claro com o seguinte exemplo. Considere a progressão geométrica composta pelos termos: 2, 4, 8, 16, 32, 64.

Note que o produto dos termos extremos resulta em 2 × 64 = 128. Similarmente, perceba que 4 e 32 são equidistantes dos extremos. De fato, o que separa esses termos em relação ao respectivo extremo é uma razão. Nessa situação, a multiplicação entre eles também resulta em 4 × 32 = 128.

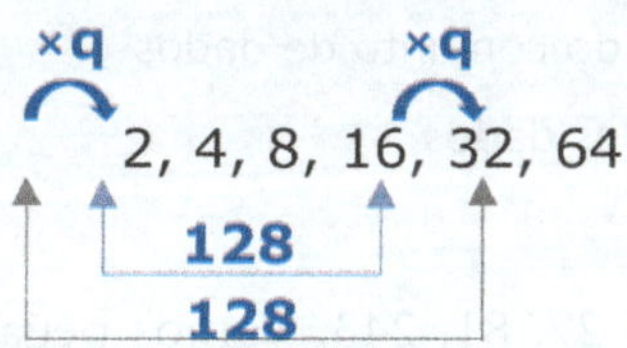

Por fim, o mesmo ocorre com 8 e 16, que são os outros termos equidistantes dos extremos, de forma que seu produto é 8 × 16 = 128.

Agora entendi. Mas qual é a utilidade disso numa prova?

Acontece que em algumas questões o examinador coloca no enunciado uma informação que não corresponde ao produto do primeiro pelo último termo da PG. Na verdade, será apresentada outra multiplicação cujo resultado é exatamente igual ao produto do primeiro pelo último termo, que você necessita para continuar as operações.

Por exemplo, numa PG em que n = 10, ou seja, o último termo é o 10º, o produto do 1º e último termos fica: $a_1 \times a_{10}$. Se quisermos determinar essa soma em função de a_5, teríamos:

$$a_1 \times a_{10} = a_5 \times a_6$$

Repare que usamos a_6 devido a estar quatro razões distantes do a_{10}, assim como a_5 está a quatro razões distante do a_1, mantendo a equidistância dos extremos da PA.

3) Numa PG, tomando-se três termos consecutivos, o termo central é a média geométrica dos seus vizinhos.

$$a_n = \sqrt{a_{n-1} \times a_{n+1}}$$

ESCLARECENDO!

A **média geométrica** é definida, para números positivos, como a **raiz n-ésima do produto de n elementos de um conjunto de dados**, e pode ser calculada de acordo com a seguinte fórmula:

$$M_G = \sqrt[n]{a_1 \times a_2 \times a_3 \times \ldots \times a_n}$$

Em que:

M_G: média geométrica

n: número de elementos do conjunto de dados

$a_1, a_2, a_3, \ldots, a_n$: valores dos dados

Suponha a PG: 1, 3, 9, 27, 81, 243. Vamos pegar três termos consecutivos. Por exemplo, 9, 27 e 81. Repare que o termo central (27) corresponde à média geométrica dos seus vizinhos (9 e 81):

$$\sqrt[2]{9 \times 81} = \sqrt[2]{729} = 27$$

1, 3, **9**, **27**, **81**, 243

A partir daí, o mesmo vai acontecer para os demais termos equidistantes desses três termos consecutivos.

BIZU!

PA	PG
Tomando-se três termos consecutivos, o termo central é a média **aritmética** dos seus vizinhos.	Tomando-se três termos consecutivos, o termo central é a média **geométrica** dos seus vizinhos.

4) A média geométrica dos extremos é igual ao termo médio, quando houver.

Repare que, para existir termo médio numa sequência, ela deverá ser formada por um número ímpar de termos.

Por exemplo, dada a PA: (2, 4, 8, 16, 32, 64, 128), temos que:

5.5. Notações Especiais

Quando procuramos obter uma PG com três ou quatro termos, é muito prática a seguinte notação:

- Para **três** termos:

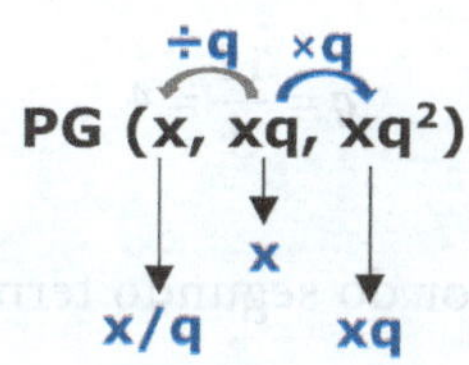

Com essa notação, surge outra forma para indicar os termos presentes numa determinada PG, além da maneira tradicional.

- Para **quatro** termos:

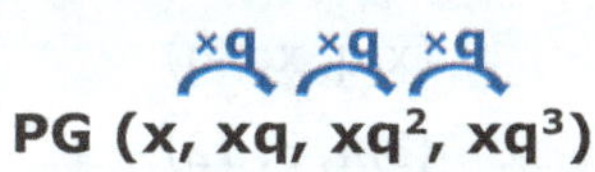

Não existe outra notação possível nesse caso, além da forma tradicional?

Até existe, mas trata-se de um método mais complexo cuja aplicação não traria tanto ganho assim para nós, de modo que precisamos focar no que é mais importante para a prova!

Agora vamos resolver alguns exercícios para fixar a utilização dessas notações.

1) Escreva três números em PG cujo produto seja 27 e a soma dos dois últimos seja 15.

Trata-se de uma PG com três termos, de modo que sua estrutura é a seguinte:

(x/q, x, xq)

O problema informa que o produto entre os termos é 27. Logo:

$$\frac{x}{q} \times x \times xq = 27$$

$$x^3 = 27$$

$$x = \sqrt[3]{27} = 3$$

Também é dito que a soma dos dois últimos termos é 15. Portanto:

$$x + xq = 15$$

$$3 + 3q = 15$$

$$q = \frac{12}{3} = 4$$

Assim, encontramos o valor do segundo termo da PG (x = 3) e a sua razão (q = 4).

Portanto, fica claro que **sempre que você conhecer um dos termos da PG (não importa se é o primeiro ou outro qualquer) e a sua razão, é possível representar toda a PG**. Lembrando que isso também vale a para a PA.

De fato:

(x/q, x, xq)

(3/4, 3, 12)

Experimente resolver esse mesmo problema indicando os termos como x, xq e xq^2 e veja que será bem mais complicado resolvê-lo. Isso mostra como o macete de usar a notação especial ajuda na resolução de questões.

2) Em uma PG de 4 termos, a soma dos dois primeiros é 12 e a soma dos dois últimos é 300. Determine essa PG.

Como são quatro termos, a PG tem a seguinte forma:

(x, xq, xq^2, xq^3)

O problema diz que a soma dos dois primeiros termos é 12. Logo:

$$x + xq = 12$$

$$x(1+q) = 12$$

$$(1+q) = \frac{12}{x} \ (I)$$

Em seguida é dito que a soma dos dois últimos é 300. Isto é:

$$xq^2 + xq^3 = 300$$

$$xq^2(1+q) = 300$$

$$(1+q) = \frac{300}{xq^2} \quad (II)$$

Podemos igualar as duas equações:

$$\frac{12}{x} = \frac{300}{xq^2}$$

$$12q^2 = 300$$

$$q^2 = \frac{300}{12}$$

$$q = \pm\sqrt{25} = \pm 5$$

Repare que no resultado ficamos com duas raízes (+5 e -5). Não podemos desconsiderar nenhuma delas, pois farão surgir duas progressões geométricas. Vamos substituir cada uma na equação (I):

- **q = +5**

$$(1+5) = \frac{12}{x}$$

$$x = \frac{12}{6} = 2$$

Substituindo esses valores na PG inicial e fazendo as operações indicadas:

(x, xq, xq^2, xq^3)

(2, 10, 50, 250)

Repare que nesse caso chegamos a uma PG *crescente*.

- **q = -5**

$$(1+(-5)) = \frac{12}{x}$$

$$x = \frac{12}{(-4)} = -3$$

Mais uma vez substituímos esses valores na PG inicial, executando as devidas operações:

$$(x, xq, xq^2, xq^3)$$

$$\mathbf{(-3, 15, -75, 375)}$$

Nessa situação obtivemos uma PG *alternada.*

3) Que número deve ser somado a 2, 4 e 7, nessa ordem, a fim de obtermos uma PG?

Seja x o número que deve ser somado a 2, 4 e 7. Assim, a PG terá o seguinte formato:

$$(\underbrace{2 + x}_{a_1},\ \underbrace{4 + x}_{a_2},\ \underbrace{7 + x}_{a_3})$$

Sabemos que numa PG o quociente o quociente entre o termo da direita pelo da esquerda é sempre constante. Logo:

$$\frac{a_2}{a_1} = \frac{a_3}{a_2}$$

Multiplicando as diagonais, temos:

$$(a_2)^2 = a_1 \times a_3$$

$$a_2 = \sqrt{a_1 \times a_3}$$

Note que confirmamos a propriedade que afirma que, numa PG, tomando-se três termos consecutivos, o termo central é a média geométrica dos seus vizinhos.

Agora vamos substituir nessa fórmula os seus respectivos termos:

$$(4+x)^2 = (2+x)\times(7+x)$$

$$16 + 8x + x^2 = 14 + 2x + 7x + x^2$$

$$9x - 8x = 16 - 14$$

$$x = 2$$

Portanto, a nossa PG fica:

(2 + x, 4 + x, 7 + x)

(4, 6, 9)

Note que a razão dessa PG fica **q** = 6/4 = 9/6 = **3/2.**

4) Três números inteiros positivos estão em PG de tal forma que a soma deles é igual a 62 e o menor número é igual a 25 vezes o menor. Quais são os três números?

Vamos utilizar a notação simples para indicar os três termos da PG:

$$(x, xq, xq^2)$$

Considerando que a soma dos três termos é igual a 62, temos:

$$x + xq + xq^2 = 62$$

Em seguida é dito que o menor número é igual a 25 vezes o menor. Logo:

$$xq^2 \times = 25x$$

$$q^2 = 25$$

$$q = \pm 5$$

Nesse caso, ficamos com duas raízes. Porém, como o enunciado informa que a PG é formada por três números inteiros **positivos**, podemos descartar a raiz negativa, pois ela nos conduziria a uma PG alternada, com pelo menos um dos termos sendo negativo. Dessa maneira, temos que **q** = **5**, de modo que:

$$x + 5x + 25x = 62$$

$$31x = 62$$

$$x = 2$$

Portanto, a nossa PG será:

$$(x, xq, xq^2)$$

(2, 10, 50)

5.6. Interpolação Geométrica

Interpolar meios geométricos entre dois números dados significa **inserir números de tal forma que a sequência gerada seja uma progressão geométrica**.

Considere a seguinte sequência:

(1, __, __, __, 81)

Note que só conhecemos o primeiro (a_1) e último (a_5) termos. Já que temos três espaços vazios, há três meios geométricos a interpolar formando uma PG. Nesse caso, é fácil perceber que os termos são 3, 9 e 27:

(1, **3**, **9**, **27**, 81)

Então ficamos com uma PG de razão igual a 3. Além disso, **a quantidade de itens interpolados corresponde à subtração entre o total de termos da sequência e a quantidade de termos conhecidos**, ou seja, 5 – 2 = 3.

Vamos resolver alguns exercícios para que você fique altamente qualificado no uso desta ferramenta.

1) Interpolar 5 meios geométricos entre 2/3 e 486.

Como são cinco meios geométricos entre 2/3 e 486, a PG terá o seguinte formato:

(2/3, __, __, __, __, __, 486)

Assim, a sequência é composta por **sete** termos, de modo que o nosso objetivo consiste em obter uma PG com $a_1 = 2/3$ e $a_7 = 486$.

Aplicando a **fórmula do Termo Geral de uma PG**, ficamos com:

$$a_7 = a_1 \times q^6$$

$$486 = \frac{2}{3} \times q^6$$

$$2q^6 = 1.458$$

$$q^6 = 729$$

$$q = \sqrt[6]{729} = 3$$

Agora ficou tranquilo determinar os termos faltantes da PG. Basta multiplicar por 3 o termo anterior para achar o atual:

×3 ×3 ×3 ×3 ×3

(2/3, **2**, **6**, **18**, **54**, **162**, 486)

2) Quando inserimos 4 meios geométricos entre 480 e 15, qual é a razão q da PG obtida?

Visto que são quatro meios geométricos e levando com conta que foram apresentados o primeiro e o último termos da sequência, então temos 6 termos, com $a_1 = 480$ e $a_6 = 15$.

(480, ____________, 15)
4 termos

Daí, ficamos com:

$$a_6 = a_1 \times q^5$$

$$15 = 480 \times q^5$$

$$q^5 = \frac{15}{480} = \frac{1}{32}$$

$$q = \sqrt[5]{\frac{1}{32}} = \frac{1}{2}$$

Portanto, com os dados fornecidos, a razão da PG é igual a 1/2.

3) Quantos meios geométricos devemos inserir entre 1/16 e 64 de modo que a sequência obtida tenha razão 4?

A PG terá a seguinte estrutura:

(1/16, ____________________, 64)
↓ **x termos** ↓
a_1 **a_n**

$$a_n = a_1 \times q^{n-1}$$

$$64 = \frac{1}{16} \times 4^{n-1}$$

$$4^{n-1} = 16 \times 64$$

$$4^{n-1} = 4^2 \times 4^3$$

$$4^{n-1} = 4^5$$

Ficamos com uma igualdade de potência de mesma base. Logo, podemos igualar os expoentes:

$$n-1=5$$

$$\boldsymbol{n}=5+1=6$$

Assim, descobrimos que o número total de termos da PG é exatamente igual a 6. Como temos dois termos já conhecidos, então os meios geométricos a inserir são 6 – 2 = **4**.

5.7. Soma dos Termos de uma PG

5.7.1. Soma dos Termos de uma PG Finita

A fórmula que permite calcular a **soma dos termos de uma progressão geométrica finita** é dada por:

$$\boldsymbol{S_n}=\frac{\boldsymbol{a_1}\left(\boldsymbol{q^n}-1\right)}{\boldsymbol{q}-1}$$

No caso específico de termos a *razão igual a 1*, a PG é constante, de modo que a soma de todos os seus termos (n) será dada por:

$$\boldsymbol{S_n}=\boldsymbol{a_1}\times\boldsymbol{n}\ \left(para\,q=1\right)$$

5.7.2. Soma dos Termos de uma PG Infinita

Se $|q| < 1$, teremos q^n tendendo a zero com n tendendo ao infinito. Se você nunca estudou Cálculo na faculdade, esqueça a frase anterior e decore a fórmula, simples assim. Assim, tomando-se a fórmula da soma dos termos de uma PG finita, teremos:

$$S_n=\frac{a_1\left(q^n-1\right)}{q-1}$$

$$S_\infty=\frac{a_1\left(0-1\right)}{q-1}=\frac{-a_1}{q-1}$$

$$\boldsymbol{S_\infty}=\frac{\boldsymbol{a_1}}{1-\boldsymbol{q}}$$

Já se estivermos diante de uma PG infinita, de razão 0 < q < 1, a soma dos seus infinitos termos será:

$$S_n = \frac{a_1}{1-q}$$

Veja como esse assunto já foi cobrado!

QUESTÃO 39 (IBFC/TJ-PE/Ana Jud/2017) Para acessar os dados de um arquivo um técnico judiciário deve saber o valor de x que é solução da equação $x + \frac{x}{2} + \frac{x}{4} + \ldots =$. Nessas condições o valor de x deve ser:

a) 2 b) 1,5 c) 2,5 d) 3 e) 1

RESOLUÇÃO:

Note que os termos da sequência que está sendo somada são os seguintes:

(x, x/2, x/4, ...)

Esta sequência é uma **progressão geométrica**, em que o **primeiro termo** é a_1 = **x**, a **razão** é q = **1/2** e cada termo é a metade do anterior. Trata-se de uma PG com infinitos termos, e a sua **soma** é igual a **6**.

A **soma dos infinitos termos de uma PG** é dada por:

$$S = a_1 / (1 - q)$$

$$6 = x / (1 - 1/2)$$

$$6 . (1 - 1/2) = x$$

$$6 . 1/2 = x$$

$$\mathbf{x = 3}$$

Gabarito: D.

QUESTÃO 40 (IBFC/TJ-PE/Téc Jud/2017) Após uma investigação sobre sonegação fiscal, foram recuperados 3 milhões de reais do valor total sonegado, no primeiro mês. Em seguida, no segundo mês, foram recuperados 9/4 do valor total sonegado (em milhões). Já no terceiro mês, foram recuperados 27/16 do valor total sonegado (em milhões). Se a cada mês, indefinidamente, forem recuperados valores seguindo a sequência dos meses anteriores, então o valor total sonegado será igual a:

a) 9 milhões de reais

b) 12 milhões de reais

c) 17/4 milhões de reais

d) 25/16 milhões de reais

e) 8 milhões de reais

RESOLUÇÃO:

Sendo **X** milhões o valor sonegado, temos:

$$3, \frac{9X}{4}, \frac{27X}{16}, \ldots$$

Repare que temos uma **PG** com termo inicial igual a 3 milhões e **razão** igual a 3/4, afinal vamos multiplicando por 3/4 para ir de 9/4 para 27/16.

A **soma dos infinitos termos**, que corresponde ao **total sonegado**, é:

$$S = \frac{a_1}{(1-q)} = \frac{3}{\left(1 - \frac{3}{4}\right)} = \frac{3}{\frac{1}{4}} = 12\,\text{milhões}$$

Gabarito: B.

6. RESUMO

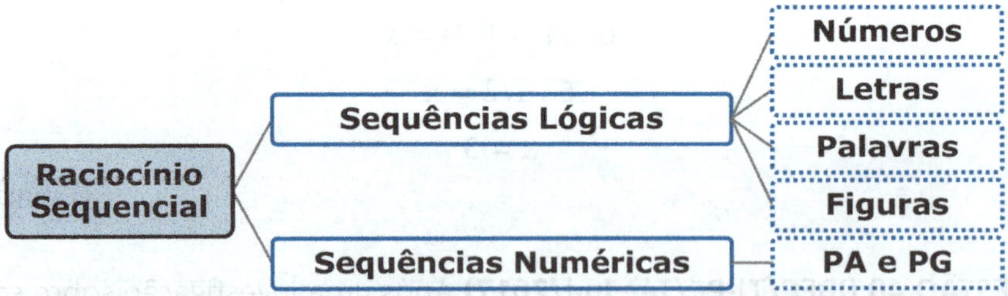

Um aspecto que você precisa ter bem claro em sua mente é que uma sequência lógica possui uma **regra de formação**! Daí a estratégia a ser utilizada consiste em descobrir qual o **padrão** eleito pelo elaborador da questão, a fim de encontrar os **elementos que completarão a sequência** apresentada.

PROGRESSÃO ARITMÉTICA

Progressão Aritmética (PA) é uma **sequência em que cada termo, a partir do segundo, é a soma do anterior com uma constante *r* dada, chamada de razão.**

Razão (r) da PA é a **diferença constante entre dois termos:**

r = termo atual – termo anterior

PA

- **Crescente**: **r > 0**
- **Constante**: **r = 0**
- **Decrescente**: **r < 0**

O **termo geral de uma PA** é dado por:

$$a_n = a_1 + (n - 1).r$$

$$a_n = a_k + (n - k).r$$

PROPRIEDADES DA PA

- **1) A diferença entre um termo qualquer, a partir do segundo, e o termo anterior é igual à razão (r) da PA.**
- **2) Numa PA finita, a soma de dois termos equidistantes (de mesma distância) dos extremos é igual à soma dos extremos.**
- **3) Numa PA, tomando-se três termos consecutivos, o termo central é a média aritmética dos seus vizinhos.**
- **4) A soma dos extremos (primeiro e último termos) de uma PA é igual ao dobro do termo médio, quando houver.**

A **soma dos termos de uma progressão aritmética finita** é dada por:

$$S_n = \frac{(a_1 + a_n).n}{2}$$

PROGRESSÃO GEOMÉTRICA

Progressão Aritmética (PA) é uma **sequência em que o quociente entre o termo da direita pelo da esquerda resulta sempre numa constante *q* dada, chamada de razão.**

Razão (q) da PG é o **quociente constante entre dois termos:**

r = termo atual ÷ termo anterior

PG

- **Crescente**: Qualquer termo é sempre ***maior*** que o seu antecedente.
- **Constante**: $q = 1$
- **Decrescente**: Qualquer termo é sempre ***menor*** que o seu antecedente.
- **Alternada**: $q < 0$

O termo geral de uma PG é dado por:

$$a_n = a_1 \times q^{n-1}$$

$$a_n = a_k \times q^{n-k}$$

PROPRIEDADES DA PG

1) O quociente entre um termo qualquer, a partir do segundo, e o termo anterior é igual à razão (q) da PG.

2) Numa PG finita, o produto de dois termos equidistantes (de mesma distância) dos extremos é igual ao produto dos extremos.

3) Numa PG, tomando-se três termos consecutivos, o termo central é a média geométrica dos seus vizinhos.

4) A média geométrica dos extremos é igual ao termo médio, quando houver.

A soma dos termos de uma progressão geométrica finita é dada por:

$$S_n = \frac{a_1\left(q^n - 1\right)}{q - 1}$$

A **soma dos termos de uma progressão geométrica infinita** é dada por:

$$S_n = \frac{a_1}{1-q}$$

7. MAIS QUESTÕES COMENTADAS

SEQUÊNCIAS LÓGICAS

QUESTÃO 41 (FCC/ALESE/Téc Leg/2018) Um servidor público, no seu primeiro dia de trabalho, atendeu uma única pessoa, o que se repetiu no segundo dia. A partir do terceiro, o número de pessoas atendidas por ele sempre foi igual à soma dos números de pessoas atendidas nos dois dias anteriores. Seu supervisor prometeu que, se houvesse um dia em que ele atendesse 50 ou mais pessoas, ele ganharia uma folga extra. Considerando que o padrão de atendimentos descrito se manteve, o servidor ganhou sua primeira folga extra ao final do

a) oitavo dia de trabalho.

b) décimo dia de trabalho.

c) décimo segundo dia de trabalho.

d) vigésimo dia de trabalho.

e) vigésimo segundo dia de trabalho.

RESOLUÇÃO:

No primeiro e no segundo dia de trabalho o servidor atendeu uma única pessoa em cada um deles. Mas a partir do terceiro, a quantidade de atendimentos passou a ser o resultado da soma dos números de pessoas atendidas nos dois dias anteriores.

Logo, a sequência fica: 1, 1, 2, 3,…. E assim por diante, ficando a sequência:

1, 1, 2, 3, 5, 8, 13, 21, 34, 55, …

O enunciado informa que se o servidor atendesse 50 ou mais pessoas, ele ganharia uma folga extra. Repare que o **10º termo** da sequência acima já é superior a 50.

Gabarito: B.

QUESTÃO 42 (FCC/TRT 2ª Região/Ana Jud/2018) Uma sequência é formada pelos primeiros números ímpares positivos que possuem três, e apenas três divisores positivos distintos. A diferença entre o sexto e o quinto termos dessa sequência é

a) 196 **b)** 335 **c)** 90 **d)** 268 **e)** 120

RESOLUÇÃO:

O enunciado apresenta a estrutura de uma sequência, formada por números com três divisores positivos distintos. Esses números são aqueles cuja forma fatorada é $\mathbf{n^2}$, em que **n** é um fator primo. Mas queremos apenas os ímpares, de modo que temos:

$$3^2, 5^2, 7^2, 11^2, 13^2, 17^2, \ldots$$

O nosso objetivo consiste em obter a diferença entre o sexto e o quinto termos dessa sequência, logo:

$$17^2 - 13^2 = 289 - 169 = \mathbf{120}$$

Gabarito: E.

QUESTÃO 43 (FCC/TRT 2ª Região/Téc Jud/2018) Na sequência (5, 7, 9, 11, 6, 8, 10, 12, 7, 9, 11, 13, 8, 10, 12, 14, 9, 11, 13, 15, 10, 12, 14, 16, 11, . . .), o número 15 aparece pela primeira vez na 20a posição e aparecerá pela última vez na posição de número

a) 44 **b)** 41 **c)** 43 **d)** 42 **e)** 40

RESOLUÇÃO:

Repare que a sequência apresentada pode ser dividida em 4 sequências alternadas:

5, 7, 9, *11*, 6, 8, 10, *12*, 7, 9, 11, *13*, 8, 10, 12, *14*, 9, 11, 13, *15*, 10, 12, 14, *16*, 11, . . .

Observe que a sequência de cor preta é a que está mais "atrasada", isto é, tem os números mais baixos. Portanto, o 15 vai aparecer pela última vez nessa sequência. Para isso, após o número 16 (azul em itálico), será preciso escrever mais 4 grupos de 4 números (começando com 11, 12, 13, 14), ou seja, mais 4 × 4 = 16 números, e mais o próximo número, que será o 15.

Assim, além dos 24 números que já temos até o 16, devemos escrever mais 16 números e, por fim, mais 1, totalizando 24 + 16 + 1 = 41. Essa é a última vez em que aparece o 15.

Gabarito: B.

QUESTÃO 44 (FCC/TRT-PE/Ana Jud/2018) Na sequência de números (x, x-1/3, x-2/3, x-3/3, ...) a diferença entre o quinto e o nono termos, nesta ordem, é igual a

a) 5/3. **b)** 2/3. **c)** 1. **d)** 7/3. **e)** 4/3.

RESOLUÇÃO:

Note que o padrão da sequência consiste em apenas **acrescentar uma unidade ao numerador da fração.**

Fazendo isso, vemos que o quinto termo é x – 4/3, e o nono termo é x – 8/3. A diferença entre eles, nessa ordem, é:

$$x - 4/3 - (x - 8/3) = -4/3 + 8/3 = \mathbf{4/3}.$$

Gabarito: E.

QUESTÃO 45 (FCC/TST/Téc Jud/2017) O código de um sistema de classificação de processos é composto por três vogais juntas, seguidas por três algarismos. A ordenação começa com o 1º processo, cujo código é AAA000, e termina com o 125.000º processo, cujo código é UUU999, seguindo sempre a ordem alfabética das letras e ordem crescente do número composto pelos três algarismos. Nesse sistema de classificação, o 10.500º processo terá o código

a) aea501. **b)** aia499. **c)** aia501. **d)** aia500. **e)** eaa499.

RESOLUÇÃO:

Veja que com as letras **AAA** nós temos 1.000 códigos (de AAA000 até AAA999). Teremos mais 1.000 códigos começando com:

AAE, AAI, AAO, AAU, AEA, AEE, AEI, AEO, AEU

Note que até aqui foram 10.000 códigos. Para chegar ao **10.500**, precisamos começar com as letras **AIA**, que é o próximo grupo em ordem alfabética, e pegar 500 códigos, indo de **AIA000** até **AIA499**. Esse é o código da posição procurada.

Gabarito: B.

QUESTÃO 46 (FCC – AFF/TCE-SP/2012) Observe as sequências de letras obtidas com uma mesma ideia.

I. A; B; D; G; K; P.

II. B; C; E; H; L; Q.

III. C; D; F; I ; M; R.

IV. D; E; ___; J; ___; S.

Utilizando a mesma ideia, a sequência IV deverá ser completada, respectivamente, com as letras

a) F e K. **b)** G e O. **c)** G e N. **d)** O e Q. **e)** R e U.

RESOLUÇÃO:

Cada sequência adotada obedece à seguinte característica:

Letra inicial → Letra seguinte do alfabeto → Pula uma letra →
→ Pula duas letras → Pula três letras → Pula quatro letras

Por exemplo, a seguinte sequência poderia ser montada:

E → **F** (Letra seguinte do alfabeto) → **H** (Pula uma letra)
→ **K** (Pula duas letras) → **O** (Pula três letras) → **T** (Pula duas letras)

Utilizando essa mesma ideia, a **sequência IV** deverá ser completada com as letras:

D → **E** (Letra seguinte do alfabeto) → **G** (Pula uma letra)
→ **J** (Pula duas letras) → **N** (Pula Três letras) → **S** (Pula duas letras)

Gabarito: C.

QUESTÃO 47 (FCC – TEFE/SEFAZ-SP/2010) A sucessão de palavras seguintes obedece a um padrão lógico:

TÓRAX – AMIGÁVEL – SABIÁ – VALENTÃO – CÔNICA – AÉREO – FICTÍCIO

De acordo com o padrão estabelecido, uma palavra que poderia dar continuidade a essa sucessão é:

a) GELADO **b)** ARREBALDE **c)** FÁCIL **d)** FILANTROPIA **e)** SOPA

RESOLUÇÃO:

Perceba que todas as palavras da sequência **possuem algum acento**, de forma que, dentre as palavras apresentadas nas alternativas, a única que obedece ao padrão estabelecido é **FÁCIL**.

Gabarito: C.

QUESTÃO 48 (FCC – Téc Jud/TRF 4ª Região/2010) Uma propriedade comum caracteriza o conjunto de palavras seguinte:

MARCA – BARBUDO – CRUCIAL – ADIDO – FRENTE – ?

De acordo com tal propriedade, a palavra que, em sequência, substituiria corretamente o ponto de interrogação é

a) FOFURA **b)** DESDITA **c)** GIGANTE **d)** HULHA **e)** ILIBADO.

RESOLUÇÃO:

Precisamos encontrar uma **propriedade comum** ao conjunto de palavras apresentado pelo enunciado. Ora, note que:

MARCA: presença de duas letras A.

BARBUDO: presença de duas letras B.

CRUCIAL: presença de duas letras C.

ADIDO: presença de duas letras D.

FRENTE: presença de duas letras E.

Logo, a palavra que, em sequência, substituirá corretamente o ponto de interrogação é **FOFURA**, pois tem a presença de duas letras F.

Gabarito: A.

QUESTÃO 49 (VUNESP/PM-SP/Soldado/2018) Em uma parede foi colocada uma faixa horizontal com azulejos azuis (A) e azulejos brancos (B), obedecendo à seguinte sequência:

A	B	B	A	B	B	...

Mantendo sempre essa mesma ordem na colocação dos azulejos, isto é, um azulejo azul seguido por dois azulejos brancos, e sabendo que essa faixa terá 57 azulejos, então, o número de azulejos brancos dessa faixa será

a) 38. **b)** 40. **c)** 42. **d)** 36. **e)** 34.

RESOLUÇÃO:

De acordo com a figura apresentada, o padrão se repete a cada 3 azulejos, de modo que são 57/3 = **19 grupos ABB**.

Visto que em cada grupo há 2 azulejos brancos, concluímos que o total de azulejos brancos é 2 x 19 = **38.**

Gabarito: A.

QUESTÃO 50 (VUNESP/TCE-SP/AGENTE DE FISC/2017) Considere a sequência (10, 15, 13, 18, 16, 21, 19, 24, 22, 27, ...). A soma do 16º, 17º e 18º termo dessa sequência é igual a

a) 105. **b)** 110. **c)** 109. **d)** 107. **e)** 104.

RESOLUÇÃO:

Veja que temos duas sequências alternadas:

(10, **15**, 13, **18**, 16, **21**, 19, **24**, 22, **27**, . . .)

Basta irmos somando de 3 em 3 unidades em cada sequência para chegarmos aos termos solicitados:

(10, **15**, 13, **18**, 16, **21**, 19, **24**, 22, **27**, 25, **30**, 28, **33**, 31, **36**, 34, **39**, ...)

A soma dos valores solicitados é 36 + 34 + 39 = **109**.

Gabarito: C.

QUESTÃO 51 (VUNESP – ATIC/PROCON-SP/2013) Considere a sequência de figuras a seguir.

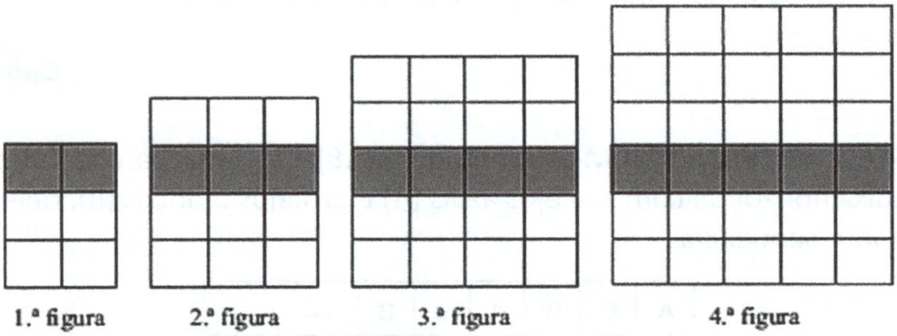

Admitindo-se que a regra de formação das figuras seguintes permaneça a mesma, é correto afirmar que o número de quadrados brancos da 11.ª figura será

a) 156. **b)** 144. **c)** 121. **d)** 110. **e)** 100.

RESOLUÇÃO:

Analisando as figuras, obtemos os seguintes dados:

- ✓ 1ª figura: possui **4** quadrados brancos;
- ✓ 2ª figura: possui **9** quadrados brancos;
- ✓ 3ª figura: possui **16** quadrados brancos;
- ✓ 4ª figura: possui **25** quadrados brancos.

Note que o número de quadrados brancos em cada figura corresponde a um **quadrado perfeito**, que estão em sequência, formando um padrão em que:

✓ 1ª figura: possui **2^2** quadrados brancos;

✓ 2ª figura: possui **3^2** quadrados brancos;

✓ 3ª figura: possui **4^2** quadrados brancos;

✓ 4ª figura: possui **5^2** quadrados brancos

Admitindo-se que a regra de formação das figuras seguintes permaneça a mesma, é correto afirmar que o número de quadrados brancos da 11.ª figura será:

✓ 11ª figura: possui **12^2** quadrados brancos.

Portanto, há **144 quadrados brancos**, o que torna a **letra B** a alternativa correta.

Gabarito: B.

QUESTÃO 52 (IBFC/TJ-PE/Téc Jud/2017) Considerando a sequência lógica 2,3,2,3,4,6,12,18,48,72,..., então a soma dos dois próximos termos dessa sequência representa o prazo, em dias, da expiração de um processo. Nessas condições, esse processo expira daqui:

a) 600 dias **b)** 360 dias **c)** 240 dias **d)** 480 dias **e)** 324 dias

RESOLUÇÃO:

Podemos desmembrar a sequência do enunciado em duas sequências alternadas:

- **Primeira sequência**: 2, 2, 4, 12, 48, ...
- **Segunda sequência**: 3, 3, 6, 18, 72, ...

Em ambos os casos, note que basta começar multiplicando por 1, depois por 2, depois por 3 e depois por 4. Para chegar ao próximo termo de cada sequência, basta multiplicar por 5, obtendo:

$$48 \times 5 = 240$$

$$72 \times 5 = 360$$

A soma dos dois próximos termos é, portanto, 240+360 = **600.** Esse é o prazo para o processo expirar.

Gabarito: A.

QUESTÃO 53 (IBFC/TJ-PE/Téc Jud/2017) Sabe-se que 1/3, 4/5, 7/7, 10/9, ... é uma sequência lógica ilimitada. Desse modo, a soma entre os números da fração (numerador e denominador) que representa o 100° termo da sequência representa a senha de acesso aos dados de um processo em andamento. Portanto, a senha de acesso deve ser o número:

a) 497 **b)** 501 **c)** 499 **d)** 503 **e)** 495

RESOLUÇÃO:

Note que os numeradores vão aumentando de 3 em 3 unidades e os denominadores vão aumentando de 2 em 2 unidades. Para chegar ao 100º termo, devemos partir do primeiro e somar 99 vezes o número 3 (no numerador) e 99 vezes o número 2 (no denominador), chegando a:

- **numerador** = 1 + 3×99 = **298**
- **denominador** = 3 + 99×2 = **201**

A soma do numerador e denominador é 298 + 201 = **499**, que corresponde à **senha de acesso** aos dados do processo.

Gabarito: C.

QUESTÃO 54 (IBFC/Câm de Araraquara/Ag Adm/2017) A figura apresenta os elementos de uma sequência lógica formada por quadros e símbolos, sendo que em cada um dos 50 quadros há sempre os mesmos 4 símbolos descritos numa mesma ordem.

@ * & #	@ * & #	@ * & #	@ * & #	@ * & #	@ * & #
Quadro 1	Quadro 2	Quadro 3	Quadro 4	...	Quadro 50

Observe que o 14º elemento da figura é o símbolo (*) que está no quadro 4. Nessas circunstâncias o símbolo e o quadro em que o 173º elemento da figura está são, respectivamente:

a) @, quadro 43 **b)** &, quadro 44 **c)** &, quadro 43 **d)** @, quadro 44

RESOLUÇÃO:

Veja que temos a repetição contínua de 4 símbolos. Dividindo 173 por 4, obtemos o resultado 43 e o resto 1. Portanto, passaremos por 43 ciclos completos com 4 símbolos cada um e ainda devemos pegar mais 1 termo do próximo ciclo, que será uma @.

Essa @ estará no 44º ciclo, ou seja, no quadro 44.

Gabarito: D.

QUESTÃO 55 (IBFC/Câm de Araraquara/Ag Adm/2017) A soma entre o nono e décimo termos da sequência lógica 2, 23, 4, 19, 8, 15, 16, 11,..., representa a idade de Carlos. Se Ana é a irmã de Carlos e é 4 anos mais nova que ele, então a idade de Ana é:

a) 35 **b)** 36 **c)** 37 **d)** 39

RESOLUÇÃO:

Temos duas sequências alternadas, uma em negrito e a outra não:

2, 23, **4**, 19, **8**, 15, **16**, 11,...,

Na sequência em negrito, basta irmos dobrando os números. O próximo será o **32**.

Na sequência normal, basta irmos subtraindo 4 unidades. O próximo será o 7.

Assim, a soma entre o nono e o décimo termos é 32 + 7 = 39. Como Ana é 4 anos mais nova, ela tem 35 anos.

Gabarito: A.

QUESTÃO 56 (FUNDATEC – AFRE/SEFAZ-RS/2014) O próximo número da sequência 120, 210, 390, 750, é

a) 1.470. **b)** 1.530. **c)** 1.610. **d)** 1.720. **e)** 1.830.

RESOLUÇÃO:

Como já sabemos, precisamos descobrir o **padrão da sequência** de números apresentada pelo enunciado. Ora, é possível perceber que a lei de formação dessa sequência obedece à seguinte regra:

"O próximo termo é o dobro do termo anterior, menos trinta!".

Portanto:

Próximo termo = 2x termo anterior –30

Como é, professores? Não entendi!

É simples. Por exemplo, chegamos ao **segundo** termo fazendo:

Segundo termo = 2x 120 –30 = **210**

E assim por diante, de forma que o quinto termo será:

Quinto termo = 2x 750 –30 = **1470**

Gabarito: A.

QUESTÃO 57 (FGV – ACI/SEFAZ-RJ/2011) São dadas cinco figuras:

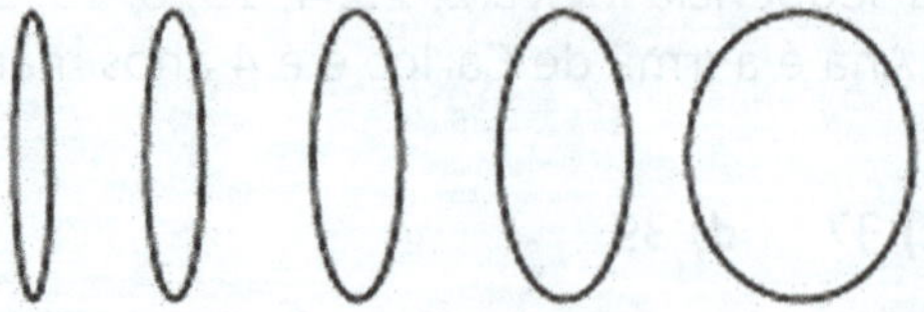

A próxima figura na sequência é

a) 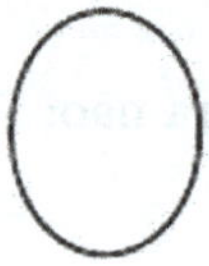

b) 

c) 

d) 

e) 

RESOLUÇÃO:

É bem provável que o primeiro padrão que adotamos para esse tipo de sequência de figuras é que o círculo sempre vai crescendo para os lados e a próxima figura deve ser um círculo mais "gordinho". Bem, essa percepção não está incorreta, mas repare que não há uma alternativa que comporte esse tipo de raciocínio. No máximo a alternativa A apresenta um círculo igual ao último da sequência. Daí, qual padrão adotaremos?

Ah, outro padrão bem interessante pode ser estabelecido, em que a sequência inicia com uma elipse bem fininha e vai "engordando" até chegar a um círculo perfeito. Nesse ponto, retorna fazendo o caminho exatamente contrário, como demonstrado na seguinte figura:

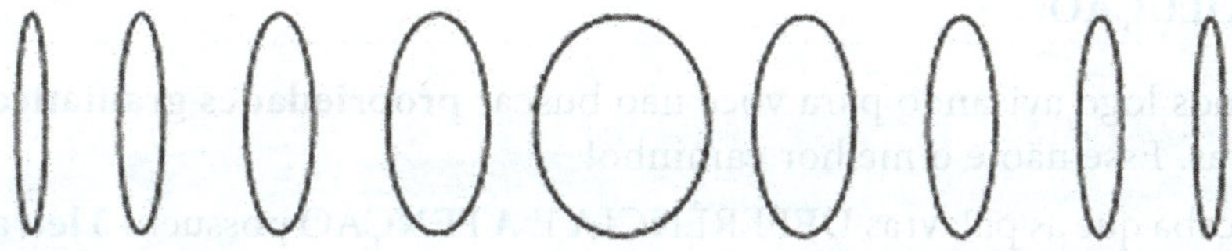

Gabarito: B.

QUESTÃO 58 (CETRO – AUMA/CREF 4/2013) Assinale a alternativa que apresenta o 8º termo da sucessão abaixo.

7, 21, 63, 189,...

a) 15.309. **b)** 5.103. **c)** 3.402. **d)** 10.206. **e)** 45.927.

RESOLUÇÃO:

Como já sabemos, precisamos descobrir o **padrão** da sequência de números apresentada pelo enunciado.

Ora, é possível perceber que a **lei de formação** dessa sequência obedece à seguinte regra:

"O próximo termo é o triplo do termo anterior!".

Portanto:

Próximo termo = 3 x termo anterior

Por exemplo, chegamos ao segundo termo fazendo:

Segundo termo = 3 x 7 = **21**

Daí, para descobrirmos o 8º elemento da sequência, basta **multiplicar o último elemento disponível (4º termo) por 3^4**. Logo:

***Oitavo termo* = 189 x 3^4 = 189 x 81 = 15.309**

Gabarito: A.

QUESTÃO 59 (CETRO – Ag Adm/MDIC/2013) No esquema abaixo, observe que há uma relação entre as duas primeiras palavras.

DEFERÊNCIA – ATENÇÃO :: ANUIR – ?

A mesma relação deve existir entre a terceira palavra e a quarta, que está faltando. Assinale a alternativa que apresenta a quarta palavra.

a) PROIBIR **b)** OMITIR **c)** DESPEDIR **d)** CONSENTIR e) BALBUCIAR

RESOLUÇÃO:

Vamos logo avisando para você não buscar **propriedades gramaticais** entre as palavras. Esse não é o melhor caminho!

Perceba que as palavras DEFERÊNCIA E ATENÇÃO possuem **3 letras iguais** entre si. Essa mesma propriedade deve existir entre a palavra ANUIR e uma das alternativas da questão. A única em que isso ocorre é:

ANUIR – CONSENTIR

Gabarito: D.

QUESTÃO 60 (CETRO – Ag Adm/Pref Campinas/2012) No esquema abaixo, observe que há certa relação entre as duas primeiras palavras.

RAPOSA – TIGRE :: LOBO – ?

A mesma relação deve existir entre a terceira palavra e a quarta palavra que está faltando. Logo, a quarta palavra é

a) CAVALO. b) ONÇA. c) SERPENTE. d) ARARA.

RESOLUÇÃO:

Essa questão é uma pegadinha, colega! Aqui não se deve buscar relação entre os animais, até porque o próprio enunciado diz que existe uma determinada relação entre as duas primeiras PALAVRAS!

Bem, e o que as palavras RAPOSA e TIGRE têm em comum? Vamos dar uma dica:

RAPOSA e TIGRE

Portanto, elas têm apenas **uma letra em comum**.

Analisando as alternativas, concluímos que a única que tem apenas uma letra em comum com a palavra LOBO é ONÇA.

Gabarito: B.

QUESTÃO 61 (CETRO – Téc Adm/ANA/2012) Analise as palavras abaixo, que formam uma sucessão lógica e, em seguida, assinale a alternativa que preenche corretamente a lacuna.

NENHUM, FREGUÊS, BRINCO, REPETE, PROMOVE, ____________.

a) BRONZE b) LIXO c) MENINO d) CHAVEIRO e) HERÓI

RESOLUÇÃO:

Essa sequência é diferenciada, já que pode ser demorado observar o seu padrão de formação. No entanto, olhando com bastante atenção é possível observar a seguinte lógica na sequência apresentada pelo enunciado:

NENHUM, FREGUÊS, BRINCO, REPETE, PROMOVE...

E agora, ficou mais fácil?

Professores, pra ser sincero, ainda não vi lógica nenhuma nisso!

Ora, perceba que **as últimas letras de cada palavra são também as últimas letras dos primeiros números ímpares**:

UM, TRÊS, CINCO, SETE, NOVE...

Assim, para que o critério continue sendo obedecido, a próxima palavra deverá terminar com as mesmas letras da palavra **ONZE**. Logo, a alternativa que preenche corretamente a lacuna é a **letra A**.

Gabarito: A.

QUESTÃO 62 (COSEAC/PREF MARICÁ/Ag Adm/2018) Observe a seguinte sequência lógica:

A2H B4G C8F D16E

Seguindo a mesma lei de formação, o próximo elemento da sequência será:

(A) E32D. (B) E32F. (C) E64D. (D) E64E. (E) E64F.

RESOLUÇÃO:

Repare que a primeira letra da sequência está em ordem crescente A–B–C–D. Portanto, a resposta deve começar pela **letra E**.

Além disso, note que os números estão dobrando 2-4-8-16. Portanto, o próximo número é **32**.

Por fim, veja que a letra final está em ordem decrescente, H-G-F-E. Portanto, a próxima letra será **D**.

Assim, o próximo elemento da sequência será **E32D**.

Gabarito: A.

QUESTÃO 63 (IBFC/PM-PB/Soldado/2018) Os números estão dispostos em sequência lógica 0,5,50,5,10,45,10,15,40,15,...Nessas condições a soma entre os dois próximos números dessa sequência é:

a) 55   b) 50   c) 45   d) 60

RESOLUÇÃO:

Observe que temos três sequências alternadas: uma em **negrito**, uma em *itálico* e outra sublinhada:

0, *5*, 50, **5**, *10*, 45, **10**, *15*, 40, **15**,..

O próximo número é da sequência em *itálico*, que começa em 5 e vai aumentando de 5 em 5 unidades. O próximo termo é, portanto, 15+5 = *20*.

O número seguinte é da sequência sublinhada, que começa em 50 e vai diminuindo de 5 em 5 unidades. O próximo termo é, portanto, 40 – 5 = 35.

A soma desses dois termos é 20 + 35 = 55.

Gabarito: A.

PROGRESSÃO ARITMÉTICA

QUESTÃO 64 (FCC/Detran-MA/Ass Trân/2018) Um trecho de uma rodovia, do quilômetro 75 ao quilômetro 141, terá o asfalto renovado. Por isso, deverão ser fixadas placas de sinalização informando os motoristas sobre as obras. Será colocada uma placa no início e outra no final do trecho. As demais serão posicionadas de forma que a distância entre duas placas consecutivas seja sempre de 3 quilômetros. Nessas condições, o número total de placas de sinalização que deverão ser encomendadas pelo órgão competente é igual a

(A) 21. (B) 20. (C) 22. (D) 24. (E) 23.

RESOLUÇÃO:

O enunciado informa que a cada 3 km é colocada uma placa. Assim, estamos diante de uma **Progressão Aritmética (PA)** de **razão r = 3**.

A questão diz que o trecho da rodovia terá seu asfalto renovado do quilômetro 75 ao quilômetro 141, de forma que a_1 = 75 km e a_n = 141 km.

O nosso objetivo consiste em obter o número total de placas de sinalização dessa sequência (**n**). Vamos montar a equação:

$$a_n = a_1 + (n-1).r$$

$$141 = 75 + (n-1).3$$

$$141 - 75 = 3n - 3$$

$$3n - 3 = 66$$

$$3n = 69$$

$$\boldsymbol{n = 23 \; \textit{placas}}$$

Gabarito: E.

QUESTÃO 65 (FCC – Ag FRT/ARTESP/2017) Em um experimento, uma planta recebe a cada dia 5 gotas a mais de água do que havia recebido no dia anterior. Se no 65º dia ela recebeu 374 gotas de água, no 1º dia do experimento ela recebeu

a) 64 gotas. b) 49 gotas. c) 59 gotas. d) 44 gotas. e) 54 gotas.

RESOLUÇÃO:

Seja $\mathbf{a_1}$ a quantidade de gotas que a planta recebe no primeiro dia. No segundo dia, a planta recebe $\mathbf{a_1 + 5}$ gotas. No terceiro dia, recebe $\mathbf{a_1 + 10}$ gotas. Assim por diante.

A quantidade de gotas que recebe a cada dia forma uma PA de primeiro termo $\mathbf{a_1}$ e razão 5:

$$(a_1; a_1 + 5; a_1 + 10; ...)$$

A quantidade de gotas recebida no 65ª dia (374 gotas) é dada por:

$$a_n = a_1 + (n-1).r$$

$$a_{65} = a_1 + (65-1).5$$

$$374 = a_1 + 320$$

$$\boldsymbol{a_1} = 54$$

Portanto, no primeiro dia a planta recebe **54 gotas.**

Gabarito: E.

QUESTÃO 66 (FCC – Tec Adm/Cam Mun-SP/2014) Uma sequência inicia-se com o número 0,3. A partir do 2º termo, a regra de obtenção dos novos termos é o termo anterior menos 0,07. Dessa maneira o número que corresponde à soma do 4º e do 7º termos dessa sequência é

a) – 6,7. b) 0,23. c) – 3,1. d) – 0,03. e) – 0,23.

RESOLUÇÃO:

Trata-se de uma progressão aritmética (P.A.) com primeiro termo $a_1 = 0,3$ e razão $r = -0,07$. Aplicando a fórmula do termo geral:

$$a_n = 0,3 + (n - 1).(-0,07) = 0,3 - 0,07.(n - 1)$$

Dessa forma, o 4º e o 7º termos serão dados por:

$$\mathbf{a_4} = 0,3 - 0,07 \,.\, 3 = \mathbf{0,09}$$

$$\mathbf{a_7} = 0,3 - 0,07 \,.\, 6 = \mathbf{-0,12}$$

Finalmente:

$$\mathbf{a_4 + a_7} = 0,09 + (-0,12) = \mathbf{-0,03}$$

Gabarito: D.

QUESTÃO 67 (FCC – Téc Jud/TRT 2ª Região/2008) Considere que todos os termos da seguinte sequência numérica podem ser obtidos segundo determinado padrão:

87,4 – 85,6 – 83,8 – 82,0 – 80,2 – 78,4...

Assim sendo, o nono e o décimo primeiro termos dessa sequência deverão ter por soma um número compreendido entre

a) 150 e 175 b) 125 e 150 c) 100 e 125 d) 75 e 100 e) 50 e 75

RESOLUÇÃO:

A sequência é uma PA de primeiro termo $a_1 = 87,4$ e razão $r = -1,8$. Assim, o nono termo vale:

$$\mathbf{a_9} = a_1 + (9 - 1) \times r = 87,4 + 8\times(-1,8) = 87,4 - 14,4 = \mathbf{73}$$

Por sua vez, o décimo termo é igual ao nono termo mais a razão:

$$\mathbf{a_{10}} = a_9 + r = 73 - 1,8 = \mathbf{71,2}$$

A soma do nono termo com o décimo termo vale 73 + 71,2 = **144,2.**

Gabarito: B.

QUESTÃO 68 (FCC – Aux Adm/COPERGÁS/2016) A sequência 1/3; 7/12; 5/6; 13/12; 4/3; ... é ilimitada e, a partir do segundo termo, cada um é obtido por meio da soma do termo anterior com um determinado valor. Dessa maneira é possível determinar que o maior termo dessa sequência, que é menor do que o número 5, ocupa a posição, na sequência, de número

a) 20. b) 19. c) 18. d) 22. e) 21.

RESOLUÇÃO:

O nosso objetivo consiste em calcularmos qual o maior termo dentre os termos menores que 5.

A razão **r** da PA é obtida subtraindo dois termos consecutivos:

$$\mathbf{r = 7/12 - 1/3 = 1/4}$$

Substituindo $a_1 = 1/3$ e $r = 1/4$ na fórmula do termo geral de uma PA:

$$a_n = 1/3 + (n - 1) \times 1/4$$

Sabemos que a_n deve ser menor que 5, de modo que:

$$1/3 + (n - 1) \times 1/4 < 5$$

$$n - 1 < 14/3 \times 4$$

$$n - 1 < 56/3$$

$$\mathbf{n < 19{,}6}$$

Para a_n ser menor que 5, n deve ser um número inteiro menor que 19,6.

Como a razão é positiva, a PA é crescente, de modo que a posição de número 19 é a que resulta no maior termo dentre os termos menores que 5.

Gabarito: B.

QUESTÃO 69 (FCC – Eng/Pref Campinas/2016) Considere a figura que representa o padrão com círculos brancos e pretos abaixo.

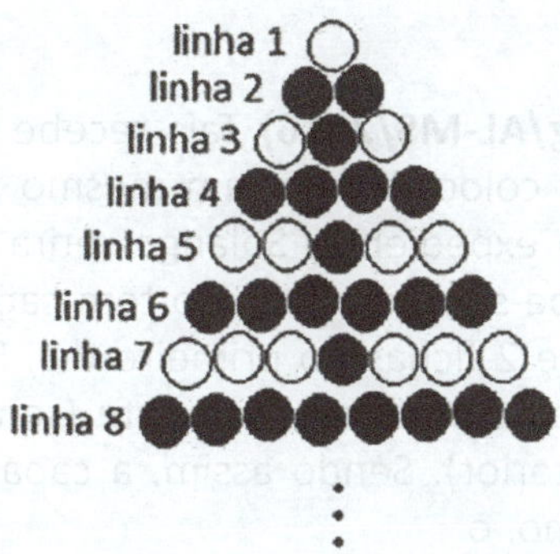

Mantido o mesmo padrão até que se atinja uma linha com 50 círculos pretos, a figura inteira terá, no total, uma quantidade de círculos pretos igual a

a) 574. b) 664. c) 674. d) 676. e) 684.

RESOLUÇÃO:

Nas linhas de número ímpar há 1 bola preta, com exceção da linha 1, que possui nenhuma bola preta.

Nas linhas de número par, a quantidade de bolas pretas forma uma PA de primeiro termo (a_1) igual a 2, último termo (a_n) 50 e razão (r) igual a 2:

$$2, 4, 6, 8 \ldots 50$$

Aplicando a fórmula do termo geral de uma PA, obtemos:

$$50 = 2 + (n - 1) \cdot 2$$

$$24 = n - 1 \rightarrow \mathbf{n = 25}$$

Assim, são 25 linhas de número par. Consequentemente, há também 25 linhas de número ímpar.

Na primeira linha de número ímpar (linha 1) não há bola preta. Das demais 24 linhas há 1 bola preta, totalizando **24 bolas pretas nas linhas de número ímpar**.

Já nas 25 linhas de número par, a quantidade total de bolas é obtida pela soma dos termos da PA (S_{25}):

$$S_n = \frac{(a_1 + a_n).n}{2}$$

$$\boldsymbol{S}_{25} = \frac{(2+50).25}{2} = 650$$

Dessa forma, há um total de 24 + 650 = **674** bolas pretas, sendo 24 nas linhas de número ímpar e 650 nas linhas de número par.

Gabarito: C.

QUESTÃO 70 (FCC – Ag/AL-MS/2016) Taís recebe diariamente certa quantidade de fichas que são colocadas em um mesmo fichário vazio no início do expediente. Ao final do expediente, Solange retira todas as fichas colocadas por Taís no fichário. Sabe-se que o fichário tem capacidade máxima para 110 fichas, e que Taís recebe 2 fichas no primeiro dia, 5 fichas no segundo dia, 8 fichas no terceiro dia, e assim sucessivamente (sempre recebendo 3 fichas a mais do que no dia anterior). Sendo assim, a capacidade desse fichário será suficiente até, no máximo, o

a) 46º dia. b) 51º dia. c) 37º dia. d) 29º dia. e) 43º dia.

RESOLUÇÃO:

As quantidades de fichas no fichário para cada dia seguem a sequência:

2, 5, 8, 11, 14 ...

Temos uma PA de primeiro termo (a_1) 2 e razão (r) igual a 3. A quantidade de fichas no dia n é dada por:

$$a_n = a_1 + (n - 1) \times r$$
$$a_n = 2 + (n - 1) \times 3$$

Essa quantidade não pode ser superior a 110 (capacidade máxima do fichário). Portanto, temos que:

$$2 + (n - 1) \times 3 \leq 110$$
$$(n - 1) \times 3 \leq 108$$
$$(n - 1) \leq 36$$
$$\mathbf{n \leq 37}$$

A quantidade de dias n vale, no máximo, 37. Portanto, a capacidade desse fichário será suficiente para receber as fichas até, no máximo, o **37º** dia.

Gabarito: C.

QUESTÃO 71 (FCC – Téc Jud/TRT 4ª Região/2015) Rafael quer criar uma senha de acesso para um arquivo de dados. Ele decidiu que a senha será um número de três algarismos, divisível por três, e com algarismo da centena igual a 5. Nessas condições, o total de senhas diferentes que Rafael pode criar é igual a

a) 33. b) 27. c) 34. d) 28. e) 41.

RESOLUÇÃO:

De acordo com as informações da questão, a senha de Rafael terá a seguinte configuração:

5 ___ ___

A senha poderá ser um número de **500** até **599**... Porém, a senha deve ser um nº **divisível** por 3...

Agora, sabemos que um número é divisível por 3 se a soma de seus algarismos for divisível por 3, então, o **1º número** divisível por 3 é o:

501 → 5 + 0 + 1 = 6

E o **último número** divisível por 3 é:

597 → 5 + 9 + 7 = 21

Assim, as **possíveis senhas** formam uma progressão aritmética (**PA**) de razão **3**. E o **número** de **termos** dessa PA é o **número total** de senhas que Rafael poderá criar, então:

$$a_n = a_1 + (n - 1) \times r$$

$$597 = 501 + (n - 1) \times 3$$

$$96 = 3n - 3$$

$$99 = 3n$$

$$\mathbf{n = 33}$$

Gabarito: A.

QUESTÃO 72 (FCC – Téc Jud/TRF 3ª Região/2014) Na sequência (1; A; 2; 3; B; 4; 5; 6; C; 7; 8; 9; 10; D; 11; . . .) o terceiro termo que aparece após o aparecimento da letra J é

a) 69. b) 52. c) K. d) 58. e) 63.

RESOLUÇÃO:

Devemos encontrar o **padrão** da sequência e, nesse caso, parece ser simples perceber que os números estão em **ordem crescente** e:

- aparece 'um' número (**1**) e, após, a **1ª** letra do alfabeto (**A**);
- aparecem 'dois' números (**2, 3**) e, após, a **2ª** letra do alfabeto (**B**);
- aparecem 'três' números (**4, 5, 6**) e, após, a **3ª** letra do alfabeto (**C**);

e assim sucessivamente!

Vamos pensar da seguinte maneira: antes da letra A temos um conjunto com **um** elemento {1}, antes da letra B temos um conjunto com **dois** elementos {2; 3}, até chegarmos ao conjunto que está antes da letra J e que possui **10** elementos.

Ora, o número de elementos desses conjuntos forma uma **PA** de razão 1. E, pela **soma dos termos da PA**, saberemos quantos números teremos antes da letra J. Então:

$$S_n = \frac{(a_1 + a_n).n}{2}$$

$$S_{10} = \frac{(1+10).10}{2} = 55$$

Antes da letra J, temos **55** números e como eles estão em **ordem crescente**, o número imediatamente anterior à letra J é o **55**...

Mas como a questão pergunta o **terceiro** ‹número› após a letra **J**, então é o: 56, 57, **58**...

Gabarito: D.

QUESTÃO 73 (FCC – Ana Jud/TRF 1ª Região/2014) Considere a sequência: 7/3; 9/4; 11/5; 13/6. A soma entre o 8º e o 13º termos dessa sequência supera o número 4 em

a) 9/2. b) 1/4. c) 1/6. d) 1/5. e) 1/4.

RESOLUÇÃO:

Os **numeradores** das frações formam uma progressão aritmética (PA) cujo 1º termo é o 7 e, a razão é 2. Dessa forma, o numerador do **8º termo** é:

$$a_8 = a_1 + 7.r = 7 + 7 \times 2 = \mathbf{21}$$

Os **denominadores** das frações formam uma progressão aritmética (PA) cujo 1º termo é o 3 e, a razão é 1. Dessa forma, o denominador do **8º termo** é:

$$a_8 = a_1 + 7.r = 3 + 7 \times 1 = \mathbf{10}$$

Logo, a oitavo termo da sequência é:

$a_8 = 21/10$

Vamos repetir o processo e calcular o **13º termo** da sequência. Então, o numerador do **13º termo** é:

$$a_{13} = a_1 + 12.r = 7 + 12 \times 2 = \mathbf{31}$$

O denominador do **13º termo** é:

$$a_{13} = a_1 + 12.r = 3 + 12 \times 1 = \mathbf{15}$$

Logo, a décimo terceiro termo da sequência é:

$$a_{13} = 31/15$$

Então, a **soma** entre o 8º e o 13º termos dessa sequência supera o número 4 em:

$$21/10 + 31/15 = \mathbf{25/6}$$

Mas 25/6 = 24/6 + 1/6 = 4 +1/6, o que supera o quatro em **1/6**.

Gabarito: C.

QUESTÃO 74 (FCC – Adv/SABESP/2014) Em um serviço, Renato terá que protocolar, por dia, dois processos a mais do que protocolou no dia anterior, e Sérgio três processos a mais do que protocolou no dia anterior. Os dois iniciam o serviço juntos sendo que, no primeiro dia, Renato teve que protocolar 30 processos e Sérgio apenas 3 processos. O serviço de Renato e Sérgio se encerra decorridos 30 dias completos de expediente, incluindo o dia em que iniciaram o serviço. Sabe-se que eles cumpriram corretamente suas metas diárias ao longo dos trinta dias de expediente.

Ao final do trigésimo dia de expediente Renato e Sérgio protocolaram, juntos, um total de processos, desse dia, igual a

a) 178. b) 183. c) 168. d) 166. e) 181.

RESOLUÇÃO:

O **número** de **processos** que Renato e Sérgio têm que protocolar diariamente se comporta como termos de uma Progressão Aritmética (PA).

No caso de Renato, é uma PA de **razão 2** e o **1º termo** igual a **30**, pois ele teve que protocolar 30 processos no 1º dia. Assim, no 30º dia, Renato protocolou:

$$\mathbf{a_{30}} = a_1 + (30 - 1) \times 2 = 30 + 29 \times 2 = \mathbf{88\ processos}$$

No caso de Sérgio, é uma PA de **razão 3** e o **1º termo** igual a **3**, pois ele teve que protocolar 3 processos no 1º dia. Assim, no 30º dia, Sérgio protocolou:

$$\mathbf{a_{30}} = a_1 + (30 - 1) \times 3 = 3 + 29 \times 3 = \mathbf{90\ processos}$$

Logo, no **último dia** (30º) eles protocolaram, juntos, 88 + 90 = **178 processos**.

Gabarito: A.

QUESTÃO 75 (FCC – Téc Jud/TRT 11ª Região/2012) Estão representados a seguir os quatro primeiros elementos de uma sequência de figuras formadas por quadrados.

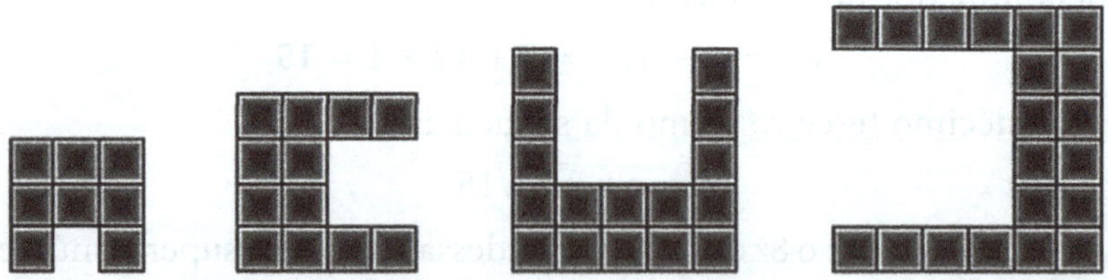

1ª 2ª 3ª 4ª

Mantido o padrão, a 20ª figura da sequência será formada por um total de quadrados igual a

a) 80 b) 84 c) 88 d) 96 e) 100

RESOLUÇÃO:

Note que a **1ª figura** é formada por **8 quadradinhos**, a **figura 2** é formada por **12 quadradinhos** e a **figura 3**, por **16 quadradinhos**.

Assim, podemos dizer que o número de quadradinhos são termos de uma progressão aritmética (**PA**) de **razão 4**.

Mantido o padrão, **quantos quadradinhos** terá a 20ª figura? Portanto, qual é o 20º termo dessa PA? Veja:

$$\mathbf{a_{20}} = a_1 + (20 - 1) \times r = 8 + 19 \times 4 = \mathbf{84}$$

Portanto, a **20ª figura** será formada por **84 quadradinhos**.

Gabarito: B.

QUESTÃO 76 (FCC – Esc/BB/2010) Uma pessoa abriu uma caderneta de poupança com um primeiro depósito de R$ 200,00 e, a partir dessa data, fez depósitos mensais nessa conta. Se a cada mês depositou R$ 20,00 a mais do que no mês anterior, ao efetuar o 15º depósito, o total depositado por ela era

a) R$ 5100,00 b) R$ 5000,00 c) R$ 4900,00 d) R$ 4800,00 e) R$ 4700,00.

RESOLUÇÃO:

Os depósitos foram aumentando de 20 em 20: 200, 220, 240. Isso forma uma progressão aritmética (PA) de primeiro termo igual a 200 (a_1 = 200) e razão r = 20.

A soma dos n primeiros termos da PA fica:

$$S_n = \frac{(a_1 + a_n).n}{2}$$

Por sua vez, o enésimo termo é dado por:

$a_n = a_1 + (n - 1) \times r$

Logo, a soma dos "n" primeiros termos fica:

$$S_n = \frac{(a_1 + a_1 + (n-1) \times r).n}{2}$$

$$S_{15} = \frac{(200 + 200 + (15-1) \times 20).15}{2} = \frac{(400 + 280).15}{2} = 5.100$$

Gabarito: A.

QUESTÃO 77 (FCC – Esc/BB/2010) Segundo a Associação Brasileira de Franchising, o faturamento de franquias ligadas aos setores de saúde e bem estar quase dobrou de 2004 a 2009, pois neste período a receita total das empresas passou de 5 bilhões para 9,8 bilhões de reais. Se esse crescimento tivesse ocorrido de forma linear, a receita total das empresas desse setor, em bilhões de reais, teria sido de

a) 5,34 em 2005.

b) 6,92 em 2006.

c) 7,44 em 2007.

d) 8,22 em 2008.

e) 8,46 em 2008.

RESOLUÇÃO:

O enunciado fala em **crescimento linear**, isso quer dizer que **o crescimento é constante**, logo **os elementos são termos de uma P.A.**

Vamos colocar os valores inicial e final tabelados, veja:

ano	2004	2005	2006	2007	2008	2009
receita (bilhões de reais)	5	a_2	a_3	a_4	a_5	9,8

Observando os elementos da tabela, temos $a_1 = 5$ e $a_6 = 9{,}8$.

A **razão** de uma P.A. **é dada por:**

$$r = \frac{a_n - a_p}{n - p}$$

$$r = \frac{a_6 - a_1}{6 - 1} = \frac{9{,}8 - 5}{5} = 0{,}96$$

Note que a questão exige a receita total das empresas do setor, em bilhões de reais. Agora vamos analisar as alternativas:

a) 5,34 em 2005. Item **falso**, pois o valor no ano <u>2005</u> fica:

$$\mathbf{a_2} = a_1 + r = 5 + 0{,}96 = \mathbf{5{,}96}$$

b) 6,92 em 2006. Item **verdadeiro**, pois o valor no ano <u>2006</u> fica:

$$\mathbf{a_3} = a_1 + 2r = 5 + 2 \times 0{,}96 = \mathbf{6{,}92}$$

Portanto, a receita total, em bilhões de reais, teria sido de 6,92 em 2006.

Gabarito: B.

QUESTÃO 78 (FCC – EPP/SEPLADR-SP/2009) Na sequência a seguir, cada figura é formada por vários quadrados iguais.

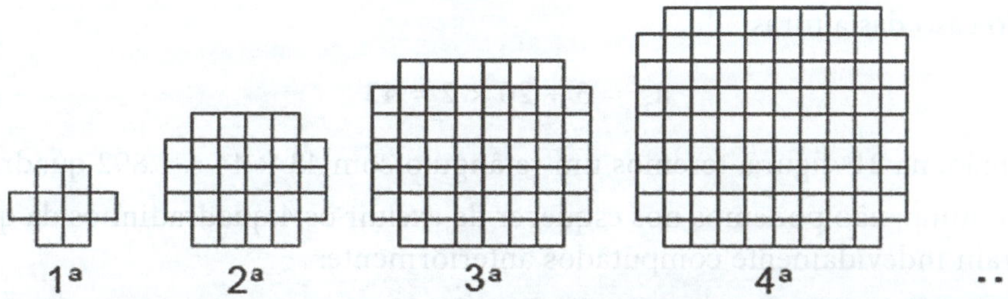

Nessas condições, a 21ª figura da sequência será formada por

a) 1.888 quadrados.

b) 1.802 quadrados.

c) 1.006 quadrados.

d) 502 quadrados.

e) 458 quadrados.

RESOLUÇÃO:

Em cada figura, nós quase temos retângulos completos. Para facilitar as contas, vamos completar os retângulos. Vamos incluir os quatro quadradinhos das quinas, que estão faltando:

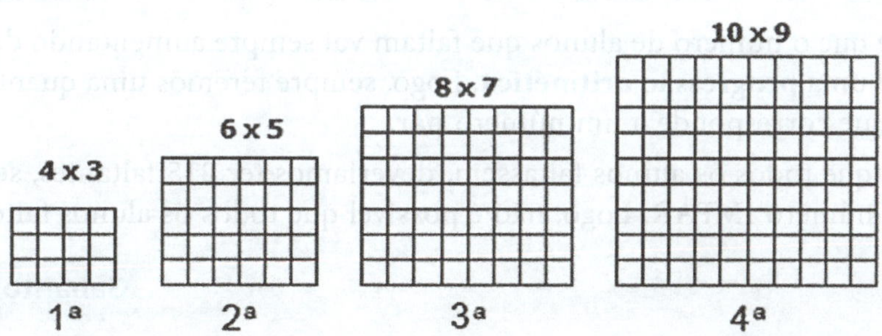

Agora temos retângulos que se comportam assim:

- as bases vão aumentando de 2 em 2: 4, 6, 8, 10,...
- as alturas vão aumentando de 2 em 3: 3, 5, 7, 9, ...

Isso dá origem a duas **progressões aritméticas (PAs)** de razão 2. O vigésimo primeiro termo de uma PA é assim calculado:

$$a_{21} = a_1 + 20 \times r$$

No caso das bases:

$$a_{21} = 4 + 20 \times 2 = \mathbf{44}$$

No caso das alturas:

$$a_{21} = 3 + 20 \times 2 = \mathbf{43}$$

Então, na 21ª figura, teremos um retângulo com 43 × 44 = 1.892 quadrados.

Contudo, não podemos nos esquecer de excluir os 4 quadradinhos da quina, que foram indevidamente computados anteriormente:

$$1.892 - 4 = \mathbf{1.888}$$

Gabarito: A.

QUESTÃO 79 (CEBRASPE/Câm Dep/Agente Pol Leg/2014) Em determinado colégio, todos os 215 alunos estiveram presentes no primeiro dia de aula; no segundo dia letivo, 2 alunos faltaram; no terceiro dia, 4 alunos faltaram; no quarto dia, 6 alunos faltaram, e assim sucessivamente.

Com base nessas informações, julgue o próximo item, sabendo que o número de alunos presentes às aulas não pode ser negativo.

Se houver um número de aulas suficientes e se a regra que define o número de faltosos for mantida, então haverá um dia letivo em que todos os alunos faltarão.

RESOLUÇÃO:

Note que o número de alunos que faltam vai sempre aumentando de 2 em 2, formando uma **progressão aritmética**. Logo, sempre teremos uma quantidade de faltantes que corresponde a um número **par**.

Para que todos os alunos faltassem, deveríamos ter 215 faltantes, sendo que 215 é um número ÍMPAR. Logo, não é possível que todos os alunos faltem.

Gabarito: Errado.

QUESTÃO 80 (CESPE – TA/ANAC/2012) Determinada companhia aérea possui uma frota com cinco aviões: dois deles têm capacidade para 138 passageiros; outros dois, para 180 passageiros e um, para 264 passageiros. Julgue o item a respeito dessa frota.

Considere a sequência x_0, x_1, ... , x_{20}, em que x0 = quantidade de passagens vendidas em 1990, x_1 = quantidade de passagens vendidas em 1991, e assim sucessivamente. Nesse caso, se essa sequência está em progressão aritmética, se x_0 = 350 e x_2 = 380, então em 2005 a companhia vendeu mais de 560 passagens.

RESOLUÇÃO:

Numa PA, a diferença entre dois termos seguidos nos dá a razão da série de dados (r). Assim, a diferença entre x_2 e x_0 será igual a **2r**:

$$x_2 - x_0 = 2r$$
$$380 - 350 = 2r$$
$$\mathbf{r = 15}$$

Para determinar o valor de x_{15} (ano de 2005), basta usar a **fórmula do termo geral** da PA:

$$x_n = x_0 + n \times r$$
$$\mathbf{x_{15}} = x_0 + 15 \times 15 = 350 + 225 = \mathbf{575}$$

Gabarito: Certo.

QUESTÃO 81 (CESPE – Soldado/CBM-DF/2011)

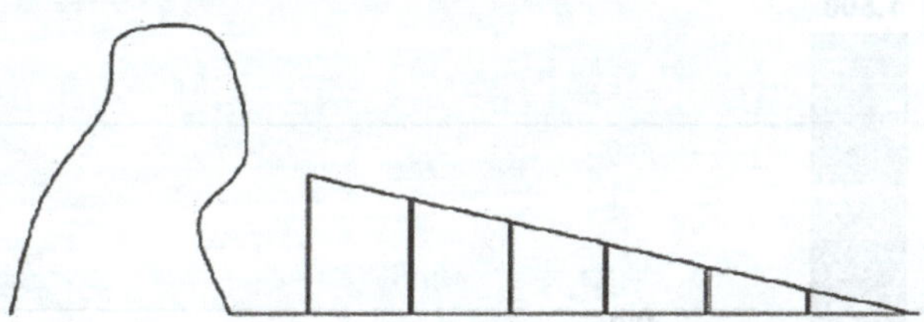

A fim de se prevenirem possíveis deslizamentos de terra, será construída uma sequência de 6 muros de contenção, verticais e paralelos, em uma região plana e horizontal ao pé de uma encosta, como ilustrado na figura acima. A distância entre os muros será de 2 m e uma longa viga metálica retilínea será fixada no topo de cada um, a partir do sexto muro — o mais próximo da encosta —, descendo até o solo, depois de passar pelo topo do primeiro muro — o mais distante da encosta —, de modo a servir de escora e aumentar a resistência da barreira de contenção. O terceiro e o sexto muros ordenados do mais baixo para o mais alto terão, respectivamente, 2,5 m e 5 m de altura.

Considerando a situação hipotética acima apresentada, julgue o item que se segue.

A sequência correspondente aos números que determinam as alturas dos muros, em metros e em ordem crescente, é uma progressão aritmética de razão superior a 0,85.

RESOLUÇÃO:

Vamos supor que as alturas estejam mesmo em PA, de razão r, conforme indicado pelo enunciado.

O terceiro termo da PA vale 2,5 e o sexto termo vale 5. Partindo do terceiro termo, basta somar 3 vezes a razão para chegarmos ao sexto termo:

$$a_6 = a_3 + 3r$$

$$5 = 2,5 + 3r$$

$$r = 2,53 \approx \mathbf{0,833}$$

Portanto, a razão <u>não</u> é superior a 0,85.

Gabarito: Errado.

QUESTÃO 82 (CESPE – Esc/BB/2008) O gráfico a seguir, que ilustra a previsão das reservas monetárias de alguns países, em 2008, deve ser considerado para o julgamento do item.

Com base nas informações do gráfico apresentado acima, julgue o seguinte item.

É possível encontrar uma progressão aritmética decrescente, em que os 5 primeiros termos, a_1, a_2, a_3, a_4, a_5, coincidam, respectivamente, com os valores das reservas da China, da Rússia, da Índia, da Coréia do Sul e do Brasil, constantes do gráfico.

RESOLUÇÃO:

Podemos definir **progressão aritmética (PA)** como uma sequência numérica em que cada termo, a partir do segundo, é igual à soma do termo anterior com uma constante **r**, chamada de **razão** da progressão.

A partir dessa definição, podemos concluir que em uma PA, a subtração de um termo qualquer pelo seu antecedente resultará sempre em um valor constante, ou seja, r. Vamos verificar se os números apresentados satisfazem essa propriedade:

- $a_2 - a_1 = 480 - 1500 = -1020$
- $a_3 - a_2 = 290 - 480 = -190$

A partir desses primeiros cálculos já podemos concluir que esses números não representam uma progressão aritmética.

Gabarito: Errado.

QUESTÃO 83 (CESPE/TA/ANVISA/2007) O Banco Interamericano de Desenvolvimento criou uma linha de crédito de 300 milhões de dólares para que os municípios brasileiros modernizem sua gestão. Por ignorância ou inépcia — dois dos pilares da má gestão —, a maior parte do dinheiro está parada no banco, o que se pode ver na tabela abaixo.

Recursos oferecidos	Total de participantes	Recursos contratados	Recursos disponíveis
300 milhões de dólares	67 prefeituras. A maior delas é a de São Luís	117 milhões de dólares	183 milhões de dólares

Holofote. *In:* ***Veja***, *n.º 1.998, 7/3/2007, p. 42 (com adaptações).*

Considerando as informações acima, julgue o seguinte item.

Se todas as prefeituras participantes do programa de modernização de gestão referido acima tivessem contratado os recursos e se os valores desses recursos formassem uma progressão aritmética crescente em que o primeiro termo — valor recebido pela prefeitura que recebeu o menor aporte de recursos — fosse igual a 1 milhão de dólares, então, nesse caso, o maior valor contratado por uma única prefeitura seria superior a 3 milhões de dólares.

RESOLUÇÃO:

Temos uma progressão aritmética (PA) com:

- primeiro termo igual a 1 milhão: $a_1 = 1.000.000$
- 67 termos (pois há 67 prefeituras)
- soma dos termos igual a 117 milhões

A **soma dos n primeiros termos** da PA é dada por:

$$S_n = \frac{(a_1 + a_n).n}{2}$$

$$117 = \frac{(1 + a_{67}).67}{2}$$

$$(1 + a_{67}) = \frac{117 \times 2}{67}$$

Portanto, o maior valor contratado é aproximadamente igual a R$2.490.000,00, que não é maior que 3 milhões.

Gabarito: Errado.

QUESTÃO 84 (CESPE – Ana/INSS/2003)

	A	B	C	D	E	F
1	**registro de depósitos (em R$)**					
2		**meses**				
3		**janeiro**	**abril**	**julho**	**outubro**	
4	2000	400	200	200	400	
5	2001	400	400	600	600	
6	2002	600	600	400	200	
7						
8						

Plan1 / Plan2 / **Plan3**

Com o objetivo de garantir um melhor nível de renda após sua aposentadoria, Márcio começou, no ano de 2000, a realizar 4 depósitos por ano, em meses específicos, em uma caderneta de poupança. Os depósitos foram feitos sempre no dia 1.° de cada mês. Para seu controle. ele construiu uma planilha onde registra todos os depósitos que faz. A figura acima mostra essa planilha, que foi elaborada no Excel 2000.

Com relação a essa situação, à figura mostrada e, ao Excel 2000, e supondo que a taxa de rendimento mensal da caderneta de poupança, para o período mostrado na planilha, tenha sido de 1%, capitalizada mensalmente, julgue o item.

Os valores dos depósitos registrados nas células C6, D6 e E6 formam, nessa ordem, uma progressão aritmética.

RESOLUÇÃO:

Os valores em questão são: 600, 400, 200.

Numa **progressão aritmética**, **a diferença entre dois termos consecutivos é *constante***. Vamos testar:

- 400 – 600 = -200
- 200 – 400 = -200

A diferença entre dois termos consecutivos, de fato, é constante e vale "-200", de modo que estamos diante de uma progressão aritmética.

Gabarito: Certo.

QUESTÃO 85 (IBFC/Câm de Araraquara/Ag Adm/2017) João verificou que a soma dos n primeiros termos de uma P.A. (progressão aritmética) é dada pela fórmula $S_n = n^2 + 3n$. Desse modo, o vigésimo quarto termo dessa P.A. é:

a) 142 b) 73 c) 50 d) 82

RESOLUÇÃO:

O valor do 24º termo é simplesmente a diferença entre a soma dos 23 primeiros e a soma dos 24 primeiros termos da PA. Portanto:

$$a_{24} = S_{24} - S_{23}$$

Usando a fórmula dada no enunciado:

$$\mathbf{S_{24}} = 242 + 3.24 = 576 + 72 = \mathbf{648}$$

$$\mathbf{S_{23}} = 232 + 3.23 = 529 + 69 = \mathbf{598}$$

Dessa forma:

$$\mathbf{a_{24}} = 648 - 598 = \mathbf{50}$$

Gabarito: C.

PROGRESSÃO GEOMÉTRICA

QUESTÃO 86 (CEBRASPE – Ana Jud/TJ-CE/2014) Onze secretarias integram a administração pública de determinada cidade, entre as quais, a Secretaria de Agronegócios (SEAGR) e a Secretaria de Controle e Transparência (SCT). Em 2009, a SCT instituiu um programa de acompanhamento sistemático das secretarias de forma que, a cada ano, 3 secretarias seriam escolhidas aleatoriamente para que seus trabalhos fossem acompanhados ao longo do ano seguinte. Com esse programa, considerado um sucesso, observou-se uma redução anual de 10% no montante de recursos desperdiçados dos cofres municipais desde 2010. De acordo com os dados obtidos em 100 auditorias realizadas pela SCT, os motivos desses desperdícios incluíam:

- amadorismo nas tomadas de decisão (o gestor não era formado na área de atuação) – 28 auditorias;

- incompetência nas tomadas de decisão (o gestor não possui conhecimento técnico no assunto) – 35 auditorias;
- má-fé nas tomadas de decisão (o gestor decide em detrimento do interesse coletivo) – 40 auditorias.

Considere que o percentual de redução anual no montante de recursos desperdiçados dos cofres municipais se mantenha constante ao longo dos anos e que em 2010 tenham sido desperdiçados R$ 10 milhões. Nesse caso, considerando 0,2 como valor aproximado para 0,915, é correto afirmar que de 2010 a 2024 — 15 anos — foram desperdiçados

a) menos de R$ 20 milhões.

b) mais de R$ 20 milhões e menos de R$ 40 milhões.

c) mais de R$ 40 milhões e menos de R$ 70 milhões.

d) mais de R$ 70 milhões e menos de R$ 100 milhões.

e) mais de R$ 100 milhões.

RESOLUÇÃO:

Com o trabalho de acompanhamento anual, observou-se uma **redução** anual de **10% no montante** de recursos desperdiçados dos cofres municipais desde 2010. Isto é, a cada ano são desperdiçados **90%** dos recursos desperdiçados no ano anterior.

O montante desperdiçado no ano se comporta como termo de uma **Progressão Geométrica (PG)** de **razão 0,9** (100% - 10% = 90%) e o **valor total** desperdiçado é a **Soma dos Termos** dessa PG no período (2010 a 2024 - 15 anos):

$$S_n = a_1 \times \frac{q^n - 1}{q - 1}$$

$$S_{15} = 10.000.000 \times \frac{0{,}9^{15} - 1}{0{,}9 - 1}$$

Considerando 0,2 como valor aproximado para $0{,}9^{15}$, teremos:

$$S_{15} = 10.000.000 \times \frac{-0{,}8}{-0{,}1}$$

$$S_{15} = 80.000.000 \text{de reais}$$

Portanto, no período dado (2010 a 2024 – 15 anos) foram desperdiçados **R$ 80.000.000,00**.

Gabarito: D.

QUESTÃO 87 (CEBRASPE – Soldado/CBM-CE/2014)

Tabela I

a_1	a_2	a_3	a_4	a_5	a_6	a_7	a_8	a_9	a_{10}	a_{11}	a_{12}	...
1	2	3	4	4	4	9	8	5	16	16	6	...

Tabela II

sequência 1	1	4	9	16	25	36	...
sequência 2	2	4	8	16	32	64	...
sequência 3	3	4	5	6	7	8	...

Considerando que a sequência numérica a_n, n = 1, 2, 3, ... mostrada na tabela I seja construída intercalando-se os termos das três sequências apresentadas na tabela II, julgue o seguinte item.

Os termos de ordem $3_n - 1$, n = 1, 2, 3, ... da sequência a_n formam uma progressão geométrica de razão 2.

RESOLUÇÃO:

Fazendo n = 1, temos o termo $a_2 = 2$.

Fazendo n = 2, temos o termo $a_5 = 4$.

Fazendo n = 3, temos o termo $a_8 = 8$.

Fazendo n = 4, temos o termo $a_{11} = 16$.

E assim por diante.

Note que todos esses termos foram retirados da sequência 2, a qual consiste justamente de uma progressão geométrica de razão 2.

Gabarito: Certo.

QUESTÃO 88 (CEBRASPE – ATA/MIN/2013) A soma 1 + 1/2 + 1/4 + 1/8 + 1/16 + 1/32 + 1/64 é inferior a 2.

RESOLUÇÃO:

Temos uma progressão geométrica (PG) com primeiro termo igual a 1 (a_1 = 1) e razão igual a 0,5 (q = 0,5).

Quando a razão é positiva no intervalo entre 0 e 1, a soma dos termos de uma PG infinita é dada por:

$$S = \frac{a_1}{1-q}$$

Assim, **se estivéssemos** somando os infinitos termos da PG (1+ 1/2 + 1/4 + 1/8 + 1/16 + 1/32 + 1/64 + 1/128 + 1/256 + ...), o resultado seria 2, pois:

$$S = \frac{1}{1-0,5}$$

$$S = \frac{1}{0,5} = 2$$

Porém, como estamos somando apenas os 7 primeiros termos da PG, o resultado será menor que 2.

Gabarito: Certo.

QUESTÃO 89 (CESPE – ERAC/ANAC/2009) Considerando que, nos números positivos a, b, c, e d, os números a, b e d estejam, nessa ordem, em progressão geométrica; a, c e d estejam, nessa ordem, em progressão aritmética, e considerando, ainda, que a razão a/d seja igual a 16/25 e a soma dos números a, b, c e d seja 163, julgue o item que se segue.

O número b é maior que o número c.

RESOLUÇÃO:

Foi dito que a, b, d formam uma **PG** em que a razão (q) entre dois termos seguidos é constante. Logo:

$$q = \frac{b}{a} = \frac{d}{b}$$

Foi dito que a/d = 16/25 → d/a = 25/16. Do lado esquerdo, vamos multiplicar e dividir por b, o que não altera o resultado:

$$\frac{d}{b} \times \frac{b}{a} = \frac{25}{16}$$

$$q \times q = \frac{25}{16}$$

$$q^2 = \frac{25}{16}$$

$$q = \frac{5}{4}$$

Dessa maneira, temos que:

$$q = \frac{b}{a}$$

$$b = a \times q = \frac{5}{4}a = 1{,}25a$$

Além disso, o enunciado informa que a, c, d formam uma PA, em que a diferença entre dois termos seguidos é constante, chamada de razão (r) da PA. Assim, partindo de a e somando r chegamos a c. da mesma forma, somando novamente r chegamos a d:

$$a + 2r = d$$

$$a + 2r = \frac{25a}{16}$$

$$2r = \frac{9a}{16}$$

$$r = \frac{9a}{32}$$

Assim, ficamos com:

$$c = a + r$$

$$c = a + \frac{9a}{32}$$

$$c = \frac{41a}{32} \approx 1{,}28a$$

Portanto, **b** é na verdade menor do que **c**, já que o primeiro vale 1,25a ao passo que o segundo vale aproximadamente 1,28a.

Gabarito: Errado.

QUESTÃO 90 (CESPE – Esc/BB/2008) O gráfico a seguir, que ilustra a previsão das reservas monetárias de alguns países, em 2008, deve ser considerado para o julgamento do item.

Com base nas informações do gráfico apresentado acima, julgue o seguinte item.

Se a previsão de reservas da Alemanha para 2008 for inferior à da China e à da Rússia, e se os valores das reservas previstas para esses 3 países, no ano citado, estiverem em progressão geométrica, então as reservas alemãs serão superiores a 200 bilhões de dólares em 2008.

RESOLUÇÃO:

A **Progressão Geométrica** pode ser definida como uma sequência numérica em que cada termo, a partir do segundo, é igual ao produto do termo anterior por uma constante, chamada de **razão** da progressão geométrica, que chamaremos de **q**.

Considerando a PG formada pelas reservas da Alemanha como A1 (já que pelo enunciado é a menor das 3 reservas), as da Rússia como A2 e as da China como A3, para calcularmos a razão da PG, basta dividirmos A3 por A2.

$$q = \frac{A3}{A2}$$

$$\frac{A3}{A2} = \frac{1500}{480}$$

$$q = 3{,}125$$

Já temos o valor da razão e também conhecemos o valor de A2, então para encontrar A1 (reservas da Alemanha), basta sabermos que :

$$q = \frac{A2}{A1}$$

$$3{,}125 = \frac{480}{A1}$$

$$A1 = \frac{480}{3{,}125} = 153{,}6$$

Note que **A1 é menor que os 200 bilhões** dados no enunciado.

Gabarito: Errado.

QUESTÃO 91 (CESPE – ATE/SEFAZ-MT/2004) Considere que, em uma determinada economia, cada unidade monetária introduzida recircule do seguinte modo: 70% da unidade original são gastos e os 30% restantes são poupados; em seguida, 70% daqueles 70% são gastos e 30% são poupados. O processo continua desse modo, indefinidamente.

Supondo que 1.000 unidades monetárias foram introduzidas inicialmente nessa economia, julgue o item que se segue.

A soma dos valores gastos é inferior a 1.000 unidades monetárias.

RESOLUÇÃO:

Suponha que na situação inicial tenhamos U unidades monetárias.

Na primeira circulação, $0{,}7 \times U$ são gastos e $0{,}3 \times U$ são poupados.

Na segunda circulação, $0{,}7 \times (0{,}7 \times U) = 0{,}7^2 \times U$ são gastos e $0{,}3 \times (0{,}7 \times U)$ são poupados.

Na terceira circulação, $0{,}7 \times (0{,}7^2 \times U) = 0{,}7^3 \times U$ são gastos e $0{,}3 \times (0{,}7^2 \times U)$ são poupados.

Na quarta circulação, $0{,}7 \times (0{,}7^3 \times U) = 0{,}7^4 \times U$ são gastos e $0{,}3 \times (0{,}7^3 \times U)$ são poupados.

E assim sucessivamente.

A soma dos valores gastos é representada pela soma:

$$0{,}7 \times +0{,}7^2 \times +0{,}7^3 \times U + 0{,}7^4 \times U + \cdots = (0{,}7 + 0{,}7^2 + 0{,}7^3 + 0{,}7^4 + \cdots) \times U$$

Repare que a soma entre parênteses é a soma dos infinitos termos de uma progressão geométrica decrescente de primeiro termo $a_1 = 0{,}7$ e razão $q = 0{,}7$.

Como a razão obedece à condição $0 < q < 1$, então essa soma pode ser calculada por meio da expressão:

$$\frac{a_1}{1-q}$$

Assim, a soma dos valores gastos é dada por

$$\frac{a_1}{1-q} \times U$$

Substituindo os valores $a_1 = 0{,}7$, $q = 0{,}7$ e $U = 1000$, temos

$$\frac{a_1}{1-q} \times U = \frac{0{,}7}{1-0{,}7} \times 1000 \approx 2333{,}33$$

Portanto, a soma dos valores gastos é **superior** a 1000 unidades monetárias.

Gabarito: Errado.

QUESTÃO 92 (CESPE – Esc/BB/2003) Preparando-se para custear as despesas com a educação dos seus filhos, Carlos decidiu abrir uma poupança programada para 120 meses de duração, com rendimento mensal de 1%, em que os depósitos devem ser feitos no primeiro dia de cada mês. O valor *d(k)*, em reais, do depósito a ser efetuado nessa poupança no *k*-ésimo mês obedece às seguintes regras:

- *d(k)* = 100, para *k* = 1, 2, ... , 12;
- *d(k* + 12) – *d(k)* = 100, para *k* > 1.

Considerando as informações do texto e representando por *S(k)* o saldo, em reais, existente na poupança de Carlos por ocasião da realização do *k*-ésimo depósito (incluindo esse último depósito), julgue o item subsequente.

Os valores *S*(1), *S*(2) – 100, *S*(3) – 100, ..., *S*(12) – 100 formam, nessa ordem, uma progressão geométrica.

RESOLUÇÃO:

De acordo com a primeira regra de formação, todos os depósitos feitos no primeiro ano são iguais a 100. Logo:

S(1) = 100

S(2) = S(1) x 1,01 + 100 = 100 x 1,01 + 100 = 201

S(3) = S(2) x 1,01 + 100 = 201 x 1,01 + 100 = 303,01

Então, os três primeiros elementos da sequência dada são: 100, 101 e 203,01.

Para saber se esses números formam uma progressão geométrica (P.G.), basta dividir o segundo pelo primeiro e o terceiro pelo segundo. Se o resultado for igual, então se trata de uma P.G.

101/100 = 1,01

203,01/101 = 2,01

Logo, esses três elementos não formam uma P.G. e, consequentemente, o resto da sequência também não.

Gabarito: Errado.

QUESTÃO 93 (CESPE – CO/SEN/2002) Considere que um programa de televisão ofereça as duas opções de premiação seguintes:

I um milhão de reais para cada pergunta respondida corretamente em um conjunto de 30 perguntas;

II R$ 1,00 para a primeira pergunta, R$ 2,00 para a segunda, R$ 4,00 para a terceira, e assim por diante, duplicando a quantia a cada pergunta respondida corretamente, até a trigésima.

Nessa situação, para um participante que responda corretamente a todas as perguntas, é financeiramente mais vantajosa a opção II.

RESOLUÇÃO:

Vamos analisar os cenários decorrentes da escolha de cada uma das opções disponíveis.

Primeira opção:

A pessoa receberá 1 milhão para cada resposta certa, totalizando 30 milhões de reais.

Segunda opção:

A pessoa receberá uma quantia correspondente ao seguinte somatório:

$$1 + 2 + 4 + 8 + 16 + 32 + ...$$

Precisamos calcular a soma dos termos de uma progressão geométrica de razão 2 (q = 2), primeiro termo igual a 1 ($a_1 = 1$), e trinta termos (n = 30). Ficamos com:

$$S = \frac{a_1 \times q^n - a_1}{q-1}$$

$$S = \frac{1 \times 2^{30} - 1}{2-1}$$

$$S = 2^{30} - 1$$

A quantia 2^{30} é muito superior a 30 milhões de reais. Logo, a segunda opção é mais vantajosa.

Gabarito: Certo.

QUESTÃO 94 (CESPE – CO/SEN/2002) O Censo 2000 revelou importantes aspectos relativos à população brasileira, conforme ilustra o esquema abaixo.

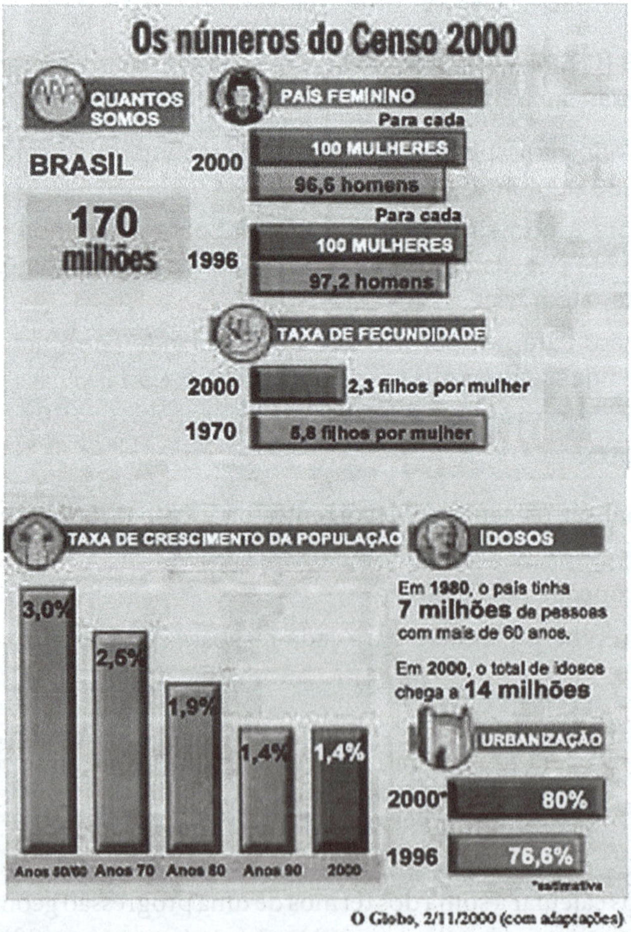

O Globo, 2/11/2000 (com adaptações).

Com base nos dados apresentados acima, julgue o seguinte item.

Se a mesma taxa de crescimento da população brasileira observada no período de 1990 a 2000 se mantivesse em cada uma das décadas do século XXI, então a população estaria crescendo em progressão aritmética de razão igual a 1,4%.

RESOLUÇÃO:

Aumentar algo em 1,4% é o mesmo que multiplicar por 1 + 1,4% = 1,014.

Assim, se a população vai sempre aumentando 1,4%, então ela vai crescendo em uma **progressão geométrica** de **razão 1,014**.

Gabarito: Errado.

QUESTÃO 95 (IBFC/Câm de Araraquara/Ag Adm/2017) O sexto termo de uma P.G. (progressão geométrica), representa o valor, em reais, de tributos pagos sobre o salário de Paulo. Se a soma entre o segundo e quarto termos da P.G. é igual a 60 e a soma entre o terceiro e quinto termos da P.G. é 180, então o valor de tributos pagos por Paulo é igual a:

a) R$ 768,00 b) R$ 532,00 c) R$ 972,00 d) R$ 486,00

RESOLUÇÃO:

Veja que:

$$a_2 + a_4 = 60$$

$$a_3 + a_5 = 180$$

Repare que $a_3 = a_2.q$ e que $a_5 = a_4.q$. Logo, a segunda equação fica:

$$a_2.q + a_4.q = 180$$

$$(a_2 + a_4) = 180$$

A primeira equação nos disse que $a_2 + a_4 = 60$. Substituindo na equação anterior, temos:

$$q.60 = 180$$

$$\mathbf{q = 3}$$

Veja ainda que $a_5 = a_3 \,.\, q_2 = a_3.9$. Substituindo na equação $a_3 + a_5 = 180$, temos:

$$a_3 + a_3.9 = 180$$

$$10.a_3 = 180$$

$$\mathbf{a_3 = 18}$$

Logo, o sexto termo será $\mathbf{a_6} = a_3 . 3^3 = 18 \times 27 =$ **486**, que é o valor dos tributos.

Gabarito: D.

QUESTÃO 96 (FCC/SEFAZ-GO/Auditor-Fiscal/2018) O segundo termo da sequência aritmética (a_n), de razão 9, é igual ao oitavo termo da sequência geométrica (b_n), de razão-1/2. Além disso, os quintos termos das duas sequências são iguais. Nessas condições, o valor da soma infinita S, dada por:

$S = b_1 + b_2 + b_3 + \dots + b_n + \dots,$

é igual a:

a) 192 b) 188 c) 288 d) 256 e) 216

RESOLUÇÃO:

O enunciado informa que o segundo termo da **Progressão Aritmética (PA)** é igual ao oitavo termo da **Progressão Geométrica (PG)**, ou seja:

$$a_2 = b_8$$

$$a_1 + r = b_1 \times q^{8-1}$$

$$a_1 + 9 = b_1 \times (-1/2)^7$$

$$a_1 + 9 = -b_1/128$$

$$128\,a_1 + 1.152 = -b_1$$

$$\mathbf{b_1 = -128\,a_1} - 1.152 \text{ (I)}$$

Em seguida, é dito que os quintos termos das duas sequências são iguais. Logo:

$$a_5 = b_5$$

$$a_1 + 4r = b_1 \times q^{5-1}$$

$$a_1 + 36 = b_1 \times (-1/2)^4$$

$$a_1 + 36 = b_1/16$$

$$\mathbf{b_1} = 16a_1 + 576 \text{ (II)}$$

Agora, podemos igualar as duas expressões encontradas para $\mathbf{b_1}$:

$$16a_1 + 576 = -128a_1 - 1.152$$

$$16a_1 + 128a_1 = -576 - 1.152$$

$$144a_1 = -1.728$$

$$\mathbf{a_1} = -12$$

Substituindo esse resultado em **II**, obtemos:

$$\mathbf{b_1} = 16 \times (-12) + 576 = -192 + 576 = \mathbf{384}$$

Por fim, aplicamos a fórmula da **soma dos termos de uma PG infinita**:

$$S_\infty = b_1/(1\text{-}q) = 384/(1\text{-}(\text{-}1/2)) = 384/(3/2) = 384 \times (2/3) = \mathbf{256}$$

Gabarito: D.

QUESTÃO 97 (IDECAN/AGU/Adm/2018) Uma empresa implementou um novo sistema informático, e o cadastro dos colaboradores foi feito segundo o cronograma a seguir: no primeiro dia, foi cadastrado 1 colaborador; no segundo dia, foram cadastrados 3 colaboradores; no terceiro dia, foram cadastrados 9 colaboradores; no quarto dia, foram cadastrados 27 colaboradores; e, assim, sucessivamente, até o dia em que fossem cadastrados 243 colaboradores. Depois desse dia, os cadastros recomeçariam seguindo o mesmo cronograma, até novamente o dia em que se cadastrassem novamente 243 colaboradores: (1, 3, 9, 27, ..., 243). Sabe-se que, em 30 dias de trabalho, concluiu-se o cadastro de todos os colaboradores. Qual foi o número total de colaboradores cadastrados?

a) 1200. b) 1215. c) 1800. d) 1820. e) 2000.

RESOLUÇÃO:

Note que a sequência (1, 3, 9, 27, ..., 243) é uma **progressão geométrica** de razão 3, ou seja, estamos triplicando os números ao avançar de um termo para o seguinte.

O termo que falta é o 27 × 3 = 81.

$$\underbrace{(1, 3, 9, 27, 81, 243)}_{6\ dias}$$

Passados 6 dias, a sequência reinicia.

$$(\underbrace{1, 3, 9, 27, 81, 243}_{6\ dias}, \underbrace{1, 3, 9, 27, 81, 243}_{6\ dias}, \ldots)$$

O nosso objetivo consiste em determinar um período de 30 dias em que a sequência será repetida 5 vezes completamente.

O total de colaboradores cadastrados em 6 dias é dado por:

$$total\ em\ 6\ dias \rightarrow 1 + 3 + 9 + 27 + 81 + 243 = 364$$

Para calcular o total de cadastrados em 30 dias, basta multiplicar essa soma por 5.

$$total\ em\ 30\ dias \rightarrow 364 \times 5 = 1820$$

Gabarito: D.

8. QUESTÕES-DESAFIO

QUESTÃO 98 (CONSULPLAN – Ana Sis/Pref Natividade/2014) Assinale a figura que DIFERE das demais.

a) 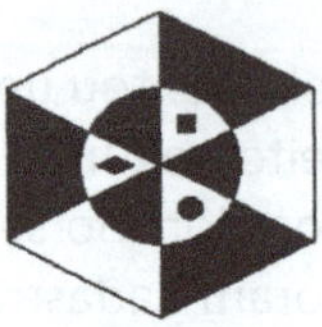

b) 

c) 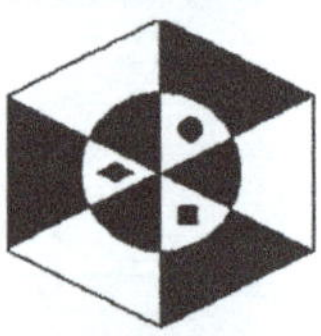

d) 

RESOLUÇÃO:

A dica aqui é **fixar um dos três elementos** que estão inseridos na figura (bola, quadrado ou losango) como ponto de referência e **analisar a posição dos demais**.

Assim, se fixarmos a **bola** e partirmos dela no sentido **anti-horário**, encontraremos o quadrado nas letras a, b e d. Porém, na letra c, seguindo a mesma trajetória, vamos encontrar o **losango**.

Gabarito: C.

QUESTÃO 99 (AOCP – ATA/MPE-BA/2014) Observe a sequência:

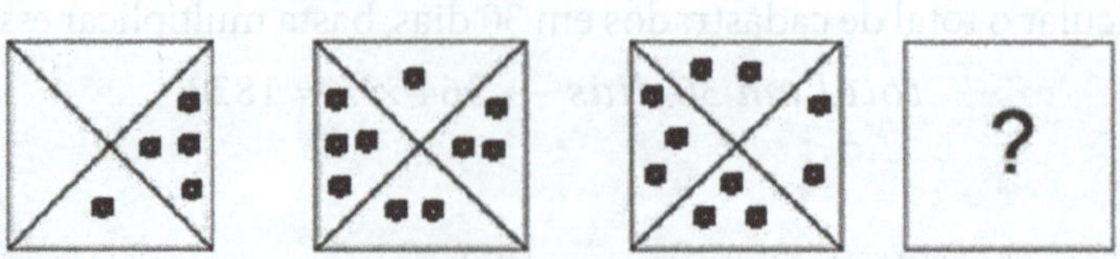

Qual das figuras a seguir completa a sequência?

a) 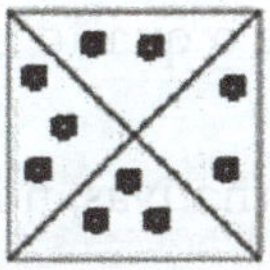

b) 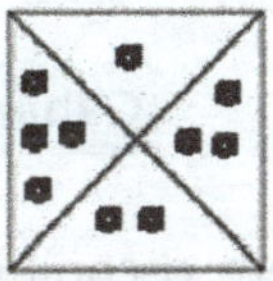

c) 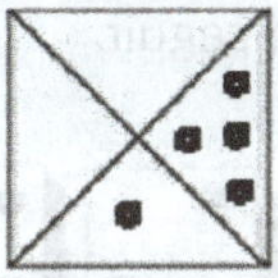

d) 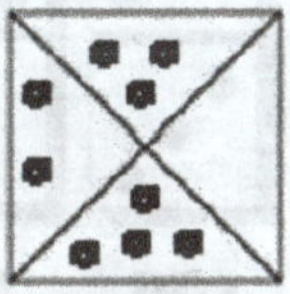

e) 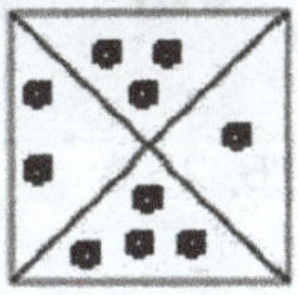

RESOLUÇÃO:

Que tal facilitarmos a nossa vida?! Bem, a figura abaixo organiza a figura da questão nas áreas I, II, III e IV:

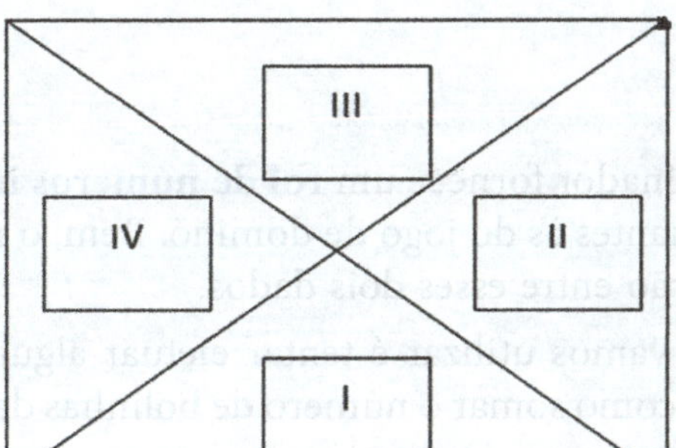

Note na figura que a **área I** apresenta 1 elemento no primeiro quadro, 2 elementos no segundo quadro e 3 elementos no terceiro quadro. Logo, é possível concluir que o quarto quadro terá 4 elementos na área I.

Por sua vez, a **área II** apresenta um padrão de formação invertido em relação à área I, (4, 3, 2), resultando que o quarto quadro terá 1 elemento nessa área.

Já a **área III** apresenta a sequência (0, 1, 2), implicando que o quarto quadro terá 3 elementos nessa área.

Ora, já podemos "matar" a questão, pois, analisando as alternativas, notamos que a figura que completa a sequência é a contida na **letra E**.

Gabarito: E.

QUESTÃO 100 (FEMPERJ – TCE-RJ/Téc Notif/2012) Considere o conjunto de nove peças, semelhantes às do jogo de dominó, mostradas a seguir.

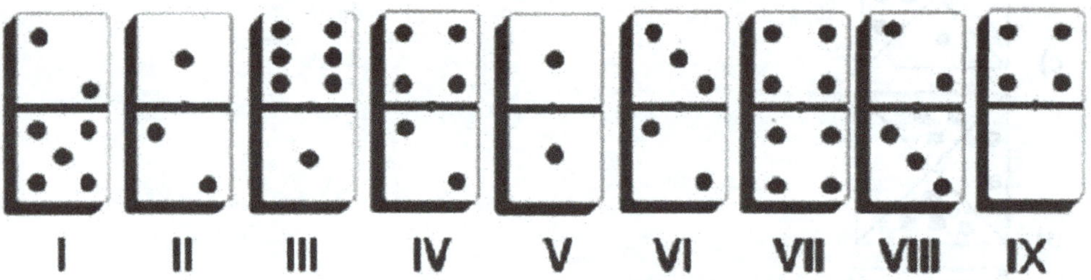

A sequência de cinco peças associada aos números 1, 8, 9, 16, 25 é:

a) II, VII, V, VIII, IX;

b) I, IX, VIII, VII, II;

c) II, VII, III, I, V;

d) V, VI, VIII, IV, I;

e) V, VI, VIII, I, IX.

RESOLUÇÃO:

Note que o examinador fornece um **rol de números inteiros** e um **conjunto de nove peças**, semelhantes às do jogo de dominó. Bem, o nosso objetivo consiste em fazer uma correlação entre esses dois dados.

A estratégia que vamos utilizar é tentar efetuar algumas operações com os dados fornecidos, tais como somar o número de bolinhas das peças, multiplicando e fazendo outras operações.

Daí, percebemos que o padrão adotado pelo elaborador da questão é no sentido de que a parte debaixo da peça corresponde à **base**, ao passo que a parte de cima trata-se do **expoente**. Portanto, a operação é de **potenciação**!

Logo, as peças relacionam-se com os números inteiros da seguinte maneira:

- ✓ **I: $5^2 = 25$**
- ✓ II: $2^1 = 2$
- ✓ III: $1^6 = 1$
- ✓ **IV: $2^4 = 16$**
- ✓ **V: $1^1 = 1$**
- ✓ **VI: $2^3 = 8$**
- ✓ VII: $4^4 = 256$
- ✓ **VIII: $3^2 = 9$**
- ✓ IX: $0^4 = 0$

Gabarito: D.

QUESTÃO 101 (FCC – Téc Jud/TRT 19ª Região/2014) Gabriel descobriu pastas antigas arquivadas cronologicamente, organizadas e etiquetadas na seguinte sequência:

07_55A; 07_55B; 08_55A; 09_55A; 09_55B; 09_55C;
09_55D; 09_55E; 10_55A; 10_55B; 11_55A; 12_55A;
12_55B; 12_55C; 01_56A; 01_56B; 02_56A; 02_56B;
03_56A; xx_xxx; yy_yyy; zz_zzz; 04_56B.

Sabendo-se que as etiquetas xx_xxx; yy_yyy; zz_zzz representam que o código foi encoberto, a etiqueta com as letras yy_yyy deveria, para manter o mesmo padrão das demais, conter o código

a) 03_56C. b) 04_57C. c) 04_56C. d) 03_56B. e) 04_56A.

RESOLUÇÃO:

Algo que nos dará uma visão melhor da sequência é reescrevê-la seguindo as datas:

- ✓ 07_55A; 07_55B;
- ✓ 08_55A;
- ✓ 09_55A; 09_55B; 09_55C; 09_55D; 09_55E;
- ✓ 10_55A; 10_55B;
- ✓ 11_55A;
- ✓ 12_55A; 12_55B; 12_55C;
- ✓ 01_56A; 01_56B;
- ✓ 02_56A; 02_56B;
- ✓ 03_56A; xx_xxx; yy_yyy; zz_zzz;
- ✓ 04_56B.

Note que, **em cada linha, os dois primeiros dígitos são sempre os mesmos**. Por exemplo, na primeira linha é 07; na segunda linha é 08 etc. O que isso quer dizer? Ora, na penúltima linha o mesmo deve ocorrer, de forma que teremos:

03_56A; **03**_xxx; **03**_yyy; **03**_zzz;

Agora, repare que **os dois dígitos seguintes, em cada linha, são igualmente fixos**. Por exemplo, na primeira linha é 55, assim como na segunda; e assim por diante. Na penúltima linha todos irão conter o 56:

03_56A; 03_**56**x; 03_**56**y; 03_**56**z;

Por fim, concluímos que o dígito seguinte utiliza a sequência do alfabeto:

03_56**A**; 03_56**B**; 03_56**C**; 03_56**D**;

Gabarito: A.

QUESTÃO 102 (FCC – Téc Jud/TRT 14ª Região/2016) Observe os cinco primeiros termos de uma sequência numérica:

523, 520, 517, 514, 511, ...

Mantido o mesmo padrão da sequência, o menor número não negativo dela será

a) 0. b) 1. c) 3. d) 2. e) 4.

RESOLUÇÃO:

Ao analisarmos a sequência apresentada, notamos que se trata de uma **progressão aritmética (PA)** de **razão -3**, com o primeiro termo igual a 523.

O enésimo termo, desconhecido, deve ser maior que 0:

$$a_n > 0$$

$$a_1 + (n - 1) \times r > 0$$

$$523 + (n - 1) \times (-3) > 0$$

$$n - 1 < 523 \div 3$$

$$n - 1 < 174{,}333$$

$$\mathbf{n < 175{,}333}$$

Quanto maior **n**, menor o valor de $\mathbf{a_n}$. Assim, temos que pegar o maior n possível, ou seja, 175.

$$n = 175 \rightarrow a_n = 523 + 174 \times (-3)$$

$$\mathbf{a_n = 523 - 522 = 1}$$

Portanto, **o enésimo termo valerá 1.**

Gabarito: B.

CAPÍTULO 16

ORIENTAÇÃO ESPACIAL

1. INTRODUÇÃO

O QUE VEREMOS

Neste capítulo, analisaremos o tópico **Raciocínio Espacial**, que é cobrado por algumas bancas examinadoras.

Esse assunto envolve o conhecimento sobre o posicionamento relativo a deslocamentos em diversas direções e sentidos. Sendo assim, a orientação geográfica dos pontos cardeais é muito importante, assim como o correto entendimento do nosso sistema de medidas.

COMO APARECE NOS EDITAIS

Aqui não temos mistério, o tópico *Orientação Espacial* costuma aparecer com essa expressão nos conteúdos programáticos dos editais.

COMO É COBRADO NAS PROVAS

Geralmente, as questões deste tema apresentam uma situação (normalmente uma fila) em que estão presentes algumas pessoas e pede para o candidato identificar o posicionamento correto de cada uma delas.

Também estão envolvidas questões para calcular distância entre diferentes pontos ou indivíduos ou para determinar estratégia para vencer um jogo de tabuleiro.

OBJETIVOS

Os nossos objetivos ao final deste capítulo é que você consiga:

1) localizar determinado indivíduo em qualquer ambiente;

2) calcular a distância entre pessoas e objetos;

3) analisar movimentos efetuados com vistas a obter seu posicionamento final.

2. ANÁLISE DA COBRANÇA DO ASSUNTO EM PROVAS

Observe a seguir os percentuais de incidência nos últimos anos do assunto deste capítulo em relação ao volume de questões de todos os temas analisados na nossa matéria. Lembramos que quanto maior o percentual de cobrança de um dado assunto, maior sua importância.

ASSUNTO	CEBRASPE	FCC	DEMAIS BANCAS
	% de cobrança	% de cobrança	% de cobrança
Orientação espacial	**0,68%**	**3,52%**	**1,13%**

O presente tópico possui uma importância **baixa a muito baixa**, destacando-se a FCC como a banca que mais exige sua cobrança nas provas.

3. CONCEITO

A **Orientação Espacial** está relacionada à capacidade que o ser humano possui de **situar-se e orientar-se, em relação aos objetos, às pessoas e ao seu próprio corpo em um determinado espaço**.

Com isso, podemos saber se estamos à direita ou à esquerda; à frente ou atrás; acima ou abaixo de si, ou, ainda, a posição um objeto em relação a outro. Enfim, diz respeito a ter noção de longe, perto, alto, baixo, longo, curto.

Trata-se de assunto praticamente desprovido de teoria, cujo aprendizado ocorre por meio da análise e resolução de questões cobradas em concursos. Esse será nosso foco, de modo que já partiremos para os exercícios!

Veja como esse assunto já foi cobrado!

QUESTÃO 01 (FCC/TRT Pernambuco/Téc Jud/2018) Lucas, Paulo e Rogério, amigos, fazem uma brincadeira de caminhar em linha reta, sempre no mesmo sentido e um de cada vez. Lucas começa com 3 metros e para. Em seguida Paulo caminha o suficiente para ficar 4 metros à frente de Lucas e para. Rogério caminha o suficiente para ficar 5 metros à frente de Paulo e para. Lucas caminha o suficiente para ficar 6 metros à frente de Rogério e para. A brincadeira segue com esse padrão e alternância até que Paulo anda pela terceira vez e para. Nesse momento, a distância, em metros, entre Paulo e Rogério é igual a

a) 25. b) 42. c) 15. d) 19. e) 33.

RESOLUÇÃO:

A brincadeira dos amigos pode ser dividida em três ciclos.

Primeiro ciclo

Lucas caminha 3m.

Paulo caminha a mesma quantidade que Lucas e mais 4m.

Rogério caminha o mesmo tanto que Paulo e mais 5m.

Segundo ciclo

A distância total percorrida por Lucas é a mesma que Rogério mais 6m.

A distância total percorrida por Paulo é a mesma que Lucas mais 7m.

A distância total percorrida por Rogério é a mesma que Paulo mais 8m. Vamos chamar essa distância de **x**.

Terceiro ciclo

A distância total percorrida por Lucas é igual a **x** mais 9m: **x + 9**.

A distância total percorrida por Paulo é igual a **x + 9** mais 10m: **x + 9 + 10**.

Veja que a questão pede a diferença entre a distância percorrida por Paulo e a distância percorrida por Rogério. Logo:

$$x + 9 + 10 - x = \mathbf{19m}$$

Gabarito: D.

QUESTÃO 02 (FGV/CGM-NITERÓI/Auditor/2018) André, Beatriz, Carlos e Doris fazem as seguintes afirmações sobre a distância entre a empresa em que trabalham e o shopping mais próximo:

André: é de, no mínimo, 6km;

Beatriz: é de, no máximo, 3km;

Carlos: não passa de 5km;

Doris: não chega a 4km.

Sabe-se que todos eles erraram em suas estimativas. Sendo "d" a distância, em quilômetros, entre a empresa e o shopping mais próximo, tem-se que

(A) d < 3 (B) 3 < d < 4 (C) 4 < d < 5 (D) 5 < d < 6 (E) d > 6

RESOLUÇÃO:

O enunciado informa que todas as pessoas fizeram estimativas erradas. Assim, precisamos identificar o que seria verdade nas suas afirmações:

– André: "é de, no mínimo, 6km" ⇒ Correto: "não é de, no mínimo, 6km".

– Beatriz: "é de, no máximo, 3km" ⇒ Correto: "não é de, no máximo, 3km".

– Carlos: "não passa de 5km" ⇒ Correto: "passa de 5km".

– Doris: "não chega a 4km" ⇒ Correto: "chega a 4km".

De acordo com a afirmação corrigida de Carlos, a distância entre a empresa e o shopping mais próximo passa de 5km, de modo que podemos eliminar as alternativas A, B e C.

Além disso, note que a letra E afirma que a distância é maior que 6km, mas sabemos que isso está errado, conforme indicado na fala corrigida de André.

Assim, a única opção de resposta que atende a todas as afirmações é a **letra D**.

Gabarito: D.

QUESTÃO 03 (FGV/CGM-Niteroi/APPGG/2018) Milton coordena a equipe de analistas formada por Sérgio, Elisa, Lúcia e Valdo. Para a reunião do fim da tarde de sexta-feira, cada uma dessas cinco pessoas chegou num horário diferente. Sabe-se que:

- Milton não foi o último a chegar e Sérgio não foi o primeiro.
- Quando Lúcia chegou, Sérgio e Elisa já estavam, mas Milton não tinha chegado.

Considere as afirmações:

I. Sérgio foi o segundo a chegar.

II. Valdo chegou antes de Milton.

III. Lúcia foi a quarta pessoa a chegar.

São verdadeiras:

a) I, somente.

b) II, somente.

c) II e III, somente.

d) I e III, somente.

e) I, II e III.

RESOLUÇÃO:

Precisamos estabelecer um caminho de resolução da questão. Nesse sentido, podemos ordenar as pessoas da esquerda para a direita, inserindo na esquerda quem chegou primeiro e, caminhando para a direita, quem foi chegando depois.

O enunciado informa que Lúcia está à direita de Sérgio e Elisa, ao passo que Milton está à direita de Lúcia. Portanto:

… Sérgio/Elisa … Lúcia … Milton …

Levando em conta que Milton não foi o último a chegar, precisamos que Valdo tenha chegado depois dele:

... Sérgio/Elisa ... Lúcia ... Milton ... Valdo

Por fim, visto que Sérgio não foi o primeiro, então a primeira foi Elisa. Logo, a ordem correta é:

Elisa - Sérgio - Lúcia - Milton - Valdo

Analisando as afirmações, concluímos que **apenas I** está correta.

Gabarito: A.

QUESTÃO 04 (FGV/SEPOG-RO/Téc/2017) Paula, Gisela, Sílvia e Joana moram na mesma rua. Paula mora entre Gisela e Joana. Gisela mora entre Joana e Sílvia. É correto concluir que

(A) Sílvia mora entre Joana e Paula.

(B) Joana mora entre Gisela e Paula.

(C) Gisela mora entre Paula e Joana.

(D) Paula mora entre Sílvia e Gisela.

(E) Gisela mora entre Sílvia e Paula.

RESOLUÇÃO:

Inicialmente, o enunciado informa que **Paula mora entre Gisela e Joana.** Logo:

... Gisela ... Paula ... Joana ...

Além disso, é dito que **Gisela mora entre Joana e Silvia**, de modo que:

Silvia – Gisela – Paula – Joana

Assim, fica claro que **Gisela mora entre Silvia e Paula**, de modo que a **letra E** é a opção correta.

Gabarito: E.

QUESTÃO 05 (FGV/SEPOG-RO/Técnico/2017) Francisco está em uma fila. Há 8 pessoas na frente dele e 36 pessoas atrás dele. Seu amigo Manoel está no centro da fila, ou seja, há tantas pessoas à frente de Manoel quanto atrás dele. O número de pessoas que há entre Francisco e Manoel é

(A) 12. (B) 13. (C) 14. (D) 15. (E) 16.

RESOLUÇÃO:

O enunciado informa que há 8 pessoas na frente de Francisco e 36 pessoas atrás dele. Portanto:

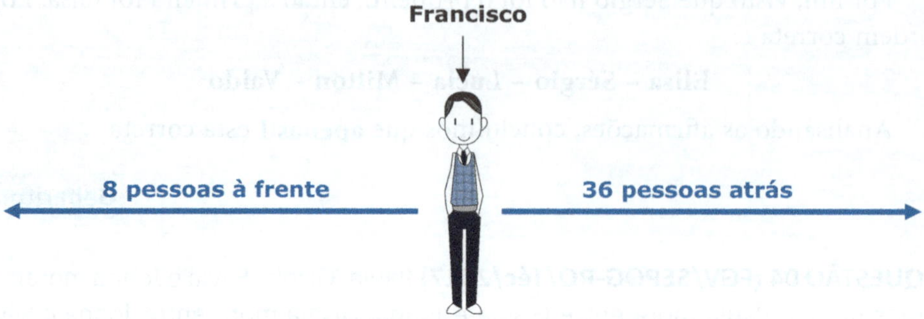

Assim, o **total de pessoas na fila** é dado pelo somatório das pessoas à frente de Francisco, do próprio Francisco e das pessoas atrás dele:

$$8 + 1 + 36 = \mathbf{45\ pessoas}$$

Note que **Francisco** é o **9º** da fila. Por sua vez, **Manoel** é o **23º** da fila, pois desta forma temos 22 pessoas antes dele e 22 depois.

Portanto, entre Francisco (9º) e Manoel (23º) temos **13 pessoas**.

Gabarito: B.

QUESTÃO 06 (FCC/ALESE/Téc Leg/2018) Na última etapa de um rali realizado em terreno plano, os competidores, partindo de um ponto de passagem obrigatória, deveriam deslocar-se 15km para o Norte, 8km para o Leste, mais 2km para o Norte, 2km para o Oeste e, finalmente, 17km para o Sul, atingindo o ponto de chegada. O ponto de chegada está localizado

(A) 6km a Leste do ponto de passagem obrigatória.

(B) 10km a Leste do ponto de passagem obrigatória.

(C) 6km a Oeste do ponto de passagem obrigatória.

(D) 10km a Oeste do ponto de passagem obrigatória.

(E) 2km ao Sul do ponto de passagem obrigatória.

RESOLUÇÃO:

Vamos dividir os deslocamentos realizados pelos competidores de acordo com os pontos cardeais extremos, a fim de determinar a distância percorrida em relação ao ponto de partida.

– Deslocamentos na direção Norte-Sul:

Usando o sinal + para deslocamentos norte e – para deslocamentos sul, teremos:

$$+ 15 + 2 - 17 = \mathbf{0}$$

Assim, não houve deslocamento na direção norte-sul em relação ao ponto de partida.

– Deslocamentos na direção Leste-Oeste:

Usando o sinal + para leste e – para oeste, temos:

$$+ 8 - 2 = \mathbf{6km}$$

Portanto, houve um deslocamento de 6km para o leste, de modo que o ponto de chegada está **6km a leste** do ponto de passagem obrigatória.

Gabarito: A.

QUESTÃO 07 (VUNESP/TJ-SP/Escrevente/2018) Ontem, os ciclistas Afonso e Bernardo iniciaram os respectivos treinamentos, feitos em uma mesma pista, exatamente no mesmo horário, às 8h12min. Ambos percorreram a pista no mesmo sentido, sendo que Afonso partiu de um ponto P dessa pista e Bernardo partiu de um ponto Q, situado 1,26km à frente de P. Por determinação do técnico, no treinamento desse dia, ambos mantiveram ritmos uniformes e constantes: Afonso percorreu 420 metros a cada 1 minuto e 20 segundos, e Bernardo percorreu, a cada 1 minuto e 20 segundos, 80% da distância percorrida por Afonso. Nessas condições, Afonso alcançou Bernardo às

(A) 8h38min (B) 8h28min (C) 8h30min (D) 8h45min (E) 8h32min

RESOLUÇÃO:

O enunciado informa que a cada 1 minuto e 20 segundos, Bernardo percorreu 80% dos 420 metros percorridos por Afonso. Logo:

Bernardo = 80% x 420 = 8/10 x 420 = 8×42 = 336 metros

Dessa maneira, fica claro que a cada 80 segundos, a distância entre Afonso e Bernardo era reduzida em 420 – 336 = 84 metros.

Sabendo que a distância entre eles era, inicialmente, de 1.260m (1,26km), podemos montar e resolver a seguinte regra de três:

80 segundos ———— 84m

T segundos ———— 1260m

80 x 1260 = 84 x T

T = 1.200 segundos = 1.200 / 60 minutos = 20 minutos

Portanto, se eles começaram às 8:12, eles se encontraram às **8:32**, ou seja, 20 minutos depois.

Gabarito: E.

QUESTÃO 08 (VUNESP/TCE-SP/AGENTE DE FISC/2017) Gabriel está no ponto A, e Felipe, no ponto B. Eles iniciam simultaneamente uma caminhada, e pelo mesmo percurso; Gabriel no sentido de A até B, e Felipe no sentido de B até A. Numa primeira etapa, Gabriel percorreu 1/5 da distância entre A e B, e Felipe percorreu 1/6 dessa mesma distância. Na segunda etapa, Gabriel percorreu o equivalente à quarta parte do que faltava a Felipe percorrer ao final da primeira etapa, e Felipe percorreu o equivalente à terça parte do que faltava a Gabriel percorrer ao final da primeira etapa. Sabe-se que, após a segunda etapa, a distância que os separa é de 6,65km. Nessas condições, é correto afirmar que a distância total que separa os pontos A e B é, em quilômetros, igual a

a) 40. b) 44. c) 43. d) 41. e) 42.

RESOLUÇÃO:

Vamos chamar de **D** a distância total. Na primeira etapa, Gabriel percorreu **D/5**, faltando percorrer **4D/5**. Felipe percorreu **D/6**, faltando percorrer **5D/6**.

Na segunda etapa, Gabriel percorreu **1/4 de 5D/6** (o que faltava para Felipe), ou seja, percorreu **5D/24**. Ao todo, Gabriel percorreu:

$$\frac{D}{5}+\frac{5D}{24}=\frac{24D+25D}{120}=\frac{49\boldsymbol{D}}{120}$$

Felipe percorreu **1/3 de 4D/5** (o que faltava para Gabriel), ou seja, **4D/15**. Ao todo, Felipe percorreu:

$$\frac{D}{6}+\frac{4D}{15}=\frac{15D+24D}{90}=\frac{39D}{90}=\frac{13\boldsymbol{D}}{30}$$

A distância que os separa é:

$$\textit{Total - percurso do Gabriel - percurso do Felipe} =$$

$$D-\frac{49D}{120}-\frac{13D}{30}=$$

$$\frac{120D-49D-52D}{120}=\frac{19\boldsymbol{D}}{120}$$

Isso corresponde a 6,65km, conforme o enunciado. Logo:

$$\boldsymbol{D} = 6{,}65 \times \frac{120}{19} = 42\boldsymbol{km}$$

Gabarito: E.

QUESTÃO 09 (CEBRASPE/SEFAZ-RS/Auditor-Fiscal/2019) João pretende completar as casas de um tabuleiro 3×3, utilizando as letras A, B ou C. Cada casa é formada por um quadrado, conforme apresentado na figura a seguir.

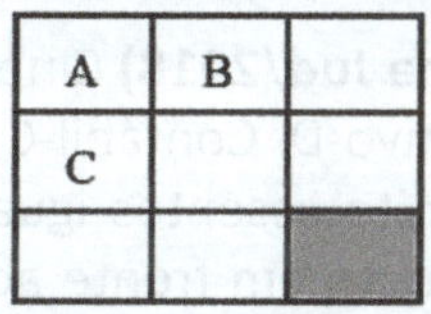

Para completar o tabuleiro, preenchendo cada casa com apenas uma dessas letras, de modo que casas com lados adjacentes não sejam preenchidas com a mesma letra, João deverá escrever na casa destacada na figura

a) somente a letra A.

b) somente a letra B.

c) somente a letra C.

d) somente a letra B ou a letra C.

e) qualquer uma das letras A, B ou C.

RESOLUÇÃO:

O enunciado estabelece que casas com lados adjacentes não devem ser preenchidas com a mesma letra.

Nesse caso, na casa central, devemos ter um A, pois já existem B e C como lados adjacentes.

Por sua vez, as casas vizinhas a essa central podem ter escritas um B e um C, dois B ou dois C.

Assim, se optarmos por colocar dois B, na casa destacada podemos ter A ou C. Todavia, se colocarmos dois C, na casa destacada podemos ter A ou B. E se colocarmos um B e um C, na casa destacada só podemos ter A.

Portanto, podemos preencher o quadradinho destacado com **A, B ou C.**

Gabarito: E.

4. RESUMO

A **Orientação Espacial** está relacionada à capacidade que o ser humano possui de **situar-se e orientar-se, em relação aos objetos, às pessoas e ao seu próprio corpo em um determinado espaço.**

Com isso, podemos nos localizar se estamos à direita ou à esquerda; à frente ou atrás; acima ou abaixo de si, ou, ainda, a posição de um objeto em relação a outro. Enfim, diz respeito a ter noção de longe, perto, alto, baixo, longo, curto.

5. MAIS QUESTÕES COMENTADAS

QUESTÃO 10 (FCC/TRT-PE/Ana Jud/2018) Cinco diretores (Recursos Humanos--RH, Financeiro-F, Administrativo-D, Contábil-C e Marketing-M) estão sentados em uma mesa circular com oito assentos igualmente espaçados ao redor da mesa. D está sentado no assento em frente ao assento de C e no terceiro assento à direita de M. RH está sentado a quatro assentos de F. Em tais condições é correto afirmar que, necessariamente,

a) M está sentado em frente a um assento vazio

b) M está sentado ao lado de um assento vazio.

c) há dois assentos vazios que estão juntos.

d) D está sentado ao lado de um assento vazio à sua direita e de um à sua esquerda.

e) C está sentado imediatamente à direita de RH.

RESOLUÇÃO:

Podemos desenhar uma mesa com 8 lugares e posicionar a pessoa D. Repare que C deve estar à sua frente, ou seja, na posição oposta. E M deve estar 3 posições à esquerda de D (para que D esteja 3 posições à direita de M. Ficamos com:

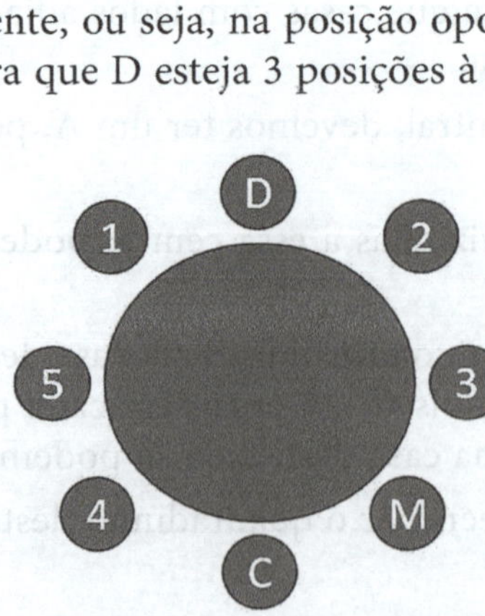

Note que já numeramos as posições restantes, para facilitar a explicação. Perceba que as pessoas RH e F devem estar frente a frente, pois estão a 4 posições uma da outra. Logo, elas podem ocupar as posições 2 e 4, ou então 3 e 5. Em qualquer caso, a posição 1 permanece desocupada. Isso indica que M não tem ninguém à sua frente, o que permite marcar a letra A.

Gabarito: A.

QUESTÃO 11 (FCC/TST/Téc Jud/2017) Algumas cadeiras novas foram distribuídas por quatro andares de um edifício comercial. O 1º andar recebeu metade do total de cadeiras. O 2º andar recebeu a terça parte do total de cadeiras que o 1º andar recebeu. O 3º andar recebeu dois quintos das cadeiras recebidas pelos dois andares abaixo. Por fim, o 4º andar recebeu as 16 cadeiras restantes. Em tais condições, o total de cadeiras distribuídas para os andares pares foi igual a

(A) 36. (B) 60. (C) 72. (D) 40. (E) 56.

RESOLUÇÃO:

Seja **T** o total de cadeiras. O primeiro andar recebeu **T/2**, ou seja, a metade. O segundo andar recebeu a **terça parte de T/2**, ou seja:

$$\text{segundo andar} = 1/3 \times T/2 = T/6$$

O terceiro andar recebeu **dois quintos** da soma do primeiro com o segundo andares (T/2 + T/6 = 3T/6 + T/6 = 4T/6 = **2T/3**), logo:

$$\text{terceiro andar} = 2/5 \times 2T/3 = 4T/15$$

O quarto andar recebeu 16 cadeiras, ou seja,

$$\text{Total} = \text{primeiro} + \text{segundo} + \text{terceiro} + \text{quarto}$$

$$T = T/2 + T/6 + 4T/15 + 16$$

Multiplicando todos os termos por 6, temos:

$$6T = 3T + T + 24T/15 + 96$$

$$2T = 24T/15 + 96$$

Multiplicando todos os termos por 15, temos:

$$30T = 24T + 1440$$

$$6T = 1440$$

$$T = 240$$

As cadeiras dos andares pares são:

$$T/6 + 16 = 240/6 + 16 = 40 + 16 = \mathbf{56}$$

Gabarito: E.

QUESTÃO 12 (FCC/CL-DF/Téc Leg/2018) Em um tabuleiro 3 x 3, todas as nove peças quadradas têm uma face branca e outra face preta. Essas peças são placas móveis que giram em torno de um eixo, exibindo ora a face branca, ora a face preta. O objetivo de um jogo que usa esse tabuleiro é, a partir de uma dada configuração inicial, fazer com que todas as peças quadradas exibam sua face branca. Para isso, as únicas operações possíveis, a cada jogada, são:

– girar todas as peças de uma mesma linha, trocado a cor de cada uma ou

– girar todas as peças de uma mesma coluna, trocando a cor de cada uma.

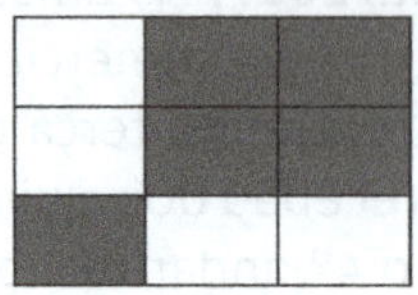

Para a configuração inicial do tabuleiro dada acima, respeitando as regras, a quantidade mínima de jogadas que permite atingir o objetivo do jogo é igual a

a) 5 b) 2 c) 4 d) 3 e) 6

RESOLUÇÃO:

Seguindo as regras do jogo, inicialmente podemos fazer duas jogadas, girando as peças da 2ª e da 3ª colunas, resultando na seguinte disposição:

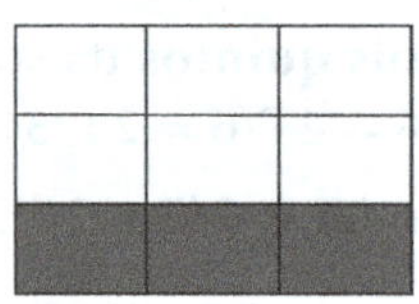

Por fim, fazemos mais uma jogada, desta vez girando as peças contidas na última linha. Assim, todas as faces ficarão brancas. Para isso, realizamos **3 jogadas**, que corresponde à quantidade mínima necessária para alcançar esse resultado.

Gabarito: D.

QUESTÃO 13 (FCC/TRT 11ª Região/Téc Jud/2017) O início de uma corrida de percurso longo é realizado com 125 atletas. Após uma hora de prova, o atleta João Carlos ocupa a 39a posição dentre os 83 atletas que ainda participam da prova. Na segunda e última hora dessa corrida, aconteceram apenas quatro fatos, que são relatados a seguir na mesma ordem em que ocorreram: 1º) 18 atletas que estão à frente de João Carlos, desistem da prova; 2º) 7 atletas que até então estavam atrás de João Carlos, o ultrapassam; 3º) 13 atletas que estavam atrás de João Carlos desistem de prova; 4º) perto da chegada João Carlos ultrapassa 3 atletas. O número de atletas que chegaram depois de João

Carlos nessa prova superou o número daqueles que chegaram antes de João Carlos em

(A) 3. (B) 8. (C) 4. (D) 7. (E) 2.

RESOLUÇÃO:

João Carlos estava a posição 39. Se 18 pessoas à frente dele desistem, ele vai à posição 39 – 18 = 21, e o total de atletas cai para 65. Se mais 7 atletas ultrapassam João Carlos, ele vai à posição 21 + 7 = 28. Se 13 atletas que estavam atrás dele desistem, a prova fica com 65 – 13 = 52 atletas. Se João passa mais 3 atletas próximo à chegada, ele vai à posição 28 – 3 = 25.

Portanto, ele ficou na posição 25. Isso mostra que havia 24 atletas à frente dele, e 52 – 25 = 27 atletas atrás.

O número de atletas que chegaram depois (57) superou o dos atletas que chegaram antes (24) em 27 – 24 = **3 unidades**.

Gabarito: A.

QUESTÃO 14 (FCC/FUNAPE/Ana/2017) Em um caminho há 21 caixas dispostas em uma linha reta. Cada caixa está a 10 metros de distância da caixa seguinte. Partindo de uma caixa em um dos extremos dessa linha reta, Roberto tem a tarefa de levar todas as caixas até a posição em que está a caixa do meio. Se Roberto transportar apenas uma caixa de cada vez, e evitar percursos desnecessários, a distância percorrida por ele ao concluir a tarefa, em metros, será igual a

(A) 2.200 (B) 1.900 (C) 1.800 (D) 2.000 (E) 2.100

RESOLUÇÃO:

Repare que Roberto deve levar a 1ª caixa até a posição da 11ª caixa (que fica no meio das 21), caminhando com ela 10×10 = 100 metros. Em seguida, ele deve retornar 90 metros até a 2ª caixa, levá-la 90 metros até a 11ª, retornar 80 metros até a 3ª caixa, levá-la 80 metros até a 11ª, e assim por diante. Logo, temos a soma de distâncias:

100 + 90×2 + 80×2 + 70×2 + 60×2 + 50×2 + 40×2 + 30×2 + 20×2 + 10×2 = **1000 metros**

Feito isso, será preciso andar 100 metros para chegar até a 21ª caixa. Até aqui temos 1000 + 100 = **1100 metros**.

A partir daqui recomeça um processo similar ao anterior, em que Roberto percorrerá 1000 metros. Então, ao todo, teremos 1000 + 1100 = **2100 metros**.

Gabarito: E.

QUESTÃO 15 (FGV/CGM-Niteroi/APPGG/2018) Pedro e João estão em uma fila que tem, ao todo, 55 pessoas. Pedro tem 11 pessoas à sua frente e João está no centro da fila, ou seja, ele tem tantas pessoas à frente dele quanto atrás. Nessa fila, o número de pessoas entre Pedro e João é

(A) 14. (B) 15. (C) 16. (D) 17. (E) 18.

RESOLUÇÃO:

O enunciado informa que João está no centro de uma fila com 55 pessoas, de modo que ele tem 27 pessoas à sua frente e 27 atrás dele.

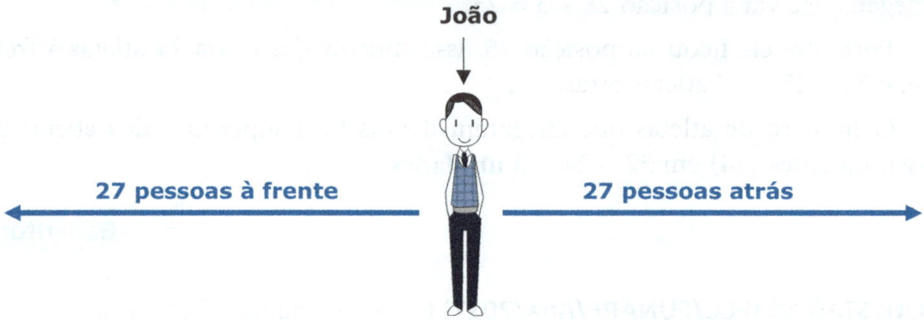

Em seguida, é dito que Pedro tem 11 pessoas à sua frente, de forma que sua posição é a 12.

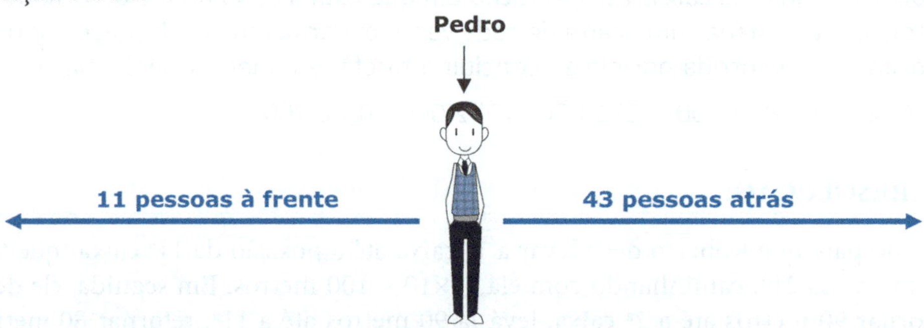

Assim, entre João e Pedro temos as pessoas das posições: 13, 14, 15, … e 27, que totalizam **15 pessoas**.

Gabarito: B.

QUESTÃO 16 (VUNESP/TCE-SP/AGENTE DE FISC/2017) Para ir ao trabalho caminhando, Rodrigo percorreu a terça parte do percurso sem qualquer parada. Descansou um pouco e, em seguida, percorreu a quinta parte do que restava do percurso e, novamente, parou para descansar. Após essas duas etapas, ainda faltavam 1080 metros para Rodrigo chegar ao destino. A diferença entre o número de metros que Rodrigo caminhou na primeira etapa em relação à segunda etapa é igual a

a) 470. b) 580. c) 625. d) 405. e) 525.

RESOLUÇÃO:

Sendo **D** a distância total para o trabalho, sabemos que Rodrigo percorreu **D/3** sem qualquer parada. Faltava percorrer **2D/3**. Depois do descanso, ele percorreu **1/5 de 2D/3** (o restante), de modo que sobrou **4/5 de 2D/3**, isto é,

Sobra = 8D/15

Essa sobra foi de 1080 metros, logo:

$$1080 = \frac{8D}{15}$$

$$1080 \times \frac{15}{8} = D$$

$$D = 2025$$

Assim, na primeira etapa ele percorreu 2025/3 = 675. Logo, sobraram 2025 – 675 = 1350 metros. Na segunda etapa, ele percorreu um quinto disso, ou seja, 1350/5 = 270.

A diferença entre a primeira e a segunda etapas é 675 – 270 = **405**.

Gabarito: D.

QUESTÃO 17 (CEBRASPE - Agente/IBGE/2021) Considere que a figura a seguir — que consiste de um retângulo maior subdividido em 45 retângulos menores, no qual estão destacados os pontos A, B e C; ao lado do retângulo maior estão indicadas as direções norte (N), sul (S), leste (L) e oeste (O) — representa um mapa, fora de escala, de parte de uma cidade onde será realizada uma pesquisa domiciliar.

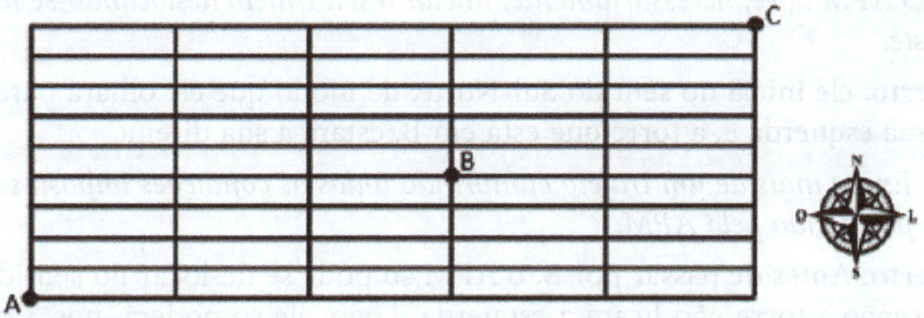

As linhas retas representam as ruas, e os quarteirões são os retângulos menores, que medem 300 metros na direção oeste-leste e 60 metros na direção sul-norte. Durante os trabalhos, cada agente de pesquisas e mapeamento (APM), que sairá necessariamente do ponto A, somente pode caminhar nos sentidos oeste-leste ou sul-norte.

Ainda com base no texto 1A4-I e considerando-se a regra de que os deslocamentos apenas podem ser executados nos sentidos oeste-leste ou sul-norte, considere que, ao percorrer um caminho entre os pontos A e C, um APM, que olha sempre para a frente, tenha conseguido visualizar, em todo o trajeto por ele executado, uma torre localizada no ponto B com um giro de seu olhar inferior a 180º no sentido anti-horário. Nessa situação, julgue os itens seguintes.

I. O APM deve, necessariamente, iniciar o seu trajeto deslocando-se na direção oeste-leste.

II. Existe mais de um trajeto cumprindo todas as condições impostas que pode ter sido percorrido pelo APM.

III. O trajeto em que o APM, saindo do ponto A, se desloque sempre na direção oeste-leste até ficar diretamente ao sul do ponto C e, em seguida, se desloque na direção sul-norte até chegar ao ponto C atende a todas as condições impostas.

Assinale a opção correta.

A) Apenas o item II está certo.

B) Apenas os itens I e II estão certos.

C) Apenas os itens I e III estão certos.

D) Apenas os itens II e III estão certos.

E) Todos os itens estão certos.

RESOLUÇÃO:

Observe que o APM é um robô cuja característica básica é conseguir olhar apenas para o que está na sua frente e o que está em toda a sua esquerda, ou seja, 180° no sentido anti-horário. Assim, a torre que está em B, deverá sempre estar a sua esquerda.

Com essas informações em mente, podemos analisar os itens.

I. O APM deve, necessariamente, iniciar o seu trajeto deslocando-se na direção oeste-leste.

Certo, ele inicia no sentido Sul-Norte, de modo que ele olhará para frente e para a sua esquerda e, a torre que está em B, estará a sua direita.

II. Existe mais de um trajeto cumprindo todas as condições impostas que pode ter sido percorrido pelo APM.

Certo. Antes de passar por B, o APM só pode se deslocar no sentido Oeste--Leste, senão a torre não ficará a esquerda. Logo, ele só poderá, nos 3 primeiros deslocamentos, percorrer a rua onde está situado A.

Depois, ele poderá andar 3 quarteirões no sentido Sul-Norte e dois no sentido Oeste-Leste da forma que ele quiser. Atingindo a rua onde está a torre (ponto B), ele só poderá se deslocar no sentido Sul-Norte. Portanto, existe sim, mais de um trajeto que pode ser percorrido pelo APM.

III. O trajeto em que o APM, saindo do ponto A, se desloque sempre na direção oeste-leste até ficar diretamente ao sul do ponto C e, em seguida, se desloque na direção sul-norte até chegar ao ponto C atende a todas as condições impostas.

Certo, pois a torre sempre estará à esquerda do APM.

Gabarito: E.

6. QUESTÕES-DESAFIO

Enunciado comum às questões 18 a 20.

As figuras seguintes ilustram a vista frontal e a vista da esquerda de um sólido que foi formado empilhando-se cubos de mesmo tamanho.

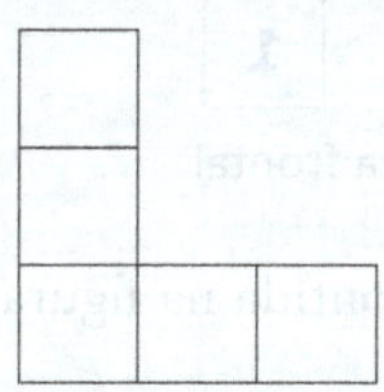

vista frontal

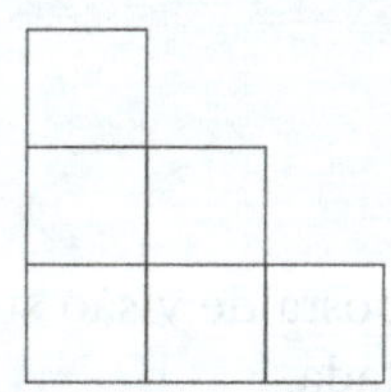

vista da esquerda

QUESTÃO 18 (CEBRASPE/Policial Rodoviário Federal/2019) A partir das figuras precedentes, julgue o item a seguir, com relação à possibilidade de a figura representar uma vista superior do referido sólido.

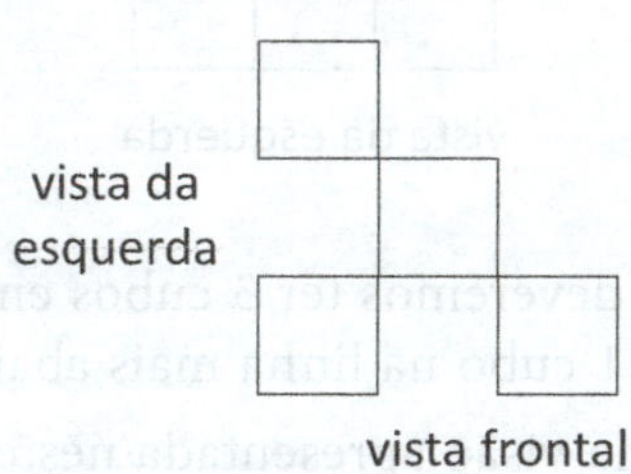

RESOLUÇÃO:

Para solucionar essa questão, é fundamental que você trabalhe com a sua <u>noção espacial</u>.

Observe a **vista frontal** da figura:

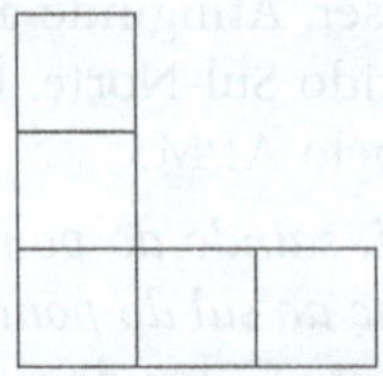

vista frontal

Numa **visão superior**, deveremos ter 3 cubos empilhados na primeira coluna e apenas 1 cubo empilhado nas outras duas colunas. Conseguiu ver isso?

Muito bem, vamos indicar isso na visão apresentada neste item:

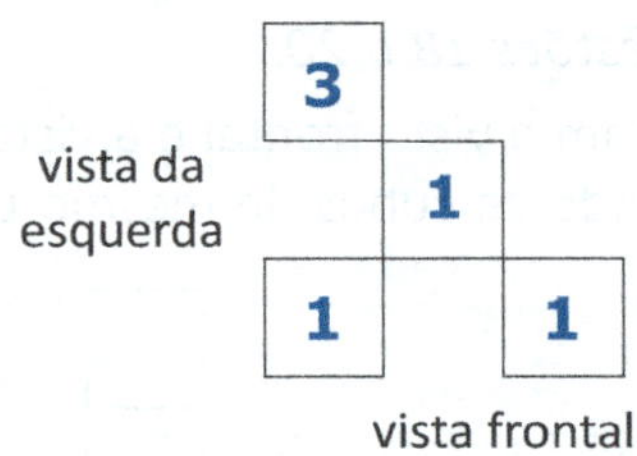

Note que a proposta de visão superior contida na figura é compatível com a vista frontal apresentada.

Agora observe a **vista da esquerda** da figura:

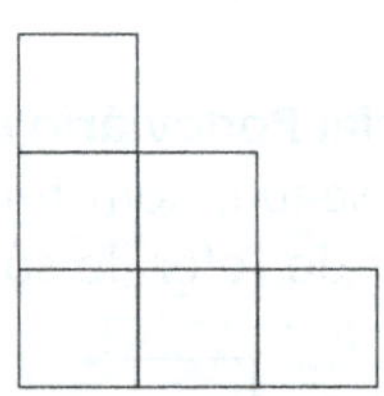

vista da esquerda

Numa **visão superior**, deveremos ter 3 cubos empilhados na linha superior, 2 cubos na linha do meio e 1 cubo na linha mais abaixo.

Podemos indicar isso na visão apresentada neste item:

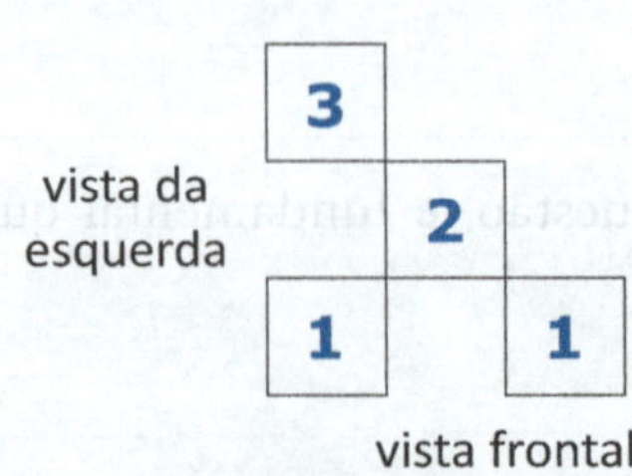

Note que a proposta de visão superior contida na figura **não é compatível com a vista da esquerda** apresentada.

Gabarito: Errado.

QUESTÃO 19 (CEBRASPE/Policial Rodoviário Federal/2019) A partir das figuras precedentes, julgue o item a seguir, com relação à possibilidade de a figura representar uma vista superior do referido sólido.

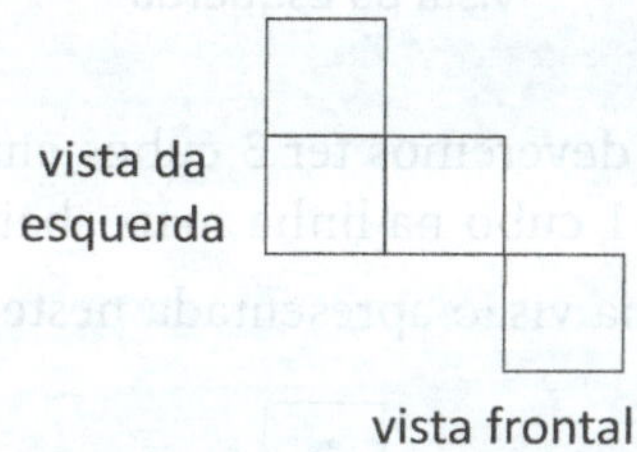

RESOLUÇÃO:

Para solucionar essa questão, é fundamental que você trabalhe com a sua noção espacial.

Observe a **vista frontal** da figura:

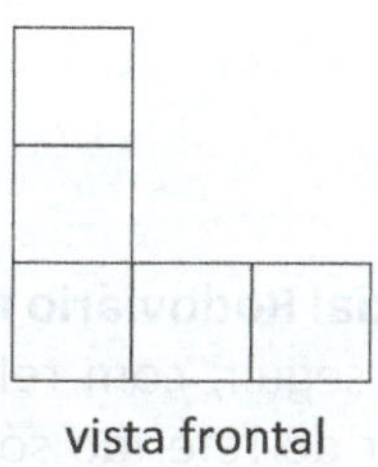

Numa **visão superior**, deveremos ter 3 cubos empilhados na primeira coluna e apenas 1 cubo empilhado nas outras duas colunas. Conseguiu ver isso?

Muito bem, vamos indicar isso na visão apresentada neste item:

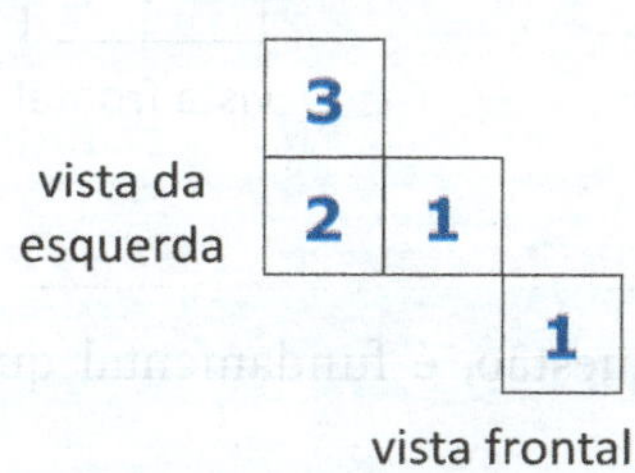

Note que a proposta de visão superior contida na figura é **compatível com a vista frontal** apresentada.

Agora observe a **vista da esquerda** da figura:

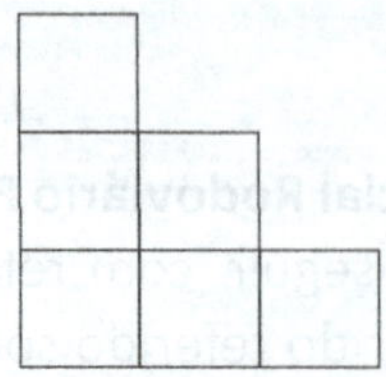

vista da esquerda

Numa **visão superior**, deveremos ter 3 cubos empilhados na linha superior, 2 cubos na linha do meio e 1 cubo na linha mais abaixo.

Podemos indicar isso na visão apresentada neste item:

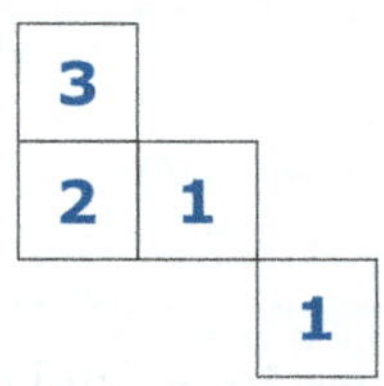

vista da esquerda

vista frontal

Note que a proposta de visão superior contida na figura é **compatível com a vista da esquerda** apresentada.

Gabarito: Certo.

QUESTÃO 20 (CEBRASPE/Policial Rodoviário Federal/2019) A partir das figuras precedentes, julgue o item a seguir, com relação à possibilidade de a figura representar uma vista superior do referido sólido.

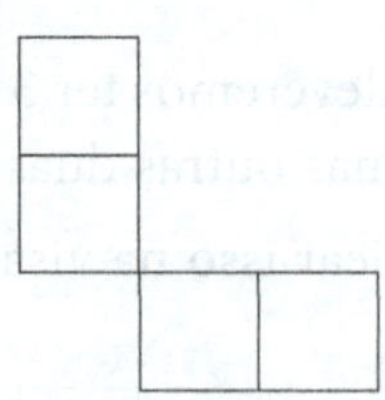

vista da esquerda

vista frontal

RESOLUÇÃO:

Para solucionar esta questão, é fundamental que você trabalhe com a sua noção espacial.

Observe a **vista frontal** da figura:

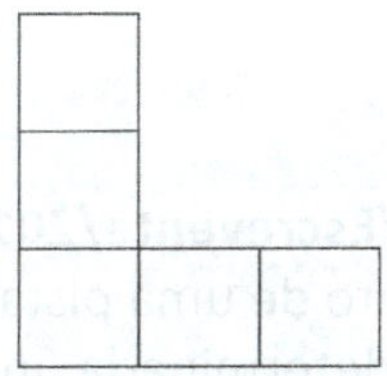

vista frontal

Numa **visão superior**, deveremos ter 3 cubos empilhados na primeira coluna e apenas 1 cubo empilhado nas outras duas colunas. Conseguiu ver isso?

Muito bem, vamos indicar isso na visão apresentada neste item:

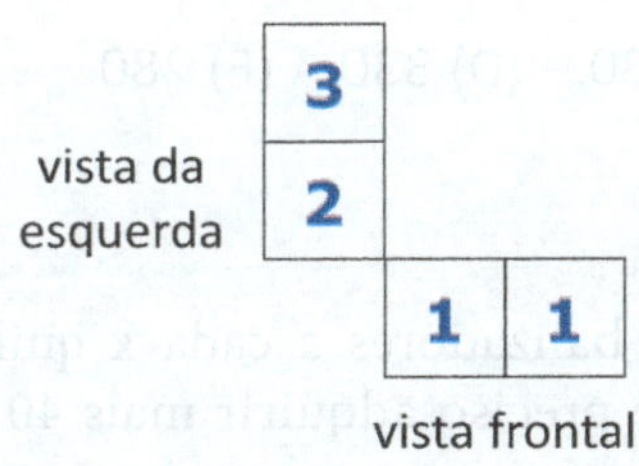

Note que a proposta de visão superior contida na figura é compatível com a vista frontal apresentada.

Agora observe a **vista da esquerda** da figura:

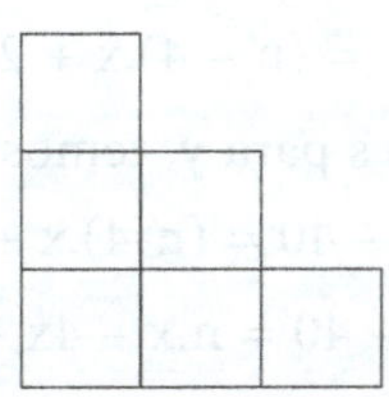

vista da esquerda

Numa **visão superior**, deveremos ter 3 cubos empilhados na linha superior, 2 cubos na linha do meio e 1 cubo na linha mais abaixo.

Podemos indicar isso na visão apresentada neste item:

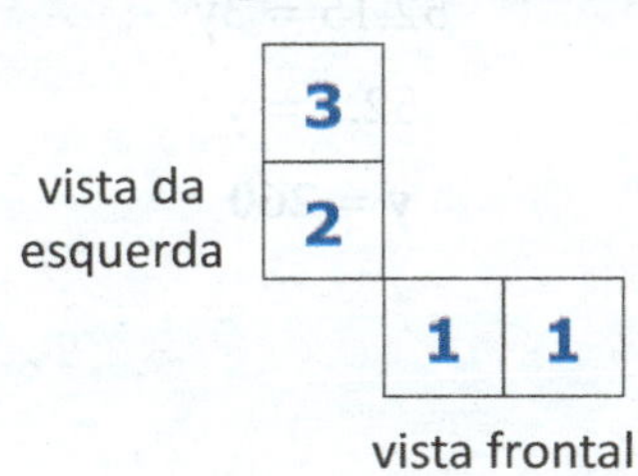

Note que a proposta de visão superior contida na figura é **compatível com a vista da esquerda** apresentada.

Gabarito: Certo.

QUESTÃO 21 (VUNESP/TJ-SP/Escrevente/2018) Uma concessionária que vai recapear uma faixa de rolamento de uma pista em certa rodovia, em um trecho de x quilômetros, possui uma determinada quantidade y de balizadores refletivos disponíveis para a sinalização desse trecho e, com base nessa quantidade, constatou que, se colocar um número n de balizadores a cada quilômetro, precisará adquirir mais 40 unidades. Porém, se colocar (n – 4) balizadores a cada quilômetro, sobrarão 20 unidades. Se a razão x/y é de 3 para 52, nessa ordem, então a quantidade de balizadores disponíveis para sinalizar o trecho a ser recapeado é igual a

(A) 260. (B) 350. (C) 230. (D) 330. (E) 280.

RESOLUÇÃO:

Se forem colocados **n** balizadores a cada **x** quilômetros, serão necessários **n.x** balizadores. Para isso, é preciso adquirir mais 40 balizadores, logo podemos dizer que:

$$\text{Número de balizadores} = n.x - 40$$

$$y = n.x - 40$$

Colocando (**n – 4**) balizadores por quilômetro, sobram 20 balizadores:

$$y = (n - 4).x + 20$$

Igualando as duas expressões para **y**, temos:

$$n.x - 40 = (n-4).x + 20$$

$$n.x - 40 = n.x - 4x + 20$$

$$-40 - 20 = -4x$$

$$60 = 4x$$

$$\mathbf{x = 15}$$

Sabemos que x/y = 3/52, ou seja, 52x = 3y. Então:

$$52.15 = 3y$$

$$52.5 = y$$

$$\mathbf{y = 260}$$

Gabarito: A.

QUESTÃO 22 (FCC/Detran-MA/Assistente de Trânsito/2018) A figura abaixo mostra parte de um bairro de uma cidade plana, em que todos os quarteirões são quadrados com lados medindo 100 metros. As linhas tracejadas representam as ruas e as flechas representam o sentido obrigatório de cada via.

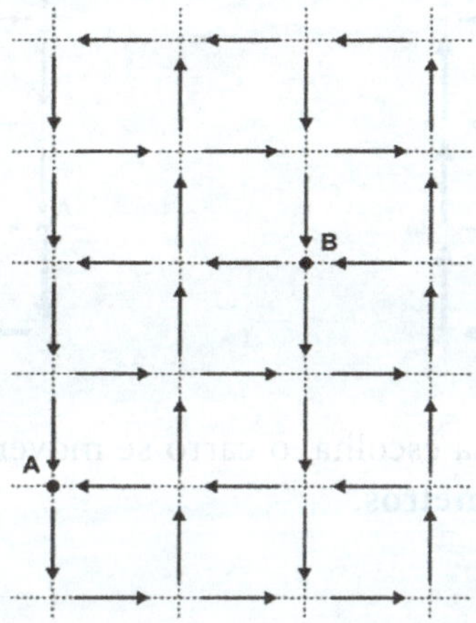

Para um carro se mover do ponto **A** para o ponto **B**, ambos indicados na figura, respeitando-se todas as indicações de sentido obrigatório, ele deverá percorrer, no mínimo,

a) 400 metros.

b) 600 metros.

c) 700 metros.

d) 800 metros.

e) 1000 metros.

RESOLUÇÃO:

Para irmos do ponto A ao ponto B, temos duas possibilidades de caminhos a serem seguidos, respeitando as indicações de sentido obrigatório:

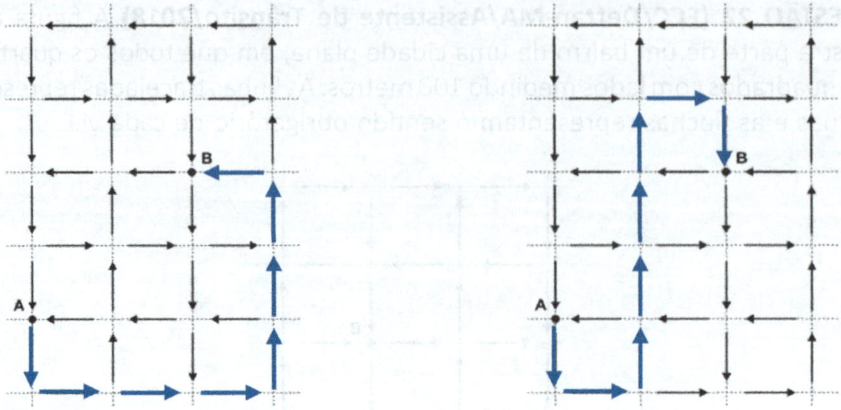

Independentemente da escolha, o carro se moverá por 8 x lados, o que corresponde a 8 x 100 = **800 metros**.

Gabarito: D.

CAPÍTULO 17

ORIENTAÇÃO TEMPORAL

1. INTRODUÇÃO

O QUE VEREMOS

Neste capítulo, estudaremos um tópico relativamente frequente no âmbito das provas de Raciocínio Lógico, a **Orientação Temporal**.

O conhecimento sobre a estrutura do nosso **calendário** e das **unidades de tempo** tem sido cada vez mais exigido em concursos públicos. Trata-se de tópico agradável de estudar e bastante prático, tendo em vista sua total relação com o cotidiano.

É um assunto quase desprovido de teoria, o que torna necessária uma intensa dedicação às questões. Apesar disso, na análise que fizemos de dezenas de exercícios, pudemos perceber que alguns aspectos precisam estar bem claros para você antes de colocar a mão na massa, a maioria dos quais são bem óbvios.

COMO APARECE NOS EDITAIS

Esse assunto é abrangido na maioria dos editais em tópicos como *Orientação Temporal, unidades de tempo, problemas envolvendo datas e calendário* ou simplesmente *calendário*.

COMO É COBRADO NAS PROVAS

Geralmente, as questões deste tema apresentam alguns dados e perguntam em que dia da semana cairá determinada data futura.

OBJETIVOS

Os nossos objetivos ao final deste capítulo é que você consiga:

1) compreender o funcionamento do nosso calendário, especialmente em relação a quantos dias há em cada mês e à existência dos anos bissextos;

2) identificar corretamente as unidades de tempo;

3) realizar as operações matemáticas para determinar em qual dia da semana cairá uma data futura.

2. ANÁLISE DA COBRANÇA DO ASSUNTO EM PROVAS

Observe a seguir os percentuais de incidência nos últimos anos do assunto deste capítulo em relação ao volume de questões de todos os temas analisados na nossa matéria. Lembramos que quanto maior o percentual de cobrança de um dado assunto, maior sua importância.

ASSUNTO	CEBRASPE	FCC	DEMAIS BANCAS
	% de cobrança	% de cobrança	% de cobrança
Orientação temporal	**0,68%**	**2,21%**	**1,47%**

O presente tópico possui uma importância **baixa a muito baixa**, destacando-se a FCC como a banca que mais exige sua cobrança nas provas.

3. UNIDADES DE TEMPO E CALENDÁRIO

Inicialmente, precisamos conhecer as relações básicas entre **unidades de tempo**:

1 minuto = 60 segundos

1 hora = 60 minutos

1 dia = 24 horas

Assim, temos condições de concluir que:

1 hora = 60 × 60 segundos = 3.600 segundos

1 dia = 24 × 3.600 segundos = 86.400 segundos

De modo similar, existem algumas relações que envolvem **calendários** que precisamos lembrar.

Primeiramente, uma **semana** tem **7 dias**, que são: segunda-feira, terça-feira, quarta-feira, quinta-feira, sexta-feira, sábado e domingo.

Em seguida, temos os **12 meses** que compõem o **ano**. Alguns meses têm 31 dias, outros possuem 30 dias e o mês de fevereiro normalmente tem 28 dias, mas pode ter 29 dias nos anos bissextos.

Por sua vez, o **ano comum** tem **365 dias**. Nesse caso, uma curiosidade interessante é que o esse ano **começa e termina no mesmo dia**. Assim, se uma questão perguntar em que dia cairá 31 de dezembro se o primeiro dia do ano foi uma quinta-feira, então você já sabe que o último dia será uma quinta-feira. Mas, para isso, o examinador precisa informar que se trata de um ano comum, isto é, com 365 dias!

Já o **ano bissexto** possui **366 dias**. Ele **termina um dia a mais em relação ao dia em que o ano começou**. Por exemplo, se 1º de janeiro de um ano bissexto caiu numa quarta-feira, então o último dia desse ano será uma quinta-feira.

E como saber se um determinado ano é bissexto? Muito simples, ele sempre é **divisível por 4**. Para exemplificar, dizemos que 2016 é um ano bissexto, pois a divisão de 2016 por 4 é exata (deixa resto zero). Inclusive, para fazer esse teste, basta usar apenas os dois últimos algarismos do ano. Daí, em 2012, é suficiente dividir 12 por 4 para concluir que esse é um ano bissexto.

APROFUNDANDO!

Caso o ano que estamos analisando termine em 00, ele só será bissexto se, além de ser divisível por 4, ele for divisível por 400. Para exemplificar, o ano de 2.100 não é bissexto pois, embora seja divisível por 4 não é divisível por 400.

Também é importante sabermos que **o único mês que começa e termina no mesmo dia é fevereiro de um ano bissexto.** É mesmo, mestres? Sim, colega. Confira em seu calendário se fevereiro de 2020 (bissexto) não começa e termina num sábado! Mas, preste atenção: essa coincidência só ocorre num ano **bissexto**! Cuidado com a pegadinha na prova!

Vamos esquematizar essas informações sobre o ano bissexto:

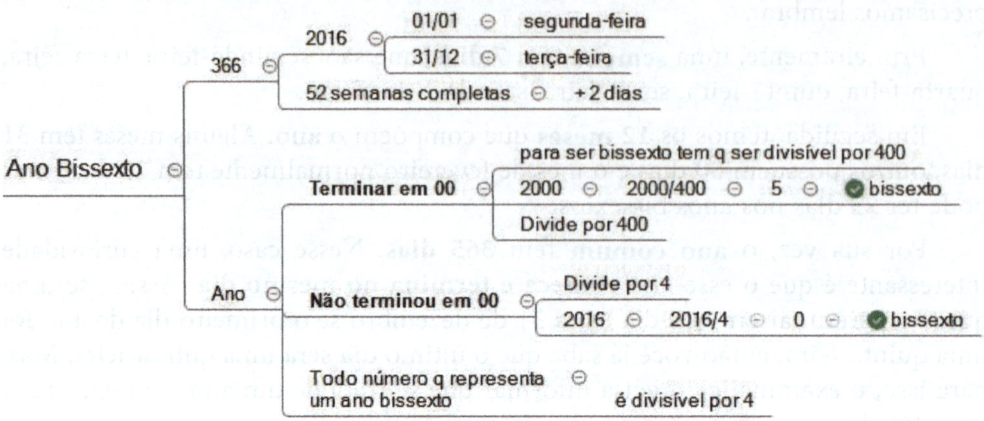

Por fim, você precisa saber quantos dias tem cada mês do ano:

MÊS	JAN	FEV	MAR	ABR	MAI	JUN	JUL	AGO	SET	OUT	NOV	DEZ
DIAS	31	28/29	31	30	31	30	31	31	30	31	30	31

Professores, como vou lembrar disso na hora da prova?

Você pode utilizar aquele velho macete da vovó, com o uso da sua mão:

Feche sua mão e observe os altos e baixos que ficam bem visíveis, para saber quantos dias tem cada mês do ano. Os meses que têm 31 dias ficam nas partes altas (onde tem os ossinhos) e os que têm 30 dias (ou 29 ou 28, como fevereiro), nas partes baixas. Pegou a visão?!

Vamos esquematizar todas essas informações estudadas até aqui:

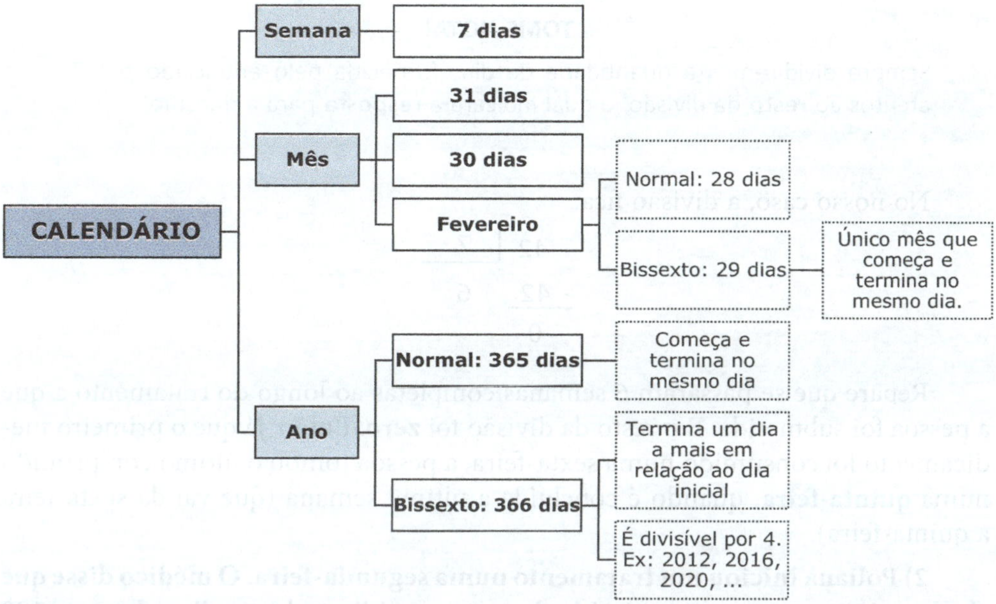

Agora, estamos prontos para resolver alguns exemplos de calendários. Em seguida, partiremos para questões de prova.

1) Uma pessoa deve tomar 42 comprimidos de um remédio, sem interrupções. Se ela tomou o primeiro comprimido em uma sexta-feira, o último comprimido foi tomado em que dia?

Esse é um tipo clássico de questão de calendário. É simplesmente o que mais cai nos certames! Como resolveremos?

Veja que o nosso objetivo consiste em saber em que dia cairá o último dia do intervalo de 42 dias, sabendo que o primeiro deles foi uma sexta-feira. Então, basta dividir por 7 o número de dias fornecido no enunciado.

Por que dividir por sete, professores?

Boa pergunta! Dividimos por 7 porque uma semana tem 7 dias, de modo que o dia informado se repetirá. Assim, sempre dividiremos a quantidade de dias apresentada por sete, ok?

O resultado da divisão não vai nos interessar, ele indica apenas quantas semanas completas correspondem aos dias informados.

Agora, o que realmente importa é o **resto da divisão**, pois se refere à **resposta da questão**!

TOME NOTA!

Sempre dividiremos a quantidade de dias fornecida pelo enunciado por 7, atentos ao **resto** da divisão, o qual indicará a **resposta** para a questão!

No nosso caso, a divisão fica:

$$\begin{array}{r|l} 42 & 7 \\ \hline -42 & 6 \\ \hline 0 & \end{array}$$

Repare que se passaram 6 semanas completas ao longo do tratamento a que a pessoa foi submetida. E o resto da divisão foi **zero**. Então, já que o primeiro medicamento foi consumido numa sexta-feira, a pessoa tomou o último comprimido numa **quinta-feira**, quando é concluída a última semana (que vai da sexta-feira à quinta-feira).

2) Poliana iniciou um tratamento numa segunda-feira. O médico disse que ela deveria tomar um comprimido de certo remédio todos os dias, durante 180 dias. Poliana começou a tomar o remédio no mesmo dia da consulta e cumpriu à risca a prescrição médica. Qual o primeiro dia em que Poliana não precisou tomar o remédio?

Começamos a resolução dividindo o período indicado por 7:

$$180 \div 7 = 25 \text{ e resto } 5$$

Com isso, concluímos que Poliana tomou a medicação durante 25 semanas completas e mais 5 dias. Como ela iniciou o tratamento numa segunda-feira, o último comprimido foi consumido numa sexta-feira:

1º	2º	3º	4º	**5º**	6º	7º
SEG	TER	QUA	QUI	**SEX**	SÁB	DOM

Porém, o nosso objetivo consiste em determinar o primeiro dia em que Poliana não precisou tomar o remédio. Ora, isso aconteceu no dia seguinte ao último dia do tratamento, isto é, num **sábado**!

3) Num certo ano, o primeiro dia caiu numa quarta-feira e o último dia caiu numa quinta-feira. Neste ano, o feriado de 7 de setembro caiu em que dia?

A nossa missão é determinar em que dia cairá o dia 7 de setembro no ano descrito. Mas só poderemos responder se entendermos o que significa a expressão:

"Num certo ano, o primeiro dia caiu numa quarta-feira e o último dia caiu numa quinta-feira."

E você já sabe a informação que está por trás dessa frase. Lembra-se de que falamos que uma característica do **ano bissexto** é o fato de que ele **termina um dia a mais em relação ao dia inicial do ano**? Pois bem, se essa questão tivesse caído em sua prova e você esquecesse dessa dica, simplesmente a erraria!

Portanto, o ano a que se refere o enunciado é bissexto, de modo que o mês de fevereiro tem 29 dias.

Agora, podemos somar os dias de cada mês entre 1° de janeiro até chegar a 7 de setembro:

Mês	JAN	FEV	MAR	ABR	MAI	JUN	JUL	AGO	SET	TOTAL
Dias	31	29	31	30	31	30	31	31	7	251

Em seguida, ao dividirmos 251 por 7, percebemos que esse período envolve 35 semanas completas e mais 6 dias (resto da divisão). Como o primeiro dia do ano caiu numa quarta-feira, sete de setembro será:

1º	2º	3º	4º	5º	6º	7º
QUA	QUI	SEX	SÁB	DOM	**SEG**	TER

Confira em seu calendário que o ano descrito corresponde exatamente a **2020**, que é bissexto (divisível por 4), no qual 1° de janeiro é uma quarta-feira e 7 de setembro cai numa **segunda-feira**.

Veja como esse assunto já foi cobrado!

QUESTÃO 01 (FCC – Soldado/PM-AP/2017) Os meses de março, abril e maio têm, respectivamente, 31, 30 e 31 dias. Sabendo que o dia 1º de março de 2018 cairá em uma quinta feira, o dia 31 de maio de 2018 cairá em uma

a) 2ª feira b) 4ª feira c) 6ª feira d) 5ª feira e) 3ª feira

RESOLUÇÃO:

O enunciado informa que o dia 1° de março é uma quinta-feira.

Passados 30 dias, chegamos ao dia 31/março. Com mais 30 dias, chegamos ao dia 30/abril. Com mais 31 dias, chegamos ao dia 31/maio.

Até aqui, percorremos um total de 30 + 30 + 31 = 91 dias, os quais divididos por 7, obtêm-se quociente 13 e resto 0. Portanto, 91 dias equivalem a exatas 13 semanas.

Portanto, como 1º de março foi uma quinta-feira, então 13 semanas depois (31/maio) também será uma **quinta-feira**.

Gabarito: D.

QUESTÃO 02 (FCC – Ana/CNMP/2015) O mês de fevereiro tem 28 dias em anos regulares e 29 dias em anos bissextos. Em qualquer ano (regular ou bissexto), os meses de abril, junho, setembro e novembro têm 30 dias, e os demais meses têm 31 dias. Sabe-se, ainda, que nunca temos dois anos consecutivos que sejam bissextos. Se 1º de janeiro de um ano bissexto caiu em uma sexta-feira, o dia 1o de março do ano seguinte cairá em uma

a) quarta-feira.

b) segunda-feira.

c) sexta-feira.

d) terça-feira.

e) quinta-feira.

RESOLUÇÃO:

É fundamental que você saiba que **o ano bissexto termina um dia após o primeiro dia do ano**. Então, como 1º de janeiro foi uma sexta-feira, concluímos que 31 de dezembro será um sábado.

Com isso, o ano seguinte iniciará num **domingo**. Agora, queremos saber quantos dias há entre 1º de janeiro e 1º de março desse ano. Como não se trata de ano bissexto, pois o ano anterior já foi bissexto e nunca temos dois anos consecutivos que sejam bissextos, temos:

Mês	JAN	FEV	MAR	TOTAL
Dias	31	28	1	60

Em seguida, ao dividirmos 60 por 7, percebemos que esse período envolve 8 semanas completas e mais 4 dias (resto da divisão). Como 1º de janeiro caiu num domingo, 1º de março será:

1º	2º	3º	4º	5º	6º	7º
DOM	SEG	TER	QUA	QUI	SEX	SÁB

Gabarito: A.

QUESTÃO 03 (FCC – Ana Jud/TRT 5ª Região/2013) Um ano bissexto possui 366 dias, o que significa que ele é composto por 52 semanas completas mais 2 dias. Se em um determinado ano bissexto o dia 1º de janeiro caiu em um sábado, então o dia 31 de dezembro cairá em

a) um sábado.

b) um domingo.

c) uma 2ª feira.

d) uma 3ª feira.

e) uma 4ª feira.

RESOLUÇÃO:

Inicialmente, faz-se necessário entender que uma semana se completa no dia anterior ao que ela começou. Isso significa que se a semana começa numa 4ª feira, então ela termina numa 3ª feira.

O enunciado foi bem camarada ao explicar que o ano **bissexto** tem 52 semanas completas + 2 dias. Como 1º de janeiro caiu num sábado, ao passarem 52 semanas completas, estaremos em 29 de dezembro, que será uma sexta-feira.

Com isso, o dia 30/12 vai ser sábado e, finalmente, o dia **31 de dezembro vai ser domingo**.

Conforme já sabíamos, o ano **bissexto** **termina um dia a mais em relação ao dia em que o ano começou.**

Gabarito: B.

QUESTÃO 04 (FGV – Ana Comun/BANESTES/2018) Elma comprou uma caixa com 6 dúzias de comprimidos de um complexo vitamínico e tomou um comprimido por dia até terminá-los. Se Elma tomou o primeiro comprimido em uma segunda-feira, o último comprimido ela tomou em uma:

a) segunda-feira b) terça-feira c) quarta-feira d) quinta-feira e) sexta-feira

RESOLUÇÃO:

O enunciado informa que Elma comprou 6 dúzias de comprimidos, ou seja, comprou $6 \times 12 = 72$ comprimidos.

É dito que Elma irá tomar esses comprimidos hoje (segunda-feira) e em mais 71 dias, de modo que precisamos avançar 71 dias a partir da data de hoje.

Ao dividirmos 71 por 7, obtemos quociente 10 e resto 1. Assim, 71 dias correspondem a 10 semanas completas e mais 1 dia.

Avançando 10 semanas completas, chegamos a uma segunda-feira. Com mais 1 dia, chegamos a uma terça-feira.

Portanto, concluímos que Elma terminará o comprimido em 71 dias da data de hoje (segunda-feira), o que ocorrerá em uma **terça-feira**.

Gabarito: B.

QUESTÃO 05 (FGV – Ana/TJ-SC/2018) Antônio comprou uma caixa com 42 comprimidos de um remédio. Ele tomou um comprimido por dia, sem interrupções, até terminar os comprimidos da caixa. Se ele tomou o primeiro comprimido em uma sexta-feira, o último comprimido foi tomado em um(a):

a) quarta-feira b) quinta-feira c) sexta-feira d) sábado e) domingo

RESOLUÇÃO:

O enunciado informa que o primeiro comprimido é tomado na própria sexta-feira, de modo que sobram 41 comprimidos.

Assim, com essa quantia é possível cobrir $41 \div 7 = 5$ semanas completas, restando ainda 6 dias.

Assim, teremos 5 semanas completas, o que nos levará a uma nova sexta-feira. Em seguida, temos mais 6 dias, com os quais chegamos a uma **quinta-feira**.

Gabarito: B.

QUESTÃO 06 (FGV – Téc Jud/TJ-SC/2018) Vanda foi ao consultório médico em uma segunda-feira. O médico disse que ela deveria tomar um comprimido de certo remédio todos os dias, durante 180 dias. Vanda começou a tomar o remédio no mesmo dia da consulta e cumpriu exatamente o que disse o médico. O primeiro dia em que Vanda NÃO precisou tomar o remédio foi um (a):

a) quarta-feira b) quinta-feira c) sexta-feira d) sábado e) domingo

RESOLUÇÃO:

O enunciado informa que Vanda tomou a primeira dose na própria segunda-feira, de modo que restaram 179 doses.

Assim, com essa quantia é possível cobrir 179 ÷ 7 = 25 semanas completas, restando ainda 4 dias.

Após exatas 25 semanas, estaremos em outra segunda-feira. Em seguida, passam mais 4 dias, por conta do resto da divisão. A última dose foi tomada na sexta-feira.

Portanto, **sábado** será o primeiro dia em que Vanda não precisará tomar o remédio.

Gabarito: D.

QUESTÃO 07 (FGV – Téc Jud/TRT 12ª Região/2017) Alguns consideram que a cidade de Florianópolis foi fundada no dia 23 de março de 1726, que caiu em um sábado. Após 90 dias, no dia 21 de junho, a data assinalou o início do inverno, quando a noite é a mais longa do ano. Esse dia caiu em uma:

a) segunda-feira b) terça-feira c) quarta-feira d) quinta-feira e) sexta-feira

RESOLUÇÃO:

O enunciado informa que a data ocorreu 90 dias após um sábado, quantidade essa que dividida por 7 tem quociente 12 e resto 6. Assim, 90 dias correspondem a 12 semanas completas mais 6 dias.

Portanto, a data ocorreu 6 dias após um sábado, ou seja, ocorreu em uma **sexta-feira.**

Gabarito: E.

QUESTÃO 08 (CONSULPLAN – Inst Info/Cascavel/2016) Antônia faz aniversário no dia 23 de agosto e sua amiga Isabel faz aniversário no dia 18 de novembro. Em certo ano, no qual Antônia fez aniversário numa quarta feira, Isabel fez aniversário num(a):

a) Sábado b) Domingo c) Sexta-feira d) Quarta-feira e) Segunda-feira

RESOLUÇÃO:

Entre 23 de agosto e 18 de novembro temos 87 dias, sendo:

- 8 dias entre 23/agosto e 31/agosto;

- mais 30 dias para chegarmos a 30 de setembro;
- mais 31 dias para chegarmos a 31 de outubro;
- mais 18 dias para chegarmos a 18 de novembro.

Esses 87 dias correspondem a 12 semanas completas e mais 3 dias, de modo que chegamos a um **sábado**.

Gabarito: A.

QUESTÃO 09 (CONSULPLAN – Motorista/Cascavel/2016) "Dois amigos se encontram e um pergunta ao outro sobre o trabalho. Um amigo diz:

– Ontem eu trabalhei, agora só irei trabalhar depois de amanhã, na segunda-feira."

Em que dia aconteceu o encontro entre estes dois amigos?

a) Sexta b) Quinta c) Sábado d) Segunda e) Domingo

RESOLUÇÃO:

Sabemos que o termo "depois de amanhã" significa um avanço de dois dias.

Assim, fazemos o caminho inverso, partimos de segunda-feira e retrocedemos dois dias, ou seja, chegamos a um sábado.

Temos, portanto, que hoje (data do encontro) é sábado, amanhã é domingo e depois de amanhã é segunda.

Gabarito: C.

QUESTÃO 10 (CONSULPLAN – Assist Soc/Juatuba/2015) Márcia e Mário são irmãos e nasceram ambos no último dia do mês de fevereiro de anos bissextos. Se Márcia nasceu numa quarta-feira e é quatro anos mais nova que seu irmão, então Mário nasceu num(a)

a) domingo. b) segunda-feira. c) sexta-feira. d) sábado.

RESOLUÇÃO:

Vamos supor que Mário tenha nascido no dia 29 de fevereiro de 2000. Passado 1 dia, chegamos a 1º de março de 2000.

Com mais 4 períodos de 365 dias, chegamos a 29 de fevereiro de 2004, data de nascimento de Márcia.

Então, percorremos um período de $1 + 4 \times 365 =$ **1.461** dias.

Em seguida, ao dividirmos 1.461 por 7, percebemos que o período informado envolve 208 semanas completas e mais 5 dias (resto da divisão).

Portanto, o aniversário de Mário ocorreu 5 dias antes de uma quarta-feira, ou seja, ocorreu em uma **sexta-feira**.

Gabarito: C.

QUESTÃO 11 (CONSULPLAN – Agente/Cascavel/2014) O primeiro e o último dia de um mesmo mês caíram numa sexta-feira. O mês que antecedeu e o que sucedeu o mês considerado tiveram, respectivamente,

a) 28 e 30 dias.

b) 30 e 28 dias.

c) 30 e 30 dias.

d) 31 e 30 dias.

e) 31 e 31 dias.

RESOLUÇÃO:

É importante sabermos que **o único mês que começa e termina no mesmo dia é fevereiro de um ano bissexto.**

É mesmo, professores?

Sim, colega. Confira em seu calendário se fevereiro de 2020 (bissexto) não começa e termina num sábado! Mas, preste atenção: essa coincidência só ocorre num ano **bissexto**! Cuidado com a pegadinha na prova!!!

Assim, o mês que **antecede** fevereiro é **janeiro**, que tem **31 dias**. E o mês que **sucede** fevereiro é **março**, que também tem **31 dias**.

Gabarito: E.

QUESTÃO 12 (IDECAN – Téc Cont/AGU/2014) Se o dia 3 de fevereiro de 2012 foi uma sexta-feira, então o dia 17 de setembro do referido ano aconteceu em qual dia da semana?

a) Terça-feira.

b) Sexta-feira.

c) Quarta-feira.

d) Quinta-feira.

e) Segunda-feira.

RESOLUÇÃO:

Veja que **2012** é um ano **bissexto**, já que é divisível por 4. Em consequência disso, o mês de **fevereiro** terá **29 dias**.

De 3 de fevereiro (inclusive) até 17 de setembro do mesmo ano, teremos:

Mês	FEV	MAR	ABR	MAI	JUN	JUL	AGO	SET	TOTAL
Dias	**27**	**31**	**30**	**31**	**30**	**31**	**31**	**17**	**228**

Em seguida, ao dividirmos 228 por 7, percebemos que esse período envolve 32 semanas completas e mais 4 dias (resto da divisão). Como 3 de fevereiro caiu numa sexta-feira, 17 de setembro será:

1º	2º	3º	**4º**	5º	6º	7º
SEX	SÁB	DOM	**SEG**	TER	QUA	QUI

Gabarito: E.

QUESTÃO 13 (FUNRIO – Téc Leg/CM-SJM/2018) Neste ano o dia 8 de agosto cairá numa quarta-feira. Assim, o dia 8 de setembro deste ano cairá num(a):

a) terça-feira b) quarta-feira c) quinta-feira d) sexta-feira e) sábado

RESOLUÇÃO:

Precisamos percorrer do dia 8 de agosto até 8 de setembro. Para isso, fazemos:

– Do dia 8 de agosto até 31 de agosto, percorremos 31 – 8 = 23 dias.

– Do dia 31 de agosto até 8 de setembro, percorremos 8 dias.

Assim, percorremos 23 + 8 = **31 dias** para irmos de 8/8 até 8/9.

Ao dividirmos 31 por 7, obtemos quociente 4 e resto 3, de modo que 31 dias equivalem a 4 semanas e 3 dias.

Ora, o dia 8 de setembro ocorre 4 semanas e 3 dias após o dia 8 de agosto, que é uma quarta-feira.

Portanto, o dia 8 de setembro ocorre 3 dias após uma quarta-feira, ou seja, o dia 8 de setembro ocorre em um **sábado**.

Gabarito: E.

4. RESUMO

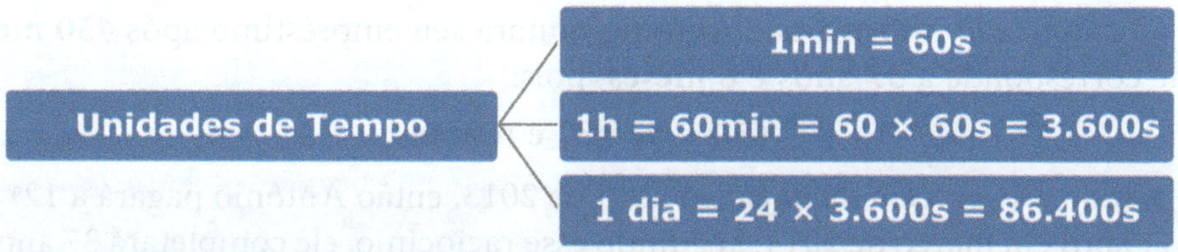

QUANTIDADE DE DIAS DE CADA MÊS DO ANO

MÊS	JAN	FEV	MAR	ABR	MAI	JUN	JUL	AGO	SET	OUT	NOV	DEZ
DIAS	31	28/29	31	30	31	30	31	31	30	31	30	31

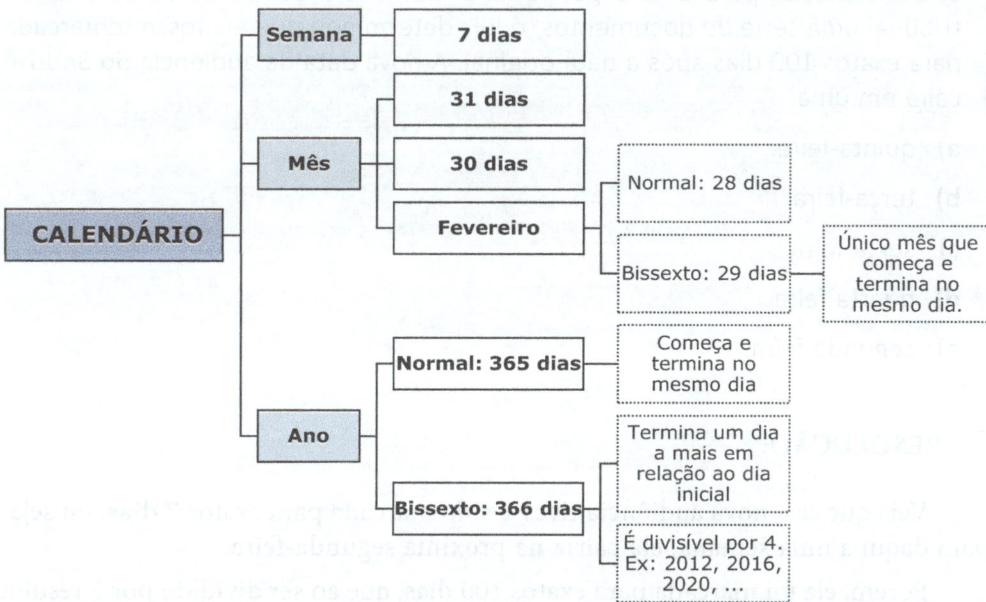

5. MAIS QUESTÕES COMENTADAS

QUESTÃO 14 (FCC – Téc Jud/TRT 15ª Região/2013) Antônio contraiu um empréstimo bancário para pagamento em 450 prestações mensais, sendo a primeira delas no mês de abril de 2013. Pagando em dia todas as prestações, a última delas ocorrerá no mês de

a) janeiro. b) setembro. c) agosto. d) julho. e) março.

RESOLUÇÃO:

O enunciado informa que Antônio quitará seu empréstimo após **450 meses,** o que corresponde a **37 anos** e **6 meses**, pois:

$$450 \div 12 = 37 \text{ e resto } 6$$

Como a 1ª parcela foi paga em abril de 2013, então Antônio pagará a 12ª parcela (1 ano) em março de 2014. Seguindo esse raciocínio, ele completará 37 anos de pagamento em março de 2050 (2013 + 37). Com os 6 meses faltantes chegamos a **setembro de 2050**, quando Antônio pagará a 450ª parcela, quitando o empréstimo.

Gabarito: B.

QUESTÃO 15 (FCC – Téc Jud/TRT 18ª Região/2013) A audiência do Sr. José estava marcada para uma segunda-feira. Como ele deixou de apresentar ao tribunal uma série de documentos, o juiz determinou que ela fosse remarcada para exatos 100 dias após a data original. A nova data da audiência do Sr. José cairá em uma

a) quinta-feira.

b) terça-feira.

c) sexta-feira.

d) quarta-feira.

e) segunda-feira.

RESOLUÇÃO:

Veja que se a nova audiência tivesse sido marcada para exatos **7 dias**, ou seja, para daqui a uma semana, ela cairia na próxima segunda-feira.

Porém, ela foi marcada para exatos 100 dias, que ao ser dividido por 7 resulta em:

$$100 \div 7 = 14 \text{ e resto } 2$$

Isso significa que, em 100 dias, há 14 semanas completas e mais 2 dias! Assim, como a audiência original estava agendada para uma segunda-feira, a nova data da audiência do Sr. José cairá numa **segunda-feira**.

Gabarito: D.

QUESTÃO 16 (FCC – Téc Jud/TRT 11ª Região/2012) Se em um determinado ano o mês de agosto teve cinco sextas-feiras, cinco sábados e cinco domingos, então o dia 13 de setembro desse ano caiu em

a) uma quarta-feira.

b) uma quinta-feira.

c) uma sexta-feira.

d) um sábado.

e) um domingo.

RESOLUÇÃO:

Veja que, para que um mês tenha 5 finais de semana completos, o dia 1º tem que ser sexta-feira e o mês deve ter **31 dias**. Note como seria essa configuração:

Sexta-feira	Sábado	Domingo
01/08	02/08	03/08
08/08	09/08	10/08
15/08	16/08	17/08
22/08	23/08	24/08
29/08	30/08	31/08

Então, quando isso acontece, o primeiro dia do mês é uma sexta-feira e o **último dia** do mês é um domingo.

Consequentemente, o dia 1º de setembro caiu numa 2ª feira, de modo que 08/09 caiu numa 2ª feira e, somando mais cinco dias, chegamos a **13/09**, que cairá num **sábado**.

Gabarito: D.

QUESTÃO 17 (FCC – Ana Trâns/DETRAN-MA/2018) O prefeito de um município determinou que, nos primeiros 100 dias de seu governo, em caráter emergencial, fossem feitos plantões especiais nos serviços de atendimento à população em todos os sábados e domingos daquele período. Se o primeiro dia do mandato desse prefeito caiu em uma sexta-feira, o total de plantões especiais realizados no período de 100 dias foi igual a

a) 26 b) 27 c) 28 d) 29 e) 30

RESOLUÇÃO:

O enunciado informa que os primeiros 100 dias de governo são o período de caráter emergencial, sendo que o primeiro dia de governo do prefeito se dá em uma sexta-feira. Então, o período de caráter emergencial ocorre nesse primeiro dia e em mais 100 – 1 = 99 dias.

Assim, para sabermos quando é o último dia do período emergencial, precisamos avançar 99 dias no tempo. Cada 7 dias correspondem a 1 semana. Dividindo 99 por 7 obtemos quociente 14 e resto 1.

Portanto, 99 dias correspondem a 14 semanas e mais 1 dia, de modo que o último dia de caráter emergencial ocorre 14 semanas e 1 dia após o início do governo. Isso nos permite concluir que o último dia ocorre 1 dia após uma sexta-feira, ou seja, ocorre em um sábado.

Como cada uma dessas 14 semanas contém 1 sábado e 1 domingo, então nas 14 semanas serão 14×2=28 plantões especiais. O dia seguinte a essas 14 semanas é um sábado, o último dia do período de caráter emergencial. Nesse dia também ocorrerá plantão especial.

Portanto, nos 100 dias de governo há um total de 28 + 1 = **29** plantões especiais.

Gabarito: D.

QUESTÃO 18 (FCC – Agente/DPE-SP/2015) Tarzan, o cachorro de Matilde nasceu no dia 12 de setembro de 2009 e morreu no dia 07 de janeiro de 2015, uma quarta-feira. Nesse período, o único ano bissexto foi 2012 (ano com 366 dias). Tarzan, o cachorro de Matilde, nasceu em

a) um domingo.

b) uma quinta-feira.

c) uma terça-feira.

d) um sábado.

e) uma segunda-feira.

RESOLUÇÃO:

Essa questão é bem interessante, porque geralmente é informado em que dia caiu o primeiro dia do período, mas aqui é dado o último dia!

Inicialmente, precisamos saber quantos dias há entre 12/09/2009 e 7/01/2015.

Em setembro de 2009, há 31 – 12 = 18 dias a serem considerados nos cálculos, até chegar ao primeiro dia de outubro. Ainda nesse ano, temos os 31 dias de outubro, os 30 dias de novembro e os 31 dias de dezembro. Somando tudo, percebemos que Tarzan viveu em **2009:** 18 + 31 + 30 + 31 = **110 dias**.

O único **ano bissexto** entre 2009 e 2015 foi 2012, pois somente ele é divisível por 4. Então, no intervalo indicado temos a somar também os dias que formam os anos de 2010 a 2015, resultando em 365 + 365 + 366 + 365 + 365 + 7 = **1.833 dias**.

Veja que em 2015 adicionamos apenas sete dias, pois 7 de janeiro foi o fatídico dia da morte do cachorrinho.

Assim, Tarzan viveu ao todo 110 + 1.833 = **1.943 dias**.

Em seguida, ao dividirmos 1.943 por 7, percebemos que esse período envolve 277 semanas completas e mais 4 dias (resto da divisão).

Sabemos que 7 de janeiro de 2015 foi uma quarta-feira, de modo que 1.939 dias anteriores a essa data era também uma **quarta-feira**. Retrocedendo 4 dias, chegamos a um **sábado**, dia 12/09/2009.

Gabarito: D.

QUESTÃO 19 (FGV – Agente Censitário/IBGE/2017) Nos anos que possuem 365 dias, ou seja, os anos que não são bissextos, existe um dia que fica no centro do ano. Esse dia central do ano é um dia tal que o número de dias que já passaram é igual ao número de dias que ainda estão por vir. Imagine que em certo ano não bissexto o dia 1º de janeiro tenha sido uma segunda-feira. Então, nesse ano o dia central foi:

a) domingo b) segunda-feira c) terça-feira d) quinta-feira e) sábado

RESOLUÇÃO:

O dia central divide os demais 365 – 1 = 364 dias em 2 períodos, cada um com 364/2 = 182 dias.

Assim, o ano contém 182 dias, seguido do dia central (183º dia), e mais 182 dias.

Para que, do primeiro dia do ano (segunda-feira), cheguemos ao dia central, devemos percorrer 182 dias, os quais divididos por 7, obtêm-se quociente 26 e resto 0. Conclui-se que 182 dias equivalem a exatamente 26 semanas.

Portanto, o dia central ocorre 26 semanas após uma segunda-feira, ou seja, o dia central também ocorre em uma **segunda-feira**.

Gabarito: B.

QUESTÃO 20 (FGV – Oficial de Chancelaria/MRE/2016) Em certo ano, o dia 31 de dezembro caiu em um domingo e, em um reino distante, o rei fez o seguinte pronunciamento:

"Como as segundas-feiras são dias horríveis, elas estão abolidas a partir de hoje. Assim, em nosso reino, cada semana terá apenas 6 dias, de terça-feira a domingo. Portanto, como hoje é domingo, amanhã, o primeiro dia do ano novo, será terça-feira."

O ano novo não foi bissexto. Então, nesse reino distante, o dia de Natal (25 de dezembro) desse ano caiu em um(a):

a) terça-feira b) quarta-feira c) quinta-feira d) sexta-feira e) sábado

RESOLUÇÃO:

É dito que o ano não foi bissexto, de modo que ele tinha apenas 365 dias. Se retirarmos os dias 26, 27, 28, 29, 30 e 31 de dezembro, ficaremos com 359 dias, o que corresponde a 359 ÷ 6 = 59 "semanas" e mais 5 dias.

No dia 26/12 teremos exatos 360 dias, o que dará exatamente 60 "semanas". Como cada semana começa numa terça e termina no domingo, e como teremos 60 semanas completas, no dia 26/12 estaremos completando a 60ª semana, ou seja, estaremos no 60º domingo. Portanto, dia 25/12 será **sábado**.

Gabarito: E.

QUESTÃO 21 (FGV – Paulínia/2016) O município de Paulínia foi emancipado em 28 de fevereiro de 1964. O aniversário de Paulínia, comemorado no dia 28 de fevereiro, ocorreu, no ano de 2016, em um domingo. Em 2024, quando Paulínia comemorará seu 60º aniversário, o mesmo ocorrerá em um(a)

a) sábado.

b) domingo.

c) segunda-feira.

d) terça-feira.

e) quarta-feira.

RESOLUÇÃO:

Um ano normal possui 365 dias, com 28 dias no mês de fevereiro. Já um ano bissexto possui 366 dias, com 29 dias no mês de fevereiro.

O dia inicial é 28/02/2016. Passados **8 períodos de 365 dias**, chegamos à data de 28/02/2024.

Contudo, nessa conta devemos **somar 2 dias**, para incluir os dias 29/02/2016 e 29/02/2020, pertencentes aos anos bissextos do intervalo.

Dessa forma, no período indicado, temos 8 × 365 + 2 = 2.920 + 2 = 2.922 dias.

Dividindo 2.922 por 7, obtemos quociente 417 e resto 3, o que corresponde a 417 semanas mais 3 dias.

Portanto, em 2024, o aniversário de Paulínia acontecerá 3 dias após um domingo, ou seja, ocorrerá em uma **quarta-feira**.

Gabarito: E.

QUESTÃO 22 (FGV – Agente Fazendário/Niterói/2015) Francisco é atendente em certa seção da prefeitura e atendeu, em uma terça-feira, uma pessoa que solicitava uma certidão. Francisco registrou o pedido e disse que a certidão estaria pronta em 7 dias úteis. Não havendo feriados nesse período, a certidão ficou pronta em uma:

a) segunda-feira;

b) terça-feira;

c) quarta-feira;

d) quinta-feira;

e) sexta-feira.

RESOLUÇÃO:

Vamos supor que o atendimento tenha ocorrido no dia 1º de um certo mês.

Então, após sete dias ÚTEIS a certidão ficará pronta. Veja que precisamos desconsiderar na conta os sábados, domingos e feriados (caso houvesse). Logo:

SEG	TER	QUA	QUI	SEX	SÁB	DOM
	1	**2**	**3**	**4**	5	6
7	**8**	**9**	**10**	11	12	13

Repare que estão descritos em negrito os sete dias úteis, de modo que a certidão ficou pronta na **quinta-feira**.

Gabarito: D.

QUESTÃO 23 (FGV – Ana/CODEMIG/2015) Beralda comprou uma caixa contendo 15 dúzias de comprimidos de complementos vitamínicos e tomou um por dia, todos os dias, sem interrupção. Se Beralda tomou o primeiro comprimido em uma segunda-feira, o último comprimido da caixa foi tomado em:

a) uma terça-feira;

b) uma quarta-feira;

c) uma quinta-feira;

d) uma sexta-feira;

e) um sábado.

RESOLUÇÃO:

Veja que 15 dúzias de comprimidos correspondem a $15 \times 12 = 180$ comprimidos.

Em seguida, ao dividirmos 180 por 7, percebemos que o período informado envolve 25 semanas completas e mais 5 dias (resto da divisão). Como Beralda tomou primeiro comprimido em uma segunda-feira, o último comprimido da caixa foi tomado:

1º	2º	3º	4º	**5º**	6º	7º
SEG	TER	QUA	QUI	**SEX**	SÁB	DOM

Gabarito: D.

QUESTÃO 24 (CONSULPLAN – Analista/CFESS/2017) Num certo ano o primeiro dia caiu numa quarta-feira e o último dia caiu numa quinta-feira. Neste ano, o dia do trabalho, ou seja, 1º de maio caiu num(a):

a) Quarta-feira b) Quinta-feira c) Sexta-feira d) Sábado

RESOLUÇÃO:

Em anos de 365 dias, os meses de janeiro a abril possuem 120 dias, sendo:

- 31 dias no mês de janeiro
- 28 dias no mês de fevereiro
- 31 dias no mês de março
- 30 dias no mês de abril

Assim, os meses de maio até dezembro possuem 365 – 120 = 245 dias (independentemente do ano ser bissexto ou não).

Dessa forma, do dia 1º de maio até o dia 31 de dezembro há 245 – 1 = 244 dias, os quais divididos por 7, resultam em 34 e resto 6. Portanto, 244 dias correspondem a 34 semanas mais 6 dias.

Logo, o dia 1º de maio ocorreu 34 semanas e 6 dias antes do dia 31 de dezembro.

Como o dia 31/12 foi uma quinta-feira, o dia 1º de maio ocorreu 6 dias antes de uma quinta-feira, ou seja, ocorreu em uma **sexta-feira**.

Gabarito: C.

QUESTÃO 25 (VUNESP – TJ-SP/Enfermeiro/2019) O planejamento de um filme era que ele durasse 1 hora e 40 minutos. Os atores do filme reclamaram e o diretor aumentou esse tempo em 15%. Ao serem realizadas as filmagens verificou-se que o tempo excedeu o tempo planejado (já com os 15% de acréscimo) em 20%. Desse modo o tempo total do filme, após esses aumentos, é de

a) 2 horas e 25 minutos.

b) 2 horas e 20 minutos.

c) 2 horas e 18 minutos.

d) 2 horas e 27 minutos.

e) 2 horas e 15 minutos.

RESOLUÇÃO:

O tempo de 1h40 corresponde a 1h + 40 min = 60min + 40min = 100min.

Após o aumento de 15%, chegamos a:

$$100 \text{ x } (1 + 15\%) = 100 \text{ x } 1{,}15 = 115 \text{ minutos}$$

Com o acréscimo de 20% em relação a esse tempo, temos:

$$115 \text{ x } (1 + 20\%) = 115 \text{ x } 1{,}20 = 138 \text{ minutos}$$

Isso corresponde a:

$$138 \text{ min} = 120\text{min} + 18\text{min} = 2\text{x}60\text{min} + 18\text{min} = \mathbf{2h\ e\ 18min}$$

Gabarito: C.

QUESTÃO 26 (QUADRIX – Técnico/CFO/2020) Há 2 tipos de anos bissextos: os que são múltiplos de 4, mas não de 100, e os que são múltiplos de 400. Considerando essas informações, julgue o item.

O ano de 2100 é bissexto.

RESOLUÇÃO:

O ano de 2100 (veja que o ano termina em 00) não é múltiplo de 400, **não sendo bissexto**, embora seja múltiplo de 4.

Gabarito: errado.

QUESTÃO 27 (FGV – Agente/Polícia Civil-RN/2021) Uma delegacia de polícia atende aos cidadãos todos os dias. O novo escrivão foi designado para fazer um relatório das atividades da delegacia de 4 em 4 dias.

Em cada relatório ele deve registrar as ocorrências do dia e dos três dias anteriores, e o primeiro relatório que ele fez foi num sábado. O novo escrivão fez seu 40º relatório em uma:

A) segunda-feira B) terça-feira C) quarta-feira D) quinta-feira E) sexta-feira

RESOLUÇÃO:

O enunciado informa que cada novo relatório é feito após 4 dias. Então, se hoje o escrivão fez o primeiro relatório, 39 novos relatórios serão feitos após 39 × 4 = 156 dias.

Repare que a divisão de 156 por 7 tem quociente 22 e resto 2. Isso significa que 156 dias correspondem a 22 semanas completas, e mais 2 dias.

Da data de hoje (sábado), percorrendo 22 semanas completas, chegamos novamente a um sábado. Avançando mais dois dias, passamos pelo domingo e chegamos a uma segunda-feira.

Portanto, concluímos que o escrivão fará o 40º relatório em uma **segunda-feira**.

Gabarito: A.

6. QUESTÕES-DESAFIO

QUESTÃO 28 (FCC – Ana Jud/TRT 2ª Região/2018) Os meses de agosto e setembro têm, respectivamente, 31 e 30 dias. Às 16 horas do dia 4 de agosto de 2018, que é um sábado, um cronômetro, que estava inicialmente zerado, foi acionado. Esse cronômetro será desligado às 15 horas da primeira quarta-feira de outubro de 2018. O total de horas que o cronômetro indicará é igual a

a) 1420 b) 1369 c) 1419 d) 1439 e) 1607

RESOLUÇÃO:

O enunciado informa que 4 de agosto é sábado. Se avançarmos 7 dias no tempo, cairemos no dia 11 de agosto, que é outro sábado. Isso ocorre porque estamos avançando um número inteiro de semanas, então estamos pulando de um sábado para o sábado seguinte.

Podemos ir mais rápido, avançando 28 dias (o que corresponde a 4 semanas), de modo que se existisse o dia 32 de agosto, ele seria um sábado. Como agosto só tem 31 dias, o 32º dia é na verdade 1º de setembro.

Avançando mais 28 dias, chegamos a 29 de setembro.

Em seguida, 30 de setembro é domingo, 1º de outubro é segunda, 2 de outubro é terça e dia 3 de outubro é a primeira quarta-feira do mês.

Vamos agora calcular quantos dias temos das 16 horas do dia 4 de agosto até as 15 horas do dia 3 de outubro.

- das 16h do dia 4/8 até as 16h do dia 31/8, são 31 – 4 = 27 dias completos;
- das 16h do dia 31/8 até as 16h do dia 30/9, são 30 dias completos;
- das 16h do dia 30/9 até as 16 h do dia 2/10, são 2 dias completos;
- das 16h do dia 2/10 até as 15 h do dia 3/10 são 23 horas.

Assim, temos um total de 27 + 30 + 2 = 59 dias completos. Isso corresponde a 59 × 24 = 1.416 horas. Somando com as 23 horas da última linha, temos: 1.416 + 23 = **1.439 horas**.

Gabarito: D.

QUESTÃO 29 (CONSULPLAN – Agente/MAPA/2014) Em 2014, ano não bissexto, o dia 03 de março, recesso de Carnaval, ocorreu em uma segunda-feira. O próximo ano em que essa data também cairá em uma segunda-feira será:

a) 2020 b) 2021 c) 2023 d) 2025

RESOLUÇÃO:

Precisamos relembrar alguns aspectos que nos auxiliam na resolução de questões envolvendo calendários:

– Os anos **bissextos** são os anos múltiplos de 4. Exemplos: 2012, 2016 e 2020.

– O **ano comum** tem **365 dias** e **começa (1º de janeiro) e termina (31 de dezembro) no mesmo dia**. Além disso, se um dia desse ano, 03 de março, por exemplo, cair numa **segunda-feira**, se o próximo ano for **não bissexto**, esse mesmo dia cairá numa **terça-feira**, ou seja, cairá no próximo dia da semana. Por outro lado, se um dia do ano, 03 de março, por exemplo, cair numa **segunda-feira**, se o próximo ano for **bissexto**, esse mesmo dia cairá numa **quarta-feira**, ou seja, cairá dois dias da semana depois.

Sabendo disso, podemos montar uma tabela, para facilitar nossos cálculos:

Ano	Dia em que caiu 03 de março
2014	segunda
2015	terça
2016 (**bissexto**)	quinta
2017	sexta
2018	sábado

Ano	Dia em que caiu 03 de março
2019	domingo
2020 (**bissexto**)	terça
2021	quarta
2022	quinta
2023	sexta
2024 (**bissexto**)	domingo
2025	**segunda**

Portanto, o próximo ano em que 03 de março também cairá em uma segunda-feira será em **2025**.

Gabarito: D.

CAPÍTULO 18

PRINCÍPIOS DE CONTAGEM

1. INTRODUÇÃO

O QUE VEREMOS

Neste capítulo, estudaremos os chamados **Princípios de Contagem**. Diversas bancas examinadoras têm trazido esse assunto em conteúdos programáticos.

Basicamente, nesse tópico são abordadas ferramentas matemáticas que nos permitem obter o cálculo de quantas formas um determinado evento pode ocorrer ou o resultado de certa operação descrita no enunciado.

Estudaremos vários princípios de contagem aqui. O primeiro deles é o **Princípio da Regressão ou Reversão**, que tem sido uma novidade interessante em alguns editais.

O segundo é o **Princípio da Casa dos Pombos**, que também aparece em algumas provas.

Após, veremos o famoso **Princípio Fundamental da Contagem**, o **princípio aditivo**, o **princípio multiplicativo, arranjo**, **combinação** e **permutação**. Todos eles fazem parte do tópico **Análise Combinatória**, a qual abordaremos aqui da mesma forma que consta no nosso livro Matemática Básica Definitiva para Concursos, publicado pela Editora Juspodivm.

COMO APARECE NOS EDITAIS

Esse assunto é abrangido na maioria dos editais em tópicos como *Princípios de Contagem, Análise Combinatória, Permutação, Princípio Fundamental da Contagem, Arranjo e Combinação, Princípio da Regressão e Princípio da Casa dos Pombos.*

COMO É COBRADO NAS PROVAS

Geralmente, as questões deste tema solicitam do candidato determinar de quantas maneiras um determinado evento pode acontecer.

OBJETIVOS

Os nossos objetivos ao final deste capítulo é que você consiga:

1) compreender a utilização prática de cada um dos princípios;

2) memorizar as fórmulas apresentadas em Análise Combinatória.

2. ANÁLISE DA COBRANÇA DO ASSUNTO EM PROVAS

Observe a seguir os percentuais de incidência nos últimos anos do assunto deste capítulo em relação ao volume de questões de todos os temas analisados na nossa matéria. Lembramos que quanto maior o percentual de cobrança de um dado assunto, maior sua importância.

ASSUNTO	CEBRASPE	FCC	DEMAIS BANCAS
	% de cobrança	% de cobrança	% de cobrança
Princípios de contagem	**7,76%**	**6,64%**	**6,60%**

Em todas as organizadoras o presente tópico possui uma importância **alta**.

E o que é mais cobrado dentro deste assunto, professores?

Considerando os tópicos que compõem este capítulo, possuímos a seguinte distribuição percentual:

ASSUNTO	CEBRASPE	FCC	DEMAIS BANCAS
	% de cobrança	% de cobrança	% de cobrança
Princípio da Regressão	2,94%	13,73%	7,19%
Princípio da casa dos pombos	5,88%	56,86%	12,75%
Análise combinatória	91,18%	29,41%	80,05%

Repare que a maioria das questões cobram o tópico **Análise Combinatória**, motivo pelo qual daremos especial atenção a ele, à exceção da FCC, que cobra mais o Princípio da casa dos pombos.

3. PRINCÍPIO DA REGRESSÃO

Tem sido cada vez mais comum alguns editais de concurso público exigirem o conhecimento sobre o **Princípio da Regressão ou Reversão**. Mas do que se trata?

Consiste num método para resolver certos problemas de 1º grau **de trás para frente**, ou seja, a partir do valor final chegar ao início dos dados.

Como identificar esse tipo de questão em prova? A primeira característica é que a questão **não dá o valor inicial** da situação descrita. Além disso, ela pede para você fazer operações matemáticas. Por fim, ela sempre **apresenta o valor final**.

Agora, qual será a estratégia de resolução para uma questão que aborda o princípio da regressão? Vamos aplicar **operações inversas** às descritas. Portanto, quando o enunciado falar na:

(1) SOMA, a regressão é feita com a SUBTRAÇÃO;

(2) SUBTRAÇÃO, a regressão é feita com a SOMA;

(3) MULTIPLICAÇÃO, a regressão é feita com a DIVISÃO;

(4) DIVISÃO, a regressão é feita com a MULTIPLICAÇÃO.

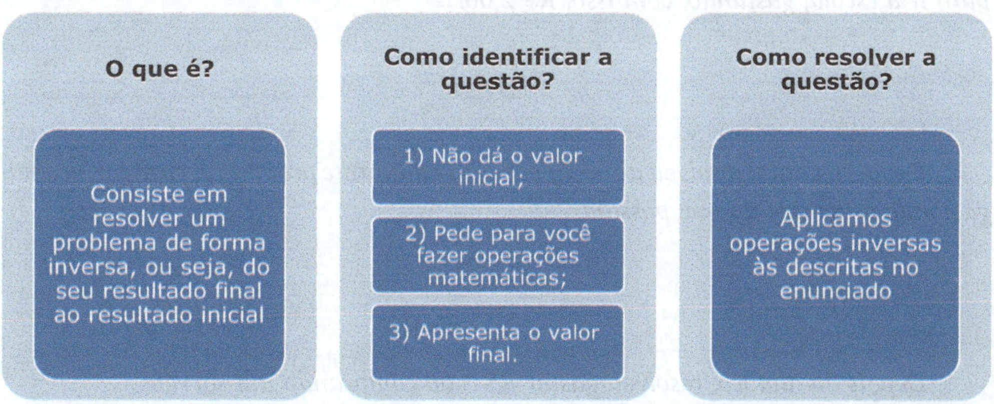

Para exemplificar, suponha que Alex possuía certa quantidade de dinheiro. Saiu de casa e pegou um ônibus para ir à escola, gastando, com isso, R$ 2,00. Depois da aula, resolveu almoçar em um restaurante próximo e, para tal, acabou gastando a metade do que possuía. Depois do almoço, resolveu gastar R$ 3,00 comprando um sorvete e, em seguida, tomou um ônibus de volta para casa, gastando mais R$ 2,00. Não tendo feito mais nenhum gasto, ao voltar para casa, Alex possuía R$ 4,00. Conclui-se que Alex saiu de casa com quanto?

Veja que se trata de um problema em que podemos aplicar o **Princípio da Regressão**, pois é exigido o valor inicial que Alex possuía e apresenta a quantia final que ele dispõe após efetuar alguns gastos.

A ideia é resolver o problema de trás para frente, aplicando operações inversas às informadas no enunciado.

No final do problema, Alex tinha R$ 4,00. E o que ele fez por último? Pagou R$ 2,00 para seu transporte de ônibus. Assim, ele estava com 4 + 2 = R$ 6,00.

Antes de ficar com R$ 6,00, Alex tinha comprado um sorvete por R$ 3,00, ou seja, ele tinha R$ 9,00.

Antes de saborear essa deliciosa sobremesa, Alex tinha almoçado, gastando a metade do que possuía. Isso quer dizer que ele tinha 2 × R$ 9,00 = R$ 18,00.

Por fim, antes do almoço, ele gastou R$ 2,00 com o seu transporte até a escola, de modo que tinha 18 + 2 = **20 reais**.

Este foi o primeiro gasto de Alex, de modo que ele saiu de casa com 20 reais.

Fácil, não é mesmo? Essa é uma primeira forma de resolver a questão. Mas fica ainda mais tranquila quando aplicamos na resolução do problema esquemas gráficos que representam as operações realizadas pelo indivíduo. Vamos por etapas, conforme o texto do enunciado.

Alex possuía certa quantidade de dinheiro. Saiu de casa e pegou um ônibus para ir à escola, gastando, com isso, R$ 2,00.

$$\square \xrightarrow{-2} \square$$

Depois da aula, resolveu almoçar em um restaurante próximo e, para tal, acabou gastando a metade do que possuía.

$$\square \xrightarrow{-2} \square \xrightarrow{\div 2} \square$$

Depois do almoço, resolveu gastar R$ 3,00 comprando um sorvete...

$$\square \xrightarrow{-2} \square \xrightarrow{\div 2} \square \xrightarrow{-3} \square$$

... em seguida, tomou um ônibus de volta para casa, gastando mais R$ 2,00. Não tendo feito mais nenhum gasto, ao voltar para casa, Alex possuía R$ 4,00.

$$\square \xrightarrow{-2} \square \xrightarrow{\div 2} \square \xrightarrow{-3} \square \xrightarrow{-2} \boxed{4}$$

Finalizamos o processo natural da descrição matemática dos eventos. Agora, utilizamos o princípio da regressão, aplicando **operações inversas** às descritas. No lugar de subtrair, 2, some 2. No lugar de dividir por 2, multiplique por 2 e assim por diante.

$$\boxed{20} \xleftarrow{+2} \boxed{18} \xleftarrow{\times 2} \boxed{9} \xleftarrow{+3} \boxed{6} \xleftarrow{+2} \boxed{4}$$

Portanto, confirmamos que inicialmente Alex realmente tinha 20 reais.

Veja como esse assunto já foi cobrado!

QUESTÃO 01(UPENET-IAUPE/UPE/Adm/2017) Maria distribuiu uma caixa de bombons com seus três filhos. O primeiro pegou metade dos bombons mais 1. O segundo recebeu metade do que restou e mais 1 bombom. O terceiro, por último, ficou com a metade do que ainda havia na caixa mais 1 bombom. Sabendo que sobraram 2 bombons, quantos havia inicialmente na caixa?

A) 26 B) 32 C) 28 D) 30 E) 34

RESOLUÇÃO:

Vamos chamar de **x** a quantidade inicial de bombons.

O enunciado informa que o primeiro filho pegou metade dos bombons:

$$\boxed{x} \xrightarrow{\div 2} \boxed{}$$

Em seguida, ele deu mais uns bombons a esse primeiro filho:

$$\boxed{x} \xrightarrow{\div 2} \boxed{} \xrightarrow{-1} \boxed{}$$

É dito que ao segundo filho coube metade do que restou e mais 1 bombom:

$$\boxed{x} \xrightarrow{\div 2} \boxed{} \xrightarrow{-1} \boxed{} \xrightarrow{\div 2} \boxed{} \xrightarrow{-1} \boxed{}$$

Por fim, o terceiro filho ficou com a metade do que ainda havia na caixa mais 1 bombom, o que fez sobrar 2 bombons ao final:

$$\boxed{x} \xrightarrow{\div 2} \boxed{} \xrightarrow{-1} \boxed{} \xrightarrow{\div 2} \boxed{} \xrightarrow{-1} \boxed{} \xrightarrow{\div 2} \boxed{} \xrightarrow{-1} \boxed{2}$$

Pronto, agora é só voltar realizando as operações inversas. Por exemplo, se na ida nós dividimos por 2, na volta nós devemos multiplicar por 2. Logo:

$$\boxed{30} \xleftarrow{\times 2} \boxed{15} \xleftarrow{+1} \boxed{14} \xleftarrow{\times 2} \boxed{7} \xleftarrow{+1} \boxed{6} \xleftarrow{\times 2} \boxed{3} \xleftarrow{+1} \boxed{2}$$

Portanto, havia na caixa inicialmente **30 bombons**.

Gabarito: D.

QUESTÃO 02 (FCC/ELETROBRAS/2016) Um representante de indústria farmacêutica possui certo número de amostras de um remédio para distribuir aos seus clientes. Depois de deixar 1/5 dessas amostras em uma clínica, ele deixou 3/8 das amostras que lhe restaram em um hospital. Sabendo-se que ao final das duas distribuições restaram-lhe 20 amostras, então, a quantidade de amostras que ele tinha inicialmente para distribuir era igual a

A) 200. B) 320. C) 1600. D) 40. E) 80.

RESOLUÇÃO:

Basta utilizar o princípio da reversão e resolver de trás para frente.

Antes, vamos montar o nosso diagrama. Digamos que havia **x** amostras do remédio inicialmente.

Se foram deixadas 1/5 das amostras na clínica, então sobraram 4/5 delas.

$$\boxed{x} \xrightarrow{\cdot \frac{4}{5}} \boxed{}$$

Em seguida, o representante deixou 3/8 das amostras restantes num hospital, de modo que sobraram 5/8 delas após isso.

$$\boxed{x} \xrightarrow{\cdot \frac{4}{5}} \boxed{} \xrightarrow{\cdot \frac{3}{8}} \boxed{}$$

Ao final dessas duas distribuições, ainda havia 20 amostras.

$$\boxed{x} \xrightarrow{\cdot \frac{4}{5}} \boxed{} \xrightarrow{\cdot \frac{5}{8}} \boxed{20}$$

Pronto, agora é só voltar realizando as operações inversas. Para exemplificar, se na ida nós multiplicamos por 4/5, na volta nós devemos dividir por 4/5, que corresponde a multiplicar por 5/4.

$$\boxed{40} \xleftarrow{\times\frac{5}{4}} \boxed{32} \xleftarrow{\times\frac{8}{5}} \boxed{20}$$

Assim, havia inicialmente **40 amostras** a distribuir.

Gabarito: D.

QUESTÃO 03 (IDECAN/CRA-MA/Adm/2014) Numa lanchonete foram vendidas em um dia várias latas de refrigerante. Considere que, na parte da manhã, dois terços do número de latas já havia sido vendidas e, no restante do dia, metade do que sobrou, restando, ainda, 35 latas. A soma dos algarismos do número de latas que havia inicialmente nessa lanchonete é

A) 3. B) 4. C) 5. D) 7. E) 8.

RESOLUÇÃO:

Basta utilizar o princípio da reversão e resolver de trás para frente.

Antes, vamos montar o nosso diagrama. Digamos que havia **x** latas de refrigerante inicialmente.

Se foram vendidas 2/3 das balinhas na parte da manhã, então sobrou 1/3 delas.

$$\boxed{x} \xrightarrow{\cdot\frac{1}{3}} \boxed{}$$

No restante do dia, metade do que sobrou também foi vendida, restando 35 latas.

$$\boxed{x} \xrightarrow{\frac{1}{3}} \boxed{} \xrightarrow{\div 2} \boxed{35}$$

Pronto, agora é só voltar realizando as operações inversas. Para exemplificar, se na ida nós multiplicamos por 1/3, na volta nós devemos dividir por 1/3, ou seja, devemos multiplicar por 3.

$$\boxed{210} \xleftarrow{\times 3} \boxed{70} \xleftarrow{\times 2} \boxed{35}$$

Assim, havia inicialmente 210 latas de refrigerante nessa lanchonete. A soma dos algarismos desse número é 2 + 1 + 0 = **3.**

Gabarito: A.

QUESTÃO 04 (VUNESP – TJ-SP/Enfermeiro/2019) Saí de casa com uma certa quantia comigo. Gastei metade do que tinha e em seguida dei R$ 3,00 de gorjeta. Continuei e gastei metade do que ainda tinha e novamente dei R$ 3,00 de gorjeta. Além dessas duas vezes, fiz exatamente a mesma coisa outras duas vezes. Ao final estava com R$ 17,00. Sendo assim, havia saído de casa com

(A) R$ 298,00 (B) R$ 344,00 (C) R$ 384,00 (D) R$ 362,00 (E) R$ 280,00

RESOLUÇÃO:

Podemos aplicar nesta questão o **princípio da reversão ou regressão**. Para isso, o que era divisão por dois (para ficar metade) vira multiplicação por dois, e o que era subtração de 3 reais (gorjeta) vira soma de 3 reais.

No final, eu tinha 17 reais. Somando os 3 que dei de gorjeta, chego a 20 reais. Multiplicando por 2, temos 40 reais.

Repetindo o processo, somamos 3 reais, chegando a 43; e multiplicamos por 2, chegando a 86.

Repetindo o processo, somamos 3 reais, chegando a 89, e multiplicamos por 2, chegando a 178. Somamos mais 3 reais, chegando a 181, e multiplicamos por 2, chegando a **362 reais**, que é o valor que eu tinha inicialmente.

Gabarito: D.

Esclarecendo!

Talvez você nos pergunte se sempre que uma questão tiver as características que nos levem a aplicar o princípio da regressão devemos fazer isso. A resposta é NÃO. Podemos solucionar o problema por vias normais. Como assim? Veja um exemplo a seguir.

QUESTÃO 05 (AOCP/EMSERH/Ana/2018) Maria pegou metade das frutas que estavam em uma caixa, em seguida Lucas pegou 3/5 das frutas que ficaram, restando na caixa 6 frutas. Quantas frutas haviam inicialmente na caixa?

(A) 60 (B) 55 (C) 40 (D) 30 (E) 15

1ª solução: Princípio da Regressão

Conhecemos a quantidade final de frutas contidas na caixa, mas não sabemos quantas havia inicialmente. Na verdade, é isso o que queremos descobrir. Então, aplicamos o **princípio da regressão**, para resolver o problema de forma inversa, ou seja, do seu resultado final ao resultado inicial.

Antes, vamos montar o diagrama que representa matematicamente a sequência dos eventos. Digamos que eram **x** frutas inicialmente.

O enunciado informa que Maria pegou metade das frutas que estavam na caixa.

$$\boxed{x}\xrightarrow{\div 2}\boxed{}$$

Em seguida, é dito que Lucas pegou 3/5 das frutas que ficaram, de modo que sobraram 2/5 delas. Ao final disso, restaram na caixa 6 frutas.

$$\boxed{x}\xrightarrow{\div 2}\boxed{}\xrightarrow{\cdot\frac{2}{5}}\boxed{6}$$

Agora é só voltar realizando as operações inversas. Para exemplificar, se na ida nós multiplicamos por 2/5, na volta nós devemos dividir por 2/5, ou seja, devemos multiplicar por 5/2.

$$\boxed{30}\xleftarrow{\times 2}\boxed{15}\xleftarrow{\cdot\frac{5}{2}}\boxed{6}$$

Assim, inicialmente havia **30 frutas** na caixa.

Gabarito: D.

2ª solução: Raciocínio Matemático

Suponha que havia **F** frutas inicialmente. Maria pegou metade (F/2), sobrando a outra metade (F/2). Lucas pegou 3/5 daquelas F/2 frutas que haviam sobrado, de modo que sobraram 2/5 dessas F/2 frutas. Logo:

Sobra após Lucas = 2/5 x (F/2) = **F/5**

Feito isso, sobraram 6 frutas na caixa:

Sobra após Lucas = F/5 = **6**

F/5 = 6

F = 5×6 = 30 frutas

4. PRINCÍPIO DA CASA DOS POMBOS

Um dos mais conhecidos princípios de contagem presentes na matemática é o **Princípio da Casa dos Pombos** ou **Princípio do Azarado**. Ele foi utilizado pela primeira vez pelo matemático alemão *Johann Peter Gustav Lejeune Dirichlet*

(1805-1859), em 1834, e por isso é também conhecido como **Princípio das Gavetas de Dirichlet**.

O seu entendimento é bem simples. Porém, é impressionante como as bancas examinadoras são literalmente apaixonadas por este tópico, pois já o cobraram diversas vezes.

Digamos que temos nove casas para abrigar alguns pombos. Só que temos, ao todo, 10 pombos. Então PELO MENOS UMA casa terá que abrigar dois pombos, concordam?

Realmente, se há mais pombos do que casas, não é possível que todos eles fiquem sozinhos em suas respectivas casas.

Esse é o princípio da casa dos pombos. Tranquilo, né?

PRINCÍPIO DA CASA DOS POMBOS

Se tivermos **p** pombos e **k** casas, e **p > k**, então PELO MENOS UMA casa terá dois pombos.

Por exemplo, quantas pessoas precisa haver num estádio de futebol para se ter certeza que pelo menos duas delas fazem aniversário no mesmo dia? Veja que dissemos CERTEZA (não quer dizer que tenham nascido no mesmo ano, apenas façam aniversário no mesmo dia). Para facilitar, ignore a existência do ano bissexto.

Antes de responder, vamos pensar numa situação. Digamos que houvesse apenas duas pessoas no estádio. E então, podemos ter CERTEZA que as duas pessoas fazem aniversário no mesmo dia? Bom, até que é possível, mas bem pouco provável. E se houvesse três pessoas? Ainda é possível, mas continua muito pouco provável.

Mas além de possível ou provável, queremos ter certeza que duas pessoas fazem aniversário no mesmo dia e havendo duas, três, dez ou até mesmo cinquenta, ainda não teríamos certeza que duas pessoas fazem aniversário no mesmo dia. Ou até mesmo trezentas pessoas. E por que isso? Bom, porque embora com trezentas pessoas já seja provável que duas pessoas façam aniversário no mesmo dia, ainda não temos certeza, pois podemos ter o "azar" de todos terem nascido em dias diferentes do ano.

Estamos chegando aonde queríamos e temos certeza que você já chegou lá. Mesmo que tivéssemos 365 pessoas, não teríamos certeza de que pelo menos duas delas fazem aniversário no mesmo dia. Isso porque as 365 pessoas podem ter nascido cada uma em um dia diferente do ano. No entanto, se houver 366 pessoas no estádio, não há como fugir, pelo menos duas delas tem de soprar velinhas no mesmo dia.

Resumindo, para se ter certeza que pelo menos duas pessoas fazem aniversário no mesmo dia, devemos ter pelo menos 365 + 1 = 366 pessoas, pois o ano possui 365 dias. Esse é o princípio da casa dos pombos.

Uma estratégia para utilizá-lo na resolução de questões consiste em seguirmos os seguintes passos:

Identificar quais são as "casas" e os "pombos"

↓

Distribuir os pombos nas casas

↓

Determinar a relação existente entre ambos

↓

Aplicar o **Princípio da Casa dos Pombos**

Para exemplificar, suponha que uma caixa contém três tipos de bolas (azuis, verdes e amarelas). Qual o número mínimo de bolas que devemos retirar da caixa para garantirmos que tenhamos duas bolas da mesma cor?

Bem, o nosso objetivo consiste em retirar quatro bolas da caixa.

Nesse caso, as **casas** são três: uma caixa azul, uma caixa verde e uma caixa amarela (3). Já os **pombos** são as bolas (4).

Por sua vez, a **relação** entre os pombos e as casas refere-se à associação de cada bola à sua cor.

Pelo **Princípio das Casas de Pombos**, como temos 3 casas e 4 pombos, uma das casas receberá, pelo menos, 2 pombos, ou seja, uma das caixas conterá, pelo menos, duas bolas. Dessa forma, pelos menos duas bolas retiradas têm a mesma cor.

Vamos explicitar o raciocínio garantido pelo Princípio: ao retirarmos três bolas da caixa, a **pior** hipótese é que cada uma seja de uma cor.

Distribuindo então cada bola em sua respectiva caixa, com a retirada da quarta bola, essa poderá ser de qualquer cor.

Assim precisamos retirar, no mínimo, quatro bolas para garantirmos que tenhamos duas bolas de mesma cor.

Veja como esse assunto já foi cobrado!

QUESTÃO 06 (CEBRASPE – Técnico/TELEBRAS/2015) A equipe de atendentes de um serviço de telemarketing é constituída por 30 empregados, divididos em 3 grupos, que trabalham de acordo com a seguinte escala.

- Grupo I: 7 homens e 3 mulheres, que trabalham das 6 h às 12 h.
- Grupo II: 4 homens e 6 mulheres, que trabalham das 9 h às 15 h.
- Grupo III: 1 homem e 9 mulheres, que trabalham das 12 h às 18 h.

A respeito dessa equipe, julgue o item que se segue.

Se, entre os atendentes do sexo masculino, o mais velho tiver nascido em 1982 e o mais novo, em 1986, então pelo menos 3 dos atendentes do sexo masculino nasceram em um mesmo ano.

RESOLUÇÃO:

Temos ao todo 7 + 4 + 1 = **12 homens**. Visto que eles serão distribuídos entre os anos de 1982, 1983, 1984, 1985 e 1986, há um total de 5 anos possíveis.

Caso houvesse apenas 10 atendentes, seria possível alocar 2 em cada ano. Dessa forma, nenhum ano contemplaria 3 atendentes.

Porém, assim que alocarmos o 11º atendente, necessariamente haverá um ano com 3 atendentes. Assim, de fato é correto dizer que teremos ao menos um ano de nascimento correspondente a PELO MENOS 3 atendentes.

Gabarito: Certo.

QUESTÃO 07 (CEBRASPE – Ag Penit Fed/DEPEN/2013) Uma pessoa guardou em seu bolso duas notas de R$ 100, três notas de R$ 50 e quatro notas de R$ 20. Essa pessoa deseja retirar do bolso, de forma aleatória, sem olhar para dentro do bolso, pelo menos uma nota de cada valor.

Considerando essa situação, julgue o item a seguir.

Para que ao menos uma nota de cada valor seja retirada do bolso, a pessoa deverá retirar, pelo menos, oito notas.

RESOLUÇÃO:

O nosso objetivo consiste em obter a quantidade mínima que é preciso retirar do bolso, sem olhar, para garantir uma nota de cada valor.

Trata-se de aplicação do conhecido **Princípio da Casa dos Pombos**. Então trabalhamos com a **ocorrência do pior caso**, em que:

- damos o azar de retirar 4 notas e só virem notas de 20. Assim, já temos 4 notas, mas até agora só de um valor;
- depois retiramos 3 notas de 50. Assim, já temos 7 notas, mas damos o azar de que até agora temos apenas dois valores;
- por fim, na oitava nota, com certeza teremos uma nota de R$ 100,00 e conseguiremos os três valores.

Portanto, precisaremos tirar **8 notas** para garantirmos que retiramos uma nota de cada valor.

Gabarito: Certo.

QUESTÃO 08 (FCC/Detran-MA/Assistente de Trânsito/2018) No almoxarifado do departamento de trânsito há 10 talões de formulários, sendo 7 do tipo azul e 3 do tipo preto. Os talões estão embalados sem identificação, não sendo possível diferenciar os azuis dos pretos. Um assistente, precisando sair a campo com um talão de formulários do tipo azul, pegou **n** talões no almoxarifado sem identificar sua cor. Para que se possa afirmar com toda certeza que o assistente pegou pelo menos um talão azul, o valor de **n** deve ser igual, no mínimo, a

(A) 3. (B) 4. (C) 5. (D) 6. (E) 7.

RESOLUÇÃO:

Essa é uma questão que aplica o **Princípio da Casa dos Pombos** ou **Princípio do Azarado**, de modo que precisamos trabalhar com a **pior situação** que poderia ocorrer. Então, para afirmar, com certeza, que o assistente pegou um talão azul, devemos considerar que ele primeiro pegaria todos os talões pretos disponíveis.

Se são 3 os talões pretos, ao pegar o 4º talão, com certeza, será da cor azul. Portanto, o valor mínimo para **n** é de **4 talões**.

Gabarito: B.

QUESTÃO 09 (FCC/TRT-PE/Téc Jud/2018) Na prateleira de uma estante estão dispostos 10 livros de direito, 12 livros de economia e 15 livros de administração. O menor número de livros que se devem retirar ao acaso dessa prateleira para que se tenha certeza de que dentre os livros retirados haja um de direito, um de economia e um de administração é igual a

(A) 26. (B) 23. (C) 27. (D) 28 (E) 29.

RESOLUÇÃO:

Veja que eu posso dar o "azar" de os primeiros 15 livros que eu pegar serem de administração e os 12 livros seguintes serem de economia. Portanto, é possível pegar 27 livros e, mesmo assim, não ter um de cada tipo.

Porém, mesmo nesse pior cenário, o vigésimo oitavo livro que pegar será de direito e, com isso, terei um de cada tipo. Portanto, pegando 28 livros, temos certeza que há pelo menos um de cada tipo.

Gabarito: D.

QUESTÃO 10 (FCC – SEDU-ES/2016) Em uma gaveta há 5 pares de meias pretas, 7 pares de meias vermelhas e 10 pares de meias brancas. O número mínimo de pares de meias que precisam ser retirados da gaveta, sem que se veja a cor, para que certamente sejam retirados pelo menos três pares de meias de cores diferentes é

a) 4. b) 15. c) 6. d) 13. e) 18.

RESOLUÇÃO:

O nosso objetivo consiste em retirar **três pares** de meias de cores diferentes dessa urna.

Trata-se de uma aplicação do **Princípio da Casa dos Pombos**. Então, basta pensarmos no **pior** cenário possível. No nosso caso, teríamos um **azarado** que retira nas 10 primeiras tentativas apenas meias brancas. Em seguida, ele dá o azar de nas 7 próximas tentativas pegar somente meias vermelhas. Até aqui já foram 17 pares de meias retirados.

Porém, na **18ª** tentativa certamente será retirada um par da cor preta da gaveta, reunindo meias das três cores possíveis.

Assim, o mínimo de retiradas para garantir pelo menos três pares de meias de cores diferentes é **18**.

Gabarito: E.

QUESTÃO 11 (FCC – Auditor Fiscal/SEFAZ-MA/2016) Em uma reunião realizada em um dia do mês de outubro estavam presentes apenas pessoas que faziam aniversário naquele mês. Das pessoas presentes, apenas três faziam aniversário exatamente no dia da reunião, e todas as demais faziam aniversário em dias diferentes entre si duas a duas. Sabendo-se que o mês de outubro tem 31 dias, é correto concluir que nessa reunião estavam presentes no

a) máximo 32 pessoas.

b) mínimo 28 pessoas.

c) máximo 31 pessoas.

d) máximo 33 pessoas.

e) mínimo 18 pessoas.

RESOLUÇÃO:

Vamos iniciar pelo cálculo da **quantidade máxima**.

Já que 3 pessoas fazem aniversário no dia da reunião, então restam mais 30 dias em outubro.

Para que todas as demais façam aniversário em datas diferentes entre si duas a duas, precisamos que em cada um desses dias haja no máximo uma pessoa. Assim, podemos ter no máximo mais 30 pessoas, uma para cada dia restante.

Portanto, o MÁXIMO de presentes é de 30 + 3 = **33 pessoas**. Aqui já mataríamos a questão. De todo modo, partimos para o cálculo da **quantidade mínima**.

O mínimo seria igual à três pessoas que fazem aniversário no dia da reunião somadas a outras duas pessoas que "apagam as velinhas" em datas diferentes entre si, totalizando o mínimo de 3 + 2 = **5 pessoas**.

Gabarito: D.

QUESTÃO 12 (FGV – Ana/IBGE/2016) Dos 40 funcionários de uma empresa, o mais novo tem 25 anos e o mais velho tem 37 anos. Considerando a idade de cada funcionário como um número inteiro de anos, conclui-se que:

a) a média das idades de todos os funcionários é 31 anos;

b) a idade de pelo menos um funcionário é 31 anos;

c) nenhum funcionário tem idade igual a 31 anos;

d) no máximo 25 funcionários têm a mesma idade;

e) no mínimo 4 funcionários têm a mesma idade.

RESOLUÇÃO:

Repare que de 25 até 37, incluindo os extremos, há 13 valores diferentes de idade para 40 pessoas.

Nesse caso, as pessoas fazem o papel de pombos ao passo que as idades são as casas.

Caso tivéssemos 39 pombos para alocar em 13 casas, colocaríamos 3 em cada casa.

Todavia, há 40 pombos, de modo que o quadragésimo terá que ser alocado em alguma casa onde já habitam 3 pombos. Assim, haverá uma casinha com PELO MENOS 4 pombos. Portanto, haverá uma idade correspondendo a **PELO MENOS 4 pessoas**.

Gabarito: E.

QUESTÃO 13 (FGV – Ana/MPE-RJ/2016) Trabalham em um escritório 11 pessoas, sendo que, no assunto futebol, 3 são vascaínos, 2 são tricolores, 2 são botafoguenses e 4 são flamenguistas. É correto afirmar que:

a) em qualquer grupo de 7 dessas pessoas há, pelo menos, um vascaíno;

b) em qualquer grupo de 6 dessas pessoas há torcedores de, pelo menos, três times;

c) em qualquer grupo de 8 dessas pessoas há, pelo menos, um flamenguista;

d) em qualquer grupo de 5 dessas pessoas há, pelo menos, um botafoguense;

e) em qualquer grupo de 4 dessas pessoas há, pelo menos, duas pessoas que torcem pelo mesmo time.

RESOLUÇÃO:

Vamos analisar cada cenário apresentado nas alternativas. A estratégia será a aplicação do conhecido **Princípio da Casa dos Pombos**, relacionado à suposição de **ocorrer o pior caso**.

a) em qualquer grupo de 7 dessas pessoas há, pelo menos, um vascaíno;

Errado. Imagine que um **azarado** monte um grupo com 4 flamenguistas, 2 botafoguenses e 1 tricolor. Embora esse grupo tenha 7 pessoas, nenhuma delas é vascaína.

b) em qualquer grupo de 6 dessas pessoas há torcedores de, pelo menos, três times;

Errado. Suponha que aconteça o **azar** de haver um grupo com 4 flamenguistas e 2 botafoguenses. Embora esse grupo tenha 6 pessoas, não foram contemplados 3 times, mas apenas 2.

c) em qualquer grupo de 8 dessas pessoas há, pelo menos, um flamenguista;

Certo. Reunindo todos que torcem para os outros times, temos 3 vascaínos + 2 tricolores + 2 botafoguenses = 7 **pessoas**. Assim, para completar 8, precisaremos necessariamente de 1 flamenguista.

d) em qualquer grupo de 5 dessas pessoas há, pelo menos, um botafoguense;

Errado. Suponha que um **azarado** forme um grupo com 3 vascaínos e 2 tricolores. Ora, apesar de esse grupo ter 5 pessoas, ele não contempla botafoguenses.

e) em qualquer grupo de 4 dessas pessoas há, pelo menos, duas pessoas que torcem pelo mesmo time.

Errado. Digamos que um azarado monte um grupo com 1 flamenguista, 1 vascaíno, 1 tricolor e 1 botafoguense. Embora haja 4 pessoas, não temos duas pessoas que torcem pelo mesmo time.

Gabarito: C.

5. ANÁLISE COMBINATÓRIA

A **Análise Combinatória** estuda o **cálculo da quantidade de agrupamentos que podem ser formados com os elementos de um determinado conjunto**, sob certas condições.

Dessa forma, a análise que faremos é meramente **quantitativa**; ou seja, a finalidade das questões geralmente será calcular a quantidade de grupamentos, e não propriamente listar esses grupos.

Isso mesmo, meus amigos. Nosso objetivo será **contar** de quantas formas um dado processo pode ocorrer.

Bem, uma forma de resolver este tipo de problema é simplesmente **listar todas as situações possíveis e, depois, contá-las**. No entanto, apresentaremos a você ferramentas que nos auxiliam bastante a lidar com esse tipo de situação de forma mais estratégica.

Dessa maneira, o nosso objetivo é que ao final deste capítulo você consiga identificar com precisão uma questão de Análise Combinatória, tenha sucesso em aplicar cada uma das técnicas de contagem que aprenderemos e possa memorizar as fórmulas que serão apresentadas.

Neste sentido, será de grande utilidade entender bem as dezenas de questões cobradas em concursos públicos que serão minuciosamente comentadas.

5.1. Princípio Fundamental da Contagem (PFC)

Considere que um professor de educação física deseje colocar três alunos em fila indiana, para percorrer uma pista. De quantas maneiras é possível formar a tal fila?

Com certeza estamos diante de um problema de contagem. Precisamos contar quantas são as maneiras de executar o processo descrito, qual seja, formar a fila de três alunos.

Vamos chamar os alunos de A, B e C. Daí, temos as seguintes filas possíveis:

A, B, C

A, C, B

B, A, C

B, C, A

C, A, B

C, B, A

Logo, **são seis filas possíveis**.

Como chegamos a esse resultado? Ora, simplesmente listamos todas os resultados possíveis e, depois, contamos. Foi difícil? Certamente não.

No entanto, à medida que o número de casos possíveis aumenta de forma considerável, estaremos diante de uma situação extremamente complicada. Por exemplo, imaginem se, em vez de três alunos na fila, fossem quinze. E aí? Listar todas as maneiras de formação da fila seria algo extremamente trabalhoso.

Nestas situações, é muito útil conhecer as **ferramentas de análise combinatória**. São verdadeiras estratégias que permitem uma contagem mais rápida.

E quais são essas ferramentas, professores?

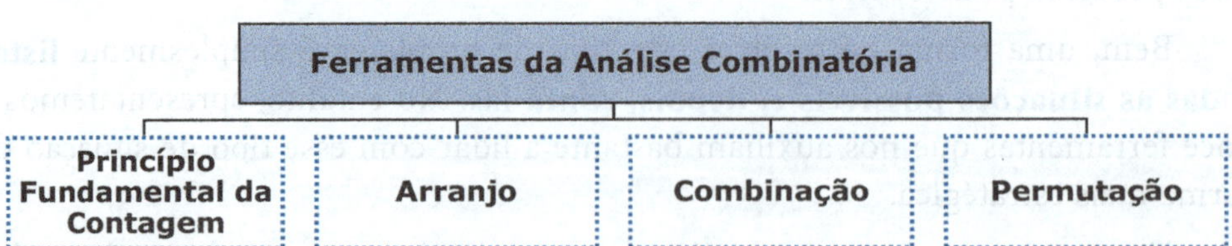

Vejamos, portanto, as características de cada método, seu funcionamento e, principalmente, **saber quando usar cada um** diante de uma questão de Análise Combinatória.

O **Princípio Fundamental de Contagem (PFC)** é, sem dúvida, a principal ferramenta que utilizaremos na resolução de questões de Análise Combinatória. Além disso, as outras técnicas que utilizaremos decorrem do PFC.

Então, para exemplificá-lo, suponha que um restaurante oferece em seu cardápio 2 opções para a entrada (E_1 e E_2), 3 opções de prato principal (P_1, P_2 e P_3) e 2 opções para a sobremesa (S_1 e S_2). De quantas maneiras diferentes um cliente pode almoçar nesse restaurante, sabendo que ele escolheu uma entrada, um prato principal e sobremesa?

Bem, precisamos listar todas as possibilidades de almoço que um determinado cliente tem nesse restaurante. Faremos isso por meio do seguinte diagrama de árvore:

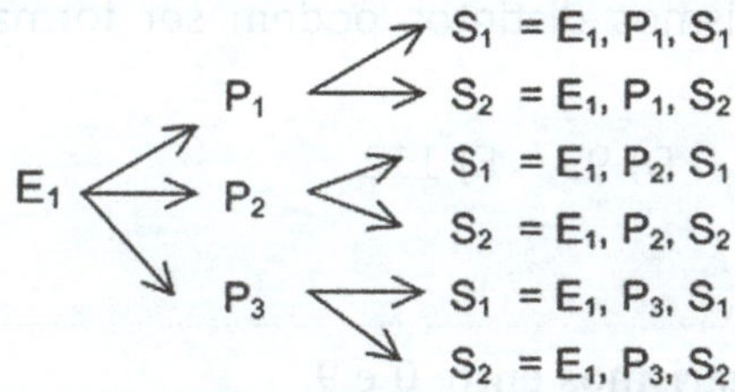

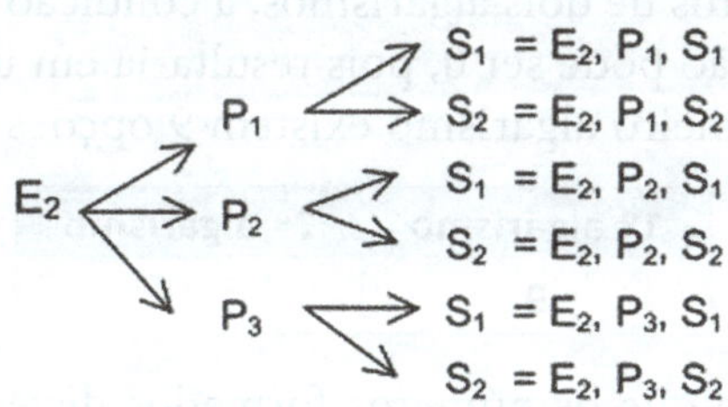

Temos, então, **12 opções de escolha para o cliente**. De forma direta, podemos perceber que o cliente terá:

- 2 opções de entrada;
- 3 opções de prato principal; e
- 2 opções de sobremesa

$$2 \times 3 \times 2 = \mathbf{12\ opções.}$$

Este resultado decorre do **princípio fundamental da contagem (PFC)**, que pode ser resumido da seguinte forma:

Princípio Fundamental da Contagem (PFC)

Quando uma tarefa puder se dividida em *n* etapas, e cada etapa puder ser realizada de m_i *maneiras diferentes* (com "i" variando de 1 até n), o número de maneiras pelas quais podemos concluir a tarefa é igual ao produto:

$$m_1 \times m_2 \times m_3 \times \ldots \times m_n$$

Veja como esse assunto já foi cobrado!

QUESTÃO 14 (CETREDE - Ag Adm/Pref Frecheirinha/2021) Quantos números de dois algarismos distintos podem ser formados com os números: 0,1,2,3,4,5,6,7,8,9?

A) 33. B) 45. C) 81. D) 99. E) 112.

RESOLUÇÃO:

Note que há 10 algarismos entre 0 e 9.

Para formar números de dois algarismos, a condição básica é que o primeiro algarismo do número não pode ser 0, pois resultaria em um número de um algarismo. Logo, para o primeiro algarismo existem 9 opções (1 a 9)

1º algarismo	2º algarismo
9	

O enunciado exige que os números formados devem ser distintos entre si. Como já utilizamos um número entre 1 e 9, restam 8 números nesse intervalo que podem ser utilizados no segundo algarismo. Adicionalmente, podemos utilizar também o 0. Assim, para o segundo algarismo existem 8 + 1 = 9 opções:

1º algarismo	2º algarismo
9	9

Aplicando o **PFC**, temos que a quantidade de diferentes maneiras de formar o número é dada por:

$$9 \times 8 = \mathbf{81}$$

Gabarito: C.

QUESTÃO 15 (IBRASP – Enfermeiro/Pref Rio Grande/2021) Gabriel tem 12 camisetas, 8 bermudas e 4 bonés. Ao todo, de quantos modos diferentes Gabriel poderá se vestir, devendo usar sempre uma camiseta, uma bermuda e um boné?

a) 192 b) 275 c) 384 d) 416 e) 568

RESOLUÇÃO:

A questão trata de uma aplicação clássica e direta do **Princípio Fundamental da Contagem (PFC)**, que é uma técnica para calcularmos de quantas maneiras decisões podem combinar-se. Se uma decisão pode ser tomada de n maneiras e outra decisão pode ser tomada de m maneiras, o número de maneiras que essas decisões podem ser tomadas simultaneamente é calculado pelo produto de **n · m**.

No nosso caso, queremos determinar de quantos modos diferentes Gabriel poderá se vestir. Como ele tem 12 camisetas, 8 bermudas e 4 bonés, pelo PFC temos:

Camisetas	Bermudas	Bonés
12	8	4

Aplicando o **PFC**, temos:

$$12 \times 8 \times 4 = \mathbf{384}$$

Gabarito: C.

5.2. Arranjo e Combinação

Agora estudaremos as seguintes ferramentas para a resolução de questões de Análise Combinatória: **Arranjo e Combinação**.

Você precisa ter em mente que o segredo para termos sucesso nas questões que estão por vir consiste em saber qual o **caminho da resolução**, se por Arranjo ou se por Combinação.

E já lhe adianto que isso é bem tranquilo! Basta você saber que:

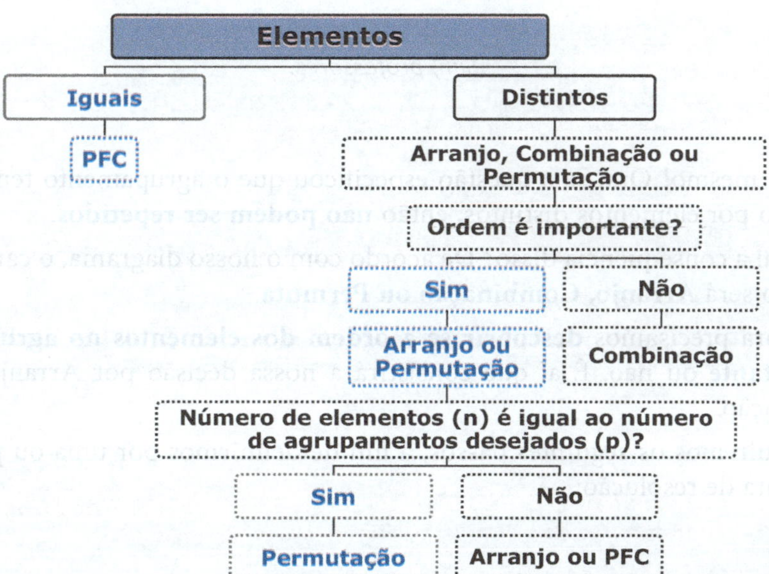

Você poderá esquecer qualquer informação deste capítulo, mas inevitavelmente **precisará se lembrar desse diagrama**!

Os três exemplos seguintes serão suficientes para você entender o seu funcionamento.

Por exemplo, qual ferramenta utilizaríamos para determinar quantos números de dois algarismos podem ser formados com os algarismos 1, 2, 3, e 4?

Bem, o nosso objetivo é formar números de dois algarismos.

A primeira pergunta que precisamos nos fazer é: ***A questão determinou que os elementos do agrupamento tenham que ser distintos?***

Eu acho que não, professores.

Você tem razão! Ora, se a questão não especificou que o agrupamento tem que ser composto por elementos distintos, então **podem ser repetidos**.

Qual a consequência disso? De acordo com o nosso diagrama, o caminho da resolução será o **Princípio Fundamental da Contagem (PFC)**.

Agora qual ferramenta utilizaríamos para calcular quantos números de dois algarismos distintos podem ser formados com os algarismos 1, 2, 3, e 4?

O nosso objetivo continua sendo o mesmo, isto é, formar números de dois algarismos. E já sabemos qual pergunta nós faremos: ***A questão determinou que os elementos do agrupamento tenham de ser distintos?***

Sim, professores.

Isso mesmo! Ora, se a questão especificou que o agrupamento tem que ser composto por elementos distintos, então **não podem ser repetidos**.

Qual a consequência disso? De acordo com o nosso diagrama, o caminho da resolução será **Arranjo, Combinação ou Permuta**.

Agora precisamos **descobrir se a ordem dos elementos no agrupamento é importante** ou não. É aí que consistirá a nossa decisão por Arranjo ou por Combinação.

Seguiremos os seguintes passos, a fim de definirmos por uma ou por outra ferramenta de resolução:

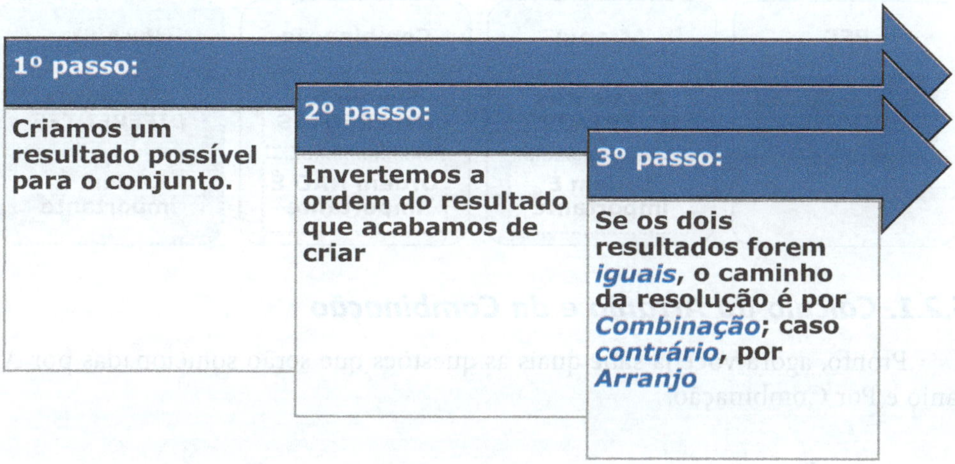

Vamos voltar ao nosso exemplo.

1º passo: criando um resultado possível. Uma possibilidade é ***(1 2)***.

Achamos o número ***12***. É possível? Sim!

2º passo: Invertendo a ordem do resultado criado: ***(2 1)***.

Encontramos o número ***21***.

3º passo: Precisamos fazer uma comparação. Os dois resultados foram iguais ou diferentes?

Com certeza foram **diferentes**: $12 \neq 21$. Qual a conclusão a que chegamos? Bem, visto que a **ordem dos resultados foi importante**, de acordo com o nosso diagrama, o caminho da resolução será por **Arranjo**!

Vamos imaginar outra situação. Digamos que numa sala de uma escola estão presentes oito alunos. Deseja-se formar equipes, compostas por quatro membros, com esses alunos que estão na classe. Quantas equipes podem ser formadas?

Nosso objetivo é formar equipes com quatro membros. Obviamente, devem ser pessoas **diferentes**. Logo, ficamos com **Arranjo, Combinação ou Permuta**!

- Resultado possível: (Aluno 1, Aluno 2, Aluno 3, Aluno 4).
- Invertendo-se a ordem: (Aluno 4, Aluno 3, Aluno 2, Aluno 1).
- Comparação: resultados iguais! A equipe é composta pelas mesmas pessoas. Logo, **combinação**!

Portanto, não se esqueça de que:

PFC	Arranjo	Combinação	Permuta
Elementos IGUAIS	Elementos DIFERENTES	Elementos DIFERENTES	Elementos DIFERENTES
	Ordem É importante	Ordem NÃO É importante	Ordem É importante

5.2.1. Cálculo do Arranjo e da Combinação

Pronto, agora você já sabe quais as questões que serão solucionadas por Arranjo e Por Combinação.

Concordo, professores. Mas COMO será a resolução propriamente dita da questão?

Excelente pergunta! Não sei se você gosta de **fórmulas**, mas iremos fazer uso constante de duas: uma para o cálculo do arranjo e outra para o cálculo da combinação.

A **fórmula do Arranjo** é a seguinte:

$$A_{n,p} = \frac{n!}{(n-p)!}$$

Em que:

✓ **n**: é o número de elementos do conjunto universo;

✓ **p**: é o número de elementos do agrupamento desejado.

Note que na fórmula do arranjo é utilizado o símbolo da **exclamação**. Você lembra o que significa isso, colega? Caso você esteja esquecido, o (**!**) significa a operação **fatorial**.

FATORIAL DE UM NÚMERO

O fatorial de um número, representado pelo ponto de exclamação (**!**), nada mais é do que o **produto** desse número pelo seu antecessor, pelo antecessor do antecessor, pelo antecessor do antecessor do antecessor... até chegar a 1, o último termo do produto. Assim:

7! = 7 x 6 x 5 x 4 x 3 x 2 x 1

4! = 4 x 3 x 2 x 1

10! = 10 x 9 x 8 x 7 x 6 x 5 x 4 x 3 x 2 x 1

Uma propriedade importante do fatorial é que ele **SEMPRE pode ser reescrito como um novo fatorial**. Assim:

7! = 7x6x5x4!

10! = 10x9x8x7!

Percebeu? Como consequência, ocorre uma coisa muito legal sempre que temos uma razão com fatoriais no numerador e no denominador, pois podemos eliminar grande parte das contas. Como? Basta **desenvolvermos o maior fatorial até aparecer o menor e cortá-lo tanto no denominador quanto no numerador**.

Exemplo: $$\frac{7!}{4!}=\frac{7x6x5x4!}{4!}=7x6x5=210$$

Interessante, não é mesmo? Essa estratégia poupa um tempo considerável na hora da prova! Então, use sem moderação!

Por fim, destacamos que para os casos de **n = 0** e **n = 1**, convenciona-se:

0! = 1! = 1

Por sua vez, a **fórmula da Combinação** é a seguinte:

$$C_{n,p}=\frac{n!}{(n-p)!\,p!}$$

Em que:

✓ n: é o número de elementos do conjunto universo;

✓ p: é o número de elementos do agrupamento desejado.

EXEMPLO: Com as letras M, N, O, P, Q, S, T e X, formam-se códigos de quatro letras, sendo que repetições das letras não são permitidas. O número de códigos possíveis é igual a:

a) 1.680 b) 1.560 c) 1.590 d) 1.670 e) 1.650

RESOLUÇÃO:

Pergunta: A ordem entre os elementos é importante?

Sim, professores!

Perfeito! Pois vamos formar códigos, de forma que MNOP é um código diferente de PONM.

Outra informação importante consiste no fato de não haver reposição dos elementos, já que foi dito que não há repetição de letras. Logo, temos um caso de **Arranjo**!

E os dados que precisamos para resolver a questão são o valor de ***n*** (conjunto universo) e o de ***p*** (agrupamento desejado). Daí, n = 8 e p = 4. Aplicando a **fórmula do arranjo**, temos:

$$A_{n,p} = \frac{n!}{(n-p)!}$$

$$A_{8,4} = \frac{8!}{(8-4)!} = \frac{8!}{4!} = \frac{8.7.6.5.4!}{4!} = 1.680$$

Gabarito: A.

Veja como esse assunto já foi cobrado!

QUESTÃO 16 (CESPE – TJ/TRT 17ª Região/2009) Em 2007, no estado do Espírito Santo, 313 dos 1.472 bacharéis em direito que se inscreveram no primeiro exame do ano da Ordem dos Advogados do Brasil (OAB) conseguiram aprovação.

Internet: <www.jornaldamidia.com.br> (com adaptações).

Em 2008, 39 dos 44 bacharéis provenientes da Universidade Federal do Espírito Santo (UFES) que fizeram a primeira fase do exame da OAB foram aprovados.

Internet: <oglobo.globo.com.br> (com adaptações).

Com referência às informações contidas nos textos acima, julgue o item que se segue.

Se a UFES decidir distribuir dois prêmios entre seus bacharéis em direito aprovados na primeira fase do exame da OAB de 2008, e se os bacharéis premiados forem distintos, haverá mais de 1.400 maneiras diferentes de serem concedidos tais prêmios.

RESOLUÇÃO:

A UFES pretende distribuir dois prêmios entre seus bacharéis em direito aprovados na primeira fase do exame da OAB de 2008.

A pergunta cuja resposta definirá se acertaremos ou não a questão é: **os prêmios são diferentes entre si?** Por exemplo, será entregue um tablet para o 1º lugar e uma coleção de livros para o 2º lugar.

Bem, sendo esse o caso, ou seja, que os prêmios são diferentes entre si, a ordem de escolha entre os elementos terá importância. Logo, o caminho da resolução será por **arranjo**!

Temos uma situação de arranjo entre 39 elementos, tomados 2 a 2. Daí:

$$A_{39,2} = \frac{39!}{(39-2)!} = \frac{39.38.37!}{37!} = 39\,.38 = 1.482$$

Gabarito: Certo.

Eita, mestres! Tenho uma memória ruim danada!!! Se eu não lembrasse da fórmula do arranjo, dava para resolver pelo PFC?

Boa pergunta! Se a ordem entre os elementos for importante, a questão será resolvida por **Arranjo ou PFC**!

Vejamos se essa questão sairia mesmo por PFC. Para a primeira escolha, temos 39 possibilidades. Como não há reposição, restam 38 possibilidades para a segunda etapa. Logo:

1º lugar	2º lugar
39	38

Aplicando o **PFC**, temos:

39 x 38 = **1.482**

Como era de se esperar, **chegamos à mesma resposta**! Portanto, lembre-se:

Resolve por Arranjo → **Resolve por PFC**

Observe que se trata se um processo com **sentido único**: de Arranjo para PFC! O caminho de volta, de PFC para Arranjo, no entanto, nem sempre será possível!

Porém, se você descobriu que uma questão sai por Combinação, tenha bem claro na sua mente que de jeito nenhum você usará o PFC!

ESCLARECENDO!

Nessa questão há margem para duas interpretações. Utilizamos nos cálculos a suposição de que os prêmios seriam DISTINTOS, que foi a mesma adotada e mantida no gabarito definitivo da banca.

Mas, se os prêmios fossem IGUAIS chegaríamos à outra resposta, pois usaríamos a combinação:

$$\text{Total de possibilidades} = C_{39\,,\,2} = \frac{39!}{2! \times (39-2)!} = \frac{39 \times 38 \times 37!}{2 \times 37!} = \frac{39 \times 38}{2} = 741$$

5.3. Permutação

A **Permutação** nada mais é que um **caso particular do Arranjo**. Nesse sentido, pode ser definida como sendo a **mudança de posição dos elementos de um agrupamento**, em que a ordem seja importante. Além disso, o número de elementos do conjunto universo (n) é igual ao número de elementos do agrupamento desejado (p):

$$n = p$$

TOME NOTA!

PERMUTAÇÃO

- É a mudança de posição dos elementos de um agrupamento em que a ordem é importante.
- O número de elementos do conjunto universo (n) é igual ao número de elementos do agrupamento desejado (p).

Portanto, se o caminho da resolução de uma questão é por **Arranjo** e temos que **n = p**, dizemos que estamos diante de um caso de **Permutação**!

Fica claro, dessa forma, que na Permutação nós não iremos calcular a quantidade de agrupamentos e sim a **quantidade de formas de mudarmos os elementos de um dado agrupamento de posição.**

Teremos três **tipos de Permutação**:

PERMUTAÇÃO

- **Simples**
- **Com repetição**
- **Circular**

Passemos, pois, à análise detalhada de cada uma das formas que a permutação pode se apresentar.

5.3.1. Permutação Simples

É o número de maneiras de arrumar **n** elementos em **n** posições, sendo que cada maneira se **diferencia apenas pela ordem** em que os elementos aparecem. São agrupamentos com todos os **n elementos distintos, não há repetição** de elementos.

O cálculo da **Permutação Simples** é **muito fácil**!

$$P_n = n!$$

Em que ***n*** é o número de elementos do conjunto universo, que é o mesmo número de elementos dos agrupamentos que serão formados.

Para exemplificar, vamos determinar quantos anagramas possui a palavra AMOR.

Inicialmente, precisamos saber que **anagrama** é uma palavra que se forma com as mesmas letras de outra. Basta **embaralhar as letras** de uma palavra e teremos um anagrama para ela, que não precisa existir no dicionário. Assim, da palavra AMOR podemos encontrar os seguintes anagramas:

Amor	Maor	Omar	Roma
Amro	Maro	Omra	Roam
Armo	Mora	Oram	Raom
Amor	Moar	Orma	Ramo
Arom	Mrao	Oamr	Rmoa
Aorm	Mroa	Oarm	Rmao

Note que encontramos:

✓ 6 anagramas começando pela letra A

✓ 6 anagramas começando pela letra M

✓ 6 anagramas começando pela letra O

✓ 6 anagramas começando pela letra R

Assim, 6 x 4 = 24. Portanto, encontramos **24 anagramas para a palavra AMOR**.

É claro que não precisaremos ter todo esse trabalho de relacionar os anagramas de uma determinada palavra. Podemos calcular por meio da **fórmula da Permutação Simples**. Daí, no caso da palavra AMOR, temos **4 elementos** (letras) distintos. Logo:

$$n! = 4! = 4 \times 3 \times 2 \times 1 = 24$$

IMPORTANTE!

Em algumas questões, teremos elementos que deverão **ficar juntos**. Nesse caso, procederemos da seguinte forma:

1º passo: Imaginaremos os elementos que ficarão juntos dentro de um "saquinho". Daí, este "saquinho" fará o papel de **um único elemento**;

2º passo: O que estiver dentro do "saquinho" calcularemos depois.

Suponhamos que queremos calcular em quantos anagramas da palavra CINEMA as vogais ficam juntas.

Na resolução iremos colocar as vogais dentro do "saquinho" e as consoantes ficarão fora.

[I E A] C N M

Como o "saquinho" faz papel de um elemento, teremos, juntamente com as consoantes, 4 elementos. Permutando esses 4 elementos, 4!, garantimos que as vogais fiquem juntas. Esse foi o primeiro passo.

No segundo passo, iremos permutar as 3 vogais que ficaram dentro do "saquinho" (**3!**).

Logo, o total de anagramas será o produto:

4! x 3!=**144**

5.3.2. Permutação com Repetição

É o número de maneiras de arrumar **n** elementos em **n** posições, sendo que cada maneira **se diferencia pela ordem** em que os elementos aparecem, e que **pelo menos um desses n elementos se repete**.

O cálculo da permutação com repetição será realizado por meio de uma divisão, em que no numerador teremos o fatorial do total de elementos e o denominador será composto pelo produto dos fatoriais das quantidades de repetições. Portanto:

PERMUTAÇÃO COM REPETIÇÃO

$$P_n^{n_1, n_2, n_3 \ldots} = \frac{n!}{n_1!.\ n_2!.\ n_3! \ldots}$$

Em que:

- **n**: número de elementos do conjunto universo;
- $\mathbf{n_1}$, $\mathbf{n_2}$ e $\mathbf{n_3}$: número de repetições de cada elemento que se repete.

Por exemplo, vamos calcular quantos anagramas podem ser formados com as letras da palavra "ARARAQUARA".

Bem, na palavra ARARAQUARA, temos dez letras, sendo que o "A" aparece cinco vezes e o "R" aparece três vezes. Logo:

✓ n = 10

✓ a = 5

✓ b = 3

Aplicando a **fórmula da permutação com repetições**, temos:

$$P_n^{n_1, n_2} = \frac{n!}{n_1!\, n_2!}$$

$$P_{10}^{5,3} = \frac{10!}{5!3!} = \frac{10.9.8.7.6.5!}{3.2.5!} = 10.9.8.7 = 5.040$$

Veja como esse assunto já foi cobrado!

QUESTÃO 17 (CESPE/BB/2007) Considere que um decorador deva usar 7 faixas coloridas de dimensões iguais, pendurando-as verticalmente na vitrine de uma loja para produzir diversas formas. Nessa situação, se 3 faixas são verdes e indistinguíveis, 3 faixas são amarelas e indistinguíveis e 1 faixa é branca, esse decorador conseguirá produzir, no máximo, 140 formas diferentes com essas faixas.

RESOLUÇÃO:

Sendo bem objetivo, temos um total de 7 faixas, sendo 3 verdes e 3 amarelas. Daí:

$$P_7^{3,3} = \frac{7!}{3!3!} = 140$$

Gabarito: Certo.

5.3.3. Permutação Circular

Permutação Circular é um caminho de resolução que usaremos quando estivermos diante de uma questão que sai por permutação e em que os elementos do agrupamento desejado estarão dispostos numa **linha fechada**, isto é, **todos os elementos terão um elemento à sua esquerda e à sua direita**.

Fica claro que, apesar do nome (círculo), outras figuras geométricas como os triângulos, quadrados, pentágonos, etc. também podem ser utilizadas para representar essa distribuição. Dessa maneira, o que deve estar presente é, de fato, a ideia de linha fechada, que pode ser encontrada nas expressões "em torno de", "em volta de", e assim por diante.

Quanto ao **cálculo** da permutação circular, a fórmula que utilizaremos é a seguinte:

PERMUTAÇÃO CIRCULAR

$$P_{Circular} = (n-1)!$$

Veja como esse assunto já foi cobrado!

QUESTÃO 18 (CESPE/BB/2007) Uma mesa circular tem seus 6 lugares que serão ocupados pelos 6 participantes de uma reunião. Nessa situação, o número de formas diferentes para se ocupar esses lugares com os participantes da reunião é superior a 102.

RESOLUÇÃO:

Nosso objetivo é ocupar 6 lugares numa mesa circular. E temos 6 pessoas para ocuparem os 6 lugares disponíveis. Assim:

$$\mathbf{n = 6}$$

Visto que a mesa é **circular**, deveremos aplicar a **fórmula da Permutação Circular**:

$$P_{Circular} = (n-1)!$$

$$P_{Circular} = (6-1)! = 5! = 120$$

Para você não ficar com nenhuma dúvida de porque não calculamos simplesmente 6!, veja esta figura:

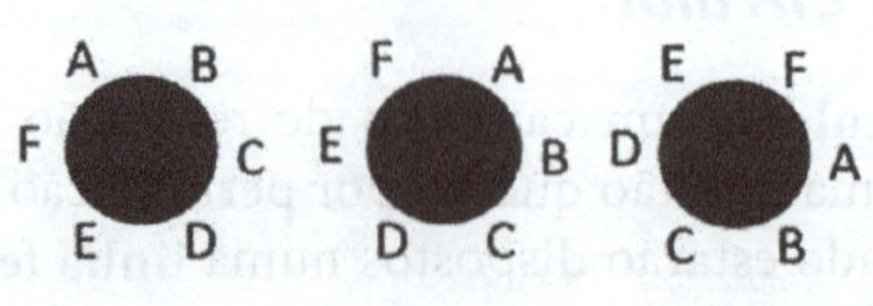

Perceba que essas mesas são iguais, pois os elementos estão sentados na mesma ordem. Por isso que na permutação circular diminuímos um elemento do cálculo do fatorial da permutação simples.

Gabarito: Certo.

5.4. Combinação com Repetição

Demonstraremos agora uma técnica muito interessante a ser utilizada quando estivermos diante de uma questão cujo caminho de resolução será por **combinação**, mas que terá **repetição de elementos**.

Suponha que um site vende três tipos de cursos: teoria, questões e vídeos. De quantas maneiras uma pessoa pode comprar 6 cursos?

Esta é uma questão que chamamos de **combinação com repetição.**

Ao comprar seis cursos, **a ordem dos cursos não tem importância**. Logo, estamos diante de uma questão de combinação.

Entretanto, diferente de outras questões que vínhamos estudando, não havia elementos repetidos dentro do grupo, mas nessa questão temos elementos que serão repetidos. Por exemplo, num determinado agrupamento, podemos ter 3 cursos de Teoria. Daí o motivo de chamarmos esse tipo de questão de **Combinação com Repetição**.

Como resolveremos, professores?

Bem, não usaremos a fórmula da combinação. Na verdade, faremos uso de uma estratégia que consiste em **encontrar o número de soluções inteiras não negativas de uma equação linear**!

Sejam:

- x: número de cursos de Teoria comprados;
- y: número de cursos de Questões comprados;
- z: número de cursos de Vídeos comprados.

Ora, a soma de x, y e z deve ser igual a 6, pois são comprados 6 cursos. Logo, podemos formar a seguinte equação:

$$x + y + z = 6$$

Desenharemos seis pontos para representar esse valor (6).

$$\cdot \cdot \cdot \cdot \cdot \cdot$$

Vamos dividir esses seis pontos em três partes que corresponderão às três variáveis x, y e z. Para tanto, usaremos duas (= 3 variáveis menos 1) barras:

Cada maneira de separar os pontos com as barras dará origem a uma solução para a equação:

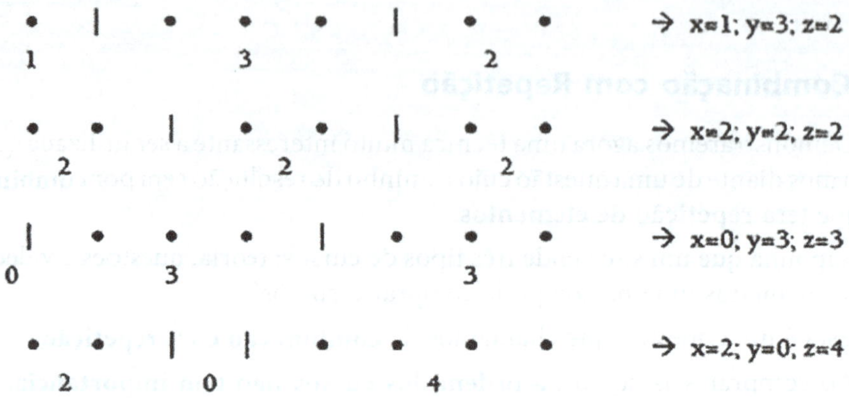

Se permutarmos esses oito símbolos (6 pontos e 2 barras), encontraremos todas as soluções inteiras não negativas da equação.

Visto que os símbolos se repetem, devemos fazer uma **permutação com repetição**:

$$P_8^{6,2} = \frac{8!}{6!2!} = 28$$

Portanto, temos 28 soluções não negativas para a equação **x + y + z = 6**.

Portanto, **há 28 maneiras de comprar 6 cursos no site**.

No entanto, poderíamos solucionar a questão de outro modo. Para isso, basta usarmos a **fórmula da Combinação com Repetição**:

$$CR_{n,p} = C_{(n+p-1\,,\,p)} = \frac{(n+p-1)!}{p!(n-1)!}$$

Perceba que por meio de $C_{n,p}$ calculamos o número de maneiras de formar **p** agrupamentos **distintos** entre **n** elementos distintos dados. Por sua vez, $CR_{n,p}$ revela o número de maneiras de formar **p** agrupamentos **distintos ou não** entre **n** elementos distintos dados.

No caso da questão em análise, temos que calcular o número de maneiras de formar 6 agrupamentos distintos ou não (p), pois já sabemos que os tipos de cursos podem se repetir entre 3 elementos distintos (n), que correspondem às espécies de cursos disponíveis no site. Sim, colega, nesse caso **n é menor que p**. Logo:

$$CR_{3,6} = C_{(3+6-1\ ,6)} = \frac{(3+6-1)!}{6!(3-1)!} = \frac{8!}{6! \times 2!} = \frac{8 \times 7 \times 6!}{6! \times 2} = \frac{56}{2} = 28$$

Portanto, confirmamos que existem **28** formas de um aluno adquirir seis cursos no site.

Veja como esse assunto já foi cobrado!

QUESTÃO 19 (CESPE/BB/2007) Se 6 candidatos são aprovados em um concurso público e há 4 setores distintos onde eles podem ser lotados, então há, no máximo, 24 maneiras de se realizarem tais lotações.

RESOLUÇÃO:

Observe que a questão não fixou um número de vagas por setor. Caso ela tivesse feito isso, a solução sairia por um produto de combinações. Daí o caminho da resolução será por meio de uma **Combinação com Repetição**.

Os seis candidatos serão distribuídos nos quatro setores, podendo inclusive haver setores que não receberão nenhum candidato.

Faremos as seguintes designações:

- x: número de candidatos lotados no primeiro setor;
- y: número de candidatos lotados nos segundo setor;
- z: número de candidatos lotados nos terceiro setor;
- w: número de candidatos lotados no quarto setor;

A soma de x, y, z e w é igual a 6:

$$x+y+z+w=6$$

Desenharemos seis pontos para representar esse valor 6 (total de candidatos) e vamos dividir esses seis pontos em quatro partes que corresponderão aos quatro setores. Para tanto, usaremos três barras para fazer as separações das partes. Dessa forma, no desenho haverá 6 pontos e 3 (= 4 variáveis menos 1) barras.

• | •• | • | ••

Se permutarmos esses nove símbolos (seis pontos e três barras), encontraremos todas as soluções inteiras não negativas da equação.

$$P_9^{6,3} = \frac{9!}{6!3!} = 84$$

Logo, temos **84 maneiras distintas de efetuar a lotação dos seis candidatos.**

Gabarito: Errado.

Vamos confirmar a resposta aplicando a **fórmula da Combinação com Repetição**:

$$CR_{n,p} = C_{(n+p-1\,,\,p)} = \frac{(n+p-1)!}{p!(n-1)!}$$

$$CR_{4,6} = C_{(4+6-1\,,6)} = \frac{(4+6-1)!}{6!(4-1)!} = \frac{9!}{6!\times 3!} = \frac{9\times 8\times 7\times 6!}{6!\times 3\times 2} = 3\times 4\times 7 = 84$$

5.5. Arranjo com Repetição

Vamos utilizar a estratégia do **Arranjo com Repetição** quando cada elemento do agrupamento desejado é **tratado mais de uma vez** (com reposição) e **a ordem é importante**. Nessa situação, aplicaremos a seguinte fórmula:

$$AR_{n,p} = n^p$$

Por exemplo, vamos determinar quantos números de 4 algarismos podem ser formados com os algarismos do conjunto {1, 3, 5, 7, 9}?

Note que o enunciado menciona apenas "algarismos", sem especificar que devem ser "algarismos distintos".

E isso faz diferença?

Com certeza! Nesse caso, podemos repetir os algarismos em um mesmo número, o que não seria possível com os algarismos distintos.

Assim, como a solução da questão é por meio de arranjo (a ordem é importante e o número de elementos disponíveis é diferente da quantidade de agrupamentos desejados) e considerando a possibilidade de repetição, aplicamos a **fórmula do Arranjo com Repetição**:

$$AR_{n,p} = n^p$$

$$AR_{5,4} = 5^4 = 5\times 5\times 5\times 5 = 625$$

5.6. Não se esqueça das fórmulas!

De nada adiantaria entendermos o que foi apresentado até aqui se você não conseguir memorizar as principais informações.

De fato, diante de uma questão de concurso público cobrando o conhecimento da Análise Combinatória, precisamos ter em mente as estratégias de solução e as principais fórmulas para realizar o cálculo necessário.

Elaborar um resumo com as fórmulas de cada tópico estudado na Matemática é fundamental, pois facilitará a retenção do conhecimento aprendido, será essencial no momento da revisão da disciplina e poderá ser relido tranquilamente naqueles momentos tensos que antecedem uma prova.

Nesse sentido, apontamos as fórmulas básicas da Análise Combinatória no resumo do tópico 8, logo a seguir. Caso prefira, **elabore o seu próprio formulário**, talvez incluindo macetes ou mnemônicos que permitam uma melhor memorização do conteúdo.

6. RESUMO

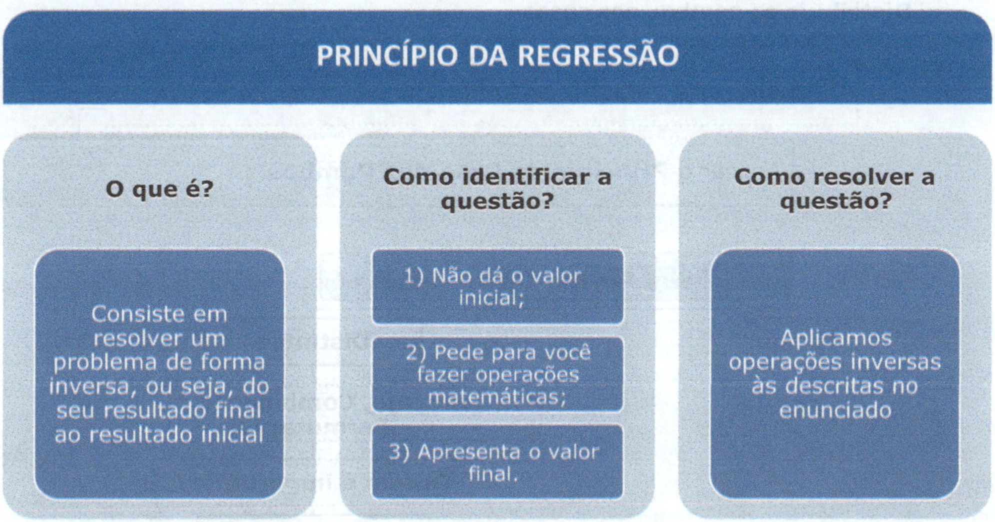

(1) SOMA, a regressão é feita com a SUBTRAÇÃO;

(2) SUBTRAÇÃO, a regressão é feita com a SOMA;

(3) MULTIPLICAÇÃO, a regressão é feita com a DIVISÃO;

(4) DIVISÃO, a regressão é feita com a MULTIPLICAÇÃO.

PRINCÍPIO DA CASA DOS POMBOS

Digamos que temos nove casas para abrigar alguns pombos. Só que temos, ao todo, 10 pombos. Então PELO MENOS UMA casa terá que abrigar dois pombos, concordam?

Realmente, se há mais pombos do que casas, não é possível que todos eles fiquem sozinhos em suas respectivas casas.

Esse é o princípio da casa dos pombos, que pode ser formalmente enunciado como: **Se tivermos p pombos e k casas, e p > k, então PELO MENOS UMA casa terá dois pombos.**

Uma estratégia para utilizá-lo na resolução de questões consiste em seguirmos os seguintes passos:

Identificar quais são as "casas" e os "pombos"

Distribuir os pombos nas casas

Determinar a relação existente entre ambos

Aplicar o **Princípio da Casa dos Pombos**

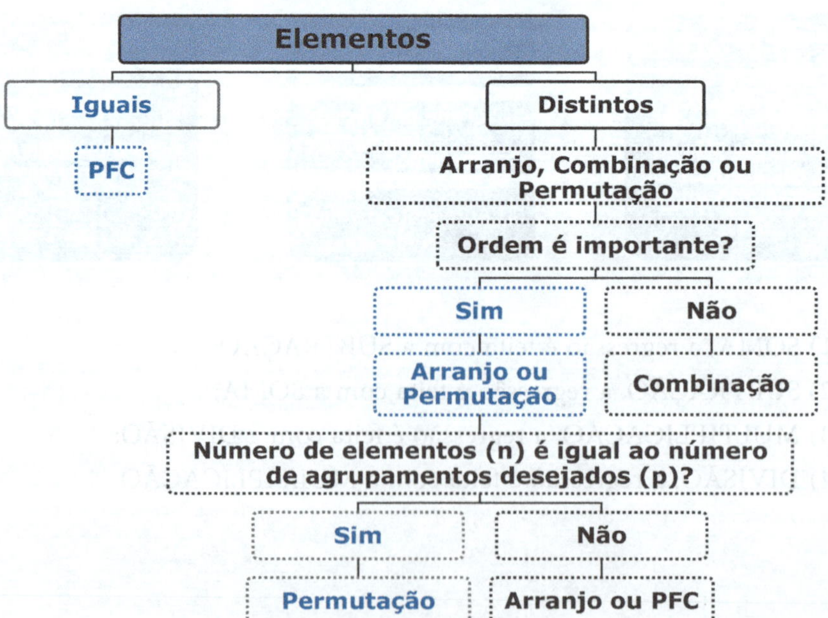

Ferramenta	Fórmula
Permutação Simples	$P_n = n!$
Permutação com Repetição	$P_n^{n_1, n_2, n_3} = \dfrac{n!}{n_1!.\ n_2.\ n_3}$
Permutação Circular	$P_{Circular} = (n-1)!$
Arranjo	$A_{n,p} = \dfrac{n!}{(n-p)!}$
Arranjo com Repetição	$AR_{n,p} = n^p$
Combinação	$C_{n,p} = \dfrac{n!}{p!(n-p)!}$
Combinação com Repetição	$CR_{n,p} = C_{(n+p-1,\,p)} = \dfrac{(n+p-1)!}{p!(n-1)!}$

7. MAIS QUESTÕES COMENTADAS

QUESTÃO 20 (CEBRASPE – Téc Jud/TRT 10ª Região/2013) Considerando que, dos 10 postos de combustíveis de determinada cidade, exatamente dois deles cometam a infração de vender gasolina adulterada, e que sejam escolhidos ao acaso alguns desses postos para serem fiscalizados, julgue o item seguinte.

Cinco é a menor quantidade de postos que devem ser escolhidos para serem fiscalizados de modo que, com certeza, um deles seja infrator.

RESOLUÇÃO:

Usaremos o Princípio da Casa dos Pombos.

Sejam os postos da cidade A, B, C, D, E, F, G, H, I e J.

Digamos que **A** e **B** sejam os postos que cometem a infração.

Como o enunciado afirma que são escolhidos 5 postos para serem fiscalizados, então suponhamos que sejam os seguintes: C, D, E, F e G.

Note que é perfeitamente possível escolher 5 postos diferentes de A e B.

Assim, selecionando-se 5 postos, não conseguimos garantir que um deles é infrator.

Gabarito: errado.

QUESTÃO 21 (FCC – Auditor Fiscal Tributário/Pref São Paulo/2012) Para classificar uma empresa como "altamente bem avaliada pelos clientes", um órgão certificador de qualidade exige que, em qualquer grupo de 10 clientes dessa empresa, sempre existam pelo menos dois clientes que a avaliem bem, independentemente da forma como esse grupo seja escolhido. De acordo com esse critério, para que uma empresa com 60 clientes seja considerada "altamente bem avaliada pelos clientes", ela deverá ser bem avaliada por, no mínimo,

a) 12 clientes. b) 30 clientes. c) 32 clientes. d) 50 clientes. e) 52 clientes.

RESOLUÇÃO:

Trata-se de uma aplicação do **Princípio da Casa dos Pombos**. Então, basta pensarmos no **pior** cenário possível.

Vamos supor que um **azarado** escolheu apenas pessoas que não gostem da empresa. Portanto, ele seleciona o primeiro cliente, que não avalia bem a empresa. Em seguida, seleciona o segundo cliente e, novamente, obtém uma avaliação ruim. E assim por diante, de forma que ao selecionar o oitavo cliente, acontece outra avaliação ruim. Então, paramos por aqui.

O que ocorrerá se o azarado só escolher clientes que não gostem da empresa? bem, acharemos o nono cliente com avaliação ruim e a empresa não conseguirá ser classificada como "altamente bem avaliada pelos clientes", já que nesse grupo de 10 pessoas não há pelo menos 2 que gostam da empresa.

Assim, para ter a certeza de que a empresa conseguirá ser bem avaliada por pelo menos 2 clientes, dentre os 10 escolhidos, **todos os demais** clientes precisam gostar da empresa.

Portanto, após a escolha dos 8 que não gostam da empresa, que é o pior caso possível, necessitamos ter certeza que os outros 2 escolhidos irão gostar da empresa.

Ora, esse cenário só ocorrerá se os 52 clientes que sobraram aprovarem a empresa.

Portanto, a empresa precisa ser avaliada por, no mínimo, **52 clientes**.

Gabarito: E.

QUESTÃO 22 (FCC – Téc Jud/TRT 24ª Região/2017) O cadastro de veículos de uma pequena cidade registra 40 veículos de carga e 245 veículos de passeio. Desses 285 veículos cadastrados, 32 são movidos a diesel. Utilizando apenas essas informações, a respeito desses veículos cadastrados, é correto afirmar que,

a) pelo menos, 8 veículos de passeio são movidos a diesel.

b) no máximo, 213 são de passeio movidos a diesel.

c) no mínimo, 32 são de carga movidos a diesel.

d) algum veículo de carga é movido a diesel.

e) no mínimo, 20% dos veículos de carga não são movidos a diesel.

RESOLUÇÃO:

O enunciado informa que há somente 32 dos 285 veículos movidos a diesel. Desse modo, se todos os veículos forem de carga, sobrarão ainda 8 veículos de carga que não são movidos a diesel. E caso todos os veículos sejam de passeio, sobrarão ainda 213 veículos de passeio que não são movidos a diesel.

Com base nesse raciocínio, vamos analisar as alternativas.

a) pelo menos, 8 veículos de passeio são movidos a diesel.

Errado. Se todos os 32 veículos movidos a diesel forem de carga, as condições do enunciado são satisfeitas e não há 8 veículos de passeio movidos a diesel.

b) no máximo, 213 são de passeio movidos a diesel.

Errado. No máximo, 32 veículos de passeio são movidos a diesel.

c) no mínimo, 32 são de carga movidos a diesel.

Errado. Basta que 1 carro movido a diesel seja de passeio para essa afirmação estar errada.

d) algum veículo de carga é movido a diesel.

Errado. Se todos os 32 veículos movidos a diesel são de passeio, as condições do enunciado são satisfeitas e não há nenhum veículo de carga movido a diesel.

e) no mínimo, 20% dos veículos de carga não são movidos a diesel.

Certo. Sabemos que 20% dos veículos de carga correspondem a 0,2 x 40 = 8 veículos. Como o máximo de veículos de carga movido a diesel é 32 (pois só há 32 veículos movidos a diesel no total), então o mínimo de veículos de carga que não são movidos a diesel é 40 – 32 = 8.

Gabarito: E.

QUESTÃO 23 (FCC – ELETROSUL/2016) Em um salão estão presentes 25 pessoas. O menor número de pessoas que devem entrar no salão para que tenhamos nele, com certeza, pelo menos cinco pessoas que fazem aniversário em um mesmo mês é igual a

a) 24. b) 34. c) 23. d) 13. e) 14.

RESOLUÇÃO:

Num ano há 12 meses diferentes. Alocando no máximo 4 pessoas em cada mês, teremos 4 × 12 = **48 pessoas.**

Isso significa que, se na sala houver exatamente 48 pessoas, não dá para ter certeza que há 5 que fazem aniversário no mesmo mês.

Porém, no instante em que a **49ª** pessoa entrar na sala, obrigatoriamente teremos 5 pessoas fazendo aniversário no mesmo mês. Como a sala tinha originalmente 25 pessoas, **faltam entrar mais 24.**

Gabarito: A.

QUESTÃO 24 (FCC – ELETROSUL/2016) A controladoria de uma empresa possui 27 funcionários, numerados de 1 até 9, três de cada número. Em certo dia, x desses funcionários foram alocados ao acaso para serviço externo da empresa. O menor valor de x para que se tenha certeza de que, dentre os funcionários da controladoria alocados para o serviço externo, haja pelo menos uma dupla de funcionários com o número 1 e uma com o número 2 é igual a

a) 18. b) 14. c) 25. d) 15. e) 26.

RESOLUÇÃO:

Trata-se de uma aplicação do **Princípio da Casa dos Pombos**. Então, basta pensarmos no **pior** cenário possível.

Suponha que a empresa escolhe os funcionários um a um e que dê o azar de inicialmente alocar apenas os funcionários de números 3 a 9, totalizando 3 x 7 = 21 pessoas. Em seguida, ele escolhe os 3 funcionários com o número 1. Até aqui já temos 24 pessoas.

Então, para garantirmos que no serviço externo foram alocados pelo menos uma dupla de funcionários com o número 1 e uma com o número 2, basta que agora sejam alocados 2 funcionários com o número 2, o que totaliza **26 pessoas**.

Gabarito: E.

QUESTÃO 25 (CESGRANRIO – Aux Censitário/IBGE/2006) Em uma urna há 3 bolas amarelas e 2 verdes. Qual o número mínimo de bolas que precisam ser retiradas para que se possa garantir que duas delas têm cores diferentes?

a) 2 b) 3 c) 4 d) 5 e) 6

RESOLUÇÃO:

O nosso objetivo consiste em retirar **duas bolas** de cores diferentes dessa urna.

Trata-se de uma aplicação do **Princípio da Casa dos Pombos**. Então, basta pensarmos no **pior** cenário possível. No nosso caso, teríamos um **azarado** que retira nas 3 primeiras tentativas apenas bolas amarelas.

Porém, na **4ª tentativa** certamente será retirada uma bola verde da urna.

Assim, o mínimo de retiradas para garantir duas bolas de cores diferentes é **4**.

Gabarito: C.

QUESTÃO 26 (COSEAC/PREF MARICÁ/Agente Adm/2018) Uma caixa contém bolas coloridas, todas feitas do mesmo material e de mesmo tamanho, sendo distribuídas pelas cores da seguinte forma: 6 bolas azuis, 4 vermelhas, 8 amarelas, 12 verdes e 10 pretas. A quantidade mínima de bolas que uma pessoa de olhos vendados terá que retirar, de forma que possa garantir ao menos duas de mesma cor, é:

(A) 40. (B) 32. (C) 16. (D) 12. (E) 6.

RESOLUÇÃO:

Trata-se de questão sempre presente nas provas da COSEAC, abordando o **Princípio da Casa dos Pombos**.

Se formos muito azarados, tiraremos 1 bola preta, 1 bola verde, 1 bola amarela, 1 bola vermelha e 1 azul, ou seja, ao retirarmos 5 bolas, não temos ainda a certeza de que retiramos duas bolas da mesma cor.

Ao retirarmos a SEXTA bola, tal certeza virá, pois implica em pelo menos uma repetição necessariamente.

Gabarito: E.

QUESTÃO 27 (COSEAC/ANCINE/Esp Reg/2009) A quantidade mínima de alunos que deve existir numa turma para que se possa garantir que três deles, pelo menos, tenham nascido no mesmo dia da semana, é:

a) 8 b) 12 c) 15 d) 20 e) 21

RESOLUÇÃO:

Temos que descobrir com quantos alunos, no mínimo, é garantido que existam três alunos que tenham nascido no mesmo dia da semana.

Vamos supor que existam 7 alunos em uma turma. Na pior das hipóteses, cada um nasceu em um dia diferente da semana.

Agora, vamos supor que essa turma receba mais 7 alunos e que, para nosso azar, cada um desses novos alunos nasceu em um dia diferente da semana. É muito azar, mas é possível.

Dessa forma, estamos com dois alunos que nasceram na 2ª, dois na 3ª, dois na 4ª e assim por diante.

O próximo aluno que entrar nessa turma, com certeza, será o terceiro a ter nascido em algum dia da semana em que já existam outros dois. Assim, o mínimo de alunos para garantir que isso aconteça deve ser 7 + 7 + 1 = **15**.

Gabarito: C.

QUESTÃO 28 (COSEAC/ANCINE/Ana Adm/2009) Uma sacola contém 200 bolas de cores variadas. Destas, 20 são brancas, 30 são vermelhas, 50 são azuis, 40 são verdes e 60 são pretas. O menor número de bolas que devemos retirar dessa caixa, sem olhar as suas cores, para termos a certeza de que retiramos, pelo menos, 5 bolas de mesma cor, é:

a) 15 b) 20 c) 21 d) 25 e) 31

RESOLUÇÃO:

Para acontecer de ter certeza que pelo menos 5 sejam da mesma cor, terá que correr a pior situação possível, ou seja, o máximo de desconcentração de bolas de mesma cor. Assim:

Retirada 1: 5 bolas, cada uma de uma cor

Retirada 2: + 5 bolas, cada uma de uma cor

Retirada 3: + 5 bolas, cada uma de uma cor

Retirada 1: + 5 bolas, cada uma de uma cor

Até aqui garantimos que quatro bolas são da mesma cor. Na próxima retirada, ocorrerá que a primeira bola será de determinada cor.

Isso já garante que cinco bolas são da mesma cor, pois independentemente da cor da bola retirada, baterá com uma das cores das quatro bolas que garantimos até a retirada 4:

5 + 5 + 5 + 5 + 1 = **21 bolas**.

Gabarito: C.

QUESTÃO 29 (FGV/CGM-NITERÓI/Auditor Controle Interno/2018) Em uma urna há 3 bolas vermelhas, 5 bolas verdes, 4 bolas brancas e 6 bolas pretas. Retiram-se, aleatoriamente, N bolas da urna. O valor mínimo de N, para que possamos garantir que entre as N bolas retiradas haja pelo menos duas bolas vermelhas, é

(A) 17. (B) 16. (C) 15. (D) 14. (E) 2.

RESOLUÇÃO:

Trata a questão de uma aplicação do **Princípio da Casa dos Pombos** ou **Princípio do Azarado**, em que sempre precisamos iniciar nossa análise pelo **pior cenário possível**.

Assim, suponha que aconteça a situação mais extrema: retiram-se primeiro as 6 bolas pretas, depois as 5 bolas verdes, depois as 4 bolas brancas. Até aqui seriam: 6 + 5 + 4 = 15 bolas retiradas.

Para que sejam retiradas mais duas bolas vermelhas, o total será de 15 + 2 = **17 bolas retiradas**.

Gabarito: A.

QUESTÃO 30 (CEBRASPE/SEFAZ-RS/Auditor-Fiscal/2019) Os funcionários de uma repartição foram distribuídos em sete grupos de trabalhos, de modo que cada funcionário participa de exatamente dois grupos, e cada dois grupos têm exatamente um funcionário em comum. Nessa situação, o número de funcionários da repartição é igual a

a) 7 b) 14 c) 21 d) 28 e) 35

RESOLUÇÃO:

O enunciado informa que há 7 grupos, sendo que cada funcionário participa de exatamente dois grupos, e cada dois grupos têm exatamente um funcionário em comum. Então, podemos calcular quantas interseções dois a dois nós temos entre 7 conjuntos diferentes, por meio da combinação, já que a ordem não importa:

$$C_{(7,2)} = \frac{7 \times 6 \times 5!}{2! \times 5!} = \frac{7 \times 6}{2} = 21$$

Assim, a repartição possui **21 funcionários**.

Gabarito: C.

Enunciado comum às questões 40 e 41.

No Porto de Itaqui, 16 contêineres serão embarcados em 2 navios: cada navio deverá levar exatamente 8 desses contêineres. Do total de contêineres, 8 estão carregados com frango congelado, 3, com carne bovina congelada e 5, com soja.

A partir dessas informações, julgue os itens que se seguem.

QUESTÃO 31 (CEBRASPE/EMAP/Assistente Portuário/2018) A quantidade de maneiras distintas de se embarcarem os 8 contêineres no primeiro navio, de forma que exatamente 7 deles estejam carregados com frango congelado, é inferior a 100.

RESOLUÇÃO:

Note que a ordem de escolha não é importante e que dois contêineres de mesma carga são considerados diferentes um do outro. Assim, estamos diante de um caso de **combinação**.

Existem 8 contêineres com frango e precisamos escolher 7. A quantidade de formas de fazer isso é dado por C(8,7) = 8.

Há 3 de carne + 5 de soja = 8 contêineres e precisamos escolher 1, de modo que há C(8,1) = 8 formas de preencher a posição final.

Aplicando o PFC, temos 8 × 8 = **64 maneiras** de fazer o embarque, que é realmente inferior a 100.

Gabarito: Certo.

QUESTÃO 32 (CEBRASPE/EMAP/Assistente Portuário/2018) A quantidade de maneiras distintas de se embarcarem, no primeiro navio, 4 contêineres de frango congelado e 4 de soja e, no segundo navio, 4 contêineres de frango congelado, 1 de soja e 3 de carne bovina congelada é superior a 330.

RESOLUÇÃO:

Note que a ordem de escolha não é importante e que dois contêineres de mesma carga são considerados diferentes um do outro. Assim, estamos diante de um caso de **combinação**.

Vamos analisar separadamente como se dará o embarque dos contêineres em cada navio.

Primeiro navio

Precisamos embarcar 4 dos 8 contêineres de frango, logo:

$$C_{8,4} = \frac{8 \times 7 \times 6 \times 5 \times 4!}{4! \times (8-4)!} = \frac{8 \times 7 \times 6 \times 5}{4 \times 3 \times 2 \times 1} = 70$$

Adicionalmente, deve-se embarcar 4 dos 5 contêineres de soja, de modo que:

$$C_{5,4} = 5$$

O enunciado pede "*...embarcarem, no primeiro navio, 4 contêineres de frango congelado* ***e*** *4 de soja...*". Como o "e" tem valor de **multiplicação**, então aplicamos o princípio fundamental da contagem para determinar que há 70 × 5 = 350 maneiras de se fazer o embarque no primeiro navio.

Segundo navio

Feito o embarque do primeiro navio, sobram exatamente 8 contêineres, que devem todos ser embarcados no segundo navio. Logo, há uma única forma de se fazer o embarque do segundo navio.

De fato, devemos subtrair a quantidade já embarcada dos contêineres de frango e soja, resultando, assim, em uma única forma de embarque: C(1,1) = 1. Também devemos embarcar 4 contêineres de frango restantes, também resultando numa única forma de embarcar: C (4,4) = 1. Por fim, devemos embarcar 3 contêineres de carne bovina, mais uma vez resultando numa única forma de embarque: C (3,3) = 1.

Como o enunciado pede para calcular a quantidade de formas diferentes de embarque no primeiro navio **E** no segundo navio, mais uma vez aplica-se a multiplicação de todas as combinações: 350 × 1 × 1 × 1 = **350**, que realmente é **maior que 330**.

Gabarito: Certo.

QUESTÃO 33 (CEBRASPE/Polícia Federal/Agente/2018) Em um aeroporto, 30 passageiros que desembarcaram de determinado voo e que estiveram nos países A, B ou C, nos quais ocorre uma epidemia infecciosa, foram selecionados para ser examinados. Constatou-se que exatamente 25 dos passageiros selecionados estiveram em A ou em B, nenhum desses 25 passageiros esteve em C e 6 desses 25 passageiros estiveram em A e em B.

Com referência a essa situação hipotética, julgue os itens que se seguem.

A quantidade de maneiras distintas de se escolher 2 dos 30 passageiros selecionados de modo que pelo menos um deles tenha estado em C é superior a 100.

RESOLUÇÃO:

A quantidade de maneiras para selecionar 2 passageiros dentre os 30 é dada por:

$$C(30,2) = \frac{30!}{2! \times (30-2)!} = \frac{30 \times 29}{2} = 435$$

Dos 30 passageiros, 25 não estiveram em C. A quantidade de maneiras de escolher 2 deles é dada por:

$$C(25,2)=\frac{25!}{2!\times(25-2)!}=\frac{25\times 24}{2}=300$$

Assim, o total de maneiras distintas de se escolher 2 dos 30 passageiros de modo que pelo menos um tenha estado em C é 435 – 300 = 135.

Gabarito: Certo.

Enunciado comum às questões 43 a 46.

Para cumprimento de um mandado de busca e apreensão serão designados um delegado, 3 agentes (para a segurança da equipe na operação) e um escrivão. O efetivo do órgão que fará a operação conta com 4 delegados, entre eles o delegado Fonseca; 12 agentes, entre eles o agente Paulo; e 6 escrivães, entre eles o escrivão Estêvão.

Em relação a essa situação hipotética, julgue os itens a seguir.

QUESTÃO 34 (CEBRASPE/Polícia Federal/Escrivão/2018) Há mais de 2.000 maneiras distintas de se formar uma equipe que tenha o delegado Fonseca ou o escrivão Estêvão, mas não ambos.

RESOLUÇÃO:

Vamos dividir a resolução em duas partes, conforme a formação da equipe quanto à participação do delegado Fonseca e do escrivão Estêvão.

Inicialmente, calculamos o total de possibilidades de selecionar uma equipe com o delegado Fonseca (sem o escrivão Estêvão). Visto que o delegado Fonseca já foi escolhido, ainda temos que escolher 3 agentes (dentre 12) e 1 escrivão (dentre 5, já que Estêvão está fora). Nesse caso, o total de possibilidades é dado por:

$$C(12,3) \times C(5,1) = \mathbf{1.100}$$

Agora, calculamos o total de possibilidades de selecionar uma equipe com o escrivão Estêvão (sem o delegado Fonseca). Já que o escrivão Estêvão já foi escolhido, ainda precisamos escolher 1 delegado (dentre 3 disponíveis, já que Fonseca está fora) e 3 agentes (dentre 12 disponíveis). O total de possibilidades é dado por:

$$C(3,1) \times C(12,3) = \mathbf{660}$$

Portanto, há 1.100 + 660 = **1.760** maneiras distintas de se formar uma equipe que tenha o delegado Fonseca ou o escrivão Estêvão, mas não ambos.

Gabarito: Errado.

QUESTÃO 35 (CEBRASPE/Polícia Federal/Escrivão/2018) A quantidade de maneiras distintas de se escolher três agentes para a operação de forma que um deles seja o agente Paulo é inferior a 80.

RESOLUÇÃO:

Como o agente Paulo já foi escolhido, ainda precisamos escolher 2 agentes dentre os 11 disponíveis. Assim, o total de possibilidades é dado por:

C(11,2) = **55**

Gabarito: Certo.

QUESTÃO 36 (CEBRASPE/Polícia Federal/Escrivão/2018) Considerando todo o efetivo do órgão responsável pela operação, há mais de 5.000 maneiras distintas de se formar uma equipe para dar cumprimento ao mandado.

RESOLUÇÃO:

Para formar a equipe, devemos escolher 1 delegado dentre os 4 disponíveis, 3 agentes dentre os 12 disponíveis e 1 escrivão dentre os 6 disponíveis), o que totaliza:

C(4,1) × C(12,3) × C(6,1) = 4 × 220 × 6 = **5.280**

Gabarito: Certo.

QUESTÃO 37 (CEBRASPE/Polícia Federal/Escrivão/2018) Se o delegado Fonseca e o escrivão Estêvão integrarem a equipe que dará cumprimento ao mandado, então essa equipe poderá ser formada de menos de 200 maneiras distintas.

RESOLUÇÃO:

Como o delegado e o escrivão já estão escolhidos, basta escolher 3 dos 12 agentes para formar a equipe, o que totaliza C(12,3) = **220 maneiras.**

Gabarito: Errado.

ATENÇÃO!

Perceba o prejuízo que seria você encarar essa prova de Escrivão da Polícia Federal de 2018 sem saber Análise Combinatória, assim como aconteceria nos concursos que veremos a seguir. Você sairia com menos três ou quatro questões de um total de 120 em relação a vários concorrentes, ainda mais que é complicado chutar na prova do Cebraspe, porque se errar, perderá um ponto.

QUESTÃO 38 (Cebraspe/STJ/Téc Jud/2018) Considere as proposições P e Q a seguir.

P: Todo processo que tramita no tribunal A ou é enviado para tramitar no tribunal B ou no tribunal C.

Q: Todo processo que transita no tribunal C é enviado para tramitar no tribunal B.

A partir dessas proposições, julgue o item seguinte.

Se 10 processos que chegaram no tribunal A em determinado dia forem separados de forma aleatória em dois grupos de 5 processos cada, um para ser encaminhado ao tribunal B, e outro, para o tribunal C, então essa separação poderá ser feita de, no máximo, 240 formas diferentes.

RESOLUÇÃO:

Vamos iniciar separando 5 dos 10 processos para irem ao tribunal B. Como faremos isso?

Bem, visto que a ordem dos processos **não** importa, então estamos diante de um caso de **combinação**. Logo:

$$C_{(10,5)} = (10 \text{ x } 9 \text{ x } 8 \text{ x } 7 \text{ x } 6) \;/\; (5 \text{ x } 4 \text{ x } 3 \text{ x } 2 \text{ x } 1) = \mathbf{252}$$

Assim, levando em conta que a nossa seleção implica automaticamente os demais processos para C, concluímos que o total de maneiras de fazer o encaminhamento dos processos é **252 > 240**.

Gabarito: Errado.

Enunciado comum às questões 48 a 50.

Uma operação policial será realizada com uma equipe de seis agentes, que têm prenomes distintos, entre eles André, Bruno e Caio. Um agente será o coordenador da operação e outro, o assistente deste; ambos ficarão na base móvel de operações nas proximidades do local de realização da operação. Nessa operação, um agente se infiltrará, disfarçado, entre os suspeitos, em reunião por estes marcada em uma casa noturna, e outros três agentes, também disfarçados, entrarão na casa noturna para prestar apoio ao infiltrado, caso seja necessário. A respeito dessa situação hipotética, julgue os itens seguintes.

QUESTÃO 39 (Cebraspe/PM-MA/Soldado/2017) A quantidade de maneiras distintas de formar a equipe, de modo que André, Bruno e Caio sejam os agentes que ocuparão, respectivamente, as vagas de coordenador, assistente e infiltrado, é superior a 5.

RESOLUÇÃO:

Se já colocarmos André, Bruno e Caio nas posições de coordenador, assistente e infiltrado, os outros três agentes automaticamente terão que ser aqueles que entrarão na casa noturna. Portanto, **só há UMA** possibilidade de formar a equipe.

Gabarito: Errado.

QUESTÃO 40 (Cebraspe/PM-MA/Soldado/2017) A quantidade de maneiras distintas de formar a equipe, de modo que André, Bruno e Caio sejam os agentes que prestarão apoio ao infiltrado, é inferior a 10.

RESOLUÇÃO:

Como André, Bruno e Caio prestarão apoio (entrarão na casa noturna), temos 3 agentes disponíveis. Um deles vai ocupar a posição de coordenador (3 possibilidades), outro a de assistente (2 possibilidades), e outro a de infiltrado (1 possibilidade). Ao todo temos 3 x 2 x 1 = **6 possibilidades**.

Gabarito: Certo.

QUESTÃO 41 (Cebraspe/PM-MA/Soldado/2017) Há mais de 100 maneiras distintas de estruturar, com os seis agentes, a equipe que realizará a operação policial.

RESOLUÇÃO:

Temos 6 opções para a posição de coordenador da operação. Escolhido o coordenador, temos 5 opções para a posição de assistente. Em seguida, temos 4 opções para o agente que vai se infiltrar na reunião. Feito isso, os demais agentes automaticamente serão os que entrarão na casa noturna. O total de possibilidades é, portanto, 6 x 5 x 4 = **120**.

Gabarito: Certo.

Enunciado comum às questões 51 a 53.

Determinado laboratório de análises clínicas está sendo investigado por emitir laudos falsos de um exame constituído por 7 indicadores, correspondentes à concentração de 4 compostos na corrente sanguínea, obtidos da seguinte forma: uma medição da concentração de cada um dos compostos A, B, C e D, e 3 medições, por 3 diferentes técnicas, da concentração do composto E. Os laudos verdadeiros de 7 pacientes (chamados pacientes-fonte), com prenomes distintos, entre eles Amanda, Bárbara, Carlos e Daniel, eram usados para compor laudos falsos para os demais pacientes. Para dificultar a ação da autoridade policial, na montagem de um laudo falso, o laboratório tomava o cuidado de, no conjunto de 7 medições que constituíam cada laudo falsificado, usar apenas uma medição de cada paciente-fonte, ou seja, de nunca usar 2 ou mais medições de um mesmo paciente-fonte.

Com referência a essa situação hipotética, julgue os itens seguintes.

QUESTÃO 42 (Cebraspe/PM-MA/Psicólogo/2017) Há mais de 5 maneiras distintas de se produzir um laudo falso utilizando-se os dados dos exames de Amanda, Bárbara, Carlos e Daniel, nessa ordem, para os valores referentes aos compostos A, B, C e D.

RESOLUÇÃO:

Como já foram escolhidos os valores de A, B, C e D, falta apenas escolher os valores para cada técnica de medição do composto E. Como são 7 pessoas ao todo, e já foram usadas 4, podemos escolher apenas entre as 3 pessoas restantes.

Para a primeira técnica temos 3 pessoas disponíveis, para a segunda técnica temos 2 pessoas e para a terceira técnica 1 pessoa disponível, totalizando 3 x 2 x 1 = **6 formas de escolha.**

Gabarito: Certo.

QUESTÃO 43 (Cebraspe/PM-MA/Psicólogo/2017) Se fosse adotada a estratégia de falsificar laudos seguindo-se a ordem sucessiva de medições referentes aos compostos A, B, C e D e, em seguida, as medições referentes ao composto E, a quantidade de laudos falsos distintos que poderiam ser gerados pelo laboratório seria superior a 800.

RESOLUÇÃO:

Veja que podemos escolher qualquer uma das 7 pessoas para a falsificação do composto A, depois qualquer uma das 6 restantes para o composto B, depois qualquer uma das 5 restantes para C, quaisquer das 4 restantes para D, quaisquer das 3 restantes para a primeira técnica de E, quaisquer das 2 restantes para a segunda técnica de E e a única pessoa restante para a terceira técnica de E, totalizando 7 x 6 x 5 x 4 x 3 x 2 x 1 = **5.040 formas**.

Gabarito: Certo.

QUESTÃO 44 (Cebraspe/PM-MA/Psicólogo/2017) Com relação ao composto E, a quantidade de laudos falsos distintos constituídos com dados dos exames de Amanda, Bárbara e Carlos que poderia ser produzida é superior a 50.

RESOLUÇÃO:

Podemos escolher para a primeira técnica do composto E os resultados de qualquer uma das 3 pessoas disponíveis. Para a segunda técnica, também podemos escolher qualquer uma das 3. E para a terceira técnica, qualquer um das 3. Ficamos com 3x3x3 = 27 formas de falsificar o laudo, número inferior a 50.

Gabarito: Errado.

Enunciado comum às questões 54 a 57.

O estafe de uma nova instituição pública será composto por 15 servidores: o diretor-geral, seu secretário executivo e seus 2 subsecretários — 1 de assuntos administrativos e 1 de fomento —, 4 diretores — de administração e finanças, de infraestrutura, executivo e de pessoal — e, ainda, sete assessores ligados a esses cargos. Para a composição desse estafe, dispõe-se de 20 pessoas, todas igualmente qualificadas para assumir qualquer um dos cargos vagos. Entretanto, por motivos internos, apenas 5 delas podem assumir cargos de direção. As pessoas escolhidas para os cargos de assessoria desempenham funções similares.

Considerando a situação acima, julgue os itens que se seguem.

QUESTÃO 45 (CESPE/EBC/Nível Superior/2011) Supondo que já tenham sido preenchidos todos os cargos de direção, de secretário executivo e de subsecretários, a quantidade de maneiras distintas de se escolherem as pessoas para preencher os sete cargos de assessores é superior a 700.

RESOLUÇÃO:

Nessa questão, devemos perceber que das 20 pessoas inicialmente disponíveis, restaram **apenas 12**, pois 8 delas já foram escolhidas para os cargos de direção, secretário executivo e subsecretários. Assim, temos 12 pessoas para preencherem 7 cargos iguais. Perceba que os sete cargos são iguais, o que faz com que a **ordem da escolha não tenha importância**. Por isso, iremos fazer uma combinação das doze pessoas, tomadas 7 a 7:

$$C_{12,7} = \frac{12!}{(12-7)!7!} = \frac{12!}{5!7!} = 792$$

Gabarito: Certo.

QUESTÃO 46 (CESPE/EBC/Nível Superior/2011) Se os "motivos internos" não existissem, a quantidade de maneiras distintas de se escolherem as pessoas para preencher os 15 cargos seria igual a 20!/7!.

RESOLUÇÃO:

Notamos que as 20 pessoas concorrem aos 15 cargos disponíveis. Assim, primeiro vamos preencher os cargos diferenciados:

✓ **Para os 8 cargos diferenciados (diretores, secretário e subsecretários):**

Temos 20 pessoas concorrendo a 8 cargos distintos. Como não utilizaremos **todos os elementos disponíveis** e a **ordem importa**, utilizaremos o **arranjo**:

$$A_{20,8} = \frac{20!}{(20-8)!} = \frac{20!}{12!}$$

✓ **Para os demais cargos de assessores:**

Como 8 pessoas já preencheram os cargos diferenciados, restaram **12 pessoas** para preencherem os cargos de assessores. Esse cálculo nós já fizemos anteriormente:

$$C_{12,7} = \frac{12!}{5!7!}$$

Assim, aplicando o princípio MULTIPLICATIVO (ideia do "E"), temos:

$$\frac{20!}{12!} x \frac{12!}{5!7!} = \frac{20!}{5!7!}$$

Gabarito: Errado.

QUESTÃO 47 (CESPE/EBC/Nível Superior/2011) A quantidade de maneiras diferentes de serem preenchidos os cinco cargos de direção é superior a 100.

RESOLUÇÃO:

Como para preencher os 5 cargos de direção só podemos utilizar 5 candidatos (por "motivos internos"), teremos 5 candidatos para cinco vagas distintas. Assim, como **todos os elementos participam** e a **ordem importa**, utilizaremos a **permutação**:

$$P_5 = 5! = 5 .4 .3 .2 .1 = 120$$

Gabarito: Certo.

QUESTÃO 48 (CESPE/EBC/Nível Superior/2011) Supondo que já tenham sido preenchidos os cargos de direção, a quantidade de maneiras distintas de se escolherem as pessoas para preencher os cargos de secretário e de subsecretário é superior a 3.000.

RESOLUÇÃO:

Sabemos que para essa escolha nós temos 15 pessoas concorrendo a 3 cargos diferentes. Como **não utilizaremos todos os elementos disponíveis** e a **ordem importa**, utilizaremos o **arranjo**:

$$A_{15,3}=\frac{15!}{(15-3)!}=\frac{15!}{12!}=2.730$$

Gabarito: Errado.

QUESTÃO 49 (Cebraspe/TRF 1ª Região/Téc Jud/2017) Em uma reunião de colegiado, após a aprovação de uma matéria polêmica pelo placar de 6 votos a favor e 5 contra, um dos 11 presentes fez a seguinte afirmação: "Basta um de nós mudar de ideia e a decisão será totalmente modificada". A quantidade de maneiras distintas de se formar o placar de 6 votos a favor e 5 contra, na decisão de um assunto polêmico pelos presentes no referido colegiado, é inferior a 500.

RESOLUÇÃO:

Inicialmente, percebemos que é suficiente selecionarmos 5 das 11 pessoas para votar contra e os demais automaticamente votarão a favor. Como a ordem de escolha **não** importa, temos a **combinação** de 11 em grupos de 5, isto é,

$$C_{(11,5)} = 11 \text{ x } 10 \text{ x } 9 \text{ x } 8 \text{ x } 7 \ / \ (5 \text{ x } 4 \text{ x } 3 \text{ x } 2 \text{ x } 1)$$

$$C_{(11,5)} = 11 \text{ x } 9 \text{ x } 8 \text{ x } 7 \ / \ (4 \times 3) = 11 \text{ x } 3 \text{ x } 2 \text{ x } 7 = \mathbf{462}$$

Gabarito: C.

QUESTÃO 50 (Cebraspe – AnaTA/SUFRAMA/2014) Sabendo-se que uma repartição possui 30 servidores, sendo 10 do sexo feminino, julgue o item abaixo.

A quantidade de maneiras distintas de se selecionar 5 servidores dessa repartição de forma que 4 sejam do sexo feminino é inferior a 4.000.

RESOLUÇÃO:

Nosso objetivo é selecionar 5 servidores de uma repartição de forma que **4 sejam do sexo feminino.**

Em se tratando de pessoas, é lógico que não haverá repetições. A ordem dos elementos não terá importância, pois:

❖ Um resultado possível: {mulher 1, mulher 2, mulher 3, mulher 4, homem 1}

❖ Invertendo-se a ordem: {homem 1, mulher 4, mulher 3, mulher 2, mulher 1}

É um agrupamento diferente? Certamente não! Logo, usaremos a **combinação**!

- ***Escolha das 4 mulheres***:

$$C_{10,4}=\frac{10!}{(10-4)!4!}=\frac{10!}{6!4!}=\frac{10.9.8.7.6!}{4.3.2.6!}$$

$$C_{10,4}=210$$

- ***Escolha do homem***: são 20 homens disponíveis!

Aplicando o **PFC** para calcular a quantidade de maneiras de selecionar os 5 servidores:

$$210 \times 20 = 4.200$$

Gabarito: Errado.

QUESTÃO 51 (CEBRASPE/Polícia Federal/Agente/2014) Um batalhão é composto por 20 policiais: 12 do sexo masculino e 8 do sexo feminino. A região atendida pelo batalhão é composta por 10 quadras e, em cada dia da semana, uma dupla de policiais policia cada uma das quadras.

Com referência a essa situação, julgue o item subsequente.

Se a escala dos policiais for feita de modo a diversificar as duplas que policiam as quadras, então, se determinada dupla policiar a quadra X em determinado dia, essa mesma dupla voltará a policiar a quadra X somente mais de seis meses após aquele dia.

RESOLUÇÃO:

Vamos inicialmente calcular o número total de duplas. Como **a ordem não é importante**, utilizaremos uma **combinação** de 20 elementos, tomados 2 a 2. Daí:

$$C_{20,2} = \frac{20!}{(20-2)!2!} = \frac{20.19.18!}{18!2!} = 190 \textbf{\textit{ duplas}}$$

A questão afirma que "em cada dia da semana, cada dupla de policiais policia cada uma das quadras". Logo, cada dupla corresponde a um dia da semana. Assim:

$$\textit{Número de semanas} = \frac{190\,\textit{duplas}}{7\,\textit{dias da semana}} = 27 \textbf{\textit{ semanas}} = 6{,}3 \textbf{\textit{ meses}}$$

Portanto, uma determinada dupla voltará a policiar a quadra X somente **mais de seis meses** após.

Gabarito: Certo.

QUESTÃO 52 (ESAF – APO/MPOG/2005) Pedro e Paulo estão em uma sala que possui 10 cadeiras dispostas em uma fila. O número de diferentes formas pelas quais Pedro e Paulo podem escolher seus lugares para sentar, de modo que fique ao menos uma cadeira vazia entre eles, é igual a:

a) 80 b) 72 c) 90 d) 18 e) 56

RESOLUÇÃO:

O evento agora é considerar formas que Pedro e Paulo podem sentar-se em uma fila.

Teremos de redobrar a atenção, já que o enunciado estabelece **exigências específicas** para algumas das etapas do evento. Por exemplo, é dito que ao menos uma cadeira deverá ficar vazia entre Pedro e Paulo.

Bem, essas **restrições** terão que ser observadas quando formos fazer o cálculo dos resultados parciais. Nesse sentido, a estratégia que utilizaremos é:

1º) calcular o total de maneiras pelas quais Pedro e Paulo podem escolher suas cadeiras, levando em conta, inclusive, que **não poderá haver repetições**, visto que o enunciado busca o "número de **diferentes formas** pelas quais...";

2º) subtrair do resultado anterior as possibilidades em que os dois ficam juntos (Pedro/Paulo e Paulo/Pedro).

Assim, o total de maneiras que os dois podem escolher suas cadeiras será:

Escolhas de Pedro	Escolhas de Paulo
10	9

Aplicando o **PFC**, temos:

$$10 \times 9 = \mathbf{90}$$

Vamos calcular, agora, os casos em que os dois ficam juntos:

1. Pedro na frente de Paulo: se Pedro vai sentar na frente de Paulo, ele pode escolher todas as cadeiras, exceto a última, pois, se assim fosse, não sobraria cadeira para Paulo. Daí:

Escolhas de Pedro	Escolhas de Paulo
9	1

Aplicando o **PFC**, temos:

$9 \times 1 = \mathbf{9}$

2. Paulo na frente de Pedro: se Paulo vai sentar na frente de Pedro, ele pode escolher todas as cadeiras, exceto a última, pois, se assim fosse, não sobraria cadeira para Pedro. Daí:

Escolhas de Paulo	Escolhas de Pedro
9	1

Aplicando o **PFC**, temos:

$$9 \times 1 = \mathbf{9}$$

Assim, o número de diferentes formas pelas quais Pedro e Paulo podem escolher seus lugares para sentar, de modo que fique ao menos uma cadeira vazia entre eles é:

$$90 - 9 - 9 = \mathbf{72}$$

Gabarito: B.

QUESTÃO 53 (ESAF – AnaTA/MF/2013) Uma comissão com 6 pessoas será formada para representar o Ministério da Fazenda em um congresso internacional. Essas 6 pessoas serão selecionadas de um grupo formado por 5 homens e 6 mulheres. O número de possibilidades de nessa comissão termos 4 pessoas do mesmo sexo é igual a:

a) 210 b) 215 c) 245 d) 225 e) 240

RESOLUÇÃO:

Na formação de uma comissão composta por 6 pessoas **não terá importância a ordem** entre os elementos, mas quem serão os escolhidos será muito relevante.

Logo, estamos diante de um caso de **combinação**.

Bem, a questão determina que a comissão deve conter **quatro homens OU quatro mulheres**. Daí, teremos que considerar **cada caso** separadamente:

- ***1º caso – 2 mulheres/4 homens:***

Mulher 1	Mulher 2	Homem 1	Homem 2	Homem 3	Homem 4

$$C_{6,2} \, x \, C_{5,4} = 15 x 5 = 75$$

- ***2º caso – 4 mulheres/2 homens:***

Mulher 1	Mulher 2	Mulher 3	Mulher 4	Homem 1	Homem 2

$$C_{6,4} \, x \, C_{5,2} = 15 x 10 = 150$$

Aplicaremos o princípio ADITIVO, pois está clara a ideia do "ou", visto que é exigida a presença de quatro homens **OU** quatro mulheres. Então, SOMANDO as possibilidades, temos:

$$75 + 150 = \mathbf{225}$$

Gabarito: D.

QUESTÃO 54 (ESAF/FUNAI/2016) Considere as quatro letras A, C, G e T formando pares de letras nos quais A só forma par com T e C só forma par com G. Indique quantas sequências distintas de três pares ordenados de letras e com repetição podem ser formadas.

a) 4 b) 8 c) 16 d) 32 e) 64

RESOLUÇÃO:

De acordo com as regras estabelecidas no enunciado, podemos ter os seguintes **pares:**

AT

CG

TA

GC

Note que são **4** pares ao todo. Além disso, **a ordem importa**, pois formaremos sequências de letras.

Bem, o nosso objetivo consiste em formar uma sequência com 3 pares:

Par1, Par2, Par3

Como para cada par temos 4 possibilidades, teremos um total de:

4 x 4 x 4 = 64 possibilidades

Gabarito: E.

QUESTÃO 55 (ESAF – AIET/DNIT/2013) Os pintores Antônio e Batista farão uma exposição de seus quadros. Antônio vai expor 3 quadros distintos e Batista 2 quadros distintos. Os quadros serão expostos em uma mesma parede e em linha reta, sendo que os quadros de um mesmo pintor devem ficar juntos. Então, o número de possibilidades distintas de montar essa exposição é igual a:

a) 5 b) 12 c) 24 d) 6 e) 15

RESOLUÇÃO:

- **1º caso – os quadros de Antônio aparecem à esquerda; os de Batista, à direita:**

Com relação aos quadros de Antônio, são 3 diferentes, e, de um caso para o outro, nós apenas variamos a ordem entre eles. Logo, deveremos permutar os 3 elementos:

$$P_3 = 3! = 3x2x1 = 6$$

Assim, há **6 formas de alocarmos os quadros de Antônio.**

Com relação aos quadros de Batista, são 2 diferentes, e, de um caso para o outro, nós apenas variamos a ordem entre eles. Logo, deveremos permutar os 2 elementos:

$$P_2 = 2! = 2 x 1 = 2$$

Assim, há **2 formas de alocarmos os quadros de Batista.**

Multiplicando os resultados, temos que há 6 x 2 = **12 formas de organizarmos os quadros**, de modo que os de Antônio fiquem à esquerda.

- **2º caso – os quadros de Batista aparecem à esquerda; os de Antônio, à direita:**

O cálculo será análogo ao caso anterior. Daí, temos 12 formas para organizar os quadros.

Aplicando o princípio ADITIVO (implícita a ideia do "**OU**"), somamos tudo: 12 + 12 = **24 formas de montar a exposição.**

Gabarito: C.

QUESTÃO 56 (ESAF – Fiscal de Rendas/Pref RJ/2010) O departamento de vendas de imóveis de uma imobiliária tem 8 corretores, sendo 5 homens e 3 mulheres. Quantas equipes de vendas distintas podem ser formadas com 2 corretores, havendo em cada equipe pelo menos uma mulher?

a) 15 b) 45 c) 31 d) 18 e) 25

RESOLUÇÃO:

Para achar o total de equipes que contêm pelo menos uma mulher, acharemos o total de equipes possíveis e subtrairemos do total de equipes contendo só homens.

✓ Equipes totais possíveis: $C_{8,2} = 28$

✓ Equipes contendo só homens: $C_{5,2} = 10$

Dessa forma, temos:

$$28 - 10 = 18$$

Gabarito: D.

QUESTÃO 57 (ESAF – AFRFB/2012) Na prateleira de uma estante, encontram-se 3 obras de 2 volumes e 2 obras de 2 volumes, dispondo-se, portanto, de um total de 10 volumes. Assim, o número de diferentes maneiras que os volumes podem ser organizados na prateleira, de modo que os volumes de uma mesma obra nunca fiquem separados, é igual a

a) 3.260. b) 3.840. c) 2.896. d) 1.986. e) 1.842.

RESOLUÇÃO:

Aqui iremos aplicar o que aprendemos sobre a técnica dos "saquinhos" (lembra?). Assim, devemos considerar os volumes de uma obra como se fossem uma coisa só.

Para saber de quantas maneiras as cinco obras podem ser dispostas, basta fazer:

$$P_5 = 5! = 120$$

Para saber de quantas maneiras os 2 volumes de cada obra podem ser dispostos no interior da obra, basta fazer:

$$P_2 = 2! = 2$$

Como são 5 obras de 2 volumes, teremos:

$$P_2 \times P_2 \times P_2 \times P_2 \times P_2 = 2^5 = 32$$

Aplicando o princípio MULTIPLICATIVO (ideia do "E"), temos: 120 × 32 = **3840 maneiras**.

Gabarito: B.

QUESTÃO 58 (FCC/ALESE/Téc Leg/2018) Quatro parlamentares, sendo dois do partido X e dois do partido Y, inscreveram-se para discursar na tribuna em determinada sessão. A ordem dos discursos deverá ser definida de modo que as falas de dois parlamentares do mesmo partido não ocorram uma em seguida da outra. O número de maneiras diferentes de estabelecer a ordem dos discursos respeitando essa condição é igual a

(A) 2. (B) 4. (C) 8. (D) 12. (E) 16.

RESOLUÇÃO:

O enunciado estabelece a regra segundo a qual as falas de dois parlamentares do mesmo partido não ocorram uma em seguida da outra.

Então, vamos supor a ordem dos discursos começando com um parlamentar do partido X (2 possibilidades), depois um do partido Y (2 possibilidades), depois mais um do partido X (1 possibilidade) e mais um do partido Y (1 possibilidade). Pelo PFC, temos 2 x 2 x 1 x 1 = 4 formas de organizar as falas.

Adicionalmente, poderíamos iniciar a ordem dos discursos começando com um parlamentar do partido Y, em seguida X, depois Y e depois X novamente, de modo que teríamos mais 2 x 2 x 1 x 1 = 4 formas.

Portanto, totalizamos **8 maneiras** de organizar a ordem dos discursos.

Gabarito: C.

QUESTÃO 59 (COSEAC/ISS Maricá/Fiscal de Tributos/2018) O sistema de emplacamento de automóveis de certa cidade é composto de três letras seguidas de quatro algarismos. O número de placas que podem ser produzidas de modo que as três letras sejam vogais é:

(A) 1.000.000 (B) 1.250.000 (C) 1.500.000 (D) 2.000.000 (E) 3.750.000

RESOLUÇÃO:

Como o sistema adotado é composto de três letras seguidas de quatro algarismos, e considerando que não restrição quanto à repetição desses termos, são 5 possibilidades para escolher cada uma das vogais associadas a 10 possibilidades para escolher cada um dos algarismos.

Dessa forma, o PFC nos permite concluir que o total de placas que podem ser produzidas é 5 x 5 x 5 x 10 x 10 x 10 x 10 = **1.250.000**.

Gabarito: B.

QUESTÃO 60 (COSEAC/PREF MARICÁ/Agente Adm/2018) Em um grupo de 10 pessoas, cada uma deverá cumprimentar todas as demais com apenas um aperto de mãos. O número de apertos de mãos que serão dados será igual a:

(A) 45. (B) 50. (C) 60. (D) 75. (E) 90.

RESOLUÇÃO:

Em cumprimentos, a ordem não importa, logo usaremos **combinação**.

C(10,2) = (10×9)/(2×1) = **45 apertos de mão.**

Gabarito: A.

QUESTÃO 61 (IBFC/PM-PB/Soldado/2018) Um diretor deve escolher exatamente um professor e dois alunos para representar a escola num evento. Se na escola há 6 professores e 10 alunos, então o total de escolhas possíveis para esse diretor é:

a) 180 b) 270 c) 360 d) 540

RESOLUÇÃO:

Note que temos **6** escolhas possíveis para o professor que vai compor o grupo.

Já para escolher 2 de 10 alunos, devemos usar a **combinação**, pois a ordem de escolha dos alunos **não** importa. Temos C(10,2) = (10×9)/(2×1) = **45** formas de escolher dois alunos.

Ao todo temos 6 x 45 = **270** formas de escolher um professor e dois alunos.

Observe que multiplicamos porque a escolha do professor e a escolha dos alunos eram INDEPENDENTES e CONSECUTIVAS (isto é, uma escolha não influencia a outra).

Gabarito: B.

QUESTÃO 62 (CESGRANRIO - CNU/Bloco 8/2024) Em cada partida de futebol profissional, atuam exatamente dois árbitros assistentes, mais conhecidos como bandeirinhas. Em um torneio, ficou estabelecido que cada bandeirinha pode atuar em mais de uma partida, porém a mesma dupla de bandeirinhas não pode ser repetida, ou seja, a mesma dupla não pode atuar em mais de uma partida. Nessas condições, dispondo-se de apenas 8 bandeirinhas, o número máximo de partidas que podem ser realizadas é igual a

a) 16 b) 28 c) 36 d) 56 e) 64

RESOLUÇÃO:

O nosso objetivo consiste em escolher 2 bandeirinhas para atuar em uma partida de futebol, dentre 8 bandeirinhas disponíveis. Porém, cada dupla escolhida para uma partida não pode ser repetida em outra partida.

Dessa forma, se calcularmos o número de maneiras em que podemos fazer essa escolha, vamos saber o máximo de partidas que poderão ser realizadas com esses 8 bandeirinhas.

Agora, para calcularmos o número de maneiras em que podemos fazer essa escolha, vamos fazer uma **combinação** de 8 elementos tomados 2 a 2:

$$C_{8,2} = \frac{8!}{2!.(8-2)!} = \frac{8.7.6!}{2.6!} = \frac{56}{2} = 28\ maneiras$$

Portanto, podem ser realizadas **no máximo 28 partidas** dispondo-se de apenas 8 bandeirinhas.

Gabarito: B.

8. QUESTÕES-DESAFIO

QUESTÃO 63 (FGV – Ana Jud/TRT 12ª Região/2017) Uma gaveta A tem sete canetas vermelhas e uma gaveta B tem sete canetas azuis. Essas são as únicas canetas contidas nas duas gavetas. Retiram-se três canetas da gaveta A, que são então colocadas na gaveta B. Agora, retiram-se, aleatoriamente, quatro canetas da gaveta B, que são então colocadas na gaveta A.

Após essas transferências, é correto afirmar que:

a) só ficaram canetas azuis na gaveta B;

b) só ficaram canetas vermelhas na gaveta A;

c) há pelo menos uma caneta vermelha na gaveta B;

d) há pelo menos uma caneta azul na gaveta A;

e) há mais canetas azuis na gaveta B do que canetas vermelhas na gaveta A.

RESOLUÇÃO:

Inicialmente, há 7 canetas vermelhas na gaveta A e 7 canetas na gaveta B:

Gaveta A	Gaveta B
7V	7A

Só que o enunciado informa que foram retiradas 3 canetas da gaveta A, que são colocadas na gaveta B. Assim, a gaveta A passa a ter apenas 4 canetas vermelhas, ao passo que agora a gaveta B conta com 7 canetas azuis e 3 canetas vermelhas:

Gaveta A	Gaveta B
4V	7A 3V

Em seguida, é dito que foram retiradas 4 canetas da gaveta B, que são colocadas na gaveta A. Note que podem ser 4 azuis OU 3 vermelhas e 1 azul OU 2 vermelhas e 2 azuis OU 1 vermelha e 3 azuis.

Sabendo disso, vamos analisar as opções de resposta.

a) só ficaram canetas azuis na gaveta B;

Errado. É possível que canetas vermelhas permaneçam em B.

b) só ficaram canetas vermelhas na gaveta A;

Errado. É possível que canetas azuis tenham vindo para A.

c) há pelo menos uma caneta vermelha na gaveta B;

Errado. É possível que B tenha novamente apenas canetas azuis, caso as 3 vermelhas tenham sido levadas de volta para A.

d) há pelo menos uma caneta azul na gaveta A;

Certo. Como serão tiradas 4 canetas de B e lá só temos 3 vermelhas, certamente pelo menos 1 caneta azul será levada de B para A.

e) há mais canetas azuis na gaveta B do que canetas vermelhas na gaveta A.

Errado. É possível, por exemplo, levarmos 3 canetas vermelhas e 1 azul de B para A. Assim, ficamos com:

Gaveta A	Gaveta B
7V 1A	6A

Nesse caso, há menos canetas azuis em B do que vermelhas em A.

Gabarito: D.

QUESTÃO 64 (CESPE/EBC/Nível Superior/2011) O estafe de uma nova instituição pública será composto por 15 servidores: o diretor-geral, seu secretário executivo e seus 2 subsecretários — 1 de assuntos administrativos e 1 de fomento —, 4 diretores — de administração e finanças, de infraestrutura, executivo e de pessoal — e, ainda, sete assessores ligados a esses cargos. Para a composição desse estafe, dispõe-se de 20 pessoas, todas igualmente qualificadas para assumir qualquer um dos cargos vagos. Entretanto, por motivos internos, apenas 5 delas podem assumir cargos de direção. As pessoas escolhidas para os cargos de assessoria desempenham funções similares.

Considerando a situação acima, julgue o item que se segue.

A quantidade de maneiras distintas de se escolhem as pessoas para preencher os 15 cargos de modo que as restrições internas sejam respeitadas é igual a 15!/7!.

RESOLUÇÃO:

Perceba que 5 dos 20 candidatos concorrem às vagas de diretores e os 15 restantes concorrem às vagas de secretário executivo, subsecretários e assessores. Logo:

✓ **Para os diretores:**

Temos 5 pessoas concorrendo a 5 cargos diferentes. Como **utilizaremos todos os elementos disponíveis** e a **ordem importa**, utilizaremos a **permutação**: $P_5 = 5!$

✓ **Para os cargos de secretário executivo e subsecretários:**

Temos 15 pessoas concorrendo a 3 cargos diferentes. Como **não utilizaremos todos os elementos disponíveis** e a **ordem importa**, utilizaremos o **arranjo**:

$$A_{15,3} = \frac{15!}{(15-3)!} = \frac{15!}{12!}$$

✓ **Para os demais cargos de assessores:**

Como 3 pessoas já preencheram os cargos de secretário executivo e subsecretários, restam 12 para preencherem os cargos de assessores. Usaremos uma combinação de 12 elementos, tomados 7 a 7:

$$C_{12,7} = \frac{12!}{(12-7)!7!} = \frac{12!}{5!7!}$$

Assim, aplicando o princípio MULTIPLICATIVO (ideia do "E"), temos:

$$5!x\frac{15!}{12!}x\frac{12!}{5!7!} = \frac{15!}{7!}$$

Gabarito: Certo.

QUESTÃO 65 (CESPE – TJ/TRT 17ª Região/2009) Em 2007, no estado do Espírito Santo, 313 dos 1.472 bacharéis em direito que se inscreveram no primeiro exame do ano da Ordem dos Advogados do Brasil (OAB) conseguiram aprovação.

Internet: <www.jornaldamidia.com.br> (com adaptações).

Em 2008, 39 dos 44 bacharéis provenientes da Universidade Federal do Espírito Santo (UFES) que fizeram a primeira fase do exame da OAB foram aprovados.

Internet: <oglobo.globo.com.br> (com adaptações).

Com referência às informações contidas nos textos acima, julgue o item que se segue.

Com relação à primeira fase do exame da OAB de 2008, caso se deseje formar uma comissão composta por 6 bacharéis provenientes da UFES, sendo 4 escolhidos entre os aprovados e 2 entre os reprovados, haverá mais de 9 × 105 maneiras diferentes de se formar a referida comissão.

RESOLUÇÃO:

Na formação de uma comissão composta por 6 pessoas, **não terá importância a ordem** entre os elementos, mas quem serão os escolhidos será muito relevante. Logo, estamos diante de um caso de **combinação**.

- ***Escolha dos 4 aprovados:***

Temos a situação de 39 aprovados, tomados 4 a 4. Daí:

$$C_{39,4} = \frac{39!}{(39-4)!4!} = \frac{39!}{35!4!} = \frac{39.38.37.36.35!}{4.3.2.35!} = 13.19.37.9 = 9.9139$$

- ***Escolha dos 2 reprovados:***

Se 39 dos 44 bachareis foram aprovados, então houve 44 – 39 = ***5 reprovados***.

A fim de escolher 2 desses 5, temos uma situação de combinação de 5 elementos, tomados 2 a 2. Daí:

$$C_{5,2} = \frac{5!}{(5-2)!2!} = \frac{5!}{3!2!} = \frac{5.4.3!}{2.3!} = 10$$

Por fim, aplicando o **PFC** a fim de encontrar o número total de maneiras de se formar a comissão, temos:

$$(9.9139).10 = 9x91.390$$

O enunciado afirmou que haveria mais de 9×10^5 (= 9 x 100.000) maneiras diferentes de se formar a referida comissão.

Ora, isso está **errado**! Pois, **9 x 91.390 < 9 x 100.000**.

Gabarito: Errado.

QUESTÃO 66 (ESAF – AFT/MTE/2010) O departamento de vendas de uma empresa possui 10 funcionários, sendo 4 homens e 6 mulheres. Quantas opções possíveis existem para se formar uma equipe de vendas de 3 funcionários, havendo na equipe pelo menos um homem e pelo menos uma mulher?

a) 192. b) 36. c) 96. d) 48. e) 60.

RESOLUÇÃO:

Para achar o total de equipes que contêm pelo menos um homem e pelo menos uma mulher, acharemos o total de equipes possíveis e subtrairemos do total de equipes contendo só homens e só mulheres.

✓ Equipes totais possíveis: $C_{10,3} = 120$

✓ Equipes contendo só homens: $C_{4,3} = 4$

✓ Equipes contendo só mulheres: $C_{6,3} = 20$

Dessa forma, temos: 120 – 4 – 20 = **96**

Gabarito: C.

CAPÍTULO 19

PROBABILIDADE

1. INTRODUÇÃO

O QUE VEREMOS

Antes de apresentarmos este assunto, ressaltamos que este capítulo é o mesmo que consta no nosso livro *Matemática Básica Definitiva para Concursos*, publicado pela Editora Juspodivm, pois ele pode aparecer tanto em certames que cobram Raciocínio Lógico quanto Matemática em seu edital. Portanto, se você já o estudou pelo livro mencionado, pode pular este ou aproveitar para refazer as questões para relembrar. Contudo, se você não o possui ou não estudou o tema ainda, mãos à obra!

A **probabilidade** tem como finalidade o estudo da possibilidade ou **chance de acontecer** um determinado evento.

COMO APARECE NOS EDITAIS

O tópico aparece nos editais geralmente como *Probabilidade*, sendo frequente a sua indicação também em Estatística.

COMO É COBRADO NAS PROVAS

Na sua prova, será **muito fácil identificar uma questão de Probabilidade**. Haverá no enunciado sempre a pergunta:

Qual a probabilidade (ou chance) de ...?

Identificado o assunto da questão, o próximo passo consiste em saber **como resolvê-la**. Daí, analisando as questões das principais bancas examinadoras do país, percebemos que existem dois tipos: um explora o conhecimento da **Teoria das Probabilidades**, enquanto o outro exige do candidato a solução por meio da **Teoria da Análise Combinatória** (estudada no capítulo anterior).

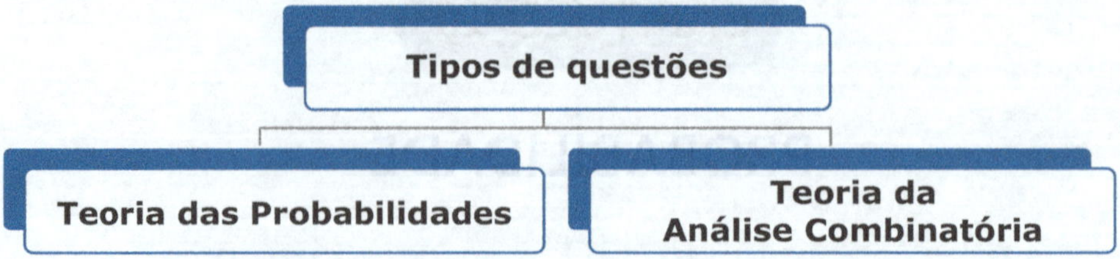

OBJETIVOS

Os nossos objetivos ao final deste capítulo é que você consiga:

1) identificar o enunciado típico da questão de probabilidade;

2) memorizar e aplicar adequadamente as fórmulas apresentadas;

3) associar corretamente os tópicos sobre conjuntos e análise combinatória ao estudo das probabilidades.

2. ANÁLISE DA COBRANÇA DO ASSUNTO EM PROVAS

Observe a seguir os percentuais de incidência nos últimos anos do assunto deste capítulo em relação ao volume de questões de todos os temas analisados na nossa matéria. Lembramos que quanto maior o percentual de cobrança de um dado assunto, maior sua importância.

ASSUNTO	CEBRASPE	FCC	DEMAIS BANCAS
	% de cobrança	% de cobrança	% de cobrança
Probabilidade	**11,87%**	**5,21%**	**5,02%**

Em todas as organizadoras o presente tópico possui uma importância **mediana a alta**, sendo o Cebraspe o que mais o cobra.

E o que é mais cobrado dentro deste assunto, professores?

Considerando os tópicos que compõem este capítulo, possuímos a seguinte distribuição percentual:

ASSUNTO	CEBRASPE	FCC	DEMAIS BANCAS
	% de cobrança	% de cobrança	% de cobrança
Eventos e espaço amostral	1,92%	2,50%	0,89%
Cálculo da Probabilidade	23,08%	20,00%	30,48%
Probabilidade condicional	13,46%	10,00%	7,84%
Probabilidade da intersecção	13,46%	7,50%	15,51%
Probabilidade da união	1,92%	15,00%	7,66%
Eventos independentes e eventos mutuamente excludentes	1,92%	2,50%	2,85%
Probabilidade do evento complementar	19,23%	5,00%	5,53%
Teorema da Probabilidade Total	5,77%	17,50%	9,45%
Teorema de Bayes	1,92%	7,50%	3,74%
Cálculo de probabilidades usando análise combinatória	17,31%	12,50%	16,04%

Repare que a maioria das questões cobram o tópico **Cálculo da Probabildiade**, motivo pelo qual daremos especial atenção a ele. Além disso, notamos que o Cebraspe gosta bastante de cobrar a **Probabilidade do evento complementar** e o **Cálculo de probabilidades usando análise combinatória**. Por sua vez, a FCC tem uma especial predileção pelo **Teorema da Probabilidade Total**.

3. TEORIA DAS PROBABILIDADES

A **Teoria das Probabilidades** é o ramo da matemática que cria e desenvolve modelos matemáticos para estudar os experimentos aleatórios, fazendo uso de uma nomenclatura própria.

3.1. Conceitos Fundamentais

Há três **conceitos fundamentais** que temos que passar a conhecer imediatamente: **experimento aleatório, espaço amostral** e **evento.**

3.1.1. Experimento Aleatório

Experimento Aleatório

É aquele que, mesmo repetido diversas vezes sob condições idênticas, pode apresentar **RESULTADOS DIFERENTES**.

As variações de resultados, de experimento para experimento, são devidas a uma multiplicidade de causas que não podemos controlar, as quais denominamos **acaso**.

Alguns exemplos de experimento aleatório:

- Lançar uma moeda e observar a face de cima;
- Lançar um dado e observar o resultado;
- De uma urna contendo 3 bolas vermelhas e 2 bolas brancas, selecionar uma bola e observar sua cor.

3.1.2. Espaço Amostral

Espaço Amostral

É o conjunto "S" de todos os **RESULTADOS POSSÍVEIS** de um experimento aleatório.

Designaremos o **número de elementos** de um espaço amostral por **n(S)**. A letra "S" vem de "space", que é espaço em inglês.

Conseguir definir corretamente o espaço amostral de um experimento aleatório e conhecer o seu número de elementos constitui boa parte da resolução de muitas questões de probabilidade.

Considere os seguintes exemplos:

- Lançar uma moeda e observar a face de cima.
  - » S = {cara, coroa}.

  » n(S) = 2.

- Lançar um dado e observar o resultado.
  » S = {1, 2, 3, 4, 5, 6}.
  » n(S) = 6.
- De uma urna contendo 3 bolas vermelhas e 2 bolas brancas, selecionar uma bola e observar sua cor.
  » S = {V, B}.
  » n(S) = 2.

TOME NOTA!

Dizemos que um espaço amostral é **equiprovável** quando seus elementos têm a **mesma chance de ocorrer**.

3.1.3. Evento

Evento

É qualquer subconjunto do espaço amostral. Portanto, é o **resultado desejado (favorável).**

Designaremos um evento por uma **letra maiúscula**. Para cada evento **X**, chamamos de **n(X)** o **número de elementos** de cada evento.

Dessa forma, saber o **n(X)** é o segundo passo para a resolução de algumas questões de probabilidade que veremos, pois o enunciado trará a descrição de um **experimento aleatório** e de um **evento**. Em seguida, será feita aquela pergunta que mencionamos no início do capítulo:

Qual a probabilidade de ocorrência de tal evento?

Veja o exemplo a seguir, que ajudará a esclarecer esses conceitos iniciais.

Considere o experimento aleatório de lançar um dado e observar a face para cima. Vamos identificar o número de elementos do evento que consiste em obter um resultado par no lançamento do dado.

Bem, já sabemos que o **experimento aleatório** é "lançar um dado e observar a face para cima".

O próximo passo é obter o **espaço amostral**, que é o conjunto "S" de todos os resultados possíveis. Logo:

- Espaço amostral: **S** = {1, 2, 3, 4, 5, 6}. Daí, **n(S)** = 6.

Agora vamos identificar o **evento**, que é um subconjunto do espaço amostral. No nosso caso, será obter um resultado par no lançamento do dado.

- Evento: **A** = {2, 4, 6}. Daí, **n(A)** = 3.

Portanto, o número de elementos do evento que consiste em obter um resultado par no lançamento do dado é ***3***.

Assim, diante do número de elementos de um evento **X**, teremos:

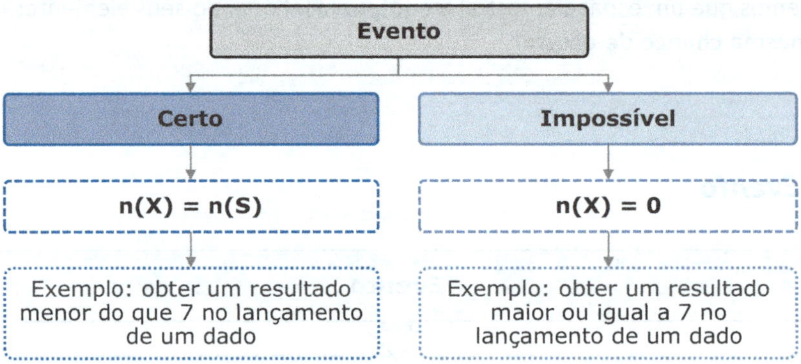

3.2. CÁLCULO DA PROBABILIDADE

A probabilidade de ocorrência de um evento **X**, num determinado experimento aleatório, considerando que cada elemento do espaço amostral desse experimento tem a **mesma chance de ocorrer**, será calculada por:

$$P(X) = \frac{n(X)}{n(S)} = \frac{\text{nº de resultados favoráveis}}{\text{nº de resultados possíveis}}$$

Este é, pois, o **conceito de probabilidade**! Observe que, sabendo o número total de resultados possíveis e o número de resultados favoráveis, o **cálculo da probabilidade é muito simples.** Logo, normalmente a dificuldade das questões está justamente no cálculo dessas duas parcelas.

Por exemplo, suponha que uma urna contém dez bolinhas, sendo quatro delas azuis e seis vermelhas. Ao retirar aleatoriamente uma dessas bolas da urna, qual a probabilidade que ela seja azul?

Qual é o **evento** em análise neste exemplo? Retirar uma bola azul da urna! Ora, a urna contém dez bolas. Daí, se quero retirar apenas uma delas, quantos serão os **resultados possíveis** para essa retirada? Dez, é claro! Então já temos o nosso denominador!

Passemos ao numerador, que são os **resultados favoráveis**. A pergunta é: favoráveis a quem? **Favoráveis à realização do evento**! Ora, se eu pretendo retirar uma bola azul da urna, então quantos serão os resultados que cumprirão essa exigência do evento (bola azul)? Quatro! (Só há quatro bolas azuis na urna).

De posse dos resultados favoráveis e possíveis para o evento em tela, o **cálculo da probabilidade** é a parte mais simples:

P = 4/10 = 0,40 = 40%

Fica claro, colega, que existe um padrão a ser seguido na resolução das questões de probabilidade:

1º passo	Definir o número de elementos do espaço amostral **[n(S)]**, que é o número de **resultados possíveis**.
2º passo	Definir o número de elementos do evento **[n(X)]**, que é o número de **resultados favoráveis**.
3º passo	Efetuar o **cálculo da Probabilidade**: $P(X) = \frac{n(X)}{n(S)}$

Vamos aplicar esse método no seguinte exemplo: uma urna contém dez bolinhas numeradas de 1 a 10. Uma bolinha é escolhida ao acaso. Qual é a probabilidade de se observar um múltiplo de 2?

Seguindo os 3 passos mencionados, temos:

<u>1º passo</u>: Definir o espaço amostral: escolher uma bola de uma urna que contém 10 bolas.

S = {1, 2, 3, 4, 5, 6, 7, 8, 9, 10}. Daí, ***n(S) = 10***.

<u>2º passo</u>: Definir o evento: a bolinha retirada da urna deve ser ***um múltiplo de 2***.

Pergunto: no conjunto S, quais os números que são múltiplos de 2? Ora, são: {2, 4, 6, 8, 10}. Logo, há 5 resultados favoráveis. Portanto: ***n(X) = 5***.

3º passo: Efetuar o cálculo da Probabilidade, que é dado pela razão entre resultados favoráveis e possíveis:

$$P(X)=\frac{n(X)}{n(S)}=\frac{5}{10}=0{,}5=50\%$$

Agora digamos que de um baralho de 52 cartas, retira-se uma delas. Calcule a probabilidade de que a carta seja:

a) um rei;

b) um valete de paus;

c) uma carta de ouros;

d) uma carta que não seja de ouros.

Você gosta de jogar baralho? Bem, o Alex não gosta, mas o Alexandre gosta! No entanto, algumas questões exigem o conhecimento dos naipes do baralho. É bom ficar de olho!

Assim, saiba que um baralho contém 52 cartas, sendo 13 de cada um dos quatro nipes (ouros, espadas, copas e paus). Cada nipe contém as cartas 2 a 10, valete, dama, rei e ás. Os coringas não são usados em questões do assunto.

Como curiosidade, quando o Alexandre fez o vestibular dele para a UFRJ em 1989, uma questão exigiu que o candidato soubesse quantos jogadores formam um time de futebol de salão, o que fez com que muitos candidatos pedissem a anulação da questão, que não foi anulada. Não diríamos que hoje você precise decorar quantos jogadores formam cada time dos mais diferentes esportes coletivos, isso é bobagem, mas as cartas do baralho você tem que saber sim, ok? E do futebol de campo, que são 10 jogadores de linha e um goleiro, também recomendamos que saiba.

No baralho temos 52 cartas, logo, **n(S) = 52.**

a) Evento: ocorrer um rei.

X = {rei de ouros; rei de paus; rei de copas; rei de espadas}. Daí, ***n(X) = 4***.

$$P(X)=\frac{n(X)}{n(S)}=\frac{4}{52}=\frac{1}{13}$$

b) Evento: ocorrer um valete de paus.

X = {valete de paus}. Daí, ***n(X) = 1***.

$$P(X)=\frac{n(X)}{n(S)}=\frac{1}{52}$$

c) Evento: ocorrer uma carta de ouros.

Como há 4 naipes num baralho, então cada naipe tem 52/4 = 13 cartas. Daí, ***n(X) = 13***.

$$P(X)=\frac{n(X)}{n(S)}=\frac{13}{52}=\frac{1}{4}=25\%$$

d) Evento: ocorrer uma carta que não seja de ouros.

Acabamos de ver que existem 13 cartas de ouros num baralho. Logo, temos 52 – 13 = 39 cartas que não são de ouros. Daí, ***n(X) = 39***.

$$P(X)=\frac{n(X)}{n(S)}=\frac{39}{52}=\frac{3}{4}=75\%$$

Veja como esse assunto já foi cobrado!

QUESTÃO 01 (IOPLAN - Pref Formosa do Sul–SC/Téc Enf/2021) A empresa de ônibus numa cidade aumentou o preço da passagem em 100%. Como tal percentual de aumento não estava previsto em contrato, o valor da passagem retornou ao valor antes do aumento. Com relação ao valor aumentado aconteceu a seguinte percentagem de redução:

A) 48% B) 52% C) 62% D) 80%

RESOLUÇÃO:

Sabemos que no intervalo compreendido entre 1 e 25 há **13 números ímpares**.

Então, temos 13 casos favoráveis dentre 25 possíveis, de modo que a sua probabilidade é dada por:

$$\frac{13}{25}=0{,}52=52\%$$

Gabarito: B.

QUESTÃO 02 (CEBRASPE – AFT/MTE/2013) Um auditor do trabalho deve analisar 20 processos: 5 a respeito de segurança no trabalho, 7 a respeito de FGTS e 8 a respeito de jornada de trabalho. Considerando que esses processos sejam colocados sobre a mesa de trabalho do auditor, de maneira aleatória, formando uma pilha, julgue o item que se segue.

Considere que uma pilha com os 20 processos seja formada de maneira aleatória. Nesse caso, a probabilidade de o processo que está na parte superior tratar de assunto relativo a FGTS será superior a 0,3.

RESOLUÇÃO:

A ideia da resolução da questão é imaginar que iremos sortear um processo, no qual o sorteado é exatamente aquele que ficou no topo da pilha. Nosso objetivo consiste em obter a probabilidade de que tal processo seja relativo ao FGTS.

Ora, temos 7 processos que tratam de FGTS. Logo, são **7 resultados favoráveis** em **20 possíveis**. Efetuando o cálculo da probabilidade:

$$\boldsymbol{P}(X) = \frac{7}{20} = 0{,}35$$

Gabarito: certo.

QUESTÃO 03 (CEBRASPE/ANTAQ/Especialista/2014) Uma pesquisa sobre o objeto de atividade de 600 empresas apresentou o seguinte resultado:

5/6 dessas empresas atuam no mercado de transporte fluvial de cargas;

1/3 dessas empresas atuam no mercado de transporte fluvial de passageiros;

50 dessas empresas não atuam com transporte fluvial, nem de cargas, nem de passageiros;

Com base nessa situação hipotética e sabendo-se que as 600 empresas pesquisadas se enquadram em, pelo menos, uma das 3 opções acima, julgue o item a seguir.

Selecionada, ao acaso, uma dessas empresas, a probabilidade de que ela não atue com transporte fluvial de cargas nem de passageiros é inferior a 10%.

RESOLUÇÃO:

Nosso objetivo consiste em obter a probabilidade de que uma empresa não atue com transporte fluvial de cargas nem de passageiros.

Ora, o enunciado afirmou que 50 dessas empresas não atuam com transporte fluvial, nem de cargas, nem de passageiros.

Além disso, sabemos que 600 empresas foram pesquisadas. Logo, são **50 resultados favoráveis** em **600 possíveis**. Efetuando o cálculo da probabilidade:

$$P(X) = \frac{50}{600} = 8{,}33\%$$

Veja que a probabilidade que encontramos é **inferior a 10%**.

Gabarito: Certo.

3.3. Axiomas da Probabilidade

Na matemática, um **axioma** é uma **hipótese inicial** de qual outros enunciados são logicamente derivados. Pode ser uma sentença, uma proposição, um enunciado ou uma regra que permite a construção de um sistema formal. Diferentemente de teoremas, axiomas **não** podem ser derivados por princípios de dedução e nem são demonstráveis por derivações formais.

Destacamos os seguintes axiomas:

1°) **A probabilidade tem valor máximo 100%**. Esse é o caso do **evento certo**.

Já sabemos que o contrário do evento certo é o **impossível**, cuja probabilidade de ocorrência é de 0%.

Com isso, chegamos a uma conclusão fundamental:

$$0 \leq P(X) \leq 1$$

Portanto, entre um evento impossível e um evento certo, temos inúmeras possibilidades!

2°) **A soma das probabilidades de cada elemento do espaço amostral é igual a 1**.

Por exemplo, num lançamento de um lado, teremos:

$$P(1) + P(2) + P(3) + P(4) + P(5) + P(6) = \mathbf{1 = 100\%}$$

3.4. Probabilidade da Intersecção de Eventos

Trabalharemos com esse tipo de probabilidade quando a questão solicitar a chance de **ocorrência conjunta** de dois ou mais eventos. Nesse caso, os eventos estarão **ligados pelo conectivo "e"**, de forma explícita ou implícita.

Já sabemos que o conectivo "e" está relacionado à **intersecção** entre conjuntos. Daí, a **fórmula da Probabilidade da Intersecção de Eventos** é:

P(A e B) = P(A) x P(B|A)

Podemos denotar P(A e B) também por $P(A \cap B)$, em que ∩ simboliza a **intersecção** entre os eventos A e B.

Em que **P(B|A)** é a **probabilidade de ocorrer o evento B sabendo que o evento A já ocorreu**. Enfim, chamamos de **Probabilidade de B dado A**. Também denominamos essa fórmula de Regra do E.

Veja como esse assunto já foi cobrado!

QUESTÃO 04 (CEBRASPE/TRT-10/Tec Info/2013) Considerando que, dos 10 postos de combustíveis de determinada cidade, exatamente dois deles cometam a infração de vender gasolina adulterada, e que sejam escolhidos ao acaso alguns desses postos para serem fiscalizados, julgue o item seguinte.

Se dois postos forem escolhidos aleatoriamente, a probabilidade de esses dois postos serem os infratores será inferior a 2%.

RESOLUÇÃO:

Nosso objetivo consiste em obter a probabilidade de dois postos escolhidos aleatoriamente serem os **infratores**.

Sejam os eventos:

A: Ocorre quando o primeiro posto selecionado é infrator;

B: Ocorre quando o segundo posto selecionado é infrator.

A probabilidade de o primeiro posto ser infrator é dada por:

$$P(A) = \frac{2}{10}$$

Ora, se é dado que o primeiro posto é infrator, então sobra um único infrator (caso favorável), em 9 postos restantes. Daí, a **probabilidade de B, dado A**:

$$P(B|A) = \frac{1}{9}$$

Por fim, a **probabilidade da interseção** será:

$$\boldsymbol{P(A \cap B) = P(A) \; x \; P(B|A)}$$

$$P(A \cap B) = \frac{2}{10} x \frac{1}{9} = \frac{2}{90} = \frac{1}{45} = 0{,}0222\ldots = 2{,}222\ldots\%$$

Veja que esse valor é **superior a 2%**.

Gabarito: Errado.

QUESTÃO 05 (FGV/SEFIN-RO/Auditor Fiscal/2018) Dois eventos A e B têm probabilidades iguais a 70% e 80%. Os valores mínimo e máximo da probabilidade da interseção de A e B são

A) 20% e 50% B) 20% e 70% C) 50% e 70% D) 0% e 70% E) 30% e 50%.

RESOLUÇÃO:

O **máximo** da intersecção ocorre quando **A é um subconjunto de B**. Nesse caso, a intersecção corresponde ao próprio conjunto A:

$$\boldsymbol{P(A \cap B) = P(A) = 70\%}$$

Já o valor **mínimo** da probabilidade pode ser calculado pela **probabilidade da união**, que é, no máximo, igual a 100%. Logo:

$$P(A \cup B) = P(A) + P(B) - P(A \cap B)$$

$$100\% = 70\% + 80\% - P(A \cap B)$$

$$100\% = 150\% - P(A \cap B)$$

$$\boldsymbol{P(A \cap B) = 150\% - 100\% = 50\%}$$

Gabarito: C.

3.5. Probabilidade de Eventos Independentes

Dois eventos, A e B, são considerados **independentes** quando **a ocorrência, ou não ocorrência, de um deles não afeta a probabilidade de ocorrência do outro**.

Por exemplo, ao efetuarmos dois lançamentos consecutivos de um dado, o evento de obter um resultado par em cada um deles é independente, pois o resultado do primeiro lançamento em nada influencia o resultado do segundo.

Quando temos experimentos independentes, a probabilidade é dada pela **multiplicação das probabilidades de cada experimento**:

P (A e B) = P(A ∩ B) = P(A) x P(B)

Portanto, podemos afirmar que:

Dois eventos, A e B, são **independentes** se, e somente se, ocorrer a igualdade:

P (A e B) = P(A) x P(B)

Cuidado para não decorar simplesmente que P (A e B) = P(A) x P(B), pois essa igualdade é válida quando os eventos A e B forem independentes, ok? Se eles não forem independentes, essa igualdade deixará de ser obrigatória.

Já no caso de **três eventos**, a independência assumirá o seguinte conceito:

Três eventos, A, B e C, são **independentes** se, e somente se, ocorrerem as seguintes igualdades:

P (A ∩ B ∩ C) = P(A) x P(B) x P(C)

P (A ∩ B) = P(A) x P(B)

P (A ∩ C) = P(A) x P(C)

P (B ∩ C) = P(B) x P(C)

Dessa forma, para considerarmos que três eventos são independentes, **é necessário** que sejam verificadas as quatro igualdades, sendo insuficiente que P (A ∩ B ∩ C) = P(A) x P(B) x P(C).

Veja como esse assunto já foi cobrado!

QUESTÃO 06 (CEBRASPE – AJ/TRT-10/2013) No concurso de loterias denominado miniquina, o apostador pode marcar 5, 6 ou 7 dezenas em uma cartela que possui as dezenas de 01 a 15. Nesse concurso, o prêmio principal é dado ao apostador que marcar em sua cartela as cinco dezenas sorteadas aleatoriamente em uma urna.

Com relação ao concurso hipotético acima apresentado, julgue o item subsequente.

As dezenas que forem sorteadas em concursos anteriores terão mais chances de serem sorteadas novamente.

RESOLUÇÃO:

Bem, devemos considerar que cada concurso de loterias é **independente** dos demais, trantando-se, então, de sorteio honestos. Sendo esse o caso, todas as dezenas sempre terão chances iguais de serem sorteadas, independentemente do que tenha ocorrido em concursos anteriores.

Como curiosidade, perceba quc aquelas relações de números que mais foram sorteados na mega-sena que vendem por aí são pura bobagem, só servem para ganharem dinheiro de pessoas que não sabem nada de probabilidade.

Gabarito: errado.

3.6. Probabilidade de Eventos Mutuamente Excludentes

Dois eventos, A e B, são **mutuamente excludentes** se eles **não podem ocorrer simultaneamente**. Portanto, se um evento ocorre, então o outro certamente não ocorreu! Por exemplo, para o evento João estar vivo ano que vem, o evento excludente é justamente João estar morto (coitado!).

E podemos tirar as seguintes conclusões diante de dois eventos **mutuamente excludentes**, A e B:

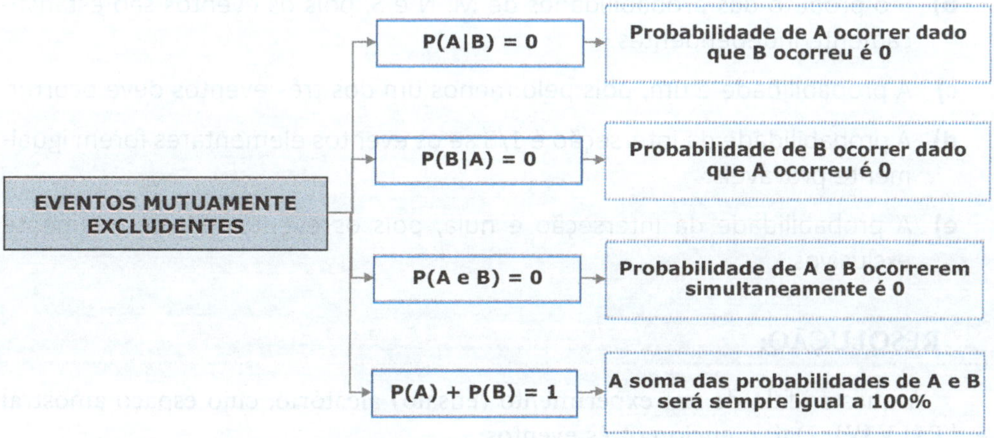

Em termos gráficos, dois eventos (A e B) mutuamente excludentes são representados por **dois círculos sem intersecção**. Logo, **A ∩ B** = Ø.

Veja como esse assunto já foi cobrado!

QUESTÃO 07 (ESAF – ATPS/MPOG/2012) Se A e B são eventos mutuamente excludentes, então pode-se afirmar que:

a) A e B são eventos independentes

b) P(A ∩ B) = P(A) + P(B)

c) P(B/A) ≠ 0

d) P(A/B) ≠ 0

e) P(A ∩ B) = 0

RESOLUÇÃO:

Tranquilidade total, não é mesmo?! Questão dada!!! Acabamos de aprender que quando dois eventos, A e B, são **mutuamente excludentes**, a **probabilidade de A e B ocorrerem simultaneamente é zero**. Logo: **P(A ∩ B) = 0.**

Gabarito: E.

QUESTÃO 08 (ESAF – AFPS/INSS/2002) Considere um ensaio aleatório com espaço amostral {T,U,V,W}. Considere os eventos M={T}, N={U,V} e S={W}.

Assinale a opção correta relativamente à probabilidade de

a) Não se pode determinar a probabilidade da interseção sem maiores informações.

b) É o produto das probabilidades de M, N e S, pois os eventos são estatisticamente independentes.

c) A probabilidade é um, pois pelo menos um dos três eventos deve ocorrer.

d) A probabilidade da interseção é 1/3 se os eventos elementares forem igualmente prováveis.

e) A probabilidade da interseção é nula, pois os eventos são mutuamente exclusivos.

RESOLUÇÃO:

A questão fala de um experimento (ensaio) aleatório, cujo espaço amostral é: **{T,U,V,W}.** Daí, menciona três eventos:

- M={T}
- N={U,V}
- S={W}

Ora, é fácil perceber que:

$$M \cap N \cap S = \emptyset$$

O que isso significa, colega?

Vou arriscar, professores: os eventos M, N e S são mutuamente excludentes.

Perfeito! Daí, nesse caso, já sabemos que a Probabilidade de A e B ocorrerem simultaneamente é zero. Logo: **P(A ∩ B) = 0.**

Gabarito: E.

3.7. Probabilidade da União de Dois Eventos

Trabalharemos com esse tipo de probabilidade quando a questão trouxer uma pergunta referente a dois eventos **ligados entre si pelo conectivo "ou"** de forma explícita ou implícita.

Já sabemos que o conectivo "ou" está relacionado à **união** entre conjuntos. Daí, a fórmula da Probabilidade da União de Eventos é:

P(A ou B) = P(A) + P(B) – P(A e B)

Podemos denotar P(A ou B) também por $P(A \cup B)$. Em que ∪ simboliza a **união** entre os eventos A e B.

Também chamamos essa fórmula de **Regra do OU**.

Perceba que no cálculo da união de dois eventos temos que retirar a parcela P(A e B) porque quando somamos todos os elementos de A com os de B, contamos duas vezes os elementos que estão na interseção de A e B, então temos que tirar uma contagem deles. Daí nasceu a necessidade do termo "– P(A e B)" na fórmula citada.

Note que a terceira parcela dessa fórmula [**P(A e B)**] trata da probabilidade de ocorrência **simultânea** dos eventos A e B.

BIZU!

OU ⟶ ∪ ⟶ somar

E ⟶ ∩ ⟶ multiplicar

Quando estudante, eu, Alexandre, decorei as palavras "Enterseção" e "OUnião", e assim nunca mais esqueci que o "e" lembra "i(e)nterseção" e o OU" lembra "u(ou)nião".

Se A e B forem **mutuamente excludentes**, a fórmula se reduz a:

P(A ou B) = P(A) + P(B)

Afinal, se A e B são excludentes, P(A ∩ B) = P(A e B) = 0.

Veja como esse assunto já foi cobrado!

QUESTÃO 09 (ESAF/CGU/2008) Quando Paulo vai ao futebol, a probabilidade de ele encontrar Ricardo é 0,4; a probabilidade de ele encontrar Fernando é igual a 0,10; a probabilidade de ele encontrar ambos, Ricardo e Fernando, é igual a 0,05. Assim, a probabilidade de Paulo encontrar Ricardo ou Fernando é igual a:

a) 0,04 b) 0,40 c) 0,50 d) 0,45 e) 0,95

RESOLUÇÃO:

Inicialmente, vamos definir os eventos mencionados na questão:

A: ocorre quando, escolhendo-se ao acaso um dia em que Paulo vai ao futebol, ele encontra Ricardo.

B: o evento equivalente, mas quando Paulo encontra Fernando.

O nosso objetivo é definir a **probabilidade de Paulo encontrar Ricardo ou Fernando**. Ah! Sem dúdiva estamos diante da **regra do OU**. Daí, o enunciado forneceu as probabilidades da realização de cada evento:

✓ P(A) = 0,4

✓ P(B) = 0,1

✓ P(A ∩ B) = 0,05

Bem, já sabemos que:

P(A ou B) = P(A) + P(B) – P(A e B)

Só nos resta saber o valor de P(A ou B). Aplicando a fórmula, temos:

P(A ou B) = P(A) + P(B) – P(A e B)

P(A ou B) = 0,4 + 0,1 – 0,05 = ***0,45***

Gabarito: D.

3.8. Probabilidade do Evento Complementar

✓ Dizemos que dois eventos são **complementares** quando, simultaneamente, temos que:

✓ A união dos dois eventos resulta no **espaço amostral**;

✓ Os dois eventos são **mutuamente excludentes** (eles não têm elementos em comum; ou seja, a intersecção entre ambos é vazia).

Por exemplo, considere o resultado do lançamento de um dado. Seja 'A' o evento "ocorrer número par". Seja 'B' o evento "ocorrer número ímpar". Os eventos 'A' e 'B', unidos, englobam todas as possibilidades. Não tem como lançar um dado e sair um resultado que não seja um número par ou ímpar. Além disso, não há intersecção entre os dois eventos. Não tem nenhum resultado de um dado que seja, ao mesmo tempo, par e ímpar.

✓ Logo, podemos afirmar que os eventos A e B são **complementares**.

Geralmente o evento complementar é indicado por uma **barra em cima da letra**.

Agora vem o que interessa para gente. Sejam ***A*** e $\bar{A}$ dois **eventos complementares.** Vamos calcular a probabilidade da união desses dois eventos. Usando a fórmula da probabilidade da união, temos:

$$P(A \text{ ou } \bar{A}) = P(A) + P(\bar{A}) - P(A \text{ e } \bar{A})$$

Acabamos de ver que a **intersecção** entre eventos complementares é **vazia**. Sua **probabilidade é nula**. Logo:

$$P(A \text{ ou } \bar{A}) = P(A) + P(\bar{A}) - 0$$

$$P(A \text{ ou } \bar{A}) = P(A) + P(\bar{A})$$

E nós vimos também que a **união** entre eventos complementares é justamente o espaço amostral. A **probabilidade de ocorrer o espaço amostral é sempre igual a 1**. Logo:

$$1 = P(A) + P(\bar{A})$$

E é esse resultado que buscávamos! Portanto, a **probabilidade de eventos complementares** é dada pela seguinte fórmula:

$$1 = P(A) + P(\bar{A})$$

Ou:

$$P(\bar{A}) = 1 - P(A)$$

Em termos gráficos, dois eventos complementares podem ser representados do seguinte modo:

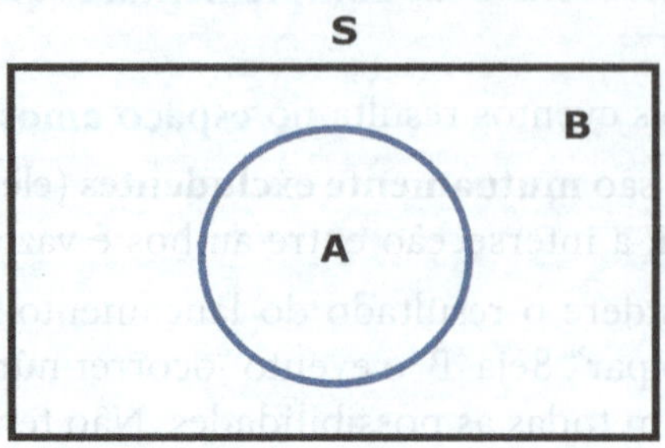

O conjunto do evento **A** é representado pelo círculo azul e a região fora do círculo corresponde ao conjunto do evento **B**. Veja que **A ∩ B** = ∅ e **A U B = S** (espaço amostral).

Veja outros exemplos de eventos complementares:

✓ P(réu inocente) + P(réu culpado) = 1;

✓ P(mínimo de três meninos) + P(máximo de dois meninos) = 1;

✓ P(nascer pelo menos uma menina) + P(nascer nenhuma menina) = 1.

TOME NOTA!

Quando calculamos a **probabilidade do complementar** de um evento E, estamos calculando a **probabilidade de não ocorrer o evento E**.

ATENÇÃO!

Sempre que aparecer a expressão "**pelo menos um**", é mais fácil calcularmos a **probabilidade do evento complementar**. Portanto, vamos pensar justamente no evento que é o contrário ao solicitado no enunciado.

Imagine uma questão solicitando a probabilidade de ocorrer **pelo menos uma cara** no lançamento de três moedas viciadas:

P(pelo menos uma cara) = ?

Bem, certamente será mais fácil calcularmos a probabilidade do evento complementar! E qual será o evento complementar nesse caso?

Ora, será a ocorrência de **nenhuma cara**: P(nenhuma cara). E só haverá um resultado favorável:

{coroa, coroa, coroa}.

Após o cálculo dessa probabilidade, basta inserir o resultado na relação existente entre eventos complementares a fim de encontrarmos a probabilidade de ocorrer o evento desejado pela questão:

P(pelo menos uma cara) = 1 – P(nenhuma cara)

3.9. Probabilidade Condicional

Suponha que iremos lançar um dado e estamos analisando 2 eventos distintos:

A: ocorrer um resultado par;

B: ocorrer um resultado inferior a 4.

Para o evento **A** ser atendido, os resultados favoráveis são 2, 4 e 6. Para o evento **B** ser atendido, os resultados favoráveis são 1, 2 e 3. Vamos calcular rapidamente a probabilidade de cada um desses eventos:

$$P(A) = \frac{3}{6} = 50\%$$

$$P(B) = \frac{3}{6} = 50\%$$

Daí, pergunta-se: no lançamento de um dado, qual é a probabilidade de obter um resultado par, dado que foi obtido um resultado inferior a 4?

Em outras palavras, essa pergunta é: qual a probabilidade do evento A, dado que o evento B ocorreu? Matematicamente, podemos escrever **P(A|B)** (leia "probabilidade de A, dado B").

Já sabemos antecipadamente que B ocorreu, visto que foi obtido um resultado inferior a 4. Portanto, o resultado do lançamento do dado foi 1, 2 ou 3 (três resultados possíveis). Desses resultados, apenas um deles (o resultado 2) atende o evento A.

Logo, a probabilidade de A ocorrer, dado que B ocorreu, é simplesmente:

$$P(A/B) = \frac{1}{3} = 33{,}3\%$$

E se uma questão perguntasse qual a probabilidade de obter um resultado inferior a 4, dado que o resultado do lançamento foi um número par? Portanto, qual a probabilidade de B ocorrer, dado que A ocorreu?

Perceba que, se A ocorreu, o resultado foi 2, 4 ou 6. Desses, apenas o resultado 2 atende o evento B (é inferior a 4). Assim:

$$P(B/A)=\frac{1}{3}=33,3\%$$

Coincidentemente, obtivemos o mesmo resultado para P(A|B) e P(B|A), mas não é sempre que isso ocorrerá.

Daí, colega, a **probabilidade de um evento ocorrer, dado que outro ocorreu**, é chamada de **probabilidade condicional**.

Uma outra maneira de calculá-la é por meio da seguinte fórmula:

$$P(A|B)=\frac{P(A\cap B)}{P(B)}$$

Essa relação nos diz que a **probabilidade de A ocorrer dado que B ocorreu** é a **divisão entre a probabilidade de A e B ocorrerem simultaneamente e a probabilidade de B ocorrer.**

Voltando ao nosso exemplo, para que A e B ocorram simultaneamente (resultado par e inferior a 4), a única possibilidade é o resultado igual a 2. Isto é, apenas 1 dos 6 resultados nos atende. Assim:

$$P(A \cap B) = 1/6.$$

Para que B ocorra (resultado inferior a 4), já vimos que 3 resultados atendem. Daí:

$$P(B)=\frac{3}{6}$$

Portanto, usando a fórmula da **probabilidade condicional**, temos:

$$P(A|B)=\frac{P(A\cap B)}{P(B)}=\frac{\frac{1}{6}}{\frac{3}{6}}=\frac{1}{3}=33,3\%$$

No caso de dois eventos (A e B) **independentes**, a **probabilidade de o evento B ocorrer dado que A ocorreu, simbolizada por P(B|A), será sempre igual a P(B)**, pois B não depende de A (e vice-versa). Logo, Se A e B são eventos independentes, temos:

P(A|B) = P(A)

P(B|A) = P(B)

Para exemplificar, imagine que há apenas dois modos, mutuamente excludentes, de Genésio ir para Genebra participar de um congresso: ou de navio ou de avião. A probabilidade de Genésio ir de navio é de 40% e de ir de avião é de 60%. Se ele for de navio, a probabilidade de chegar ao congresso com dois dias de atraso é de 8,5%. Se ele for de avião, a probabilidade de chegar ao congresso com dois dias de atraso é de 1%. Sabe-se que Genésio chegou com dois dias de atraso para participar do congresso em Genebra. Qual a probabilidade de ele ter ido de avião?

Observe que há apenas **dois modos** de Genésio ir a Genebra participar de um congresso: ou de **navio** ou de **avião**.

Além disso, esses dois modos de ele viajar são **mutuamente excludentes**! Ora, então são duas situações excludentes!

Em seguida, percebemos que essa questão é bem propícia para que façamos uso da técnica da **árvore de probabilidades**, diante das **situações excludentes** que nos são apresentadas.

Foram mencionadas quais são as probabilidades de o Genésio viajar de navio e de avião. Daí, já podemos iniciar o desenho da árvore de probabilidades! Teremos:

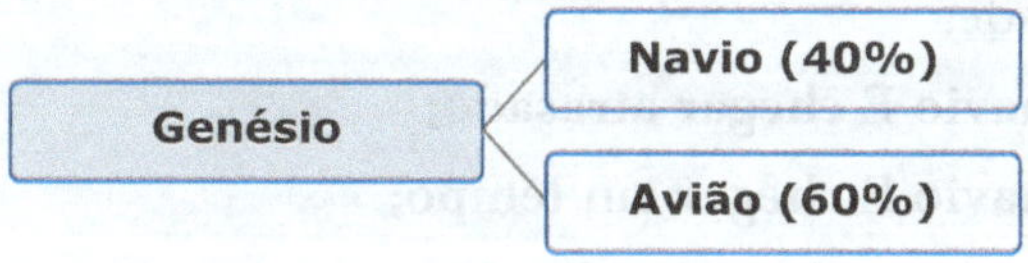

Perceba que, na hora que o enunciado falou que viajar de navio e viajar de avião são situações excludentes, e acrescentou que a probabilidade de o Genésio ir de navio é de 40%, então não seria necessário ter informado que a probabilidade de ele ter ido de avião é de 60%. Já seria nossa obrigação saber disso, uma vez que a **soma das probabilidades de situações excludentes é sempre 100%**. Não é verdade?

No entanto, surgem, na sequência da leitura, mais duas outras situações. Quer tenha o Genésio viajado de navio, quer tenha viajado de avião, ele poderá chegar com atraso ao congresso.

E se pode chegar com atraso, nós já somos capazes de deduzir que, contrariamente, ele pode também chegar *em tempo*, ou seja, sem atraso.

É evidente que se Genésio chegar em tempo é porque não atrasou; e se atrasar, é porque não conseguiu chegar em tempo. Portanto, essas duas situações – chegar atrasado e chegar em tempo – são **situações excludentes**!

Daí, o enunciado menciona as probabilidades de Genésio chegar atrasado nos dois casos (tendo ido de navio e tendo ido de avião), de modo que já teremos como completar a nossa árvore de probabilidades, da seguinte forma:

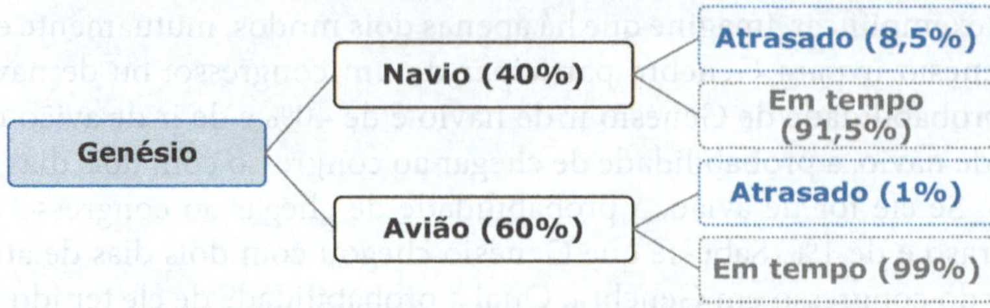

Um novo conceito será necessário a partir desse momento. Estamos falando do **caminho de probabilidades**.

Eita, professores. Hoje eu conheci a árvore de probabilidades; agora tem um "caminho" também?

É isso mesmo! Trata-se de um **caminho em que há mais de um evento, de forma que um sucede o outro.**

Olhando para o desenho apresentado, percebemos que temos quatro caminhos de probabilidade:

1º) viajar de navio E chegar atrasado;

2º) viajar de navio E chegar em tempo;

3º) viajar de avião E chegar atrasado;

4º) viajar de avião E chegar em tempo.

Você precisa ter em mente que, diante de um **caminho de probabilidades**, as *probabilidades individuais* não são interessantes para nós! Só nos vão interessar as *probabilidades resultantes* de cada caminho!

E mais importante: para chegar a essas *probabilidades resultantes*, teremos que **multiplicar** as *probabilidades individuais* de cada caminho! Mas vamos prosseguir com a resolução de nossa questão.

Perceba que o enunciado, após fornecer todos os elementos necessários e suficientes para que nós desenhássemos a **árvore de probabilidades**, trouxe mais uma informação.

Essa **informação adicional**, que muito pode nos parecer inservível, será **essencial** para nossa resolução. O que temos que saber é que essa informação adicional não virá nos falando de uma probabilidade! Ela tratará de um **FATO**!

Vou copiar a seguir o nosso enunciado, destacando a **informação adicional** que foi fornecida, OK? Aí segue o enunciado:

"Há apenas dois modos, mutuamente excludentes, de Genésio ir para Genebra participar de um congresso: ou de navio ou de avião. A probabilidade de Genésio ir de navio é de 40% e de ir de avião é de 60%. Se ele for de navio, a probabilidade de chegar ao congresso com dois dias de atraso é de 8,5%. Se ele for de avião a probabilidade de chegar ao congresso com dois dias de atraso é de 1%. Sabe-se que Genésio chegou com dois dias de atraso para participar do congresso em Genebra. A probabilidade de ele ter ido de avião é:"

E aí? Percebeu a frase suspeita? Uma frase que veio sozinha e que não falou "nadica" de probabilidade, mas só nos informou um **fato dado**?

É lógico que percebi! Vocês facilitaram, professores: está sublinhada!

É isso mesmo!!! Aqui teremos novidades: quando a questão fornecer todos os elementos necessários para desenharmos a árvore de probabilidades e para construirmos os caminhos de probabilidades, mas não se contentar apenas com isso, de modo que nos revelar ainda um **FATO**, estaremos diante de uma questão da nossa já conhecida **probabilidade condicional**.

Retornemos novamente ao nosso enunciado, para ver se entendemos o que está sendo solicitado por esta questão.

Na terceira e última parte do enunciado temos uma pergunta! Vejamos:

"Há apenas dois modos, mutuamente excludentes, de Genésio ir para Genebra participar de um congresso: ou de navio ou de avião. A probabilidade de Genésio ir de navio é de 40% e de ir de avião é de 60%. Se ele for de navio, a probabilidade de chegar ao congresso com dois dias de atraso é de 8,5%. Se ele for de avião a probabilidade de chegar ao congresso com dois dias de atraso é de 1%. Sabe-se que Genésio chegou com dois dias de atraso para participar do congresso em Genebra. A probabilidade de ele ter ido de avião é:"

Sabendo que esta é a pergunta da questão, só nos falta verificar uma coisa: foi fornecido pelo enunciado aquela informação adicional? Aquele **FATO DADO**? **Sim**!

E qual foi mesmo esse fato dado? Foi que Genésio chegou atrasado!

Daí, o que a questão está mesmo querendo saber é o seguinte:

"Qual a probabilidade de Genésio ter ido de avião, dado que chegou atrasado?"

Essa é a pergunta da **probabilidade condicional**. Por que condicional? Porque está submetida a uma **condição**.

Qual condição, my teachers?

A de que exista um **FATO** que nós estamos certos que ocorreu!

Adequando a pergunta para o **modelo** da probabilidade condicional, temos:

> ***"Qual a probabilidade de ocorrência de um evento "A", dado que sabemos que ocorreu um evento "B"?***

Perceba que o que virá após o **dado** será sempre o **FATO** fornecido pelo enunciado. Daí, para respondê-la, teremos que aplicar a fórmula:

$$P(A|B)=\frac{P(A\cap B)}{P(B)}$$

No caso da nossa questão, a fórmula será:

P(avião dado atrasado) = P(avião E atrasado) / P(atrasado)

Vejamos que o numerador dessa fórmula **P(avião E atrasado)** trata justamente do terceiro **caminho de probabilidade**:

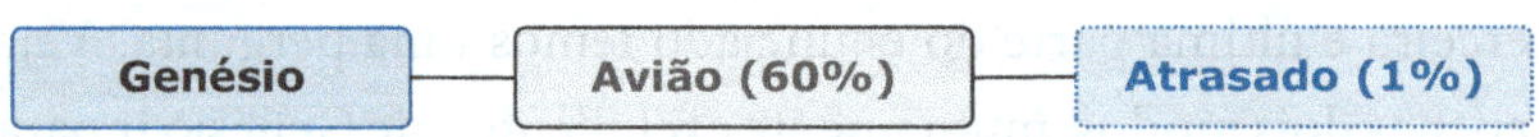

Multiplicando-se as *probabilidades individuais* desse caminho, teremos:

(0,60) x (0,01)= ***0,006 = 0,6%***

Na linguagem da probabilidade, diremos:

P(avião E atrasado)=0,006

Por sua vez, o denominador da fórmula, **P(atraso)**, corresponde a dois caminhos (1º e 3º), os quais nos conduzem ao resultado "chegar atrasado". E são justamente os seguintes:

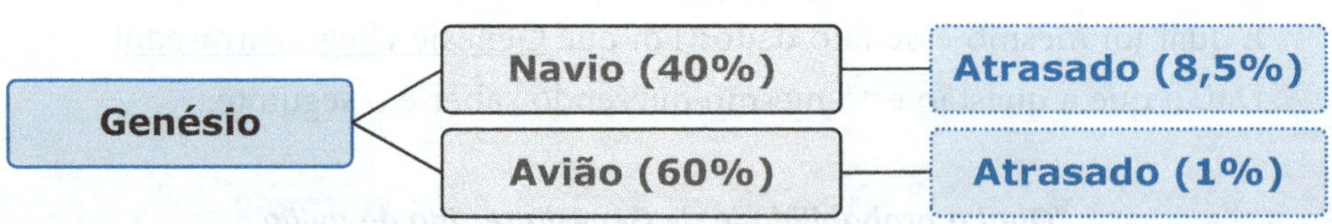

Ora, como são dois os caminhos que nos conduzem ao resultado procurado, teremos que **somar** essas duas *probabilidades resultantes* de ambos.

Já sabemos que a probabilidade do 3º caminho é **P(avião E atrasado)=0,006**.

Daí, só resta calcular a probabilidade do 1º caminho. Daí, **multiplicando-se** as *probabilidades individuais* desse caminho, teremos:

(0,40) x (0,085)= ***0,034 = 3,4%***

Na linguagem da probabilidade, diremos: **P(navio E atrasado)=0,034**. Teremos, pois, que:

3,4% + 0,6% = ***0,04 = 4%***

Na linguagem da probabilidade, diremos: **P(atrasado)=0,04**.

Pronto! Dispondo de todos os elementos da fórmula da **probabilidade condicional**, chegaremos ao seguinte:

P(avião dado atraso) = P(avião E atraso) / P(atraso)

P(avião dado atraso) = 0,006 / 0,04 = ***0,15 = 15%***

3.10. Teorema de Bayes

O **Teorema de Bayes** nos diz que:

$$P\left(A_k|A\right)=\frac{P\left(A_k\right).(P(A\,|\,A_k)}{\sum_{k=1}^{n}P\left(A_k\right).P(A\,|\,A_k)}$$

Vixi, professores! Isso é para comer ou passar no cabelo???Explica melhor, por favor!

Calma, colega. Tudo ficará mais claro por meio de algumas questões que resolveremos. Garanto que você ainda terá o "Bayes" como um parceiro! (rs)

Veja como esse assunto já foi cobrado!

QUESTÃO 10 (ESAF/MF/ATA/2014) Considere que há três formas de Ana ir para o trabalho: de carro, de ônibus e de bicicleta. Em 20% das vezes ela vai de carro, em 30% das vezes de ônibus e em 50% da vezes de bicicleta. Do total das idas de carro, Ana chega atrasada em 15% delas, das idas de ônibus, chega atrasada em 10% delas e, quando vai de bicicleta, chega atrasada em 8% delas.

Sabendo-se que um determinado dia Ana chegou atrasada ao trabalho, a probabilidade de ter ido de carro é igual a:

a) 20% b) 40% c) 60% d) 50% e) 30%

RESOLUÇÃO:

Se você, ao ler o enunciado dessa questão, pensou em fazer a **Árvore de Probabilidades**, então parabéns, essa é a ideia correta!

Sejam os eventos:

A: Ana chega atrasada ao trabalho;

$\bar{A}$: Ana chega ao trabalho em tempo (é o evento complementar de A);

A_1: Ana vai ao trabalho de carro;

A_2: Ana vai ao trabalho de ônibus;

A_3: Ana vai ao trabalho de bicicleta.

São fornecidos os seguintes dados:

- $P(A_1) = 0{,}2$
- $P(A_2) = 0{,}3$
- $P(A_3) = 0{,}5$
- $P(A|A_1) = 0{,}15$
- $P(A|A_2) = 0{,}1$
- $P(A|A_3) = 0{,}08$

Pronto! Já temos condições de desenhar a nossa árvore de probabilidades:

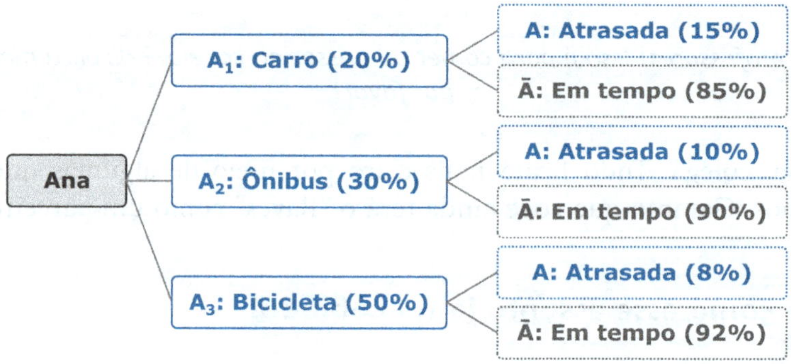

O nosso objetivo consiste em obter a probabilidade de Ana ter ido ao trabalho de **carro**, dado que chegou **atrasada ($P(A_1|A)$)**.

Perceba que agora temos um caso diferente. Até então, utilizávamos a técnica do caminho de probabilidades a fim de encontrar a chance da realização de um evento na segunda parte do "galho" dada a certeza de ocorrência de um evento na primeira parte do "galho". No entanto, agora queremos justamente o contrário. Portanto:

Teorema de Bayes

Queremos calcular a probabilidade de um evento da primeira parte do "galho" dada a certeza de ocorrência de um evento da segunda parte do "galho".

Aplicando, então, a fórmula do **Teorema de Bayes**, teremos:

$$P(A_1|A) = \frac{P(A_1) \cdot P(A|A_1)}{P(A_1) \cdot P(A|A_1) + P(A_2) \cdot P(A|A_2) + P(A_3) \cdot P(A|A_3)}$$

$$P(A_1|A) = \frac{0{,}20 \cdot 0{,}15}{0{,}20 \cdot 0{,}15 + 0{,}30 \cdot 0{,}10 + 0{,}50 \cdot 0{,}08}$$

$$P(A_1|A) = 0{,}30 = 30\%$$

Gabarito: E.

QUESTÃO 11 (ESAF – Estatístico/MIN/2012) O diagnóstico para uma grave doença que atinge 20% da população adulta em determinada região é feito por um invasivo exame que produz resultado positivo ou negativo. Pesquisas mostraram que esse exame produz um resultado falso positivo em 10% dos casos e produz um resultado falso negativo em 40% dos casos. Se uma pessoa adulta desta região fizer o exame e o resultado for negativo, indique qual a probabilidade de essa pessoa ter a doença.

a) 20% b) 15% c) 10% d) 5% e) 0%

RESOLUÇÃO:

Vamos desenhar a nossa **árvore de probabilidades**:

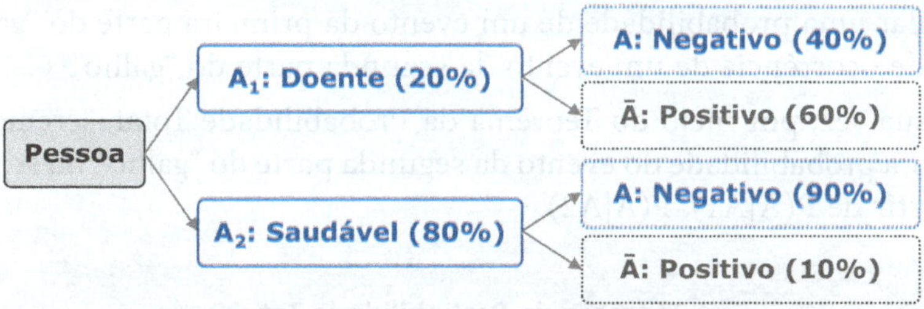

O nosso objetivo consiste em obter a probabilidade de uma pessoa adulta desta região fazer o exame, o resultado ser negativo e ter a doença **($P(A_1|A)$)**.

Note que pedimos uma probabilidade de um evento da primeira parte do "galho", dada a probabilidade de um evento da segunda parte do galho. Aplicando, então, a fórmula do **Teorema de Bayes**, teremos:

$$P(A_1|A) = \frac{P(A_1) \cdot P(A|A_1)}{P(A_1) \cdot P(A|A_1) + P(A_2) \cdot P(A|A_2)}$$

$$P(A_1|A) = \frac{\overbrace{P(A_1)}^{0,20} \cdot \overbrace{P(A|A_1)}^{0,40}}{\underbrace{P(A_1)}_{0,20} \cdot \underbrace{P(A|A_1)}_{0,40} + \underbrace{P(A_2)}_{0,8} \cdot \underbrace{P(A|A_2)}_{0,9}}$$

$$P(A_1|A) = 0{,}10 = 10\%$$

Gabarito: C.

3.11. Teorema da Probabilidade Total

O **Teorema da Probabilidade Total** nos diz que:

$$P\left(A\right) = \sum_{k=1}^{n} P(A \mid A_k).\, P\left(A_k\right)$$

Você verá que as questões envolvendo o Teorema da Probabilidade Total são bem parecidos com os que tratam do Teorema de Bayes. O que vai mudar é o pedido feito no enunciado.

De fato, acabamos de estudar que usamos o Teorema de Bayes quando queremos calcular uma probabilidade de um evento da primeira parte do "galho" dada a certeza de ocorrência de um evento da segunda parte do "galho".

Por sua vez, por meio do Teorema da Probabilidade Total, seremos capazes de calcular a probabilidade do evento da segunda parte do "galho", ou seja, calcular P(A) a partir de P(A|A1), P(A|A2).

Teorema da Probabilidade Total

Queremos calcular a probabilidade de um evento da segunda parte do "galho" dada a certeza de ocorrência de um evento da primeira parte do "galho".

Para não restar nenhuma dúvida, a dica é:

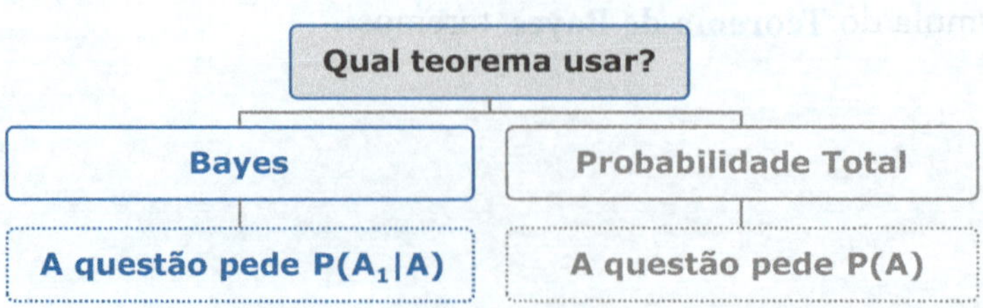

Veja como esse assunto já foi cobrado!

QUESTÃO 12 (ESAF – AFC/STN/2000) Uma companhia preocupada com sua produtividade costuma oferecer cursos de treinamento a seus operários. A partir da experiência, verificou-se que um operário, recentemente admitido, que tenha frequentado o curso de treinamento tem 82% de probabilidade de cumprir sua quota de produção. Por outro lado, um operário, também recentemente admitido, que não tenha frequentado o mesmo curso de treinamento, tem apenas 35% de probabilidade de cumprir com sua quota de produção. Dos operários recentemente admitidos, 80% frequentaram o curso de treinamento. Selecionando-se, aleatoriamente, um operário recentemente admitido na companhia, a probabilidade de que ele não cumpra sua quota de produção é

a) 11,70% b) 27,40% c) 35% d) 83% e) 85%

RESOLUÇÃO:

Sejam os eventos:

A: Cumpre a quota de produção;

Ā: não cumpre a quota de produção (é o evento complementar de A);

A_1: Ocorre quando o funcionário escolhido aleatoriamente participou do treinamento;

A_2: Ocorre quando o funcionário escolhido aleatoriamente não participou do treinamento.

São fornecidos os seguintes dados:

- $P(A_1) = 80\%$
- $P(A|A_1) = 82\%$
- $P(\bar{A}|A_1) = 18\%$
- $P(A_2) = 20\%$
- $P(A|A_2) = 35\%$
- $P(\bar{A}|A_2) = 65\%$

Pronto! Já temos condições de desenhar a nossa **árvore de probabilidades:**

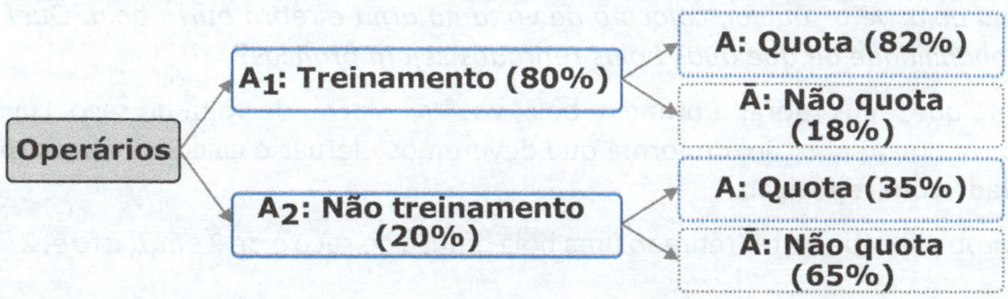

O nosso objetivo consiste em obter a probabilidade de que um funcionário escolhido aleatoriamente **não cumpra sua quota** de produção (**P(Ā)**).

Note que o solicitado pela questão é uma probabilidade de um evento da segunda parte do "galho". Aplicando, então, a fórmula do **Teorema da Probabilidade Total**, teremos:

$$P(\bar{A}) = P(\bar{A}|A_1) \cdot P(A_1) + P(\bar{A}|A_2) \cdot P(A_2)$$

$$P(\bar{A}) = \underbrace{P(\bar{A}|A_1)}_{0{,}18} \cdot \underbrace{P(A_1)}_{0{,}8} + \underbrace{P(\bar{A}|A_2)}_{0{,}65} \cdot \underbrace{P(A_2)}_{0{,}20}$$

$$P(\bar{A}) = 0{,}274 = 27{,}40\%$$

Gabarito: B.

4. PROBABILIDADE COM ANÁLISE COMBINATÓRIA

Esse é o segundo tipo de questões de Probabilidade. Na realidade, a maior parte do trabalho envolvido na resolução do problema será aplicar o conhecimento sobre **análise combinatória**. Daí, bastará fazer o **cálculo da probabilidade** (resultados favoráveis ÷ resultados possíveis).

Bem, aqui a teoria será mínima. Passemos, então, aos comentários das questões. Antes, porém, queremos passar algumas dicas fundamentais:

DICA 1
Cálculo de probabilidades com e sem reposição

Um tipo de problema muito comum em questões de concursos segue o seguinte modelo:

Uma urna possui 2 bolas brancas, 3 bolas pretas e 2 bolas azuis. Você retira uma bola, vê a sua cor, coloca-a de volta na urna e retira outra bola. Qual a probabilidade de que duas bolas retiradas sejam brancas?

Note que, após retirar a primeira bola, você a colocou de volta no saco. Logo, houve uma reposição, de forma que deveremos efetuar o cálculo da **probabilidade com reposição**.

A probabilidade de ter retirado uma bola branca do saco é de 2 em 7, isto é, **2/7**.

Como você devolveu esta bola ao saco, a probabilidade de retirar outra bola branca é novamente de **2/7**.

Temos dois eventos independentes, portanto a probabilidade combinada será a **multiplicação** dessas duas:

2/7 x 2/7 = **4/49**

No entanto, e se o exercício dissesse que você não coloca de volta na urna a bola que retirou?

Estaríamos diante de um cálculo de **probabilidades sem reposição**.

Nesse caso, a probabilidade de retirar uma bola branca inicialmente continua igual: ***2/7***.

Já no momento de retirar a segunda bola, teremos **apenas 6 bolas** dentro da urna, sendo que destas apenas 1 é branca.

Portanto, a probabilidade de retirá-la não é mais de 2/7, e sim ***1/6***. Assim, a probabilidade de retirar duas bolas brancas da urna será:

2/7 x 1/6 = 2/42 = **1/21**

Outra forma de efetuar esse último cálculo é observando que o número de conjuntos de duas bolas que podemos formar com 7 bolas é igual à combinação de 7, tomadas 2 a 2:

C(7,2) = 21

E o número de conjuntos de 2 bolas que podemos formar apenas com as 2 bolas brancas é igual a ***C(2,2) = 1***. Portanto, a probabilidade de tirar exatamente duas bolas brancas, sem reposição, é **P = 1/21**.

Vamos à segunda dica:

DICA 2

Se os elementos forem retirados **simultaneamente**, a ordem entre eles não é importante; se os elementos forem retirados **um após o outro**, a ordem **é importante**.

Veja como esse assunto já foi cobrado!

QUESTÃO 13 (CEBRASPE – TBN/CEF/2014) Para utilizar o autoatendimento de certo banco, o cliente deve utilizar uma senha silábica composta por três sílabas distintas. Para que possa acessar a sua conta em um caixa eletrônico, o cliente deve informar a sua senha silábica da seguinte maneira:

- primeiramente, é apresentada uma tela com 6 conjuntos de 4 sílabas distintas cada um, dos quais apenas um contém a primeira sílaba da senha do cliente, que deve, então, selecionar esse conjunto;
- em seguida, é apresentada uma segunda tela com 6 novos conjuntos de 4 sílabas distintas cada um, dos quais apenas um contém a segunda sílaba da senha do cliente, que deve, então, selecionar esse conjunto;
- finalmente, é apresentada uma terceira tela com 6 novos conjuntos de 4 sílabas distintas cada um, dos quais apenas um contém a terceira sílaba da senha do cliente, que deve, então, selecionar esse conjunto.

A informação da senha silábica só será considerada correta se cada uma das 3 sílabas que compõem essa senha for informada na ordem solicitada: a primeira sílaba deverá estar no conjunto selecionado na primeira tela; a segunda sílaba, no conjunto selecionado na segunda tela; e a terceira sílaba, no conjunto selecionado na terceira tela.

Com base nessas informações, julgue o próximo item.

Se um indivíduo conseguir visualizar e anotar os 3 conjuntos de 4 sílabas selecionados corretamente por um cliente em um terminal de autoatendimento e, em seguida, listar todas as possibilidades para a senha silábica desse cliente, para, então, escolher uma dessas possíveis senhas, a probabilidade de que essa escolha coincida com a senha do correntista será inferior a 0,01.

RESOLUÇÃO:

Fica mais fácil imaginarmos uma situação concreta. Por exemplo, suponha que os três conjuntos sejam:

- Ba, La, Ca, Da
- Be, Le, Ce, De
- Bi, Li, Ci, Di

Daí, o indivíduo que deseja descobrir a senha do correntista listará todas as possibilidades. Logo:

- <u>Primeira sílaba</u>: 4 possibilidades (Ba, La, Ca, Da);
- <u>Segunda sílaba</u>: 4 possibilidades (Be, Le, Ce, De);

- Terceira sílaba: 4 possibilidades (Bi, Li, Ci, Di).

Aplicando o **PFC**, temos:

4 x 4 x 4 = **64**

São **64 possibilidades** de senhas, sendo que apenas uma dessas é a correta. Logo, a chance de escolher a senha correta é de:

$$\frac{1}{64}$$

Ora, essa fração é **maior que 1/100**.

Gabarito: Errado.

QUESTÃO 14 (CEBRASPE – TBN/CEF/2014) Se um cliente esquecer completamente a sua senha silábica, a probabilidade de ele acertá-la em uma única tentativa, escolhendo aleatoriamente um conjunto de sílabas em cada uma das três telas que forem apresentadas pelo terminal de autoatendimento, será inferior a 0,005.

RESOLUÇÃO:

O enunciado afirma que em cada tela são apresentadas ao correntista **6 possibilidades**. Aplicando o **PFC**, temos:

6 x 6 x 6 = **216**

Infelizmente, o esquecido cliente só tem uma única chance para acertar a sequência. Logo, é **1 resultado favorável** em **216 possíveis**. Calculando a probabilidade, temos:

$$P = \frac{1}{216} = 0{,}0046$$

Veja que esse valor, de fato, é **inferior a 0,005**.

Gabarito: Certo.

QUESTÃO 15 (CEBRASPE/PF/Agente/2014) Um batalhão é composto por 20 policiais: 12 do sexo masculino e 8 do sexo feminino. A região atendida pelo batalhão é composta por 10 quadras e, em cada dia da semana, uma dupla de policiais polícia cada uma das quadras.

Com referência a essa situação, julgue o item subsequente.

Caso as duplas de policiais sejam formadas aleatoriamente, então a probabilidade de que em determinado dia os policiais que policiarão determinada quadra sejam do mesmo sexo será superior a 0,5.

RESOLUÇÃO:

O **total de duplas** de policiais que podemos formar é dado pela seguinte combinação, sabendo que a dupla Bruno e Sophia é a mesma que Sophia e Bruno:

$$C_{20,2}=\frac{20x19}{2}=190$$

Já o total de duplas com dois homens que podem ser formadas é dado pela combinação:

$$C_{12,2}=\frac{12x11}{2}=66$$

Por fim, o total de duplas com duas mulheres que podem ser formadas é dado pela combinação:

$$C_{8,2}=\frac{8x7}{2}=28$$

Logo, o total de casos favoráveis é 66 + 28 = 94. Calculando a **probabilidade**, temos

$$P=\frac{94}{190}=0,494$$

Veja que esse valor é **inferior a 0,5**.

Gabarito: Errado.

5. RESUMO

A **probabilidade** tem como finalidade o estudo da possibilidade ou **chance de acontecer** um determinado evento.

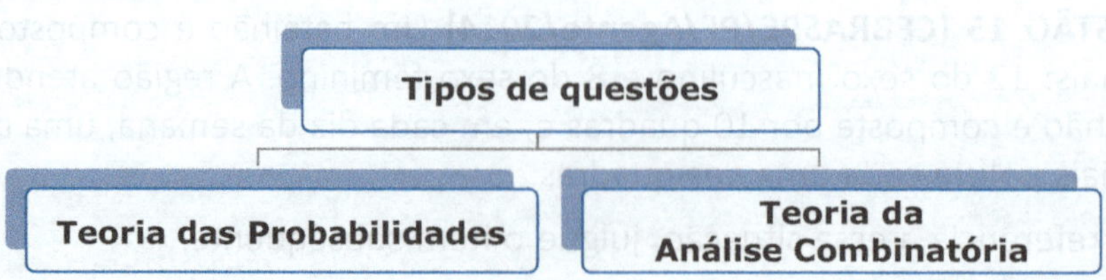

Há três **conceitos fundamentais** que temos que passar a conhecer imediatamente: **experimento aleatório**, **espaço amostral** e **evento**.

Experimento Aleatório é aquele que, mesmo repetido diversas vezes sob condições idênticas, pode apresentar RESULTADOS DIFERENTES.

Espaço Amostral é o conjunto "S" de todos os RESULTADOS POSSÍVEIS de um experimento aleatório.

Dizemos que um espaço amostral é **equiprovável** quando seus elementos têm a **mesma chance de ocorrer**.

Evento é qualquer subconjunto do espaço amostral. Portanto, é o resultado desejado ou favorável.

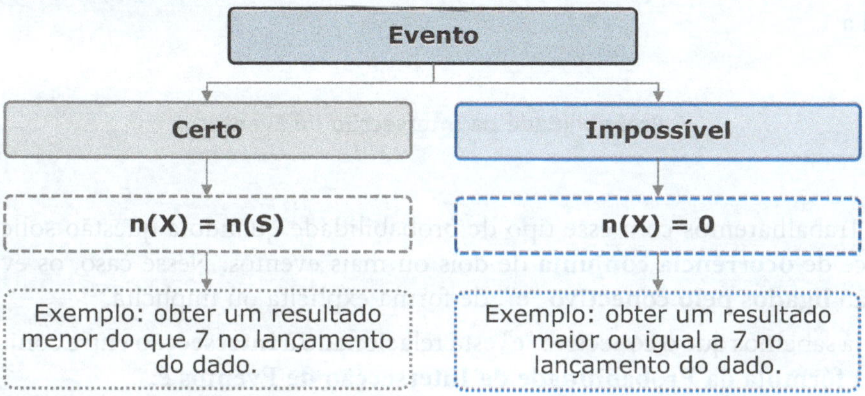

A probabilidade de ocorrência de um evento **X**, num determinado experimento aleatório, considerando que cada elemento do espaço amostral desse experimento tem a **mesma chance de ocorrer**, será calculada por:

$$P(X) = \frac{n(X)}{n(S)} = \frac{\text{nº de resultados favoráveis}}{\text{nº de resultados possíveis}}$$

Existe um padrão a ser seguido na resolução das questões de probabilidade:

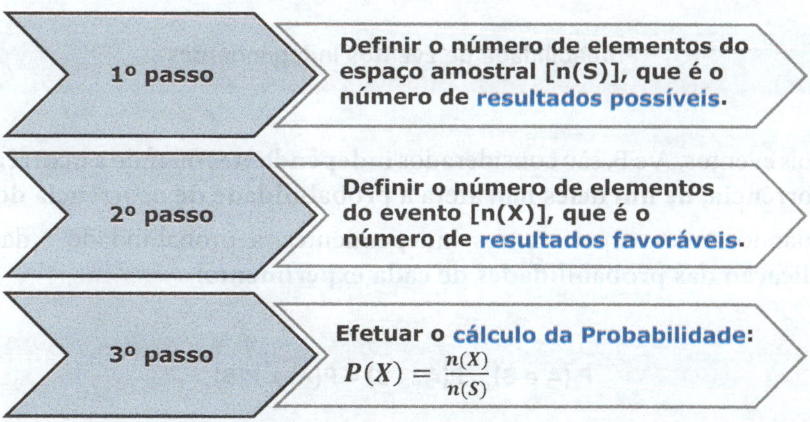

1º) **A probabilidade tem valor máximo 100%**. Esse é o caso do **evento certo.**

Já sabemos que o contrário do evento certo é o **impossível**, cuja probabilidade de ocorrência é de 0%.

Com isso, chegamos a uma conclusão fundamental:

$$0 \leq P(X) \leq 1$$

2º) **A soma das probabilidades de cada elemento do espaço amostral é igual a 1**.

Probabilidade da Intersecção de Eventos

Trabalharemos com esse tipo de probabilidade quando a questão solicitar a chance de **ocorrência conjunta** de dois ou mais eventos. Nesse caso, os eventos estarão **ligados pelo conectivo "e"**, de forma explícita ou implícita.

Já sabemos que o conectivo "e" está relacionado à **intersecção** entre conjuntos. Daí, a **fórmula da Probabilidade da Intersecção de Eventos** é:

$$P(A \text{ e } B) = P(A) \times P(B|A)$$

Em que **P(B|A)** é a **probabilidade de ocorrer o evento B sabendo que o evento A já ocorreu**. Enfim, chamamos de **Probabilidade de B dado A**. Também denominamos essa fórmula de Regra do E.

Probabilidade de Eventos Independentes

Dois eventos, A e B, são considerados **independentes** quando **a ocorrência, ou não ocorrência, de um deles não afeta a probabilidade de ocorrência do outro**.

Quando temos experimentos independentes, a probabilidade é dada pela **multiplicação das probabilidades de cada experimento**:

$$P(A \text{ e } B) = P(A \cap B) = P(A) \times P(B)$$

Em que ∩ simboliza a **intersecção** entre os eventos A e B. Portanto, podemos afirmar que:

Dois eventos, A e B, são **independentes** se, e somente se, ocorrer a igualdade:

P (A e B) = P(A) x P(B)

Já no caso de **três eventos**, a independência assumirá o seguinte conceito:

Três eventos, A, B e C, são **independentes** se, e somente se, ocorrerem as seguintes igualdades:

$$P(A \cap B \cap C) = P(A) \times P(B) \times P(C)$$

$$P(A \cap B) = P(A) \times P(B)$$

$$P(A \cap C) = P(A) \times P(C)$$

$$P(B \cap C) = P(B) \times P(C)$$

Probabilidade de Eventos Mutuamente Excludentes

Dois eventos, A e B, são **mutuamente excludentes** se eles **não podem ocorrer simultaneamente**. Portanto, se um evento ocorre, então o outro certamente não ocorre.

E podemos tirar as seguintes conclusões diante de dois eventos **mutuamente excludentes**, A e B:

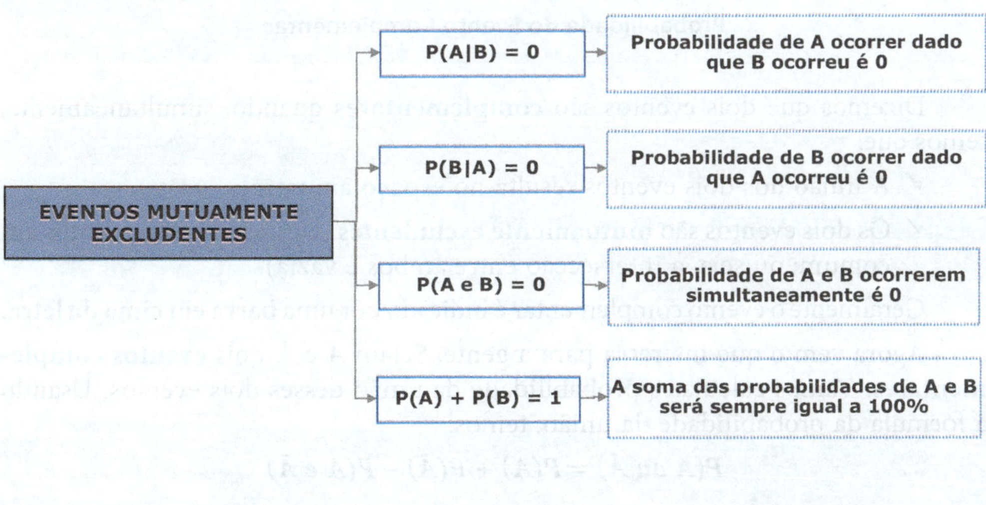

Em termos gráficos, dois eventos (A e B) mutuamente excludentes são representados por **dois círculos sem intersecção**. Logo, **A ∩ B** = ∅.

Probabilidade da União de Dois Eventos

Trabalharemos com esse tipo de probabilidade quando a questão trouxer uma pergunta referente a dois eventos, **ligados entre si pelo conectivo "ou"**, de forma explícita ou implícita.

Já sabemos que o conectivo "ou" está relacionado à **união** entre conjuntos. Daí, a fórmula da Probabilidade da União de Eventos é:

P(A ou B) = P(A) + P(B) – P(A e B)

Também chamamos essa fórmula de **Regra do OU**.

Note que a terceira parcela dessa fórmula [**P(A e B)**] trata da probabilidade de ocorrência **simultânea** dos eventos A e B.

BIZU!

OU → ∪ → somar

E → ∩ → multiplicar

Se A e B forem **mutuamente excludentes**, a fórmula se reduz a:

P(A ou B) = P(A) + P(B)

Probabilidade do Evento Complementar

Dizemos que dois eventos são **complementares** quando, simultaneamente, temos que:

- ✓ A união dos dois eventos resulta no **espaço amostral**;
- ✓ Os dois eventos são **mutuamente excludentes** (eles não têm elementos em comum; ou seja, a intersecção entre ambos é vazia).

Geralmente o evento complementar é indicado por uma **barra em cima da letra**.

Agora vem o que interessa para a gente. Sejam *A* e Ā dois **eventos complementares**. Vamos calcular a probabilidade da união desses dois eventos. Usando a fórmula da probabilidade da união, temos:

$$P(A\ ou\ \bar{A}) = P(A) + P(\bar{A}) - P(A\ e\ \bar{A})$$

Acabamos de ver que a **intersecção** entre eventos complementares é **vazia**. Sua **probabilidade é nula**. Logo:

$$P(A \text{ ou } \bar{A}) = P(A) + P(\bar{A}) - 0$$

$$P(A \text{ ou } \bar{A}) = P(A) + P(\bar{A})$$

E nós vimos também que a **união** entre eventos complementares é justamente o espaço amostral. A **probabilidade de ocorrer o espaço amostral é sempre igual a 1**. Logo:

$$1 = P(A) + P(\bar{A})$$

E é esse o resultado que buscávamos! Portanto, a **probabilidade de eventos complementares** é dada pela seguinte fórmula:

$$1 = P(A) + P(\bar{A})$$

Ou:

$$P(\bar{A}) = 1 - P(A)$$

6. MAIS QUESTÕES COMENTADAS

QUESTÃO 16 (ESAF/MTur/Estatístico/2014) Dois eventos, A e B, são ditos independentes quando:

a) P(A|B) = P(B)

b) P(B|A) = 1 – P(B)

c) P(A|B) = P(A)

d) P(A ∩ B) = 0

e) P(A U B) = P(A).P(B)

RESOLUÇÃO:

Questão bem conceitual e de resolução prática, não é mesmo?!

Bastaria saber que, no caso de **eventos independentes**, a **probabilidade de o evento A ocorrer dado que B ocorreu, simbolizada por P(A|B), será sempre igual a P(A)**. Portanto:

$$P(A|B) = P(A)$$

Gabarito: C.

QUESTÃO 17 (CESPE – AJ/TRE-ES/2011) A relação P(A ∩ B) = P(A|B) x P(B) é válida somente se A e B forem eventos independentes.

RESOLUÇÃO:

A relação que é válida somente para eventos independentes é:

$$P\ (A \cap B) = P(A)\ x\ P(B)$$

Já a relação trazida pelo enunciado é sempre válida, independentemente se os eventos são independentes ou não.

Gabarito: Errado.

QUESTÃO 18 (CEBRASPE/ABIN/Ofic Intel/2018) Como forma de melhorar a convivência, as famílias Turing, Russell e Gödel disputaram, no parque da cidade, em um domingo à tarde, partidas de futebol e de vôlei. O quadro a seguir mostra os quantitativos de membros de cada família presentes no parque, distribuídos por gênero.

Família	Masculino	Feminino
Turing	5	7
Russell	6	5
Gödel	5	9

A partir dessa tabela, julgue o item subsequente.

Considere que, em eventual sorteio de brindes, um nome tenha sido retirado, ao acaso, do interior de uma urna que continha os nomes de todos os familiares presentes no evento. Nessa situação, sabendo-se que o sorteado não é uma mulher da família Gödel, a probabilidade de ser uma mulher da família Russell será superior a 20%.

RESOLUÇÃO:

Temos 37 pessoas no total. Como o sorteado **não** é uma mulher da família Gödel, sobram 37 – 9 = 28 casos possíveis para o sorteado.

Por sua vez, as mulheres da família Russell são 5, de modo que a probabilidade de a pessoa sorteada ser uma delas é de:

$$\mathbf{P} = 5/28 = 0{,}178 = \mathbf{17{,}8\%}$$

Assim, o item está **errado** ao afirmar que a probabilidade seria superior a 20%.

Gabarito: Errado.

QUESTÃO 19 (CEBRASPE/PF/Agente/2018) Em um aeroporto, 30 passageiros que desembarcaram de determinado voo e que estiveram nos países A, B ou C, nos quais ocorre uma epidemia infecciosa, foram selecionados para ser examinados. Constatou-se que exatamente 25 dos passageiros selecionados estiveram em A ou em B, nenhum desses 25 passageiros esteve em C e 6 desses 25 passageiros estiveram em A e em B.

Com referência a essa situação hipotética, julgue o item que se segue.

Se 2 dos 30 passageiros, selecionados forem escolhidos ao acaso, então a probabilidade de esses 2 passageiros terem estado em 2 desses países é inferior a 1/30.

RESOLUÇÃO:

A quantidade de maneiras para selecionar 2 passageiros dentre os 30 é dada por:

$$C(30,2)=\frac{30!}{2!\times(30-2)!}=\frac{30\times 29}{2}=435$$

O enunciado informa que há 6 passageiros que estiveram em 2 desses países. Assim, a quantidade de maneiras possíveis para escolher 2 passageiros que já estiveram em 2 países é dada por:

$$C(6,2)=\frac{6!}{2!\times(6-2)!}=\frac{6\times 5}{2}=15$$

Dessa forma, a probabilidade exigida pela questão é dada por:

$$\boldsymbol{P}=\frac{15}{435}=\frac{1}{29}$$

Repare que o número encontrado é **superior a 1/30** (seu denominador é menor).

Gabarito: Errado.

QUESTÃO 20 (CESPE – TEFC/TCU/2004) Um baralho comum contém 52 cartas de 4 tipos (naipes) diferentes: paus (♣), espadas (♠), copas (♥) e ouros (♦). Em cada naipe, que consiste de 13 cartas, 3 dessas cartas contêm as figuras do rei, da dama e do valete, respectivamente. Com base nessas informações, julgue o item subsequente.

A probabilidade de se extrair uma carta e ela conter uma figura ou ser uma carta de paus é igual a 11/26.

RESOLUÇÃO:

Essa questão é uma verdadeira aula de baralho, não é mesmo? (rs)

Sejam os seguintes eventos:

A: Ocorre quando, selecionando-se aleatoriamente uma carta, ela é uma figura.

B: Ocorre quando, selecionando-se aleatoriamente uma carta, ela é de paus.

No baralho, temos 12 figuras, com 3 de cada naipe. Logo, são 12 resultados favoráveis em 52 possíveis. Daí a **probabilidade** será:

$$P(A)=\frac{12}{52}$$

De forma similar, no baralho, temos 13 cartas de paus, resultando em 13 casos favoráveis em 52 possíveis. Daí a **probabilidade** será:

$$P(A)=\frac{13}{52}$$

E três cartas são, ao mesmo tempo, figuras e de paus. Daí a **probabilidade da interseção** será:

$$P(A\cap B)=\frac{3}{52}$$

Nosso objetivo consiste em obter probabilidade de se extrair uma carta e ela conter uma figura **OU** ser uma carta de paus. Assim, utilizaremos a fórmula da **probabilidade da união**:

$$P(A\cup B)=P(A)+P(B)-P(A\cap B)$$

$$P(A\cup B)=\frac{12}{52}+\frac{13}{52}-\frac{3}{52}=\frac{22}{52}=\frac{11}{26}$$

Gabarito: Certo.

QUESTÃO 21 (CESPE – Ana/MPU/2010) A probabilidade de haver atraso na entrega de um pedido de uma diligência investigatória é igual a 0,20. Se esse atraso se concretizar, a probabilidade de ocorrer atraso no início dessa diligência é igual a 0,25. Mas, caso não haja atraso nessa entrega, a probabilidade de ocorrer atraso no início dessa diligência passa a ser igual a 0,15.

Com base nessas informações, a partir dos eventos A = atraso na entrega de um pedido de uma diligência investigatória e B = atraso no início da diligência. Julgue o próximo item.

A probabilidade de ocorrer o evento A ∩ B é inferior a 10%.

RESOLUÇÃO:

Sejam os seguintes eventos:

A: Ocorrer atraso na entrega de um pedido de uma diligência investigatória;

B: Ocorrer atraso no início da diligência.

Daí, o enunciado fornece os seguintes dados:

P(A) = 0,2

P(B|A) = 0,25

P(B|Ā) = 0,15

O nosso objetivo consiste em obter a probabilidade de ocorrer o evento **A ∩ B**.

Aplicando a fórmula da **probabilidade condicional**, teremos:

$$P(B|A) = \frac{P(A \cap B)}{P(A)}$$

$$0{,}25 = \frac{P(A \cap B)}{0{,}2}$$

$$P(A \cap B) = 0{,}25 x 0{,}2 = 0{,}05 = 5\%$$

A probabilidade desejada é de **5%**, que é **inferior a 10%**.

Gabarito: Certo.

QUESTÃO 22 (CEBRASPE/CADE/NS/2014) Em uma escola, uma pesquisa entre seus alunos, acerca de práticas esportivas de futebol, voleibol e natação revelou que cada um dos entrevistados pratica pelos menos um desses esportes. As quantidades de alunos entrevistados que praticam esses esportes estão demonstrados na tabela abaixo.

Esporte	futebol	voleibol	natação	voleibol e futebol	voleibol e natação	futebol e natação	futebol, voleibol e natação
Nº de alunos praticantes	505	250	80	113	17	29	9

Com base nas informações e na tabela acima, julgue o próximo item.

Escolhendo-se um aluno ao acaso, entre os entrevistados, a probabilidade de ele praticar natação é inferior a 10%.

RESOLUÇÃO:

Vamos desenhar um diagrama a fim de representar as quantidades exatas de alunos em cada tipo de prática esportiva:

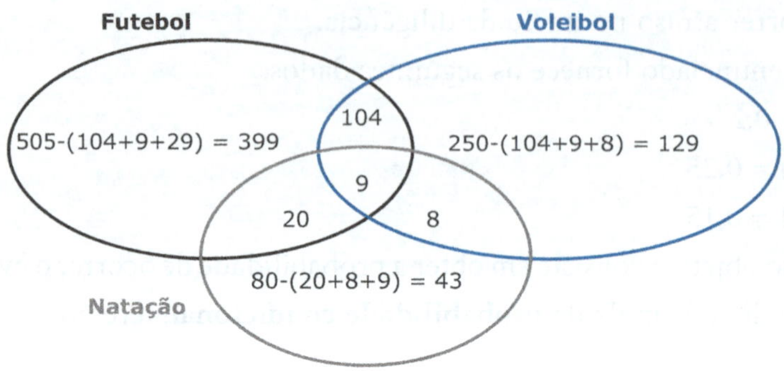

Daí, é possível observar que o total de alunos entrevistados foi de:

$$43 + 8 + 129 + 104 + 9 + 20 + 399 = \mathbf{712}$$

Nosso objetivo consiste em obter a probabilidade de, escolhendo-se um aluno ao acaso, entre os entrevistados, ele **praticar natação**.

A quantidade de alunos que praticam natação é:

$$43 + 8 + 9 + 20 = \mathbf{80}$$

Logo, temos **80 resultados favoráveis** em **712 possíveis**. Calculando a probabilidade, temos:

$$P = \frac{Resultados\ favoráveis}{Resultados\ possíveis} = \frac{80}{712} = 0{,}11 = 11\%$$

Veja que o valor acima é **superior a 10%**.

Gabarito: Errado.

QUESTÃO 23 (CEBRASPE – AnaTA/CADE/2014)

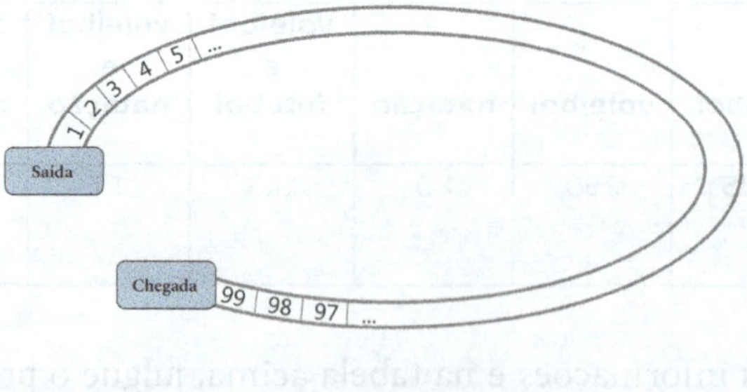

A figura acima ilustra parte de um jogo de tabuleiro com 100 casas, numeradas de 1 a 100, em que a centésima é denominada casa de chegada. O movimento das peças é determinado pelo jogo de um dado de seis faces numeradas de 1 a 6. Os jogadores vão se alternando no lançamento do dado e movimentando suas peças até que cheguem à casa de número 100. Para movimentar a sua peça, o jogador deverá lançar o dado e respeitar as seguintes regras:

– se o número obtido no lançamento do dado for superior a 3, o jogador deverá andar uma quantidade de casas igual a esse número;

– se o número obtido no lançamento do dado for inferior a 4, o jogador deverá andar uma quantidade de casas igual ao dobro desse número.

Tendo como referência essas informações, julgue o item seguinte, considerando que o dado utilizado seja equilibrado, isto é, a probabilidade de sair determinada face é a mesma para todas as faces.

Com um lançamento do dado, a probabilidade de que o resultado obtido permita que o jogador avance quatro casas com a sua peça é superior a 0,3.

RESOLUÇÃO:

Nosso objetivo consiste em obter a probabilidade de que o resultado obtido permita que o jogador **avance quatro casas** com a sua peça.

Ora, do exposto pelo enunciado, sabemos que existem duas formas de o jogador avançar quatro casas:

- **1ª forma: Resultado 2.**

Tal situação se enquadra na segunda regra, em que dobramos o valor. Logo, ele andará 2 x 2 = 4 casas.

- **2ª forma: Resultado 4.**

Aqui o enquadramento é na primeira regra, em que se anda justamente o valor obtido no dado, ou seja, quatro casas.

Assim, temos **2 casos favoráveis** em **6 possíveis**. Calculando a probabilidade, temos:

$$P = \frac{2}{6} = \frac{1}{3} = 0{,}333\ldots$$

Veja que esse valor é **superior a 0,3**.

Gabarito: Certo.

QUESTÃO 24 (CEBRASPE – Adm/SUFRAMA/2014) Uma pesquisa na qual os 40 alunos de uma disciplina deveriam responder SIM ou NÃO às perguntas P1 e P2 apresentadas a eles, mostrou o seguinte resultado:

- 28 responderam SIM à pergunta P1;
- 22 responderam SIM à pergunta P2;
- 5 responderam NÃO às 2 perguntas.

Com base nessas informações, julgue o item subsecutivo.

Selecionando-se ao acaso um desses alunos, a probabilidade de ele ter respondido SIM a pelo menos uma das perguntas será superior a 0,9.

RESOLUÇÃO:

Nosso objetivo consiste em obter a probabilidade de, selecionando-se ao acaso um dos alunos, ele ter **respondido SIM** a pelo menos uma das perguntas.

Ora, do exposto pelo enunciado, sabemos que 5 alunos responderam NÃO às duas perguntas. Logo, o restante respondeu SIM a pelo menos uma das perguntas:

$$40 - 5 = \mathbf{35}$$

Assim, temos **35 resultados favoráveis** em **40 possíveis**. Daí, A probabilidade será:

$$P = 35 / 40 = \mathbf{0,875} = \mathbf{87,5\%}$$

Veja que esse valor é **inferior a 0,9**.

Gabarito: Errado.

QUESTÃO 25 (CESPE – AA/PRF/2012) Considere os eventos A, B, C e D, definidos abaixo, relativos ao número de veículos por família em determinada cidade.

A = uma família possui 1 ou mais veículos;

B = uma família possui 2 ou mais veículos;

C = uma família possui 3 ou mais veículos;

D = uma família possui 4 ou mais veículos.

Considere, ainda, que as probabilidades de ocorrência desses eventos são: P(A) = 0,9; P(B) = 0,6; P(C) = 0,3 e P(D) = 0. Com base nessas informações, julgue o item que se segue.

Os eventos A e D são independentes.

RESOLUÇÃO:

Sabemos que:

Dois eventos, A e B, são **independentes** se, e somente se, ocorrer a igualdade:

P (A e B) = P(A) x P(B)

Na interseção, temos os elementos que pertencem aos dois conjuntos ao mesmo tempo, satisfazendo a:

- Conjunto A: têm 1 ou mais veículos;
- Conjunto D: têm 4 ou mais veículos.

É possível perceber que todas as famílias que pertencem a D também pertencem a A. Logo, o conjunto D está contido em A. Qual é o resultado disso?

$$A \cap D = D$$

Daí, teremos que:

$$P(A \cap D) = P(D) = 0$$

Ótimo! A probabilidade do produto será:

$$P(A) \times P(D) = 0{,}9 \times 0 = \mathbf{0}$$

Ocorreu a igualdade que esperávamos. Logo, os eventos A e D são **independentes**.

Gabarito: Certo.

QUESTÃO 26 (CESPE – Ana/INSS/2008)

perfil	A	B	C	total
número de trabalhadores (em milhões de pessoas)	3	8	8	19

Um projeto do governo tinha como objetivo atrair para o sistema previdenciário uma parcela de trabalhadores que não eram contribuintes do INSS. Na ocasião em que tal projeto havia sido proposto, pelos cálculos do governo, existiam no país 19 milhões de trabalhadores com mais de 16 anos e renda mensal de um ou mais salários mínimos que não contribuíam para a previdência. Esses trabalhadores foram classificados de acordo com três perfis A, B e C, e a distribuição do número de trabalhadores em cada perfil está no quadro acima. A expectativa do governo era a seguinte: entre as pessoas com o perfil A, a probabilidade de entrada para o sistema previdenciário era de 0,8; para as de perfil B, a probabilidade de entrada para o sistema era de 0,5 e os de perfil C entrariam no sistema com uma probabilidade igual a 0,1.

Correio Braziliense, 15/11/2006, p. A-14 (com adaptações).

Com base nas informações apresentadas no texto acima, julgue o item seguinte.

Na ocasião em que o projeto havia sido proposto, a probabilidade de uma pessoa entre os 19 milhões de trabalhadores entrar para o sistema previdenciário era superior a 0,35 e inferior a 0,40.

RESOLUÇÃO:

Sejam os eventos:

X: Ocorre quando a pessoa escolhida aleatoriamente ingressa no sistema previdenciário;

A: Ocorre quando a pessoa escolhida aleatoriamente tem o perfil A;

B: Ocorre quando a pessoa escolhida aleatoriamente tem o perfil B;

C: Ocorre quando a pessoa escolhida aleatoriamente tem o perfil C.

São fornecidos os seguintes dados:

- P(A) = 3/19
- P(B) = 8/19
- P(C) = 8/19
- P(X|A) = 0,8
- P(X|B) = 0,5
- P(X|C) = 0,1

O nosso objetivo consiste em obter a probabilidade de uma pessoa entre os 19 milhões de trabalhadores **entrar para o sistema previdenciário (P(X))**.

Aplicando, então, a fórmula do **Teorema da Probabilidade Total**, teremos:

$$P(X) = P(X|A) \times P(A) + P(X|B) \times P(B) + P(X|C) \times P(C)$$

$$P(X) = 0{,}8 \times \frac{3}{19} + 0{,}5 \times \frac{8}{19} + 0{,}1 \times \frac{8}{19} \approx 0{,}379$$

Gabarito: Certo.

QUESTÃO 27 (Cebraspe/PM-MA/Soldado/2017) Uma operação policial será realizada com uma equipe de seis agentes, que têm prenomes distintos, entre eles André, Bruno e Caio. Um agente será o coordenador da operação e outro, o assistente deste; ambos ficarão na base móvel de operações nas proximidades do local de realização da operação. Nessa operação, um agente se infiltrará, disfarçado, entre os suspeitos, em reunião por estes marcada em uma casa noturna, e outros três agentes, também disfarçados, entrarão na casa noturna para prestar apoio ao infiltrado, caso seja necessário.

A respeito dessa situação hipotética, julgue o item seguinte.

Se os dois agentes que ficarão na base móvel forem escolhidos aleatoriamente, a probabilidade de André e Bruno serem os escolhidos será superior a 30%.

RESOLUÇÃO:

O número de formas para escolher 2 dos 6 agentes para ficar na base móvel é dado pela combinação de 6 agentes em grupos de 2:

$$C_{6,2} = \frac{6 \times 5}{2 \times 1} = 15$$

O caso que nos interessa é apenas 1, ou seja, aquele em que André e Bruno são escolhidos. A probabilidade de essa escolha ser feita é de:

$$\boldsymbol{P} = \frac{1}{15} = 0{,}067 = 6{,}7\%$$

Gabarito: Errado.

QUESTÃO 28 (Cebraspe/PM-MA/Psicólogo/2017) Determinado laboratório de análises clínicas está sendo investigado por emitir laudos falsos de um exame constituído por 7 indicadores, correspondentes à concentração de 4 compostos na corrente sanguínea, obtidos da seguinte forma: uma medição da concentração de cada um dos compostos A, B, C e D, e 3 medições, por 3 diferentes técnicas, da concentração do composto E. Os laudos verdadeiros de 7 pacientes (chamados pacientes-fonte), com prenomes distintos, entre eles Amanda, Bárbara, Carlos e Daniel, eram usados para compor laudos falsos para os demais pacientes. Para dificultar a ação da autoridade policial, na montagem de um laudo falso, o laboratório tomava o cuidado de, no conjunto de 7 medições que constituíam cada laudo falsificado, usar apenas uma medição de cada paciente-fonte, ou seja, de nunca usar 2 ou mais medições de um mesmo paciente-fonte.

Com referência a essa situação hipotética, julgue o item seguinte.

Caso o laboratório escolhesse aleatoriamente, entre os dados dos 7 pacientes-fonte, aqueles que seriam usados nas medições referentes ao composto E, a probabilidade de serem usados os dados de Amanda, Bárbara e Carlos seria inferior a 3%.

RESOLUÇÃO:

Veja que só queremos formar o grupo de 3 pessoas que serão usadas nas medições do composto E. O grupo que nos interessa (favoráveis) é apenas 1 (formado por Amanda, Bárbara e Carlos). O total de grupos possíveis é dado pela combinação das 7 pessoas em grupos de 3:

Favoráveis = 1

Total = C(7,3) = 7x6x5 / (3x2x1) = 35

Logo, a probabilidade de ser formado o grupo que nos interessa é:

P = 1/35 = 0,028 = 2,8% (inferior a 3%)

Gabarito: Certo.

QUESTÃO 29 (CEBRASPE – ACE/TC-DF/2014) Em uma empresa, as férias de cada um dos 50 empregados podem ser marcadas na forma de trinta dias ininterruptos, ou os trinta dias podem ser fracionados em dois períodos de quinze dias ininterruptos ou, ainda, em três períodos de dez dias ininterruptos. Em 2013, depois de marcadas as férias de todos os 50 empregados, constatou-se que 23, 20 e 28 deles marcaram os trinta dias de férias ou parte deles para os meses de janeiro, fevereiro e junho, respectivamente. Constatou-se, também, que, nesse ano, nenhum empregado marcou férias para algum mês diferente dos mencionados.

Tendo como referência as informações acima, julgue o item que se segue.

Considere que, em 2013, nenhum empregado que trabalha na empresa há mais de 10 anos tenha marcado férias para o mês de junho, e que, no mês de maio, a empresa tenha escolhido, aleatoriamente, 2 de seus empregados para participar de um curso de formação. Nesse caso, a probabilidade de esses 2 empregados escolhidos trabalharem na empresa há mais de 10 anos é inferior a 0,2.

RESOLUÇÃO:

O enunciado afirma que 28 pessoas marcaram férias em junho, sendo que nenhuma dessas tem mais de 10 anos de empresa.

Logo, não marcaram férias em junho:

50 – 28 = **22**

Vamos trabalhar com duas situações extremas, já que não temos informações de algumas dessas 22 pessoas terem ou não mais de 10 anos de empresa.

➢ **Primeiro caso: nenhuma das 22 pessoas tem mais de 10 anos de empresa.**

Nessa situação, a empresa não terá nenhum funcionário com mais de 10 anos trabalhando. Assim, a probabilidade de 2 empregados escolhidos trabalharem na empresa há mais de 10 anos é 0.

➢ **Segundo caso: todas as 22 pessoas têm mais de 10 anos de empresa.**

Nessa situação, o número total de maneiras de escolher 2 pessoas é:

$$C_{50,2} = \frac{50 x 49}{2 x 1} = 1.225$$

Teremos casos favoráveis quando os 2 funcionários são escolhidos entre os 22 com mais de 10 anos de empresa. Daí, o número de maneiras será:

$$C_{22,2} = \frac{22 x 21}{2} = 231$$

Aplicando a **fórmula da Probabilidade**, teremos:

$$P = \frac{Favoráveis}{Possíveis} = \frac{231}{1.221} = 18,85\%$$

Não é possível calcularmos a probabilidade exata, mas temos certeza que ela está entre os dois casos extremos apresentados, ou seja, **entre 0 e 0,1885**. Logo, é **menor que 0,2**.

Gabarito: Certo.

QUESTÃO 30 (ESAF/ANA/2009) Na população brasileira verificou-se que a probabilidade de ocorrer determinada variação genética é de 1%. Ao se examinar ao acaso três pessoas desta população, qual o valor mais próximo da probabilidade de exatamente uma pessoa examinada possuir esta variação genética?

a) 0,98% b) 1% c) 1,30% d) 2,94% e) 3,96%

RESOLUÇÃO:

Suponhamos que as três pessoas selecionadas da população sejam A, B e C. O enunciado afirma que a chance de cada uma ter a variação genética é de 1%, de modo que a chance de cada uma não ter a variação genética é de 99%.

Assim, para que A tenha a variação E a pessoa B não tenha E a pessoa C não tenha, as chances são de:

P (A ter, B e C não) = 1% x 99% x 99%

Da mesma forma, para que B tenha a variação E a pessoa A não tenha E a pessoa C não tenha, temos:

P (B ter, A e C não) = 99% x 1% x 99%

Por fim, para que apenas C tenha a variação:

P (C ter, A e B não) = 99% x 99% x 1%

Para encontrarmos a probabilidade de que apenas A, OU apenas B, OU apenas C tenha a variação genética, basta somarmos as 3 já calculadas, obtendo:

P (só A, só B ou só C) = 1% x 99% x 99% + 99% x 1% x 99% + 99% x 99% x 1%

P (só A, só B ou só C) = 3 x (1% x 99% x 99%) = 0,0294 = **2,94%**

Gabarito: D.

QUESTÃO 31 (ESAF/MF/ATA/2009) Ao se jogar um dado honesto três vezes, qual o valor mais próximo da probabilidade de o número 1 sair exatamente uma vez?

a) 35% b) 17% c) 7% d) 42% e) 58%

RESOLUÇÃO:

Em uma jogada, a chance de obter o número um é de 1 em 6, ou seja, 1/6. Já a chance de não obter o número um é de 5 em 6, ou seja, 5/6. Assim, a chance de o primeiro número ser o 1 e os dois números seguintes serem diferentes de 1 é:

P (apenas o primeiro ser 1) = (1/6) x (5/6) x (5/6) = 25/216

Porém, devemos considerar ainda que o número 1 poderia ser obtido no 2º ou no 3º lançamentos, em vez do primeiro. Assim, basta multiplicar o resultado encontrado por 3:

P (obter 1 em apenas um dos 3 lanç) = 3 x (25/216) = 25/72 = 0,347 = **34,7%**

Gabarito: A.

QUESTÃO 32 (ESAF/ATRFB/2009) Para acessar a sua conta nos caixas eletrônicos de determinado banco, um correntista deve utilizar sua senha constituída por três letras, não necessariamente distintas, em determinada sequência, sendo que as letras usadas são as letras do alfabeto, com exceção do W, totalizando 25 letras. Essas 25 letras são então distribuídas aleatoriamente, três vezes, na tela do terminal, por cinco teclas, em grupos de cinco letras por tecla, e, assim, para digitar sua senha, o correntista deve acionar, a cada vez, a tecla que contém a respectiva letra de sua senha. Deseja-se saber qual o valor mais próximo da probabilidade de ele apertar aleatoriamente em sequência três das cinco teclas à disposição e acertar ao acaso as teclas da senha?

a) 0,001. b) 0,0001. c) 0,000125. d) 0,005. e) 0,008.

RESOLUÇÃO:

Na primeira tecla apertada ao acaso temos 5 das 25 letras disponíveis. Logo, a chance dessa tecla conter a primeira letra da senha (que pode ser qualquer uma das 25) é de 5 em 25, isto é, P = 5/25 = **1/5**.

Da mesma forma, a chance da segunda tecla apertada ao acaso conter a segunda letra da senha é de 5 em 25, ou seja, **P = 1/5**.

Por sua vez e de forma análoga, a chance da terceira tecla apertada conter a terceira letra da senha é **P = 1/5**.

A chance de acertar a primeira E acertar a segunda E acertar a terceira letras da senha é dada pela **multiplicação** dessas probabilidades, pois temos três eventos independentes entre si:

$$P = \frac{1}{5} x \frac{1}{5} x \frac{1}{5} = \frac{1}{125} = 0{,}008$$

Gabarito: E.

QUESTÃO 33 (ESAF – Fiscal de Rendas/Pref RJ/2010) Em cada um de um certo número par de cofres são colocadas uma moeda de ouro, uma de prata e uma de bronze. Em uma segunda etapa, em cada um de metade dos cofres, escolhidos ao acaso, é colocada uma moeda de ouro, e em cada um dos cofres restantes, uma moeda de prata. Por fim, em cada um de metade dos cofres, escolhidos ao acaso, coloca-se uma moeda de ouro, e em cada um dos cofres restantes, uma moeda de bronze. Desse modo, cada cofre ficou com cinco moedas. Ao se escolher um cofre ao acaso, qual é a probabilidade de ele conter três moedas de ouro?

a) 0,15 b) 0,20 c) 0,5 d) 0,25 e) 0,7

RESOLUÇÃO:

Seja **A** o evento que ocorre quando, escolhendo-se um cofre ao acaso, verifica-se que ele recebeu uma moeda de ouro na primeira etapa. Sejam **B** e **C** os eventos análogos para a segunda e terceira etapas.

Nosso objetivo consiste em obter a probabilidade de, ao se escolher um cofre ao acaso, ele conter três moedas de ouro.

Bem, a questão afirma que na primeira etapa todos os cofres recebem moedas de ouro, de forma que qualquer cofre escolhido receberá uma moeda de ouro nessa etapa. Logo: **P(A) = 1.**

Já na segunda etapa, foi dito que apenas metade dos cofres recebem moeda de ouro. Logo: **P(B) = 0,5.**

Por fim, na terceira etapa, mais uma vez só metade dos cofres recebem moeda de ouro. Logo: **P(C) = 0,5.**

A fim de que um cofre escolhido aleatoriamente tenha 3 moedas de ouro, devem ocorrer os eventos A, B e C. Logo: **P(A ∩ B ∩ C) = ?**

Já que são **eventos independentes**, a probabilidade da interseção é igual ao **produto das probabilidades**. Assim:

$$P(A \cap B \cap C) = P(A) \times P(B) \times P(C) = 1 \times 0,5 \times 0,5 = \mathbf{0,25}$$

Gabarito: D.

QUESTÃO 34 (ESAF/MF/ATA/2012) Sorteando-se um número de uma lista de 1 a 100, qual a probabilidade de o número ser divisível por 3 ou por 8?

a) 41% b) 44% c) 42% d) 45% e) 43%

RESOLUÇÃO:

Inicialmente, vamos descrever os números que são **múltiplos de 3 e de 8**, menores que 100.

- ***M(3)*** = {3, 6, 9, 12, 15, 18, 21, 24, 27, 30, 33, 36, 39, 42, 45, 48, 51, 54, 57, 60, 63, 66, 69, 72, 75, 78, 81, 84, 87, 90, 93, 96, 99}

Logo, temos **33** números, de forma que são 33 resultados favoráveis em 100 possíveis. Assim, a probabilidade será:

P(M(3)) = 33/100

- ***M(8)*** = {8, 16, 24, 32, 40, 48, 56, 64, 72, 80, 88, 96}

Logo, temos **12** números, de forma que são 12 resultados favoráveis em 100 possíveis. Assim, a probabilidade será:

P(M(8)) = 12/100

A seguir, temos que os **múltiplos de 3 e 8** são:

- **M(3) e M(8)** = {24, 48, 72, 96}

Logo, temos **4** números, de forma que são 4 resultados favoráveis em 100 possíveis. Assim, a probabilidade será:

P(M(3)) = 4/100

O nosso objetivo é definir a **probabilidade de o número ser divisível por 3 ou por 8**. Ah! Mais uma vez estamos diante da **regra do OU**. Aplicando a fórmula, temos:

P(A ou B) = P(A) + P(B) – P(A e B)

P(A ou B) = 33/100 + 12/100 – 4/100 = ***41/100***

Gabarito: A.

QUESTÃO 35 (ESAF/MTur/Analista/2014) Uma caixa contém 3 moedas de um real e 2 moedas de cinquenta centavos. 2 moedas serão retiradas dessa caixa ao acaso e obedecendo às condições: se a moeda retirada for de um real, então ela será devolvida à caixa e, se for de cinquenta centavos, não será devolvida à caixa. Logo, a probabilidade de pelo menos uma moeda ser de um real é igual a

a) 80% b) 75% c) 90% d) 70% e) 85%

RESOLUÇÃO:

Temos que calcular a probabilidade de retirarmos pelo menos uma moeda de 1 real, então calcularemos a probabilidade de retirarmos nenhuma moeda de um real e subtraímos ela de 1.

A seguir estão descritas as duas retiradas de R$0,50, com suas respectivas probabilidades:

R$ 0,50	R$ 0,50
P = 2/5	P = 1/4 (não houve reposição da moeda de R$ 0,50 da primeira retirada. O espaço amostral ficou com 4 elementos)

A probabilidade que estamos procurando é:

$$1 - \frac{2}{5} \cdot \frac{1}{4} = \frac{90}{100} = 90\%$$

Gabarito: C.

QUESTÃO 36 (ESAF/DNIT/Téc Adm/2012) Para efetuar um determinado trabalho, 3 servidores do DNIT serão selecionados ao acaso de um grupo com 4 homens e 2 mulheres. A probabilidade de serem selecionados 2 homens e 1 mulher é igual a:

a) 55% b) 40% c) 60% d) 45% e) 50%

RESOLUÇÃO:

Nosso objetivo consiste em obter a probabilidade de serem selecionados **2 homens e 1 mulher**.

Inicialmente, devemos identificar o TOTAL de grupos de 3 servidores que se pode formar a partir de 6. Isso pode ser calculado por meio da seguinte combinação:

$$C_{6,3}$$

Agora temos que formar grupos de 3 pessoas, sendo 2 homens (de um total de 4) e 1 mulher (de um total de 2). Assim, para fazer a minha escolha, tenho:

$$C_{4,2} \, x \, C_{2,1}$$

A probabilidade que estamos procurando é:

$$P = \frac{C_{4,2} \, x \, C_{2,1}}{C_{6,3}} = \frac{12}{20} = 0,6 = 60\%$$

Gabarito: C.

QUESTÃO 37 (FCC/SEFAZ-GO/Auditor-Fiscal/2018) Em um campeonato de futebol, as equipes recebem 3 pontos a cada vitória, 1 ponto por empate e não recebem ponto quando são derrotadas. Faltando somente a última rodada para ser disputada, apenas a equipe X, com 74 pontos, e a equipe Y, com 73 pontos, ainda têm chance de vencer o campeonato. O campeão será aquele que somar mais pontos ao final da última rodada, sendo que, em caso de empate, os critérios estabelecidos no regulamento indicam que a equipe Y será a campeã. Considerando os adversários de cada equipe na última rodada, analistas esportivos estimaram, para as equipes X e Y, as seguintes probabilidades para os jogos que decidirão o torneio.

Equipe	Adversário na última rodada	Probabilidade de vitória	Probabilidade de empate	Probabilidade de derrota
X	P	50%	30%	20%
Y	Q	80%	10%	10%

Admitindo que os resultados dos jogos das equipes X e Y na última rodada sejam independentes, a probabilidade de que a equipe X seja campeã, de acordo com a estimativa dos analistas é igual a:

a) 60% b) 63% c) 50% d) 55% e) 58%

RESOLUÇÃO:

O nosso objetivo consiste em calcular a probabilidade de a equipe X ser campeã. Para isso, ela deve:

1 – vencer o seu jogo (e, neste caso, ela não depende do resultado de Y). Nessa situação, a probabilidade é igual a **50%**.

OU

2– empatar o seu jogo (e, neste caso, ela depende de Y NÃO ganhar). Nesse cenário, como se tratam de eventos independentes, multiplicamos as duas probabilidades:

$$30\% \times (1 - 80\%) = 30\% \times 20\% = \mathbf{6\%}$$

3 – perder o seu jogo (e, neste caso, ela depende de Y PERDER). Também se tratam de eventos independentes, de modo que multiplicamos as duas probabilidades:

$$20\% \times 10\% = \mathbf{2\%}$$

Levando em conta que os cenários que descrevemos são **mutuamente excludentes**, podemos *somar* as probabilidades:

$$50\% + 6\% + 2\% = \mathbf{58\%}$$

Gabarito: E.

QUESTÃO 38 (FCC/ALESE/Téc Leg/2018) Segundo a previsão do tempo, a probabilidade de chuva em uma cidade é de 50% no sábado e 30% no domingo. Além disso, ela informa que há 20% de probabilidade de que chova tanto no sábado quanto no domingo. De acordo com essa previsão, a probabilidade de que haja chuva nessa cidade em pelo menos um dos dois dias do final de semana é igual a

(A) 100%. (B) 80%. (C) 70%. (D) 60%. (E) 50%.

RESOLUÇÃO:

Vamos chamar de S a probabilidade de chuva no sábado e D a probabilidade de chuva no domingo.

O enunciado afirma que P(S) = 50%, P(D) = 30% e P(S e D) = 20%.

A questão pede a probabilidade de que chova no sábado ou no domingo, então podemos dizer que:

$$P(S \text{ ou } D) = P(S) + P(D) - P(S \text{ e } D)$$

$$\mathbf{P(S \text{ ou } D)} = 50\% + 30\% - 20\% = \mathbf{60\%}$$

Gabarito: D

QUESTÃO 39 (FCC/ISS SÃO LUÍS/Auditor Fiscal Tributário/2018) As 6 vagas da garagem de um pequeno edifício recém-construído serão sorteadas entre os proprietários dos 6 apartamentos, de modo que cada apartamento terá direito a uma vaga. As vagas ficam localizadas lado a lado ao longo de uma parede. Dois irmãos, proprietários dos apartamentos 1 e 2, gostariam que suas vagas ficassem localizadas lado a lado. A probabilidade de que isso aconteça é igual a

(A) 1/2 (B) 1/3 (C) 1/4 (D) 1/5 (E) 1/6

RESOLUÇÃO:

O total de formas de distribuir as 6 vagas entre os apartamentos é dado pela permutação:

Total = P(6) = 6! = **720**

Como dois apartamentos precisam ficar juntos, podemos transformar as suas duas vagas em uma só. Assim, ficamos com 5 vagas. O total de permutações que temos é:

P(5) = 5! = **120**

Em cada um desses 120 casos, sabemos que os dois irmãos podem permutar entre si, num total de 2 x 120 = 240 formas.

Assim, a probabilidade que estamos buscando é:

$$P = \frac{240}{720} = \frac{12}{36} = \frac{1}{3}$$

Gabarito: B.

QUESTÃO 40 (FGV/CGM-Niteroi/APPGG/2018) Considere todas as senhas formadas por três vogais maiúsculas. São exemplos dessas senhas: EEE, OIA e UAU. Dentre todas as senhas desse tipo, escolhendo ao acaso uma delas, a probabilidade de que ela tenha duas letras iguais e uma diferente é de

(A) 36%. (B) 40%. (C) 44%. (D) 48%. (E) 52%.

RESOLUÇÃO:

Podemos começar calculando o total de senhas possíveis. Temos 5 vogais para a primeira posição, 5 para a segunda e 5 para a terceira, totalizando 5x5x5 = 125.

O número de senhas formadas por vogais distintas é 5x4x3 = 60.

O número de senhas formadas por 3 vogais repetidas é 5 (AAA, EEE, III, OOO, UUU).

Veja que:

Total de senhas – senhas com vogais distintas – senhas com 3 vogais repetidas = Senhas com 2 vogais repetidas

Logo,

Senhas com 2 vogais repetidas = 125 - 60 - 5 = 60

A probabilidade de escolher uma delas é de 60/125 = 0,48 = 48%. O gabarito está na letra D.

Veja uma outra forma de encontrar as senhas com 2 vogais repetidas:

- escolher a vogal que será repetida: 5 possibilidades
- escolher a outra vogal: 4 possibilidades
- permutar as 3 vogais da senha, com repetição de 2: P(3,2) = 3

Ficamos com 5x4x3 = 60 senhas com duas vogais repetidas.

Gabarito: D.

QUESTÃO 41 (FGV/TJ-BA/Téc Judic/2015) Em uma cidade do "velho-oeste" americano, do total de pessoas que iam a julgamento, 90% eram condenadas e 10% eram absolvidas. Das pessoas condenadas, 80% eram realmente culpadas e 20% eram inocentes. Das pessoas absolvidas, 90% eram realmente inocentes e 10% eram culpadas. Sorteando ao acaso uma das pessoas que foi a julgamento nessa cidade, a probabilidade de que ela fosse inocente é:

a) 18% b) 20% c) 24% d) 25% e) 27%

RESOLUÇÃO:

Ao longo deste capítulo, vimos que nessas questões em que são mencionados determinados valores percentuais, mas sem citarem o valor total, é interessante utilizarmos a estratégia de supor que o **valor total é 100**. Iremos aplicar isso aqui de novo.

Nosso objetivo consiste em obter a probabilidade de que, sorteando ao acaso uma das pessoas que foi a julgamento numa cidade, ela seja inocente.

Ora, sabemos que 90% dessas 100 pessoas são condenadas e as demais são absolvidas, ou seja, 90 pessoas são condenadas e as 10 pessoas restantes são absolvidas.

Das 90 pessoas condenadas, sabemos que 80% realmente são culpadas, isto é, 80% x 90 = 0,80 x 90 = 72 pessoas são efetivamente culpadas, de modo que as 90 – 72 = 18 pessoas restantes são inocentes.

Das 10 pessoas absolvidas, sabemos que 90% são realmente inocentes, isto é, 90% x 10 = 9 pessoas são efetivamente inocentes, de modo que as 10 – 9 = 1 pessoa restante é culpada.

Assim, o total de pessoas inocentes é igual a:

180 + 90 = **27**

Logo, temos **27 resultados favoráveis** em **100 possíveis**. Daí, a probabilidade será:

$$P = 27 / 100 = 0{,}27 = \mathbf{27\%}$$

Gabarito: E.

QUESTÃO 42 (FGV/SEFIN-RO/Auditor Fiscal/2018) Um dado é lançado quatro vezes. A probabilidade de que o número ´6´ seja obtido ao menos duas vezes é, aproximadamente, igual a

(A) 0,05. (B) 0,13. (C) 0,25. (D) 0,40. (E) 0,50.

RESOLUÇÃO:

A probabilidade de que o número "6" seja obtido ao menos duas vezes pode ser calculada da seguinte forma:

P (duas ou mais vezes) = 100% – P(nenhuma vez) – P(uma vez)

Portanto, do total subtraímos as probabilidades de não obter nenhum 6 e a de obter apenas um 6.

Inicialmente, calculamos o **P(nenhuma vez)**, em que temos 5/6 de probabilidade em cada lançamento, totalizando:

$$P(\text{nenhuma vez}) = \left(\frac{5}{6}\right)^4 = \frac{5^4}{6^4} = \frac{625}{1296}$$

Em seguida, determinamos as chances de o número 6 sair no primeiro lançamento e depois não sair nos outros três. Para isso, a probabilidade seria de 1/6 no primeiro multiplicada por 5/6 em cada um dos outros três. Adicionalmente, devemos multiplicar tudo por 4, uma vez que o 6 pode sair uma única vez em cada um dos quatro lançamentos. Logo:

$$P(\textit{uma vez}) = 4 \times \frac{1}{6} \times \left(\frac{5}{6}\right)^3 = \frac{500}{1296}$$

Substituindo os resultados obtidos na primeira equação, chegamos a:

$$P(\textit{duas ou mais vezes}) = 1 - \frac{625}{1296} - \frac{500}{1296} = 1 - \frac{1125}{1296} = \frac{171}{1296} \approx 0{,}13$$

Gabarito: B.

QUESTÃO 43 (COSEAC/ISS Maricá/Fiscal de Tributos/2018) Num sorteio concorrem bilhetes numerados de 1 a 500. Foi sorteado um bilhete e foi dada a informação de que saiu um número múltiplo de 5. A probabilidade de o número sorteado ser o 150 é:

(A) 1%. (B) 5%. (C) 10%. (D) 15%. (E) 20%.

RESOLUÇÃO:

Entre os números 1 e 500 há 100 múltiplos de 5, entre os quais pretendemos calcular a probabilidade de sair o número 150.

Dessa forma, temos apenas um 1 caso favorável para 100 possíveis, de modo que a probabilidade é 1/100 = **1%**.

Gabarito: A.

QUESTÃO 44 (IDECAN/AGU/Adm/2019) João lançou dois dados sobre uma mesa e cobriu rapidamente com uma caixa escura. Entretanto, Maria viu o resultado dos dois dados (números que estão na face superior dos dados) e afirmou que somente uma das proposições abaixo é verdadeira:

I. O número 3 ou o número 4, ou ambos, são resultados do lançamento.

II. O número 3 ou o número 5, ou ambos, são resultados do lançamento.

Com base nessas proposições e na afirmação de Maria, é correto afirmar que

a) o número 3 não foi o resultado de nenhum dos dois dados.

b) o número 3 é o que possui maior probabilidade de ser o resultado do lançamento.

c) os números 3, 4 e 5 possuem a mesma probabilidade de ser o resultado do lançamento.

d) com certeza o resultado do lançamento foi o número 4.

e) a soma dos números que foram resultado do lançamento dos dados é inferior a 4.

RESOLUÇÃO:

Se o número 3 fosse o resultado de algum dos dados, as duas proposições (I e II) seriam verdadeiras.

Como a questão afirma que SOMENTE UMA DAS PROPOSIÇÕES é verdadeira, então o número 3 não pode ser o resultado de algum dos dados.

Já podemos marcar a resposta na alternativa A.

Como o número 3 não pode ser o resultado de algum dos dados, então a probabilidade de o número 3 ser resultado do lançamento é zero, logo podemos descartar as alternativas B e C.

A alternativa D é falsa, pois o resultado do lançamento não obrigatoriamente será o número 4 (poderia ser, por exemplo, 5 e 5).

A alternativa E está errada, pois seria possível, por exemplo, que a soma dos resultados fosse 5 + 5 = 10.

Gabarito: A.

7. QUESTÕES-DESAFIO

QUESTÃO 45 (CEBRASPE – PT/PM-CE/2014) Uma pesquisa realizada com um grupo de turistas que visitaram, em Fortaleza, a praia do Futuro (PF), o teatro José Alencar (TJA) e a catedral Metropolitana (CM) apresentou as seguintes informações:

- 70 turistas visitaram a PF;
- 80 turistas visitaram o TJA;
- 70 turistas visitaram a CM;
- 30 turistas visitaram apenas a PF;
- 50 turistas visitaram a CM e o TJA;
- 25 turistas visitaram a PF e a CM;
- 20 turistas visitaram esses três pontos turísticos;
- cada um dos turistas visitou pelo menos um dos três pontos turísticos.

Com base nessas informações, julgue o item a seguir.

A probabilidade de que um turista do referido grupo escolhido ao acaso tenha visitado os três pontos turísticos é superior a 0,14.

RESOLUÇÃO:

Vamos fazer um diagrama a fim de representar a quantidade de elementos de cada conjunto:

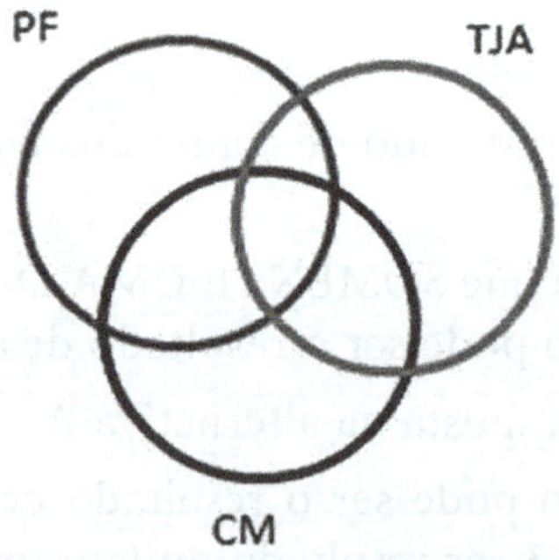

Agora vamos preencher o diagrama com as informações fornecidas pelo enunciado e com as conclusões que obtivermos.

Informação 1: 20 turistas visitaram os pontos turísticos.

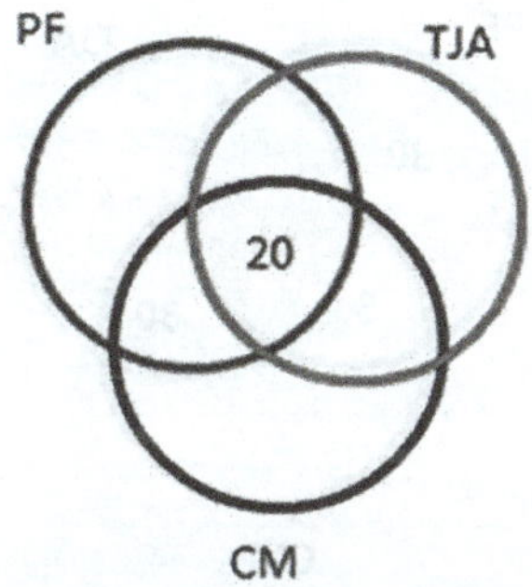

Informação 2: 25 turistas visitaram a PF e a CM. Já alocamos 20 desses 25. Faltam 5.

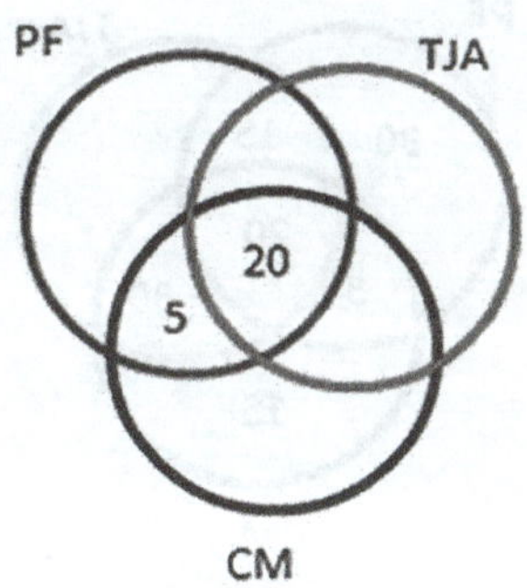

Informação 3: 50 turistas visitaram a CM e o TJA. Já alocamos 20 desses 50. Faltam 30.

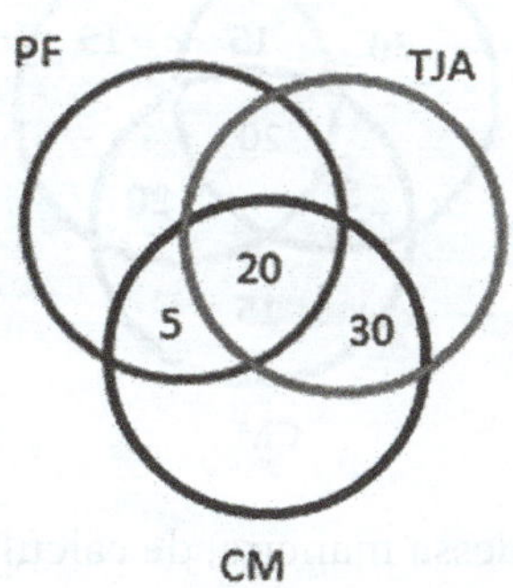

Informação 4: 30 turistas visitaram apenas a PF.

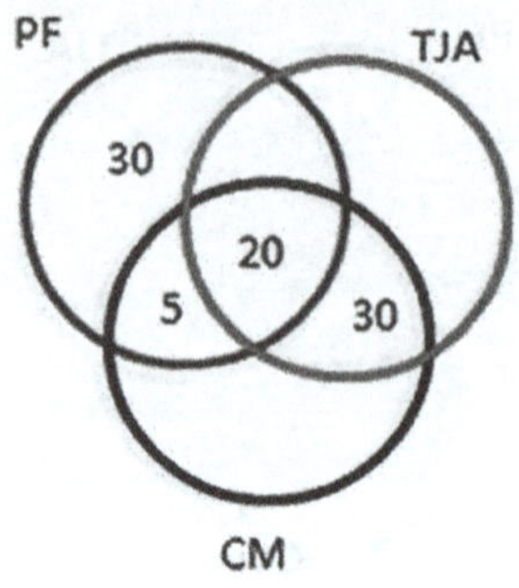

Informação 5: 70 turistas visitaram a PF. Já alocamos 30 + 20 + 5 = 55 desses 70. Faltam 15.

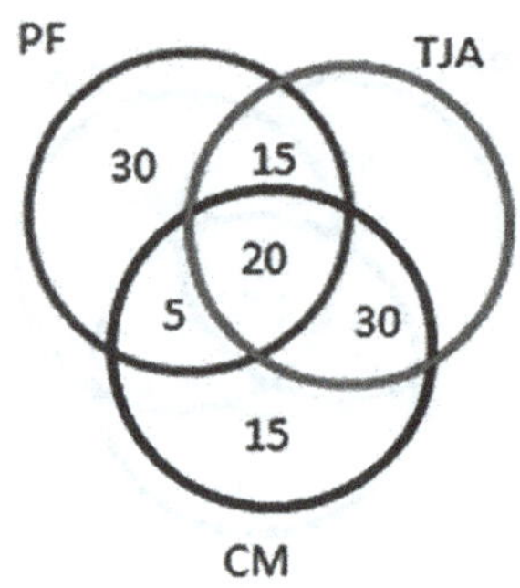

Informação 6: 80 turistas visitaram o TJA. Já alocamos 15 + 20 + 30 = 65 destes 80. Faltam 15.

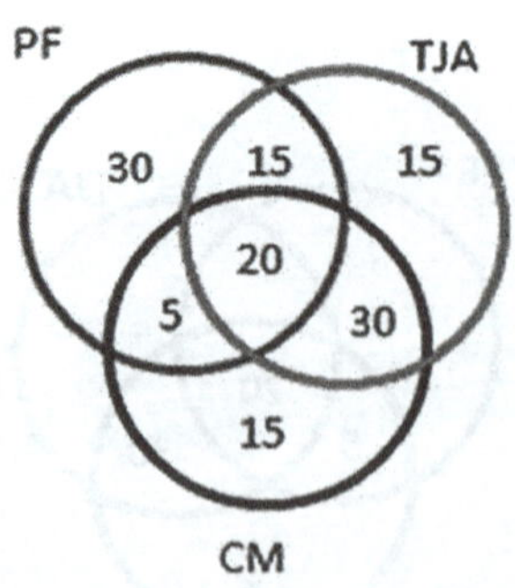

Estamos em condições, dessa maneira, de calcular o número total de turistas:

30 + 15 + 15 + 20 + 5 + 30 + 15 = **130**

Nosso objetivo consistem em calcular a probabilidade de um turista escolhido ao acaso ter visitado os três pontos turísticos. Ora, pelo diagrama, percebemos que temos **20 resultados favoráveis** em **180 possíveis**.

Efetuando o cálculo da probabilidade:

$$P(X) = \frac{\text{resultados favoráveis}}{\text{resultados possíveis}} = \frac{20}{180} = 0{,}1538$$

Gabarito: certo.

QUESTÃO 46 (ESAF/MPOG/APO/2009) As apostas na Mega-Sena consistem na escolha de 6 a 15 números distintos, de 1 a 60, marcados em volante próprio. No caso da escolha de 6 números tem-se a aposta mínima e no caso da escolha de 15 números tem-se a aposta máxima. Como ganha na Mega-Sena quem acerta todos os seis números sorteados, o valor mais próximo da probabilidade de um apostador ganhar na Mega-Sena ao fazer a aposta máxima é o inverso de:

a) 20.000.000. b) 3.300.000. c) 330.000. d) 100.000. e) 10.000.

RESOLUÇÃO:

Sabemos que a **probabilidade** é dada pela divisão entre o número de resultados **favoráveis** e o número de resultados **possíveis**.

No caso da **Mega-Sena**, as chances de acerto são obtidas pelo quociente entre os seguintes valores:

- Favoráveis: os conjuntos de 6 números formados com os 15 que preenchemos em nossa cartela.
- Possíveis: os conjuntos de 6 números que podem ser formados com os 60 números disponíveis.

Inicialmente, precisamos perceber quantos conjuntos de 6 números podemos obter a partir de 15 números marcados. Bem, a ordem dos números não importa (o resultado 1, 2, 3, 4, 5, 6 é igual ao resultado 4, 5, 3, 6, 2, 1). Assim, estamos diante de um caso de combinação de 15 números em grupos de 6, ou simplesmente C(15,6).

$$C_{15,6} = \frac{15 \times 14 \times 13 \times 12 \times 11 \times 10}{6 \times 5 \times 4 \times 3 \times 2 \times 1}$$

Em seguida, devemos pensar em quantos conjuntos de 6 números podemos formar com os 60 números disponíveis na cartela da Mega-Sena. Ora, combinação de 60, tomados 6 a 6:

$$C_{60,6} = \frac{60 \times 59 \times 58 \times 57 \times 56 \times 55}{6 \times 5 \times 4 \times 3 \times 2 \times 1}$$

Portanto, a probabilidade de se acertar na Mega-Sena fazendo a aposta máxima (15 números) é dada pela divisão:

$$P = \frac{resultados\ favoráveis}{resultados\ possíveis} = \frac{C_{15,6}}{C_{60,6}} = \frac{\frac{15\times14\times13\times12\times11\times10}{6\times5\times4\times3\times2\times1}}{\frac{60\times59\times58\times57\times56\times55}{6\times5\times4\times3\times2\times1}}$$

Substituindo nessa expressão os resultados que obtivemos, temos:

$$P = \frac{\frac{15\times14\times13\times12\times11\times10}{6\times5\times4\times3\times2\times1}}{\frac{60\times59\times58\times57\times56\times55}{6\times5\times4\times3\times2\times1}} = \frac{15\times14\times13\times12\times11\times10}{60\times59\times58\times57\times56\times55}$$

Todavia, a questão pediu o inverso de P. Logo:

$$\frac{1}{P} = \frac{60\times59\times58\times57\times56\times55}{15\times14\times13\times12\times11\times10} = 10.002,7$$

Dessa maneira, o inverso da probabilidade de acertar é aproximadamente igual a **10.000**. Além disso, concluímos que a probabilidade de acertar é de apenas 0,00001, ou 0,001%, mesmo fazendo a aposta máxima!

Gabarito: E.

ESCLARECENDO!

Acabamos de aprender como é calculada a tabela abaixo, que pode ser encontrada no site da Caixa Econômica Federal:

PROBABILIDADE DE ACERTO NA MEGA-SENA

Quantidade de números jogados	Valor da Aposta (R$)	Probabilidade de acerto (1 em ...)
6	2,00	50.063.860
7	14,00	7.151.980
8	56,00	1.787.995
9	168,00	595.998
10	420,00	238.399
11	924,00	108.363
12	1.848,00	54.182
13	3.432,00	29.175
14	6.006,00	16.671
15	10.010,00	10.003

Observe que uma aposta na Mega-Sena com 15 números custa R$ 10.010,00. O preço é justificado pela probabilidade de acerto, que é de aproximadamente 1 em 10.000, como calculado nesta questão.

QUESTÃO 47 (ESAF/ATRFB/2009) Três amigas participam de um campeonato de arco e flecha. Em cada tiro, a primeira das amigas tem uma probabilidade de acertar o alvo de 3/5, a segunda tem uma probabilidade de acertar o alvo de 5/6, e a terceira tem uma probabilidade de acertar o alvo de 2/3. Se cada uma das amigas der um tiro de maneira independente dos tiros das outras duas, qual a probabilidade de pelo menos dois dos três tiros acertarem o alvo?

a) 90/100 b) 50/100 c) 71/100 d) 71/90 e) 60/90

RESOLUÇÃO:

Sejam os seguintes eventos:

A: Ocorre quando a primeira amiga acerta o tiro;

Ā: Ocorre quando a primeira amiga erra o tiro;

B: ocorre quando a segunda amiga acerta; $\overline{B}$ ocorre quando ela erra.

C: ocorre quando a terceira amiga acerta; $\overline{C}$ ocorre quando ela erra.

Vamos dividir o problema em partes.

1ª Parte: apenas a primeira amiga erra o tiro. Vamos chamar isso de evento X.

Para que X ocorra, devemos ter: a primeira erra, a segunda acerta, a terceira acerta.

$$X = \overline{A} \cap B \cap C$$

$$P(X) = P(\overline{A}) \cap P(B) \cap P(C)$$

$$P(X) = (1 - \frac{3}{5}) \times \frac{5}{6} \times \frac{2}{3} =$$

$$P(X) = \frac{2}{5} \times \frac{5}{6} \times \frac{2}{3} = \frac{2}{9}$$

2ª Parte: apenas a segunda erra o tiro. Vamos chamar isso de evento Y.

$$Y = A \cap \overline{B} \cap C$$

$$P(Y) = P(A) \cap P(\overline{B}) \cap P(C)$$

$$P(Y) = \frac{3}{5} \times \left(1 - \frac{5}{6}\right) \times \frac{2}{3} =$$

$$P(Y) = \frac{3}{5} \times \frac{1}{6} \times \frac{2}{3} = \frac{2}{30}$$

3ª parte: apenas a terceira erra o tiro. Vamos chamar isso de evento Z.

$$Z = A \cap B \cap \overline{C}$$

$$P(Z) = P(A) \cap P(B) \cap P(\overline{C})$$

$$P(Z) = \frac{3}{5} \times \frac{5}{6} \times \left(1 - \frac{2}{3}\right) =$$

$$P(Z) = \frac{3}{5} \times \frac{5}{6} \times \frac{1}{3} = \frac{1}{6}$$

4ª parte: todas as amigas acertam seus tiros. Vamos chamar isso de evento W.

$$W = A \cap B \cap C$$

$$P(W) = P(A) \cap P(B) \cap P(C)$$

$$P(W) = \frac{3}{5} \times \frac{5}{6} \times \frac{2}{3} = \frac{1}{3}$$

Nos eventos X, Y, Z, W temos sempre, ao menos, dois tiros certos. Assim, quando um desses eventos ocorrer, ou seja, quando ocorrer X ou Y ou Z ou W (união desses conjuntos), atenderemos ao enunciado. Teremos pelo menos dois tiros certos.

$$P(X \cup Y \cup Z \cup W) = ?$$

Todos estes eventos são mutuamente excludentes. A **probabilidade da união** é a **soma** das probabilidades.

$$P(X \cup Y \cup Z \cup W) =$$

$$= \frac{2}{9} + \frac{2}{30} + \frac{1}{6} + \frac{1}{3} = \frac{40 + 12 + 30 + 60}{180} = \frac{71}{90}$$

Gabarito: D.

QUESTÃO 48 (FCC/ANS/Especialista em Regulação/2007) Sabe-se que 3/5 dos pacientes submetidos a uma determinada cirurgia sobrevivem. Se 4 pacientes realizarem a cirurgia, a probabilidade de que pelo menos um não sobreviva é de:

a) 609/625 b) 544/625 c) 96/625 d) 24/625 e) 16/625

RESOLUÇÃO:

Pede-se a probabilidade de que **pelo menos um** paciente morra.

Este é o caso clássico de utilização do **evento complementar**: quando temos a expressão "pelo menos um". Sejam:

- *A* o evento "pelo menos um paciente morre";
- Ā o evento complementar, ou seja, "todos os pacientes sobrevivem".

O evento complementar é uma **intersecção** de 4 eventos:

- E1 – o primeiro paciente sobrevive
- E2 – o segundo paciente sobrevive
- E3 – o terceiro paciente sobrevive
- E4 – o quarto paciente sobrevive

Quando todos esses quatro eventos ocorrerem simultaneamente (intersecção), aí nós teremos o **evento Ā**.

O enunciado afirma que todos esses eventos têm probabilidade de ***3/5***. E todos eles são **independentes**. Assim, a probabilidade da intersecção se resume ao **produto das probabilidades**. Daí:

$$\overline{A} = E1 \cap E2 \cap E3 \cap E4$$

$$P(E1 \cap E2 \cap E3 \cap E4) = P(E1) \times P(E2) \times P(E3) \times P(E4)$$

$$P(E1 \cap E2 \cap E3 \cap E4) = 0{,}6 \times 0{,}6 \times 0{,}6 \times 0{,}6 = 0{,}6^4$$

Ou seja:

$$P(\overline{A}) = 0{,}6^4 = \frac{1.296}{10.000}$$

Pronto! Achamos a probabilidade do evento complementar. Agora fica bem fácil calcular a probabilidade do evento original. A **probabilidade de A** fica:

$$P(A) = 1 - \frac{1.296}{10.000} = \frac{8.704}{10.000} = \frac{544}{625}$$

Gabarito: B.

CONSELHO!

Este assunto, assim como o anterior sobre análise combinatória, requer que **você faça centenas de exercícios**. Selecionamos muitas questões para inserirmos nesses dois capítulos, mas ainda assim pedimos para que siga nosso conselho e **procure muitas mais para resolver**, pois só assim ficará craque no assunto.

APÊNDICE I

DICAS PARA AGILIZAR OS CÁLCULOS MATEMÁTICOS

Neste apêndice, aprenderemos alguns macetes que agilizam diversos tipos de cálculo. Alguns talvez você já saiba, mas dos que ainda não sabe, perceberá que uns serão fáceis de memorizar e outros que vão requerer uma prática maior para memorizá-los.

Salientamos que este é mesmo apêndice encontrado no nosso livro *Matemática Básica Definitiva para Concursos*, lançado pela editora Juspodivm.

Sabemos que muitas provas possuem tempo exíguo para realizá-la, ainda mais quando envolvem disciplinas de exatas. Por isso, recomendamos que memorize algumas dessas dicas e que acostume-se a treinar a realização de cálculos diversos em suas horas vagas. Ter uma agilidade maior na hora de efetuar os cálculos poderá render pontos preciosos em sua prova.

Alguns desses macetes você poderá dispensar por achar complicados, mas tenha por meta saber o máximo possível deles, pois poderá ser relevante em sua nota final do concurso.

SUMÁRIO

1. MULTIPLICAÇÃO OU DIVISÃO POR 10, 100, 1.000 ETC.

Para **multiplicar** ou **dividir** um número por 10, 100, 1.000 etc., basta **deslocar a vírgula**, respectivamente, para **direita** ou para a **esquerda**, tantas casas quantos forem os zeros.

a) 16 x 10 = 160

b 15,567 x 1000 = 15567,0

c) 16 / 10 = 1,6

d) 15,567 / 100 = 0,15567

2. MULTIPLICAR UM NÚMERO POR 11

Basicamente, temos dois macetes para resolver esses cálculos.

O primeiro é somente multiplicar o número por 10 e somar o número inicial. Exemplos:

a) 36 x 11 = 36 x 10 + 36 = 360 + 36 = 396

b) 488 x 11 = 488 x 10 + 488 = 4.880 + 488 = 5.368

O segundo macete que também pode ser utilizado é quando o número a ser multiplicado possui dois algarismos somente. Se for esse o caso, basta **somar esses 2 algarismos e colocar o resultado no meio deles**. Exemplos:

a) 26 x 11. Temos o número 26, somando seus 2 algarismos temos 2+6=**8**. Pronto! Agora é só colocar esse 8 no meio deles: a resposta é **286**.

b) 34 x 11

Somamos os algarismos do número 34: 3+4=**7**. Em seguida, colocamos o resultado no meio deles, resultando em **374**.

c) 37 x 11

Ao somarmos os algarismos do número 37, obtemos 3+7=**10**. Visto que deu um número *maior que 9*, então <u>não</u> podemos colocar todo o número no meio deles. Na verdade, inserimos apenas o **algarismo das unidades** (0) no meio deles, e o **algarismo da dezena (1) é somado ao primeiro algarismo** do número, resultando em **407**.

3. MULTIPLICAR UM NÚMERO POR 9, 99, 999 ETC.

Sabemos que 9 = 10 - 1. Assim, para multiplicar um número por 9, é mais fácil **multiplicá-lo por 10 e depois subtraí-lo do número inicial**.

Logo, se queremos multiplicar 44 por 9, fazemos:

$$44 \times 9 = 44 \times (10 - 1) = 44 \times 10 - 44 = 440 - 44 = 396$$

Analogamente, se queremos multiplicar 562 por 99, basta lembrar que 99 = 100 - 1, de modo que:

$$562 \times 99 = 562 \times (100 - 1) = 562 \times 100 - 562 = 56.200 - 562 = 55.638$$

Outros exemplos:

a) 27 x 9 = 270-27 = **243**.

b) 56 x 99 = 5.600-56 = **5544**.

c) 1.433 x 999 = 1.433.000-1.433 = **1.431.567**.

4. MULTIPLICAR UM NÚMERO POR 0,15, 1,5 E 15

Multiplicar um número qualquer por **1,5** corresponde a **somar o número com a sua metade**.

a) **16 × 1,5** = 16 + 8 = **24**

b) **12,3 × 1,5** = 12,3 + 6,15 = **18,45**

Perceba que podemos estender esse procedimento para casos similares. Por exemplo, para obter o produto entre um número qualquer por **15** nós somamos esse número com a sua metade e multiplicamos por 10.

a) **16 × 15** = (16 + 8) × 10 = 24 × 10 = **240**

b) **12,3 × 15** = (12,3 + 6,15) × 10 = 18,45 × 10 = **184,5**

Similarmente, multiplicar um número por **0,15** se resume a somar o número com a sua metade e dividir por 10.

a) **16 × 0,15** = (16 + 8) ÷ 10 = 24 ÷ 10 = **2,4**

b) **12,3 × 15** = (12,3 + 6,15) ÷ 10 = 18,45 ÷ 10 = **1,845**

5. DIVIDIR QUALQUER NÚMERO POR 5, 50, 500 ETC.

Primeiramente, tenha em mente que:

$$\frac{1}{5}=\frac{2}{10}$$

Dessa maneira, basta **multiplicar o número por 2 e deslocar a vírgula para a esquerda** (que é o mesmo que dividir por 10).

Nesse sentido, perceba como ficaria a divisão de 345 por 5:

$$\frac{345}{5}=345\times\frac{2}{10}=\frac{345\times2}{10}=\frac{690}{10}=69$$

Agora, se queremos obter o quociente entre 1.745 e 50, fazemos:

$$\frac{1.745}{50}=1.745\times\frac{2}{100}=\frac{1.745\times2}{100}=\frac{3.490}{100}=34{,}9$$

6. MULTIPLICAR QUALQUER NÚMERO POR 5, 50, 500 ETC.

Inicialmente, precisamos lembrar que:

$$5=\frac{10}{2}$$

Assim, em vez de fazer a multiplicação direta de um número por **5**, geralmente é mais fácil **multiplicar o número por 10 e dividir o resultado por 2**.

Digamos que o nosso objetivo consiste em multiplicar 26 por 5. Logo:

$$26\times\frac{10}{2}=\frac{260}{2}=130$$

Similarmente, se queremos multiplicar 375 x 50, normalmente é mais fácil multiplicá-lo por 100 e dividir por 2:

$$375\times\frac{100}{2}=\frac{37.500}{2}=18.750$$

7. MULTIPLICAÇÃO POR NÚMEROS TERMINADOS EM 0

Multiplicam-se as partes sem os zeros finais e acrescenta-se a quantidade de zeros finais.

a) 23 x 10 = (23 x 1)0 = 230

b) 45 x 20 = (45 x 2)0 = 900

c) 15 x 300 = (15 x 3)00 = 4500

d) 30 x 90 = (3 x 9)00 = 2700

8. SUBTRAÇÕES DE 100 OU 1.000 POR QUALQUER NÚMERO

Basta subtrair individualmente cada digito por **9**, com exceção do último, que deverá ser subtraído por **10**.

a) 100 - 37

9 - 3 = **6**

10 - 7 = **3**

Portanto, temos que 100 - 37 = **63**.

b) 1000 - 528

9 - 5 = **4**

9 - 2 = **7**

10 - 8 = **2**

Portanto, temos que 1000 - 528 = **472**.

Em janeiro de 2019, o Alexandre fez um webinário em um curso online no qual disse que desde criança tinha uma mania de ficar diminuindo de 1.000 todas as placas de carro que passam por ele todos os dias. Várias pessoas perguntaram como ele fazia isso e não deu tempo dele as responder. Então agora sabe o que ele faz há mais de 40 anos, mas cuidado porque corre o risco de ficar doido igual a um dos autores deste livro.

9. MULTIPLICAR NÚMEROS DE UM ALGARISMO POR 9

Para multiplicar qualquer número entre 1 e 9 por 9 é necessário **estender as duas mãos para a frente**. Baixe um dedo apenas, exatamente o dedo correspondente ao número que você quer multiplicar, a partir do dedo mínimo da mão esquerda.

Por exemplo, se pretender multiplicar 9 por 4, abaixe o 4º dedo. Conte os dedos antes do dedo abaixado (nesse caso o 3) e depois conte os que estão após do dedo abaixado (nesse caso o 6).

Assim, 9 x 4 = 36.

10. ELEVAR UM NÚMERO DO TIPO 1,0X AO QUADRADO

O parêntese do tipo $(1,0X)^2$, em que **X varia de 0 a 9**, é muito comum em questões de juros compostos, que não foi objeto deste livro, mas que você poderá vir a estudar em Matemática Financeira um dia. A fim de facilitar e agilizar o seu cálculo, eis uma dica bem legal!

Suponhamos que você precisa chegar ao resultado da potência $(1,03)^2$. Bem, ao efetuar a operação, obteremos um número com **quatro casas decimais** no seguinte formato:

1,ABCD

Em que:

- AB: **dobro** do número 03 (isto é, 2 x 3 = **06**)
- CD: **quadrado** do número 03 (isto é, $3^2 = 3 \times 3 = 09$)

Logo, é fácil concluir que $(1,03)^2 = 1,0609$.

Da mesma forma, temos que $(1,06)^2 = 1,1236$ (já que 2 x 6 = **12**, e $6^2 = 36$).

E a boa notícia é que esse "bizu" é aplicável a **qualquer número elevado ao quadrado com 2 casas decimais de 1,00 a 1,09**.

Portanto, não esqueça:

$$(1,0X)^2 = 1,\text{dobrodeX\_quadradodeX}$$

11. ELEVAR AO QUADRADO NÚMEROS QUE TERMINEM EM 5

Suponha que esteja diante da seguinte operação: 95^2. Portanto, você precisa **elevar ao quadrado um número que termina em 5**. Como resolveria? Multiplicando 95 por ele mesmo? Bem, essa seria a forma tradicional, mas existe um truque para ganharmos tempo nesse cálculo!

Bem, inicialmente é preciso saber que elevando ao quadrado um número terminado em 5, **os dois últimos dígitos da resposta serão sempre** 25 ($= 5^2 = 5 \times 5$).

Depois, para descobrir os demais algarismos, basta pegar o(s) primeiro(s) número(s) da conta (que fica antes do 5) e multiplicar pelo seu **sucessor**.

Assim, no caso de 95^2, temos que os dois últimos dígitos da resposta serão 25:

__25

Para descobrir o restante, basta multiplicar o **9** (número que fica antes do 5) por **10** (sucessor de 9): 9 x 10 = **90**. Dessa forma, concluímos que:

$$95^2 = 9025$$

Vamos apresentar mais alguns exemplos, para não nos esquecermos mais disso:

a) $25^2 = (2.3)25 = 625$

b) $45^2 = (4.5)25 = 2025$

c) $75^2 = (7.8)25 = 5625$.

O mesmo vale para 15^2, 75^2, 105^2 e por aí vai.

12. DIVIDIR QUALQUER NÚMERO POR 0,25

Observe que:

$$0{,}25 = \frac{1}{4}$$

Assim, se queremos dividir 78 por 0,25, fazemos:

$$\frac{78}{0{,}25} = \frac{78}{1/4} = 78 \times \frac{4}{1} = 78 \times 4 = 312$$

Portanto, **dividir por 0,25 corresponde a multiplicar por 4**. Que interessante, não é verdade?! Com isso, podemos acelerar o nosso processo ao dividir 350 por 0,25, por exemplo:

$$\frac{350}{0{,}25} = 350 \times 4 = 1.400$$

13. MULTIPLICAR QUALQUER NÚMERO POR 0,25

Precisamos lembrar que:

$$0{,}25 = \frac{1}{4}$$

Dessa maneira, se o nosso objetivo consiste em multiplicar 72 por 0,25, fazemos:

$$72 \times 0,25 = 72 \times \frac{1}{4} = \frac{72}{4} = 18$$

Portanto, **multiplicar por 0,25 corresponde a dividir por 4**. Essa informação nos permite ganhar agilidade em obter o produto entre números, como 248 e 0,25:

$$248 \times 0,25 = \frac{248}{4} = 62$$

O princípio aqu iutilizado é o memso que usamos para multiplicar por 25, pois basta multiplicar por 100 e dividir ao meio duas vezes, afinal, 25 = 100/4. Exemplos:

a) 32 x 25 = 32 x 100 / 2 / 2 = 3200 / 2 / 2 = 1600 / 2 = 800

b) 18 x 25 = 18 x 100 / 2 / 2 = 1800 / 2 / 2 = 900 / 2 = 450

Talvez você nos fale que essa dica não é tão interessante, já que dividir por 4 não é tão simples. Bem, a boa notícia é que o truque seguinte vai ajudá-lo a resolver esse problema!

14. DIVIDIR UM NÚMERO POR 4

Esta é uma das dicas mais simples. Basicamente precisamos ter em mente que **4 = 2 x 2**.

Dessa forma, **dividir um número 4 corresponde a dividi-lo por 2 e, em seguida, dividir por 2 novamente**.

Suponhamos que queiramos obter o quociente entre 180 e 4. Fazemos:

$$\frac{180}{4} = \frac{180}{2 \times 2} = \frac{90}{2} = 45$$

É claro que podemos acelerar um pouco mais o processo. Veja o caso da divisão de 257 por 4:

$$\frac{257}{2} = 128,5$$

$$\frac{128,5}{2} = 64,25$$

Perceba que podemos estender esse truque para várias situações. Por exemplo, sabendo que 40 = 2 x 2 x 10, **em vez de dividir um número por 40, será mais**

fácil dividi-lo por 2, depois dividir novamente por 2 e, por fim, dividir por 10. Vamos aplicar isso à divisão de 182 por 40:

$$\frac{182}{2}=91$$

$$\frac{91}{2}=45,5$$

$$\frac{45,5}{10}=4,55$$

Assim, o resultado da divisão entre 182 e 40 é **4,55**. Tente resolver pela forma tradicional e chegará à conclusão que este truque que aprendemos é altamente qualificado.

15. MULTIPLICAR NÚMEROS USANDO A PROPRIEDADE DISTRIBUTIVA

Os números podem ser representados como uma soma de fatores. Por exemplo, no lugar de 10 podemos utilizar 5 + 5 ou 2 + 8 e assim por diante. E saber disso pode ser de grande ajuda na hora de realizarmos algumas operações.

Nesse sentido, aplica-se à multiplicação a **propriedade distributiva**, que afirma que **quando um dos números é reescrito como a soma de dois fatores, o produto não muda**.

Dessa forma, se queremos multiplicar 8 por 13, é mais fácil reescrever o 13 como uma soma de fatores, e em seguida efetuar a multiplicação somando os resultados obtidos. Logo:

a) $8\times13=8\times(10+3)=(8\times10)+(8\times3)=80+24=104$

Note que o quão rápido serão os cálculos dependerá dos números escolhidos como a soma de fatores. Assim, as contas seriam um pouco mais complicadas se tivéssemos substituído o 13 por 6 + 7, de modo que é importante dar preferência a números cuja multiplicação por eles seja mais simples.

Veja outros exemplos:

b) **9 × 17** = (9 × 10) + (9 × 7) = 90 + 63 = **153**

c) **45 × 22** = (45 × 20) + (45 × 2) = 900 + 90 = **990**

A grande maioria das pessoas que você conhece que realiza cálculos rapidamente de cabeça utilizam esse macete. É algo que aprendemos no ensino fundamental (antigo primário) e que quase ninguém utiliza. Pratique-o no seu dia a dia, você verá como facilitará sua vida, principalmente na prova.

16. SOMA E SUBTRAÇÃO DE FRAÇÕES SEM MMC

A forma tradicional de resolver a **soma e subtração de frações** é por meio do uso do **MMC**, a fim de estabelecer um denominador comum entre as frações envolvidas. No entanto, por vezes leva-se um tempo considerável nesse caminho de resolução ou é possível que o aluno não lembre como determinar o MMC entre dois números. Nesse caso, existe um método muito **mais simples, prático e eficiente** para nos ajudar, e <u>sem o uso do MMC</u>.

Para exemplificar, considere que o nosso objetivo consiste em obter a seguinte soma:

$$\frac{1}{6}+\frac{3}{8}$$

Inicialmente, precisamos saber que a soma e a subtração de duas ou mais frações terá como resultado outra fração. Daí, no método que usaremos, **o denominador da fração resultante será formado pelo produto entre os denominadores das frações envolvidas**. No exemplo, teríamos:

$$6 \times 8 = 48$$

Por sua vez, **o numerador resultante será formado por uma soma de duas parcelas**. Quem serão elas? Bem, correspondem aos <u>resultados das multiplicações diagonais dos numeradores e denominadores das frações envolvidas na operação.</u> Como assim, professores? Vocês querem me convencer que isso vai facilitar minha vida?

Calma, é mais simples do que você imagina. Basicamente, iremos multiplicar o numerador da primeira fração pelo denominador da segunda, obtendo uma das parcelas da soma. Logo em seguida, multiplicamos o numerador da segunda pelo denominador da primeira, tendo como resultado a outra parcela da soma.

Vamos fazer isso na prática? Veja como ficaria no nosso exemplo:

$$\frac{1}{6}+\frac{3}{8}$$

$$(1 \times 8) + (3 \times 6) = 26$$

Muito bem, acabamos de montar a nossa **fração resultante**:

$$\frac{26}{48}$$

Acho que essa fração pode ser simplificada, mestres!

Você tem razão! E o processo de **simplificação de frações** consiste em dividir seus termos por um mesmo número de forma a conseguirmos termos menores que os iniciais. Esse é o chamado **método das divisões sucessivas**.

Fica claro, portanto, que o processo de simplificação de frações corresponde a encontrar uma fração que seja, ao mesmo tempo, **irredutível** e equivalente à primeira!

No nosso caso, vamos dividir numerador e denominador por 2:

$$\frac{26 \div 2}{48 \div 2} = \frac{13}{24}$$

E agora, ainda conseguimos simplificar ou reduzir essa fração, dividindo seus termos por um mesmo número? Não, pois estamos diante de uma fração irredutível. Portanto, temos que, de fato:

$$\frac{1}{6} + \frac{3}{8} = \frac{13}{24}$$

Talvez pareça que se trata de um procedimento longo, mas é porque fizemos calmamente para você entender bem cada etapa. Nesse sentido, é necessário que você pratique esse método que vai acelerar bastante seus cálculos. Para ajudá-lo, preparamos um esquema composto por **4 passos para obter a soma e subtração de frações sem o uso do MMC**:

1º passo: multiplicar os denominadores, formando o novo denominador;

2º passo: multiplicar o numerador da primeira pelo denominador da segunda e multiplicar o numerador da segunda pelo denominador da primeira;

3º passo: efetuar a soma ou subtração dos dois produtos encontrados no passo anterior, obtendo assim o numerador da fração;

4º passo: Dividir o numerador pelo denominador encontrados e simplificar a fração resultante, se necessário.

Vejamos outro exemplo, desta vez calculando uma subtração de frações.

$$\frac{5}{2}-\frac{4}{18}=\frac{5.18-2.4}{2.18}=\frac{90-8}{36}=\frac{82}{36}=\frac{41}{18}$$

17. SOMAR EM GRUPOS COMPLEMENTARES DE DEZ OU CEM

Quando houver vários números para somar, quase sempre dá para mudar a ordem deles para agrupar em números que somados completam múltiplos de dez ou cem.

Você entenderá isso melhor analisando os exemplos abaixo. Os parênteses são para facilitar a demonstração do que deve ser feito, mas não precisa utilizá-los na hora dos cálculos, que muitas vezes podem ser feitos de cabeça mesmo.

a) 7 + 2 + 13 + 9 + 28 = (7+13) + (2+28) + 9 = 20+30+9 = 59

b) 38 + 47 + 16 + 43 + 24 + 22 + 15 = (38+22) + (47+43) + (16+24) + 15 = 60+90+40+15 = (60+40)+90+15 = 100 + 90 + 15 = 205

c) 320 + 75 + 180 + 125 = (320+180) + (75+125) = 500 + 200 = 700

18. EXERCÍCIOS PARA TREINO

Responda a estes exercícios utilizando os macetes vistos anteriormente. Sem o uso de calculadora, obviamente.

1– Multiplicar por 1,5:

a) 12 b) 26 c) 82 d) 250 e) 4.600

2– Multiplicar por 10:

a) 12 b) 3,8 c) 45,7 d) 382 e) 3,91

3– Multiplicar por 10^3:

a) 12 b) 3,8 c) 45,7 d) 382 e) 0,32

4– Dividir por 10:

a) 12 b) 120 c) 3,8 d) 38,2 e) 0,32

5– Dividir por 10^3:

a) 1.200 b) 42.564 c) 140.000 d) 38,2 e) 0,32

6– Multiplicar por 4:

a) 12 b) 2,4 c) 260 d) 15 e) 2.200

7– Multiplicar por 5:

a) 12 b) 2,4 c) 260 d) 15 e) 6,6

8– Multiplicar por 50:

a) 12 b) 4,4 c) 260 d) 25 e) 2.200

9– Multiplicar por 25:

a) 12 b) 2,4 c) 260 d) 15 e) 2.200

10– Dividir por 5:

a) 12 b) 2,4 c) 260 d) 152 e) 2.200

11– Dividir por 50:

a) 1.800 b) 240 c) 28 d) 1.250 e) 2.200

12– Multiplicar por 9:

a) 12 b) 2,4 c) 36 d) 150 e) 220

13– Multiplicar por 11:

a) 12 b) 2,4 c) 36 d) 150 e) 220

14– Elevar ao quadrado:

a) 15 b) 35 c) 55 d) 65 e) 95

15– Multiplicar usando a propriedade distributiva:

a) 12x21 = b) 18x42 = c) 54x15 = d) 125x12 = e) 36x13

16– Efetuar os cálculos a seguir sem usar o MMC, simplificando ao máximo:

$$a)\frac{2}{3}+\frac{12}{28}=$$

$$b)\frac{7}{12}-\frac{3}{4}=$$

$$c)\frac{4}{3}+\frac{11}{12}=$$

$$d)\frac{12}{5}-\frac{5}{3}=$$

$$e)\frac{14}{5}-\frac{4}{3}=$$

17– Somar em grupos de 10 ou 100:

a) 7+8+12 =

b) 7+8+23+12 =

c) 27+18+44+32+113+36 =

d) 41+14+32+36+5+19+28 =

e) 242+164+35+36+28+145+11 =

Gabarito – Apêndice I					
1	a) 18	b) 39	c) 123	d) 375	e) 6.900
2	a) 120	b) 38	c) 457	d) 3.820	e) 39,1
3	a) 12.000	b) 3.800	c) 45.700	d) 382.000	e) 320
4	a) 1,2	b) 12	c) 0,38	d) 3,82	e) 0,032
5	a) 1,2	b) 42,564	c) 140	d) 0,0382	e) 0,00032
6	a) 48	b) 9,6	c) 1.040	d) 60	e) 8.800
7	a) 60	b) 12	c) 1.300	d) 75	e) 33
8	a) 600	b) 220	c) 13.000	d) 1.250	e) 110.000
9	a) 300	b) 60	c) 6.500	d) 375	e) 55.000
10	a) 2,4	b) 0,48	c) 52	d) 30,4	e) 440
11	a) 36	b) 4,8	c) 0,56	d) 25	e) 44
12	a) 108	b) 21,6	c) 324	d) 1.350	e) 1.980
13	a) 132	b) 26,4	c) 396	d) 1.650	e) 2.420
14	a) 225	b) 1.225	c) 3.025	d) 4.225	e) 9.025
15	a) 252	b) 756	c) 810	d) 1.500	e) 468
16	a) 5/21	b) -1/6	c) 9/4	d) 11/15	e) 22/15
17	a) 27	b) 50	c) 270	d) 175	e) 661

De primeira, pode parecer estranho usar alguns desses macetes, mas saiba que as pessoas que você conhece que fazem cálculos rapidamente utilizam quase todos esses métodos, dentre outros. É questão de prática. Como expusemos no início deste apêndice, use alguns momentos vagos de seu dia para treinar cálculos diversos.

Sabe quando você está no trabalho e não tem como abrir algum livro para concursos na frente dos seus colegas? Ou quando está no ônibus ou metrô e se esqueceu de levar algo para estudar ou não está com um ambiente propício para estudar ali, por causa do barulho? Você pode pegar um papel qualquer e chutar qualquer cálculo para fazer aleatoriamente, que pode envolver os macetes aqui vistos ou qualquer outro tipo de conta somente para treinar rapidez. Depois confere na calculadora do seu celular se fez certo. Chute qualquer coisa, como 38x12; 3,2x16; 57/4 ou 45^2. Se você fizer esse treino por alguns dias, já verá uma melhora, e isso poderá fazer uma boa diferença em sua prova.

O Alexandre foi treinado pelo seu pai na infância a fazer contas rapidamente, e até hoje ele e seus irmãos são bons nisso. Garanto que fez uma enorme diferença em várias provas desde suas adolescências. E rendeu muito guaraná para ele quando criança, porque o pai dele apostava que o moleque conseguia fazer cálculos mais rapidamente que seus amigos engenheiros. Caso o minialex vencesse, ganhava um guaraná, que naquela época era caro e nunca se bebia fora de festas; já se algum engenheiro vencesse, ganhava uma cerveja. Coitados dos caras, nunca beberam às custas do pai dele.

O concurso para AFR-SP de 2006 ficou conhecido como o concurso mais complicado que teve até hoje em relação a tempo para resolver a primeira prova, pois foram 100 questões para serem resolvidas em quatro horas, sendo 20 de Raciocínio Lógico, 10 de Matemática Financeira e Estatística, 40 de Português, 10 de Inglês etc. A prova tinha 28 páginas. As questões de exatas demandavam muitos cálculos e os textos das provas de línguas eram grandes. O fato de saber fazer contas rapidamente ajudou bastante o Alexandre a ser aprovado, com certeza. Muitos bons candidatos, que sabiam muito mais do que ele, ficaram de fora por se enrolarem nos cálculos de diversas questões.

Por essas e outras que escrevemos este apêndice. Não para ganhar guaraná, porque engorda, e sim para ajudá-lo a passar em seus concursos. Treine cálculos, isso fará diferença em seu desempenho nas provas, garantimos isso a você. E como já dissemos, você pode fazer fora do seu horário de estudo, em qualquer lugar, a qualquer hora, sem nenhum material de estudo por perto, bastam um pedaço de papel e uma caneta.

APÊNDICE 2

COBRANÇA DE CADA ASSUNTO PELAS BANCAS DE CONCURSOS

ASSUNTO	CEBRASPE	FCC	DEMAIS BANCAS
	% de cobrança	% de cobrança	% de cobrança
Proposições Lógicas	1,60%	0,39%	0,96%
Conectivos Lógicos	4,57%	0,13%	1,33%
Tabelas-Verdade	8,22%	0,78%	3,44%
Tautologia, contradição e contingência	2,51%	0,13%	0,96%
Equivalência lógica	3,65%	1,69%	1,93%
Negação Lógica	8,45%	3,91%	4,51%
Implicação Lógica	3,42%	2,34%	2,85%
Diagramas lógicos	3,65%	7,42%	4,94%
Lógica de primeira ordem	0,91%	0,39%	0,23%
Argumentação Lógica	4,79%	2,60%	1,93%
Verdades e mentiras	2,97%	3,13%	0,62%
Associação Lógica	2,97%	7,68%	3,38%
Raciocínio Aritmético	15,98%	25,65%	25,78%
Operações com números inteiros, fracionários e decimais	12,86%	16,24%	18,10%
MMC e MDC	7,14%	7,61%	9,03%
Número de elementos de conjuntos	30,00%	9,64%	8,89%
Problemas envolvendo equações de primeiro grau	7,14%	9,14%	13,20%
Questões envolvendo idades	2,86%	5,08%	6,08%
Divisão Proporcional	10,00%	11,17%	4,72%

ASSUNTO	CEBRASPE	FCC	DEMAIS BANCAS
	% de cobrança	% de cobrança	% de cobrança
Regra de três	10,00%	16,24%	16,67%
Porcentagem	20,00%	24,87%	23,31%
Raciocínio Geométrico	5,02%	5,34%	13,64%
Geometria plana	72,73%	65,85%	75,51%
Geometria espacial	27,27%	34,15%	24,49%
Raciocínio Sequencial	3,20%	11,07%	11,50%
Sequências de números, figuras, letras e palavras	71,43%	78,82%	71,50%
Progressão aritmética	14,29%	11,76%	16,43%
Progressão geométrica	14,29%	9,41%	12,07%
Orientação Espacial	0,68%	3,52%	1,13%
Orientação Temporal	0,68%	2,21%	1,47%
Princípios de Contagem	7,76%	6,64%	6,60%
Princípio da Regressão	2,94%	13,73%	7,19%
Princípio da casa dos pombos	5,88%	56,86%	12,75%
Análise combinatória	91,18%	29,41%	80,05%
Probabilidade	11,87%	5,21%	5,02%
Eventos e espaço amostral	1,92%	2,50%	0,89%
Cálculo da Probabilidade	23,08%	20,00%	30,48%
Probabilidade condicional	13,46%	10,00%	7,84%
Probabilidade da intersecção	13,46%	7,50%	15,51%
Probabilidade da união	1,92%	15,00%	7,66%
Eventos independentes e eventos mutuamente excludentes	1,92%	2,50%	2,85%
Probabilidade do evento complementar	19,23%	5,00%	5,53%
Teorema da Probabilidade Total	5,77%	17,50%	9,45%
Teorema de Bayes	1,92%	7,50%	3,74%
Cálculo de probabilidades usando análise combinatória	17,31%	12,50%	16,04%

APÊNDICE 3

CORRESPONDÊNCIA ENTRE O CONTEÚDO DOS EDITAIS E ESTE LIVRO

Neste apêndice, compararemos o conteúdo de alguns editais com os capítulos presentes nesta obra. Resolvemos inseri-lo porque as bancas organizadoras utilizam expressões diferentes para se referir a um mesmo assunto, confundindo o candidato que não sabe quais conteúdos estudar ou não.

Assim, com esta correspondência entre alguns editais e os assuntos do livro, acreditamos que você terá a certeza de que o conteúdo de nosso livro realmente é muito completo e que será um aliado fundamental para a sua aprovação.

Analisamos editais de três instituições: Cebraspe (Cespe/UnB), ESAF e FCC. Quando verificamos editais de outras instituições, percebemos que as correspondências entre os assuntos do edital e os capítulos deste livro podem ser feitas com base no que explicamos dessas três bancas.

1. INSTITUIÇÃO ORGANIZADORA: CEBRASPE (CESPE/UNB)

Escolhemos quatro editais do Cebraspe, de três diferentes áreas, para exemplificarmos a correspondência entre os assuntos neles cobrados e nosso livro.

<table>
<tr><th colspan="2">Auditor Fiscal da Receita do DF / 2019</th></tr>
<tr><th>Tópico do Edital</th><th>Correspondência no livro</th></tr>
<tr><td rowspan="4">1. Estruturas Lógicas.
3. Lógica sentencial (ou proposicional).
3.1 Proposições simples e compostas.
3.2. Tabelas-verdade.</td><td>Cap 01: Proposições Lógicas</td></tr>
<tr><td>Cap 02: Conectivos Lógicos</td></tr>
<tr><td>Cap 03: Tabelas-Verdade</td></tr>
<tr><td>Cap 04: Tautologia, Contradição e Contingência</td></tr>
<tr><td>3.3. Equivalências.</td><td>Cap 05: Equivalência Lógica</td></tr>
<tr><td>3.4. Leis de De Morgan.</td><td>Cap 06: Negação Lógica</td></tr>
<tr><td>3.5. Diagramas lógicos.</td><td>Cap 08: Diagramas Lógicos</td></tr>
</table>

Auditor Fiscal da Receita do DF / 2019	
2. Lógica de argumentação: analogias, inferências, deduções e conclusões.	Cap 07: Implicação Lógica
	Cap 10: Argumentação Lógica
4. Lógica de primeira ordem.	Cap 09: Lógica de Primeira Ordem
5. Princípios de contagem e probabilidade.	Cap 18: Princípios de Contagem
	Cap 19: Probabilidade
6. Operações com conjuntos.	Cap 13: Raciocínio Aritmético (apenas os tópicos "*Operações com Números Inteiros, Fracionários e Decimais*" e "*Número de Elementos de Conjuntos*")
7. Raciocínio lógico envolvendo problemas aritméticos, geométricos e matriciais.	Cap 13: Raciocínio Aritmético
	Cap 14: Raciocínio Geométrico
	Cap 12: Associação Lógica (Raciocínio Matricial)

Esse programa do Auditor Fiscal do DF foi copiado exatamente do edital do Agente da Polícia Federal, que veremos mais à frente.

Auditor Fiscal da Receita Estadual do RS / 2018	
Tópico do Edital	**Correspondência no livro**
1. Estrutura lógica de relações arbitrárias entre pessoas, lugares, objetos ou eventos fictícios; deduzir novas informações das relações fornecidas e avaliar as condições usadas para estabelecer a estrutura daquelas relações.	Cap 12 – Associação Lógica
2. Compreensão e elaboração da lógica das situações por meio de: raciocínio verbal; raciocínio matemático; raciocínio sequencial; orientação espacial e temporal; formação de conceitos; discriminação de elementos.	Cap 13: Raciocínio Aritmético (ou verbal e matemático)
	Cap 15: Raciocínio Sequencial
	Cap 16 e 17: Orientação Espacial e Temporal
	Cap 11: Verdades e Mentiras (formação de conceitos e discriminação de elementos)
3. Compreensão do processo lógico que, a partir de um conjunto de hipóteses, conduz, de forma válida, a conclusões determinadas.	Cap 07: Implicação Lógica

<table>
<tr><th colspan="2">Agente de Polícia Federal / 2018</th></tr>
<tr><th>Tópico do Edital</th><th>Correspondência no livro</th></tr>
<tr><td rowspan="4">1. Estruturas Lógicas.
3. Lógica sentencial (ou proposicional).
3.1 Proposições simples e compostas.
3.2. Tabelas-verdade.</td><td>Cap 01: Proposições Lógicas</td></tr>
<tr><td>Cap 02: Conectivos Lógicos</td></tr>
<tr><td>Cap 03: Tabelas-Verdade</td></tr>
<tr><td>Cap 04: Tautologia, Contradição e Contingência</td></tr>
<tr><td>3.3. Equivalências.</td><td>Cap 05: Equivalência Lógica</td></tr>
<tr><td>3.4. Leis de Morgan.</td><td>Cap 06: Negação Lógica</td></tr>
<tr><td>3.5. Diagramas lógicos.</td><td>Cap 08: Diagramas Lógicos</td></tr>
<tr><td rowspan="2">2. Lógica de argumentação: analogias, inferências, deduções e conclusões.</td><td>Cap 07: Implicação Lógica</td></tr>
<tr><td>Cap 10: Argumentação Lógica</td></tr>
<tr><td>4. Lógica de primeira ordem.</td><td>Cap 09: Lógica de Primeira Ordem</td></tr>
<tr><td rowspan="2">5. Princípios de contagem e probabilidade.</td><td>Cap 18: Princípios de Contagem</td></tr>
<tr><td>Cap 19: Probabilidade</td></tr>
<tr><td>6. Operações com conjuntos.</td><td>Cap 13: Raciocínio Aritmético (apenas os tópicos “Operações com Números Inteiros, Fracionários e Decimais” e “Número de Elementos de Conjuntos”)</td></tr>
<tr><td rowspan="3">7. Raciocínio lógico envolvendo problemas aritméticos, geométricos e matriciais.</td><td>Cap 13: Raciocínio Aritmético</td></tr>
<tr><td>Cap 14: Raciocínio Geométrico</td></tr>
<tr><td>Cap 12: Associação Lógica (Raciocínio Matricial)</td></tr>
</table>

<table>
<tr><th colspan="2">CESPE: Técnico do INSS / 2015</th></tr>
<tr><th>Tópico do Edital</th><th>Correspondência no livro</th></tr>
<tr><td rowspan="3">1. Conceitos básicos de raciocínio lógico: proposições; valores lógicos das proposições; sentenças abertas; número de linhas da tabela verdade; conectivos; proposições simples; proposições compostas.</td><td>Cap 01: Proposições Lógicas</td></tr>
<tr><td>Cap 02: Conectivos Lógicos</td></tr>
<tr><td>Cap 03: Tabelas-Verdade</td></tr>
</table>

CESPE: Técnico do INSS / 2015	
Tópico do Edital	**Correspondência no livro**
2. Tautologia.	Cap 04: Tautologia, Contradição e Contingência
3. Operação com conjuntos.	Cap 13: Raciocínio Aritmético (apenas os tópicos "*Operações com Números Inteiros, Fracionários e Decimais*" e "*Número de Elementos de Conjuntos*")
4. Cálculos com porcentagens.	Cap 13: Raciocínio Aritmético (apenas o tópico "Porcentagem")

Perceba, assim, que praticamente todo o conteúdo deles foi ensinado nesta obra. Somente não podemos afirmar que tudo que pode ser cobrado está presente em nosso livro porque o tema "Conjuntos" é bem amplo e é mais bem visto na nossa outra obra, *Matemática Básica Definitiva para Concursos*, pois é um tema de fato pertencente ao ramo da Matemática Básica, e não ao Raciocíinio Lógico. Contudo, acreditamos que será difícil ser cobrada alguma questão sobre esse tema que não tenha sido tratada neste livro.

2. INSTITUIÇÃO ORGANIZADORA: ESCOLA DE ADMINISTRAÇÃO FAZENDÁRIA (ESAF)

Analisaremos o edital do Auditor-Fiscal da Receita Federal do Brasil, que é o maior concurso dos que eram tradicionalmente realizados por essa banca, já extinta:

ESAF: Auditor-Fiscal da Receita Federal / 2014	
Tópico do Edital	**Correspondência no livro**
1. Estruturas Lógicas.	Cap 01: Proposições Lógicas
	Cap 02: Conectivos Lógicos
	Cap 03: Tabelas-Verdade
	Cap 04: Tautologia, Contradição e Contingência
2. Lógica de Argumentação.	Cap 07: Implicação Lógica
	Cap 10: Argumentação Lógica

<table>
<tr><th colspan="2">ESAF: Auditor-Fiscal da Receita Federal / 2014</th></tr>
<tr><th>Tópico do Edital</th><th>Correspondência no livro</th></tr>
<tr><td>3. Diagramas Lógicos.</td><td>Cap 08: Diagramas Lógicos</td></tr>
<tr><td rowspan="4">4. Compreensão e elaboração da lógica das situações por meio de: raciocínio matemático (que envolvam, entre outros, conjuntos numéricos racionais e reais – operações, propriedades, problemas envolvendo as quatro operações nas formas fracionária e decimal; conjuntos numéricos complexos; números e grandezas proporcionais; razão e proporção; divisão proporcional; regra de três simples e composta; porcentagem); raciocínio sequencial; orientação espacial e temporal; formação de conceitos; discriminação de elementos.</td><td>Cap 13: Raciocínio Aritmético (ou matemático)</td></tr>
<tr><td>Cap 15: Raciocínio Sequencial</td></tr>
<tr><td>Cap 16 e 17: Orientação Espacial e Temporal</td></tr>
<tr><td>Cap 11: Verdades e Mentiras (formação de conceitos e discriminação de elementos)</td></tr>
<tr><td>7. Combinações, Arranjos e Permutação.</td><td>Cap 18: Princípios de Contagem (apenas o tópico de Análise Combinatória)</td></tr>
<tr><td>8. Probabilidade.</td><td>Cap 19: Probabilidade</td></tr>
<tr><td>9. Geometria Básica.</td><td>Cap 14: Raciocínio Geométrico</td></tr>
</table>

Vemos, então, que do edital do AFRFB de 2014, dos assuntos presentes na tabela, somente não encontramos nesta obra o conteúdo de números complexos, que muito raramente cai em algum concurso e se trata de um tema bem espinhoso e de relação custo-benefício muito ruim. E mais, não é assunto de Raciocínio Lógico, e sim de Matemática de nível médio. Portanto, podemos dizer que todo o conteúdo de Raciocínio Lógico dos editais da ESAF é abordado em nosso livro.

Ocorre que a ESAF, nos editais da Receita Federal e em outros, chamava de Raciocínio Lógico qualquer conteúdo de exatas, incluindo Matemática Financeira, Estatística e Matemática, confundindo os candidatos. Assim, fora esses tópicos que apresentamos na tabela, no edital há outros que pertencem a essas disciplinas mencionadas e que, obviamente, não poderiam fazer parte desta obra por não serem de Raciocínio Lógico.

Fazendo uma analogia, é como se um edital chamasse de Direito um conteúdo que aborda os ramos dos direitos Constitucional, Administrativo, Empresarial, Civil e Penal, o que levaria ao estudo dessas disciplinas em materiais separados, e não em uma única obra.

3. INSTITUIÇÃO ORGANIZADORA: FUNDAÇÃO CARLOS CHAGAS (FCC)

Analisaremos dois editais da área fiscal de 2018, que cobraram o mesmo conteúdo da disciplina em ambos, e um da área de tribunais de 2019:

FCC: Auditor Fiscal da Receita Estadual de SC / 2018 e Auditor Fiscal da Receita Estadual de GO / 2018	
Tópico do Edital	**Correspondência no livro**
1. Proposições.	Cap 01: Proposições
2. Conectivos.	Cap 02: Conectivos
3. Equivalências.	Cap 05 e 06: Equivalência e Negação Lógica
4. Argumentos.	Cap 10: Argumentação Lógica
5. Diagrama.	Cap 08: Diagramas Lógicos
6. Conjuntos.	Cap 13 Raciocínio Aritmético (apenas o tópico 5: "*Número de Elementos de Conjuntos*")

FCC: Técnico Judiciário – TRF4 – 2019	
Tópico do Edital	**Correspondência no livro**
Números e grandezas proporcionais: razões e proporções; divisão em partes proporcionais; regra de três; porcentagem e problemas.	Cap 13: Raciocínio Aritmético
Estrutura lógica de relações arbitrárias entre pessoas, lugares, objetos ou eventos fictícios; deduzir novas informações das relações fornecidas e avaliar as condições usadas para estabelecer a estrutura daquelas relações.	Cap 12 – Associação Lógica
Compreensão e elaboração da lógica das situações por meio de: raciocínio verbal, raciocínio matemático, raciocínio sequencial, orientação espacial e temporal, formação de conceitos, discriminação de elementos.	Cap 13: Raciocínio Aritmético (ou verbal e matemático)
	Cap 15: Raciocínio Sequencial
	Cap 16 e 17: Orientação Espacial e Temporal
	Cap 11: Verdades e Mentiras (Formação de Conceitos e Discriminação de Elementos)

FCC: Técnico Judiciário – TRF4 – 2019	
Tópico do Edital	**Correspondência no livro**
Compreensão do processo lógico que, a partir de um conjunto de hipóteses, conduz, de forma válida, a conclusões determinadas.	Cap 07: Implicação Lógica

A mesma observação que fizemos sobre o tema "Conjuntos" no tópico sobre os editais do Cebraspe pode ser feita aqui.

Dessa forma, acreditamos que agora você encontrará o conteúdo cobrado em seu edital com muito mais facilidade no nosso livro.

BIBLIOGRAFIA

ALCÂNTARA, Flávio. *Matemática para concursos*. 2ª ed. Rio de Janeiro: Forense; São Paulo: Método, 2014.

ALENCAR FILHO, Edgard de. *Iniciação à Lógica Matemática*. São Paulo: Nobel, 2002.

ALVES, Alaôr Caffé. *Lógica – Pensamento Formal e Argumentação*. 2ª ed. São Paulo: Quartier Latin, 2002.

ANDRADE, Nonato. *Matemática descomplicada*. Rio de Janeiro: Ferreira, 2009. Volumes 1 e 2.

BARRETO FILHO, Benigno; SILVA, Claudio Xavier. *Matemática*. Volume único. São Paulo: FTD, 2000.

BARROS, Marcelo Sbicca Monteiro de. Raciocínio Lógico – Coleção Sinopses para Carreiras Fiscais. Salvador: Juspodivm, 2015.

BELLO, Pedro. *Matemática básica para concursos*. Rio de Janeiro: Ferreira, 2006. Volume 1.

CABRAL, Luiz Cláudio; NUNES, Mauro César. *Matemática básica explicada passo a passo*. Rio de Janeiro: Elsevier, 2013.

CARVALHO, Sérgio; CAMPOS, Weber. *Raciocínio lógico simplificado*. 2ª ed. Volume I. Salvador: Juspodivm, 2016.

COPI, Irving M. *Introdução à Lógica*. São Paulo: Editora Mestre Jou, 1974.

IEZZI, Gelson; MURAKAMI, Carlos. *Fundamentos de matemática elementar*. Volumes 1 a 6 e 9. São Paulo: Atual.

IEZZI, Gelson...[et. al]. *Matemática*. Volume único. São Paulo: Atual, 1997.

IEZZI, Gelson...[et. al]. *Matemática: Ciência e aplicações*. Volumes 1 a 3. 6. ed. São Paulo: Saraiva, 2010.

JULIUS, Edward H. *Aritmetruques*. 2ª ed. Campinas/SP: Papirus, 1997.

LANNA, Valéria. *Raciocínio lógico e matemática*. 5ª ed. Salvador: Juspodivm, 2018.

LIRA, Alex; MEIRELLES, Alexandre. *Matemática básica definitiva para concursos*. 3ª ed. Salvador: Juspodivm, 2023.

LIRA, Alex; MEIRELLES, Alexandre. *Matemática Financeira definitiva para concursos*. Salvador: Juspodivm, 2021.

LOCIKS, Júlio. *Matemática para Concursos*. 12ª ed. Brasília: Vestcon, 2013.

MACHADO, Antonio dos Santos. *Matemática: Temas e metas*. Volumes 1 a 6. São Paulo: Atual, 1988.

MARIANO, Fabrício; MENESES, Anderson. *Matemática básica para concursos*. Rio de Janeiro: Elsevier, 2011.

MORAIS, José Luiz de. *Matemática e Lógica para Concursos*. São Paulo: Saraiva, 2012.

MORGADO, Augusto César de Oliveira...[et. al.]. *Análise Combinatória e Probabilidade*. Rio de Janeiro: SBM, 2004.

PADILHA, Josimar. *Raciocínio Lógico-Matemático – Fundamentos e Métodos Práticos*. Salvador: Juspodivm, 2016.

PESSÔA, Paulo. *Problemas de aritmética*. Rio de Janeiro: Minerva, 1960.

ROCHA, Enrique. *Raciocínio Lógico: teoria e questões*. 2ª ed. Rio de Janeiro: Elsevier, 2006.

RODRIGUES, Luiz Roberto Franco. *Matemática e raciocínio lógico matemático para concursos*. Campinas: Servanda, 2010.

SALMON, Wesley C. *Lógica*. 3ª ed. Rio de Janeiro: LTC, 2012.

SÉRATES, Jonofon. *Métodos cuca legal de efetuar as operações no conjunto dos números naturais*. 2ª ed. Brasília: Jonofon, 1998.

SÉRATES, Jonofon. *Raciocínio Lógico*. 9ª ed. Brasília: Jonofon, 2000.

STERLING, Mary Jane. *Algebra for dummies*. New York: Hungry Minds, 2001.

VILLAR, Bruno. *Matemática básica: teoria e treinamento prático*. 3ª ed. Rio de Janeiro: Forense; São Paulo: Método, 2013.

VILLAR, Bruno. *Raciocínio lógico: teoria e treinamento prático*. 3ª ed. Rio de Janeiro: Forense; São Paulo: Método, 2012.

VORDERMAN, Carol...[et. al]. *Matemática para pais e filhos*. São Paulo: Publifolha, 2012.

ZEGARELLI, Mark. *Matemática básica & pré-álgebra para leigos*. 2ª ed. Rio de Janeiro: Alta Books, 2011.

EDITORA JusPODIVM
www.editorajuspodivm.com.br

COLOR system

JUS4386